Pillole per la memoria – 8

Isbn 978-88-96576-10-6

Prima edizione: 2009
Seconda edizione: 2021
Edizioni Trabant – Brindisi
www.edizionitrabant.it
redazione@edizionitrabant.it

La presente opera è di pubblico dominio.
La veste grafica, le immagini, gli apparati di prefazione e note del curatore, ove non diversamente specificato, sono © 2009 Edizioni Trabant - tutti i diritti riservati.

Giacinto De Sivo

Storia delle Due Sicilie 1847-1861

I

Edizioni
Trabant

IL PRINCIPE DEI REAZIONARI

Esiste una storia parallela del nostro paese.
Nascosta nelle biblioteche, narra vicende diverse da quelle dei libri di testo. Parla di avvenimenti rari da rintracciare altrove, racconta di uomini il cui nome difficilmente si troverebbe in una enciclopedia. Bisogna andarsela a scovare, questa storia: nessuno te la svelerà mai di propria iniziativa.

Perché è nascosta? Per vari motivi. Sarà la pigrizia intellettuale che da sempre ci contraddistingue, la paura di guardare i fatti da una diversa prospettiva; o più probabilmente la classica abitudine della storia scritta dal vincitore. Niente di cui stupirsi, accade ovunque. Ma troppo spesso accade da noi, in un paese che avrà pure avuto da secoli una coscienza nazionale, senza per questo tirarsi indietro dal fare del suo passato una successione pressoché ininterrotta di guerre civili.

Ogni volta che la guerra termina, inizia il processo di rimozione. Lo sconfitto deve essere cancellato, al limite messo al ridicolo. Le sue testimonianze oscurate, relegate a una folcloristica rarità da bancarella, mentre sull'altro fronte si imbastiscono poemi epici di ogni tipo. E non ci si rende conto del male che ci si fa in questo modo. Non importa, infatti, quanto una parte potesse avere torto: distruggere la conoscenza è in ogni caso un crimine. E ingigantire a oltranza i meriti della propria fazione alla lunga danneggia qualunque causa. O almeno, questo è ciò che nella nostra ingenuità crediamo.

Molte di queste storie dimenticate risalgono al XIX secolo. Una di queste, parla dell'autore del presente libro.

Giacinto de Sivo nacque nel novembre del 1814 a Maddaloni, un posto che certo all'epoca non si poteva immaginare destinato a un ruolo in avvenimenti storici.[1] Cinquant'anni più tardi sarebbe divenuto celebre per l'eroica resistenza del reggi-

---

[1] Sulla vita dell'autore cfr. Roberto Mascia, *La vita e le opere di Giacinto De Sivo*, Napoli 1966. Per una veloce consultazione consigliamo le note scritte da Gabriele Marzocco per la versione digitale de *I Napolitani al cospetto delle Nazioni civili*, scaricabile all'indirizzo http://www.eleaml.org/ebook.html

mento di Nino Bixio durante la battaglia del Volturno; ma ai tempi in cui nacque il nostro autore lo immaginiamo come un sonnolento posto di provincia in un sonnolento reame. La sua famiglia era immersa fino al collo nella classe dirigente del Regno delle Due Sicilie: basterebbe citare il padre, ufficiale dell'esercito, ma ancora di più uno zio che nel 1799 aveva combattuto i repubblicani tra le fila dell'esercito sanfedista del Cardinale Ruffo. Segnali più che chiari del tipo di educazione ricevuta dal De Sivo: ne darà dimostrazione in età adulta, sfoderando una rabbiosa fedeltà al trono dei Borboni.

Come ogni bravo figlio della buona società, compì gli studi a Napoli: lezioni di lingua ed elocuzione italiana presso la scuola del marchese Basilio Puoti. Anche in questo caso, possiamo azzardare qualche congettura. Non è difficile immaginare che tipo di educazione letteraria abbia ricevuto il giovane De Sivo, se si dà uno sguardo anche rapido alla sua produzione successiva: una lingua classicista, quasi trecentesca, e una certa tendenza all'ampollosità. Quelli erano i tempi e i luoghi. Nelle sue memorie Luigi Settembrini, coetaneo ma di vedute esattamente opposte, ci ha ben descritto il clima che si respirava nelle scuole del tempo: un pigro rifugiarsi nel tempo che fu, vuota erudizione, una presenza pervasiva dell'insegnamento religioso in tutte le discipline.[2] Certo, c'è da dire che la medesima educazione provoca effetti diversi a seconda del contesto, ed è in questo che si scopre il valore dell'ambiente familiare; perché a ben vedere Settembrini, di padre carbonaro, avverte un senso di soffocamento e si dà al riformismo liberale; De Sivo, di famiglia tradizionalista, nulla trova di che eccepire e assorbe quella cultura e quel mondo.

Da qui in poi il nostro segue un doppio percorso: da un lato è un amministratore del Regno, prima ammesso nella Commissione per l'Istruzione Pubblica, poi nominato Consigliere d'Intendenza della Terra di Lavoro; dall'altro è un poeta, più esattamente tragediografo. Una carriera intrapresa nel 1840, con la composizione del *Costantino Dracosa*. Seguiranno altre sette tragedie di argomento storico, a cui si aggiunge nel 1846 un romanzo, il *Corrado Capece*.

Fino a questo momento lo possiamo immaginare come un quieto nobile di provincia, magari già con un carattere acceso, ma con poche occasioni di metterlo in luce. La sua vita sarebbe potuta scivolare tranquilla tra le responsabilità amministrative e – chiamiamolo pure così – l'hobby della letteratura, importante quanto si vuole ma non al punto da farne una celebrità.

Ma quelli non erano tempi, e quando passano le bufere non si può mai sapere che direzione prenderà la vita. Nel 1848 l'Europa è infiammata dalla rivoluzione, e ben presto il vento arriva anche nel Regno di Napoli. Milano si è ribellata agli Austriaci, il Piemonte si appresta a fornire il suo aiuto, persino il Papa sembra appoggiare il movimento. Poi gli avvenimenti incalzano: Venezia è indipendente, scoppia la guerra tra l'Austria e il Piemonte, il Papa ritira la sua adesione e nel giro di poco tempo

---

[2] Luigi Settembrini, *Ricordanze della mia vita*, Napoli 1879-80.

viene spodestato da un colpo di mano liberale. Lo scossone non risparmia il Regno delle Due Sicilie, con la ribellione della Sicilia e la concessione della Costituzione da parte di Ferdinando II; fino ai tragici avvenimenti del 15 maggio e il processo ai membri della Setta dell'Unità.

De Sivo assiste a questo terremoto con un misto di sdegno e incredulità. La sua vita è segnata da una incrollabile fedeltà alla causa dei Borboni; non però tanto fanatica da impedirgli di dissentire dalle decisioni del Re. Uomo di un altro secolo, non comprende le ragioni per cui il sovrano si sia piegato a concedere la Costituzione; ne vede i risultati e non riesce che scorgere anarchia e distruzione. Mette allora mano alla penna, e questa volta non per un mero esercizio di stile. Dalla traumatizzante esperienza del 1848 nasce un nuovo De Sivo: lo storico.

Ma nel 1849 anche quella fase è passata e la situazione sembra tornare alla normalità. La Sicilia è domata, la Costituzione, ufficialmente mai abolita, non viene di fatto più applicata e Ferdinando II si ritira in una triste vecchiaia. L'esperienza lascia tuttavia un pesante strascico di insoddisfazioni, e troppi cospiratori mandati in esilio e pronti a rifarsi alla prima occasione. De Sivo ha ormai scritto buona parte di un'opera storica sugli eventi di quel biennio, ma decide di non renderla pubblica, più per timore di spiacere alla parte legittimista che a quella rivoluzionaria; e la nasconde nella sua villa.

Una decisione che in un certo senso gli sarà fatale. Nel 1860 i Mille sbarcano a Marsala, e nel giro di pochi mesi, tra l'incredulità generale, sbaragliano il più numeroso esercito borbonico e arrivano alle porte di Napoli. È il tanto temuto – per lui – trionfo della Rivoluzione. Quando il giovane Francesco II lascia Napoli per rifugiarsi a Gaeta, i garibaldini occupano i principali punti strategici al di qua del Volturno: fra questi c'è Maddaloni, in cui De Sivo ricopre la carica di consigliere cittadino. In quanto autorità locale, viene invitato a recarsi a rendere omaggio e sottomissione a Garibaldi; in seguito al suo rifiuto, il 14 settembre è arrestato e condotto prigioniero a Napoli. Nel frattempo la sua villa è requisita e utilizzata come quartier generale di Nino Bixio. Le camicie rosse frugano in ogni dove, rubano di tutto. Fra le altre cose, trovano il manoscritto sulla rivoluzione del 1848: ce n'è abbastanza per fare del nostro autore un pericoloso sospetto.

E infatti, anche quando viene scarcerato, i guai per lui non sono finiti. Nel gennaio 1861, mentre re Francesco è sottoposto al bombardamento di Gaeta e già si preparano le prime elezioni del nuovo Parlamento Italiano, De Sivo viene nuovamente arrestato senza una motivazione chiara, per generici sospetti di cospirazione. Rilasciato dopo due mesi, decide di lanciare la sua aperta sfida al nuovo regime fondando una rivista di stampo reazionario, la Tragicommedia. Dopo appena tre numeri, il periodico è costretto a chiudere e il nostro gentilmente invitato a lasciare il Regno d'Italia, pena una nuova carcerazione.

Così De Sivo intraprende, come molti della sua parte, la via dell'esilio a Roma, dove si è rifugiato il Re assieme alla sua corte. Dopo le sue recenti vicissitudini, ha ormai chiaro il suo obiettivo: riprendere il manoscritto incompiuto sulla Rivoluzione, per farne non più una descrizione dei fatti del 1848-49, ma una più completa storia recente del Regno delle Due Sicilie, dal 1847 fino alla sua caduta. Per questo ha bisogno dell'appoggio della corte reale, cui si rivolge per ottenere documenti e informazioni. Ma non trova l'aiuto sperato: nonostante i continui attestati di stima, persino nella cerchia del Re è ritenuto troppo virulento ed estremista.

Ma non si perde d'animo, benché abbia difficoltà anche trovare dei tipografi disposti a stampare il suo fiume di polemiche. Tra il 1862 e il 1863 sono pubblicati i primi due volumi; due anni più tardi l'opera completa è nelle mani di un tipografo veneto, in territorio austriaco, pronta per la stampa. Ma qualche mese più tardi il Regno d'Italia occupa il Veneto in seguito alla III Guerra d'Indipendenza. Il tipografo, temendo le persecuzioni, non pubblica nulla e si rifiuta persino di restituire il manoscritto: De Sivo è costretto riscrivere tutto.

Un'impresa immane, che il nostro fa appena in tempo a portare e termine: nel novembre 1867, dopo aver licenziato il quinto volume, muore in esilio a Roma.

Ecco dunque la storia di questa opera, che da più parti ci è stata richiesta. Una testimonianza che in un certo senso procede di pari passo con il *Viaggio da Boccadifalco a Gaeta* di padre Buttà, da noi già proposto in passato. Ma con una sostanziale differenza. Giuseppe Buttà scrive in età avanzata, quasi due decenni dopo gli avvenimenti vissuti, e come lui stesso ammette lo fa "senza passioni". Questo non gli impedisce di essere feroce, ma sempre in modo più tendente al sarcastico che al velenoso. Tutto sommato è un sacerdote, che si sforza per quanto gli è possibile di perdonare anche ai nemici.

Ma De Sivo non è un sacerdote, e per di più scrive a caldo, in parte durante gli avvenimenti stessi. Non si accontenta di contribuire a quella che ritiene essere la verità: troppo bruciante è ancora l'esperienza vissuta, vuole attaccare, sbugiardare. Se lo scopo di Buttà è fare delle precisazioni, quello di De Sivo è mettere alla gogna.

Da qui l'estrema virulenza di queste cronache, che a tratti sembrano procedere come un fiume in piena. Il mondo di De Sivo non conosce sfumature: è tutto o bianco o nero, una eterna contrapposizione tra buoni e cattivi, e se i buoni hanno qualche colpa è unicamente quella di essere troppo morbidi nel combattere i cattivi. Il suo sdegno è universale, e gli fa macinare gli avvenimenti senza perdere tempo a badare alle sfumature, forte com'è delle sue convinzioni. Il vecchio è buono, il nuovo è cattivo, punto e basta; la monarchia dev'essere assoluta, la religione cattolica imposta di stato, la censura necessaria; e il suo snobismo raggiunge vette involontariamente esilaranti quando riserva ai parvenu della società appellativi simpatici come "lurida feccia", "lezzo di trivio", "sozza bordaglia". Un personaggio che doveva avere molto dell'eccessivo, insomma; reazionario sì, ma reazionario a tal punto da scrivere in un italiano antiquato persino per l'ottocento.

Un libro inaccettabile, dunque, degno nemmeno di essere letto? Dipende. Certo, non va troppo per il sottile: già soltanto leggere il primo libro vuol dire confrontarsi con una serie di asserzioni capaci di indignare il più moderato dei progressisti; una rapida storia dell'epoca contemporanea che fa a pezzi illuminismo, scienza e democrazia come frutti di un complotto a metà strada tra il massonico e il satanico. Ma il nostro invito è quello di farsi forza e andare avanti: ne vale la pena. Mai recedere, nemmeno di fronte a quello che ci appare più indigeribile, cercare sempre di ricavare sia pure quell'1% di verità da ogni testo; è questo quello che chiamiamo un approccio laico alla cultura. Anche se può sembrare paradossale parlare di laicismo a proposito di un autore fanaticamente teocratico.

Alla vigilia delle celebrazioni del 150esimo anniversario dell'Unità d'Italia, restiamo più che mai convinti della necessità di recuperare anche questa parte della letteratura risorgimentale. E non tanto per costruire una *memoria condivisa*, il che ha troppo il sapore di un compromesso a tavolino; quanto piuttosto per costruire una *memoria completa*.

Eccovi dunque la Storia del De Sivo. Da più parti l'avete chiesta; siamo lieti di accontentarvi. Ma fate attenzione: è materiale che scotta.
Usare con cautela.

STORIA DELLE DUE SICILIE

VOLUME PRIMO

PREFAZIONE

Solendo i popoli tornar sempre agli errori medesimi, le lezioni della storia parrebbero non riuscire a niuno ammaestramento per l'umanità; nondimeno chi studia i fatti avvenuti vi trova in azione verità eterne e imperiture; perchè siccome in natura tornan le piante e gli animali stessi riprodotti dal seme primiero, così nell'ordine morale, sendo una l'indole umana, si rinnovellano l'opere ne' tempi, benchè con altri riscontri d'eventi. Il passato è quello che avverrà. La storia insegna questo vero, quando pinge la seguenza dell'esperienze involuntarie che l'uman genere va facendo ne' secoli; laonde ella esercita sua potenza nelle opinioni contemporanee e posteriori, nelle opere governative, nelle sorti delle nazioni; dà norme di principii, di modi, di leggi; e mena le genti ver la perfezione sociale.

Pertanto chi scrive storia s'alza a giudice delle nazioni e de' loro reggitori, se ne fa ministro di biasimo e di lode, s'erge quasi a interprete de' santi giudizii di Dio: balda impresa che vuol magnitudine di mente e coscienza, e animo impavido e forte. Per questo i grandi narratori stan più su de' grandi operatori; e il magno Alessandro invidiò Achille, non per Ettore ucciso, ma pel canto d'Omero. Sebbene il dire sia men del fare, pur sovente il fare nasce da circostanze e fortune che spinsero in atto il valore; laddove il dire è parto di volontà, che, innamorato del vero, lo dichiara a malgrado di tempo avverso e di vendicative passioni. Il fare è più magnifico e lucente ne' suoi perigli; il dire è in bui perigli più gagliardo per intrinseca virtù; il fare abbisogna di speciali condizioni umane; il dire in quantunque tempo può spiegare sua forza. Senza il ratto d'Elena non saria stato Achille; ma Omero, pur non cantando l'Iliade, avria dato altro poema divino.

E perchè l'arte del narrare è difficilissima sopra tutte, veggiamo pochi scritti antichi trapassare i tempi, e giungere sino a noi; eppure oggidì le difficoltà sono più assai, che la moderna storia ha più impacci. L'antica poco si discostava da' fatti d'un popolo; dove oggi i fatti s'intrecciano e diramano in tutto il mondo, sicchè devi toccarli di tutti. Più semplice era il governamento antico: meno leggi, minor commercio, non torchi, non telegrafi, non vapore, non eserciti stabili, eran uomini men verbosi, meno infinti, parlavan per manifestare non per ascondere il pensiero; oggi le vertenze internazionali per numero, per tenebre di dispacci, per bugie premeditate di giornali, per insidie cavillose di ministri e parlamenti, son dure a discifrarle, a confrontarle co' fatti, a smascherarle; oggi l'analisi opprime la sintesi, e lo scrittore con molto più fatica fa opera d'arte men bella che gli antichi.

Ma s'è ardua impresa far narranza del passato, arduissimo è imprendere a dir fatti recenti, contemporanei, di personaggi possenti, vivi, o spenti da poco, di famiglie presenti e molte, quando le passioni generatrici dell'opere fremono e infuriano ancora, quando biasimo e lode posson parere odio o adulazione. Lodi virtù e gloria, e hai nemici i viziosi e gl'infami, che se ne sentono ripresi; vituperi un tristo, e non pur lui, ma molti che tristi sono se ne credono rinfacciati. Smascheri certi iniqui potenti, e questi che a fare scelleratezze son pronti, s'indragano a sentirsele rampognare; sveli tradimenti e codardie, e gridan calunnie; encomii i magnanimi percussori di reità, o sofferitori d'ingiusti danni, e ti taccian partigiano. Cotai pericoli son maggiori in questi tempi di sette, le quali han prestabiliti i vanti e i vituperi prima dell'opere; e più son maggiori al giudicar vincitori e perditori; quelli, non che di biasimo, neppur di moderate lodi si contentano, questi vorrian delle patite sventure accagionar altri o fortuna, e sconfessare loro falli.

Oggi a spiacere a' potenti è più periglio che prima; perchè i potenti da temere non sono già i reggitori legittimi degli stati; i quali non sogliono percuoter forte, e loro punizioni portan sovente certa celebrità che non ispiace a chi fa libri. Chi scrive male de' re legittimi trova celebratori, ed è messo in cielo, guadagna amici, lucri, soldi; ma guai a chi deve disapprovare cotesti Bruti nuovi, cicalatori di libertà! tosto è diffamato, proclamato matto o asino, gli si serra l'avvenire, sottostà a multe, a prigionie, ad esilii, nè di rado a pugnali e veleni. I legittimi re poco apprezzan gli scrittori, poco premiano, spesso li dimenticano; gl'illegittimi alzan gli scrittori a prefetti, a ministri, a dittatori. Laonde vedi numerose falangi di libelli contro i regnanti nati, che se tutti non son Titi, neppur son Neroni, e te li pingon mostri e tiranni; ma questo offenderli per dritto e per torto, quel dirne false lordure e velenose, non è già risicoso coraggio, ma codardia impunita, voglia di subiti guadagni, facili rinomanze e pronte salite.

Parecchie storie uscite a questi anni fur dettate a tal fine; e furono congiure, non solo contro il vero, ma contro gli stati. Narrando il passato a rovescio, congiuravano a rovesciar l'avvenire. Han dentro un veleno ch'adultera ogni fatto; il vero s'è ostile allo scopo, tacciono o smozzano, se giova allungano e incorniciano. Talvolta lodano il buono, ma con isforzo, e vi gittan di sbieco astiosa bava; talvolta condannano il male, ma con iscusanze speciose; negli onesti notan difetti, ne' malvagi innestano idee alte; e da ogni caso buono o malo cavano argomenti all'idea preconcetta. Scrittori sono artifiziosi per ingannar l'avvenire, e far coperchio al presente; han l'assunto di gloriare ogni reo fatto con isplendide parole. Quindi odi uccisioni scusate per necessità, incendii lodati per virilità di comando, fucilazioni a migliaia dette salvatrici della società, insidiosi consigli appellati sapienti, assassinii e regicidii alzati ad eroismi; poi aspirazioni di popoli le usurpazioni, fonti di ricchezze gli enormi balzelli, civiltà progrediente gl'immorali costumi, purezza di cristianesimo il negar Cristo e percuoter la Chiesa. Così storta la verità, e il vizio in nugoli di laudazioni, il leggitore si trova immerso in un mondo ch'è negazione d'ogni idea buona ch'avea da bambino succhiata col latte. Ma, la Dio mercè, mai non si giunge a ingannar pienamente la posterità. Lo scrittore di cuor vendereccio, vigliacco o vendicativo non fa opera duratura; sempre il tempo diseppellisce gl'inganni, snuda gl'imbellettati vizii, e finisce col dar giudizio giusto. A che dunque i tristi van comprando celebrazioni ipocrite di poca vita? A che ammantar di porpora l'infamia? A che lo storico vitupererà la sua penna a pro di caduchi oppressori? meglio perigliar pel vero eterno, che fruir corte onoranze per menzogne.

Oltre a questi, la storia contemporanea ha pure altri scogli. Sendo molti testimoni e operatori vivi, ciascuno s'avvisa sapere; e quel che legge, se gli è ignoto mette in dubbio, se il sa vi trova mancanza o eccesso, l'operato o il visto da lui crede di momento, e lacera lo scrittore. Ma la storia non può giudicar da ogni parziale fatticello, bensì da tutti insieme; sorvola sulle minuzie, e fonda il pensiero sintetico sulla importanza complessiva. Sono inoltre i recenti fatti per vicinanza difficili a chiarire, siccome un gran monte veduto troppo da presso non bene spiega al guardo suoi contorni; però meglio saria discostarsi col tempo per saperli e giudicarli; meglio lo scrittore con gli anni si spoglierebbe delle idee plateali, e de' loro echi, per ponderar gli avvenimenti nudi, in lance d'eterna giustizia. Gli è grande difficoltà lo smettere i pregiudizii che la condizione, gl'interessi, le simpatie, e pur le trepidazioni e le speranze, facendogli cerchio all'animo, il posson muovere e annebbiare. La poesia tutta passionata ha pregio dagli affetti vivi, perchè ella con finzioni manifesta e abbellisce generali verità ed ideali virtù; ma la storia può aver danno dalle passioni del narratore, perchè ella è soprattutto di verità particolari e di personali opere raccontatrice.

Nulladimeno s'avrebbe per questo a rinunziare alle storie contemporanee? E se i contemporanei tacessero, potria la posterità sapere e giudicar del passato? saria buon servigio alla verità il lasciarla andar zoppa e guasta dalle impiastrate narrazioni correnti? E morti i viventi operatori e testimoni, come in altre età trovare le segrete cagioni de' fatti? Rinunzieremmo alle opere classiche di Tucidide, Senofonte, e Cesare contemporanee? e a' nostri Machiavelli e Guicciardini e a tanti altri sommi?

Nè in tutto è vero dover la storia affatto svestirsi di passioni, nè pur saria bello averla secca e nuda. Vedesi da' dettati di tanti ingegni ella pigliar sempre l'indole e il colore del tempo in che è scritta, nè aver macchia da tal sua necessaria condizione. Suo ufficio è il muover gli affetti a pro del bene e contro il male, far questo abbonire, quello amare. Buona è l'indignazione all'ingiusto, buono infamarlo, buono difender l'innocenza percossa, e farla simpatica benchè infelice. Nè solo si deve dire il vero, ma dirlo con tal passione che giovi alla virtù, e dannifichi la colpa. Se così passionata non fosse, la storia non saria degna del suo scettro. Misero lo scrittore che nol senta, più misero il lettore che nol pregi!

Perchè il passionarsi non trasmodi, v'è norma sicura, la drittezza messa da Dio nella coscienza del genere umano; quella drittezza antica che servì per quattromil'anni a giudicar gli umani eventi, cui oggi indarno l'andazzo de' tempi rinnega. Inspiriamoci nella dritta coscienza, e non erreremo; chè se di presente spiaceremo a' nequitosi, piaceremo a' buoni e a' posteri. Quando l'età baldanzosa non farà più nebbia agl'intelletti, quando il Signore avrà affralite le mani de' tiranni, resterà il ricordo genuino delle perpetrate tristizie. Oggi è debito nostro dire il vero a chi tocca; e altri si lamenti delle opere sue, piuttosto che di chi verissimamente le narra. Chè se guai incontreremo, ne sarà conforto il saper di non meritarli, e 'l poterne nell'animo interno trincerare; s'è vero, come disse Marco Aurelio, che mente libera di passioni sia pari ad altissima rocca.

Io cominciai a scrivere su queste rivoluzioni nel 1849, quando esse teneansi vinte e depresse; e già stesi n'avea sei libri; ma per non parer di percuotere i vinti e inneggiare a' vincitori, non volli publicarli; anzi scrittovi su: *da stamparsi dopo la mia morte*, misili in un nascondiglio alla mia villa di Maddaloni, colà quasi dimenticati. Dopo undici anni, nuovi eventi sconvolsero la patria nostra; la mia casa fu in settembre 1860 invasa di Garibaldeschi; e prima il Bixio, poi l'Avezzana, poi il Carbonelli detti generali, con molto seguito vi stettero tre mesi, e lasciaronla vuotata d'ogni roba. Frugando da per tutto, quelli ospiti, discoperto il nascondiglio, m'avean pur quei manoscritti presi; e leggicchiandoli con dispetto ne fecero stizzosi discorsi; il che rapportato a me in carcere, ebbi pensiero, e mi venne pur fatto, che per un po' di mancia uno de' loro li derubasse a quei derubatori.

Dappoi in questo sforzato esilio me li feci venire, nè mi seppi tenere dal correggerli e continuarli; e sì lavorando ad ingrate memorie ingannar la noia della solitudine, e 'l dolore della patria perduta. Qui ebbi opportunità d'aver alle mani documenti uffiziali e singolari, interrogar persone ragguardevoli per età, grado, ingegno, e probità, de' quali molti furo operatori o testimoni; li ho uditi in disparte e a confronto, ho studiato scritti di tutti i partiti, ho notato quanto ho visto con gli occhi miei; e così de' fatti e delle loro cagioni parmi essere entrato bene addentro, nè aver trascurata investigazione, nè fatica, nè cosa di momento taciuta.

Nondimeno avrei bramato tenere ancora altri anni il mio lavoro, per pubblicarlo in meglio accomodati tempi, più terso e compiuto; ma gravi considerazioni m'han sospinto in contrario. Veggo lo strazio del vero che si va facendo da scrittori rivoluzionarii, per inghirlandare loro trionfi e calunniare i depressi; veggo il reame nostro non pure asservito ma condannato a tutte onte da' suoi saccheggiatori; odo le scelleratezze passar per fatti mirabili, la nazione nostra sfatata, noi pinti al mondo quasi barbari e meritevoli di questa vile sorte che appellano libertà; miro con isforzate luminarie costretti i Napolitani a celebrar loro catene, e a ringraziarne pubblicamente Iddio, e con la patria perduta inneggiare alla patria redenta. Che più aspettare? La causa della patria nostra è quasi per le dette fittizie cagioni in mala vista; e gli stranieri, avendo poche buone scritture per sapere i fatti napolitani, non sempre ne giudicano male per malignità, ma più spesso per ignoranza del vero; onde mi sembra necessità uscire dal silenzio, e per carità del natio loco risicar la pace e la salute della mia persona. Adunque risoluto a lanciarmi in quest'onde perigliose, dò a stampa quest'opera, ch'era fatta pe' figli nostri; e presto la dò, perchè non paresse dubbiezza, o pusillanimità, o temenza di sfidar le testimonianze degli uomini viventi.

Un'altra spinta m'ebbi considerando i grandi mali non esser duraturi, finire un dì queste ruine, la patria aversi a ricostituire. Allora Dio non voglia si rinnovellin gli errori passati, che, sebben non gravi, pure da' nemici aggravati fur pretesto ed esca agl'incendii. Scrutar quelli errori, dichiararli in giusta misura, farne dirò quasi esame di coscienza, e confessarli, sarà bene non punto minore dello smascherar le calunnie; e saria sconcio il tacerli o il coprirli, perchè la verità n'esca intatta e piena, e perchè lo eccesso nè dell'accusa nè della difesa non deturpi la imperturbabilità del racconto.

Avvegnachè io narri le rivoluzioni dal 1847 al 1861, pur sendo esse state nè spontanee nè improvvise, ma partorite da remote insidie, m'è necessità toccar delle precedenti, e inoltre ricordare i principii della setta mondiale; però chi questi tralasciar volesse potria cominciar sua lettura dal secondo libro, e tenere il primo come prolegomeno dell'opera. Compenso tal lunghezza con brevità di dettato.

Contrascrivere a' nostri tanti detrattori non intendo, che non fo polemica, ma storia; a questa non aggiungo documenti in fine, per non aggravarne di molti volumi la mole; de' rari dò chiara notizia, de' comuni ciascuno può far cerca; dicerie lunghe lascio, delle importanti dico il succo. Scrivo semplice e piano, con ingenuità che narri il vero senza ornamenti; appellerò le cose co' loro nomi antichi. Oggi che a turpi fatti si pongon bei nomi, son diventati santi i vizii, sicchè a' buoni si fan vituperevoli le soavi parole che già significavan cose oneste e virtuose. Restituiamo noi mondi tai nomi, discostiamoli dalle iniquità; e queste guardiamole in viso nude quali sono, sinché la Provvidenza lor non dica basta!

Forse sarò dispiacevole ad altri, come a me stesso, a non poter passare tante nefandigie d'uomini che parean Catoni; dover favellar talvolta di pecunia data o presa, di disfatte, di tradimenti, di codardie, di doppiezze, d'insidie, con danno di popoli, con ruine di robe, con sangue d'innocenti, con istragi funeste, che il cuore strazieranno e agghiacceranno ad ogni anima bella. Debbo dire trame di più lustri, arti nefande di stranieri, sforzate guerre civili, saccheggi, arsioni, fucilazioni, rapine; un esercito manomesso, non da nemico ma da' suoi duci, e stremato a sorso a sorso; una flotta rubata, un regno distrutto, carceri piene di onesti, galeotti carceratori, masnadieri trionfatori; chiamarsi patriota il disertore, il patriota brigante, straniero lo indigeno, fratello lo straniero; vantata l'arte della spia, nere colpe premiate per virtù, virtù punite in tutte guise, derisa la Fede, percussata la religione, e sempre sofismi e menzogne, per far perdere sin l'idea del dritto e del vero.

Non mancano elogiatori a tanti mali; ma son come chi, nulla tenente, ha saputo nella universale ruina trovare una pietra per adagiarsi; o chi al calore immenso d'un incendio scalda sua vivanda. Costoro il cristiano commisera, lo storico maledice. Me certo diranno partigiano; ma partigiano è chi per sette con venduta penna sconvolge e mistica la verità; non chi libero difende l'umana ragione dalla tirannide del mendacio, e rivendica la ragion dell'eterno dritto universale, insozzata da serpentina bava, sbranata da leonini artigli.

Io da' legittimi governi non ebbi favori mai, nè alto uffizio; ebbi anzi note ingiustizie, e sin negata la mercede a mie fatiche; però niun interesse me spinge a spogliarli dalle calunnie, o a coprirne gli errori. Spiacerò agli uomini delle rivoluzioni, e a quei pure del dritto; perchè gli uni e gli altri, sebben con misura e modo diverso, fallarono. Ma la lode e 'l vituperio vengon da' fatti. Io libero da odio e da amicizie, narrerò imparziale, con animo franco da paure e da speranze; anzi con ferma speranza di non aver paura. Che se mio malgrado erri per ignoranza o debolezza, non ne vada tutta la colpa alla peccabile natura umana, ma anche alla presunzione di chi osando levarsi a giudice de' suoi tempi, ha mestieri esso stesso di giudizio e di condanna.

Roma, 1° ottobre 1863.

LIBRO PRIMO

SOMMARIO

§. 1. Le Sicilie sempre co' Re. — 2. Amor del popolo al trono. — 3. Le sette. — 4. I Massoni. — 5. I filosofi, Voltaire. — 6. Federico II, Alembert e Diderot. — 7. L'enciclopedia. — 8. Montesquieu e Rosseau. — 9. Acciecamento de' Re. — 10. Acciecamento de' nobili e de' popoli. — 11. Cagione l'egoismo di ciascuno. — 12. Weishaupt. — 13. L'Illuminismo. — 14. Gradi dell'Illuminismo. — 15. I Giacobini. — 16. I Carbonari. — 17. La Giovine Italiaa. — 18. Gli Unitarii. — 19. Il pretesto dell'unità d'Italia. — 20. Sperano in Francia e Inghilterra. — 21. Usano la religione. — 22. La letteratura. — 23. La filosofia. — 24. Il progresso. — 25. Il lusso opprime la civiltà. — 26. Le sette sono i Barbari moderni.

§. 1. Le Sicilie sempre co' Re.

Queste terre dopo i Romani ebbero principati, e al 1130 la monarchia. Prima furono re Normanni, poi Svevi, Angioini, Aragonesi, Austriaci e Borboni. La feudalità sorta co' Barbari, necessario freno all'anarchia, potentissima dal trecento al cinquecento, calò intristendo, e all'età dei nostri padri finì. Per quella nel reame avemmo disparità di ordini, altri percussori, altri sofferitori, moderati solo dal potere regio; quando la superiore Italia, avea minori disuguaglianze di ordini, e reggimenti popolari, con gelosie di municipii, e gare cittadine. I popoli nostri tartassati da' baroni, speravano ne' monarchi, e stavan cheti e uniti. Ma quelle molte repubblichette, fatta a ritagli l'Italia, furono lungo tenzonar fratricida, cui sol dava posa il furiar dei tirannelli che le spegnevan sovente; sicchè, fra le tirannie de' molti o de' pochi, il viver libero era una irrisione prima ancora che finisse l'indipendenza; la quale, perchè dilaniata e strema la nazione, si perse al primo irrompere dello straniero. Quei governi a popolo eran conflitti, sperpero del presente, incertezza del dimane, tramare, esiliare, confiscare, uccidere, vendicarsi; e poi retaggio secolare d'odio e sangue. Libertà il vezzeggiar la plebe e percuoterla, la indisciplinatezza delle passioni, il cozzo di tutte volontà, dove il forte e l'astuto schiacciava il debole e il bonario, dove neppur nel santuario era sicurezza. Si sguainavan leggi per ira; e ogni dì se ne faceva in piazza, per rifarle a rovescio poco stante, e a niuna ubbidire, ma alla forza. Mostra di libertà, e servitù atroce.

Siffatta pianta di libertà mai nel napolitano mise radice. In contrario i baroni tiranni a' vassalli, spesso ribellavano a' re. Questi alle prese con esso loro, avean forza dalle popolazioni; siccome queste nelle miserie ricorrevano ai monarchi; però ordine e giustizia turbati da' grandi, avean sostegno solo dal trono; onde fra popolo e re era una medesimezza d'interessi, e colleganza e fede. Le dinastie normanna, sveva e aragonese battagliaron di continuo co' baroni, e vinserli più volte con armi regnicole, ma furono esse vinte dalle, chiamate da' baroni, arme oltramontane. Solo la razza angioina, che li divise e blandì, durò più, asservì il paese, ammiserì lo stato, e preparò quei due secoli e mezzo di viceregno e ubbidienza a Spagnuoli e Tedeschi, che ne spensero ogni prosperità. S'è visto sempre, e sin oggi, che niuna rivoltura riuscì nel reame, se non con arme straniere.

Dal servaggio viceregnale ne riscattò nel 1734 Carlo Borbone, venuto di Spagna per dritto di successione. Ei rifece il regno indipendente, e ricominciò nuovo stato, con sicurtà, industria e ricchezza. Cancellò tutte interne discordie; finì i dissidii con Roma tra sacerdozio ed imperio; fermò i dritti regii con solenne concordato; primo die' un codice di commercio, creò la Deputazione di salute. Proteggitore delle arti attestanlo la reggia e i giardini di Caserta, i ponti di Maddaloni, i palagi di Portici e di Capodimonte, i diseppelliti Pompei ed Ercolano, ed in Napoli le strade del Molo e Mergellina, il Museo, l'Albergo de' poveri, i Granili, il gran teatro S. Carlo, e le fondate accademie. Ei tra noi pose fine al medio evo. Con leggi consacrò i principii del dritto comune; e per non urtar ne' dritti preesistenti costituiti dal tempo, lasciò anche al tempo il disseccamento della pianta feudale, quasi vizza e barcollante. Procedè non con azione diretta, ma dando vita a nuove forze sociali. Non percosse, non osteggiò, non abbassò il baronaggio; ma die' spinta agli altri ordini; sicchè in breve quello restò minore, e nel conflitto le comunità avvantaggiate andavan sopra. Anzi i baroni onorò, se li chiamò accanto, con l'esca dello sfarzo li distrigò dai castelli, li svestì delle forme scherane, li fe' spendere a corte, e guadagnar lindura, idee e civiltà. Cotali cagioni, e il subito divampare del napolitano ingegno, e la energia delle non più spregiate leggi, così ammortirono la feudalità, che già boccheggiava, quando la scoppiata rivoluzione di Francia die' le vertigini a' popoli e a' sovrani. Questi per tema si fermarono a un tratto, nè volean più dar nulla; quelli per foga corsero a furia, e tutto vollero a un colpo. Patimmo la conquista, e dieci anni di Francesi. Pertanto le leggi nuove, riversive de' feudi con un taglio riciso, non isfuggirono l'odiosità dello sforzo; dove con poco altro ei sarebber venuti meno per civiltà progrediente, per virtù naturale dell'età. Allora i baroni stati oppressori, con fatale scambio furono oppressi, e anco in parte spogliati. Spenti essi, restò il trono, e lo scettro che agguaglia i dritti di tutti; il che fu la libertà voluta da' Napolitani.

§. 2. Amor del popolo al trono.

La consuetudine al principato, otto secoli di colleganza fra re e popolo, la gratitudine e la simpatia, fan qui della monarchia un sentimento, che s'afforza negli affetti, nelle tradizioni, negl'interessi e nel bisogno del paese. Essa è lo stato nostro conveniente. Le menti napolitane sì n'eran convinte, che nel comunal pensiero re significa giustizia, repubblica subuglio; perlocchè sebbene altri di fuori speculasse con sette e cabale a porre in questo paese qualche radice, avvizzì, per mal concio terreno. A' tempi ultimi la nobiltà, paga di entrare a corte, e d'aver giuste ricchezze e moderate leggi, fu quasi tutta pel trono; e la bassa gente era sì al trono devota che poco più l'era alla religione. Fidava nel re come pregava Dio; nè sapea più. Nella mezzana classe serpeggiava meglio il veleno straniero, il sofisma, e la erudizione sbiadita; e si levava a desiderii di subite salite, e pigliar nome e uffizii; onde smesso il freno religioso, vagheggiava forme di governo dove di leggieri potesse entrare. Costoro in ogni paese aspirano a novità, e insorgono, potendo. Ma qui potean poco, non essendo gente d'armatura.

Guatando il passato luccica meglio questo vero; chè in tutte commozioni popolari trovi la devozione al re. Sicilia nel dugento ammazza a suon di vespro i Francesi dominatori violenti, e grida re lo Aragonese, erede della dinastia legittima. Napoli al cinquecento si leva contro il vicerè Toledo, che volea l'inquisizione, ma co' viva a Carlo V. Nel seicento insorge con Masaniello contro i balzelli e la baronia, e pur grida i viva al re. A tempo de' genitori nostri, al sentir Francesi, i popolani nudi e senz'arme, combattonli co' sassi tre dì; e poco stante al veder repubblica vengon da tutte provincie in massa con un prete in testa a schiacciarla, con quella rabbia che ne fe' sì tristo e famoso l'anno 1799. Quando poi Napoleone frustava mezza Europa, solo Calabria dice no sdegnosa, e sforzata ma non doma dà il sangue pel suo re lontano. Nel 1820 il popolo lasciò i settarii soli ad Antrodoco. Nel 1848 la rivoluzione mandata e attizzata dallo straniero fu spenta con arme patrie. E nel 1860 la nazione, conquisa da oro e ferro estero, a lungo riluttò; e inerme e in ceppi ancora rilutta. Ne' Napolitani la monarchia patria è religione.

§. 3. Le sette.

Queste verità son dure a' novatori del paese; ma sorretti da quei di fuori non hanno scrupolo di porre in fuoco la patria, e darla a mangiare a' forestieri. Oggidì le rivoluzioni suscitate in tutti i regni hanno una, anzi unica cagione, la setta. Ancor v'ha chi crede i rivolgimenti seguiti da ottant'anni in Europa fosser per circostanze di ciascuno stato, non per trame generali premeditate da un concetto. Danvi cagione il mal governo, la oppressione, i balzelli, la poca libertà, e altro; credono il governar bene, le buone leggi, e la piena libertà abolirebbero le rivolture. Dicono chimere le società segrete; Massoni, Filosofi, Illuminati, Giacobini, Carbonari, Mazziniani, Unitarii, nomi da spauracchio; le sette, anche che fossero, non aver forza da sollevar nazioni; e addebitano piuttosto al caso che alla settaria possa le ruine rivoluzionarie. Altri sono che non negano un po' di premeditazione, ma sputan sentenze: le intenzioni esser buone, le idee volere trionfo di virtù, e la società rigenerata; i mali essere insiti alle mutazioni, dopo la tempesta venire il cielo netto e bello. Però guerra civile, saccheggi, arsioni di città, uccisioni d'innocenti non li spaventano, chè tai disordini dicono menare ad ordine duraturo. I settarii poi, se in disgrazia, negan la setta; se in fortuna ne menan vanto. Ricaduti rineganla sempre. Ma v'han di essa documenti innumerevoli: confessioni, rivelazioni, catechismi stampati, riconoscimenti in legali giudizii, libelli proprii, e celebrazioni. Si riuniscono in segreto ove stan sotto, in palese ove stan sopra; si riconoscono in capo al mondo, si sorreggono, s'aiutano, si spingono alla preda concordi; ma abbrancatala se la stracciano, si insidiano, si sbugiardano, si accusano e si pugnalano a vicenda. Vediam tai sette cambiar nome e forme; ferite risanare, percosse reagire, schiacciate rinascere, e sempre con uno intento: colpire chiesa e trono, pigliare la potestà e la roba, e surrogare alla legge del dritto quella della passione. Dicono voler libertà ed uguaglianza, ma le voglion per sè; voglion sugli altri l'arbitrio e la dittatura. Fatti a un modo in tutte parti, con un programma, divampan contemporanei a spartirsi la terra.

Il volgo s'annoia a pensare, e volentieri s'acconcia alle idee altrui; così pochi scaltri fanno l'*opinione* che si dice pubblica, e partorisce ruine. Molti negatori delle sette son come settarii, che ne riescono stupidi strumenti; e imboccati ne ripetono i motti in piazza; plebe essi, persuadon la plebe, che n'è tanta al mondo; e con vaghe parole seminan ree dottrine. Voglion parer saputi, e son zimbello di furbi. Servonli a bocca come eco, a dar novelle false, a infamare la potestà, e a denunziarne i fatti, a farla parere esosa e insopportabile. Dichiarato malo il governo, suscitato il desio del nuovo, e l'ansia del ribellare, la setta domanda prima giustizia, poi riforme, franchigie, costituzioni, costituenti, armi, castelli, e tutto; ma fa fare a quei sori gridatori; e se plaudisce a parziali mutazioni, il fa salendo un altro piuolo di quella scala, che mette al pieno mutamento della società. Questo vuole. Essa oggi è forte, vincitrice, ha in Italia il dominio, ma non riposa; si abbevera di vendette, ma non si sazia; va dritto sempre innanzi.

Informate e mosse le ultime rivolture dalle segrete società, non potrei di quelle far limpida storia, se di queste non notassi i nomi, gli autori, i dogmi, le leggi, l'opere, gl'incrementi ed i trionfi. Però brevemente dirò di ciascuna, e 'l loro confederarsi, e succedersi, e il divampar di tutte insieme, lo sforzato rintenebrarsi, e l'improvviso risfavillare. Gli uomini operano per le idee che hanno, un'idea moltiplicata si chiama opinione, e si fa potentissima; ond'è degli onesti ed avveduti l'addrizzarla sul giusto. Che se l'opinione sinistra prevalga, e cresca, e corra come sinora, allora le trame e le menzogne settarie indorate di parole brille appellanti alle passioni, comprimeranno la ragione, il dovere, ed il bello; cadrà allora ogni religione, quale che sia, e ogni presente ordine di stato; sacerdozio, scettro, milizia, magistratura, ricchezza, nobiltà, tutto. Sparirà anche la proprietà: non campi chiusi, non termini, non palagi, non capanne; tutto è di tutti e di niuno, non pur mogli e figli saran nostri, si perderà la nozione di Dio. Queste verità sovente qualche animoso predisse, non creduto abbastanza, malgrado le insidie svelate dagli esecrandi fatti visti con gli occhi, e più volte rinnovati. Or se dopo l'ultime sperienze le nazioni non s'adergono a difesa, i nati o i nipoti nostri piangeranno, e indarno.

§. 4. I Massoni.

I Massoni, ovvero liberi muratori, antichissimi sono. Avean riti, formole, misteri, gradi, cifre, emblemi, conciliaboli, leggi, gergo, segnali ed enigmi. Dicean misteriosamente loro scopo essere *la ricostruzione del tempio di Gerusalemme*, e il vendicar non so chi uomo morto or là duemil'anni; ma con tai motti velavan ricostruzioni e vendette ben altre. Non appieno empia da principio, la setta mostrava morigeratezza; chiamava suo Dio *Il grande architetto dell' Universo*, ammetteva un Dio doppio, e avea certe scuole di Teosofia a suo modo: atea non voleva parere. Allora poco operosa, nè molto temuta, progrediva lenta, lavorando a spiegar geroglifici di cui diceva perduta la chiarezza. Stampò il libro delle sue costituzioni la prima volta a Londra nel 1723 un Guglielmo Hunter; il quale notava a quel tempo colà venti adunanze di Massoni, addimandate Logge; di cui ciascuna mandava un deputato alla assemblea generale a eleggere il superiore, detto in gergo *il Grande Oriente*. Faceva montare suo principio da re Salomone, e pur da Mosè; e aveva posto radici in tutti i regni. Eran Logge di varii riti, con più classi: garzoni, scolari, compagni, mastri, e altri uffiziali variamente denominati; nè quei di una ascendevano ad altra classe, se non dopo prove di lealtà all'ordine; e così per gradi si potea salire a' supremi misteri. Ogni classe avea segnali distinti per riconoscersi: toccamenti di mano, moti di dita, parole, sillabe, ed altro. Le ammissioni de' candidati, e le promozioni seguian nelle Logge, con forme da ciarlatani e profanazioni di cose sacre. Imprecando sul Crocifisso giuravan tre patti: segreto, ubbidienza, e vincolo d'unione. Il perchè di tanto giuro non si svelava, se non a' primi primi; a' bassi e ai profani dicevano studiar la pietra filosofale, la meccanica, l'architettura, e il modo da redimere l'umanità dalle miserie. Nulladimeno quel misterio non restò arcano alla Chiesa. Papa Clemente XII a 26 aprile 1738 scomunicava la setta, minacciava punizioni corporali; e a 14 gennaio 1739 comminava pena di morte a qualunque facesse parte di quelle Logge *perniciose, sospette d'eresia e sedizione*. Nè cessando il danno propagatore, Benedetto XIV a 18 maggio 1751 ripubblicava le bolle precedenti e riconfermavale. Più in qua anche Pio VII, e Leone XII pregarono i monarchi di comprimere le sette. Questi anzi a' 18 marzo 1825 forte li ammonì *tutelassero non solo la religione ma la incolumità loro e dei popoli, reprimendo i settarii*. I re a esempio de' Papi emanaron leggi simiglianti; Vienna nel 1743, Spagna e Napoli nel 1751, Milano nel 1757, e quasi tutte le principali città in varii tempi. Anche il Turco nel 1748 ordinò s'ardessero le case ove fosser logge di Massoni. Ma in fatto poco operaron; e la setta de' lievi rigori si ridea, procedendo segreta, mascherando l'opere e i pensieri; oltre che avea suo nido e rifugio costante in quella Inghilterra che del foco struggitore d'Europa fa ripostiglio, nè par che pavénti. E Francia che della inglese nazione sembra rivale, e cui pur cade spesso a copiare, imitavala dubbiosa; or ridente or temente di quella *Massoneria* che covava in seno, e che presto, da un suo Parigino nutricata d'empietà, doveva fare in lei sue prime prove.

§. 5. I filosofi. Voltaire.

Francesco Arouet, nato a Parigi il 20 febbraio 1694, da un notaio del Castelletto, prese di buon ora l'assunto di combatter Dio, e fu il primo a pensar d'usare il lavorio della setta. Empio di animo, di passioni smodato, di bello ingegno, ma poco sapiente, scrisse d'ogni cosa, di niente con dottrina. Soleva dire: co' libri si fan libri; e veramente i concetti altrui con brioso stile faceva suoi, e divulgava. Niuno pertanto die' fuori più scritti, niuno più lettori ebbe. Volea parer filosofo; natura fecelo poeta; e s'ei la poesia usata avesse, com'ella vuole, nella manifestazione della bellezza, forse Francia vanterebbe lui come Corneille e Racine. Ambiziosissimo, volente celebrità ad ogni costo, mutò nome in Voltaire, che pur troppo fu celebrato. Giovine avea scritto satire e s'era fuggito in Inghilterra, sede allora della filosofia de' Collins ed Hobbes; la quale volea alzar la ragione umana sopra la religione, onde rigettava il mistero inconcepibile, la rivelazione, e tutta la Fede cristiana. Voltaire ne fu preso, invidiò a rovescio la fama del Pascal e del Bossuet, invidiò Cristo e gli Apostoli, e aspirò a rinomanza uguale col diroccar l'opera divina. Concepì e die' principio alla congiura contro il Cristianesimo, e seguitolla tutta la vita, ch'ebbe lunga. Lutero e Calvino avean fatto guerra a taluni dogmi, ei la fe' a tutti. Stimò pregio non lo edificare, ma il distruggere; quasi avesser gloria uguale il Vandalo che spezza i monumenti, e lo artista che li creò; quasi le tenebre abbian pregio come la luce; quasi il mestier del sedurre al male pareggi la virtù del trarre a bene. Apostolo voleva essere, disfacendo l'opera degli Apostoli; e favellando di ragione e di virtù, iroso combatteva la religione delle virtù eminenti. Gloriando il vizio, che e più facile a persuadere, con oscene scritture stuzzicava brutali passioni, e avea plausi. I suoi scolari dicevanlo semidio.

§. 6. Federico II, Alembert e Diderot.

Fra questi è primo un potentissimo dell'età. Federico II di Prussia, re protestante in terra protestante, vide lo scopo acattolico del Voltaire, e piacquegli quel cervello. Non sospettò avesse a dar frutti amari a' troni. Scrittore anch'esso, stampava: errore popolare il Dio incarnato, favola il Cristianesimo, fanatismo la religione, pascolo di menti frivole e paurose; però lodava il Voltaire d'esserne il flagello, l'aizzava, il consigliava. In ricambio questi appellava lui *Salomone del Nord.* Lo esempio di tal re di corona, potente guerriero e vantato dotto, rattenne le mani punitrici degli altri monarchi, affievolì gli anatemi della Chiesa, e die' impunità a' Filosofi congiunti a' Massoni.

Terzo a quei due fu un trovatello, nato d'amori incestuosi di monaca apostata, detto Giovanni Le Rond, dal nome dell'oratorio sulla cui soglia fu trovato la notte seguente al 17 novembre 1717. Cresciuto dalla carità della Chiesa, pagò il benefizio col farsene percussore. Il mondo conobbelo d'Alembert, chè anche esso mutò nome come il maestro; lui per odio a Dio pareggiò, superò per malizie ed insidie;

ma la setta dicevalo *il Santo*! Si scelse cooperatore il Diderot, uomo d'intelletto dubbio, or ateo, or materialista, or deista, ora scettico, empio sempre; il quale filosofando conchiudeva tra lui e il cane esser sola varietà di vestito.

Cosiffatti quattro uomini congiurarono contro tutte le religioni; ma Cristo chiamaron per antonomasia *L'infame*. *Abbattete l'infame* era il motto. Voltaire tenzonatore, sconfitto cento volte, altrettante con viso da vincitore tornava all'assalto; Alembert astuto, fuggente la pugna, feriva nascosto; Federico di natura doppio, re ed empio, or coperto ora aperto, poneva nella congiura uno scettro; e Diderot, esecutore senza rimorso, era coltello ove il volgessero. Secondi a dovizia trovarono. Condorcet, Turgot, Brienne, Lamoignon, La Metrie, La Harpe, Bayle, Raynal, Damilaville, Elvezio ed altri. Federico dava danari, premii, onori, ed asilo; prestava i torchi prussiani, agevolava lo spaccio de' libri clandestini, comprava, incoraggiava; scrittore egli, irrigava di lodi gli scrittori empi, e in altri sovrani instillava suo veleno. Così creavano, divulgavano, sforzavano l'opinione; niuna cosa era dotta se non empia, niuna bella se non oscena, niuna virtuosa se non passionata. Essi pochi s'atteggiarono a genere umano; calunniarono il passato, manodussero l'avvenire, l'ateismo facean parere civiltà nuova. Congiura fu: mutamento di nomi, favella enigmatica, soccorso vicendevole, mistero, unione, pervicacia, tristizia, tutto ebbe di setta. Cominciò a mezzo il secolo passato.

§. 7. L'enciclopedia.

Sapendo contro Cristo non bastar forza, misero ingegno a guadagnar gli animi e le menti, con rivoluzione d'idee, lenta, insidiosa, che facesse via all'incredulità in tutti gli ordini sociali, e pur negli eserciti e nelle corti; perchè, dicea Federico, minar l'edifizio sordamente val farlo cadere da sè. D'Alembert concepì l'enciclopedia, come mezzo a spargere l'ateismo nel mondo. Annunziolla con magnifico discorso, dove i pensieri del Bacone e d'altri ingegni travestendo, faceva suoi; e mostrando di grandissima utilità all'umana sapienza quell'opera, seppela far parere stupenda. Disserlo dizionario universale di tutte cognizioni, e scienze ed arti umane, da valere come compiuta biblioteca. Portavanla in cielo i congiurati; le trombe della fama predicaronla da Battro a Tile. V'aveano a scrivere i più eminenti pensatori: scienziati, artisti, economisti, teologi, prelati ed altri, i cui nomi davano a ragione guarentigia di bene. Ma i compilatori sepper fare: ad ogni articolo religioso metteano accanto il veleno dell'incredulità; talvolta parean difendere la fede, e vi pingean lucenti gli assalti ; talvolta fiacca la difesa, gagliarda l'offesa, più spesso l'offesa era nella mala difesa; sempre fra rosee labbra il dente. Con ipocrito cipiglio sparnazzarono quanto in ogni tempo s'era inventato contro il cristianesimo. L'enciclopedia fu immenso magazzino di sofismi, e calunnie, vestite magnificamente come prostitute, per allettare la comune; fu render la dottrina volgare per darla fiacca a tutti, fu adusar gli animi al dubbio e alla negazione, e mandare alle venture generazioni in poca scienza il latte di presuntuosa ignoranza. I Massoni presentendo il cader degli altari trar con essi i troni, s'unirono a' Filosofi, e con migliaia di braccia aiutaron la barca. Miriadi di scrittorelli uscirono a laudare, Voltaire isquillava sue trombe, Federigo raccomandava e pagava, la moda che in Francia è tiranna, e sbranca pur fuori, tutte cose furono da alzar quel dizionario a quasi unico studio del tempo. Esso svoltava le idee secolari di pietà, di morale, e di credenza; seducea giovani e donne, grandi e bassi, dalle reggie a' tugurii, dalle città alle cascine; mestava un ribollio, un furor di passioni da prorompere in iscoppio satanico, sin allora inaudito fra' fasti della malvagità.

Il Montesquieu nel suo *Spirito delle leggi*, uscito nel 1748, avea dichiarato: *ogni uomo essere libero, doversi da sè governare; schiavi i popoli retti da principi, star nel popolo la potestà legislativa; questa usarsi per rappresentanti.* Tai principii tratti dalla costituzione inglese, indicati a base di dritto pubblico, aggiunsero il politico al fermento filosofico e sociale; gran preteso al progredire. Sovr'essi più edificò il Rosseau Ginevrino; e nel 1752 die' fuori il suo *Contratto sociale*, con progredimento d'idee; perocchè da quei principii traeva: *il popolo esser solo legislatore di sè, solo sovrano, infallibile nelle sue leggi, superiore ad esse; i re esser magistrati provvisorii e revocabili; meglio non averne; volersi assemblee popolari, sovrane, legislatrici;* e conchiudeva *la religione di Cristo contrariar lo spirito sociale.* E scrisse pure: *malfattore quel primo che, chiuso un pezzo di terra, disse è mio!*

Adunque tre uomini furono i motori primi delle rivolture moderne; l'un dall'altro diversissimi. Empio il primo, avria voluto monarchia, se questa permessogli il congiurar contro Dio, gli avesse data libertà di bestemmiare ne' libri; il secondo, nato nobile, voleva rappresentanze aristocratiche; e il terzo, figliuol d'artigiano, predicava democrazia e comunella. Ma senza Voltaire gli altri non facevano; chè pochi avrebber osato assalire i re cristiani. Congiunti i seguaci di tutti e tre a' Massoni, presero insieme a persuadere al mondo Dio esser fola, e tiranni i monarchi. Brevemente sclamavano in cattedra: *Gli uomini, uguali e liberi figli della natura, denno seguire il lume della ragione; la religione sottomette la ragione ai misteri, fa gli uomini ciechi e schiavi; lo stato fatto di ordini diversi disagguaglia gli uomini dalla natura agguagliati; si distruggano questi ordini, si gitti l'impero religioso, e l'umanità sarà redenta a libertà e uguaglianza.* Cotai pensieri seminati fruttificarono; e, mutate sembianze e parole, li vediamo sfuriar superbissimi ai tempi nostri.

§. 9. Acciecamento de' re.

In pochi lustri la congiura fe' larga rete, e seguaci innumerevoli, all'esca d'onori accademici, di celebrazioni letterarie, di cariche lucrose, e pur di carezze principesche. Con mansuetudini di sorrisi, e baciamani, ed astuzie eran riusciti a entrare in ogni parte. Nelle reggie, nelle case grandi, negli eserciti, ne' governi sedean settarii. Precettori, ai, cattedratici, balii, duci, imperavano in magistratura, in amministrazione, nei consigli dei re. I re anzi andavan primi. Tutto era novazione, tutto parve intento a far della terra eliso. I Luigi XV e XVI di Francia, Giuseppe imperatore,

Leopoldo di Toscana, e Ferdinando IV di Napoli ciecamente correano innanzi, e si fecero iniziatori di quei mutamenti civili e religiosi, cotanto allora celebrati, che detter poi sui cardini della società, che tanti secoli avea riposato in pace. L'ira cominciò contro i religiosi, e più contro loro robe; chè, temuti pel pio insegnamento pubblico, e per possa di scienza e ricchezza, s'avevano a scacciare e a spogliare. Prima i Gesuiti, siccome soldati di Roma; poi gli altri. Delitto il sapere, la possidenza, la virtù; massimo delitto il vestir clericale.

Nel nostro regno l'opere del Giannone, precedute alle volteriane teorie, a queste avean dato facile passata. Lo avversar le cose di chiesa fu andazzo e vanto; ogni passo contro Roma parve una vittoria. Cotesta guerra iniziò e proseguì il filosofo Tanucci, toscano, surto a un botto ministro e capo della reggenza al minore Ferdinando IV, dopo che in ottobre 1759 il genitore Carlo III, reduce a Spagna, il lasciava re indipendente. Il Tanucci iniziò la guerra al sacerdozio; lanciò lo stato sulla via sdruscevole da metter capo al 1799; e dall'altra trascurò la educazione del giovanetto principe, sì da tenerlo indietro al secolo, che tanto camminava baldanzoso. Ferdinando a 12 gennaio 1767 era dichiarato maggiorenne, ma trovava già conficcate le basi dell'avvenire, e sè ed altri incapace a mutarle al dritto. Diceva il Tanucci: *Principini, ville, e casini,* cioè i principini non ad arme nè a governo avere a pensare, ma a darsi bel tempo; e i moderni che dicono i re dover *regnare non governare,* han mutato le parole, non il senso.

§. 10. Acciecamento de' nobili e de' popoli.

Non è tanta maraviglia che i monarchi volonterosi d'accontentare i popoli, circondati e consigliati da stolti o traditori, cadessero nelle reti; ma l'è più veder la nobiltà, così numerosa e balda nell'Europa feudale, entrar nell'insigne stoltezza di reputar buone e belle le idee novatrici, che niente meno accennavano che a struggerla, spogliarla e darla al boia. Potenti, ricchi, rispettati, i nobili potevan rintuzzar la congiura, e invece per vezzo o imitazione, o voglia di parer saputi, congiurarono anch'essi. Addottrinati dall'Enciclopedia, educati da dottoricchi forniti dal d'Alembert, sputanti sentenze contro la religione ed i re, non s'accorsero che dopo i privilegi reali cadrebbero i privilegi di casta; posero il pondo de' loro gradi riveriti a prò del nemico sociale, e con l'esempio concorsero ad abbaccinare i re, e a storcere le popolazioni.

I bassi eran più facili a corrompere; chè l'uomo bisognoso e ignaro, se ode non esister Dio nè inferno, la roba esser comunale, esso uguale al ricco e al signore, non dover ubbidire, esser anzi sovrano, potere aver capriccio d'ogni vietata cosa, ei si cala presto a persuadersi. Nondimeno la religione e i sacerdoti mantennerli in gran parte. Nel napolitano poco furon guasti; molto in Francia, massime a Parigi, dove la setta avea le braccia nella plebe. La borghesia da per tutto fu la peggio infatuata. I Francesi sempre solleciti dell'onor nazionale, allora ciechi, incaponiti alle assemblee del Rosseau, vollero quello stesso che già i nemici di Francia volevano. Perocchè quando Germania, Inghilterra, Spagna, e Olanda, confederate per la guerra di successione al trono di Spagna, tementi della potenza francese, stipularono il trattato dell'Haya a 16 gennajo 1691, pattuirono non posar l'arme se non fossero ristabiliti gli *Stati Generali* in Francia, con l'antica libertà e privilegi che infrenavano i suoi re. Cotale libertà volevano in Francia i nemici di Francia per finir di temerla; ma Luigi XIV trionfò di quei patti, e morendo lasciò forte lo scettro e potente la nazione. I filosofi che sottomettono lo scibile a' sistemi, celebrarono le assemblee come sociale perfezione, e ne invogliavan tutti; l'Inghilterra soffiò in quei spiriti, e die' a novatori aiuto, appunto per abbattere la prosperità della sua rivale, e vendicarsi dell'America aiutata da' Borboni. Il nemico appaga le passioni dell'avversario per rovinarlo. E i liberali trionfati bruttaron di patiboli la Francia; e con quella libertà resero impossibile la libertà. Frutti delle lezioni de' Montesquieu e Rosseau.

§. 11. Cagione l'egoismo di ciascuno.

Ogni ordine di persone, strascinato come da torrente, lavorò alla macchina abbattitrice di tutti; chè la cupidigia pigliò gl'intelletti, e fe' vedere utilità dov'era danno. Utile solo è il giusto; seguendo giustizia s'ha utilità; ma sovente visiera di giustizia maschera sconvenevoli brame. S'acciecarono governanti e governati. I sovrani si credettero quel rumorio riescir contro i preti e i baroni; pensavano che affievolito il braccio baronale e clericale, guadagnerebbero forza, e indipendenza da Roma; però lasciavan fare, e proseguivan con leggi i cupi disegni delle sette. Così re e regine di corona stipendiare filosofi d'empietà, tenerli a corte, onorarli, averli maestri e consiglieri; re e regine entrare in logge massoniche, parteciparne gl'infimi gradi, sottomettersi a' ciarlatani riti. Dall'altra i nobili per ignavia e lascivia obbliata l'avita virtù, vaghi sol di tresche amorose, plaudivano a quel filosofar facile, che dicea la religione ostacolo a' piaceri; nè sospettavan che le sette accennanti a' troni s'avessero a rovesciar su di loro; speravano anzi che franti gli scettri raccoglierebberli essi. In contrario le popolazioni, più salde nella fede, ravvolte in tante reti e vischi, poco quella filosofia intendevano, ma sentivano volersi men severi ordini di stato, e franchezza di vita; però vi s'acconciavano, e spinte spingevano, intronate il capo di libertà. Nè i re, nè i nobili, nè i popoli vedean più là dell'offa lor menata negli occhi; l'un credeva minacciato l'altro, e si stava pago; non sospettanti aver tutt'insieme a esser percossi. Larghezza di coscienza, larghezza di leggi, larghezza di costumi, non più rigidezza di virtù, tutte blandizie e carezze e speranze facean larga, lubrica, infiorata la via del precipizio. L'egoismo fu danno di tutti. Soltanto la Chiesa, che sta sul vero e sul giusto universale ed immutabile, vide e manifestò il periglio, ma sola fu. Sin dal principio il clero svelò in mille modi la congiura, la combattè con prediche e libri insigni, confutò le dottrine false, prolungò la lotta, ritardò il progresso dell'empietà, e avrebbe meritato di vincere; ma il Signore volea permettere il breve trionfo del male, perché la deformità ne sfavillasse. Il clero profetò la rivoluzione, profetò la distruzione de' templi, e l'abolizione di Dio, profetò il regicidio, e la persecuzione; e quando tali atroci empietà si perpetrarono al cospetto del sole, seppe imperterrito sotto i pugnali e sulle scale de' patiboli confessare la verità della Fede, rinnovare i martiri de' primi secoli della chiesa.

§. 12. Weishaupt.

La gran rivoluzione fu affrettata da un Bavarese, il cui nome dovrebbe andar primo dopo Satanasso. Adamo Weishaupt fondò la setta degl'Illuminati, madre e modello organatore di tutte quelle de' tempi nostri. Funesto conoscitore del male, fabro insigne d'artifizii, ipocrita stupendo, indoratore d'ogni vizio, prepara sotterra una rivoluzione d'idee immensa, che sa dover divampare in lontano avvenire; eppur pertinace ne tesse le brune fila, nemico della luce copre la verità, ateo senza rimorso bestemmia sorridente. Da natura ebbe inattitudine al bene, intelligenza del fosco, mente organata ad ampie congiure. Nacque nel 1748; diconlo discepolo de' Gesuiti, poi d'un Irlandese detto Kolmer, e condiscepolo di Pietro Balsamo siciliano, famoso ciarlatano dettosi conte Cagliostro che insegnava magia e massoneria egiziana. Sappiamo da lettere di lui messe a stampa, che fu incestuoso e infanticida. Serrava in petto vulcani di passioni coperte con neve d'ipocrisia, nè altri mai meglio improntò il linguaggio della virtù. Addottrinato nell'ateismo de' filosofi e nel liberalismo de' Massoni, ambo con incestuoso connubio congiunse; ideò un modo da guadagnare il genere umano e imporgli il suo volere; cioè minare insieme religione, governo e proprietà. Sendogli indifferente ogni delitto, vi si mette con perseveranza e dissimulazione da superare o evitare qualunque ostacolo; si fa centro d'un circolo d'adepti sparsi in ogni città; per infiltrarli in tutti gli ordini. Si fa chiamare Spartaco; questi a capo di gladiatori s'era ribellato a' padroni del mondo, ei capo si fa di gladiatori morali contro la società. Al 1778 professore di dritto canonico nell'università d'Inglostadt, medita su' modi d'abolir tutti i dritti, e con magistrale autorità guadagna gli allievi. Vede gli ordini religiosi dipender da un capo, tenere in tutta la terra una schiera militante ad ano scopo per la gloria di Dio; ed ei l'imita creando altro ordine, pure ubbidiente a un capo, ma con opposto scopo; da fare in segreto quello che i monaci fanno aperto.

§. 13. L'illuminismo.

La sua congrega chiamò *Perfettibili,* poi *Illuminati,* voci non nuove fra' misteri e le sette. Agli scolari die' nomi simbolici; pochi fe' Areopagiti, grado eminente, egli capo. L'inaugurò a 1° maggio 1776. Ma ei temeva il patibolo, onde studiò con lenta avvedutezza tale organamento di congiura, che lavorando contro i culti e le potestà, paresse favorevole ad ambo; e tenesse in se tai precauzioni da valere in caso di svelamento a salvar lui, e ad assicurare il buon successo. Codice fu di astuzie, artifizii, agguati e seduzioni a' giovani, cosicché irretiti dalla prima età salisser per gradi da candidati a iniziati, e su su sino a capi. Ogni grado scuola di prove, ogni promozione un maggiore svelamento, sino a quel dei misteri ultimi. Comincia con fosche parole promettenti morale soda, educazion, culto e politica nuova; e via via disnebbiando giunge con le prove e gli anni a morale oscena, a religione senza Dio, a politica senza legge. L'essenza del suo insegnare era: « Libertà e uguaglianza esser dritti cui l'uomo in sua perfezione primitiva ebbe da natura; la prima lesione al dritto d'uguaglianza fu la proprietà; la prima lesione al dritto di libertà fu il social governo; la proprietà e i governi appoggiarsi a leggi religiosi e civili; dunque a ristabilir l'uomo ne' suoi pristini dritti, vuolsi abbattere a religione, leggi, e società. » Ma a ciò non s'arrivava a un botto. Ei prima tende ai giovanetti sue reti con arte serpentina, poi molto scrutatili li sceglie, li fa venire a sè senza invitarli; con mano invisibile ne dispone i pensieri e le voglie, e li guida a un fine; sicchè ciascuno è braccio d'un tutto che ignora, e lavora ad un edifizio di cui non sa le parti e lo scopo. Scrisse: « L'arte di far la rivoluzione infallibile è lo illuminare i popoli; illuminarli è pigliar cauti l'opinione, e farla vogliosa di mutamenti premeditati. L'opinione si fa con gli sforzi delle società segrete; i cui adepti, lavorando insieme e sparpagliati, e l'un l'altro afforzando, moveran le menti popolari a una via, in guisa che tutta la terra venga abitata da una gente, la cui maggioranza tenda a volere uno scopo. Allora schiacciate quelli che non poteste persuadere, e s'è vinto. »

§. 14. Gradi dell'illuminismo.

Avendo per far l'opinione bisogno di generazioni, ei con sue leggi studiò a guadagnar senza rischio i giovani, e a guidarli. Divise la setta in due grandi classi, delle preparazioni, e dei misteri; tutte e due con suddivisioni e gradazioni, secondo il progredimento degli allievi. La prima classe ha quattro gradi: novizio, minervale, illuminato minore, illuminato maggiore. Poi gradi intermedi, presi dalla Massoneria, cioè quelli di *Cavaliere scozzese*, per averne facilità d'entrar nelle logge de' Massoni. La classe dei misteri ha due gradi: uno dei piccoli misteri, pur suddiviso in *preti* e *principi;* e l'altro de' grandi anche in due, de' *maghi*, e dell'uomo-re. Di quest'ultimo grado componsi il consiglio sapremo degli Areopagiti. Inoltre in tutte queste classi e gradi v'è l'importantissimo uffizio, comune a tutti gli adepti, quello *dell'insinuante* o *ingaggiatore*. Ciascuno deve trovare e persuadere almeno uno o due, de' quali diventa natural superiore; ciascuno noterà in apposito taccuino quanto avrà osservato intorno a qualsivoglia persona, amica o nemica, su loro passioni, pregiudizii, legami, desiderii, tendenze, capacità e agiatezza; e ne farà ogni mese rapporto a' superiori; perchè l'ordine sappia su quali uomini in ogni parte di mondo possa contare o temere, e sui modi del guadagnarli o terseli davanti. *L'insinuante* ha per precetto aversi a contraffare e occultare l'animo, per ascendere nell'altrui con men periglio e più frutto. Scegliere il più fra giovanetti, formarli, educarli; a preferenza i potenti, i nobili, i ricchi; poi medici, curiali, pittori, librai, maestri di scuola; e prima i belli, che han più attrattive e meglio piacciono al popolo; piuttosto protestanti che cattolici, perchè quelli, come disse Federico II, vanno più presto; cercarli soprattutto fra uffiziali di Principi, ne' Ministeri e ne' consigli, massime se avesser patito ingiustizie, *perchè più di leggieri si fanno illuminare*. Trovato l'uomo, l'ordine dopo segrete informazioni, ne approva la scelta; nè dona già al primo fratello il carico d'illuminarlo, ma ad altro cui stima più atto, a seconda dell'intelligenza, età o grado del candidalo; quegli solo allora ha facoltà di gittargli la rete. Weishaupt in pochi lustri si mise in pugno mezza Germania. Il governo Bavaro entrato in sospetto esiliò lui, e perseguitò la setta; ond'ei riparò a Gotha, il cui Duca, suo adepto, fecelo consigliero aulico; sì potè aperto lavorare. Stampò nel 1781 la storia delle persecuzioni degl'illuminati in Baviera, e nel 1788 la descrizione dell'ordine degl'Illuminati. Morì poi a Gotha nel 1822.

§. 15. I Giacobini.

Ei sin dal 1782 pensava aggregar Francia al suo ordine; ma si tenne, temendo la natura francese per fretta gli guastasse acerba l'opera. Primo Mirabeau, iniziato all'illuminismo a Brunswik, ne portò i gradi a Parigi nella sua loggia detta de' *Filateti*, cioè amanti della verità. A quel tempo Filippo Duca d'Orleans, *Grande Oriente*, capo della Massoneria francese, avea già 282 città con logge, dove era pur penetrato il Cagliostro. E il re cinto di ministri settarii, e con la corte piena di settarii maschi e femmine, guardava quelle adunanze come feste: musiche, danze, canti, drammi, versi, cene, guardie e sentinelle di soldati pel buon ordine; ma mentre i grandi di Francia ballavano, trincavano, e s'acciecavano di fastose lascivie, là stesso in più recondite stanze si cospirava a rapir loro la potestà, le robe, e le teste.

L'illuminismo nel 1787 mandò deputati a Parigi, sotto specie di studiarvi i prodigi del Mesmer, in voga allora per altro settario favore; il Mirabeau presentolli al comitato degli *amici riuniti;* dove, detto Germania già ubbidire all'ordine loro, depositarono lo statuto del Weishaupt. Venne in gran parte accolto; e ne fu ingrossato il codice massonico; onde cominciarono a entrar nelle logge soldati, artigiani e sin facchini e proletarii. Sursero comitati in ogni città, tutti aventi il motto dal *Grande Oriente;* nè solo in Francia, ma in tutta Europa protetti da personaggi alti, da ambasciatori esteri e loro familiari e concubine. La rete meccanica dell'illuminismo affrettò la propagazione; sicché l'Europa era già vinta dalle idee francesi prima che ne vedesse gli eserciti. In breve i congiuratori sentendo lor forza, non istetter sulle mosse; e stabilirono il 14 luglio 1789 per sollevarsi in Francia. Vedesti in un dì milioni di furie, con stesse grida, stessi atti, in orgia orrenda, sforzar prigioni, bruciar castelli e case, sgominar soldati impotenti o immobili, e stilettare e trucidare. Il Mirabeau convoca tutti i capi delle logge nella chiesa dei frati Giacobini; questa diventa centro della rivoluzione, ed ecco Massoni e Illuminati appellarsi Giacobini.

Là tutte le logge, tutte varie sette, tutte caste: filosofi, enciclopedisti, mesmeriani, economisti, falsi religiosi, falsi soldati, aristocrazia, democrazia, studenti, borghesia, artigiani, ogni sistema, ogni formola eran là d'accordo per la distruzione de' culti e de' re. Si guatarono, e si riconobbero. Solo al grembiale era succeduto il berretto rosso. Sono uniti contro i re e Dio, ma discordi ne' modi: uno vuole il Dio del filosofismo, altri non ne vuol nessuno; il La Faiette brama il re doge sotto la sovranità del popolo, esclama *l'insurrezione santissimo dovere;* Filippo d'Orleans vuol esser re esso; il Brissot grida magistratura democratica; il Mirabeau s'acconcia a tutto, purchè retto da lui; i Condorcet, Babeuf e compagni vogliono l'uomo-re del Weishaupt, non inferiore che a sè solo, cioè la negazione della società.

Tutte le trame di mezzo secolo vengono a luce in quella Babelle. Subiti effetti. Prima contro Dio: sospesi, poi aboliti i voti religiosi, spogliato il clero, profanati i sacri vasi, rubati, venduti gli ori e gli argenti delle chiese, fuse le campane per moneta; inventata la religion civile, per fare il popolo sovrano in chiesa come sovrano nella reggia; abolita la domenica, abolita con editto la religione cristiana, scacciati con decreto trentamila religiosi, cerchi a morte, percossi, sterminati i sacerdoti; apoteosi ai filosofi; e nostra donna di Parigi, peggio che moschea profanata da baccanali, vede fra incensi e cantici osceni sull'altare del Signore danzar nuda la prostituta, detta *la Dea ragione*!

Poi contro il trono. Dalla chiesa de' Giacobini passano alla tribuna della cavallerizza: una prima costituzione toglie metà di potestà e di amici al re; poi altra, e poi altra che al re lascia il titolo solo. E il re prigioniero firma. La seconda assemblea nazionale sospende anco il titolo, lui manda alle torri del tempio; e un comitato di essa detto dei *Girondini* lavora nascoso alla repubblica. Ultimamente dichiaran Luigi XVI decaduto; e la terza assemblea lo mena al patibolo. Questo re, il più buono degli uomini, era immolato, sol perchè re, alle prestabilite vendette massoniche, alle teorie del Weishaupt, all'ingordigie di tutti.

Poi contro la proprietà. La rivoluzione famelica di roba e di sangue passeggia immane e spietata; cadono le teste de' grandi e de' ricchi, ancora che massoni; perseguitati, ammazzati, carcerati; s'ardono palagi e castelli, s'infrangono gli stemmi, si vendono le terre. Distrutta l'aristocrazia del sangue, si strugge l'aristocrazia mercantile; dopo l'uguaglianza de' dritti vuolsi uguaglianza reale, legge agraria, comunella. Qui la discordia piglia i vincitori: i settarii, benchè tutti abbottinati, si rintuzzano, si calunniano, si accusano, si smascherano, si uccidono, e si cacciano al palco l'un l'altro.

Poi contro l'uman genere. Le conquiste della rivoluzione armata paion prodigi. Soldati improvvisati, senz'arme, senza scienza, pigliar fortezze e regni, annientare eserciti veterani, render vana l'arte guerresca; e qualunque pugna, o vincitori o vinti, lor dar paesi, dove prima occorrevan dieci battaglie. Ma i libri del Voltaire, e il codice del Weishaupt sparsi pel mondo prima delle armi, avean prese tutte contrade. Ogni sovrano circondato da adepti, ogni ministero, ogni municipio, ogni esercito era infetto; e s'aprivano al nemico *liberatore* i consigli de' re, i disegni di guerra; le porte delle cittadelle. I generali giacobini accolti a braccia aperte da' vinti, diventavan forti là dove ogni altro saria stato fiacco. La setta mondiale arse i puntelli alle preparate mine, e fe' mancar la terra a' governi combattenti. Ogni settario tradì la patria, ogni Giacobino fu eroe.

Le innumerate vittorie germaniche densi agl'Illuminati. Cadono il Belgio e l'Olanda con tante formidabili fortezze, per forza de' comitati ubbidienti a Parigi. Lo stesso in Ispagna: un Raddeleon vende Figueras, non è ben pagato, si lamenta, e gli mozzano a Parigi il capo. Avvelenano il generale Riccardo che si ricorda l'onor castigliano. I miracoli di guerra nel Milanese, e le facili corse nel Romano e nel Napolitano chi non sa? I Giacobini strombazzati invincibili, celebrati, inghirlandati, trovano gli eserciti disfatti pria che tocchi, e governi rivoluzionarii surti a un tratto di sotterra a dar moneta e braccia.

Caduti i Giacobini l'un sopra l'altro, su tutti salì Napoleone, che raccolse l'eredità della rivoluzione, e credè seppellirla. Fe' l'imperio, cioè negazione di rappresentanze democratiche, e comando di spada; rialzò gli altari, ma per sè; fe' conquiste, ma a' suoi; e volendo della religione e dei troni far monopolio, diè la scalata al Quirinale, carcerò il Papa-Re, e il tenne più anni in Francia. Diè morso e freno alle sette, sostegno e roba ai settarii; quelle attutì, questi saziò; chè tutti massoni e giacobini erano stati i compagni di quel vincitore di battaglie, surti ricchi, e grandi. Il concetto settario svolse a suo modo, abolì il dominio temporale di S. Pietro, compresse i dritti di Santa Chiesa, perseguitò cardinali. Avea fautori Filosofi ed Ugonotti, e rise delle scomuniche. Quando Dio piegò gli occhi caddero quei trionfi, quelle cose, quelli uomini, ma non i principii, non l'esempio delle maravigliose esaltazioni; e l'illuminismo e la massoneria vinti e discreditati andaron raccogliendo al buio gl'infranti pezzi del perduto scettro, per ricominciare insidie da capo. Visto l'ateismo esoso al mondo, si rincappellaron con falsa religione, e nuovi nomi.

§. 16. I Carbonari.

La Carboneria è pur frutto oltramontano. I profughi di Napoli del 1799 ne portarono i semi di Germania e di Svizzera, quando per le tornate arme francesi rimpatriarono nel 1806. Sin dal principio del secolo v'era una setta detta *Unitaria*, e altra nomata *de' Raggi*, ambe fuse nella carboneria; la quale restata per la forza napoleonica ignorata e latente, sembra avesse qualche incremento in Calabria nel 1808. Il primo a farne motto in una loggia Massonica a Capua fu nel 1810 un Massone uffiziale francese; il quale, dimostrato necessario riformare la società, propose la Carboneria, cui disse antica, e istituita da re Errico di Francia (nè indicò quale) che n'avea fatto ordine cavalleresco. Essa fu come riforma adottata e propagata. Per non urtar nei sensi religiosi del napolitano paese, i Carbonari si facean santoni, si gridavan cattolici, aver virtù teologali; vantavan protettore S. Teobaldo, eremita francese del mille, che fuggito in Germania avea campato in boschi facendo carbone. Adottaron parole sacre; lasciàr compassi e squadre massoniche, presero l'accetta, il chiodo, e altri emblemi, significanti la passione di Cristo e lavorazione di carbone. Però dal venderlo appellaron *vendite* le logge; e dove s'eran chiamati fratelli, si disser *cugini*.

Ma usavan l'arti stesse delle sette madri; ordini, gradi, segnali simiglianti, benchè più speditivi; i gradi di *Rosacroce* e di *Cavaliere scozzese* eran come ne' Massoni e Illuminati. La Carboneria fu Massoneria-Illuminata acconcia all'Italia; applicazione di forme generali a un popolo speciale. Laonde prese aria di nazionalità; si mise a punzecchiere il nobile sentimento dell'indipendenza; scrutò l'indole, le aspirazioni, i pretesi bisogni degli Italiani scontenti; lavorò a commuoverne gli spiriti indigeni, e a fare agognare utilità pratiche e vicine e vitali al paese. Nondimeno non celan ne' loro statuti esser rappresentanti della rivoluzione francese, approvare i principii dell'89, e il terrorismo. Nelle istruzioni agli adepti lodavan l'età dell'oro, quando *s'ubbidiva alle sole leggi di natura, e la terra non avea padroni particolari.* Dicevano: *il coprirsi di pelli le membra fu il primo traviamento dell'umanità.* Lamentavano *l'essersi scelti capi alle genti, e dettate leggi umane, ed elette guardie armate; queste cose avere surrogato il dispotismo all'uguaglianza primitiva. L'Italia doversi purgare. I nostri padri stabilirono la Carboneria nel rifugio de' boschi, per armarsi nascosi e aguzzar le scuri e i pugnali a sterminio degli oppressori. Essi giurarono sulle croce di abbatterli in un sol dì, e ristabilire la santa filosofia del Redentore. Lo stesso giuriamo noi, chè n'è tempo.* Era lor disegno di fare in Italia una repubblica di forme e idee pagane, detta *Ausonia*, e un Papa patriarca a soldo; e scacciarne non lo straniero soltanto, ma i re, i preti, i nobili e i possidenti. Giuravan col coltello, firmavan col sangue, si assoggettavano, caso tradissero il segreto, a morir di pugnale. Gli statuti stampati allacciano siffatta pena agl'inobbedienti; alzan tribunali segreti per giudicar tai rei, e far eseguire le condanne; e dichiarano non *salvarli la fuga; chè una mano invisibile li percuoterà, sin dentro il tabernacolo di Cristo.*

Sebbene repubblicani, pigliavan tutte imprese. Nell'anno 1811 certi Francesi e Tedeschi proposero a Gioacchino Murat d'accogliere nel regno la Carboneria, vantandogliela sostegno al conquistato trono; e come il ministro di polizia Maghella, Genovese e Massone, molto la raccomandò, ebbero il permesso. Però favorita dalla potestà regnatrice, la nuova setta, sendo mezzo di lucro e d'impieghi, si dilatò in tutte provincie apertamente; donde passò all'alta Italia e in Ispagna. Subito divenner grossi e forti. Poi visto nel 1814 Gioacchino con l'esercito sul Pò, e in male condizioni, stimaron quello il momento di fargliela; e si ribellarono in Abruzzo; dove presto domati vennero in persecuzione. Seguirono carcerazioni e supplizio. Dicono che allora la setta per vendetta mandasse emissarii ai Borboni in Sicilia, e anche danari; e accolta bene dal re, e meglio dall'inglese Bentink, facesse sperare di scrollare il dominio francese. Ma l'anno dopo, calando più la fortuna di Gioacchino, questi mostrando pentimento d'averla perseguitata, richiesela d'amicizia; ed essa anche a lui stese le braccia. Prometteva così ai due rivali il trono stesso, per far repubblica; e, vuota di fede come di forza, non attenne a nessuno.

Restaurato Ferdinando, e rimasti pei patti di Casalanza tutti i Carbonari in uffizio, sperarono aver favori dal re; ma ei li riprovò, e proibì le *vendite*. Quindi ira. Esonerandosene i timidi, v'ebbero ad aggregare i più audaci e facinorosi, e cominciarono a far paura. Non eran puniti, perchè chi punirli dovea era pur carbonaro. Ogni magistratura, ogni municipio, ogni reggimento di milizia avea sue *vendite*.

L'esercito che male era composto, fu tutto infetto; i capi richiesti o richiedenti v'entravano; e perchè venuti dopo de' soldati, eran ultimi, e da meno che gl'infimi. Chi sdegnava entrarvi era minacciato. Così la milizia divenne anarchia, senza disciplina, senza ubbidienza. I Carbonai allora prepossenti facevan soprusi e vendette di sangue; spesso da' giudizii escivano assoluti; carcerati per debiti, eran liberati a forza dai *cugini;* pigliavano, bastonavano, gridavano a volontà, pompeggiavan processioni pubbliche, e si facean benedire da' loro preti. Diventati assai, come udirono i carbonari di Spagna aver proclamata la Costituzione, fecero nelle Due Sicilie la rivoluzione del 1820; e in Piemonte, ascritto Carlo Alberto allora principe, ne imitarono. Ma le sette, buone a dissolvere, non valgono all'opera, però le migliaia di soldati e legionarii non guardarono il muso ai Tedeschi nella stretta d'Antrodoco; e il Pepe carbonaro generale, fuggendo il primo, vituperò questa patria e quella Italia che dicea voler liberare. Così i Carbonari, difesa la loro costituzione con le calcagna misero in faccia ai Napolitani una marca di viltà, che per lunghi anni ne rise i pulcinelli d'Europa. Il nome Carbonaro fu ludibrio.

§. 17. La Giovane Italia.

Giuseppe Mazzini nato a 28 giugno 1803 a Genova da un medico, era curiale senza clienti, quando carbonaro si die' al cospirare; onde nel 1830 fu scacciato di patria. Dopo lo abbattimento che la rivoluzione patì quell'anno in Italia, alquanti sbanditi s'unirono in Marsiglia a ruminar più gagliarde riscosse. Questo Mazzini, il Bianchi Piemontese, e il Santi da Rimini con altri, vista la carboneria dispregiata, e andar lenta, rifondaronla nel 1831, col nome *federazione della Giovine Italia.* Gli statuti dicevano: avere scopo la riforma politica Italiana, mezzo l'unione de' federati in tutta la penisola e isole; armi proprie, corrispondenza e unità di pensieri; la rivoluzione scoppiar generale, non far transazione col nemico, spegnere gli avversi e i traditori; ogni federato giurare darsi anima e corpo all'impresa, spegnere col braccio e infamar con la voce i tiranni e la tirannide politica e morale, cittadina e straniera; combattere l'ineguaglianza, e cercare ogni via da far salire gli adepti della società a governar le cose pubbliche. Ciascuno avesse pugnale, fucile, e cinquanta colpi; pagasse uno scudo all'entrata, e uno mensuale. Niuno accogliersi ch'avesse più di quarant'anni; niuno poter trovare più di due federati, niuno scrivere il nome dei compagni, ciascuno aspettar le notizie dal suo propagatore, a questo pagar la tassa, a questo far rapporti. Fu come si vede riforma della Carboneria, sempre co' modi dell'Illuminismo. L'anno appresso aggiunsero un giornale pur detto *Giovine Italia,* per muovere la rivoluzione radicale. Il codice di questa setta ha parte civile e penale, con rubriche di sangue. Nel penale all'articolo primo è scritto: tendersi alla distruzione di tutti i governi della penisola per far una repubblica. Al terzo e seguenti: « i membri che non ubbidiranno agl'ordini della società segreta, e quei che ne sveleranno i misteri saran pugnalati senza remissione. Il tribunale segreto pronunzierà la sentenza, designando uno o due adepti per la immediata esecuzione.

L'adepto che ricuserà eseguire la sentenza sarà morto come spergiuro. Se la vittima giungesse a fuggire, sarà perseguitata incessantemente in ogni luogo, e verrà colpita da mano invisibile, fosse in grembo alla madre, o nel tabernacolo di Cristo. Ciascun tribunale segreto sarà competente non solo a giudicare i socii colpevoli, ma anche a far morire qualsivoglia persona designasse a morte. » Con tali tristizie costoro dicono sublimare la patria.

Nel 1846 il Mazzini profetò: « Nei grandi paesi la rigenerazione si fa col popolo; nel nostro si farà co' principi. Bisogna farli lavorar per noi. Il Papa andrà nelle riforme per principii e per necessità; il re Sardo per desio della corona d'Italia; il gran Duca Toscano per *inclinazione,* il re di Napoli *per forza.* Gli altri principelli avranno a pensare ad altro che a riforme. Ottenute le costituzioni, s'avrà dritto di chiedere e domandare alto, e al bisogno sollevarsi. Valetevi delle minime concessioni per unir masse, anche col pretesto di ringraziare: feste, canti, radunanze, e fitte corrispondenze fra uomini di tutte opinioni bastano a maturare le idee, a dare al popolo il sentimento della sua forza, e a renderlo *esigente.* » E appresso: « Il concorso dei grandi è indispensabile; perchè con plebe sola nascerebbe la diffidenza. Condotta dai grandi, questi le saran passaporto. Un signore lo si guadagna per vanità; lasciategli la prima parte, sinché vorrà camminar con voi. Pochi vorranno giungere alla meta; ma è importante che la meta della rivoluzione lor sia ignota.» La storia mostra come tal programma fu ed è eseguito di punto in punto.

Luigi Filippo re de' Francesi, stato Giacobino, intendendosi di sette, scacciò via questi congiuratori nel 1833, si dice con l'occasione d'un Italiano pugnalato in un caffè di Parigi, per ordine del Mazzini. Ricovrati a Ginevra, subito tentarono una ribellione generale in Italia; ma scoperti in Piemonte, il loro re Carlo Alberto, benchè carbonaro, non die' quartiere. Trentadue ebber sentenza di morte, undici soli fucilati, alcuno s'uccise di sua mano in carcere, molti alla galera, molti condannati in contumacia. Fra questi il Mazzini, e il poi famoso abate Vincenzo Gioberti, allora capellano di esso Carlo Alberto. La congiurazione aveva un pie' nel reame nostro, onde in Abruzzo seguirono arresti di cinquantadue persone, con Luigi Dragonetti, stato deputato al parlamento del 1820; ma per difetto di prove o per favore dell'amico ministro Del Carretto tosto uscì libero; puniti anzi gli accusatori.

La Giovine Italia ritentò nel 1834 i suoi colpi. Unirono uomini di tutte nazioni nel Ginevrino, e in numero di dugento invasero il Piemonte con alla testa il Ramorino, quello che poi nel 49 fucilarono per tradimento. Egli entrò col Mazzini al 1° febbraio in Savoia; proclamò repubblica dall' Alpi al Faro, e l'unità; ma pochi dì appresso, non seguito da nessuno, abbandonato da' Polacchi, minacciato dalle milizie Sarde accorrenti, riparò a Ginevra. Condannarono in contumacia alla forca lui e Giuseppe Garibaldi, allora marinaio di terza classe al regio servizio. Incontanente i congiuratori, fatti per lo smacco più audaci, convennero a Berna con fuorusciti di tutta Europa; e a 18 aprile di quell' anno ampliarono la società; e stabilirono: « Associazione repubblicana di tre federazioni, Giovine Italia, Giovine Polonia, e Giovine Germania; lega difensiva ed offensiva, solidarietà di pensieri e d'opere, lavorare concordi, dritto di soccorso, tutti fratelli, uno il simbolo, esso determinato, esser comune ad ogni adepto, tutti riconoscersi a quel motto; la riunione di più nazionali congreghe costituire la Giovine Europa; potere ogni altro popolo aderire a quest'atto.» Fu guerra dichiarata alla società. Sardegna, Napoli, Germania, Austria, Prussia e Russia obbligaron la Svizzera a sfrattare quei faziosi; ed eglino in Inghilterra.

Colà sicuri costituirono setta mondiale, mossa da un pensiero direttore, per rivoltare tutte nazioni ad un tempo. Di là tengon la mano nei circoli segreti posti nelle più popolose città, mandan loro catechismi e comandamenti, e imperan sugli animi e sulle braccia. Gli schiavi loro, che neppure osano da sè pensare a quel che fanno, si appellano liberali. Il catechismo della Giovine Italia è noto per le stampe. Vi stan fusi i principii de' Massoni e i modi degl'Illuminati, ma con minor velo e meno circospezioni; perocchè il seme fruttificato in due generazioni, fa che oggi si congiuri aperto. Sono membri della gran setta uomini potentissimi di Europa. Essa fa guerra a tutti gli stati costituiti, assoluti o costituzionali, repubbliche aristocratiche o democratiche; essa manda esercito dovunque n'è mestieri: accorre in Isvizzera, in Polonia, in Ungheria, nel Belgio, in Alemagna, in Francia, in Grecia, in Ispagna, in Italia, in America, in qualunque luogo s'alza bandiera di rivolta, e son soldi da pigliare e potestà da rapire. Vincitori, sfuriano, e procedon dritto alla meta, abbattimento di religione e dritto; vinti, trovan nomea nei loro giornali, pastura nelle borse de' gonzi, s'atteggiano a vittime di tirannia, e han sicuri asili, talvolta in Francia e nel Belgio, più spesso in Isvizzera, e sempre in Inghilterra; donde ricomincian da capo.

Tessono lavoro lento di generale corruzione. Accorrono ad essi uomini perduti e varii. Avvocati, medici, artisti senza scienza, indebitati, avventurieri, assassini, ciarlatani, gente che niente risica, e molto può guadagnare pe' mali altrui, uniti dal comune odio alle cose sacre e giuste, assetati di vendette, di oro e di potestà. Locuste che aspettano il vento per accorrere a divorare un paese. Han seguenza di stolti ricchi, e di stolti nobili o ambiziosi. Han protettore sempre uno stato nemico di quello che accorrono a *liberare*. Proclamano libertà, uguaglianza, età dell'oro; di fatto fan guerra all'oro e alla libertà altrui.

§. 18. Gli Unitarii.

Dopo la battuta del 1848, ove s'era smascherata troppo, la setta stimò fare un'altra mutazione; e più semplicemente i suoi si appellarono *Unitarii*. Il catechismo ne fu trovato in molti esemplari dal magistrato napolitano, quando nel 1849 se ne fe' processo. Ei dice: La *gran società dell'Unità Italiana, è la stessa che la Carboneria e la Giovine Italia, instituita per liberar l'Italia dalla tirannide de' Principi e degli stranieri, e farla unita e indipendente.* Ha circoli con ciascuno un presidente, un consiglio d'Unitarii, un maestro e un questore; gli altri si chiamano Uniti, o Ascritti. Sono circoli di cinque maniere: il gran consiglio, e consigli generali, provinciali, distrettuali e comunali. Il Gran consiglio, è composto di Grandi Unitarii, donde emanano ordini, cui gl'altri ubbidiscon ciechi. Cura della setta fa unire a sè i militari e onorarli, e muoverli a stabilir circoli nei reggimenti, e corrispondere con quelli dei paesi ove han guarnigione. La persona pria di unirsi è messa a prova; poi giura segretezza e ubbidienza sul vangelo, sul crocifisso, sul pugnale, ode minacce di morte ove violasse il giuro, e riceve il motto, il segno e la medaglia. Questa setta rannodando le sperperate fila delle precedenti, si fe' in brevi anni un governo sotterraneo, combattente alla sorda con la potestà sovrana in ogni parte, e per qualunque minimo obbietto; e quando nel 1860 ha vinto con forza straniera, essa ha preso in un attimo il potere, e sublimato i suoi agenti a pubblici uffiziali. Queste cose eran note; ma la imbecillità o la tristizia di chi usava la potestà regia lasciò fare.

Il Mazzini mette innanzi la divisa: *Dio e Popolo;* nè dice che Dio che popolo intenda. S'è visto da' fatti intender popolo la massa de' suoi settarii, e Dio la sua dittatura. Divisa trionfale è: *Non Re, non Papi, popolo e repubblica, libertà politica e religiosa.* La comunella non si dice, ma si fa. Libertà intendono non ubbidire a nessuno legittimo superiore; il che è l'opposto della vera libertà, che è il non ubbidire a chi non ha dritto e in cosa non dritta; ma van dicendo schiavo il figlio ubbidiente al padre, e il voglion liberare dalla potestà paterna, per farlo invece ubbidire a sè stranieri, che si cacciano in casa altrui a tiranneggiare la famiglia. Noi ubbidienti alla legge siam liberi; calpestandola, siam servi di passioni brutali e di furbi usurpatori.

§. 19. Il pretesto dell'Unità d'Italia.

Adunque Carboneria e Giovine Italia, figlie di Giacobini e Illuminati mettono pretesto al congiurare l'unità d'Italia; dico pretesto, perchè le loro costituzioni sin da' primi Massoni, e per dipendenze con la Giovine Europa, dichiarano voler la libertà e l'uguaglianza de' primi uomini, il che non è unire ma dissolvere. Oggi stesso unificando l'Italia, tendono a dissolvere Germania e America. Se Italia potesse essere una, già sarebbela da migliaia d'anni; ma nol fu mai, non con gli Etrusci, nè co' Romani, che tennerla serva. I Barbari che affogarono questi popoli nel sangue ben potean farla una, come fecero una Francia e una Spagna; il tentarono i Goti senza effetto; e anco i Longobardi s'ebbero a dividere. Carlo magno volevalo, ma la sua potenza s'arrestò sul Volturno, ed ebbe a far pace con Arechi Longobardo Beneventano, che raffermò l'autonomia di queste contrade che fanno il reame; perlocchè, acconciato il pensiero alla natura, Carlo riconobbe il dominio papale, e miselo in mezzo all'alta e bassa Italia. Noi tredici secoli restammo gli stessi; solo mutando i principi nei re, e scacciando i Bizantini. L'Italia superiore ebbe mutazioni e tagliuzzamenti infiniti. Ora quello che non fecero Etrusci, Romani, Goti, Longobardi, e Carlomagno, in tempi più opportuni e ne' principii delle nazioni, e con forze prepossenti, dicon di farlo le sette segrete, dopo tanti secoli, sconfessando la storia, la natura, e gl'interessi del paese.

Speciosa idea è l'Italia una, idea da muovere i giovani; chè certo far la patria grande, potente, e rispettata, saria onesta e bella impresa. E dove ella potesse esser unita sarebbe fortissima, per l'indole de' suoi abitanti fervidi e ingegnosi, per sue naturali ricchezze, per lo stare in mezzo al mare, fra Asia, Africa ed Europa, e per la coscienza dell'antica e moderna grandezza; ma questi beni che fanla invidiata e agognata, essi appunto sono che le vietarono, e sempre le vieteranno, d'essere uno stato solo. L'indole altera degl'Italiani li fa di spiriti municipali, perchè ciascuno si sente grande, vuole il primato, e sdegna dipendenza; la forma della penisola lunga e sottile, dove ogni parte basta a sè, nè ha mestieri d'altri, fa ciascuna regione paga del suo e indifferente del vicino; e le molte secolari autonomie surte, cresciute e compiute, rendono l'Italia per questo maravigliosa nella sua divisione. Ciascuna parte ha vita e storia sua, costumanze, dialetto, passioni, bisogni e interessi distinti, monumenti, nomi, ricordi, rinomanze speciali; ciascuna stata indipendente e separata tanti secoli, ebbe leggi, guerre, trionfi ed arti sue. Uccidere coteste persone sociali, per farne una mole mostruosa di parti eterogenee e discordi, è mina appunto della sua grandezza. L'Italia che vide tanti secoli i suoi figli accoltellarsi, Bianchi o Neri, Guelfi o Ghibellini, gelosi l'un dell'altro, diversi di razze e d'interessi, diventar una! La fittizia e sforzata unità farebbela schiava d'una fazione, e però cento fiate più debole e infelice; sarebbe risuscitare Guelfi e Ghibellini, veleni e pugnali, ferali conviti e crudi esilii, nefandi sacchi, e arsioni atrocissime di città e di campagne. E già si sono risuscitati.

Ma eravam noi sì bassi da meritar con tali ruine la *redenzione*? I mali del medio evo già l'età civile leniva; scomparse le furiose e turbolenti republichette, la comune patria ridotta in pochi principati, gloriosa per arti, paga per mitezza di leggi, maestra di sapienza, prosperosa di commercio, ricca, lieta, pacifica, l'Italia era fra le nazioni venerata e rispettata. Era ancora regina delle genti, non con arme mortifere, ma con l'impero dell'eterno vero e la parola di Dio. Il papato con le cattoliche braccia stringevala in un amplesso con l'unità della religione, e sollevava l'italiano pensiero su tutte le genti. La piena pace menavala innanzi; le spente rivalità già ne affratellava i figli; e i telegrafi e le strade ferrate ne avvinavan le regioni; i suoi tanti porti, le emulazioni de' governi, e la restituita feracità di sue terre le moltiplicavan ricchezze. E chi nel buio futuro strapperà al Signore i segreti della sua provvidenza? chi dispererà della ventura grandezza di questa Italia creata a grandezza? Chi passando innanzi ai divini ordinamenti vorrà con ree arti divagarla dal sentiero ordinato da Dio? chi con rivoluzioni la ferma a mezzo, anzi la respinge dal vero progredimento che preparala a sovrani destini? Le cospirazioni bruttano questa patria, e con empietà e misfatti la fan maledire. Progredendo col dritto si avanza nella civiltà: le rivolture sono rovesciamento di dritti, indietreggiamento e barbarie. L'Italia oggi non può esser una, se pur fosse buono e opportuno l'averla; rea cosa è il por mano a impossibili imprese; più reo farne reiterati esperimenti, con distruzioni e fiumi di sangue.

Ai Napolitani l'unità è anche più ruinosa. Messi in punta al paese, divengono ultimi, dov'erano primi; retti a prefetture, con leggi forestiere da uomini ignoti, smunti, privi di re e di corte, costretti a correr lontano per giustizia, a pagare i debiti altrui, a tasse non più viste, e a dare i loro figli in esercito alieno, per guerre aliene, per compressione di sè stessi. Napoli scancellar la sua storia, ubbidire ad altri, abolire il suo trono, rovesciar la sua prosperità, nuotare nelle guerre civili e dinastiche, dilaniarsi, impoverirsi, rinnegar la patria e la Fede! Per Napoli l'unità italiana è suicidio: però i settarii napolitani cento volte più rei de' loro confratelli, lasceranno nome esecrando alla posterità.

Ma l'Italia, siccome la Polonia, la Germania e la Grecia sono pretesti alle sette. Movono del pari Francia e Spagna state sempre *une*. Ma là e qua, con queste ed altre lustre, vogliono abbattere la potestà umana e divina. Questo fine è il dogma de' loro comuni catechismi. Però come possono addentano la proprietà, percuotono il clero, e combattono il Papa ch'è grandezza italiana e mondiale. Il loro anti-papa è il *Grande Oriente* de' Massoni; vogliono la rivoluzione delle idee, della morale e delle leggi; e per farla non vogliono religione. Qua, perchè Italia ha più stati, gridano Italia una; se fosse una griderebbero Italia divisa. E perchè il popolo li respinge, e li fa impotenti a ogni conato, eglino, mentre sclamano *fuori lo straniero,* chiamano gli stranieri a far cotesta loro Italia.

§. 20. Sperano in Francia e Inghilterra.

Costoro per amor di setta bene sperano in Francia e Inghilterra, male se per amor di patria; perocchè l'Italia non ha nemici naturali più terribili di queste due nazioni. Intendo la Francia del 89 e l'Inghilterra d'Errico 8°, sendo le patrie degli Stuardi e di Carlo magno ricche di generosi cuori propugnatori di virtù. Ma i Volteriani e i Protestanti, messo ogni bene nell'utilità materiale, sono logici nemici di quell'Italia che sopra la materia mette il giusto. Quanto a' Francesi, come potenza Europea, non potrebbero desiderare una Italia forte per unità d'armi e di stato. Francia ha sue frontiere naturali all' Alpi, a' Pirenei, e al Reno, nè può oltrepassarle senza sfidare il mondo; però non può piacerle la gagliardia de' suoi vicini. Una forte Spagna le die' molti secoli pena; una forte Italia la rovinerebbe; chè resterebbe serrata fra tre grosse nazioni, Spagna, Germania, e Italia, come in tanaglia. Per questo in ogni tempo si sforza a mettere un piè qua dentro; e da sei secoli scendono Francesi dall'Alpe o dal mare, gridando libertà, e portando conquiste, con Carlo d'Angiò, con Carlo VIII, e co' Napoleoni; per questo la loro discesa commosse sempre l'Europa. E già v'han messo le tende; prima in Corsica, ora a Nizza. Inoltre non può Francia vedere in noi una prosperità di pace tale da redimerne dalle cose francesi. Essa ha con noi una rivalità certa: noi, primi ritrovatori della moderna civiltà, ponemmo un nome italiano in ogni gran trovato moderno; italiana è la poesia, la pittura, l'architettura, la statuaria, la musica, la scherma, la bussola, l'astronomia, l'America, la religione, la storia del mondo; e i Francesi aspirano a dare alla terra nomi francesi.

Quanto agl'Inglesi, un'Italia grossa più deve spiacere, ch'essa porrebbe in mezzo al Mediterraneo un'armata forte e rivale, proteggitrice di commercio prosperoso che ruina il loro. Inghilterra vive de' suoi prodotti di mano, e come ha caro il vitto, caro produce; nè può ne' mercati stare al paragone; essa dunque per vendere deve impedire la produzione altrui; e ha necessità di metter foco al continente, onde fra' guai non lavori, e compri da lei. Di ciò meglio parlerò appresso. Il fatto mostra che al 1815, sendo vincitrice, volle in Francia franchigie liberali per tenerla fiacca, e prepararla a nuove convulsioni; essa in Ispagna, in Grecia, in America, in Portogallo come può soffia. Della troppo progredita prosperità italiana ebbe ombra, e pensò al rimedio; della molto avanzata propaganda cattolica nel suo seno si spaventò, e risolse reagire; quindi die' protezione, asilo e danari ai settarii italiani, siccome strumenti a turbarne la pace industriosa, e a scrollare i governi che n'eran forza materiale, e il Papa che n'era forza morale. S'è vista l'Inghilterra che tartassava tutti gli stati italiani dar braccio alla setta proclamatrice dell' unità. Chi non vuol liberi i fievoli, vorrebbe forte e libero il tutto? I suoi vascelli per lunghi lustri ne fan guardia alle coste, intenti a spiare ogni nuovo legnetto che gittiamo in mare, a far suo pro d'ogni nostra produzione, a imporre per sè sopra qual si sia scoglio utilità commerciali. Nel 1831 surse presso Sciacca in Sicilia un'isoletta vulcanica, cui re Ferdinando pose la bandiera, e fu nomata Ferdinandea. Sebbene in mare siciliano essa era siciliana, pure Londra facea da' suoi curiali dichiarare avervi dritto; ma il mare per nostra ventura in dicembre se la ringoiò; se no, avremmo visto a forza il vessillo brittanno a un miglio dalle nostre coste. Poi per parecchi anni lo ammiragliato inglese mandò vascelli a studiare quell'acque, sperando risorgesse dal fondo qualche po' d'arena. E tuttodì dove ne vede pone segnali.

Di Malta presa a Napoli e all'Italia non parlo. Da cotesti Inglesi i libertini sperano veder aitata l'Italia una. Ma appunto perchè eravamo troppo prosperati eglino fecero lanciare la rivoluzione con cotesto motto fatale di opera impossibile, per farne diserti, fievoli, e bisognosi di loro.

Adunque i settarii rivoltando la nostra patria col braccio straniero bene fecer per sè, chè se ne sono arricchiti; ma fecer malissimo all'Italia, che l'han subissata, e fattala così dallo straniero dipendente, ch'oggi un caporale francese, e un pilota inglese la van comandando dall'un capo all'altro.

§. 21. Usano la religione.

In mezzo secolo più volte percossa la setta non si disanimò. Come i libri della Sibilla che scemati di numero crescean di prezzo, essa ad ogni abbattimento crebbe audacia. Mutati i nomi, vieppiù sempre stese sue braccia contorte. Molto i Carbonari osarono nel 1820; più osò nel 1848 la Giovine Italia; più assai han fatto nel 1860 gli unitarii. Si appellan liberali, perchè servire no, comandare vogliono; abborrono i re per farsi dittatori; vantano la democrazia, ma non l'uguaglianza, il loro sovrastare agognano; onde ne verrebbe un'aristocrazia abbietta, la tirannia de' bassi e de' peggiori. Coi nomi mutarono pur mezzi. Discreditato era il filosofismo del Voltaire, e la coscienza universale riprovava la irreligione; però pigliarono più cauti altra via. Si maneggiavano a seconda del secolo che parea tornato in grembo alla Fede; e volsero atti e parole alle cose sante; ma avean lasciato l'ateismo e presa la bacchettoneria. I liberali parvero passionati di Cristo e della Bibbia, sentivano messe cantate, si facevan la comunione, e crocioni in ginocchio; così i Principi li credean santi, e se li mettean vicino, dove calunniavano, spiavano, ed insultavano i buoni. La poesia parea tutta sacra: inni a' patriarchi, agli apostoli, a' santi, alla Passione, alla Vergine; si risuscitava l'idea guelfa, e si alzava il Papa a' cieli. Le arti s'inspiravan lì; tutto era odor di santità. Pigliato questo vezzo, anche dopo sfavillati i rei fatti, non mancaron di coprirli di parole religiose. Gli impiccati dissero martiri, profeta il Mazzini, redentore il Garibaldi, sacro dritto la rivolta, santa la causa, crociati i militi; e i motti Dio lo vuole, Dio e Popolo.

E dalla religione tolsero il mistero e la Fede; chè com'essa vogliono misteriosamente per fede esser creduti. Ma la religione che sta sul sommo vero e su Dio, di natura increata, non sarebbe da noi creati compresa senza fede; laddove la giustizia dell'opere politiche può e deve esser compresa da tutte persone. Ma con tante ipocrite arti, benchè molti irretissero, pur non giunsero a un nostro contadino o marinaio; però li accusano di barbarie. Con fede vera il nostro popolo risponde nei fatti: ogni barca che lancia a mare ha il nome d'un santo; ogni voto è alla Madonna, ogni sentimento è *Dio e il Re*.

§. 22. La letteratura.

Come eran bigotti così eran falsi letterati. Fatta seguenza ne' giovani, spingevanli a studii fallaci. Gemevano i torchi per opere scritte a disegno, cui tosto strombazzavano eccellenti. Sovente udivi celebrare a un tratto nomi nuovi di scrittori, e cogliere allori per mediocri e brevi lavori, in questa terra dove già fur tanto obbliati in vita gli autori della Gerusalemme e della Scienza Nuova. Era loro legge severissima il non lodare scrittori non settarii: se mediocri li laceravano, se buoni li punivan di silenzio. Sola dispensiera di fama la setta; tirannide nuova agl'ingegni. Prima s'inventò una poesia scoraggiante, disperata, malinconica; alle lamentazioni del Byron e del Leopardi tutti facean ritornello; e udivi cantar di suicidii e di tombe giovanetti paffuti, passanti la vita in botteghe da caffè e in cene ubbriachesche. Così la letteratura d'oltremonte detta romantica ne invase, lugubre e insanguinata, che acconciava gli animi ad ire e ferocità; tutto dovea esser romantico per aver lode; le menti discostate dal bello e dall'onesto, si intrattenevan nel brutto e nel vizio; e ne andava guasta la gaia indole italiana, già sempre autrice di grandi opere d'intelletto. Dimenticati gli ameni e forti studii, le fantasie voltavano alla Scandinavia, e al medio evo; e n'evocavano immagini sepolcrali, e streghe e vampiri e spettri, fecondi di strani e foschi pensamenti. Nè poi dal medio evo pigliavan tutto: le forme repubblicane sì, non la pietà cristiana e la fiducia in Dio; quasi che quella eroica età di mezzo, mescolanza di spiriti religiosi e avventati, generosi e vendicativi, municipali e liberali, talentosi e creduli, potesse scissa servir di modello nel male, sconosciuta nel bene. Malizia fu porre innanzi inimitabili tempi, e una società uscita dal caos, perchè i giovani al facile sfuriar delle passioni avvezzati, anelasser commovimenti.

Pertanto miriadi di scrittori. Talun cominciava con miti e brevi operette commendate, che non avendo reità correvan senza sospetto; e poi che avea preso nome di moderato e imparziale, si lanciava pian piano con vaghe forme d'arte a incarnar le idee preconcette. Subito l'opera laudatissima, raccomandata, letta, ammirata, si facea largo e seguaci. A poco a poco scambiavansi i nomi alla virtù ed al vizio, questo innalzato, quella depressa; l'amor sozzo dicevan carità, l'orgoglio castità, liberale il ribelle, coraggio civile la sfrontatezza. Ogni fatto presente si dileggiava, niuna cosa buona era buona, ogni eccellenza patria mertava disprezzo, ogni opera di governo era vecchia e stracca e malfatta: volevasi civiltà, progresso, scienza, grandezza italiana. Nè tai cose definivano: bastava fomentar desiderii di ignoto, ammirazioni di costituzioni straniere, non curanza del nostro, che che si fosse; uno spasimar cose vaghe, ideali, indeterminate, una fidanza in mutamenti immancabili e vicini. Fingendo il passato, la letteratura colorava l'avvenire con lusinghe di speranza, con pompa d'eloquenza, e vezzi di poesia; onde i lettori abbagliati da tanta promissione di beni, ne ripetevano i concetti, e senza saperlo eran braccio di sette.

I governi italiani di ciò non s'avvedevano, e facevan ponte al nemico. Fu misera cecità che la censura preventrice de' libri e de' teatri, combattesse grettamente parole e miti, quando lasciava correre quella letteratura falsa, che come è dannosa all'arte del bello, così minacciava la quiete sociale. Storie, romanzi, versi, drammi bruttavano torchi e scene, che senza il favor settario s'avrebbero avuto fiamme e fischi; e invece permessi e plauditi, navigavano i vele gonfie al naufragio della cosa pubblica. Nè d'Italia solo; venivan di Francia e di Germania, pria celebrati, torrenti di commedie, novelle, *scene e quadri* e leggende e romanzi corrompitori del gusto, e seminatori di principii di comunella, cui dicevan *sociali,* con bella parola; ma che al nerbo della società fean guerra. Nè tampoco adesso cotesta straniera letteratura ha finito d'invader l'Italia; nè ancora l'Italia, doma da arme straniere ha smesso il basso vezzo d'esser di straniere lettere imitatrice, dove fu reina e maestra. Quest'altro danno avemmo dalle sette, che proclamanti libertà tendono ad asservire questa patria, anche nella manifestazione di quell'ingegno che Dio ne largiva.

§. 23. La filosofia.

Con estrana letteratura anche estrana filosofia. Abbandonata era quella del Galilei e de' nostri grandi che alla ragione avean reso il seggio della verità. Kant Prussiano, adepto dal Weishaupt, in sullo scorcio del passato secolo risuscitava il razionalismo, e il lanciava nel trascendente e nelle astrattezze; ma come facea le viste di favorire il concetto cattolico, e la incomprensibilità spirituale de' suoi simboli e misteri, così da prima si fe' piazza; e fondò una scuola che travarcate l'Alpi e il Reno, invase Francia, e giunse nella terra de' Vico e de' Tommasi. Vaga, astrusa, inintelligibile, riformata da molti, veniva d'oltremonte in grossi volumi, con sistemi rinnovati ogni anno, fondati sopra formole e parole, che quanto men comprese più lodate, adusavano gl'intelletti alle tenebre, a esser sèguito ed eco a maestroni foschi, a non veder chiaro mai, e a farsi con imparacchiate formole universali sentenziatoli d'ogni cosa. A forza d'inventar formole in filosofia che annullano la ragione, s'è venuto a inventar formole in politica che a suon di paroloni assassinano le nazioni: *Fraternità, Uguaglianza, Unità. - Giusto mezzo. - Chiesa libera in libero stato. - L'impero è la pace. - Re galantuomo, logica inesorabile di fatti, fatti compiuti, non interventi, ec.* E perchè niuno quella nebulosa filosofia intendeva, ti sentivi dire: *L'idea esser simbolo d'intelligenza, nulla valer la forma che accenna a materia*; e non pertanto questa idea spirituale cui niuno avea dritto di comprendere, s'avventava poi contro la Fede e gli Stati e le ricchezze. Il Kant dal fondo de' suoi bui aveva eruttato questo chiaro: *L'uomo non deve cercare in altro mondo lo scopo e il destino umano. Gli uomini passano, resta la specie, e questa sola è immortale. La società perfetta dev'essere una confederazione generale di tutti i popoli, che sarà libertà, uguaglianza, e pace perpetua.* Costoro col pretesto di pace eterna a' venturi fan guerra da cannibali a' viventi; e abbiam visto informate di questo spirito qui fra noi le proclamazioni bellicose di Vittorio e di Garibaldi.

Che siffatta filosofia e quella letteratura fosser opera di setta niuno dubita, sendo uno stento e un affanno a studiarle, per imparare il nulla e sentire il brutto. Vedemmo infatti chi d'ambe era studioso appalesarsi progressivo in questi progressi del 1848 e 1860; e chi era retrogrado gridato in lettere e filosofie s' ebbe pur taccia di codino in politica, quando i preparati inganni furon maturi.

§. 24. Il Progresso.

Gridano progresso. Progresso è avanzamento continuo di beni materiali e morali all'avvenante dell'età. E certo ogni governo debb'essere progressivo, perchè progressiva è l'indole umana. Bambino, fanciullo, giovine, uomo, vecchio, per tai passaggi cammina la persona; e nel morale ha imbecillità, ragione, istruzione, esperienza e saviezza. L'umanità prima ebbe solitudine di famiglia, poi linguaggio, società, tribunali, altari e re. Cominciò con vizii, rapine, vendette, superstizioni, tirannidi, schiavitù, e l'imperio della forza fu detta gloria; poi venne lo studio della legge naturale; e le arti belle, massime la poesia, segnarono il principiò dell'incivilimento; seguitò la morale, il compì la religione di Cristo. Meno truci passioni, l'amor del prossimo, la luce e la verità, le scienze, e le invenzioni dell'ago magnetico, della stampa, della polvere, del vapore e dell'elettricità han fatto dell'umanità una famiglia. Anche le passioni acerbe progredirono a bene: il dominio di Roma preparava l'universalità del Cristianesimo; l'accentrarsi della potestà die' forza ed armonia al governo; la guerra più grossa fu più rara e men sanguinosa; il cannone con la velocità de' danni diminuì i disagi di campagne lunghe; lo stesso assolutismo fe' più sicuri e liberali i sovrani; le arti progredirono, la vita è più agiata, la tirannia principesca è quasi ignota; il principato divenuto civile è fonte di prosperità. Eppure l'umanità può e deve ancora progredire. Ma tre condizioni d'avanzamento ha il progredire: legale, conservatore, definito. Legale, perchè non sorga l'arbitrio; conservatore, perchè non distrugga gli ordini compositori dello Stato; definito, perchè finito è l'uomo, nè può aspirare a beni infiniti in terra. Felice Italia se non avesse avuto sette; perchè i suoi Principi, senza tema l'avrebbero menata a prosperità, progrediente al vero bene nazionale. Per contrario i novatori vogliono sublimare lo arbitrio loro sopra la legalità; vogliono schiacciare uno o più o tutti gli ordini esistenti; distruggere aristocrazia, monarchia, religione, o scomporne o scemarne l'equilibrio e le proporzioni; e promettono poi dal caos una seguenza infinita di beni; quasi l'uomo potesse diventar angiolo, mentre il fanno ribelle a Dio. Così Eva per progredire a divinità indietreggiò alla morte.

Pria volean progresso civile, poi appagamento di *bisogni* sociali, poi costituzioni, poi federazioni, ora siamo all'unità ch'è distruggitrice d'ogni dritto altrui; domani vorranno repubblica, e poi? Vantatori di progresso, spingendo incessanti in tutti i versi governanti e governati, ciechi sconoscono la meta, e se ne allontanano; gridano civiltà, e arrovesciano il secolo al medio evo; proclamano dritti di popolo, e schiacciano quelli di ciascuno, e tornano indietro a quel della forza sulla ragione; lodano la ragione ed operano con delirio, e camminando sempre a sproposito non procedono, retrocedono. Per progresso intendono il progredire della rivoluzione, non quello della civiltà.

§. 25. Il lusso opprime la civiltà.

Loro grande alleato è il lusso. Quando l'uomo avea pochi bisogni con poco era felice. Il Romano con solo la toga era vestito, e il resto del giorno spendeva speculando sull'arti belle, o in fatti egregi. Oggi ammiriamo le virtù pagane, e quella sconosciamo che nella parsimonia li faceva grandi. Noi per vestire abbiamo mestiere di cento arnesi e di mille e più per la casa; nè già d'opere d'arti, ma di luccicanti minuzie, che agli occhi non all'animo fan piacere. Il vestimento, il mangiare, il gioco, il fumare ne piglia tutta la vita. La maravigliosa necessità delle inezie che circondan la donna non conto. Ciascuno sospira il possedimento di tali vanità, che al savio son giocarelli da bimbo; ciascuno si fa tutta la vita bambino, si affatica a cumularne, e guarda in altri con invidia cotesto sommo di felicità. Quindi brame inappagate, sforzi per conseguirle, vane aspirazioni, dispetti, odii e dolori. Siamo a tale che la parsimonia è considerata ridicola; e molti si sforzano d'arricchire più per far pompa che per godere delle ricchezze.

Quando questa foga di cose dorate piglia i popoli, non è possibile che restin virtuosi. Non costume, non giustizia, non fede, non quiete. Mal curando il bene sodo, si va appresso a folla di beni futili; nè si può badare alla moralità dei modi a conseguirli. Ciascuno a stendervi le mani, a uscir dal grado nativo, e a lanciarsi innanzi sempre; chè più cammina e consegue, e più via e più cose da conseguire si vede avanti. Allora nessun governo legittimo è buono, perchè affrenatore di brame immoderate; e quando anche un governo rivoluzionario abbian fatto, neppure il fanno riposare, che tosto si scatenano contro di esso, e con più ragione, le passioni stesse che l'aiutarono a salire; perchè non è lo stare che appaghi, ma il mutare e l'agitarsi; oltre di che a' sazii subentrano i digiuni incessantemente. In questa grande ansia irrequieta è moltissima gente. Corrotta, corrompe; balorda, imbalordisce; sospinta, sospinge, si lancia ad ogni reo partito, sconfessa la morale e la religione, e incensa cavalli, drappi, franco e cortine d'oro. Grida patria, e sdegna vestir di tela tessuta in patria; grida Italia, e parla francese, e tien gli occhi a' figurini di Parigi e di Londra; grida indipendenza, e plaude all'arme straniere, nè altro loda che cose estranee; e cinguetta e mangia e danza alla forestiera. Così ignorando le leggi patrie sospiriam costituzioni all'inglese; vogliano diventare grande nazione, e disprezziamo noi stessi.

Di tutte le classi la media è la più sprofondata nel lusso, o che il possa o no. Ha prurito di parer grande; il fa come può con le carrozze, le porcellane e le assise; e della moda sente frenetica necessità. E peggio che questa classe media ingrossa ogni dì. V'entra il nobile scaduto, per le mancate sostanze e i cresciuti bisogni; e come non potendo essere vuol parere, si lancia di leggieri nelle rivoluzioni, dove spera subiti guadagni. Aristocratici nell'ossa, contraffanno democrazia per farsene sgabello, ignoranti parlan di progresso, prepotenti vantano uguaglianza; infanciulliti con fievoli pensieri in bazzecole, trincian politica e legislazione; e bassi sollecitatori di ciondoli e nastri, fanno i Bruti per diventare Antonii. Antonio fu appunto un nobile scaduto.

Entrano in più nella mediana classe gli artigiani arricchiti, i contadini ch'han posata la marra, i fratelli o i nipoti di preti, i figli degli uscieri e bidelli, e altri cosiffatti che vogliono salire. Per far vista di saputi questi sovente son servi di setta. Ogni dì la buona classe degli operai e de' contadini scema, e s'ingrossa il numero di chi senza far niente vuol vivere alla grande. Pertanto lo stato medio, dove son pur molti virtuosi, e ornamento della patria, va sempre crescendo, con elementi guasti che scendon di su, o salgono di giù, irrequieti, bisognosi, vanitosi, ed audaci. Questi in tempi di pace sono insigni per cortigianerie, inchini ed arti basse; in tempi di subugli alzan le cervici, e parlan come Scipioni e Cannili, per vivere da Sardanapali a spese della nazione.

Il lusso avversa la natura, perchè fa bello il raro. Esso nutrica la sete insaziabile dell'oro, l'ingordigia dell'averlo, e la immoralità su' modi a conseguirlo; esso abbarbica il vizio, toglie via la vergogna e la probità, fomenta libidini, e fa l'animo servo; esso fa eludere le leggi, beffar la virtù modesta, trionfar la tristizia. Il lusso ha oppressa l'umanità. Più rari i matrimonii, più frequente il concubinato, difficile l'amicizia, la fede un miracolo, divisioni nelle famiglie e nello Stato, non v'è pietà, nè carità; e per esso manca poi il tozzo di pane a migliaia d'infelici che d'inedia finiscono nelle città più popolose.

Per cagion del lusso le arti belle non han più capolavori; e l'ingegno umano volto alla soddisfazione di futili bisogni par ch' abbia perduta la favilla creatrice. Gli antichi savii proscrivevano il lusso co' costumi e con leggi; i moderni il fomentano, e ne fan lodi insigni. Scrittori di economia il predicano fonte di civiltà, e ne han persuaso il mondo. Oggi uno Stato si ruina senza rimorso. Siam diventati corrotti, come i Romani del basso Impero, cui il Signore per purificare mandò il ferro e il fuoco de' Barbari. Ma, si risponde, oggi in Iscizia non sono più barbari. Se non ve n'ha Scizia, ve n'ha in mezzo a noi. I nostri barbari sono le sette che movono i comunisti e i proletarii; e questi se non si rimedia subisseranno la nostra snervata civiltà.

§. 26. Le sette sono i Barbari moderni.

La setta è potenza mondiale. Ha re, senati, magistrati, eserciti, tasse, navigli, bargelli, finanze e condottieri. Ha codici, fa sentenze e le esegue in ogni paese. Ha sudditi su tutta la terra, e ne ha ubbidienza cieca, combatte con la fama, con la stampa, col pugnale, e col cannone. Sudditi ha di tutte condizioni e stati, d'ambo i sessi, monaci e preti, re e imperatori. Domina nelle famiglie, nelle città, nelle reggie, ne' tribunali, sulla terra e sul mare. Oggi ha sedia in Londra. Di là il Mazzini, il Kossut, il Ledru-Rollin governano le rivoluzioni, mandano sicarii a ferire i re della terra e i ribelli alla loro potestà. La storia narrerà quanti alti personaggi facesser colpire. Otto attentati in sette anni sull'imperatore Napoleone se non lo spensero, pur seppero con l'ultime bombe dell'Orsini ricordargli la mole de' suoi doveri. E ch'egli ubbidisse con la guerra d'Italia del 59 è voce che sin nelle camere legislative di Francia risuonò. In questo tempo è la gran lotta finale fra la setta e la società; e chi sa se col secolo sarà compiuta? Essa confida nel trionfo: procede sempre, nè mai si dà vinta, nè mai perde terreno; percossa, si rannicchia, si fa piccina, si finge oppressa, piange, invoca pietà, e con sotterraneo lavoro prepara la riscossa, e più prolifica e si spande. Ripercossa, aspetta un'altra generazione; è misera, lusinghiera, cortegiana, servile, accattona, pinzochera, e spigolistra; abborre il sangue e la pena di morte, invoca la civiltà e la religione, la giustizia, la legge, e l'umanità; mostra pentimento, fa elegie e canti epitalammii in lode di re e principi, inneggia a' Santi ed a Dio, si confessa, giura, protesta fede; e arriva a farsi credere la parte migliore della società.

Frattanto tiene conciliaboli nelle vie, ne' caffè, nelle feste da ballo, nelle reggie e nelle chiese; fa testimonianze false, e raccomanda e difende, salva e sostenta i suoi, calunnia gl'avversarii, li abbassa, li rende poveri e odiati, li divide, li combatte ad uno ad uno, e li stiletta; frattanto si fa maestra alla gioventù, la corrompe, promette l'età dell'oro, e guadagna seguaci. A modo di talpa mina il terreno sociale; e quando crede maturo il tempo, abbrucia i puntelli, e con gran fracasso fa crollare i fondamenti della società. Trionfa allora, gitta le maschere, passeggia con le spade sanguinose fra monti di cadaveri, bandisce il regno della *ragione,* proclama il *dritto nuovo,* canta sue glorie, vuota di malfattori le carceri, e le popola d'onesti; implacabile vendicatrice colpisce spietata, saccheggia, arde, stupra, fucila senza giudizii; e tali nefandezze appella sentenze di pubblica opinione. Senza più ritegno, balla sugli altari del Signore, guerreggia frati e suore, carcera vescovi e cardinali, vilipende e maledice il Papa, vuol Roma e il Campidoglio, nega la divinità di Cristo, e predica sin nelle chiese contro la Vergine Madre. Allora tutto è suo. Delle reggie fa osterie, de' templi fa stalla, delle città fa bordelli; mutila i monumenti, rapina il tesoro pubblico, le casse ecclesiastiche, i luoghi pii; vende i beni demaniali e clericali, fa debiti a milioni di milioni, e attenta alla privata proprietà con tasse interminabili e gravosissime. Quella è la invasione de' Barbari, e peggio; chè i Barbari fra tante ruine distrussero gli avanzi del gentilesimo, e sublimarono la Cristianità; ma i Barbari presenti, abbattono anzi il cristianesimo e la fede, per estollere l'ateismo ed il nulla. Da' Barbari del settentrione emerse la società, nuova; ma questi Barbari che abbiamo in tutte le zone, nel mezzo delle città nostre, sono sterili e distruggitori; quelli nel sangue affogarono la corruzione pagana, questi col sangue vogliono abolir Cristo, e intronizzare la corruzione universale; quelli abbatterono gl'idoli, questi assalgono Dio. Ma v'è la Provvidenza.

LIBRO SECONDO

SOMMARIO

§. 1. Borboni e Bonaparti. — 2. Regno di Giuseppe. — 3. E di Gioacchino. — 4. Restaurazioni. — 5. Il quinquennio. — 6.Il 1820. — 7 Reazione. — 8. Regno di Francesco I. — 9. Rivoluzione di luglio in Francia. — 10. Politica di Ferdinando II. — 11. Rifà l'esercito. — 12. E l'armata. — 13. Buon governo. — 14. Primi conati di rivoltare. — 15. Il colèra del 1836 e 1837. — 16. Pretesto per ribellare. — 17. Altre congiure. — 18. La setta volgesi a Carlo Alberto. — 19. Si sforza a movere Italia e Francia. — 20. Traversie nella reggia di Napoli. — 21. Sponsali del principe Carlo. — 22. Briga con gl'Inglesi per gli zolfi.

§. 1. Borboni e Bonaparti.

Sovrani i più odiati dalla setta sono i Borboni, chè il nome loro è congiunto a quanto fe' di più eccelso l'europea famiglia, dalla prima crociata sino all'ultima impresa d'Algieri. Eglino furono spada del mondo cristiano, la legge, la ragione; sono egida della proprietà, diga alle ambizioni, propugnatori naturali della Fede; quindi a nemici tienli chi agogna vietate altezze, e rovesciamenti di culti e troni. I Borboni significano il dritto eterno, le sette inventano il dritto nuovo. Però in sul primo scocco del debaccare dicollarono il buon Luigi XVI, appunto perchè buono.

Ma lo sfuriar violentissimo, poi che più anni non sazio, per lo abborrimento universale cadde, ebbe a cedere il seggio al Bonaparte, che fu prima metamorfosi della rivoluzione. Questi per ragion di stato rialzò gli altari voluti dalla umana coscienza; ma sendo egli stesso espressione di filosofi ed Ugonotti, presto ebbe a seguitare il concetto settario interrotto; onde prese Roma, esautorò il Papa, ne abolì il dominio temporale, die' la scalata al Quirinale, e più anni tenne prigione Pio VII e i cardinali sparpagliati in castelli francesi. Ei si rideva della scomunica; perchè diceva *essa non togliere l'arme di mano a' suoi soldati*. Eppure alla sua forza sterminata reagirono le forze sociali e la stanchezza dello ingiusto; il Papa a Fontainebleu fu più che in Vaticano tremendo alla colpa, la religione guadagnò voti e simpatie; e coi ghiacci del 1812 *càdder l'arme di mano a' soldati* Napoleonici, nelle bianche lande di Russia.

Quella fu fermata della rivoluzione; il colosso restò solo; e come la nazione francese udì gli alleati a Parigi, gridò da tutte parti viva i Russi, viva i Borboni, abbattè le aquile, e rialzò i gigli. Egli abdicò, ottenne la sovranità della piccola Elba; ma presto a 26 febbraio 1815 volò a ripigliar l'imperio; e die' alla storia delle ambizioni quei cento giorni che dicono gloriosissimi, ma che riallagarono di umano sangue l'Europa, e lui menarono a S. Elena. Spariti i Bonaparti, seguirono trentatrè anni di pace.

§. 2. Regno di Giuseppe.

Ma prima di narrare le ripigliate rivoluzioni, debbo dire qualcosa de' dieci anni di francese dominazione nel Napolitano. Rientrarono i Francesi a' primi di febbraio 1806 nel regno, e al 14 in Napoli; dove l'ingresso trionfale lor preparato da' perdonati liberali plaudenti allo straniero, andò guasto dalla pioggia. Così dopo 54 anni vedemmo la pioggia guastar l'ingresso d'altro straniero plaudito dalla setta stessa. Appena giunti fecero carcerazioni innumerevoli. Il dì seguente entrò Giuseppe fratello di Napoleone; e proclamò i Borboni aver cessato di regnare. Di poi fatto esso re, a 30 marzo entrò da re nella città; e il popolo restò muto. Prima opera reale fu pigliar d'assalto Maratea, e darle il sacco, e bruttarla di sangue e supplizii. Al general Rodio che solo aveva osato fare qualche resistenza a' conquistatori fecero in un dì due sentenze; con la prima dichiarato prigioniero di guerra e assoluto, con la seconda qual brigante condannato: la dimane lo fucilarono alle spalle. Ai traditori si dettero premii, gradi, e onoranze. Fu inventato il ministero di polizia; ministro il *Giacobino* Saliceti, fatto di liberale sgherro; quindi spie, carceri, morti, esilii senza giudizio, persecuzioni di borboniani incessanti ed efferate.

I popoli alzaron bandiera di gigli. Soccorseli l'inglese generale Steward con seimila Anglo-Napolitani; il quale disceso in Calabria, ruppe su' campi di Maida il francese Regnier. E benchè senza valersi della vittoria poco stante si ritraesse, pur die' animo a' Calabresi, che in quella giornata avean valorosamente combattuto. Allora gli stranieri conquistatori posero nome di briganti a' difensori del proprio paese e del patrio re. Cominciò guerra atrocissima. Punizioni terribili, giudizii sul tamburo, prigionie ingiuste, uccisioni nefande; non bastando mannaie, archibugi e capestri, usavan lapidazioni e pali. Il Colletta (carbonaro) nota aver visto uno a Monteleone appeso al muro e lapidato, e un altro, per ordine di colonnello venuto di Turchia, conficcato al palo. Mancando le prigioni al numero de' carcerati, fingevan tramutarli, e per ira trucidavanli, o mandavanli a Campiano, a Fenestrelle e ad altre parti di Francia.

Qualunque propugnatore del suo paese era reo, e talvolta pur punito chi di tal *delitto* era innocente. Crearono la guerra civile; fecero bande paesane e mandaronle a forza contro i paesani *Briganti*. Dopo le Calabrie, la Basilicata, i Principati e Molise formicolavano di Borboniani; fra Diavolo movea Terra di Lavoro, un Piccioli gli Abruzzi. Le isole in mano agl'Inglesi.

Gaeta con memorando assedio durò sino a 18 luglio, difesa da' Napolitani, duce il principe Philipstadt. Quindi il vincitore Massena volse onnipossente con l'esercito in Calabria; ma accolto con archibugiate, die' il sacco a Lauria, e l'arse, con entro vecchi, fanciulli e infermi. Ad Amantea il colonnello borbonico Mirabella con tre soli cannoni vecchi ributtò due assalti diurno e notturno del generale Verdier; il quale ritrattosene, vi tornò a dicembre con più forze, pur anco respinto. Dopo quaranta giorni la fame, resa la difesa impossibile, fe' capitolare i difensori, con patto di ritrarsi in Sicilia. Cotrone difendendosi forte, finito il pane, non aperse le porte;

ma il presidio sfondata a forza la linea francese si fece il vaco a mare, a' vascelli inglesi. Più era il rigore, più i briganti. Proclamarono amnistie; ma dove quei disgraziati si presentavano, ne fecevan macello; e il Colletta afferma aver visti molti cadaveri di presentati, nella valle di Morano.

In questo furor di sforzata guerra civile i dominatori tutte cose e ordini mutavano. Leggi amministrative e municipali trapiantate di Francia, liberali per forma, dispotiche in fatto; guardie civiche e provinciali; abolirono, e dissi il come, la feudalità e i fedecommissi, rifecero il catasto. Subito i balzelli che prima eran molti ma lievi, fecer pochi ma gravi: spogliarono i possessori degli antichi *arrendamenti*, e misero la tassa diretta fondiaria, calcolata sul quinto della rendita de' fondi; poi tasse indirette sulle merci e sul consumo; e quella sul sale gravosissima vollero obbligatoria, cioè testatico di cinque rotola a persona all'anno. Inventarono il Gran Libro del debito pubblico. Le Finanze, le percezioni, gli appalti, le forniture, date tutte a Francesi pubblicani. Disciolsero ordini religiosi; abolirono conventi ricchi, lasciarono i poveri, venderon le robe, venderon demanii e fecer moneta, interessando molti alla causa loro. Per questa ragione stessa moltiplicarono impieghi e soldi, che pesando sulla nazione complicaron la macchina governativa. Stabilirono pubbliche case di giuoco, con tassa che die' al fisco 240 mila ducati all'anno, e con uffiziali a guidarle; dove si rovinaron giovanetti e dame, e si corruppe il costume. Anche case di prostituzioni miser su, con tasse fisse, come di merci. In dicembre uscì il decreto Napoleonico del blocco continentale, che per osteggiare l'Inghilterra abolì il commercio; legge non più vista che parve delirio, ed era tirannide furibonda. Coteste ed altre moltissime mutazioni, lodate da' novatori, riuscivan poco gradite a' popoli avvezzi al mite. Un bene furono i nuovi codici delle leggi.

Nel 1807 l'odio, cresciuto molto, scoppiò in congiure; suscitavanle le vendette de' conquistatori; talvolta eglino stessi le inventavano o ingrandivano, per paura, per rabbia, per vanto. Declamatori virulenti contro le severità de' nostri re, iniquissimi furon essi: caddero in dieci anni quarantamila per supplizii d'ogni sorta; decapitarono il duca Filomarino, impiccarono il marchese colonnello Palmieri; carcerarono principi, e gran numero dame, frati, e preti. Si vider monache giudicate da tribunali. Prima i beni de' fuorusciti sequestrarono, poi confiscarono. Quindi rabbiose vendette. A 30 gennaio 1808 saltò per mina in aria il palazzo Serracapriola a Ghiaia, per uccidere l'odiato ministro Saliceti; ei fra le macerie andò salvo; onde nuovi patiboli e nuovi strazii. Dipoi Napoleone che combattendo gli Spagnuoli, per illuderli si facea liberale, die' uno statuto detto di Baiona, concessore di certe libertà costituzionali; il quale fu anche a Napoli promesso, non posto in atto mai. In Ispagna combattevan pe' Francesi alquante schiere napolitane, laudate molto. Servi noi, davamo il sangue per l'altrui servitù.

§. 3. Regno di Gioacchino.

A 2 luglio 1808 Giuseppe fe' l'editto d'esser passato a re di Spagna; e al 15

Napoleone mandò successore il cognato Gioacchino Murat. Questi entrò in Napoli il 6 settembre, nè fu spietato come Giuseppe; ma assicurato per le vittorie francesi, potè mostrarsi generoso. Nondimeno la controrivoluzione *brigantesca* ingagliardiva in Calabria, e anche in Abruzzo. Per combatterla davano un braccio i Francesi occupatori dello stato papale, e mandavan bande paesane raccolte nelle Romagne; perlocchè Pio VII con dichiarazione del 24 agosto di quell'anno il proibì; la quale fu pretesto al generale Miollis, comandante in Roma, a infierire contro il Papa.

Gioacchino presto fe' un esercito alla francese, ma per avervi partigiani curò poco la disciplina. Compì lo scioglimento de' conventi, fe' una schiera di cacciatrici dame; i beni de' monaci finì di vendere, o regalò in premio di civetterie a cotali dame; mandò reggimenti di soldati in Roma, che giunservi in fretta quella nera notte del 6 luglio 1809 per coadiuvare alla grande impresa del pigliar d'assalto il Quirinale, e carcerare Pio settimo e i cardinali. Poscia indragato contro i briganti, fe' tre leggi atroci: confiscazioni a' combattenti per Ferdinando; inviti a disertare, promesse di premii, minacce di morte se cadesser prigioni; e liste di banditi. Nessuno disertò; e infierì la polizia. Nella state i *Briganti* respinsero i Francesi a Campotanese, su' monti di Laurenzano, e a S. Gregorio. La reggia in Napoli scintillava di ori e gemme; le provincie eran di sangue lorde.

Sul finir del 1810 andò in Calabria il general Manhes; de' cui misfatti inorridisce l'umanità. Questi nato a 4 novembre 1777 ad Aurillac del Candal, ambiziosissimo, che volea fama, buona o rea a ogni costo, stato Giacobino, aiutante di campo di Gioacchino, ora scelto dal Saliceti ebbe potestà dittatoria. Visto caduto indarno in più anni il fiore de' Francesi in quella guerra parteggiata, inventò nuovissimo supplizio di nazione. Spinse tutta la Calabria contro i Calabresi. Mise soldati in città per isforzar cittadini a combatter briganti. Liste di banditi, ordini a' popoli d'ucciderli, armar tutti e a forza, sospinger padri, figli e fratelli, contro fratelli, figli, e padri, mogli contro mariti, amici contro amici; togliere le greggi a' campi, la coltura alle terre, divieto di portar cibi fuor di città, inesorabile morte a qualunque si negasse; gendarmi e soldati, non a perseguitar briganti, ma a obbligar la pacifica gente a quelle atrocità; morti, busse, sangue, lagrime da per tutto; contadini, vecchi, femminelle, fanciulli fucilati per un briciol di pane in tasca; sciolti i legami sociali e naturali, non parentela, non amistà, non sesso, non rimembranze d'affetto tener più; spie, denunzie, vendette, tradimenti, menzogne, accuse, tutto lecito a salvar sè, pera il mondo. Poi supplizii subitanei, torture, membra mozze; padri co' figli trucidati; padri sforzati a veder prima di morire la morte de' figli; mogli premiate a contanti d'aver uccisi i mariti; giustiziate nudrici di bamboli di briganti, città disertate tutte, popolazioni intere condannate a morir ne' boschi, a esser rigettate fuori, pena la morte, da ogni abituro; preti in massa chiusi in fortezza; il Manhes pronunziare interdetti, abolire in pena i sacramenti, e sbanco il battesimo. Tante ruine di popolazioni per sorreggere il trono a stranieri! E così predicarono estirpato il brigantaggio! Cotesto Manhes sì bravo contro le pacifiche popolazioni, fuggì dal Liri, quando ebbe a combattere i Tedeschi invasori.

Soldati Napolitani fur mandati alla guerra di Russia, e vi perirono a migliaia. Dopo il rovescio di fortuna, Gioacchino abbandonò il cognato che l'avea fatto re. Acremente ne fu ripreso, e più acremente rispose. Allora i Carbonari per far pro di quell'ira gli proposero la corona d'Italia, col consueto pretesto del farla una; presentavangli la penisola a quel tempo vuota di Francesi e di Tedeschi, Bonaparte percosso non far timore, dargli addosso meritar premio dai sovrani alleati, potersi aver l'Inghilterra amica e soccorrevole; e di leggieri persuasero quel leggiero cervello. Corser pratiche con gl'Inglesi; il Bentink aderiva, e promettev a venticinquemila soldati brittanni per aiutarlo all'impresa. Ma per nuove carezze Napoleoniche richiamato lui al campo a Dresda, il disegno cadde.

Ricominciarono i rigori contro i carbonari. Uno di questi detto Capobianco, nel 1813, invitato a mensa da un generale Jannelli, uscendo di tavola è da esso carcerato, e la dimane giudicato in poche ore e decollato a Cosenza. Gioacchino volteggia di nuovo; si collega con Austria a 11 gennaio 1814: trenta mila Napolitani congiunti a' Tedeschi scaccerebbero i Francesi d'Italia; egli avrebbe incremento di paese sul Romano, e pace con Ferdinando di Sicilia. A' 26 firma armestizio con l'Inghilterra, cessa il blocco continentale e s'apre il commercio. Incomincia la campagna; ma Gioacchino fra l'ingratitudine e il desio di regno fa guerra irresoluta; piglia Ancona; gl'Inglesi sospettan di lui, egli degl'Inglesi. In quelle sue dubbiezze Pio VII torna trionfatore sulle braccia de' popoli da Fontainebleu a Roma; e i carbonari si sollevano in Abruzzo contro lui, corso a far l'Italia per loro instigazione. Vistosi inviso ad amici e nemici, tenta riconciliarsi col cognato, e ne prega Eugenio vicerè; ma questi il rifiuta, e anzi accusalo agli alleati. La ruina di Napoleone rese inutile quella guerra.

Gioacchino tornato in Napoli, smaccato, re nuovo fra re antichi che s'andavan ripristinando, studiò farsi benevolo a' soggetti: moderò i tributi, per gratificare Albione allargò il commercio, abolì la dogana del cabotaggio, fe' libera l'uscita de' grani, tolse dazii, ordinò che soli Napolitani, non più Francesi avessero uffizii. Questi che con lui avean tradito Francia restàr senza patria e senza soldo; però reclamazioni e accuse, cui rimediarono battezzandoli cittadini; quindi burla, e sdegno a' nostrani. Volle crescer l'esercito, e designò fare un reggimento di Napolitani reduci da Sicilia; ma nol trovò a fare.

Sendo Napoleone all'Elba confinato, tosto con messi e con lacci di parentela si rappiastrarono e riconfederarono. Gioacchino sciente de' disegni nuovi di lui, quand'egli a 26 febbraio 1815 con mille soldati volò in Francia, scrisse a ingannar gli alleati esser loro fedele; ma come udì il cognato trionfare, tosto a' 18 marzo lor dichiarò la guerra. Il 22 uscì con 40 mila soldati per via di Roma e per le Marche, fe' proclami per sollevare Italia tutta, ebbe sonetti e canti. Fugò il Papa; superò uno scontro sul Panaro, prese Ferrara, e volse in Toscana; poi indietro tradito da' suoi duci è vinto a Tolentino da' Tedeschi, e perseguitato rientra nel regno.

Pensò in quelli estremi guadagnar la nazione, dando mutazione con data finta del 30 marzo, pubblicata il 18 maggio: due camere, stampa Libera, magistrati inamovibili. Ma i Carbonari che poco innanzi bramavanla per combattere il poter regio, erano impossenti allora contro i vincitori; e la nazione che voleva quiete, stette prima a guardare, poi gridò Borboni. Ei fuggi a S. Leucio, indi a Napoli, e per Pozzuoli ad Ischia, cheto s'imbarcò per Francia. I tempi di questi Giuseppe e Gioacchino, tenuti da Napoleone re di nome, prefetti di fatto, stretti per non più visto assolutismo, lordi di supplizii, lagrimosi per esilii, confische e blocchi continentali, tristi per brigantaggio, per infelici guerre, per vite spente in conflitti lontani per gare altrui, vergognosi per due invasioni di stranieri, tristissimi per costumi corrotti, sfogate vendette e percossa religione, son pur laudati da certi che si vantan liberali e patrioti. I Carbonari che cospiraron contro quel governo straniero, e il lasciaron con vergogna cadere, finser di lodarlo e sospirarlo, quando avevano a cospirare contro il governo legittimo. Dappoi, per preparar cospirazioni nuove, avendo a infamare i Borboni, presero a esaltare i Napoleonidi. Ma il popolo che sente i suoi interessi giudicò giusto; e la storia, che narra fatti, lamenta i travagli di que' dieci tribolati anni.

Gioacchino prima di partire avea mandato da Napoli i generali Carrascosa e Colletta a trattar col nemico; e costoro a 20 maggio convennero co' generali Bianchi e Neipperg cedere Capua e Napoli co' castelli, garantirsi il debito pubblico, confermarsi i militari ne' gradi e soldi. Questa convenzione, fatta a tre miglia da Capua in una casina Lanza, dissesi di Casalanza. Il Principe Leopoldo Borbone entrò il 23 in Napoli, plauditissimo; in mentre Carolina Murat stata regina, rifugiata su vascello inglese, nel porto udiva le feste della sua cacciata, e per via le salve di cannone a re Ferdinando che entrava.

§. 4. Restaurazioni.

Questi scendeva a Baia il 4 giugno, festeggiato da tutto il reame; accoglieva benigno ogni maniera di persone, e insieme generali e uffiziali Murattini e Siciliani, che si spregiavano a vicenda. Mise agli 11 di quel mese la prima pietra del tempio a S. Francesco di Paola avanti la reggia, per voto nell'esilio. Il Papa e gli altri Principi spodestati ritornarono senza guerra a loro sedi; e l'Italia e l'Europa ricomposte riposarono. A Vienna, col trattato del 9 giugno di quell'anno 1815, i sovrani fermaron le basi dell'avvenire. Ferdinando nostro vi aderì; al 12 fermò alleanza con Austria, e a 26 settembre si unì alla *santa alleanza*. Fu statuito il regno uno, delle Due Sicilie; Ferdinando però di quarto s'appellasse primo. Per patto Austria difenderebbe il regno co' suoi eserciti; e noi per le guerre austriache daremmo venticinquemila uomini, poi ridotti a dodicimila per nuova convenzione del 4 febbraio 1819; patto per parte nostra non più eseguito. I Tedeschi lasciarono il regno nel 1817; e il re l'anno dopo fe' il concordato con Roma, che mise fine legale alle garose ecclesiastiche quistioni, cominciato dal Tanucci mezzo secolo innanzi.

Ma quel trattato di Vienna del 1816 non restituì tutte cose all'antico; riconobbe valide e sublimò a dritto alquante opere della rivoluzione. A parlar d'Italia sola, restarono spenti due legittimi antichi stati benemeriti della Cristianità; Genova cadde immolata all'ambizione Sabauda, data per afforzare il Piemonte a guardar le alpi dal Francese; e Venezia, già venduta a Campoformio nel 1797 dal general Bonaparte, restò all'Austria in cambio delle cedute Fiandre. Malta, pur dall'arme di Francia tolta a' Cavalieri, rimase in man d'Inglesi. Italia pagò le spese delle guerre rivoluzionarie. E mentre Piemonte ingrossava, il nostro reame scemava; che ne si tolsero i presidii di Toscana, possessi secolari. Così il trattato del 15 non tutto riparatore, modificò l'Italia con riconoscimenti di schiacciati dritti, lasciò un lembo dell'opera rivoluzionaria, e fu pretesto e seme di futuri guai. Un altro seme ne restò in Francia con la costituzione. E fu curioso che ai Francesi vinti si die' questa *libertà* che i vincitori non volevan per sè. L'Inghilterra volle lasciar vivo nella sua rivale il fuoco per nuovi incendi: la stampa libera, e la rappresentanza.

Ma Gioacchino Murat, quanto prode di braccio fievole di mente, pensò lieve gli fosse il ripigliare il trono; e in Corsica reclutò gente per sorprendere il reame; se non che spiato da un Carabelli Corso già da esso beneficato, il governo napolitano era sull'avviso. Egli raccolti 450 uomini mosse da Aiaccio, ebbe tempesta, e con solo diciotto persone l'8 settembre 1816 sbarcò a Pizzo di Calabria. Era giorno di festa, molta gente in piazza; al Viva Murat, niuno risponde, ond'ei volge a Monteleone; ma inseguito con archibugiate da' popolani, tenta rifuggire a mare. Chiama la sua barca; e il pilota, Maltese, fatto da esso capitano e barone, per rubargli i danari lo abbandona. E raggiunto, schiaffeggiato, e menato in castello. Ito colà il generale Vito Nunziante, è tenuto con onore, ma sentenziato da sette giudici, tra' quali tre e il procurator della legge stati suoi uffiziali, carchi d'onoranze e gradi, ebbe applicata una sua stessa legge, e sofferse la fucilazione a 13 ottobre. Nato in Cahors, surto dalla polvere, trionfato in molti campi di battaglia, regnato sette anni, caduto in inglorioso cimento per man di plebe, tornò nella polvere; esempio solenne di fortuna.

Gaeta, difesa bene dal Begani, aperse per capitolazione le porte.

§. 5. Il quinquennio.

Il reame in peggio e in meglio era tutto mutato. Più forti ordini, più vigorose leggi, più tasse, più impieghi, meno costumi, meno religione, meno obbedienza, più licenza e più servitù. Dell'esercito disertati i soldati, rimasti uffiziali e generali molti, baldanzosi, inquieti, indisciplinati. Nel popolo più fiacco il prestigio regio, disilluso per fallacia di libertà, guasto e irritato per troppe blandizie o troppe percosse, odiatore di re stranieri, desideroso di quiete e di pagar poco. Gl'impiegati amanti del soldo, calcolo la fedeltà, tinti di setta per ansia di far fortuna. Il clero bramoso di reintegrazioni, dolente di restar dispogliato. I baroni stati il più liberali, schiacciati dalla libertà, non avendo a chi reclamare, impoveriti e incapaci di risorgere. E la plebe, dico la mischianza del peggio di tutti gl'ordini sociali, speranzosa di pescar nel torbido, intenta a rimestare e a fomentar odii e passioni. Non facile assunto era il ripigliar le redini dello Stato, serbando il nuovo, e contentando il vecchio. E avvenne che i vecchi visto trionfare il principio legittimo in astratto, rimaser trionfando vinti.

Imperocché Ferdinando a 20 e 21 maggio di quell'anno 1815 proclamò fra l'altre: assicurare libertà individuale e civile, sacra la proprietà, irrevocabili le vendite seguite di beni dello Stato, guarentito il debito pubblico, serbate le pensioni, i gradi, gli onori, l'antica e nuova nobiltà, ogni Napolitano accessibile ad impieghi militari e civili; amnistia piena, nessuna molestia per anteriori opinioni; nè scritti, nè detti, nè fatti precedenti investigarsi, nè avanti alle leggi, né avanti *al paterno cuore del re,* tutti additi uguali, velo impenetrabile, eterna oblivione sul passato. E tenne parola.

Pertanto poco fu mutato degli ordini e degli uomini messi dagli occupatori; e fu necessità fatale l'aversi a governare con elementi e persone contrarie all'essere del governo. Mutato il re, restava il decennio. Solo si poteva modificare o migliorare; e si fece. Il codice Napoleone, mutato nome, si tenne; escluso il divorzio, fatte indissolubili le nozze, esaltata la patria potestà, moderate le leggi di successione, aggiunta la volontaria carcerazione per ragion civile, abolite le confische, diversificate le pene, e poco altro. La legge del 12 dicembre 1816 die' altro avviamento all'amministrazione; questa e le finanze migliorarono per minor corruzione e maggior credito. Si riapersero i conventi, si risollevò la religione e il costume. La coscrizione scambiato il nome in leva, restò; restò la guardia provinciale o civica; restò la tassa fondiaria e il catasto; restarono le leggi eversive della feudalità. A' fuorusciti si restituirono i confiscati beni, dove si trovarono; a' dazii indiretti si pose modo; abolito quello sulle patenti che molto salle industrie e su' mestieri gravava. Si fondò la cassa di sconto, gran soccorso a' commercianti.

Il più difficile, riordinar l'esercito, non si potè ben conseguire. Pel trattato di Casalanza gli uffiziali del Murat riconosciuti ne' gradi, andàr fusi con gli altri venuti di Sicilia; questi per serbata fede, quelli per guerre fatte co' Napoleoni baldanzosi; gli uni a dispregio appellavan gli altri *Fedelini;* gli altri dicevanli in ricambio *Murattisti;* si guardavan biechi. Il re per affetto i suoi, per prudenza i contrarii carezzava. Si tentò la fusione, l'obblio del passato, si volea farla finita, e stringere in un amplesso e chi lo straniero, e chi il re napolitano avea servito. Ma l'ire sendo fresche, le male contentezze crebbero nella mescolanza. Nessuna mercede o ricompensa toccò a chi tante persecuzioni e danni di sangue e di roba avea patito per la causa del dritto; uffiziali vecchi e fedeli restarono inferiori di grado a chi già fu subordinato, soggetti a esser comandati da chi s'era elevato combattendo contro il re. Duro sembrava, e duro era; perchè in Sicilia non era stata opportunità di promozioni, e in Napoli i re nuovi per gratificarsi i loro avean promosso alla grande. Così riuscita la colpa di costoro premiata, fu malo esempio; e parve più larga via a salir alto l'oppugnare che difendere il trono. Molti già fidi si calarono a utilitarii pensieri; de' Murattisti i più usciti di setta non mutavan natura; però chi si vedeva mal della sua fedeltà rimertato, e chi si credea scaduto per la mutazion del vessillo, pari per opposte scontentezze, stavan di mala voglia. A tutti pesava il tedesco Nugent. Il Sovrano die' a' reduci di Sicilia una medaglia a ricordo dell'onorato esilio; la quale, benchè largita a usanza di milizie di tutte nazioni, divenne pregio degli uni, irrisione e dispetto degli altri. Dissero il governo aver voluto disunire per meglio conoscere i suoi. A rimediare si creò l'ordine militare di S. Giorgio detto *della riunione,* fregiati i meritevoli d'ambo le parti; lieve espediente. I due eserciti nondimeno, se non di animi, si fusero d'arme e vestiti.

La carboneria soffiò in queste ceneri, si valse di tai disgusti, diramò sue braccia fra generali e soldati, prese subito vigore, e aperto lavorò a mutazione. Era allora ministro di polizia il principe di Canosa, uomo d'ingegno e di cuore, ma facile a cadere in mali consigli e in male amicizie. Ei pensò dover combatter la setta con controsetta; e favorì i *Calderari*, altra società mezzo segreta surta a pro del governo. Errore fu, che tentò l'impossibile, nobilitar l'indole delle segrete società, tratte sempre da loro natura a ribellione. Quindi si mise di tristi attorno; i suoi nemici, che molti e anche in corte n'avea, il denigrarono; e il re si calò nel 1816 a torgli la sedia. Egli volle esulare. Prese il sommo della potestà il Medici suo emulo, che chiuse l'occhio su' carbonari; i quali ebbri del trionfo crebbero di numero e di baldanza.

Mentre la setta lavorava, il reame rimarginava sue piaghe. Quei cinque anni furon notevoli fra noi per rara prosperità. Blando, carezzevole, indulgente il governo; ricchezza, annona, giustizia, feste, pace, obblio del passato, leggi larghe, facile amministrazione, rinsaguinar di finanze e di forze, non tasse nuove, diminuzioni delle vecchie, non patiboli, non ceppi all'ingegno e al commercio, sicuro il paese, si vivea secondo l'età bene e lietamente. Ma quelle facilità appunto davan modo a' congiuratori di operar libero. La setta mondiale squadernando le dottrine del Montesquieu già magnificando nelle menti le costituzioni. Non debbo dire se cotal forma governativa sia per se buona o mala, a seconda de' popoli, de' tempi e de' modi; ma cotesti liberali se n'han fatto un tipo unico di governo che vogliono imporre a forza a tutti i popoli. Di sì grossolano errore che fa versar tanto sangue al secol nostro la savia antichità avrebbe riso; e sarà ne' posteri uno smacco alla superbia dottrinale di questa età presuntuosa. Se non che tal modello di governo parlamentare, da darsi ai taciturni ed a' loquaci, a' freddi e a' caldi, a' calcolatori e agl'imaginosi, non è già per quelli stessi richiedenti voto di benefizio, ma d'insidia. La setta che aspira a repubblica sociale, chiede pel meno costituzioni per primo scalino, e farsi un terreno inviolabile, donde combattere la potestà, e aver modo di mangiar gli erarii e far debiti agli Stati. Con esse pongono loro adepti al governo, si fanno un parlamento loro, i deputati contrarii comprano con ciondoli ed uffizii, lascian cianciar vanamente di franchigie i pochi non venali; fan decidere ogni cosa dalla vendereccia maggioranza; e con liberalesche forme si fan tiranni.

La Carboneria pertanto, preso modo e succo affatto democratico, avea guadagnato il più dell'esercito; operatori i generali più alti, massime quelli messi dal re a comandanti territoriali nelle provincie, con infausto consiglio; i quali potendo più de' presidi, facevan dualità nel governo della cosa pubblica, e operatori di male, erano insieme ribelli e sostenitori della regia potestà. Questi comandanti nel quinquennio favoriron la setta; dal 21 al 47 non se n'ebbero, e fu lunga pace; si rifecero nel 48, e prepararono in gran parte il 1860. Era allora comandante territoriale di Capitanata ed Avellino Guglielmo Pepe. Repubblicano nel 99, servì Murat, e cospirò contro esso; giurò a Ferdinando, e fu ritenuto Tenente Generale, ebbe la Gran Croce di S. Giorgio, e cospirando ancora fu precipua cagione dell'insozzar di Carboneria, e indisciplinar la milizia. Gli animi eran qui preparati, quando la rivoluzione di Cadice riconosciuta da' monarchi nelle Spagne avacciò il movimento. I carbonari nelle *vendite* s'agitarono, predicarono virtù lo spergiuro, statuirono il da fare.

§.6. Il 1820.

La congiura avea in più parti d'Italia preparate le mine, ma primi a scoppiare fummo noi. Sull'alba del 2 luglio 1820 due sottotenenti Morelli e Silvati con 127 soldati del reggimento Borbone cavalleria disertavan da Nola insieme a un Minichini prete, e venti paesani carbonari; si fermarono a Mercogliano, poi, ingrossati, a Monteforte. Il colonnello De Concilii comandante d'Avellino finse accorrere per combatterli, e s'unì ad essi; e mentre i Carbonari soldati disertavano alla rivoluzione, s'inviava a debellarli da Napoli il generale Carrascosa senza soldati. In quella il Pepe col più della guarnigione di Napoli si solleva; una deputazione corre al re, e lo sforza con bruschi modi a dar fra due ore la costituzione stessa di quei dì proclamata in Ispagna. Scelta questa tumultuariamente, non perchè l'avessero in pregio, ma per foga e fretta, o per mostrar l'armonia delle due rivolte; ell'era per sè difettosa, e impossibile in regno doppio, per Napoli e Sicilia, diversi ed avversi, e a popoli restii a mutazioni. A 6 luglio la proclamarono. S'elessero Murattini a ministri; alle regie bandiere s'unirono i tre colori della setta, turchino, nero, e rosso. Poi il Pepe co' Morelli e Silvati, e il prete Minichini, seguiti dall'esercito rivoluzionario, fece il 9 entrata trionfale e scenica in Napoli, i Carbonari plaudendosi da sè, Viva i Carbonari. Il re giurò il quindici; la stampa cominciò sua sfuriata.

Come arrivàr le novelle a Palermo, i congiurati si levarono anch'essi a gridare costituzione di Spagna, a 15 luglio; ma subito per rivalità aggiunsero *Indipendenza;* nè mancò chi sclamasse: Viva Robespierre! Fu fatale in queste e in tolte le rivolture sicule, il trovarvisi luogotenente qualche inetto. V'era un Naselli, che per vana paura die' i castelli alla marmaglia, la quale inorgoglita infuriò; latrocinii, uccisioni, e vendette; abbattè le statue reali e gli stemmi, saccheggiò la reggia, devastò i giardini, arse e spogliò case; e a' due principi Cattolica e Jaci troncò le teste, e, strascinando i cadaveri, le portò sopra lance a ludibrio. I rivoluzionarii di Napoli disapprovaron quelli eccessi, e più l'indipendenza che accennava a divisione; e mandarono a domare i Palermitani novemila fanti e 500 cavalli col generale Florestano Pepe (fratello di Guglielmo). Partì questi sui principii di settembre, vinse in più scontri; fermò a 8 ottobre la pace; e rioccupati la città e i forti, ripose il governo regio, durata l'anarchia ottanta giorni.

Al 1° ottobre s'apriva in Napoli il parlamento, presente il re, nella chiesa dello Spirito Santo. Ne' dì seguenti sin da' primi discorsi si parlò di Costituente, il che ricordando quella regicida di Francia, spaventò Ferdinando, e gli mise in cuore il primo desio del partire. Già unica regnatrice era la Carboneria, governo nel governo, i suoi agenti seduti in tutti uffizii, ubbidivano ad essa; al re s'era lasciata la parte del segnar decreti per la sua rovina. In quella s'agitava la setta mondiale, i suoi adepti in tutti i paesi alzavano il capo, e pareva imminente un nuovo 89 europeo; perlocchè i monarchi, congregati a Troppau, statuirono fiaccar le rivoluzioni, e Napoli prima. Qui il gloriato Guglielmo Pepe, irto di plausi e pugnali carbonareschi, gridava guerra, guerra! e fe' rigettare altresì la offerta mediazione di Francia. Alle provincie mutàro nomi: Daunia, Irpinia, Sannio, Lucania, e simiglianti ricordi di tempi eroici e repubblicani. La Carboneria fra que' trionfi inebbriata, dimenticò sue astuzie, e ammise, anzi sforzò ogni gente a entrar nelle sue fila; anco femmine carbonaresse fece, dette *Giardiniere*. Solo in Napoli eran 95 *vendite*, ed una avea ventottomila socii, il più ascritti per fuggir molestia. Allora incapace di freno, palesò nuda sue tristizie; chè le sette pria di scoppiare parlano libertà, sfolgorano tirannia dopo il trionfo. A un tratto snervata la forza sociale, comandanti moltissimi e i peggiori, con l'anarchia l'audacia e le rapine, diminuite l'entrate, cresciuti i bisogni, mancato il credito, vuotate le casse pubbliche. Il banco, ripigliandosi ciascuno i suoi capitali, non pagò più, e vi si scoperse mezzo milione mancante; scemarono di molto i fondi pubblici, per finanze stremate, per discredito, vacillamento e incapacità di nuovi reggitori. Ritrassero dalla Cassa di sconto un milione di ducati; venderono ducati cinquantamila di rendita sul Gran Libro, e misero in vendita altresì i beni dello Stato, restati salvi per la fortunosa disfatta. Da ultimo ordinarono un prestito interno; davan carte per denari, e a forza; divenne tassa obbligatoria.

Opportuno al re, deciso d'allontanarsi, vennero lettere de' sovrani europei che invitavanlo a Laybach; però ne die' parte con messaggio al parlamento il 7 dicembre. Seguirono tumulti parlamentari; si gridò o *Costituzione di Spagna* o *Morte*, e nelle camere e in piazza, co' pugnali alti. La dimane il Borrelli deputato perorò per la partenza del re, e s'ottenne. Ferdinando partì il 14 di quel mese sul V*endicatore* vascello inglese, lo stesso che avea tenuto prigioniero Napoleone. Napoli fra spessi delitti, ne vide uno orribile. Una notte in gennaio 1821 i Carbonari assalgon la casa del Giampietro stato direttore di polizia; e, piangente invano la moglie e nove figli che gli abbraccian le ginocchia, strascinante sull'uscio, e sotto gli occhi de' suoi cari, gli dan quarantadue colpi col pugnale che da una in altra mano si passavano. Sul cadavere misero il cartello: *numero uno*. I magistrati non punirono nessuno; molti tementi di peggio fuggirono; lo spavento colse ogni persona onesta.

Il re per vecchiezza stanco, desideroso di pace, avrebbe voluto a Laybach sostenere il fatto di luglio, e ne scrisse al figlio Francesco rimasto suo vicario nel regno; ma trovò i sovrani determinati a cassare quel riprincipiamento di rivoluzioni, minaccianti la sicurezza degli altri stati. Ciò nunziò egli al figliuolo vicario; ciò riprotestarono gli stranieri ambasciatori, aggiungendo che Tedeschi, e Russi in riserva, marcerebbero sul reame. Subito il parlamento, le vendite, la piazza gridarono guerra; e il Pepe beatissimo già col pensiero trionfava. Rifatto il ministero, ministro di guerra il Colletta, stabilirono guerra difensiva, aspettare nello stato il nemico, far due eserciti, uno verso Ceprano, altro in Abruzzo, poi fortezze, trinceramenti, teste di ponti su' fiumi, e altre difese. V'avean 50 mila soldati, e 140 mila urbani, militi e legionari! Correvan questi a sciami, non per zelo di pugna, ma dalla Carboneria con fiere minacce sospinti.

S'appressavano quarantatremila Tedeschi comandati dal Frimont. Il Pepe già ne' suoi giornali promessa vittoria certa, avea pur fatto stampare che sconfiggerebbe il nemico il 7 marzo a Rieti; però a non mancar di parola, quel mattino, senza aspettar tutto l'esercito, scese dalle gole d'Androdoco con una schiera, e assalì Rieti, donde i Tedeschi uscirono in tre colonne. Alla prima l'esercito di Carbonari si sgominò e sparve, e con esso il Pepe. Costui avrebbe potuto fermarsi per via, e co' reggimenti ordinati ripigliar la guerra; ma non lasciò di camminare un'ora, e giunse prima di tutti i fuggenti a Napoli; dove dimandò ed ottenne un secondo esercito; se non che udito i Tedeschi vicini fuggì in America, per serbarsi a un'altra volta.

Il parlamento a un tratto di guerriero fatto pacifico, scrisse un indirizzo al re, dichiarandosi innocente della rivoluzione; di poi al 19 ventisei deputati soli, scrissero a proposta del Poerio un atto di protesta per la violazione del dritto delle genti. I Tedeschi entrarono in Napoli a 23 marzo 1831. Il popolo fu lieto di riguadagnar la pace. Ma dopo pochi dì i Carbonari di Messina, forti della complicità del generale Rossaroll comandante il presidio, si sollevarono, abbatterono le statue del re e gli stemmi, e mandarono per tutta Sicilia e in Calabria chiedendo aiuti, che punto non ebbero. Allora i Messinesi s'unirono e armarono, prima sotto colore di mantener l'ordine, poi per dare addosso a' ribelli. Questi fuggirono. Il Rossaroll riparò in Ispagna, indi in Grecia, dove morì. La rivoluzione carbonaresca costò al paese ottanta milioni di ducati di debiti e la invasione straniera, pagata poi sei anni. Il nome Carbonaro nelle popolari menti suonò e suona infame e vile, pei baldanzosi delitti, e per le vergognose fughe, cui la nazione con pratico senno su di esso rigettò l'onta. Però la setta non osò più ripigliar l'irriso nome; e dappoi mutollo in Giovine Italia; che non più negli uomini che l'aveano assaporata, ma in giovani ignari mise speranza di riscosse.

Quell'anno stesso, sebbene con ritardo, giunsero a rivoltare il Piemonte, mentre era compresso Napoli. Colà il ministro di guerra Santarosa, e Carlo Alberto di Savoia, principe di Carignano capo del ramo secondogenito della casa regnante, cospirarono. Il re abdicò a favor del fratello Carlo Felice, Duca di Genova; e perchè assente, surse reggente il cospiratore Carlo Alberto. Questi tentennò alquanto, poi proclamò la convenuta costituzione di Spagna. Le società segrete nominaronlo presidente de' Federati; il cui disegno era allora di far trina l'Italia, cioè settentrione, mezzogiorno e centro. Egli aspirava al settentrione. Il Santarosa e i Carbonari tementi le decisioni di Layback, misero truppe alla frontiera; ma combattuti dagli assolutisti di dentro, e da' Tedeschi di fuori, vinti a Novara, ritornò l'ordine primiero.

Storia delle Due Sicilie 1847-1861

Per siffatte ripressioni i rivoluzionarli odiano a morte l'Austria; non per cacciar fuori lo straniero, come strillano, chè ne chiaman di tutte nazioni; ma per cacciare il protettore della quiete.

§. 7. La reazione.

Cominciarono nel reame punizioni di ribelli. Il ministro Canosa ritornato alla sedia abolì ogni segno settario, minacciando la frusta. Trovatone addosso a un tale Angeletti, il fe' vergheggiare, poi in berlina il mandò per Toledo, col nastro settario al collo, e 'l berretto tricolore in testa, e la scritta *Carbonaro*. I liberali sclamarono alla barbarie, e l'era; ma avean lodato il palo usato nel liberalesco decennio. Quella frustata alla medio evo bastò a seppellire la carboneria. Venner carcerati i rei principali, sette o otto generali, fra' quali l'ex ministro Colletta, che inventò poi la storia per vendetta, pochi deputati e consiglieri di Stato, fra questi il Poerio, il Bozzelli, e alquanti magistrati. Costoro patirono esilio o perdita d'uffizio. Presto con editto del 30 maggio il sovrano decretò l'amnistia, salvo pe' militari iti a Monteforte. De' quali si fe' nel 1822 il giudizio, durato più mesi con pubblici dibattimenti. Vidersi molti Carbonari mutar veste, e farsi accusatori e testimoni de' compagni; moltissimi lodavansi d'aver disertato dalla guerra, e tradita la nazione: vergogne difenditrici di vergogne. Fur condannati trenta a morte, e tredici a galera; numero lieve fra tanti celebrati rei; ma la sentenza fu eseguita solo sul Morelli e sul Silvati, primi ad alzar bandiera; gli altri ebbero minorata la pena e poi appresso libertà. Fra' graziati fu il colonnello Topputi, stato nel 1860 tanto acerrimo nemico a' Borboni, che gli avean lasciato il capo sul collo. In contumacia ebber condanna di morte il Carrascosa e il Pepe.

Disciolto andò l'esercito; ogni uffiziale sottoposto a scrutinio, riconfermato nel grado, o dimesso, secondo l'opere; molti perdettero i posti; e si lamentavan che distrutta restasse la convenzione di Casalanza; come se valesse per le colpe posteriori, e un governo potesse dannarsi al suicidio col lasciar l'arme alle mani de' suoi uffiziali nemici. È da notare che i felloni Morelli e Silvati fuggiti con cinquecento ne' monti, avean tentata la guerra brigantesca, riuscita inane per isbandamento de' compagni, e odio delle popolazioni; donde si vede che dopo il 1800, il 1815 e il 1820, benché rimutati i governi, il reame non ebbe brigantaggio politico; per contrario ebbelo nel tempo repubblicano del 99, nel decennio, e dopo il 1860, cioè sempre dopo le cacciate de' Borboni; perchè il popolo è con questi, non con le sette, nè con lo straniero; e combatte come può con armi rusticane contro gli usurpatori.

Nello stesso anno 1821, dopo molte consultazioni, si stabilì con legge che Napoli e Sicilia, ancora che regno uno, s'amministrassero separati: tasse, tesoro, magistrati, spese, tutto diviso; ciascuna parte avesse impiegati conterranei, ciascuna una consulta. Ciò, fatto per ridar autonomia e indipendenza all'isola, antico desiderio siculo, fu tosto colà censurato e lamentato; disserta legge annientatrice di divisione e discordie fra popoli italiani, fonte di debolezza e servitù comune. Quando poi

Ferdinando II per compiacerli ordinò la promiscuità, censuraron peggio, e piagnocolaron tanto che prepararono il 1848.

Rimasto stremato l'erario, e avendosi a pagare i Tedeschi, si chiesero denari al Rothschild banchiere ebreo; il quale, spinto di segreto dal Metternich ministro d'Austria, offerseli, a patto che ministro di finanze fosse il Medici. Questi da Firenze ov'era fuggito patteggiò, e volle casso il Canosa suo nemico. Il re si negava, ma insistendo il Tedesco Koller che volea la moneta, bisognò acconciarsi. Così l'ebreo rimetteva in seggio il Medici; e il Canosa di nuovo volontario esulava. Re Ferdinando nella notte del 3 al 4 gennaio 1825 finì. Trovaronlo morto al mattino; nato a 12 gennaio 1752; vissuto anni settantasei, regnati sessantacinque.

§. 8. Regno di Francesco I.

Il suo figliuolo primogenito Francesco succede al trono. Viste più rivoluzioni, patito l'esilio, sapeva come le sette lavoravano, e stette sull'avviso; onde seguitò, nè altro poteva, i modi precedenti. Ma a sgravar lo stato dalla spesa de' Tedeschi, viaggiò a mezzo aprile, per conferire con l'imperatore d'Austria a Milano; vi giunse un mese dopo; e ottenne scemasser tosto di diecimila, il resto partisse per l'anno seguente. Invece convenne con la Svizzera d'avere a soldo quattro reggimenti, ciascuno di 1452 uomini, per trent'anni. La prima spesa fu un milione e 792 mila ducati; l'annua cinquecentosessantaseimila. Così costaron meno de' Tedeschi, e furon fidi e prodi lungo tempo. Quelli nel 1826 sgombrarono la Sicilia, rimasti soli diecimila in Napoli, partiti in febbraio seguente.

I Carbonari intanto voller dar segni di vita agitando loro congreghe; ma scoperti nel 1826 in Napoli e a Catania, e giudicati, due ebber sentenza di morte, altri di ferri; e il re li graziò. Anche a 16 agosto seguiron molte permutazioni di pene ai condannati del 21, quasi grazie piene. Ma nel 1828, come fu in Francia mutamento di ministero con personaggi creduti liberali, qui nel regno subito se ne prese opportunità di ribellare. Prima fecero iniziare un movimento da pochi uomini ignoti, ma presto scoperti e carcerati, surse un Galloni, che corse al Vallo del Cilento a unirsi a tre fratelli Capozzoli di Monteforte, proprietari falliti, profughi pe' monti. Costoro a 28 giugno sorpresero il piccolo forte Palinuro; e fatta più gente volsero a Camarota con bandiere di tre colori, gridando la costituzione francese. Ne' dì seguenti corsero altri paeselli, seguiti da tristi, mal visti dalle popolazioni sulle quali commettevan già vendette atroci. Il governo vi mandò truppe, e con piena potestà Francesco Saverio Del Carretto. Questi era stato capo dello stato maggiore del Pepe nel 1820, e de' più caldi carbonari, però dimesso con gl'altri; nondimeno avea trovato modo d'aver piena grazia nel 1822, e montare a colonnello, e poscia a brigadiere. Ei mostravasi allora tutto regio, ma non restava di tener di nascoso la mano stretta a' principali liberali già suoi confratelli, cui dava a bevere egli agognase il potere per fare poi la rivoluzione sicura e incruenta; quindi essere inopportuno ogni precoce sollevamento. Dall'altra per mostrar fedeltà al re svelava le trame che gli riusciva sapere, e corse volonteroso contro i faziosi del Cilento; anzi per lavar la colpa antica, operò con nera asprezza; che scomparsi per fuga i ribelli, spietatamente distrusse la terra di Bosco, ove quelli erano stati bene accolti, e fe' molte carcerazioni. I Capozzoli fuggiti in Romagna, poi in Toscana e in Corsica, vollero ritentar la fortuna riedendo a' monti natii, con isperanza di brigantaggio; ma scoperti e presi in conflitto subiron condanna di morte. Il Galloni campato in Francia, là preso e consegnato, dannato nel capo, ebbe grazia; e qualche anno dopo libero uscì dal regno. Altri giudizii seguirono, ed altre pene; e alternate severità e indulgenze, si quietò. Di quelle ire regie operate da un liberale, non si fe' molto rumore; perchè allora i liberali che si dicean *moderati*, persuasi di segreto dal Del Carretto essere stato inopportuno il movimento, lui lodavano di avveduto, e intendevano a fargli nome per dargli altezza e potestà.

Seguì nell'anno stesso un disgradevole fatto. Avevamo da aprile 1816 un trattato con la reggenza di Tripoli; morto Ferdinando, il Bey dichiarò il trattato spento con la persona del re, e per rinnovarlo chiese centomila colonnati; ciò rifiutammo, e pareva sopita la controversia, quando il Bey reiterò l'inchiesta, e die' un perentorio di due mesi per lo adempimento. Pertanto Francesco mandò a 14 agosto il capitano Sozii Carafa con ventitrè legni per mettere il senno in capo al Barbaro. Il Sozii, dopo vane pratiche di compunzione, cominciò il bombardamento di Tripoli il 22 alla lontana, disse per cagion del vento e delle maree. Solo quattro cannoniere comandate dal De Cosa s'avanzarono uditamente, e fer gravi danni a' Tripolini; ma non seguitate dagli altri legni, ebbero a scostarsi. Egli stette altri tre dì a braveggiare con colpi che per distanza andavan perduti; sinchè consumate le munizioni si ritrasse con vergogna a' porti di Sicilia. Seguirono prede di legni mercantili d'ambo le parti, e il danno nostro fu maggiore. Il Sozii accusò il De Cosa, che solo avea combattuto, d'essersi messo nella corrente e cacciato sotto i cannoni di Tripoli, onde aveva avuto danni; perlocchè, surse un consiglio di guerra a giudicar tutti; il quale con nuovo criterio ne dichiarò la colpabilità, ma nessuno condannò. Fu ricorso all'alta corte militare; ma il re udita la verità de' fatti, troncò il giudizio; e invece mise a quarta classe i giudici del consiglio di guerra e il Sozii Carafa; pur perdonati dappoi. Indulgenze ite in costumanza, madri di guai futuri. Da ultimo a 28 ottobre facemmo pace col Bey, pagando ottantamila colonnati: insigne vergogna.

La bontà d'animo di Francesco piegò a fievolezza. Ebbe un familiare favorito, che ne vendeva le grazie, e in pochi anni arricchì. Altro errore fu nel 1846 la formazione di due reggimenti siciliani prezzolati; a' quali nel 1831 furono aggiunti parecchi galeotti graziati, che riuscirono lunga piaga. Fu maggior piaga il vendere i gradi d'uffiziali quasi privilegio a soli Siciliani. La setta uscì a comprare, e vedesti capitani e tenenti bambini di culla; i quali, presa anzianità, arrivaron giovani a stare innanzi a' vecchi, e a' gradi alti. Il più dier triste prove. Di questi furono il Flores, il Cataldo, Alessandro Nunziante, i due Pianelli, il Ghio ed altri ingratissimi, famosi per tradimenti nel 1860.

Dall'altra Francesco fe' buone leggi amministrative, ravvivò le civili istituzioni e fu versato in agricoltura. Istituì nel 1828 l'ordine cavalleresco di Francesco I, per compenso di merito civile; ordine sventuratissimo ito sovente al demerito. Egli fece il gran palazzo detto delle Finanze, nel quale gli uffici di tutti i ministeri pria sparpagliati ebber posto. Il suolo è di 215 mila palmi quadrati, l'edifizio ha 846 stanze e 40 corridoi. Ebbe due mogli: da Maria Clementina d'Austria nacquegli Carolina Ferdinanda, sposata poi al Duca di Berry delfino di Francia, poi assassinato da ignota mano scendendo da un teatro a Parigi; da Isabella di Spagna fu fatto padre di sei maschi e sei femmine. Temendo che per ozio prevaricasse l'indole giovanile, fe' decreto a' 7 aprile 1829, ordinante il sovrano esercitasse sulle persone della real famiglia la potestà necessaria a serbare lo splendore del trono; perciò ogni persona reale avesse bisogno di regio assenso per contrar nozze, qualunque età s'avesse; in mancanza il matrimonio non producesse effetto civile. Lo stesso assenso volersi per ipotecare o vendere loro beni immobili. Decreto profetico, per quello che avvenne poi. Maritata la figlia Cristina col re Ferdinando VII di Spagna, egli stesso ve la condusse. Spesevi 692 mila ducati. Ripassando per Parigi, Luigi Filippo suo cognato, che intendeva a fellonia, diegli uno splendido festino, invitatavi fuor dell'usanza di Corte la borghesia. *È una bella festa*, disse Francesco. *Si, Sire*, rispose il ministro Salvandy: *è una festa napolitana, cioè che si balla su' vulcani*. In Ispagna era morto il nostro ministro Medici. Egli il re sul finir di luglio 1830 ritornò con mala salute, che lo spense a 8 novembre. Era nato a 19 agosto 1777.

§. 9. Rivoluzione di luglio in Francia.

Il vulcano era scoppiato: la rappresentanza e la stampa libera in Francia avean partorito la rivoluzione di luglio 1830; altra per noi semenza di guai. Luigi Filippo d'Orleans, figlio dell'altro Orleans che votò la morte di Luigi XVI, nascendo nel 1773 era stato tenuto al sacro fonte dal Delfino, che fu questo misero sovrano. Educato a maniera teatrale da una donna, dico la filosofessa madama Genlis, si fe' Giacobino, mutò il nome Borbone in *Uguaglianza*, combattè per la repubblica, poi contro, fuggì, viaggiò ramingo in America, e ritornò legittimista in Europa. Per campar la vita in Isvizzera avea fatto il maestro di scuola. Indi giurò fedeltà al re pretendente; e ne fu favorito a sposare a Palermo Amalia figlia del nostro Ferdinando IV; eppure nel 1812 cospirò con gl'Inglesi contro il suocero, per farsi reggente di Sicilia. Ritornò in Francia al 1814, accolto bene dal restaurato Luigi XVIII, che gli pagò i molti debiti, e gli fe' restituire i beni. Carlo X gli riconcesse il titolo d'altezza reale, fe' sanzionar con legge la fatta restituzione delle facoltà paterne, gli die' sedici milioni d'indennità pel patito esilio, e contribuì a fargli avere lo immenso retaggio del Duca di Borbone Condè (morto, come si disse, assassinato). A tanti benefizii l'Orleanese mostravasi riconoscente, ed era ossequioso, e parea fido; nondimeno in casa sua accoglieva i malcontenti di tutti i partiti, s'infingeva protettore d'arti e d'artisti, uomo di progresso e di civiltà; poscia scoppiata la rivoluzione di luglio, come Carlo fu fatto abdicare, ei prese per broglio di rappresentanti, appellato voto di nazione, il trono del suo benefattore, e quella corona di Francia cui il padre suo per via di regicidio s'era avvicinato. Luigi Filippo re, non perchè di casa Borbone era men re rivoluzionario; la sua esaltazione fu un ritorno verso il 1789, e un mezzano trionfo di que' principii; le sette si riagitarono in tutta Europa, e più in Italia si sperarono rifare le scene passate. Allora fu udito proclamare la prima volta quel nuovo motto che legò poi le mani al dritto, il *non intervento;* un comitato italico a Parigi lavorò fra' capi della fatta rivoluzione; e s'udì in ottobre 1831 il ministro Sebastiani dichiarar dalla tribuna: « La santa alleanza essersi fondata sul principio dell'*intervento,* distruttore dell'indipendenza degli stati minori; dovrebbe la Francia far rispettare il principio contrario, e assicurerebbe la libertà e l'indipendenza di tutti. » Saria giusto il vietar lo intervenire in casa altrui, se anche si vietasse lo intervenire alla setta mondiale; la quale raccogliendo i faziosi di tutto il mondo ne fa massa per turbar la pace d'ogni pacifico Stato, e attenta alla libertà e indipendenza de' popoli. Si proibisce agli stati legittimi d'intervenire, e si permette allo stato sotterraneo nemico latente di tutti. Il *non intervento* è diventato un dritto proibitivo, e lo intervento un dritto privativo della setta.

Per allora Luigi Filippo facendo sfogare quelli umori in ciarle, attendeva a regnar sicuro. Ma la fortuna del suo esaltamento ne fu tristo esempio; chè turbò i pensieri di qualche principe secondogenito della casa di Napoli, e servì a fomentare le rivoluzioni nostre. Si sollevarono i Paesi Bassi; la Polonia ne prese opportunità per riacquistare la sua nazionalità perduta, e molto pugnò pria d'esser vinta; in Piemonte si vider conati per rifar la costituzione del 1820; i Carbonari s'accerchiarono attorno a Francesco di Modena, e qui e a Parma ebbero a correr Tedeschi; e furon moti a Ferrara, a Bologna ed Ancona, in senso unitario. In questi fe' le prime prove Luigi Napoleone, che insieme al suo maggior fratello combattè: vinto, fu ricoverato dal Mastai vescovo d'Imola, poi papa Pio IX. A Forlì gli morì il fratello; ei fuggì in Francia con la madre, bene accolto; ma, pur là congiurando, scampò in Londra.

§. 10. Politica di Ferdinando II.

Ferdinando II, nato a Palermo a 12 gennaio 1810, succedeva a Francesco all'età di vent'anni, in quei difficili momenti, quando anche nel regno s'agitavan gli spiriti a esempio di quella Francia che vuol esser modello agl'imitatori del rumoroso. I Carbonari non osavan mostrarsi; per contrario protestavano innocenza, e accusavano i giudici punitori, coprendo la reità con la sventura, secondo l'usanza de' tristi percossi. Re Francesco avea già fatte perdonanze assai; parecchi avea riposti in uffizio, ma da' tempi costretto a esser lento a graziare; tale che molti ancora si trovavano in esilio, o senza impiego, che anelavan mutazioni. Ferdinando benchè giovine e nuovo al regnare, sia consiglio sia generosità, andò incontro al pericolo, con politica nuova. Lo stesso dì che ascese al trono fe' una proclamazione splendidissima, promettente non resterebbe vana nelle sue mani la potestà trasmessagli da Dio; studierebbe i bisogni de' sudditi e dello stato, guarirebbe le piaghe del reame. Ebbe lodi da ogni maniera di persone; gli uomini da bene speravan finisser le concitazioni, i settarii già si credevan sicuri d'afferrar la potestà. A 18 dicembre e a 11 gennaio 1831 concesse quasi general perdono per colpe di stato. A' traviati spezzò o abbreviò i ceppi; ritornarono i profughi in patria, quasi tutti riebbero gl'impieghi antichi e maggiori, giurarono fedeltà eterna; e predicando sè innocenti dicevano quella non perdonanza essere stata ma tarda giustizia. Gli si misero attorno, e tenean per fermo d'abbindolarlo, e fargli scintillar l'idee d'indipendenza italiana, e guadagnarlo alla loro bandiera. Ma il giovine Principe dato il pane in bocca a' traviati, non voleva andar oltre; volea contentar gli uomini senza conceder le cose.

§. 11. Rifà l'esercito.

In prima lavorò all'esercito. Questo, come dissi, uno di nome, doppio di fatto, per quei di Sicilia e quei del Marat, divisi, emuli, diffidenti, dopo i fatti del 20 scaduto nella opinione, poco valea. Guasta la disciplina dalla Carboneria, benchè riammodernato nel 1821, pur era rimasto ibrido; più fu ibrido per le grazie che vi riposer carbonari pentiti. Ferdinando sin dal 29 maggio 1827, fattone capitano da re Francesco, sendo vago d'armi, v'avea speso sue cure; re vi applicò più alla libera. Nonpertanto quella sua fantasia di parer liberale il tirò alquanto a favor de' Murattini; i quali per aver fatte le guerre Napoleoniche si gridavan da più, e gittavano a terra i contrarii; sicchè fe' male veder vecchi soldati, per colpa d'aver seguito in tutte fortune i gigli, messi a riposo, quasi non buoni. La prima pietra fu scagliata contro il corpo de' Cacciatori reali; bellissimo per persone, per vesti, per fede provata, già scorta del sovrano nelle grandi cacce; che andò disciolto, e spartito in tutto l'esercito; messone il comandante, generale de Sivo, soldato fedele del 1799 e di Sicilia, caro a' due ultimi re, in gagliarda età, a seconda classe, in pena di non aver macchia. Salirono alto per contrario quei del Marat, e del 1820, molti dei quali tentennaron poi nel 1848, e tradirono aperto nel 1860. Allora il favorir costoro, e il disgradare i fedeli non parve gran danno; perchè tempi corser di pace, e perchè contentati i settarii, restò un pò disertata la setta; ma lasciò una persuasione che meglio co' Borboni si guadagni a mutare che a restar fido. Per contrario gli apostati che dalla presa politica del re avean pro, laudavanlo oltre misura, e sospingevano sempre a far più. Con l'andar degli anni quei di Sicilia, fuorchè pochi, scomparvero; il tempo e la morte sopir molti rancori. Salvo questo, Ferdinando rifece l'esercito per armi, vesti, ordinanze, studii, e disciplina. A 26 settembre 1834 die' nuova e buona legge su la leva militare. Fe' le ordinanze di piazza, l'ufficio topografico, il *Genio* militare idraulico e di terra, il corpo d'artiglieri litorali, reggimenti di lancieri, battaglioni cacciatori, una riserva all'esercito, fonderie di cannoni, polveriere, armerie, arsenali, collegi militari, ginnasii; e a 30 settembre 1842 fondò a Pietrarsa un ampio opificio per arti meccaniche e pirotecniche, da far macchine a vapore, e d'ogni maniera; che fu primo in Italia. L'artiglieria, arma dove più valgono i nostri, chiamò a nuova vita. Ed egli con simulacri di guerra, e istruzioni e marce su' campi l'esercito addestrava; sicchè questo per numero ed ordini guerreschi salì in fama. Costava men di otto milioni di ducati all'anno. E appunto quando fu buono, la setta, viste sue speranze nel re deluse, cominciò a dirne male. Si prese a proverbiare l'amor di Ferdinando per le arme; e lui mettevano in satire o in burle, chi per dispetto o invidia, chi per stoltezza.

§. 12. Rifà l'armata.

La marina napolitana che già molto valse al tempo delle crociate, e che sotto gli Aragonesi un dì col principe d'Altamura fugò i Veneziani, era niente, quanto Carlo III cominciò a crearla. Molto vi spese Ferdinando I, ed era bella quando nel 1799 la flotta per non lasciarla a' Francesi fu arsa. Si cominciò a rifare nel 1816; ma Ferdinando II veramente la portò molto più innanzi. Costruivamo i legni a vela in casa, quelli a vapore prima si compravano, poi uscirono anche da' nostri cantieri. Nel 1847 avevamo il Vesuvio, costruito a Castellamare nel 1824, vascello da ottanta, due fregate a vela da 60, e tre da 44. Di navi a vapore s'eran comprate nel 1843 la fregata Ruggiero, e il brigantino Peloro, nel 44 le fregate Guiscardo, Roberto, e Archimede; e le corvette Stromboli, Palinuro, e Miseno; nel 46 le fregate Carlo III, Sannita, e i brigantini Lilibeo e Maria Teresa. S'era varata a 21 ottobre 43 l'Ercole, fregata a vapore fatta da noi a Castellamare; dove dopo il 1848 costruimmo altri legni. E in gran numero corvette, barche cannoniere, bombardiere e navi da trasporto.

Eppure in proporzione spendevamo meno che altri Stati per questa armata. Nel 1847 l'esito fu fissato a ducati 2,528,283. Nel 1833 si era migliorata la scuola nautica di Procida. Nel 35, abolita l'accademia di marina, se ne creò un corpo più ampio; poi nel 38 se ne fero due collegi per aspiranti Guardie marine, e per alunni marinai o piloti; nel 43 fu aggiunta la scuola per alunni militari; e l'anno dopo altro decreto menò il collegio a maggiore ampiezza. Nel 1838 si ordinò il pilotaggio; nel 40 l'ascrizione marittima, il corpo di cannonieri marinari; e nel 45 quello de' macchinisti. Si ampliò e migliorò la Darsena, e i cantieri, massime a Castellamare; e nel 1836 era surto accanto alla reggia il porto militare. Il bacino da raddobbo l'avemmo nel 1852. E queste e altre buone cose che qui mai non s'eran viste la setta le faceva colpe. I nostri marinai per mestiere e fede erano ottimi, gli uffiziali marini eran per arte buoni, la fede andò con la fortuna. Da fanciulli eran guasti di pensieri negli stessi reali collegi da maestri settarii, come poi fu manifesto.

Molto si provvide alla marina mercantile. Avevamo scuole nautiche a Meta, Carotto, Castellamare, Procida, Gaeta, Bari e Reggio; e in Sicilia il collegio nautico a Palermo, e scuole a Messina, a Trapani, Siracusa, Giarre, Riposto e Catania. Con decreto del 1852 i piloti delle scuole nautiche di Palermo, Messina e Trapani, erano ammessi a concorrere ai posti superiori della marina regia; e l'anno seguente si permise agli alunni delle scuole di Siracusa, Giarre, e Riposto concorressero a terzi piloti su' regii legni. Nel 1846 si abolì il dritto pe' documenti degli atti di riconoscimento de' padroni di navigli. Nel 1837 si crebbe al trenta per cento il premio a' legni siciliani in diminuzione di dazio sulle merci recate dall'Indie, e del venti a quelle del Baltico. Queste ed altre molte facilitazioni, che tralascio per brevità, feron progredire la nostra marina mercantile. Nel 1835 aveva legni 5008, di tonnellate 107,938; e nel 1855 era già di legni 8988, di tonnellate 213,006, cioè doppia; nel 25 non avevamo piroscafi, nel 55 n'avevamo sedici, di 3859 tonnellate. Il commercio in trent'anni prosperò tanto che nel 56 erano solo in Napoli già 25 compagnie con in circolazione venti milioni e più di ducati. Questa prosperità marinesca insolita al nostro paese, ne rendeva indipendenti dal commercio straniero: ecco il rangolo dell'Inghilterra.

§. 13. Buon governo.

Ferdinando non vago di sollazzi giovanili, mise tutto l'animo allo Stato. Era nella Tesoreria per le trascorse peripezie un debito che dicevan *galleggiante,* sommato nel 1830 a ducati 4,345,251; ogni anno quasi un altro milione di disavanzo l'accrescea. Subito equilibrò le spese all'entrate. Cominciò scemando la sua lista civile per ducati 370 mila l'anno, moderò a metà il grosso stipendio a' ministri di stato; le spese di guerra e marina in su' principii diminuì di ducati 340 mila annui; riformò parecchi abusi, abolì le doppie cariche, tolse il troppo delle pensioni e de' soprassoldi; e risparmiò sulle spese della amministrazione pubblica altri annui ducati 551,667; di guisa che in breve sparì il vuoto, ed ebbe pur modo da sminuir le imposte. Messe nel vantato decennio francese, cresciute pe' guai delle rivoluzioni, si togliean da Ferdinando, maledetto, perchè i settarii niente maledicono più quanto il buon governo. Abolite le riserve per cacce reali, ne ridiè' le terre all'agricoltura; benchè pochi anni dopo, visto lo errore dell'eccesso, alcune ritornasse a riserva. A 10 gennaio 1832 vietò i dritti di *portolania* in Napoli. Nel 1833 tolse la metà del dazio gravoso alla gente minuta sulla macinatura de' grani, messo nel 1826, scemandosi di ducati 526,500; e a 13 agosto 1837 levò il resto, che dava ducati 625,546 d'entrata. Nel 1832 finì un dazio sulla carne; nel seguente anno quello di dritto di rivela su' vini; nel 1845 fu sminuita la tariffa doganale, e soppressa la *soprattassa di consumazione;* e l'anno appresso si moderarono i dazii su oltre centodieci categorie di prodotti stranieri, e su' dritti di bollo alle mercanzie forestiere. Nel 1842 fur vietati quelli d'esportazione sopra molti nostri prodotti, come sale e zolfo; e nel 1846 scemò quello d'esportazione dell'olio d'ulivo e della morchia. Mentre gli economisti stampavan libri, qui senza pompa vedevi fatti. Il guadagnar molto e il pagar poco prosperava il commercio e l'industria.

Diminuite l'entrate, pur si scemavano i debiti, e s'accrescevan le spese per ragguardevoli opere pubbliche. A 1 agosto 1844 era finito di pagare il debito di 15 milioni di ducati contratto in Londra nel 1824 col banco Rotschild per pagare i Tedeschi; si estingueva poi il debito di ducati 2,528,000 verso gli Americani, e si soddisfava un debito di 1,850,000 ducati preso dalla Cassa di Ammortizzazione. Le spese per la marina variavano pe' legni nuovi che come ho detto s'andavan facendo: nel 1841 erano state di ducati 1,882,000; nel 1845 montarono a 3,628,760. Dopo la questione degli zolfi con l'Inghilterra, pagammo mezzo milione per indennità alla compagnia Taix e ad altri Inglesi. Le strade di ferro di Capua e Nola, le bonificazioni delle terre attorno al Volturno, si fecero con danari dello stato. E mentre scemavano balzelli e crescevano spese, pur nel 1811 avevamo in cassa ducati 2,200,000, e 3,200,000 nel 1843, di avanzo disponibile. Questi miracoli eran figli di buona economia e di pubblica agiatezza.

Accusavano Ferdinando di avarizia; ma non avaro, economo era delle cose dello stato; del suo facea risparmio per non usar lo altrui. L'economia che in Sovrano è virtù, in Ferdinando apponevano a colpa. Ei fe' di molti risparmi nella reggia per provvedere a' suoi figli secondogeniti, e con maggioraschi stabilire loro case, senza gravar lo Stato. Non però tralasciò le magnificenze da re; che a sue spese rifece la reggia di Napoli guasta da incendio, profusovi più che due milioni di ducati; ed anche del suo menò a fine e decorò gl'altri palazzi a Palermo, a Capodimonte, a Caserta, a Quisisana, e i quartieri di Caserta. Ne' viaggi all'estero e pel regno e in Sicilia spendeva egli; e trattava da Sovrano i Principi esteri che il visitassero, siccome da imperatore tenne Nicolò di Russia nel 1845; nè volle che di cotesti viaggi e ospitalità si gravasse lo Stato, come era antica usanza. Limosine sempre largiva, e di sua borsa; e, per notar solo l'anno precedente alla rivoluzione, casa reale pagò dal 1° novembre 1846 a tutto ottobre 47 per assegni e soccorsi ducati 73,892, come sta ne' registri. Inoltre l'anno stesso in due aggirate pel regno spese altri ducati 29, 048, iti anche in largizioni. Ciò poteva cavare dalla lista civile, già sminuita, supplendo sua parsimonia. I sovrani prodighi non son poi benefattori de' miseri. Prodighi furono Eliogabolo e Caligola pessimi, e furono economi Tito e Traiano, delizia dell'umanità.

Viaggiava; e del bene, ove ne trovava, facea tesoro. Quasi ogni anno visitava le Provincie e Sicilia, nè indarno. Frugale, laborioso, sollecito, niente a giuoco, niente a cacce, nè corse o a feste avea pensiero; tutto al governo. Niuno negherà essere splendido il suo primo decennio. Pace profonda, quiete e sicurezza, libertà civile, prosperità molta. Brevemente si costruirono strade, edifizii comunali, lazzaretti, case di bagni minerali, prigioni col sistema penitenziario, scuole per sordimuti, ospizii ed asili per indigenti e orfanelli e reietti e folli, porti a Catania, a Marsala, a Mazzara, e moli a Terranova e a Girgenti; s'istituirono consigli edilizii, monti pecuniarii e frumentarii, compagnie di *Pompieri,* opifici, nuove accademie, nuove cattedre all'università, nuovi collegi, nuovi licei. Si bonificavan terre paludose, si davano alla coltura terre boscose, e 800 mila moggia del Tavoliere di Puglia; si facevan ponti di ferro e di fabbrica su' fiumi, fanali a gas, fari alla Fresnel, ed ogni novella invenzione qui primamente in Italia era attuata. Si stipulavan trattati di commercio, si creavan guardie civiche per Napoli e per le provincie, e guardie d'onore a cavallo. Que' dieci anni fur benedetti anche ne' campi. Ubertose messi, mercati grassi, miti prezzi, comune l'agiatezza; un movimento d'industria, un crescer di popolazione, un incremento di tutte cose buone; sicchè non credo il reame avesse tempi più gai e lieti di quelli. Questi beni fur turbati solo dal colèra e dalla setta.

§. 14. Primi conati di rivoltare.

Per le fresche grazie, per l'unanime plaudire al re, non v'era pretesto a sedizione; ma la Giovine Italia che appunto il buon Sovrano temeva, prima tentò farlo suo, poi lavorò sempre a percuoterlo. Le congiure italiche e dello stato papale del 1831, avevano qualche ramificazione nel regno, e abbindolato il ministro di Polizia Intonti. Questi molti anni avea tenuto quel carico come retrogrado; ora non so se per paura o malizia, visto il campo apparecchiato alle rivoluzioni, e gittate in carrozza al re supliche e indirizzi per franchigie, supponendo il re pe' suoi primi atti, e per l'aversi messo liberali accanto, esser pieghevole a cose nuove, un mattino gli favellò d'apirazioni di popoli, e gli consigliò mutasse i ministri come troppo all'antica, chiamasse uomini liberali *moderati* (proponeva il Ricciardi, ministro del Murat, e il Filangieri e il Fortunato, anche del decennio) instituisse un consiglio di stato, a mo' di senato, ed altre riforme, quelle appunto chieste e richieste dappoi delle sette.

Ferdinando vide in tal preambolo il veleno; rispose proponesselo in consiglio di ministri. Questi dissero il disegno essere principio di rivoluzione; né, per cominciarla, si dimetterebbero. La sera, che fu il 14 febbraio, l'Intonti preso da' gendarmi in casa, fu condotto al confine, e mandato a Vienna, sotto colore di messaggio. E finiron lì le aspirazioni de' popoli. Il Filangieri e il Fortunato si tennero qualche dì ascosi. Dopo due giorni surse ministro di polizia il generale Del Carretto, comandante de' Gendarmi. Il quale non era stato estraneo a quella trama; perchè sendo egli vecchio carbonaro, e co' carbonari più astuti in lega, sapendone i segreti fea doppio giuoco: quelli pascea di speranze future, e il re teneva sicurato con isvelamento di loro mene. Così Ferdinando certo ch'ei tutti avesseli sotto la mano, lui fe' ministro. Ma ei non potendo allora accontentar la setta, prese ad accontentare i settarii; moltissimi ne allocò con buoni soldi, molti creò spie di polizia, a tutti fea buon viso, e dava promesse vaghe e lontane. Allora fu una scissione nel campo liberalesco; i più scaltri stretti al Del Carretto e pasciuti volevano aspettare, gli altri magri e impazienti non istavano alle mosse; talchè sovente quelli accusavan questi, e li spiavano, e plaudivano alle ripressioni.

Noterò quanti conati inani di rivolta seguissero da primi anni del regno di Ferdinando sino al 1847, acciò si veda non le popolazioni ma trame premeditate di pochi averle tentate. A Messina a 17 giugno 1831 s'erano arrestate per cospirazione ventidue persone, tosto per grazia in agosto liberati. Ed ecco a 1° settembre trenta uomini, unitisi fuori Palermo nel fosso di S. Erasmo, entrano in città chiamando il popolo all'armi; disarmano i doganieri, sparano colpi di moschetto; e come nessun li seguita, uccidono per rabbia tre cittadini, e molti feriscono. Affrontati da milizie fuggono. Pochi dì dopo presi quasi tutti, undici condannati nel capo, il resto ha pene minori. Seguì la congiura detta di frate Angelo Peluso, laico francescano, cuciniere del convento alla Sanità, che sol portava lettere a' capi. Fra questi erano un ex capitano Nirico antico consettario del Del Carretto e suo amicissimo; il quale aspettando la rivoluzione piena per le mani dell'amico volea trattenere gli scoppii parziali, e fea del tutto il ministro consapevole. Nondimeno i più avventati vollero tentar la sorte. Un capitano del genio Domenico Morfei calabrese, dimesso nel 1821, e per grazia reintegrato, un tenente Filippo Agresti, e D. Michele Porcaro d'Ariano a 17 agosto 1832 si volsero ad Ariano, ove credean trovare migliaia di sollevati, e trovarono i Gendarmi che li arrestarono. Lo stesso dì frate Angelo, gittata tonica e cordiglio, andò su' monti di Taurano presso Nola, e fingendo cercare tesori, unì gente fra' quali un Arsoli e un Vitale suoi correi. Recava una proclamazione per *costituzione* con in fine: Viva Ferdinando il grande! Ma come si manifestò venne da tutti abbandonato. Stette molto tempo ascoso; e fu trovato sotto l'altare del convento della Sanità in Napoli; così egli e altri pur presi, venner giudicati in Terra di Lavoro. Scrissero poesie al cuor generoso del re. Il 9 settembre 1833 ebber condanna di morte l'Arsoli, il Vitale, il frate e il Morici; altri ventisette a pene minori, tutte d'un grado diminuite per grazia. I veri capi il ministro tenneli coperti; il suo amico Nirico mandò in Sicilia, ove poi nel 1837 di colèra si morì. In questo anno 1833 fu lavorato a stringer le fila della cospirazione per tutta Italia; e ad assicurar le linee e i modi di corrispondenza, partì da Napoli, con pagatogli il viaggio, appositamente Francesco Paolo Bozzelli.

Ne' primi di giugno mancava più grave misfatto. Francesco Angellotti tenente, e Cesare Rossaroll e Vito Romano agenti de' cavalleggieri della Guardia, persone beneficate, e altri, congiurarono d'uccidere il re sul campo quando passava a rassegna quel reggimento. Dovean tutti insieme scaricar loro pistole su Ferdinando; gridar subito re Carlo secondogenito, principe di Capua, con la costituzione di Francia; sperando l'esercito li secondasse. Cercando adepti, si confidarono a un sergente Paolillo, uscito dal disciolto corpo de' cacciatori reali, il quale preso d'orrore li disvelò. Ferdinando dispregiò il rischio, chiamò a posta il reggimento al campo, tennelo egli stesso in faticose istruzioni tutto il dì; e mostrata così col fatto l'impotenza de' congiurati, permise dappoi fossero sostenuti pel giudizio. Allora il Rossaroll e il Romano, prima s'ubbriacarono, poi tentarono uccidersi l'uno l'altro; questi morì, quello benchè la palla il passasse fuor fuora, visse. Giudicati dall'alta corte militare, il Rossaroll e l'Angellotti venner condotti a pie' del palco a 14 dicembre; ma nol saliron, ch'ebbero grazia per 25 anni di ferri. Il primo e gli altri uscir poi liberi; l'Angellotti, tramata nel 39 altra congiura nell'ergastolo di Procida, sforzando le guardie cadde ucciso.

La setta fremente della fallita impresa, macchinò in quello stesso anno 1833, per far sollevare a 10 agosto a un tempo Capua, Salerno, ed Aquila, e pel 12 le Puglie e le Calabrie. Misuravano alla grandezza delle speranze la parvità delle forze. Prima ne parlarono i giornali francesi; e il governo fu sull'avviso. Il re stesso andò a tramutare la guarnigione di Capua, e si recò con soldatesche a far campagne d'istruzione a

Salerno. Il Del Carretto carcerò certi congiuratori, qualcuno stato già suo compagno, e poscia sua spia; però senz'altro male li mandò fuor de' confini; fra' quali Pietro Leopardi, Giuseppe Mauro, Adamo Petrarca, e Geremia Mazza.

La parvità di queste congiure mostra a che depressione fossero le sette allora nel regno; ma Ferdinando presto s'avvide come esse per tempo e blandizie non restano, e che non il mal governo de' regnatori, ma i regnatori combattono. Pertanto modificò sua politica parata liberale, e stette riguardato. I liberali che prima avean posto in lui grandi speranze, e tanto l'avean celebrato quando egli a Parigi s'era scoperto il capo avanti la statua di Napoleone a piazza Vendome, cominciarono a storcere il muso, poi a biasimarlo, e in ultimo a strombettarlo tiranno. Vedi umani pensieri! Ferdinando Borbone salutare colui ch'avea decretata la mina de' Borboni; e liberali encomiarlo d'aver ossequiato un tanto despota. Ma questo era despota figliato dalla libertà. Poi il re disse aver salutato il guerriero; e i faziosi sparsero ch'ei non il guerriero ma il tiranno in lui riverisse.

§. 15. Il colèra del 1836 e 1837.

Si stava tranquilli quando avemmo il colèra-morbus. Questa peste comparve la prima volta a Bengala nel 1817; si dilatò nell'Indie e in Asia; e visitò l'Europa in Russia nel 1830. Di là in Polonia, in Ungheria, in Germania e in Inghilterra. A Parigi nel 1831; nel 1833 in Ispagna, in America e in Africa. Venne in luglio 1833 per Nizza e Cuneo in Italia; l'ebber Torino, Genova, Livorno, Venezia e Roma. Da sezzo, malgrado le governative severità, l'avemmo in Napoli la prima fiata a 2 ottobre 1836. Nella sola città morirono in tre mesi persone 5287 di colèra, certo non molti in tanta popolazione. Ma con questa lugubre opportunità, il governo che molto operò in sollievo, mise in atto le leggi di tumulazione e inumazione ne' campisanti, dove per vieti pregiudizii tutti schifavan la fossa. E così togliemmo il lezzo dei cadaveri dalle chiese in città.

Ma il morbo che parea fugato ripullulò più fiero alla metà d'aprile 1837 in Napoli. Ne' primi di giugno entrò a Palermo, dove pel calore e per intemperanza d'igiene intristì oltre misura. Al 10 morironvi 1803 persone, e in quattro mesi ventiquattromila! Messina non fu tocca. Catania ebbe 5360 morti. In tutta l'isola il colèra mietè 69250 vite. In Napoli furono 10400, e cessò sul cader di settembre; finì a Palermo a 19 novembre, e a Catania a 27 dicembre. Non ostante tali morìe e l'altre del 1854, sendo cresciuta la prosperità, crebbe la popolazione. Questa nel 1825 era di 6,800,000; nel 56 sommò a 9,089,004; e più fu nel 60.

§. 16. Pretesto per ribellare.

Mentre la mano del Signore si gravava così su' paesi nostri, la setta aggiunse sue rabbie. Corso il motto, in molte parti d'Italia s'andò a' fatti. Dirò del regno. In Penne città d'Abruzzo ultra, a 23 luglio 37 sparsero voce d'una fontana attossicata; poi alquanti ribelli disarmano i pochi soldati, alzano vessilli a tre colori, e grida costituzionali. Non riusciti a movere i paesi circostanti, in due dì finì tutto. La commissione militare a 19 settembre ne dannò quattro a morte, altri a' ferri. A Spizziri in Calabria Citra un Luigi Stumpo e un Luigi Belmonte, prete, divulgarono anche d'una fontana con veleno; presi, venner dannati a morte il 24 agosto. Nella stessa provincia a S. Sisto fer lo stesso un Carmine Scarpelli e un Luigi Clausi; e assoldati mascalzoni preser l'arme la notte dopo il 22 luglio, movendo ver Cosenza; ma per via scorati dalla loro pochezza si spersero. Diciassette ebber pena del capo.

A Palermo, nel furor del colèra, un vecchio col figliuolo rifugiò in una campagna detta le Grazie, e infermò del male. I villani instigati a crederlo avvelenatore, miser le mani addosso a lui e al fanciullo; e a 9 luglio ambo malconci e semivivi abbruciarono. L'11 trucidarono entro la città altro infelice, otto la notte nel villagio Abate, e i giorni appresso altri diciassette. Poi dieci a Bagheria, 30 a Capace, 27 a Carini, 12 a Corleone, 32 a Marineo (fra' quali il parroco ed il giudice), 67 a Misilmeri, 11 a Pizzi, e 10 a Termini. A tai misfatti seguitavan vendette, furti, saccheggi e anarchia. A Siracusa si sollevarono a 18 luglio, e uccisero sei persone, con l'ispettore di polizia Vico, e il Vaccaro funzionante intendente. Nella terra di Floridia ammazzarono il presidente Ricciardi della Corte criminale; e sfuriati i giorni dopo fecer peggio: in tutto furono quaranta assassinii a Siracusa, tredici a Floridia, e otto a Canicattì. Quando ecco a 21 luglio certo curiale Adorno stampa un manifesto dicente il colèra venir da arsenico vagante per aria, e doversi accoppare i propagatori; poi si mette a capo i faziosi, e scorre la città, mentre i pochi soldati traggonsi in castello. In Catania già similmente sollevata, come giunsero i manifesti dell'Adorno, ristamparono, rinfocolarono la plebe, manomisero i poliziotti, arrestarono l'intendente ed altri uffiziali, e crearono una *Giunta di sicurezza*. Al 30 disarmarono una compagnia di linea, ruppero gli stemmi e i ritratti regi, alzarono bandiera gialla (colore surto nel 1820 a Palermo) e proclamarono l'indipendenza. Con una proclamazione dissero: *Ferdinando per non perdere la Sicilia volerla disertare di abitanti; il colèra non essere asiatico ma borbonico.* Aderirono Motta, Paternò, Biancavilla. Nondimeno a 3 agosto gli stessi Catanesi col marchese di S. Giuliano scacciati i faziosi, riposero il governo regio. E anche a Messina, dove non era il morbo, si suscitò subuglio, aizzando la plebe a far calca, e respinger tumultuosamente dal porto due navi vegnenti da Napoli e da Palermo.

Il governo per ripristinar l'ordine, e punire i trucidatori di tanti innocenti, mandò con alter-ego il ministro Del Carretto; il quale operò con la sua consueta asprezza. Carcerate 750 persone; giudicate, ebber condanna di morte 123. In punizione a Siracusa tolsesi l'intendenza e il tribunale, trasferiti a Noto. Poi a 16 maggio 1838 il re concesse perdono pieno a tutti gl'imputati di colpa di Stato in Sicilia, salvo pochi capi da giudicarsi. In seguito ridie' a Siracusa i soli tribunali.

§. 17. Altre congiure.

Si quietò sino al 1841, quando s'udì una fazione ad Aquila. Colà eran capi di congiura il sindaco Ciampella, un Lazzaro di Fossa, e un Moscone da Ocre; mossi dal marchese Luigi Dragonetti, amico vecchio del ministro di polizia sin dal 1820; uomo ricco, stato spesso congiuratore. Erano spinti da speranza che l'8 settembre due reggimenti s'avessero a ribellare in Napoli con l'occasione della parata a Piedigrotta, e il resto delle milizie secondasse; inoltre sicuri che poca guarnigione quel dì restasse ad Aquila, appunto perchè iti alla parata, credendo il reame ribellasse tutto, fermarono sollevarsi quel giorno. Uniti a prezzo un cento uomini, sulle ore cinque pomeridiane corrono per Aquila armati; sorprendono in istrada il comandante colonnello Tanfani che accorreva al castello; subito l'uccidono, e dopo morto traforanlo di stilettate, lui e un gendarme. Poi vanno a guadagnare e opprimere i soldati; ma questi risposto con ischioppettate, ne stutano quattro, fugano il resto. Alla dimane i congiuratori, divulgata voce di subugli in Napoli, ritornarono in più numero, e indi a poco d'ora si disciolsero per tema. Il governo imprigionò 132 persone col Dragonetti; poi compiuto il giudizio a 80 aprile 1848, il più col Dragonetti uscir liberi; altri ebber pena di ferri; otto soli dannati a morte, ma il re fe' grazia, fuorchè a tre. Il Ciampella, il Lazzaro e il Moscone, capi palesi, fuggiti a tempo, ebber sentenza in contumacia. Il Dragonetti ed altri s'allontanarono dal regno.

Si buccinò che in quel garbuglio avesse le mani il ministro; il quale, non potendo rattener più i suoi vecchi e segreti amici, permettesse facesser quel saggio di rivoluzione, che, riuscito, avria calato a costituzione re Ferdinando, mancato, avrebbe rinsavito i cervelli. I capi fuggiti, il presto liberato Dragonetti ne fur prova; dappoi questi stessi parlarono. Ma ne restaron vittime il Tanfani che già da più mesi strepitava, non udito, pel fermento che si mestava nel paese, e l'intendente conte Ferdinando Gaetani, uomo bonario, accusato di trascuratezza, e traslocato a Molise.

La Giovine Italia sollevò di nuovo le Romagne nel 1843; e correva attorno un medico (poi famoso) Luigi Carlo Farini di Russi presso Faenza, per ispingere i comitati di tutte quelle città a tumultuare. Un Zambeccari venne a Napoli, e s'aggirò nel Vallo. Volean si movesse prima il regno, ma non trovaron chi li udisse; e la polizia avvisata da' complici li scoperse in luglio e lor troncò i passi. Nondimeno si mossero ad Imola e a Bologna, dove entrò con una masnada quel Ribotti piemontese che poi vedemmo in Sicilia e in Calabria. In quella re Ferdinando offerse al Papa soccorso di truppe a sue spese; ma Gregorio che si sentiva forte non n'ebbe bisogno, e in breve scacciò quelli avventurieri. De' fatti del 1844 dirò appresso.

§. La setta volgesi a Carlo Alberto.

La Giovine Italia visto in niuna guisa poter guadagnare Ferdinando di Napoli, mentre tentava farlo uccidere, e lavorava ad infamarlo, prese altra via. Carlo Alberto di Savoia carbonaro e rivoluzionario nel 1821, vinto s'era fuggito a Firenze, ben ricettato dal Gran Duca; dappoi nel 1823 in prova di pentimento era ito soldato coll'esercito borbonico di Francia a spegnere le Cortes in Ispagna; dove condottosi bene ebbe da quei bizzarri Francesi le spallette di granatiere. L'Austria gli mandò l'ordine di Maria Teresa; Luigi XVIII Borbone ottennegli il perdono del suo re Carlo Felice. Morto questi senza prole, salì appunto esso Carlo Alberto, primo della linea Carignano, al trono di Piemonte; perlocchè i liberali in esso già collega alzarono le speranze; ma egli scorto la Costituzione aver cacciato allora di Francia Carlo X, stette duro; anzi nel 1834 represse la sollevazione tentata in Savoia dal rivoluzionario Ramorino; e fucilò quanti ebbe alle mani ribelli. Non ruppe i trattati con Austria, confermolli anche con altro, che in caso di guerra con Francia, davagli il capitanato d'un esercito Austro-Sardo; dove avria dovuto stargli ubbidiente il generale Radetzky duce de' Tedeschi nel Milanese. Nulladimeno non ismentì suo passato. In principio ebbe a coprir l'ambizione, rattenuto dalla dritta politica europea, e dall'indole conservatrice de' sudditi suoi; ma non la ruppe co' vecchi compagni di congiura; se li chiamò attorno, e lor die' soldi e potestà. A questo filo di favore appoggiata, la setta in poco di tempo schierò tutti settarii di costa al trono Sardo; i quali con l'esca d'onoranze e paghe e favori crebbero, e seppero instillar pensieri nuovi in quel buon popolo Piemontese. Egli tenne politica subdola: vagheggiava Lombardia, odiava Austria, le volea male, e le si profferiva amico, ne invocava consigli, ne ubbidiva a' cenni; giustiziava ribelli, sbandiva cospiratori, imparentava con Tedeschi! Dall'altra scacciava di corte i vecchi fedeli, accoglieva giovani libertini, motteggiava arcivescovi, udiva ridendo le calunnie a' religiosi, gongolava al sentirsi lodare quella sua *politica nuova;* amico di tutti, misleale con tutti; con l'Austria e con la setta, co' Prìncipi e co' popoli, co' Volteriani e con la Chiesa. Pertanto egli solo tra' prenci d'Italia era incensato in prosa e in rima, e speranze grandi riceveva e dava. Quella stirpe Savoiarda surta a poco a poco, nelle peripezie de' secoli, di picola contea a un regno preso a bocconi su' vicini, avida sempre, le tradizioni di famiglia talvolta sopiva, non mai smetteva. Alberto cui le aspirazioni settarie fean tralucere il destro di pigliarsi tutta Italia, sel vagheggiava; siccome la setta aspirava a far l'Italia socialista col suo braccio regio. Qual de' due fallasse dirà il tempo; credo tutti e due, se un po' di giustizia deve tornare in terra.

La propaganda rivoluzionaria designò il Savoiardo a *redentore* futuro. Lui sangue italiano, lui riformatore, lui sovrano di regno sedente tra Tedeschi e Francesi, stato tanta età argine a quei stranieri, lui meritevole di monarchia nazionale, lui solo degno d'amore e fiducia celebravano. Gli altri prìncipi, mancipii dell'Austria; il re di Napoli, Borbone, sangue forestiero, despota e tiranno, doversi spegnere; del suo esercito, di sue utili riforme, della prosperità e incivilimento napolitano non s'aveva a far motto. E per deprimere il re si deprimea la nazione. Uomini, arti, lettere, scienze nostre s'avevano a ignorare o a beffare o a sfatare: libri napolitani, nomi napolitani, fatti napolitani, leggi napolitani, tutto in fondo; Napoli la China d'Italia dicevano.

Ferdinando avea schifata quella politica Sarda, perchè ingiusta, fallace e rapinatrice; e perchè (il lasciò scritto di sua mano) *avria posto il paese in falsa via, scemata l'indipendenza politica e commerciale, dono di Carlo III, ch' avea sollevata la nostra nazionalità.* Così sfuggito egli all'amo dell'ambizione, era però sempre alle prese con l'idra settaria, rinfocolata da soffii forestieri.

§. 19. Sforzi per rivoltar Italia e Francia.

La rivoluzione sperando nel NON INTERVENTO, si sforzava a conseguire un qualunque trionfo, certa poi d'esser lasciata fare. Dal 1830 al 1846 oltre i casi del reame, molti moti nella penisola seguirono. Parma, Modena, Bologna, Roma ebbero grossi tumulti nel 1831, tosto domi; ma è da ricordare in esse aver parteggiato Luigi Bonaparte ora operatore e 'l fratello, figli di quello che fece il re in Olanda. Questa casa Bonaparte, sendo esule e ospitata in terre papaline, vi teneva desto il fuoco, acciò qualche dì svampasse, da farla risalire. Il pacifico Papa perdonava a' colpevoli, salvo ch'a pochi, come il Mamiani, lo Sterbini, e un altro Bonaparte, poi rinfelloniti con rinomo nelle rivolture seguenti. Luigi Bonaparte col movere Italia aspirava a Francia. Ito da Londra in Isvizzera, fe' il capitano d'artiglieria a Berna; e colà, sendo già ligato alla setta mondiale, ebbe opportunità di stringersi co' *radicali* Elvezii. Scrisse un opuscolo dimostrante la salute di Francia stare in repubblica, con un Bonaparte presidente. A 30 ottobre 1836, fu scoperta a Vendome certa congiura repubblicana fra' soldati; e 'l giorno stesso egli Luigi che da qualche dì stava ascoso entro Strasburgo, col favore d'un Parquin comandante di Gendarmi, e d'un Vaudrey colonnello d'artiglieria, si fe' gridare imperatore; se non che il generale Voisol, dopo un'ora di rumore, compressa la sedizione, imprigionò i rei. Egli patì violenze sulla persona, lacere le vesti, strappate le insegne. Luigi Filippo perdonò a lui e a' complici; e il mandò a 15 novembre libero sulla sua parola d'onore in America. Tal perdonanza fu esaltata cima di sapienza civile. Intanto i pensieri napoleonici sospinti dalle sette si facevan piazza; e nel 1840 s'andò sino a S. Elena a pigliar pomposamente le ceneri del gran guerriero, che meglio per la pace del mondo v'avrebbero dormito. Luigi se ne valse; tornò d'America a Londra, ove avea grandi fautori, usò del perdono tramando con opuscoli e giornali a pigliar gli animi Francesi; e come gli parve entrò in Francia quell'anno 1840. Sbarcò di notte tra il 5 e 'l 6 agosto sulla spiaggia di Boulogne, con sessanta persone in divise militari di generali, colonnelli e uffiziali; entrò in città, sparse proclamazioni e si presentò a' soldati. Visto non far frutto, retrocesse; inseguito, tentò salvarsi in barca; ma dopo alquanti colpi di fuoco fu preso. Il re fece lui e i suoi giudicare dalla Corte de' Pari; errore che in quella fantasiosa Francia mise in vista il Pretendente. A 6 ottobre condannato a prigionia perpetua, fu serrato nel forte Ham, donde seppe fuggire a 25 maggio 1846.

Più tardi fur sollevazioni a Livorno per opera del Guerrazzi romanzatore; poi in Romagna, ove le milizie papali domaron presto Faenza, Forlì e Rimini. Ciò die' opportunità al piemontese Massimo d'Azeglio, novelliero e pittore, a scrivere un libretto che facea veder vicina e sicura la rivoluzione. Tutto il pontificato di Gregorio XVI fu un battagliare con la setta; ond'ei si morì a 1° giugno 1846 con fama tra' ribelli consolidata di retrogrado papa. L'interregno fu supremo momento: da mille bande sorgevano accuse alle leggi romanesche, e alto dimandavan riforme; per bene no, per dar principio al baccano. Ma ne dirò appresso.

§. 20. Nozze e traversie nella reggia di Napoli.

Ferdinando avea preso per donna a 21 novembre 1838 Maria Cristina di Savoia, figlia di re Vittorio Emmanuele I, bella di persona, più di animo; la quale per virtù e beneficenze meritò l'affetto de' Napolitani. Ella al quart'anno partorì questo Francesco, sventurato fra quanti nacquero al trono; che vista la luce a 16 gennaio 1836, dopo quindici giorni perdè la genitrice, preludio a lui ed al paese di future avversità. Cristina visse dal 14 novembre 1812 a 31 gennaio 1836. Pianserla tutti; e con lagrime sincere, che a' grandi dopo morte fan prova certa di loro virtù. Il vedovo re per isvagarsi viaggiò a Parigi, poi a Vienna, e vi concluse altre nozze con Maria Teresa d'Austria figliuola di quell'arciduca Carlo che fronteggiò Napoleone. Sposò a Trento il 9 gennaio 1837. Ecco le sette a sfringuellare: dopo la Savoiarda la Tedesca; Ferdinando diserta la causa d'Italia, s'allea all'Austria, se ne fa serro, risospinge il regno nelle trame de' Metternich e de' Gesuiti. Pochi giorni appresso per infausto accidente arse la reggia di Napoli. Ma risurse più sontuósa; demolita la brutta contigua casa de' vicerè, fattane piazza e giardino, e ornata magnificamente la grande marmorea scala. Già pochi anni prima s'era compiuto il palazzo di Capodimonte.

§. 21. Sponsali del Principe Carlo.

Carlo principe di Capua secondogenito di Francesco 1, bello della persona e cavaliere non facea buon viso alla prima politica del fratello, nè al vedergli attorno uomini del 1820 e Murattini; però tenevanlo in uggia, appellavanlo aristocratico, Canosino, sanguinario; ma veramente era principe generoso e di cuore. La congiura dell'Angellotti ch'aveva accennato a far lui re, era stata insidia per dividere i fratelli, cui supponevan facili a divisione. Accadde ei s'accendesse fieramente d'una dama irlandese, Penelope Smith, un po' parente dell'inglese Lord Palmerston. Ferdinando fece ogni potere a dissuadernelo; poi chiese s'allontanasse la donzella al Temple ministro inglese; il quale sendo fratello del Palmerston e parente di lei, disse nol poter fare. Ma Carlo la notte seguente al 21 gennaio 1836 fuggì con essa, presa per più segreta la via di Pozzuoli, disusata da più secoli. Seppelo il re, e voleva segnalare a' confini non passasse; ma o consiglio altrui o moderazione d'animo, si tenne a scrivergli di sua mano, e mandogli dietro un ufficiale. Carlo al vederlo, pensando il dovesse sostenere, cavò le pistole, indarno dalla Penelope tremebonda trattenuto;

quindi letta la lettera che il consigliava restare, come amore non vuol consigli, rispose risponderebbe, e andò via. Ferdinando poscia, udendo com'egli imbertonito pareva accecato a sposarla, fe' decreto a' 12 marzo, richiamantesi all'atto sovrano di re Francesco del 7 aprile 1829, a quello più antico di Carlo III, e al dritto di sovrano e capo si sua famiglia, ordinava: niuno del real sangue poter senza permesso uscir dal regno, o che le rendita d'ogni sorta ne sarian sequestrate, e, dopo sei mesi di permanenza fuori, devolute alla corona: nessun matrimonio di persona reale, mancante di regio beneplacito, considerarsi legittimo, nè capace di produrre effetti politici e civili, anzi portar di dritto la decadenza da' beni, e devolverli alla corona. Gliel fe' notificare in Inghilterra, e fu scritto a' tutti i nostri agenti consolari ponessero impedimenti alle nozze, ovunque si compiessero. Difatto il principe non fu accolto quando si presentò alla corte inglese; laonde per gli ostacoli più incaponito, s'appigliò a strano partito. V'ha in Iscozia a Greetna-Green un maniscalco che vanta alla sua stirpe certo privilegio di poter sulla sua incudine sposare qualsivogliano persone; rito pagano che gli dà provventi su tutti i matrimoni clandestini di que' luoghi. La passione spinse il cattolico Carlo Borbone a sposare sulla incudine. Poi trovò da avere altrove la benedizione nuziale. In seguito molte volte tentò di persuadere Ferdinando a revocare il decreto; e benchè vi mettesse la regina madre, non riuscì. Gli si permise tornar con la moglie, ma non principessa; il che non sopportando costei, si stette esule volontario tutta la vita. Visse anzi in bisogno, che il fratello, sebbene non usasse il rigore del decreto, nè devolvesse alla corona i suoi beni, pur tenneli sequestrati (fuorché la contea di Mascali), e le rendite a frutto a prò di lui sul Gran Libro. Ma egli riceveva soccorsi da mani ignote; cioè da chi voleva tener viva una favilla in casa Borbone, pe' futuri casi. Molti credono questa essere stata una cagione del pertinace sdegno del Palmerston contro Ferdinando.

§. 22. Briga con gl'Inglesi per gli zolfi.

Ciò parve presto vero. Avevam sin dal 1816 un trattato con Londra ov'era stipulato che le vicendevoli relazioni commerciali fossero a paro delle nazioni più favorite. L'industria dello zolfo da più anni era scaduta in Sicilia, per troppa avidità, per cattivi metodi del cavarlo, per contratti gravosi con mercanti stranieri, il più inglesi; onde molte reclamazioni eran giunte al trono. Nel 1834 una compagnia estera propose voler comprare tutti gli zolfi dell'isola a prezzi men bassi de' correnti; ma perchè stabiliva monopolio fu negato. Nel 1836 i francesi Tayx ed Ayard fecero offerta migliore; mandata per esame ad apposita commissione, la maggioranza avvisò pel si, la Consulta sicula l'approvò; nulladimeno il ministro dell'interno ottenne più grassi patti; fra gli altri lo accrescere del doppio il prezzo del minerale a pro de' proprietarii, e dello Stato, che n'avria riscosso 400 mila ducati all'anno. Di questo i mercanti inglesi avevano avuto sentore, onde prima s'erano affrettati a comprar molto zolfo, e vi fecer guadagno; poi il loro governo si volse al nostro ministro principe di Cassero, protestando contro il designato contratto co' Francesi, cui diceva riuscirebbe a privativa, ed escluderebbe i sudditi brittanni. Il Cassero sentiva il dritto del re a fare il padrone in casa sua; nondimeno il consigliava a desistere dal contratto, per non farsi nemica quella nazione corriva all'interesse, possente in mare, e alleata naturale del nostro paese tutto dal mare circuito. Il persuase, ed assicurò l'Inglese che nulla si farebbe. Ma il ministro Santangelo e il generale Filangieri, fautori (non si sa bene perchè) della compagnia francese, dissero al re la pretensione brittanna essere un attentare all'indipendenza del reame; e sì il misero sa che seppеr farlo calare. Ferdinando invertì i ducati 400 mila al dazio del macino, gravoso a quelle popolazioni, che abolì. Il contratto si fece senza saputa del Cassero; il quale dolente d'esser venato manco di parola si dimise; anzi caduto in sospetto di parteggiar per l'Inglese, stette qualche anno confinato a Foggia.

Incontanente la Gran Brettagna sfolgorò una protesta minacciosa; e i suoi mercanti che già molto avean come ho detto guadagnato, sia sulla derrata comprata a basso prezzo, sia sul bisogno de' proprietarii delle miniere, si lamentarono d'aver perduto, e dissero monopolio il contratto; quando questo era un dare giusto valore alla merce, cui fissatone il prezzo era permesso comprare a chicchessia. Dissero il perduto essere assai, e volerlo da noi, quasi non si potesse da noi por dazii sulla roba nostra, e fittarli a cui si voglia. Il Palmerston consultò suoi giureconsulti, e benchè pur quelli gli desser torto, si chiamò al citato patto del 1816, e disse lo aver fittato il dazio su' zolfi essere contravvenzione al trattato. E perchè anche a lui parean fiacche le ragioni, le afforzò con armata; la quale postasi avanti Napoli minacciò centomila bombe. Il re sul primo botto schierò truppe sulle coste a vietare sbarchi, mise in punto i fortini, accese i fornelli, e fu una notte che parve si venisse alle mani. Intramessosi mediatore il ministro di Francia, i vascelli si discostarono alquanto; e tosto un legno francese intervenne, che per Luigi Filippo pose fine alla controversia. Si disfece il contratto, perchè così volle Londra, e si pagò il danno a' Francesi, chè cosi volle Parigi. Inoltre perdemmo gli speranzati ducati 400 mila annui; e il re che già si trovava aver abolito per essi il macino, nol volle ripristinare.

Il Cassero col cadere salì a fama di prudente e previdente ministro. L'Inghilterra era così forte ch'ei non era da badare a un po' di nuovo provvento innanzi al benefizio d'averla amica. Il Filangieri e il Santangelo autori del mal consiglio non patiron nulla; dove il Cassero non fu più richiamato in seggio, pel gran torto d'avere avuto ragione. Ciò fe' l'altro danno che il re non volle più uomini di cuore al ministero d'affari esteri. Cedendo alla forza, colpito nella regale indipendenza, non dissimulò l'indignazione; però i rancori del Palmerston s'accrebbero; il quale cadde e risurse più volte, sempre a Napoli nemico. Terribile alleato delle macchinazioni in casa altrui, non lasciò più d'insidiare la nostra pace.

Questa briga pe' zolfi, segna un'epoca fatale al regno. Cominciò guerra sorda e lenta; incoraggiati i felloni, nutriti i malcontenti, la protezione risollevava le sette; si ritessevano le reti. In ogni fatto il governo napolitano trovava opposizioni; ogni qualunque atto aveva censura, una opinione fittizia il percuoteva sempre; e il condannava a essere infallibile. Si compievano i primi dieci anni liberi e felici del regnar di

Ferdinando. Quelli succeduti sino al 1848 ebbero diversità di governo. Il doversi difendere, l'avere a prevenire i colpi nemici, il continuo stare all'erta lean men larga la potestà, più rettenuto e severo il braccio regio. E sendo ignoto ove fosse il nemico, il sospetto doveva gravar su molti; e chi era sospettato diventava nemico. Sursero così a poco a poco umori nuovi. Sopra ogni minimo ette si fabbricava un castello; la fazione senza dar nell'occhio stendeva le branche, e aggavignava scontenti e ambiziosi.

LIBRO TERZO

SOMMARIO

§. 1. Incivilimento del reame. — 2. Il ministero discorde. — 3. Troppi nè ottimi uffiziali. — 4. La polizia. — 5. La giustizia. — 6. Gli affari esteri. — 7. Le Finanze. — 8. Il clero. — 9. L'amministrazione civile. — 10. L'istruzione pubblica. — 11. De' nostri errori si valgono le sette. — 12. I parlamenti dell'antica monarchia. — 13. Il Gioberti. — 14. Il Niccolini. — 15. I fratelli Bandiera. — 16. Congressi di scienziati. — 17. Il caro del grano. — 18. Pio IX, e l'amnistia. — 19. Festeggiamenti. — 20. Sospetti de' principi italiani. — 21. Commemorazione del 10 dicembre 1746. — 22. Tumulti italiani. — 23. Prime brighe co' Tedeschi. — 24. Guardia civica e feste federali in Toscana. — 25. Lord Mintho. — 26. Il libello della protesta. — 27. Prime sollevazioni Calabresi e Messinesi. — 28. Presto domate e lamentate. — 29. Nuovo ministero, e primi plausi. — 30. Vane compressioni, e vane mitezze.

§. 1. Incivilimento del reame.

Sendosi molto per lunghi anni lavorato a calunniare il nostro paese, noi stessi a forza di sentire a dir male di noi, n'eravam quasi persuasi. Ma vediamo un po' s'è vero. Si deve considerare questo reame aver prima avuto guerre civili tre secoli, poi due di viceregno; considerare quanto passionati vi nascan gli uomini, quali v'abbian consuetudini tenaci e tradizioni e pregiudizii; come sia fatta la regione, come v'abbondan vulcani, e tremuoti, e bufere, e caldo e freddo, e bene e male, e come tutte innovazioni vi van fatte con riguardo e avvedutezza. Giudicar Napoli sullo stampo di Parigi e Londra è vezzo di stolti. Molti sacciuti credono esser civiltà e progresso quello che vedono in Francia e in Inghilterra, e quanto dissomiglia dicon barbarie. Veggono oltremonti poche città lustrate, s'appagano, e voglion giudicare pur dell'Italia galoppando. Ma questa da quindici secoli spartita, ha cento città, tutte costumanze diverse, dialetti, pensieri varii; e noi Napolitani, stati separati sempre, abbiam singolarissime usanze, sembianze greche e latine originali, e modi di vita tenaci, che paion talvolta incivili allo straniero che in fretta giudica dalla scorza. Ma la civiltà vera è dell'animo, non del vestito. Abbiamo panni men lucenti addosso, ma con più morale e religione. Alquanti del popolo sono scalzi e mal vestiti; ma vanno alla predica, si confessano, aman la famiglia, non bestemimano, vivon con poco, e allegri cantano; brevi nell'ire, ubbidienti, pazienti, entusiastici e generosi. Marinai e contadini son tipi di bontà. Le feste han forme di baccanali, ma informate di pensiero cristiano, caste le donne, morigerati i garzoni, frequenti le nozze, la piccola industria molto comune. Se togli le grandi città, dove sempre per ragione degli esteri è più corruzione, le provincie han costumi patriarcali, vestimenta pittoresche, avanzo di tempi greci ed etrusci, gioie semplici, poche voglie e di facile contentatura. Questo popolo è felice con poco; ed è una strana filantropia quel volerlo dissonnar dalla quiete sua, per suscitargli desiderii da restare inappagati. Sono i desiderii inappagati che fan furente questo secolo, e germinano in mezzo a tante dorature quei delitti orribili, e quei tanti morti di fame che cadon per le vie a Londra. I ladri, i malversatori, gl'incestuosi, gli atei, le infanticide, le bagasce e i bagascioni che a migliaia bruttan quei lucenti paesi, sono qui rare eccezioni; e sol talvolta ne trovi nelle grosse città, quasi frutto di quel *progresso* che a tutta forza ne van recando.

È una verità che i Borboni han fatto il possibile per non far entrar nel paese cotesta *civiltà;* quindi retrogradi e tiranni. Combattevano anzi a frenare quel tanto cui non si poteva vietar l'entrata; promovevan le missioni, le feste religiose, i Liguoristi, i Gesuiti, le rette scuole, l'abbondanza, il buon prezzo delle cose, e questo era *oscurantismo;* impedivano i giuochi rovinosi, i concubinati, la *camorra,* i postriboli, ed era tirannia; ponevano i calzoni alle immodeste ballerine, vietavano i drammi osceni, le pitture lascive, le statue inverecende; non permettevano la propaganda socialista ai giornali, le filosoficherie alemanne alla stampa; e le resie protestanti a' novatori; e questo era dispotismo, opposizione al progresso, *negazione di Dio;* perchè per la setta Dio sta ne' sensi sbrigliati.

Anche in quanto alle cose materiali, considerato lo stato abbietto del regno a' tempi de' vicerè, è maraviglia lo incremento de' beni surto in un secolo. Benchè il meglio fosse interrotto dalle peripezie rivoluzionarie, se paragoni dov'eran l'altre nazioni centotrent'anni addietro, e dove eravam noi allora quasi servi, e dove di presente giungemmo, ogni persona equa dovrà convenire il regno aver fatto molto maggior cammino che nessun altro; chè dove eravamo ultimi, poi non fummo secondi a nessuno. Nel 1669 il reame, giusta la enumerazione, avea 2,718,330 abitanti; nel 1734 quando venne Carlo III era di 3,044,562; nel 1775 fu contata 4,300,000; al ritorno de' Borboni nel 1815, era di 5,060,000. Al 1836 era già 6,081,993; scemò poi pel colèra; salì nel 1841 a 6,177,589. A questa aggiungendo la Sicilia, si trovò insieme nel 1846 di 8,493,316. E in dieci anni crebbe, ch'era nel 1856 di abitanti 9,117,050. La popolazione va con l'agiatezza. Questo regno sotto i viceré non avea strade, ma viottoli infossati; si viaggiava fra foschi e paludi co' masnadieri alle coste; anche nelle città, a sera s'aveva a uscire con torce e servi; non s'ubbidivan leggi, il baronaggio selvatico teneva le terre; i barbereschi ne rapiano i figli sin dentro Napoli; commercio passivo, non esercito, non armata, il regno era smunto di danari e d'uomini, per viaggiar su' galeoni in Ispagna. Ritornati i re e la indipendenza, tutte provincie e distretti ebbero strade, il baronaggio si fe' civile ed innocuo, ogni cosa progredì rapidissima. Il primo battello a vapore in Italia fu napolitano. Le strade di ferro col vapore, inventate verso il 1820, erano ignote in Italia, quando a 19 giugno 1836 fu conceduta al Bayard la via ferrata da Napoli a

Castellammare. Nel 1848 cominciò a spese del tesoro quella per Capua tosto compiuta, e poi l'altra per Nola e Sarno e Sanseverino. Nel 1837 avemmo il gas; nel 1852 il telegrafo elettrico, primi in Italia. In breve questo regno salì da profondo letargo a vivo progredimento: popolazione quasi addoppiata, entrate pubbliche quintuplicate, sicurezza piena in terra e in mare, viete tradizioni finite, sterpato baronaggio, svelte boscaglie, asciugati pantani, arginati fiumi e costiere, legislazione rifatta, armata due volte creata, esercito non più avuto, profonda pace, decuplicato commercio, decuplicati i valori, vie innumerevoli, monumenti maravigliosi, arti e scienze risfavillanti, e soprattutto la indipendenza vera da tutti stranieri, sono opere e benefizii della restituita monarchia.

È pur da convenire tai beni doversi in gran parte a Ferdinando II; ed egli andava sovente con suo danno al dritto avanzamento del paese. La napolitana scuola di scherma celebre al mondo, era sempre stata in fiore, ma partoriva facilità di duelli; onde il re per debito di coscienza decretò a 21 luglio 1838 severe pene contro cotesto avanzo del medio evo; il che spiacque a' cavalieri. Fu tacciato di tiranno. Ei fe' templi molti, compì quello di S. Francesco di Paola, ricostruì S. Carlo all'arena, e quelli di S. Michele, S. Francesco d'Assisi e Annunziata a Gaeta; di minori ne elevò moltissimi. Fu accusato di bigotto. Creò istituti religiosi, in altri accrebbe le dotazioni; fe' le strade al santuario di Montevergine e ad altri molti; non tollerò culti scismatici od eretici; fe' un gran collegio di propaganda Fede, donde uscivan padri a convertire infedeli, fe' dichiarare feste di precetto i giorni della visitazione della Vergine e dell'apparizione di S. Michele. E si gridò retrogrado.

§. 2. Il ministero discorde.

Certo pur qui erano errori, chè pur qui uomini governavano; ma come i falli del governo s'esageravano a disegno, sarà carità patria lo andarli rinvergando severamente, e veder quali veramente si fossero.

Il più degli uomini ch'avean la potestà prima del 1848 eran già noti per pensieri e atti liberali, messi da Ferdinando al governo, perchè ne eran gridati capaci. Il Santangelo, il Del Carretto, il Ferri, il Fortunato, il Niccolini, il duca di Laurenzano, allora ministri, fur già liberalissimi; e qualcuno già condannato a morte per reità di stato, e graziato. Il Filangieri, il Begani, il Mayo, il Roccaromana, il Moliterno, l'Ischitella e tanti altri avean servito i Francesi, e i più alti in magistratura e nel governo eran uomini di quei tempi. Ma come i meno che stanno alla legalità sono i liberali, molti di questi arrivati al comandare, sia disegno, sia passione, avean troppo del dispotico. Gli altri ministri e direttori men *liberali* eran più bonarii, ma per modesta natura subivan pressione da' colleghi. Il paese era scontento de' ministri, e più di quei due primi, cui accusavan anche di peculato, non so se a ragione. L'accusa dell'arbitrio meritavano; il quale scendendo ne' minori dava in peggio, e indignava. Buoni ordinamenti, guasti per via, riescivan male; e dove volevano scansare un guaio, incappavan nell'opposto.

Inoltre i ministri, potenti e dispotici, non concordi, procedean disgiunti, nè tutti a un fine, ma ciascun da sè, per fine suo imperando, facevano un governar vario e zoppo, in contrasto con la legge scritta. Nelle personali vanità e rivalità di ciascuno mestava la setta; e i ministri aggiunti senza portafogli, furono ambizioni ad ambizioni, rivalità a rivalità, maggior diffidenza, più battaglia, minor nesso, più disparità di concetti, di protezioni, d'indirizzi e di opere. Alle male usanze non ponean rimedio, le imbiancavan di fuori; ond'era venuto il vezzo di tenere alla forma e all'apparenza, non alla sostanza. Non guardavano l'avvenire, non le vicende contemporanee, non il progredir delle scienze e 'l sollevarsi dell'europea famiglia; quasi il regno fosse solo al mondo, volean tenere i pensieri in un torpore impossibile. Risollevando i pensieri, se ne sarebber fatta una forza; comprimendoli, se ne crearono una leva contraria. Poi la boria e l'albagia, (comunal vizio di tutti i nostri governanti di qualunque governo) li faceva odiare; e più che stettero a lungo a posto, perchè il re dal mutarli era svogliato. Adunque con buone leggi si pativa per mala esecuzione di leggi; con uomini d'ingegno, si lavorava a celar l'ingegno; e per appagare gl'interessi parziali de' pochi s'obbliava l'interesse universale. Ferdinando molte cose buone vedea fare; le minuzie male non vedeva, o non credeva punire; ma esse facean molti malcontenti. I re non pare vogliano intendere i più grandi nemici loro essere quei loro ministri che ne fanno esosa la potestà.

§. 3. Troppi nè ottimi uffiziali.

Ottimo governo è dove ottimi comandano. Ma spesso l'impudenza del vizio piglia le sembianze della virtù ch'è modesta, si fa importuno innanzi, e conquista i magistrati; allora i cattivi imperano, sovrastano a' buoni, e li sforzano a esser come loro. La dominazione francese, per guadagnar partigiani avea creati molti uffizii, e inventata quella che dicesi *burocrazia;* la dinastia ritornata per iscansar rancori, lasciò stare. Ora l'avere impiego è diventata mania; e ne voglion tutti, più per comandare che per ubbidire, più pel soldo che per la fatica. Molti senza cuore e senza scienza, iti innanzi col tempo e co' favori, eran meri gaudenti; e destata invidia furo esempio e modello; quindi le cariche diventar patrimonio de' più importuni; e surse l'usanza del darle a chi più sollecitava. E chi pensava al merito che tace? Questo vizio, sinchè non vi si porrà modo, contrasterà ogni perfezione al nostro paese; perchè sempre sederanno al governo i peggiori, qualunque sia la forma del governo; come si vide con le rivoluzioni, le quali, operando per grida e schiamazzi, misero in magistrato uomini più tristi de' precedenti.

I soldi inoltre a quali eran grossi, a quali eran lievi; per sostentar più gente si dividean talvolta a due; talvolta senza soldo uno aspettava più anni la vacanza; il perchè si sospiravan rivolte per salir più presto; molti servendo senza niente, sostituivanvi industria illecita, che fer vendere in piazza il giusto e l'ingiusto. Così il regno era affogato da suoi uffiziali; che surti per privilegi e favori, favori e privilegi tenevan per giustizia; si sorreggevan l'un l'altro, nè al dovere ma alle apparenze tenevano. In dritto avevam tutti a chinarci alla legge, in fatto assai se ne emancipavano, con molta indignazione della gente; e conseguitava che nelle menti popolari l'ubbidire alla legge, parea soma cui solo il volgo fosse soggetto. Ciò fu arma alle sette.

§. 4. La polizia.

La polizia, inventata in Francia, surta potentissima al tempo di Napoleone, fu trapiantata nel regno dal Giacobino Saliceti. Restata con la restaurazione come tant'altre cose, parve a' liberali che l'avevano inventata, molto grave quando s'usò contro di loro. Ella è fatta per prevenire i reati, e per tutelar la quiete; onde non ha codice, e che che si faccia avrà sempre l'arbitrario. Io non so se un governo possa far senza di lei, oggidì che una setta mondiale ha altra polizia sotterranea che mina la società. La polizia è controsetta necessaria, veleno contro veleno.

Nonpertanto al tempo della restaurazione si pensò con le istituzioni del 22 gennaio 1817 a designare sin dove ella si potesse stendere; ma presto andarono obliate; ed essa diventò, piuttosto che preventrice, punitrice; il che non giova già, ma dannifica lo Stato, nessuno contenta, molti disturba, e a tutti è molesta. Perchè faccia il men male, e il più bene che possa, nè trasmodi per potenza, e giovi per vigoria, vorrebbesi non farla star sola, nè senza contrapposti, cioè collegarla all'amministrazione, e contrapporla alla gendarmeria. Lo amministratore non può senza aver danno sfuriar la polizia; e questa dalla gendarmeria sopravvegliata non può sfuriare. I Gendarmi braccio della legge, interposti in tutte faccende civili e penali, stan nella coscienza intima d'ogni fatto governativo, onde naturalmente sono alla polizia di aiuto e freno. Ma fra noi la polizia avea ministero distinto dall'amministrazione, e operava a suo grado, spesso quella inceppando; e per doppio errore sedici anni vi fu ministro il capo de' Gendarmi; quindi mancaron due cose, il freno e la sorveglianza alla polizia, così fatta non guardiana del governo, ma ella stessa governo. L'uomo poteva esser fornito di cuore e di mente, ma sempre è male il porsi in necessità d'aver uopo d'un uomo grande, di che avara è la natura. Francesco Saverio Del Carretto, stato come dissi carbonaro, giunto a ministro fu più assoluto del re, e per doppio potere strapotente, nè moderatore di sua forza; la quale col mutar delle vicende avrebbe anche al trono fatto ombra. Nè veggo in che giovasse; perchè a sedici anni avemmo molti conati di ribellioni non prevenute ma punite, che pur miser capo al 1848, cui niuna previdenza vietò. Il Del Carretto non avendo mai lasciato di tener la mano nelle società segrete, con la setta guardava la setta; e anzichè tutelar la potestà, pesava sulla maggioranza de' cittadini nelle civili bisogne; sicchè fu odiato, non da' settarii, ma dalla popolazione. Nondimeno egli sicuro de' settarii giurava sicurezza alla vigilia dello scoppio; ma quel giuoco era durato troppo a lungo; i rivoluzionarii vista infamata la polizia ed esosa a ogni persona, voltarono a sè la opinione universale, e vinserla senza urto.

Ella era invisa pe' Gendarmi: ve n'era di buoni e mali come da per tutto, ma i mali eran troppi; il più baldanzosi, dispotici, venali, avean soprattutto nelle provincie organati abusi e furti, con faccia quasi legale. Eran di peso più ai realisti che ai liberali, da' quali spessissimo avean mance. Inoltre alquanti s'eran col segreto consenso del ministro inscritti nella setta, per ispiarla; dove invece ne restavan guadagnati e infetti, onta e danno al governo. Più odiata era la polizia per quei suoi bassi adepti, detti uomini di *fiducia,* cui il popolo corrompendo a dileggio appellava *feroci.* Questi avean soldo misero, e talvolta nulla; e avendo a mangiare e tener casa e mogli e figli, si davano a ogni reo mestiere, a stender la mano in tutte guise; e per estorquer danari eran *feroci.* Il Del Carretto pensandosi d'alzare questi sitibondi, dicevali *magistrati armati;* il che significò farli oltre misure più potenti e odiati. In breve la polizia surse superiore a tutte leggi, e molesta non a' tristi ma a' buoni; e quando era al sommo della potenza e che cieca debaccava, si trovò la rivoluzione fatta.

§. 5. La giustizia.

Nicola Parisio ministro di giustizia fu uomo dotto, onorato, fido, e tutta la vita modello d'onesto magistrato; ma si faceva pigliar la mano a' colleghi. Elevò la magistratura a buona condizione, ma per non negarsi a' potenti, si calava talvolta a premiar diversi e forse ignoti servigi con uffizii giudiziarii; quindi in quel fiore andò un po' di crusca. Per perdonanze e per brogli erano in magistratura iti parecchi Massoni e Carbonari, i quali non aveano smesse le arti e le passioni settarie: però nei giudizii si ricordavano le avversioni passate, e sovente n'andavan minate negl'interessi famiglie fedeli al trono. Nè di rado udivi qualche sentenza dura, cui poi il ministro di polizia squadronava sopra, quasi rigiudicando i giudicati. Sconci mali, sconci rimedii. Non così il vecchio Ferdinando I; il quale udito d'un'ingiusta sentenza contro un De Rosa di Foggia, rispettò il giudicato, ma dannando sè d'aver creati magistrati iniqui, pagò del suo il danno, e quei mali giudici dimise. Al soldatesco rigiudicare del ministro Del Carretto, i curiali pigliavano il destro di storcere il muso, e lamentarsi. e diffamare la sovrana potestà. Certo la congiura avea grande seguito e forza ne' tribunali, dove in nome del re, sovente si giudicava senza imparzialità, e si gravava i buoni e s'inceppava l'industria.

Peggio ne' circondarii, dove sedevan giudici giovanetti usciti di scuola, con lievi soldi e molta potestà. Per legge cumulavan la magistratura e la polizia; per abuso vi s'aggiungeva qualche branca d'amministrazione; onde il triplice potere in animi giovanili, ov'è natura la baldanza, li guastava. Gl'intendenti per isfuggire responsabilità, lor fidavan tutte faccende, e ne chiedean ragguagli e consigli; onde i giudici s'eran resi i veri regolatori delle comunali e politiche bisogne; in mentre mal pagati, e spesso carchi di famiglie, pativan necessità d'ogni ben di Dio. Anche onestissimi, ancora che contenti di viver misero, non osavan poi contrastare al voler de' ricchi e de' potenti, che potean farli traslocare, o abbassare o promuovere; sicchè erano in perenne lotta fra il bisogno e il dovere, fra la passione e la legge, fra l'orgoglio e la paura. Delle cancellerie e degli uscieri non parlo, de' quali in ogni paese è mercato.

Intorno alla giustizia penale, sendo a dritto il nostro codice celebrato come forse il più perfetto in Europa, esso solo era di guarentigia all'innocenza. Forse avea difetto contrario, cioè che il reo talvolta sfuggiva alla pena. Noto è come la setta da più anni reclamava da' codici l'abolizione della pena di morte, per poter lanciare più baldi i suoi adepti alle cospirazioni. Essa inoltre infamò sempre re Ferdinando tassandolo crudele. Questo re che avea cominciato con l'amnistia, usò anzi molto parcamente le punizioni capitali; e per aver modo da far grazie prescriveva a 18 novembre 1833 a' suoi procuratori generali che prima delle esecuzioni di condanne di morte facessero al ministero sapere certe circostanze (e le indicava) capaci a indurre il sovrano a clemenza. E a 11 gennaio 39 nuove ingiunzioni reiterava per l'obbietto. Noterò le condanne e le esecuzioni capitali in Sicilia per colpe politiche e comuni che tolgo dalla statistica, di soli nove anni precedenti alla rivoluzione. Nel 1838 fur 42 condanne di morte, e due sole esecuzioni, perchè ladri; nel 39 ventisette, tutte graziate; nel 40 diciotto, eseguite tre sole, perchè furti e assassinii atroci; nel 41 sedici, e l'anno dopo ventitrè, tutte con grazia; nel 43 quindici, eseguite tre, perchè ladro, assassino, e uccisore di coniuge; nel 44 otto, pur cinque eseguite, per uccisione di coniuge ed altri premeditati misfatti; nel 45 nessuna esecuzione, benchè 14 condanne; nel 46 condannati dodici, eseguiti tre, per delitti atroci. Del 47 non ho notizia per la sopravvenuta rivoluzione, e per la seconda amnistia del 1848. Si vede che in nove anni di 175 condanne di morte solo sedici ebbero effetto. E tacciavan Ferdinando sanguinario quelli uomini ch'han poi trionfando versato il sangue a torrenti.

§. 6. Gli affari esteri.

Ferdinando benchè signore di piccolo stato, volle forte del dritto essere indipendente da ogni altra sovranità. Non piegò nè a consigli insidiosi nè a minacce, e tenne salda la maestà del suo trono. Largo agli stranieri nel regno, fu difenditore de' suoi allo straniero. Erano i nostri re stati primi in Europa ad abolire *l'albinaggio*, nome barbaro di barbaro dritto, che ponea fra le regalie il pigliarsi l'eredità de' forestieri morti in regno. Federico II nel 1220 l'aboliva; papa Onorio III commendava l'abolizione per la cristianità; e co' secoli vietaronlo anche gli altri popoli. Carlo III cominciò a fermar patti con altre nazioni per assicurare a vicenda i dritti de' sudditi. Nel 1744 convenne col Torco, nel 1748 con Danimarca e Norvegia, nei 1753 co' Paesi bassi; la libertà de' mari fu riconosciuta dal dritto europeo. Ferdinando II più de' predecessori fe' trattati commerciali; nel 1833 con Tunisi, l'anno dopo col Marocco, nel 45 e 48 con Francia, anche nel 45 con Inghilterra, con Russia e con America, nel 46 con Austria, Danimarca e Sardegna, nel 47 con Prussia, Stati alemanni, Belgio ed Olanda, nel 1851 col Turco, nel 53 con Toscana, l'anno seguente col Papa, e nel 57 con la repubblica Argentina. Pertanto rispettati in ogni parte di mondo, godevam dritti civili da per tutto, e la nostra bandiera scorrea riverita pe' mari. Due decreti del 4 e 29 dicembre 1833 stabilirono per esami l'alunnato diplomatico e il consolare. Salì il commercio.

Il re a 18 maggio 1833 protestò contro il governo stabilito da sua sorella vedova Cristina in Ispagna, in dispregio della legge salica ch'escludea le donne dal trono; e fe' salvo i dritti per sè e la sua discendenza come sangue di Filippo V; però ruppe le relazioni con quella corte. Né prima del 1847 riconobbe la regina Isabella. Non men fermo contegno tenne coi Barbareschi. Nel 1833 il Dey di Tunisi insultava il commercio Sardo, e talvolta si fea lecito vergheggiare Napolitani; richiesto di soddisfazione, avea risposto burbanzoso. Ferdinando mandò in maggio a Tunisi una flotta, cui s'unirono due legnetti sardi. Comandava i nostri Marino Caracciolo. Ebbe pronta soddisfazione; e il Dey mandò a Napoli un legato, che accolto in solenne udienza a 22 luglio fe' le scuse; perlocchè ne seguì il trattato del 17 novembre. L'anno dopo il Marocco, conculcando il trattato del 1782, mandò vascelli corseggiando per le nostre costiere; onde inviammo sulle spiagge sue un'armata comandata dallo Staiti. In breve si venne a patti; conclusa a 28 giugno la convenzione a Gibilterra, che fermata quella dall'82 aggiunse patti nuovi. Più tardi a 14 febbraio 1838 aderimmo alla lega di Francia e Inghilterra contro la tratta de' Negri.

Questo ministero dopo la dimissione del Cassero ebbe uomini mediocri; ministro vero il re.

§. 7. Le finanze.

Le finanze prosperavano. Fatte molte ordinanze e decreti a pro del commercio e de' mercatanti; ben provveduto alla nostra ottima istituzione de' banchi; surte casse soccorsali nelle provincie e in Sicilia e in Napoli stesso; migliorato il regolamento delle pignorazioni, scematone d'un terzo l'usura, migliorata la borsa de' cambii, fatto semplice il servizio della Tesoreria, riordinate le poste; e le amministrazioni de' lotti e del registro unite in una.

Altri balzelli non avevamo che la fondiaria, dazii indiretti, registro e bollo, poste o lotti, foreste e cacce, ritenute fiscali, e privative di tabacchi, carte da giuoco, e polvere da sparo. Il massimo era nella fondiaria, messa già da' Francesi sul quinto della rendita, rimasta col provvisorio catasto in somma determinata, e non ricomposta, benchè i fondi fosser cresciuti molto in valore e in entrata. Cotali imposte eran lievi paragonate a quelle d'altre nazioni. Nel Piemonte pagavan tasse enormi su' luoghi destinati a industria, su' mobili delle case, sulle eredità, su' corpi morali, su' giuochi, sulle permissioni, su' liguori, sulle professioni, su' fitti, su finestre, su carri e carrozze, e altre, tutte a noi sconosciute affatto. Nè vendevamo noi i beni demaniali come in Piemonte. Ragguagliate le tasse per capi e per lire, si contavano tredici lire di gravezze per ogni contribuente napolitano, e trenta lire per ogni contribuente sardo.

Fra noi i debiti contratti per la rivoluzione del 1820 che accrebber l'esito annuale d'altri quattro milioni, non avean fatto crescese i balzelli, perchè il governo assoluto trovò nell'ordine e nell'economia la maniera di equilibrare le spese all'entrate.

Non aggravò nè la proprietà nè i cittadini, ma vigilò bene sulla partizione del denaro pubblico, sul render più fruttiferi i beni dello stato, e sul diminuire le spese. Ma volendo a ogni costo risoluti questi tre difficili problemi, e stringer da ogni banda le mani, non potè evitare i vizii contrarii; cioè ritardamenti, grettezze, e spilorcerie. Le Finanze parvero un mercante ebreo. S'affittavano i redditi sempre stirando più gli estagli, il che spingeva i fittaiuoli a stringere i subordinati, e questi gli artigiani. La troppa economia sullo spendere dava opere imperfette; il ritenersi decimi e doppii decimi su' già lievi soldi e sulle indennità degli uffiziali, rendeali bisognosi e disperati. Parevan Tantali sitibondi fra l'acque. Ciò per non gravar di nuovi dazii la popolazione; e intanto questa era gravata da estorsioni illecite, sulle quali s'aveva a chiuder l'occhio: danno materiale e morale.

A forza di stringere s'ebbero alquanti milioni di risparmi fatti da quel buon marchese d'Andrea, che morì in marzo 1841. Il nuovo ministro Ferri pensò invertirli a pagare parte del debito pubblico, lodevole intendimento; ma con questo pretese ottenner anche minorazione d'interesse. Un decreto del 7 febbraio 1844 ordinò che ogni sei mesi trarrebbersi a sorte certo numero di creditori per pagarli; i quali ove non volessero il denaro dovrebbero contentarsi d'avere il quattro invece del cinque per cento d'interesse. Or come che di fatto s'estraevan più numeri che non avevam danari, avvenne che solo i piccoli creditori s'accontentavano di perdere l'un per cento; dove i grossi chiedevano il capitale, e non l'avendo seguitavano ad avere il cinque. Ciò fe' bisbiglio; e uscì molto contante dalla piazza, che spatriò co' creditori stranieri.

Altresì dannoso al commercio gridarono l'altro fatto della Cassa di Sconto. Questa dava danari a' mercatanti al tre e mezzo per cento, sollievo grande agl'industriosi; ma per fallimento d'un Amelia, fu disposto non si desser denari che ai ricchissimi; però chi avea bisogno non potè aver prestanze; e chi non avea bisogno le pigliava al tre e mezzo per darle a' bisognosi all'otto e al dieci; monopolio turpe col danaro pubblico a danno del pubblico. Molti fallirono; e la cassa, benchè non patisse altre truffe, guadagnò meno di prima. Le Finanze abbisognavan d'un ingegno che senza quelle grettezze le menasse a bene.

§. 8. Il clero.

Il concordato del 1818 con la S. Sede avea come ho detto messo fine a secolari controversie; Ferdinando a 26 marzo 1834 fe' altra convenzione di ecclesiastica disciplina, pubblicata a 10 settembre 1839, aggiunta al concordato. Dappoi volle cresciute le diocesi, perchè meglio su' preti, su' giovani, sulla morale e su' costumi si vegliasse; e nel 1844 fecersi nuove diocesi a Noto, a Trapani, e a Siracusa, ch'ebbero dotazioni e fondi pe' seminarli. All'arcivescovo di Palermo, perchè meglio potesse soccorrere i poverelli, crebbe d'altri tremila ducati l'entrata; e quel di Lipari che n'avea poca, esentò del terzo disponibile, cioè da una riserva di uso alla regia potestà. Sul continente dopo il 48 pur crebbero le diocesi.

Il clero dovrebbe fra' Cristiani esser l'ordine migliore, siccome morigeratore naturale del popolo. Nè in vero il reame mancò mai di sacerdoti insigni. Ricordiamo Santi gloriosi, e quel grande che fu Tommaso d'Aquino; e ne' tempi presenti vedemmo a 26 maggio 1839 accorrere il re co' reali a Roma per la santificazione di cinque, de' quali tre eran nostri: Alfonso de' Liguori, Francesco di Geronimo, e Giovan Giuseppe della Croce. Molti preti abbiamo ornamenti della religione e delle lettere, e massime in Napoli ve n'ha moltissimi che sono esemplo d'evangeliche virtù, operosi e fervidi per la gloria del Signore. Men numero di buoni è nelle provincie, sia ozio, sia libertà o lontananza da' superiori. Troppi, e soverchi al culto, parecchi son trafficanti, e impiastrati in cose terrene sdrucciolano di leggieri nei vizii. Ogni villano che giunga a metter casa, vuole un prete, e manda il figliuolo al seminario, donde talora torna con più malizia che teologia. I vescovi son facili a consacrarli; che come han detto messa non studiano più, si divagan nel mondo, abbandonan l'altare e danno scandalo; e peggio che spesso per non divulgarne le colpe, restanti impuniti, ovvero punisconli con traslocazioni e promozioni per torli dal peccato; e vanno a farne altrove. Di tai preti molti son ligi alla setta, per ispeme di correr fortuna, per incontinenza, per spretarsi e pigliar moglie. Ma più ve n'ha in Sicilia, a cagione del tribunale detto *della monarchia*.

Questo stabilito colà sin da' tempi di Ruggiero, per concessione di Urbano II, esercitava in nome del re la legazione apostolica; e benchè ciò spesso andasse poi controvertito fra la corte e Roma, pur sempre rimase, e più a tempo de' vicerè. Avea quattro privilegi: la legazione, la nomina a dignità ecclesiastica, lo appello, e la transazione de' vescovi; ma con l'ultimo concordato dal 1819 pubblicato nel 1821, si convenne all'articolo 22 libero essere lo appello a Roma per cause ecclesiastiche, ove il volessero le parti. Or sia per tai privilegi, sia pel *placito reale* introdotto di fatto nelle attribuzioni regie, il clero siciliano fu tutto sottomesso alla potestà civile. I vescovi erano appellati e giudicati da' tribunali, rappresentatori del principe, non del capo della chiesa; onde per ogni caso d'amministrazione ecclesiastica, i preti appellavano a quelli, e ottenevan lo annullamento degli ordini de' superiori; quindi in obbedienza, rilasciamento di costumi, abbandono della cosa sacra. Ciò impacciava anche gli ordini regolari; e spesso i fiati, e con quel tribunale e col regio ministero, maneggiavansi da sfuggire l'azione delle regole e del regime religioso. Anzi i cattivi monaci eran più de' cattivi preti infelloniti, chè protetti dalle autorità secolari si ridevan de' superiori; e indarno i generali degli ordini cercavan con sante visite cernere il vero; perchè sovente la potestà civile, per intrigo, allontanava da' visitabili conventi quei religiosi probi che avrebber disvelato i vizii del luogo. Trionfava l'impunità, l'ozio, l'ignoranza; e preparava seme alla rivoluzione. Nè i vescovi potean reclamare ai sinodi provinciali, chè a ordinar questi si volea l'approvazione del governo; nè rimedio era l'appellare a Roma dalle sentenze del tribunale; giacchè si teneva in fatto illegale l'appello; nè mai il Papa potè dal nostro governo ottenere spiegazioni giuridiche sulle procedure siciliane. Il ministero esaminava la convenevolezza de' decreti di Roma, e negava o concedeva il placito a grado suo.

Il clero dell'isola avea dunque molto del mondano; dava i voti sacri più per godere i benefizii (frutto della pietà degli avi) che per vocazione; i seminarii non eran tatti conformi alle prescrizioni del concilio di Trento, nè per le cagioni dette si potea da' vescovi rimediare. È una trista verità che la rivoluzione molti preti e frati pervertì.

§ 9. L'amministrazione civile.

Cardine d'ogni governamento è l'amministrazione civile, siccome quella che provvede alla buona vita sociale. V'era la legge di eccezione del 12 dicembre 1816, acconcia piuttosto a idee francesi che a tradizioni patrie, però avea qualche perfezione ideale e molte pratiche inopportunità. In governo assoluto ella dava certe rappresentanze, ond'eran quasi mera forma: rappresentanze municipali, distrettuali e provinciali, poco utili. I decurionati ne' paeselli eran d'ignoranti o cavillosi, e riuscivano a dar ritardo o opposizione agli affari. Molti l'altre due rappresentanze lodavano, e accusavano la potestà di non bene contentarle; e smodavan nella lode e nelle accuse; perocchè i consigli provinciali e distrettuali, dagl'intendenti fatti e disfatti, avevano libertà di parola illusoria a giudicar gli atti di quei governatori; nè molto potean sapere e voler fare in quei quindici giorni ch'andavano assembrati nell'anno. Era una chiacchierata. Dall'altra non è vero il governo non li udisse, che tutte loro proposte giuste venivano accolte; rigettavansi quelle contrarie alla legge ed inopportune. L'amministrazione era sorretta da' consigli d'intendenza; e dov'eran buoni Consiglieri ella andava bene, ma i buoni eran rari. Volea la legge fossero possidenti della provincia; ma per favore se ne mandavan di fuori, che non possedean nulla, nè sapean le condizioni e i bisogni del paese.

Nondimeno quella legge avea molte parti buone; e si vede che, non ostante suoi difetti, pure in quarantaquattro anni che durò molto ha prodotto. I beni patrimoniali de' comuni in terraferma avean più che triplicati i redditi annuali. Nel 1820 davan ducati 1,795,660; nel 1831 già salivano a ducati 1,862,255; nel 1843 ascesero a 2,301,804; e nel 1857 sommarono a ducati 5,604,135; nè già eran cresciuti i fondi, ma cresciuto il buono stato e la tutela. Pertanto s'eran di molto scemati i dazii comunali: qualche grano a rotolo sulla carne, qualche grano sulla neve e sul pesce, raro e lievissimo sul macinato a qualche comune che il chiedeva; le privative de' commestibili sol ne' paeselli piccolissimi, per assicurare l'annona. E tai lievi balzelli non riscuotevansi a pro dello stato, ma pei comuni stessi e per le provincie. Con essi in quarant'anni s'è fatto che mai di simile nel passato. Strade, mulini, ponti, camposanti, chiese, fonti, acquedotti, case municipali, prigioni circondariali, ospizii, banchine, arginazioni, fari, porti, e altro; tutto con denaro comunale, senza vendere beni stabili. Pochi villaggi mancavan di tali cose, e s'andavan facendo senza debiti. Dal 31 al 47 s'eressero nel regno ventidue nuovi ospedali, trentaquattro monti di pegno, ventidue monti di maritaggi, diciassette conservatorii, ed altre case d'asilo, e più centinaia di monti frumentarii. Certo pur v'eran lamentanze; e alcuno vorria l'ottimo. Ma l'ottimo è nemico dei buono e del mediocre, che son l'umano retaggio.

Veramente il male non era ne' provvedimenti, ma nell'esecuzione. La legge per l'opere pubbliche non permetteva che incanti e metodi di economia; eppur s'era intruso il vezzo de' metodi d'ordine o di gare economiche; con che si davan gli appalti a designate persone. Quando si procedea per incanti, si dettavan condizioni dure, sicchè fuggiva l'intraprenditore onesto, e vi speculavan pochi, favoriti o litigiosi, che trovavan modo da non eseguire quelle condizioni, e arricchivano. Con metodi di economie, sovente non si faceva economia, per frode o ignavia de' decurioni preposti alla sopravveglianza. Sicchè molte opere andavan male, e pativan ruberie. Gli architetti in ogni parte eran come bruchi su' comuni; e sol badavano a far progetti e disegni, ch'eran lor pagati; onde si vider talora spesi i fondi in progetti, e l'opere ineseguite. Molti paeselli eran dolenti d'aver a contribuire grosse rate alla provincia, dove si spendeva a imbellettare i capoluoghi, mentre essi mancavan del necessario. Sulle pingue beneficenze correan lagnanze, chè sovente beneficavano più gli amministratori che i poverelli. Ma questi ed altri consimili mali eran partoriti da indulgenza governativa; sovente gli stessi prevaricatori gridavano alla tirannia, e preparavano la rivoluzione per rubar meglio.

Il maggior fallo del governo fu lo accentrare al ministero ogni faccenda comunale; usanza cominciata dalla dominazione francese, dappoi esagerata da tutti i ministri sopravvenuti; rimasto vizio radicale. Il ministro Santangelo, uomo d'ingegno, cadde nel fallo ch'ei si credea buono a tutto; per tirare a sé tutte attribuzioni, sopraccaricò la legge con prescrizioni nuove, e die' sì lungo giro alle faccende, che passando per molte mani riuscivan di leggieri a mercato. Molti bassi uffiziali, massime nelle intendenze, con lievi soldi o senza, sforzati dal bisogno, spesso la giustizia, talvolta l'ingiustizia vendevano; e gli uffiziali municipali con quel contatto nè anche ne uscivan netti; che vuol esser grande quella virtù che fra turpezze non si macula. Lo accentramento amministrativo dopo il 1848 seguitò più cieco; però meglio ne parlerò appresso.

§. 10. L' istruzione pubblica.

Contro l'istruzione pubblica si levavan premeditati lamenti. Ma nel fatto il governo intendeva a rendere la istruzione acconcia agli ordini dello stato e a' bisogni della vita e dell'industria. Avevamo in tutti i comuni scuole primarie elementari per maschi e femmine, in molte città scuole nautiche, di arti e mestieri, di mutuo insegnamento, per ciechi e sordo-muti; educandati insigni per dame, per donzelle civili, per figlie di soldati, monasteri per educande, suore francesi con istituti d'istruzioni in tutte provincie; accademie di scienze, d'arti belle, d'antichità, d'economia, d'incoraggiamento a' prodotti, licei, collegi, seminarli, convitti, reclusorii, scuole private, non mancava nulla, e fors'era troppo. Il dazio su' libri, già alto, scemava di due terzi a 12 settembre 1839, e anche più a 18 giugno 1842. L'università di

Napoli, già fondata da Federico II, dove insegnò S. Tommaso, aveva incremento di nuove cattedre; nuove università provinciali si creavano. Si compravan macchine per fisica, si preparavan gabinetti patologici e zoologici, di litonomia e d'ortopedia; avevamo scuole anatomiche e cliniche, osservatorii astronomici e metereologici, scuole mediche e veterinarie, di farmacologia, d'ostetricia e flebotomia; orti botanici, società economiche con orti sperimentali in aiuto dell'agricoltura e dell'industria. Le arti del disegno, delle pietre dure, delle incisioni in rame, in legno e in acciaio, quella delle medaglie, la scenografia, l'architettura, la statuaria avevano accademie, e apposite scuole. Gli scavi d'Ercolano e Pompei ridavano al mondo la sepolta civiltà romana; e lo studio de' papiri l'antica filosofia. Si facevano e si premiavano esposizioni annuali di arti e prodotti. Avevamo a Roma giovani pensionati per tutte arti; il re e i pubblici stabilimenti compravano per incoraggiamento opere d'artisti. Il museo di Napoli, dono in gran parte de' Borboni ha pochi uguali. Dell'arte musicale salita fra noi al sommo dell'eccellenza non parlo. Nel grande archivio del regno s'eran riuniti tutti i diplomi, pergamene ed atti pubblici, prima ascosi qua e là in edificii e paesi diversi, opera stupenda. Teatri, ginnasii, biblioteche insigni v'eran molte; e chi avea voglia di studiare non avea carestia di nulla. Di fatto furono e sono in Napoli uomini sommi di lettere, di scienza e di arti; i quali parecchi degli oltramontani agguagliano, e a moltissimi van sopra.

Nondimeno la setta costruttrice di fama letteraria, lavorava ad alzare i suoi con tutte astuzie; e guadagnava sempre terreno a cacciarne in ogni sedia che vacasse. Dirò un fatto: concorrevano al posto vacante di socio all'accademia delle scienze tre personaggi: il Bozzelli, il Winspeare e lo insigne filosofo Galuppi; e il governo preferì il primo, perchè assordato da sollecitazioni ascose e palesi.

La setta con crudele pertinacia s'è sforzata sempre a disconoscere l'altezza del napolitano incivilimento, e a deprimere l'opere nostre. Napoli dove tutti venivano ad ammirare e ad imparare, s'aveva a giudicare su' lazzari; dei nostri ingegni si dovea tacere, o lamentarne sognate compressioni. Poi s'è vista la rivoluzione, che noi tacciava d'ignoranza, mostrar la nullità sua in tutte opere di scienza e di governo; e i rivoluzionarii napolitani, ch'eran gli ultimi e i più sconosciuti nel paese, mostrarsi a Torino da più di quei loro colleghi. A Torino non andò nessuno insigne nostro uomo; chè tutti sdegnosi della patita conquista, pagarono l'amor vero della patria con dimissioni, carcerazioni ed esigli.

Ma studiamo anche qui gli errori del governo. Eran saliti a' primi uffizii molti ignoranti di scienze e di lettere, che tementi il confronto della dottrina avversavano i sapienti, e denigravanli quasi elementi di ribellioni. Fu un pensiero storto il credere i veri dotti capaci di rivoluzioni; perchè anzi questi reggono i perigli e stanno, dove gl'ignoranti chiudon gli occhi e dan dentro, e si fan facili strumenti de' furbi. Parecchi guardati biechi si fecer settarii, che impiegati sarebbero stati cheti; tenuti contrarii, contrariarono il governo, e taluno cospirò che mai pensato se lo avrebbe. Gli studi vogliono ozii; e saran sempre amici di chi lor darà modo di vivere studiando. Ma in generale lo studio delle lettere fra noi era sterile; perchè il più degli uffizii cadevano in uomini senza mente; e avemmo il male che questi non valevano, e i valenti avversati avversavano.

Pur la censura de' libri e de' teatri era poco avveduta. Si dava adito a una letteratura straniera, falsa, corrompitrice del bello e del costume, proprio invenzione settaria; e intanto si facevan guerre alle parole, e si proibiva alle scene ogni motto di religione e di politica, quasi soli selvaggi s'avesseso a porre in drammi. Ei si doveva colpire la falsa religione e la mala politica, non tutte cose e detti politici e religiosi; onde il governo perdè l'aiuto delle lettere, e noiò e disgustò gli uomini di senno, che si vedean noiati negli onesti ed utili ricreamenti. Queste strane proibizioni eran più severe in Napoli che nelle provincie, e meno anche in Sicilia. Il ministero per incoraggiar gl'ingegni mise premii a scrittori plauditi di drammi in concorso; ma conseguitò che, sendo la politica e la religione la sostanza delle tragedie, o non se n'avevano, o se n'avevan di misere da premiare.

Per tai grette opposizioni all'esplicamento degl'ingegni i lamentatori trascorrevano a dir mala la istruzione nel reame. E veramente per essi buona è la semidottrina che sentenzia di quel che non sa, e maledice troni e altari.

§. 11. Dei nostri errori si valgono le sette.

Credo aver detto e con severità gli errori principali del governo; de' quali molti ed anche maggiori troveransi in altri paesi. Avevam piccoli furti, lievi ma frequenti ingiustizie, coperte immoralità; ma chi visitò Parigi e Londra vide assai peggio. Sono quei paesi più imbiancati de' nostri, ma hanno eresie, fallenze, malversazioni, calunnie, uccisioni, costumi perduti, ricchezza e fame, scienza e abbrutimento, giuoco e suicidii, brogli e traffichi indecenti, e depravazioni di animi e di corpi. I mali enormi di quei regni scopre la loro stessa cinica letteratura.

I nostri mali eran minuti ma frequenti. Vessar lieve ma continuo, piccoli privilegi, gretto estorquere, brogliar poco di molti, basse illegalità, mala scelta d'uffiziali producevano scontento; e il più della gente che sente e non discerne apriva gli orecchi a' promettitori dell'età dell'oro. Da prima l'avean co' ministri, stati da parecchi anni in sedia, fatti esosi e burbanzosi; poi a' primi motti di riforma fecero eco. Anche l'onesta gente sperava veder la fine delle male usanze, e volea giustizia nuova; e molti v'ha al mondo che per odio del presente e voglia di mutare si contentano del proprio danno.

La giovine Italia suscitatrice del più di questi mali, ne prese argomento a patetiche declamazioni. Esageravano da farli parere insopportabili; diseppellivano e sponevano a rovescio vecchie cronache, e ne fean novelle e drammi; mostravan grande il passato, abbietto il presente, il nuovo speranza di glorioso risorgimento. Quindi motti, satire, poesie, storie, sforzate con maravigliosa propaganda a celebrità. I fatti governativi ripetevano a dileggio, gli inventavano, li smozzavano, gl'incorniciavano per abbassare i governanti. In contrario alzavano al cielo qualunque fosse depresso dalla potestà; questi modello di coraggio civile e d'amor patrio, questi uomini valenti, questi degni di salire. Poi un lamentìo, un piagnucolar la patria, un invocar morale e Cristo, un parlar di bibbia, filantropia, economia pubblica; un celebrar Byron, Goethe, Sciller, Victor-Hugo, Lamartine, e altri poeti nebulosi; un rammaricarsi dell'umanità depressa, dell'ingiustizie umane, delle tirannie regie, di servaggio a stranieri, e altre ipocrisie che parean belle allora. Pochi sapevano tai magnificati dolori avessero a partorir servaggi e dolori veracissimi; sembravan desiderii giusti di progredimento civile.

Nondimeno fra tanto gridare Italia parea strano a' pochi veggenti quel laudar continuo di cose estrane, e le straniere lettere e vestimenta, e leggi, e linguaggi, presi a modello e messi innanzi da quelli stessi professori d'italianità. Infranciosati libri, gallico vestire, spruzzo di scienza eunuca, scendeva giù la italiana sapienza, che sempre fu originale e maestra. Voleano essere Italiani, e fean le scimie a Francia e Albione; volevano parer dotti, ed erano incortecciati di iattanze oltramontane. Ciò fea disdegno agli scienti; ne' mediocri che si credeano saputi diventò baldanza. A poco a poco il dir male del nostro fu moda: tutto parea tristo, tutto e anche il bene malignato, venia meno il rispetto alla potestà, e sorgeva negli animi una voglianza di fare, che parea generosa, ed era balorda seguenza di setta.

§. 12. I parlamenti dell'antica monarchia.

Da prima il motto fu che si voleva esecuzion di leggi e buoni uffiziali; e che più giusto? che desiderar meno? poi qualche modesta voce di riforma, poi di progresso civile; di qua a costituzione lieve passo, ma non osavano pronunziare questa parola, brutta per ricordi del 1820. Nondimeno s'andava per isbieco ricordando, la nostra monarchia essere stata parlamentare; e così con abuso di parole vecchie s'accennava a idee nuove.

Le costituzioni proposte dal Montesquieu sono di natura democratiche. La monarchia di Ruggiero tutta feudale non ebbe elemento popolare; perchè la gente borghese in Sicilia e in Puglia era ancora quasi Saracina e Greca; solo i baroni sedevano in parlamento, nè in tempi stabiliti; e per obbligo di soccorrere il Principe ne' bisogni, non per esercizio di sovranità. Avean poteri quanti lor ne volea il re, che li congregava a grado suo. La rivoluzione del Vespro nel 1282 portò a' parlamenti di Sicilia più forza; ma vi prevalse l'aristocrazia, che impiccioli il paese, e 'l diè agli Spagnuoli, onde la somma potestà ricadde nel sovrano. Il parlamento fu diviso in tre camere; de' feudatarii, de' comuni e del clero; le quali fean poco più che conceder sussidii alla corte, e talvolta proporre qualche legge; ma i poteri esecutivo, giudiziario e legislativo stavan nel monarca; e con tutti quei parlamenti non v'era libertà, nè politica nè civile; e Sicilia scemò di popolazione, di potenza e di ricchezza, sino al venir de' Borboni. Sul continente pur meno. Avevam seggi di nobili e di popolani in quelle poche città non infeudate, nè quasi potean altro che provvedere all'annona. Dov'erano feudi le Università avean misera voce; facean si certe congreghette in piazza chiamate parlamenti, dove pochi borghesi servi del barone, e alquanti scherani di esso s'onoravano a contentare *Sua Eccellenza Padrone*. Per questo i tempi di tai parlamenti furo i più miseri del reame: vero servaggio durato più secoli, sino a Carlo III.

Quei parlamenti adunque, citati per insidia, e ricitati a sproposito da chi non li sa, eran ben altro che costituzioni come si vogliono oggi; anzi appunto l'opposto. Ora, distrutta la feudalità, è surta la classe mezzana; la quale per la nuova civiltà, e pel buon governo, fatta ricca e numerosa, agogna a pigliar lo scettro. Queste costituzioni non sono già, come dissero, parlamenti risuscitati; sono invece reazione di quelli; cioè che il già servo vuol diventar padrone. Ma la libertà vuolsi per tutti. La setta la piglia per sè sola; onde ha discreditato affatto coteste costituzioni, che hanno due sole cose simili a' parlamenti; cioè lo scialacquo della cosa pubblica, e la tirannia de' pochi su' molti. Il Mazzini stesso scrisse: « La monarchia costituzionale è il governo più immorale del mondo. » Speriamo in Dio veder costituzioni per tutti; che, fiaccate le sette, rendan veramente le nazioni libere nel bene; e serve alla legge; dappoichè fra tanto libertinaggio siam sitibondi d'un sorso di libertà vera.

§. 13. Il Gioberti.

Tanto lavorio di filosofi e poeti avea preparato gli aniimi a novità, quando ad accenderli uscì Vincenzo Gioberti. Questi nato a Torino nel 1809, prete e carbonaro, fu cappellano di re Carlo Alberto; per cospirazione condannato nel 1833 e spatriato, si fermò a Brusselles sino al 1845; scrisse filosofia ed estetica, coprendo con religiose parole pensieri di libertà socialista. Rival di mestiere del Mazzini, correva con altro modo lo stesso arringo; onde come lui meritò plausi e favori dalla medesima setta. Subitamente ebbe fama portentosa. Nel 1843 die' il *Primato degl'Italiani*, nel titolo e nelle pagine opera tutta incitatrice. Diceva: Italia essere stata grande, ora fievole; ma doversi e potersi risublimare, avere a ripigliare su' popoli il primato insito alla sua pelasgica stirpe: questo aver voluto Gregorio magno, Gregorio VII, il terzo Alessandro, e altri papi; la cui dittatura, che accennava alla fondazione della italiana nazionalità, sendo mancata, era caduta Italia. Oggi cresciuta la virilità popolare, non abbisognar dittatura, ma arbitrato; e dover essere pontificale; poggiato sulla opinione, pacifico, illuminato, non grave ai sovrani, anzi loro sostenitore, col doppio freno del vero e dell'onesto; arbitrato d'onore, non di potestà, di politica non pratica ma speculativa, per l'osservanza del dritto delle genti, non per mutare gli ordini de' singuli stati. In Italia divisa poter sorgere lo arbitrato papale, solo atto ad assicurarle tre cose: unità, indipendenza, e libertà civile; arbitrato legittimo da non poter essere avversato, perchè riproduttore di dritto antico non estinto ma interrotto. Però predicava unione di animi, confederazione di prenci, e il Papa presidente d'una Italia confederata e forte. Del Tedesco padrone di Venezia e di Milano non dicea verbo.

L'idea avea di che abbagliare qualsivoglia popolo, non che l'italiano immaginoso;

e lo stile frondoso, gonfio, luccicante, con torrenti d'erudizioni, ribadiva ad ogni capitolo l'idea stessa. Le astruserie Kantesche, con paroloni bui, rendendo possibili l'unioni di cose contrarie e disparate, servirono a far parer vero ogni paradosso, ad acconciar la storta alle idee preconcette, e a vestir di colori splendidi le magre dottrine. Pagine erano procedenti per argomentazioni, esagerate nelle premesse, oblique nelle medie, e false nelle conseguenze; pagine ipocrite a insidia, cui egli stesso presto con l'opere e co' scritti smentì. Nonpertanto il libro divulgato in ogni paese, innalzato come miracolo di scienza e senno, avidamente letto, inebbriava i giovani, e fea tacere i vecchi. Il manto religioso acchetava le coscienze; quel non attentare a' dritti, quella confederazione legale, quel papa presidente parean cose facili a fare, e buone e giuste.

Ma egli era carbonaro. L'anno dopo, cioè il 44, Cesare Balbo commentando il Gioberti, pubblicò le sue *Speranze d'Italia;* poi lo Azeglio fe' altro commento a questo commento, col libercolo *Ultimi casi di Romagna;* tutti a un fine.

§. 14. Il Niccolini.

Con lodi alla potestà regia e sacerdotale il Gioberti spingeva i Principi a esser fabri di repubblica; e poco stante Giambattista Niccolini uscì in campo con acri versi, e a viso scoperto contro la potestà sacerdotale e principesca. Pubblicò una tragedia con forme romantiche, cioè alemanne e inglesi, intitolata Arnaldo da Brescia. Questo Arnaldo fu del duodecimo secolo, e forse frate, seguace di Pietro Abelardo, e più pervicace di esso. Menò vita fra trabalzi di rivoluzioni e di esilii; e più volte scacciato d'Italia, vi tornava sempre con l'aiuto de' nemici de' papi a danno de' papi. Le sue dottrine furon condannate da S. Bernardo, e dalla Chiesa; ma ei non si pentì come Abelardo, e predicò scismatico sino alla morte, ch'ebbe da Barbarossa imperatore. Molta età ignorato, ne risquillò il nome sul finir del passato secolo, per rinfocolar l'ire contro Roma. Ne fecero un eroe, e finsero morisse arso vivo per ordine di papa Adriano VI. Ultimamente il Niccolini mettelo in tragedia, e gli fa dire quanto si potea contro il Vaticano.

Il primato risvegliava l'idea guelfa, l'Arnaldo risuscitò l'ire ghibelline; quello percuoteva l'imperio, questo il papato; ambo fatti a evocar da' sepolcri le sopite passioni che tanta età bruttarono questa patria; ambo favellando d'italiana grandezza, con rimembranze antiche, in opposta maniera spingevan la nazione a guerra civile; ambo volevan la rivoluzione. E la Giovine Italia plauditrice al concetto guelfo, molto più plaudì al concetto ghibellino; perchè aspirava alla ruina del papato e dell'imperio insieme, dello scettro e dell'altare; e con doppiezza impudente si valse del guelfismo e del ghibellinismo per ingannar tutti. Mover voleva in quantunque modo le genti: diroccar la religione alzandola, abbattere i re plaudendoli, pigliarsi l'Italia chiamandola a grandezza.

§. 15. I fratelli Bandiera.

Fu sempre fatale che le ipocrisie degli scrittori avesser breve durata, nè tardasser guari eglino stessi a sbugiardarsi. Il Gioberti non stette due anni a tenere addosso la insopportata divisa della religione e del dritto; chè presto cantò la palinodia.

Parendo disposta la materia, e pronta a pigliar fuoco, s'ordì nel 1844 vasta trama in tutta Italia. Il napolitano Giuseppe Ricciardi doveva assoldar Corsi, e sbarcar sulla spiaggia romana; i fuorusciti in Isvizzera aveano a invadere Piemonte e Lombardia; un Fabrizi con Italiani combattenti in Algeria dovea di là navigare in Sicilia; altri venir da Malta e da Corfù. Sin dal 1842 s'erano aggregati alla setta mazziniana tre giovani, cioè due figli d'un ammiraglio veneto servente l'Austria, Attilio ed Emilio Bandiera alfieri sulla fregata Bellona, e Domenico Moro luogotenente sull'Adria. Prima volevano tentare d'impadronirsi della fregata, e navigare a Messina a portarvi la rivoluzione; ma ne spillò qualcosa, onde i congiuratori spauriti disertarono; Attilio fuggì a Siro, Emilio a Corfù, il Moro in maggio a Malta. Uniti tutti e tre a Corfù fur poco stante raggiunti colà da Niccola Ricciotti da Frosinone, mandato dal Mazzini a capitanar l'impresa, cui disegnavano allora volgere negli stati romani. Intanto su quest'isola preparavano uomini ed armi per lanciarsi ove il lontano maestro comandasse. Nelle nostre Calabrie, già rinomate per devozione al trono, la Giovine Italia avea seminato i suoi, che stavan pronti a una levata. La polizia tedesca n'ebbe sentore, e ne avvisò i governi italiani.

I faziosi calabresi prematuramente a mezzo marzo accozzarono un cento uomini a prezzo, e al mattino del 15 entrarono in Cosenza gridando Costituzione e Italia. Affrontaronli i Gendarmi, e vi perì il capitano Galluppi (figlio del filosofo); ma i ribelli, perduti cinque morti e molti feriti, fuggirono. Poi presi, parecchi subiron lungo giudizio, e a 10 luglio venner dannati ventuno nel capo; tosto graziati, fuorchè sette che passarono per le armi; e furono: Nicola Cariliano, Antonio Rao, Pietro Villacci, Giuseppe Cancodeca, Giuseppe Franzese, Santo Cesario, e Sanderbec Franzese. Intanto i Bandiera e il Moro avean radunati a Corfù molti profughi italiani, fra' quali oltre il detto Ricciotti, Anacarsi Nardi modanese, un Corso Boccheciampi; e vi s'aggiunse un Boccastro, calabrese, fuggito allora pel fatto di Cosenza. Dubbiavano sul dove cominciar l'impresa; ma suolendo i giornali settarii prevenire i fatti con loro annunzii, avean rapportato non so quali altri sognati moti in Calabria; perlocchè i Bandiera che li stavano aspettando, senza attender conferma, com'erano impazientissimi, subito la notte dopo il 12 giugno si misero in mare. Questa volta la gente rivoluzionaria andò vittima delle rivoluzionarie bugie. Posarono la sera del 16 su deserta spiaggia alla foce del Neto presso Cotrone, con soli diciannove compagni, per dar cominciamento al redimere l'Italia dagl'Italiani. Avean bandiere, divise militari, armi, munizioni, e proclamazioni stampate, sottoscritte Bandiera e Ricciotti; volsero ver Cosenza gridando repubblica una da Scilla ad Alpe, e chiamando il popolo a sollevamento. Cotesta idea di repubblica una, non più pensata, fu una maraviglia; e parve nuovissimo il caso. Peggio che favellarono linguaggio irreligioso, ingrato al paese: « Il papa ci scomunicherà, non importa; protestiamo di conoscere Dio meglio di lui, che sta fra' sordidi interessi di dominazione temporale. » Niuno lor si unì; e anzi i Calabresi risposero con schioppettate. Sembra che il Corso Boccheciampi, viste le cose andar male, disertasse da' compagni, e corresse a denunziarli a Cotrone. La sera del 18 vennero assaliti da certi paesani e qualche gendarme in agguato presso Belvedere Spinelli, lungi dalla spiaggia trenta miglia; e al mattino sendo stati spiati da' contadini, fur circondati da una mano di guardia urbana e d'onore e paesani, raccolti in fretta dal giudice di S. Giovanni in Fiore. Nel conflitto caddero il profugo calabrese Boccastro, Giuseppe Miller milanese, e Giuseppe Tesei di Pesaro. Quattordici furono presi allora, e altri quattro ne' dì seguenti. Due giorni dopo la cattura, Attilio scrisse ai re ch'egli avrebbe voluto Italia una e repubblicana, ma ch'ove volesse essere sovrano costituzionale di tutta Italia, gli si darebbe anima e corpo. Il processo prese tempo, perchè l'Austria dimandò l'estradizione di quei suoi sudditi quali disertori di guerra; il che fu negato dal re, per non mostrarsi d'Austria dipendente; laonde non prima del 23 luglio il fisco dimandò la sorte per tutti. La Corte marziale condannò dodici nel capo, quattro raccomandò al sovrano. Il quale, allora in Sicilia, avria voluto far grazia a tutti, ma per la lettera del Bandiera invitantelo al regno d'Italia, ingenerati sospetti nelle potenze settentrionali, la grazia avrebbe i sospetti convalidati. Impertanto i due Bandiera, il Moro e altri cinque venner fucilati a Cosenza il mattino del 25; agli altri si commutaron le pene. Gli scrittori liberaleschi li lodano morti impenitenti, e che a' sacerdoti rispondessero: « le loro opere raccomandarli a Dio meglio delle preghiere altrui: non voler perdonare all'infame Ferdinando; e se il potessero anche in altro mondo congiurerebbero contro i re. » Non so se quelli graziati perdonassero all'*infame* che li tenne in questo mondo. In Napoli fur sostenute nove persone, fra le quali Matteo de Augustinis, Mariano d'Ayala, Francesco Paolo Bozzelli e Carlo Poerio, che si gridavano innocenti allora. Stettero qualche mese a S. Elmo, liberati senza più. A Roma si arrestò il Galletti e qualche altro. Questi innocenti, trionfati poi nel 1848, vantarono loro reità.

Certo è rincrescevole veder per legge versato umano sangue; e anche è pietosa la misera fine de' giovani Bandiera, che l'uno 33 e l'altro 25 anni contava; ma niuno dirà non giusta la punizione di stranieri venuti a portar la guerra civile in pacifico paese. Giusto saria stato maledire il Mazzini, istigatore di giovani a imprese fraticide; eppure quella punizione fu al Mazzini ed a' suoi arma nuova contro i Principi, cui gridaron barbari e crudelissimi. Non era barbaro chi mandava a rovesciar le leggi, ma barbaro chi le faceva eseguire. Quei Bandiera subito predicati grandi, martiri, modelli di magnanimità. Ed ecco il Gioberti riescire in campo; e fa i prolegomeni, cioè una prefazione postuma al Primato, riuscita la palinodia di quello. Lancia filippiche veementissime contro i napolitani ministri, e mostra in qual guisa volesse la osservanza del dritto delle genti sostenitore dei legittimi sovrani; gitta la maschera con la quale avea sorriso al principato e al sacerdozio; maledice i Principi pe' casi di Cosenza, e virulenti improperii scaglia ai Gesuiti, che non so come entrassero colla morte de' Bandiera. Nel primato li lodava, ne' prolegomeni li vituperava. Si sentiva già forte per inoltrata rivoluzione di spiriti, e cominciò a osteggiare la compagnia di Gesù, soldati della Chiesa, temuti avversarii. Con la veste religiosa corbellato avea il mondo; ora se ne spogliava. Anzi nel 1847 si nudò affatto con l'opera del Gesuita moderno, dove rattoppò quanto mai s'era scritto contro quest'ordine. Uomo da impiastrar volumi su' più opposti principii, con abuso di raziocinio e di parole.

Intorno a' Bandiera si piagnuculò a lungo. Pria dissero averli fatti venire il re stesso per ingiunzione dell'Austria; poi gl'Inglesi averli spinti, avvisato il re. Stamparono averne indarno chiesto la grazia un arciduca d'Austria, a dispetto di lui Ferdinando aver voluto *quel macello;* e chi ciò scriveva soggiungeva Ferdinando avrebbe voluto graziarli, impediselo Austria con *ordini* perentorii; menzogne doppie contradittorie, per infamare. Maledizioni a Ferdinando, a' giudici crudeli, a' ministri spietati; barbari, ignoranti i Calabresi; raccapricciarne l'umanità. I nostri popolani percuotitori di stranieri turbatori di pace, avevano a portar rispetto al Mazzini, e alla repubblica una che non sapevan che si fosse, quasi venti uomini avesser dritto d'imporne ai milioni. Ma la propaganda rivoluzionaria con quei piagnistei volea rinfocolar gli animi. Vi scrissero libri sopra; celebrarono funerali; e anzi nel 1847 Pisa prima, e poi Ferrara cantaron messe funebri a' Bandiera, presenti i Tedeschi, come racconterò.

§. 16. Congressi di scienziati.

Da alquanti anni s'era messa l'usanza di congregare scienziati in qualche città d'Italia, dicevan per l'avanzamento del sapere, in fatto perchè gli adepti della Giovine Italia confabulassero alla libera. I sovrani sendo volonterosi di promuovere l'arti di pace, caddero nella pania, e permisero cotai congressi, che furono precursori di quei parlamenti che li avevano a scacciar di seggio. N'era stato promotore Carlo Bonaparte principe di Canino. Gregorio XVI come udì il nome di lui e del suo segretario Masi, prevedendo ove mirassero, non li volle a Roma, e vietò a' dotti romani d'intervenirvi altrove. Lo stesso fe' lo accorto duca di Modena. Ma eglino trovaron favore presso altri principi; e primo vi calò il Gran Duca di Toscana, che nel 1839 accolseli a Pisa, e nel 1841 a Firenze. Anche re Ferdinando, dopo che v'era caduto il Tedesco, vi sdrucciolò; chè Niccola Santangelo, ministro dell'Interno, vel pinse; e il re, forse per non dar esca al motto dell'avversar egli le scienze, aderì; e volle anzi fosse magnifica e graziosa l'accoglienza. Quel congresso, il settimo italiano, s'aperse in Napoli a 20 settembre 1845, presente Ferdinando, che pronunziò parole di maestà e sicurezza incitatrici di scienza. Tenner seduta nella sala mineralogica dell'Università seicento personaggi, dei quali molti erano ignoti, molti anche ignari dello scopo di tali chiacchierate, e molti eran notissimi rivoluzionarii. Il Santangelo, non so se sciente o addormito, fecero presidente, per rimertarlo. A ciascuno femmo dono di due volumi appositamente scritti, la *Guida di Napoli;* ebbero il palazzo Gesso per ricreamento serale, carrozze per salire al Vesuvio e visitare le reali delizie, un ballo a casa il ministro, e un altro ricchissimo alla reggia, nella gran sala aperta allora la prima volta. Festeggiarono il re con lodi sperticate; e uno di quei dotti il paragonò a *Giove tonante trasformato in Giove pacifico.*

Quale avanzamento s'avesser le scienze niuno seppe: la unione fu allargamento di speranze, opportunità di conferenze, promesse a propositi faziosi. Usciti appena, ne pagarono i balli e i sorbetti con istampar vituperii di Napoli, sì cominciando la guerra con le calunnie. Ma il nostro volgo aggiustò a quei scienziati nome di *scoscienziati;* perciocchè la gente grossa non è illusa da parole rimbombanti, e con pratico senno motteggia le cose ridevoli o ree che a' semi savii paion belle e gravi. Nulladimeno, con quel colore di scienza, fecero nove congressi alla fila: Pisa, Torino, Firenze, Padova, Lucca, Milano, Napoli, Genova e Venezia; col che sorge chiaro quanto mentissero accusando gli Stati d'Italia dello avversare il sapere umano. De' congressi fu frutto il 1848, e la cacciata de' principi mecenati: primo cacciato Leopoldo II Toscano, primo conceditore e celebrato liberale, che avea dato il libero scambio commerciale, e abolita la pena di morte. A Ferdinando *Giove pacifico* fecero le barricate. A Roma, entrati con le amnistie di Pio IX, gridaron repubblica. Carlo Bonaparte lasciato di presiedere a' dotti, si mise presidente in Campidoglio. Raggiunto lo scopo con le fatte rivoluzioni, non fu mestieri più di congreghe dottrinarie, e per dodici anni non se ne parlò più. Fra l'altre pensate fu la proposta d'una lega doganale fra gli stati italiani, certamente utile agl'interessi commerciali della popolazione; ma la volevano come cominciamento a fusione, per ravvicinar con quel contatto le idee e le speranze. Molto se ne parlò e scrisse; nondimeno sendo più trasparente l'insidia, i Principi non vi caddero. Per la ragione stessa fu proposto un concordato italiano per la proprietà letteraria, giustissima, perchè la proprietà dell'ingegno, certo la più sacra di tutte le proprietà, è in demanio degli stampatori, che stampan di là da' confini l'opere de' dotti senza pagarle; ma qui surse appunto in Napoli il garbuglio; chè i nostri stampatori reclamarono, e la lite andò in consulta di stato. Difeseli lo avvocato Giacinto Galanti, allora creato del ministro Pietragatella (dappoi liberale) e la vinse, con più intrigo che giustizia. Era fatale che di tutte le trame settarie le più ingiustissime riuscissero. Del resto tutto quanto si proponeva a quel tempo con veste letteraria o scientifica eran congiure coperte. A Torino nel 1842 fu fondata e permessa un'*Associazione agraria,* con comitati in tutte le città di quel regno, promotori il Cavour, il Valerio, e altri, dove sotto spezie d'economia campestre si preparava il 1848.

§. 17. Il caro del grano.

L'anno 1846 scarso per ricolto in tutta Europa, neppur fu grasso fra noi, cosa da molto non avvenuta; e sendo uscite dal paese parecchie derrate, avemmo carezza in inverno. Subito fu vietata l'estrazione del frumento; e il re mosse per le provincie, beneficando, ordinando opere e provvedimenti da dar pane agli artegiani. Le popolazioni acclamavano il sovrano, e laceravano i ministri; lor davano colpa d'aver fatto uscir dal regno i grani; accusavanli di monopolio e arricchir col sangue de' poveri. La setta mestò subito in quelli umori; e Romagna, Toscana, Modena, e Lombardia patiron tumulti e rapine; noi stemmo cheti, Ferdinando fece vender grani con perdita, e lenì le miserie de' popoli. Per le Calabrie ne die' il carico al Bonucci affittatore delle dogane; il quale invece di usare i danari a sollievo della gente bisognosa, ne fe' arma di rivoluzione come dirò.

In quest'anno avemmo nel reame Niccolò imperatore delle Russie; prima la imperatrice malata a Palermo, dove ricuperò la sanità, poi ambo a Napoli, accolti regalmente e a spese del re. Mandò poi Niccolò due bei gruppi colossali equestri di bronzo, che fur messi all'entrata del nuovo giardino, fatto a settentrione della reggia.

§. 18. Pio IX, e l'amnistia.

Preparatissima a commovimenti era l'Italia, quando per morte di Gregorio, saliva alla cattedra di S. Pietro, a 16 giugno 1846, Giovanni Maria Mastai Ferretti, nato a Sinigaglia nel 1792, il quale prese nome Pio IX. Se negli altri principi s'odiava la potestà, nel Papa s'odiava la potestà e la Fede. Lo stato della chiesa all'uscita de' Francesi nel 1814, vietato l'introdotto codice Napoleone, riprese sue leggi, sino a Gregorio XVI, che die' altro codice. Per questo e per l'amministrare de' preti si faceva rumore, quasi i preti non fossero uomini; eppure nel 1846 lo stato papale avea 5282 uffiziali pubblici, de' quali n'eran laici 5049; sicchè prelati eran soli 233; nondimeno era motto d'ordine il gridar contro il pretume. Appunto per la mansuetudine del governare, s'eran fatti moti ribelli nel 1831, nel 43 e nel 45; e quando morto Gregorio i cardinali stavano in conclave, le Romagne mandàr petizioni chiedendo riforme; ma i deputati arrivarono che già s'era eletto il papa. Pio IX sin da' primi dì messo l'animo ad appagare le dimande giuste, unì in segreto concistoro il Sacro Collegio, per parere, sur un perdono generale di colpe di stato. È fama la maggioranza avvisasse pel no; notando i pericoli della concessione in quei concitamenti di animi; ma ei sollecitato dal cuor suo, die' a 17 luglio il decreto d'amnistia, a patto i perdonati giurassero *sull'onore* che in nessun modo e in niun tempo abuserebbero della grazia tornando a fellonia. Tutti, salvo Terenzio Mamiani, giurarono. E ritornarono in Italia due o tre mila sitibondi faziosi.

§. 19. Festeggiamenti.

Allora fu facile eseguire il motto trovato dall'Azeglio del far la rivoluzione senza guerra, *con le mani in tasca*. Giusta le prescrizioni del Mazzini scoppiarono plausi infiniti a Pio IX; a Pio IX, non al papa, chè all'uomo, non al santo vicario di Dio significavano incensare. Riprodussero in cento maniere il decreto, su carte, su pergamene, su drappi e fazzoletti; celebraronlo con prose e versi in tutte lingue, con dipinti e bulini, con medaglie e accademie. Festeggiaronlo per plaudire a vera pace i padri Gesuiti. Le donne vedevi co' colori papalini; giallo e bianco sugli arazzi, per le finestre, nelle vie, su' tetti, in petto a ogni persona. Inni, canti, balli, battimani, conviti, girandole, fuochi, ghirlande, luminarie, dipinti trasparenti, archi di trionfo, scenici ludi, facevan della gioia un delirio. Il popolo seguitava la festa. Non cavalli, ma braccia umane traevan la carrozza di Pio; dovunque andasse era fra l'esultanza. Durò due anni l'allegrezza, sinchè la rivoluzione maturò.

I festeggiatori avean direzioni, capi ed esecutori disegnati. Famoso fu Angelo Brunetti soprannominato Ciceruacchio, fienaiuolo e bettoliere, già fazioso noto nel 1837, quando valutosi del colèra avea con altri tentato mover Roma; ora guidatore di bassa marmaglia, per questo lodato, e altresì qual poeta di versi politici improvvisi. Dettavano, e pingevano iscrizioni insidiose, cucivan bandiere e nastri significativi, designavan le vie, il tempo, il modo. I profughi ritornati avean parte delle ovazioni, per mostrarli modelli onorati. Sforzavansi a dar nelle fantasie, avvezzare il popolo al rumoreggiare, al ragunarsi, al discuter cose governative; però intanto circoli segreti e palesi, giornali e oratori a discuter con la stampa e la parola i fatti pubblici, a suggerirli, a disapprovarli, a farli imprender o mutare. Già eran padroni; e nel rumor delle feste ruminavan gli assassinii.

Il Mazzini intanto, per ricordare i doveri agli adepti suoi, in ottobre di quello stesso anno 1846, mandava scritto così: « Il cammino del genere umano è sempre tracciato da ruine; chi teme le ruine non comprende la vita. L'Italia oggi deve uscire dalla sua prigione, rompere i legami de' papi e degl'imperatori; e purchè si compiano suoi destini corran pure fiumi di sangue, le città si rovescino l'une sulle altre, e battaglie ad incendii, incendii a battaglie succedano. Non importa! *Se l'Italia non dev'esser nostra,* val meglio preparare la distruzione, e tale che ogni disfatta sia catastrofe finale. Però esortiamo popoli e soldati a eseguir questo disegno, che nessuna città si lasci ritta al vincitore, e ch'esso trovi morte ad ogni passo. In tal guerra non si ceda, si distrugga. Sarà terribile; tutta la vita d'un popolo non sarà che un'opera di rivoluzione. Combattiamo dunque, e sterminiamo.....» Così questo Maometto del socialismo si lascia addietro gli Attila e i Genserichi, gridando civiltà e progresso. E i nostri governanti credevan sapienza il sopprimer coteste infamie, che rese pubbliche avriano a molti dissuggellati gli occhi.

Pio IX procedendo senza sospetto voleva il bene vero; riforme amministrative e giudiziarie, secondo già altre parti d'Italia, e soprattutto Napoli s'avevano; spinta alla istruzione popolare, riordinamento a' tribunali, giureconsulti a studiar codici, strade ferrate, asili d'infanzia, leggi di stampa larghe, giunte al municipio romano, consulte di stato, consigli di provincie, e simiglianti. Sempre sulle udienze, non tralasciava modo da migliorare i sudditi. Il Mazzini stesso osò in settembre 1847 scrivergli lodandolo del fatto, e sospingendolo a fare. Le cose romane avean nomèa fuori; e anche la porta ottomana, anche la lontana repubblica dell'Equatore mandavano ambasciatori.

§. 20. Sospetti dei principi italiani.

Carlo Alberto a quel rumorio risentì le viete velleità carbonaresche, e parvegli scorno e danno a restar fermo; gli si ridestarono le fantasie della corona italica profetategli dal Mazzini; e voglioloso di trarre a Torino quell'indirizzo rivoluzionario e farla al papa, si gittò nell'arringo, e permise cose nuove, associazioni politiche, giornali faziosi, e stampa iniqua. Diffidenti di esso gli altri principi italiani, veggendo tanto festeggiare riforme già attuate in altri paesi senza festa, e udendo subito qua e là negli stati loro, dove quelle riforme erano in atto, levarsi voci maggiori, entrarono in sospetto; e pregarono il papa non sopportasse che a nome suo surgesser clamori per mutazioni, che concedute ruinerebbero i troni. Rispose alzar egli la condizione civile de' romagnuoli, non volere nè poter concedere altra libertà; purgare il paese dalle male usanze e vecchie; porre la stessa legge civile che tutta Italia si godeva. Male interpretarsi l'animo suo, ma non perciò ritrarrebbe il piè dall'incominciato bene, o userebbe rigore; poter più dolcezza che violenza; egli fidare nella gratitudine dei beneficati. E avria ben fidato, se non era la setta. Questa esaurita l'ipocrisia, sollecitò il compimento, e copiò nell'alta Italia le feste romane, instigatrici a' principi di far lega secondo la teoria Giobertina. Predicava concordia fra popoli e sovrani, progredimento, fratellanza, patria, uguaglianza e giustizia; parole allettatrici che fean seguito e rumore. Presto il domandare parve voto universale, bisogno di tempi maturi.

§. 21. Commemorazione del 10 dicembre 1746.

Accanto al viva al papa cominciò il morte all'Austria. A Milano sulle muraglie si trovava: Viva Pio IX, morte a' Tedeschi. Genova repubblica soleva festeggiare il 10 dicembre, commemorativo della cacciata de' Tedeschi da quella città nel 1746; e come compievano i cento anni, venne acconcio il rifarne l'antica festa. Alle ore otto del mattino adunato popolo in piazza, con lunghe bandiere, armi ligure e bande civiche, procedettero per le vie, in ordine, cantando inni, sparando mortaretti sino al santuario, dove un abate Doria in vesti pontificali li benediva; indi in Portoria, fermati sulla *lapide* memorabile, rifacevan viva ed inni sino a sera, con luminarie, e senza opposizione di potestà. Il re venuto a Genova per onorare il Gran Duca Toscano itovi a caso, presapendo la faccenda se n'era qualche giorno avanti tornato a Torino; sicchè lasciò Leopoldo a veder quella scena che accennava a guerra alla sua casa d'Austria. Vienna fece note diplomatiche; Torino rispose con esultanze e banchetti. Colà i giornali aveano alzato il capo, i teatri mettevano in iscena preti e gesuiti, i torchi stampavan libri rivoluzionarii; tutto sonava guerra a' Tedeschi. Toscana e Roma pur con luminarie fecero eco a celebrare il 10 dicembre. La cacciata de' Tedeschi del 1746 fu a prò delle armi Borboniche di Francia e Spagna e Napoli; ma questa festa centenaria significava meno insultare i Tedeschi che scacciare i Borboni.

§. 22. Tumulti italiani.

Milano, malgrado l'Austriaco presente, pur fe' qualche cosa. La sera del 28 dicembre 1846 celebrarono il funerale a un Federigo Gonfalonieri già per fellonia carcerato nello Spielberg; e volevano elevargli tumulo di marmo, cui vietò il governo. Dettero inoltre feste da ballo, dove non vollero nè un solo Tedesco, a posta per mostrar antipatia nazionale. Firenze ebbe fuoco maggiore: non eran più buone le celebrate leggi Leopoldine; il Gran Duca, non più modello di principi, avea vituperii; si gridava per sistema Riforme. Riforme! Fecero banchetti a Massimo d'Azeglio ch'avea scritto l'opuscolo da far la rivoluzione con *le mani in tasca*; e mentre la potestà mandavalo via, gli scolari di Pisa col professore Montanelli correan sulla via di ferro a Pontedera a fargli ovazioni. Per contrario giunto l'arciduca austriaco Ferdinando d'Este a Pisa, insultaronlo con imprecazioni sotto le finestre; e al mattino lo accompagnaron coi fischi sin fuori la città. In tanta debolezza quel Gran Duca fu il primo a calarsi a concessioni. A 7 maggio 1847 die' il decreto sulla stampa, permettente il sindacar le leggi pubblicate, il che fu alterazione al suo mite principato. Subito plausi infiniti. Eppure il decreto parve magro a Livorno; e vennero a zuffa chi voleva e chi non voleva far festa; lo stesso a Pisa e a Siena.

Per tal borboglio plateale, quel governo con ordinanza ricordò gli adunamenti popolari esser proibiti; ma levatasi burbanzosa la stampa, la già civile Toscana vide ineseguiti i decreti sovrani, la potestà scemar di forza e opinione, e i festeggiamenti vietati seguir più fragorosi. Anzi fur tumultuosi a Livorno, più a Lucca, e peggio a Parma; dove bisognò la soldatesca menasse le mani. In Firenze le feste andàr sospese, per nuova che quei del borgo l'avrebbero guastate armata mano; e di fatto una sera corse sangue.

Ma in Roma stufi di festeggiare procedettero a cose maggiori. Domandarono Guardia civica; l'osteggiava il cardinal Gizzi segretario di stato; nondimeno il padre Ventura, Teatino Siciliano, sospinse il pontefice a concederla il 6 luglio 1847; e il Gizzi si dimise. Che dimostrazioni di gioia! la stampa dettò pagine caldissime. Volevan l'arme, e il governo andava lento. A un tratto il 15 di quel mese esce una voce, come i retrogradi amatori del governo di papa Gregorio tentassero un colpo di stato per tornare all'antico. Ciceruacchio grida d'una congiura preparata da' colonnelli Freddi e Nardoni, da monsignor Grassellini governatore di Roma, dal cardinal Lambruschini e da altri contro Pio IX! Ecco sulle cantonate liste di proscrizioni; laonde popolani in armi alla cerca di tai proscritti scorazzare in ogni parte; la civica dimandar arme in furia, e averle sul fatto. Lo scopo era conseguito. I supposti rei di tanta congiura, altri arrestati, altri presentati in giudizio, dopo molti mesi uscirono innocenti. Il Grassellini riparò a Napoli, il Lambruschini a Civitavecchia, sua sede vescovile. La Guardia civica condotta dai più settarii come fu armata lavorò a corrompere le milizie, e anche i Carabinieri pria tenuti in uggia. Armarono altresì fanciulli, e ne fecero un battaglione, detto *della speranza,* cioè la speranza della rivoluzione. Pio IX inerme stava nelle mani loro.

Il nuovo segretario di stato cardinal Ferretti tentò placar gli animi con una proclamazione; ma sorse altro grido come i gesuiti nascondessero armi e congiuratori. Corrono in massa con soldati e carabinieri, accerchian la casa, non trovan nulla, e chetan rabbiosi. Indi sospetti di congiure per tutta Romagna. Rimini, Rieti, Spoleto, Civitavecchia, Cesena, Bologna, Forlì ed altre città s'han travagli ed uccisioni. E in Toscana per far feste a Dio, in ringraziamento d'aver salvato Pio IX dalla famosa congiura, risuscitano tumulti nuovi.

§. 23. Prime brighe co' Tedeschi.

L'Austria dal trattato di Vienna ebbe facoltà di tener presidii ne' forti a Piacenza, Comacchio, e Ferrara; e benchè allora il papa signore di queste due ultime città protestasse, nulla ottenne. Ne' giorni tranquilli vi tenea pochi soldati; ma visto il tempo nero il general Radetzki rafforzò Ferrara d'ottocento Croati, pochi Ungari a cavallo e tre cannoni; i quali giunti a 17 luglio 47 si ridussero alle caserme che insieme alla cittadella sin dal 1815 avean nelle mani. Il cardinal Ciacchi legato protestò per quell'aumento. Inoltre i Ferraresi, a offendere quei stranieri, pompeggiarono un funerale in S. Sebastiano a' fratelli Bandiera, disertori d'Austria; ciò sugli occhi de' Tedeschi presenti. Si querelò il comandante, e il legato rispose non potersi impedire le preci pe' trapassati; perlocchè incipriniti gli animi, seguir chiassi e brighe fra soldati e cittadini; onde uscirono pattuglie per le vie, e i paesani a cercar arme, e a porsi di sentinella alle prigioni; sinchè il Radetzki, il 13 agosto, fe' occupare la gran guardia e le porte della città murata.

Per Romagna fu un gridar battaglia; e prima Bologna, poi tutte le città dello Stato volsero indirizzi al papa invitandolo a guerra d'indipendenza. S'armavano, si confortavano, raccoglievan danari, facevano esercizii militari; e fidanti nel soccorso piemontese, volean che Pio, nuovo Giulio II, con baionette e cannoni a capo di popolo e di milizie scacciasse il Tedesco da Ferrara. Da prima il papa tacque, poi, temente l'entusiasmo straripasse, fece intendere gradire le profferte de' sudditi, ma volerli cheti, e fidanti nel giusto. La voce di Pio IX tanta riverita, non garbava con quel suono pacifico; già cominciava ad essere superflua, già si sentivan gagliardi da andar soli alla meta. Allora lo stato romano era un caos, dove la mano sola di Dio poteva spartir le tenebre dalla luce. Ma la setta voleva un Dio suo; sclamò forte, e ottenne tornasse Terenzio Mamiani, stato esule sedici anni, che non avea voluto giurare di star cheto; però ricevuto a Roma ovante, come pubblica felicità.

§. 24. Guardia civica e festa federale in Toscana.

Similmente lo ingrossar de' Tedeschi a Ferrara fu pretesto in Toscana a nuovi passi. In Lucca, ov'era il Duca Borbone, fievole signore, fu ribellione aperta, si vollero le riforme fiorentine e la Guardia Civica. Allora lui misero in cielo; nè mai fu più celebrato principe di quel Duca, già tanti anni gridato da esso loro tiranno,

Firenze vistosi porre il pie' innanzi da Lucca, non aspettò più. Livorno tumultua, manda deputati; questi giunti di notte sveglian dal sonno il ministro, e mandanlo in sul botto alla reggia, perchè la guardia civica s'approvasse pria dell'alba; carpita-la, risfavillan le feste; e se Italia con dieci battaglie avesse scacciati Tedeschi, Francesi e Inglesi fuor dalle alpi e dall'isole, non avrebbe potuto con più baldoria tanto gran fatto come quel della civica celebrare. Tutte città toscane, nonchè Livorno e Pisa, fecer gara di festeggiamenti, e di laudazioni al Gran Duca; e frattanto si sventolavano per la prima volta bandiere co' tre colori della già repubblica cisalpina.

Di poi a 12 settembre celebrarono a Firenze una festa federale italiana, ove intervennero con loro civiche bandiere tutti i gonfalonieri, e le deputazioni delle città del ducato, e anco rappresentanti degli altri stati italiani. I soli Siciliani mancarono, chè dissero avere il lutto per la non ancora scossa tirannide; ma vi comparve lo stendardo messo a bruno. In tanto tripudio solo re imprecato fu Ferdinando nostro, ch'era fermo sul trono; plauditi oltre misura Pio IX, Carlo Alberto, Leopoldo, e Carlo di Lucca, perchè fra quelle lusingherie stavan per dare il crollo.

§. 25. Lord Mintho.

Sotto v'era la mano inglese. Già Luigi Filippo di Francia, per fermar l'interesse orleanista, avea dalla rivoluzione de' Belgi tratto un trono belgico, ma con sua figlia regina. Ora sposando suo figlio duca di Montpensier all'infanta spagnuola D. Luisa, aveva gran dote, e speranza d'un futuro nipote a re di Spagna. Col tempo potevano tre orleanesi regnare a Parigi, a Madrid e nel Belgio. L'Inghilterra forte avversò questo matrimonio, e vistolo fatto arse d'ira. Mirava Francia potente nel Belgio e in Ispagna, con un piè in Algeria, e parata a spander protezione in Italia accennante a confederazione, e quindi a formazione di potenza marittima da collegarsi con essa. Reggeva il ministero britanno Lord Palmerston, uomo graduato in alto ne' Massoni, gran pregiatore d'utilità materiale, siccome quella che per sè sola gli par bella e giusta; ei venne nel proposito d'accomunar lo interesse inglese col settario, e sbizzarire le italiche passioni, acciò calasse in fondo la italiana crescente prosperità. Italia rovinata sarebbe peso non aiuto a Francia; onde lavorò a guastar l'indirizzo della confederazione de' Principi che l'avria fatta forte. Agl'interessi inglesi aggiungi l'ire scismatiche contro Roma. Conveniuagli altresì infiacchir l'Austria, e usurparle la preponderanza in Italia. Or come quella poteva co' Principi, egli si mise co' sudditi, e gl'instigò contro i governi, per intervenir fra le lotte in sembianza di protettore degli uni e degli altri. Disse a' faziosi d'Italia poter eglino più sperare da Londra che da Parigi; dover levar gli animi a cose maggiori; e com'egli già da più anni ospitava e accarezzava il Mazzini e i suoi, li ebbe di leggieri; chè a costoro fievoli e dispregiati parve toccar col dito il cielo a vedersi sorretti dalla possente Inghilterra. Questa inoltre mirava più alto, cioè all'abbattere i Borboni; a evocar nuovi imperii che più de' legittimi re stessero devoti alle ingiunzioni brittanne. Primo principio la guerra civile in Italia.

Era membro del ministero un Gilbert Elliot Murray conte Mintho, nato a Lione nel 1782, di casa scozzese, elevata nel 1797 alla paria. Entrato nella camera de' Lordi nel 1814, non ebbe pe' suoi principii esaltati uffizio pubblico, se non quando i suoi consettarii ascesero al seggio. Allora fu due anni ambasciatore a Berlino; poi stette nel ministero Melbourn come Lord dell'ammiragliato sino al 1841; e dopo cinque anni entrò nel ministero Russel. A costui amico d'ogni setta, e nemico acerrimo di Santa Chiesa, die' il Palmerston in settembre 1847 il carico segreto di scorrere la penisola a seminarvi la sollevazione. L'Italia visitata di continuo da stranieri ammiratori de' suoi monumenti, non aveva a maravigliare delle visite d'un ministro di governo amico di tutti i principi suoi. Ma fu maraviglia quel subito celebrarlo, uscito in tutte parti come magico incanto, quel buccinarsi misterioso d'un ricco Lord, già ignoto, predicato a un tratto filantropo, soccorritore, amatore d'Italia; quell'echeggiarne il nome in città e villaggi quasi nuovo Messia, benefícatore dell'umana razza; più maraviglia udir benefizii inglesi sì rari nella storia, rarissimi qui, dove, e in Sicilia soprattutto, eran tristi ricordi delle *gratuite* protezioni Brittanne. E Lord Mintho detto *il Pacificatore,* con semi-uffiziale dignità, organo potente d'anarchia, venne a favellarne di civiltà, di socialità, di nazionalità, di progresso, di maturità di tempi e redenzione; incitava a rivoluzione, prometteva arme, munizioni ed aiuti; e con tal'esca e con l'altra più sonora delle lire sterline poneva tutte passioni in subuglio: pacificava cosi.

Senza dir mai ai governi italiani quali missioni s'avesse, non faceva che affratellarsi co' notissimi spasimanti di ribellioni in ogni città. I Mazziniani prima che arrivasse annunziavano con pompa d'elogi; arrivato, gli si ponean di costa, e guidavanlo. Prima di giungere a Roma, lo Sterbini ne die' l'alta nuova nel suo giornale il *Contemporaneo.* Giunto, tutto quanto in Roma era rivoluzione corsegli alla porta e sotto le finestre, con ovazioni e cantate; ed ei s'affacciava, salutava, ringraziava, e andava spesso al circolo popolare dello Sterbini a rimestarvi le fiamme. Solo al Papa non andò, benchè stesse in mezzo a' plauditori di Pio IX. Suoi amici erano il Canini, Luigi Masi, lo Sterbini, e Ciceruacchio; questo gli fu fatto conoscere dall'Azeglio; ed ei con esso a braccetto per le strade, con esso gridava Viva l'Italia. Gli fe' presente d'un libercolo di canti del Macauley sull'antica Roma, cui scrisse su di sua mano certi versi in lode della libertà e di esso tavernaio; che fur questi:

These be but tales of the olden day
The patriot Bard shall now his lay
Of charming freedom pour,
And Rome's fair annals bid the fame
Of Ciceruacchio's humble name
In deathless honour soar.
         Mintho

E l'Azeglio così li traduceva a margine: « Sono soltanto racconti di una età passata. Ora il poeta patriota può salutare la libertà che risorge; e gli annali di Roma spargeranno la fama dell'umile nome di Ciceruacchio cinto di gloria immortale. Massimo d'Azeglio. »

In tal guisa la setta congiungeva un bettoliere, un Lord ministro d'Inghilterra, e il futuro presidente di ministero sardo. A tanto bassa adulazione scese l'orgoglio brittanno per ruinar la nostra patria.

§. 26. Il libello della protesta.

Mentre Roma, Toscana e Piemonte commediavan riforme, Napoli dove simiglianti riforme eran già senza plausi da quarant'anni fatte, non avea che festeggiare. Noi senza stranieri, noi governo patrio, leggi libere speciali e generali, noi prosperità, esercito forte, marina numerosa, guardie civiche armate a piè e a cavallo avevamo. Ma con queste cose era ordine e pace, il che pareva un controsenso a chi quelle cose voleva per muover subugli. Pertanto invece di plausi qui furono accuse: il reame doveva essere atteggiato a vittima di tirannia. In luglio 1847 furon compilati ne' segreti conciliaboli de' congiuratori in Napoli due libelli: uno chiedente riforme, il quale restò sprezzato e inavvertito; l'altro fu una certa diatriba contro il re e i reali, intitolato *Protesta de' popoli delle Sicilie;* il quale esagerati gli errori del governo e dell'amministrazione, e i falli de' governanti, spruzzava contumelie abiette a persone alte; e conchiudeva invocando e promettendo ferro e fuoco. Sendo vere in parte le accuse, credute eran tutte, e si guadagnavan avidi lettori. La polizia in sospetto di peggio carcerò molti creduti complici: Carlo Poerio, Mariano Ayala, Domenico Mauro, e Francesco Trinchera. Luigi Settembrini, già maestro del liceo di Catanzaro, campò su nave inglese a Malta, e là se ne dichiarò autore, per iscagionar gli altri. Cotai libercoli, primo passo della rivoluzione, furono segno di star già nel reame una congiura ordinata. Il re volle visitar le provincie; v'andò a mezzo aprile, vi girò più mesi; se non che in quel mentre venuta in Napoli Maria Cristina regina vedova di Spagna appunto per parlargli, fu voce (credo verace) che Ferdinando si partisse per non vedere quella sorella motrice delle rivoluzioni spagnuole. Dappoi a 13 agosto il re con atto sovrano ricordò sue promesse allo ascendere al trono, e come le adempisse, i debiti tolti, le tasse scemate; e ordinava che dal 1° gennaio 1848 si diminuissero due milioni di annue imposte, cioè abolito il dazio del macino sul continente, minorato in Sicilia, minorato d'un terzo quello del sale, e pur quello su' vini d'entrata al continente. Ma la rivoluzione voleva altro che sale e macino. Ha stampato il La Masa che in luglio dodici Siciliani congiurassero per uccidere il re; e in novembre pur si buccinò di altra trama per assassinarlo il 2 in una chiesa di Portici, onde vennero arrestati certi studenti. La protesta accennava a fatti di sangue; e i fatti cominciarono sul cader di agosto.

§. 27. Prime sollevazioni Calabre e Messinesi

Dissi il re aver ordinato al Bonucci fittaiuolo delle dogane di comprar frumento per venderne a buon mercato alle popolazioni bisognose per la carestia de' grani. Ei fidò tal carico a un suo creato Domenico Romeo di S. Stefano presso Reggio, mazziniano, che già con divisa d'uffiziale di dogana scorrea qualche tempo le Calabrie, e v'avea tessuto la cospirazione. Questi e il Bonucci volsero la beneficenza regia contro il re stesso; venderono il frumento, e tennero il denaro per pagar la rivolta, la quale aspettavano simultanea in tutto il regno. Quei di Catanzaro e Cosenza avean di segreto dichiarato non esser pronti; ma il Romeo, forse spinto dal comitato di Napoli, o dal Mazzini, o che temesse essere scoperto, o restituire il denaro del grano, avventurò la levata; che scoppiò quasi a un tempo a Reggio e a Messina. Quivi dovevano sollevarsi a 15 agosto, per far numero con la gente del contado accorrente alla Madonna; ma a quei giorni il re, viaggiando per le provincie, fu a Messina ed a Reggio; dove largì pur grazie a molti, spezialmente ad Antonino Fiutino ch'era in carcere, e gliela fe' per supplica del fratello Agostino sergente delle Guardie d'onore. Corsero anzi entrambi a baciargli la mano in mezzo la piazza, promettendo viver quieti; i quali due furon de' primi a ribellarsi dopo quindici giorni. Per questa cagion del viaggio i congiurati tardarono la mossa sino a settembre.

Prima a Messina all'uno del mese certo Pracanica conciatore di pelli, accozzati da trecento disperati su pe' monti, entrò in città per porta S. Leo, con bandiere a tre colori, chiamando il popolo a libertà. Ciascuno si fuggì in casa, e serrò l'uscio. Eglino si misero avanti al palazzo senatorio, sperando coglievi il generale Landi e altri uffiziali del presidio, colà a posta convitati a mensa; ma questi avvisati a tempo se n'eran ritratti. Fallito il colpo, mentre i congiuratori s'allenavan cercando compagni e armi, sopraggiungeva una compagnia di cacciatori che li sparpagliò; poi tornarono per altre vie alla zuffa; ma non la potendo spuntare, riguadagnaron le porte, e a rifugio per la campagna. Morti restaron pochi d'ambo le parti; e vi fu ferito il colonnello Busacca, in quella che in carrozza accorreva a' suoi. Nella vicina Calabria sendo connivente il Zerbi funzionante da intendente, il capitano de' Gendarmi e altri uffiziali, benchè fossesi lor rapportato della rivolta imminente, non provvidero; perlocchè Domenico Romeo senza tema potè unire a S. Stefano un po' di gente perduta. Poi a Reggio, dove erano sol due compagnie di fanti e pochi gendarmi, cominciano a 2 settembre tredici persone uscite dalla casa del Canonico Paolo Pellicano, a gridar Pio IX, Italia e Costituzione; uniscesi ad essi un Pietro Mileti misero maestro di scherma con seguaci, e poscia chiamato arriva Domenico Romeo con altri due fratelli suoi da S. Stefano con men d'ottanta uomini e male armati. Gli vanno incontro Antonino e Agostino Plutino, Federico Genovesi, Domenico Muratori, Antonio Cimino, Casimiro de Lieto ed altri. Corsero la città, con alla testa un diacono Antonio Suraci, avente in fronte scritto Pio IX, con nella manca un crocifisso, e una pistola nella destra, gridando libertà. Il Romeo alla prima assale le carceri, opprime i pochi gendarmi, e le sfonda; la dimane intima la resa al castello dove s'era chiuso co' fanti il principe d'Aci, che senza pugna, invilito posa l'arme. Il Romeo allora piglia il denaro della cassa provinciale, sforza il vescovo a benedir la bandiera, e piantala sulla torre; poi scacciate le regie potestà civili, fa un governo provvisorio di sette persone con a capo il canonico Pellicano. E stampano un programma proclamante la costituzione del 1820, con in fine: Viva l'indipendenza italiana e la libertà! Un giovinetto Michele Bella lo stesso dì corse a propagare la rivoluzione nel distretto di Geraci; s'univa a Bianco con Domenico Salvatore, vi chiamava Rocco Verdicci e la sua gente da Caraffa, e Pietro Mazzoni con altri da Roccella. Il sottintendente Buonafede misesi in barca con un uffiziale e tre gendarmi per accorrere a Bianco; ma il Bello e il Verducci itigli incontro, per mare lo presero. Indi a Bovalino, trovato con altra gente un Gaetano Ruffo, cantarono il Te Deum; il 5 giunsero a Siderno, la dimane a Roccella. Volevano assalire Gerace; ma i cittadini atteggiati a difesa li fecero retrocedere.

§. 28. Presto domate e lamentate.

Il telegrafo segnalò il fatto la sera stessa del 2; e il tre mossero da Napoli soldati: un reggimento di fanti, un battaglione cacciatori, e due cannoni su due fregate, il Ruggiero col capitano Leopoldo Del Re, e il Guiscardo col capitano Antonio Bracco. Appena giunti ebbero una deputazione da Reggio invitantili a pigliar terra per discacciare i ribelli; ma il Del Re non ben fidando in essi, tenneli a bada e tirò a Reggio dove finse tentare lo sbarco in luogo vicino; passando abbatté con una cannonata la bandiera de' tre colori; e quando ebbe fatto accorrere gli avversarii sul minacciato sito, disperseli con pochi colpi, e girò le prue per isbarcar i soldati al vicino villaggio Pentimele luogo aperto, come a salvamano gli riescì. In quella il capitano de' gendarmi che s'era unito a' faziosi, vista la cosa andar male, trasse un colpo al Romeo, che nol colse, ma incontanente esso fu spento da seguaci di lui. Costoro non osando combattere, fuggirono in disordine alla città; indi, pe' monti e per le spiagge a Staiti, perseguitati dal Tenente colonnello De Cornè. Sull'altra Calabria sbarcò con duemila uomini il brigadiere Ferdinando Nunziante; e aiutato dalle Guardie Urbane, s'avanzò per Gerace sopra Staiti; dove il Romeo reggendosi stretto da esso e dal Cornè, fe' sbandare i suoi. Gli altri ribelli a Roccella si dispersero la sera del 6, liberato il sottintendente Buonafede; quindi il Nunziante giunse senza colpo a Gerace il 9, poi a Staiti; e mandò soldati ed Urbani appresso a' fuggitivi per le balze d'Aspromonte e nelle Sile. Domenico Romeo fu colto in una capanna dagli Urbani di Pedavali e Seido co' capi Carbone e Ruffo; si difese, ed uccise un Urbano, poi esso cadde morto. Altri si presentarono, e fra essi i fratelli superstiti del Romeo, il Mazzone ed altri; dugento vennero presi. Bentosto una commissione militare a Gerace sentenziò Michele Bello, Pietro Mazzone, Gaetano Ruffo, Domenico Salvatore e Rocco Verducci, poi fucilati a 2 ottobre. Altra commissione a Reggio in novembre molti a prigionia, quattordici a morte condannò, de' quali morirono sol quattro; al resto il re fe' grazia, e fra essi il Pellicano e i fratelli Romeo. E a 17 novembre ordinò che cessando le commissioni militari, i rei scritti nei ruoli de' banditi fossero giudicati da Corti speciali; per gli altri abolito ogni procedimento penale; a qualunque sentenza capitale si sospendesse l'esecuzione. Di fatto in quel mese fe' grazia del capo ad altri tre. Le stesso prescrizioni e grazie corsero per Messina, dove un solo, Giuseppe Sciva calzolaio, subì la morte. I graziati furono quelli appunto che prepararono ed eseguirono le rivoluzioni del 48 e del 1860.

I giornali della setta stampavan racconti maravigliosi in Italia, in Francia e in Inghilterra, come la rivoluzione Calabra fosse universale sull'appennino, e come negli scontri vincesse i Regi e uccidesse generali e soldati. Poi quando non poterono più stravolgere il vero, voltaron verso; strepitarono alla rovescia, con improperii in capo a' vincitori. Ferdinando tiranno, spietatissimi i ministri, scherani, croati i soldati, fratricide le Guardie Urbane, bombardatorino il conte d'Aquila (che nulla avea fatto), e immanissimo il Nunziante; mostro, sanfedista, degno dell'abbominio dei posteri. Inventarongli ch'ei promettendo grazia inducesse a presentazione il Mazzone, e presentato il fucilasse; mandasse i condannati al supplizio prima del tempo dato dalla legge, e altre menzogne. Invece il generale per quei cinque avea chiesto a Napoli la grazia, che non venne. Cotali accuse eran dardi a disegno contro gli uomini fidi al dovere, per isconvolgere l'opinione del dritto, e col rombo delle contumelie ispaventare gli uffiziali del governo. Per contrario santificavano i ribelli percossi; questi promotori di civiltà, redentori della patria, martiri di libertà, beati d'aver dato le vite per causa santa. Maraviglia fu che il Del Carretto stato già liberale, vedendo la tempesta vicina, volea riamicarsi i liberali, e anch'esso fomentava alto i rigori del Nunziante e del Landi in Calabria e Messina, dimentico del suo efferato rigore in Sicilia, e contro i Capozzoli al Vallo, e di Bosco arso.

Veramente, salvo quei primi capitati, si usò indulgenza, e si rattenne la severità delle leggi; il che i congiurati dissero debolezza; però confortati dal rumorio contemporaneo dell'alta Italia e dalle instigazioni straniere; nè si vedendo puniti, alzar le cervici, e sbizzariron con parole e fatti.

§. 29. Nuovo ministero e primi plausi in Napoli.

In Napoli era venuto sul finir d'ottobre ambasciatore di Francia il conte di Bresson, bene accolto a corte. La mattina del 2 novembre ei fu trovato cadavere nella sua stanza all'albergo Zir avanti la *villa,* tagliata la gola con un rasoio, robe e carte sparnazzate per la camera, e 'l suo cameriere fuggito. Fu suicidio, e n'è arcana ancora la cagione; molto se ne vociò, i giornali rivoluzionarii in Italia s'ingegnarono a dimostrarlo assassinio, incolpandone la polizia e non so qual *Gabinetto nero;* fu chi in istoria scrisse il Bresson esser venuto a proporre consigli di riforme a Ferdinando, che non è vero. Voce pubblica fu, e costante, recasse documenti segretissimi di stato, cui l'Inghilterra facessegli involare dal compro cameriere; ond'ei disperato per salvar l'onor suo s'uccidesse. Certo fu l'involamento; nè parmi avesse estranea parte alla rivoluzione che a capo di tre mesi fu fatta compiere in Francia.

Ferdinando in molti anni di regno avea di rado fatto eseguire sentenze capitali; ora tirato per la tutela della cosa pubblica a dura necessità di supplizii, volle scrutare se cagioni fossero reali di mala contentezza. A far cessare i clamori contro i ministri, alcuni ne mutò. A 11 novembre die' il ritiro al Ferri, e mise a quel ministero di Finanze Giustino Fortunato, vecchio Massone. A' 16 concesse anche il ritiro al Santangelo, con onore di consigliere di Stato e titolo di marchese; e ad esempio di Francia costituzionale divise quel ministero dell'Interno in tre, cioè: Interno, Agricoltura e Commercio, e Lavori pubblici; e li die' a Giuseppe Parisi, Antonio Spinelli, e Pietro d'Urso, uomini allora in fama. Io non credo buona cotale divisione di branche governative; perchè sendo in più parti essenzialmente congiunte, spartite portan ritardo e inceppamento. Nondimeno piacque, perchè nuova, perchè principio di concessioni, perchè caduto il Santangelo tant'anni potente. Gli uomini pur degli Aristidi si stancano. Lo esaltamento di questi tali ministri segna la nuova politica delle concessioni, che ruinò il regno, l'Italia e l'Europa. La fazione sicura di essi, baldanzosa di avere steso le braccia ne' regii consigli, subito cominciò sue commedie. La sera del 22, suonando la banda musicale come per consueto avanti la reggia, udisti viva a Pio IX, all'Italia, e al Re, pe' dimessi Ferri e Santangelo; poi s'avviarono per Toledo, sino al palazzo del Nunzio apostolico, colà le grida gioiose addoppiando. A Leopoldo zio del re dissero *viva* in teatro S. Carlo. Al mattino la potestà ordinò cessasse quel plaudire turbatore della pubblica quiete; ma la sera stessa dell'editto fu peggio; anzi chiesero la cacciata del ministro di polizia, del confessore del re, e non so che altro. Per prudenza non fu suonato più avanti la reggia; e mancato il teatro mancò la scena colà; ma trovarono altro campo.

§. 30. Vane compressioni, e vane mitezze.

Come i gridatori non patiron nulla, questa non pria vista indulgenza, persuadendo che come a Roma e in Toscana non si oserebbe eseguir le minacce, molti diventaron bravi. La sera del 14 dicembre ripresero i viva sotto la Nunziatura al largo della carità, e cercavan di raccozzar gente per le strade vicine; ma una pattuglia di gendarmi e poliziotti li affrontò, e si venne a zuffa con mazze e stocchi; però dopo molte legnate e alquante ferite i plauditori sparirono. Chi fu preso andò in carcere; v'andarono Camillo Caracciolo di Torella, il duchino Proto, Gennaro Sambiase di S. Donato, e il pittore Saverio Altamura; colà s'avean visite e carezze d'amici, e rinomanza; e con libri e giornali e desinari si sollazzavano, come in villeggiatura. Peggio che la Corte Criminale li mandò assoluti; perchè v'era ito poco innanzi procurator generale del re il settario Raffaele Conforti; onde usciron di prigione a 7 gennaio 1848, gloriati con corteo per la via, e poscia in un pubblico albergo vennero convitati a banchetto, dove un Bonchi lor lesse studiato discorso, tosto messo a stampa. La sera seguente ebbero la libertà Carlo Poerio e Mariano Ajala, già per mandato di polizia sostenuti, uomini di nota nimistà al trono; però usciti appena dal carcere iniziarono la ribellione aperta nel Cilento, come narrerò. Anche la gran Corte di Chieti dichiarava *costare non essere rei* moltissimi imputati di setta *Giovine Italia*. Mitezze, che crebbero ai faziosi animo, nomèa, sicurtà e seguaci.

Per tutelar la quiete blandamente, si perlustravan le strade con pattuglie miste di soldati e Guardie civiche; le quali come erano elette bene, prestarono buoni servigi. Per questo uscirono cartelli a vituperarle d'essersi accomunate a mercenarii; quest'onta doversi lavare col domandar riforme a seconda de' mutati tempi e degl'italiani destini. Incitavano così la guardia a ribellare, e a vilipendere il braccio regio. Eran saliti di speranze, per la vittoria de' protestanti sopra i cattolici in Isvizzera (e a Roma s'era gridato, viva i protestanti); e perchè sapevano la solidalità della causa irreligiosa con la loro. Visto riuscire a busse il plaudire in Napoli, ne inventarono un'altra. Ogni dì, sul meriggio, uomini ignoti per via Toledo e in altre parti si lanciavan di botto a correre, come fuggenti da pericoli; i consapevoli s'intramettevano e affettavano spavento; e seguiva un serrar d'usci e botteghe, uno spaurirsi, un fuggir di popolo e carrozze e cavalli. Tosto s'acchetavano, ma rimaneva un vociare, un sospetto, un'incertezza; e la dimane si ripeteva il gioco.

Era astio da parecchi anni tra il Del Carretto e 'l maresciallo Giovanni Statella comandante la piazza di Napoli; il re sapevalo, e 'l sopportava, o nol curasse, o 'l credesse opportuno a tener ambo in riguardo. Avvezzi dunque ad avversarsi, a procurar impacci l'uno all'altro, per fiaccarsi a vicenda, come sopravvennero questi turbamenti, lo Statella ch'era fido al trono, non si pensando poter proceder tanto, sol vide in essi una congiuntura buona a far cadere il ministro; però a dimostrar co' fatti non esser quegli capace a tener l'ordine materiale, non gli dava aiuto di sorta. Intanto il governo, che non mettea mano a ferri, teneva le milizie chiuse a' quartieri; nè poneva modo a quelle paure finte che turbavan la città, noiavano i buoni, e i commercianti, per quel disordine molestati nelle faccende ch'eran lor di lucro e sostentamento. Inoltre i reggitori credettero più del rigore giovar le carezze; e i ribelli s'accorsero esser venuto il tempo loro. Io vidi pochi garzonacci fischiare alla sicura un drappello di gendarmi a cavallo, giganti della persona; i quali frementi per l'onta sopportavano, per ubbidienza agli ordini, quel vilipendio ingiusto, cui un solo mover di braccio avrebbe vendicato. Sul finir dell'anno i caporioni italiani per aiutar la barca aveano pubblicato un lungo indirizzo a re Ferdinando, intitolandosi *Gl'Italiani dell'Unione*; pregandolo accedesse alla politica di Pio IX, di Leopoldo e Carlo Alberto; Italia aspettarlo, Europa guardarlo, Iddio chiamarlo. Firmavanla Brofferio, Cavour, Durando, Masi, Silvio Pellico, Sterbini, Armellini, d'Azeglio, e altri cosifatti. Ma già affrettava gli eventi la rivoluzione siciliana, della quale ho a far lungo racconto.

LIBRO QUARTO

SOMMARIO

§. 1. La Sicilia e sua rivalità con Napoli. — 2. La costituzione del 1812. — 3. La Sicilia con nuove leggi. — 4. La nobiltà n'è dolente. — 5. Benefizii e promiscuità d'impieghi. — 6. Aspirazioni sicule. — 7. Il libro dell'Amari. — 8. Il Mayo e 'l Vial. — 9. Longo ed Orsini. — 10. Palermo. — 11. Sfida della rivoluzione. — 12. Non curanza. — 13. Numero e disposizione delle milizie. — 14. Il 12 gennaio. — 15. Primo comitato provvisorio. — 16. Altri assalimenti. — 17. Ruggiero settimo. — 18. Le bombe. — 19. Protesta de' consoli. — 20. Giunge con milizie il De Sauget. — 21. Sbarco a' Quattroventi. — 22. Fraudolenta inazione, e insidiosi rapporti. — 23. Concessioni rigettate. — 24. Diffalta del Longo e dell'Orsini. — 25. Il generale chiede soldati. — 26. Conflitti. — 27. Si perde il noviziato. — 28. Resistono le Finanze. — 29. Ritratta dal Palazzo. — 30. Resa delle Finanze. — 31. Ritratta da' Quattroventi. — 32. Fazioni a Villabate. — 33. Imbarco a Solanto. — 34. Anarchia — 35. Sicilia abbandonata.

§. 1. La Sicilia e sua rivalità con Napoli.

La Sicilia, a pie' d'Italia, divisa per cinquemila passi di mare, detta in antico Trinacria per la forma a triangolo, è l'isola più grossa del Mediteraneo, di miglia geografiche quadrate 498, dove nel 1856 eran 357 comuni, con abitanti due milioni e 321, o 20. Montagnosa molto, ha il centro dell'elevazione a Gangi, donde corron tre catene a' tre angoli con promotori al Faro, al Passero e a S.Vito: mentre l'Etna, vulcano solingo e immenso con ottanta crateri, giganteggia verso il mezzo della costa orientale. Gli si stende a pie' la pianura di Catania, la più larga e ubertosa di Sicilia. I monti di natura nettuniana, s'alzano a seimila piedi sul mare, e l'Etna a oltre i diecimila. Pochi e stretti laghi, piccoli fiumi, molti torrenti dividon l'isola, ch'è feracissima, e fu granaio d'Italia al tempo romano; ma allora avea dodici milioni d'abitanti. Ha quasi tutti i prodotti d'Europa, e v'allignan pistacchi, cedri, dattili, cotone, zafferano, e canne da zucchero. Di zolfo ha miniere inesauribili. L'han divisa in sette provincie o valli: Trapani, Girgenti, Caltanissetta, Noto, Catania, Messina, e Palermo città capitale; e ha pure altre città grosse, come Caltagirona, Siracusa, Modica e Marsala. La popolazione è intelligente, ospitale, fantasiosa, e perchè passionatissima dà sempre nel molto, e nel bene e nel male, ottimi o pessimi. Nelle cose di stato è in sè unita, con gli altri discorde, e seguita la nobiltà ch'è anima di tutte sue aspirazioni.

La nazione sembra aspirare ad autonomia, desiderio inappagato sovente in quattromil'anni. Smozzicata in antico, obbediente ad Egizii, Fenicii, Greci, Cartaginesi e Romani; poscia a' Bizantini, poscia a' Saracini più secoli soggiacque. Conquistolla la casa normanna, itavi dal nostro continente, e l'alzò a monarchia congiunta alle Puglie, Terra di Lavoro, Calabria e Abruzzo. Quei re s'incoronavano e avean seggio a Palermo; ma per sovrastar da presso alle cose d'Italia, alternavan la dimora tra l'isola e terraferma, e tenevan parlamenti plenarii a Melfi, Barletta, Bari, Foggia, Ariano, Termoli, Salerno, Napoli e Capua, città continentali, ov'era il nerbo del regno. La dinastia Sveva stanziò poco nell'isola, quasi niente l'Angioina. La rinomata congiura del Vespro fatta per isbalzar dal trono gli stranieri conquistatori, riuscì a divider Sicilia da Napoli, e a farla rimorchiata da Spagna. Quella non rivoluzione, controrivoluzione fu, restaurazione di legittimità, che ridiè lo scettro al sangue Svevo nella stirpe d'Aragona. Se non che restati in Napoli gli Angioini, diviso il regno, agli odii de' re s'aggiunser le gare de' popoli; e seguirono due secoli di pugne e ostilità vicendevoli, dove stillò una rivalità, che neppur s'estinse quando nel secolo XV tornaron congiunti in Alfonso aragonese. La casa di questo re magnanimo percossa da congiure baronali, e da Francia e Spagna collegate, cadde presto; onde sul cominciar dell'altro secolo Spagna scacciata Francia, dominò co' vicerè a Napoli e a Palermo. Ritornarono due regni scissi, ma sotto uno straniero, messi a una catena, simili per miseria di lunga età; sinchè Carlo III rivendicatore di dritti redense ambo i popoli, e rifece il trono di Ruggiero. Ma per le notate condizioni de' tempi rimessa la sedia in Napoli, si ridestarono le gelosie siciliane, e divamparono nelle seguitate peripezie di opposizioni alle cose napolitane. Non è facile problema politico il diffinire se l'isola avesse utilità e sicurezza a restar sola; e se di presente fra tanta foga d'unire si riuscisse a dividere, per restar fiacchi tutti; ma il fastoso ricordo dell'incoronazione de' re a Palermo tira gli animi patriotti a bramosia di corte e rappresentanza patria; potendo in essi più il decoro che la ragione. La setta mondiale e l'astuzia inglese soffiò in questi spiriti, sconoscendo il bene avuto, il mancato aggrandendo.

La Sicilia sotto i vicerè disertata contava appena mezzo milione d'abitanti; in centoventisette anni di Borboni n'ebbe più che quattro tanti, e con essi monumenti, industrie, ordine, sicurezza e prosperità. Nondimeno questi re sono accusati d'averla tenuta indietro alla civiltà europea; menzogna, ch'asconde la lunga via corsa per menar il paese alla condizione del 1860. Chi movendo dal quarto stadio arriva al nono, benché non tocchi la meta, ha camminato più di chi mosso dall'ottavo avesse raggiunta al decimo la meta, perchè quegli quattro, e questi due soli stadii ha corso. Il progredimento vero delle nazioni non va a sbalzi e a salti, ma a misurati passi, nè tutte possonlo a un modo e nella stessa via; spesso la stranomania si scambia per civiltà, e 'l vassallaggio della mente per libertà. Sicilia era progredita secondo le condizioni sue; fors'anco il poteva più, ma l'ottimo è raro in terra. La sua cresciuta ricchezza fu anzi fomite di rivalità; chè grassa e ingagliardita pareale con vergogna sottostare a Napoli; il che montò a nimicizia ne' dieci anni dal sei al quindici, quando la dinastia discacciata dal Bonaparte ricovrò colà; onde l'isola ebbe riverbero di quel foco guerresco tra Francia e Inghilterra. Tra Siciliani e Napolitani parvero tornati i tempi aragonesi e angioini.

§. 2. La costituzione del 1812.

Molti credono l'Inghilterra agognar la Sicilia; par certo ne agogni la supremazia commerciale; chè ne farebbe deposito di prodotti inglesi pel traffico indiano e per la via di Suez; nè saria maraviglia a vederla Gibilterra d'Italia. Gl'Inglesi s'alzan di continuo a protettori di essa: ad ogni rumoruccio vi mandan vascelli, e fan note, e tendon le braccia a chi si solleva. Nel 1812, quando per le nozze di Napoleone con Maria Luisa d'Austria parean finite le guerre, eglino tementi s'allentasse l'inimicizia de' nostri re col dominatore di Francia, mutarono in offese lo aiuto pria dato al monarca. Sobillarono nel paese i sensi liberaleschi; e l'ammiraglio Bentink per aver sotto la mano un governo vassallo, nutricò l'ambizione del Duca d'Orleans Luigi Filippo genero del re. Si disegnava far abdicare Ferdinando IV e Francesco primogenito, e alzare al trono Ferdinandino in fasce con l'Orleans reggente. Il parlamento siculo rifiutò certi sussidii alla corte; altri baroni chiesero più concessioni; e la regina Maria Carolina d'animo virile, sapendo che per concessioni non posan le rivolture, stette dura, e fe' sostenere cinque de' baroni oppositori. Allora Inglesi e sollevati s'unirono. Ferdinando con la famiglia si ritrasse alla Ficuzza sua villa, e forte ricusò d'abdicare, perlocchè Lord Bentink per isforzarlo mandò soldati a porgli lo stato d'assedio. Passando per la piazza di Palermo i reggimenti brittanni volti a quell'impresa, l'Orleans dal balcone salutava essi e 'l popolo tumultuante, e costrinse con brutale atto l'Amalia sua moglie, e pregna e piangente, a uscire a vedere quegl'insulti al padre suo. Il Bentink dichiarò malati il re e la regina, questa anzi fe' partire dal regno, mutò le tradizionali costituzioni sicule con una costituzione all'inglese. Presto gli stessi Siciliani se ne svogliarono: dolse a' nobili la feudalità e i fedecommessi tolti; dolse al clero il perduto parlamento distinto; dolse a' democratici l'aver avuto poco. Si spartirono in fazioni, tutte iraconde. Così i parlamenti furono arena dove molto fu detto e nulla fatto; e convocati più volte giunsero al 1815, quando il trattato di Vienna lo spense. In quel congresso l'Inghilterra avria potuto raffermare l'opera del Bentink; ma perchè era stata mezzo non iscopo, neppur ne fe' motto; sicchè non una parola sola colà corse sulla indipendenza e sulla costituzione del 1812.

Rifatti i due regni uno, quella costituzione, imperante Europa tutta, era con regia proclamazione annullata. Niuno fiatò, nè Siciliani, nè Inglesi; nè alcuno suppose il parto del Bentink potesse aver guarentigia Britanna. Ciò s'è buccinato in più vicini tempi. Molti Siciliani ricordano volentieri quei dieci anni, perchè ebbero la Corte, l'esercito che là spendeva i soldi, e le molte ghinee inglesi che, per l'eccezionali condizioni europee, confluivan nell'isola, fatta centro di commercio largo; laonde si speranzano poter col vessillo d'Albione tornare a quei tempi; ma dovrebbero tornare anche i blocchi continentali del primo Napoleone. Non veggono il bene posteriore e duraturo ottenuto di fatto, e sospirano un passato eccezionale che non si potria rinnovare.

§. 3. La Sicilia con nuove leggi.

I Borboni restaurati s'ingegnarono a spegnere le rivalità de' due popoli gemelli. Le leggi imposte da' Francesi sul continente, lavorate sulle romane, e sugli scritti de' nostri insigni giureconsulti, riuscite buone, non eran leggi nuove, ma ritorno al dritto patrio semplificato, e spogliato di tradizioni longobarde; però restarono, e si vollero largire altresì all'isola, perchè un solo corpo di dritto ricongiungesse le due parti del reame. N'uscì nel 1816 apposita legge, cui notificata alla Gran Brettagna non ebbe disapprovazione, ma conferma, con raccomandazione di quel ministero a prò de' Siciliani implicati ne' casi del 1812. Di fatto, coperto il passato, tutti ebbero onoranze ed uffizii. Con quelle leggi nuove l'isola guadagnava; cadevano i privilegi di caste e mestieri, le giurisdizioni baronali, le torture, e tutte le mondiglie del medio evo; aveva amministrazione nazionale, tribunali, uguaglianza, libertà civile; e ciò senza i mali che tai benefizii accompagnarono sul continente; cioè le guerre civili, i supplizii, le invasioni, i brigantaggi, le guerre estrane, il chiuso commercio, e la servitù a' Francesi. La gioventù sicula non era stata cacciata avanti al cannone russo e tedesco in tutte le contrade d'Europa; quel paese non avea patito esilii, confische, fucilazioni, arsioni di villaggi e città e campi, non sopportato il blocco, non combattuto lo straniero in casa. Avea le nuove leggi, senza travagli.

E mentre s'accomunava a Napoli nel bene, serbava benefizii ignoti a noi. Meno balzelli, non carta bollata, non dazio sul sale, sul tabacco, sulla polvere da caccia, non leva di soldati; di sorte che potevano i Siciliani militari volontarii, non costretti, mentre molti di essi salivano a gradi alti di milizia. Invece pagavano un mite dazio sul macino; e sullo *stato discusso* siciliano era stabilita ad esito la somma annua di once settantaquattromila come prezzo in transazione della esentata coscrizione. Avevano più privilegi di commercio, stampa più larga che a Napoli, maggiori entrature in corte, intenta a rabbonirli. Ma il bene si pregia in ragione delle pene che costa: Napoli gradì le leggi conseguite a gran prezzo, Sicilia le accolse fredda, non perchè male leggi, ma perchè venute da Napoli.

Nè posò là. Ebbe nel 1819 migliori istituzioni giudiziali e d'istruzione popolare. Si fondarono università, accademie, società d'incoraggiamenti e manifatture, istituti veterinarii e di vaccinazione, scuole di ogni maniera. Poi leggi silvane e di beneficenza, opere pubbliche insigni, divisioni legali di beni comunali, scioglimenti di promiscuità di dritti in terre demaniali, registri d'atti pubblici, conservazioni d'ipoteche, e simiglianti. Ma i benefizii a molti parevano offese.

§. 4. La nobiltà n'è dolente.

La nobiltà colà scende quasi tutta da' conquistatori Normanni, ed è ricca e potente per sangue e territorio. V'han 117 principi, 61 duchi, 217 marchesi, più che mille baroni, e innumerevoli nobili senza titolo. Pe' tolti feudi avean patito, e i più apponendo a Napoli ciò ch'era necessità d'indrizzo sociale aspiravano a tornare all'antico e anche a guadagnar altro, il che soffiava nel nazionale orgoglio il ricordo di viete grandezze. I più malcontenti erano in Palermo, città che su tutta l'isola vantava privilegi e supremazia, di che gelosi gli altri paesi mal ne sopportavano la boria. Come scoppiò la congiura napolitana del 1820, solo a Palermo gridarono indipendenza; e bisognò che la stessa rivoluzione napolitana combattesse la palermitana; sinchè i Tedeschi conciaron l'una e l'altra.

Salito re Ferdinando II, nato in Sicilia, bramoso d'accontentare i conterranei, prima richiamò il luogotenente marchese Ugo delle Favare, cui dicevano odiato; poi tosto mandò a reggerli il fratello Leopoldo conte di Siracusa, e si credé averli appagati. Invece fu congiurato a infellonire quel principe, e un po' vi si riuscì. Nel carnevale del 1835 designavan fare una mascherata simulante l'entrata di re Ruggiero in Sicilia, e tumultuare in quella festa: seppelo il re, e chiamato in fretta il fratello a Napoli, sventò la trama. E n'ebbe il danno che questi tutta la vita gli congiurò contro e avanti agli occhi, assicurato dal regio sangue, e dal manto onde il re copriva le colpe de' suoi. Il principe era dalla setta sospinto a gridarsi re; e 'l Dumas in un suo libercolo si vantò esser ito in Sicilia nel 1835 a preparare con quei carbonari il disegno di sollevazione, averlo presentato in Napoli al Siracusa, e incitato a scoprirsi contro il fratello, e ch'ei si negasse. Ma al Dumas credo piuttosto il desiderio che il fatto. Or mentre la setta lavora a rovesciar l'ordine antico, quei nobili di Sicilia entrati nella setta preparan rivoluzioni per isperanza dell'antico baronaggio, nè s'avvedono della democrazia che s'avanza terribile. Sognano morte grandezze, e corrono all'abisso.

§. 5. Benefizii, e promiscuità d'impieghi.

Ferdinando II più di tutti i re beneficò l'isola. Poverissima di strade, ei ne ordinò la costruzione, dichiarandole provinciali, soccorrendo con l'erario; in ispezialtà nel 1838 per Noto, Caltanisetta e Girgenti. Ebbe in breve 1305 miglia di strade nuove, e un altro migliaio si trovavano ordinate e in esecuzione quando sorvenne la rivoluzione. In Catania e Messina ospizii pe' trovatelli ed orfani, a Palermo quello pe' sordo-muti, asili infantili, il Lazzaretto e altro albergo de' poveri; a Palermo stesso prigioni alla maniera di Nuova Jork; a Trapani il monte di pietà, a Messina borsa e portofranco. Era a Catania l'antichissimo porto detto Saraceno, atterrato da secoli, sì che anche il luogo n'era obbliato; nel 1770 il primo Ferdinando avea fatti lavori al molo, guastati dal mare nell'83; si ripigliarono nel 92, anche indarno. Ferdinando II nel 1834 volle un disegno novello di opere, e due anni appresso vi mise mano. Nel 1831 s'aboliva nell'isola la privativa del tabacco, messa e non eseguita tre anni prima. S'era ordinato pagarsi carlini venti a quintale sugli zolfi ch'andavan fuori, non mai riscosso; si scemò a carlini otto, poi a due soli nel 1842. Nel 1846 anche il dazio sugli olii che uscivan dal paese si scemava.

V'eran terre assai concedute da' monarchi a prelati e abati e beneficiati, rimaste più secoli incolte; un decreto a 19 dicembre 1838 ordinò censuare tutti i fondi di patronato regio, si partissero in quote di quattro salme ad agricoltori, con obbligo di scassarle, e farvi case coloniche fra tre anni; così la rendita fu più certa, e si rinsanguinò l'industria. Per le terre chiesastiche non s'ebbe assenso da Roma. Altri decreti dello stesso dì, e del 1842, 1844 e 1852, provvidero a compiere l'abolimento della feudalità e della promiscuità de' demanii. Si proclamò altresì la libertà de' fondi, con prescrizioni di reclami, e affrancamenti di canoni per rendite sul Gran Libro. L'entrate de' demanii regi e de' luoghi pii laicali furon più pingui, la proprietà libera, sminuzzata, valse più, e crebbero gli agiati. Cotali leggi agguagliaron meglio la condizione dell'isola al continente.

Si tentò più gagliardo atto per fondere i due popoli, e farne sparire le rivalità. Fu decretato nel 1837 fossero in tutto il reame promiscui gli uffizii; e che quanti uffiziali napolitani andassero in Sicilia altrettanti di Siciliani venissero in terraferma. Restavan così disfatti i decreti del 1816 e 1822 che aveano stabiliti uffiziali conterranei in ciascuna parte del regno. S'era declamato tai due decreti aver sanzionato vero atto di separazione, e bipartito lo scettro. Ora al contrario Ferdinando II sperava seppellire l'ubbie nazionali, e unificare le due genti; chè la dimora di Siciliani in Napoli e di Napolitani in Sicilia, con parentele e amicizie e negozii ammorzerebbero l'astio. Sicilia guadagnò, ch'avendo per ragion di numero a tenere un quarto d'uffiziali, n'ebbe più del terzo, il re intendendo a rabbonirla; e inoltre, avendo essa in proporzione meno uomini di scienza, riceveva al governo ingegni maggiori che non ne mandava al continente.

E chi il crederebbe? subito la setta sclamò alla tirannia, alla prostrazione della patria. Non si spiacevano a comandare in terraferma, ma lor pareva servitù ubbidire in Sicilia a magistrato napolitano. Strimpellarono il più certi nobili e curiali; e giocavano a doppio refe; chè o guadagnavano impieghi in Napoli, o popolarità in Sicilia, spesso l'uno e l'altro. La ragion segreta de' lagni era che non volevano occhio estrano a guardarli, per non esserne impediti nelle macchinazioni. Corso questo vento nella plebe, fu vezzo, moda, onore a dir male degli ordinamenti venuti d'oltrefaro: male la promiscuità d'impieghi, male la feudalità spenta, male il corpo di leggi, male le seminate terre, i fabbricati edifizii, le migliorate sorti, l'eguagliarza nel dritto, la sicurezza e la quiete. Che che si facesse erano scontenti.

§. 6. Aspirazioni sicule.

Benchè la promiscuità lor desse vantaggio di fatto, pur li mortificava nell'idea; n'erano umiliati, parendo aver perduto co' magistrati proprii l'ultimo avanzo d'indipendenza. Si sentivan contrariati in due aspirazioni, l'autonomia e la costituzione, per le quali in cinquant'anni ribellaron più volte. S'uniscono alla setta mondiale per averne aiuto a sedizione, ma mirano a quelle due cose; fanno eco a unità d'Italia a bocca, operano per ritornar regno diviso.

Altra occasione a' lamenti fu quando ebbero a sottostare in giusta parte a' pesi comuni al regno, de' quali il continente era più gravato. Fu necessità agguagliare la proporzione della tassa fondiaria; e il decreto dell' 8 agosto 1833 impose il rettificamento del catasto sulla base dell'imponibile. Reclamarono questo essere stato messo in tempo d'alto prezzo delle derrate; e il re, a 28 dicembre 1838, provvide ordinando s'imponesse la tassa sul valor reale de' fondi. Era giustizia pagassero almeno per fondiaria come gli altri sudditi, se pari n'eran ne' dritti; eppur la sentiron male; e da quel tempo porsero più orecchio alla Giovine Italia; ma in core avevan la Giovine Sicilia.

L'aspirazione sicula all'indipendenza fe' vani tutti gli sforzi de' re per la fusione. Due popoli simili di costumi e tradizioni, stati sotto uno scettro più secoli, con medesimezza d'interessi, con una legge, un esercito, una rappresentanza all'estero, tante parentele e negozii, e comunanze di fasti e sventure, mai non poterono diventare uno. Due popoli fratelli non potuti unificarsi in tanta età, oggi s'unificherebbero col resto d'Italia, cui furon quasi sempre stranieri? Sicilia vuol esser sola; nè so se cheteria se pur sola stesse, o non tornasse alle garose guerre civili de' tempi antichi, quando chiamavan Greci, Cartaginesi e Romani per asservirsi a vicenda.

§. 7. Il libro dell'Amari.

Gran vizio de' Napolitani è lo sfatar le cose proprie, sospirar le altrui, e, vistele, dispregiarle. Pregio de' Siciliani è l'amar sè e sue cose; ma dan nel troppo. A questa passione appellò Michele Amari con una storia del vespro siciliano. Non potendo battezzar siciliani Giovanni da Procida e Ruggiero di Lauria, eroi precipui di quel famoso fatto, nè trovando a spatriarli dal continente, s'affaticò a scardinare i vanti di quei due antichi suggellati dal tempo, per mostrare quelli niente aver fatto. Inetta audacia d'uno nato sei secoli dopo, contradicente a' testimoni sincroni, alle tradizioni popolari di venti generazioni, che inventa la storia antica innanzi al sole; ma importava persuadere non essere stati propugnatori di Sicilia quei due Napolitani. Inoltre l'idea luccicante del libro sta nel paragonare le condizioni del dugento a quelle dell'ottocento, l'Angioino Carlo al borbonio Ferdinando, i Francesi dominatori a' Napolitani compagni; tutto è incitamento a ribellione, sponendo quell'antica riscossa con vistosi colori, acciò i viventi Siciliani rifacessero un vespro contro i Napolitani. Carità italiana! L'autore era basso impiegato del governo nel ministero di Grazia e Giustizia; aveva ottenuto il permesso di frugare negli archivii dello stato; e stampò con licenza della censura; donde si vede quanto larga essa fosse. Per tre mesi niuno si calse dello scritto; ma scortosi lo spirito iniquo di esso, venne da Napoli l'ordine d'arrestar l'Amari; il quale avvertito si fuggì su nave inglese in terra inglese, ov'ebbe moneta, e opportunità di cospirare. Allora il libro, non curato prima, come si leggea con pericolo, fu cerco e lodato; e udivi in quella fratellanza d'Italia, celebrare un libello che dava il bando a un popolo italiano. Gridando Italia, seminavan odio fra Italiani e Italiani.

In quel tanto si preparavan rivoluzioni da per tutto. A Parigi sul cadere del 1847 inventarono banchetti pubblici, per adunarsi sotto specie d'invocar voti universali nelle elezioni de' deputati. Tutta Europa era mossa da una idea, ma transformata in modi e apparenze diverse; in Italia l'idea Guelfa, in Germania il ritorno all'Imperio, in Ungheria i dritti di casta, in Francia la democrazia, in Sicilia le borie baronali e odii municipali; tutti anacronismi, menzogne, berte, per mover le passioni. Si volevan ardere le nazioni, perchè dalle ceneri la Giovine Europa come Fenice risorgesse.

§. 8. Il Mayo e il Vial.

Per quel vizio che dissi del concentramento era in Sicilia luogotenente un maresciallo Mayo, duca di S. Pietro, stato generale di Gioacchino, uomo di nessuna levatura, tenuto a Palermo per ricevere e trasmetter carte. Incapace di pensiero gagliardo, servì ignaro la fazione; e corteggiato da' signori, che spregiandolo laudavanlo per addormentarlo, era bonariamente persuaso non v'esser temenza di niente. Per contrario Pietro Vial, generale comandante la provincia palermitana, e direttore di polizia, astuto e inflessibile, s'era addato per tempo della congiura. Nato a Nizza, giovine servì nel reame, fu colonnello di gendarmi, però uso a scrutar gli animi e le cose, scorta la nimicizia degl'isolani, le segrete adunanze, i libelli, le propaganti accuse a Napoli, gl'incitamenti stranieri, e 'l contemporaneo divampar d'Italia e Francia, previde imminente la sollevazione. Molte fiate ne rapportò al ministero in Napoli, ogni dì ne tenea proposito al luogotenente, col quale giunse ad acerbi detti; ma i ministri, abbacinati dalla loro stessa forza, poco volevan credere, e men credeva quel misero Mayo volteggiato da' congiuratori ch'aveva attorno. Non si prese valido provvedimento. I nobili tementi e abborrenti il Vial, fean le lustre di tacciarlo visionario e crudele; e mentre discreditavanlo, affrettavan le mosse.

§. 9. Longo ed Orsini.

Eran due uffiziali d'artiglieria, Longo ed Orsini, già educati a spese regie nel collegio militare; i quali tolta a modello la gratitudine di Giuda s'eran gittati nella setta. Avean promesso pigliarsi la batteria del treno nel primo botto della sedizione; però, insieme a un Angelo Gallo fonditore di bronzo e a qualche sottuffiziale, andavan tentando i soldati. Quel Gallo un mese prima era stato fatto cavaliere dal re, e n'avea avuti seimila ducati per incoraggiamento alla fonderia. Sebben procedessero circospetti, pure un sergente aperse al Vial la macchinazione; laonde i congiuratori presi con bandiere e altre prove di reità, fur sottoposti alla Corte criminale. Ecco i nobili, proclamando non colpevoli i carcerati, tanto susurrano nelle orecchie al Mayo che il persuadono quelli esser vittime di calunnia, e presto doversene dichiarare l'innocenza; perlocchè quegli sollecitò il giudizio, che ben innocenti li dichiarò. La reità dimostraronla i fatti posteriori; e l'assoluzione de' giudici (se fu in coscienza) mostra come blandamente nel reame si ministrasse giustizia.

Per questo smacco il Vial guadagnò dispregio da' faziosi, e maggiore incredulità da' ministri; i quali sebbene i tempi buttandosi al peggio avverasser la previdenza di lui, pure gli ordinarono non arrestasse più nessuno. Così la congiura impavida andava innanzi, mentre il Mayo bambinescamente ne ridea fra' suoi corteggiatori che lui deridevano. Il proposito di fidar cose grandi ad uomini inetti fu lo error capitale degli ultimi anni di Ferdinando. Alla fazione quella giudicata innocenza de' rei valse assai per gridare insopportabile la oppressione militare. Ripresero con più lena i piagnistei; rimpiangere il popolo, accusar la potestà, mettere in vista gli errori del governo, veri o falsi. Certi nobilicchi scorrean quelle insulane provincie, e con discorsi e proclamazioni agitavan gli animi, ridestavan gli odii contro Napoli, incitavano a levar l'arme vendicatrici di supposte ingiurie, sostenitrici d'indipendenza. Spargevano già addoppiarsi le tasse, incipririsi la servitù, crescere l'onte; diffamavano gli uffiziali pubblici, e col timore e col sospetto in quei sospettosi popoli fean breccia. Non parchi in premesse, chi le ripeteva le aggrandiva. Malta lavorava co' fuorusciti. Impazienti eran già d'indugio, s'aspettava il segnale; e 'l governo credeva sopir tutto con la dolcezza. Questa anzi interpretata per timore partorì l'audacia, e affrettò lo scoppio.

§. 10. Palermo.

Palermo, in antico Panormo, ora città capitale, ha 180 mila abitanti, fabbricata attorno al suo molo ch'è a settentrione. Qui sull'entrata a occidente è Castellammare, cittadella unita alla città, quatrilatero lungo e irregolare, con fievoli bastioni, dominato dal monte Pellegrino. La città ha due vie principali messe ad angolo retto: il Cassero o Toledo di 3400 passi da sud-est a nord-ovest, da palazzo reale ov'è porta nuova a porta felice che dà sul mare; e Via Maqueda a porta S. Antonino. Essa è quasi un quadrato di circa quattro miglia in giro, che quelle due vie parallelamente circoscrive; di cui un lato è la spiaggia, e 'l resto è cinto di mura vecchie bastionate, qua e là cadenti, con sedici porte. Fuori son case di campagna e ampii sobborghi; sulla spiaggia v'ha il castello del molo che serra da una banda il porto; sull'occidente alla campagna è il carcere nuovo a forma d'elisse; e più lungi sulla pianura stanno i quartieri de' Quattroventi. A oriente è l'orto botanico e la Flora. Palermo ha intorno montagne: di là dal fiume Oreto a oriente e sud-est son quelle di Misilmeri e Gibilrosso; da settentrione, ove è il castello del molo, la costa si stende ai capo Gallo; segue il monte Pellegrino; di rincontro è il Cuccio, alto sul mare più di tremila piedi. Monreale è a mezzodì.

§. 11. Sfida della rivoluzione.

Come i Palermitani sepper le grida fatte a Napoli la sera del 23 novembre, dolenti d'esser da altri preceduti, si affrettarono. La sera del 27 al teatro Carolino, a meno dell'opera, levaronsi a un botto in piè uomini e donne, e dettero in viva al Re, a Pio IX, all'Italia, e all'indipendenza di Sicilia. Replicarono più grossi la dimane alla villa Giuba, pubblico giardino; e posti cartelli a' cantoni con Viva il re, Pio IX e lega italiana, rifecero la sera in teatro le cose stesse, aggiungendo la bandiera a tre colori, e la dimanda di Guardia nazionale. Da' palchetti gittaron cartelli così: « Il re ha mandato via il ministro Santangelo, e ne ha dato i portafogli a tre galantuomini: Viva il Re! Ha concesso amnistia agl'insorti di Messina: Viva il Re! Ha cambiato il confessore Gregorino per altro devoto a Pio IX: Viva il Re! » Il giorno seguente ridimandarono la guardia nazionale con petizione firmata da molte migliaia; e già, concedente il Mayo, facevan le liste de' cittadini da armare. Il terzo dì un D. Vito Ragona, prete, in piazza Madrice, fatto popolo, spiegò un vessillo tricolorato, cui pose nelle mani della statua marmorea di S. Rosolia ch'è colà; e fatta una diceria, ripresela, e s'avviò verso S. Isidoro, fra plebe tumultuante. Ma venuti soldati, dopo breve scaramuccia, gittò la bandiera, e s'ascose.

A quei giorni scorrazzavan per su le coste vascelli inglesi con entro quelli ch'avean pronti a far gli attori della rivoluzione; e l'apparizion loro qua e là ne' porti siculi destava sentimenti vivi ed impeti audaci. Pubblica correa la voce d'aiuto brittanno, del mandato Lord Mintho, del prossimo sollevarsi. A Corleone in un banchetto, avvinazzati, detter brindisi alla Gran Brettagna, *liberatrice di Sicilia*. In una festa a Trapani coronarono un busto di Pio IX, e rifecerlo la dimane sulla piazza della marina. Dopo, a imitazione di Roma, bisbigliato che la plebe volesse far sacco, improvvisarono Guardia nazionale. La potestà incerta non voleva aspreggiare, e la marea faziosa montava su. Passava il dicembre. Sul cominciar dell'anno 1848 venne avanti Palermo una nave inglese; i cittadini correvano a bordo a visitare il capitano, e chi nol trovava vi lasciava il cartellino del nome. E il Mayo squisitamente adulato non montava in sospetto, e scriveva a Napoli Sicilia esser cheta e devota.

Sendo le fila della cospirazione ben tessute in tutta Italia, i Siciliani convennero con Francesco Paolo Bozzelli capo de' liberali napolitani ch'essi primi ribellerebbero, seguiterebbeli il continente. Ed ecco a 9 gennaio proclamazioni affisse sulle mura a Piazza, Termini, Cefalu, Misilmeri, Bagheria e Palermo, nunziano al mondo che *sull'alba del 12, al primo rimbombo del cannone festeggiante il notale del re, comincerebbe l'epoca gloriosa della rigenerazione generale. Palermo accoglierebbe lieta tutti i Siciliani accorranti a sostenere la causa comune, per istabilir riforme e istituzioni analoghe al progresso, voluto dall'Europa, dall'Italia e da Pio IX.* Firmato *il comitato direttore*. Cotal nunziare la rivolta tre giorni prima al reggitore è caso unico; ma è anche più singolare che il reggitore sì scoperta disfida inghiottisse dormendo.

§. 12. Non curanza.

Si disse: Le guerre, non le rivoluzioni si denunziano; e non si prese rimedio che valesse. Non allestiron sufficienti vettovaglie, non accrebbero i soldati, non fortifi-

Storia delle Due Sicilie 1847-1861

carono i bastioni, non pensarono a tener aperte le comunicazioni fra' posti di guardia e i quartieri delle milizie, non concepiron disegno d'assalimento, nè di difesa, nè di ritratta. Credevano vincere al mostrarsi d'un cavallo. Però da più mesi affaticavan senza pro le soldatesche, accorrenti qua e là, per vie e per campi, ovvero strette nelle caserme o accampate in disagio. Uscita la sfida, fecero cose facili: deporre pochi impiegati, postar sentinelle e pattuglie, e pigliare in casa e mandar di notte in castello undici giovani de' più adocchiati. Furono: Amerigo Amari, Francesco Ferrara, Giuseppe Fiorenza, Gioacchino Ondes Reggio, Francesco Paterniti, Paolo Perez, Leopoldo Pizzuto, Emmanuele Giuseppe Sessa, e 'l duca di Villarosa. I caporioni dattorno al Mayo stavan sicuri. Eppur questo poco di rigore qualche mese innanzi avria svaporata la tempesta; ora la provocava senza rimedio.

§. 13. Numero e disposizione delle milizie.

Erano a Palermo cinque migliaia di soldati, così partiti: Il 3° dragoni a cavallo sul piano S. Teresa a' Borgognoni, con avamposti agli sbocchi delle vie che danno a palazzo, e uno squadrone sulla strada di Monreale. Otto compagnie del 1° granatieri della guardia e il 1° di linea stanziavano al palazzo reale con quattro cannoni e fanti ausiliarii, con avamposti sulle strade propinque, e a' quartieri S. Giacomo, Noviziato e Papireto. Al banco delle Finanze, oltre la guardia consueta, era ita in fretta quel mattino stesso del 12 senza vettovaglie una compagnia del 2° di linea e tre artiglieri per lanciar granate. Eran presidio a Castellammare il resto del 1° granatieri della guardia, cento artiglieri, e tre compagnie del 2° di linea, con avamposti a S. Sebastianello e a Piedigrotta. Una compagnia di gendarmi a piede custodiva la sua caserma. Ai Quattroventi era mezza batteria da campo, un battaglione del 9°, e due del 10° di linea, con avamposti a' capi delle vie adiacenti, e lievi distaccamenti alla Vicaria e al Castelluccio del molo. Da ultimo stavano a Bagheria e a Monreale due compagnie del 2° di linea, per errore o sdimenticanza non richiamate in quel gran bisogno di truppe. Adunque le soldatesche stetter partite in quattro luoghi principali, Palazzo, Finanze, Castellammare a Quattroventi, quasi assediate da sè, inabili per poco numero a uscir dalla difesa, con poche munizioni da guerra, pochissime da bocca, e con difficili comunicazioni fra loro.

§. 14. Il 12 gennaio.

L'alba del 12 sorgeva cheta. Comparver sulle muraglie cartelli con le parole *Ordine, Unione*. Molti del contado s'eran cacciati in città; ma le pattuglie scorgerla senza intoppo sino all'ore sedici, quando con poca fatica dissiparono qua e là certi assembramenti. Udendo essersi fatta moltitudine alla Flora e a S. Erasmo, v'andò il capitano Grenet con ventiquattro dragoni e l'alfiere Vial, per Portanuova lungo le mura; e scorse molta gente sulla strada presso porta S. Antonino; però fattosi avanti solo, impose si sciogliessero, e pareva ubbidissero, ma gli trassero colpi di fucile.

Allora ci die' co' cavalli su' rivoltosi, disperseli, e gli inseguì sino all'arco Cutò; dove quelli ricovrati nelle botteghe e nelle case, da usci, da finestre e da cantoni presero a trar loro a salvamano schioppettate non solo, ma altresì pietre e masserizie e quanto lor venisse alle mani. Si commoveva tutta la città. Altri più audaci assaliron di dietro quei pochi cavalli, e alquanti ne ferirono; ond'eglino ebbero a ridar la carica, e a disperderli di nuovo per tornare al quartiere per porta S. Antonino, ad annunziare l'inizio di quella rivoluzione che in breve dovea sconvolgere Italia ed Europa.

Udendosi lo assembramento d'altra gente, il maggiore d'Agostino con due compagnie del 1° di linea e pochi poliziotti, dalle vie Gioiamia e S. Cosmo e Damiano scese per S. Isidoro; trovò a piazza del capo molti armati, che investironlo con archibugiate dalla via e dalle case; respintili con le baionette, ne prese undici, cui per le vie Montegrande, Candelari, Maqueda e Toledo, senz'altro scontro menò prigioni a Palazzo. Un'altra pattuglia col tenente Armento avea scacciati i ribelli dalla via S. Antonino; e altra banda era pur dispersa dal capitano Albertis con una compagnia della Guardia sul largo di Casaprofessa. Ma ciò non bastava a ripristinare l'ordine, e occorreva ben altra guerra offensiva che non quella del perlustrar con pattuglie le strade. Nondimeno i faziosi s'erano sgomentati; visti non comparire i nobili, serrarsi in casa i cittadini, non venir gente di fuori, cominciarono a sperdersi; e 'l loro capo Miloro fuggì sul Bulldog, vapore inglese. Un po' di piglio risoluto avria soffocata la rivoluzione nel nascere.

Ma i generali in consiglio al palazzo reale considerarono la città essersi sollevata dopo lungo preparamento, sorretta da' vascelli inglesi presenti, da quella trafficatrice nazione forniti d'ogni arme, i soldati cadere senza pro, senza veder nemico, schiacciati dall'alto, in impossibile pugna. Quella guerra, se d'offesa, doversi fare investendo i palagi, uccidendo cittadini, forse buoni per rei scambiando; se di difesa, aversi a guardare i quartieri, le caserme e altri posti. Però non osando senza permissione regia cominciare una lotta sterminatrice, statuirono difendersi soltanto; perlocchè chiamaron le milizie indietro, postandole ne' quattro luoghi su notati. Così la rivoluzione ebbe campo d'aggrandirsi.

Avvenne in questa richiamata che riedendo il tenente Maring dalle Quattrocantonate, come mosse i passi fu segno lui e i suoi a grandi colpi; ma con fuochi di ritirata tenne discosti gli aggressori; e 'l tenente Cessari del 3° dragoni corso col suo drappello a sorreggerlo, ebbe a sormontare parecchi ostacoli per via; e tornò ferito al mento, e 'l suo cavallo e altri sette mal conci.

Come per la ritirata delle pattuglie i faziosi imbestialissero non serve a dire; procedettero a imberciare i soldati sin dentro i loro posti. Prima alle Finanze, ov'erano i danari; ma ferite due sentinelle, avendo dure risposte, sostarono. Dall'ospedale militare menaron prigioni i malati. Costruirono barricate con botti d'arena tra' palagi Gerace e Belmonte, sul cantone del piano di Bologna; e dietro di esse, e di su le case percussavan duramente le sentinelle. A frenar quella pertinacia, il general Vial mise due cannoni a capo di Toledo, accanto al palazzo vescovile; e traendo a scaglia, tutta la via restò spazzata e deserta.

§.15. Primo comitato provvisorio.

Il Mayo avria dovuto proclamar lo stato d'assedio, postar soldati agli sbocchi, vietar l'entrata a Palermo, disarmarla e stringere i sollevati alle sole forze loro; invece lasciò la città a sè stessa, anzi in man de' faziosi. Questi pertanto padroni delle vie, non molestati, ripresero animo. Ventisei de' più avventati s'adunarono in piazza Fieravecchia, si costituirono a governo, e provvidero al bisogno della rivoluzione. Furon tra' primi un Bivona, un Giacomo Jacona, e un La Masa tornato quattro dì prima dall'estero. Costoro con lungo codazzo saliron per su le case de' ricchi, invitandoli ad aprir le borse in aiuto. E chi a cotali chieditori facea niego? Ebber larga messe d'arme e danari, tale che poteron pagare l'arme e le munizioni tratte da' navigli inglesi. Sparsero per tutta Sicilia proclamazioni, paragonanti quei primi fatti al famoso Vespro, dicendo santa la causa, promettendo trionfi, incitando città e villaggi a mandar giovani a propugnar la libertà. A sera *Viva* senza fine, fra stormir di campane, colpi di moschetti, luminarie e orgie. Il luogotenente mandò del fatto le novelle a Napoli col telegrafo del monte Pellegrino; che, reso quest'ultimo uffizio, cadde reciso per man de' ribelli; ma il dispaccio neppur corse, per l'interruzione d'altri telegrafi rotti altrove.

§. 16. Altri assalimenti.

La dimane seguì un fatto atroce. Un sergente Manfredi, ito a recar l'ordine della ritratta a' fanti lasciati nel Commessariato di polizia in piazza S. Domenico, fu presso il bastione degli Stìmmati aggredito da uno stuolo d'ambo i sessi, e senza misericordia ucciso e dicollato. Il capo portaronlo per le vie in trionfo. Così i regi che s'eran ritratti per non far guerra sterminatrice pativano lo sterminio. Intanto dal contado accorrevano a torme delinquenti e masnadieri che s'armavano di moschetti a percussione e polveri inglesi violenti, e s'ordinavano in bande. Asserragliaron le strade, preser le poste su campanili e cupole e case; e aprendo feritoie nelle mura, sollevando tegole, sbirciando per le finestre, senza mostrar le persone lanciavano a salvamano frotte di palle su' soldati, ove ne scorgevano. Primi investiti i Commessariati di polizia, il quartiere Noviziato, le Finanze e i Tribunali; ma per la buona difesa e pe' cannoni di Castellammare e di Palazzo si ritrassero. Osarono a sera aggredire Castellammare; ma quel colonnello Samuele Gross sì colla mitraglia li salutò, che mai più non s'avventurarono a tornare. Sull'ore 21 aveano assalita la caserma de' gendarmi da certe finestre superiori, sicchè i soldati si rifugiaron nel forte; ma il Gross loro impose di ripigliare il luogo; e fecerlo, sebben per via da archibugiate, e da masserizie dall'alto percossi. Mandò altresì una compagnia del 2° di linea alle Finanze, ov'era difetto di munizioni da bocca e da fuoco. L'una e l'altra cosa sorrette da' cannoni del forte si compierono bravamente; i gendarmi ripresero la caserma, e i fanti con le munizioni si congiunsero nelle Finanze a' compagni, che sendo in mal punto li accolser con festa, come liberatori.

Risposero fra' primi alla chiamata rivoluzionaria due delinquenti, già per misfatti condannati, Salvatore Miceli e Giuseppe Scordato. Il primo, radunati molti ribaldi a Monreale sua patria, osò affrontare lo squadrone di cavalli sulla via che mena a Palermo, ma alla prima sbaragliato da quel maggiore Zimmerman, lasciò alquanti morti, e di fretta die' addietro. Invece assalse il fievole presidio dimenticato a Monreale col capitano Pronio; e dopo micidiale zuffa sopraffattolo col numero, fe' prigioni i superstiti, spenti i più. Parimente lo Scordato con altra banda alla Bagheria superò l'altro colà obbliato capitano Curion. Eppure questi due banditi ebbero la magnanimità di menar vivi i prigionieri a Palermo, dove entrarono come in trionfo, e presero quasi il capitanato.

§. 17. Ruggiero Settimo.

Il Comitato la mattina del 14, unito il municipio, fe' creare altri quattro comitati: uno di senatori e decurioni con presidente il pretore, per l'annona; uno per la guerra e pubblica sicurezza, presidente il principe di Pantelleria, vecchio ribelle del 1812 e 1820; altro per adunar danari, presidente il marchese Rudinì; e il quarto per divulgar le notizie degli avvenimenti, cui misero a capo (così volente l'Inglese) il retro ammiraglio Ruggiero Settimo. In questo fu il nerbo della rivoluzione; che l'inventar novelle e 'l mandarle pel mondo riuscì forza maggiore de' cannoni. Si trovò in questi quattro fuso il comitato della Fieravecchia, pur rimasto a posto pe' provvedimenti urgenti della giornata. Di tutti anima il Settimo. Questi nel 1812 ubbidiente al Bentink fu ministro di marina, nel 28 ribellò di nuovo, poi si pentì, e venne graziato da Ferdinando. Nell'anno 1846 sendo ito a Palermo il re, ei gli si gittò a piedi, e perchè misero e bisognoso ebbe largita grossa pensione, di che mostrandosi riconoscentissimo stette quei dì sempre nel regio cortile, pronto a servire ogni regio servitore. Ora, vecchio e anche di mente fiacco, la setta rimetteva su questo ingrato, per aver un nome da *martire* cui dar rimbombo. Fecerlo indi a poco presidente del comitato generale, che strinse in mano tutta la potestà; ma gli stette di costa un Mariano Stabile, che veramente moveva il tutto.

§. 18. Le bombe.

Le soldatesche ridotte con mal consiglio a sola difesa, erano in fatiche e perigli, sia per respingere assalti, sia per uscir fuori ogni dì a comunicare co' posti spartiti; dove per via bersagliate da invisibili nemici postati ad aspettarle, pativan morti e ferite invendicate; ma questi sanguinosi tragitti erano necessità per recare il pane a' compagni. Così fecesi una gita al Noviziato, quartiere del 1° di linea, ove eran solo cent'uomini in continua pugna, impacciati fra le famiglie del reggimento. V'andò la settima compagnia di quel corpo, e ne trasse a Palazzo le donne e i fanciulli, tra le consuete schioppettate; ma i soldati già a tai saluti assuefatti, solo acceleravano il passo, per dar meno bersaglio di sè.

Storia delle Due Sicilie 1847-1861

Ad affrenare cotante aggressioni il luogotenente ingiunse al governatore di Castellammare che al segnale d'una bandiera levata sulla reggia lanciasse qualche bomba ver le contrade combattute, per contenere gli assalitori; perlocchè al mattino del 15, come la tromba delle Finanze squillò per soccorso, e s'alzò il segnale, il Gross scagliò da quella parte certe bombe da otto che atterrirono i ribelli; e ancorché fosse prescritto si traessero ogni cinque minuti, pure tardavan di mezz'ora. Il rimedio faceva frutto; perchè quei del contado usi a colpire riparati, non trovando il coperto dalle bombe, pigliavan la via di casa, nè per quanto s'avesser promesse volean restare. Allora i capi, corsero per protezione agl'Inglesi contro quelle bombe malvage.

§. 19. Protesta de' consoli.

Il Commodoro Lusington ancorato nel porto rappresentò al Mayo ed al Gross come il bombardare fosse barbarie. Poi fatto unire il corpo consolare, protestò in nome d'Europa, affinchè *in tutti i casi* si risparmiasse quell'orrore, ch'avrebbe meritato l'esecrazione del mondo civile. Il Mayo accedette a sospendere per ventiquattr'ore, poi per ordine da Napoli sostò affatto. Non però sostarono le offese de' ribelli; i quali sentendosi patrocinati dall'Europa rialzaron le creste. Nè protezione solo, avevano aiuto. Da Malta impunemente con bandiera brittanna venivan arme, vendute a sì basso prezzo, che si vedeva con la vendita mascherato il dono; tal'altra il dono era netto; e l'ammiraglio Parker forniva lettere cambiali su Londra al Comitato; di che facevan pompa i giornali siculi; e nunziavan anco che qualche uffiziale inglese offerisse tutte le munizioni del suo vascello. Assicurati dalle bombe, si riposer dietro le finestre da bravi, rigettarono l'armestizio proposto vergognosamente dal Mayo, e senza rischio tutto il dì si spassavano a imberciare dall'alto i soldati. Vidersi uffiziali inglesi vestiti da paesani a dirigere i ribelli, e indicare i modi e i luoghi da offesa e da difesa. Nulladimanco per le non lanciate bombe la setta tassò Ferdinando di *re bombardatore;* il ferir di dietro i muri guadagnò nome *d'eroica* a Palermo; e lo star per ubbidienza di bersaglio a nemici ascosi fruttò nome di codardi a' soldati regnicoli. La rivoluzione capovolge il senso delle parole. Ma Dio preparava i giorni rovesciatori delle menzogne; e permetteva che tutte città e provincie andassero in balia di quei baldanzosi, perchè con più onore si ripigliasser poi a forza da quello stesso esercito, sì abbiettamente calunniato e vilipeso.

§. 20. Giunge con milizie il De Sauget

Non prima della sera del 13 col Vesuvio, nave a vapore, era giunta in Napoli la nuova della rivoluzione scoppiata. Ecco nella città subuglio di pensieri e speranze, e gran vociare alla svelata, in barba alla polizia. Ne' consigli di stato, ov'eran pur dappochi e malfidi, prevalsero partiti mezzani, cioè gagliardi in vista, fievoli in fatto, mandar forti soldatesche e dubbio duce. Era allora maresciallo di campo Roberto

De Sauget, stato nel 1820 capo dello stato maggiore di Florestano Pepe che prese Palermo; uomo protetto dal general Filangieri. Una segreta propaganda avea sempre designato costui fra' migliori; non fe' mai nulla di grande, ma si dicea che farebbe; però Ferdinando s'indusse a mandare questo Achille. Al mattino del 14, allestiti nove legni da guerra comandati dal conte d'Aquila fratello del re, su vi montarono alacremente otto battaglioni di fanti, e due battarie da campo; testimone tutta la città; molti accorsi per curiosità, altri a disegno, speranti cogliere il destro da dar grida faziose a scoramento del governo e de' soldati; ma vistisi pochissimi, non osarono levar una voce. L'armata salpò la notte.

Al de Sauget eran date queste istruzioni: Disbarcare ove credesse conveniente; prendere il comando supremo dell'arme in tutta l'isola, con potestà senza limite; fortificare e guarnir d'armati il forte di Termini, cui potrebbe prendere a base d'operazioni; spegner presto e con energia la ribellione in Palermo, poi campeggiar sull'altre parti di Sicilia che l'imitassero; procedere severo contro i tristi, incoraggiare i buoni, rispettare la proprietà, essere scudo all'ordine, fiaccar l'anarchia. Nulla ei fece.

§. 21. Sbarco a' Quattroventi.

Non era fermato luogo da sbarcare, perchè ciò la condizione delle cose dovea determinare; ma designato gli era Termini come base d'operazioni, perchè di là terrebbe da manca alla città le relazioni esterne e l'acqua e le vettovaglie. Ov'egli dunque avesse preso terra sulla spiaggia di Solante, avria messo Palermo in mezzo tra esso e l'altre soldatesche stanziate a' Quattroventi e a palazzo; e, chiuso dalle navi il mare, senza sforzo l'avria fatta cadere. Egli per contrario, arrivato la sera del 15, scendeva al molo, posava a' Quattroventi. All'aurora rassegnò sue genti; crebbe le munizioni da bocca, traendole dalle fregate, afforzò gli avamposti, e dispose, come era già stato ordinato, d'aprire il transito interrotto col real palazzo. V'andò il brigadiere Nicoletti con quattro battaglioni di cacciatori e quattro cannoni; il quale prese sulla via un luogo detto Villa Filippina, vi lasciò un battaglione, e un altro al piano S. Oliva propinquo; e andò a palazzo a dare al Mayo le lettere del maresciallo, nunziatrici del suo arrivo, e *chiedenti ordini*. Perchè il De Sauget non prese la suprema potestà come gli era prescritto? perchè si metteva sotto il comando del Mayo? Questi pertanto ignaro ritenne il capitanato, e chiese due battaglioni d'ausilio. Ben vi potevan rimanere i due recati dal Nicoletti; ma costui stimò tornarsene con essi la stessa sera a' Quattroventi latore di tal richiesta. Per via sostenne colpi alle porte Maqueda, Carini e d'Ossuna, e ripigliò il battaglione lasciato a S. Oliva. Fu mandato alla reggia il brigadiere Del Giudice (uffiziale del 1840) co' battaglioni 5° e 6° cacciatori, la notte del 17; ed ei passando per Villa Filippina, scortovi noiato dal nemico il battaglione messo là dal Nicoletti, come se il soldato non fosse fatto per combattere, il mandò indietro a' Quattroventi, abbandonando il conquistato luogo, e lasciando di nuovo le comunicazioni interrotte. Alla reggia inoltre vennero anche altri due battaglioni il 4° e il 7° cacciatori. Così si camminò molto, e non si fe' niente.

§. 22. Fraudolenta inazione, e insidiosi rapporti.

Il De Sauget avea, compresa la guarnigione, diciotto battaglioni di fanti, il terzo reggimento dragoni a cavallo, molti gendarmi, trentadue cannoni mobili, oltre quelli di Palazzo, del Molo e Castellammare, e una flotta con ogni maniera di munizioni. Avria potuto conquistare tutta Sicilia costituita, non che poche bande a massa nelle strade palermitane. Infatti al suo primo apparire i sollevati allibirono; chi s'ascondeva, chi avea masserizie le fuggia, chi alle campagne, chi a navi inglesi cercava rifugio: tutti imprecavano a' confratelli congiurati di Napoli, che mancato alle promesse, rimasti cheti, avean lasciato quel nerbo di milizia venir sopra l'isola. Ricordavano i seimila venuti nel 1820 aver vinto in pochi dì, e allora le fortezze eran con la rivoluzione, ora senza fortezze, già si tenevano spacciati. Sparì il comitato della Fieravecchia, restarono appena dugento armati; i più che s'eran mostri pigliarono il mare; la città muta, deserta aspettava la legge, e l'entrata dei Regi.

Ma il De Sauget era venuto, non a vincere, a farsi vincere. Stettesi inoperoso a' Quattroventi, quasi mandatovi ad alloggio, per affamare i soldati, stancarli con marce vane, affralirli per fatiche senza prò, scoraggiarli per ferite invendicate; non tenne le comunicazioni con gli altri posti, non vietò quelle di Palermo col resto dell'isola, non ruppe gli acquedotti, non prese i mulini, tutto lasciò intatto al nemico, tutto fe' togliere a' suoi. Restò là in vile ozio inchiodato. I Siciliani tosto si rincuorarono; e perchè sicuri di lui, e perchè il coraggio va e viene all'inversa di quel che mostra l'avversario.

E, senza aver pugnato, egli il 16 rapportava al re: terribile esser quella guerra, ogni siepe, ogni muro vomitar la morte; i ribelli sublimati, protetti da forti nazioni, forniti d'ogni arma, e d'ogni cosa, aver mortifere spingarde, appalesar pertinace nimistà non mostrata nel 1840; i soldati combatter valentemente, ma soli, privi in paese ostile d'ogni novella del mondo, non aver legna da scaldarsi, non paglia da giaciglio, non vitto buono, non acqua, non sigari, non tabacco, solo un po' di vino nel borgo e col sangue condito, però scoraggiati alquanto; non bastare il bombardamento, riuscir d'orrore alle nazioni, più inacerbir gli animi, tutta Sicilia star sulle mosse; egli star male fuori, peggio il Mayo dentro; non poter comunicare, mancar le munizioni, le cose ogni dì cader più, vano ogni sforzo, assolutamente non potersi vincere. A' dì seguenti riconfermò con più neri colori i rapporti stessi, esagerando le forze avverse: spingarde, cannoni, mine, barricate, aiuti inglesi; e invocava clemenza e concessioni, come unico modo di salvezza; con queste il re muterebbe la trista condizione delle cose. Non aveva ubbidito all'ordine d'operare con vigoria, e scriveva come fosse stato sconfitto.

Frattanto i capi ribelli ridiscesi da' legni brittanni cantavan vittoria, ripigliavan le già nascoste arme, ripopolavan le strade, e rinvestirono il Palazzo, i quartieri, e sin gli avamposti. Saccheggiarono il quartiere di Santa Zita, donde si ritrassero le truppe; arsero il magazzino di vettovaglie a Porta di Castro, ruppero gli acquedotti a' Regi, e molte vettovaglie venute da Napoli e mandate a Palazzo senza forte scorta si pigliavano. I nostri traditori favorivanli con l'avvisarli e farli vincere. Il De Sauget per mostrar di fare qualcosa, mandò a' 18 una brigata col Nicoletti a fare una passeggiata senza più; dove la gente periva senza scopo, e vi fu ferito il maggiore Viglia: ritornarono pugnando a retroguardia sino a notte. Il 19 si ribellò Termini; e come era minacciato quel castello, ei non potè più trattenere gli ordini ricevuti, e bisognò vi mandasse la corvetta Miseno con due compagnie di fanti, una per restare, altra per proteggere lo sbarco, che di fatto fecesi combattendo. Tutto dì scaramucce moleste. A Palazzo non avean pane, nè ve n'era a' Quattroventi; invece di pigliarlo dal paese aperto al valore, traevanlo dalla flotta. Ogni dì si aveva a recar lettere e munizioni a' posti in città, e battagliare con nemici non visti, bravi a colpire. E se fuori con periglio, dentro con disagio: poco sonno, poco vitto, miseri giacigli, stagione piovosa, col crudo freddo, stretti l'un sull'altro, con feriti, infermi, donne e fanciulli, patendo vergogna per comandata inazione. Il soldato fremeva, pensava male, e sospettava peggio. Il Mayo, avvilito, scrisse al pretore di Palermo trattasse una convenzione; ebbe riposto si volgesse al comitato.

§. 23. Concessioni rigettate.

Il conte d'Aquila tornato a Napoli la sera del 17, recava i primi due rapporti del De Sauget; cosicchè il Consiglio dove già s'eran ficcati settarii, invece di mutare il generale, calò a concessioni. Vincitore concedere è grandezza, concedere per non pugnare è viltà, è sconfitta volontaria. Al mattino del 18 stamparono quattro decreti: accrescimento d'attribuzioni alta consulta e a' consigli provinciali, libera elezione di decurioni, a questi facoltà deliberative, a' sindaci le esecutive; durata temporanea alle cariche di cancellieri comunali; abrogato il decreto del 31 ottobre 1837, sciolta la promiscuità d'impieghi fra Napoli e Sicilia, a questa lasciato il suo civil governo; larghezza di stampa, consultori di dritto, luogotenenza del conte di Aquila, e amnistia piena.

Ferdinando avea acceduto per non far sangue, ma era persuaso quelle concessioni non partorirebbero bene al paese: vedevale sospirate da' malcontenti, e si pensava aver dato assai. Veramente come furon divulgate a Palermo i popolani e i moderati cittadini gridaron Pace! Pace! Ma chi voleva iniziata colà la rivoluzione sociale europea ne rideva: il comitato boriosamente die' il famoso motto, ripetuto poi sempre : *È troppo tardi!* In contrario formolava proposte, cui ben sapeva non poter allora essere accolte; e dichiarava: La Sicilia aver preso l'arme per rivendicare la costituzione del 1812. E rimandò indietro il capitano Trigona, senza neppur concedere una tregua. Il De Sauget mandò i decreti al Settimo, nè ebbe risposta; onde scrisse al re le più codarde lettere che mai comandante d'esercito scrivesse. Inoltre dimandò un colloquio su nave inglese con certi del comitato, e v'andò, e ne tornò dicendo non aver potuto ottener niente. Combattendo avrebbe imposta la legge; per ubbidienza alla setta si fingeva vinto. Dopo ciò i ribelli trasuperbi crebbero l'audacia e l'offese; chè l'uomo in prosperità più t'ingegni a contentarlo, e più rilutta.

§. 24. Diffalta dell'Orsini e del Longo.

Dissi gli uffiziali Orsini e Longo imputati di fellonia restare assoluti. Stavan guardati fuor di Palermo in un luogo detto *La quinta casa*; e sin dal 10 gennaio era ito l'ordine del liberarli, rimasto ineseguito per la sopravvenuta rivoluzione. Il ministero ora chiamavali a Napoli, e ne fidava l'esecuzione al De Sauget, zio del Longo. Ei li convitò a mensa, e liberi (disse sulla parola) li mandò per montare sul battello pronto a salpare. Che fanno? scansan la nave regia, ascendono ad una inglese, e là mutate vesti entrano per porta Felice in città, accolti con baci e abbracciamenti. Vantati innocenti, assoluti per innocenti, piagnucolati per ingiustizia, ora, che potean darne le prove, disertano alla rivoluzione; educati a regie spese nel collegio militare, corrono a sperimentare la imparata scienza contro il re e i proprii commilitoni, a puntar cannoni contro le patrie bandiere. Svelano quel ch'han visto e pensato delle male condizioni dell'esercito, incuorano i faziosi, son fatti colonnelli, e i giornali additanti come eroi, come modelli d'ogni anima liberale. Il De Sauget disse aver errato per bontà di cuore.

§. 25. Il generale dimanda soldati.

Co' decreti eran venuti ordini al generale ch'ove non s'accogliesser le concessioni, bloccasse la città sì da averla per fame; e caso neppur ciò si potesse, cavasse l'artiglierie dalla reggia e dal molo, mandasse i danari del banco a Messina, imbarcasse per Napoli i cannoni, le donne, i fanciulli e i feriti; e con l'esercito si ritraesse a Messina, e rafforzasse per via Termini, Trapani e Melazzo. Egli a niente ubbidì: Spedì un'altra compagnia a Termini, dove i soldati tenner fermo, sinchè bastò il pane; e standosi a' Quattroventi a marcire, mandava tratto tratto qualche battaglione per comunicar con la reggia: non bloccò Palermo, non tolse il danaro dal banco; e scrisse non esservi più che trentamila ducati del Tesoro, il resto esser di privati, difficile il prenderlo, riuscendo s'avrebbe taccia d'assassini. E per guadagnar tempo chiese altri soldati, chè andrebbe avanti. Il ministro Garzia con lettere del 24 e 26 gennaio gravemente il garrì delle sue inubbidienze; gl'inculcava riparare al suo e all'onore de' soldati; vano il mandargliene altri dopo il mal uso fatto de' molti ch'aveva; nel banco non trentamila, trecentomila ducati starvi di credito napolitano, e altrettanti e più de' banchi di Napoli per sue polizze cambiate in terraferma; i privati averne tratti i danari loro; il tutto appartenere allo stato; subito manderebbe uffiziali a verificarlo; incontanente ubbidisse, non lasciasse a' ribelli la moneta. Ma appunto alla rivoluzione ei la volle lasciare. Al ministro non rispose mai, nè mai gli ubbidì; al re solo scriveva inabissando le condizioni dell'esercito, esaltando i contrarii, consigliando maggiori concessioni di stampa, Guardia Civica, e altro, che benchè nol nominasse s'intendeva *Costituzione*. Da ultimo pregavalo impetrasse l'intervento straniero; e *fate presto,* conchiudeva, o non *saremo più a tempo.*

§. 26. Conflitti.

Intanto si versava sangue umano. I disertori Longo e Orsino, avuti cannoni inglesi, ne postaron due sul bastione Montalto, contro la batteria regia a porta di Castro, due men grandi avanti i cancelli delle Finanze, e altrettanti a sfondar le porte del Noviziato. Deviaron l'acque al palazzo, arser la paglia al fornitore de' foraggi, e vietarono ogni passaggio di frumento. I Regi che dovevano assediare e affamare la città, restarono per volontà del duce assediati e affamati essi. Come i luoghi circostanti al palazzo dominati da edifizii alti pativano offese, il Vial vide la necessità di farsene padrone; mandò il maggiore Ascenso Spadafora ad assalire il convento de' Benedettini, e l'ebbe a forza, dopo duro contrasto ed uccisione. Metteva una guardia sull'ospedale civico incontro al palazzo; e udito i nemici entrati nella badia di S. Elisabetta, espulse le suore, e stormeggiarvi con l'arme, incontanente v'accorse; i faziosi fuggirono per un foro aperto dietro l'edifizio, ed ei v'acconciò i suoi. Fu occupato anche il palazzo arcivescovile. In quell'ospedale civico eran malati siciliani; eppure il comitato si negò a mandar loro il vitto; perchè voleva, e il manifestò, i malati ribellassero, e scacciassero i soldati; però questi, patendo carestia, spartirono il loro pane con gl'infermi e per recarvelo ogni dì eran percossi da palle siciliane.

Sul mezzodì del 20 una masnada scesa da Monreale e Bagaria inondava inprovvisamente con empito di moltitudine le caserme a' Borgognoni e Vittoria; i cui soldati assottigliati pe' molti sbocchi di strade ch'avevano a guardare non poterono impedirlo; nondimeno il capitano Russo de' dragoni tenne fermo innanzi alla casa Cesare sino alle ore ventuno; quando giunto il brigadiere Pronio con fanti, cavalli e un cannone, fugò gli assalitori. Costoro ch'avean piegato su' fianchi si ricongiunsero alle spalle de' soldati, e feronli rinculare sino all'albergo de' poveri; ma qui serrati in massa caricarono gagliardamente e più volte quella ribaldaglia, e molti uccisine, il resto da ogni banda discacciarono. Questa prova persuase i ribelli a non più in campo aperto risicarsi; e ripigliarono il vezzo consueto dello sparare di dietro a usci e tetti.

§. 27. Si perde il Noviziato e l'ospedale civico.

Divisarono pigliare il Noviziato, perchè di qua al grosso edifizio del comando generale, e quindi alla caserma di S. Giacomo, avrebbero dominato certi bastioni della reggia. Cento uomini difendevanlo, e, sebben con molto bagagliame e famiglie, avean tenuto fermo. I ribelli venuti in forza poser fuoco alla porta carrese e alla sagrestia; e mentre l'incendio strideva e ruinava la casa del parroco, si cacciaron dentro; ma accorsi i soldati, con granate a mano li respinsero. La dimane tornarono, e anche con la peggio. Se non che i Regi considerata la difficoltà de' soccorsi, e 'l quartiere da cinque bande aperto incapace di difesa, avendo già molti giorni di zuffe sostenuti, la sera del 23 si ritirarono in ordine, benchè con dirotta pioggia; e col bagaglio e le donne ricovrarono a S. Giacomo. I nemici entrarono al mattino senza guerra, e saccheggiarono sì ingordi, che rapita ogni cosa, strapparon anco le catene di ferro alle muraglie, onde crollarono. E 'l comitato stampava il popolo aver preso il Noviziato d'assalto.

I Borboniani allora postarono cannoni da montagna sul Papireto, fecero saettiere e parapetti a' balconi del Comando generale, e levaron barriere su' luoghi minacciati; ma gli avversarii dalle finestre alte del Noviziato e da altre case con boccacci e artiglierie minute battevano i bastioni; e dal campanile dell'arcivescovado imberciavano i soldati sin dentro il quartiere S. Giacomo. Sul cader del 28 s'apron l'adito nell'ospedale civico. Investono una porta, sfondante, ardono un andito di legno, ma incalzati con la bajonetta in canna indietreggiano. Intanto la fiamma alta piglia l'edifizio, e vedi spaventevoli scene. Storpi, malati, moribondi nudi per le letta gridar misericordia, rotolarsi a piè de' soldati, e invocar salvezza dalla terribile morte; e quelli a combattere, a strascinar quei miseri in salvo, a difendere i passi, ad accorrere a' più minacciati siti. In fra 'l fragore seguiva altro assalimento silenzioso, per un foro aperto nel muro dell'infermeria de' Cappuccini. Tra due offese, tra 'l fumo, le tenebre e lo schioppettio, non potettero durare, e si ritrassero percossi da ascosi feritori che decimavanli sino al Palazzo; donde il cannone affrenando gli avversarii tuonò sino a notte, e celò la strage di quel giorno. Perduto l'ospedale, era vano tenere la badia di S. Elisabetta, e quel dì stesso fu abbandonata; sicchè tutte quelle milizie si strinsero nel Palazzo, ove mancava l'acqua e 'l frumento.

§. 28. Si difendono le Finanze.

Allora lo sforzo della rivoluzione si volse alle Finanze ov'era il danaro; quasi tutto come ho detto del tesoro napolitano, per crediti, e per rivalute di polizze palermitane riscosse in Napoli. Il De Sauget, non ostante gli ordini reiterati di porlo in salvo, e sebbene il maggiore Milon che là comandava ne chiedesse alto l'esecuzione, mai non volle, pertinacissimo a mandar tutto a male. Impertanto i faziosi attratti dalla moneta, colà notte e dì combattevan grossi; ma il Milon come cresceva il pericolo dava nelle trombe, e l'artiglieria di Castellammare spazzava gli aggressori; i quali non potendo altro poser fuoco alla caserma de' gendarmi propinqua, e così questi costrinsero a entrar nelle Finanze. Quindi più stremo d'alimenti, più dubbio e risicoso il soccorso. La sera del 25, dopo reiterate inchieste del Gross, vi fu mandato il maggiore Ritucci, con quattro compagnie del 2° cacciatori; che trovò duro intoppo a porta Carbone, dove esso ferito ebbe a cedere il comando all'aiutante maggiore Asturi; il quale superato il passo, fra la grandine de' colpi entrò nelle Finanze. Sprecato così sangue indarno, il De Sauget richiamavalo a' Quattroventi, e si versò altro sangue per tornare. Nondimeno il Milon, restato con le forze di prima, stettevi bravamente; e anche dopo il 20, quando tutti i regi avean lasciata la città, e 'l comitato gl'intimava la resa, sebbene isolata e senza speranza, rispondeva: aver debito di combattere, non facoltà di patteggiar.

§. 29. Ritratta dal Palazzo.

Da Napoli intanto sin dal 24 veniva notificato al De Sauget (e si replicava il 26) che non avendo ei fatto suo debito per ridurre a ubbidienza la città, l'evacuasse. Di ciò ebbe avviso, nè so da chi, il comitato; il quale die' una proclamazione a' Siciliani: « Palermo aver cominciato, altre città seguito l'esempio e mandato soccorsi; tutti giurar di morire per la libertà. Le condizioni europee, il levarsi di tutti gl'Italiani, la nazionale concordia esser l'occasione sospirata tant'anni per uscire di schiavitù. Tutte città ribellassero, prendessero i più reputati cittadini il maneggio della cosa pubblica, provvedessero alla sicurezza, alla moderazione dopo la vittoria, facessero provvisorii comitati, e corrispondessero col comitato generale a Palermo, per render una e grande la siciliana sollevazione. » E mentre della comandata ritratta erano scienti i nemici, i Regi in Palazzo l'ignoravano. Il Mayo chiama a consiglio generali e colonnelli: considerano esser cinti da ogni banda, mancar vettovaglie per uomini e cavalli, stanchi i soldati per veglie e disagi, fra intemperie, zuffe e digiuni, perduto il Noviziato, l'ospedale, S. Elisabetta; difficile lo arrivo de' viveri, indarno chiestine a' Quattroventi; soli aver contrastato allo sforzo di popolosa città e di tutta Sicilia; scemare i soldati, crescere i nemici, nimistà crudele d'Inghilterra, arme porte a' ribelli, tanto patrocinio forza morale; tutte cose contrarie sì da far vana qualsisia difesa. Unanimi statuiscono abbandonare il palazzo.

Ver la mezza notte il luogotenente aduna le soldatesche nel cortile, le divide con poco buona tattica, e rimane alquante famiglie di militari col palermitano maggiore Ascenso, che trattasse la resa del luogo. A passo di marcia, i generali avanti, vanno per Colonnarotta, Zisa, Olivuzza, e Croce Vicaria; e perchè questa via lunga e tortuosa, avendola retta e breve? portan bagagli, cannoni, malati, donne e fanciulli. Debito saria stato del De Sauget uscir con battaglioni a provocar altrove l'attenzione del nemico; ma questi sciente della partenza, mentre egli poltriva ignaro, si mette grosso al varco, cioè postato sulle case, lungo le vie Olivuzza e Zisa. Passa incolume (e fu poi molto notato) l'avanguardia comandata dal brigadiere Del Giudice, uomo del 1820 dimesso e graziato; ma ecco grandinare schioppettate infinite sulle colonne vegnenti in massa, cui non si fallava colpo. I Siciliani belli e freschi, seduti, riparati, senza pietà, caricano e scaricano l'armi, sicuri uccidendo: il buio, i carriaggi, le strida de' bambini e delle donne, le strade sprofondate, fangose, rotte, la impossibile difesa da' codardi colpi, le morti, le ferite numerose e invendicate, fan terribile il passo. Quand'ecco il cader percossi due muli attaccati a un cannone, sbarrando la via, cresce il periglio e lo scompiglio. I sopravvegnenti hanno a sostare, e spinti da tergo fan ressa, e diventan più folto e fermo bersaglio agl'implacabili percussori.

Muoion soldati, donne, bambini in collo alle madri, zitelle trapassate il petto cadon rinverse su' carri; chi pesto, chi dalle ruote schiacciato; chi a scostare il cannone, chi a trar da canto i morti, chi a raccorre i caduti, chi a gittar via masserizie e ad allocare i feriti; capitani a incuorare, a ordinare, a sollecitar come meglio si possa. Laceri, sanguinosi, giungono a' Quattroventi, con perduti due cannoni, e 'l danno e l'onta.

L'alba del 26 vide la bandiera della Giovine Italia sull'antica dimora de' re. Nè il maggiore Ascenso ebbe campo da capitolare, soverchiato con impeto di moltitudine. Ecco il saccheggio: tappezzerie, porcellane, arazzi, specchi, bronzi, cristalli, tappeti, mobili ricchi e antichi, rapiti, strappati a brani; guasti i musaici pregiati della cappella, devastato il palazzo, spoglio pur delle porte e de' mattoni. Depredano il ricco monetiere antico con più ingordigia, che barattano le medaglie là stesso a uffiziali inglesi vestiti da paesani, a quelle ruine presenti e incitanti. Due capre di bronzo, greco lavoro, state già sul tempio di Minerva in Siracusa antica, rispettate da' Saracini, messe colà da Carlo III, una andò alla vandala fatta a pezzi a colpi di scure; e quei prodi bisticciavansi fra loro pe' minuzzoli, da venderli agli Inglesi, ghiotti pur di frantumi; l'altra men guasta, potè poi esser raccozzata e riposta a luogo, ma con un piè manco, ad aspettarvi consimil fato nel 1860.

§. 30. Resa delle Finanze.

Non prima di quel dì il De Sauget manifestava esser egli al Mayo succeduto; però questi e 'l Vial incontanente partiro per Napoli. Il comitato, tenendo la città tutta, intimava la resa alle Finanze; e negandosi il Milon si volse al Gross comandante di Castellammare, dal quale il Milon avea dipendenza. S'eran lanciate poche bombe a frenar gli aggressori, e già gl'Inglesi n'avean rinnovate le umanitarie rimostranze, e cominciate pratiche per far cedere le Finanze con la guarentigia brittanna; al che il De Sauget stantesi immobile avea subito acconsentito. Si fermarono i patti; ma l'ordine della cessione non giunse in punto; perchè nella inazione della tregua, i popolani gridando Pace, Pace! e sendo l'ora bruna, e intiepidita la vigilanza, si cacciaron dentro senza guerra. Il comitato trattandosi di moneta seppe impedire il sacco, ancora che non sapesse impedire qualche assassinio di soldato inerme. Questo il 36. Così il danaro napolitano andò a pagare la rivoluzione.

§. 31. Ritratta da' Quattroventi.

Unite a' Quattroventi tutte forze, il De Sauget con l'esercito gagliardo poteva gagliardamente operare, assediando la città da mare e da terra; questo voleva il suo onore e l'onor della bandiera, ma egli avea fatta tanti anni la parte d'uomo saputo, appunto per far quella di scemo a questo tempo. Stettesi con l'arme al braccio a veder lo scempio de' suoi fratelli d'arme; poi il 26 spiccò un uffiziale a Napoli, dicendo caduto lo scopo della sua impresa, aspettar ordini sul da fare. La sera del 27 si fece aggredire sin dentro il campo; ma i soldati frementi discacciarono e inseguirono gli assalitori sino alle porte di Palermo.

L'ordine di ritrarsi a Messina già l'avea, ma ei facea le lustre di dubitare se andar per mare o per terra; per mare temea guerra nell'atto dell'imbarco; farlo in due volte credea pericolo, in una difficile; per terra vedea lunga la via, tra paesi commossi, e pronti a ribellione. Eran lustre, perchè sicuro era lo imbarcarsi, protetto a dritta dall'edilizio delle prigioni, a manca da' forti del molo, col mar libero e la flotta a fronte, che a un menomo comparir de' ribelli li avria fulminati. Ma egli anche nel fuggire ebbe a mettersi l'onore sotto i piè, e aiutar la rivoluzione con non credibile viltà. Propose pel mezzo del capitano Lusington inglese di cedere i forti del molo e Castellammare, a patto fosse lasciato imbarcare senza molestia; e 'l comitato gli rispose altiero con tre condizioni: lasciare tutti i prigionieri per ragion di stato, dar le carceri e i galeotti a guardia del popolo, e cedere Castellammare in punto d'armatura. Egli aderì a tutto, fuorchè a quest'ultima; perchè il Gross, giusta la legge, volea l'ordine di pugno del re; ed i Siciliani invaniti per quel vedersi supplicare di cosa che non avrebbero potuto impedire, credettero col duro ottener tutto, e ruppero il trattato.

Il maresciallo s'aonestò chiamando consiglio di generali, cui fe' giudicar pericoloso porsi in mare presente il nemico, e più avendosi a fare in due volte per difetta di navigli. Le navi come si vide potean bastare a uno imbarco. Dissero più onorevole alla bandiera l'aprirsi il passo a Messina. Ed egli senza aspettare il ritorno, dell'uffiziale spedito a Napoli, mosse il campo incontanente, senza bisogno. Disarmò il molo e la Lanterna, bruciò gli affusti, inchiodò i cannoni; mise ne' legni le donne, i fanciulli, i malati e i feriti, e ritrasse le guardie custoditrici de' galeotti. Sull'ore sei della notte dopo il 27, unì le schiere al piano della consolazione, quasi diecimil'uomini; die' l'avanzata al Nicoletti, il mezzo al Del Giudice, la retroguardia al Pronio. I soldati silenti ed in ordine mossero per S. Paolo e Braida. Avean di qualche guida; in ispezialtà un borghese fornito da un gentiluomo di Palermo, cui poi seppesi essere il boia: ultimo scorno. Così l'esercito onorato fu da disonorato duce sottomesso ad avere il carnefice per guida. Il carceriere de' Quattroventi, vistosi solo e minacciato, aprì le porte; i detenuti liberi appena, corsero alla Vicaria, e liberarono i compagni; il che die' altro campo alle sette da sfringuellare: i Regi avere scatenato i galeotti per far saccheggiare Palermo. Menzogna da far numero coll'altre. Dodici anni dopo fu il liberatore Garibaldi che quelle stesse carceri aperse, e armò i galeotti per far l'*Italia una*.

Di tal ritratta ogni militare biasimò il condottiero, per esser ito cercando rischi senza pro in contrade sollevate, quand'era sicuro per mare; e ad ogni modo avria dovuto aspettare da Napoli gli ordini da esso stesso provocati. Così partendo trionfò la rivoluzione, disanimò i soldati, e per perigliosi calli li fe' decimare. Difesesi che per difficile ritratta salvasse l'onore; l'avria salvato combattendo per vincere; ma non avendo voluto vincere, si confortava con tai baiate, mentre i Siciliani festeggiando gridavanlo fuggito; e avean ragione.

§. 32. Fazioni a Villabate.

Mosso alle ore due del mattino, fu sull'alba a Boccadifalco, paesello sur una scoscesa rocca, d'onde gli accorsi rivoltosi presero a saettare i soldati di su le balze e le case, e molti ne uccisero impunemente. Il Pronio ito pe' campi passò intatto. Non volendo il duce vendicar quelle offese, andò avanti benchè percosso; e pe' piani de' Porrazzi, S. Maria del Gesù e S. Ciro, ripigliando i monti giunse a Villabate. Là da presso venner colpiti da' cannoni che i disertori Longo ed Orsini avean puntati da sopra una torre. Furiosissimi allora i soldati, per empito di rabbia, s'avventarono su' percussori, fugaronli, presero i cannoni, ed entrati nella terra manomisero e accopparono quanto lor si parò avanti. Anche un po' saccheggiarono. Vi stettero la notte; al mattino, ch'era il 29, presero i monti d'Altavilla, senz'altro danno, chè fresco era il gastigo di Villabate. Altavilla rimasto cheto, non fu tocco.

Per la punizione di Villabate i giornali e le bocche liberalesche disser sulla barbarie de' soldati cose da Tacito. Gl'Inglesi rapportarono di fanciulli uccisi, di donne e vecchi sventrati, di paesi e campi arsi; poi dimentichi d'avere scritto questo, per sublimare il valore de' ribelli scrissero questi in tutta la rivoluzione non aver perduto più di dugento persone; e de' Napolitani contano di compagnie tagliate a pezzi, di feriti a centinaia, e che solo a Solanto s'imbarcassero cencinquanta feriti di quel tragitto. Or se fosse vero che i Regi con tante bombe e cannoni, fanti e cavalli non uccidesser più che dugento nemici, seguirebbe ch'essi non già immani e feroci ma mitissimi fossero stati in tanto patimento d'offese. Ma la rivoluzione sola avea dritto d'uccidere; i soldati dovean percossi morire senza reagire, e aver poi taccia di codardi. Logica cui niuno contradiceva allora.

§. 33. Imbarco a Solante.

La flotta con le munizioni seguiva l'esercito lungo le coste; ma sopraggiunte altre navi da Napoli con lettere, il comandante scorti soldati sulle alture di Casteldaccio spedì gente a terra. Similmente il maresciallo come scorse l'armata ingrossata, piegò a manca sulla spiaggia di Solanto, villaggio a due miglia da Bagheria, dove lesse l'assenso ministeriale responsivo alla sua domanda, che tornasse per mare. Intento a imbarcarsi mise truppe a guardar le bande che gli stormeggiavano attorno; cominciò l'imbarco la sera del 29, e durò tutto il 30, e la seguente notte, quantunque il mare avesse calma. Al mattino del 30 fu assaltato agli avamposti; onde v'andò il capitano Rodolfo Russo, con uno squadrone di dragoni e due mezze compagnie di fanti, che bastarono in un'ora a respingerli e a snidarli da ogni albero o siepe o maceria circostante. Nulladimeno quell'imbarco fu quasi una sconfitta, ch'ebbe a gittar qualche cannone a mare, e lasciarne qualch'altro sulla riva. Al più de' cavalli del treno e di quel bel reggimento dragoni diè condanna di morte; ma pochi ebber cuore da eseguir l'atto; altri piangendo li abbracciava, altri sguarnivali del bardamento, e li scapolava. I generosi animali davano in nitriti, e correano appresso a' soldati, più amanti del padrone che della libertà; molti lanciatisi in mare seguianli nuotando; sinchè spossati e sopraffatti dal lungo mare perivano, men fortunati del cane di Santippo che il potè seguire da Atene a Salamina. La fedeltà de' bruti per mutar de' tempi non muta. Così l'esercito napolitano, vinto dal suo duce, lasciava a' 31 di gennaio quelle malaugurate spiagge di Sicilia.

Adunque il De Sauget eseguì in aperta spiaggia, presente il nemico e combattendolo, quell'imbarco ch'avea stimato periglioso a Palermo sotto la protezione delle fortezze; s'imbarcava con perdita, quando già tutti i pericoli della ritratta per terra avea superati; e quando il menare a Messina quel nerbo di soldatesca avrebbe serbata al re buona parte dell'isola, e fatta facile la riconquista. Non volle vincer Palermo, gli mandò capitani, gli lasciò i danari, fe' decimare i battaglioni spartiti nella città, si ritrasse per terra quando senza pericolo poteva imbarcarsi, e si mise in mare senza necessità quando era pericolo e danno il farlo. Servì egregiamente la rivoluzione; poi quando questa fu vinta, ei s'ingegnò a inorpellar ragioni in un libercolo per farsi innocente. Re Ferdinando mancò al suo debito, chè dovea sottoporlo a consiglio di guerra; nè tampoco il dimise, onde ei potè lunghi anni macchinare all'ombra de' gigli e del serbato grado; sinchè tornati i tempi rivoluzionarii, strisciando nella reggia, gli venne fatto ingannare il buon Francesco II, e accorrer poi festante incontro allo straniero Garibaldi, e condurlo a mano e sicuro nella tradita patria, e nella reggia del suo re. Uomo che stamperia con invetriata fronte un altro volume a difesa della sua nuova innocenza.

Importava a' congiurati il tacciar di codardia i Borboniani, per dar animo a sollevarsi all'altre parti del regno; però loro giornali spruzzavan vituperii. Ma l'esercito, condannato dal duce a non usar sue forze, combattè con pochi e sparpagliati, nè soccorsi, qua e là, contro città popolosa; fu obbediente a' comandi, sordo a seduzioni e minacce, con poco vitto, e cercatolo tra' rischi, senza letti, sempre in veglie, al sereno, all'intemperie; non mormorazioni, non disertori, colpiti sempre senza veder nemico, e ritrarsi tra gente contraria combattendo, imbarcarsi sulla spiaggia con feriti, cannoni e bagagli, presente lo spietato nemico. Eppur l'Europa echeggiava di turpezze su' soldati. Ricordiamo i Francesi rinculare avanti alle popolazioni di Spagna, esser vinti nelle tre giornate del 1830 a Parigi; i Russi uscir discacciati da Varsavia, gli Olandesi da Brusselles, e poco dopo i Tedeschi in tredici migliaia percussati da' Milanesi abbandonar Milano; nè altri mai tacciò di codardia cotesti soldati, sebben facessero minor difesa che non i Napolitani a Palermo. I Napolitani combattenti e morenti erano accusati di viltà; ma Dio toglieva il senno a' settarii; e gl'ingiusti vilipendii misero in cuor de' soldati tanta indignazione, che quando trovarono duci non vietatori di vittoria, dettero l'esempio al secolo della prima milizia percuotitrice della rivoluzione, su quelle vie stesse credute insuperabili. Napoli vide le prime barricate vinte; poi Francfort, Vienna, Dresda, Praga e Parigi.

§. 34. Anarchia.

I Palermitani vistisi padroni impazzarono: prima arsero le carte del catasto, de' dazii civici, e de' processi penali; poi saccheggiarono le case di polizia, e pubblicarono aver trovato teschi di morti in quelle a S. Domenico e in via S. Gelso, tacendo il vero per calunniare il passato; gl'imbecilli ripeteronlo, e 'l volgo il credette. Quei teschi eran d'antichi malfattori giustiziati, cui per usanza dell'età stavan da secoli in gabbie di ferro sulla porta S. Giorgio, tolti nel 1846, all'entrata dell'imperatrice di Russia. Incontanente van cercando a morte quanti furon di polizia: piglianli, strascinanti, e con coltelli e moschetti fra cento sevizie senza forma giuridica finisconli sin presso il palazzo pretorio, sotto gli occhi del comitato. Questo vistine già cinquanta assassinati, credendo sazie le vendette, die'a 20 gennaio una proclamazione per disapprovare tali atti non *corrispondenti all'indole generosa del popolo*. In risposta, sendosene carcerati trentaquattro con un ispettore, e chiusi in S. Anna, ecco la notte seguita al 15 febbraio, una banda di manigoldi ne li tragge, strascinali fuor di città, e li fa a pezzi in un luogo detto Pantano. Quasi cento altri sventurati perirono atrocemente in vario modo, fra orgie sataniche, dove uomini e donne gavazzavano furibondi. Diroccate eran le case del Vial e d'altri uffiziali, rubate le masserizie; aperte le prigioni di ladri e omicidi, scorrevan le vie tumultuosamente con bandiere e canti e ferri insanguinati, plauditori e plauditi, fra balli e abbracciamenti, tra percosse e uccisioni, in tanta ubbriachezza di trionfo insaziabili. Il comitato sfrenata quell'idra, non bastava a contenerla; e in esso era altresì chi quei delitti reputava necessarii a far la rivoluzione duratura. La plebe sentendo sua forza, francata dalle leggi, sicura di non aver soprastanti, incitata da demagoghi che servilmente piaggiandola fean pompa di liberissime parole, non rifuggiva da eccesso nessuno. Manomettendo, saccheggiando andavan le case dei partiti uffiziali; dove trovavan persone infierivano; mogli e figliuole strascinavano in postriboli, segni a tutti obbrobrii, quanto più note per condizione tanto più vituperate. Un quartiermastro di gendarmi rimasto in città fu aggredito in casa da un *galantuomo*, già suo amico in tempo felice; il quale con suoi scherani gli rapì la cassa del reggimento, gli rubò la sua roba privata, e ligato lui con funi, tutte e tre le sue tre figlie zitelle fe' stuprare avanti al misero padre. Questi mirata tanta vergogna acciecò per furia di sangue. Atrocità simiglianti nell'altre città: a Catania indotti con bei modi i gendarmi a posar l'arme, poi feronli segno a mille oltraggi; il tenente Fiorentino uccisero, un gendarme scorticarono vivo. Peggio nelle campagne; percorrevano armata mano i galeotti, depredavano, e ascondevan sotterra il bottino; uccidere, ardere, stuprare, rapire eran cose lievi, nè par davan rimorso. E i possidenti che allettati da promesse di paradiso avean per vezzo sorriso alla rivolta, ora dissuggellati gli occhi, rimpiangevano il pria maledetto governo, i cui mali ancora che esagerati eran sopportabili almeno. Sospesa l'agricoltura, tronco il commercio, abbandonate l'arti, cresciuti con l'ozio i bisogni, con la libertà i desiderii, con le grida l'audacia; interrotta la giustizia, l'amministrazione, il culto, ogni cosa tenuta lecita, ogni colpa impunita e lodata, già la plebe alzava gli occhi alle case de' ricchi. Quanti erano impiegati napolitani svaligiarono: magistrati, finanzieri, militari e civili, tutti costretti a fuggire co' nudi panni addosso, lasciarono loro case in balìa di quella turpe canaglia; e miseri, bisognosi d'ogni ben di Dio, andarono tapinando pane e panni sino a Napoli, dove la carità pubblica e del re li soccorse. Nè tampoco nella riconquista dell'isola poteron ricuperare il loro; chè il re posto velo sul passato, non volle si rimestasser quelle vergogne.

§. 35. Sicilia abbandonata.

La ritratta de' Regi, e la proclamazione del comitato data a' 25 gennaio, finì di commuovere tutta l'isola. A Girgenti il 20 il colonnello Pucci col piccolo presidio si ritrasse al quartiere de' gendarmi. Al castello novantatrè galeotti tentarono di fuggire; onde il Pucci mandolli tutti ch'eran centosettanta al molo, sette miglia discosto, dove messi in luogo sottano, vi mancarono infelicemente moltissimi per asfissia. Dipoi sendo il quartiere inadatto a difesa, i soldati a 1° febbraio navigarono a Napoli. In Catania a 24 gennaio tentarono aprir le carceri, e furono respinti dalle guardie; indi scaramucce; e il general Rossi, non potendo tener tutti i posti entrò col battaglione in castello, e sparò i cannoni; ma impedito da' consoli esteri restò bloccato, sinché a 14 febbraio s'imbarcò. In breve da ogni parte ritraendosi i soldati, il comitato palermitano pigliava la potestà su tutta Sicilia; laonde rifacea di nuovo a 2 febbraio i quattro comitati da durare sino all'apertura del parlamento. Fur presidenti il principe di Pantelleria, il marchese Torrearsa, Pasquale Calvi, e 'l principe Scordia ; Ruggiero Settimo capo di tutti, ch'eran sessantasei. L'isola intiera era abbandonata a sè, fuorchè la cittadella di Messina, Siracusa, Castellammare di Palermo, Milazzo ed Augusta. Quella ribellione siciliana era il prologo della europea rivoluzione.

LIBRO QUINTO

SOMMARIO

§. 1. In Napoli chiedono costituzione. — 2. Moti atroci nel Cilento. — 3. Allontanamento del ministro di polizia. — 4. Dimostrazione del 29 gennaio. — 5. La costituzione. — 6. Feste. — 7. Note inglesi ed austriache. — 8. Rivoluzioni italiane. — 9. Nel Milanese e a Venezia. — 10. A Parma, a Piacenza e a Modena. — 11. Rivoluzioni in Francia. — 12. Altre rivolture in Europa. —13. Programma del Mazzini. — 14. I circoli e la stampa. — 15. Uomini nuovi e peggiori. — 16. Ingordigia d'impieghi. — 17. Il carro del Mammone. —18. Disordini nelle Provincie. —10. Legge elettorale. — 20. Combattimenti in Sicilia. — 21. Disordini e fazioni. — 22. Mutamenti ministeriali. — 23. Larghe concessioni rigettate. — 24. La guardia nazionale. — 25. Sette nuove nelle Calabrie. — 26. Loro atti di ribellione. — 27. Il Saliceti contro i Gesuiti. — 28. Sono scacciati dal regno. — 29. La plebe del mercato. — 30. Anarchia e decreti. — 31. L'ultimatum di Palermo. — 32. Il pacificatore Mintho sventa la pacificazione. — 33. Il parlamento di Palermo.

§. 1. In Napoli chiedono costituzione.

Sebbene la rivoluzione sicula fosse da molto preparata, pur la sua fortuna che passò le speranze fe' divampare tutta Italia, e più Napoli vicina. Qui il comitato rivoluzionario, consenzienti quelli dell'altre italiche città, statuì turbar subito le cose del continente. I faziosi di Roma per divertir le forze del governo napolitano, prepararono una spedizione di volontarii in Abruzzo, giusta la proposta d'un Giovanni Durando, esecutore Ignazio Ribotti Nizzardo. Quei di Firenze vi davan la mano, e volgevano all'impresa Nicola Fabrizi per la via di Siena, e 'l Ribotti con Felice Orsini per le Romagne ed Ancona. La trama non ebbe effetto, perchè le cose di Napoli andaron sole e presto.

Sul finir dell'anno il ministro di polizia avea fatto l'ultimo errore. Eran quarantamila studenti in Napoli, torbidi, vogliolosi di novità, cui fu ordinato ritornassero a casa. I più faziosi non ubbidirono; sol quindicimila all'antivigilia di Natale partirono, recando nelle provincie il dispetto, l'ira e gli ordini del segreto comitato. Ferdinando visto il tempo nero, credè che alquanto cedendo eviterebbe subugli, nè turberebbe la quiete del paese; perlocchè a 18 gennaio die' due decreti per riforme municipali, amministrazione disgiunta da Sicilia, e larghezza di stampa. Ciò accontentava chi in buona fede aspettava il bene governativo senza più, nè v'era allora altro possibile progredimento buono; ma la fazione ch'avea cominciato dimandando meno di quello, viste sue arti prevalere, e aver già mossi gli animi a desiderii, voleva altro che quelle concessioni. Inoltre a sostenere i moti di Sicilia, e rattener sul continente le milizie, s'aveva in ogni conto a far rumore pur qui. Gridarono sdegnosamente quei decreti venir tardi, non bastare alla pienezza de' tempi, a popoli civili doversi larghezze consone al progresso, gl'italici interessi voler camere legislative. Una volta scoccato il motto, fu uno schiamazzio per le strade e pe' caffé di Napoli. Pochi sapevan costituzione che fosse, chi ne sapea meno ne volea più; nè veggendosi compressi, sbizzarrivano.

Il re sul pendio del concedere s'avvisò contentarli, scarcerando a 20 gennaio quanti eran sostenuti per colpe di stato; e con decreto del 23 graziò i condannati, anche il Pellicano, il Romeo e complici dell'ultima sedizione calabra, salvo che per sicurezza restassero un po' sur un'isola. Altro decreto nel dì stesso nominava censori di stampa uomini liberali. Ne' giudizii correnti si guardò grosso, e la Gran Corte criminale di Chieti dichiarò *costare la innocenza* di cinque imputati di setta *Giovine Italia*. Tai decreti e mollezze furon ragia al fuoco; dissero il re temere, e alzaron le creste.

§. 2. Moti atroci nel Cilento.

Mentre ei perdonava reità, ne seguivan altre. Un Antonio Leipnecher di Siracusa, espulso dal real collegio militare dopo il 1820, testa leggiera, stato soldato e uffiziale in Algeria, dimessosi per isposare una fioraia di Parigi, era con lei tornato a Napoli a vender fiori; onde presto fornito il capitaluccio pigliava per campare qualche carlino dalla setta. Agevolmente lo Ayala e 'l Poerio il persuasero a gittarsi in risicoso partito; e 'l mandarono nel Salernitano, ove tenevano un Costabile Carducci già locandiere, allora fittaiuolo d'una scafa sul Sele e fallito, uomo dato animo e corpo alla fazione. Questi due alzarono la bandiera rivoluzionaria nel Cilento, distretto un po' torbido, montagnoso, pieno di gente bieca e proletaria, ghiotta di guadagno, cui raccozzarono in più bande, coadiuvati da un arciprete Patella, un Mazziotti, un De Dominicis figlio d'un fucilato dal Del Carretto nel 1828, ed altri. Pria di muoversi i giornali d'Italia profetavano che al 18 gennaio ribellerebbe il Cilento; ma fu anticipato d'un dì, chè il 17 i congiurati ruppero il telegrafo di Castellabate, un ponte ed una scafa sul Sele, per vietare il passo a' soldati che accorressero; e scorazzaron per quei paeselli disarmandoli, rapinando casse pubbliche e private, sfogando vendette, e ricattando e uccidendo senza pietà. I più noti per fede al governo accoppavano issofatto; fucilarono entro un chiostro un notaio sindaco, nè gli vollero dare un prete, nè un momento da abbracciare i suoi cari; e tali assassinii legalizzavano a ludibrio con certe sentenze di loro consiglio che appellavan militare. Già i più malandrini accorrenti al bottino, giunti a molte centinaia, costrinsero a ritratta il capitano Girolamo de Liguoro co' suoi gendarmi; perlocché il colonnello d'artiglieria Lahalle chiese spontaneo e ottenne d'andar con milizie a punirli, e si partì il 23. Subito la stampa a infamarlo per tutto il mondo; i giornali d'Italia gridavanlo *indegno della divisa militare*, e per contrario esaltavano i sollevati: il Cilento, il Vallo, Salerno levarsi come un *sol uomo*, già diecimila marciar sopra Napoli. Ma il Lahalle incontrati i faziosi presso Laurino, li ruppe e disperse il 30 di quel mese. La promulgata costituzione fe' vana la vittoria, e anzi quei tristi impuniti premiò.

A Salerno i consapevoli fratelli rumoreggiavano a bocca e con lettere; e Napoli ov'era tutta la macchina ingrossava gli umori. Fischiavano i gendarmi, fischiavano il Del Carretto, non eran puniti, e fean calca, accorrendo molti come a festa. In casa Poerio stesero una petizione chiedente Costituzione; e fecerla girare attorno, sottoscriverla da mille persone, chi per vanità, chi per moda, chi per setta; il più per voglia di torbido da pescarvi dentro. V'era d'ogni ordine, e pur di nobili e di corte. Primo firmato il principe di Strongoli che si vantava repubblicano del 99, secondo Gaetano Filangieri, figlio del generale.

§. 3. S'allontana il ministro di polizia.

La popolazione era indifferente, molti volean altri ministri, pochi rivoltura; le provincie fuorchè i misfatti nel Vallo eran chete, nè tampoco sospettavan mutazioni; Napoli incerta, inerte, intenta alla industria, le soldatesche fide, le milizie civiche devote all'ordine. Salvo studenti, ambiziosi e pazzi che fean seguito, i congiurati procedean soli, e ne fremevano; fecero pratiche a mover la plebe, mandaron larghe promesse a' popolani, nè furon compresi; si volsero a' contrabbandieri, questi risposero saper tragittar mercanzie di nascosto, non di politiche tresche. Ma soli bastarono; accerchiarono attorno al re loro adepti; e lo strepito de' pochi superò il silenzio de' molti.

Tanto seppero strimpellare nelle orecchie del re che gli fecero credere gravissimo il moto, nè potersi con la forza sedare: tutto il Cilento in arme, Salerno tentennare, le Calabrie seguiterebbero, Sicilia perduta, unica salvezza il conceder presto. Il più curioso fu che seppero spaurire il potentissimo Del Carretto; il quale, smessa quella sua boria, vilmente si calò il 24 a pregar di consiglio quello stesso Mariano Ayala ch'avea più volte e pur pochi dì avanti carcerato; dissegli non aver colpa di niente, aver tenuta la sedia della polizia per impedire ch'altri facesse peggio. L'Ayala lo consigliò si ritirasse; ma ei che a lui s'era volto appunto per restare in nome della libertà a quel posto tenuto da assoluto, nol fece; così nel dì della tempesta imbalordito, si sperava rifacendosi carbonaro seguitare al limone.

Ma sendo esoso ad ogni partito, il re stesso, o per contentare l'opinione pubblica e rimuovere una cagione di diffidenza, o che vistolo bazzicare co' faziosi ne sospettasse, la dimane, 25 gennaio, il fa chiamare alla reggia. Ei trova in sala chiuse le porte, ed ecco il Filangieri che il tragge seco, gl'impone di partire issofatto, e non gli permettendo andare un istante a casa, traggelo per segreta scala alla propinqua Darsena; di là condotto sul Nettuno, avuti danari e altri arnesi, è incontanente fatto partire. Com'egli nel 1831 avea preso di notte e mandato fuor del regno rintontì suo predecessore ch'avea proposto riforme col Filangieri ministro, così questi ora gliel restituiva, cacciando lui alla vigilia di più che riforme. Alla dimane un decreto mettealo al ritiro; e abolito il ministero di polizia, se ne davano le attribuzioni a quel dell'Interno. Del discacciato si strombettarono cose infinite e turpi; e secondo l'usanza de' codardi svillaneggianti al caduto, molto gravando le colpe, e conculcando il vero. Nè qui finì, chè ito il motto settario, perseguitaronlo pur fuori: a Livorno fermatosi il legno a chieder acqua, fu tumultuosamente negata; lo stesso a Genova; a Marsiglia cinser la casa del consolato ov'era disceso, ond'ebbe a cacciarsi nell'interno della Provenza. Il troppo potere di questo ministro era stato male; fu maggior male che mancasse a un tratto; perchè i congiuratori toltasi la polizia di dosso, fuor d'ogni temenza operarono alla libera, guadagnaron seguaci, ereditò e forza, e dettero il crollo alla potestà regia.

§. 4. Dimostrazione del 27 gennaio.

In questi rivolgimenti s'era inventato un certo modo di tumultuare senza ferri, molto riuscito a Roma, a Genova a Firenze e in altre parti. Quando la fazione voleva una cosa assembrava i suoi in piazza, li accresceva co' curiosi e con la plebe cui largiva monete, e in sembianza di popolo dava grida chieditrici. Ciò dicevano *dimostrazione,* cioè dimostrante il desiderio popolare. La sera del 26 gennaio vociarono per le vie ciascuno si recasse al mattino a Toledo per la dimostrazione, cui assicuravano sarebbe senza opposizione. Di fatto, dopo il consueto fuggire e 'l serrar degli usci, incominciò sul tocco di mezzodì a ingrossare un po' di gente al Mercatello, qualcuno gridò Viva il Re e la Costituzione! poi in molti, pagatori e pagati, giù per Toledo dettero in grida costituzionali piene, con nastri tricolorati, e fazzoletti svolazzanti. Innanzi a tutti un Saverio Barbarisi, vecchio in gran fascia, gesticolatore e schiamazzatore solenne. Pel caso nuovo s'affollò molto popolo a vedere e a seguitare giusta l'uso napolitano, pronto al frastuono. La Guardia civica e gli Svizzeri videro passare, e s'udiron plauditi; ma non avendo ordine di niente, nè si mossero, nè risposero; solo i castelli dettero il segnal d'allarme con bandiera rossa; ma i capi dimostratori sicuri d'esser lasciati fare, e più dalle promesse del general Roberti comandante di S. Elmo che non farebbe fuoco, s'avanzarono baldanzosi sino alla Carità. Quivi arrivava da Palazzo il generale Giovanni Statella governatore di Napoli, seguito da dodici ussari a cavallo, e come avean le sciabole nude e trottavano, pareano assalire; perlocchè tutta quella gente sgombrò in un attimo, rifugiando in vicoli e botteghe; poi sendo sdrucciolati per terra la metà de' cavalli, i gridatori preso animo usciron a fischiare i soldati, e si misero lo Statella in mezzo. Dimandati che si volessero, risposero Costituzione, e seguitando ver la reggia invitavanlo a presentare al re quel voto popolare. In giù s'ingrossarono con alquanti giovani gentiluomini, anche in carrozzelle da nolo, con gran fasce e nelle mani rami di ulivo e bandiere, strillando a gola piena; ma a S. Ferdinando trovaron file di soldati che chiusa la via vietarono procedere innanzi; onde si dispersero. Un'ora dopo

Storia delle Due Sicilie 1847-1861 147

uscì uno squadrone d'ussari a cavallo a passeggiare per Toledo, quando più non era niente da fare.

§. 5. La costituzione.

Seguitarono due giorni d'aspettazione; ma uscì il motto si confidasse, chè il sovrano accederebbe. Questi udita l'ambasciata per lo Statella, mutò ministero la sera stessa del 27 così: presidente il duca di Serracapriola, ministri Bonanni, Dentice, Cianciulli, Torella, Garzia, e il siciliano Scovazzo; udì lo avviso di tai consiglieri, e poi, all'ore dieci di sera, quello de' generali presenti in città. Dissuadevano la costituzione il Salluzzo e 'l Filangieri soli, questi se ad arte non so, certo il figlio stava co' strepitatori in piazza; gli altri generali chi storse il muso, chi parlò dubbio, chi assentì netto. Fu stampato che il Roberti comandante di S. Elmo interrogato se avesse fatto suo dovere, sapesse far intravedere il niego senza molto mostrarsi; ond'ebbe lodi grandi, com'era di dovere. Anche hanno scritto che i ministri d'Austria, Prussia e Russia esortassero con nota il re al niego, ricordando come pel trattato di Vienna del 1815 non si potessero fare mutazioni inconciliabili coi principii adottati dall'Austria in Lombardia; e si rispondesse soprastare a' trattati la necessità della pubblica pace. Per fermo Ferdinando si pensava concedendo ottener la quiete e por fine al versamento di sangue; però al mattino del 29 gennaio die' fuori la promessa di regime rappresentativo, di cui fermava le basi, e aggiunse fidar nella lealtà del popolo pel rispetto all'ordine, alle leggi e alla potestà. Ciò fatto, a confermare la spontaneità della concessione, volle mostrarsi al popolo; e percorse la città a cavallo con pochi uffiziali. Avvenne che un Domenico Mauro, repubblicano (del quale parlerò appresso) scorta la facilità del regicidio, fu per cavare il pugnale, rattenuto da' circostanti consettarii, coperto l'atto e le voci dal moto e da' plausi della moltitudine; la quale circonfusa di stranieri e congiuratori, plaudiva anch'essa, infiammata dalla solennità del momento, e dalla riverenza al monarca. Ma questi come passò Toledo e Foria, lasciato per le strette vie addietro il popolo artefatto, trovò innanzi popolo schietto e silente; e anzi pervenuto nella vecchia Napoli fu circondato da popolani; tutti a commiserarlo, a esortarlo, e dir non temesse, lasciasse fare a loro, straccerebbero essi quelle *setiglie* (vesti da gentiluomo). E subito a' fatti, laceravan dove si vedesse un nastro de' tre colori. Il re colla voce e col gesto tentò calmarli; poi visto crescer l'onda, e gli affetti rinfocolarsi, giunto alla Marinella punse il cavallo, e s'involò.

Il giorno appresso, rinunziando il Cianciulli al ministero dell'Interno, vi salì Francesco Paolo Bozzelli. Questi fu nel 1820 su' fianchi al Pepe, qual capo d'amministrazione dell'esercito carbonaresco; poi carcerato, poi esule; rimpatriato per grazia, fe' l'avvocato, e stampò opere d'estetica e dritto costituzionale; dappoi nel 44 per sospetto di cospirazione fu sostenuto a S. Elmo col Poerio, l'Assante, il Graziosi, il Primicerio, l'Augustinis ed altri. Liberato, fe' il presidente del segreto comitato rivoluzionario, però principale motore di questi mutamenti. Laonde in premio surto ministro, ebbe anche il carico di stender la costituzione promessa; e non è da dire qual profluvio di lodi gli volgessero in tutti i metri; dicevanlo *il sommo Bozzelli.* Ciascuno da lui professore di dritto aspettava una costituzione napolitana, buona a guarire i mali del paese, senza spegnerne la salute; ma ei per fretta o leggerezza ne copiò una all'orleanese di Francia. Veramente queste costituzioni d'oggidì son tutte a uno stampo, inventate non a sollievo de' popoli, ma a tenerli agitati. N'eran fondamento: religione cattolica, re inviolabile, ministri responsabili, armi dipendenti dal re, guardia nazionale, stampa libera, due camere legislative, una di deputati della nazione, altra di pari, scelta dal re, indeterminata di numero, base principale d'elezione il censo, nel re il veto, e *velo impenetrabile sul passato.* All'articolo 87 prometteva modificarne parte per la Sicilia. Il ministero presentolla al sovrano l'8 febbraio, all'ore sei pomeridiane; la dimane fu sottoscritta, l'11 promulgata, e 'l dì seguente col Vesuvio spedita a Palermo.

Benchè questa costituzione sul primo botto si vedesse plaudita, pur a pochi bonarii piacque: i realisti vi vedean la ruina della dinastia, i liberali tennerla poco liberale. Prima piano poi aperto riprovavano la non concessa libertà religiosa; il darsi al re la nomina degli uffiziali superiori della Guardia nazionale; il potersi arrestare i rei nella *quasi flagranza,* frase dicevano elastica, soggetta ad abuso; poco largo l'articolo 30 per la stampa (ed era larghissimo); il lasciarsi con l'art. 44 il numero de' Pari a volontà del re; il regio veto dell'art. 65, bastevole dicevano a render nulla la costituzione; il poter egli sciogliere parte della Guardia nazionale; la *mostruosità* di ministri eleggibili a deputati; i consiglieri di stato eletti non dalla Camera ma dal re; l'articolo 85 dicevan perfido, che i magistrati eletti dopo il 10 febbraio fossero inamovibili solo dopo tre anni; il non esservi motto di *giurì*: volevan proprio repubblica. Anche la masticavan male pel Garzìa stato a lungo direttore di guerra, ora fattovi ministro; e susurravano Ferdinando voler tener l'esercito sotto la mano. E i repubblicani aggiungevano che *il paese avrebbe dovuto sbarazzarsi de' Borboni al 29 gennaio*: generoso rammarico! Con tutto questo perchè eran pochi non osavan mostrarsi allora, e plaudivano con gli altri. Nondimeno sin da quei primi dì trasparivan lampi di ferro; e fu scandalo veder sulle cantonate un manifesto d'un Matteo Vercillo, uomo privato, invitare qualunque del popolo a prendersi in casa di lui moschetti e munizioni.

§. 6. Feste.

La costituzione alle popolazioni delle provincie, chete ed ignare, parve una cosa strana; qualche città non vi credette, e a chi vi recava la prima nuova mal ne colse; poi visti i decreti stampati maravigliavano. Il ministero mandò lettere circolari ordinanti feste, e furon fatte. L'esultanza è come la paura; uno piglia tutti. Inoltre facean vedere la costituzione unico rimedio a tutti mali; si vide poi e presto come i mali sopportabili diventassero insopportabili. Chi avea visto il 99 e il 20 trepidava, chi no, vagheggiava rose nell'avvenire: i ricchi speravansi nelle venture leggi confermata la sicurezza della proprietà e scemata la tassa fondiaria; i poveri adescati da grasse promesse intravedevano nella cosa nuova fortuna nuova; i dotti nella libera stampa sognavan la manifestazione del vero, si consolavano della cessata melensa censura; gl'ignoranti encomiavan tutto; e ciascuno con l'occhio a' vizii vecchi non prevedeva vizii nuovi. Cotesta gente aspettava il paradiso; la popolazione delle campagne guatò diffidente quell'esultanza.

A 1° febbraio altra cagione di giubilo, per decretate grazie ad ogni imputato o imputabile di reità di stato, sia dimorante, in regno, sia fuori; e che pienamente liberi andassero i già perdonati a 23 gennaio. Si cantarono Te Deum; poi gale, luminarie, archi trionfali, iscrizioni, carri, cocchi, bandiere, grida entusiaste, e plaudimenti infiniti. Scrissero a posta un inno di ringraziamento, musicato dal Pistilli, cantato da schiere di persone d'ambo i sessi avanti la reggia. In Napoli certa gente parve delira. Si mostrarono allora carchi di nastri e vessilli tricolorati, a gridar forte, in piè su trascorrenti carrozze, personaggi, che, stati sin allora strisciatori a pie' di potenti, erano in ispregio per servilità troppa. Giacinto Galanti avvocato ministeriale, Giacomo Tofano, Aurelio Saliceti magistrato e creato del Del Carretto, e altrettali fecero maraviglia. Di festeggiatori stranieri vedevi catervie, fra' primi il Mintho; e videsi Ibraim figlio del pascià d'Egitto. Ma la plebe de' quartieri vecchi guatando bieca turbò in quelle basse vie la quiete; dove scorgea tre colori s'indignava, e seguiron busse e ferimenti; laonde Ferdinando passeggiando in carrozza per Chiaia avvertì certi giovani smettesser quei colori, ch'eran vana pompa di cosa già avuta, che potean turbar l'ordine interno, e provocar nell'estero controversie. Fu ubbidito, e per qualche dì si vider parecchi regi nastri rossi al vestito. Un Michele Viscusi già impiegatuccio, e arlecchino nelle case de' potenti, surse concionatore in piazza, a spiegar la costituzione al popolo; e con buffonerie si fe' un pò di seguito; co' quali a 10 febbraio si recò avanti al palazzo entro un carro, vestito da lazzaro fra lazzari, con bandiere e frasche. Emulo di lui fu altresì un Angelo Santillo.

Il re a' 19 febbraio passò a rassegna sulla piazza della reggia i primi quattro battaglioni della Guardia Nazionale. Con due decreti del 21 si stabiliron le formole di giuramenti pel re e pel duca di Calabria, quando giungesse ai ventun anni, e quando salisse al trono. Poi il mattino del 24 il re nella basilica di S. Francesco di Paola, e le milizie sulla propinqua piazza giuravano la costituzione. Con decreto del 27 si abolì l'azione penale per delitti e contravvenzioni sino a quel dì, prescritte le formole di giuramenti agli uffiziali civili, e provveduto a' consiglieri di stato.

§. 7. Note inglesi ed austriache.

Lord Palmerston temendo l'Austria intervenisse a comporre le cose, volse a 11 febbraio un dispaccio al Ponsomby ministro inglese a Vienna, perchè dichiarasse: « L'Inghilterra voler trattare con l'Austria su' gravi fatti italiani; esser paga delle assicurazioni sempre avute da lei di starsi ferma a seguire la via più savia e giusta, conforme anche a quelle stipulazioni del 1814 che provvedevano alla indipendenza

degl'itali stati, giusta i principii di giustizia internazionale. Confidare che (quali si fossero gli eventi nel reame di Napoli, e che che lo esempio di questo potesse gravare sulle cose interne d'alcun altro stato d'Italia) l'Austria persevererebbe tuttavia nella precedente condotta, ratterrebbesi da varcare i limiti dei suoi possedimenti. »
Risposegli il Metternich a' 23: « Il sentimento dell'Austria sul valore morale e pratico del principio di libertà nell'interno di qualunque stato sovrano essere sì stabilito, che qualunque iniziativa presa da un governo straniero in uno stato indipendente, saria fuor delle facoltà legali d'un estraneo. Sfidare la imparziale storia di notar fatto ov'ella avesse mancato al rispetto dell'indipendenza ch'è primo dritto d'ogni stato sovrano. Non intendere come la riserva espressa nel dispaccio inglese relativa a Napoli da poter gravare sopra altro stato italiano possa applicarsi alla Corte tedesca. Sembrargli mancar di scopo. L'Austria sempre esser pronta a concorrere con altre potenze al mantenimento della pace e dell'equilibrio europeo. »

Ma per torre il ticchio all'Austria di tutelar la pace, s'aggiunsero alle note brittanne le macchinazioni settarie, che Boemia, Ungheria e Vienna stessa, e tutto il suo imperio sconvolsero indi a poco.

§. 8. Rivoluzioni italiane.

La napolitana costituzione fu tizzo all'incendio europeo. Prima dirò d'Italia. Sin dal 6 gennaio avean diffuso in Livorno uno scritto chiedente armi contro il Tedesco; e la sera una torma di gente gridava arme sotto il palazzo del governo. Il Guerrazzi propose le dimandassero al principe, ma intanto una deputazione di popolo afferrava il governo; perlocchè l'altro dì itovi il marchese Ridolfi, e sostenuti il Guerrazzi, il La Cecilia e qualch'altro, fu riposta la potestà non la quiete. Sopraggiunta a 31 gennaio la nuova di Napoli costituzionale, fu uno schiamazzìo, con Viva la Costituzione e Fuori il Guerrazzi! Il buon Gran Duca avea fatto ogni possa a chetar gli spiriti, e sinanco tolto via da' suoi titoli quello d'arciduca d'Austria; quel dì 31 per secondare in parte le dimande di riforme ordinò con due decreti leggi sulla stampa e sulla consulta; se non che in quella il Piemonte, terreno concio da molti anni con le passioni settarie ribollenti nello stesso re, visto Napoli, proclamò anch'esso la costituzione a 8 febbraio; la qual cosa come s'udì a Firenze mosse un vespaio. Primo Bettino Ricasoli gonfaloniere levò grido con una proclamazione all'italiana; poi la magistratura chiese con indirizzo al Principe la costituzione, e una turba festosa faceva calca a plaudire il ministro sardo; laonde il Gran Duca quel dì stesso 11 febbraio, non potendo più tenere, promise uno statuto *che fosse essenzialmente Toscano e accomodato a' generali interessi d'Italia.* Ma in fretta compilato da Gino Capponi, al 15 lo sanzionò. A' 12 il principe di Monaco avea dovuto far lo stesso; ma quei congiurati neppur paghi ricorsero al re di Sardegna, e in marzo anzi si ribellarono e s'eressero a governo; quindi proclamarono Monaco città libera; e della libertà usarono poi in giugno con una specie di suffragio che li fuse al Piemonte.

Roma intanto centro di tutto il movimento rivoluzionario, stata primiera a provocarlo, avea turbolenze quotidiane. Gli esempi di Napoli, Genova, Firenze e Monaco ringrandiron l'ansie. Già col Mintho v'eran giunti innumerati demagoghi al servizio inglese. Già sul principio di marzo ottenuto l'incremento dell'esercito, con a capo Giovanni Dorando, mazziniano piemontese quivi dimorante da un anno, v'accoglievono i faziosi di tutta Italia, de' quali fecero generale un Andrea Ferrari napolitano profugo del 1821; già avean messi i tre colori alle bandiere pontificie, già più volte mutato ministri, finalmente avean ministri i primarii ribelli con lo Sturbinetti e il Galletti, usciti poco prima per grazia da' luoghi di pena. Ma la rivoluzione repubblicana trionfata a Parigi, come or ora dirò, sguinzagliava gli eventi. Domandarono costituzione prima i consigli comunali di Bologna e Spoleti; poi il consiglio e il senato di Roma con un indirizzo chiedente *il compimento* delle riforme cominciate, cioè governo rappresentativo; nè mancò chi una notte osò proporre la repubblica al papa. Questi sottoscrisse la costituzione a 11 marzo, e al dì appresso fu promulgata. Ma fra la baldoria delle feste non vollero tardare i doverosi insulti a' Gesuiti; i quali per amor di pace s'ebbero ad allontanare in quel mese stesso.

§. 9. Nel Milanese e a Venezia.

Se in travaglio le parti d'Italia indipendenti, quelle soggette ad Austria eran vulcani. Vicerè per l'imperatore nel Lombardo Veneto si trovava l'arciduca Ranieri, con due governatori, il conte Spaur in Milano, e 'l conte Palffy in Venezia, e due eserciti col Feld-maresciallo Radetzki, sommati a settantamil'uomini, di cui un terzo italiani, spartiti per lo Stato. Sul principio dell'anno i congiuratori avean proibito il fumare, per iscemar l'entrate all'erario; proibito l'andare al teatro, fischiata una ballerina perchè avea un nome tedesco; però insulti, risse, repressioni, onde il 3 restarono uccisi a Milano cinque cittadini e feriti cinquantaquattro. Subugli consimili a Padova e a Pavia. A' morti solenni funerali, nè solo colà, ma a Torino, a Genova, a Firenze e a Roma. Subito dimandarono riforme; Milano a 12 gennaio, Venezia il 4, Verona il 12; e la congregazione provinciale centrale fe' al 25 un indirizzo collettivo al vicerè. Quindi eran carcerati il Manin e 'l Tommaseo a Venezia, il Rosales, il Battaglia e lo Stampa a Milano, ed altri; dappoi a 22 febbraio si promulgava legge stataria per giudizii sommarli a' ribelli. Aggiunse esca il Palmerston, che ipocritamente a 13 marzo dimandò all'Austria concessioni per gl'Italiani; e sendo quel dì medesimo scoppiata la rivoltura a Vienna, e uscito il Metternich d'uffizio, non è da dire quanto tai novelle rinfocolasser gli spiriti di qua dall'alpe.

Venezia stata quattordici secoli repubblica, al nascer della bellicosa repubblica francese avea dichiarato neutralità nelle italiche guerre; però il general Bonaparte presela inerme, e a 17 ottobre 1797 col trattato di Campoformio la vendè permutandola all'Austria. L'ultimo doge s'era chiamato Ludovigo Manin. Nel 1806 ricadde nelle mani di Francia, e tornò a casa d'Austria col trattato del 1814. Errore fu, che lasciò a danno d'un popolo l'opere della rivoluzione distratta a pro de' re; errore che disparò le cause simili, confuse nelle menti gl'interessi popolari co' settarii, e lasciò a questi un'apparenza di giusta causa, e un modo da riguadagnare credito, e rimpastare il lievito per future rivoluzioni. Ma più grave errore fecero i Veneziani con lo stendere le braccia alle sette, male sperando essi rivendicatori di dritti la salute da queste d'ogni dritto rovesciatrici. Vedremo le sommosse venete sempre con quelle della Giovine Italia coordinate. Daniele Manin, nato nel 1804 da Pietro avvocato, cospirò tutta la vita co' mazziniani, coadiuvato dal Tommaseo e dall'Avesani. Come s'udì a Venezia la sedizione viennese, s'adunò popolo in piazza a' 18 marzo; chiesero liberi il Manin e 'l Tommaseo, e avutili, portaronli in trionfo a piazza S. Marco. Alzarono anche bandiere di tre colori, ma tolserle i soldati. La dimane furono scaramucce con danno di cittadini; nondimeno ebbero concesso una guardia civica di quattrocento, eppur ne ferono quattromila in sei corpi, giusta i sestieri di Venezia, capitanati da Angelo Mengaldo. Al 22 gli operai dell'arsenale trucidarono il comandante, ed ecco il Manin vi manda Guardia civica come a riporvi l'ordine; invece arma quelli operai, ch'eran duemila, esce in frotta a S. Marco, fa popolo, e grida repubblica. Il Palffy, benchè avesse cinque battaglioni, non preparato a violenza, stordì, e capitolò, lasciando i soldati italiani, la città, i forti e tutti arnesi da guerra. Subito governo provvisorio, presidente il Manin, riproclamazione della repubblica dopo cinquant'anni che era stata strozzata da Napoleone. Chioggia, Rovigo, Padova, Palmanova, Vicenza, Belluno, e tutte le terre venete tumultuando aderirono. I Tedeschi per ordine del Radetzki si concentrarono a Verona.

A Milano sangue. Il vicerè alle nuove di Vienna si era messo in Verona, rimasto il vecchio Radetzki con quasi quattordici migliaia di soldati. I congiurati prima chiesero e ottennero d'armare guardia civica, e l'abolizione della polizia; ma scendendo con queste concessioni il Potestà seguito da molti, scontrò per via una pattuglia che fe' fuoco; perlocchè commossa la città sursero barricate per le strade, e zuffe. I soldati presero e manomisero il palazzo comunale; ma la dimane 19 marzo e anche il 20 seguendo scaramucce, il Radetzki co' suoi si ritrasse al castello. Allora i sollevati, invasi i palazzi di giustizia e di polizia, liberarono i prigionieri, elessero quattro soprastanti alle cose di guerra, il Cattaneo, il Cernuschi, il Clerici e il Terzaghi; poscia il Podestà Casati proclamò prendere interinamente il governo per tutela della pubblica sicurezza. Intanto chiedon soccorso a Torino, avvisano i faziosi de' circostanti luoghi, e al 21 arriva il conte Arese promettente l'entrata in campo di Carlo Alberto, purché ne fosse richiesto, a giustifica dell'intervento. Dettata dal municipio la dimanda, vola a Torino un legato.

Seguivano conflitti; e riuscite vane certe pratiche di accomodamento fra' sollevati e 'l Feld-maresciallo, i consoli esteri pregaronlo risparmiasse le bombe, e proposero armestizio che neppur ebbe effetto. Impertanto al mattino del 22 il Radetzki, perduti sei cannoni e molti uomini a porta Tosa, sentendosi non bastevole a sottomettere la città, non volendo bombardarla, e prevedendo l'arrivo dell'esercito

Sardo, divisò ragunare tutte forze sull'Adda, e si partì la notte. Per via patì molestie, e pugnò a Melegnano, onde questa terra ebbe un pò di sacco: al 24 era sull'Adda. Allora Como, Pavia, Pizzighettone, Cremona e tutto il milanese ribellarono; in più luoghi si combattè; e come i soldati italiani disertavano, gli Austriaci sconnessi e divisi si ritrasser tutti a Mantova e a Verona; dove quantunque por si udisse qualche Viva Pio IX e Italia, non seguì cosa di momento.

§. 10. A Parma, a Piacenza e a Modena.

Il duca Parmense pel tumulto provocato a' 13 febbraio avea chiamato a sua guardia un battaglione tedesco e uno squadrone d'Ussari; ma i fatti di Milano mutando la condizione delle cose, già già si veniva a' ferri; onde il duca a evitare conflitti die' la costituzione a 20 marzo, mandò i Tedeschi a Colorno, e lasciata una reggenza s'allontanò. In Piacenza lo stesso dì 20 devastarono le case de' Gesuiti, i padri salvi da' soldati; e più la dimane udita la partenza del duca di Parma gridarono Italia, ruppero gli stemmi ducali, e alzarono governo provvisorio. Intanto la reggenza proclamava il programma rivoluzionario, cioè Guardia civica, costituzione e lega italiana; e andarono là pure gli stemmi spezzati. Nulladimeno il duca dissimulando l'offesa, il 24 con editto accettò ogni cosa, e rientrò plaudito in Parma. Quivi i reggenti diero a' 29 le basi d'una costituzione larghissima: una camera, elettore ogni cittadino di 25 anni, eleggibili quasi tutti; e il duca a contentarli meglio, lamentò con un manifesto la sua passata politica *sottomessa a imperio straniero;* dichiarò sottostare all'arbitrato di Pio IX, di Carlo Alberto e del Gran Duca, acciò decidessero su' compensi da offrirglisi per le sorti future di Italia; e promise mandar soldati in soccorso de' Lombardi e 'l suo figlio Ferdinando. Atto simile ad abdicazione. La reggenza mandò in Piemonte un legato per la lega, poi messa su un'assemblea con voto universale si dimise; e indi a poco il duca medesimo permise un governo provvisorio, e die' lo stato in tutela a Carlo Alberto. In quella i Tedeschi ritratti a Colorno, circondati da milizie italiane, su' principii d'aprile capitolarono; dier l'arme per sedicimila lire austriache, e inermi si partirono per l'Adriatico, con patto di non più combattere contro Italia. Il principe Ferdinando uscendo dallo Stato fu sostenuto a Cremona, nè valsegli il dire d'andare a unirsi a' Sardi giusta la promessa, chè in ostaggio menaronlo a Milano, donde uscì poi a mezzo il giugno per reclamo d'Inghilterra, e si condusse a Malta. Ultimamente il duca standosi senza onore a Parma, consigliato da' rivoluzionarli stessi, si partì cheto per Marsiglia.

A Modena quel Duca era sempre stato più degli altri principi con un pò di testa; onde la setta, avendovi meno presa, dovè procedere diversamente. I congiurati sendo pochi s'assembrarono avanti il palazzo chiedenti concessioni, e benchè lor si rispondesse la popolazione esser tranquilla, pur in grazia de' tempi ebber concesso facesser trecento guardie civiche. Appresso visti i Tedeschi lasciar lo stato estense, fecero accorrere orde rivoluzionarie da Bologna; perlocchè a' 21 quel Duca mise una reggenza con facoltà di dare la costituzione, ordinò a' suoi soldati di ubbidirle, e con la famiglia riparò fra' Tedeschi. I suoi soldati, ben 2400, non vollero servire la rivoluzione, e si disciolsero; quindi i Bolognesi poterono abolire la reggenza, e compiere con provvisorio governo la rivoltura. Reggio segui l'esempio; Massa e Carrara, e i territorii della Lunigiana e Garfagnana si unirono a Toscana. Allora surse una reclamazione curiosa. Modena e Reggio che poco avanti trattavan di fondersi col Piemonte, ora protestarono contro l'aggregazione di Massa e Carrara alla Toscana. I rivoluzionarti tengon due logiche e due dritti.

§. 11. Rivoluzione in Francia.

La rivoluzione giusta il programma settario s'ingegnava a movere a un tempo tutti gli stati d'Europa. Sconvolta Italia, subito in Francia. Luigi Filippo surto re per rivoluzione, sconosciutala sul trono, riposava su' trattati del 1815, seguendo le vie di legittimo re; ma se quella via al legittimo era fallata, più fallibile per inevitabile necessità ell'era a re rivoluzionario. Si tacciavan quei trattati di danno all'onor francese; laonde rispettandoli mostrava accettare il semplice benefizio d'un trono, non il debito voluto dal donante. Però avea due generazioni di nemici; i legittimisti abborrentilo usurpatore, e i repubblicani gridando tiranno; ma egli ch'aveva afferrato lo scettro con un giuoco di parlamento, credea con giuochi simiglianti serbarlo sempre; e largamente usò il tristo mezzo ch'oggi è vita delle costituzionalità, la corruzione. Comprò elettori, comprò deputati, comprò ministri, e si creò la maggioranza; con la quale pensavasi rendere stabile il suo governo, zoppo e barcollante fra il dritto e 'l conculcamento del dritto, tra lo antico ed il nuovo. Non soddisfacendo all'interesse di nessuno, avea gli occhi all'interesse della sua dinastia. Quest'ire de' suoi nemici la vendicativa Inghilterra attizzò: cominciano a 22 febbraio i tumulti, per cagione d'un vietato banchetto politico al duodecimo circondario di Parigi; la marmaglia s'arma, difendela la Guardia Nazionale, i soldati combattonla da prima; ma il re non osa scendere a capitanarli, abdica a pro del fanciullo nipote, e a' 24 fugge, e seco la famiglia tutta; nel modo stesso com'ei diciott'anni prima avea fatto fuggire Carlo X suo re e benefattore.

Ecco il volgo saccheggia i palazzi delle Tuilleries e il reale; ruba, rompe, distrugge quante trova opere d'arti, mette a sacco fuor di Parigi altri paesi, abbatte ponti e stazioni di strade ferrate, e fa danni sino a trenta leghe lontano. Incendii e rapine a Lione e sull'alto Reno; si perseguitano gli Ebrei. A Parigi come a Palermo il volgo sfrenato è sozzo del pari. Esce prima un governo provvisorio col poeta Lamartine, vecchio settario, il quale il 26 ritorna a improvvisar la repubblica in Francia, paese del mondo il men capace di repubblica; convoca l'assemblea nazionale, e abolisce la pena di morte per colpa di stato. In quello stesso dì 26 Luigi Napoleone corso da Londra a Parigi s'offerse alla rivoluzione con umile lettera, dicendo: « il dovere d'ogni buon cittadino esser quello di convenire attorno al governo della repubblica. »

Gli operai, stati attori del dramma, il premio della vittoria, lo adempimento delle promesse volevano. Un Salles tornitore di legno, a' 25 febbraio sforza con plebe il palazzo di città, fa dal governo proclamare *il dritto al lavoro*, *restituire* agli operai *cui appartiene* un milione della lista civile debita al re, e stabilire fabbriche nazionali da far lavorar tutti: primo passo di socialismo. Il Lamartine per rassicurare l'Europa manda lettere dichiaranti: la repubblica non aggredirebbe nessuno; non riconoscere i trattati del 1815, ma tenerli come fatti, da modificarsi poi di accordo; non permettere che gli stati indipendenti d'Italia fossero invasi; proteggerebbe le trasformazioni interne e i movimenti legittimi d'incremento e nazionalità de' popoli; essere alleato del progresso, ma non farebbe propaganda ne' paesi vicini.

§. 12. Altre rivoluzioni europee.

Alla rivoluzione francese altre molte seguitarono. Nel Belgio a 27 febbraio le società politiche congregatesi a Brusselles per chiedere libertà più larghe, misero gente in piazza, e sforzarono la camera legislativa a scemare il censo agli elettori. Non pertanto sul finir di marzo una masnada ragunaticcia entrò dalla parte di Francia con vessillo repubblicano, ma vinta da' soldati tornò l'ordine. Altri turbamenti ebbero Olanda, Irlanda, Scozia, e anche Inghilterra; dove cinque milioni di persone sottoscrissero una petizione chiedente il voto universale e segreto, l'abolizione del censo e altre franchigie; eppure quel governo che ne' paesi altrui sorreggeva e alzava a dritto qualunque dimanda di pochi faziosi, stettesi duro; e benchè quella petizione fosse presentata da una moltitudine di dieci migliaia, non anco ottenne onore di discussione. In Isvezia a 18 marzo dimandaron riforme, e ne vennero zuffe, con la meglio de' soldati. In Isvizzera i liberali già sedenti al governo riformarono la costituzione del 1815, e invece dell'antica Dieta, ordinarono un'assemblea federale di due sezioni, e dichiararono Berna sede permanente della federale potestà. A Vienna ho detto scoppiata a 14 marzo la sommossa, e benchè v'uscisse proclamata la costituzione, pur si sollevò l'Ungheria; sicchè restaron pugnanti fra loro quelle forze che avrebbero dovuto combattere il ribellato Lombardo-Veneto. Seguirono tumulti a Berlino, in Boemia, in Baviera, a Baden, a Nassau, a Darmstadt, e in tutta Alemagna. L'Europa riposata tant'anni in ogni parte, con pretesti di riforme travagliava.

§. 13. Programma del Mazzini.

Se veri italiani fossero stati a capo d'un vero indirizzo nazionale, avrebbero fatto pro di tanti impacci degli Stati stranieri, per istabilire senza mano estera una lega leale di principi che facesse la penisola forte e rispettata, vietasse le alpi e il mare a' forestieri cannoni, e riponesse in seggio di gagliarda nazione la patria comune. Facile era; ch'ove il mutamento avesse rispettato tutti i dritti, avria trovata la nazione concorde, e impossibili i conflitti interni. Già parecchi generosi aprivan l'animo a speranza di giusta italica grandezza; ma la setta motrice del tutto aspirava non a far grande Italia, bensì a mutazioni sociali universali; nè cosa abborriva più d'una lega principesca che i principi con l'arme comunali raffermasse. Avea lavorato per abbattere non per esaltare i sovrani; la lega giobertina favorita per abbagliare i popoli e ingannare i principi, non era stata già scopo della setta che voleva l'opposto, ma mezzo per lanciar gli spiriti in cose nuove; già avea fatto l'ufficio suo; allora si volevan altri pretesti per nuove aspirazioni.

Pertanto i caporioni italiani procedettero nella repubblicata Francia a proclamare una certa repubblica italiana. A 6 marzo s'adunaron da dugentocinquanta, già fuoruscìti; e in Parigi convennero a stabilire una *Associazione nazionale italiana*, dicevano per coadiuvare e promuovere la indipendenza e la nazionalità d'Italia. Fecero presidente il Mazzini, due vicepresidenti: Giannone e Canuti; e quattro segretarii con voto, Cisale, De Filippi, Sirtori, e Melegari. Tosto il Mazzini pubblicò il programma: « L'associazione non è toscana, piemontese, o napoletana, è italiana; non tende a discutere quistioni locali, ma ad armonizzarle, a *unificarle* nel gran concetto nazionale; non anela al trionfo d'una o d'altra forma governativa, ma promove *con ogni mezzo* possibile lo sviluppo del sentimento nazionale. Nazionalità *una*, libera, indipendente; guerra allo straniero; affratellamento con le nazioni libere e co' popoli combattenti per la libertà, sono i tre obbietti dell'associazione. Ogni suo atto sarà pubblico. » Cotai principii mettean da banda i sovrani, accennavano a repubbliche unitarie in tutto il mondo, e furono aperta sfida a tutti i re. Nè il Mazzini ha mai da questi pensieri deviato; i suoi seguaci hanno spesso a seconda de' tempi mutato parole, divise e soldi. Ma il leggitore noti in quel programma il seme di tutte grida liberalesche; la cagione vera del 15 maggio, e le ipocrisie e le maschere de' pluaditori di Pio IX e de' principi concedenti.

§. 14. I circoli e la stampa.

Da una parte lo indirizzo settario, dall'altra le passioni mosse erano incapaci d'affrenamento. Quel contemporaneo rivoltarsi di tutta Europa ch'avrebbe dovuto metter senno in capo agl'Italiani per ringrandirsi col dritto, li sbizzarrì anzi con vertigini smodate, dimentichi che i popoli non s'alzano per isventure altrui, ma per virtù proprie di moderazioni e continenze. Credettero la costituzione a Vienna e la repubblica in Francia permettere ogni eccesso; nè ebbero meta ai desiderii, nè fermata a' passi. Però le peripezie straniere non di aiuto ma di mine e miserie ne furono cagione.

Soprattutto le cose napolitane intristirono a un botto. I Siciliani al veder qui festeggiare la costituzione temettero, come già nel 1820, la opposizione alle ripulse loro; onde a discreditarla dicevanla inadatta a redimere Italia; e afforzati dal soffio mazziniano, dalla caldezza inconsiderata de' giovani, dai vaghi del nuovo e dell'irrequieto, e più da' tanti che voglion torbido per mercatare sulle pubbliche sciagure, in breve le vulcaniche passioni nostre fecero divampare. Fu progresso il progredire a male, libertà l'attentare alla libertà altrui, coraggio civile la vigliacca baldanza, che pe' fortunosi tempi non poteva avere punizione; però fatto impossibile il progredimento, la libertà, e la civiltà. Le sette pria segrete vollero dar lezioni pubbliche per corrompere la nazione, e scostarla dalla devozione al sovrano; preser case in fitto, e miservi circoli, dove aperto e a distesa concionavano e confabulavano; onde vi dominarono i più ciarloni; e, come avvien sempre, chi più callido veemente ed esagerato avea più plauso. Però legulei e storcileggi, usi al viso duro e allo sragionar di tutto, com'eran mastri di cavilli forensi, così fecersi primi demagoghi. Quei circoli con apparenza di tutelar l'ordine aspirarono a pigliar la potestà; e sempre lottanti con essa ovvero sospingendola sempre, resero impossibile ogni potestà. Sin da' primi dì suscitarono una *dimostrazione* di muratori e sartori gridanti *pane e lavoro* avanti la reggia.

Similmente la stampa libera, che mezzo di luce avria potuto indirizzar le menti al nobil fine della socievole vita, trascorsa in pazza incontinenza fu incendio. Subito libelli infamatorii, satire virulenti per privati fini contro private persone; nè valse che il liberalissimo prefetto di polizia con esortazioni li vietasse. Laidi giornali, furibondi, oppositori per sistema d'ogni quantunque atto governativo, dilaniatori di persone e cose ragguardevoli, mentitori, strombazzatori di fiabe, seminatori di fiele, di polemiche indecorose e odii e ire cittadine. Si vantavano organi di pubblica opinione; ma strumenti di circoli, ne avean la imbeccata, e sputavan leggi nuove di sapienza, e nuovissime di dritto. Uscì allora un Ferdinando Petruccelli, uomo di sconvolto ingegno e animo astioso; il quale s'era fatto nominare qualche anno prima scrivendo male di tutti gli scrittori d'una strenna letteraria, onde n'ebbe certi schiaffi nella platea d'un teatro. Poi scrisse un romanzo detto Ildebrando, dove mise papa Gregorio VII eunuco; pingendo evirato quell'insigne personaggio che fu l'uomo maggiore del suo secolo, e forse del medio evo. Costui adunque tratto da invida natura a investire e a bruttare ogni grandezza, si pose a scrivere in un lurido giornalicchio, detto *Mondo vecchio e mondo nuovo*, incredibile diffamatore d'ogni persona e cosa sacra. Egli tolsevi il carico di calunniare; inventava dispacci, dava l'allarme, e spingeva tutto a ribellione. Un Gaetano Valeriani fiorentino scriveva l'*Inferno*, giornale emulo di quello. Nè solo contro particolari persone e pubblici uffiziali, ben presto al re stesso s'avventarono. Stamparono il re di accordo col Metternich ottenesse dal papa licenza di passar Tedeschi sullo stato della Chiesa per aiutarlo a cassar la costituzione; e bisognò smentirlo il 15 marzo nel giornale uffiziale. Siffatte intemperanze di scrivere e parlare apriron gli occhi a' veri patrioti, onde si trassero indietro. Ciò voleva la setta; restar sola padrona del campo, movere ire, subugli, conflitti, per averne opportunità da spazzare i troni; però sospingevan le cose incessantemente; e padroni delle piazze vi scagliarono quelle incitatrici idee promettitrici di subiti e non sudati guadagni; onde imparammo i nomi di socialismo e comunismo, nuovi segni degli antichissimi desidera de' nullatenenti sitibondi dello altrui. I giornali tuttodì si avventavano al Guizot, che rispondendo al Thiers in parlamento area detto *L'Italia abbisognar di trent'anni per sopportar governi rappresentativi*; e con le loro intemperanze mostravano quegli aver molta ragione.

§. 15. Uomini nuovi e peggiori.

Il siciliano Scovazzo chiedeva e otteneva a 21 febbraio d'esser dimesso da ministro d'agricoltura e commercio. Anima del ministero il Bozzelli, i suoi colleghi chi avea fama di lettere, chi di broglio e cospirazione; ma perchè usciti dalle congiure, si sperava attuassero quel bene ch'avean promesso. Costoro la prima cosa che fecero fu l'alzare alle principali sedie loro cagnotti e confratelli; sicchè diventarono uffiziali regi il Poerio, il Settembrini, l'Imbriani, l'Ayala, il Pellicano e altri già esuli o carcerati, ora direttori, coadiutori, prefetti, intendenti, presidenti; e come ne' decreti si dichiarava il soldo, il meno in cencinquanta ducati, così cotesti privilegiati fur detti *i cencinquanta*. Di qua altre diffidenze: chè l'onesta gente sussurrava non dover la costituzione appagar bisogni personali, nè dar mercedi e onoranze a cospiratori; essersi chiesta per infrenamento di abusi vecchi, non per addoppiarli; per iscemamento di spese, non per sprecarle; dunque quei ministri aver macchinato per sè, non lavorato per la patria; poter macchinare contro la patria. Tai temenze pigliavan radici; eppure non mancava chi sperasse il bene da quelli uomini nuovi. Ma la nazione non conosceva essi, nè essi la nazione. Ignari d'amministrazione e di governo, lanciati a un botto dalle carceri e da' conciliaboli su gli uffizii supremi dello stato; surti in un dì da tapine condizioni a potestà, conseguitati da codazzo d'uomini per lunga fame famelici e ingordissimi, concedenti tutto per guadagnar gli animi, e nulla sapendo concedere a modo, spezzanti le redini dello stato, abolenti le prevenzioni al delinquere, e tutte cose alla sbadata e ignorantemente malmenando, là dove avean necessità d'esser nomini sommi, più si mostraron melensi e bambini. La macchina governativa sostò. Si scuoraron i buoni, i tristi levaron le creste, il governo scese al trivio, e rimaser padroni i più schiamazzatori. Questi ordinatori ed esecutori, chiedenti e plaudenti, pagatori e pagati, decretator e decretati; questi re, ministri, magistrati, soldati e tutto. Il ministero ligio di costoro doveva, o il volesse o no, seguitar lo indirizzo della setta, ciecamente a repubblica.

§. 16. Ingordigia d'impieghi.

La subita salita di tanti ignoti uomini fu tristo e contagioso esempio; tutti ad agognar lo stesso, tutti a dar la spinta a rovesciar gli uffiziali antichi per surrogarli. Preparavan le cadute altrui ne' circoli e ne' caffè fatti ercoli; e mentre il festeggiato statuto dava il dritto di petizione, non si perdeva il tempo a sperimentarlo, chè invenarono più speditivo modo, lo *abbasso*. Facevan frotta sotto le finestre di questo e quello, gridando *abbasso*! e al mattino il governo ubbidiva, e mandava il decreto; così i più intemerati e capaci e vecchi impiegati mettendo alla via. Ogni sera udivi *abbassi*, e ogni mattina trovavi su' giornali lunghe liste di destituzioni e surrogazioni. Uno stuolo di liberalissimi, già lodatori di progresso, di redenzione, di merito e di civiltà, ora a stender le mani, ad accatar tozzi e soldi, per aver gridato il 27 o il 29 gennaio i primi serviti erano scandalo agli altri, chè non potean restar bassi accanto a' fratelli sublimati; però ne furono allocati assai, tutti no, chè impossibil'era. È chi non l'era tacciava d'egoismo e ingratitudine i consorti, e strepitava e minacciava. Nelle camere ministeriali s'ammazzavan per la calca, tutti postulanti; e qualcuno porse il memoriale col nudo pugnale sotto di esso. Peggio quando giunsero i *martiri*, o di fuori o dagli ergastoli; i quali benchè la costituzione mettesse velo impenetrabile sulle colpe loro, non intendevano coprirle essi che se ne facevan merito; e alto dimandavan magistrati, e dove non v'eran sedie vuote s'avevano a fulminar gli antichi per adagiare cotesti campioni di libertà. Chi restava fuori e perdea la speranza d'avere, raggranellava malcontenti per rovesciare i ministri, e averne altri che riconoscesser la salita da loro. A questo modo ben quattro fatte di ministri avemmo in tre mesi, uomini ricompensatori di chi li aveva aiutati a salire. E v'era di sì ingordi che aggraffavan più cariche e soldi (il Tofano n'ebbe quattro), ciascuno aonestandosi con amor di patria, con obbligo patriota di menare innanzi la nave dello stato; ma veramente in quel naufragio ciascuno si voleva abbracciare a una tavola dello sdruscito legno.

Delle tante promesse liberalesche non fu che guai; lo agognato potere, malmenandolo, infransero; cadde l'amministrazione, minò il governo. Per uno gretto degli uomini di prima, ora cento ignoranti; se quelli deferenti, eglino ingiusti; se quelli miseri, eglino ladrissimi. Ogni cosa fu disordine e anarchia. E quei patrioti, per lascivia di potestà e di roba, bisticciandosi l'un l'altro, e incensando la ragunaticcia marmaglia, a vicenda si scacciavan di seggio. Mandati via giudici, governatori, doganieri, e tutti, sol restava un seggio eminente e riverito da trenta generazioni: il trono di Ruggiero.

§. 17. Il carro del Mammone.

Primo a insultare il re fu un farmacista Mammone Caprio, calabrese, uomo di scienza pratica e di poche lettere, stato creato del Del Carretto, ora con la libertà infatuato, e messo su da' macchinatori. Raccolse danari da studenti con promessa di costruire un carro festeggiatore della costituzione. fe' cartelli stampati a' cantoni, e dopo sperticate aspettazioni escì la sera del 25 febbraio dall'edifizio *Fosse del grano*, con un grottesco carro funebre, e fuochi e lumi e torce, tirato da sei bovi bianchi. Era un melenso catafalco di carta, co' ritratti trasparenti del Pagano, del Cirillo, del Caracciolo, del Poerio (per incensare al figlio) e d'altri giustiziati o esiliati per le rivolture del 1799 e 1820; forse per mostrare questa rivoluzione esser seguito di quelle. Ma quel carro uscito il giorno dopo al giuramento dato dal sovrano, parve fatto in riconoscenza alla regal concessione. Il mausoleo mobile, preceduto da strumenti in lugubre sinfonie, accompagnato da Guardie nazionali e da studentelli, lento lento trascorse per via Toledo, sino avanti la reggia, dove fra grida di *Viva Sicilia* fermò, replicando la musica mestissima in rammemorazione di quei morti, a dispregio della potestà sovrana punitrice delle fellonie, a improperio al padre e all'avolo del re. La popolazione immensa indignata fischiò il carro e l'inventore.

Seppesi poi quello essere stato un tentativo da commovere il popolo, e istigarlo a vendicar quei morti. Ma quest'insulto fu il primo frutto che re Ferdinando raccolse del suo dono; primo principio di nuove macchinazioni. La dimane molta gente assediò il palazzo de' ministri, chiedente il perchè non si facesse niente di nuovo; udito prepararsi nuove leggi, si ritrasse brontolando; e 'l giorno dopo tornò con *Abbasso i ministri*!

§. 18. Disordini nelle provincie.

Nelle provincie dov'è minor vernice, e son passioni più scoperte, era più disordine. Armi, armi gridavano, quasi la costituzione fosse stato di guerra; e arme avevano. Ammutolita la polizia, aperte le carceri, i ladri in piazza, senza pane, senza tetto, niuna potestà rispettata, imbaldanzita e armata la canaglia, le arti reiette, gli artigiani senza lavoro, nessun dritto restò non tocco, niuna persona sicura. Dove prima era pace, ora subugli e zuffe, dove commercio e industria ora abbandono e pericoli, masnadieri in campagna, soverchiatori in città; e dove ciascuno avea la mente alla famiglia, subbillavano idee politiche superlative, più superlativi discorsi, più iniqui e folli fatti. A esempio di Napoli e Palermo, giusta l'ordine segreto, ogni paesello metteva su il comitato. I vecchi rubatori de' Comuni, sindaci, eletti, cancellieri e altro, voltata bandiera, ora per seguitare a rubare gridavan libertà, e rubavan meglio. I soli uomini onesti, avesser cariche o no, che pur si sarebbero acconciati alle nuove cose, vistele iniziate da cotali archimandriti se ne disgustaron subito. Non fu più forma nè sostanza di giustizia. Armata mano discacciaron via i regi giudici da parecchi circondarii, messi su i supplenti paesani, o confratelli de' comitati. Quindi giudicar nuovo: sentenziar sempre i retrogradi, assolver sempre i fratelli, calunnie, spie, false testimonianze. Colpa esser dabbene, colpa stomacar di quei fatti, delitto esser nato di padre realista, delitto aver parenti in corte, delitto non dar danari, non chinarsi a' nuovi potenti; onde dovevi o incallire agl'insulti o menare il bastone, unica medicina. Di leggi antiche niuna s'eseguiva, di nuove si parlava per ischiamazzare; solo scampo la legge del forte; però ciascuno s'afforzava come poteva. Così l'ire cittadine e la guerra civile covavano. Nullademeno si pensava quello esser provvisorio; l'apertura delle camere legislative troncherebbe quei guai, cui dicevano insiti alle mutazioni; aspettavamo.

§. 19. Legge elettorale.

Ma i comitati rivoluzionarii che volean far monopolio della libertà elettorale, per mandar alle camere uomini da sospingere la rivoluzione, lavorarono a far uscire una legge di censo basso, perchè eleggessero loro adepti nullatenenti; laonde compilarono dimande dottrinali e critiche sul censo; e mandavanle con deputazioni a' ministri, bene udite e bene accolte. Sotto tali impulsioni l'ultimo di febbraio il Bozzelli promulgò la legge elettorale provvisoria, e 'l decreto che convocava le camere pel 1°

marzo. In quella indicava la popolazione del regno continentale aver 6,531,028 anime, e i deputati uno per quarantamila, e sarebbero 164; determinava esser elettore chi avesse ducati 24 di rendita, eleggibile chi 240. Niuno si contentò; chi volea progredire a repubblica trovaval'alto, chi sottostava alla costituzione diceval basso. Altri sclamava a dirittura il censo incompatibile con la libertà; il cittadino o povero o ricco è parte della nazione, ha dritto a eleggere e ad essere eletto, e movere i destini della patria. Cotali scontentezze e 'l continuo sospinger della setta partorirono poi il ministero del 3 aprile.

§. 20. Combattimenti in Sicilia.

Intanto intristendo le cose siciliane, ponevano in tante dubbiezze l'altra della pace o della guerra fra le due parti del regno. In Messina sin dal 6 gennaio s'era trovato sui cantoni un disegno con Sicilia piangente, s'era insultato ai regi stemmi, e gridato Pio IX e lega italiana. Al 25 fischiarono il presidio mentre il generale Ferdinando Nunziante il passava a rassegna; e come per prudenza non venner repressi, trascorsero a creare un comitato di trecento, e chiamarono all'arme la città. L'altro dì alzata bandiera di tre colori assalirono la cinta di Terranova; ma più volte respinti, piantarono cannoni di marina sulla strada d'Austria, traendo alla porta che mena alla cittadella, e co' moschetti fean fuoco dal convento di S. Chiara. Il comandante la piazza, general Cardamone, non osando pigliar partito da sè, ne scrisse a Napoli; e 'l ministero rispondeva si difendesse, non usasse bombe nè cannoni. Di ciò scienti i Messinesi, avuti da Palermo altri cannoni e munizioni e uomini, prepararono senza ostacolo mine, trincee, mortai e batterie da percuotere i Borboniani; e il 20 febbraio ne fecero il primo saggio. Gl'Inglesi s'intramisero, e volevano il comandante lasciasse i forti, e si chiudesse in cittadella; il che negando egli, fur ripigliate le offese. Sopraggiungeva il disertore Longo con Palermitani e cannoni inglesi; e ricominciato a' 22 il fuoco da tutte parti, pigliava in due ore il forte Realbasso e la cortina di Terranova; chè le milizie regie per le ministeriali ingiunzioni pugnarono irresolute. Fecero centoventi prigionieri al Realbasso; e incontanente arsero i quartieri all'entrata di Terranova, sendosene i soldati ritratti alla cittadella.

Questa fazione fe' salir gli animi de' ribelli a immoderata boria; non vider fermata a' desiderii; e ricusarono qualsivoglia offerta de' nostri ministri costituzionali. Ma questi intenti a favorirli buccinavan che abbandonando affatto l'isola, meglio si verrebbe a convenzione con essa; e già avean mandato l'ordine incredibile che Castellammare di Palermo si cedesse. Il comandante Gross era allora intrattenuto da offerte di mediazione dell'anglo commodoro Lusington; il quale con patente mala fede forniva intanto arme e munizioni a' rivoltosi. Un dì si pose co' legni in mezzo per dar tempo a' ribelli d'armare le batterie del molo; il Gross gl'intimò si scostasse o che trarrebbe su di lui; e com'era uomo da farlo, l'ottenne, e fe' tacere le batterie. Così si difendeva alla gagliarda; ed era in sul più vivo del fuoco, quando gli giungea l'ordine ministeriale di cedere. Si diniegò, giusta l'ordinanza che prescrive volersi lo scritto di pugno del re; e i ministri dichiarando barbarie quel versarsi sangue, l'ottennero. Ubbidì dolentissimo il comandante; e il disertore Longo si compiacque d'andar là esso a prender possesso del luogo. Il Gross a 5 febbraio usciva, battente il tamburo, con uomini, arme e bagaglio; e recò intatta la bandiera a pie' del sovrano. Dopo pochi mesi, volle fortuna ch'egli stesso chiudesse il Longo nella torre di Gaeta.

Il nostro ministero cominciò a trattare il cambio dei prigionieri e degl'impiegati. Ve n'era di Siciliani in Napoli, e di Napolitani in Sicilia. V'andò Luigi Iauch capitano di vascello, con tre piroscafi; il quale a 8 marzo sottoscrisse la convenzione, onde ciascuno potè tornare in patria. I Siciliani, più imbaldanziti dal vedersi pregati, ricusarono la costituzione; dissero voler quella del 1812, e regno separato; ma intanto assalivan soldati ove ne vedevano: Trapani, Melazzo, Catania, Acireale e Siracusa, ritratte le milizie alle cittadelle, erano sgombre; non pertanto il ministero chiamò a Napoli tutte le soldatesche, abbandonando i forti: Melazzo a 14 febbraio, Augusta su' primi di marzo; e in breve solo in Siracusa e Messina avevam le cittadelle. Grave fallo questo abbandono, perchè quelle terre fortificate e occupate avrian ritardate le mosse della sollevazione, e impedito l'armarsi in punto; ma perdute quelle terre, tutta l'isola buon grado o mal grado ebbe a seguire la rivoluzione.

Il re mandò a Messina il general Pronio, con ordine di tener la fortezza. Giunsevi il 23 febbraio sul Sannita, con altre tre compagnie di Pionieri, Zappatori e artiglieri e munizioni da guerra; cominciò nunziando la dimane a Messina il desiderio di pace e fratellanza, ma se lo assalissero tirerebbe con tutte armi. Risposero all'indirizzo con cannonate, ed ei co' cannoni controrispose. I rivoltosi avean fatte batterie incontro al bastione S. Chiara, sulla Fiumara, presso la diruta chiesa S. Girolamo, nella stradetta de' Bottari, dietro il palazzo S. Elia, alle Quattro fontane, sulla piazza Madrice, al forte Andria, alla Flora, presso la casina a dritta del noviziato, nel noviziato e sotto la porta Messina, tutte con grossi cannoni, salvo quella a S. Girolamo di mortai. Avean poi asserragliate tutte le vie uscenti alla cittadella. In questa il Pronio trovò 71 cannoni, 13 obici cannoni, e 4 mortari; nella batteria Lanterna 17 cannoni, 46 cannoni obici da ottanta, e tre cannoni obici minori, in tutto 154 bocche da fuoco. Potevano i Siciliani far l'assedio con parallele ne' campi Mosella, ed approcci secondo l'arte; e così avrian salvata la città da ogni danno; ma elevate batterie nel bel mezzo di essa, questa stava esposta alle bombe delle due parti pugnanti; il che fu apposto a malizia de' Palermitani per l'abbassamento di Messina. Il Pronio occupò il Lazzaretto, vi piantò batterie, rovesciò il muro avanti l'arsenale, rioccupò il bastione D. Blasco, e a 24 febbraio ripigliò Terranova a baionetta calata. I ribelli rafforzati da settecento uomini arrivati con Pasquale Miloro da Palermo, e da altre genti venute da altri luoghi, fecero duce il Nizzardo Ignazio Ribotti corso da Roma in Sicilia.

Cominciò una guerra davvero; però avvezzi a vincere con le grida, i Palermitani ripigliarono i piagnistei per le cannonate e le bombe, soprattutto per l'incendio del Portofranco che apponevano a' cannoni regi; ma non par probabile i soldati nel calor della zuffa pensassero a trarre là, donde non veniva offesa; invece fu creduto una mano iniqua appiccassevi il fuoco a disegno per rubarne le mercanzie; come di fatto avvenner furti moltissimi, pe' quali pur feron processi. Nulladimeno strepitavano, e facevan cantare i consoli esteri; quasi la cittadella assalita da loro non avesse dritto a difesa. Inoltre i fratelli di Napoli, che non avean tenute per barbare le morti de' Napolitani, subito gridavano alla barbarie de' soldati, *Abbasso il ministero, pace con la Sicilia!* Così i Siciliani erano a quei Napolitani settarii più fratelli de' Napolitani stessi; così i soldati non potevan combattere senza esser barbari, nè ritrarsi senza esser vili.

§. 21. Disordini e fazioni.

Tutta Sicilia in disordine era dominata da ferocia e violenza. L'odio contro Napoli spinto a fanatismo, i loro giornali immoderatamente ne insultavano, mentre i giornali nostri sclamavan pace; uniti a percuotere il trono. Gli undici giovani arrestati il giorno 9, e tenuti a Castellammare, come uscirono divennero gli eroi del tempo; e con menzogneri racconti facean pompa di mali trattamenti non patiti, per darsi aria di martiri, e cumular odio ad odio. Deste tutte ambizioni, deposti quanti erano impiegati regi, non bastavan le cariche a' meritevoli, tutti meritevoli di premio uguale. Quello non era governo, ma imperio di circoli, e ve n'era di molti; i quali co' comitati, ciascuno avendo speciale potestà, ma opposti interessi, battagliavano a chi più torre danari. Cento comandi e forze e voleri contraditorii, ognuno a ordinare, a operare a suo modo, e sempre a nome del popolo e del bene universale; onde la vinceva chi più veemente per voce, audacia ed esagerazione. E come lo schiamazzare portava fortuna, ogni dì più crescevano schiamazzatori. Quindi tumulti e crudeltà continue, la tranquillità scomparsa, esaltate le menti, le ire, e tutte superlative passioni. La Guardia nazionale temente fuggiva il servizio, e bisognò sforzarla con minacce. Le campagne eran corse da predatori; nè più s'avea sicurezza di roba nè di persone, nè in istrada nè in casa.

La nobiltà paga d'essersi emancipata da Napoli, tosto s'accorse che usciti i creduti padroni, avea in essi perduto i protettori della proprietà. Molti di essi devoti al re, esularono spontanei, e patiron anche la confisca. Molti altri eran novatori per moda, o ambizione; onde videro con ispavento le ambizioni plebee che più novatrici di loro, aspiravano a rovesciarli per ispartirsene le spoglie. Non potendo rivolgersi alla monarchia tanto offesa, non ebbero altra via di salute che lanciarsi nella rivoluzione per guidarla a loro prò, ma arduo era a condurre a bene quei vorticosi flutti di mali; e lo stringersi attorno a Ruggiero Settimo, vecchio e indolente, era poco ausilio; sicchè anzi di domar la tempesta, n'erano ingoiati. Già le imposte mal pagate, o malversate non bastavano al gran bisogno; già si fondevano gli argenti delle chiese, si confiscavano i beni de' Gesuiti, si vendevan fondi nazionali, già nuovi debiti pubblici, e nuove tasse e confische. Dove s'andava a terminare? Ma a malgrado questi patenti mali, e la temenza del peggio, pur la vinceva il timore dell'armata rivoluzione; onde i signori si gittarono a farle eco. In essa l'odio di Napoli e lo spavento dell'arme regie erano spinta a immoderati passi; quindi tutti concordi a vituperare Napolitani, a calunniare il re, a diffamarlo, e a turbare con emissarii e ogni maniera d'incitazioni il continente. Si maneggiavano co' rivoluzionarii nostri, e con tumulti e giornali e invettive facean da' Napolitani stessi gridar contro la guerra siciliana. E mentre inducevano il ministero ad abbandonar l'isola, eglino con libelli infamavano e gridavano vili i soldati; la stampa sicula gittava il fango in faccia a Napoli; e la stampa napolitana non rimbeccava già gli oltraggi, ma vi faceva il ritornello, e aggiungeva.

§. 22. Mutamenti ministeriali.

Da' gridi plateali sospinti, i ministri del re si dettero a terminar la controversia siciliana. Sin dal 1° febbraio s'eran volti a Lord Napier e al conte di Montessuy incaricati d'affari d'Inghilterra e Francia, perchè facessero da mediatori. Il Napier rispendeva farebbelo, con certe assicurazioni di concedersi la piena divisione dell'isola; perlocchè gli si faceva osservare la integrità della monarchia pattuita con l'articolo 104 del congresso di Vienna a 9 giugno 1815, segnato anche dalla G. Brettagna, non poteva essere alterata dal re senza infrangere il trattato; così la pratica cadde. Invece speravan molto nell'opera del Mintho, corso qui ambasciatore straordinario d'Inghilterra. Dopo le preparate parti, ei veniva a porre in azione il dramma. Il comitato palermitano avea desiderato lui compositore, e lui sublimarono a giudice i ministri regi. Condiscesero a molto; fra l'altro che l'isola avesse amministrazione e parlamenti separati, e che restasser pari di dritto quei nobili che l'eran per gli antichi parlamenti; ma il comitato ottenuta una cosa, ne chiedeva un'altra, onde continue conferenze tra il Mintho e i ministri; i quali sospinti sempre dalla setta ogni dì calavano a maggiori concessioni, che già infirmavano la integrità del reame. Ma giunti al punto dove quel nodo volea colpo di spada, stanchi della lotta, si dimisero a 1° marzo, dichiarando le ragioni. Enumerate le quistioni già risolute con regie concessioni, dissero una rimanerne vitale: « Voler Sicilia che il re non tenesse colà soldati se non siciliani, e a ciò non potersi accedere, perchè annienterebbe il dritto regio del muovere le forze unite del doppio regno; sarebbe anche all'isola dannoso, che ampia e poco popolata, non poteva aver milizie sue bastevoli a difenderla da assalto straniero; e inoltre il divieto a' Napolitani del militare colà ferire l'italico pensiero che di tutti gl'Italiani una famiglia vuol fare. Sendo impossibile a conceder tanto, non volerne la responsabilità, nè turbar con essa l'italico progresso; ritrarsi piuttosto, e sperare ch'altri ministri armonizzassero meglio interessi e desiderii opposti, e gravi d'inevitabili perigli. » A cotal discorso i demagoghi rispondevano: « Mostruosa esser la guerra fratricida; Messina s'abbandonasse, i parlamenti de' due regni procederebbero. » Se ne fe' ne' circoli strepito infinito. Il ministero la dimane si dimise tutto; poi al 6 si modificò, scambiate sedie fra loro, tolto il general Garzia, salito l'Uberti alla guerra, Giacomo Savarese a' Lavori pub-

Storia delle Due Sicilie 1847-1861

blici, il principe di Cariati agli Esteri, Carlo Poerio all'Istruzione, e fatto ministro di giustizia Aurelio Saliceti, uomo d'ambizione furibonda. Rimasero Serracapriola presidente, Dentice, Torella, e Bozzelli. E anche tal mescolanza tacciarono retrograda; e Raffaele Conforti, fatto dal Saliceti prefetto di polizia, ricusò, perchè carica indegna de' suoi spiriti progredienti; e n'andò a' cieli.

§. 23. Larghe concessioni alla Sicilia, rigettate.

Il ministero a purgarsi della brutta taccia di retrogrado, risolse la controversia sicula concedendo quasi ogni cosa. Tennesi alla reggia consiglio, con intervento di undici nobili Siciliani e del Mintho; il quale minacciando che pe' moti di Francia l'isola trascenderebbe a pronunziare la deposizione del monarca, propose il re legalizzasse in suo nome l'atto di convocazione del parlamento siculo. Subito i Siciliani presenti, e i nuovi ministri, e i precedenti (salvo tre) approvarono; e dopo discussioni di molte ore, si fecero decreti con data di quello stesso dì 6 marzo, si può dire dal Mintho dettati. Il parlamento vi si convocava a' 25, per aggiustar la costituzione del 12 al tempo e a' bisogni della Sicilia, *ferma l'integrità della monarchia*. S'approvava la legge fatta a 24 febbraio dal comitato rivoluzionario per l'elezione de' deputati; le parie temporali e spirituali vacanti o possedute da non Siciliani, proponessele la camera de' Comuni, con proporzioni triple a quelle de' Pari; i deputati di Napoli e Sicilia porrebbersi d'accordo su' comuni interessi; luogotenente nell'isola un principe reale o un Siciliano, per allora sarebbelo Ruggiero Settimo, che v'aprirebbe il parlamento. Inoltre si nominarono ministri siciliani i più rivoluzionarti: Pasquale Calvi a Grazia e Giustizia, il principe di Scordia all'Interno, il marchese Torrearsa alle Finanze; comandante le armi a Palermo Giovanni Statella, e 'l fratello Errico a Messina, ambo Siciliani. Da ultimo si decretava ch'ove i due parlamenti non s'accordassero, ne fossero arbitri quelli di Piemonte e Toscana; e ov'anco questi discordassero, arbitro inappellabile Pio IX. L'ultimo decreto definiva la formola del giuramento. Dell'esercito, principal pomo di discordia, non si fe' motto, forse perchè il Mintho volea lasciare il lievito ad altra pasta. Ma le cose concesse, ove fossero state accolte, avrian di fatto distrutta l'integrità della monarchia, serbata a parole; elevavano il parlamento a costituente, il re facean re nominale, disceso a far suoi luogotenenti e ministri gli archimandriti della rivoluzione; rendean questa legale; e poneean dritti e interessi nazionali in arbitrio straniero. Con siffatti decreti Lord Mintho tolse l'assunto di pacificar gl'isolani col re; e incontanente il 7 si partia per Palermo sull'Hibernia, seguitato dalla squadra inglese, e co' due Statelli.

Intanto mandava altri col capitano Gagliardi a Messina per far sospendere le ostilità; chetava la cittadella, non i rivoltosi. L'8 marzo lanciarono da tutte loro batterie innumerevoli colpi sino a mezzanotte; e lo scoppio d'una bomba nella direzione del bastione S. Carlo, produsse incendio nel magazzino delle vesti del 13° di linea, e negli alloggi degli uffiziali. Mentre s'accorreva a spegnerlo, tutte le campane di Messina suonavano a festa, tutti i cannoni traevan là dove il fumo segnava la ruina, per colpire la gente intenta a salvar sè e la roba da tanto danno. A mezzodì della dimane ripresero il fuoco; rispose la cittadella, e con una bomba arse due case propinque alla batteria di Mezzo Mondello; laonde il comandante proibì il trarre su quel luogo. Ma che valea ricever crudeltà, ed usare pietà? il mondo dovea risuonar di lamenti siciliani per danni da esso loro provocati, mentre i loro bollettini di guerra raccontavan mirabili prodezze. Seguivan vane discussioni sulla fregata inglese Thetis, col suo comandante Codrigton; ma non si potè concludere tregua, perchè i Messinesi diretti dal disertore Longo chiedean patti cui il regio Consiglio di difesa rigettò. Volevano elevar opere da offesa senza esser combattuti; e come la cittadella alzava opere difensive, ricorrevano al Codrigton, perchè non si danneggiasse la bella Messina.

Ruggiero Settimo avea sin dal 17 febbraio nunziato con proclamazione alla Sicilia la venuta del Mintho, però si preparavan ricevimenti da re a quello, gridato *saldo propugnatore della rivoluzione italiana*. Giunse a 11 marzo; restò sul vascello, nè scese a terra. Al suo primo apparire la gente dabbene in gran numero a Palermo e a Messina esultò alla nuova della riconciliazione col sovrano; ma chi non volea pace, subito a renderla impossibile, gridò *al Tiranno! Al Bombardatore!* Altri sclamava: « La Sicilia fu altra fiata tradita dall'Inghilterra; non vogliamo Inglesi, non mediazione, non protettorato, ma guerra. » Il segretario Stabile parve frenasse a stento quei demoni. Quel medesimo dì il comitato ricusò nettamente i decreti regi, replicando voler costituzione del 12; ma incaricava una commissione scelta nel suo seno, perchè recasse al Lord sulla nave gli omaggi debiti al suo grado, e con esso discutesse le condizioni essenziali su cui si potesse trattare, e riferissele al comitato per le risoluzioni definitive. E lo stesso dì ricusati gli Statelli, rimandaronli a Napoli.

Il ministero che vedeva andar in fumo la pace con l'isola, per essere operoso sul continente, proclamò un debito di sei milioni di ducati; che fu il primo frutto cavato dalla costituzione.

§. 24. La guardia nazionale.

Era stato decretato le guardie urbane s'appellasser nazionali, e s'accrescessero con nuovi ruoli. Leopoldo zio del re ch'avea molti anni comandata la guardia civica di Napoli, si dimise; e per decreto de' 2 marzo surrogollo il liberalissimo principe di Strongoli. Crearonsi anche maggiori e colonnelli. Domandavano cannoni e artiglieri, un posto di guardia da contenere l'artiglieria nazionale, e ottomila fonti pronti al bisogno; poi richiedevan arme sempre, quasi fosse guerra imminente; e arme avevano. Prima in una volta trentamila fucili, poi 4500 alla guardia di Calabria, duemila a Caserta, presi dalla sala d'arme di Capua, e altri molti appresso, sempre pochi al desiderio. Talvolta non giungevano al luogo; chè per via gli stessi mandanti, avvisati i faziosi, facevanli rapinare; e stampavan presi dal popolo.

Lo statuto concedeva alla guardia lo eleggersi gli uffiziali; ciò schiuse un inferno. Era un solo parlare; nella guardia nazionale la guarentigia, la sicurezza, l'avvenire

Storia delle Due Sicilie 1847-1861 167

della libertà; niuna franchigia senza di quella esser buona; fu messo da canto il pensiero del parlamento, per diffinir l'ardua quistione del vestito nazionale, se cappello o cimiero, se spade o daghe; e dopo lunghe discussioni vinsero cimieri e daghe. A 13 marzo il Bozzelli die' a un parto i sospirati decreti pel vestito, e per l'elezioni degli uffiziali. Subito il sole splendè su migliaia d'elmetti; e beato chi primo vestisse in divisa, questa beatitudine di libertà, spavento di Tedeschi, risorgimento d'italico valore. Sostarono industrie, litigi, faccende commerciali, e sin le cose amorose e musicali e ogni pensiero della vita; tutti attorno alle liste della guardia nazionale. Però fatte a furia in quel primo empito, intramessivi ambiziosi, tristi, e pazzi, riuscirono mostruosa mescolanza: vecchi, fanciulli, oziosi, paesani, siciliani, esteri, retrogradi, liberali, mazziniani, nobili, plebei, possidenti, proletarii onesti, ladri, casalinghi e vagabondi; fu moltitudine di gente eterogenea per pensieri, età, grado, ricchezza, passioni e interessi; ed essa doveva essere il palladio dell'età nuova. E chi non stava ne' ruoli, si poneva in fronte al cappello una piastra d'ottone, si buscava un fucile, e, messo tra mezzo a gli altri, eccolo difensore della libertà.

Come lo ubbidire in tempo di libertà lor parea vergogna, tutti volean comandare; perlocchè alle elezioni fu un visibilio; partiti, brogli, calunnie, zuffe da per tutto, chè tutti volevan esser capitani. In molti paesi corsero schioppettate; schioppettate e uccisioni furono a Cancel d'Arnone e ad Avella, ne' soli distretti di Caserta e Nola, e così in tutte provincie. Riuscirono capitani moltissimi ribaldi, schiamazzatori, pagatori o prepotenti, ciascuno credentesi maresciallo, superiore a ogni potestà. Qualche buono fu miracolo. E quasi gli spallini fossero insegna di rivoltura, il più di quei comandanti servian di veicolo alla setta; ed eglino dappoi indirizzavano l'elezioni de' deputati, eglino adunavan gente per servizio della congiura, armavanle, incitavanle; e i mandatarii partenti da Napoli in ogni luogo volgevansi a essi capitani, siccome a uomini fidati ch'avean naturalmente a secondar la guerra civile. Videsi manifesto la convocazione del parlamento essersi tardata a posta, per crear prima la forza da por mano alle elezioni, per eleggere uomini ligi a' comandamenti segreti, e capaci di rovesciar la monarchia. Prima la guardia nazionale, poi l'assemblea; prima l'armi, poi la ribellione.

§. 25. Sette nuove nelle Calabrie.

Ciò si vide meglio in Calabria. V'eran tornati con la costituzione i ribelli, i quali sotto specie di festeggiare s'eran messi a costruire la rivoluzione. Tra questi era un Domenico Mauro di S. Demetrio nel Cosentino, poetastro, semi letterato; e peggio che del suo spiritato verseggiare si serviva a fin di setta; il quale in lega col romano Benucci fittaiuolo delle dogane, co' Romeo e Plutino di Reggio, e con tutti i fratelli calabresi, già nel 43 arrestato per cospirazione, sin dal carcere avea guidata la sedizione del 15 marzo 1844 in Cosenza. Poi liberato, poi ricarcerato e riliberato, si trovò in Napoli nel 29 gennaio 48, e fe' l'atto come dissi di voler pugnalare il re; indi a poco fu inviato a Cosenza per voltar quelle provincie a repubblica. Stretto era con moltissimi già condannati e graziati, e di pessima vita; de' quali cito soli fra tanti un Giovanni Mosciaro di S. Benedetto Ullano, e un Pietro Saifi di Cosenza; il primo nato d'un manutengolo di masnadieri e ladro, cui fu tronca una mano dal boia, e nipote d'un falsario di carte bancali, morto nel carcere di Cosenza; il secondo omicida nel 1817, arrestato per furto nel 26, relegato a Ponza nel 37, e graziato dappoi. Ambo rei pe' fatti del 44, e perdonati. Cotesta schiera si sparse per le Calabrie, e alla prima creò in Cosenza un *Circolo nazionale,* con uno statuto issofatto da essi dato alle stampe, dove non si tacque il fine fazioso tra le frasi di *sicurezza, ammendamento, svolgimento* e *progresso*: designato numero di socii, segreto scrutinio su' candidati, adunanze straordinarie per urgenza, corrispondenza con gli altri circoli di Napoli e del regno, pagamenti di prestazioni, cassiere ec. Ne fu presidente Tommaso Orlale leguleio, capo di quella abborracciata guardia nazionale; s'adunava nella sala del real collegio. Oltre questo furon altri circoli in Cosenza e in quasi tutte città calabresi, erettivi la maggior parte dal Mauro, corrispondenti, lavoranti unanimi al comando d'una mente. Solo nel Cosentino ve n'era a Scalea, Castrovillari, S. Demetrio, Rossano, Saracena, Lugro, Altomonte, S. Donato, S. Basile, Cassano, Amendolara, Spezzano Albanese, S. Lorenzo del Vallo, e altri. Lo stesso nell'altre due Calabrie e in Basilicata. Tai circoli avean gradi e numeri progressivi; e mentre cospiravano per vendette e disordini, taciuto il primo nome di Giovine Italia, s'appellavano *chiese*; e spesso vi aggiungevano il nome d'un qualche vicino fiume; così *chiesa di Lagania, chiesa di Gorga, chiesa del Pennino,* e altrettali. Empie liturgie nello aggregare adepti, e un *sommo sacerdote;* il quale in stola nera, e così due sacerdoti assistenti, faceva giurare l'uomo, tenendo un pugnale infisso sul costato del crocifisso, e il messale aperto; giurare di vincere o morire, distruggere i Borboni, migliorar la costituzione sino all'ultimo sangue, e difender le Calabrie; poi inviolabilità di segreto, e morte a' trasgressori. Uno di tai *sommi sacerdoti* predicando nel circolo di Saracena eruttò: « Cristo fu seguito da dodici straccioni di Apostoli, nè volle tributi; mentre il re vuol pagata la fondiaria, fa la coscrizione, e mantiene i soldati a spese de' popoli; perciò si deve sterminare con tutta la famiglia. » V'era altresì un commissario organatore di siffatte congreghe, esse tutte già in marzo erano erette.

    Lavorando alla rivoluzione, non è credibile quante pazze ed empie proposizioni ed atti ostentassero. In Bollita di Basilicata certi un dì a desco battezzarono sacrilegamente un ariete e una vacca, co' nomi del re e della regina; e mangiate le carni, gittando l'ossa a' cani, dicevano: « *Tè l'ossa di mastro Ferdinando: Tè l'ossa di monna Teresa!* » Il nostro ministero avea fatto intendente di Cosenza Tommaso Cosentini, vicepresidente di quel circolo, perchè bene stesse nelle mani d'un caposetta tutelato il regio potere. Il simigliante fu a Catanzaro, a Reggio e a Potenza. Così con la potestà nelle mani, si potè a Cosenza procedere a un altro atto significativo di fellonia: a' 15 marzo disotterrarono l'ossa de' morti e giustiziati per la ribellione del 44, e con gran pompa menaronli alla cattedrale; poi tre dì salmodìe e prediche, dove un Orioli, frate domenicano, si scagliò contro il re e il suo governo.

§. 26. Loro atti di ribellione.

Colà come nell'altre parti la guardia nazionale s'era fatta a libito, senza norma legale, con i più faziosi a capi; essa ed essi parati a eseguire la congiura; pertanto come uscì la nuova legge sulla Guardia nazionale, tementi veder diroccato l'edifizio, e restar essi capi esclusi col nuovo organamento, corsero al rimedio. Subito il circolo nazionale cosentino mise la legge a esame; e udisti superlative arringhe. Il Mauro sclamò: « Bisogna ricorrere all'arme; e basteranno le tre Calabrie a rintuzzare il tiranno. » Quindi con atto d'aperta ribellione contro il potere esecutivo, rigettarono la legge, e mandarono in giro una lettera circolare in istampa a 18 marzo, con questi sensi: « La legge è inadatta a' bisogni del paese; e perchè importa molto che tutti fossero del nostro pensiero, e abbracciassero un sol partito, ne diremo le ragioni: Il governo già n'avea mandato una circolare di norma sull'installazione della Guardia nazionale, che non piacque; perchè n'avria dato una guardia come la precedente Urbana; si manifestò la scontentezza al ministero, ed ei promise nuova legge; ed ecco ora crede contentarci con questa ch'è con altre parole una seconda edizione della circolare. Però la città di Cosenza rappresentata da numerosa assemblea, ha pubblicamente dichiarato che l'organico novello ha molti vizii radicali; e i principalissimi sono: 1° Che rinnovando l'elezione secondo il regolamento nuovo non avremmo quel che più importa, l'anello e il cemento che lega tra loro le guardie de' capoluoghi e de' comuni. 2° Si creerebbero altre difficoltà, più animosità di partiti, moltissimi già inclusi ne' ruoli sarebbero esclusi, sia *per età* che *per possidenza*, o per l'opera d'un partito malevolo. 3° Lasciando stare la Guardia com'è fatta, abbiamo un corpo organizzato, e compiuta almeno a metà una gran d'opera, cioè l'organazione provinciale di corrispondenze, e intelligenza tra le Guardie de' capoluoghi e de' comuni, ciò che menerà a grandi risultati, e che prestissimo dobbiamo compiere. Sformando questa per far la nuova, nel frattempo non possiamo operar nulla, e passerà ozioso qualche mese. Ma non avrem forse il bisogno d'essere armatli e disposti a ogni evento? qual buon Calabrese vorrà aspettare un altro mese? lmpertanto Cosenza non accetta il nuovo organico; e desidera che i distretti, i comumi, e i paesi tutti ne seguan l'esempio; che valerà a far comprendere al ministero i Calabri essere un popolo ch'ha già rotte le catene, e compresi i suoi diritti. »

A' 25 marzo Domenico Mauro stampava una proclamazione, dove messo fantasiosamente l'immagine della repubblica con un piè sulla Senna, e l'altro sul Monte bianco, e definita la nuova legge fonte di mali e disordini, causa di anarchia e sociale dissoluzione, invitava i popoli ad armarsi. A capo di due giorni usciva altra lettera del *Comando Generale* della Guardia Nazionale di Cosenza, ordinante: 1° Che il Capo della Guardia nazionale di Cosenza comandasse tutte quelle della provincia. 2° Una giunta eletta ad assisterlo deciderà su quanto è da operare, composta di uffiziali, e di Domenico Mauro, Raffaele Valentini, Domenico Furgiuele, Biagio Miraglia e Domenico Parisi. 3° Stabilita corrispondenza uffiziale tra esso Capo e quei de' distretti e comuni. 4° Potendo verificarsi il bisogno d'unir forze in qualche luogo, si formasse in ogni comune una Guardia mobile pronta ad accorrere.

Per tai lettere e maneggi non s'eseguì la legge in nessun di quei luoghi, e restaron l'arme in mano di gente trista pronta a sollevazione. Atto ribelle fu, preludio al 15 maggio, perpetrato da quelli stessi che corsero poi a Napoli a compierlo, e che fiaccati andaron predicando spergiuro il re. Intanto anarchia: si gridava *Abbasso i realisti*! si perseguitavan famiglie e persone oneste. Il monaco Orioli quel dì che le soldatesche di Cosenza davano il giuramento alla costituzione, concionava per le strade sulla distruzione de' realisti. *Si facciati cadere cento teste,* gridava. In Cassano *A bbasso il Vescovo!* suggellaron le porte dell'episcopio. In Rossano fecero serrare il seminario. Da Castrovillari scacciarono il sottintendente; scacciaron da Cosenza il tenente colonnello Simoneschi comandante le armi. In altri luoghi mutavan sindaci e decurioni, frangevan gli stemmi e le statue regie, gridavan Morte al tiranno! e sin tentavano i soldati a proclamar repubblica. Aggiungi le instillate idee di comunismo spingere i contadini a correre in fretta a Cosenza più volte, a chiedere partizioni di terre pubbliche e private. E il Mauro spalleggiando diceva: *Vengono a rivendicare il loro*! Seguirono armata mano innumerevoli danneggiamenti, devastazioni e arsioni; talvolta gl'istigatori usurparvan per sè, talvolta facevan le porzioni altrui. Invasero a tamburo battente e bandiere un territorio del barone Campagna, altro de' fratelli Gaudio, e quei de' comuni di S. Cosmo, S. Demetrio, Amendolara, Campana, e altri.

§. 27. Il Saliceti contro i Gesuiti.

La Guardia nazionale anche prima della legge avea in Napoli stesso riportato vittoria de' Gesuiti. Con lunga premeditazione sin da due anni s'andava dicendo gran male di quell'ordine, scritti libelli infami; e il Gioberti in più volumi avea ricantate le viete accuse, dicendoli puntelli a tirannide. Risposero i padri, ma fu voce fievole nel deserto. Invero eglino al tempo nostro non s'impacciavan di cose di Stato, eran censori di libri, come altri preti, anzi meno severi di quelli. Facevan prediche, limosine, scuole gratuite al popolo, confessioni e altre opere buone, onde avean clienti assai nobili e plebei, dotti e ignoranti. Ultimamente apposer loro a colpa la eredità d'un marchese Mascari, ricchissima, ita in essi a danno degli eredi; onde surta lite ebber la sentenza a favore. Per fermo avean più amici che nemici quando in quest'anno 48 corse per Italia l'ordine settario della loro cacciata, dicevano per toglierne lo aiuto al potere assoluto, veramente per isveller dal popolo quei predicatori di morale e religione, che facevanlo cheto ed ubbidiente. Prima in febbraio Cagliari e Genova tumultuosamente li mandaron via; poi in marzo Piemonte, Piacenza, Verona e altre; nè poteva Napoli comparir da meno e mostrar d'esser men libera; però in consiglio di stato ne fe' proposta il ministro Aurelio Saliceti. Costui nato di povere gente d'Abruzzo, avea cominciato da cancelliere di giudicato regio; onde allora studiò legge, e venuto a Napoli, per amor di donzella brigò e ottenne cattedra all'Università, indi uffizio di giudice di tribunale; per gratitudine abbandonò la innamorata fanciulla, e menò mala vita privata, e peggio pubblica. Plauditore a' potenti, dedicò una magra traduzione del Giobbe al ministro di polizia Del Carretto, suo protettore. Surto maravigliosamente liberale e plauditore al 29 gennaio, fu estolto a intendente in Avellino, e tosto a ministro; e come la setta predicavalo campione *e uomo immacolato,* egli aspirando a dittatura, non ostante avesse versificato Giobbe, volle farsi primo a percuotere i Gesuiti. Pertanto concionò in consiglio: la compagnia di Gesù rea d'avarizia, sospetta d'altri delitti, screditata, incompatibile col novello stato, aversi a provvedere, anzi che farsi sorprendere e rimorchiar da' tumulti. Voleva provvedere appagando voglie disordinate; ma i colleghi di quel ministro di Grazia e giustizia, non trovando graziosa nè giusta la proposta, non gli badarono.

§. 28. Sono scacciati dal regno.

Dovendo il Saliceti esser fatto un grand'uomo, e parer profeta, subito se ne fece avverar la profezia. Le sera del 9 marzo s'iniziò una *dimostrazione* in via S. Sebastiano, ov'è una porta della casa gesuitica; eran men che cento a gridare Viva Gioberti! abbasso, fuori, morte a' Gesuiti! ma comparsa una pattuglia di Svizzeri, voltarno con Viva gli Svizzeri! e se ne andarono, promettendo tornare al mattino. E fur puntuali, chè mentre i padri la dimane piativano per su i ministeri a invocar la tutela della legge, fu ripigliato lo schiamazzìo al largo del mercatello; e più animosi per non opposizione, mandàr dentro sul mezzodì una deputazione con foglio scritto e non firmato al rettore del convitto, intimante sgombrassero il luogo incontanente, o ferro e fuoco. E tardando la risposta, fecero scendere a parlamento alquanti padri cui replicarono a voce le minacce, avvalorate dalla facondia di certi uffiziali di guardia nazionale; sicchè forte spauriti, firmarono obbliganza di lasciar loro case all'ore dieci del dì appresso; nè ebber concesso più tempo. Intanto vedevi cartelli sulle mura con firma *Il popolo napolitano,* inculcante alle famiglie di ritrarre dal convitto i figliuoli, o che sperimenterebbero il furor popolare. Così a nome del popolo contro il popolo s'inveiva. Fu uno spavento, un accorrere di trepidi genitori, a pie', in carrozza, a cercar de' bambini piangenti e tremebondi, e a stento fra la calca trarli dalle condannate mura; fanciulli fuggiti soli, spersi per le vie; e madri e parenti a chiederne, a lamentarsi, a disperarsi.

In quella il Saliceti baldanzoso proponeva in consiglio si facesse inventario dei beni e delle carte della compagnia. Bene i suoi colleghi cicalavano sulla illegalità del fatto, ma niuno s'alzava ad impedirlo; nè più discutevano sul proibirlo, ma solo sul modo d'attenuarlo. Quelli uomini già cospiratori, posti al governo stordivano, nè sapevan reprimere l'oda ribelle da esso loro messa su. La fazione del Saliceti la vinceva.

Sebbene fosse pattuita la partenza pel dimane, la guardia nazionale si lancia come d'assalto; piglia chiesa, atrii, corridoi, scuole, celle e ogni cosa: mette sentinelle agli aditi, manda pattuglie attorno, e al silenzio di quelle mura fatte per istudii e meditazioni, succede fragor d'arme, frastuono, scalpitìo di turbe tumultuanti e discordi. Fra tanto gridare inviolabilità di domicilii e di persone, si violavan le persone e 'l domicilio d'un ordine religioso stabilito da Santa Chiesa. I padri memori degli assassinii di Madrid nel 1834, si raccomandavano a Dio, e Dio lor mandava soccorritori in quella stessa guardia nazionale. Ivi eran giovani stati loro scolari, amici, clienti, congiunti di quei tribolati; i quali presentendo perigli, s'eran lanciati dentro con gli altri, pronti a battaglia, ove si fosse trasceso a maltrattamenti. Intanto i tristi a padroneggiare, a comandar alto, a sputar parole pazze e nefande. Chi chiedeva il tesoro, chi le scritture, chi le camere segrete colme d'ossa umane, e chi volto a più materiali frutti della vittoria invadeva cucine e dispense, e gloriosamente saccheggiava le mense, persuasi non avessero i Gesuiti più a mangiare. Satolli, facean fardelli, andavan col bottino a casa, e ritornavano pel sopraccarico; onde si resero abbietti a quei medesimi incitatori della liberalissima impresa.

Eppur quei religiosi si confortavano sperando uscir presto d'affanno; promesso di sgombrare per la dimane, già si figuravan le carezze di congiunti ed amici in grembo alla città ospitale. Già qualcuno impaziente, per andarsene il dì stesso, vestiva panni da secolare, e si volgeva alla porta; ma riconosciuto era tracotantemente ricacciato dentro. S'avvidero allora esser prigioni, e che strillando *fuori i Gesuiti* li volean dentro a forza. Sul tardi venne il direttore di polizia: « Non volere, diceva, non potere i ministri lor comandar nulla, essere illegale il procedimento, ma in tempi torbidi comandare il popolo, chi opporsi? meglio la compagnia di Gesù involarsi all'ira pubblica uscendo dal regno; ciò non comandarsi, consigliarsi. » I padri rispondevano: « Aver promesso lasciar la casa, non il reame; quello essersi chiesto, quello convenuto. L'esilio perchè? senza delitto, senza giudizio, bandirsi uomini religiosi, molti d'età grave, moltissimi giovanetti, sol rei d'aver la veste d'Ignazio; facesserli uscire dalla casa, al resto Dio provvederebbe. » Il direttore recava tal risposta al consiglio de' ministri, e ne tornava a un'ora di notte, dichiarando: « Ciascun Gesuita esser libero; poter restare in convento i vecchi e i malati, e altri quattro a custodire la chiesa e amministrare la casa, cui non era da considerar disciolta. Recassero con esso loro le masserizie, solo suggellati restasser gli archivii e le biblioteche. » E tosto ordinava i suggellamenti, e che sgombrasser gli armati, entrasser pure i congiunti de' padri a menarseli a casa. Reiterava gli ordini stessi il colonnello della guardia nazionale, e parea s'eseguissero. Ecco i *dimostranti* del mattino a strepitare, a gridar tradimento: tutti tutti dovere spatriare, anco i vecchi, anco i malati, aversene a sterpar la semenza. Infra lo schiamazzio, il direttore imbalordito, scese a interrogar la volontà de' battaglioni della guardia nazionale (così riconoscendo in questa il dritto sovrano) della quale eran presenti i singoli drappelli. Di dodici battaglioni tre soli votaron per l'esilio, nove pel no; nondimeno i tre sommarono più de' nove; i tumultuanti la vinsero su' bonarii, ripresero le poste, nè fecero uscir niuno. Nelle sedizioni le passioni ree trionfan sempre sulle buone.

Fu un irrompere, circondar d'ogni lato il luogo, chiamar i padri a rappello, numerarli come galeotti, correre alla cerca di qualche mancante, puntar baionette alla gola; e dall'altra un trambasciare, un umiliarsi, un rassegnarsi alla volontà di Dio. La notte crebbe le furie e le paure. Trovati in una vicina casetta diciotto padri, itivi a rifugio sin dalle prime aggressioni, trasserneli violentemente in mezzo all'arme e quasi a berlina, e per via Toledo ricacciaronli in convento. Stretti quasi tutti in una sala, tutta notte senza letti, senza pane, in disagio, guardati a vista da guardiani sbevazzanti adusati al mal costume; nè pria del mezzodì della dimane s'ebber qualche reficiamento. Tratti a due a due in refettorio, trovaron solo pane e formaggio, chè le minestre naufragavan per via, sfamanti nei corridoi quei patrioti. Tornati nel salone, da capo l'appello e la numerazione; dappoi sull'ore quattro pomeridiane sendo pronti a partire, arriva il Bozzelli a confortarli con una concione: « Stessero di buon animo, non andare in bando, ma lontano, per sol quei momenti tempestosi; scortati si da soldati, ma per dimensione. Andrebbero per mare; alla Darsena s'imbarcherebbero; lungi da terra saprebbero la destinazione. » I padri, niente racconsolati, fecer rimostranze; ma i viva e i bravo affogaron le proteste, come tamburi a condannati. Scesero quanti erano, pur vecchissimi e malati; anche uno Spagnuolo ottuagenario e paralitico, messo in seggiola a ruota, sospinto in una carrozza, non ostante gli spasimi, a peregrinar pel mondo. E la pubblica potestà guardava.

Non perciò paga la setta, volle pubblico trionfo, per dar prova di sua forza. L'ora vespertina, via Toledo popolosissima, lunga sino al molo, seguenza di venticinque carrozze, migliaia d'armati, fanti, cavalli, cannoni, ministri, generali, trombe, passo lento, spesse fermate. Ciò forse a ludibrio, perchè il volgo credesse giusto il gastigo: invece fe' compassione. Uomini venerandi, predicata virtù tanti uni, confessato, benedetto, ministrati sacramenti, menati allora senza perchè come fiere, come briganti al supplizio: quel paralitico e canuto, su quella seggiola in cocchio, sofferente e insanguinato, quei volti pallidi per insonnio e digiuno e patemi fean miseranda vista. Le moltitudine silente, attonita, spaurita, chi fremea compresso, chi piangea, chi storcea gli occhi. Assai poveri per quella cacciate perdeano il sostentamento, molti genitori la gratuita istruzione de' figli, molte famiglie i consolatori delle avversità; e il più della stessa Guardia nazionale arrossiva dell'opera sua. Quello spettacolo dissuggellò gli occhi sull'avvenire; l'onesta gente cominciò a trar le mani da quel *progresso*.

Navigarono prima a Baia, dove a certi padri venne fatto con mentite vesti trafugarsi in braccio a' parenti accorsi alla spiaggia; la maggior parte stivati sul Flavio Gioia vaporetto da quaranta cavalli, usato già alla deportazione da' galeotti, far poi messi su' lidi di Malta, isola padroneggiata da' protestanti, dove almanco trovaron ricovero e ospitalità.

§. 29. La plebe del mercato.

Ciò su' primi giorni di nostra libertà spaventando la buona gente, era per contrario celebrato da' tristi, che ne davano il primo vanto al Saliceti, fatto subito famosissimo, e più dopo. I suoi trascorrendo le provincie ponevanlo in cielo, come patriota vero, e campione di quella vittoria. Allora il costituzionale Bozzelli sclamò: Napoli aver bisogno di gendarmi e Del Carretto! Pria che si compiesse il mese facean lo stesso a' Gesuiti di Roma: simil modo, stesso effetto, uno il pensiero.

Ma nella città nostra la plebe pel fatto de' Gesuiti sospettò peggio. La dimane 18 marzo certi studenti gridarono *Abbasso* a' frati del Carmine; di che i popolani del mercato sospettando volessero rifar la stessa storia, li perseguitarono a sassate; e tutta la notte e 'l dì seguente stettero avanti la chiesa vigilanti, con l'immagine della madonna al collo. Nessuno osò tornare: ond'eglino fidando nel numero, passata l'ora sospetta, s'incamminarono in frotta per via marinella alla reggia, con Viva il re, e la madonna del Carmine! Non fecer atto di male; se non che al caffè d'Europa, rinomato ritrovo di liberali sul cantone tra Toledo e Chiaia, sprezzarono i vetri. Subito surse un voce quelli volessero saccheggiare; però il ministero che inerte avea guardato la cacciata de' Gesuiti, si fe' operoso a ordinar la dispersione de' lazzari. Questi investiti dalla Guardia nazionale e da Svizzeri con moschettate e baionette, dettero indietro lasciando feriti e prigioni. Molto lodato fu pertanto il ministero d'aver usato forza contro quel non popolo ma plebe superstiziosa, retrograda, non degna di costituzione ma di bastone; solo popolo vero e libero esser quello trionfatore de' Gesuiti. Due illegali attruppamenti, uno a offesa, altro a difesa, uno con fucili, altro con pietre, quello aveva encomii, questo schioppettate; barbarie reprimer quello, gloria fiaccar questo; eppur quello era stato esempio e sfida a questo. Ma fra' due popoli era un cotal divario: ambo di proletarii; uno amava la fatica, mangiava col lavoro, vestiva giubba e camicia, e credeva alla Madonna; l'altro non volea faticare, amava l'altrui, e vestiva *giamberga* gridando Italia. Il ministero s'accorse la popolazione sentirla male, nè fe' più toccare i frati; anzi al 15 decretò la Guardia nazionale sotto la protezione della Vergine del Carmine, e promise una gran festa a suo onore.

§. 30. Anarchia e decreti.

Intanto si proseguiva ad anarchia. La stampa inveiva contro persone e cose sacre, propagava nelle provincie i pensieri e i voleri della Giovine Italia; strombazzava vergogne, avversava qualsivoglia atto governativo a disegno; e questo diceva esser lotta generosa di libertà contro tirannia. Gli uomini del passato governo non avean requie, designati a ludibrio, diffamati con calunnie, fischiati per le vie, dovean calarsi a spatriare. Il generale Ferdinando Nunziante che nel precedente settembre avea doma la rivoltura calabra, confinato a Caserta, udiva sua fama lacerata; il Vial già governatore di Palermo, uscito dal regno, avea fischi a Genova; monsignor Cocle confessore del re, perseguitato, ebbe a 4 marzo visita dal prefetto di polizia a Castellammare ov'era, e costretto a ramingare a Malta, condotto dal Nettuno pacchebotto reale.

Compresero i buoni quello non esser tempo da starsi; mandarono a' ministri una petizione con migliaia di firme reclamante provvedimenti forti. E i settarii spaventati al veder la forza di quel popolo, fecero altri indirizzi con altre migliaia di firme, vere e false, chiedenti una legge contro gli assembramenti. E il ministero anch'esso considerando quel popolo assembrato all'avvedersi di sua forza poter reagire, fe' subito un progetto di legge provvisoria contro gli attruppamenti, e 'l propose in consiglio di stato, dove suscitò gran rumore; perocchè il Saliceti non volendo che quella legge osteggiasse altresì il suo popolo progressivo, e arrestasse la rivoluzione, strepitò, minacciò peripezie e tempeste, e volle anzi dimettersi che sottoscrivere; onde i più furibondi celebrarono uomo invitto. Questi era sì cieco per la repubblica, che sperava farla col re, o con l'aiuto del re. Il Poerio, il Savarese e l'Uberti voleano anch'essi ritrarsi dal ministero, ma pregati dal Cariati, stettero. Lo stesso dì 13 marzo al Saliceti fu surrogato il Marcarelli; e la legge passò, ma più fiacca e smozzata; però non bastevole all'uopo, anzi che paura provocava le risa ogni volta che s'attuasse. Era prescritto non so qual cordone in collo all'eletto del quartiere, e che così dovesse ordinare alla folla di sgombrare; ma cotali intimazioni non ubbidite mai, nè seguite da repressioni, riuscivan commedie, con urli e fischi; vergogna alla potestà.

Altro decreto dichiarò le Guardie d'Onore Guardie nazionali a cavallo; altro richiamava a servire gli uffiziali deposti nel 1821, cioè quei pochissimi che non avean fruito delle grazie precedenti. Questo lamentarono ingiusto, perchè si voleva gli uffiziali richiamati avessero altresì le promozioni come avessero servito. Altro a 17 marzo, abolendo la Gendarmeria, creava la Guardia di pubblica sicurezza; ma sendo la gente stessa, a' gendarmi odiati era mutato nome, cappello e rivolta al vestito; la quale posta gialla fe' che la popolazione a dileggio appellasseli i *canarii*. Quei ministri che non sapevan nè abolir la cosa nè tenerla, cangiavan nomi e colori; codardia e incenso a' tempi, cui non osavan far contrasto, nè voltare a bene.

A 24 marzo con due decreti s'aboliva la presidenza dell'università degli studii, instituita sin dal 12 settembre 1822; e creavasi una commissione provvisoria di pubblica istruzione, presieduta dal ministro, col carico del riordinare lo insegnamento nel regno, e censurare i metodi e i professori. Quel dì medesimo vedeva altro decreto che convocava i collegi elettorali per l'elezione de' deputati sul continente, pel 13 aprile. Nè fu dimenticato uno strale a Roma: s'ordinò una commissione da compilare una proposta di riforme al culto e al concordato col papa, da presentarsi al parlamento.

§. 31. L'ultimatum di Palermo.

In frattanto il comitato siciliano confabulava col pacificatore Mintho, ossequiandolo più che re, mentre al sovrano e alla nazione napolitana dava offese inverecondo. Ricusarono i decreti regi concedito ri di tutto quanto avean prima chiesto, ripetendo la formula *È troppo tardi*. Gli animi superbissimi di quei ribelli isolani s'erano esaltati per le lodi di tutto il mondo settario, che dicevano dessi con la loro vittoria aver fatto le rivoluzioni italiane; senza di essi starebbesi ancora a pitoccar grette riforme; meritar riconoscenza e gloria, doversi batter medaglie col motto *Palermo l'eroica*. Rigonfiati per la rivoluzione parigina, pel programma del Lamartine, per le incitazioni britanne, per le sventure tedesche, già dettavan leggi da trionfatori; laonde sdegnavano altresì d'entrare in trattati co' ministri regi; e giunsero a dimandare al Mintho che Ferdinando abdicasse a pro del figlio. Lo stesso lord approvando il diniego siculo a' decreti del 6 marzo da esso stesso dettati, e da esso recati a Palermo, insistè proponessero altre condizioni. Discussele in più conciliaboli con la commissione; e aderendo egli, n'uscì a' 16 un *ultimatum,* come base di riconciliazione, così: « Il re non più del *regno delle due Sicilie,* ma re *delle due Sicilie* s'appellasse; rappresentasselo nell'isola un vicerè, principe reale o Siciliano, con alter-ego irrevocabile, e potestà esecutiva secondo la costituzione del 1812; rispettarsi gli atti e gl'impieghi diplomatici civili e militari, e le dignità ecclesiastiche si dessero a soli Siciliani, e dal potere esecutivo là risiedente; serbarsi la Guardia nazionale, con le riforme che farebbevi il parlamento; rilasciarsi fra otto giorni le due fortezze rimaste al re, e se ne demolissero le parti nuocibili alle città, a grado del comitato o de' municipii; la Sicilia battesse moneta da determinarsi dal parlamento; serbare i tre colori e la nappa rivoluzionaria; darlesi il quarto della flotta, dell'arme e arnesi da guerra del regno, o invece lo equivalente in moneta; non parlarsi di spese di guerra, ma i danni recati al porto franco e alle mercanzie in Messina pagarsi da Napoli; i ministri di guerra e marina, d'affari esteri, e di tutte faccende siciliane, responsabili a maniera costituzionale, risiedessero colà col vicerè; non dover esser nessun ministro d'affari siciliani in Napoli; il porto franco di Messina riporsi com'era prima del 1826, tutti gli affari d'interesse comune si tratterebbero d'accordo fra' due parlamenti; facendosi lega italiana, l'isola manderebbe legati distinti, nominati dal potere esecutivo siciliano; da ultimo le si dessero i vapori di posta e di dogana, comprati con danaro e pel servizio di Sicilia.

Cotali eran le condizioni consentite dal pacificatore Mintho; e con esse il comitato permetteva il re *avesse titolo* di re delle due Sicilie; con patto che queste e altre dimande da farsi, s'approvassero ad eseguissero prima della convocazione del parlamento (pel 25 marzo); in contrario tutto cadesse. Proposte a disegno per averne rifiuto; nè sai se più di oltraggio al re o alla nazione napolitana. Posavan sulla divisione del regno, e ponean l'esercizio diretto della potestà sovrana subordinato a condizione di residenza, cioè l'opposto del principio d'integrità della monarchia, messo dal re a base d'ogni concessione. Serbare a ludibrio nome di re, e dare altrui alterego irrevocabile e indefinito? Napoli costituzionale ceder fortezze, arme, munizioni, pagar danni, senza l'assenso del parlamento? e poteva questo approvar tanto obbrobrio per l'onore di cosiffatta pace? Napoli pagar i danni d'una guerra riuscente a pro di Palermo? Ov'anco l'isola indipendente trattasse da nazione a nazione, potea giustamente voler che Napoli solo pagasse il debito pubblico stato comune, e d'avvantaggio desse navi e armi, quando invece era notorio il continente in passato avere speso due milioni e mezzo per tener l'isola? Conceder tutto fra otto dì, col coltello alla gola, senza neanche entrare in preliminari di pace? accrescer la forza al nemico, e poi tornare a guerra? Se un esercito siculo fosse stato vincitore attorno

Napoli, affamando il re e la città, non poteva dettar a' vinti più dure e vergognose leggi. Nulladimeno il Mintho pigliava l'incarco di trasmetterle al sovrano; di che tutta plaudivalo Palermo, appellavalo difensore de' popoli oppressi, e per segno di pubblica riconoscenza davagli una statua marmorea di Ferdinando II. Vedi pacificatore che per guarantigia di pace fra popolo e monarca, piglia da quello lo strano donativo del simulacro del monarca. Egli fe' tosto una corsa a Messina, disse per curiosità; visti i fortini costrutti da' ribelli sulle alture, diretti da uffiziali inglesi, li approvò, ed eccitò a guerra i Siciliani.

§ 32. Il pacificatore Mintho fa abortire la pacificazione.

Giunto in Napoli a 17 marzo l'ultimatum, la fazione filo-sicula e la calabrese, invece di mostrarsi offese delle arroganti intimazioni, e delle stomachevoli burbanze della stampa isolana, l'appoggiavan anzi con grida e giornali. Dicevano: « E perchè non concedere prima della rivoluzione francese? perchè non si cede ora almeno? sapienza è cedere a tempo, il tempo stringerà più il nodo; che guerra? che patti? pace a qualunque costo fra popolo e popolo. » Volevano unire Italia e dividere il regno. Ma non potendo il re chinare il capo a quell'indegnità, col pusillanime assentire al regio disonore, il ministero volse istanze al Palmerston a usar di sua potestà sul Mintho, per indurlo a persuadere agl'isolani più miti sensi, e conformi a' veri interessi delle due parti del regno; ma presto le risposte di quel pacificatore, dichiaranti la inalterabilità delle sicule proposte, resero ultronee tutt'altre umiliazioni, e andò in fumo ogni speranza di pace. Pertanto il re a 22 marzo, con solenne atto, rammentati i decreti concessi al dì 6, considerando qualsiasi modificazione a quelli violare l'integrità della monarchia, protestava solennemente contro qualunque atto seguisse nell'isola avverso agli statuti fondamentali del reame. E il ministro d'affari esteri comunicandolo al Napier lamentava la durezza de' Siciliani, che turbava l'italica risurrezione, e l'indipendenza della patria comune, appunto nel momento supremo in che tutti gl'Italiani dovevano affratellarsi negli sforzi e nella volontà. Ma il Mintho, autore di tanto fuoco, dettatore de' decreti del 6 marzo, portatore di essi, consigliatore di respingerli, scriveva inoltre il 21 marzo al Palmerston ch'essendo il parlamento siciliano per decretare la separazione dell'isola, saria stata buona politica il riconoscere il governo separato. La dimane in ringraziamento il principe di Scordia invitavalo a mensa, ed ei v'andava coll'ammiraglio Parker ed altri Inglesi. Dopo tre dì, cioè il 25, con maraviglioso progredimento precedendo gli avvenimenti, scriveva al Palmerston: « Il dritto de' Siciliani a deporre il loro re, se fondato sull'articolo 8° della costituzione, sarebbe al più dubbioso; ma non si può negare avervi essi più forti ragioni che non l'Inghilterra nel 1688, per isbarazzarsi d'un'intollerabile tirannia. » E poco appresso in un dispaccio del 4 aprile aggiungeva: « I principali di Palermo pensano potersi ancora salvar la monarchia, chiamandovi qualche principe di casa Savoia. » Così fingendo temer proclamazioni di repubblica, profetava. Dimostrava la giustizia della deposizione del re un mese prima della deposizione; metteva innanzi il Savoiardo tre mesi prima dell'elezione, e co' suoi dispacci precorreva la via agli atti del parlamento. Volontario s'era offerto pacificatore, appunto per far la pacificazione abortire. E lord Palmerston dappoi a 29 giugno, lodandolo nella Camera inglese, disse con gravità di volto: *i consigli del Mintho in Italia aver prodotto in ogni parte fortunati frutti.*

Nientedimeno il ministero napolitano cedevole al gracidar de' trivii, ripigliava con petulanza da accattone le pratiche, e offeriva l'una sopra l'altra novelle concessioni, tutte con disdegno rigettate. Eppure quasi l'accordo fosse seguito, ei faceva senza guerra a 24 marzo sguarnir d'arme e armati il forte di Siracusa, già ben difeso dal vecchio general Palma, così sbrandellando la monarchia, e traendo in sembianza di vinti i prodi soldati.

§. 33. Il parlamento di Palermo.

I capi della rivoluzione tenevano a Londra agenti segreti presso al Palmerston, e, sicuri di soccorsi inglesi, facevan promesse pubbliche, e v'aggiungevan menzogne per ispinger le popolazioni contro il re. Instituivano una festa commemorativa del 12 gennaio; stampavano avere un battello siculo fugato a Milazzo la flotta intiera di Napoli; due reggimenti di soldati scesi a Sciacca fatti a pezzi; poi la cittadella messinese presa d'assalto; il re fuggito, e ora a Malta, ora serratosi in Capua, ora morto. In quella caldezza il comitato di Palermo, con l'intervento di delegati di Messina, Catania, Siracusa e altre città, avea dato a 24 febbraio una non so se legge o decreto, invitante la nazione a eleggere deputati, con norme indicate, simili molto alle inglesi, con ampliazioni da quelle stabilite nella tanto invocata costituzione del 1812; cui fuor del nome niente rispettavasi; e fermavan la convocazione delle camere pel 25 marzo, *per adattare a' tempi quella costituzione.* L'elezioni si fecero a' 15, con voto quasi universale, ed ebbero 160 deputati del cuor loro. Similmente seguito lo squittino de' pari, fu con pompa aperto il parlamento generale sul mezzodì del giorno indicato in S. Domenico a Palermo, presenti i diplomatici stranieri, e popolo immenso, squillando le campane, fra colpi di cannoni. Dopo la messa e la benedizione; surse Ruggiero Settimo, presidente del comitato, con studiata diceria a dichiarare aperti i parlamenti di Sicilia. Lodava la rivoluzione, magnificava preparativi di guerra, e come già una flotta e un esercito invincibile stessero parati a difesa; citava i regi decreti del 6 marzo, dicendoli non bastevoli a tutelare i dritti del l'isola, e tenerli come non avvenuti; dichiarava invalida la protesta regia del 22 marzo, e richiedeva pari e deputati votassero la legge definitiva del potere esecutivo. I pari fecero presidente il duca di Serradifalco; i deputati elessero il marchese Torrearsa, e vicepresidente Emerigo Amari. La sera feste, luminarie e baccano. All'apparente libertà de' voti la setta, per assicurarsi la servitù delle assemblee, avea posto questo riparo: laddove le camere non fosse d'accordo, sorgeva un comitato misto di numero uguale di pari e deputati, ma presieduti dal presidente della camera bassa, il quale valendosi del suo voto facea sempre rigetare il parere de' pari. Ciò servì a spaventar questi signori; quali vistisi sempre perdenti, e starvi per forma, approvavan sempre, senza risicar la pelle in quell'anarchia.

Il parlamento per primo atto decretò: «Il potere esecutivo è fidato a un presidente del Governo del regno di Sicilia, da esercitarlo con sei ministri da lui scelti ed amovibili, egli ed essi responsabili de' loro atti.» La camera de' deputati fe' presidente il Settimo, i pari aderirono, e restò casso il comitato. Egli a' 27 si fe' il ministero così: Mariano Stabile a esteri e commercio, il barone Riso a guerra e marina, Michele Amari alle Finanze, Pasquale Calvi a Interno e sicurezza, il principe di Bufera a istruzione e lavori pubblici, Gaetano Pisani a Culto e Giustizia. Questi cominciarono chiedendo un prestito di mezzo milione d'onze; e 'l parlamento a 30 marzo l'approvò; e anzi a facilitarlo die' a 13 aprile facoltà al ministro delle Finanze d'emettere certificati di rendita al cinque per cento.

Al 1° aprile decretarono si dichiarasse agli altri stati d'Italia voler Sicilia libera e indipendente far parte dell'italica confederazione, e si presentassero tre bandiere a Torino, Firenze e Roma. Il La Masa detto colonnello propose si mandassero cento giovani alla guerra lombarda; li raccoglieva, e avuto l'assenso solo de' deputati a 17 aprile, lo stesso giorno partiva con essi, pria che i pari approvassero; e sbarcò a Livorno. Nella tornata del 7 il La Farina concionò, perchè si facesser cannoni dell'enee statue de' re di Sicilia; onde meritò plausi strepitosi; ma il ministro Stabile, temente altri noi passasse avanti co' sensi liberali, osservò già essersi abbattute a Messina le statue di Carlo II, Carlo III e Ferdinando II, avvegnachè questa fosse lavoro egregio del Tenerani; ond'ebbe plausi maggiori. La camera approvò, aggiungendo anche si fondessero le campane de' conventi soppressi. La stessa sera, senza aspettarsi la risoluzione de' pari, la marmaglia col grido Morte a Ferdinando, die' addosso a quant'eran regie statue in città; solo risparmiò Carlo V in piazza Vigliena, sebben di bronzo, forse perchè stimaron liberale Carlo V. I pari, dopo il fatto, a' 19 approvarono. La rivoluzione balda, a ricisa, senza titubare procedeva dritto. L'era animo e consiglio l'Inghilterra; sicurezza le peripezie europee; superbia le lodazioni settarie, l'incenso della napolitana stampa, e le bassezze del nostro ministero; perocchè gli uomini odiano il nemico pugnace, ma odiano e sprezzano il nemico cedevole; perchè quando s'è posto mano a' ferri, non v'è strumento meglio del ferro efficace a persuadere.

LIBRO SESTO

SOMMARIO

§. 1. Carlo Alberto esce in campo.— 2. La Belgioioso in Napoli. — 3. Partenza di volontarii per Lombardia. — 4. Dimissione del ministero, e tumulti. — 5. Il ministero Troya. — 6. Partenza del 10° di Linea e altri volontarii. — 7. In Sicilia dichiarano decaduti i Borboni. — 8. Ministri napolitani e siculi al congresso per la lega. — 9. Il papa disdice la guerra. — 10. Cade il disegno della lega. — 11. Armestizio a Messina. — 12. Gli *organizzatori* de' municipii. — 13. Elezioni di deputati. — 14. Semi del 15 maggio. — 15. Abbandono di arti. — 16. Strettezze, debiti, prestiti sforzati. — 17. Il Pepe mena soldati fuor del regno. — 18. Ministri di piazza. — 19. Comunismo e socialismo. —20. Reazioni. — 21. Colpano i Gesuiti e l'Austria. — 22. Proclamazioni turchesche. — 23. Il popolo non si move. — 24. Illegali conventicole di deputati. — 25. Le barricate. — 26. Inutili concessioni regie. — 27. Fremito de' soldati. — 28. Battaglia. — 29. I deputati delirano. — 30. I ministri esteri.— 31. I fuggiti liberali. — 32. Che fu il 15 maggio.

§. 1. Carlo Alberto esce in campo.

Avendo l'Inghilterra nutricato la setta tant'anni, e ora sguinzagliatala sull'Europa; ardendo Germania, sendo repubblica Francia, e Italia guazzante in libertà; fiduciosi trionfando i novatori, nè di niuno impossibile dubitando; e stando rannicchiati oltre il Mincio i Tedeschi, mal sicuri in patria e fuori, Carlo Alberto di Savoia stimò quell'occasione esser unica a porre in atto i vieti sogni sabaudi sul conquisto d'Italia. L'incita il ministero Brittanno, spingevelo il Mazzini fido al suo programma, vel lancia l'amo ingannatore di cieca ambizione. Gli antichi legami del 1831 con la setta, benchè poi disdetti, allentati o sconosciuti, ora rannoda; e mentre essa tende a servirsi del suo braccio ed infrangerlo, egli si vale degli annosi sforzi di quella, sperando spegnerla poi, e seder sul retaggio di lei. Sa bene la profetata mazziniana repubblica, ma crede comprimerla con la sua monarchia. Lega infedele di due maniere di tristi, concordi al conculcare i dritti altrui, concordi nel non dividere la preda, ciascuna parte aspirante all'intiero, e farla all'altra. Impertanto unite a gridar progresso, leggi e nazionalità, ambe proclamano un dritto che dicono nuovo; e ch'è vecchio quanto le umane ingordigie. La setta nultenente, ancora che sconfitta, guadagna sempre un po' di cuccagna; ma egli re, discendente di monarchi gloriosi, mette in bilico il trono, il nome regio, l'onor del cavaliero, spezza legami di sangue, d'amistà, di riconoscenza, calpesta solenni trattati; e si lancia nell'abisso delle rivoluzioni, per istender la mano ad ardua corona, che sempre arse le tempia di chi la cinse.

In faccia al mondo s'aonestò con una scritta, stata principio di quella tela di barocchi sofismi ch'andò poi sempre tessendo il Piemonte a giustificar sue aggressioni. Il suo ministro a 23 marzo mandò un dispaccio al connivente ministro inglese, e agli altri ministri esteri a Torino, in questi sensi: « Primo dovere d'uno Stato l'assicurare il suo essere; però dove eventi di forza maggiore e simpatici al paese sorgendo ne' vicini Stati mettano in periglio il governo, questo doversi premunire dalle catastrofi che il potrebbero trarre a ruina. Lombardia in foco reagire sugli animi in Piemonte; la simpatia per la vincitrice Milano, lo spirito di nazionalità prorompente, tutto concorrere ad agitar Torino, tanto da far temere il rovesciamento del trono. Fatta repubblica Francia, repubblica sarebbe Lombardia. I moti di Modena, Parma e Piacenza, sulle quali Savoia avea ragione per dritto di riversibilità; la esasperazione surta in Liguria e in Piemonte pe' trattati fra quei Stati ed Austria, che sotto colore d'esser soccorsi facevanli annessi all'Impero, ne portavan le frontiere di qua dal Po, e rompean l'equilibrio italiano, mostravan chiaro potere il Piemonte a udire repubblica in Lombardia cadere in commozione da squassar il trono. Pertanto il re forte del suo dritto per la conservazione del suo; forte de' dritti sul ducato di Piacenza, di cui non s'era tenuto conto col trattato del 24 dicembre 1847, essere in debito d'operare in guisa da impedire che Lombardia voltasse in repubblica, e tanta catastrofe ardesse tutta Italia. »

Fingeva temer la repubblica, e correva ad aiutare la rivoluzione; dimostrava la necessità dell'intervento quello Stato ch'andò sempre sguainando il nuovo principio del *non intervento;* invocava dritti di riversibilità su Piacenza esso che dappoi negò lo stesso dritto a Spagna su Napoli e all'Austria su Toscana. Ma il dritto nuovo è appunto il mutar dritto a seconda dell'interesse. Dodici anni dopo, il figliuolo Vittorio proclamava consimiglianti ragioni, invadendo lo stato del papa e il napolitano: impedire la repubblica o l'anarchia, ma veramente per pigliarsi lo altrui. Accorrere, per guardar l'armento, e mangiarselo, è la vecchia favola del lupo.

Operò anche perfidamente. Sfringuellando i giornali sardi per eccitar gl'Italiani a crociata contro l'Austria, il ministro austriaco a Torino, chiestone ragione, n'aveva il 22 marzo parole dolci; lo stesso re la sera protestavagli fede inviolabile, parentela vera, e religione di trattati; onde quegli, fidando nella sacra regia parola, scrisse in modo da dileguare i sospetti dell'Imperatore. Dopo quattr'ore Carlo Alberto lasciava Torino, spiccava il dispaccio ch'ho rapportato, e più il suo famoso manifesto a' popoli Veneti e Lombardi, laudatore della rivoluzione, e dichiarante accorrere per dar loro *lo aiuto dell'amico all'amico, del fratello al fratello;* e che a prova dei suo desiderio d'italica unione passerebbe la frontiera con sulle bandiere lo scudo sabaudo e i tre colori. Smettendo tutti gli usi guerreschi usati sin dall'antichità, entra in guerra senza dichiarazione di guerra. La prima brigata è a Milano il 26 marzo, ed ei v'arriva il 29, con trentamila soldati.

Quel governo provvisorio fe' battaglioni di più migliaia d'uomini raccolti. Altro migliaio ne mandarono Parma e Piacenza. Un colonnello Brocchi dal Modanese ne condusse tremila con sei cannoni. Da Firenze a nome del Granduca giunsero cinquemila soldati e tremila volontarii con un generale Ulisse d'Arco Ferrari. Molti battaglioni accorsero da Bologna e Ravenna. Da Roma il napolitano Ferrari che aveva accozzati duemila volontarii, e il Durando con settemila soldati, fra' quali gli Svizzeri papali, mossero per la guerra, senza licenza del papa. Al Durando faceva da aiutante di campo il romanzatore d'Azeglio, stato come dissi di costa al Mintho. Di Sicilia narrai v'andò il La Masa con cento. Anche in Francia l'associazione italiana raccolse una compagnia, e in aprile la fe' navigare a Genova con un Antonini, donde volse a Pavia. Da ultimo vennevi d'America lo avventuriero Giuseppe Garibaldi. Questi fuggito da Nizza sua patria nel 1834, corse il mondo industriandosi al cabotaggio; poi con altri Italiani si mescolò nelle fazioni pugnanti a Rio Ianerio e Montevideo; e scoppiata l'italica rivoluzione, prese con danari della Giovine Italia cento venturieri, e sbarcò a Genova in aprile. Carlo Alberto nol volle accogliere, parendogli vergogna il contatto di quella gente; ma per ordine del Mazzini accolselo Milano; ed ei si mise a Como a reclutar volontarii. De' Napolitani iti a quella guerra ora parlerò; ma questo fu tutto lo sforzo della setta per iscacciare il Tedesco.

§. 2. La Belgioioso in Napoli.

L'esercito napolitano lasciata per ordine la Sicilia, avea viste le mutazioni del regno senza far atto; sopportò sovrapposti alla sua bandiera i tre colori ch'avea combattuti, sentiva percossi i suoi migliori generali, aboliti i gendarmi, l'armi in mano a plebe; s'udiva vituperare, e si taceva fremente, e si stava immoto per disciplina, ubbidiente alla sovrana volontà. Ma i faziosi a forza di gridar vigliacchi i soldati sel credettero davvero; e smarrito il senno, anzi che lavorare a guadagnarli presero a più nimicarli. Vano dicevano, non buono a nulla tanto armamento, non occorrere mercenarii, la nazione armata difendersi sua libertà; dell'esercito propugnacolo di tiranni aversene a disfare, e far risparmio. Il perchè le milizie offese sull'onore e sull'essere, stavano come foco compresso. Nondimeno i congiuratori mentre affettavano spregio sì da porre i soldati in avvilimento che li tenesse dal reagire, dall'altra non se ne fidando, nè osando assalirli, cercavan lustre da torseli da torno con qualche bel modo. Con la congiuntura della guerra lombarda s'ingegnarono a mandarli fuor del regno.

Sul finir del 1847 s'era vista in Napoli un donna Lombarda, principessa Trivulzio Belgioioso, non bella nè giovane, ma vestita come maschera per farsi sguardevole; perciò seguitata molto da giovanotti, di quei che van matti appresso al nuovo. Segrete laudi raccomandavanla; ed era poco men del Mintho predicata dama di progresso. Certo non era venuta a far nulla; e come le riforme voltarono a costituzione, colei alla Marfisa spasimava guerra, e adescava i giovani a seguirla in campo contro i Tedeschi. Già si magnificava l'adunanza de' Romani al Colosseo de' 23 marzo, quando il Barnabita padre Gavazzi avea predicata la crociata; l'entusiasmo, i giuramenti, le concioni, le seguite benedizioni di bandiere, e poi le partenze dei militi romaneschi, le proclamazioni, e i nomi de' Ferrari e de' Durando s'andavan gonfiando. Si taceva che il papa avea vietato di passar le frontiere; per contrario il motto *Italia farà da sè* si facea volar dall'alpe al Sicano. Impertanto la Belgioioso *gavazzeggiando* predicava pur fra noi la crociata; e tirò centoventi giovani, cui pose in petto di gran croci rosse. Arrivava inoltre un indirizzo d'invito del comitato genovese per dar aiuto a' Lombardi; poi la novella della cominciata guerra, con menzogne di morto Radetzki, fugato l'Imperatore, e che so altro. Subito si gridò *morte all'Austria*, e si chiesero arme e soldati. Volersi ben altro sforzo, dicevano, che pochi volontarii; un reame di Napoli, tanta parte d'Italia, dovere a possa concorrere alla redenzione; doversi soccorrere i fratelli Lombardi con grosso esercito disciplinato contro l'orde barbare, e così con lavacro di sangue riguadagnar la rinomanza del napolitano vessillo. Tai voci della Belgioioso e de' suoi eran vampe; poi una lettera del Mazzini divulgata ne' giornali fu fuoco su fuoco.

§. 3. Partenza di volontarii per Lombardia.

E perchè il governo vincolato da' trattati non poteva condiscendere a guerra senza cagione, fu per ordine di setta a togliere la ragion del niego imitato quel che a' 21 marzo s'era fatto a Roma. Una mano d'audaci, il più Siciliani e Lombardi, venuti a posta a far le parti di tumultuanti nelle nostre vie, trassero la sera del 25 sotto il palagio dello Schwartzemberg ministro d'Austria; e con atti e motti ingiuriosi, sendo presente la guardia nazionale, tirate giù l'arme imperiali, le strascicaron per le strade, e l'arsero in piazza S. Caterina a Chiaia, fra le baldorie e gl'improperii. Si disse che Lord Mintho dalla sua finestra salutasse quel codardo attentato al dritto delle genti civili; il che non assicuro, ma l'ho notato, per mostrar qual fama ei s'avesse di gran protettore. La legazione austriaca se n'andò il 28 sur un legno da guerra.

A risoffiare nelle vampe giunsero un Levraud incaricato di Francia, inteso a propaganda repubblicana; e un Rignon inviato sardo, chiedente aiuti alla guerra dell'indipendenza. Incontanente la sera del 26, sull'ore quattro di notte, spiegate bandiere di tre colori a Toledo, gridarono tumultuosamente avanti la reggia: Morte a' Tedeschi! aiuto a' fratelli Lombardi, abbasso il ministero! sbottoneggiaron vilipendii al re, e gli mandaron su Gabriele Pepe vecchio colonnello del 1820 con altri, a chieder il modo d'andare in Lombardia. Ebber promesso armi e navi per chi volesse andare; e neppur si contentarono; e andavan dicendo il re accondiscendere per torseli d'avanti.

I centoventi della Belgioioso salparon con essa a 30 marzo sul Virgilio, pacchebotto a vapore; andarono altre due compagnie di dugentocinquanta col Lombardo a 4 aprile, e sbarcati a Civitavecchia si congiungevano a' Romani. Si allestivano altri battaglioni da uffiziali dell'esercito che n'avean chiesto licenza, e da giovani vogliolosi di mostrarsi: Francesco Carrano, Cesare Rossaroll, Francesco Materazzi, Rocco

Vaccaro, e altri; ma accoglievano il più gente da trivio, lacera, disperata, corrente per pelle o quattrini. Armati, vestiti a spese dell'erario, con divise nazionali, e sulle bandiere i tre colori e 'l cavallo sfrenato, e la croce sul petto, s'avviavan cantando *Dio lo vuole!* come crociati. Andarono non i più liberali, ma i più rompicolli; restava chi aspettava più messe di guadagno in patria che in campo.

§. 4. Dimissione del ministero, e tumulti.

Si partivano sicuri che seguirebbeli l'esercito. Bruciate l'arme imperiali, itosene lo Schwartzemberg, tenevan la guerra per dichiarata; laonde i cospiratori schiamazzando chiedevan alto si mandassero i soldati a Carlo Alberto; e grosse villanie e 'l terribile abbasso scagliavano a' ministri. Questi si morivan di voglia del contentarli; ma in quell'anarchia che capitanata dal Saliceti correva a repubblica, e volea fuori i soldati per restar padrona, non osarono sfidar la responsabilità del disfarsi di quel solo strumento di ordine; però non sapendo meglio si dimisero; e fu una delle poche cose buone che fecero. Ma non si trovando successori, ebbero fra le ingiurie a stare in posto.

Già la costituzione del 10 febbraio, festeggiata tanto, non era buona più: uscì il motto esser solo buona quella del 1820; dicevanla sospesa per forza straniera, rimastone intatto il dritto; questa del Bozzelli cosa intrusa, da meritar almanco mutazioni grandi: abolimento di censo a elettori ed eleggibili, cassarsi i pari, togliersi il *veto* al re. Paolo Emilio Imbriani, fatto intendente d'Avellino, ora dimessosi, dava una protesta stampata a 1° aprile, contro il ministero, dettando norme di politica nuova. Costui briaco di libertà, in Avellino anzi che serbar la quiete e l'ordine com'è debito di reggitore, avea matteggiato. Era colà fuggito da Roma monsignor Grassellini ex governatore di Roma; e statovi più tempo s'era avvisato far visita all'intendente, cui perchè impiegato regio credeva uomo d'ordine; ma questi chiamò a sè i caporioni della piazza, certi Nisco, Vitolo, Porcaro ed altri; e li rimprocciò che sopportassero in città la presenza di quel retrivo prelato. Non ci volle altro: la sera uniscesi la plebaglia, s'accalca sotto il palazzo del vescovo ov'era il Grassellini, e grida morte e fuoco. Accorre il tenente Cosenza con pochi gendarmi; e fa ala alla carrozza dello spaurito prelato che si volle partire, e lo scorta sin fuor del paese. Questa prodezza e quella protesta valser merito all'Imbriani per salir ministro. Aurelio Saliceti che come il più sfrontato era la spada della setta, e voleva rumoreggiare, compilò un programma ch'adombrava la costituente, cosa sola che voleva davvero (come indi a poco si vide in Toscana e a Roma) per deporre il re e far repubblica. Proclamava: « Sospesi i pari, pieni poteri a' deputati per provvedere di accordo col re a una camera alta; per la prima volta suffragio universale, lega di stati italiani, legati a Roma, esercito e flotta alla guerra; e tutto subito. » Migliaia d'esemplari sparsi in piazza esaltavano le meridionali fantasie. Un altro programma poco dissimile dava il poi deputato di Casoria Carlo Troya; e altro ne preparava Guglielmo Pepe, il generalissimo del 1820, arrivato allora.

Questi dimorato diciott'anni in Francia, era ligato a' principali settarii d'Europa. Partendosene per rimpatriare, aveva avuto promessa dal La Fayette che sarebbero scesi per l'indipendenza d'Italia centomila Francesi. I liberali sperano sempre negli stranieri. Passando per Genova quella Guardia nazionale gli sfilò a onore sotto le finestre. Giunse a Napoli a' 29 marzo, appunto in quel bisbiglio; e primo corso a salutarlo fu il marchegiano conte Pietro Ferretti. Scese a casa il fratello Florestano, dove trovò la cima de' faziosi; eppure egli stampò aver con maraviglia visto che fra tanti liberali niuno pensasse a discacciare il re. Questi per contrario il colmò di cortesie, mandò carrozze sue per condurlo a corte, il menò seco a veder gli esercizii militari, e tennegli di molti discorsi. Ferdinando lo voleva ammorbidire; ed egli voleva detronizzar Ferdinando: presto l'un l'altro conobbe. In quell'interregno ministeriale, egli pronto a farsi capo ministro dettò e stampò questo programma: « Piena potestà a' deputati per rifar lo statuto su larghissime basi, sospesi i pari, riforma di legge elettorale, deputati nominati da elettori, elettore qualunque avesse dritto civile; commissarii ordinatori nelle provincie per mutarvi i municipii e convocarvi parlamenti in piazza, tre legati per la confederazione italiana, nuovi uffiziali civili, giudiziarii e militari, pronta partenza dell'esercito per Lombardia, le fortezze alla Guardia nazionale. » Inoltre proponea, ministri esso, il Saliceti, e Conforti, Dragonetti, Poerio, Uberti, Savarese, Cariati e Lieto. Concedere tanto significava abdicare; onde il re ricusò, dichiarando non poter mutare la costituzione.

Cotesti programmi erano in sostanza uno; se non che ciascuno venuto dopo v'aggiungea, per mostrarsi più liberale; ma eran di accordo, e sempre ne' proposti ministeri comparivan quasi gli stessi nomi. La Guardia nazionale volse una petizione al re chiedente il programma Troya. Intanto coi ministri dimessi, co' nuovi in forse, tra le passioni pugnaci di chi voleva andare adagio e di chi in un botto volea tutto, con le piazze onnipotenti, e le milizie tenute immote, non era già governo, ma tumultuosa anarchia. I colonnelli nazionali ogni dì facevan battere i tamburi per chiamata generale; e vedevi un armarsi, accorrere, timor di zuffe, rumorio incessante, sospetti, nausea universale. Alla reggia deputazioni sopra deputazioni, popolaccio insultante, dimande molte, immoderate, non paghe mai. Una di quelle andò a chieder ministro il Saliceti; e il curiale Conforti vi perorò alto di franchigie costituzionali. « È la Costituzione appunto, rispose Ferdinando, che mi dà facoltà di fare il mio ministero; la nazione sceglie suoi deputati, io scelgo miei ministri; e questo Saliceti non voglio. » Cotal niego fu la salute del regno.

§. 5. Sorge il ministero Troya.

Il re forte pel mandato di Dio a tutela del suo popolo, contrastava; ma abborrente di venire a' ferri piegò in parte; e lasciò che il Pignatelli Strongoli facesse un ministero di transazione. Così surse quello del Troya, col suo famoso programma del 3 aprile, che iniziò la catastrofe del 15 maggio, e fu prima palinodia allo statuto. Carlo

Troya nato nel 1784, figlio di medico di corte, tenuto al sacro fonte dalla regina Carolina, n'aveva avuto il nome; educato nella reggia ai primi anni, poi nel collegio de' Cinesi, nel 1815 fu dal re fatto capo di ripartimento di Casa reale, e indi a poco intendente in Basilicata. Ma scoperto carbonaro nel 20, ebbe esilio breve. Scrisse la storia de' Goti, e per la stampa ebbe soccorsi dal governo, opera di pregio; ma non essa, bensì l'essere uomo del 20 il fe' degno del ministero, e del suo programma, che fu questo: « Il censo pe' deputati uguale a quello per gli elettori; poter esser deputato ogni uomo di capacità, anche senza censo (egli non ne aveva), capacità intendersi l'esercizio di professioni facultative di commercio, scienze, lettere, arti e industrie; questi esser di dritto eleggibili ed elettori; i colegi elettorali proporre i pari, onde il re ne scelga cinquanta; le due camere di accordo col re avessero facoltà di *svolgere* lo statuto, massime riguardo a' pari; invio di ministri per stringere la lega italiana; subito mandar in guerra a' comandi della lega grosso nerbo di milizie, incontanente un reggimento per mare, i tre colori alle bandiere; affrettare il pieno armamento delle Guardie nazionali; e delegar personaggi *organizzatori* delle provincie. » Al Troya presidente fur colleghi il Vignale a Grazia e Giustizia, il Dragonetti agli esteri, il marchegiano Ferretti alle Finanze, e i generali Uberti a' lavori pubblici, e Del Giudice alla guerra. A' 7 del mese vi s'aggiunse lo Scialoia per l'agricoltura, al 9 il Conforti per l'interno, e al 14 per l'istruzione pubblica l'Imbriani, e l'avvocato Francesco Paolo Ruggiero al culto: ministero fior di libertà. Vollero il re sanzionasse con decreto quel programma. Del quale sebben la parola *svolgere* adombrasse la Costituente, neppur si contentarono i progressisti; perchè, dicevano, aver i ministri toccato le basi fondamentali dello statuto, e mescolatovi l'assenso regio, invece del commetterne le riforme all'assemblea nazionale; in quella guisa se il re poteva dare, poteva anche torre, e bisognava torgli la potestà del torre.

Lord Mintho, come ne scrisse il 4 aprile al Palmerston, cercò trar partito dal nuovo ministero. Ebbe col Ferretti lungo discorso, persuadendo: « riconoscer la Sicilia; esser giusto por fine all'attitudine ostile; evacuar la cittadella di Messina prima che i Siciliani la pigliassero; questi poter cercare aiuti stranieri; e male per l'Italia veder Russi, Francesi o Inglesi sì vicini alle coste napolitane. » Il Ferretti prometteva quanto desiderava, e desiderava più che non poteva. Il ministero fra' primi atti fe' decreto a 6 aprile, quasi legge provvisoria, per l'elezione de' deputati, giusta il programma, e per liste da presentarsi al re pe' cinquanta pari. Altro decreto stabiliva pel 18 i collegi elettorali, e il parlamento pel 1° maggio.

§. 6. Partenza del 10° di linea, e volontarii.

Quel programma, e la salita degli uomini opportuni ad esso, chetarono un po' il rumorio della strada; intanto si lavorava a guadagnar adepti nell'esercito; e se fosser iti più cauti e men di fretta, avrebbero allora fatto quello che poi si vide nel 1860. Mulinarono un colpo strepitoso, dico aver Capua nelle mani. Sin dal 1° aprile i colonnelli della guarnigione, cioè d'un reggimento Regina-artiglieria e del 9° e 10°

di linea, avean firmato segreta protesta che, uditi i voti degli uffiziali, non avrebbero mai fatto fuoco sul popolo, e si porrebbero con la Guardia nazionale. Certo de' soldati nessuno, e degli uffiziali pochissimi erano stati interpellati; nondimeno la setta, tenendo sicura l'impresa, fe' accorrere da' dintorni la notte del 3 quanti v'avea di prezzolati, con ordine d'entrar nella città e pigliar l'armature della sala d'arme, quando certi uffiziali li mettessero dentro. Era sì certa del colpo che ne mandò le nuove fuori; sicchè parecchi giornali (e io ne vidi di Messina e di Roma) stamparono la guarnigione di Capua essersi data alla nazione. Ma non seguì l'effetto, chè ne spillò qualcosa; il governatore postò cannoni per le vie, i soldati montaron con le micce accese, e niuno osò fiatare. Gli assalitori notturni, gente vilissima, stati tutta notte ascosi nel molino a vapore e in capanne, all'alba si sbandarono. Il re v'accorse il mattino del 5 col ministro di guerra; ma o che non avesse allora certezza de' rei, o non volesse far rumore, restarono impuniti colonnelli e uffiziali; la cui reità vedemmo poi nel 1860 celebrare per le stampe. Nondimanco mutò la guarnigione; e 'l 1° battaglione del 10° di linea di 800 uomini col colonnello Rodriguez partiva quel mattino stesso per terra verso Lombardia, non avendo ancora il papa concesso il passaggio. Seguialo per mare il 14 l'altro battaglione col maggiore Viglia sull'Archimede.

Re Ferdinando sottoscriveva a 7 aprile una proclamazione nunziante a' suoi popoli la partenza delle soldatesche; e dichiarante: « pigliar la causa italiana con quelle forze che lo stato del regno permetteva. Tener come fatta la lega italica, dacchè volevala il consenso unanime de' principi e de' popoli; egli primo averla proposta, egli primo mandar ministri a Roma. Già iti soldati e militi per mare e per terra per operar con l'esercito dell'Italia di mezzo; le patrie sorti decidersi su' campi lombardi; i Napolitani doversi stringere al loro principe; uniti esser temuti e forti. Confidare nel valor dell'esercito, nella magnanima impresa; per ispiegar vigore fuori volersi dentro pace e concordia; però sperar nell'amor del popolo, nella Guardia nazionale, per serbar l'ordine e tutelar le leggi; contassero sulla sua lealtà alle libere instituzioni che ha giurate e vuol mantenere. Unione, annegazione, e fermezza; e sarà certa l'italiana indipendenza. Tacciano avanti a tanto scopo le men nobili passioni; e ventiquattro milioni d'Italiani avranno una patria potente, comune patrimonio di gloria, e nazionalità da pesare nelle bilance d'Europa. »

Andava col Viglia lo stesso dì 14, e da esso dipendente, un battaglione di volontarii crociati di 558 uomini, ordinato, col nome d'8° battaglione cacciatori, passato a rassegna dal re sul molo. Andavan questi, sperando diventar truppa regia; chè un'ordinanza ministeriale avea promesso riconoscerne i gradi, come già n'aveano il soldo. Per tai promesse s'accozzavano in breve altri due battaglioni, e partivan pure. I più accorrevano per guadagnarsi un pane, pochi per l'italianità, nessuno quasi de' furbi e iniziati nei segreti settarii. Chè se qualcun di questi pareva andare, presto il vedevi tornar con futili pretesti; e lasciate le battaglie fermarsi in patria, a dar con men rischio e più lucro la mano al progresso. Nel 1848 gli animi più elati per libertà non s'acconciavano alle durezze de' campi; però nel 1859 fecero venire i Francesi a far l'Italia.

§. 7. In Sicilia dichiaran decaduti i Borboni.

Mentre da Napoli si dava la spinta alla monarchia, Sicilia imbaldanziva, e Inghilterra soffiava, e preparava lo smembramento del regno. Il Palmerston ne' suoi dispacci al Napier diceva: « il trattato di Vienna del 15 non contener guarentigie, nè imporre obbligazioni alle potenze contraenti, salvo che per guarantigie speciali; e volea se ne persuadesse il ministero napolitano, acciò non insistesse sulla integrità del regno, ordinata in quel trattato. » Si lavorò con questo intendimento: si cominciò dal Napier a proporre la divisione con due corone ed un re; poi parendo la rivoluzione afforzata, si procedè a consigliare il darsi l'isola a un figlio del re; e il Mintho non arrossì dal proporlo egli stesso a Ferdinando. Dall'altra i siciliani rivoltosi, concordi a voler la separazione, discordi per l'elezion del sovrano, aveano pur Mazziniani moltissimi in maggioranza in assemblea e in piazza; i quali volendo repubblica, guadagnarono il partito di mandar l'elezione del re novello ad altro tempo. Il Mintho a 6 aprile avea scritto allo Stabile: « il re non aver aderito a dare quel trono a un suo figliuolo; non aver trovato un sol ministro napolitano propenso a consigliare il riconoscimento dell'indipendenza sicula; però gli raccommandava d'evitar la repubblica. » Lo Stabile unì certi pari e deputati presso il presidente Settimo, il mattino del 13; lesse quella lettera, e rinfocolatili a dichiarar la decadenza de' Borboni, incontanente chiama i parlamenti. Con artifizioso discorso nella camera de' comuni, mette innanzi questo pretesto: « Dal primo dì che fui ministro d'affari esteri, mandai commessarii in Italia a dichiarare che sendo noi Italiani volevamo come Stato sovrano entrar nella italica lega. Ora il re di Napoli manda suoi legati a Roma, certo pretendendo esser nella lega come re del regno delle due Sicilie. Affrettiamoci di far valere i nostri sacri dritti, e impedire ai ministri del tiranno di calunniare Sicilia nostra. Ma a qual titolo i commessarii si presenterebbero al consesso de' principi e de' popoli? Prego la camera a deliberare su tanto importantissimo obbietto. » Incontanente il deputato Paternostro gridò: « Gli avvenimenti si precipitano; resteremo nell'inazione? non penseremo a costituirci? Non è tempo ancora di pronunziare la parola repubblica, *ch'è in cuor di tutti;* ma facciamo un primo passo: proclamiamo Ferdinando e la sua razza decaduta dal trono siciliano. » Molti altri parlarono pel sì, nessuno contro; e come la cosa era fatta da prima, il presidente lesse la formula: « Il parlamento generale dichiara Ferdinando Borbone e la sua dinastia decaduti per sempre dal trono di Sicilia. Questa si reggerà a costituzione, ed eleggerà re un principe italiano, dopo ch'avrà riformato il suo statuto. » Subito, senza votazione, spauritori e spauriti approvano plaudendo, anzi in gara lottano a chi primo segni il decreto; e qualcuno udendo che potrebbe firmar la dimane, sclama: « Potrei morire sta notte, e spirar col rammarico di non aver sanzionato col mio nome la caduta di Ferdinando. »

I pari, dopo lunga sessione per altre faccende, già si ritraevano a casa sull'ore cinque pomeridiane, quando venner richiamati in fretta, senza dirsi il perchè. Giunti alla via S. Francesco ov'era la sala di riunione, videro una turba armata e minacciosa e gridante; poi le tribune e i corridoi ingombri di persone bieche. Dichiarata la camera in numero legale, qualche deputato di quella de' Comuni mostrò la formola approvata; di che stupiti, perplessi, intronati dalle grida delle tribune, senza discussione, comandati di adesione, aderirono. Qualcuno voleva andarsene, e fu impedito a forza. Firmarono la dimane, e chi v'era stato e chi no; qualcuno firmò dopo un mese; altri non sendo pari, eletto dappoi, fu costretto a firmare. A cotal atto di broglio solenne seguiron la sera luminarie; poscia a 8 maggio, con manifesto alle culte nazioni nunziarono e giustificarono il decreto. Lo Stabile a 14 aprile rese conto del fatto a Lord Mintho, e conchiudeva: « Non v'è pericolo di repubblica; i principi italiani saranno dalla nostra; i nostri legati si presenteranno rappresentanti d'un popolo savio che non cade in esagerazioni; e se il riconoscimento della Gran Brettagna corona l'opera, la nostra felicità è sicura. » Credea moderazione l'aver tralasciato il nome di repubblica, *che tutti avevano in cuore.*

Dappoi i rivoluzionarii lamentarono l'aver differita l'elezione del nuovo re; e apposero a tal errore la caduta di quella rivoluzione. Re Ferdinando alla sua protesta del 22 marzo contro qualunque atto contrario alla costituzione della monarchia, aggiunse a 18 aprile altro atto sovrano; che, udito il parere unanime del consiglio di stato, dichiarava nulla la deliberazione fatta il 13 a Palermo.

Quella dichiarata decadenza non era fatto isolato, ma sèguito d'accordo rivoluzionario. Quello stesso dì 13 aprile il Gioberti, tanto predicatore di confederazione italiana, mostrò quanta avesse larga coscienza, e mobile convinzione politica; chè viste le rivolture conseguitarsi e rafforzarsi, stampò una lettera in Parigi, mostrante: « il bene d'Italia essere *l'unità,* doversi fare un regno d'Italia con Carlo Alberto costituzionale. Parma e Piacenza dessero prime l'esempio d'unirsi al Piemonte; poscia una Dieta dell'Italia emancipata dichiarare lo stato definitivo della patria. Ben procederebbe la Dieta con un atto d'unione; tutti gl'interessi dover cedere a fronte di tal supremo interesse; doversi predicar l'unione al Piemonte. » Adunque sin d'allora si preconizzavano le *annessioni.* E poi che la disfatta non fece compiere il voto, cotesti liberali tacciarono il papa e i principi di traditori e spergiuri. Il padre Gioacchino Ventura stampò a 26 maggio una tronfia memoria a Palermo, pel riconoscimento della Sicilia come Stato sovrano e indipendente; ma in segreto, e in pochi esemplari, *solo per gli alti personaggi che dovean giudicare la quistione.* Credea dimostrare la sollevazione essere stata legittima, legale, giusta, cristiana e santa, e che i governi italiani avessero alto interesse a riconoscerla presto. Ciò provava con citazioni storte, argomenti speciosi, e menzogne spertinate. Mostrava danno e vergogna la riunione con Napoli dopo la vittoria; e premio de' vincitori dover esser la piena indipendenza.

§. 8. Ministri napolitani e siculi al congresso per la lega italiana.

Un decreto dell'8 aprile a relazione del Dragonetti nominava ministri plenipotenziarii per trattare a Roma la lega italiana i principi di Colobrano e Leporano, Biagio

Gamboa e Casimiro de Lieto, cui poco stante fu aggiunto il duchino Proto, con due segretarii giovanissimi. Loro mandato era: « la lega avesse Dieta federale di rappresentanti di parlamenti (non compreso, ma neppure escluso quel di Sicilia); essa decidere ogni quistione nazionale, e provvedere alla guerra, la cui direzione si lasciasse al re sardo entrato in campo. » Partirono a 17 aprile. Eziandio era ordinato andasse a Carlo Alberto Pier Silvestro Leopardi, fatto pur ministro plenipotenziario; con incarico di rannodar l'amistà delle due corone, indagare i pensieri di lui sulle nuove circoscrizioni territoriali, cacciato il Tedesco; e adoprarsi ad assicurare al nostro regno quelle utilità debite alla sua possanza e alla cooperazione che prenderebbe alla guerra. Questo Leopardi era d'Amatrice nell'Aquilano, di modesti natali, già basso impiegato in quell'intendenza; destituito per carbonaro nel 1821, tre volte processato e tre assoluto quasi innocente, avea buscati danari col Del Carretto, facendogli da spia; ma giocando a doppio refe, era stato da quel ministro stesso esiliato nel 1834. Ora dal Dragonetti estolto costui a sì alta missione, ebbe 1700 ducati, la metà delle spese di rappresentanza d'un anno, e ducati 237.50 pel viaggio, oltre il soldo, le spese di scrittoio, e chi sa quanto altro per le spese straordinarie. Chiese per segretario un Massari; ma il re che a ragione di lui temeva, gli fe' avere Guglielmo Ludolf. Oltre a questo fu mandato il 25 di quel mese il capitano del Genio Francesco Sponsilli col tenente Carlo Mezzacapo (ambo, come s'è poi visto, settarii) sul legno Palinuro a Livorno; per recarsi al quartier generale di Carlo Alberto, a stabilir qual parte avesse a prendere alla guerra l'esercito nostro ch'andava a unirsi a Bologna.

Sicilia intanto mandava nunzii: a Roma il Teatino Ventura, a Firenze il deputato Carlo Gemelli, a Parigi il barone Friddani. Ancora a 17 aprile partian da Palermo il principe Granatelli e Giuseppe Scalìa per Londra; Emerigo Amari, Giuseppe La Farina, e 'l barone Casimiro Pisani per Roma, Firenze e Torino, con incarico d'ottenere il riconoscimento della Sicilia dal papa, dal granduca, e dal Savoiardo; promuovere o aderire a qualunque lega o federazione; ed esplorare quale delle due corti, di Firenze o di Torino, fosse proclive a mandare un principe a re dell'isola. Ebbero accoglienze officiose, il che come a ribelli fu molto; ma non giunsero a far riconoscere il loro governo.

§. 9. Il Papa disdice la guerra.

Pio IX sospinto sin allora dalla fazione progrediente, non aveva ancora con pubblico atto condannata la guerra; bensì avea dichiarato voler le sue milizie sostassero a guardar le frontiere, senza varcarle; e anche s'era negato di richiamare il nunzio apostolico risedente a Vienna. Ma il Durando in Bologna die' a 5 aprile un ordine del giorno all'esercito papale da esso comandato, mentendo le intenzioni del papa: spingeva a guerra come a crociata, la guerra dichiarava più cristiana che nazionale; e, accomunando Pio IX e Cristo a sensi di sterminio, appellava ad arme e battaglie. Ed esso e l'altro general Ferrari dettero la croce a' militi, e 'l motto *Dio lo vuole,* come già a' crociati veri. Il pontefice scontentissimo a' 10 del mese li smentì. Ma eglino, senza badargli, sul finir del mese passarono il Po, contro i Tedeschi. Impertanto il ministero romano dimandava a' 25 al papa che aprisse il pensiero alla guerra; e i circoli, che allora in Roma eran tutto, s'unirono a ordinare un comitato di guerra, del quale il Mamiani dettò il programma cosi: « Farsi in Lombardia la *guerra santa;* la nazione spartirsi in due schiere, l'una combattente, l'altra ch'aduni aiuti; non sospettarsi de' governi, ma la guerra nazionale doversi fidare a ogni parte della nazione; crearsi comitati di guerra in tutte città italiane, massime a Roma, in Toscana, in Napoli e Sicilia, da stare in relazione e aver corrispondenti sul Milanese, nel Veneziano e con Carlo Alberto. » Pio in cotai fatti scorse le vampe rivoluzionarie; sentì non aver ragione a dichiarar guerra a nessuno; e a' 29 die' a' cardinali in concistoro un'allocuzione famosa, che troncò i nervi alla rivoluzione.

Disse: « L'audacia d'alcuni avere a lui e all'apostolica sede apposto d'aver traviato da' santissimi instituti de' predecessori e dalle dottrine della chiesa; nè mancare chi lui incolpi autore de' commovimenti d'Italia e d'Europa. In Germania divulgarsi il pontefice aver mandato sploratori, e sollevati gl'Italiani; di che valersi i nemici de' cattolici per instigar quei popoli a vendetta, e discostarli dall'unità di Santa Chiesa. Egli dover torre di mezzo questo scandalo, e abbatter la calunnia. Avere i sovrani europei sin da' tempi di Pio VII insinuato alla sede apostolica d'adottar ne' suoi stati temporali modi amministrativi più conformi a' desiderii de' laici. Nel 1831 Francia, Lamagna, Inghilterra, Russia e Prussia insieme aver manifestati voti di più larghe forme municipali, per la prosperità delle terre papali, e di perdono a' colpevoli di precedenti ribellioni. Già Gregorio XVI aver compiute alquante riforme, altre promesse, sebbene non credute bastevoli al consolidamento ed alla quiete sociale. Il perchè egli innalzato al sacerdozio supremo, non eccitato da consiglio, solo per amor di popolo, aver dato amnistia, e poscia instituzioni da prosperare il paese. Avergli plaudito i Romani e i popoli vicini, con testimonianze di rispetto e riconoscenza, sì grandi che fu mestieri affrenarle. Egli appresso aver commendate le benignità de' principi verso i sudditi, questi esortato a fedeltà e ubbidienza, tutti a concordia. Ma le italiche rivoluzioni, turbata la pace e l'ordine, accennare a sovvertimenti radicali; cui parendo sèguito degli atti di sua benevolenza, sarebbergli a torto imputati a colpa, perchè l'opere sue fur giudicate convenevoli da lui e da' principi europei alla prosperità dello Stato pontificio. Nondimeno a esempio di Cristo perdonare egli a chi abusando de' beneficii ingannavalo; e pregare il signore a stornar dal capo loro i gastighi debiti agl'ingrati. Non dovere i popoli alemanni serbar ira col papa, se non potè frenare lo ardore de' plaudenti alle cose di Lombardia, perchè anche altri principi d'Europa, ben più d'arme potenti, neppur seppero contrastare. Soldati aver mandato a' confini, ma solo a difendere il territorio dello Stato. Ora che s'ardisce invitarlo a far lega per muover guerra, corrergli il debito palesar solennemente ciò esser lontano da' suoi consigli; non si convenendo la guerra aggressiva a chi è vicario in terra di Colui ch'è autore di pace e carità, e che tutte genti e popoli e nazioni con uguale amore paterno collega ed abbraccia. Pertanto protestare, ripudiare in cospetto delle genti i subduli consigli di chi eziandio per giornali ed opuscoli vorrebbe il pontefice romano capo o presidente d'una cotal repubblica d'Italiani. Confortare anzi, ammonire i popoli a rigettar tai consigli perniciosi all'Italia, di restar fidi a' principi loro, o ch'entrerebbero nel rischio di vedere anche più la patria scissa nelle discordie e nelle fazioni. Non volere accrescimento di principato, voler solo estendere il regno di Gesù; nè poter essere il cuor suo sedotto a lanciarlo ne' tumulti dell'arme. Pace, pace, desiderare, questa inculcare a popoli e re, questa con preghiere raccomandare a Dio potente, perchè dall'alto della Sionne riconduca i principi e le nazioni a concordia e ad ubbidienza. »

Siffatta allocuzione percosse bruscamente i disegni della setta, che ornata del nome papale s'era sin allora innalzata. Fremettero i congiuratori, il ministero si dimise, sostarono i plaudimenti, cominciarono gl'improperii. Il Mamiani arringando dalla loggia di sua casa dichiara i preti decaduti da' pubblici uffizii; i cardinali Della Genga e Bernetti son guardati prigioni; la civica e le soldatesche occupano Castel S. Angelo; e il Rospigliosi, generale della Guardia civica, è insultato e minacciato alla vita. Il santo padre stesso è accerchiato da sentinelle che guardanlo al Quirinale, perchè non esca di Roma. Suonan grida di guerra da ogni banda, e fra precogitati trionfi sorge a 4 maggio un ministero ibrido, di varie classi ed opinioni, con a capi il Mamiani e il Galletti, repubblicani; i quali senza badare al papa proseguirono la guerra. Se non che la disfatta del Ferrari, e, come narrerò, lo sbandamento de' Romaneschi presso Mestre, volser con la costernazione gli animi a men rumorosi desiderii, con tregua all'anarchia.

§. 10. Cade il disegno della lega.

Il cardinale segretario di Stato mandò l'enciclica in istampa a' legati esteri; perlocchè quelli di Sardegna e di Toscana abburattati dall'onde plateali, corsero al Ludolf ministro risedente napolitano, per indurlo a compilare uniti una rimostranza; nol volle questi, scusandosi non aver poteri a farlo; anzi li pregò sostassero qualche dì, non essendo necessaria tanta fretta. Ma quelli impazientissimi alla dimane, 1° maggio, spiccarono al cardinale una nota, che sebben non avesse protestazioni in parole, le avea in fatto: « Non possiamo non sentir grandissimo rammarico per l'enciclica. I nostri sovrani convinti che le riforme cui Pio IX avea dato stupendo cominciamento procedessero spontanee, s'erano ad esso congiunti per assicurarle a' popoli il ben essere cui eran diretti; ma ora la dichiarazione d'abbonir la guerra distrugge quella forza morale ond'egli era stato largo a' principi ed a' popoli italiani. La benedizione all'Italia fatta dal pontefice con l'enciclica precedente avea destato entusiasmo in ogni petto, la presenza delle papaline soldatesche sul campo della guerra, e le guerresche parole del loro generale Durando, non contradette dal papa, avean sicurato tutti delle sue intenzioni franche e leali, quali a rigeneratore della penisola si convenivano. Ora l'enciclica ha tutti delusi. Noi presentiamo tali osservazioni su di essa, e ne chiediamo schiarimenti. E dove questi non fossero coerenti alla patriottica condotta che deve stringere tutti i governi italiani ad uno scopo, arrecherebbero irreparabile pregiudizio alla santa causa dell'indipendenza.»

Altro più veemente e caldo atto protestativo indirizzarono al papa lo stesso giorno i commessarii di Sicilia per la lega, col padre Ventura, e i legati Veneziani e Lombardi; cui avean pria mandato a firmare a' nostri cinque ministri plenipotenziarii per la lega; i quali per non accomunarsi a' Siciliani ricusarono. Eppur tra questi nostri sursero controversie: alcuni voleano, massime il Proto, far protesta simigliante con atto separato; il che molto fu combattuto dal principe di Colobrano, dicente non aver facoltà a farlo; e vinse il partito di scriversene a Napoli. Inoltre a' 2 maggio chiesero le dimissioni, accusando il ministero del non essersi pria assicurato delle intenzioni della corte romana sul fatto della lega; e il ministero la dimane in risposta, dichiarando aversi la lega a trattare in altra guisa, disgravavali dall'ambasceria. Il Colobrano capo de' nostri legati era uomo un po' liberale, ma non settario; capiva il Sabaudo aspirare a pigliar tutto, e volea rimediare con una lega fra Napoli, Roma e Toscana, da contrabbilanciare lo stato che s'andava agglomerando attorno al Piemonte invaditore; di che bonariamente fe' pubblica proposta in adunanza. Ciò era dar su' nervi alla setta; laonde essa preselo in uggia, e 'l pinse ne' suoi giornali come uomo municipale, nemico d'Italia. Dall'altra il ministero sardo, ancora che preseduto allora dal Balbo, autore delle *speranze d'Italia*, fe' rispondere dal Pareto ministro d'affari esteri, che prima s'aveva a scacciar lo straniero, poi pensare a lega, quasi la lega non fosse appunto la maniera del cacciarlo. Il Gioberti che aspirava al seggio supremo, forte a voce e in istampa biasimò cotesto errore del ministero sardo. I nostri legati se ne tornarono da Roma a 8 maggio. Il ministero di Napoli ordinò al Leopardi trattasse con Carlo Alberto alleanza difensiva ed offensiva per unir le forze contro i Tedeschi, e ne stabilisse le basi; ma quel re rispogli in francese (perchè *la spada d'Italia* parlava francese): *facesse venire i soldati; d'alleanza si parlerebbe poi*. Speranzato della corona sicula, non si volea legar le mani; ma quella risposta superba, quando s'andava gridando Italia dover esser di quello che la francasse dal Tedesco, adombrava il concetto dell'unità monarchica, poi meglio maturato.

Napoli dunque era sospinto a combattere per l'indipendenza italiana, e primo frutto di vittoria doveva essere la perdita della sua indipendenza: di Stato potente addivenir provincia sabauda; e se il re sardo quando ancor era su' principii mal celava sue ambizioni, vincitore n'avrebbe dato condanna di vinti. Aiutarlo a vincere era napolitana ruina. Ma i faziosi squadernavan sempre come talismano la parola Italia, che servì lunghi anni a coprir loro ingordigie; laonde mettendo sotto i piè lo interesse patrio, si maneggiavano a far uscir comunque fosse l'esercito dal regno, per restar padroni del paese.

§. 11. Armestizio a Messina.

A far questo era necessità sopire ogni avanzo di guerra siciliana. Il ministero a 19 aprile inviava a Messina Giovanni Andrea Romeo e Antonino Plutino (appellati dottori ambo, e il primo detto *eroe di settembre*) con lettera del ministro di guerra al Pronio, d'averli scelti pacificatori *pro tempore*, e a concludere sospensione d'arme. Costoro stati pochi mesi innanzi uniti a' fazïosi di Messina per ribellare contro la monarchia, ora eran mandati dalla monarchia a pregare i colleghi loro a non turbare con guerre inopportune le faccende della rivoluzione. Arrivati, ebbero feste magne. La sera del 20 andarono in teatro al palco reale, dove s'eran cancellate l'arme regie, e poste le sicule e i tre colori. Dopo il primo atto, eglino a rappresentare il simbolo della federazione s'abbracciarono col nizzardo Ribotti, il disertore Longo ed altri, fra plausi infiniti e grida e motti sperticati di libertà. Al mattino scrissero insieme una proposta d'armestizio sino al 15 maggio, giorno d'apertura del parlamento napolitano; e 'l Plutino recolla a farla firmare al Pronio. Questi si negò, e ne scrisse a Napoli per telegrafo; perlocchè il Plutino mandò il fratello sullo Stromboli a posta, per indurre il ministro ad acconsentire. Che egli e 'l Romeo lavorassero pel nemico provanlo lettere mandate e ricevute da esso loro. Il primo da Reggio a 24 aprile scriveva al Piraino commessario del potere esecutivo in Messina, disvelandogli l'ostinazione del Pronio; e la gita di suo fratello a Napoli per fare ogni sforzo a far approvare le condizioni; sperare che il parlamento o l'indignazione popolare impedissero al re la guerra fratricida; che se *ordini misteriosi* facesser rituonare gl'infami colpi di cannone, si fornirebbe a' Napolitani gagliardissima arma a condannare il governo. E il Piraino il dì seguente stampava quella lettera, scrisse, *per mostrare la mala fede ostinata de' Regi, e l'amicizia de' fratelli di Calabria*. Al Romeo un Orlandi rivoluzionario scriveva da Palermo il 26 di quel mese: « egli e gli amici esser lietissimi della missione fidata a lui; congratularsi della simpatia de' fratelli del continente. *Più c'intendiamo, e più stringiamo nostri nodi: non ci resta che compiere quanto mi promettete; sbarazzarci di questa infame dinastia. Sollevate Calabria, gridate repubblica, e noi vi seguiremo.* » Anche stampata. Con siffatta buonafede i pacificatori *pro tempore* trattavan l'armestizio.

Il ministro rispose al Pronio a 27 aprile, sibillino: « voler pel bene dell'umanità stabilisse armestizio convenevole, e nelle forme chieste dal dovere militare. » Però il generale, sentendo su di lui la responsabilità, chiamò il consiglio di difesa, che propose nuovi patti; i quali mandati dal comitato messinese a Palermo, ebbero approvazione. Quindi a 2 maggio si pattuì fra il tenente colonnello Picenna pel Pronio, e il Ribotti, il Longo ed il Fardella pel Piraino, in questa guisa: « 1. Le due parti serberanno loro posizioni. 2. Proibite nuove fortificazioni, riparazioni ed altre qualsivogliano opere. 3. Si potrà ciascuno provvedere d'ogni cosa, fuorchè d'arme e munizioni. 4. Non togliersi di posto niun cannone o altro arnese guerresco, salvo i quindici cannoni smontati fuori porta di Grazia. 5.° Ciascuno potrà mover truppe a suo grado. 6.° Stabiliti punti di limiti, niuno li potrà oltrepassare più d'un trar di fucile. 7.° Liberi i prigionieri regi, a patto non servissero contro Sicilia. 8.° Libero il commercio sulle due coste di Calabria e Sicilia, senza ostacolo di sorta. 9°. L'armestizio durerà sino al 20 maggio, e più, se non si notifica la ripresa dell'arme, da farsi otto dì prima.

I ribelli accettarono tai patti, perchè preparati a non tenerli, venner da Palermo cannoni e munizioni da guerra; accrebbero batterie mascherate, fecero muraglie per nasconderle, trincee e feritoie, armarono barche cannoniere, e si valsero del permesso commercio per propagar la sedizione in Calabria. Indarno il Pronio fea sue rimostranze, chè tra il rispondere e 'l negare passava tempo, e s'operava. Il perchè egli a 10 maggio scriveva acerbo al ministero, nunziando le armate batterie messinesi, chiedendo l'occorrente alla difesa, e dichiarando il dovere della guarnigione voler si tenessero quelle mura, o seppellirsi sotto le loro rovine. Nessuna risposta.

§. 12. Gli *organizzatori* de' municipii.

Il ministero travolto ne' flutti della rivoluzione, pensava a ben altro. Oltre l'idea del risorgimento italico, affettava un dar nuovo indirizzo agli ordini interni del paese; e tutto dicendo migliorare, tutto peggiorava. L'amministrazione innanzi non buona, ma almen con mediocri apparenze, perdeva pur queste, e sprofondava. Imperocchè i molti ladri già saliti alle cariche comunali, da una parte tementi di cadere, dall'altra sperando più guadagno ove potesser restare in tempo di cuccagna, voltavan carta; e quanto più servili, ora più liberalmente gridavan libertà. Si lanciaron nel progresso, e dovetter per farsi credere mostrarsi i più faziosi, anzi i più servi della fazione, pronti a ripetere ogni motto, a usar ogni arte della setta. Così con le mani in pasta costoro, sia pe' festeggiamenti costituzionali, sia per Guardie nazionali, e atti di beneficenza e altro, fecero sparire di bei contanti dalle casse comunali. Eglino in passato veri tiranni, oggi il passato gridavan tiranno, e sì declamando rubacchiavano a doppio. Per mostrar caldezza facevan comitati e conciliaboli, corrispondevan con Napoli, e così in fatti vituperavano insieme le idee assolute e le costituzionali. Ed eran rispettati e temuti anche da' nuovi governanti, perchè nelle sedizioni chi corrompe e chi tradisce si congiungon sempre per mal fare.

In siffatto guazzetto il ministero volle metter le mani, inviando in provincia gli *organizzatori,* giusta il programma del 3 aprile. Con decreti si nominaron quattordici personaggi responsabili, col carico d'andare, e indagare, disfare, rifare quanto trovavan male ne' municipii; sollecitar la formazione della guardia nazionale e le convocazioni de' collegi elettorali; tutto con potestà eccezionali, per salvar la cosa pubblica. Ridevoli cose. Tai missioni in tempi tranquilli eran quasi impossibili, e sempre s'avrian dovuto fidare a valenti e cimentati uomini; invece s'udiron nomi di giovanastri, inetti anche in tempi tranquilli. In quelle novità, fuor dell'antico uso, fra passioni indisciplinate, ambizioni rideste, guardie nazionali ed elezioni di deputati, in quel fermento, fra tutte discordie, e inubbidienze e bramosìe e chiedimenti e inganni, ne' principii di guerra nazionale, e 'l preparamento di altre sedizioni, chi mai anche buonissimo, senza porre il morso a tutti, avria fatto bene? Chi scacciar di carica? chi tenere? chi eleggere? Scacciare i ladri? s'eran fatti liberali; porre gli onesti? ed eran diventati retrogradi: far capitani di guardie nazionali? e 'l volevan esser tutti; scrutinare? mancava il tempo e il modo. Sicchè gli *organizzatori,* sugo di libertà, non potendo spiacere ai liberali, non potevano sfuggire di fidar le cariche a' più mariuoli.

Si fe' gran vociare di queste nominazioni: chi dispregiava i nominati, chi diceval fatto tardi, chi presto, chi essersi dati troppi poteri; i nominati reclamavano perchè i poteri eran pochi; e molti anche approvavano che il governo con quello sforzasse le provincie e le popolazioni al nuovo ordine di cose; come se fosse opera d'un mese o d'un anno; come non fosse stato sostituire alla predicata tirannia trascorsa una tirannia nuova. Ma nel disorganamento de' tempi era vaghezza *organizzare* a parole. I quattordici, caduti in un mar di dubbiezze, benchè amasser gli stipendii, veggendo impossibile il numerar gli atomi nel caos, non si mossero da Napoli. I municipii restaron come prima, con l'aggiunta del progresso.

§. 13. Elezione di deputati.

La legge elettorale del Bozzelli col programma del 3 aprile avea subito largo incremento, celebrato assai, ma più col decreto del 6 aprile: « Ogni collegio elettorale poter eleggere qualunque eleggibile del regno; la capacità non aver bisogno di cedole e diplomi, bastare la pubblica stima; la camera eletta e non altri dover verificare i poteri de' suoi componenti; l'elezione non più per distretti, seguisse per circondarli, e ciascun elettore voterebbe per tutti i deputati debiti dalla provincia. » Ciò per farsi la camera che volevano; perchè l'elettore ignorante, venuto a esercitar dritto non più visto, pigliava la schedala ch'altri gli dava, ed eleggeva uomini ignoti: la setta a dare i nomi, la setta a contare i voti, la setta fatta parlamento a verificarli. Non abbisognava censo nè ingegno, bastava l'uscir dall'urna per aver la capacità; tutti capaci. Inoltre nè nello statuto, nè in quel decreto del 6 aprile, era determinato qual numero d'elettori si volesse per l'elezione; sicché s'avea per legale qualunque piccolissimo numero.

Vedesti incontanente in tutto il regno l'ira di Dio: circoli appositamente stabiliti in tutte provincie sciorinavan nomi di candidati; giornali a propagarli, mandatarii a viaggiar pe' circondarti, sindaci, cancellieri e capitani nazionali a esaltarli. I decurionati stendevan ruoli d'elettori e d'eleggibili, messivi salassatori, speziali, curiali, studenti, giornalisti e peggio. Chi opporsi? I più non intendevano che fosse elezione, che capacità, che rappresentanza; cose ignorate, nè credute buone, nè durature. A' comizii andaron pochi, e per curiosità, o istigati; pochissimi spassionati e oculati. I congiuratori non paghi di questo, tennero conventicole in Napoli, sperando valersi di quell'anarchia, e aver gente in tutte provincie, da correr su Napoli a schiantarvi il governo regio. Giuseppe Ricciardi spasimante di repubblica, venuto dall'esilio sul finir di marzo, unì i caporioni e parecchi stranieri a casa sua il 17 aprile, vigilia dell'elezione; il La Cecilia propose repubblica; altri la sollevazione il dimani in pieno comizio; ed ei ne' suoi scritti si vanta d'averli affrenati dicendo: *quello non esser momento; prima aspettassero la cacciata de' Borboni; lieve saria poi proclamar la repubblica italiana libera ed una*. Pertanto si fermarono a dominar le elezioni; e riuscirono in molti circondarii a negar la proposta dei pari, per torre al re la facoltà dello sceglierli. Ma sendo in tutti i circondarii i faziosi quasi soli ad andar ne' comizii, vi fecero quel che vollero: non tenner conto de' voti dati a retrogradi; dove i collegi eran deserti gittavan nelle vuote urne voti a centinaia, cui lor gradiva; aggiustavan con la penna le cifre, mutavano nomi, e del tutto schiccheravan processi verbali a pompa.

Così uscì la solenne trista burla di 164 deputati, detti *eletti dal popolo*; la maggior parte ignoti al popolo eleggitore, molti uscenti d'ergastoli, altri stanti ancora fuorusciti in terra straniera. E sendo certe liste di canditati venute da' comitati di Roma e Torino, risultarono eletti parecchi che nè avean censo nè stavan ne' ruoli. Risultò fra gli altri nel Cosentino Domenico Mauro senza censo; ma ei falsò il catasto, voltando a sè la roba del germano. Eletto, andò pettoruto nel collegio Italo-greco, e vi concionò, dicendo ch'ove il re non concedesse la costituente, sarebbe espulso, e s'eleggerebbe un re ogni tre anni. Ad altri prometteva aperto ch'egli e i colleghi andavano a Napoli per deporre il re. Adunque siffatti deputati vantavan dritto di sedere dove s'avean pubblicamente a trattare i vitali interessi della nazione; e così chi più alto avean proclamato libertà, perpetravan atto di brutta tirannide, facendo sè stessi con sue mani legislatori e sovrani. Di deputati onesti vedemmo pochissimi; i quali poi nella camera meritarono liberalesche fischiate. E la popolazione susurrava: « Sono coteste le tanto vantate franchigie? fra minacce e compressioni la libertà risolvesi a porre nell'urna una schedula? e questo anche è fallace? meglio pace civile duratura, che siffatto garbuglio detto libertà. » Quei comizii tennersi a 18 aprile; e a 1° maggio s'aveva ad aprire il parlamento, giusta il primo decreto del 6.

§. 14. Semi del 15 maggio.

Fatti i deputati secondo il cuor della setta, subito si procedette a preparar la rivoltura. Fra gli altri si crearono in Napoli due circoli detti: *Il progresso*, e *la suprema magistratura del regno*, che in fatto erano uno. Stabilito il primo in una casa a Magnocavallo, dava a 20 aprile il suo programma, invitando ad ascriversi chiunque volesse *opposizione e progresso da osteggiare i conati del governo ad arrestare il compiuto sviluppo della libertà*. Parevane capo un Giuseppe Dardano, segretario un Giuseppe Sodano ex frate; capi veri il Saliceti, il Ricciardi, il Romeo ed altri caporioni. Il Dardano firmò una proclamazione. *In nome del popolo e della nazione napolitana*, dicente: « Lo statuto dato è vergognosa copia del francese, e immorale: più immorale è il ministero; questo lavora pel dispotismo. Noi ripigliando nostri dritti eterni proclamiamo la costituzione del 1840, *sopra basi più larghe:* essa ne fu tolta da arme straniere, ma fu protestato; venuta è l'ora solenne del rivendicarla; e se il governo non farà senno, andremo più avanti ancora: il popolo si ricorderà che esso è sovrano. » Preparavano il 15 maggio. Incontanente queste e altre proclamazioni, fur viste ne' più estremi luoghi delle provincie, con ordini che facessero governi provvisorii, abbattessero i realisti, tumultuando prendessero le casse, unite forze accorressero a Monteforte (luogo storico); il motto: *Costituzione del 20, su larghe basi; Saliceti, e unica camera costituente*. Ciò, fuorchè in Calabria, non fe' gran presa negli animi provinciali, la cui maggioranza voleva ordine e pace; ma fremiti, ire, speranze e sospetti destò.

§. 15. Abbandono d'arti.

Un fatto non preveduto accrebbe le difficoltà, e spassionò gli animi da' mutamenti. Arti, lettere, scienze, mestieri, industrie, commercio s'ebbero quasi fermata. Nè teatri, nè balli, nè spettacoli, nè pitture, nè libri, nè ville, nè musiche tiravan più nessuno; unica occupazione le concitate brighe in piazza, le ripetute fiabe, i celebrati paradossi. Le teste piene di politica, non avean mente alle faccende consuete: chi non si curava di politica si rannicchiava, stringea le spese, e ammucchiava danari per fuggire. Quindi gli artegiani mancanti di lavoro, fra tante promesse si sentivan le bocche vuote. Napoli soprattutto adusato a feste religiose, e gare di corte, a sfarzi e industrie, tutto mancato, pativa; incarva il danaro, l'oro non si trovava più, le borse si serrarono; neppur si vestiva nuovo, si rattoppava il vecchio, e s'aspettava. Dicesi questo abbandono d'arti fosse proprio del 1848, non avvertito tanto nelle precedenti rivoltare. Il popolo minuto, sentendo con la costituzione la miseria, si rodeva; la nobiltà disdegnava la democrazia predicata; la media classe cominciava a trarsene fuora; ne' non settarii ire, e china a reazione. Dirò più giù che rimedio inventasse il ministro Conforti.

§. 16. Strettezze, debiti, prestiti sforzati.

Maggior guaio era l'erario, smunto in quei due mesi di *piglia piglia*. Fra spese, armamenti, pensioni, e soldi a liberali saliti in uffizio, volaron via di milioni; e aggiuntovi lo scemamento delle imposte pubbliche, e l'accrescimento di tutti esiti, e 'l soprappiù della guerra fuor del paese, le Finanze erano al verde. Il ministro Ferretti fe' due pensate ridicole: dimandò al re danari del suo; e vietò l'esportazione dell'oro e dell'argento; decreto contrario alle più ovvie nozioni d'economia. Avendosi a provvedere in qualche modo, e appressandosi l'apertura del parlamento, il ministro credè saviezza il fare studiare la storia dell'erario napolitano dal 1830 al 1847; e stolto ne fe' stampare un libretto dal tesorier generale. Rammentò che: « all'ascensione di Ferdinando al trono era un debito fluttuante di quattro milioni e 345 mila ducati, oltre le mancanze apparenti degli stati discussi precedenti; osservò che il ministro d'Andrea (durato dal 30 al 40) avea con economie estinto quel debito, pagati i pesi dello stato, aboliti certi balzelli, senza far debiti nuovi; e che la fiducia nel governo aveva estolto il valor della rendita consolidata dal 78 al 106 per cento. Che morto nel 41 il d'Andrea, avea lasciato due milioni e dugentomila ducati di deposito in cassa. Che il sopravvenuto ministro Ferri procedette del pari sino al 43, quando straordinarie spese per costruire la strada di ferro, pel bonificamento delle terre del Volturno, e per navi da guerra avean di nuovo alterato l'equilbrio delle Finanze; e che nondimeno per crescimento di reddito e altre operazioni economiche s'era provveduto. Ma ora nel 48, mancati tre milioni e quattrocentomila ducati, quota di spese comuni debita da Sicilia ribellata, e le spese straordinarie per l'esercito e l'armata, era succeduto grandissimo scapito. Dover pertanto le camere ricomporre l'equilibrio, ripianare la mancanza che in quest'anno è di due milioni e settecentomila ducati, e trovar da provvedere pel 1849, che n'avrebbe di sette milioni.» Questi veri svelati per necessità furono satira coperta, ma parlante della rivoluzione.

Nondimeno il parlamento era un futuro, e i ministri avean bisogno di moneta allora allora. Fecero esporre nelle case municipali registri per offerte volontarie; e invitavano i ricchi, il clero e le confraternite a far prestiti e anticipazioni di fondiaria. Volean mangiar l'avvenire. A ministri di pochi giorni che importava il da poi? Ma tai provvedimenti davan poco, e occorreva denaro molto; laonde a 26 aprile con decreto ordinarono un debito di tre milioni di ducati, de' quali uno volontario e due forzosi. Per quello fanno appello alla generosità nazionale; promettono restituire alla fine dell'anno, con interesse del 5 per 100; dan per securtà una rendita di centomila ducati sul G. Libro; e adescano promettendo lodare i prestatori nel giornale. Per gli altri due milioni obbligano più ordini di persone: commercianti, fabbricanti, manifattori, agenti di cambio e sensali debbon dare novecentomila, spartiti a possa di ciascuno; le proprietà immobili debbon mezzo milione; il resto togliersi con designate proporzioni agl'impiegati di qualsivoglia ordine e grado, anche da indennità, soprassoldi, pensioni, professioni libere, mense, benefici, badie, commende, case religiose, e ogni corpo morale, fuorchè le parrocchie, le beneficenze e i comuni. Questo per forza s'incassava, l'altro imprestito niuno faceva; però il ministro con proclamazione del 10 maggio, mostrato quanto avea fatto per favorir la guerra, si duole aver l'imprestito *renduto poco*, e finisce sollecitando contribuzioni e offerte. Cotal fatto diceva quanto alle popolazioni calesse di quella guerra. Le grida de' pochi non aprivan le borse de' molti.

Eppure fra tai strettezze seppero fare gl'interessi loro: con rescritto del 21 aprile abolirono un decreto del 1825, che dava all'erario i primi sei mesi di soldo de' nuovi impiegati. Era giusto; ma chi di quei ministri avea sicurtà di durar sei mesi?

§. 17. Il Pepe mena soldati fuor del regno.

Già il ministero avea cominciato a mandar soldati a furia, senza aspettar novelle di lega o non lega, senza dichiarazion di guerra, senza danari per farla, senza la sicurezza del passo, a occhi chiusi. Dissi venuto a mezzo aprile il conte Rignon incaricato da Carlo Alberto a sollecitare il soccorso d'armati, e di sottuffiziali capaci a istruire i volontarii: subito ebbe tutto promesso, e la croce di commendatore di S. Ferdinando, ordine insigne. Ma Pio IX sebbene in balia di faziosi, preparandosi allora alla negazione della guerra, non volea permettere il passaggio sul suo territorio a' nostri; onde molto si cicalò nel consiglio di Stato, e nulla si concluse, per l'ignoranza guerresca e diplomatica de' ministri; però vi chiamarono certi generali, che neppure bastarono a far loro intendere ragione.

Divulgate quelle dubbiezze fuor del consiglio, più i soldati si svogliavan dalla guerra, di cui non intendevano la cagione nè il bisogno. Parecchi generali ricusaron d'andare, e bisognò porre i colonnelli a comandar le brigate; di che niente caleva al ministero ch'aveva in pronto il suo capitano, cioè Guglielmo Pepe, antesignano di libertà. Costui di fiacca mente, non capiva egli essere il meno acconcio duce a quell'esercito; che di lui avea sempre udite le diffalte e le fughe, e tenevalo per fatuo e settario. La bravura e la fede del capo sono pegno di vittoria a' soldati; e il dispregio e il sospetto ne sono arra di disfatta. Ma a spogliare il trono delle milizie egli era uomo opportuno.

Da prima s'ingegnò a persuadere il re d'avanzarsi esso stesso con sessantamil'uomini contro i Tedeschi, diceva per liberar l'Italia, pensava per farlo uscir di casa. Poi voleva indurlo ad abbandonare la cittadella di Messina, perchè (e l'ha stampato) *i Siciliani sono riconoscenti, e si darebbero a Voi, senza una goccia di sangue.* Ma in tai puerili insidie non poteva cader Ferdinando. L'esercito s'adunava a stento; i soldati sentivano esser mandati lontani a combatter uomini che non li avevano offesi, per lasciar la patria a' settarii; i duci, chi si dicea malato, chi vecchio; onde il Pepe stampò: *Quando ebbero a conquistar la Sicilia fur tutti pronti.* Ed è vero.

Voleva imbarcar sette battaglioni sopra sei fregate per entrar dritto in Venezia; persuaselo a non farlo il contrammiraglio De Cosa, perchè tanta gente sulle navi, impaccio al fuoco e alla manovra, poteva restar preda delle navi tedesche. Fu stabilito che di tredicimil'uomini si facessero due divisioni, una per terra, altra per mare, comandate dal tenente generale Giovanni Statella, e brigadiere Nicoletti, in quattro brigate, co' brigadieri Filippo Clein e Pasquale Balzamo, e 'l colonnello Raffaele Zola. La cavalleria col brigadiere Ferdinando Lanza; l'artiglieria col colonnello Carlo Lahalle. Ma il Nicoletti e il Lanza rifiutarono d'andare con duce il Pepe. Impertanto fu messo il Clein a comandar la 2° divisione; questa aveva il 7°, l'8°, e il 9° di linea, un battaglione dell'11°, altro di cacciatori, tre reggimenti di cavalli, 1° e 2° dragoni e uno lancieri, un battaglione carabinieri, due batterie di cannoni, e due compagnie di zappatori. Mosse subito a scaglioni pel Tronto nelle Marche; e 'l passo non conceduto fu preso; chè le fazioni romane, scemata la potestà papale, avean tronche le diplomatiche dubbiezze. Entrarono a Giulianova plauditi e infiorati. Accompagnavanli Damiano Assante e Camillo Golia, commessarii civili, uffizii affatto superflui, per isprecar danari; il primo de' quali emanò anche una certa proclamazione a' *cittadini del napolitano,* perchè era tempo ch'ogni piccolo omicciotto volea levar sua voce.

La prima divisione con lo Statella avea due reggimenti di fanti, 1° e 12° di linea, un battaglione del 5°, uno del 7°, il 3° battaglione cacciatori, una compagnia zappatori, e otto cannoni. S'imbarcò a 27 aprile su cinque fregate a vapore, due a vela e un brigantino, condotti dal De Cosa. Allo stretto di Messina ebbero cannonate con lieve danno dalle batterie armate da' Siculi a Torre di Faro. Così *l'eroica* Sicilia gridatrice d'indipendenza italica, salutava a morte i Napolitani che l'avean lasciata in balìa di sè per soccorrere gl'Italiani. Sbarcavano ad Ancona. Il Pepe non partito prima per sopravvenutagli febbre, s'ebbe dal re il presente d'un cavallo; s'imbarcò a 4 maggio con parte dello stato maggiore sullo Stromboli; e sul salpare giunsegli lettera ministeriale, che in regio nome ordinavagli sostasse al Po, nè il passasse senz'ordine sovrano; avendosi innanzi a determinare co' principi italiani la parte da prendersi da noi alla lotta; ma e' serbò la lettera col proponimento, come scrisse, di non farne nulla. Posto il piè in Ancona fra' festeggiamenti, ebbe visita da quel gran rivoluzionario che fu il principe di Canino, e per lui mandò lettera a Carlo Alberto; poi a 10 maggio fe' un'ordine del giorno a' soldati; dove affermava esser egli da' suoi chiamato padre, quando combatteva con Massena e Gioacchino in Castiglia; prometteva esser sempre padre, abolire le verghe umilianti, e alzare ogni meritevole soldato ad alti gradi. In tal guisa citando a sproposito non so quali sue glorie sotto i francesi Massena e Murat, questo italianissimo scacciatore di stranieri copriva le sue fughe da Antrodoco davanti a' Tedeschi. Ma ciascuno ricordando l'onte ond'avea coperta la bandiera napoletana, dispregiavalo; però egli stesso stampa che come ei parlava a uffiziali e a soldati del combattere per quella *grande causa,* eglino aggiungevan tosto: e *pel re!* Quindi mosse per Pesaro a Bologna; ove alloggiò in casa Pepoli, passò a rassegna la gente, e a' 20 maggio poi die' altra proclamazione.

§. 18. Ministri di piazza.

Mandati via quei soldati, i congiuratori impazienti cominciarono spargendo diffidenze: l'esercito non passerebbe il Po; l'ammiraglio De Cosa aver ordine segreto di fermarsi a Pescara con l'armata; il ministero inglese non consentirebbe lo sbarco ad Ancona; il re mulinar di tradire l'Italia, apparecchiar arme, aspettar legni russi; doversi come a Roma s'era ridotto a vescovo il papa, mandargli compagno Ferdinando. Queste e altre dicevano, dove esagerando, dove innestando falso a vero, per mover passioni acri, e spingere a' ferri. Nè solo bocche, giornali e libelli propagavan le menzogne; fingevano altresì lettere di lontano, dette *bianche,* cioè non scritte, che si facean venire, e vi scrivevan essi improvvisando avvenimenti e sollevazioni; e mostravano i bolli postali e i sigilli; onde si facevan credere, e subbillavano idee di tradimenti, e ribellioni, e agitavan le piazze fluttuose. Brevemente la propaganda delle bugie diventò l'arma più gagliarda della rivoluzione.

Il ministero procedeva con essa, sempre più sospinto in democrazia. Mentre il popolo è tenace alle consuetudini e odia il nuovo, eglino volean far ogni cosa nuova a un botto, supponendo tutto il reame fosse come quei seicento strepitanti a Toledo. Quasi il mutamento costituzionale non fosse stato nulla, e nulla la guerra esterna, e l'interna anarchia, sciorinavan decreti sopra decreti, commissioni, ordinanze, rescritti; che che udissero o ricordassero ne volean far legge; mutavan uomini e cose, alzavano incapaci ed ignoti a tutti uffizii, e duplicavan gradi e soldi. Famoso per questo diventò quel Troya, buono investigatore del medio evo, ma non testa da ministro. Nè tampoco i ministri eran d'accordo; si rintuzzavan l'un l'altro, ciascuno avea in istrada sua falange, e lavoravano a chi più l'accrescesse; concordi in questo che, tutti ambendo plausi plateali, giocavano a chi più donasse per meritarli. Donavan, s'intende, del pubblico; e tosto mancatone il modo, mancarono i plausi. Il Ferretti sin dal 20 aprile avea chiesta la dimissione, e restava per mancanza di successore; nè entrava in consiglio se non per affari finanziari. Sull'imbrunire del 28 aprile si gridò abbasso a' ministri di Giustizia e d'Affari esteri; e al mattino non essi ma gli altri due d'Istruzione pubblica e Culto chiedean le dimissioni. Tutti aburattati dalla piazza, ponevan la piazza e i giornali a parte di loro liti e accuse vicendevoli; ciascuno sè vantando cima di libertà, e discordar da' colleghi per maggiori sensi liberali. Quel dì 26 un decreto permetteva la uscita de' grani dal regno, il che incariva il pane, e giovava a' ricchi; e quasi fosser tempi riposati, nominavano una commissione per la revisione del codice civile. Il 24 avean dato un decreto sull'istruzione pubblica, con nuove forme, appien laicali, con più pompa di spregio al passato, che possa di far meglio così subito. In maggio fecero commissioni di statistica, per tariffe doganali, deputavan magistrati a rifar leggi di sanità, ordinarono studii diplomatici, ed altro.

A mostrarsi progressivi regalarono in nome del re tre cannoni alla Guardia civica di Pisa, dove giunsero a 3 maggio. Il ministro degli esteri a 28 aprile ingiungeva al Ludolf, nostro ministro a Roma, di notificare a Ciceruacchio il re avergli concesso la medaglia d'oro di Francesco I, in considerazione della buona accoglienza da esso fatta in Roma a' Napolitani; e che gliel'avria recata D. Michele Viscusi Ciceruacchio di Napoli. Colui chiamato tardò più giorni sino a 3 maggio; v'andò accompagnato da chi gl'imbeccava le parole, e rifiutò la medaglia, a spregio della maestà regia.

Il ministro del culto per non restar meno avanti de' colleghi, mise le mani in sagrestia: volea togliere i seminarii a' vescovi, cassando il concilio di Trento; creò deputati a compilare un codice ecclesiastico-politico; fe' una lettera a' vescovi, accennante a proposta d'una legge d'incameramento de' beni de' luoghi pii. Il Cardinale di Napoli protestò, il ministro rispose; e la stampa parteggiando, e scrivendo a libito di cose ignorate, era un turbar le coscienze e gl'intelletti.

§. 19. Comunismo e socialismo.

A invelenir la tempesta sopravvenne una lettera ministeriale del Conforti. A' nostri contadini era ignota affatto l'idea del comunismo, aspirazione settaria; anzi guardavano indignati quell'imperversare del governo; perlocchè il buon ministro a tentarli s'ingegnò mostrar loro l'esca della divisione delle terre demaniali. Scriveva agl'intendenti il 22 aprile, favellando *di cupidigie di famiglie, di usure fatte, di dritti popolari, di scuotimento di servaggio, di libertà di vita e pensieri incarnata nell'anime, della durezza del dover l'agricoltore lavorare per altri su' campi proprii, e del doverlosi rialzare all'altezza cui Dio l'avea collocato.* Bensì vi dava poi color legale, favellando di reintegrazioni e verifiche di terreni ex feudali; ma in quei momenti d'an-

Storia delle Due Sicilie 1847-1861

sie e voglianze, mentre s'instillava al proletario l'odio contro il ricco e la comunella de' beni, quella lettera, spiegata poi iniquamente da' consapevoli congiuratori, fu foco divampatore nelle provincie. La rivoluzione al 1806 aveva addentato i baroni; di poi le terre divise e suddivise eran ite in molti; sicchè la rivoluzione del 48 non poteva aver pascolo che su queste, addentando il dritto di proprietà. Il famoso motto che *la proprietà è furto,* che la terra è di tutti, e dee sfamar tutti, persuadeva di leggieri i nullatenenti speranzati di pigliarsi l'altrui. Però la lettera ministeriale per quanto usasse vocaboli legali, accennava col fatto a tal pensiero del tempo; onde molte popolazioni ne furon subito spinte a invader le terre; e dove trovarono opposizione si venne al sangue, e al grido di *Morte alle giamberghe!* Iddio al mezzano stato ch'avea desiderato novità mandava quel gastigo. A Rionero i villani invasero il bosco Lagopesole de' Doria di Roma, dicendo essere ingiusto che uno straniero possedesse in regno. E il Doria fra' principi romani era tenuto liberale. A Teramo fecero un governo provvisorio per reprimere i montanari minaccianti saccheggio. A S. Angelo de' Lombardi invasero le terre de' cittadini, e se le spartirono, presente il cancelliere del comune. Devastazioni grandi a Tito. A Venosa il 3 maggio tumultuarono, pur gridando *Morte alle giamberghe! si dividano le terre!* Messi in sospetto che ostasse un medico Gasparino, gli vanno a casa, nol trovano, e gliela schiantano; poi cerco a morte lui, ignaro in solinga via, l'uccidono spietatamente, e 'l cadavere menato in trionfo bandiscon venale per le vie. Curioso che durante tal subuglio uscivan dal paese i coscritti di leva, cantando viva il re! speranzosi di lotta che la finisce. In Calabria da tutte bande invasero le Sile; si vider mandre rapite, possedimenti devastati con ferro e fuoco, manomessi, accoppati i padroni, incoraggianti le nuove potestà. A Figliani l'8 maggio certi Gaetano e Luigi Marsico, lamentandosi del veder loro terre devastare, ebbero morte corampopulo, issofatto; poscia tutta la famiglia e pur le donne scannate. Peggio nel Salernitano. In Olevano si predicò dal pergamo la comunella de' beni; e la plebe a suon di conche marine si lanciò su' campi. In Novi uccisero chi supposero avverso. Stupri in Aquella e Zoppi. Masnadieri da Castellabate assalivan Cannella; e con le funi al collo, e uccidendo sforzavano i possidenti a dissotterrar moneta. A Matonti strapparon sin dall'altare il vecchio parroco; e inseguendoli il popolo, lui per più colpi semivivo lasciarono, subito morto. Ma a che moltiplicar racconti orrendi? Maschito, Castelvetere, e altri luoghi d'Abruzzo, Basilicata e Puglia videro altrettanto; armata mano presero terre demaniali e private, spesso divise, spesso con pretesto di mala divisione suddivise, con le coltella in pugno. Quella lettera fu scintilla gittata per ardere il reame. Ebbero a correr da per tutto soldatesche a tutela della proprietà.

In Napoli, ove non eran terre, si suscitava il socialismo. Gli stampatori vissuti senza scialo sin allora, or con quel primo empito di libertà lucraron bene, e alzaron le creste. Le teorie del *dritto al lavoro,* dell'ore da lavorare, della mercede fissa, fèr subito presa in quei cervelli; e invece di ringraziar la follia che straccava i torchi per tante scempiezze, instigati da' circoli, pensarono una *dimostrazione,* a simiglianza di quel che in febbraio avean fatto i muratori ed i sarti. Il mattino del 25 aprile un dugento, non tutti tipografi, molti intrusi per ingrossare, volsero al campo di Marte, tumultuando; accorservi Lancieri, e Guardia nazionale col suo brigadiere Gabriele Pepe; il quale lor dimandò che volessero. Risposero: accrescimento di mercede, e diminuzione di lavoro. E mentre con buone parole erano accommiatati, uscì un colpo di pistola a ferir uno; laonde la Guardia nazionale fe' fuoco, e restò padrona del campo. Di ciò forte ripresela il comandante principe di Strongoli con ordine del giorno, perchè forse ell'era stata mandata là a guardare e a legittimare le richieste, non a comprimer con l'arme i liberi voti de' cittadini. Di più si dimise; e 'l comando cadde in quel Pepe, un po' ridicolo patriota. La dimane di quel fatto, correndone gli ordini segreti, fecero lo stesso gli operai di fabbriche di tele a Sarno e a Cava, con grida *Pane e lavoro*!

Di fatto comandava la piazza. A' 28 aprile, pochi studentelli strepitando sotto la Prefettura, chiesero e ottennero la libertà d'un loro compagno, arrestato nell'atto ch'appiccava a' cantoni cartelli sediziosi. Il giorno seguente una gran *dimostrazione* a Toledo sclamava: Mora la parìa! Viva la costituente! Ogni dì rumori con abbassi. A' 10 maggio udendosi il ministro di giustizia, aver fatti nuovi magistrati, quelli che speravano e non erano entrati, mandarongli plebe a gridargli *abbasso*. L'altro dì in dogana fu gran fracasso contro Maurizio Dupont, francese fatto qui naturale, allora direttor generale, perchè si disse aver egli preparate cose nuove; e vecchi e nuovi impiegati gl'insorsero contro; quelli tementi esser ciacciati via, questi sclamanti aver poco.

Nelle provincie era sì piena anarchia, che il Vacca direttore del ministero dell'Interno, ne fe' alti lamenti con lettera circolare del 24 aprile; e ordinò in tutti i capiluoghi *Consigli di pubblica sicurezza*, dove l'intendente, il comandante le arme, il procurator generale del re, il sindaco e tre privati lavorassero a ristabilire l'ordine. Ciò non servì, nè il poteva; invece in qualche regione, come nelle Calabrie, fece il contrario; chè quei *Consigli* diventaron comitati direttori di ribellamenti. Giunsero dalle provincie sì spaventosi rapporti di tumulti e anarchie, che quei medesimi ministri liberalissimi, tenuto consiglio il 29, stabiliron non muover più milizie dal regno; e più il Conforti s'avanzò a dimandar anche si richiamassero indietro quelle avviate a Bologna.

§. 20. Reazioni.

I ministri in quel poco di ministero s'erano avveduti potersi valere più de' soldati ubbidienti, che de' popoli da essi sfrenati; vedean questi tendere a reazione, e niuno se non le milizie col nome regio poterli contenere; però importava lor più il non farsi affogare dalla controriviluzione che combatter Tedeschi. Perduto il morso governativo, ogni città e villa, senza forza pubblica, patìa pravi attentati; i buoni sospiravan soldati per sicurar le persone e le robe; e si rispondeva quello esser tempo di libertà non di soldati. Dopo le proteste, i cittadini vista la cosa pubblica scompigliata, e cader più sempre ne' peggiori, s'armaron essi per necessità di guardarsi; e presto la stizza volgea gli animi a reagire. I nostri provinciali non durano nelle illusioni di belle promesse, non han gli occhi alle idee ma alla materia, subito voltan carta, e ti spennacchiano i ciurmadori di politica. Sicchè mentre Francia, Alemagna e Italia baccavan con la setta, noi primi disingannati reagimmo.

Negli Abruzzi s'era usata ogni arte a innestarvi la rivoluzione. Un Mariano d'Ayala, dimesso tenente per aver in un libretto celebrato Murat, ora diventato italianissimo era inalzato a intendente d'Aquila; dove sono incredibili le stoltezze che fece, affratellandosi in piazza co' più bassi, stampando proclamazioni tronfie di turgidezze e concettini, lordando il giornale uffiziale dell'intendenza di matte e bugiarde notizie, e suonando la tromba di vituperi a principi e di vittorie rivoluzionarie. Faceva crear circoli e comitati, e dettarne scritti iniqui contro il re, scacciar magistrati, e indirizzar mandatarii ne' distretti a fare altrettanto. In più paesi vedevi giudici espulsi, disarmati gendarmi, arsi archivii di polizia. A Chieti le cose andaron più chete, per men numero di tristi, non ostante le virulenti scritte di giornali, come *La Maiella*, luridissimi. Ma in tutto Abruzzo le male arti avvizzivano; e più la gente contadina recalcitrava; onde qua e là era a dispetto un gridar viva il re, e il pigliar la nappa rossa. Principiando maggio, certi villani di Pescosansonesco nel Teramano tornando dalla fiera cantavan inni sacri con viva al re; mettevano un rosso grembiale di donna in cima a una pertica, e sì exabrupto inneggiando entravano in chiesa. Gridar re in regno costituzionale non è reità; nè quei pochi villici davan ombra di pericolo; ma l'odio liberalesco ne fe' una montagna, perlocchè il sottintendente vi mandò un capitano nazionale; il quale prorompendo in vilipendii al re, fu dal popolo sforzato a tacere, e a pigliar la nappa rossa. Rabbioso andò a Teramo; n'ebbe un Camillotti con nazionali, che ingrossato per via entrò in Pescosansonesco uccidendo e saccheggiando, sicchè presi otto de' *più rei* li legò con la fune delle campane, e tornò con essi vittorioso a Teramo, ricevuto da' suoi confratelli con canti e fiori. Seguì più brutta a Pratola, presso Sulmona, il 7 maggio. I contadini posersi a' cappelli i nastri rossi come prima; corse a strapparneli la Guardia nazionale, e trovò coltelli sguainati; dier di piglio a' fucili, e quelli alle vanghe; quindi ferimenti spietati; ma le vanghe vinsero. Stracciata la bandiera dei tre colori, strascinala pel loto, sventolò sull'insanguinata piazza l'insegna borbonica fra mille viva.

Nè mancavano spiriti reazionarii in Napoli, ch'ogni dì pur compressi qua e là sfavillavano. Crescendo sempre più i disinganni, si vedea patente ordita trama in quel continuo dimandare; perlocchè molti (pur della Guardia, che fu coraggio a quei dì) sottoscrissero e mandar firmando attorno una supplica al re, che non piegasse ad altra concessione. Nè mancava chi voleva il re si ripigliasse la costituzione largita, e l'aggiustasse o l'abolisse, per fare il bene piuttosto del paese che della setta. A' 29 aprile una turba in piazza castello gridava *Viva il re nostro!* e la sera la popolazione di S. Lucia forte beffava e strapazzava chi portava il nastro a tre colori. La potestà regia in mano de' novatori schiacciava con la forza questi conati, cui i giornali per affievolirne l'importanza dicevan mossi da' cortegiani. Spaventati dalla confusione d'ogni ordine, e conscii delle tramate fellonie, per guardar gli eventi al sicuro, tre di quei ministri si dimisero, tassando felloni i compagni; e dopo pochi dì si congiunsero a' felloni delle piazze. A' 5 maggio scese l'Imbriani, poco stante il Ruggiero, e prima il Ferretti. A' 10 Giovanni Manna surrogò il Ferretti; e il Troya e lo Scialoia presero i portafogli degli altri due. Il Conforti nè si dimise nè restò; ansio, trepidante, disertò da' consigli: aspettava.

§. 21. Colpano i Gesuiti e l'Austria.

Eppure, chi il crederia? quell' anarchia suscitata da' novatori, per malizia, dappocaggine, ignoranza di cose di stato, febbre di fare e guastare, non era farmaco a ravvedimento, ma veleno per accusar altri. Invece di star zitti e trovar rimedii, sentivi darne colpa a' retrogradi, a' Gesuiti e all'Austria. Il comunismo figliato dalla lettera del Conforti era mena tedesca; l'arme imperiali arse maneggio di Gesuiti, la cacciata di questi insidia di retrivi; il re s'era fatto a posta insultare dal Mammone, a posta non aver mandato soldati a punire gl'improperii lanciatigli sotto le finestre; i realisti aveano stuzzicato gli stampatori, sparata la pistola sul campo, mossi i filatori a Sarno e a Cava; la vecchia polizia far quel travaglio; essa insidiar la costituzione, essa fomentare al male la parte ladra e faziosa della Guardia nazionale; i ministri, i nuovi impiegati liberali non poter fare il bene, perchè impacciati da colleghi *gesuitanti*. Tai discorsi che parran paradossi ripetevansi con santimonia; e il disordine compagno della rivoluzione procedente s'apponeva al passato che spento era. E mentre i settarii così preparavan la via a novelle calunnie ed altri attentati, e i generosi s'atteggiavano a difesa della società, i molti vigliacchi ed astuti si serravano in casa, aspettando l'avvenire, pronti a seguitar chi vincesse, come corvi sul campo di battaglia; siccome ha poi mostro il tempo, gran disvelatore del bene e del male.

§. 22. Proclamazioni turchesche.

Il parlamento dal 1° maggio fu prorogato a' 15. Preparavano la chiesa gotica di S. Lorenzo, sede di antichi *seggi* napolitani, con addobbamenti di drappi, e trofei e bandiere, oltre il trono e le tribune. Il re scelse a' 13 i cinquanta pari, fra gl'indicati dagli elettori; onde la fazione che non voleva i pari forte s'adirò, accusandone il Troya *che non l'avrebbe dovuto fare*. Accorrevan dalle provincie i deputati; e con essi uomini brutti, barbuti, con pugnali, pistole, archibugi, e boccacci, entranti in città per mare e per terra, mostri a dito per baldanza, e fogge brigantesche e luccicanti. Che avevano a fare co' parlamenti quei musi e quelle armi, quei vestiti calabri e albanesi, quei Siciliani minacciosi, quei forestieri, Ungari, Galli, Polacchi, torbidi e biechi? Aggiunge trepidazioni la comparsa nel porto d'un'armata francese, a' 9 di quel mese, col viceammiraglio Baudin; ed ecco voce Francia repubblica soccorrere la rigenerazione napolitana. Subito in barca un centinaio de' più arrabbiati intorniano le straniere navi, lor fan festa, e mandano a nome del popolo alcuni in deputazione sulla capitana (il vascello Freidland) con indirizzi e poesie; accolti mediocremente. La dimane vi vanno uffiziali di Guardia nazionale col Plutino colonnello; e vi fanno ampollosi discorsi allusivi alle libertà delle nazioni. Ne tornano pettoruti; dicono aver avuto grandi promesse, udito il canto della Marsigliese, e che so altro, per dar sospetto a' regi e ardire a' faziosi. Così più divampate le speranze, decisero fieder la monarchia il dì del parlamento, giorno rigeneratore della patria.

La premeditazione fu senza velo, chè sendo nelle mani loro la potestà governativa, non era pericolo a congiurare aperto. Appositi mandatarii da' giorni innanzi ritessevan le vie delle provincie in calessi e cocchi, recanti migliaia d'esemplari d'una certa proclamazione intitolata *Della suprema magistratura del regno*, uscita dal circolo di questo nome, non firmata, scritta dal Saliceti, a modo turco. Dopo breve elogio alla libertà, chiamava i popoli ad armarsi, e unirsi incontanente *a una sacra legione del riscatto*, le cui fila stese in tutto il reame *e all'estero* dovean partorire in ogni parte governi provvisorii, e la costituzione del 1820, sinchè il parlamento *costituente* non vi desse sanzione. Minacciava fucilazione immediata a qualunque ecclesiastico dissuadesse dal pigliar l'arme; fucilazione a qualunque comandante d'arme non sostenesse la sacra legione; fucilazione a qualunque capo della stessa legione, che per rubare si sbandasse; fucilazione a qualunque pensasse a vendette private; e fucilazione a tutta la *parte profana* della Guardia nazionale che ricusasse por giù l'arme. (Questo articolo dannava a morte la metà della popolazione). Giudici ed esecutori immediati *i buoni, i veri Guardie nazionali* vestiti della loro *sacra* divisa. E prevedendo tai minacce non bastare, in ultimo prometteva impieghi, terre demaniali, promozioni e danari del Tesoro. Portava la data del 1° maggio; ma il Dardano presidente del circolo *Il progresso*, spacciavala verso l'8 e il 10; il Sodano segretario di tal circolo corse sulla via sannitica spargendola; e cui le dava aggiungeva: *Accorrete a Napoli il 15, per inaffiar col sangue l'inaridita pianta della libertà*. Ciò vidi io. Congiurato per aver la costituzione, ora congiuravano contro essa; gridavan libertà, e minacciavan morte non solo a chi libero lor contrastasse, ma anche a chi stava cheto. Oltre queste, usciron altre molte proclamazioni stampate, tutte veementissime, incitanti a ribellione.

Stese le branche in tutte provincie, i disegni de' congiuratori eran questi. Rivoltarsi il Beneventano al papa e darsi a Napoli. Colà lavorava un Salvatore Saberiani, che die' pure una proclamazione a quei cittadini. Il Nisco e altri della Valle Caudina gli avrian dato mano; poi le schiere unite da essi avanzerebbero a sollevar le terre intorno Capua. Altri da Montesarchio scenderebbero a Solopaca a incontrar quei del Sannio. Nel Cilento i capi avean tenuto consulta a Diano; un Michele Auletta, stretto al Carducci, veniva in Napoli a rapportare tutto esser pronto, e a' 30 aprile stampava un editto anch'esso a *Popoli del regno*, in nome del Comitato generale; e finiva: *Leviamoci come un sol uomo gridando Costituzione del 1820!* Il Romeo intendente di Salerno quivi lasciava il Mambrini segretario generale, che mise alacremente le mani alla congiura. Dovevano i Cilentani levarsi primi, ingrossar per via, scansar Nocera stanza di soldati, e occupar Monteforte, luogo *sacro* pe' ricordi del 20. Quei delle Puglie verrebbero per Ariano. Da Terra di Lavoro per tutte vie corressero a Napoli. Calabria già concia, incitata e soccorsa da Sicilia, tenevan pronta.

Per far ciò inviavan corrieri e mandatarii infiniti; moltiplicavano le proclamazioni. Una seconda ne dava il circolo dirigente della *magistratura,* che cominciava: *Viva la costituzione del 20 su larghe basi, viva la Costituente, abbasso la parìa!* e finiva: *Correte, all'armi; il pericolo è imminente! non si perda tempo: All'arme, per Dio, all'arme!* Un altra scritta uscì per Molise, intitolata: *La voce del Sannio.* Altra a 9 maggio anche a' Cilentani era firmata da Luigi e Gaetano Capozzoli (fratelli di quelli del 1828) appellanti *al sangue* e *alle vendette!* Altra de' 12 maggio *a' Cittadini,* seminava sospetti, e appellava all'armi *a sostenere i decreti dell'assemblea, per allargare le libere istituzioni!* Cotante mene apertissime, accennanti a ribellione pronta, non iscuotevano quei ministri; sol fecero il 13 una specie di protesta appellante all'ordine. Il Conforti sonnacchiava a disegno; poi temente l'avvenire e l'accusa di complicità, quando tutto era apparecchialo fe' sostenere il Dardano; tardo, inutile rimedio, e non avvertito.

Nè i congiurati tralasciarono iniquissimi mezzi. I *camorristi* (de' quali parlerò poi) gente rotta a nefandezze, ladri, manutengoli, omicidiarii e accoltellanti, eran già dal governo a gran fatica messi in Tremiti isola, a lavorar da coloni. Venute le perdonanze a' rei di maestà, questi tornati vollero slargate le grazie, e s'aprirono carceri ed ergastoli per liberar assassini; poi gridarono inumana la pena di Tremiti, e così rivedemmo quelli innocentini in città, spavento e terrore ad ogni onesto. Di cotal melma sociale fecero schiere; diviserle in manipoli con capi, e teneanli disciplinati, e ubbidienti e lesti, per isguinzagliarli, e farseli colleghi ad agguantar la cosa pubblica.

§. 23. Il popolo non si move.

Tenevan la vittoria in pugno: ministero loro, guardia nazionale loro; tremanti i buoni, i tristi baldanzosi, padroni delle piazze, masnadieri accorrenti, repubblicani in rada, simpatie e braccia di forestieri; e visto sin allora tutto aversi senza sforzo, si credevano con tanto apparato irresistibili. Avean superate le soldatesche state irresolute e immote quando eran più; spregiavanle ora ch'eran meno; degli Svizzeri non temevano, vi confidavan anzi, perchè repubblicani, perchè credeanli guadagnati co' plaudimenti; sentivan nel porto la Marsigliese, aiuto certo speravano. In quattro mesi cullati da tanti trionfi, pensavan dureria sempre quel vento.

Unica difficoltà trovar l'occasione per commuovere il popolo; le proclamazioni non producevan frutto; nondimeno cercavan da tumultuare a ogni costo. A 6 maggio per toccar la parte vitale della popolazione fecero gridare *Abbasso i preti!* La sera dell'11, mentre nel Gesù nuovo si celebravan le sacre funzioni, si gridò *al ladro!* e nello scompiglio il Pellicano, detto *l'eroe di Reggio,* allora coadiutore del ministero del culto, concionando fuori la porta fu ferito. Nè più valsero gli articoli virulentissimi di giornali, minaccianti guerra civile; stomacò anzi, una diatriba del *Mondo vecchio e nuovo* spingente a regicidio. I Napolitani erano stucchi di smargiasserie d'arme e parole. Impertanto unica speranza di ribellare fu ne' deputati; costretti cotali *eletti della nazione* per discuter leggi, a far quello cui la plebe ricusava.

Usarono ogni arte per unir gente armata; altra per accamparsi a Monteforte, altra per accorrere sopra Napoli. Luigi Zuppetta di Castelnuovo di Lucera, vecchio cospiratore, tornato di quei dì da Malta, avea scritto certo libercolo intitolato *Le sette contradizioni capitali,* per mostrar mala la costituzione; e pubblicamente minacciava che o il re concedesse altre larghezze, o egli proclamerebbe repubblica; e doverlo fare prima dell'8 maggio, o che non si saprebbe che potesse avvenire il 15. Aperto promettea repubblica, e guadagni a questo e a quello per far seguaci. Andò a Foggia col Barbarisi, e, sendo ambo deputati, vi tenner conventicole per proclamare una camera costituente. Il secondo corse nel Barese a reclutare; ma avversato dalla popolazione ne ripartì di notte. Tornato il 12 a Foggia, poco mancò non iscoppiasse tumulto, perchè i Foggiani, sospettando ei v'iniziasse la ribellione, s'armarono, e 'l fecero tirare dritto a Napoli. Le mene stesse s'eran fatte in altre città di Puglia. Un parente del Romeo si cacciava in Terra d'Otranto; confabulava in Manduria, più in Lecce, e certezze di trionfo seminando, sollecitava armamenti, accogliendo pur disperati e malfattori. Negli Abruzzi il Pica eletto deputato lavorava; e l'intendente Ayala il lasciava co' suoi partigiani a tesser la sedizione. A Penne un De Cesaris andava reclutando. In Montorio e in altri di quei luoghi un Zilli, uno Sciabolone, un Martegiani raggranellavan uomini e denari. Un Andrea Saccone in Molise. Un bolognese Pacchione attorno Sessa. Certi Tavassi e Torricelli girarono pel Nolano; certi Piscicelli, Sagliani e Fabozzi nell'Aversano; il primo stendesi sino a Castelvolturno a chiamar quei *mojanari,* altri a Casal di Principe, a Caivano, ad Acerra, e a Maddaloni. A S. Maria di Capua un Carmelo Caruso ed altri ebbero il carico di rompere la strada ferrata, per impedir il pronto transito a' soldati. Nicola Nisco e Tommaso Manco nella valle Caudina univan masnade; altri nell'Avellinese, e altrove.

Certo tutti i paesi del reame da un sol motto contemporaneamente erano agitati: si gridava, minacciava, incitava; ma erano i pochi settarii; il popolo li guardava frementi, aspettando il cenno della punizione. *Camorristi* e masnadieri accorrevano alla spicciolata, non altri. Pochi soldatelli volti a Monteforte, bastarono a contener tutti. Il Torricelli il 13 con pochi v'andò, e sparse comprar neve; indarno confabulò co' capi de' dintorni, e mandò corrieri; molte erano state le promesse e i vanti, poco fu l'effetto, chè in vero seguaci pochi avevano. Lo stesso avvenne in Terra di Lavoro, in Abruzzo e nel Sannio. Quivi un Achille Jacobelli di S. Lupo, maggiore nazionale, nel quale molto i novatori confidavano, astuto volteggiatore, vista la mala parata, s'assicurò correndo alla reggia, a svelare al re i modi della congiura; e fu di scorta a' soldati accorrenti. Nel Cilento pochi capi di Diano e Vallo sul monte Raccio stettero ad aspettare indarno. La gente andava e si traeva, secondo speranza o timore. Udendo i Regi a Monteforte, primo a fuggire a Napoli fu l'Aletta. Allora accorse a Salerno il Carducci ad agitar gli spiriti. Al mattino del 15 die' ordine stampato a tutta quella Guardia nazionale di tenersi pronta. L'aitò il Mambrini colà facente l'intendente: stampava lo stesso dì proclamazioni, e spargevate anche ne' distretti di Sala, Vallo e Campagna, incitanti i patrioti ad armarsi, *per assicurare la maestà de' decreti del parlamento;* e con ordine uffiziale faceva dare a' militi la polvere da sparo del governo. Vedevi, sì, armati, si davan vanti, gridavan repubblica; ma sprezzati dalle popolazioni, impotentissimi erano.

Partendo da Palmi di Calabria i congiurali, promettevan corampopulo di grandi cose; e qualcuno sguainando il pugnale gridava: *Con questo gli andrò a trafiggere il cuore!* E i rimasti andavano ogni dì al telegrafo, aspettando novelle della rivoluzione promessa. Il Romeo entrando in Napoli il 13, dava altra proclamazione a nome del comitato calabrese, dicendo netto come i deputati venissero a costituente; e conchiudeva: « Tutti i liberali a un primo segnale accorrano a ringagliardire la Guardia nazionale. » Quel dì stesso entrava nella città il resto de' congiurati. i fratelli Plutino, Antonino Cimino, Eugenio de Riso, Benedetto Mugolino, Casimiro de Lieto, Silvio Spaventa, il Ricciardi, lo Zuppetta ed altri, tutti armati, con seguito di scherani alla calabrese. Non andavan circospetti, perchè sicurissimi di vittoria; ciascuno facea di sè gran pompa, studioso d'aver la prima parte al trionfo. Congiuravano aperto nell'albergo di Ginevra a S. Giuseppe; dove accorrevano a confabulare il Petruccelli, il Settembrini, il Carducci, il La Cecilia, il Mileto, il De Dominicis, lo Zuppetta, e altri cosiffatti. Quell'uscio notte e dì assiepato d'armati.

§. 24. Illegali conventicole di deputati.

La congiura adunque parea contro la parìa; per questo *costituzione del 20,* che non aveva i pari; ma si lavorava per repubblica. La democrazia sdegnava pur l'ombra della nobiltà: questa nel reame non più feudale, nè più ricca, poco valea; nondimeno si volea combattere un corpo intermedio che sorgesse tra il popolo e il trono; quindi sarcasmi, oltraggi e minacce. Ma perchè tant'ire? quei pari scelti fra gli eletti da' comizii, eran pur cosa loro, nè tutti nobili, poco o nessuno impaccio a' loro fini. Ma quel fantasma della parìa servia di bersaglio a colpire il re.

Prima lo Zuppetta richiese a' ministri facessero decretare un suo progetto di legge concedente al parlamento *la facoltà di decidere se convengano o no pari, e di modificare la costituzione.* Poscia l'Imbriani e 'l Ruggiero, ministri dimessi, s'uniscono a' congiurati, e si fan belli della chiesta dimissione. Esso Ruggiero raduna a casa sua i deputati per discussioni preparatorie; comincian le battaglie, dove gli oratori, oregliando se s'udisse un grido da Monteforte, non potean venire a composizione. Venti deputati vanno a' ministri, parlano contro il giuramento che si stendeva, e protestano nol darebbero. Quelli conniventi o codardi, promettevano; e di fatto al re cominciavano a manifestar vaghe diffidenze e ombre di pericoli. Da ultimo tempestando in casa Ruggiero le discussioni a nulla concludenti, fu pensato unir numerosa assemblea, nella gran sala municipale a Montoliveto. Corsero inviti stampati a tutti i deputati per cotal sessione, a fin di fare, dissero, il regolamento per la verifica de' poteri, e le nomine degli uffizii. Elessero presidente d'età Luca Cagnazzi ottuagenario, vicepresidente il Lanza medico, professore di patologia all'università. Aveva il ministero stampato il programma della cerimonia per aprire il parlamento a S. Lorenzo, dov'era fra l'altro: « Il re rinnoverà avanti alla camera il giuramento già dato per lo statuto; dopo giureranno i pari e i deputati. » Di qua il pretesto alla lite. Alcuni osservarono il re aver giurato lo statuto del 10 febbraio, ma eglino essere stati eletti pel programma del 3 aprile, dov'era dichiarato aversi d'accordo col re a *svolgere* lo statuto; però aversi nel giuramento a far menzione di tal facoltà. Inoltre la formola di questo decretata costando di tre parti, sursero opposizioni a tutte e tre: 1° giurare di professare e far professare la religione cattolica romana, disser contrario a libera coscienza, e putire d'inquisizione. 2° giurar fedeltà al re del *regno delle due Sicilie*, implicar la integrità della monarchia, e minacciar guerra fratricida a' Siciliani, già fatti indipendenti da' Borboni. E 3° il giurare osservanza alla costituzione di febbraio, che doveva essere *svolta*, esser cosa illogica e vana. La discussione mosse passioni indisciplinate, salì a clamori; perchè fra quelli pur v'era, benchè pochi, chi volea procedere con coscienza. I congiuratori tenuto conciliabolo la sera del 13 in casa il Lanza, tornarono a Montoliveto nelle ore vespertine del 14, dove il più de' buoni non andarono; nondimeno fatti intorno a cento, ripigliarono i furenti propositi, con più veemenza; chè s'erano fatti afforzare da numerosi ceffi provinciali rumoreggianti dalla piazza. Questi mandavan messaggi incitatori a ogni poco, e n'avean risposte arcane; sinchè proruppero in grida: « Deputati, il re tradisce la nazione, v'insidia; ma coraggio, noi siam per voi. » Il deputato Zuppetta fattosi al balcone, come strione in commedia, sclamò: « Cittadini, i deputati non han mestieri d'incitamenti, morranno prima di permettere il re tradisca il dritto costituzionale; e Zuppetta ve ne dà parola! » Quindi nella sala seguirono concioni superlative, magnificando le forze nazionali, e com' eglino investiti de' dritti del popolo sovrano, poter dar leggi, e doverlo per eseguire il mandato. In quella caldezza, ripigliata la quistione del giuramento, spiattellarono: « il pubblico voto non voler più saper nulla del 10 febbraio; quello statuto pel programma di aprile aversi a svolgere; non dover la camera legarsi l'avvenire, avendo essa a guidar gli eventi, seguitar la civiltà, e non restare stazionaria, vincolata da promesse inopportune. Illimitati i dritti del popolo, non poterli eglino limitare: non doversi giurar nulla. » Così i repubblicani; ma la maggioranza statuì si giurasse in qualche modo.

Allora ne surse un'altra: volersi due formole di giuramento, una pel re, altra pe' deputati. Bene il re, siccome esecutore di legge, giurare d'osservare e fare osservare; non così la camera legislativa potrà con simil giuro por ceppi all'azione sua; chè altro è chi ubbidisce, altro chi comanda. A tanta argomentazione il senno della maggioranza cedette; dettarono una formola diversa di giuramento, e mandaronla al ministero, che l'approvò. Volevano il re giurasse *di osservare e mantenere lo statuto politico della nazione, con le riforme e modificazioni che vi farebbe la rappresentanza nazionale spezialmente sulla paìa*. Se Ferdinando avesse ceduto, si sarebbe disfatto re, riconosciuta la sovranità nella sola assemblea, come in repubblica, e giurata cosa futura e incognita, giuro vano e senza coscienza. Quattro deputati, Capitelli, Baldacchini, Masi e Giuseppe Pica, andarono a casa il Troya presidente de' ministri; dove il Pica infuocandosi minacciò ch'avean forze per sostenere una lotta, e più anche la squadra francese per loro. E quei dolci ministri, assunto il carico di far calare il re, v'andarono, e forte perorarono. Ferdinando rispose: aver due volte giurato lo statuto di febbraio; ora alla formula scritta s'aggiungesse la facoltà alla camera dello *svolgerlo,* restasse il resto; non poter in altra guisa giurare. Il Conforti recando tal regia determinazione a Montoliveto, smascherandosi soggiungeva: « il ministero si dimetterebbe; l'assemblea provvedesse alla pace del paese e all'indipendenza d'Italia. » Questo legulejo voleva il potere esecutivo dato dal re al ministero, restituire non al re, ma a' deputati. Eppure mentiva, chè i ministri irresoluti restarono al posto. Egli fellone volse alla congrega nel palazzo Gravina.

I deputati in furia, unanimi rifiutarono la profferta regia, discordi nelle sentenze: chi volea s'andasse a S. Lorenzo, chi no; chi s'andasse senza giurare, chi si giurasse non la regia, ma la formula loro: tutti a sclamare, a perorare, a schiammazzare, niuno a intendere. Lo Zuppetta distese nuova sentenza, così: « Il parlamento, considerando che la capziosità del governo tende al disordine; che il regio rifiuto d'aderire a un atto costituzionale pone in pericolo la patria, dichiara non accettabile la formola del giuramento proposta dal re; tiene il rifiuto di lui come infrazione al dritto costituzionale; e per neutralizzarne la capziosità si sta unita in parlamento, pel solo mandato della nazione, fonte e principio d'ogni sorta di poteri. » Giù intanto ingrossava la turba, accorrendo da' caffè Donzelli, Testadoro, Buono e De Angelis, giovani indemoniati, gridanti: *Abbasso la camera de' pari! Viva la costituente!* E su eran saliti sin nella sala molti non deputati, che vantando le forze plateali, accrescevano ardimento a' più focosi; però chi moderato non volea trascendere a partiti estremi, visto che si volea repubblica, sbiettò. Seguì un po' di sospensione, per la chiamata alla reggia del deputato Teodorigo Cacace.

In quella il ministro Scialoia in nome del ministero si recava in casa di Maurizio Dupont, pregandolo persuadesse il re a mutar la formola; quegli v'andò, e trovò che il sovrano avea già scritto di sua mano avanti al Cacace: « acconsentire che i ministri e le Camere concordassero una formola contenente l'articolo 5° del programma d'aprile. » Ciò subito approvarono i ministri; e mandarono a nunziarlo a Montoliveto esso Cacace, il Dupont, e l'Abatemarco, direttore di ministero; i quali credendo finita la lite, lietissimi andarono. Mentre il Cacace leggeva a' deputati la proposta regia, il Romeo andava sussurrando negli orecchi attorno; perlocchè l'Abatemarco pacatamente dimostrava illegali le pretensioni, illegalissima l'adunanza, non agitassero il paese, nè ruine estreme suscitassero. Allora il Lanza con isciocca veemenza levandosi in pie', proruppe: « Il re è uno; noi rappresentanti del popolo siamo sette milioni; e voi, signori Abatemarco e Dupont, voi non siete deputati, ritraetevi di qui. » Rimasti soli, mentre s'esaltavan le passioni, a rinciprignirle il La Cecilia affastellando spauracchi propose aversi a dare i castelli alla Guardia nazionale. Faceva il furibondo; i suoi bravacci sulla porta schiamazzavano; appoggiavanlo i deputati Spaventa, Zuppetta e Ricciardi. Sicchè fra gli strilli n'uscì la votazione, che a gran maggioranza rigettò la proposta regia approvata dal ministero. Di cotal borioso fatto i deputati, dopo la rotta, s'andavano scusando col dire *aver avuto paura di mostrarsi paurosi.*

§. 25. Le barricate.

Nella città visi stravolti, crocchi, arrivi continui di provinciali e stranieri, con armi luccicanti, e dimenari e parlari superlativi, bugie, calunnie, imprecazioni, vanti feroci, sfide orgogliose. Le agitazioni dell'assemblea rapportate fuori ad ogni istante, rigonfiavan l'ire incessantemente; sozza plebe si gittava in mezzo, e sin sotto la reggia a spavento era spinta; i comitati, massime quello del palazzo Gravina, inviavan mandatarii di continuo a dominar l'orde ribelli lor soggette, e tenevan di fucili e stocchi asserragliato il palazzo municipale. Dalla via all'assemblea, da questa alla via, era un bollore, un riverbero, un ripercuotimento di passioni feroci. Ferdinando aveva in mano le divulgate proclamazioni, vedeva e udiva quei nuovi ospiti, quelle armature inusitate, e tutto suonar guerra; però a tutelar l'ordine nelle strade chiamò le milizie. Questa vista di soldati, cosa consuetissima, fu pretesto a' congiuratori che ad ogni modo volean fare: fu un fremere, un accorrere, un ribollir d'ire e di grida. Era mezzanotte. Quand'ecco, come macchina in teatro, il Mileto irto d'arme da capo a' pie', con codazzo di sgherri armati, appare terribile sull'uscio della camera; indietro è il Saliceti; ed entra il La Cecilia pallido, precipitoso, tremebondo. L'atto, gli sguardi, le parole mozze accennano a sventura; tutti balzano in pie', egli sclama: « Signori, ecco, il governo prepara e invia suoi satelliti per circondarvi e ammazzarvi; or ora sono assalite le milizie cittadine; non abbiamo altra salute che nelle barricate. » Barricate! replicarono ferocemente quei di fuori; il Saliceti, il Mileto, e i deputati Zuppetta, Petruccelli, Mauro, Carducci, Del Re, De Luca, Spaventa, e Romeo si fanno al balcone, e gridano: si fortificasse la città, si preparassero a combattere, occorrere la *Costituente.* Un eco spaventevole ripete *Barricate!* e la magica parola guizza come su filo elettrico in ogni strada. Il La Cecilia manda suoi barricatori per ogni parte; ed egli stesso senza saputa de' superiori fa co' tamburi la chiamata generale. La Guardia nazionale scende dalle case, s'agglomera ne' quartieri e per le vie, ignara del fare, divisa d'animi, diffidente l'un dell'altro, inobbediente, ed inerte; ma ottima a far numero e ingombro.

La Guardia avea tre parti: la vecchia civica, gente scelta, e devota all'ordine legale, con le antiche divise verdi; la nuova, novatrice, co' gonnellini turchini; e gli ausiliarii alla borghese, con la piastra in fronte, cui non sapevi chi fossero. I primi amatori di pace, i secondi di progresso, gli ultimi di tumulti, comunque si facessero. Un decreto aveva a' primi permesso di conservare la divisa precedente sino a durata, chi 'l volesse, e 'l voller quasi tutti; chi la mutò fu vaghezza giovanile; però i *verdi* eran guardati, e ben si distinguevano, tenuti codini da' secondi; ma gli uni e gli altri mal sopportavan gli ultimi con le piastre, il più de' quali si davan gran da fare. In questi era la rivoluzione, la repubblica, il socialismo, e peggio. Eran famose nelle menti le tre giornate di luglio a Parigi, con le barricate vincitrici; e i nostri italianizzanti, sempre scimmie d'oltremonti, si struggevan del far le barricate a Napoli. Ma non la Guardia nazionale parigina, sibbene il popolaccio l'avea fatte colà; e qui, per sopravanzare il modello, fecersi fare dalla Guardia nazionale, cioè da quella parte che n'aveva usurpato il nome e falsato l'uffizio. Il locandiero Carducci, quello famoso del Cilento, con ispallini di colonnello e seguito di masnadieri braveggianti, mentre imitava il La Cecilia e faceva battere i tamburi, andava gittando attorno voci di *Tradimento! armi! barricate!* Indarno s'opponevano altri uffiziali, chi davvero, chi per forma; eran tacciati codardi, e minacciati. Poco innanzi sforzati i posti di polizia, toltene l'arme e le munizioni, s'eran pur disfatti i trofei d'arme preparati per la cerimonia a S. Lorenzo. Che parlamenti, che camere e rappresentanze! s'avea con la forza a conquistare la libertà.

Chiamarono popolani a far le barricate, e non vennero; n'ebbero pagando, ma pochi; cominciaron con questi ed altri cialtroni stranieri ad asserragliar le vie con quanto veniva alle mani. Baracche d'acquafrescai, scranne, confessionali di chiesa, insegne di botteghe, banchi di merciai, carri, tavole, travi, porte, cocchi, botti, che che si fosse; e su v'accatastavan terra, pietre, tegole, calcina, e le lastre delle strade. Davan la caccia a fabbri e artigiani; e come n'acchiappavano, sforzavanli a fare, con monete in una mano e busse dall'altra; ma quelli di malissima voglia, come poteano sperdersi nella folla, gittavan martelli e cazzuole, e sparivano. Però l'opere procedevan lente. Dirigevanle e aiutavanle personaggi ignoti, barbe lunghe, linguaggi e vesti strane, poi il Mileto, il La Cecilia, qualche altro deputato, e altresì marinari e uffiziali francesi scesi dalla flotta. Chi col consiglio, chi col braccio; chi a punzecchiar la moltitudine inerte, chi a portar tegole e pietre sulle case per lanciarle a' soldati, a cacciar materassi su' ferri de' balconi, ad abbarrar usci e portoni. Intanto gran vociare, martellare, sfossare strade, schiodar botteghe e imposte, bravate e iattanze, squilli e battiti di trombe e tamburi. Dove non si lavorava passeggiavan tamburini, suonando basso a funerale, e accanto voci lamentose: *Fratelli, all'arme! siam traditi!* Intanto in ogni casa paure: madri, donne, fanciulli piangenti; chi rattenea il figlio, chi il germano, lo sposo o il padre, con supplici parole, e lagrime, in ginocchio vietando l'uscita. Altri inchiavava gli usci, puntellavali con panche e arnesi pesanti, altri accendea lampe a' santi; e tutti in pianto, in preghiere, e sospetti l'angosciata notte passavano.

La maggioranza de' deputati lamentavasi del fatto; e ad evitare i partiti estremi, inviava quattro de' suoi, il barone Gallotti, De Luca, Jacampo e Piccoletti, in istrada a tentar di sosprender l'opera; perlocchè i faziosi a rassicurare la camera con isperanze di vittoria, vi fecero salire un uffiziale francese; il quale disse venire in nome di tutti i suoi camerati a offrire al parlamento il soccorso della flotta repubblicana. Impertanto le barricate s'ergevano. Le prime a S. Nicola la Carità, poi a S. Brigida, a S. Ferdinando, a S. Carlo, a Ghiaia, a Montoliveto, all'Infrascata, a S. Teresa, a Castelcapuano, a S. Maria Agnone, presso la Pace, e altrove. Ruppero i cancelli della gran piazza alla Carità, per torne i banchi de' pescivendoli e macellai; nè bastando, picchiavan le grandi porte de' palagi, a trarne mobili e carrozze, quanto più ricche, prima prese. Fra esse capitavan male quelle del Ferri ex ministro. Al principe di S. Giacomo e al duca di Caianello che passavano, tolser le carrozze, per farne catasta. Passava quel tanto liberalissimo principe di Strongoli, autore del ministero Troya, che tornava dal palazzo Cariati ov'erano adunati i pari, e recava al presidente de' ministri la formola del giuramento adottata da quell'altro consesso: fermaronlo i barricatori, non vollero sentir ciarle, fecerlo scendere a pie', ne staccarono i cavalli, e capovolsero quella sua carrozza coll'altre. Ottuagenario, e fievole di corpo, voltò a minor cammino a Montoliveto, e die' a' deputati la formola fatta da' pari, ch'era: *osservare e fare osservare lo statuto del 10 febbraio, e svolgerlo a norma del decreto del 3 aprile.* Il più de' deputati conveniva in tal sentenza; ma come non volevano i pari, per non accettarli col fatto d'un accordo con essi, rifiutarono.

§. 26. Lautili concessioni regie.

Quando alla reggia seppesi delle barricate, era proposito mandar soldati a disfarle; ma il re abborrente i conflitti non volle; e anzi a contentare i deputati ordinò a' ministri annullassero con decreto la stampata formola di giuramento. Poi udendo ch'ove ritraesse le soldatesche, i contrarii disfarebbero ogni cosa, egli condiscendendo a cedere primo, rimandò alle caserme le truppe. Invece le barricate crebbero. Certi uffiziali nazionali, fatta indarno ogni possa a opporsi, udendosi derisi e minacciati, gittaron gli spallini, e si ritrassero a casa; lo stesso fecero i più de' buoni. Ma quei del Mileto e del Carducci risoluti a battaglia, con oltraggi e bravate, ratteneano i men cauti, proseguendo a fellonia aperta.

Pertanto il re chiamò il colonnello nazionale Piccolelli, e gli disse: « Ho tolta la formola del giuramento, allontanate le truppe, e ancora si fan barricate? che altro si vuole? » Costui promettendo scese, nè fe' nulla. Ferdinando trambasciato da inenarrabili ansie, mandò per l'altro colonnello nazionale Letizia, e 'l pregò s'adoprasse per la pace; questi dichiarò niente poter su' ribelli; gli si dessero soldati, e disfarebbe l'opere ostili. Apparir soldati e venire a zuffa era una; onde il re negolli, e aggiunse volersi villici, non militi per opera pacifica. Scendono il Letizia ed il sindaco di Napoli, e affrontano i barricatori con bei discorsi, per indurli a sostare: han risposte dure e villane: *Tradimento! qui, in queste barriere stanno le guarentigie nostre.* Tornati a palazzo, confessano correr momenti supremi; le barricate non potersi disfare che a forza, la forza procedesse. *No,* sclama Ferdinando, *avreste cuore di por mano ad arme? il coraggio non sta nell'eseguirlo, ma nel comandarlo.* Detto di magnanima pietà, cui la storia deve ricordare, a smaccar le calunnie poi cumulate su quest'uomo. Anzi gli operatori del male ebber viso di stampare non aver egli voluto usar la forza allora, per tuffare al mattino la costituzione nel sangue.

Il monarca risoluto d'evitar conflitti a qualunque costo, mandò il Piccoletti a Montoliveto, concedendo non si giurasse punto, purché disfatte le barricate s'aprisse il parlamento. Sonavan l'ore tre dopo la mezzanotte; e poco stante sopraggiungeva per ordine regio a riconfermarlo il ministro Manna co' direttori Abatemarco e Vacca. Ciò troncando tutte le quistioni, potea por fine al litigio, di che la maggioranza parea persuasa. A osteggiarla surse il Ricciardi a concionare: « Che io m'abbia pensieri repubblicani ciascuno il sa, eppure per moderazione non ne feci motto; ma in questa notte son di molto mutate le condizioni: il popolo non può più aver fede nel governo; voglionsi altre guarentigie, e certe, e presto; fra le quali prima la consegna delle castella a' nazionali, e lo scioglimento della Guardia reale, o l'inviarla in Lombardia. Chiedendo io ciò nelle presenti condizioni nostre, trascendo da' miei sensi interni, e do' prova di moderato. » Seguirono altercazioni, sfide, minacce, e sino balenar di pugnali. E vi s'aggiunse il Conforti, tornato a confabulare co' più rabbiosi. Ma o stanchezza, o noia pel Ricciardi e pel Zuppetta, o anche la coscienza del torto manifesto, spinser la maggioranza ad assentire alla proposta regia. Ne mandò l'annunzio ai ministri; nominò una commissione per far togliere le barricate; e sospendendo il lunghissimo deliberare, si disciolse per un po' di riposo.

Ma i commissarii, deputati Galloni, Capocci, De Luca, Spaventa e Barbarisi, trovate fiere opposizioni in istrada, dov'era corso il motto del Ricciardi e confratelli, tornaron su al vicepresidente Lanza rimasto con pochi; il quale dettò un manifesto, subito stampato; dove ringraziando la Guardia nazionale *per la dignitosa e civile sua attitudine,* diceva la controversia finita con decoro nazionale; e invitavala a disfare gli alzati ingombri, per dar adito al real corteggio da recarsi al parlamento. Sorgeva già l'alba del 15 maggio. Sbarcavan da un legno a vapore trecento Siciliani; quindi aggiunte furie a furie, il fiotto plateale ribolliva; tenevan la vittoria certissima, fallo capitale il non ghermirla. Come i commessarii facevan per Toledo affiggere il manifesto, e alcun d'essi con buone ragioni tentava persuaderne la gente, avean dietro chi li svelleva, insinuava il contrario, e invece ponea la scritta del Ricciardi chiedente i castelli. Il Barbarisi stesso con occhiate e gesti inculcava a non ubbidire. Furiosi i circostanti levavan grida, e con la consueta formola *è tardi* pazzamente trionfavano.

Intanto il re in pieno consiglio, dopo lunga discussione in quella trista notte, udita l'adesione de' deputati, sottoscriveva questo decreto: « Veduto il programma per l'inaugurazione del parlamento; considerando che imprevedute circostanze ne impediscono la pompa, decretiamo: L'apertura delle camere riunite, e la lettura del discorso della corona faransi oggi all'ore due pomeridiane, nella sala de' deputati, alla regia università degli studii. Il giuramento prescritto con gli articoli 12 e 13 del programma del 13 maggio non avrà luogo. Le Camere cominceranno a procedere alla verificazione de' poteri. Dopo, i deputati ed i pari daran giuramento d'esser fedeli al re e alla costituzione; la quale sarà svolta e modificata dalle due Camere d'accordo col re, massime intorno a quella de' pari, com'è detto nel programma del 3 aprile. » Parendo adunque non esser più cagione nè pretesto di lite, Gabriele Pepe comandante la Guardia nazionale e deputato salì alla reggia, dove per le durate ostilità eran tornate le milizie; e assicurando che le barricate si disfarebbero, chiese soldati senz'arme che insiem con esso facesser quell' opera, sendo i nazionali incapaci al faticoso lavoro. Ferdinando acconsentiva, rimandava via le soldatesche, concedeva cinquanta inermi, metà granatieri, metà cacciatori della guardia. Questi con due uffiziali, un capitano d'artiglieria, il sindaco e 'l Letizia s'appressarono alla prima barricata sul cantone di via Nardones per isgombrarla. Ma gli avversi, quanto men vedean periglio più baldanzosi, inferociti, puntarono i moschetti contro i soldati inermi, e con le baionette in canna li mandarono indietro. E a chi de' loro superiori inculcava pace, gridavano *abbasso*, tacciavan codardo e traditore. Poi mandaron protestando a' deputati, che allora disfarebbero le barricate, unica guarentigia della nazione, quando avrebbero nelle mani la castella, e tutte le soldatesche uscissero dalla città. Eran le domande del Ricciardi, che perdente in parlamento faceva gridar le strade. Impertanto la Camera, unita illegalmente, non costituita, combattuta da' repubblicani nel suo seno, incapace a trovar salvezza, mandava imbasciate al ministero, e alle piazze; e 'l suo vano affacendarsi più inveleniva il tumulto. S'alzava il sole, scendeva la popolazione, e vedeva nuovissimo spettacolo, le vie asserragliate, Calabresi e Siciliani, montanari e marinari, esteri ed ignoti, irti di tutte armi, con orribili dialetti imprecare e braveggiare, e già già guazzar nella fellonia e nel sangue.

§. 27. Fremito de' soldati.

Riuscite indarno tutte concessioni, s'eran richiamate le milizie. Stavan già due reggimenti svizzeri, due squadroni di lancieri e due compagnie di pontonieri al largo del castello, protetti da Castelnuovo. Al mercatello un reggimento svizzero, uno squadrone lancieri e quattro cannoni; altro reggimento svizzero a S. Teresa con due cannoni; due cannoni e uno squadrone lancieri alla Vicaria; il 3.° ussari al mercato presso il forte del Carmine; il primo granatieri a' Granili, un altro a Ferrantina. Era avanti la reggia un battaglione del 2.° granatieri, due di cacciatori della guardia, uno di marina, uno di pionieri, una batteria d'artiglieria a cavallo, e il 1.° ussari. Altra poca gente dentro il palazzo. Da ogni banda i soldati scorgeano contro di essi elevati ostacoli e barricate: diciassette sol per Toledo, altre sessantadue altrove; la più gagliarda avanti la reggia a S. Ferdinando, fra via Nardones e 'l palazzo Cirelli.

Gli Svizzeri e i Lancieri al mercatello avean visto sul tardi alzarsi la barricata al canton delle Fosse del grano, ch'accennava a rinchiuderli; eppur guardavano immoti; ma la Guardia nazionale del 5.° battaglione stanziata colà appunto, malcontenta di questo chiudimento che serravala insieme a' soldati, e perchè il più voleva pace, mandò officiali e guardie in deputazione a Montoliveto, chiedendo a che quell'altra barricata, a che farne tante, sì da vietar le comunicazioni fra gli stessi drappelli nazionali, e a che tanta guerra? A stento fatti entrare, trovaron quel consesso di pareri e voglie disperatissime; e Gabriele Pepe colonnello o generale, spasseggiar nella sala con calzoni, sciabola, cappello militare, e *giamberga* nera da borghese, alla grottesca, ridicolosamente. Chi gridò si tolgano le barricate, chi no, debbono restare; da ultimo s'ordinò si soprassedesse a quella alle Fosse del grano, l'altre si facessero con adito stretto da passarvi carpone un fante. Cosi rimasta per allora incompiuta quella, gli Svizzeri e i Lancieri che la vedevan sospettosi, quand'ebbero la chiamate passarono liberi; se no, forse il conflitto cominciava là. Appresso ad essi sbiettarono parecchi nazionali; rimasti i pochi furibondi, rifecero la barricata, e vi si pararono a difesa.

L'esercito fremeva: l'onte di Sicilia, gl'insulti di quattro mesi, i vilipendii stampati, le sprezzate concessioni regie, quel lavorio di trincee avanti agli occhi, l'esser mandati via e richiamati più volte nella notte, la lunga pazienza, il ributtamento de' cinquanta inermi, il vedersi quasi in cerchio assediati, lo starsi per ubbidienza, l'udirsi dir codardi da quei ribelli risparmiati per sovrano comando, e 'l sentir che li voleano scacciati da Napoli, e rese con vergogna le castella, tutte cose gravissime da infocar gli spiriti, eran dispetti compressi troppo, già già divampanti dagli sguardi e da' motti. S'aggiunse altra insolenza. Certi uffiziali nazionali dimandarono del comandante il battaglione granatieri stanziato a Ferrantina; e l'avvisarono aver eglino cominciata una barricata a Chiaia; però se avessero a ritrarsi pigliassero altra via. Pur rimandati con brevi e duri detti; ma corsane la voce, l'indignazione per l'insulto sublimò l'ire; niuno avea più coraggio di contenersi, un'altra ed era finita.

§. 28. Battaglia.

Trascorse appena l'ore undici del mattino, partì un colpo di moschetto dal cantone di S. Brigida, e tosto altri due dalla prima barricata a S. Ferdinando, seguito da batter di mani universale; indi altri colpi, e una scarica piena che uccise qualche soldato avanti la reggia, e ferì un uffiziale. Le milizie sedenti per terra a riposo per l'insonnio della notte, all'improvvisa provocazione s'alzarono, e senza ordine nè comando trassero agli aggressori quante avean arme cariche; indi a torsi di bersaglio retrocessero verso la Paggeria per ordinarsi. Indarno accorsero uffiziali a rattenerli, chè vinta la disciplina dall'ira, sclamavano: *avanti! avanti! non vogliamo esser traditi*. Le fortezze sventolarono la bandiera rossa, dettero i segni d'allarme; e cominciò la guerra civile. Il re supplice nell'oratorio, scosso dal fragore, trasalì. Venutigli davanti i ministri, qualcun d'essi osò ancora proporre di cedere, Napoli pingendo straziata dal furor soldatesco. Il monarca allora, noto sol per pieghevolezza e clemenza, fiso mirandoli e severo, chiamolli responsabili delle preparate ruine al pacifico reame. Eglino sopplicaronlo ordinasse la cessazione del fuoco; e Ferdinando assentiva, purchè facessero incontanente disfar e barricate e posar l'arme ribelli; ma come risposero non averne la possa, nulla concluso, dichiararono dimettersi, quanto già dal fatto eran dimessi.

Alquanti generali, poiché vider vano il rattener la tenzone, miser l'animo a vincere; e prepararon colonne d'assalto; mentre per l'improvviso caso non essendo ordinato chi comandasse, seguiva una confusione; chè chi voleva e chi non voleva pigliar l'incarco del comando, senza il regio permesso. I generali Ischitella e Carrascosa si lanciaron per impeto, e terzo s'aggiunse il Nunziante accorso a' colpi dalla sua casa a S. Lucia. Prima fur mandati cannoni della batteria a cavallo, i cui due tenenti Guglielmo De Sauget e il Bellelli per segreti patti co' ribelli non si fecer trovare, menatene con essi le chiavi de' cassoni delle munizioni; ma i soldati condotti dall'altro tenente de Merich spezzaron le serrature, caricarono i pezzi e trassero sulla barricata, con fero rimbombo che nunziò la trista giornata a' Napolitani. Il La Cecilia corse a Montoliveto a presentar due di quelle palle ancor calde. Il Zuppetta le ghermì rabbioso, e gridò concitato: « Ecco le risposte reali alle proposte de' rappresentanti la nazione; ecco il frutto della nazionale clemenza! » e dette in drammatico pianto.

Intanto i soldati investivano a petto scoperto la barricata, percossi da grandine di palle lanciate da persone ascose dietro finestre e materassi; i quali sull'esempio del fatto a Palermo, fidanti in quel combattere riparato, facevan prove di destrezza e frequenza di colpi alla sicura. Il general Nunziante vista la necessità del trovar altro modo di guerra per vincere, si lanciò con guastatori sulla gran porta puntellata del palagio detto Albergo reale; ma resistendo essa a' picconi, tolta non so donde un trave, ne fe' catapulta, e con grandi urti la rovesciò. Quindi mise una compagnia di marina su' balconi e terrazzi, e di là prese a percussar gli avversi nelle case circostanti. Valse l'esempio, e montaron granatieri su la Foresteria, e su' più alti edifizii.

In quella sopraggiungevan gli Svizzeri, e alternavan co' granatieri lo schioppettare. Sovr'essi vomitano fuoco tutte le case dattorno; ferito è il generale Enrico Statella; e costretto a ritrarsi il battaglione granatieri, è surrogato da altro di cacciatori; e questo e gli Svizzeri e una compagnia di pionieri fatti venire a corsa, ripercuotono incessantemente la barricata, sorretti da' cannoni che dietro le inferrate della reggia con tiri alti davan ne' cantoni de' palagi. Questo, e più i soldati da' balconi de' propinqui edifizii spaventarono i faziosi, che non più incolumi dietro le materasse, ma colpiti anche sin dentro le stanze si sentian dall'alto; onde allentaron le offese, e anzi cominciarono a sbiettare. Nella guerra siciliana i soldati erano stati sempre di bersaglio nelle vie; ora invece anch'essi dalle case bersagliavano. Come la difesa va più pigra, ecco Svizzeri, cacciatori e pionieri con martelli e picche e asce e braccia e calci di fucile, prima intronano, poi scuotono e arrovesciano gl'ingombri di quella barricata, la meglio fatta dell'altre. Seguita il grido di vittoria; ribatte il tamburo, si riordinano le colonne, e avanti a conquistar le barricate seguenti, e a pigliar le case da' lati una dopo l'altra, a vuotarla di nemici, e a mutarle da offesa a difesa. Prima quella Cirelli due compagnie di cacciatori, spezzato il portone, superano a forza: chi combatte è morto, chi s'arrende, svestito dell'odiata divisa nazionale, va prigione alla Darsena. Colà è preso ferito il ballerino Giovanni Briol. Vi si trovano arme e munizioni assai; e si ripete il modo stesso sulle case seguenti. Così cadono altre due barricate men difese; e da Palazzo al Caramello la strada è de' regi. La plebe seguita, e saccheggia, dove può.

Più sanguinosa zuffa seguiva a S. Brigida. I reggimenti 2° e 4° Svizzeri venendo dalla via del Carmine, come odono il cannone corrono su piazza Castello; dove il maresciallo Labrano governatore di Napoli ordina volgessero a S. Brigida. Al vederli i difensori di quella barricata battono le mani, e gl'invitano a unirsi ad essi; chè forse con tai speranze i congiuratori li avean pasciuti; ma i soldati tacenti s'avanzano col l'arme al braccio, e stendon le mani a disiar gl'ingombri. Cessa il plaudire, e si grida: *Lasciate o siete morti;* e com'essi seguitano colpiscono da tutte parti. Rispondono con fuochi di fila. Il primo uffiziale che salta la barricata è ucciso, e molti altri, uccisi o feriti gli cadon da presso. Il capitano Rodolfo Sturler che pochi dì prima in un caffè avea sfidati i ribelli, ora colto da tre colpi si sente chiamare a nome; alza gli occhi, ed è percosso in fronte e morto nelle braccia de' suoi. Il colonnello Ienjens visto il danno di tal guerra tra i petti e le mura chiama a ritratta; poi lancia innanzi due cannoni, pon le compagnie per fianco su' lati della via, a trarre con fuochi incrociati sulle finestre, e con le cannonate da mezzo più sicurato procede. Piglia la barricata, e mentre lavora a sgombrarla è ferito esso, e cede altrui il comando. I ribelli traevano spessissimi colpi dall'alto, s'incoraggiavano, e plaudivano, e tra le fucilate, i gemiti e le strida facean sonar le campane a stormo. In quell'agone sendosi arsa la materia d'ingombro, il foco s'appiglia a' puntelli d'una casetta in ricostruzione incontro la chiesa. Un secondo battaglione scambia il primo, investe le case laterali, sfonda i portoni, sale su, e furente per patite morti di molti ufficiali ammazza armati ed inermi. Sì superando l'altre barricate, esce a Toledo. Nè minor resistenza s'avean ne' vicoli Chianche e Campane altri guidati dal Carrascosa; pari investimento e difesa, e uccisioni e vendette. Fuggono i faziosi; il reggimento, sboccando da tre vie, s'incontra a Toledo con quei che da S. Ferdinando procedean vincitori. Facea seguito a' soldati la popolazione di S. Lucia, accorsa con bandiera bianca e mazze e remi; ma fu spinta non a combattere, bensì a spazzar da' tanti ingombramenti le vie. Anche quei lazzari che a prezzo avean lavorato la notte, ora spontanei faticavano a disfare. Così con popolane braccia afforzati da ussari a cavano e altre milizie nettaron le mezzo asserragliate vie di Chiaia e propinque, fuggiti i difensori; sicchè la parte meridionale della città da Castelnuovo a S. Elmo restò a' regi. Il Carrascosa fe' lo stesso nelle strette vie di Napoli vecchio, ne abbattè le barricate indifese, e assicurò pure la parte orientale.

Contemporaneo il 2° svizzero saliva per la Concezione, e pur da prima sforzato a piegare, occupava poscia per ordine del generale Stokalper l'edifizio de' ministeri, e co' fucilieri su' balconi fugava gli avversarli sino a Toledo. Altre compagnie superavano il passo a' Fiorentini ove toccava lieve ferita al colonnello Brunner. Il 3° reggimento battea le case incontro Castelnuovo, donde partian micidiali colpi; ed un battaglione con le Stokalper saliva per S. Giacomo incontro alla gagliarda barricata avanti al palazzo Lieto. Quivi erano i più rabbiosi promotori delle napolitane orgie, e con lunghi archibugi fulminavano i soldati procedenti da S. Giacomo e da Palazzo. Moriva il maggiore Salis-Solio, ferito era il colonnello Dufur, cadevan molti; però s'ordinò la fermata, e cavati i cannoni si trasse e sulla barricata e sul palazzo Lieto che n'ebbe danno. Quella superata, fu una fatica contro il portone del palazzo forte abbarrato, ma dopo più cannonate e molta forza, alfine apérselo il fuoco. I difensori, altri si collava dai balconi sulla via di dietro, altri s'ascondeva nelle cantine e ne' pozzi; chi preso putiva le mani di polvere periva, chi no la scampava prigione.

Dopo questo, i Regi correan per Toledo in su a passo di carica, senza lotta, percuotendo solo su qualche balcone onde uscisser colpi, lasciando dietro i popolani a spazzare. Patì pena il caffè sotto il palazzo Buono alla madonna delle Grazie, nido demagogico, dove erano stati eletti ed abbassati i ministri; chè i soldati passandovi ne ruppero le porte e le masserizie a sfogo d'ira. Fu giustizia soldatesca il caso d'un Salvatore Tornabene siciliano. Questi già col marchese di S. Giuliano promotore della sedizione catenese nel 1837, s'era fuggito a Malta, a scrivervi un giornale contro il reame; ma lucrandovi poco, prese l'altra più lucrosa arte della spia, a danno de' compagni d'esilio; di che fattosi merito, tornò, e raccomandato dal Del Carretto s'ebbe pur la carica di controloro di dogana, e già era stato promosso ispettore. Nondimeno lavò quest'onta nel 48 rivoltando carta, e rifacendosi liberale, e de' più insigni schiamazzatori. Ora di su la locanda l'*Allegria* al largo della Carità, postato con una mano di Siciliani facea guerra; però i soldati sforzato il portone, e trovatigli diciassette fucili lordi e alquanti compagni, a questi ed a lui, cui fu vano ogni scampo, troncaron con la vita i tradimenti. Paura e non più ebbe il La Cecilia barricatore; perchè si fuggì dal posto di guardia a lui fidato del famoso quarto battaglione nazionale, e rifugiò a Montoliveto. Così là dove s'aspettava maggior contrasto non se n'ebbe, e le milizie trascorser oltre.

D'altra parte i granatieri della Guardia reale con alquanti ussari guidati dal maggiore Alessandro Nunziante (tanto traditore dappoi!) scambiati pochi colpi a S. Giuseppe, e disfatte barricate per via, investivan quella a Montoliveto, appoggiata al palazzo Gravina. Quest'edifizio dei più belli di Napoli, già di casa Orsini duchi di Gravina, era ito da pochi anni ne' Ricciardi; ond'erane compadrone quel Ricciardi deputato, non ultima cagione delle ruine di quel giorno. Colà era il capo de' circoli rivoluzionarli, e la stamperia della setta, il convegno di quanti avea faziosi il regno, il centro onde partian per le provincie gli ordini di ribellioni; v'abitavano un Salvatore Ferrara segretario del circolo, e l'avvocato Galanti, pria creato de' ministri assoluti, ora liberalissimo. Colà stavan postati i più baldi Calabresi, il nerbo della fazione. Come i guastatori regi steser le mani a diroccar gli ammassati ingombramenti, venner dall'alto colpiti in frotta. Bisognò far guerra, e con l'usata strategia conquistar le case de' lati, scacciarne i difensori, e imberciandoli di là sin dentro i loro parapetti sforzarli ad allentare. Eglino a difesa gittavan pur pietre e tegole e masserizie; nondimeno aperto il passo, i soldati spalancarono col petardo la gran porta del palagio, e dentro sempre combattendo di camera in camera s'avanzavano. Molti vi perirono, altri molti andàr prigioni; fra quelli il Ferrara; altri scamparono in nascondigli, o per segreti usci, o pe' balconi della via opposta. Non so se caso o malizia appiccase il fuoco. O che accese le tendine, o che, come si disse, il frettoloso abbruciamento delle carte del circolo fatto da' fuggenti divampasse sulle travi, o che che altro in quel furore, sì l'incendio s'alzò, che presto il tetto ruinò sull'ultimo piano, e questo sul sottoposto orribilmente. In quella doppia distruzione di foco e di guerra, furono uffiziali a rischiar la vita per salvar persone e masserizie ed oro e gemme. Da ultimo il generale Ferdinando Nunziante ch'avea preso il comando chiamò pompieri e soldati a smorzar le vampe, e a fatica sul tardi vi pervenne.

Dopo questa fazione, si tolser quasi senza guerra l'ultime barricate; i granatieri seguitaron franchi sino allo Spirito santo, dove s'incontraron con le colonne vegnenti da Toledo. L'incontro fu un'esultanza; la vittoria era certa; tutti usci e finestre sventolavano pannolini, e le grida di viva il re concordi tra soldati e popolazione echeggiavan da ogni banda. Durante il conflitto un Raffaele Piscicelli di Aversa andò a concitare gli alunni del conservatorio di musica a S. Pietro a Maiella, ne persuase venti, e li menò all'albergo de' poveri a fornirli d'arme; quindi tornò con essi nell'ore pomeridiane sulla barricata di S. Pietro a Maiella; ma udendo i soldati accostarsi, fuggirono, il Piscicelli ad Aversa, gli alunni alle camerate. I Regi disfecero senza trar colpo. Poche schioppettate trassero all'altra a S. Teresa; dove rivoltosi, veggendo le milizie accorrere pur dalla Stella, tementi esser cinti in mezzo, lasciarono i posti, e anche il convento messo a difesa.

§. 29. I deputati delirano.

In frattanto diverso conflitto nella sala a Montoliveto, di passioni, speranze e timori. Al primo colpo di cannone i più giovani proruppero in invettive, tutti restarono commossi e perplessi. Chi gioiva dell'opera sua, chi fremea del fatto, chi trepidante, chi furibondo; improvvisavano in varia guisa modi governativi, divisamenti e decreti. Accrescevan dubbiezze le spesse novelle della tenzone; prima per alzar l'ire comparian le palle tratte, poi dicevan la popolazione levata come un sol uomo, poi voci di vittoria, vincitori i Nazionali, sbandate le truppe, il re fuggito, sbarcare i Francesi. Tai fallaci trionfi inventati a incoraggiarli, imbalordianli. Altri volea dichiarar decaduto il re, il trono vacante, sovrano il popolo; altri voleva issofatto governo provvisorio; e i proponitori Zuppetta e Spaventa, come fosse adottato annunziavanlo all'orde plateali, che di giù approvarono. Ma ostando la maggioranza che a udir la battaglia avvicinarsi s'era fatta più prudente, il Ricciardi mise avanti la necessità d'un comitato di pubblica sicurezza; con potestà assoluta in quei momenti; e ciò afforzato dal dirsi il re fuggito, ancora che parecchi s'astenesser dal votare, produsse senza forma parlamentare, quasi per grida, questa deliberazione: « commettere a un comitato di pubblica sicurezza il *potere assoluto* di tutelare l'ordine pubblico, e provvedere alle urgenze del momento; la Camera dichiararsi in seduta permanente; la Guardia nazionale dipendere dal Comitato, e questo riferire alla Camera. » Membri del comitato fecero il Topputi (il graziato nel capo del 1821) il Giardini, il Lanza, il Bellelli, e 'l Petruccelli. Bandironlo da' balconi che danno alla Carità, e v'aggiunsero *aver poteri assoluti*. E dalla strada si rispose: *Viva la camera e'l governo provvisorio!* Allora lo Zappetta, il Barbarisi, lo Spaventa ed altri, tolte dalle sale le immagini del re, le arrovesciaron pe' balconi alla via, gridando: *Morte a lui! Viva la repub-*

blica! e quei di giù rispondendo, trafiggevale, spezzavano, calpestavano. I più codardi, quanto più dalla zuffa lontani più facevano i feroci. I cinque ristretti in segreto, cominciarono a fare i re. Notificarono la deliberazione al ministero, e pel deputato Faccioli scrissero al Labrano comandante la piazza: « La Camera, unica *rappresentante la nazione*, in permanenza, ha creato un comitato. Questo dimanda il perchè surto il conflitto, e insiste che sul momento cessi ogni violenza. - Topputi presidente. » Il Labrano rispose: « La truppa cesserà dal fuoco, quando sarà cessato il fuoco dalle barricate e dalle finestre, e messe bandiere bianche in segno d'adesione. » Allora mandaron deputati alla reggia, non ricevuti.

Presto nella Camera l'appressarsi del cannone, e 'l diradarsi della moltitudine attestano la fallacia delle prime novelle. All'esultanza seguono angosce, diversi pensieri, diversi timori, scambievoli rampogne. Arriva nuova il Nunziante esser vicino; ed ecco alzarsi terribile l'idea della punizione, terribilissimo il generale cotanto insultato e depresso; già in ogni testa si affaccia il pensiero di scampare. Ma il comitato non pago, fa volar messi a Salerno, chiamando a furia soccorso di Nazionali, già come dissi ne' Principati e sino in Calabria tenuti in pronto; e il Carducci qual colonnello vi manda l'ordine d'avanzar sopra Napoli. Da ultimo con onesto colore s'allontana il Ricciardi col collega Giuliani, come in deputazione al ministro di Francia per mediazione, e al viceammiraglio Baudin per aiuto. Il La Cecilia che invece di combattere sulle barricate da esso fatte, s'era messo al men rischioso posto del custodir la Camera, ora tentando fuggirsi, è da un deputato trattenuto a forza. Altri cerca travestimenti, altri nascondigli, altri col Lanza s'assicura sulle navi francesi. I rimasti (che si sentivan men rei) licenziate la guardie nazionali, interdissero severamente ogni guerra da quella casa. Nulladimeno alquanti deputati prima di fuggire parlarono in fretta di stendere una protesta, ma non ebbero il capo a rediggerla. Fa scritta poi con comodo all'estero; e si lesse dopo tredici giorni stampata, a 28 maggio, sull'*Alba*, giornale mazziniano di Firenze, con sessantaquattro firme di deputati, benchè a Montoliveto ne fossero stati 98, ed essi fossero 164. Quella protesta fu cosi: « La camera unita in sedute preparatorie, mentr'era intenta all'adempimento del suo mandato, veggendosi aggredire con inaudita infamia dalla violenza dell'arme regie nelle persone inviolabili de' suoi componenti, nella quale è la *sovrana* rappresentanza della nazione, protesta in faccia all'Italia, l'opera del cui provvidenziale risorgimento si vuol turbare col nefando eccesso, in faccia all'Europa civile oggi ridesta a libertà, contro questo atto di cieco ed incorregibile dispotismo. Dichiara sospendere sue sessioni, sol perchè costretta da forza brutale; ma lungi dall'abbandonare l'adempimento de' suoi solenni doveri, si scioglie momentaneamente, per unirsi di nuovo dove e appena il potrà, per prendere quelle determinazioni che son reclamate dal dritto de' popoli, e dalla conculcata umanità. » Dappoi dichiararono accedervi altri tre assenti: Pietro Leopardi, ito come dissi legato a Carlo Alberto, Girolamo Ulloa capitano ch'era col Pepe, e Giuseppe Massari.

§. 30. I ministri esteri.

Al cominciar della pugna gli ambasciatori esteri, e pur l'inglese Napier adunati attorno al Rivas ministro di Spagna, che per la parentela delle regie case di Napoli e Spagna avea la prima parte, tutti recavansi a Palazzo per istar da presso ai monarca in quei momenti solenni. Per via trovate barricate e barricatori avean dovuto scendere a piè, e far con periglio e fastidio la lunga via della riviera di Chiaia. Il re trovaron nelle braccia della sua famiglia addoloratissimo; e la loro presenza che sanzionava la giustizia della sua parte, e le cortesi loro parole gli furon di sollievo. Mancava il ministro d'Austria, andato via per le abbruciate insegne; mancava il nunzio del papa, chiuso nel suo palagio, dove ferveva il conflitto; e mancava il repubblicano ministro di Francia. Era un Edmondo Levraud, surto allora di basso stato con la rivoluzione. Il Ricciardi scansando i luoghi combattuti era ito per la collina e sceso a Chiaia a cercar di lui; il quale presolo seco il menò sul Friedland capitana del Baudin, e molto perorò per indurre costui a puntare i cannoni su la reggia, o a far rimostranze per ottenere almeno una tregua. L'ammiraglio sbarcò uffiziali a terra per intendere il vero, e saputolo non fe' altro; ond'è fama il Levraud scontento tentasse le ciurme, e ne venisse consigliato a ritrarsi; il che fu scritto; e considerato l'uomo e i tempi può esser vero. Il Baudin volse una lettera al re, raccomandando moderazione e clemenza. Da ultimo il Levraud, ebbe viso di presentarsi a Palazzo, a congratularsi della vittoria.

§. 31. I fuggiti liberali.

Il general Nunziante, giunto avanti la casa municipale, non fe' muover soldato; e mandò l'aiutante di campo su alla trepidante assemblea, intimando disciogliessero l'illegale adunanza, ed ei lor darebbe militi di scorta. Così fecero, e menati a casa a uno a uno in fra i cadaveri e il sangue, non patiron molestia di sorta. Si salvarono fuggendo a' legni francesi il Mileto, il Saliceti, il La Cecilia, e altri autori della pugna; de' quali parecchi stativi pochi dì, come videro le cose chete, tornarono a terra a casa loro. Altri si gittavan sulle vie delle provincie a sollecitare i ribellamenti preparati. De' prigionieri fatti nel caldo del conflitto, s'ebbe a lamentar d'alcuni, che tratti a Castelnuovo nel primo empito d'ira, percossi da' cannonieri del presidio, morirono; e fur cinque o sei; che accorso il generale Luigi Cosenz e altri uffiziali, tutti gli altri salvarono, fra' quali fu un Piria ricco calabrese, che pur molti anni poi visse. Nè invero tutti i prigionieri eran rei; il più cittadini pacifici, presi nelle camere loro occupate a forza da' nazionali, che poi fuggenti al pericolo, lasciavan pericolare quelli innocenti. Però sovente, salvatisi i faziosi, s'eran visti uomini onesti e realisti, e sin gentiluomini del re, ligati da' soldati e mezzo vestiti, menati via prigioni miseramente.

Sull'imbrunire tutto era cheto: i soldati, accampati nelle vie, la città deserta, attonita, con lagrime e sangue; mura bucherate o crollanti, fumo in due parti, silenzio funereo e panni bianchi dalle finestre. Molti feriti, molti morti, intorno a quattrocento, più che metà soldati, parecchi innocenti vittime, scampati i più colpevoli, seicento prigionieri misti buoni e rei, un po' di plebe avida, rattenuta a stento dal seguitare il sacco, e lo assedio militare, fecer più lugubre la seguente notte. Dì memorando a' Napolitani per infamia di mercatanti di libertà. L'ammiraglio di Francia accolse i fuggitivi congiuratori; i quali sullo stesso legno, e alla vista della città ch'avean si concia, rugumavano attentati novelli. Molti tornarono subito alle ipocrisie; alcuni ebbero la viltà di mandar supliche al re, esponendo non so quale fedeltà al trono, dimandando di tornare, e anche la continuazione de' grossi stipendii. Il Saliceti ebbe coraggio da supplicare d'aver il ritiro col soldo di magistrato. Il La Cecilia chiese di continuare nella carica d'uffiziale di ministero avuta di quei dì per marito di fazione. Il medico Lanza, stato del comitato *sovrano*, protestava con ipocrita lettera al re piena innocenza, e non so quale antica devozione a' Borboni. Ma di queste e d'altrettali inesaudite supplicazioni, fecero subita ammenda, narrando pel mondo i fatti a rovescio su' napolitani eccidii, su Ferdinando bombardatore, su' barbari saccheggiatori soldati, e sè gloriando magnanimi propugnatori di popolo. E con quest'arti, quantunque poco stante rinnovate in peggio a Roma, in Toscana ed a Genova, si son fatti credere da chi il voleva, per preparar con l'aiuto straniero le riscosse. Hanno scritte memorie, novelle e storie, riprodotte, rilodate, e citate; ma la verità non perisce.

I seicento prigionieri, tenuti due dì sulle regie fregate, e trenta Guardie nazionali raccolti feriti con l'arme alla mano, e mandati all'ospedale della Trinità, fur tutti per real clemenza mandati liberi, quelli prima, questi il 19, salvo due che v'eran morti. Clemenza fu pericolosa, e quando già ribellavan le Calabrie: di fatto il più di essi ringraziarono col ricongiurare. Tra le menzogne stampate non vergognarono asserire il re autore delle barricate per uccidere la costituzione; aver liberati i prigionieri per non punire chi lui avea servito; aver egli fatto trarre da un creato di palazzo il primo colpo a S. Ferdinando. Nel giudizio solenne fattosene poi fu provato il primo colpo esser partito da una Guardia nazionale sulla barricata; chi si fosse niuno il disse, chè testimoni non v'era altri che correi; che il Romeo e il Mileto il postassero fu testificato. Quanto a' prigionieri liberati, benchè moltissimi rei e feriti combattendo sfuggissero la condanna, pur qualcuno d'essi ebbe pena; il che smonta la calunnia. Ma così allora i liberali accusavan Ferdinando, e sè piagnucolavano innocenti; dappoi nel 1860 questi innocenti vantarono le loro reità.

§. 32. Che fu il 15 maggio.

A' 16 nelle combattute vie erano i tristi segni dell'umana rabbia. Le strade Toledo, S. Teresa, Montoliveto, S. Brigida, e piazza S. Ferdinando e Castello, avean vetri infranti, usci spezzati, mura bucate, imposte penzoloni, qualche cadavere ancora, e solitudine e silenzio terribile. Nell'altre parti della città la pace: fuggiti gli esteri e i provinciali, non più grida, non perorazioni, non armi sguainate, non minacce, non vanti; la popolazione sicura ripigliava sue industrie, benediceva le baionette ch'avean ridato Napoli a' Napolitani. Il popolo festante con bandiere bianche correva alla reggia, e di gran Viva al re e all'esercito era largo. Il re uscì a passare in rassegna le milizie in piazza reale, al largo del Castello, a' Granili ed a Portici, dovunque appariva salutato con entusiasmo ed affetto. Sventolavan fazzoletti, battean le mani, benedicevanlo, gremite le finestre e le vie, lungo la Marinella; e ringraziavano il Signore del vederlo incolume e vittorioso. Il corpo diplomatico ritornava alla reggia a festeggiarlo pel valor de' soldati, e per la riguadagnata pace.

Un fatto atroce e deplorabile seguì. Quel mattino fu mandata una compagnia svizzera a visitare il convento S. Teresa, ove si temeano ancora ribelli ascosi. Niuno si trovò; ma in quei sospetti, sendosi messo a fuggire da una finestra un giovanetto sartore del convento, un soldato il fe' cader morto nel giardino. Dopo un minuto altro Svizzero accise senza ragione nella contigua cella il padre Rodio. Lamentevoli fatti a danno di due non liberali; che fur lunghissimo tema alle liberalesche accuse.

A raffermar l'ordine il Labrano governatore vietò per allora di stamparsi annunzii e giornali; ordinò il disarmamento in quattro giorni, non valere i precedenti permessi d'arme; e delegò il nuovo prefetto di polizia a rinnovarne le licenze a' buoni cittadini. Vietò ragunanze e associazioni di persone, punibili secondo legge. A' 18 volle gli spettacoli pubblici fossero autorizzati da esso. Dichiarò disfarebbe a forza ove vedesse assembramenti tumultuosi; ma non ve n'era mestieri, sendo spariti i tumultuanti.

Il 15 maggio di Napoli fu in Europa la prima opposizione vera alle sette, e chiuse nel reame il primo atto di turpe dramma, durato quattro mesi. In essi ogni eccesso e contradizione. Predicazioni di civiltà ed esaltamenti di calunnie; vanti di fratellanza ed odii cittadini; promesse di pace, e schioppettate e guerra civile; pompa di leggi e spregio alla potestà; paroloni di patria, nazione, popolo, progresso, bene pubblico, e ingordigia di roba e onori altrui; suffragio universale e tirannide settaria; fumi alla *capacità*, e busse agl'ingegni veri; religione, papa, Dio, morale, e offese al culto, odio a' sacerdoti, ateismo ed infamie. Ipocrisie sfrontate nuove fra noi; tragedia lurida di passioni vili, di cui protasi fu l'inganno, e punizione la catastrofe.

LIBRO SETTIMO

SOMMARIO

§. 1. Il 15 maggio di Parigi. — 2. Subita congrega per nuovi ribellamenti. — 3. Effetti in Terra di lavoro. — 4. Nell'Avellinese e nel Sannio. — 5. Nel Salernitano. — 6. In Basilicata e Puglia. — 7. Negli Abruzzi. — 8. Nelle Calabrie. — 9. La Costituzione rimasta. — 10. Napolitani alla guerra Lombarda. — 11. Luoghi della guerra. — 12. Prime fazioni. —13. Scaramucce co' Napolitani. — 14. Fatti d'arme del 29 maggio a Curtatone e Montanara. — 15. Il 10° di linea a Goito. — 16. Fatti nel Veneto. — 17. Il Pepe co' Napolitani. — 18. Napoli richiama le truppe dalla guerra. —19. Il Pepe contrasta. — 20. L'esercito torna. — 21. Anche la flotta. — 22. La rivoluzione si lamenta. — 23. Milizie che passano il Po. — 24. Arti per ritenerle. — 25. Ritorno del 10° di linea. — 20. Fusioni al Piemonte. — 27. Il papa che prega, regna e non governa. — 28. I Tedeschi a Ferrara. — 29. Disfatta de' socialisti a Parigi. — 30. Disfatte di Carlo Alberto. — 31. Napolitani a Venezia. — 32. Come ne tornano.

§. 1. Il quindici maggio di Parigi.

Quel dì 15 era preparato a rivoltamento, non solo fra noi, ma altresì in altre parti d'Europa, massime a Berlino, a Vienna e a Parigi. Dirò di questa. S'era dal 5 maggio colà stabilito a novecento il numero de' deputati; fatte l'elezioni a' 25 aprile, tumultuose in più luoghi, s'aperse a 4 maggio l'assemblea: a' 6 il governo provvisorio della repubblica depose la potestà; a' 10 fecesi una commissione esecutiva e un ministero. Ma i socialisti non volendo ordine governativo, tenevano armata la plebe; però il dì 15 presa l'opportunità d'interpellanze a farsi per la Polonia, dov'era stata qualche sollevazione, volsero all'assemblea in numero di ventimila, dicendo presentare una petizione pe' Polacchi. Entrati molti a forza, lessero quella carta; poi per bocca d'un deputato Barbès chiesero si facesse un prestito forzoso su' ricchi d'un milione di milioni, e infra il gran tumulto che ne seguì, sciolsero l'adunanza, e ne scacciarono il presidente e i rappresentanti; preludio di tristo avvenire. La Guardia nazionale ottenne a stento che andassero via.

§. 2. Subita congrega per nuovi ribellamenti.

In Napoli fuggiti i ribelli, alquanti pervicaci, vistisi le persone sicurate, ripreser animo; si ricacciaron nell'albergo di Ginevra, e la notte stessa mandavan chiamando i colleghi, massime il Carducci, nel quale speravan più, pel pronto risollevarsi del

Cilento. Tenner nuova congrega, intervenuti pur non deputati. Il Petruccelli di tutti il più furente accusava non so quai passati indugi, e mostrava star loro salvezza nel presto rialzar la ribellione in qualche città di provincia; ma il sonito orrendo del cannone aveva in molti quel dì scemato il fatuo ardimento, e cominciava a entrar la ragione ne' cervelli; sicchè quell'avventata proposta venia forte osteggiata da quelli stessi che la vigilia sicurissimi tenean fosse loro la scettro del reame. Alle opposizioni il Petruccelli impazientissimo, alzò la voce; e al deputato Amodio di Potenza furiando gridò: *Verrà dì che vorrete la rivoluzione, e non potrete farla.* Eglino invero non potean farla, nè allora nè poi. Ecco in sul bello entra a caso un uffiziale regio nell'albergo: allibiscono, e troncan le consulte, ciascuno cercando suo scampo. Nondimeno restàr fermi di ragunarsi ove prima meglio potessero; perchè dalle ben preparate mine supponevano già in pieno scoppio le provincie, i comitati aver presa la potestà, le Calabrie, il Sannio, i Principati, Potenza, Abruzzo in arme, il Raccio, Monteforte gremiti delle *sacre legioni;* onde altro non credevano che viaggiare a pigliarne il comando.

Similmente il Ricciardi che rifugiato con altri pochi s'era sul Friedland, incontanente propose d'alzar il vessillo della rivoluzione in Calabria, perchè già più dell'altre regioni in balia de' comitati, perchè con intendenti e altri uffiziali devoti alla setta, e perchè provincia montagnosa, armigera, lontana da Napoli, e propinqua a Sicilia, donde si sperava aiuto grosso. Il Carducci fuggito pur là, propose anzi scender tosto sul Salernitano e rimaneggiar le note arme del Cilento. Altri spaurito della patita rotta, tutte e due cose sconsigliava; onde vennero ad accusarsi a vicenda del fatto e del non fatto. Ma l'ammiraglio Baudin che mal vedeva quelle civili rabbie intente a rinsanguinar la patria, troncò le contese, negando di condurli sulle coste del reame. Concesse il Plutone legnetto a vapore che li sbarcò a Malta. Di là ritornarono all'impresa, come appresso dirò. Il Carducci rifugiò a Roma; dove pur si condussero il Saliceti, il Petruccelli, il Del Re, ed altri.

§. 3. Effetti della congiura in Terra di Lavoro.

Grandi son sempre le speranze de' congiurati: ciascuno vanta seguenza di migliaia; al fatto come fortuna tentenna restan soli. Nelle provincie i moti fur questi. Terra di Lavoro più vicina più agitata. A S. Maria, udendosi il lontano cannone s'inferociva; i Nazionali pigliavan l'arme per accorrere; poi supponendo soldati sulla via ferrata partenti da Capua, ruppero le spranghe di ferro, facile vittoria, senza più. Da Castelvolturno pochi cacciatori d'anitre partiano e retrocedevan tosto. A Sessa arriva un prete di Latina a sollecitar l'armamento; ed è carcerato da' Nazionali stessi. In tutta Terra di Lavoro stando qua e là i pochi turbolenti in aspettazione, alla vista de' fuggiaschi di Napoli s'ascondevano.

Ma sul confine orientale a Monteforte, ove doveva agglomerarsi la sacra legione, il Torricelli capo designato com'ode le barricate fatte a Napoli comincia sull'alba del 15 a ragunar gente. Già n'aveva a Mugnano, e più centinaia a Galluccio, e n'aspettava da tutto il Nolano. Boiano stavasi dubbiosa, Sirignano pareva andasse; Nola, Saviano, Lauro, Quindici, Marigliano, Cimitile già univan bande. Avella avea dugento in ordine in un convento, quando la chiamata del Torricelli, e lettere del deputato Cicconi, assicurato l'aiuto della flotta francese, spinsero il capo a volgere a Monteforte. A Baiano s'ingrossarono co' carcerati cui dier la libertà. Se non che fermati due soldati con lettere uffiziali, vi lessero già un battaglione di Carabinieri aver preso l'altare di Monteforte e discenderne; laonde il capo gridando rabbiosamente postò i suoi su' lati della via dietro mura e giardini a percussare i cavalli regi appena si vedessero. Ma gli Speronesi spaventati di quella preparata guerra nelle case loro, pria pregarono, poi minacciarono così, che i ribelli per non trovarsi tra' terrazzani e i soldati, infuriati volsero su, verso Mugnano.

In frattanto al Torricelli arrivan corrieri da Napoli; si turba, e sentendo i Carabinieri vicini fugge scompigliato co' suoi a Mugnano. Qui grida all'arme; pigliassero fucili, scuri, vanghe e mazze, rompessero il cammino al nemico; tenta sforzare il parroco a sonar le campane, e il sindaco e il capo nazionale a battaglia. Questi contrastano, e conseguita gran tumulto; gli uomini chi perplessi chi renitenti, chi risoluti; le donne a opporsi; grida, pianti, imprecazioni e minacce. In quella giungono gli Avellani, e ciò anzi che coraggio desta paura; chè costoro udendovi le novelle vere di Napoli, retrocedon di fretta; e fu segnale di sbandamento generale. Il Torricelli assottigliato, udendo le trombe de' Carabinieri, anch'esso pensa a suo scampo. A sera tutti i faziosi del Nolano, rimbucatisi ne' loro focolari, ripreser l'aria d'innocenti.

§. 4. Nell'Avellinese, e nel Sannio.

Già nel 14 avean fatto un governo provvisorio ad Ariano di Puglia. Di là e da Greci e Savignano scesero i faziosi, con a capo un prete energumeno; a' quali s'unì il Porcaro pocanzi graziato. Disarmavano i gendarmi per viltà del comandante, abbattevano il telegrafo, guastavano un ponte, e pigliavano il procaccio e le poste. Si vantavano di scendere ad Avellino, ma udito Napoli perduto, prima si avvilirono gli Arianesi, poi retrocedettero quei di Capitanata; e il prete tornato a Greci, per appagarsi la fantasia dette nelle campane, gridò vittoria, e che già proclamata fosse a Napoli la costituzione del 1840.

Dalla banda settentrionale di quei monti si dava da fare un Jacobucci malfattore, speranzoso dell'altrui; e già per iscendere a Solopaca, giusta il convegno, avea parecchi accozzati in S. Giorgio la montagna, patria del Nisco. Questi fu Guardia d'onore; debitore allo stato di parecchie migliaia, più volte impetrate con suppliche le grazie del re, avea per favore ritardato il pagamento; però volendo pagare con la rivoluzione s'era lanciato nella congiura. Fatte le barricate in Napoli, e cominciata la pugna, ei corse in patria, dove arrivò sul tardi; e in sul botto scrisse a' capi de' dintorni levasser l'arme; ma niuno n'ebbe l'animo. Egli al mattino del 16 congregati pochi in casa sua, e poscia in piazza, li arringò dicendo la rivoluzione vincitrice in

Napoli; e dovervisi andare più a fruir della vittoria, che a sfidar pericoli. Così radunati forse cento, li spinse innanzi col Jacobucci; il quale mosse per Cucciano, S. Martino, Terranova e altri luoghi; ma sendo silenzio da ogni parte, e più dal Sannio donde aspettavano la schiera, e sapute le notizie vere di Napoli si sbandarono, fuorchè il Jacobucci ch'andò birboneggiando per quei paeselli alcun tempo, sino al 5 novembre, quando resistendo alla pubblica forza cadde morto.

Nel Sannio in certe terre s'era dato ne' tamburi e nelle campane, chiamando all'arme. In Campobasso si radunaron nell'orto botanico, senza più. I più avventati della provincia, eran vicini a irrompere, quando ebber certezza de' cavalli regi guidati dal Iacobelli, e stettero cheti.

§. 5. Nel Salernitano.

Dissi il Carducci aver ordinato alla Guardia nazionale del Salernitano si levasse in arme. N'arrivan le prime nuove a Pagani; e i faziosi si scaglian su' gendarmi a torne l'arme. Seguita tumultuando Scafati. Un Ovidio Serino prete agita S. Valentino e Sarno; un Lamberti il Cilento. Da Torchiara correan sopra il borgo Cicerale, torturavan gente per aver danari, e procedevano. In Postiglione si facea congrega in chiesa, si eleggevano i duci; disarmavan gendarmi, sforzavan con busse e minacce di morte i ritrosi, e s'avanzarono sino al Sele. In Buccino, gridandosi in Napoli proclamata la costituzione del 20, fu chi si doleva non fosse stata repubblica.

A Salerno ribollivan le passioni; i congiurati si uniscono nel quartiere di S. Benedetto, creano una commissione da guidar la rivoltura, stampano editti minaccianti pena capitale a chi non accorresse, e usciti conquistano il procaccio. Tosto mandano attorno divulgando i Regi vinti a Napoli, e i nazionali vincitori. Il Mambrini segretario generale chiama il consiglio di sicurezza in permanenza; come vede giunger gente de' dintorni, segnala a Napoli il mattino del 16 essere universal desiderio di accorrere; se non che il Morese capitano d'essi Nazionali, temente il Mambrini usurpasse i suoi vanti, segnalò anch'esso verrebber tosto diecimil'uomini; nè pago, scrisse del pari a molte terre di Calabria accorressero incontanente a salvare la patria pericolante. Rispondean quelli che verrebbero. Intanto a pagar le bande arrivate, tolser danari dalle casse pubbliche; e il Mambrini ordinava a quei di Nocera e Scafati preparassero viveri alle vegnenti milizie. Il perchè le soldatesche di Nocera si posero con artiglierie ad aspettare i ribelli sulla via consolare, in mentre a rafforzarle cavalcava una schiera di cavalli da Avellino. Questo bastò; chè tutti spauriti si ritrassero, fra le risa e i fremiti delle popolazioni.

§. 6. In Basilicata, e Puglia.

In Potenza alle novelle di Napoli i congiurati davano in grida rabbiose. Il circolo con l'intendente e 'l ricevitor generale creò tosto due comitati di guerra e di finanze, e deliberò mandar incontanente la Guardia nazionale; pertanto diè fuori una proclamazione celando la disfatta, svelando il conflitto, assicurando l'aiuto di Francia, e incitando all'arme: *Venite, libertà o morte!* Corse in tutta Basilicata l'invito; ma fuorchè Albano, e Pietragallo che spinsero i loro a Potenza, pochissimi si mossero; e ben presto i fuggiaschi da Napoli miser la prudenza in cuor di tutti.

A Foggia tentarono di fellonia i soldati; trovatili duri minacciarono, ma niente osarono. Fur tumulti a Cerignola e Manfredonia. Un Cozzoli agitò Molfetta. In Monopoli certi congregati entro un albergo istigati da persone venute di fuori, volean fare il governo provvisorio; ma i cittadini ostarono, e scacciarono gli stranieri. In Lecce strepitò la piazza; fe' un consiglio, un capo di milizie, vietò il telegrafo, prese danari delle casse pubbliche, distribuì munizioni da guerra. Altri fermava il telegrafo a Squinzano, ponea comitati in Torchiarolo, S. Pier Vernotico e Mesagne, tentava Brindisi senza frutto. Altri movea Manduria a rumore; e là ed a Sava disarmavan gendarmi. Monopoli stette cheta. In Gallipoli i gendarmi e le casse e gli archivii spogliavano. Cotai moti, surti per opera del Romeo e dei suoi parenti, caddero di per sè. Fuggirono i Romei.

§. 7. Negli Abruzzi.

Negli Abruzzi i congiuratori passando per Tossiccia e Isola gridavan la costituzione del 20, ma seguiti da pochi si pentivano. A Cittaducale, movente il Falconi spintovi dall'Ayala intendente, fur tumulti e infranti i gigli, e anarchia, senza più. Pochi che s'eran calati a Casteldisangro, udita la congiura svanita, dettero indietro a furia. Ma il Saliceti, il Petruccelli ed altri fuggiti a Roma, designando mover contemporanea la rivoluzione dalle Calabrie e dagli Abruzzi, mandavano il Del Re all'Ayala a sospingerlo. Questi avea già ricovrato in quel suo governo molti profughi, risponde che farebbe presto e bene; e di fatto cominciò col concertare co' profughi alla vicina Rieti, ed egli stesso poi v'andò, e accoglieali alla sua mensa in Aquila, apertamente favellando di sedizione. Si preparava a levare alto il vessillo. A Teramo i congiurati sendo pochi volevano e non poterono proclamare il governo provvisorio. Spargendo voci sinistre, e che i villani preparassero armi, ottennero d'entrare nel decurionato, per sospingerlo. Già in segreto avean fatti i capi del governo, destinati gli uffizii, subornati artegiani; tenner consulte in chiesa, poscia in teatro balzarono in pie' e feron la proposta; più arrabbiato un prete Massei; seguì tumulto grande, contrasti, dileggi, minacce; ma non concluser nulla. Pensarono il 30 maggio, onomastico del re, destinato a festa, voltare a mortorio; e il Massei proposelo in decurionato: ostavano i più, onde anche si minacciò sangue e ribellione imminente. Non fu vinto il partito, ma strappato quasi a forza. Mandaron l'atto al vescovo e alle vicine città; stamparon firme per darvi aria di volontà generale; e insultato quel prelato che a possa s'opponeva, sonaron le campane a funerale, vestirono il duomo a lutto, cenotafio, trofei, iscrizioni, armati, orazioni funebri, a scorno del re. L'audacia de' pochi valse. Nell'altre terre non si vide nulla, fuorchè a Montorio un cartello di contumelie al sovrano, e a Bellante la vergognosa copia di Teramo col feretro in chiesa. In Chieti ben s'agitarono i congiurati, ma forte la maggioranza ostando, non osarono.

§. 8. Nelle Calabrie.

Dirò per minuto le cose di Calabria, perchè principio di nuova ribellione. Corsovi l'invito di Giovannandrea Romeo di volar sopra Napoli a sorreggere i deputati, tosto i telegrafi di Paola, S. Eufemia e S. Biase rispondevano verrebbero; ma gli stessi segnalatori non ne avean voglia, e le popolazioni nè pur vi pensavano. In Cosenza le nuove napoletane diero a' congiurati pria stupore poi rabbia. Pochi e anche incitati cominciano a strepitare; arrivano i fuggiaschi del 15 maggio, partiti vanagloriosi tornati vinti; accusano il re, diconlo spergiuro, bombardatore, stampan racconti favolosi, capovolgono i fatti. Così s'è nel reo proposito incaponiscono, accendono gli altri, e aperto van parlando di repubblica. Da ultimo v'arriva il bolognese Pacchione, con ordini segreti del ricostituito comitato di Napoli.

Subito con alte grida i più avventati, dicendo la patria in periglio, corrono il mattino del 18 in frotta sul palazzo dell'intendenza, e chiedono un governo provvisorio, sotto pretesto del guarentirsi la costituzione. Sendo il Cosentini intendente lor consentario; ancora che consigliato da altri a non farlo, accede; e crea egli stesso un comitato detto di *salute pubblica*, esso presidente, vicepresidente il tenentecolonnello Spina regio comandante le armi; e membri Giuseppe Pianelli maggiore comandante il 1° battaglione cacciatori, ed altri undici de' più noti rivoltosi. Costoro lo stesso dì mandaron persone a Salerno e a Napoli per conferir col Romeo e co' capi delle Guardie nazionali, e intendere il vero stato delle cose; incitarono i capi nazionali della provincia a tosto raggranellar bande da accorrere sopra la città capitale, e in ogni paese vollero comitati che con esso loro corrispondessero. Ciò s'eseguiva o no, di buona o mala voglia, secondo gli umori nelle popolazioni amanti di pace, sospinte dagli agitatori molti. Talvolta sindaci e capitani nazionali scacciavan perchè realisti, surrogandovi faziosi. Il comitato cosentino risoluto alla ribellione, per far danari ordinò un prestito forzoso detto *volontario* a carico de' ricchi, e un donativo da raccogliersi da' volenterosi; inoltre deputò commessarii a vigilar, diceva, l'ordine, e spiar gli avvenimenti; veramente per farli girare a tirar le terre calabresi nella rivoltura. Di ciò fece bullettini stampati: un bullettino uscì con racconto bugiardo del 15 maggio, incolpante il monarca, per coonestar la levata. Poscia comandò l'organamento e la mobilità della Guardia nazionale in ogni terra; scelti i capi, ordinati consigli d'amministrazione, e stato maggiore, designati luoghi di riunione in ciascun distretto. Duce creò un Saverio Altomare, già tenente nel 1820, poi destituito, ch'avea militato in Egitto; il quale vecchio, ricordandosi gli antichi fumi tolse quel carico periglioso. Già il 20 usciva il cenno alle milizie d'andare agli assegnati accampamenti, un altro appello a' cittadini per danari, e l'ordine di riscuotersi a titolo di volontaria offerta l'anticipazione d'un bimestre di fondiaria. In più comuni s'ergevano i comitati, e ne' capi distretti n'eran capi i sottintendenti già messi da' ministri del 3 aprile. Si sorprendevan le casse pubbliche, si sforzavano i cittadini a cavar moneta, si minacciavano o scacciavano i regi giudici, s'accoglievan tristi, si scarceravan delinquenti, si carceravano innocenti. Per torsi uno stecco dagli occhi fu cacciato via il segretario generale dell'intendenza Niccolò Dommarco.

I gendarmi, benchè mutato nome e vestito, non ebber favore; e sendo qua e là per la provincia spartiti, perdettero l'arme. Lo stesso alle guardie doganali. Diversamente i gendarmi di Cosenza, s'atteggiavano a difesa. Alla prima il comitato, giocando d'autorità pel nome del comandante l'armi e del Pianelli, ordinò a quel capitano Bartolomucci si partisse incontanente; e sendo vane tutte suppliche, ebbe a ubbidire lo stesso dì, strapazzato, disarmato per via. Succedutogli il capitano Somma settario, questi usò ogni arte a persuadere quei pochi soldati, ma indarno. Bentosto i Nazionali a' 19 con ordine dello Spina tenentecolonnello vicepresidente del comitato, lor tolsero due cannoni e le palle dal quartiere, e recaronli al castello ch'era nelle loro mani; poscia a' 21 fatta moltitudine, cinsero il quartiere svillaneggiando e minacciando; ma indarno, chè malgrado i reiterati ordini dell'intendente, dello Spina e del Pianelli, pur sempre risposero non voler lasciar l'arme. Allora questo Pianelli chiamò il suo battaglione 1° cacciatori, e si pose avanti il quartiere per isforzarli; e sordo alle preghiere dei gendarmi che volevano evitare quello scorno, replicava *dover eseguire gli ordini del comitato, per giuramento prestato di difendere la nazione;* perlocchè quei miseri, traditi dal capo, per non iniziar la guerra civile, piangendo di rabbia, cedettero. A Castrovillari lo stesso sottintendente chiamava i faziosi; il capitano assediato in casa, ebbe a dar l'arme. Lo stesso a Spezzano, ad Amendolara, a Paola, a Montalto, a Rogliano e altrove. Poi volean quei disarmati servissero la rivoluzione; neppur uno il volle. Quel Pianelli non punito, anzi esaltato in breve a maresciallo, e creato conte, surse poi nel 1860 insieme a Liborio Romano a scacciar proditoriamente dal trono re Francesco. Di quei fatti del 48 ben si fe' processo; solo il Pianelli per favore ne fu salvo. Lo si credè guadagnarlo col beneficio? Veggano i sovrani come la provvidenza smacca coteste politiche umane, e punisce le ingiuste grazie con l'ingratitudine. La vera politica de' re è la giustizia.

Arrivavan lettere di fuoco di Domenico Mauro e d'altri deputati; e qua e là i ribelli, senza opposizione, gridando morte al tiranno, traevan con le funi al collo le statue regie, bruttavanle, fucilavanle, e aperto aspiravano a repubblica.

Nella Calabria di mezzo, già più circoli stabiliti, uno ve n'era a Catanzaro, autori un Giovanni Scalfaro e un Ignazio Donato artiere, diretto dal prete D. Domenico Angherà, congrega di artegiani detta *Società evangelica.* A' 17 maggio pubblicò il programma, cioè scopo politico la costituzione del 20 da riformarsi su basi democratiche; e scopo sociale il cooperare con l'altre società consorelle per accorrere con persone e roba alla chiamata della democrazia; poi segrete le radunanze e scrutinio di candidati. A quei dì per tutto il regno correano esemplari della costituzione del 20; più in Calabria, ove da Sicilia venian milioni di carte stampate incitanti a ribellamenti. Cantavano una canzone con l'intercalare: *Viva l'Italia, e viva Pio, -Viva Sicilia, e morte al re!*

A' 19 maggio arrivarono a Catanzaro le novelle del 15, e incontanente i congiurati furibondi fecer come a Cosenza. Del pari corsero minacciosi e grossi all'intendenza; del pari l'intendente Vincenzo Marsico loro confratello creò il comitato di *salute pubblica,* esso capo; del pari stampò il consueto editto, misticando vero e falso sul conflitto del 15, incolpando il re, dichiarando necessità prendere in quella guisa il governo; del pari mandò Commessarii pel *buon ordine,* cioè per guadagnare alla rivoltura le terre attorno: v'aggiunse deputati a Cosenza e a Salerno a concertare il modo da marciar in arme sopra Napoli.

Sopraggiungevano i fuggiaschi delle barricate; e concitatissimi concitavano: se non che veggendo la plebe lenta, pensarono spingerla a fatti che le vietassero tornare addietro. Valse la *società evangelica,* e il non evangelico prete Angherà, di costumi perdutissimo; il quale di leggieri mosse subuglio: rovesciavano i gigli da su il quartiere de' gendarmi, spezzavanli, calpestavanli; poscia lo stesso ove ne vedessero; all'intendenza la statua del re percuotevano, mutilavano. Da ultimo il deputato Eugenio de Riso da un balcone in piazza S. Rocco, detto il trascorso far la città incapace di regia clemenza, unica salvezza gridava la guerra aperta; tutte le provincie già farlo, non mancherian uomini e moneta; solo volersi un governo provvisorio da maneggiare la rivoluzione. Ormai si dava a chiamar sè dittatore, e a sceglier compagni; ma la plebe stanca si diradava, i gentiluomini ostavano, e la proposta cadde. Ne' dì seguenti, venuti a sapere un ordine corso a' gendarmi di radunarsi a Catanzaro, tosto lor dettero addosso, disarmaronli, scacciaronli. Ultimamente correndo il 30 maggio onomastico del re, volean sonare a mortorio le campane, e impiccare il re in effigie; ma i cittadini serrarono i campanili, si posero a guardia della statua, e impedirono quest'altra vergogna.

Nel Reggiano, avvegna che in più parti i semi della sedizione germogliassero, pur si rattennero alquanto, chè il presidio benchè fievole vi affrenava gli spiriti. Non surse il comitato di salute pubblica; restava invece in pie' il consiglio di sicurezza ordinato già dal ministero, che con quella veste di magistrato legale, pur secondando in parte i faziosi, impediva almeno che fosse ribellione aperta. Nulladimeno quantunque lento e circospetto, aiutava la barca; però indirizzava suppliche al sovrano, per la riapertura del parlamento e 'l riordinamento della Guardia nazionale in Napoli battuta e disciolta.

In frattanto lo stesso intendente di Cosenza, o spaurito o pentito, rapportava a Napoli il fatto; s'aonestava con la necessità de' tempi, e prometteva ubbidienza. Il ministero a vietar che la ribellione si spandesse, e con isperanza s'ammortisse da sè, risposegli sciogliesse il comitato; il Pianelli col 1° cacciatori richiamò. Ubbidirono. Il battaglione fe' ritorno; l'intendente pubblicando l'ordine governativo, il suo e tutti i comitati della provincia abolì. Quello di Cassano resistette, dichiarando: *creato per virtù del popolo, solo il popolo poterlo disfare.* Quel di Castrovillari aggiunsevi che sospenderebbe l'invio del pubblico danaro in Napoli. Fremevano i congiurati al veder cadere tanto lavoro di setta; ma sendosi ordinati sotterraneamente, e guadagnato numero e forza, aspettavan le congiunture che sapean vicine, e la venuta de'

Storia delle Due Sicilie 1847-1861

deputati fuggiti a Roma ed a Malta. Di quel che s'ordisse appresso a lungo parlerò.

§. 9. La costituzione rimasta.

La congiura, malgrado i suoi sforzi, in nessuna parte del reame trionfò: molti erano i sollevatori, pochissimi i sollevati; e anzi le popolazioni uscendo dal letargo cominciavano ad alzare i pensieri a resistenza. Il 15 maggio preparato a trionfo di repubblica, riuscì al crollo della rivoluzione; e costrinse la tirannide liberalesca a cercare in altre italiane terre i suoi delittuosi imperii di sangue. Nondimeno Ferdinando non osò fare un altro passo per riguadagnar la pace piena: o si tenesse stretto dal giurato patto costituzionale; o stimasse bene pe' popoli l'attuarlo anche dopo che la rivoluzione l'aveva infranto; o non sapesse il sentimento vero de' sudditi; o per fare un secondo esperimento delle franchigie, certo volle serbata la costituzione. La setta stampò poi la serbasse per paura, e a ingannare i popoli, sendo gli umori mossi, le Calabrie e i Principati pronti all'arme, e Sicilia nemica; ragioni che allo straniero ignaro delle cose nostre parran forse convincenti e vere. Ma i Napolitani stati tant'anni cheti, pace volevano; e forse l'abolire allora subito quello statuto ch'avea lanciata la patria in mali non pria visti, era unica via di pace pronta; perchè toglievasi l'impunità a' congiuratori, e si saria vietato il versamento d'altro sangue. I tristi dal rigore son domi; nelle blandizie veggon temenza, e si riconfortano alla riscossa. Certo al mattino del 16 ogni persona s'aspettava l'abolizione dello statuto.

È pur da credere Ferdinando neanche il pensasse; chè ne' solenni momenti della vita l'uomo di rado esce dalle idee e dalle cose che il circondano: una grande risoluzione non s'improvvisa, e senza maturità di concetto non si maturano imprese. Parecchi uomini costituzionali gli corsero accanto in quelle terribili ore del conflitto, che naturalmente gli si designarono al pensiero come opportuni ministri; in fra' quali primo il Bozzelli, poscia il Ruggiero, che vistosi inviso e diffidato da' ribelli, a tempo volteggiò alla reggia. Con questi presenti, con questi consiglianti, non credo il re avesse mente e proposito di dare un colpo ardimentoso e definitivo; poteva pensare al domani, non all'avvenire. Adunque fece nuovo ministero misto di personaggi dissimili, che rappresentando le aspirazioni di più moderati partiti, potessero attuar lo statuto con buona fede e con forza. Furono il principe di Torelli ad Agricoltura e commercio, il Bozzelli a Interno, il Ruggiero a Finanze, uomini liberali; aggiunse il principe d'Ischitella alla guerra, e 'l Carrascosa a' Lavori pubblici, generali allora vincitori delle barricate; presidente e ministro d'affari esteri prese il principe di Cariati d'animo moderato.

Questi quel dì stesso 16 dettero una proclamazione: accennavano alle cagioni del conflitto, alla lotta cominciata dalla guardia nazionale; dichiaravanla con decreto disciolta; assicuravan la conferma della costituzione, e promettevan riconvocare le camere legislative cui la vigilia s'era impedito l'adunamento. Il giorno appresso videsi decreto che considerando i deputati essersi dichiarati « *assemblea, unica rappresen-*

tante della nazione, e proceduti a deliberare, e a creare un *Comitato di sicurezza pubblica* con comando *assoluto* sulla Guardia nazionale; considerando che senza prestar giuramento legale il potere assunto era arbitrario e sovversivo dell'ordine civile, e usciva dalle attribuzioni del potere legislativo, considerando ciò aver fatto per pravi fini, in opposizione d'altri deputati, per mutar lo Stato, e suscitar la guerra civile: visto l'articolo 64 della costituzione, scioglieva quella camera, e ordinava i ministri presentassero tosto alla regia sanzione altro decreto per la riconvocazione de' collegi elettorali. » A legger queste cose fuori d'ogni aspettazione, il più del popolo stordì; chè stanchi delle sfrenatezze, s'acconciavano anzi a governo di soldati che di setta.

Il general Labrano governatore di Napoli anche a' 17 die' un'ordinanza, che posto lo stato d'assedio alla città, instituiva una Commissione temporanea composta d'alti magistrati, col carico d'inquirere su' reati di maestà perpetrati dal 1° maggio, carcerare i rei, e mandarne gli atti alla potestà competente. Si ordinò la restituzione a' padroni di molti oggetti (e ve n'era di valore) involati nel calor della zuffa, e ricuperati. E fu scritto a' vescovi del reame, che rassicurassero gli animi, il governo ricondurrebbe le cose ad ordine e legalità.

Il ministero per decreto del 19 s'accresceva di due: Nicola Gigli a Grazia e giustizia, e 'l duca di Serracapriola a vicepresidente del consiglio di stato.

§. 10. I Napolitani alla guerra lombarda.

M'è mestieri uscir dal regno. Carlo Alberto s'era lanciato a guerra contro il Tedesco senza denunziarla, il che s'è usato pur da suo figlio dappoi nelle Romagne e nel reame nostro; laonde si vede lo spregio del dritto delle genti essere appunto il dritto piemontese. Sin dagli antichissimi Etruschi si costumava in Italia il dichiarare la guerra; e i Romani n'ebbero magistrati a posta detti *Feciali,* presi da quelli, il cui uffizio era l'andare a denunziar l'ostilità all'avversario. Nel medio evo s'usarono *araldi d'arme;* ora si mandano legati e note scritte; però non so donde, se non da' selvaggi, i Sardi prendessero lo esempio dello assalire improvviso a tradimento, non fatto da Vandali e Goti. Cotesti *ricostruttori* d'italiana grandezza han quest'altra nuova onta messo in faccia alla misera Italia, già maestra di civiltà. Ma l'essersi collegata con la setta mondiale ch'è in guerra permanente con la società, mette la casa Sabauda sopra a tutte le leggi sociali.

Dirò de' Napolitani iti a quella guerra. I primi centoventi con la Belgioioso, volsero per Milano al Tirolo italiano; dove dopo una scaramuccia al villaggio Ponale, bisticciandosi co' duci, si sbandarono, e alla spicciolata fecero ritorno. Reclutati nella melma, svergognavano il nome napolitano: passando commetteano ogni sorta d'eccessi per le terre italiane, e sin vuotavan gli scrigni degli ospiti cittadini. Dove arrivavano volevano a forza ogni cosa, vitto, casa, e danari pel viaggio; sicchè il nostro consolo a Livorno, per torsi dagli occhi quella peste, diè ducati tre per ciascuno, e gl'imbarcò. Il battaglione del Carrano s'uni a' Pontificii col Durando, e corse le sorti di questi. Partito era poi a' 13 aprile il battaglione Rossaroll sull'Archimede, insieme al 2.° battaglione del 10.° di linea. Due battaglioni ultimi andaron col Pepe, e poi con esso a Venezia, come dirò; gente bassa e senz'arte. Il 10.° di linea era ito in due volte. A 5 aprile il 1.° battaglione col colonello Giovanni Rodriguez sul Palinuro, navigò a Livorno; v'ebbe gran plausi, maggiori a Lucca; passava il confine toscano e l'Abetona nevosa, freddamente accolto a Modena e a Reggio; travarcava il Po a Brescello, e sulla terra lombarda il 23 s'univa in Bozzolo, presso Mantova, a cinquemila Toscani, cui reggeva il general Ferrari. Il secondo battaglione co' citati volontarii del Rossaroll, partito il 13 per la stessa via, era a' 3 maggio a S. Silvestro, villaggio a due miglia da Mantova, dove il dì medesimo combattè i Tedeschi sin presso le mura della piazza. Il Rossaroll, fermatosi un poco a Livorno, ne partì il 21, e giungeva a 3 maggio alle Grazie, quartier generale de' Toscani.

§, 11. Luoghi della guerra.

Dopo le cinque giornate di marzo, i Tedeschi s'erano messi nelle quattro fortezze che danno il dominio del Milanese a casa d'Austria. Mantova, Peschiera, Verona e Legnago stanno intorno a una linea circolare, dove lunga stagione si può sfidar l'inimico. Peschiera è sul lato meridionale del lago di Garda; che con tre canali sega e circonda il forte, e poi aduna fuori sue acque, per dar vita al Mincio, fiume rapido e profondo, di strette e poco guadabili sponde. Questo scorrendo su' ricchi piani lombardi, si fa due a Goito e uno di nuovo avanti Mantova, dove ridiventa lago ch'abbraccia tutta quella città, però quasi inespugnabile; da ultimo a Governolo si gitta in Po. Verona e Legnago stan poi sull'Adige, poco discosto a oriente. Sul Mincio eran quattro ponti: di legno a Salionzò, Monzabano e Borghetto, di pietra a Goito.

Il re Sardo passato il Ticino e ito a Milano, s'era avanzato per Cremona e Brescia, e superato a 8 aprile il ponte di Goito, avea steso i suoi cinquantamila Piemontesi lungo il Mincio con la destra a Mantova e la manca a Peschiera. Quivi fermò; chè non potea procedere sulla linea dell'Adige, e porsi a tergo tali due fortezze, che gli avrian contrastato il passo alle vettovaglie ch'avea da Torino, e fors'anco il ritorno. Si volean due eserciti per investire il Mincio e l'Adige insieme, e porre a tutte e quattro le fortezze l'assedio. Inoltre Mantova può col presidio lavorare sovr'ambo le sponde, dove chi l'assale deve lasciar libera una banda, o spartirsi e restar, fievole in ambo, esposto a esser battuto alla spicciolata. Però Carlo Alberto con un sol corpo d'esercito non potea veder nè Legnago nè Verona; e s'ebbe a fermare avanti Mantova, questa bloccando da un lato solo. S'era accampato a Grazie, Curtatone, Montanara e S. Silvestro, che le stan da manca di rimpetto.

Cotale ordinamento fu tassato di poco avveduto; chè sendo il Mincio difficile a guadare, e con fievoli ponti di legno, l'esercito invasore col nemico a fronte e 'l fiume a tergo, non ha altra ritirata certa che il ponte in pietra di Goito; il quale può essere assaltato da Mantova a un tratto da due bande; sicché perduto resterebbe vinta di rovescio tutta la linea, l'esercito tagliato dalla sua base, e stretto e affamato in paese contrario. Carlo Alberto prevista l'importanza di quel passo di Goito, misevi cinquemila uomini; poi si volse a espugnar Peschiera.

§. 12. Prime fazioni.

Questo forte era il men gagliardo de' quattro; inoltre si sperava cedesse subito, per moto degli abitanti, e dei soldati italiani dei presidio; però vi si fece una dimostrazione d'assalto a mezzo aprile, per averla con un colpo di mano; ma dopo inutili cannonate, non comparendo segno amico, se ne posò il pensiero. S'era mandato per divertire i Tedeschi una mano di volontarii Lombardi sulla sponda orientale del lago di Garda, verso Bardolino; occuparono il villaggio Castelnuovo; e vi furono investiti dal general Taxis con una brigata che li ruppe e arse la villa; onde a stento ripararono a Salò. A Mantova fu ordita una trama per metterci dentro i Sardi, e i congiuratori avean anche in pronto le luminarie; il re vi si accostò a' 19 aprile a tratta di cannone, indarno; e si ritrasse lasciandovi avamposti per vietare di foraggiare al nemico. In quella i volontarii tentarono di cacciarsi nel Tirolo italiano, dove avean partigiani. Colà il maresciallo Welden con ottomil'uomini, mentre li adunava lanciò un distaccamento sul villaggio Ponale, e ne scacciò i volontarii napolitani della Belgioioso. A' 20 fu una zuffa presso Salerno; e i volontarii disfatti fuggirono a Tione. Altra colonna d'ottomila volontarii di tutte contrade, fra' quali una legione Polacca, comandata dal Durando e dal napolitano d'Apice, stette sull'alpi all'estrema sinistra de' Piemontesi; e vi si tenne con varia fortuna.

Carlo Alberto rivolto a Peschiera, lasciata una brigata sulla dritta del Mincio, passò a 36 aprile sulla sinistra, Verso la riva orientale del lago di Garda; laonde seguirono il 48 certe avvisaglie presso Colà e Pacengo. Occorrendogli forza chiamò i cinquemila di Goito; e invece ordinò v'andasse il 1° battaglione del 10° di linea napolitano. Il colonnello non intendendo come un battaglione potesse surrogar cinquemila soldati, ne mosse dubbio; ma il 29 n'ebbe l'ordine reiterato; e ubbidì il 30, occupando il ponte con animo di fare il debito suo. Compensò le poche forze con accrescimento di difesa; aggiustò a miglior regola d'arte la testa di ponte cominciata da' Sardi, scandagliò il fiume, dov'era basso alzò parapetti, abbattè alberi, e guastò o asserragliò le strade adiacenti. Il re a' 30 assaltò con ventiquattromil'uomini Pastrengo, ov'erano undicimila Austriaci, ch'ebbero a ritrarsi di là dall'Oglio, e a Verona. Stando a Sommacampagna ebbe altre proposte di darglisi Verona come si avvicinasse, per congiura di dentro; però a 6 maggio con tre divisioni s'avanzò, e prese la terra di S. Lucia; ma sendo la sua terza divisione rotta dal maresciallo d'Aspre, nè apparendo segno di sollevamento nella città, die' nel pomeriggio l'ordine della ritratta; la quale fu sanguinosa e disordinata, con perdita di millecinquecent'uomini. Si ripose intorno a Peschiera, dov'eran duemila Tedeschi col Rath tenente maresciallo.

Storia delle Due Sicilie 1847-1861 239

§. 13. Scaramucce co' Napolitani.

Gli Austriaci usciti dalla porta mantovana detta Pradella assalirono a 3 maggio il campo toscano del Ferrari, dove ho detto prese parte al fuoco il nostro 2° battaglione del 10° appena arrivato. Respinti, tornaron più gagliardi la dimane con cavalli e cannoni. I nostri fecero il dovere; e avrebbero presi molti prigionieri in una casina Cardona già circondata, se il nemico non v'avesse alzata bandiera italiana, che spinse il Ferrari e sonar ritratta, supponendo fossero Italiani pronti a disertare; ma quei con tale stratagemma se la svignarono. Il 5 altri duemila occuparon Marmirolo villaggio presso Goito; perlocchè i nostri dimandarono soccorso, ed ebbero il 2° battaglione; quindi insieme il dì 8 si avanzarono a sloggiarneli, il che venne fatto; e il nemico lasciata la zuppa sul fuoco riparò a Mantova.

Il Ferrari fe' altro errore. Per falsa voce che il nemico fosse ingrossato di quattordicimil'uomini in Mantova, abbandonò la posizione delle Grazie, e con tutta la gente piegò a Goito il 10 maggio; avvedutosi del fallo, corse a ripigliare i posti, benchè già occupati dal nemico; e mandò avanti un nostro battaglione col Viglia, due di volontarii fra' quali uno napolitano, e due di linea toscani. Questi giunti i primi, perderonvi il comandante Landucci, ma soccorsi da' nostri poteron respingere l'avversario. La notte si rioccupò Montanara, e il 12 già tutte eran riprese le posizioni. Allora il generale stabili tre accampamenti: il quartier generale alle Grazie, e gli altri a Curtatone e Montanara, de' quali due ritenne il comando, lasciato al primo il Belluomini maggiore toscano.

La dimane 13 vennero investiti sul mezzodì. Erano a Curtatone il battaglione volontarii napolitano, uno di Livornesi, altro di granatieri toscani, due compagnie bersaglieri, ventiquattro cavalli, e pochi artiglieri attorno a un obice e un cannoncino; poco più che duemila. L'inimico numeroso li assalì con granate e razzi; i Napolitani usciti dalle trincee l'affrontarono, seguiti dal resto del campo; il che, parendo fossero più che non erano, sgominò gli Alemanni, che cedettero lasciando morti e prigioni. Cadde colà dei Livornesi il dottor Montanelli, poi famoso, menato a Mantova, e pianto allora per morto. De' volontarii nostri due uffiziali ebbero ferite: Enrico Poerio, e 'l Rossaroll, cui il Gran Duca rimertò con la croce di S. Giuseppe.

Contemporanea zuffa seguiva a Montanara. V'eran due battaglioni di linea toscani, quattro compagnie del nostro 10°, di cui una a una casa presso S. Silvestro, due battaglioni volontarii, cinque cannoni, e pochi cavalli toscani, intorno a duemila. Il general De Laugier, udendo l'inimico, pose due cannoni sulla strada, fra due battaglioni di volontarii trincierati, sostenuti dalla linea toscana dietro il centro. I Napolitani da manca sulla via di Curtatone serbavan le comunicazioni con quest'altro campo, con a destra i cavalli ascosi da una casina. I Tedeschi assaltaron di fronte, lanciando tre battaglioni a molestar la sinistra; perlocchè il De Laugier ordinò al tenentecolonnello Giovannetti di gittarsi per una viuzza co' Napolitani e due compagnie toscane sul destro fianco del nemico. La cosa riuscì; e una delle compagnie nostre col capitano Cantarella (soldato delle Spagne e d'Austerlitz) prese di forza una Casina; questo e l'ardore primaticcio de' nostri avvisò lo assalitore del risico d'essere messo in mezzo; onde chiamò a raccolta, e via. Anche la compagnia presso S. Silvestro, investita più fiate, respinse: e il ministro toscano Corsini presente alla fazione battea le mani, dicendo: Viva i Napolitani!

§. 14. Fatto d'arme del 29 maggio a Curtatone e Montanara.

Il Radetzki soccorso dal Nugent con ventimil'uomini che per Vicenza s'avanzaron su Verona, uscì di Mantova con quindici migliaia di soldati, per investire sull'ala dritta italiana i Napolitani e i Toscani, non più che seimila, divisi a Grazie, Curtatone e Montanara; schiacciarli, pigliar di fianco la linea del Mincio, e liberar d'assedio Peschiera. Era il 29 maggio. Curtatone primo assalito preparò la difesa così: un obice da 18 e un cannone da 12, infilando la strada di Mantova, eran sulla trincea semicircolare che da un punto del Mincio detto il *molino* stendeasi per seicento passi sino alla via che mena a Montanara; aveano a tergo un ponticciuolo sur un canale d'acqua profondo. La truppa, si pose dietro la trincea, cominciando dal molino, con le tre prime compagnie de' nostri volontarii; ne seguivano due di granatieri toscani a dritta, poi un battaglione di Livornesi, gli artiglieri co' due cannoni, due compagnie bersaglieri e due granatieri pur Toscani; e sull'ultima dritta altro battaglione Livornese. Fuor della trincea stavano sulla via di Montanara l'altre tre compagnie napoletane, e i pochi cavalli toscani dietro una casetta sul ponte di Curtatone. Il maresciallo d'Aspre co' Tedeschi investì gli avamposti sull'ore dieci matutine, li sopraffece, e cominciò il fuoco da tutte bande. Numerosi, con le lunghe carabine tirolesi e razzi e granate seminavan la morte fra gl'Italiani, che pur contrastavano. Dopo un'ora ardevano tutte le capanne dell'accampamento; e un razzo colte le casse di munizioni sul ponticello, ammazzò di molti artiglieri, e bruciò la casuccia che riparava i cavalli. Gl'Italiani erano in vortici di fumo e fiamme. Il generale per fare una diversione andò al corno dritto, e impose a' nostri volontarii di dare ne' fianchi dell'avversario, per una via stretta che mena a una villa detta *degli Angeli*. Andati, s'affrontarono con un battaglione tedesco: il quale forse a disegno retrocedette, e lasciò morti e feriti; ma presto fu sostenuto da sovraggiunti Croati; perlocchè le tre compagnie spintesi troppo avanti, circondate, ebbero disperatamente ad aprirsi la ritirata. Durati così sino all'ore tre vespertine, l'Austriaco volse sue forze alla sinistra del campo; respinto, riassalì più volte; però il De Laugier sull'ore cinque, avendo i cannoni muti per morte d'artiglieri, la trincea tutta aperta non più valere, comandò la ritratta. Le compagnie di dritta, napolitane, di ciò ignare, si trovarono tra due fuochi, dopo che il campo e il ponte s'eran perduti; ond'ebbero a gittarsi nell'acque, e passaronle nuotando fra' colpi. Si ritrassero sopra Goito; ma un battaglione di volontarii Pisani comandati dal professore Pilla napolitano, postato a Rivalla per sostenere la ritirata, ebbe danni assai, pochi scampati, il Pilla morto. Il battaglione napolitano men che mezzo, perduti 850, tra morti e prigionieri e 86 feriti, ridotto a dugento appena, passò la notte a Goito, e la dimane andò a Brescia.

A Montanara comandava il Giovannetti. I nostri del 10° di linea vi stavan divisi così: la compagnia cacciatori a sinistra, l'ottava fucilieri al centro, e i granatieri e la quinta indietro. Il nemico cominciò all'undici ore del mattino con moschetti, razzi e mitraglie; occupò il camposanto e una casa sulla dritta, dove aggiustò due cannoni. Le quattro compagnie mandate a snidarnelo ebbero in principio ferito il maggiore Spedicati, nondimeno guidati dal capitano Catalano sì rinvestirono, che quantunque nol discacciassero, vel contennero tanto da non farlo sboccare sulla dritta del campo. Vi combatterono sino al tardi patendo molto; ma appressandosi la colonna d'Aspre che, grossa e vincitrice di Curtatone, accennava sulla sinistra di Montanara, e a tutto accerchiare il campo, venne l'ordine del Giovannetti del ritrarsi per Castelluccio. I Napolitani stavano a retroguardia, ma già il nemico padrone della via li avea con cavalli e cannoni circondati; però in quel brutto momento il comandante chiamandoli in testa si gittò ne' campi, là sforzando il passo; sicché con valore, ma con danno, sempre pugnando, pur salvando le bandiere, guadagnarono la via di Castelluccio e Spedaletto. Passato il ponte a Marcheria, di là dall'Oglio si fermarono. Quelle nostre compagnie ch'al mattino eran 287 nomini, a sera si contarono 183, mancati 104 fra morti e prigioni, cinque uffiziali e il portabandiera. E questo misero avanzo fu messo a guardia del ponte, comandandovi il vecchio Caldarella, salvato sulle braccia de' soldati; al quale Carlo Alberto die' allora la medaglia del valor militare, ch'egli accoppiò alla legion d'onore avuta sulla Beresina. La dimane volsero a Bozzolo, dove stati cinque dì, come s'apersero le vie per la vittoria di Goito, fur mandati a unirsi a' Toscani a Brescia.

§. 15. Il 10° di linea a Goito.

Queste fazioni erano ignorate a Goito. V'arrivava sul tardi il general Bava, e inculcava al colonnello Rodriguez di tener fermo sul ponte a ogni possa, ch'ei lo soccorrerebbe. Poco stante giunsero carri di feriti e bagagli, cui volsero a Volta. Il colonnello arringò a' suoi: non prendessero sgomento delle sventure de' compagni, ma anzi ragione di mostrarsi prodi; stessero la notte animosi sul ponte, risoluti di difendere dal vicino e vittorioso nemico quel passo, chiave di tutta la linea del Mincio. All'alba lavorarono ad allestire batterie, rovesciar alberi, barricar sentieri, e altre difese.

La lentezza alemanna salvò gl'Italiani; chè se proseguendo il vincere, avessero dopo Curtatone la sera stessa assalito Goito, certo avriano cacciati i Sardi dal Mincio, e soccorsa Peschiera. Ma tardarono sino al pomeriggio del 30; e trovàr preparati a contrasto tutto il primo corpo d'esercito piemontese, molta artiglieria, e quattro reggimenti di cavalli. Il re visitò a mezzodì il ponte, e lodò le difese fatte e i soldati. Colà eran otto compagnie col Rodriguez e '1 maggiore Viglia: tre stavano sul parapetto della testa di ponte, una presso un muro di giardino con feritoie, guardanti il fiume verso il molino, altra su due case dietro il ponte, e l'ultime tre a sinistra della linea di battaglia sarda, di costa alla riva destra del fiume. I Tedeschi investironli sulle ore tre; occupando una casina propinqua; però i nostri lasciato il parapetto per isloggiarneli, rischiarono di cader prigionieri, e fur salvi da un'altra compagnia mandata dal Viglia. Rinnovaron l'assalto, e da ultimo aitati da un battaglione sardo, a forze unite li respinsero.

Non è mio assunto narrar quel fatto d'arme: al centro la zuffa fu calda; e il re e il duca di Savoia ebbero ferite. Gli Austriaci si raggomitolarono sulla dritta, e grossi urtarono sulla sinistra avversa, ma patirono gravi danni dalle artiglierie; sicchè disordinati retrocessero a Rivalta. La sera Peschiera s'arrese. Al Rodriguez fu data la croce di S. Maurizio e Lazzaro; ad altri ufficiali medaglie del valor militare.

§. 16. Patti nel Veneto.

Con diversa fortuna le cose andaron nel Veneto. L'Austria, sebben dalla rivoluzione sconvolta, avea potuto su' principii d'aprile unire ventiduemil'uomini con settanta cannoni sull'Isonzo, comandati dal Nugent, che il 16 entrato nel Friuli s'avanzò sopra Udine. L'italiano Zucchi con poche migliaia uscì da Palmanova, e combattè col generale Schwartzemberg, ma oppresso ebbe a riserrarsi; però Udine s'arrese il 23 al Nugent, e Belluno fu occupato il 5 maggio. Il Durando avea mandato in aiuto quattro battaglioni romani a Treviso; v'arrivò esso a' 29 aprile con diecimila; giunsevi il Ferrari a' 6 maggio; e poi l'Antonini con la legione Polacca di seicento. Così il Durando sentendosi grosso procede sopra Feltre; ma a Quero udendo quella già occupata dal nemico, retrocesse a Bassano. Intanto il Ferrari con quattromila, affrontatosi a Oniga co' Tedeschi ne' dì 8 e 9, rotto, riparava a Montebelluno.

Questo scacco mise un disordine ne' Romani, tementi che il nemico, come li avesse nelle mani, li passasse per le armi, non v'essendo dichiarazione di guerra. Peggio quando seppero dell'enciclica, e che il papa non volea guerra. Gli officiali di linea videro in dubbio i gradi e gli stipendii; laonde fra sospetti, mormorazioni e tumulti, ordinando il Ferrari l'andata avanti, non fu ubbidito. Ma venne a trovarli il nemico, che li sgominò tosto, e lor tolse un cannone; però fuggirono a Treviso, e anche di là, lasciata lieve guarnigione, si discostarono a Mestre. Qui tutti a tempestare: chi vuol congedi, chi danari; chi bestemmia il papa, chi grida tradimento; e gli sfratati barnabiti Gavazzi e Bissi concionano contro il Papa e contro Carlo Alberto e tutti i prenci d'Italia, a pro di repubblica. Tali ire e codardie ridussero a quasi niente quel corpo: i pochi superstiti s'unirono al Durando ch'entrò a Vicenza il 21 maggio. Là d'attorno ebbero scaramucce, dove l'Antonini perdè il braccio; nonpertanto a' 24 respinsero un colpo di mano tentato dal general Thurn per pigliar la città; il che li rianimò alquanto.

Mentre si combatteva, i diplomatici lavoravano. Il ministero inglese a' 12 maggio avea mandato un insidioso dispaccio a Vienna: Parlava di nazionalità, degli sforzi della *Giovine Italia;* mostrava che per ragion politica, economica, militare e *morale* malamente l'Austria volea stare in Italia; meglio fidar nella gratitudine della nazione italiana, riconoscendola; bensì a condizione ch'essa dichiari la sua stretta e permanente neutralità in Europa, e che l'Europa cotale neutralità sanzioni, come nel 1815 fecelo per la Svizzera. In tal caso dovrebbero i comuni Lombardi e Veneti decidere per comizii se preferire un viceré sotto la sovranità austriaca costituzionale, ovvero l'indipendenza assoluta, pagando all'Austria il compenso al sagrifizio de' suoi dritti. Aggiungeva doversi credere che i comuni, memori del *bene materiale lor fatto da Vienna*, preferiscano il viceré; in contrario sempre l'Austria guadagnerebbe con lo spender meno, e per le simpatie d'Europa a vederla rispettare così i dritti de' popoli. Finiva dimostrando la proposta neutralità d'Italia giovare all'Europa, all'Austria e all'Italia, e solo spiacerebbe al Piemonte, e alla sua *politica astuta e perfida del vendersi al maggior offerente*. Ve' come a quel tempo l'Inghilterra appellava *perfida* la politica sarda, che tanto ha dappoi laudata e sorretta! Vienna travagliata allora dalle contemporanee sollevazioni di molte sue provincie, e più da temenza che i Francesi ridiscenderebbero in Italia, accolse la mediazione; e a' 23 maggio il suo ministro a Londra Hummelauer propose al Palmerston che il Lombardo-Veneto restasse all'imperatore, con amministrazione separata, e con basi stabilite da deputati del paese, un arciduca per viceré, ed esercito nazionale. Inoltre cassare i ducati di Parma e Modena, con indennità in danaro a' loro prenci; dar Piacenza al Piemonte, Parma e Modena al Lombardo-Veneto, cui si porrebbe viceré il germano del duca modenese. Tal proposta al Palmerston non piacque; però l'Hummelauer la dimane 24 si calò a offerire altra concessione: Indipendenza piena di Lombardia, e amministrazione separata del Veneto, con un arciduca viceré. Impertanto quasi su queste basi convennero dappoi a 9 agosto Francia e Inghilterra, per offerire la loro mediazione. Ma la rivoluzione voleva altro.

§. 17. Il Pepe co' Napolitani.

Le milizie napoletane che passavan la frontiera avean nelle terre pontificie fiori e feste. I giornali ne lodavano a nausea le divise, la disciplina, e la bellezza delle persone e de' cavalli. Al Pepe, giunto ad Ancona a 6 maggio, arrivava una lettera del Manin capo del governo surto a Venezia, con data dell'11. Diceva i Pontificii aver patito assai danni; il Friuli, Treviso e Vicenza invase, Venezia trovarsi circondata da terra, il blocco da mare dichiarato; in sì grave caso invocar l'ardore de' Napolitani, volasse il Pepe a soccorrerlo per terra e per mare, e meriterebbe la gloria di aver salvato Venezia ed Italia. Se il Pepe reggesse a tai sproni non serve a dire.

Intanto il nostro ministro Leopardi, e 'l ministro di guerra Sardo aveano ingiunto al generale Statella a Bologna, che tosto con la sua divisione marciasse a soccorrere il Durando; ed ei rispose a 14 maggio star sotto il Pepe, volgessersi a lui. Questi si stava ad Ancona, e aveva anzi ordinato che il 10° di linea tornasse a Bologna per passarlo a rassegna; perlocchè il Leopardi e 'l ministro Sardo, sospettando ei volesse distaccarsi da Carlo Alberto, non fecero movere il reggimento, e invece a lui scrissero s'avanzasse. Ma ei celò quest'ordine, e aspettava lo effetto del mandato principe di Canino a quel re, itovi a patteggiare. Di fatto il Canino si vantò avergli detto: *Sire, non più Tedeschi, non più Borboni, nè preti, e la repubblica è a' piedi vostri*. Per la illegale venuta di costui il Leopardi protestò, dicendo egli e non altri esser legato napolitano per la guerra italiana. Il Pepe a giustificare la sua inazione inviò al campo sardo Girolamo Ulloa capitano d'artiglieria, con foglio nunziante aver ordine di re Ferdinando di fermarsi sul Po, nè varcarlo senza il permesso di Napoli; ma ch'ei pel bene d'Italia non tentennerebbe a guadarlo e ad ubbidire a re Carlo; però dimandava se dovesse avanzare fra il Mincio e l'Adige, o verso Treviso.

Dappoi a' 20 fe' da Bologna una proclamazione al suo esercito. Ricordava Masaniello, Velletri, Vigliena, le opposizioni de' Lazzari e delle Calabrie a Championnet e a Massena, la guerra del 15 contro i Tedeschi, e la rivoltura del 20; viluppo strano di fatti onorevoli e vergognosi, opposti di parti e d'interessi. E finiva ricordando aversi a combattere contro l'Austria; però smentissero le passate calunnie all'arme napolitane. Fingeva ignorare l'onte esser venute dagli inani sforzi delle sette, e l'onore aver seguito la difesa del dritto.

§. 18. Napoli richiama le truppe dalla guerra.

Il ministero napolitano vista la rivoluzione imminente nelle Calabrie, la Sicilia preparar milizie per soccorrerla, e tutto il continente del reame agitato da' congiuratori, risoluto a far contrasto, mutò parecchi uffiziali civili creati dal Troya, e mandò ordini gagliardi; ma veggendo rinvigorir la baldanza, nè potendo per le inviolabilità costituzionali agguantare i sommovitori, vide la necessità d'aver forza, pronta a domar la sedizione dove sorgesse. Questo male fanno le celebrate franchigie, che non lasciano modi di difesa a' governi leali, e sforzanti al punitore esperimento soldatesco. Già gli stessi ministri del 3 aprile avevano al 29 di quel mese come narrrai dimandato di richiamar parte delle milizie ite fuori; ora il ministero conservatore n'avea doppio motivo. Sicilia ribelle e minacciosa, spiagge aperte e indifese, esercito lontano dipendente da altro re senza patti di federazione. Tai lampanti ragioni fur anco notificate al ministro sardo. Poi mandarono per la via d'Ancona il brigadiere Antonio Scala a richiamar indietro il Pepe. Per tal fatto la setta accusa Ferdinando d'aver disertata la causa nazionale, e preparate le vittorie tedesche; non accusa sè stessa della suscitata guerra civile in Napoli e nelle Provincie, delle non rattenute vampe repubblicane, delle svelate aspirazioni a fusione italiana; non dice aver essa sforzato il monarca a provvedere alla sua salute, e all'autonomia della patria, anzi che a trionfare i suoi scoperti nemici.

§. 19. Il Pepe contrasta.

Il Pepe, mazziniano, non era uomo da ubbidire a re; e intento a infievolir Ferdinando, non volea certo restituirgli l'arme a lui fidate; ma previstasene l'opposizione, era ordinato ch'ov'egli ostasse, il surrogasse lo Statella. Adunque lo Scala correndo da Ancona a Bologna, raggiungendo per via qualche reggimento, gl'ingiungea che fermasse; ma già la prima divisione avea proceduto a Ferrara. Notificato l'ordine sovrano allo Statella, ambi la sera del 22 maggio si presentarono al Pepe, colà a Bologna, e gli dettero la lettera ministeriale, ch'enunciate le condizioni del regno minacciato di rivoluzione, gl'imponeva rientrar subito nelle frontiere; imbarcasse parte delle milizie a Rimini per Manfredonia, e parte ad Ancona per Pescara; chiamasse il 10° di linea da Goito, e nunziasse la sua partenza a Carlo Alberto. Egli fremitando s'ingegnò a indurre gli uffiziali circostanti a non ubbidire; poi vistili risoluti al dovere, lasciò il capitanato, cui prese lo Statella.

In quella giungeva a Bologna il Leopardi nostro ambasciatore a Torino; che quasi non servisse Napoli ma Sardegna, veniva dal re sardo inviato a indurre il Pepe a muovere in soccorso del Durando nel Veneziano. Con la veste di regio ministro costui magnificando suoi mandati segreti, cui fingea di pugno di re Ferdinando, forte perorò a persuadere agli uffiziali star la salvezza del napolitano regno nella guerra lombarda, però si riponessero, sotto il Pepe. Questi veggendo nicchiare qualcun de' capi, e udendo il colonnello Cotrofiano a dire parergli vergogna il ritrarsi, prese animo a pregare prima a voce poi in iscritto lo Statella, a restituirgli il comando; e come quei ricusava, s'appigliò al partito di darne avviso a' fazïosi di Bologna; i quali mossa a tumulto quella guardia civica, gridarono per le vie volersi duce il Pepe per guidare i Napolitani alla guerra. Lo Statella avea colà poco più d'un battaglione, e pur con esso poteva fare il debito suo, ma quello era tempo che s'udivan le piazze, ond'ebbe la debolezza di restituire l'autorità. In siffatta tempesta fremendo i soldati, il Leopardi s'accorse le truppe schifare quel duce, e anzi aver fiducia nello Statella; perlocchè tentò di persuader costui, non abbandonasse l'esercito al solo Pepe, passasse il Po con esso. Quei rispose netto: *L'esercito col Pepe non passerà il Po*. E incontanente solo con un uffiziale prese la volta del regno, per la via di Firenze. Quivi arrivò la sera del 24, precorso dagli ordini settarii; sicchè sebben mostrasse a quel governo il foglio del Pepe che gli comandava il ritorno, pur ebbe tumultuosamente insulti, minacce di morte, arsa la carrozza; e scampò nel buio della notte.

Quella sera stessa i Bolognesi dettero plausi infiniti al Pepe, quasi avesse vinto il Tedesco, ringraziandolo dell'inobbedienza al suo re. Ei mandò indietro lo Scala, e aggiunsevi il maggiore Cirillo, che impetrassero la regia permissione d'andare avanti; e intanto senza aspettar la risposta (ch'era ben da prevedere) ordinò tosto l'andar avanti. Il colonnello Zola con la sua brigata da Ferrara per l'ordine corso dello Statella tornava a Bologna; ora per contrordine del Pepe ripassava a Ferrara. Similmente i battaglioni sostati nelle Romagne pel cenno dello Scala', ripigliavan la via; e si fecero firmare a' colonnelli obbliganze di responsabilità per l'ubbidienza de' loro reggimenti, cui alloggiarono attorno Bologna, aspettando il ritorno del Cirillo.

Parendo al Leopardi aver ben acconce le cose, uscendo affatto dal suo debito di ministro in Piemonte, s'avviò a Venezia, a preparare buon accoglimento alle soldatesche di là dal Po. E partendo lasciò ordine al duce di pigliar quella volta; così stranamente abusando del carpito uffizio; e più incontrando truppe per via, l'ordine stesso in nome del re andava profondendo per avviarle alla guerra. In Lombardia le cose voltavan faccia, e venian calde richieste d'aiuto. Il Pepe a' 23 ebbe due lettere scritte il 21 dal Franzini, ministro di guerra sardo, in nome di Carlo Alberto; nella prima gli ordinava menasse i suoi nel Veneziano contro il Nugent; nell'altra, dicendo il Nugent essersi congiunto al Radetzki, gl'ingiungeva accorresse alla dritta de' Sardi, sendo probabile una battaglia tra Mantova e Peschiera. E dopo due dì lo stesso ministro il sollecitava venisse in aita de' Piemontesi in caso di assalimento su Verona. Per contrario il Manin presidente della repubblica veneta gli scriveva sin da' 20: Venezia esser debole, soccomberebbe senza il soccorso; accorresse, urgere il tempo; doversi le razze italiane dar l'amplesso: il Quirinale, il campo di Verona, e Venezia essere i tre centri dove agitavansi i destini d'Italia; dalla loro armonia dipendere la salvezza. E con altra del 23 il sollecitava, perchè il Durando avea lasciato seguire la congiunzione del Nugent al Radetzki fra Vicenza e Verona; unica speme ne' Napolitani; aver visto ne' combattimenti di Treviso e Vicenza il valore de' volontarii, che non sarebbe quello dei soldati disciplinati? Anche il governo provvisorio di Milano con lettera appellantelo eroe l'incitava; e aggiungeva l'Italia a lui dover sua salute, e 'l poter vincere i vecchi pregiudizii (quelli della fede al sovrano). Altra ne mandava il 24 a posta per Cesare Correnti segretario di quel governo; promettente a tutti gli uffiziali napolitani, che dove la loro patria facesseli decader da' gradi andrebbero a soldo in Lombardia; come di fatto per quei pochi che passarono il Po ne fe' decreto a' 23 giugno. Ultimamente pur da Roma il Mamiani presidente del ministero gli scriveva disubbidisse.

Quel Pepe vanitoso, burbanzando fra tante sollecitazioni, non dubitò punto per la disubbidienza al suo sovrano; solo tentennò tra Carlo Alberto e 'l Manin, se cioè accorrere alla chiamata di un re o d'una repubblica; vinse questa, e fermò voltare a Venezia. Il difficile era menarvi i soldati.

§. 20. L'esercito torna.

Stando sicuro su quei già iti a Ferrara, non ne prese le obbliganze de' colonnelli, come avea fatto con la seconda divisione. Il comandante Zola stampò colà l'ordine scrittogli dal Leopardi da Padova per avanzare, col fine di persuaderne le milizie. Ma già le notizie del 15 maggio arrivate a' soldati avean prodotto un fermento. Pensavano alla patria in travaglio, alle famiglie tartassate da' faziosi; della guerra non vedean necessità, non avean fede nel duce; mulinavan sugli ordini di richiamo dati dallo Statella, tosto rivocati, e vi scorgevan malizia. Come il Zola aduna una brigata sulla piazza, ecco v'accorre l'altra dicendo voler andare insieme; ma dato il comando di marcia, tutti al grido di uno posan l'arme a terra, e protestano non mover passo senza ordine del re. Mandano quattro uffiziali a Napoli. Due riuscirono a passare; gli altri due sostenuti dal Pepe a Bologna e minacciati di fucilazione quai disertori, ebbero a grazia il tornare indietro; ma i soldati al rivederli così, tenendo gli altri due per morti, s'ammutinarono. Sursero discussioni fra' sottufficiali: le parole, i voti, i sospetti, le fantasie calde, tutte cose insieme mosserli al grido patriotico di *Viva il re nostro!* e unanimi senza pensar altro usciron da Ferrara. Il Zola s'ingegnò di condurli almeno a Bologna all'altra divisione; ma a un bivio presso Malalbergo, gridarono: *A Napoli, dove il re ci chiama;* e presero per Ravenna.

Il Pepe mandò una carta stampata dichiarante disertore avanti al nemico chiunque fra tre dì non tornasse a Ferrara; e fu peggio, chè subito gli raggiustarono il nome di traditore, rimastogli sin dal 1820 nella tradizione. Per aver almeno i tre bei reggimenti di cavalli, sciornò a' 30 maggio altra proclamazione, ricordante le glorie de' cavalleggeri napolitani del 1796 in Lombardia (taceva che allora combattevano pel re coi Tedeschi contro la repubblicana Francia) e ordinò passassero il Po quel dì stesso presso Stella. Non gli ubbidirono; eccetto pochi uffiziali andati a lui.

Comandava colà la brigata il colonnello Lahalle, quel che poco innanzi avea spontaneo combattuto il Carducci nel Cilento, che però con la sopravvenuta costituzione molto era stato dalla stampa liberalesca insultato; onde ora avea chiesto d'andare a questa guerra per riguadagnar simpatie. Pertanto veggendosi da' soldati spinto indietro, e dal Pepe minacciato di disertore, si sperse di pensieri; temette nuovi vituperii di giornali, e uscì di cervello. A Bagnacavallo disse parole rotte, incoerenti a' suoi uffiziali; poi ito col destriero avanti alla colonna in punto di partenza, sè stesso con una pistolata nelle tempia uccise. La truppa partì; e il Leopardi mandò un tenente Camillo Boldoni, disertato allora, che si vantava di subornare e pigliarsi una batteria a coda della colonna, e gli fe' dar danari dal segretario milanese Correnti; ma il Boldoni che ben sapea i soldati l'avrebbero sbranato, non osò farsi vedere, e salvo che intascar la moneta non fe' altro. Il Pepe inobbedito furiava, ma non ebbe core d'andar di persona; proclamò disertore l'esercito, e invitò le popolazioni a opporglisi con tutte armi e ostacoli. Egli disertore e inobbediente al suo re, cui avea giurato, dichiarava disertore l'esercito ubbidiente alla legittima potestà; egli Napolitano invitava le genti italiane a uccidere Napolitani. Siffatta carità patria non trovò molto eco. E quantunque a quei dì i Siciliani avesser già da per tutto sparso sospetti e odii contro i Napolitani, ed eglino con tutto lo sforzo della setta lavorassero a commuovere le popolazioni e spingerle a percuoterli, pure niuno osò. Solo un Odinot bolognese fe' le lustre d'opporsi con la forza alla ritratta, e accozzò un trozzo di marmaglia, ma schiamazzò da lontano.

La seconda divisione intanto aspettava attorno Bologna il ritorno del Cirillo ito a prender gli ordini dal re. Colà la sera del 31 maggio un dragone uccise in rissa due militi finanzieri; onde i Bolognesi, tentensi bravi per le grida poco prima valute con lo Statella, tumultuarono, e fer le viste d'assalire i nostri fuori porta Saragozza; ma da sol ventiquattro Lancieri caricati, sentito sulle spalle lo sferzar dell'arme nude, non si videro più. La notte il Pepe fe' partire la 2ª batteria di campagna e la sesta compagnia Zappatori per Malalbergo a sei miglia da Ferrara; donde dopo tre dì procedettero a Francolino, villaggio sul Po, verso il Veneziano. La dimane giunse pur là il resto della divisione, e si sparse su' circostanti luoghi, aspettando le risposte da Napoli.

Venivano anche da Ferrara per passare il Po il 2° e 3° battaglioni di volontarii nostri; i quali a Francolino dimandarono d'andare uniti agli artiglieri e zappatori, e concesselo il Pepe. Costui passato avanti di là dal fiume, mandò il capitano Ulloa del suo stato maggiore, dicente fugato il Radetzki davanti a Vicenza, quello essere il momento opportuno di travarcare il Po. Recava l'ordine stampato con le indicazioni de' passaggi da farsi in più parti, presso gli alloggiamenti di ciascun corpo; ordine con data del 10 giugno da Rovigo; ma veramente preparato a Ferrara. Vi lodava il 10° di linea, i volontarii, le vittorie sarde; prometteva abbondanza, cassa fornita da Lombardi e Veneti; e dichiarava ciascuno dover ubbidire al generale; il generale *avere il dritto* di modificare gli ordini del suo governo; soprattutto quando modificandoli provvegga all'onor nazionale e agl'*interessi del re*. L'onor nazionale era nella rivoluzione che voleva dar Napoli al Piemonte; l'interesse del re stava nell'abbattimento della sua dinastia; ed egli invocava il dritto di generale, quando pel fatto dell'inobbedienza, l'ordine sovrano l'avea dimesso da generale.

Quest'ordine stampato, giunto in fretta, per eseguirsi subito, quando non era tornato il Cirillo, faceva manifesta l'opposizione alla volontà del re. Risorsero i sospetti sul Pepe, e i ricordi delle diffalte passate; si confrontavano con le presenti. Da' sospetti, a' motti, a' discorsi. I principali uffiziali tenner consigli segreti, ma nelle dubbiezze e discussioni scorrendo l'ore, i soldati levaron la voce, e unanimi per impeto cominciarono la ritirata senza aspettare i comandanti. Il colonnello Cotrofiano o che credesse vergogna il dare addietro, o gliene spiacesse il modo, o che (come altri scrisse) stimolato fosse da lettere della moglie a passare avanti, corse alla testa della colonna a fermare il suo reggimento; ma inubbidito, fremente, ebbe a porsi a retroguardia. Volsero a Cento nel ducato di Modena, e di là presero la via del regno. La spontaneità dell'ubbidire al re, ne' soldati, veri figli del popolo, mostra qual veramente fosse il sentimento de' regnicoli, malgrado le arti e le menzogne delle sette, che pingevano il regno tiranneggiato e oppresso.

Quell'ubbidire fu un sentimento. Nè facile era il ritrarsi fra paesi sollevati avversi e armati, essi senza artiglieria e senza danari; chè il Pepe, seco menata la cassa militare, li avea lasciati vuoti. Il papa ordinò si soccorressero di moneta per le sue città, ma dove si, dove no se ne ebbe; forse era segreto desio che per fame si disciogliessero; nondimeno i soldati paghi del pochissimo, sin talvolta del mangiarsi l'erbe delle siepi, marciaron ben serrati sino a Lugo. Quivi certuni disarmarono un dragone rimasto un po' indietro; i compagni ne preser vendetta, e lor dettero la caccia; onde la sera i cittadini fecero qualche bravata; ma pochi colpi lor misero il senno in capo. A Ravenna trovaron chiuse le porte, più per paura che ostilità; però furo aperte sul tardi. Lasciata Ancona, venian giù; e i borghesi di Giulianova udendo le soldatesche tornar morte di fame, fer volontarie collette, e mandaron loro incontro una somma di colonnati. Così senz'altro intoppo, in punto di disciplina, entrarono a 12 giugno nelle frontiere, a Giulianova.

§. 21. Anche torna la flotta.

Fu anche tentato di far disertare la nostra flotta ch'era nell'acque dell'Adriatico. Il Leopardi arrivava il 24 maggio a Venezia; e confabulato col Manin presidente, uscendo affatto dalle sue attribuzioni, scriveva lo stesso dì al De Cosa comandante l'armata: « già il Pepe varcar con l'esercito il Po; egli pregar lui, e se occorre ordinargli di starsi nell'acque venete; chiamar esso e gli uffiziali responsabili innanzi alla nazione napolitana e a tutta Italia.» E la stampava insieme ad altra lettera diretta al governo di Venezia. Parimente ne usciva stampata un'altra del Manin, ringraziante il De Cosa *d'interpetrare con la necessità dei popoli i regi voleri, e di dare esempio d'ubbidienza intelligente e di sudditanza dignitosa.* Questo dottore anzi dottorissimo in legge appellava il disubbidire *ubbidienza intelligente.* Il De Cosa si scontorceva, voleva meritare quelle lodi, e non perdere il posto; infine si risolse a cosa mezzana, scostandosi la stessa notte del 24 da avanti Trieste, e mandando due legni a Napoli, a chiedere ordini definitivi. Mentre si tratteneva in quelle acque, il Leopardi scrisse al Manin il 29, autorizzandolo a usare stratagemmi per guadagnar la flotta; per esempio *sostenere uffiziali e marinari, e surrogarvi ciurme venete,* in somma: *impossessatevi di quanti più legni potete.* Vedi ministro ordinare di rubar la flotta al suo paese! Ma questa fantasia non potè avere effetto, sebbene il Manin se ne struggesse; chè pochi uffiziali, ma non marinai scesero a terra. A 11 giugno arrivava sul Vesuvio il brigadiere Cavalcanti con l'ordine riciso del ritorno. Il Bua e l'Albini comandanti le squadre venete e sarde fecero grandi istanze a rattenerli; ma la notte partiano tre fregate con un Brik, e l'altre due la notte appresso.

Il ministero di Napoli sdegnato di tai sconvenevolezze del Leopardi, gl'impose a' 4 giugno di tornare, lasciando il giovine Ludolf incaricato d'affari; ed egli ricusò d'obbedire, seguitò a far da ministro, e scrivea di continuo rapporti insolenti, anzi violenti accuse al governo. A lui non fu mai risposto sillaba. A' 5 luglio s'ordinò al Ludolf di spedire esso le faccende della legazione, nè più corrispondere col Leopardi. E costui durava a starsene da ministro di Napoli congiurando contro Napoli, pavoneggiandosi col vestito ricamato in mezzo agli accampamenti, in assai ridicola guisa, sino a' 25 di quel mese, quando per finirla gli mandarono il decreto di destituzione. Allora il ministro sardo gli scrisse: « sperare che tornerebbe presto; perchè re Ferdinando non potrebbe trovar personaggio meglio pregevole di lui, più atto a rappresentarlo degnamente, e meglio accetto. »

§. 22. La rivoluzione si lamenta.

Per questa ritratta di Napoli dalla guerra fu gran rumore. Dissero il non aver dato nelle spalle a' Tedeschi aver fatto perdere Vicenza e tutto quello stato; noi disertori della causa italiana, infrangitori dello scettro d'Italia, fuggiti davanti al nemico. Anche i deputati romani nei progetto d'indirizzo al Santo Padre, discusso a' 26 giugno, dissero al 7° paragrafo: « Ripugna invero la presente condizione del regno napolitano; dacchè le truppe mal richiamate, perturbazione e danno e gravissimi scandali recano alle contrade nostre, dopo avere intralciata e quanto poteano risospinta l'impresa italiana. A quel popolo non preghiamo destini men lieti che a noi medesimi; ma se il vostro governo non ha potuto impedire *l'ignominiosa fuga,* vorrà certo ragione di tante ingiurie da chi ne diede il comandamento. » La logica liberale chiedeva al papa che dimandasse ragione a Ferdinando del non aver fatta quella guerra ch'egli stesso avea solennemente condannata. Inoltre il deputato Bonaparte nella tornata della dimane dimandava si mandassero soldatesche romane in aiuto della *rediviva rivoluzione di Calabria,* ed anzi *tuonassero co' fulmini della terra pur quelli del cielo;* cioè voleva che il papa scomunicasse Ferdinando. Gente che non crede a scomunica l'invoca a suo pro contro un prence cristiano che difende da loro il trono e la nazione sua. E il Pepe stampò poi a proposito delle nostre milizie, *deplorare che ne' vecchi soldati l'abitudine dell'ubbidire faccia perdere il sentimento nazionale.* Capitano che sente male la ubbidienza militare, e appella sentimento nazionale la ribellione.

Veramente il nostro ritrarci lor fe' gran danno. Il Radetzki mancato il colpo a Goito, perduta Peschiera, pensò subitamente a rifarsi su Vicenza, dove arrivò con trentamil'uomini la sera del 9 giugno. Vi stava con novemila afforzato il Durando; ma uscito a incontrare i nemici, respinto ebbe a capitolare. Nondimeno v'era corso sangue: de' Tedeschi perirono un generale e un colonnello; degl'Italiani ebbero ferite i colonnelli Cialdini e Azeglio. Dopo Vicenza cadde Padova a' 13; e lo stesso dì Treviso, che con lievi scaramucce cedette al Welden.

§. 23. Milizie che passano il Po.

Era riuscito al Pepe menarsi appresso un po' di militi e soldatesca. Passarono il Po il 2° e 3° battaglione di volontarii a Francolino, insieme alla 6ª compagnia Zappatori e alla 2ª batteria di campagna, indottivi da un maggiore Sammartino del 7° di linea, rimasto fuor del suo reggimento. Il 2° battaglione cacciatori, comandato dal maggiore Giosuè Ritucci, fu fatto allontanare da Cento, e giunto a Pontelagoscuro gli si recò l'ordine di partenza stampato; il Ritucci dubbioso mandò attorno per udir le risoluzioni degli altri corpi; ma bugiardi corrieri e novelle giungendogli dell'andata degli altri, s'indusse a passare il Po l'11 giugno; e per Polesella giunse a Rovigo; ov'ebbe gran festeggiamenti. Il Pepe concionando in Venezia disse, e 'l confermò nella proclamazione data a' Bolognesi il 17, che il Ritucci mostrando il fiume a' suoi renitenti soldati, sclamasse: *Di là è l'onore, di qua il disonore!* Dappoi avendone io dimandato al Ritucci, questi negò d'aver mai tali parole proferite.

Andò anche nel Veneto il 1° battaglione volontarii, che dopo la rotta del 29 maggio, s'era ritratto a Brescia co' Toscani. Era quivi giunto un Del Giudice nostro uffiziale del genio a chiamare i Napolitani in patria; ma il comandante Rossaroll, nascosto l'ordine, mostrò invece l'altro del Pepe. Tennero consiglio e decisero a questo ubbidire. Poi a Ravenna un mattino il Rossaroll e un Milesci aiutante maggiore s'imbarcarono soli, lasciando il battaglione senza duci e senza danari; onde il municipio lor dette un legno che li menò a Venezia. Colà il Pepe passandoli a rassegna si dolse della malversazione della cassa, e ne invitò i militi a entrar nel secondo battaglione; ma ricusarono, e si sbandarono.

Oltre questa gente, travarcarono il Po parecchi uffiziali alla spicciolata corsi alle idee nuove, e molti soldati di varii corpi, che rimasti per malattie in ospedali, presi, eran mandati a Venezia. Le prime truppe andar anche per Polesella a Rovigo; vi stettero tre dì, l'11 a Monselice varcato il canal di Padova, s'affrettarono a giungere a questa città sull'alba, per evitare i Tedeschi padroni di Vicenza, che s'accostavano. Di fatto non potendo Padova esser difesa, benchè avesse 22 cannoni, mancanti di munizioni, subito lasciaronla, e volsero a Mestre, indi a Venezia. Partivano il 12 da Rovigo il battaglione del Ritucci, il parco d'artiglieria, e i volontarii col Pepe stesso, alla volta di Chioggia, città marittima, discosta da Venezia venticinque miglia. Giunsero alla sera del 13, e non vi trovando barche non passarono la Brenta. Il generale con la cassa scortata dall'Ulloa e da' volontari andò innanzi; la dimane venne ordine che il Ritucci co' cacciatori presidiasse Chioggia; l'artiglieria s'imbarcò il 15 per Venezia. Quelli iti a Mestre non ebbero tempo di riposare, chè un messo del forte Malghera li avvertì lasciassero quel luogo minacciato da presso da' Tedeschi vegnenti da Treviso; però entrarono in quel forte, lontano cinque miglia da Venezia, presidiato da volontarii veneti. La dimane menarono le artiglierie, e anche quelle venute da Chioggia e i cavalli all'isola di Lido, a un miglio dalla città.

Il governo veneziano lieto del soccorso, in una proclamazione enumerò i Napolitani esser mille tra linea e cacciatori, oltre 300 artiglieri; prezioso aiuto di gente esercitata; ed enfaticamente conchiudeva dessi tanto più cari quanto esser pochi volonterosi fra molti, quasi eletti di Gedeone. Il Manin con decreto del 15 fe' il Pepe supremo duce nel Veneziano. V'eran venuti alquanti volontarii siciliani, e se ne aspettava altri col La Masa. Adoprarono i nostri uffiziali a fortificar le lagune.

Corse nel nostro esercito una persuasione (e venne stampato) che il Pepe derubasse la cassa. Ciò non è vero. Eran trecentomila ducati, cioè il terzo in moneta, e il resto in lettere credenziali; per via se n'erano spesi 64 mila; 26 mila fur lasciati in deposito a Bologna, al cardinale Amat, donde tornarono a Napoli; sicchè le sole lettere di credito con diecimila ducati contanti varcarono il Po, non punto tocchi; che in agosto insieme agli uffiziali computisti si condussero nel regno. Il governo veneziano pagò del suo le soldatesche. Tanto è vero che talvolta i tristi patiscono calunnie per la loro mala fama.

§. 24. *Arti per ritenerle.*

Venne per la via del consolato l'ordine ministeriale di ritorno; e tosto il capitano Pedrinelli della batteria e il capitano Bardet de' Zappatori andarono al Pepe dichiarando aver debito d'ubbidire; in risposta fur mandati al generale Antonini comandante la piazza, per andare in castello sotto giudizio. Ma questi usò modi carezzevoli, tenneli custoditi in casa sua, e la dimane li rimandò. Il Ritucci protestò esso e i suoi uffiziali a' 19 giugno, che non essendo il Pepe più generale di Napoli, non potea serbar più potestà sul suo battaglione, che non poteva senza ledere l'onor militare disubbidire al regio comando; passando il Po non aveva inteso andar a soldo straniero; però chiedeva presto s'imbarcasse. Accorse un certo Fabrizii dicentesi colonnello, per tentarli; poi il 20 uscì ordine del giorno del Pepe con data del 15, lodandoli d'aver pensato esser prima virtù del soldato l'ubbidire (certo, ma a chi ha dritto di comandare); e finiva dicendo eglino non esser esuli dalla patria, perchè avean per patria la terra dal Tronto all'alpi, dove avrebbero stipendio e ricompense. I settarii han per patria ogni paese, fuorchè quello dove si nasce. Letto quel foglio a' soldati, restar mutoli, e disapprovaronlo col cipiglio. Lo stesso dì un ordine tracotante e minaccioso dell'Antonini chiamava il battaglione a Venezia; e il Ritucci dichiarò andarvi per imbarcarsi. Colà si lamentò, e disse al Pepe che ove avesse avuto con seco l'artiglieria e i zappatori, avrebbe fatta la via per terra; però fu arrestato in risposta. Dappoi l'irritato generale chiamò i capi de' corpi, e lor die' il permesso d'andarsene senza i soldati; il che ricusarono. Fu tentato anche far dalla truppa prestar giuramento alla repubblica; e quando come dirò, smessa la repubblica, Venezia si dette a Carlo Alberto, pretesero il giuramento a costui; ambo negati. Anche presero a sedurli con false nuove. Dicevano il 10° di linea non aver danari da Napoli, Carlo aver dichiarato guerra a Ferdinando, scoppiata in giugno a Napoli altra rivoluzione vittoriosa, esser perduta la monarchia, vinti i Tedeschi, tutta Italia trionfare, e correre sul regno ad assicurar la rivoluzione. E gli ufficiali disertati, cioè il Mezzacapo, l'Assanti, il Poerio e altri, ripetean tai novelle; ma non movevano i soldati, disingannati altresì dalle lettere de' loro parenti. Da ultimo a vincerli con avanzamenti, dettero un grado di più a tutti; e minacciarono se il ricusassero fregiarne i sottuffiziali; laonde a vietar tumulti li presero (di che non li lodo). Nondimeno gli uffiziali del 2° cacciatori con lettera del 23 luglio, dichiarando non poter pigliar soldi di gradi non convalidati dal sovrano, ne ricusarono il più. Pure ne fur guadagnati alquanti.

§. 25. Ritorno del 10° di linea.

Lo Statella avea mandato di nascoso il capitano Sponsilli del genio al Rodriguez che tornasse col suo reggimento; arrivava quegli al campo il 23 maggio, e di là procedeva a Sommacampagna ov'era Carlo Alberto, a chiederne il permesso. Ma già il Pepe per corrieri avea nunziata la cosa al re; perlocchè lo Sponsilli minacciato di prigionia, come poi disse, o il fingesse, come credo, se n'andò per altra via. Il Rodriguez stimò tacer la chiamata a' suoi, per non distrarli dai militari doveri; ma stupiva a non veder tornare lo Sponsilli. Gli giungeva il 25 la lettera ministeriale che il richiamava; onde s'avvisò ad impedire i rumori di preparar la partenza senza dirlo, sino al passo del Po. Cosi seguivano le fazioni di guerra ch'ho narrate. Poscia mandò dispaccio al comandante del 2° battaglione a Brescia, affinchè si tenesse pronto a partire, senza dir più. Ma aperta la lettera dal capitano di guardia sul ponte svanì il segreto, e produsse fermento fra' nostri, dolore fra' Toscani. Incontanente i Piemontesi sospesero le paghe; nè valsero reclamazioni, nè il mostrar del mancar del modo da far tante centinaia di miglia tra popoli sollevati e irosi, costretti così a saccheggiare per sostentarsi; nè valse a ricordare un regno di Napoli esser bastevole a restituire un imprestito lieve; e meno valse il fresco ricordo de' pericoli sfidati insieme, e del sangue napolitano versato largamente per la causa loro. I Piemontesi negarono a chi era stato lor compagno d'arme anche il sussidio che si dà a' prigionieri. Dissero esser clemenza il lasciarli andare. Corse al re il maggiore Viglia, e n'ebbe promesse, ma mancò di parola, e a stento vennero due razioni di pane. Siffatta riconoscenza s'ebbero le superstite vittime di Goito, Curtatone e Montanara da quei rigeneratori.

Gli uffiziali fecero una massa del loro, venderono obbietti preziosi, ingiunsero a' soldati di raccogliersi attorno alla bandiera, non molestare i villici per via, sopportar costanti i disagi e i digiuni. La sera del 19 giugno, passando per mezzo a' Sardi, s'avviarono. Lasciarono un indirizzo d'addio ad essi ed a' Toscani; quelli trasuperbi non risposero; rispose la gentilezza toscana *aver ammirati prodi sul campo di battaglia quei soldati ora obbedienti alla forza del dovere.* Altresì il municipio di Goito, lamentandone la partenza, ricordava averli veduti *valorosamente pugnare sotto gli occhi loro dall'alto delle loro case.* Ed il De Laugier lor lasciò attestato aver il reggimento serbato contegno di *prode, onesto e disciplinato soldato.* Ma i giornali milanesi prorompevano: « Chi sa quali pericoli minacciano questi nostri fratelli vittime d'un re disertore della santa causa? Già correa voce che i civici Reggiani li avessero ributtati a colpi di fucili al ponte di Canneto sull'Oglio. » Così ipocritamente compiangendo i soldati incitavano ad ucciderli. E un giornale Parmense a 14 luglio, dicendo di non so qual disertor pigliar la via del Lombardo, sclama: *Vivano i soldati napolitani disubbidienti al loro re!* Così credean far gloriosa la diserzione.

A Fano un mandatario del Pepe voleva indurre il colonnello a voltar per Venezia; respinto, osò tentare i soldati. Il reggimento varcò il Po presso Suzzara, ove si ricongiunsero i due battaglioni; poi per Mirandola e Finale furono il 13 luglio a Ravenna: e quindi giù per la bassa Romagna e le Marche. Quasi sempre accampando al sereno, ebbero dalle popolazioni agricole gioviali accoglienze, e festose poi a Giulianova nella frontiera nostra, giuntivi a' 29 di quel mese.

§. 26. Fusioni al Piemonte.

I provvisorii governi surti in Italia, sentendo il bisogno d'unirsi a un centro, mandarono a Carlo Alberto. Già dal 6 aprile il ministro di guerra sardo avea scritta a Milano una nota maliziosa dichiarante spettare al popolo che gloriosamente s'era liberato dallo straniero il determinare la forma del suo governo; però dover convocare l'assemblea elettiva che decidesse su' destini del paese; e trasmetter tal nota anco a' governi di Venezia, Parma, Piacenza, Reggio e degli altri Stati ch'avevano aderito a Milano; perchè il re desiderava Milano sede dell'assemblea generale. Per l'effetto i Lombardi fecero la legge elettorale; e a' 10 aprile scrissero a quei paesi di mandare loro rappresentanti. Ciò intendeva a ingrandire il Piemonte.

Ma i repubblicani pensandola diversamente s'ingegnavano a prevalere. Il Mazzini dal principio dell'anno s'era impegnato col Gioberti a non turbare con mene repubblicane l'indirizzo costituzionale; ma vista la cosa pigliar fuoco, temente non forse Carlo Alberto s'ingrossasse troppo, da non poternelo poi sbalzare, era corso a Milano, giuntovi l'8 aprile. Subito qual presidente dell'assemblea italiana poco innanzi da esso fondata a Parigi, fe' un indirizzo a' popoli; e parlò di sovranità popolare, di tradizioni patrie, di aspirazioni europee: « Scegliessero liberamente come debbe chi vinse senza aiuto altrui; si ricordassero la gloria loro essere italiana, e Italia non poter essere una, sinchè l'assemblea nazionale non decreti il patto d'amore da annodare in concordia, in credenza, ed in opere tutti i cittadini. Lombardi e Siculi aversi a stringere le destre sull'altare della nazione nella città santa, centro della storia nostra e d'Europa, Roma. » Conseguitò la creazione d'un circolo, poi il giornale *L'Italia del popolo*. Mentre Carlo Alberto combatteva per cacciar l'Austria d'Italia, il Mazzini gli alzava la repubblica alle spalle.

Per contrabbattere questi spiriti accorse il Gioberti; e molto concionando, e trattando col re e co' settarii, lavorò a fare unire il paese lombardo agli Stati sardi. Noto che in quel viaggio trionfale ei si fe' accompagnare dal Leopardi allora ancora nostro ministro; il quale intervenne in consiglio co' governanti di Milano, e li confortò alla fusione; cosa di gran danno al nostro reame, e incompatibile con la veste di ministro napolitano. E ne' pochi dì che stette nel veneziano fe' la stessa ressa per la fusione al Piemonte. Il Gioberti volse a Roma, e vi cicalò sino al 10 giugno, cioè sino alla vigilia delle sessioni del corpo legislativo; poi nelle Marche, in Romagna, a Firenze, da per tutto predicò lega o fusione, plaudito a' cieli; e si tornò a Torino a 24 luglio, come da un trionfo. Parendo la via delle assemblee troppo lunga, l'accortarono aprendo registri per raccoglier firme. Primi furono i Piacentini, poi i Parmensi a 25 maggio, la dimane i ducati Estensi, Modena il 29. Il luogotenente di Carlo Alberto a Torino sciorinava decreti, dichiaranti tai paesi far parte della monarchia; e vi mandava commissarii a governo.

A Milano, presente il Mazzini, fur difficoltà maggiori. I governanti dettero a 12 maggio un manifesto invitando i cittadini da' ventun'anni in su a sottoscrivere i registri nelle parrocchie aperti sino a' 29, o per l'adesione al Piemonte, o per la dilazione; all'opposto sforzandosi i repubblicani a frastornare le sottoscrizioni, sparsero il 27 certi viglietti d'invito per adunarsi la dimane in piazza S. Fedele, prossima al palazzo del comune, ov'era anche il Mazzini. Furonvi schiamazzi, concioni, tumulti; nondimeno da quel garbuglio n'uscì una certa votazione, e a 8 giugno fu l'unione proclamata.

Maggiori le opposizioni a Venezia, pel non sopito ricordo dell'antica repubblica; eran vivi ancora chi avean visto il governo di S. Marco; aspirazioni, bisogni, interessi, storia e dritto volean repubblica; ma Carlo Alberto mercanteggiò l'aiuto, e strinseli a scegliere tra il padrone nuovo e il vecchio, quello sorridente, questo offeso e gridato implacabile. La paura consigliava quello, che che ne sortisse. Il Manin e il Tommaseo vedevano la impossibile unità, e volevano la possibile lega; eppure dopo molte pratiche, e la creazione d'un'assemblea, la guardia civica a' 29 giugno gridò fusione. Allora il Manin rispose che tra ventiquattro ore chiederebbe il voto de' rappresentanti; nondimeno maggiori grida a sera; tanto che i ministri arringando dichiararono il presidente stare a posto sol di nome sino alla convocazione dell'assemblea. Questa s'unì a 4 luglio; il Manin dissevi tutto esser provvisorio, il definitivo farebbesi a Roma, allora volersi pace; così dati i voti n'uscì la fusione. Il Pepe si dichiarò anch'esso per questa; il Manin si dimise; e un Castelli prese il governo provvisoriamente, sino all'arrivo del general Colli commissario sardo.

A' dieci di giugno si presentò a re Carlo Alberto l'atto di fusione lombardo; e le camere di Torino a' 30 l'approvarono insieme a quelli delle provincie di Padova, Vicenza, Treviso e Rovigo. A' 20 luglio approvaron quello di Venezia, dove già il 14 erano entrate le soldatesche sabaude.

§. 27. Il papa che prega, regna e non governa.

La repubblica intanto mettea barbe in Roma. Il ministro Mamiani imposto il voler della piazza al pontefice, osò leggere a 9 giugno al corpo legislativo un discorso che spiegava l'interno pensiero de' congiurati: « Un'opera vasta e feconda abbiamo cominciata, il cui risultamento riuscirà suggello alla civiltà de' moderni. Il nostro principe come capo de' fedeli, dimora nell'alta sfera della sua celeste autorità, vive nella serena pace de' dogmi, dispensa la parola di Dio, prega, benedice e perdona. Come sovrano costituzionale lascia a Voi provvedere al più delle faccende temporali. Voi siete chiamati a consumare cotal fatto profittevole a tutti i popoli. A noi toccherà lo abbattere gli ultimi avanzi del medio evo, e a perfezionare le forme nuove della vita pubblica odierna. » Poi parlava della guerra all'Austria, non agli Austriaci; co' quali sarebbero amicissimi quel dì che per sempre andasser d'Italia lontano.

Pio IX si lamentò co' ministri di quel separare il temporale dallo spirituale; e quando a' 10 luglio accolse la risposta de' deputati al discorso del trono, disse: « Se il pontefice prega benedice e perdona, è anche in dovere di sciogliere e legare. Come principe ha chiamato i due consigli a cooperare con lui per raffermar la cosa pubblica; come principe sacerdote abbisogna di libertà che non inceppi l'azione sua negl'interessi della religione e dello Stato. Il mezzo da conseguir la grandezza italiana non è la guerra. Benedetto è il nostro nome per le prine nostre parole di pace; nol sarebbe se fossero guerresche. Unione fra principi e armonia fra popoli posson solo dare l'agognata felicità; e ricordatevi che Roma è grande non per dominio terreno, ma perchè sede della cattolica Fede. » Quindi conseguitarono tumulti novelli; e la sera del 16 di quel mese, i faziosi fra le ovazioni al loro archimandrita Mamiani, e i Viva a Carlo Alberto, e al duca di Genova *re di Sicilia*, aggiungevano: Morte al re di Napoli! giustamente, perchè questo re solo non avean potuto vincere.

§. 28. I Tedeschi a Ferrara.

Il Radetzki vincitore nel Veneto, aveva a' 14 luglio spinta una brigata a Ferrara per soccorrere il presidio di quella cittadella; perlocchè il papa che sosteneva di non essere in guerra, fe' protestare dal cardinale segretario di stato contro quel fatto, per la violazione del territorio. Ciò servì di pretesto ad altri rumori in Roma. Fecero petizione a' deputati, chiedente dichiarassero la patria in pericolo; e Ciceruacchio a capo di facinorosa bruzzaglia gridava armi. Oltracciò arrivata a' 25 la vinta legione, reduce per la capitolazione di Vicenza, lodaronla a festa della sua bravura, e mandaronla ad alloggio nella casa de' Gesuiti, il che spiacque molto al papa. La dimane fu assassinato il sacerdote Ximenes collaboratore d'un giornale conservatore detto *il Labaro*, mentre uscito dalla stamperia passava alla casa del Gesù a vedere due suoi fratelli legionarii tornati da Vicenza. Là da presso gli dettero una stilettata al collo; cadde, e tratto semivivo entro quella casa religiosa, dopo cinque minuti, senza profferir sillaba spirò. Prova questo del come le sette rispettano la libertà di pensiero e di stampa cotanto da esse reclamata. Impertanto Pio IX scortosi in balia d'audacissima fazione, per provvedere alla quiete materiale volea i suoi reggimenti svizzeri stanziati nelle legazioni, e gli fu negato da' suoi ministri; il perchè mandò a re Ferdinando il cardinal Ferretti a dimandare aiuto. Ma il re tutto intento a ricuperar Calabria e Sicilia, e inoltre sendosi allora in gran sospetto delle risoluzioni che potesse l'assemblea francese adottare, e delle insidie del ministero brittanno, non potè entrar nell'impegno; di sorte che il papa restò nelle branche della rivoluzione indifeso.

§. 29. Disfatta de' socialisti a Parigi.

Se Italia travagliava, non riposava Parigi; dove la rivoluzione ita più avanti, procedeva al suo ultimo fine. A 8 giugno s'eran fatte elezioni suppletorie di deputati, fra' quali apparso candidato Luigi Napoleone, fu eletto. Avean già instituite colà fabbriche nazionali da far lavorare gli operai; e da prima se ne scrissero tredicimila, tosto cresciuti a centomila; perchè da tutta Francia v'accorsero proletarii oziosi, per mangiare a ufo, e mover le braccia nelle sedizioni plateali. A rimediarvi il governo repubblicano propose a' 19 giugno all'assemblea l'abolizione delle fabbriche, e assegnare invece cencinquanta milioni di franchi per promuovere il lavoro. Quindi ire: la sera del 22 s'accozzò: moltissima marmaglia tumultuante, e fra le grida s'udiron la prima volta voci di Viva Napoleone, Viva l'Imperatore! La notte alzarono barricate in tutta la città, inalberarono bandiera rossa, e aperto proclamarono repubblica democratica e sociale. Allora l'assemblea spaventata fe' dittatore il generale

Cavaignac, che il 23 sul tardi con soldatesche e guardie nazionali assalì le barricate. Durò quattro giorni il conflitto, mancaron d'ambo le parti diecimil'uomini, e l'arcivescovo di Parigi Dionisio Augusto Affrè uscito a metter pace, colto da una moschettata, perì. Il Cavaignac vincitore carcerò seimila de' più tristi, molti fucilò, molti mandò alle colonie. Luigi Blanc e Caussidière, rappresentanti, e autori di questi sollevamenti e di quelli del 15 maggio, fuggirono a Londra. Il Cavaignac fatto capo del potere esecutivo abolì le fabbriche nazionali, soppresse molti giornali, e con gagliardi provvedimenti ripose la quiete. In fine l'assemblea compilò e a 4 novembre approvò la costituzione repubblicana, ch'era parmi la decima colà inventata in sessant'anni.

§. 30. Disfatte di Carlo Alberto.

La guerra Lombarda riusciva anch'essa a fiaccar la rivoluzione. Eran corse pratiche per armistizio, intermedia Inghilterra. Austria offeriva come dissi fare un regno Lombardo-Veneto indipendente, o anche la sola Venezia; ma ciò guastando i disegni sabaudi, fu tirato a lungo, sinchè ingrossati i Tedeschi si tornò all'arme. Dall'altra forte i repubblicani sclamavano sull'inazione de' Piemontesi al Mincio; e spinsero Carlo Alberto a bloccar Mantova; però seguirono combattimenti a Governolo, a Rivoli, a Sommacampagna, a Sona, a Staffalo, e una quasi battaglia a Custoza, e poi a Volta, donde i Sardi rotti e sperperati ripararono sull'Oglio. Non riuscita una tregua, il re chiamò con un manifesto gl'Italiani all'arme, ma non gli arrivò uomo, anzi disertavagli la sua gente; ond'ebbe a lasciar anche Cremona, e a' 31 luglio ritrarsi all'Adda. Milano spaventata s'armò, chiamò il Garibaldi a unir volontarii, fece quattordici milioni di debito forzoso, e mise in vendita beni nazionali per tre milioni. Il re v'arrivò coll'esercito sgominato a 3 agosto, come a difender la città; ma aveva i battaglioni laceri e smilzi, il più sbandati per via, già ridotti a metà ed a terzo; giunti i Tedeschi tentò di resistere, e perduti sette cannoni, rifugiò dietro le barricate. A notte, sortita vana la difesa, cercò patti. Allora scoppiarono le passioni repubblicane. I tumultuanti circondarono il palazzo Greppi ov'era il re; cui improperii, fischi e colpi di fucili dettero in pagamento d'aver combattuto unito alla setta. Anche adunarono fascine per arderlo entro al palagio. Egli e il duca di Genova furon salvi per fedeltà di pochi soldati. Allora allora firmò in fretta una capitolazione; e quella notte istessa del 5 agosto abbandonò Milano, fra gl'insulti e le schioppettate, sino a porta Vercellina. Così i Tedeschi entrarono vincitori in quella città donde cinque mesi innanzi erano usciti quasi fuggenti, cacciati si può dire dalle grida; ma soprastando alla passione la disciplina, non si vendicarono. Il Garibaldi che avea raccolti forse tremil'uomini dalla poltiglia sociale, scrisse una proclamazione contro Carlo Alberto, annunziò ridicolosamente la guerra del popolo, e fe' una grottesca scorreria attorno a' laghi; ma tosto pria che urtato disfatto la scampò negli Svizzeri.

Il re savoiardo ripassò il Ticino a 7 agosto; e per non essere perseguitato nel regno suo, mandò a Milano il generale Salasco dimandando armistizio. Francia e Inghilterra offersero la mediazione, e il re la volea per aver non pace, ma tempo da ripigliar forza; se non che il Gioberti e i suoi sviscerati baldi s'opposero, e rifiutaronla, dimandando invece lo intervento dell'esercito repubblicano di Francia. Anche Venezia mandava a Parigi il Tommaseo a chiedere aiuto di soldati. Ciò era chiaro un voler Italia repubblica; laonde Carlo Alberto spaventato per l'imminente perdita del trono, paventando più i Francesi che i Tedeschi, volle subito accomodarsi con questi. Il timore dello intervento francese pressando ambe le parti, riuscì al Salasco concludere con l'austriaco Hess un armistizio così: le frontiere de' due Stati separare gli eserciti; restituirsi Peschiera, Rocca d'Anfo ed Asopo co' loro attrezzi; e ritrarre le genti sarde da Modena, Parma, Piacenza e Venezia. Così in un attimo svanirono i tanti brogli delle fusioni. I rivoluzionarii ch'avean tanto alzato Carlo Alberto *spada d'Italia,* tosto vituperarono protestando in italiano e in francese, con migliaia di firme, dicendo egli non capitolazioni ma resa aver pattuita col nemico. Lo stesso ministero suo coll'abate Gioberti si dimise; protestò per l'illegalità e la nullità dell'armistizio, e con una scritta al re dichiarò inetta la condotta della guerra, indisciplinati i soldati, sospetti i duci, vergognosi i patti. E in vero quella capitolazione ruppe i disegni della rivoluzione; e altresì quelli di Francia e Inghilterra, che a quei dì, come narrai, s'erano accordate sul modo da intromettersi fra' combattenti; e restaron deluse. Però, il Bastide ministro francese, in un dispaccio del 21 agosto a Roma, con non celato dispetto disse il re aver concluse un *inqualificabile armistizio,* e però reso lor difficilissimo l'esercizio della mediazione. La repubblica aver sin dai principio offerta generosa assistenza all'Italia; questa averla respinta credendo bastare a sè stessa; ora che gravi avvenimenti sopravvenuti metteanla in trista condizione, la Francia esser nel dritto di consultare gl'interessi suoi proprii, e operare a seconda della pace europea. Con questo scopo s'intrometterebbe nelle cose italiane.

§. 31. Napolitani a Venezia.

Tai vicende ho raccontate perchè ne venissero chiariti i fatti de' nostri entro Venezia. Quivi mancando artiglieri buoni ai forti, v'eran iti i napolitani; gli zappatori fur messi a restaurar le fortificazioni. In quella città già bloccata dal nemico eran queste milizie: Di Napolitani il 2° battaglione cacciatori, la 2ª batteria da campo, la sesta compagnia zappatori, due battaglioni volontarii e quasi quattrocento uomini spicciolati d'altri corpi, de' quali pochi disertori, il resto usciti da ospedali, e mandati là da' municipii. V'era di Piemontesi tre battaglioni; poi uno di volontarii Lombardi, uno civico di Bologna, uno di Romani, e due cannoni di Toscana; di Veneti v'eran quattro battaglioni presi a pagamento e di mala condotta, una compagnia di volontarii artiglieri, e un'altra pare d'artiglieri, detta *Bandiera e Moro,* a memoria di quei periti in Calabria.

I Napolitani sebbene scontenti del vedersi là costretti, pur non mancarono per l'onor della bandiera al debito di soldati. A' 7 luglio in una sortita alle Cavanelle cent'uomini con due cannoni, a quindici tese da' parapetti nemici, e scoperti, durarono quattr'ore, e fecero danni all'avversario, sì da esserne lodati nella proclamazione del generale. Al 9 quasi tutti i Napolitani fur mandati a presidiar Malghera. Di qua uscito a' 20 alquanti zappatori con due compagnie cacciatori, fecero mine in una casa alla strada ferrata di Padova, ch'era ricovero al nemico e di molestia a' difensori del forte; poi combattendo vi detter foco, onde essa crollò da tre bande; ma un soldato Biagio Veneroso ebbe ardimento d'accostarsi a ravvivar la quarta miccia, e vi stette da presso, sin quasi allo scoppio.

Correva a' 25 luglio il quarto anniversario della fucilazione de' Bandiera; e si volle colà inneggiare a quei morti per la rivoluzione, con una messa di requie, e intervento di gente da Venezia. Fu ordinato che un drappello d'ogni corpo del presidio stesse al funerale; e volle il caso fossevi presente un caporale ch'era stato da' primi ad arrestare in Calabria quei giovani, e tutta poi la banda dei trombettieri ch'avean sonato sul luogo della fucilazione. Vedi coincidenza, e incertezza delle umane vicissitudini! Di poi a mensa sbalestrando quei cervelli avvampati dal vino, detter quasi briachi in brindisi; dove un Veneziano uscì con certi versi contro i sudditi fedeli a' prenci, contro chi s'era allietato della morte de' Bandiera, e anche contro chi non s'era levato a vendicarli. Plaudendo i circostanti, i nostri uffiziali sdegnati si tolsero da mensa. Poi il Ritucci, maggiore in grado, andò al comandante del forte, e 'l richiese convocasse i convitati; il che fatto, si volse al Veneziano millantatore, chiedendogli ragione dell'insulto scoccato, al sovrano delle Sicilie. Si scusò dichiarando aver alluso al re non rigenerato; ma le donne presenti e le grida Viva Italia troncarono la questione. Indi a pochi giorni tolsero da Malghera il battaglione cacciatori, dividendola: tre compagnie all'isola di Lido, e, tre all'altra Murano.

§. 32. Come ne tornano.

Intanto giungendo da Napoli ordini reiterati di ritorno, gli uffiziali fecero ressa al consolo nostro, perchè provvedesse all'imbarco, e andarono essi medesimi noleggiando navigli di nascoso. Inviarono a re Ferdinando una dichiarazione di fede e ubbidienza; e il Ritucci ogni dì faceva istanze al governo veneto per esser rimandato; e protestava non potere i Napolitani prender parte a operazioni di guerra senza trasgredir gli ordini del sovrano. I soldati sparlavano in ogni parte. Tai cose, e il fatto del cercare i legni, insospettirono i Veneti, il Pepe, e il Colli commissario sardo; temettero si volessero far padroni di Malghera, per darlo a' Tedeschi, o a patteggiare il ritorno; perciò v'avean tolto il battaglione cacciatori. Il Pepe a' 6 agosto, chiamati gli uffiziali a casa sua, prima a solo a solo, poi a tutti insieme disse la monarchia napolitana star per crollare, sovrana esser la camera de' deputati, servissero la nazione; e veggendoli duri, minacciò consigli di guerra, fucilazioni e disarmamento. Risposero volersene andare, aver serbata la disciplina, non voler posar l'arme, o si difenderebbero. Egli soggiunse risolverebbe tra due ore; poi richiamatili riminacciò, e indarno. Da ultimo andarono al Colli, e ottennero di partire alla dimane.

Il colonnello Mattei governatore di Malghera, cinto dagli uffiziali nostri disertori, parlò a' soldati promettendo compensi ed onori; tutti gridarono Napoli, Napoli! L'imbarco era disposto fuori l'isola di Lido; invece fecero andare gli artiglieri e i Zappatori al lazzaretto, sotto il cannone delle barche cannoniere, donde non poterono uscire che lasciando artiglierie e cavalli, e divisi dagli ufficiali. A 134 soldati delle frazioni di linea, gli uffiziali disertori pria tentarono persuadere, poi indispettiti usarono uno stratagemma. L'aiutante maggiore Oliva, disertato dal 10° di linea, li mise in riga nella piazza del forte, quasi passarli a rassegna; e quando ebber fatti i fasci d'arme, fe' a un segno accorrere sua gente che tolsero i fucili. Così disarmati, e spogli pur del cuoiame e d'ogni arnese militare, li mandò a Venezia. Altresì tolsero l'arme a molti malati di febbre, e anche a sette Lancieri ch'avevano scortata e servito il Pepe, cui alleggierirono anche de' cappotti. Si tennero i carrettoni, i muli, i cavalli, e pur quelli privati di uffiziali. Per tai ruberie, e pe' tolti cannoni, il Ritucci e quei d'artiglieria fecero proteste solenni, e le stamparono. Il capitano Pedrinelli sì pe' rapiti suoi cannoni si accorò, che ne perdè il senno, e ancora è pazzo.

I disarmati s'imbarcarono sur un trabaccolo, che fe' vela per le bocche di Lido il 9 agosto, mentre i Tedeschi assalivan Malghera. La dimane s'imbarcò armato il battaglione cacciatori. Similmente gli artiglieri e i Zappatori sopra altro trabaccolo; ma il fecero dare in secco, e cavaronlo l'altro giorno, volgendolo alle bocche di Malamocco. Colà tra due forti detti Alberone e Bastione, con a fronte una corvetta armata, sopraggiunseli una piroga, il cui comandante notificò al capitano Bardet l'ordine che facesse posar l'arme a' suoi, o li colarebbe a fondo. Fu un grido d'indignazione: uffiziali e soldati sclamarono voler anzi annegarsi che soffrir quell'onta. Protestarono: « I Napolitani non tener guerra co' Veneti; leali soldati aver due mesi partecipato a' pericoli e a' disagi della guerra veneziana; il general Colli aver permesso d'andarsene armati, ora essere sforzati a lasciar l'onorate arme, in luogo ove non è difesa; ma cinti da fortezze e cannoni preferir la morte al mirar vituperato l'onore napolitano. » Firmaronla i capitani Pedrinelli e Bardet, e i tenenti Guillamat, De Sauget, Fonzeca, Panico, Vernaux, Castellano, Presti e Dusmet; e mandaronla per un legnetto a vapore detto Pio IX. Essa per fortuna andò nelle mani del general Graziani di marina; il quale sentendo la sconvenevolezza dell'atto, e la città in altri più gravi pensieri, li lasciò andare.

Per la capitolazione di Milano ricacciati i Sardi dietro il Ticino, il popolo veneziano tumultuando annullò la *fusione,* e abolì il governo piemontese; il perchè cadevano il Colli, il Castelli, e il Cibrario a 13 agosto, e risaliva in seggio il Manin, col Graziani e il Cavadoli. I nostri videro il Colli fuggente in una barca passar con gran remate avanti a loro, a raggiungere i suoi legni. Così dove la potestà sarda non fosse stata sullo stremo, forse quei soldati di Napoli avrebbero con morte in fondo al mare scontato l'errore d'aver combattuto a fianco de' Piemontesi fratelli. Il comandante veneto si scusò dell'iniqua domanda, dicendo averla fatta per ingiunzione del Pepe, che si sperava aver minacciando quell'arme; però era pure un Napolitano che voleva far onta a' Napolitani, ed era pure uno vantantesi patriota che ingiuriava la sua nazione.

Quei trabaccoli avean magrissime provvisioni; carne marcia, poca pasta, poca acqua, niente olio. Dopo otto giorni di penosa navigazione, giunsero il 17 agosto a sera a Pescara l'altro legno co' disarmati e i malaticci, sospinto da fortuna di mare entrò il 19 a Manfredonia. Restavano a Venezia gli otto cannoni, i volontarii, quasi dugento soldati il più infermi, e venti uffiziali.

LIBRO OTTAVO

SOMMARIO

§. 1. Premessa dell'autore. — 2. Sicilia fa danari. — 3. Si vota lo statuto. — 4. Si elegge il Duca di Genova. — 5. Corona offerta. — 6. Ordinamenti in Napoli. — 7. È messa la rivoluzione in Calabria. — 8. Il comitato di Cosenza. — 9. Sue geste. — 10. Il comitato di Catanzaro. — 11. Anche meno nel Reggiano. — 12. Provvedimenti regii. — 13. Provvedimenti de' ribelli. — 14. Siciliani col Ribotti. — 15. Scaramucce. — 16. Fatto d'arme a Campolongo. — 17. Danni a Filadelfia e Pizzo. — 18. Ritorno a Monteleone. —19. Fuga de' comitati e de' Siciliani. — 20. Cattura e protesta. — 21. Reclamazione inglese. — 22. Condanne e grazie. — 23. Morte del Mileto, e del Carducci. — 24. Le Calabrie pacificate. — 25. Inani sforzi rivoluzionarii nelle provincie. — 26. Inetta congiura dell'Ayala. — 27. Nuove elezione. — 28. La camera de' deputati. — 29. La camera de' Pari. — 30. Veleno di stampe, e reazione. — 31. Le camere prorogate. — 32. Si decide la spedizione in Sicilia.

§. 1. Premessa dell'autore.

Fu sempre a operare più facile il male che il bene, e più comune lo sbrigliare le passioni che contenerle: perlocchè raccontando i fatti umani s'ha men sovente a lodare che a vituperare. Soltanto gli scrittori settarii, sendo obbligati ubbidir loro mastri, pongon nomi buoni al male, e fan di sfuriate passioni magnifici esaltamenti; onde i libri ne riescono panegirici di ciò che in tutte età fu riprovato. Come s'è pervenuto a torre a' diritti governi le forche, così anche alle malvagità si dan corone ed incensi, cui suppongono duraturi ed eternali. Assassini e regicidi furo appellati Bruti e Timoleonti; ma questi antichi eroi non già ribelli erano, anzi uccidori di ribelli tiranneggianti loro patrie; sicchè tai scontorti paragoni son controsensi ad ogni sapiente. Dettate con tal metodo storie encomistiche di turpezze, si contentano i molti. Per contrario lo scrittore libero ha per necessità pochi a lodare, molti a vituperare; perchè la vera schietta storia non è panegirico, ma giudizio solenne de' pubblici fatti; dove per quanto mitighi la severità, pur sempre da molti guadagni odio e rancori.

Sta nel fatto perduta una monarchia benefattrice, saccheggiato un reame, versato mare di sangue, chiamati stranieri a sbranar la patria, ita la libertà e l'indipendenza, l'onore e la roba; eppure chi lunghi anni ha macchinato e congiurato per farlo, mal uso alle lodi settarie, vorria anco essere ringraziato dalla posterità. Altri fu ribelle, altri disertore, altri traditore, altri codardo, altri tutte queste cose insieme; come tacerlo? Il male è fatto; e se il vituperio deve cader su qualcuno, è giusto vada anzi a chi sel volle meritare che alla nazione napolitana; che dopo tradita e venduta, n'andrebbe per giunta dichiarata vile e trista. Oltracciò dappoichè più non v'han forche, resti almanco la memoria dell'infamia, e la peggio che forca pubblica esecrazione, esempio e ritegno a' traditori futuri.

V'ha pur di molti ora pentiti de' loro falli, di che certo van commendati, ma di cui non si posson celare i trascorsi. Eglino darian mala prova di pentimento, ove non li riprovassero eglino stessi, o che del sentirli scritti si spiacessero; quando il ricorvarli riesce ad amamestramento altrui, e a scagionar la patria da ingiuste accuse d'iniqui. Pregio del pentimento è accontentarsi della gloria amara ma durevole dell'incolparsi, e il rifulgere anzi per umiltà d'accusa che per ostinatezza in impossibile giustificazione.

Certo la storia non tutte colpabilità registra, bensì quelle sole che son di scuola alle genti; nè l'onesto scrittore le aggrava, ma le modera e sceglie; se non che innanzi allo interesse universale deve sparire la suscettibilità degl'individui; e sempre alquanti di questi van colpiti, siccome nelle battaglie la morte de' pochi assicura la vittoria de' tutti. Ho la coscienza d'aver già ne' passati racconti mitigato assai la severità sulle persone; e ancora il farò dove il possa senza mancare al debito mio, non ostanti i troppo spinti desiderii di chi vorria sentirne di più. Padroni o comandatori non ho, non piaggo, non agogno, non temo, non ho stizze nè simpatie, scrivo per dir vero. E questo per fermo prometto, che nè suggerimenti, nè incitamenti, nè minacce ratterranmi del seguir imperturbabile lo assunto del dire al cospetto de' contemporanei quella verità ch'è da storia, cui tante cabale tentaron di mascherare e seppellire.

§. 2. *Sicilia fa denari.*

Ferocemente la setta travagliava il reame. In Sicilia il suo lavorio, l'arti del Mintho, il timore del re offeso, le istigazioni faziose di Napoli e d'Italia, e le stesse offerte concessioni, tutte fur cagioni da tirare quei ribelli a partiti estemi, appunto quando pe' fatti del 15 maggio avria dovuto metter senno. Abbruciati di denari, scialacquanti e sitibondi, si dettero a far moneta. Oltre il mezzo milione d'onze decretato a 14 aprile, il parlamento a 18 maggio ordinò porsene a disposizione dei ministri di guerra e finanze altre settecentomila, che si cavassero da affrancazioni di canoni, censi e rendite debite alla Stato, alle amministrazioni pubbliche, alle Beneficenze, e a' luoghi pii laicali, da nuovi imprestiti sul Gran Libro, e da altre straordinarie tasse. Ne posero sulle finestre, sulle botteghe, su' soldi degl'impiegati. Da vendite, affrancazioni di censi e rendite ebbero in quei mesi di rivoltura un milione e centoventimila ducati. A 20 maggio decretarono che tutti i beni e rendite di commende e badie di regia collazione senza cura di anime, come venisser vacanti, s'aggregassero allo Stato; allo Stato andassero i beni della corona e di Casa reale, l'abbadia della Magione, quei dell'ordine Gerosolimitano, quei dei principi reali, di ordini cavallereschi, o altre simiglianti corporazioni non risiedenti nell'isola, e godute da persone non siciliane, le commende vacanti, e altri benefizii.

§. 3. Si vota lo statuto.

Re Ferdinando dolente d'avere a metter mano alle arme, non ismetteva le speranze di pace, nè mancava tratto tratto di raccomandar moderazione. Tra l'altre un dì in aprile, ritraendosi in Sicilia l'intendente barone Malvica, avea mandato per esso insinuando al duca Serradifalco, allora presidente de' Pari, rattenesseli da partiti estremi, così da rendere impossibile ogni conciliazione, e sforzarlo a guerra. Questo duca già devotissimo, direttore generale delle dogane, poi consultore di stato, s'era gittato nella rivoluzione, per rabbia di non aver ottenuta la più volte chiesta fascia di S. Gennaro, e più anche per codardia. All'ambasciata tremò tutto, si guardò attorno, temente le mura udissero, non volle finir di sentire; e lasciò andare per la china. Dissi che dichiarato a 13 aprile la decadenza de' Borbone, avean preso a riformare la costituzione del 1812, per porla come patto alla corona da concedere al nuovo re. I parlamenti fecero uno statuto quasi repubblica; i cui principali dogmi furon questi: « La sovranità è nell'università dei cittadini. Il potere di far leggi, interpretarle, e dispensarne sta solo nel parlamento. Questo composto da rappresentanti del popolo è in due camere, deputati e senatori. Ogni cittadino maggiore di ventun'anni che sappia leggere è elettore. Compiuti i venticinque anni, possono essere deputati, e secondo otto classi indicate: compiuti i trentacinque, anche seder senatori, secondo altre otto classi. Un deputato per ogni comune di seimil'anime, due per quei di diciottomila, dieci per Palermo, cinque per Messina, cinque per Catania. I senatori centoventi, da eleggersi dalle associazioni distrettuali, secondo la popolazione. L'uffizio di deputato durar due anni, sei il senatore. Il parlamento unirsi di dritto a Palermo a' 12 gennaio in S. Domenico. La camera de' deputati, presenti sessanta, è legale, quella del senato con trenta. La sessione parlamentare durar tre anni. Tutte e due le camere aver l'iniziativa delle leggi, ciascun membro poterle proporre; poter essere sciolte dal re. Morendo il re, il successore pigliando il governo doversi far riconoscere dal parlamento, e giurare alle camere unite nel Duomo di Palermo, nelle mani dell'arcivescovo. Non poter esercitare nessuna potestà delegata ad esso dalla costituzione senza consultare il consiglio de' ministri. Poter far guerra e pace, trattati di allenza e commercio, ma non avranno effetto senza l'assenso del parlamento. Egli non aver poteri fuori di quelli conferitigli dallo statuto, intitolarsi Re de' Siciliani per costituzione del regno. La parola e la stampa libere, libero l'insegnamento, inviolabile il segreto delle lettere. Chiamati senatori a vita, oltre i centoventi; quei Pari temporali che siedono per la costituzione del 12, e che a' 13 aprile firmarono l'atto di decadenza de' Borboni. » Cotale statuto che non s'appellava repubblicano, era ludibrio al nome di re; eppure non mancavano candidati. Fra gl'Italiani si nominavano Ferdinando di Savoia, Duca di Genova, secondogenito del Granduca Toscano, fanciullo di nove anni. E in giugno si sparsero per Palermo proclamazioni anonime *a' veri amanti della libertà*, dove di mettevano innanzi tre di casa Bonaparte, cioè il repubblicano principe di Canino, figlio di Beauharnais, e Luigi Bonaparte; se non che notate parecchie eccezioni per tutti i suddetti primi quattro candidati, conchiudevasi a pro di quest'ultimo, *liberale, ramingo in Londra, dotto per lettere e scienze militari*.

§. 4. S'elegge il duca di Genova.

Benchè quello fosse stato larva di regno, pur chi andava dritto alla meta non voleva sentire re; e gli altri volevanlo per ipocrisia, non per fede. Dissi esser iti commessarii per Europa, non riusciti a far riconoscere quel governo. La protettrice Albione avversava il nome di repubblica; e il Mintho sin da aprile avea scritto al Palmerston sulla necessità di fare re il duca di Genova, e di sollecitare per evitar repubblica. Il Normanby ministro a Parigi scriveagli anche avvisar come il Mintho, e doversi presto riconoscere la indipendenza sicula venuta a monarchia; perocchè, diceva, in quella lotta di repubblicani e costituzionali specchiarsi Francia dove molto s'esalterebbero d'un trionfo repubblicano. Dappoi il Palmerston con dispaccio al suo ministro in Napoli dichiarava: persuadessesi Ferdinando che qualunque re fosse scelto in Sicilia, o di Savoia o di Napoli, l'Inghilterra il riconoscerebbe appena salito al trono. A lord Abercombry ministro a Torino significava confidasse a quella corte, potere il duca di Genova accogliere o rifiutare la graziosa offerta, certo che la Gran Brettagna il saluterebbe re di Sicilia. E di tal dispaccio mandava copia al palermitano governo, per inanimarlo all'elezione.

Quindi i Pari a 16 giugno deliberarono dimandarsi a' ministri se avessero volte istanze a principi italiani per concorrere al trono. Poscia comparse avanti Palermo due navi di Francia, i repubblicani speranzati brogliarono per differire l'elezione e guadagnar tempo, ma non riuscirono a muover la Guardia nazionale; ed anzi i contrarii tosto fecero una petizione, sollecitando il parlamento a nominare il sovrano. I dì 8 e 9 furon tumultuosi; ma a sera giunse il Fagan (Siciliano) intruso nella legazione inglese a Napoli; il quale con dispacci britanni affrettò l'elezione: e i repubblicani ebbero a cagliare. Gl'Inglesi temevan la repubblica, siccome quella che facilitava a re Ferdinando la riconquista.

Impertanto Mariano Stabile a 10 luglio nunziò a' Pari che Francia e Inghilterra riconoscerebbero l'indipendenza sicula appena eletto il re; ed esse consigliare prestezza; pertanto non essendo allora compiuto ancora lo statuto, ambe le camere in sessioni permanenti compilaronlo e approvaronlo quel dì stesso e la notte seguente.

Prima la camera de' Pari, con più paura che fellonìa, senza votazione, con acclamazione; appresso quella de' deputati, proclamarono il duca di Genova e sua discendenza, secondo lo statuto del 10 luglio, col titolo di *Alberto Amedeo I, re de' Siciliani, per la costituzioni del regno*. Fu allora che (appellandosi Ferdinando quel duca) il March. V. Montillaro, Pari eletto gridò: *Si tolga il nome Ferdinando perchè Sicilia più non ricordi il nome del tiranno caduto*. Sì fu fatto. Erano l'ore due dopo mezzanotte:

incontanente campane a festa e luminarie; poi balli, parate civiche e militari, e *Te Duem* al mattino del 12 nella metropolitana. I vascelli francesi, alzata bandiera della rivoluzione italiana, fecero salve di cannoni. L'ammiraglio Parker dette il Porcospino, nave a vapore, per condurre l'Alliata a nunziare a Carlo Alberto l'elezione; onde ei potè passar per mezzo alla crociera napolitana impunemente. Nella stessa tornata dell'approvazione dello statuto e della elezione del sovrano scesero alla buffoneria di far la scimmia all'America, decretando che Ruggiero Settimo avesse franchigia del dritto postale sulle lettere private; e così fecero più ridicolo cotesto loro pupo assimiliato al Washington. Ferdinando a 15 luglio con altro atto solenne rinnovò le proteste del 22 marzo, dichiarando nulli e illegali quelli atti del governo rivoluzionario. Poi al 20 pel mezzo del Ludolf nostro legato a Torino notificò: ch'ove contro il dritto il duca di Genova accettasse l'inconsiderata offerta, o che contribuisse a recarla ed effetto, egli re delle due Sicilie sarebbe nella necessità di troncar relazioni col Piemonte; e fidando nel suo dritto si valerebbe di tutte sue forze, per sostenere l'integrità e il decoro della sua monarchia.

§. 5. Corona offerta.

I ribelli procedettero ad assegnare al re eletto i beni de' Borboni, e scelsero personaggi che andassero a offerirgli la corona. Furono il presidente de' pari duca di Serradifalco, il barone Riso, Pari e capo della guardia nazionale, il principe di Sangiuseppe, Pari, il marchese Spedalotto, podestà di Palermo, e i deputati Carnazza, Ferrara, Perez e Natòli. Il Baudin ammiraglio francese lor dette il Descartes piroscafo, col quale passarono avanti agli occhi di tre fregate napolitane. Sbarcarono a Genova il 21. Subito a Marmirolo ov'era Carlo Alberto; e quantunque non avessero udienza pubblica, pur furono bene accolti, e altresì convitati a regia mensa in Alessandria. Quel re s'apparecchiava già a presentarli al duca di Genova a Villafranca, quando appunto in quei dì la battitura di Custoza e la ritratta dal Ticino gli consigliarono prudenza. I commessarii voltarono a Torino, vezzeggiati da quei ministri; se non che, compresse dalle sconfitte le ambizioni, bisognò coprire il desio della sicula corona con modesti velamenti. Nondimeno non fu rifiutata. Il Sabaudo non osò stendervi il braccio, perchè essa era troppo spinosa allora, quando non s'era ancora ben piantato il *dritto nuovo*; perchè nel mondo pareva ancora turpe spogliare un re parente e italiano, mentre tanto si vagheggiava lega; e soprattutto perchè il re da spogliare era forte, nè s'erano per anco trovati i modi di far cadere a terra le baionette del dritto antico. Il Piemonte allora aveva dodici anni di meno. Seguìto l'armestizio di Salasco, e rientrati i Sardi nel loro territorio, tementi, non che pigliar lo altrui, perdere il loro, il duca di Genova si calò a 11 agosto a scrivere a' ministri torinesi; partecipassero a' Siciliani non poter provocare una guerra con Napoli, sì da dare all'Italia novelle calamità. Eppure tal lettera non andò comunicata; sì bene il Duca disselo a voce il 27 di quel mese a' commessarii che gli presentarono l'atto d'elezione e lo statuto costituzionale. Non ardì pigliar con le mani quelli atti, quasi lo scottassero, e li fe' dall'offerente Serradifalco deporre sulla tavola; infine per non romperla affatto conchiuse sottoporrebbesi alla decisione del padre suo.

Quell'atto del parlamento siculo dell'11 luglio infranse ogni pratica di conciliazione fra le due parti del regno; sbrigliò affatto le passioni rivoluzionarie nell'isola, e addoppiò l'indignazione de' soldati regi; che all'impazienza del vendicare offese, aggiunsero il desio di riporre il patrio Sovrano sul trono indivisibile degli avi suoi.

§. 6. Ordinamenti in Napoli.

In Napoli si lavorava a ricostruire l'edifizio sociale quasi disfatto in quei pochi mesi. Il re a 24 maggio con una proclamazione a Napoletani lamentava i fatti del 15, accennava a mitigarne le conseguenze, e invitava i cittadini a rinfrancar gli animi e a fidar nell'avvenire. Con decreto revocò quello del 5 aprile ch'aveva alterato la legge elettorale del 29 febbraio, questa richiamò a vita; anche strinse a ducati centoventi il censo delgli elegibili, e a dodici quello degli elettori, e die' altre norme per lo squittinio e la pubblicità de' suffragi. Convocava pel 15 giugno i collegi elettorali; designava il 1 luglio per l'apertura delle camere legislative. Così nonostante la disfatta, la rivoluzione restava in piedi. Con altri decreti di quel dì si restituivano i seminarii a' vescovi, giusta il concordato con Roma, abrogato quello del 16 aprile; vietate le affissioni senza permesso per le mura di carte scritte o stampate, e lo spaccio di giornali e altri fogli non approvati.

Sciolta la Guardia Nazionale faziosa, dovea tosto farsene altra che fosse guarentigia di sicurezza, non cagione di pericolo; perlocchè prescritta dallo statuto, n'era necessaria la presenza a' collegi elettorali e alle camere; quindi a 8 giugno se ne decretò la formazione di dodici compagnie per Napoli, ciascuna di dugent'uomini, divisa in tre battaglioni; da porvisi proprietarii, impiegati e maestri d'arti e di bottega, ch'avessero dato prova di devozione all'ordine legale; e fu ripigliata la stessa divisa ch'ebbe la Guardia di sicurezza, durata pacificamente tanti anni. Subito messa in atto, al 14 di quel mese il Labrano governatore della città potè dichiarare ristabilito l'ordine, cessato lo stato di assedio, e imperare le leggi. A' 16 si nominò una giunta per discutere i reclami de' danneggiati al 15 maggio, e dar parere, per provvedere secondo giustizia a pro de' cittadini innocenti. Inoltre in quelle strette non aveva il governo abbandonato il commercio: a' 18 maggio s'era firmato un trattato col Belgio. Ma la fazione fiaccata sulle barricate, veggendo riconfermata la costituzione, e rispettate le franchigie, e quindi l'impunità, aderse le speranze; e dove ripigliò l'arme di ferro, dove quelle de' brogli.

§. 7. È messa la rivoluzione in Calabria.

Giuseppe Ricciardi sbarcato a Malta con altri fuggenti dalle barricate, si fe' venire là a posta il *Giglio delle onde*, nava sicula, che li condusse a Messina. I siciliani avean fermato a 5 maggio l'armestizio con la cittadella messinese, ma vogliolosi di averla, nè osando lanciarvisi all'asssalto, volevanla per blocco; onde avean necessità d'impedire a' legni regi di soccorrerla. Disegnarono pertanto di metter piede in Calabria, piantar cannoni sulle coste Reggiane, e sì dalle due bande dominare il Faro, da vietarlo ai Napolitani. Il parlamento avea già ordinato il passaggio in terraferma; già a 24 maggio quel ministro Paternò aveva ingiunto al Ribotti d'andarvi col Castiglia comandante la flotta sicula, per esplorare il paese e gli abitanti, e designare il luogo opportuno da sbarcare. Questo Ribotti, nato a Nizza, ebbe parte a' moti del 1831 nel Lombardo, del 43 ad Ancona, e del 45 a Rimini: condannato a morte, graziato e bandito, andò in Portogallo e Spagna a militare nelle legioni straniere; soldato di rivoluzione mondiale, accorreva dov'erano ribellamenti. Ottenne a Messina la cittadinanza insieme al Fabrizi, lancia del Mazzini; ma sendo egli uomo vanitoso e duro, incresceva anche al comitato palermitano, sopportato pel bisogno. Non se la sentiva di passare lo stretto; e sebben preparasse uomini e armi, e si vantasse aver promesso sin dal 43 a' Siciliani di correre in Calabria se ribellassero, pur cercava remore e dilazioni. Giunsergli opportuni i fuorusciti da Malta, per lanciar sul continente il fuoco avanti a lui. Insieme al Piraino altro duce settario discusse col Ricciardi e suoi colleghi il da fare: ma ei restò fermo al non muoversi se prima non udisse Calabria sollevata. Il perchè bisognò i congiuratori napolitani s'avventurassero innanzi.

Frattanto taluni volgean misteriosamente in fretta da Cosenza a Reggio, e uno anzi tirò a Messina; dove confabulato col Ricciardi, riportò a' suoi la certezza di pronto aiuto. S'era accozzata un po' di gente a Melazzo, quando i fuorusciti traversarono il Faro; tra essi il Romeo, il Mileto, il Torricelli, Eugenio de Riso, e 'l Plutino, quello che poco prima il ministero regio avea mandato pacificare Messina; ora andava sollevatore in Calabria. Ultimo il Ricciardi in barchetta passò a' 31 maggio; accolto a Villa S. Giovanni da' venuti da Cosenza, e da' consapevoli di Reggio; guardato male da' paesani; che memori delle sventure dell'ultimo settembre pronosticavan peggio. Restò stupito che niuno al vederlo si levasse armato a seguitarlo; onde volse a Monteleone la dimane, dove trovò pur meno. Udì poche grida di favore a Nicastro, e corse a sera a Catanzaro. Quivi il *comitato di sicurezza* proibito da' ministri non s'era sciolto, sendone anima il Marsico intendente; v'era inoltre la *società evangelica* degli artigiani; però gli fecero rumore attorno. Nulladimanco dichiarato il proposito dell'alzar lo stendardo, gli dissero andasse a Cosenza: Cosenza cominciasse, Catanzaro seguiterebbe. Così cospirato alla sicura nelle mura dell'intendenza, ei lasciò colà il Torricelli, e col Riso e 'l Mileto volse a Cosenza. V'entrò sull'imbrunire del 2 giugno, festeggiato da fuor dalle porte, e poi con fiori e luminarie; ei dal balcone dell'intendenza concionò alla piazza, assicurando trionfo certo; scagliando ingiurie al re, tutte cose ottime promettendo. Poco stante il sindaco e altre persone sennate pregaronlo sostasse dall'impresa rischiosa e ingiusta. Rispose: rischio o non rischio, giusto o non giusto, farebbe; non saper neanche se l'altre provincie si moverebbero, ei si moverebbe solo, tratto il dado. E per questa gente che vuol redimere l'umanità che è l'umano sangue?

§. 8. Il comitato di Cosenza.

Incontanente creò nuovo *Comitato di salute pubblica*, cioè esso, Raffaele Valentini, Domenico Mauro, ed Eugenio de Riso. Dettero questa proclamazione: « Gli enormi fatti del 15 maggio, e i conseguitati atti distruttori della costituzione han rotto ogni patto fra principe e popolo. Però noi, vostri rappresentanti, ci facciamo capi del movimento calabrese; e afforzati dal volontario soccorso de' nostri fratelli di Sicilia, incuorati dal grido unanime d'indignazione contro il pessimo de' governi, certissimi d'essere interpreti del pubblico voto, memori della solenne promessa fatta al parlamento nella sua nobile protesta del 15 maggio, cioè di riunirsi di nuovo come il potesse, crediamo debito invitare i nostri colleghi a convenire il 15 giugno a Cosenza, per riprendere le deliberazioni interrotte da forza brutale, e porre sotto l'egida della assemblea nazionale i sacri diritti del popolo napolitano. Mandatarii della nazione, chiamiamo intorno a noi, invochiamo a sostegno della libertà la fede e lo zelo delle milizie civili, che sostenendo la santa causa, per la cui tutela siamo costretti ricorrere alla suprema ragione dell'arme, sapran mantenere la sciurezza de' cittadini e 'l rispetto alla proprietà. » Riprodussero quest'atto gli altri comitati calabresi, quel di Catanzaro, e quello poi ch'eressero a S. Eufemia Casimiro de Lieto, Antonino Plutino e Stefano Romeo; ma quei deputati segnatori della protesta detta del 13 maggio non si mossero; e anzi ubbidirono dappoi al decreto regio, che convocava le camere pel 1 luglio.

§. 9. Le sue geste.

I Cosentini a quell'editto dolenti del vedere la città sede di ribellione, la dimane 3 giugno mandarono personaggi de' principali a quei del comitato, pregandolo il discioglessero; ma con mali modi, massime dal Valentini, furon respinti. Oltre i quattro detti, s'aggiunsero al comitato altri quattro, Stanislao Lupinacci, Francesco Federici, Giovanni Mosciari e Benedetto Musolino, con segretarii Biagio Miraglia, Giulio Medaglia, Domenico Campagna, Luigi Miceli e altri. Primo presidente fu il Valentini, ma ito egli il 4 a far l'intendente col titolo di Commessario del potere esecutivo, il surrogò il Ricciardi. A' 9, diviso il comitato in quattro dicasteri, Guerra, Interno, Giustizia e Finanze, andarono al primo il Ricciardi e 'l Musolino, al secondo il Mauro, al terzo il Federici, all'ultimo il Lupinacci. Questi sovraneggiavano, tenendo giù a difesa una mano de' più arrabbiati, con un Bruno de Simone a capo. Fecero un giornale *L'Italiano delle Calabrie*, compilatore il Miraglia, comandata l'associazione a' comuni; il quale portava i bullettini del comitato, filippiche contro il governo regio, notizie bugiarde di rivolture in tutto il regno, di liberali da ogni provincia accorrenti, di sedizioni europee, cose sacrileghe dette sante, sicurezza di vittoria, turgidezza di parole, traffico di menzogne. Per imbertonire il popolo, ribassarono d'un quarto il prezzo del sale, abolirono il gioco del lotto; quello piacque, questo no. Rompevano i telegrafi, impedivan le poste, e facevan credere loro invenzioni. Deponevano, creavano impiegati civili, militari e giudiziarii, scarceravan delinquenti, carceravano o bandivano realisti, e sinanche autorizzavan nozze contro la legge. Ordinarono al sindaco di Sicigliano sposasse certi Carmine Bruni e Carolina D'Elia, dispensando dal consenso de' genitori. Con tutte spezie d'illegalità, spingendo le popolazioni a ribellare di buona o mala voglia, temendone reazioni, mandavan masnadieri in colonne mobili per contenerle e costringerle al voler loro.

Presero quant'era moneta nelle casse pubbliche e di Beneficienze e mense vescovili. Al vescovo di Cassano presero cinquemila ducati, altro da altri, minacce a tutti. Riscossero le fondiarie, chiesero danari a' cittadini agiati; poi taglie, requisizioni, aperte rapine a' danarosi, con busse, sequestri, carcerazioni e peggio. Arme pigliavano dove ne vedevano, spogliavan gendarmi, doganieri, littorali; e udito star intatti i magazzini del partito 2.° battaglione cacciatori, il Mileto con sozza bordaglia andò ad aggraffarli, dove il più andò a ruba per uso privato. Egli pure a' 4 giugno si cacciò nell'ospedale civile, aggredendo quanti erano rimasti soldato infermi. Vuotarono di polveri e altre munizioni tutti i luoghi di deposito. Per aver uomini, seduzioni e violenze d'ogni maniera; presero Guardie nazionali e guardaboschi, richiamarono soldati congedati, ordinarono l'armamento generale, prescrissero a tutti i comuni mandar gente a Cosenza e Catanzaro. Giravano commessarii a posta; entravan ne' paesi, gittavano il bando, cogregavan la popolazione in piazza, sorteggiavan gli uomini, promettevan terre e denari, pigliavanli, a furia spedivanli al campo. Chi a liberarsi pagava, chi non poteva patia violenza; madri, figli, fratelli a piangere, a strillare; abbracciamenti, imprecazioni, bestemmie; donne carcerate, padri battuti, feriti, qua e là minacce di fuoco alle case. così di mal volenterosi facevan moltitudine ambigua o nemica. I caporioni menavanli a suon di tamburi, con bandiere a tre colori, scheravanli in piazza a Cosenza; e il Ricciardi dal balcone salutavali fra gridi d'Italia e libertà. Unirono nelle Calabrie ottomil'uomini, con un un battaglione di Greci Albanesi. E il Ricciardi infatuato si voleva dichiarare dittatore; ma non vennengli consentito.

A sicurare il popolo dicevano e stampavano morto il re, caduto il governo; e a mostrarlo vero, da per tutto spezzavano stemmi e statue regie, talvolta con beffardi e osceni modi. In Pedace, condannate a fucilazione le statue, vollero un frate cappuccino facesse l'atto di confessarle; sacrileghe e giocose efferratezze. In Saracena medesimo supplizio di statue, e processioni mortuarie con misereri. In ogni terra *Morte al tiranno!* Chi ricusava dirlo carcerato o morto; se fuggiva, carcerati i parenti, malmenata roba e casa. Sevizie e morti a' realisti. In Cassano due mendichi, dicendoli spie, uccisero, mentre fingean portarli in prigione. In Rossano certi perversi a infierire contro famiglie agiate sparsero voci di veleno; a 11 giugno imbeccano a un fanciullo aver trovata una cartolina di tossico sotto le finestre de' Martucci; questi a scamparla fan rumore, e il fanciullo volta a dire averla avuta da un Vincenzo Federico. Ecco a furia di popolo è preso costui; nè serve protestare innocenza avanti la croce; martoriato non regge, e per salvar se nomina altri due, che incontanente presi, pesti, seviziati negan forte. Anche il Federico si disdice, dichiara svelerebbe il vero, ma che vale? Chi non volea la verità si sapesse, commove la plebe; esce il grido *Morte agli avvelenatori*, e tutti e tre, rei o non rei, strascinati fuor dalle mura son morti, e lasciati cadaveri insepolti. La guardia nazionale promotrice, esecutrice, e divulgante quei tre aver dal governo regio il mandato d'avvelenare Rossano. In S. Demetrio poco mancò fucilassero l'arciprete ch'avea dal pergamo predicato pace; il salvò la popolazione commossa a furore. Del resto ogni libito lecito, di tutto impunità; e 'l Ricciardi a chi si lamentava rispondeva storcendosi *quella esser rivoluzione*.

§. 10. Comitato di Catanzaro.

A Catanzaro per fare lo stesso che a Cosenza, chiamarono gente nella chiesa dell'Immacolata, e proposero governo provvisorio: chi plaudì, chi negò, chi tacque. Surse un Gaetano Pugliese a mostrar danno e fallo il lanciar la città nella rivoluzione; ma i congiurati con alte grida gli puntarono gli schioppi al viso, e fu fatica a salvarlo; però il tumulto fugando la gente fe' cadere il disegno. Invece convocarono moltitudine a 4 giugno avanti il palazzo dell'intendenza; e fatte arrivare mentre concionavano le novelle di Cosenza ribellata, rompon le chiacchiere, e fra' plausi n'esce il comitato. Il Marsico intendente, rimutando mantello, n'è capo; secondo il Morelli ricevitor generale. Richiaman congedati, ordinano bande, accampamenti a Maida, a Curinga, e su' lidi di Pizzo e Tropea, capo un Francesco Stocco da Nicastro. Medesimo modo di far uomini, arme e danari come Cosenza; stesse tasse, violenze e rapine. Ma riluttan molti. Il distretto di Crotone va lento; moltissimi paeselli scacciano i commessarii, i presi a forza disertano; i comitati eletti per paura non fan nulla, e si sciolgono. Credeva rimediare. Eugenio de Riso con prediche nel duomo di Catanzaro e stampe viruleti.

§. 11. Anche meno nel Reggiano.

Nel Reggiano più fiaccamente. Volevano i graziati pe' fatti dell'anno innanzi tentar cose grandi, ma non trovarono seguenza. Vennevi da Palermo di disertore Giacomo Longo fatto colonnello; il quale sbarcato a Villa San Giovanni, e congregati i faziosi, vide niente esser da sperare in Reggio, contenuto da fievolissimo presidio. Di nascoso i congiurati piegarono a Filadelfia, dove s'andava ragunando tutto lo sforzo della setta. Giunti i fuorusciti da Roma, a S. Eufemia s'atteggiarono a governo; ed elessero un *Commessario generale*, il quale per non avventurarsi ricusò. Minacciavan gli abitanti, ordinavan sequestri di casse pubbliche, dispregiati da tutte bande con nessuna ubbidienza. Quindi lamentanze e rimprocci; e da Sicilia e da' nostri fuorusciti piovevano indarno stampate querimonie. Le munizioni mandate dall'isola andavan respinte indietro dagli abitanti a Castelnuovo. Non riuscirono a subornare nè a sforzare gli artiglieri littorali. Bensì dove potevano abbattevan gigli, frangevan e stilettavano statue con condanne burlesche; disarmavano realisti, battevanli, ferivanli, e ligati mandavanli a Messina. Fecero una scorreria sull'Aspromonte, in non più che quattrocento, raggranellati qua e là, quindi piantaronsi a campo sui piani della Corona. V'andaron pochi tristi prezzolati da Villa S. Giovanni, Oppido, Fiumara (tolta la cassa comunale) Pezzo, Gallico, Sinopoli, S. Stefano, Plaisano e S. Alessio; pochissimi da Reggio, e cauti, di notte titubanti; e chi a mezza via retrocedeva, chi dal campo disertava.

§. 12. Provvedimenti Regii.

I ministri del re a spegner presto quel fuoco pensarono mandar soldati, quei più che si potessero in quelli angustie; mancando gli andati in Lombardia, e gli sparpagliati per le provincie. Risolsero volgere due schiere per terra, e da tenere in riguardo, passando, il Salernitano e Basilicata; e altra per mare, da urtar nel mezzo Calabria. L'ultima era capitanata dal brigadiere Ferdinando Nunziante, ch'andava a porsi sotto il comando del maresciallo Palma sedente a Reggio. Aveva poca gente: il 3° di linea, un battaglione del 6.°, e il 6.° battaglione cacciatori, e quattro cannoncini da montagna, men che tremil'uomini. Partito da Napoli a 4 giugno, sbarcò il dì appresso a Pizzo; e corse a Monteleone, dove si fermò a studiar lo stato del paese. Altra schiera di duemila col brigadiere Busacca sbarcava a Sapri nel Salernitano il 10; e mossa per Campotenese e Castrovillari, l'ocupò senza colpo; chè bene il fellone sottintendente co' pochi faziosi vi volea far le barricate; ma il popolo forte ostando, lui e quelli fece fuggire. E altri duemila col brigadiere Ferdinando Lanza scendevano a Lagonegro nel Pontentino. Il Nunziante avea dato fuori un editto il 7, promettente perdono a chi posasse l'arme, e ne fe' altro il 16, senza frutto.

§. 13. Provvedimenti ribelli.

L'arrivo de' Borboniani fu un fulmine a' capi de' Calabresi; chè mentre si preparavano ad aggredire Napoli, si trovavano aggrediti. Con ogni sforzo s'ingegnarono a rivoltar Potenza e Salerno alle spalle de' regi; volevan mandare il Carducci a sollevare il Cilento, s'arrabbattavano con denari e promesse a far disertare i soldati, temean de' realisti del paese, e della contrarietà o inerzia del popolo; però a sospingerlo non risparmiaron promesse di larghezze e di terre; e a torgli ogni speranza di perdono fean trascendere le plebi ad atti sozzi ed efferati contro il nome e le immagini del re, dove acciccate, dove trafitte, dove trascinate pel loto e seppellite. Poi alla caccia d'uomini per case e campi: de' fuggiti pigliavan le donne; chi trovavan celati in monti e boschi quasi sbranavano. Con minacce di fuoco e morte aggraffavan giovani e vecchi, e in fretta spingevano agli accampamenti, ch'eran molti: uno a Paola, duce il Mileto, altro con un Lamenza a Tiriolo, altro a Campotenese; i più ingrossavano nel distretto di Nicastro, a Filadelfia, a Curinga, e in quei paeselli sulla via sino all'Angitola.

Pochi Siciliani scesi alla spicciolata nel Reggiano seguirono il Longo, che per le coste di Tropea s'era condotto a Cosenza a far da duce. Accorsero numerosi su' piani della Corona atteggiati a serrare il Nunziante, e a dargli nelle reni ov'ei voltasse ver Cosenza. Traevan cannoni da S. Lucido, da Cetraro, da Amantea, Tiriolo, Gizzeria, Caposuero, Squillace e altre parti, benchè vecchi e maladatti; bastava il dir d'averli. Saccheggiarono lo stabilimento alla Mongiana, sopraffatte le poche guardie, malmenato ogni cosa. Posero quella gente ragunaticcia su per le rupi, dietro muricce e ripari, ad aspettarvi i Regi; e non è da dire quanti ne' dintorni facessero sperperi e davastamenti. A preparar difese tagliavan alberi, guastavano strade, abbattevano ponti, insaccavan terre di fertili campi, pretesto la necessità, ragione la forza, scelta la rabbia. Denari a carra arrivavan da Cosenza, e sparivano, e se ne richiedevan sempre; e il comitato con tutte le sue estorsioni non avea più dove dar capo. Il più ladro fu il Mileto. Poi con busse, ferite e male parole spingevano i villani a lavorare, e al guasto del proprio paese. Contro i temuti realisti ogni persecuzione eccellente; in ciò spietatissimi quei commessarii. Quel Vito Porcaro, ribelle di Ariano, venuto con gli ausiliari di Sicilia, chiamavan Maggiore, col carico di vigilar le strade, e della presidenza d'un tribunale straordinario; però carceri, esilii, morti, con giudizii sommarii, per sospetti, per vendette, per libidini e ferinità. Inoltre il Valentini commessario del potere esecutivo stese una lista di settanta da sterminare; e perchè i colleghi non volentisi macchiar di quel sangue ostavano, egli lasciò il maneggio a' 25 giugno; e 'l surrogò Gaspare Marsico. Le proclamazioni del Nunziante proibivano, confiscavano; e lui ingiuriavano e infamavano con gli scritti: dicevanlo *belva accovacciata in Monteleone*.

Questo generale aspettava colà, chè non gli aprea con sue poche forze cinger tanto paese; laonde chiese più gente al governo, e indicò i luoghi dove mandarne. Oltracciò udendo la ragunata de' Siciliani a Melazzo, scrisse al general Palma in Reggio, che impedisse il passo, e inculcasse alle nostre fregate in crociera di catturare ogni legno avverso; ma fu indarno.

§. 14. Siciliani col Ribotti.

Quei di Catanzaro allibiti per la vicinanza de' Regi, scrivevano acremente a Cosenza mandassero aiuti, la sorte decidersi sulle pianure, qui la guerra farebbesi grossa: poi lor parendo che poco si provveddesse, volser gli occhi all'aiuto di Sicilia, nel quale soltanto speravano salvezza. I fuorusciti spezialmente sì le pratiche strinsero, che tirarono il Ribotti con tutte le sue trepidanze ad avventurarsi. S'imbarcò a Melazzo il 12 giugno con seicent'uomini e sette cannoni, in due legni a vapore, il Vesuvio e 'l Giglio delle onde; ma scorte navi regie a guardia sulla costa calabrese, die' ratto indietro a Stromboli. Quivi tumultuarono parecchi de' Palermitani, che non avea voglia di far guerra, pur forte sconsigliati del farla da un Bruni; onde se ne tornarono a casa. S'aggiunse il ciel turbato e 'l mar grosso, tristi presagi: e fu a un pelo che tutto il resto non si ritraesse in Sicilia; se non che calmati a un tratto i venti, istigati da' fuorusciti, si spinsero. Giunsero avanti Paola senza sinistro all'alba del 13, dove con gran festa presero terra; con essi il Carducci, il Petruccelli, e altri de' congiurati. Ed ecco il comitato cosentino te ne strombetta così lo arrivo: « Una gran nuova! esultate. Questo amplesso santissimo de' due popoli, che poca acqua divide, farà fremere di gioia ogni cuore italiano, e farà tremare sul trono insanguinato e vacillante il tiranno di Napoli. »

Il Ribotti giunse a Cosenza la sera seguente; e fu in piazza un baccanale di *Viva* e di *Morte*. In Catanzaro sonarono le campane a festa. Con l'arrivo di *quelli eroi* si tennero già vincitori; infatti riuscirono a tirar altri a loro. Corse in quei festeggiamenti una voce del proclamarsi la costituzioni del 1812; e forse fu (come si disse) ciò sparso da' realisti, per divertire le idee repubblicane; certo il comitato l'ebbe a male, e stampò un bullettino assicurando fermo il programma dato. La dimane, che fu il 16, dettero al Ribotti il capitanato di tutto l'esercito calabro; così col nome di uno straniero attutendo le gelosie di parecchi indigeni che v'aspiravano. Egli quel mattino stesso fece una proclamazione. Il giorno dopo celebrarono fuenerali a' morti del 15 maggio; e su' feretri de' Bandiera giurarono vendetta, e di vincere o morire: cose sceniche, speciali di questa età. Un Micieli prete apostata disse una orazione concitatissima, tutta vilipendio al re: però colà molto laudata come *santissima*.

Fu capo dello stato maggiore Mariano delli Franci altro disertore. Fecero dell'esercito due divisioni in quattro brigate e un corpo d'artiglieria; una ebbe il Longo ch'ordinavala nel Catanzarese; l'altra mosse col Ribotti incontro al Busacca verso Castrovillari. Partendo la sera del 17, lasciò altra scritta a' Cosentini: « Voi desiderate tenerci in mezzo a voi; anche noi Siciliani forte il vorremmo; ma la comune causa ne impone dilazione breve, che sarà consacrata all'esterminio d'una delle falangi del tiranno. Combatteremo e vinceremo; poi torneremo a voi, o generosi, e daremo il più sacro giuramento de' popoli, sulle nostre arme fumanti del sangue de' realisti. » Andò co' suoi e con altri cinquecento Calabri verso Spezzano Albanese, ch'è in alto tra Cosenza e Castrovillari; occupò le gole di Lungro e Cassano, e così credette aver serrato il Busacca. Ma egli avea gente sì svogliata e mala che il Fardella palermitano ne volle lasciare il comando, perchè, disse, *indisciplinata, inobbediente, e non sapersi che valore se ne potesse sperare nella pugna*. Presto lo stesso Ribotti ne fu stracco. Lasciati i gridi di piazza, e visti i campi, s'accorse tosto del mal passo, e cercò d'andarsene via; il perchè scrisse rapporti neri a Palermo: « I Calabresi non voler sapere di rivoluzioni, starsi coll'arme al braccio a guardar chi venisse, sendo guardie nazionali sospinti a forza, non uomini decisi a liberare la patria.; il paese quieto, i retrogradi alzar le creste, i Regi ingagliardirsi, egli mancar di simpatie, d'aiuti e di munizioni. Volersi ritirare, ma difficile in luoghi avversi e per mar nemico il passaggio. Mandassero legni a pigliarlo sulle spiagge di Corigliano, per salvar sua gente e altri capi della rivoluzione dalla collera del deposto regnante su quelle belle e maltrattate contrade. » In tal guisa la consueta logica settaria diceva i sudditi maltrattati e contenti, e il re despota; poco dopo sperimentò con non meritato perdono la *collera* di lui. Nè stando a lettere solo, mandò un certo Scalìa detto maggiore in Sicilia, come andasse ad affrettar gli aiuti, invero a sollecitar la richiamata. E intorno a quei dì, in tanto disordine d'arme e di pensieri, il comitato gl'imponea d'assalire i Borboniani; dicente sgomentato il re, propensi i soldati a gittar l'arme, e che, dopo la vittoria certa, esso proclamerebbe sul campo il governo provvisorio, e marcerebbe sopra Napoli.

§. 15. Scaramucce.

Colà erano intorno a quattromil'uomini co' principali capi, il Petrucelli, il Mileto, e i più arrabbiati; arme a dovizia, barricate da tutte vie, vettovaglie abbondantissime; chè rubavan mandre d'armenti, nè la mangiavan solo, ma le vendevano; in questo bravissimo come in tutte rapine il Mileto. Tanto erano cotti dalle loro fantasie che il Mauro sovente co' suoi favellava sul modo da spartirsi l'altre cariche della repubblica da proclamare. Poi del Ribotti, che si stringea nelle spalle, prese sospetto, e l'accusò. Fortuna a meglio infatuarli lor diè un favore. Il Busacca stampò un editto richiamante all'ordine; poi come a' 24 giugno i ribelli depredarono una casa presso Castrovillari, egli n'uscì la notte con una colonna, e assalì alla carlona Spezzano Albanese; dove, sendo gli avversi asserragliati e postati, e forti di numero e artiglierie, ebbe a dare addietro.

Pochi giorni appresso giungeva il brigadiere Lanza con l'altra schiera; perlocchè i sollevati s'ingegnarono a impedirgli d'unirsi al Busacca; ruppero il ponte sul Cornuto nella via consolare, sfossarono i passaggi per la valle S. Martino. Il generale a' 30 spinse un reggimento sopra Mormanno, ed ei fingendo valicare il fiume gli die' tempo d'occuparlo; indi lanciandosi avanti, superò le gole di S. Martino, e sboccò a Campotenese. I ribelli fatta un po' di testa, fuggirono alle vette. Un'altra avvisaglia era seguita il 26, e un'altra il 27, ambe presso Castrovillari, di poca importanza; ma statovi rotto il Mileto, questi, tenuto il Rodomonte, non si fe' più vedere; il che svogliò tutti gli altri dal fare schioppettate. I Calabresi colla scusa della ricolta del grano se n'andarono pe' fatti loro. Ciò, e quelle scaramucce spaurirono i più spavaldi. Il Mauro sparlava forte del Ribotti, accusavalo di non essersi valso del primo ardore, e anzi dopo ributtati i Regi aver chiamato a raccolta; ma egli tanto di sè vantatore che dicea voler co' suoi Albanesi accoppar *l'infamissima* truppa del Busacca, si die' per malato, e cedè il comando al Fardella. Il Carducci raggranellò un cento uomini cui appellò *Compagnia della morte*, con croce rossa al petto e nera al braccio; e si ridusse a Lungro, come per passare in Basilicata, ma pur da quelli abbandonato, navigò invece quasi solo, come dirò, alle per lui infauste spiagge di Sapri. Tutto l'accampamento di Campotenese sparve; e i generali Lanza e Busacca si congiunsero il 3 luglio a Castrovillari.

Anche senza questo le popolazioni tentennavano, e reagivano. Primi a disertare dagli accampamenti furono quei di S. Giovanni in Fiore alla svelata, altri di nascoso; quei che restavano traevan colpi addosso a' partenti. I Sangiovannesi biechi rugumavan moti reazionarii, rattenuti con qualche assassinio da' rivoltosi; i quali istituirono un tribunale da condannare i realisti, e fucilarli in ventiquattr'ore. Per contrario in Castiglione i villani a suon di campane a stormo disarmarono i Nazionali. I fuggenti da Campotenese con paure, rapine e vendette, addoppiavan la confusione e l'anarchia in quei miseri paesi; e chi di quelli vedea ruinar le cose, e sè perduto, volea i vescovi ne' duomi bandissero la guerra al re, come si pretese a Cosenza e a Rossano. Impotenti le efferratezze, ricorrevano alle ipocrisie.

Intanto a rovescio i giornali napolitani predicavano prodigiosa la rivoltura, unanimi all'arme i popoli, disertare i soldati; afforzavanlo con finte lettere di Calabria, e menzogne di telegrafi. Il Governo scontento che il Nunziante stessesi immoto a Monteleone, forte il sollecitava. Questi aveva avuto a' 16 giugno altri due cannoni da campo, a' 25 gli arrivò un battaglione di fanti carabinieri, e la dimane quattro battaglioni da Giulianova, di quei tornati in Italia; cioè i due del 7.° di linea, uno del 5° e il 3.° cacciatori. Egli molto accusato dalla stampa pe' fatti dell'anno innanzi, se n'era impensierito; stavasi perplesso, avria voluto anzi con dolcezza che con arme vincere; e conoscitore de' luoghi e degli abitanti, e della natura delle bande a massa, quelli volea rassicurare, queste stancare. Aspettato venti giorni, da ultimo si levò designando scacciare il nemico, congiungersi a' generali Busacca e Lanza, e movere insieme sopra Nicastro.

§. 16. Fatto d'arme a Campolongo.

Monteleone sta in cima d'alta collina. Di là vedi a tramontana la linea del telegrafo per ampio vallone risalire su vecchia non carreggiabile strada alla catena dei monti, ove sono Francavilla, Curinga, Filadelfia, e poi Maida, e S. Pietro. Vedi a oriente quello stesso vallone circuire il paese, e giù verso nord-est Monterosso, e più da vicino S. Onofrio, Stefanaconi, Piscopia, ed altre ville. A mezzodì sta la via consolare per Mileto. Uscendo dalla città a ponente, dopo sei tortuose miglia, scendi al sentiero traverso che va a Pizzo; donde la strada maestra seguita sino al passo del Calderaio, ov'è un ponte, e si divide da destra a Catanzaro, e da manca a Nicastro. Uscendo a settentrione nelle sottoposte spiagge, vedi in basso Bivona e Pizzo; di quà si arriva al ponte sul fiume Angitola, di là alla banda occidentale de' colli di Curinga, Francavilla e Filadelfia. In somma la via consolare, e quella vecchia interna, partendo da Monteleone, son da tenere come due linee d'operazioni doppie. Quindi il Nunziante volle movere per quelle due bande a Filadelfia, primo quartier generale de' ribelli, a guadagnar i piani di Maida.

Uscì la sera del 26 in due colonne: esso con duemila verso Pizzo, accampò avanti l'Angitola; altri mille e dugento, cioè il 6.° battagglione cacciatori, e un 6° di linea fidò al maggior Grossi, per strada vecchia, ad assalire da tergo Filadelfia; ambo, spazzato tutto il paese, dovean ricongiungersi a Maida. Il generale all'alba del 27 con pochi colpi rovesciò gli avamposti avversi su' monti, e prese due cannoni ch'avean dietro il fiume postati fra le fratte; poi i cacciatori perseguitandoli li snidarono da ogni greppo; così proteggendo il grosso della colonna procedente sulla strada, mentre l'Archimede e l'Antelope navi a vapore lentamente dal mare costeggiavano. I ribelli fer festa un po' ad Apostoliti; incalzati indietreggiarono a Curinga, dove pur alquanto si difesero; ma più gagliardamente a Campolongo presso Bevilacqua, chè pel soprastante bosco, e per la scabra collina avevano vantaggio. I soldati stanchi del cammino e pel meriggio pur reggevano, per disciplina, per onore, per amore al dritto, quantunque fieramente da reiterati colpi sulla via percossi; ma i faziosi imbaldanziti per quel po' di ventura osarono scendere al piano, e vi trovarono morte quasi tutti, fra' quali un Mazzei noto repubblicano, e il Morelli ricevitor generale di Catanzaro. In quella stretta avvenne che un tenente Zupi, già carbonaro del 1820, e dimesso, richiamato allora per sollecitazione del Nunziante, sia viltà, sia ubbidienza alla setta, trasse con seco una mano di soldatesche, e coi cavalli del generale e del suo stato maggiore uscì di strada, e per la sinistra fuggì a Pizzo, dove mostrando i cavalli vuoti, divulgò disfatta la schiera, morto il generale, tutto perduto. Questo fu un saggio delle tante vittorie strepitose delle rivoluzioni viste da' nostri genitori e da noi. Ma frattanto i Regi superati gli ostacoli, scacciavan gli avversi di balza in balza; e bravamente fugatili affatto, sull'imbrunire sostavano a Maida. Quivi s'accamparono all'aperto; chè il duce per umanità non volle entrare nel paesetto co' soldati inferociti da lunga pugna. S'era combattuto ne' luoghi stessi dove i Francesi col Regnier nel 1806 fur vinti dagli Anglo-Siciliani; ma allora i Calabresi avean pugnato pe' Borboni.

§. 17. Danni di Filadelfia e Pizzo.

Invece il Grossi non bene si portò. Senza opposizione fino a Filadelfia, di quà ebbe anzi deputazioni paesane con belle parole; perlocchè mandò gente ad occuparlo; ma entrati appena, vennero percossi da finestre e da usci, e cominciò una lotta col danno de' faziosi. Presi cinque cannoni e molte arme e munizioni, anche il paese ebbe alquanto fra quelle stuzzicate passioni a patire. Poi per la stanchezza e l'ora bruna si riposò sul luogo; e al mattino il Grossi che dovea proseguire la via, s'intrattenne invece tutto quel dì 28 cercando vettovaglie; a sera sentendo aver mancato, anzi che avanzar verso Maida com'era ordinato, senza cagione rivoltò indietro a Pizzo; e vi trovò le false nuove di Nunziante disfatto, cui, veggendo i fuggiti e i cavalli, tenne per vero. Peggio che mentre i soldati dentro la città riposavano, partì un colpo da una casa presso al piazza, che uccise la sentinella del 6.° di linea. Si seppe dappoi traesselo un fatto prigione a Filadelfia, creata di certi Stillitano possidente i quei luoghi. Fu scintilla per incendio. Al vedere il morto, i soldati inviperiti per fresco caso di Filadelfia, gridarono tradimento, detter di piglio a' ferri. Trista ora per Pizzo: case e masserizie manomesse, gl'infelici abitatori trementi, fuggenti, in balia di cieca, furibonda soldatesca, patirono ogni danno. Gli uffiziali con pericolo tra' colpi, lanciandosi tra percussori e vittime, più tempo s'affaticarono, e a stento salvarono la città da ruina. Ta' fatti di Filadelfia e Pizzo dettero lungo tema di lamentazione a' veri colpevoli, cioè a quelli che con sedizioni avean turbato la pace di quiete contrade.

§. 18. Ritorno a Monteleone.

I fuggiti da Campolongo sparpagliati pe' campi d'attorno andavan predando alla grossa. Anco a S. Severina tolsero danari dall'azienda vescovile, e intanto si vantavan di vittoria; ma smentivanli i volti. Il Nunziante aspettato a Maida tutto il 28, nè veggendo il Grossi, nè tampoco per corrieri avendone nuove, temè di sventure, e mutò il divisamento primiero. Già le popolazione allo sbandamento de' ribelli cominciavano a levare il capo; ond'egli scorta la rivoluzione ita via da quel territorio, scrisse al vescovo di Nicastro, compiesse con la pietosa parola cristiana ciò che Marte aveva iniziato, e persuadesse i faziosi unica via di scampo essere la clemenza regia, non lanciassero sulla misera patria maggiori mali. Al mattino, 29 giugno, ricalcò in pace la strada fatta combattendo due dì prima, tornò al sera a Pizzo, cui trovò atterrito, il Grossi fuori a campo, i soldati irati, le male nuove a cento a cento, e i giornali a gridargli la croce, e a sfatarlo disfatto e morto. Seppe inoltre esser iti a Monteleone ed a Mileto agitatori per reclutarvi soccorsi; il perchè stimò riprendere la posizione di Monteleone; fecelo, e vi disarmò la guardia nazionale.

§. 19. Fuga de' comitati e de' Siciliani.

I capi della rivoluzione sentendo la ritratta di esso da Madia, dettero credenza alle voci di vittoria sparse da' fuggitivi; e sicurati d'avvantaggio dalla falsa nuova che lor ne recò un Gabriele Gatti, ne stamparono i bullettini a Cosenza, e fecero luminarie. Ma mentre festeggiavano si compieva lo sbandamento del loro esercito. Il Ribotti, restato quasi solo co' suoi Siciliani, scrisse la sera del 1.° luglio al comitato, dover egli abbandonare Spezzano Albanese; perchè spariti i Calabri da Campotenese, poteva esser schiacciato da' Lanza e Busacca congiunti; e incontanente si mosse. Giunta tal lettera a Cosenza il 2, mentre acora durava la letizia, fu grande sbigottimento. Tentarono alzar barricate e altre difese, e sollevar la popolazione, gridando per le vie *morte al tiranno, e a' realisti!* Barricate in fatti cominciarono la dimane, e posero guardie a spaurire l'arcivescovo, che per salvare la città dalla guerra civile sclamava pace; ma potendo più la paura che la rabbia, il comitato lo stesso 3 sloggiò da Cosenza, rapinata tutta la polvere da sparo del castello, che valea quasi ottomila ducati. Fu chi voleva armare i carcerati, e dicevalo *carità patria;* fra' primi il Mosciari, perchè col ritorno del dritto temeva finir come il padre per furti impiccato. Però contese, accuse vicendevoli, improperii, come sogliono i rei nelle avversità. Ma curioso fatto fu, e deriso, che il comitato fuggendo die' l'ultimo editto trionfatore, promettendo seguitar nella rivoluzione, e costituirsi governo provvisorio a Catanzaro. Ora caduto dicea fare ciò che non aveva osato sul bollor delle speranze; l'arroganza nauseò. Con le forze superstite si ridusse a Tiriolo. Per l'opposto in Catanzaro la sconfitta dell'Angitola atterrito appieno i ribelli, chi davvero amava la patria temente l'anarchia, s'armò a guardar le carceri; il comitato cheto si sciolse: e i più pervicaci rubate le munizioni, voltarono anche a Tiriolo, per farvi l'estreme prove. Tosto la città alzò gigli, fece un capo nazionale di parte regia, e mandò deputati al Nunziante, acciò il re la ricevesse in grazia; ma vennero respinti indietro da quei di Tiriolo. Quivi accozzati i capi rivoluzionarii di Cosenza e Catanzaro si dettero furibondi a chiappar gendarmi, a riproclamar menzogne, a far fossi e barricate. Sopraggiungevano i Siciliani sbaldanziti che volean partire; i quali mentre fean le lustre di pronti a combattere, scrivevano segretamente in Messina al Piraino ed a' consoli americano e francese, pregandoli mandassero tosto vapori a prenderli nell'acqua di Catanzaro. Passate tai lettere per la via de' monti, il consolo di Francia Mericourt impegnatissimo per la rivoluzione spedì il *Brazier;* e il governo siculo mandò anche un bastimento con bandiera prussiana, per cercar di salvarli dalla via dell'Adriatico. Ma nè l'uno nè l'altro giunse in tempo; e il Ribotti sul timor di esser preso si raccomandò al vescovo di Nicastro.

Il Nunziante supponendo tutti i ribelli si concentrassero a Nicastro, per contrastare il passo del Calderaio e Tiriolo, divisava imbarcar truppe a Pizzo, sbarcarle a Paola, ed entrar nel Cosentino con le colonne de' Lanza e Busacca; quindi ripartì da Monteleone il 5 luglio con tutte sue schiere, e dovea la dimane imbarcarsi, quando sopra sera gli arrivava la risposta del vescovo di Nicastro, per mano del vicario e del segretario della curia; i quali dimandarono perdono per quei cittadini, permesso di farne andare senza modestia i Siciliani. Rispose: il re grazierebbe i sudditi; il Ribotti co' suoi doversi dare a discrezione. Intanto i generali Lanza e Busacca chiamati dalle popolazioni di Cassano, Saracena, Lungro, Firmo ed altre de' distretti di Castrovillari e di Cosenza, invocanti il braccio regio contro i ribelli, s'erano avanzati a Cosenza; e v'entrarono il 7 con gran festa, accolti fuor delle mura da deputazioni, con l'arcivescovo a capo. Allora il Nunziante, veggendo non più servire l'imbarcarsi per Paola, corse sopra Tiriolo; il 6 rifece la via di Maida; e 'l dì appresso occupò il Calderaio abbandonato in fretta da' Siciliani. Questi dopo la risposta negativa tentarono sommuovere il distretto Nicastrese; non riuscirono, e rimandarono altra supplica pel vicario, firmata dal Ribotti e dal Mileto; ma n'ebbero la stessa intima del rendersi senza patti. La ripulsa, e 'l sentirsi i Borboniani addosso produsse uno spavento. I capi ribelli comandano al Ribotti combattesse, questi nega, quindi male parole acerbissime e scambievoli, e si scioglie a precipizio quell'ultimo campo di Tiriolo. Sparito era anche il fievole accampamento su' piani della Corona. I più rei de' Calabresi rifugiarono nelle Sile; i Siculi e i capi congiurati volsero a Catanzaro, ma i cittadini negarono l'entrata; sol dettero pane e quasi duemila ducati; però abbandonati animali e munizioni, piegarono alla marina.

Dalla banda opposta il Nunziante sperandosi di coglierli correva a Catanzaro; per via avea deputazioni con ulivi e bandiere bianche, gridanti Viva il re; intanto i Siculi, trovati sulle spiagge del Ionio certi trabaccoli che vi caricavan sale e ferroliti, vi s'imbarcarono a furia co' loro sette cannoni, e la sera del 6 si fuggirono. Il comitato riparato nelle Sile, avrebbe voluto iniziare la guerra brigantesca: ma non potè, chè le popolazioni furon sempre co' Borboni. Nulladimeno parecchi de' loro seguaci disperanti di grazia s'unirono in bande, e in quelle boscaglie fecero guerra per qualche tempo alla roba altrui. Il Ricciardi con altri quindici, fra' quali quelli de' comitati di Catanzaro e Cosenza, la scamparono la sera del 9, in una barca peschereccia sulle spiagge di Patricello verso Cotrone, mentre a quell'ora stessa i Regi entravano in Catanzaro. Tutta notte pel grosso mare errarono per le coste; la dimane presero a forza una feluchetta da pesca, e si volsero all'isole Ionie, senza bussola alla ventura.

§. 20. Cattura e protesta.

Non avrian potuto i Siciliani imbarcarsi, se il brigadiere Nicoletti ch'era ito sul Reggiano a scambiare il vecchio Palma, e parve favorisse di nascoso i ribelli, non avesse volto a Reggio il battaglione del 5° di linea, cui con ordine di sbarcare a Bagnara gli avea mandato il Nunziante. Questi subito a' 10 luglio scrisse al Salazar comandante la nave Stromboli, allora al capo Spartivento, di corret su' fuggiaschi ver l'isole Ionie. Vi mosse, e per via vide la feluchetta ch'aveva i sedici de' comitati, che credendo di pescatori lasciò andare; poi sull'alba, ch'era l'11, scorse un legno de' Siciliani, e per non dar sospetto pose bandiera inglese sinchè gli fu addosso; allora alzò la napolitana, e 'l chiamò a ubbidienza, lontano da Corfù intorno a venti miglia. Pria trasse un colpo a polvere, e com'ei non ubbidiva tirò a palla, ma da non colpirlo; perlocchè il bastimento, che si chiamava *Gesù e Maria*, ammainò le vele, e mandò una barchetta col padrone Salvatore Anchetta e 'l Ribotti. Gli altri a poco a poco vennrro assicurati. Poco stante comparve l'altro trabaccolo detto *S. Maria di Porto Salvo*, che tosto ubbidì, mandando il padrone Vincenzo Accardi. Disarmati tutti, lo Stromboli rimorchiò il 12 ambo i legnetti a Reggio; dove barcò i prigionieri, intorno a seicento; indi a Napoli presentò il 15 le prese munizioni, 560 fucili, sette cannoni, la bandiera e trenta uffiziali; fra' quali il generalissimo Ribotti, e quattro de' nostri disertori: Lonfo, Delli Franci, Giuccione e Angherà.

Quei dei comitati, salvi a Corfù, dettarono una proclamazione, fatta stampare a Roma. Dicevano: « Ferdinando invece di fare obbliare le nefandigie del 15 maggio, col richiamare attorno a sè il Parlamento e le milizie civili, mandar suoi satelliti con artiglierie in Calabria. Nunziante riuscito buon carnefice l'anno innanzi, e sì buona guida il 15 maggio al saccheggio e alle stragi di Napoli, aver fatti eccidii a Filadelfia e Pizzo, paesi inermi e innocenti. E ciò, distraendo i soldati dalla santa guerra. Eglino protestare per la patria infelice, e promettere di fare ogni sforzo per sottrarla dall'insopportabile giogo, e di serva mutarla in parte nobilissima dell'italica nazione. » Mentre costoro accusavano Ferdinando de' mali da essi evocati, e cadeva affatto la rivoltura, videsi una curiosa antitesi nell'ordine del giorno del 10 luglio dato dal Pepe a Venezia, dove facea voto: « che i Napolitani cancellerebbero la vergogna dell'aver deviato dal cammino dell'onore, e tornerebbero in Lombardia: tanto riprometter si dalle Calabrie che con isforzi magnanimi stan per abbattere quel governo stolto e malvagio, conculcatore di dritti, rotto ad ogni nefandezza, sì da non poter essere più da uomini tollerato, nè restar dalla Provvidenza impunito ».

Intanto le Calabrie con gli ulivi nelle mani echeggiavano di Viva il re. Ma colui vano sempre, allora tutto vento, andava promettendo trentamila Calabresi per combattere il tedesco.

§. 21. Reclamazione inglese.

Il governo siculo rabbioso per la cattura de' suoi soldati, ricorse a' prottetori. L'ammiraglio inglese Parker si pose in mezzo. Primieramente il console britanno e 'l comandante della fregata *Gladiatori* andarono a Reggio, a verificare il numero e i nomi de' prigionieri, e veder come eran trattati, intervenendo così quali giudici in fatti interni di regno indipendente. Poscia il Napier ministro a Napoli, con nota del 15 giugno reclama contro l'offesa fatta alla bandiera e al territorio inglese; e trasmette sul proposito una lettera del capitano Codrington, dove il re era appellato *re di Napoli*. Anche il Palmerston disselo *re di Napoli* nel discorso d'apertura al parlamento: tale che il deputato Disraeli gli dimandò qual fosse il nuovo Stato di cui il *re del regno delle due Sicilie* avesse trono. Il Napier a' 17 ritornando con altra lettera, chiese di conferire co' prigionieri, per intendere il fatto della bandiera alzata dal Salazar nelle acque di Corfù. Gli fu risposto lo stesso dì: nostre leggi proibire a qualsivoglia persona di parlare ad accusati prima dell'interrogatorio. Susseguirono molte note. Dal regio ministero si dimostrò la cattura esser seguìta a venti miglia da Corfù, però fuori il tiro del cannone, in mare neutro; e l'alzata bandiera aliena essere stratagemma di navi da guerra, secondo al consuetudine, purchè prima d'assalire s'alzi stendardo proprio. Non pago il Parker, venne a 19 luglio, si parò avanti Napoli, vicinissimo, fuor leggi marittime, senza neppur salutare la bandiera nostra; scrisse al Napier: « sperare i captivi fosser trattati da prigionieri di guerra, nè patissero violenza: il che giustificherebbe l'uso della bandiera; e credere che il suo governo udrebbe dolente atti severi associati allo abuso del vessillo inglese. » Questa lettera mandaronla trascritta al governo napolitano.

Dappoi concordando i rapporti del Salazar ch'avea catturati i due trabaccoli, e i giornali di questi, e le risposte giuridiche date da' rei, nenache il Napier fu soddisfatto, e mandò per informazioni a Corfù; dopo di che si scusò con dispaccio allo Stabile ministro rivoluzionario siculo, assicurandolo aver tentato ogni possa per liberare i prigionieri, ma sembragli essere stati legalmente catturati.

§. 22. Condanne, e grazie.

Questa gente era la spuma della rivoluzione; parecchi avevano a Palermo, a Catania ed altrove all'uscir dell'arme regie scannato realisti, derubato e stuprato famiglie di uffiziali; v'eran di molti testimoni che indicavano a dito, e molti uffiziali e soldati frementi dimandavano giustizia e restituzione del rubato. Nondimeno il re non volle torto un capello a nessuno. A 2 luglio s'unì un consiglio di guerra in castel S. Elmo, preseduto dal Tenentecolonello Carafa di Noia, per giudicare i disertori scesi sul continente a combattere i loro fratelli d'arme e connazionali. Agli avvocati difensori s'aggiunse volontario il Poerio. Ebbero condanna capitale il Longo e il Delli Franci, libertà il Guiccione; e 'l consiglio si dichiarò incompetente per l'Angherà, congedato prima di servire i ribelli. La sentenza, correndo venerdì, non fu eseguita, perchè giorno fra noi vietato ad esecuzioni di morte. Gli avvocati si volsero al re per grazia; e deputati della Camera chieserla al ministero. Fu fatta. E subito la setta per malignare fe' scrivere dal Maricourt viceconsolo di Francia De Bois-le-Comte merito di pressione diplomatica a quella grazia; però questo ministro indignato forte lui riprese, e stampò: la grazia doversi al cuore del re, che libero e spontaneo la largì.

I prigionieri in S. Elmo, e gli altri menati da Reggio a Nisita, vi stettero poco più d'un anno, indi liberati. Il Longo e il Delli Franci salvi del capo, fur chiusi nella torre a Gaeta; e v'aspettarono il 1860, per ricombattere contro il figlio di chi avea lor donata la vita. Il Guiccione riposto anche nel grado, e promosso, poi nel 60 ridisertò. Il Ribotti straniero, venuto a capitanare la rivoluzione in casa altrui ebbe pur grazia, e nel 1854 libertà piena da quello ch'aveva egli spacciato *despota e tiranno*. Dappoi nel 1861 gli usurpatori Piemontesi fucilarono senza legale giudizio il Borjes, perchè pugnante pel legittimo sovrano. La storia deve porre in bilancia la tirranide del graziare e la libertà del fucilare.

§. 23. Morte del Mileto, e del Carducci.

Gli altri capi ribelli in vario modo si salvarono, fuorchè il Mileto e il Carducci. Il primo errando per monti e boschi, cercò rifugio in una capanna di Zingani nel bosco di Grimaldi. Accerchiato dagli Urbani del luogo non si volle rendere; la sua testa fu menata a Cosenza. Il Petruccelli s'era ascoso a' 6 di quel mese in casa certi Cupido a Scalea, dove dal popolo che il credea Ribotti venne gridato a morte; ond'egli a scamparla disse suo nome, invocando l'inviolabilità di deputato. Non l'uccisero, ma per grazia il carcerarono. Se non che dopo pochi dì valendosi d'una proclamazione del brigadiere Busacca esortante i traviati a quietare, ingannò o subornò i custodi; e fattasi aprir la porta si salvò in Basilicata, ove a lungo stette ben ascoso. Il Carducci prima di essi, credè la sollevazione fiaccata in Calabria ripigliar nel Cilento: v'avea nome e seguaci, e il fresco ricordo della venturosa rivolta dell'anno prima, e tuttavia le cariche di colonnello nazionale e deputato; e pur vi tenea gente pronta e levata. Dall'altra parte quella sperimentata libertà avea dissonnati già parecchi uomini dell'ordine su' pericoli sovrastanti, e tenevansi uniti e decisi di mostrare il muso; tra' quali era un Vincenzo Peluso di Sapri vecchio prete, di casa devostissima a' Borboni. Il Carducci veggendo in lui un ostacolo alla rivoltura, avea scritto a uno de' suoi il disegno della sua venuta per iniziare la riscossa, e comandò l'ammazzassero. Volle fortuna che poco innanzi sendo carcerato per debiti quello cui la lettera era volta, il Peluso per carità gli avea pagato il debito; il perchè colui ripugnando di rispondere con assassinio al fresco benefizio, aperse al Peluso il periglio che gli soprastava e lo imminente arrivo del Carducci, acciò si salvasse. Ma il prete (invero non troppo buon prete) colleroso, vecchio e obeso, sentendo mal sicura la roba e la cassa, e incerta e difficile la fuga, e che il paese quieto avesse da quei tristi a rinsanguinarsi, risolse piuttosto pugnare che fuggire; e chiamatisi attorno un nerbo d'uomini fidi, prese ben armato le poste sulla spiaggia che fu ad Acquafredda, tra Sapri e Maratea. Quivi la notte sbarcò il Carducci con solo dieci compagni, credendo trovarvi sua gente per iniziare la sollevazione. Al grido *Chi vive?* risponde *Italia e repubblica*: si controrisponde *Viva Ferdinando* e schioppettate. Egli con qualcun'altro rimane ferito il resto fugge pe' campi, ascosi al buio. Si gitta a' pie' del Peluso invocando la vita; quegli il tragge a casa sua, gli fascia la ferita, poi tel manda al magistrato; ma quei che lo scortano, considerando ch'ei qual deputato e colonnello saria tosto liberato, e certo si vendicherebbe atrocemente come l'anno innanzi, l'accoppano per via, e 'l dirupano in un burrone. Un Ginnari fuggì a Lagonegro, un Lamberti nel distretto di Sala, dove si pose a far gente per dare addosso al Peluso, e osteggiar le regie truppe sfilanti in Calabria. Infatti assalirono un luogo ove credeano stesse quel prete; e non trovatolo si sfogarono gridando repubblica, percuotendo e menando tutto a ruba e a male.

§. 24. Le Calabrie pacificate.

Là dove le guardie nazionali s'erano mostre avverse o ribelli, venian sciolte ne' modi costituzionali; a' 7 agosto in Calabria citra e nel 2.° Abruzzo, a' 25 nel Reggiano, con altri decreti poi altrove. Il Nunziante da Catanzaro prese a riordinar le Calabrie: restituì in uffizio gl'impiegati regi, rialzò i telegrafi, ripose le poste, e con blandi modi risparmiò altro versamento di sangue. Anche si vietò che le popolazioni, reagendo, si vendicassero delle offese rivoluzionarie su' ribelli e loro robe. Subito si rifecero le guardie nazionali con persone provate e quiete, ristabilironsi i governi, le amministrazioni e i tribunali; si riscossero i tributi non pagati; e in breve senza soprusi nè rappresaglie ritornò l'ordine e la tranquillità. I processi contro i sommovitori si fecero poi, anzi con troppa tardezza, Le popolazioni resparavano.

Eppure i ribaldi cavati di carcere, e sospinti a misfatti dall'anarchia, non potendo tornare a riposo s'eran gittati nelle Sile, campando alla brigantesca, con ricatti, incendii e uccisioni d'uomini e bestiami. V'andò poi in ottobre il marescaillo Enrico Statella, che molti ne prese e uccise, credo intorno a seicento; sicchè per la fine dell'anno rimanean sol poche fiacche comitive di masnadieri, frequente piaga di quei boscosi.

Come s'è visto, anche allora nell'esercito regio era il seme settario. Il Zupi fuggito nell'atto della pugna da Campolongo, il Nicoletti che contro gli ordini volse a Reggio il battaglione che dovea chiudere il passo a' Siciliani, i parecchi uffiziali disertati al nemico, mostrarono già la setta aver sue branche nella milizia. Si vinse per virtù di soldati e di qualche generale fedele; e il vincere in Calabria fu pietra fondamentale che rassodò il trono e preparò la riconquista di Sicilia. Perduto in Calabria sariasi perduto il tutto. Se quei generali avessero fatti come fecero poi i generali del 1860, la rivoluzione trionfava allora, nè avea da lavorare altri dodici anni. Ma i servigi resi in tempi di tempeste da Ferdinando Nunziante, sconosciuti in tempi di bonaccia, partorirongli odio liberalesco e amarezze molte; nè ad esso solo, ma a quanti s'eran portati da uomini fidi e di cuore; però in breve spenti per cordogli e peggio, mancarono d'imitatori al tornar del turbine. Imparino i regnatori e i loro ministri che i valorosi van rispettati in pace, perchè si trovino pronti alla pugna, quando poi la folgore percuote governanti e governati.

§. 25. Inani sforzi rivoluzionarii nelle provincie.

Mentre si combatteva in Calabria, i consettarii lavoravano a sollevar l'altre provincie. Basilicata e Salerno più vicine, e sollecitate come narrai dai ribelli a movere i paesi alle spalle de' regi, fur molto agitate. Da Potenza volevano impedire il passo di Campistrino, e minare il ponte; mandarono a Molfetta per cannoni, e n'ebbero quattro inadatti, bastavano a farne pompa. Furono tumulti adunque a Campistrino, Abriola, Calvello, S. Angelo delle Fratte, Genzano, e altri luoghi, sempre chiedenti danari e arme. Volevano supplicar Pio IX che scomunicasse il re. Gli agitatori principali, Cozzoli, Caputo e Pessolano, corsi molti paesi, tornavasene con parole assai e fatti pochi. A Potenza fecero una congrega appellata *Dieta* di cinque provincie, dalla quale uscì una scritta intitolata trionfalmente *Memorandum Lucano* a' 25 giugno, firmata da ventitrè persone, dicentesi delegati delle provincie confederate di Potenza, Lecce, Bari, Foggia e Campobasso. Dichiaravano voler l'attuazione del programma del 4 aprile, l'annullamento degli atti dopo il 15 maggio, Guardia nazionale armata di cannoni, e i castelli disarmati; o che essi (ventitrè) sosterebbero tai dimande a qualunque costo. Ma le provincie di cui si facean delegati eran chete. Volevan fare un governo provvisorio; mancò l'animo: eglino s'arrabbattavano, i popoli li beffavano. Anche fra loro eran bisticci e male parole. In Potenza parteggiavano chi per un Errico, chi per un Maffei, chi volea meno, chi più; ambo impotenti anche uniti, non feron nulla.

A quei dì era ucciso il Carducci. Già l'aspettavano nel Cilento, e i capi eran corsi a S. Venere presso Polla a consulta. Sommovevano Postiglione, assalivano Brienza, rapivan l'arme a' gendarmi ch'andavano a Salerno; e altre cose volean fare che non poterono. Il Lamberti s'appellò commesario civile, scrisse un editto smentente la morte del Carducci, promettea diecimila Calabri in soccorso. Così ne' primi di luglio cominciò un po' di sollevazione da Torchiara ad Ogliastro, poi Lustra, Agropoli, Aquella. Vuotan le casse, sorteggian uomini, rubano i voti d'oro e argento nelle chiese, stupran donne di realisti, ne saccheggian le case. S'uniscono sulle alture d'Ogliastro poche centinaia; poi in due bande scorrazzano pe' campi, una ver Postiglione, altre ver Capaccio, pigliando casse comunali, espilando i ricchi, scarcarando ribaldi, spezzando gigli, vietando telegrafi, birboneggiando in tutte maniere. Impertanto a' 9 luglio v'accorse da Napoli un reggimento di granatieri, e quattro compagnie di cacciatori della guardia, chiamati da' Capaccesi; sbarcavano a Sapri ed a Pesto, coglievano i faziosi a Trentinara, che favoriti da rupi e vette volean contrastare, ma a' primi colpi fuggirono a nascondersi. L'ordine fu issofatto riposto.

Nel Sannio un giornale, *Il Sannita*, propagava gli ordini e i motti settarii; molti girovaghi andavan sussurrando nelle orecchie i cenni del segreto comitato di Napoli: i disegni dell'Ayala in Abruzzo, le Calabrie vincitrici, presto sarebbe repubblica; s'armassero, affrontassero i soldati reduci da Lombardia, facesserli a pezzi nelle gole di Cascalenda. Altri a cavallo andavan descrivendo uomini da armi. Parecchi di questi fur visti a' 2 luglio in Campobasso, con altri accorsi da' dintorni, ruminanti qualche colpo; si celaron nell'orto botanico, poi a sera, correndo la festa della Vergine, fra l'esultanze religiose e suoni e canti, sentisti qua e là gridar *Calabria e repubblica! Morte al re!* Fuggissi il popolo spaventato; i congiuratori rimasti soli, vedendo soldati non li aspettarono; nè fu altro.

In Capitanata tumulti a Cerignola; respinsero indietro i congedati accorrenti al richiamo ministeriale, rubarono il procaccio, disarmarono gendarmi. In Manfredonia fingendo temere che in chiesa proclamassesi abolito lo statuto, s'armarono rumorosamente. In Viesti non so chi istigasse i villano a temere per le loro donne; pigliano a sassate quanti incontrano. A Bari rifanno la Dieta di Potenza; parole assassine, più contese; in fine cavano un altro *Memorandum* sullo stampo di quello *Lucano*. Alle nuove di Calabria doma infuriano; volean suonar le campane, sollevar la provincia, percussar la cavalleria regia tornante d'Italia. Riescono in Andria a decapitare una statua di gesso, e 'l capo conficcano a un palo. Simiglianti cicalate nel Leccese: stabiliscono in *Comitato Salentino*, capo un Mazzarella, che ai 23 giugno si dichiara in permanenza, tassando nulli gli atti governativi dopo il 15 maggio; poi accedendo alla federazione con Potenza, strombazzano vittorie Calabre, descrivon militi, si tengon pronti, e speran depredare le casse comunali e vescovili: intanto feste, canti, e proponimenti di pigliarsi i demanii. In Torchiarolo gridan repubblica in chiesa e per le vie, preparano a difesa un logoro cannone trovato sulla spiaggia. In Brindisi e Gallipoli congreghe e chiacchere; voleano artiglierie dal forte d'Otranto; ricusate, imprecavano a quel comandante: cose ridicole e pazze, cui le popolazioni guardavan bieche. Prima che arrivassero soldati tornò la quiete.

§. 26. Inetta congiura dell'Ayala.

In Abruzzo l'Ayala come artista senza materia volea fare, e mancava del come. Avea promesso, s'era vantato, s'era gittato nelle bettole per guadagnar popolo, eppur non potea niente. Prese la congiuntura de' comizii pe' nuovi deputati, e ne fe' una che gli parve da Spartano. Il ministro scrissegli si governasse con senno, impegnasse con persausioni gli elettori a eleggere uomini savii, onde maggior effetto e minori contese sortissero dal mandato; rispose svillaneggiando ministri e re, tacciandoli tiranni e insidiosi; e fe' stampare cotale risposta, quasi vanto d'animo indipendente. Era insidia ministeriale il desiderare che gli uffizia li persuadessero la gente a mandar sennati al parlamento; e non era insidia il lasciar la briglia a' congiuratori per mandarvi dissennati. Oltrechè l'uffiziale che non pago di disubbidire al superiore, il combatte e il vitupera, se stesso vitupera, sconoscendo il dritto di potestà che il tiene in seggio. Nulladimeno i settarii cerebraronlo uomo insigne. Però egli più invanito procedè anche a ingiuriare i suoi subordinati, dove non volessero aiutar la congiura; talvolta con lettere di fiele invelenite trasmetteva ammaestramenti intorno a' modi d'elezione, sì facendo egli a rovescio ciò che aveva al ministro rintuzzato. Nè ciò gli bastando, volendo schizzar quel tossico pur nelle campagne, vennegli la matta idea di fingersi fautore di missioni religiose; e scrissene al vescovo, indicando i missionari. L'indiscreta proposta, le persone accennate, la cosa e il modo schiaravano l'insidia; il prelato ricusò, egli controrispose acerbo e minaccioso: stolto, che volea la rivoluzione per man del vescovo!

Dopo i fatti che narrai di Pescosansonesco e Pratola, dove per cagion delle nappe era scorso sangue, non mancarono per la causa stessa tumulti in altre terre; il perchè i ministri a torre quelle occasioni al delinquere ordinarono si ripigliassero i nastri rossi, non aboliti mai, si smettessero i tricolorati, non mai con legge permessi. Ciò l'intendente non volle eseguire. Mentre ruminava sul come attuare la ribellione promessa a' fuorusciti, udì il ritorno delle soldatesche da Romagna; negò i denari, e a un sindaco chiedentegli consiglio, gridò rompesse il ponte sull'Aterno, asserragliasse Popolo, tagliasse i soldati a pezzi. Passati i soldati, i confratelli da Napoli sollecitavanlo; qui di Calabria il rimprocciavan di trepido, i giornalacci l'infatuavano con lodi; ond'egli ristrette le pratiche co' fuorusciti di Rieti, feceli entrare in Cittaducale. In Aquila accolse Nazionali, e li stanziò in castello, mandò i gendarmi ad Antrodoco, così in sua balia lasciando le prigioni; la sera del 22 giugno entrovvi ad arringare i carcerati, e a nunziar loro che presto quelle sale appigionerebbe; quindi gioia pazza d'assassini, spavento dei cittadini.

Il governo sapea tutto: richieselo se volesse soldati a tener cheta la provincia; rispose non abbisognare. Intanto ponea suoi cagnotti armati a guardar le porte, disegnava stecconati, passava a rassegna Nazionali, preparava editti, e già la notte del 24 s'aveva a dichiarar decaduto il re, proclamar governo provvisorio con esso Ayala, capo, e tutta chiamar la provincia all'arme. Correan voci spaventose: i realisti, i ricchi, il vescovo segnati d'eccidio. Da tutte parti volaron lettere a Napoli, e al brigadiere Zola in Popoli. Questi prestissimo e silente corse sopra Aquila, e giungevi la notte del 23. L'Ayala sbalordito si risolse a fingere e uscirgli incontro; ma sentendolo padrone della città, temè restar prigione, però cacciato dalla mala coscienza, lasciati moglie e figli, fuggì a Rieti, seguito da' congiurati esteri e regnicoli. E fu questa l'inetta congiura, aborto di quel capo sciacquato dell'Ayala, gridato eroe dalla setta, ch'a rialzarlo in fama poselo indi a poco ministro in Toscana.

§. 27. Nuove elezioni.

La vera libertà lamenterà sempre il mal talento settario che non quieta nè fa quietare, e rende impossibile il godimento di franchigie modeste e sicuratrici. Della sciolta camera accusarono il re; s'ei l'avesse serbata, avrebbergliela apposto a timore. Così a timore apposergli la costituzione riconfermata. Aprendosi i nuovi comizii, volevansi uomini dotti di legge e d'economia, d'animo giusti e moderati, amanti veri della patria felicità; ciò inculcava il governo, eglino (come avea fatto l'Ayala) dicevanla colpa grande. I congiurati per contrario da Napoli con le file tenebrose della setta rifecero quello de' primi comizii; imbeccavano i nomi e i modi; e come che ne' collegi elettorali mancò la gran maggioranza de' cittadini, stracchi e stucchi di quelle menzogne parlamentari, i liberticidi padroni del campo acconciarono le elezioni a modo loro. Dove fecero proteste illegali, e dove rielessero gli uomini stessi di prima; fra gli altri i profughi Lanza e Scialoia, il Ricciardi e gli altri ribellanti delle Calabrie, il Petruccelli minacciatore di regicidio, e i barricatori di Toledo. In Foggia quel magro collegio elettorale protestò non voler nuovi deputati, sendo eletti gli antichi, sì ribellando allo statuto dante al re facoltà di sciogliere la camera. Protestarono con la stessa convenuta formola tredici circondarii di Basilicata, i circondarii d'Agnone e Nardò in terra d'Otranto, ed altri. Protestarono parecchi contro gli atti del ministero del 16 maggio, e per l'illegalità dello scioglimento d'una camera non ancora costituita. Per costoro la camera era *costituita* per usurpare la potestà, *non costituita* per essere sciolta. A Bari, a Viggiano, ad Avigliano e altrove nè pure elezioni si fecero. La maggioranza della nazione s'asteneva: non fidando in quelli ordini, lasciavanli andare alla china in balia de' tristi; quasi prevedendo così più presto tornerebbe la pace. Intanto i congiuratori menavan vanti magni della non contrastata vittoria. Ma quell'abbandono fu gran fallo nazionale; e tanto maggiore che rinnovato nel 1860, quando già compri eran molti capi delle soldatesche, lasciò il paese nelle branche de' settari, che venderonlo allo straniero.

§. 28. La camera de' deputati.

Com'era ordinato s'aperse a 1.° luglio nella biblioteca al museo borbonico, con pochi deputati la camera, sospettosa e mesta. Soltanto accolse come non altri mai un Ignazio Turco, lezzo di trivio, farinaio, fatto deputato a vezzeggiar la plebe, ignorantissimo buffone comparso in carrozza splendida, fra plaudimenti, quasi Cincinnato in trionfo; che fu parlante condanna di quelle vantate franchigie. Andovvi delegato regio con due carrozze di corte il duca di Serracapriola a leggervi il discorso della corona. Lamentava il disastro del 15 maggio; confortavasi al veder riuniti i deputati della nazione, per averne aita a far rifiorire la prosperità vera del popolo; però ne invocava sollecite proposte di leggi opportune alle libere elargite institutioni, massime per l'amministrazione, finanze, e Guardia nazionale, il cui dovere è la tutela dell'ordine legale. Li invitava a smascherare coraggiosamente le cagioni e i pretesti delle perturbazioni nel regno, e sì provvedere da non farli rinnovare. Da ultimo dichiarato non esser turbate le relazioni di pace con gli esteri, si mostrava fermo a voler sicurare il bene del paese, nel godimento di ver libertà, di cui farebbe l'occupazione della vita, e ne chiamava giudice Iddio, e testimone la storia e la nazione.

Sin da' primi dì furon tumulti nella camera. A' 3 erano presenti non più che settantadue deputati, nè prima degli otto giunsero a ottantanove, appena in numero da poter cominciare la verifica de' poteri. Le tribune eran prese da *camorristi* e faziosi, iti a posta per imporre con plausi e fischi sugli arringatori e su' votanti. Il primo giorno uno di quei barbuti levò nel più bello la sua voce: *Iddio potente minaccia questa città, ora scoppia il fulmine, non profanate questo luogo*. E gli altri a dir *bene*, e a batter le mani! Così sempre turbavano le discussioni; chiamati più fiate e invano all'ordine, fu provveduto al silenzio con ordinanza del presidente; e poi la camera fe' apposito regolamento; ma spregiavan coteste minacce in carta. Fu eletto presidente l'avvocato Domenico Capitelli di Terra di Lavoro, vicepresidente Roberto Savarese. Quei deputati avean sospetti grandi e fieri odii contro il Bozzelli e il Ruggiero, tenentili per disertori della setta, guadagnati co' seggi ministeriali a fermar la rivoluzione; e chi di essi erano stati prima ministri n'eran gelosi a vederli negli ambiti seggi, fermi per legalità e forza; abborrivanli per la sciolta camera, per le dome Calabrie, pel compresso Cilento, per la intraveduta riconquista di Sicilia. Al mattino del 13 seguirono gravi altercazioni tra il Bozzelli e il Troya; chè quegli avea detto il programma di costui al 3 aprile essere stato imposto da una fazione, verità dispiacevolissima; e vennero a male parole sì che il presidente s'ebbe a coprire con cappello. Poi uscirono interpellanze e critiche intorno a' fatti guerreschi del Nunziante, e a' Calabresi e Siciliani fatti prigionieri; se ben trattati, se avessero sale spaziose, se buoni letti, se presto o no giudicati. Disse un deputato: *non sapere egli ancora se quelli fossero ad addimandarsi prigionieri di guerra, giudicabili, giudicanti o giudicati*. E chiedeva uan commissione d'inchiesta. Alto si lamentò il Nunziante: « maravigliarsi che i deputati difendessero la ribellione vinta; e accusassero non i conculcatori ma i propugnatori delle leggi. » Ma eglino intenti a osteggiare la potestà regia, concionavano or sull'abolizione della pena di morte, or su' modi d'udir ne' giudizii le difese de' litiganti, or sul perchè si fosse tolta la bandiera de' tre colori dalla camera; or lamentavano la morte del Carducci, or dimandavano punizioni per gli uccisori. Gran tempo perdettero in iracondie e futilità. Meglio rifulse la simpatia alla rivoluzione, e 'l dispetto del vederla schiacciata, quando a' 27 luglio proposero il progetto d'indirizzo al re. Qui niuna parola di lode a' soldati, molte di compianto a' vinti. Censura al monarca pel passato suo governare, lode per la concessa costituzione. Disservi il 15 maggio essere stato giorno interrompitore della confidenza tra popolo e sovrano, disapprovaronvi lo scioglimento della camera, siccome atto che agitando la pubblica opinione nuocesse alla pacificazione del regno; il richiamo delle truppa da Lombardia biasimavano, e facevan voti s'affrettasse l'era dell'italiano riscatto. Ciò dicevano impudentemente a quell'ora in che Sicilia con superbo voto si dava al figlio di Carlo Alberto. Eppure cosifatto indirizzo non parendo progressivo abbastanza, ebbe discussioni e assalti molti, nè il direttore di polizia valse con bei modi a far calare quelli animi a prudenza: che valean ragioni a

Storia delle Due Sicilie 1847-1861

chi avea la visiera agli occhi, o a chi mirava a più segreto scopo? quella stoltezza dicevan costanza; però l'approvarono i 105 deputati presenti. Sendo non decoroso per la regia maestà nè prudente lo accogliere quell'indirizzo insultante, quando dodici di essi recaronlo alla reggia, non vennero ammessi.

Al 1.° agosto il Bozzelli presentò il progetto di legge per la guardia nazionale, ed ebbe fischi dalle tribune, e da' deputati stessi. Nella camera e ne' giornali diatribe veementi. « Non esser bastevoli, dicevano, poche migliaia di Guardie ad una Napoli popolosa, dove sogliono stare ventimila soldati regi; malamente volersi uomini da' 26 a' 60 anni; tirannia *l'alto censo* di ducati dieci all'anno, la nazione abbisognare di molti e giovani, e senza censo. A torto prescriversi la divisa a volontà del principe; il progetto alterare lo scopo della Guardia nazionale là dove dice *essa dover con l'esercito cooperare all'ordine*, tacendo poi il suo intrinseco e principale obbietto stare nel difendere le guarentigie costituzionali. » Siffatti errori volontarii di chi volea conflitti e rivalità di forze e poteri astiavano l'esercito, uscito per coscrizioni da tutti ordini sociali; perlocchè videsi in quel torno per le stampe a nome dell'esercito una scritta, chiedente si bandissero dal parlamento gli autori delle barricate, e de' moti Calabresi e Cilentani; o che si provvederebbe con forza. Ma i deputati, che tementi per la Sicilia intendevano a tener vivo il fuoco sul continente, perseveravano, sicuri che il real governo vieterebbe lo scoppio di quelle minacce. Al 1.° agosto proposero legge per rifar le prigioni a modo cellulare, e fu presa in considerazione.

§. 29. La camera de' Pari.

S'era provveduto alla camera de' Pari con due decreti; uno del 26 giugno n'avea creati ventisei, altro a 11 luglio ventuno. A' 19 di questo mese fu pienamente costituita. A' 2 agosto propose e a' 5 approvò l'indirizzo alla corona, con sensi di gratitudine per l'ordine sicurato e promettente aita al braccio governativo. Uomini essendo ricchi, e il più tranquilli e savii, dier prova di senno e sapienza, e taluno anche d'eloquenza; ma v'era pur di qualche progressista. Il vecchio ribelle, principe Strongoli, in quella tornata del 5, avversava il progetto, con lunga imbeccata diceria: « Esser male a lodare il rovesciamento delle promesse del 3 aprile, e la mutata legge elettorale del 5, e 'l non aver indicato le cagioni vere del 15 maggio. L'abolizione di quelle promesse aver partorito la ribellione calabra, siccome la minaccia dell'abolizione e non il programma del 3 aprile essere stata la madre delle barricate. Già la nazione nominando gli stessi deputati aver condannato il governo. Inopportuno l'aver richiamato le soldatesche da Lombardia, danneggiata l'Italia; malcontentate le Calabrie. Ecco il ministero a non vedere, dopo fatta Francia repubblica, la necessità d'unirsi a' prenci italiani per sostenere qui le monarchie. Male la Guardia nazionale fievole, fatta per comparsa, male essersi sciolta l'antica, cui bastava rettificare. » E sebbene lo indirizzo tacesse di Sicilia, ei non volle lasciar da ultimo d'aspreggiar la condotta politica e militare de' ministri, cui accusò d'aver fatto svanire ogni possibilità di conciliazione co' fratelli Siciliani. E i giornali faziosi la sera stampavano: le parole di lui esser suonate belle tra quelle mura, e averle seguitato *un tranquillo modo d'approvazione*. Per l'opposto gli altri pari mal sopportavano quello sboccato discorso, a pro delle ribellioni. Indi a poco declamando lo Strongoli contro i soldati per gran disordine messo nelle Calabrie, *Che dite?* gridò il barone Rodinò: « jer l'altro sono tornato di Calabria, e le lasciai tranquille e plaudenti a' soldati che le han liberate da' soprusi e dalle tasse de' rivoltosi. »

E veramente la rivoluzione facea debiti e ponea balzelli, e la potestà legittima quelli pagava, questi aboliva. Un decreto del 24 luglio annullava quel del 26 aprile per la parte circa al debito forzoso da' mercanti e professori, il quale aggravando il commercio e le arti era duro a tutti; e ordinava altresì la restituzione del riscosso. Appresso a 12 settembre s'aboliva il diritto di piazza in Napoli, cui pagavano i venditori ambulanti, poverissima gente.

§. 30. Veleno di stampa.

In quella i giornali si valevano della restituita libertà di stampa col malignare ogni atto di governo, e vilipendiare l'esercito. Era fra gli altri certo Silvio Spaventa, Teramano, ignoto e misero, uscito deputato, scribente in un giornale detto *Il Nazionale*: questi ne' fogli 60 e 61 schizzò velenosi oltraggi a' soldati e ai duci. La sera del 3 luglio certi giovani uffiziali lo andaron cercando nel caffè De-Angelis alla Carità per isforzarlo a ritrattazione; ei s'ascose sotto il pancone, e avvegna che uno di quelli uffiziali il vedesse, pur tacquelo per pietà. Nientedimanco sebben non più che paura patisse, ei la sera stessa con più studiato spavento fuggì a ricovero nella casa della legazione francese; sì atteggiandosi a vittima avanti allo straniero, quando poteva adire il magistrato. Costui dopo dodici anni, vista per arme straniere serva la patria, diventato capo poliziotto, popolò le carceri d'uffiziali regi, senza ragione e fuor di legge; così da codardo vendicando oltremisura su mille l'oltraggio tentato da pochi.

Il mattino uscì una protesta in nome dell'esercito, dove citato l'articolo 30 della costituzione, che sottoponeva a legge repressiva la libera stampa, si traeva conseguenza che mancando quella non ancor fatta legge, dovessero valere gli articoli 314 e 365 della legge penale; quindi lamentata la sfrontatezza giornalistica, concludeva l'esercito essere stanco di sopportare insulti che sotto spezie di libertà promovevano lo stato selvaggio, dove ciascuno provvede a sua difesa; e protestava che nessuna altra offesa anderebbe impunita. Ne dettero saggio la sera stessa: iti alla stamperia d'altro giornale *Il parlamento*, con isconcio atto rovesciarono i torchi, sparnazzarono i caratteri, fugarono i garzoni. E passando il generale Giuseppe Statella col capitano conte Giacomo Gaetani avanti al caffè sul cantone del Teatro nuovo, sentendosi segni a motteggi, alzarono le fruste; il che bastò a far serrare quella sera parecchi caffè di studenti.

I popolani del mercato e de' dintorni a 14 agosto percorsero in frotta le vie Montoliveto, S. Maria la nuova, S. Giovanni maggiore ed altre, gridando *Viva il re!*

abbasso la costituzione! mandarono deputazioni a pregarne il sovrano, e senza più si ritrassero quieti. I ministri costituzionali, stretti co' deputati in segreto, decisero reprimere sul principio quei moti; e però un ordine spiccato all'esercito vietò a' militari qualsivoglia atto diretto o indiretto contro lo statuto.

§. 31. Le camere prorogate.

Il ministero chetata terraferma aveva il pensiero alla riconquista di Sicilia. Sin da' principii d'agosto s'era nel regio consiglio discussa e fermata la spedizione, ma si trovavan sulle braccia il carico della guerra, e la repressione de' travagli interni. Imperocchè la stampa di proposito lanciava dardi contro tutti, per istuzzicar ire e tumulti; le concioni parlamentari intendevano a infocolar le passioni e movere il paese; mandatarii appositi per le provincie recavan nuove false e incitamenti veri; tutto per isforzar le soldatesche a stare, e a impedire l'andata nell'isola. Questa predicavano fortissima, invincibile; e dove si venisse alle mani speravan farla vincitrice, e sì dappoi anche in Napoli abbattere la regia potestà. Dall'altra la gente buona guardava indignata tai mene; nè maraviglia già dell'ostinatezza de' deputati, sibbene del governo che sopportava. Finalmente i ministri tratti dalla vera opinione universale, sentendo non poter combatter le trame continentali e l'arme insulari insieme, proposero al governo di rimuovere il focolare delle sedizioni, le camere. Così egli a 1° settembre, per la facoltà vegnenti dall'articolo 64 dello statuto, prorogava i parlamenti pel 30 novembre. Questo fiaccò la congiura.

§. 32. Si decide la spedizione in Sicilia.

Per riconquistar l'isola le maggiori difficoltà non erano nell'arme. Già s'eran fatti molti e vani speriemnti di conciliazione; come li maneggiasse il Mintho detto è. Ora avendo Inghilterra, Francia e America riconosciuta l'indipendenza di esse per darle forza morale, così fu mestieri interpellare tai nazioni a dichiararsi neutrali. Era ito a posta il conte Ludolf a Parigi col principe Petrulla, siciliano (però questi dal parlamento dichiarato traditore delle patria); ed il governo insulare anch'esso avea colà mandato l'Amari, per far ressa ad aver tosto il Duca di Genova o un prence toscano a re. Intanto da Napoli si preparava in segreto l'impresa; s'era ordinato al Nunziante pigliasse il capitanato di tutte le soldatesche in Calabria, e ne concentrasse a poco a poco il nerbo nel Reggiano: però a 20 agosto i battaglioni eran pronti sulle spiagge, fra Palmi, Bagnara, Scilla, Villa S. Giovanni e Reggio. Sia questo, sia altro ne spillasse, ecco i legati francesi e inglesi sforzarsi a impedir la passata, o almanco a ritardarla. A 28 agosto il Rayneval scrivea una nota lunghissima: « Osservava che mentre di accordo con l'Inghilterra si trattava pace, usar la forza era accrescere difficoltà; dubbia assai la vittoria, certissimo il ringrandirsi l'ire. Esser due partiti estremi: quelli indipendenza assoluta, noi la fusione in una corona: tra questi stare un mezzo, per esempio un re di Sicilia figlio di Ferdinando?

La spedizione guerresca farebbe perdere al re le simpatie francesi e inglesi. » Ve' che simpatie! Il giorno seguente il Napier mandava la sua note, le stesse cose dicendo, e aggiungeva: non aver potestà da far conoscere le intenzioni del suo governo, ma deplorare l'effusione del sangue per premature ostilità. Per sovrappiù si volse all'ammiraglio Parker, il quale rispondeva mancar di ordini per opporsi all'armata nostra: laonde egli non potendo altro, inviò il Porcospino a Messina e a Palermo con dispacci, nunzianti il re aver di nascoso allestito l'esercito invaditore; si preparassero. A' 31 con alte lettere li avvisava partir da Napoli nove fregate a vapore, una a vela, 2500 Svizzeri, e artiglieri; e non saper ben se scenderebbero a Milazzo, o a Scaletta, o a Messina. In tal guisa questi umanitari conciliatori aborrenti dal sangue, incitavano i ribelli a far contrasto.

Pertanto il governo persuaso ch'ove tardasse qualche dì sarebbegli impedito d'operare, mise ingegno a far prestissimo. A 30 agosto partian da Napoli tre fregate a vela, sei a vapore, cinque altri vaporetti, due corvette, e altri legni coi reggimenti 3.° e 4.° svizzero, da unirsi alla truppa di Calabria; con esse duce supremo Carlo Filangeri principe di Satriano. Lenta fu la traversata, chè bisognò rimorchiare i legnetti minori; si giunse a 1.° settembre sopra sera avanti Reggio; e il duce disbarcata la gente, ordinò il corpo d'esercito assalitore, e porse al Nunziante il regio brevetto di maresciallo.

LIBRO NONO

SOMMARIO

§. 1. Il governo siciliano. — 2. Si prepara alla lotta. — 3. Regie forze assalitrici. — 4. Messina. — 5. Abbattimento della batteria alle Moselle. — 6. Danni a Messina. — 7. Sbarco in Sicilia. — 8. Fatti della 2ª divisione. — 9. Fatti della 1ª divisione. — 10. Codardie e nefandezze. — 11. Proposte di capitolazione. — 12. Vittoria. — 13. Messina è presa, e riordinata. — 14. I capi settarii. — 15. Conseguenze della vittoria. — 16. L'armestizio imposto. — 17. Mala fede de' protettori. — 18. Effetti dell'armestizio. — 19. Congresso per confederazione italiana. — 20. La costituente in Toscana. — 21. Fatti di Napoli. — 22. Operosità del ministero. — 23. Turbolenze nelle provincie. — 24. Altra proroga delle camere. — 25. Morte di Pellegrino Rossi. — 26. Pio IX a Gaeta. — 27. La costituente italiana in Roma. — 28. Fine del 1848.

§. 1. Il governo siciliano.

I capi ribelli di Sicilia, non gli bastando confische e debiti fatti, avean chiesto a 7 agosto facoltà di pigliare a prestanza per un milione e mezzo d'onze; lo stesso dì aderiva la camera bassa; quella de' Pari a' 9 il limitò ad un milione, con certe condizioni che il rendean difficile; però i ministri rinunziarono l'uffizio. A' 13 ne sursero altri: il Torrearsa presidente della camera andò agli affari esteri, il Viola al culto, Filippo Cordova alle finanze, La Farina all'istruzione; rimase il Paternò alla guerra. Fu direttore dell'interno un Gaetano Catalano, e poco stante ministro l'Ondes. Mariano Stabile ebbe la presidenza della camera lasciata dal Torrearsa. Giro e rigiro d'uomini stessi. Quell'Ondes era stato regio procuratore a Chieti; ora antiregio s'affaccia al balcone del palazzo e grida: « Popolo, m'accuserai d'aver servito tant'anni il Borbone; sì, ma 'l feci per istudiar le condizioni del governo, e poter meglio farlo abborrire, e congiurar contro a esso. » Tanto cinicamente vantava sue infamie.

Questo ministero nuovo ottenne a' 17 del mese di poter cercar danari anche fuori del regno, per un milione e mezzo d'onze in valore effettivo, ipotecando beni nazionali, con altre facilitazioni. Per avere un milione e mezzo s'aveva a far debiti per tre. A maggior aiuto si decretò a 3 settembre si dessero in pegno argenti, gemme, e altri obbietti preziosi di chiese, conventi, monasteri, e luoghi pii clericali e laicali, con l'usura del sette per cento. Ma Catania, Messina e Siracusa, città grosse, non permisero lo spoglio. Palermo e l'altre città il soffrirono; e fu dappoi computato le chiese aver perduto ottantaquattromil'onze d'obbietti preziosi. Inoltre a 8 settembre il parlamento permise darsi a' banchi di Palermo in pegno metalli lavorati e pigliarsi la moneta. Allo scoppiar della rivoluzione si trovavano in quei banchi 873 mila ducati di privati, e 304 mila di depositi giudiziarii; tutto preso a mutuo da' sopravvenuti ministri di finanze.

I ribelli trepidavano: non sapeano se venisse re il duca di Genova; le disfatte Sarde sul Mincio, l'armestizio al Ticino, il trionfo de' Borboniani di Calabria, la cattura del Ribotti co' Siculi, facean presagire vicino assalimento. Allestiron farmaci e letti per feriti, ebber fucili da Malta e da Tolone, e altri per conto del comune di Catania. Assegnarono tre tarì al giorno a' patriotti che non potevano avere uffizii militari, e il soldo intiero a' corsi in Lombardia. Per questi il padre Ventura fe' in parlamento una mozione, ben accolta, per una medaglia d'onore. Esentavan Messina dal contributo fondiario.

Nella città anarchia piena. Furti, assassinii, vendette, catture, rappresaglia, misfatti per ogni dove. La stampa era briaca. Anche quei liberalissimi uffiziali della rivoluzione, in pieno giorno, aggraffarono e strascinarono come belva per via Toledo un Giordano giornalista, dal quale si credevano offesi; poi se ne fe' rumore in parlamento a 5 agosto, ma non ne seguì giustizia nessuna. Per cagion di certi cannoni s'ingrossarono gli umori tra Siracusa ed Augusta. E il 26 dentro Palermo in piazza Bologna, lucente il sole, i malfattori assaltarono una casa, trasservi moschettate, e accorrendo i birri ripararono nel convento del Carminiello, ove aveano una masnada assoldata; e bisognò una zuffa per farli prigioni. Frarttanto inquietudini e paure: ciascuno si lamentava d'Inghilterra, larga in promesse, misera in socccorsi.

§. 2. Si prepara la lotta.

Ancora che si sentissero ruinati dal mal governo, e presentissero la punizione imminente, pur quando a' 31 agosto, pel dispaccio del Napieri, il ministro Torrearsa nunziò al parlamento la spedizione assalitrice da Napoli partita, quella nuova con plausi grandi ricevettero, e a sera illuminarono la città. Al mattino rassegna di milizie e guardie nazionali. Ogni cosa era piena di guerra, ogni paesello parato a difesa; vecchi e fanciulli armavano, esercitavano a pugna. Con decreto mobilitarono le guardie nazionali, con baiocchi ventiquattro ciascuno, sicchè ne fecero ventiquattromila, in sei divisioni, a Palermo, Trapani, Girgenti, Siracusa, Catania e Messina. Sin dal 1.° luglio stavan comitati da difesa in ogni capoluogo. Arme a tutti, ancora che non guardie mobili, tale che nell'isola almanco eran dugentomila armati. Architetti militari avean fortificato le coste e le città, con artiglierie, trincee, zolle bastionate, asserragliamenti e telegrafi per avvisi; con ordine che allo stormire delle campane ogni uomo scendesse coll'arma in piazza. A Palermo restaurate le mura, murate le porte, eccetto due; e in ogni terra s'eran bucate feritoie segrete alle case, chiusi a fabbrica i portoni, aperti aditi fra casa e casa. Commestibili e munizioni larghissime in tutte parti. Prevedendo i primi colpi a Messina, mandavanvi il più gente che si potesse da' luoghi vicini; e il 5 settembre da Palermo truppe di linea e volontarii, con danari e arnesi da guerra.

I Messinesi durante la tregua preparate contro i patti opere d'offesa e di difesa, già la notte del 5 giugno avean senza avviso rotto l'armistizio, traendo con moschetti e cannoni sull'opere accessorie della piazza. Dalla batteria a Torre di Faro davan su' nostri navigli da guerra e da merci, quantunque per patto fosse libero l'approvigionamento; e costruita con grosse artiglierie altra batteria alle Moselle, avean di continuo percussate le fortificazioni; bisognò star sempre sulle micce. E il console francese Maricourt che s'era taciuto vedendo i ribelli alzar trincee gagliarde in mezzo alla città, e tutta cingere la cittadella, ora scriveva al Pronio la Francia terrebbe un bombardamento come violazione a' patti. Oltracciò a 2 luglio celebrandosi l'elezione del nuovo re, primi ad alzarne la bandiera furono una corvetta da guerra francese e un vapore inglese, con fuochi festosi, cui risposero gl'isolani: il perchè non potendo il Pronio tollerar quest'oltraggio avanti agli occhi suoi, trasse cannonate dal bastione Norinberg sulla batteria avversa a Matagrifone, e la fe' tacere. Ma fu atto efferato quello del 22 agosto; quando arrenata la regia fregata Guiscardo, mentre i marinai lavoravano a rimetterla a galla, eglino spietatamente cannoneggiavan la nave e la gente per più ore; ma a loro vergogna, addoppiando il pericolo gli sforzi, protetta la fregata da cannoni regi che superaron gli avversi, si salvò. Eppure il comandante la squadra inglese avanti Messina sfrontatamente accusava il Pronio; dicevalo cagione d'ogni male, Messina *città senz'arme*, e pacifici e innocenti gli abitanti.

I ribelli nondimeno al primo indizio d'aver a essere assaliti s'atterrirono; suonaron le campane a stormo, chiamarono guardie nazionali e soldatesche da' dintorni. Avean certe milizie dette *squadre armate* in dodici migliaia, comandate dal Pracanica e dal La Masa; quasi altrettanti a masse accorrenti, centoventi cannoni e trenta mortai, il più comprati a Tolone e a Woolich, puntati contro la cittadella, il bastione Don Blasco, e i forti S. Salvatore e Lanterna. Tenevano armate le vecchie batteria di costa e altre nuove, massime una detta *La Sicilia* sulla spiaggia di Maregrosso. Sedici barche cannoniere avevano, cui soprastava Vincenzo Meloro, spavaldo, il quale a' 6 agosto mandò a pompa un ridicolo cartello di sfida a' legni napolitani. La città serragliata, fortezza ogni casa, feritoie cieche, tutte porte murate, e anche mine pronte a scoppiare sotto i piedi degli assalitori. Invincibili si credevano, invincibili i giornali, e i pacificatori inglesi e francesi li predicavano.

Dall'altra la cittadella, benchè assediata otto mesi, in continuo fuoco, pur s'era afforzata: fatte vie traverse, alzati i terrapieni e gabbioni e sguanci, postate cannoniere, e con sacchi a terra coperte le muraglie; tutte cose costruite fra' disagi, spesso di notte, più spesso sotto mortifero fuoco, fra le vampe e i colpi. Ove la fortezza avesse ceduto, sarebbe stata impossibile la riconquista dell'isola, perchè perdutosi quell'ultimo piede, le corti straniere avrebbero messo in mezzo la bella teoria del *fatto compiuto*, e impedita la forza del diritto. Perciò quei diplomatici ponean sempre per pegno di conciliazione cedere la cittadella; perciò i demagoghi consigliavanlo a bocca e in istampa, sì con lustre d'umanità coprendo la perfidia.

§. 3. Regie forze assalitrici.

Il Filangeri avea fama d'uomo di guerra. Disegnò a base d'operazione Reggio, perchè in punta alle Calabrie, con Sicilia a un dito di mare, la cittadella rimpetto, e facilità di relazioni tra questa e il regno. Però sbarcato con la truppa colà, e passatala a rassegna con quella del Nunziante, trovò d'aver novemiladugent'uomini di tutte arme, e dieci cannoni. Parte ne mandò alla cittadella, poi di queste e quelle fe' due divisioni cui prepose i marescialli Pronio e Nunziante; ambi cari al soldato, quegli pel ben difeso forte, questi per la di fresco pacificata Calabria. La prima divisione con Pronio si componeva del presidio ch'aveva 142 uffiziali e 3918 soldati; cioè 9 compagnie del 4.° di linea, quattro del 5.°, un battaglione del 6.°, tre compagnie zappatori e pionieri, e sei d'artiglieri; ciò facea la prima brigata col brigadiere Fridolino Schmid; l'altra venuta da Reggio col brigadiere Giuseppe Diversi, avea 106 uffiziail e 3071 soldati; ossia un battaglione carabinieri, due del 13.° di linea, il 4.° cacciatori, uno del 3.° svizzero, e quattro obici da montagna. La seconda divisione del Nunziante era pur di due brigate: una col brigadiere Francesco Lanza ebbe 118 uffiziali e 3255 fanti, cioè il 7.° di linea, e i battaglioni 1.° 3.° 5.° 6.° cacciatori, e quattro obici da montagna; l'altra del brigadiere Carlo Busacca ebbe 137 uffiziali e 3275 uomini; cioè il 5.° reggimento di linea, un battaglione pionieri, uno del 5.° e due del 4.° svizzeri, e due cannoni. In tutto dieci obici cannoni e quattordicimilavent'uomini, ansiosi di rivendicare l'onore della bandiera vilipesa a Palermo. L'armata, duce il brigadiere Cavalcanti, avea tre fregate a vela: Regina, Isabella e Amalia; sei a vapore: Sannita, Roberto, Ruggiero, Archimede, Carlo III, ed Ercole; due corvette a vapore, Stromboli e Nettuno; cinque legnetti anche a vapore, Maria Cristina, Capri, Ercolano, Polifemo e Duca di Calabria; otto cannoniere, dodici paranzelli armati, quattro scorridoie e venti barche. Il generale statuì pigliar Messina, e da questa base procedere alla riconquista dell'isola.

§. 4. Messina.

Messina è l'antica Zancle, divisa pel vorticoso faro da Reggio. Cinta da verdi colli, è come anfiteatro fra quelli e il mare, in cerchio di cinque miglia. L'è a piè sur un'isola, il lazzaretto. Quasi ruinata pe' tremuoti del 1783, risorse più bella, con sei porte, Imperiale, Nuova, Portalegni, Boccetta, Ferdinanda e Realbassa; ma ora n'ha solo le due prime da mezzodì, con ponti di pietra ch'uniscola al sobborgo Zaera; nondimeno serba sue vecchie mura con tredici bastioni fatti a tempo di Carlo V dal vicerè Gonzaga. Ove è il piano Terranova fu rione popoloso, abbattuto nel 1674; ora è spianata di due miglia di giro, messa tra i bastioni Don Blasco e S. Chiara, la cittadella, e la città. Fra questa e Torre di Faro è il monastero S. Salvatore de' Greci, con una via lungo la spiaggia. Dentro Messina è la strada Ferdinanda parallela al mare, e pur quasi parallela è l'altra del Corso che sparte a mezzo la città, e va per Portanuova verso Catania. Queste due vie son tagliate a sghembo da quella dell'Austria ch'è al sud-est, e dall'altra Giudeca ad angolo retto, che per porta imperiale s'unisce all'antica strada romana. Su questa è l'ospizio de' poverelli, creato nel 1827 dal principe Collereale; dopo è Gazzi, paesello segato da un torrente, con una bella chiesa e 'l campanile alto, però detto *Campanaro lungo*, o *primo Campanaro*; sèguita il torrente Bordonaro, e ultimo l'altro casale Contessa. Per tai villaggi passa la via regia, costeggiante il mare a un trar d'archibugio, con case e mura di giardini. Andando per essa in città, dopo Contessa e Gazzi trovi Zaera, sobborgo che piglia il nome dal suo torrente; poi la strada partesi in due, per le porte Imperiale e Portanuova. Qui sulla dritta è il convento della Maddalena de' Benedettini, con due campanili dominanti il paese, postovisi il nerbo delle forze siciliane; il quale è per un miglio separato dal vicino lido di Maregrosso da' giardini detti Moselli.

La cittadella costruita nel 1617 per ordine di Carlo II, da un Nurnberg olandese, è un pentagono fabbricato entro al porlo, sull'istmo che unisce il piano Terranova alla penisoletta S. Raniera; può tenere quattromil'uomini, e combatte la più gran parte di Messina. I cinque bastioni S. Stefano, S. Carlo, Norinberg, S. Francesco e S. Diego, han due cavalieri col telegrafo e la bandiera, cinti da una falsabraca, e il mare vi batte di qua e là verso la lanterna. Il fronte di terra, il solo donde può avere offesa, ha un rivellino S. Teresa, e due lunette, Carolina e S. Francesco con ponti in legno. Sulla punta di terra che chiude il porto sta il forte S. Salvatore più antico della cittadella, che vieta l'entrata a navi nemiche, con bella batteria di trenta cannoni: esso in quelli otto mesi avea patito molto, e pur quasi rovinato resisteva. I forti Gonzaga, Castellaccio e Matagrifone son sulle colline a sud-ovest della città. V'erano allora (poi demolite) sul vecchio bastione Portoreale due batterie, Real-alto e Real-basso a difesa del porto. Il quale ampio 1700 passi per 1400, è per natura bellissimo e sicurissimo, con l'entrata passi 650 larga, tra S. Salvatore e la città. Il nuovo faro La Lanterna, bastionato, vedesi tra esso S. Salvatore e la cittadella. Questa è la chiave de' mari Jonio e Tirreno.

§. 5. Abbattimento della batteria alle Moselle.

I siciliani con errore adottarono gli stessi provvedimenti difensivi che già nel decennio gl'Inglesi. Costoro tementi allora l'assalto Murattiano dal continente, non avendo a prevedere sbarchi presso la cittadella che era in mano loro, avean fortificato Torre di Faro e Scaletta, punti lontani e opposti. Ora i capitani siculi non s'accorsero esser diverse le condizioni: cioè ch'essendo non loro ma nostra la fortezza, lo sbarco si potea fare vicino ad essa; il perchè non ci badando punto, rafforzarono quelle vecchie opere di difesa, Scaletta ed Alì, Spuria e il Faro vanamente; nè là da presso prepararono altro ostacolo, eccetto la batteria a Maregrosso sulla foce del torrente Zaera ne' giardini Moselli, a trecento tese dal bastione Don Blasco, non pur fatta a difensione, ma a noiare i navigli che s'accostassero alla fortezza. Impertanto il Filangeri, ponderato il luogo, le forze e le posizioni de' combattenti, si consigliò di sbarcare sulla spiaggia propinqua al forte, e per averne ausilio, e perchè più gagliardo e simultaneo riuscisse poi lo assalimento alla città, stringendola col presidio e co' sbarcanti a un tempo. Se non che gli era necessario prima di distruggere la batteria ne' Moselli e Maregrosso.

Chiamato a Reggio il capo dello stato maggiore della cittadella, e dategli opportune instruzioni, mandò colà a rafforzarlo il 13° di linea, un battaglione carabinieri, il primo del 3° svizzero, il 4.° cacciatori, e quattro obici. La notte seguente al 2 settembre mossero da Reggio la fregata a vela Regina, sedici barche cannoniere e cinque scorridoie, rimorchiate da' piroscafi Roberto, Ruggiero, Carlo III, e Sannita, con ordine d'ammortire la detta batteria, e spazzar tutta la costa, dal bastione Don Blasco al villaggio Contessa, poco più che due miglia. Sull'alba i piccoli legni si trovarono in battaglia a mo' di scacchi a fronte e a lato della batteria, co' quattro piroscafi dietro, e la fregata a retroguardia; e subito secondati dal bastione Don Blasco, apersero vivissimo fuoco. I Siciliani risposero alacremente, e dalla batteria e dal Noviziato; ma in breve i nostri, rovesciate le gabbionate di quella, costrinserla a tacere. Allora il Roberto s'accostò alla cittadella, e die' un segnale convenuto. Eran l'ore otto mattutine; ecco dalla postierla di Don Blasco escono a corsa quattro compagnie scelte e artiglieri e pionieri con istrumenti; in tutto 1983 uomini, e ottanta uffiziali col colonnello Rossaroll; l'avanguardia si precipita a inchiodare i cannoni della batteria nemica, il resto combatte per far tacere i colpi spessissimi e non visti partenti di dietro case e giardini. Contemporanei sbarcano dalle cannoniere i marinai a piantare il vessillo regio; e gli altri inchiodano i sette grossi cannoni, ardono gli affusti, ardono una scorridoia trovata sulla spiaggia, se ne pigliano il pezzo, e lietissimi gridando i viva al re, in men di due ore se ne tornano al bastione e alle navi. Frattanto il Roberto va' co' colpi spazzando i giardini sulla costa, e tutta sin oltre Contessa scorrendola, s'assicura non v'essere impedimento. Le piccole navi all'ore tre vespertine, eran già parte alla Catona, e parte nella rada di Reggio, senza danno.

§. 6. Danni di Messina.

Ciò felicemente per gli assalitori, infelicemente per la città di compieva. Il Filangeri il giorno prima aveva invitato il comandante della squadra inglese a trasmettere avvisi uffiziali a' consoli esteri in tutte città marittime di Sicilia, ch'avendo i Napolitani a ripigliar quelle terre, e forse con ostilità, bene sarebbe che gli stranieri, e i commercianti e viaggiatori ponessero loro beni e persone in sicuro. Inoltre i Siciliani durante l'armestizio avean, con pensiero piuttosto iniquo che considerato, eretti fortini e trincee e batterie dentro la città, e sulle circostanti alture; onde era molto difficile a non danneggiar quella, messa in mezzo; dove se avesser fatto approcci a regola d'arte dall'altre bande, Messina sarebbe rimasta incolume. Eppure il Filangeri a salvarla ordinò al comandante la cittadella di non trarre se non provocato. Poteva il cannoneggiamento esser circoscritto alle Moselle; i Siculi postati presso il Noviziato in gran numero colpendo a salvamano i Regi scoperti, ben si potevano accontentare, ma eglino senza disciplina, senza unità di comando, uditi appena i primi colpi, scopersero da tutte bande i preparati cannoni a fulminar la cittadella, e dai monti e dalla città. Di questo il general Pronio fece stendere processo verbale, in prova della provocazione; quindi co' suoi cannoni controrispose. Vedesti colpi terribili e micidiali distruggere e rovesciare; dovunque guardavi era caligine e fumo, e fiamme e palle; le case de' cittadini pativan peggio de' combattenti, chè il più de' colpi pria d'arrivare agli avversarii cadevan per via; e sendo i ribelli meno esperti, men davan nel segno, e avendo più artiglierie, eran quasi sempre siciliane braccia che le robe e le vite siciliane malmenavano. L'aere suonava strida, tuoni, lagni, imprecazioni. Fuggivano i cattadini a stuolo alla campagna, fugandovi quanto avean più prezioso, e figli, donne, vecchi e malati; n'eran gremite le strade, pieno il mare, barche a vele e a remi, fuggitivi in ogni dove. E i difensori di Messina, non Messinesi, ma Trapanesi e Palermitani e altra masnada senza patria, ciechi, all'impazzata, gittavan bombe e palle; e invece di volgere i tiri sugli assalitori della batteria alle Moselle sparavano vanamente sulla cittadella imprendibile. Quei loro capitani eran sì boriosi ed ignari, che al vedere dopo distrutta la batteria ritirarsi i Regi, si tennero vincitori, e ne fecero rapporti uffiziali. Il Miloro che si firmava colonnello, chiede con lettera a un suo collega *mandassegli uno Svizzero prigioniero di quei baffuti, o un Napolitano, per metterlo alla catena, e dargli la baiata*. E un A. Savoia rispondeva a margine: *Quanti se ne son presi s'hanno massacrati!* E il corrispondente al giornale *Débats* scrivea da Messina: « I Napolitani han tentato uno sbarco, e sono stati respinti; i combattenti siculi portavano a' bottoni delle loro divise, e orecchie e altri pezzi di carne umana; i fanciulli vendevano la carne napolitana sulle graticole. »

Tenentisi sciocamente vittoriosi, quando distrutta la loro batteria restava libero lo sbarco, credettero assicurare la vittoria col costringere, prima che movessero le schiere da Reggio, la cittadella al silenzio; però il dimane 4 settembre da tutte loro artiglierie saettaronla; sostarono a notte buia, ripresero con l'alba, e tutto il dì, e 'l seguente; sicchè per tre giorni alla fila, rispondendo il Pronio con più misurati colpi, il maggior danno di quella pazza furia toccava alla povera Messina, colpita dalle due parti, miseranda vittima d'inutile battaglia. Molte case s'abbruciarono e caddero; massime quelle vicine agli eretti fortini; e arse il palazzo comunale bellissimo. D'ogni cosa accusavano i Napolitani.

§. 7. Sbarco in Sicilia.

Cominciò a' 4 settembre in Reggio l'imbarco delle soldatesche. Gli uffiziali passavanle a rassegna sulla spiaggia; diligenti, le più minute cose scrutavano, se acconce le pietre focaie, se ben ne corressero i fucili, se ciascuno avesse quanto era d'ordinanza, se l'arme, se le munizioni fosser sane e compiute, se le vesti e sin le scarpe all'uomo in niente difettassero. Giulivo era il soldato, ansioso l'uffiziale, tutti anelanti vendicar l'offese, ripigliar l'isola per traditori consigli abbandonata, riporre la pace ne' conterranei Siciliani, e soprattutto riguadagnare alla bandiera napolitana l'onore, insozzato da quel De Sauget, ch'allora si fingeva sventurato, e che altri tempi aspettava. Sul meriggio presero a salire in nave, ma trattenneli un uragano; ricominciarono dopo cinque ore, e duraron tutta notte. Fu uno stento a imbarcare i cavalli in ispiaggia aperta senza ponti, onde s'avevano a menare a nuoto, il che fe' perder tempo. La spedizione lascia Reggio all'ore 6 del 6 settembre, e si divide in due; una tira a Messina, l'altra a dritta volta alla spiaggia, e comincia a trarvi colpi sull'ore otto, poi quella ripiega le prue, e le si riunisce, stendendo incontro alla riva cannoniere e scorridoie; sicchè tutta l'armata in battaglia su distesa linea spazza co' colpi quei vigneti e siepi e fratte che potean celare imboscate. Più in là era il caseggiato frammisto a mura di giardini, in due grandi ali, tutto voltato a uso di guerra, ogni casuccia acconcia a difesa, murati usci e porte, bucherate feritoie, sollevate tegole, sì da dar l'imbercio all'archibuso; ogni muretto o siepe o fosso avea nemici dietro; s'era tratto partito del terreno in tutte sue più minute parti, per riparare e ascondere i difensori. Adunque s'aveva scoperti a sfidar nemici coperti e invisibili, di numero ignoto, conquistare ad una ad una migliaia di case e fratte e macerie, su suolo ondeggiante; per vie strette e torte, ov'era difficilissimo serbar le norme di tattica ordinanza.

Lo sbarco cominciò all'ore nove, a tre miglia a mezzodì dalla città, al *primo campanaro* verso le Moselle, protetto dal fuoco delle cannoniere, che tenean netta la spiaggia. Discesero in quattr'ore 6407 soldati e 255 uffiziali, tra' quali il Filangieri, il Nunziante e lo stato maggiore, con poca opposizione; tenendosi i Siciliani al coperto negli agguati. Ma s'aveano a conquistare le tre miglia di quella strada che da Catania mena a Messina, preparate ad acerrima difesa.

§. 8. Fatti della 2.ª divisione.

Stati primi a pigliar terra i marinai, apersero il fuoco contro le fratte della campagna; li seguì il 1.º cacciatori lanciandosi in ordine aperto nelle vigne propinque, senza aspettar la distesa del 6.º cacciatori ch'avea ordine di assaltare dalla dritta; però non potettero guadagnar la strada percossi, presi a bersaglio da tutte bande; e perdettero i più ardimentosi, che troppo corso avanti, venian da' nemici trucidati e mutilati oscenamente. Non per questo retrocedevano; ma il duce scorta la lotta ineguale, sbarca a terra, manda a sostenerli il 6.º cacciatori, fa avanzare il 5.º a manca, e poco stante lancia anche il 3.º. La pugna s'ingrossa; i navigli gittan granate su' tetti delle case combattenti, e sulle chine de' colli occupati da' Siciliani. Come sbarcano un battaglione del 3.º svizzero, e uno del 3.º di linea, volgonsi a dritta del 1.º cacciatori; nè ancora era tutta la divisione a terra, che il maresciallo Nunziante dall'estrema sinistra girando urtò nella dritta del nemico; e dopo generale e dura zuffa, giuntagli l'artiglieria a tempo guadagna la via consolare. V'era ferito il brigadiere Lanza. Allora gli avversarii indietreggiano e per la via e per le sovrastanti colline, sempre percussando i regi, e con più frutto, in luogo stretto, fra le due ali di case fortificate, laonde il Filangieri s'avvisò di mutar la linea di battaglia, facendola obbliqua: stende la sinistra su' colli, sì dominando il caseggiato, e ciò tutta impegna la divisione. Si piglian le colline sino alle cresta, s'arrovesciano sull'opposte chine i contrari, dove questi si raggrannellano e ritornano a zuffa. Intanto le piccole artiglierie spazzavano la strada sì, ma le case de' lati facean fiero fuoco, e ritardavano e fean sanguinosa la marcia a' soldati; onde bisognò assalirle a una a una, scalar finestre, perforar usci, abbatter mura, e con baionette e incendii, trista necessità, discacciar via via i già sicurati combattitori. Così s'arrivava al torrente Borbonaro, tra' villaggi Contessa e Glazzi, a un miglio da Messina; ove fu più duro conflitto, sendo i Siciliani postati dietro il muro della sponda sinistra, e nelle prime case di Gazzi. Di quattro cannoni da montagna, uno fu reso inutile; cadder morti e feriti capitani e uffiziali, artiglieri e cavalli: a sforzar quel passo fu opera di valore. E peggio avanti la chiesa: questa, le case, e l'altro campanile irti d'armati, s'ebbero ad assaltar tutti insieme, sfondar a cannonate le porte del tempio, investire il campanile, e combattere sotto una pioggia di palle, più morti ricevendo che dando: stretto il luogo, larghe le offese, impossibile il far presto.

Il duce a divertir la pugna spicca due battaglioni del 3.° di linea e del 1.° svizzero con quattro cannoni pe' giardini sottoposti, con ordine di protrarsi il più che potesser lontano sulla sinistra de' difensori, e circuirli; ma non riescono, chè verso il monastero della Maddalena trovan sì poderose forze e difese, che indarno sino a sera caldamente vi fan guerra. Nondimeno basta a far tentennare i difenditori di Gazzi, che sforzati van rinculando su Messina. Quivi men caseggiato il luogo, nè valendo la tattica del combatter coperti, avrian dovuto dar battaglia in linea, che non osarono. La notte allentò i colpi, non l'ire: i Borboniani stettero sull'insanguinato campo, la sinistra appoggiata a' colli, la dritta al bastione Don Blasco, il centro a un quarto di miglio da porta Zaera. Il Filangeri fra' suoi, provvedendo a' morti e a' feriti, aspettava la dimane.

§. 9. Fatti della 1.ª divisione.

Era stato suo disegno le due divisioni operassero simultaneamente. Pugnando la seconda, dovea la prima a un segnale uscir dalla cittadella al piano Terranova, occupare il portofranco a S. Chiara, qui sfondare un muro, e con un colpo di mano pigliar i cannoni che percuotean la faccia dritta di Don Blasco; così far libero il passo del torrente Portalegni, superar di rovescio le batterie S. Elia e Mezzomondello, sforzar Portanova e Porta imperiale, per agevolarvi l'entrata alla seconda divisione; da ultimo distruggere la batteria al Noviziato. Se il disegno avesse avuto effetto, sarebbesi evitato l'inutile fuoco tra la cittadella e le trincee messinesi, menata la zuffa fuor della città, evitato il danno di questa, e costretto il nemico a uscire in campo: ciò vietarono i fati.

Imperciocchè mentre la divisione del Nunziante lavorava, non minori, ma più disgraziati perigli incontrava quella del Pronio. Il quale sull'alba di quel dì 6 settembre preparò la prima brigata dietro l'ultime mura; e come vide l'assalto volgere a dritta, ed ebbe da una fregata il convenuto segnale, cacciò in avanguardia quattro compagnie del 4.° di linea, tre del 6°, una compagnia pionieri, e quattro obici. Incontanente fur colti da moschettate dagli edifizii circostanti, e a scaglia dalla batteria sullo sbocco della strada d'Austria; nondimeno correndo investono i primi quartieri, e se ne fan padroni. Una compagnia del 4.° si posta presso S. Chiara, centotrent'uomini del 4.° entrano nel Portofranco, e i pionieri dansi a forare il grosso muro che divide quelle caserme dal convento S. Chiara. Sopraggiungono cinque compagnie del 4° e del 5.° cacciatori, e serransi dietro il casamento a oriente di Terranova. In quella fur visti indietreggiare i Siciliani dalla strada d'Austria, e issofatto alzarsi colonne di fumo avanti al Portofranco; avean messo foco a una mina d'otto fornelli, per lanciare all'aria caserme, portofranco, soldati regi, e fors'anco molte case; ma le polveri guaste dalle piogge non iscoppiarono; questo risparmiò a Messina un'immensa ruina. Se non che i soldati, salvi dallo spaventoso pericolo, temendone un secondo, dettero addietro; laonde poco stante i nemici inondarono il portofranco, e di là percuotevano alla gagliarda nella dritta della regia brigata stretta in massa. Vi caddero per mortali ferite il Mori, colonnello del 4.° di linea e il Pellegrino, capitano d'artiglieri.

Lavoravano i pionieri nel muro del convento, che grosso e di mattoni resisteva; eppur s'era quasi aperto il varco, quando una sventura rese vani i perigli di quel giorno, e ritardò la vittoria. Cadde una bomba nella soldatesca a massa sotto le caserme, nè solo alla prima uccise dodici uomini e altri molti ferì, ma impigliato il foco alle cartucce di cui ciascuno aveva copia ne' sacchi a pane, parve infernali fiamme tra quelle umane membra divampassero. Due compagnie del 6.° di linea caddero orribilmente; e vedesti per terra centinaia di corpi scottati, anneriti, laceri, dibattersi come percosse serpi fra gli aneliti di terribile morte. I nemici se ne valsero a ripigliare il perduto, e benchè il Pronio mandasse il 13° di linea a rinfrancare gli spaventati, pur retrocessero, non valendo sforzi d'uffiziali a rattenere quelle meridionali fantasie, che credeano veder mine e voragini in ogni intorno. Già il tramonto con le tenebre aggravava nelle giovanili menti i sospetti; onde fu necessità far rientrare i soldati, per torli alla vista di tanti cadaveri. Nondimeno a tarda sera una mano di guastatori svizzeri e artiglieri fur mandati a distruggere la batteria del monastero S. Chiara; in breve n'inchiodarono i pezzi, e presero ventiquattro barili di polvere.

Cotal disastro fe' mancare il disegno del Filangieri ch'avria salvato la città; e rese necessaria la seconda lotta del domani. A lui giunse a notte alta il capitano Ceci inviato dal Pronio, a dirgli il perchè non aveva cooperato alla battaglia. Ordinò a costui non fiatasse, e volto agli astanti disse: «Domani entreremo in Messina.» Ben sentiva fallito il suo proposto, sofferti molti danni, trovarsi impegnato con una sola divisione; ma senza darne sentore, imperturbato mutò incontanente il disegno. Rimandò il Ceci con ordine al Pronio che al mattino girando pel bastione Don Blasco investisse a tutta forza l'edifizio della Maddalena, dove troverebbe i due battaglioni da esso mandati: starsi colà la chiave ultima della giornata. Oltracciò a mostrar sicurezza di vittoria rimandò la flotta a Reggio, così rimanendo nell'alternativa di vincere o morire.

§. 10. Codardie, e nefandezze.

I Siciliani già pel numero credentisi sicuri, vistisi ributtati per tre miglia da luoghi stimati insuperabili, cominciarono a dubitare; nondimeno non cessaron tutta notte di scambiar colpi agli avamposti, per tener desti e stanchi di assalitori; all'alba si riprese la zuffa. Ma i capi loro, mentre a parole incitavanli, or l'uno or l'altro sbiettavano. Primo il La Massa con la schiera d'ottocento Palermitani lasciò Messina, dicendo andare a colpir nelle spalle de' Regi, veramente per salvar la pelle: che fuggito pe' colli di S. Rizzo, vedea di là ricominciata la pugna, e spietato e codardo s'allontanava. Gli altri visto lui, pensarono a sè. I cittadini rimasti in città, all'avvicinarsi de' colpi, presentono il conflitto dover seguir nelle mura, e fuggono a campi per la parte opposta. Uomini e donne d'ogni età e condizioni, con fanciulli, malati e masserizie, allenati per valli e greppi, senza saper dove, preganti il Signore, trascorrono atterriti e pallidi in balia del caso. Ed ecco sopravviene altra schiera d'armati, che inviata da Palermo, sbarrata a Melazzo, accorreva in aiuto: odono i casi della guerra, veggono i fuggitivi piangenti, onusti d'arnesi e robe; li piglia il demone della cupidigia; e assalgonli infamemente, inseguonli, spoglianli di quanto nella infelice partenza avean potuto di prezioso recar con seco. Li avean chiamati fratelli, arrivavano in soccorso, e lasciatili percossi, nudati, senza tetto, senza pane, in fra tutte maniere di disagi e paure. Meno sventurato chi ripara a vascelli stranieri: quei di Francia raccolgonli con carità; il comandante inglese da pria li scaccia, li chiama vili, gl'incita a tornare in città per combattere, quasi i pacifici cittadini vittime di macchinazioni altrui fossero atti a guerra. Appresso li accoglie, ma tra' primi i capi ribelli che danno l'esempio brutto di primaticcia fuga. Il Piraino capo del potere esecutivo in Messina v'era ito per protezione sin dalla sera, col suo segretario, dicendo disperse le squadre siciliane, disertati i Nazionali. Dimandato dal capitano quali condizioni offrisse, rispose non poter niente senza il comitato; ond'ei gli disse tornasse a terra a consultarlo, che non volle, temente le vendette de' cittadini. Così più ore trascorsero; in fine incitato da' suoi andò e dopo poco ricomparve col generale de' Nazionali e altri della potestà civile, dichiaranti che per la fuga delle milizie, e più pel tradimento de' Palermitani non credere si potesse alla dimane battagliare. Lo spavento li acciecava.

§. 11. Proposta di capitolazione.

Allora i capitani Roob e Nonay de' vascelli inglese e francese, quegli del *Gladiatore*, questi dell'*Ercole*, mandano al Filangeri una lettera per la via della cittadella: « Non poter loro navi contener più famiglie, fuggenti il temuto saccheggio. Eglino in nome del Dio di misericordia fare appello a' sensi d'umanità del duce napolitano, perchè concedesse tregua da far sostare il già troppo sangue, e stringere una capitolazione fra' legati delle due parti sul vascello francese. » Questa giunse al generale all'ore sette del mattino; però incontanente mandò il Tenentecolonnello

Picenna suo capo di stato maggiore significando egli tosto l'arme poserebbe che gli avversari le posassero, cedendo la città al legittimo signore; intanto proseguirebbe avanti, sinchè non avesse certezza di sottomissione. Anche per la via della cittadella giunse all'ore otto, e trovò tutti i capi rivoluzionarii rifugiati sull'Ercole: il Pracanica comandante le armi, il Piraino già detto, l'Orsini comandante le artiglierie, e altrettali; dove alla sicura, mentre ferveva micidiale il combattimento, discussero due ore la proposta, e orgogliosamente la rigettarono. Invece dettero un foglio, che intitolarono *Basi di capitolazione:* « I regi sarebbero ricevuti in Messina, a condizione che la potestà restasse in seggio, e la quistione di governo si decidesse dalle camere palermitane. Restituirsi i prigionieri. » Tanto erano stolti per libidine di comando, che speravano ritenerlo anche perdendo. I Roob e Nonay tentarono indarno a torre da quei cervelli cotesta sciocchezza; e dando la carta al Picenna nol celarono, ma chiesero risposta scritta, per corrispondere alle prescrizioni de' loro governi. Il Filangieri l'ebbe ch'era già sulle mura di Messina; restituì con lettera la scritta; e volto a' suoi disse: « Scoraggiato è il nemico; un ultimo sforzo, e abbiamo vinto. »

Quei capi della ribellione furono spietati e codardi; chè o volevano guerra, e dovevano combattere in mezzo a quelli ch'avevano armati contro il trono; o volevan pace e dovevano far cessare l'inutile carneficina; ma eglino solleciti soltanto delle persone loro, al primo pericolo si rifugiaron sui legni, abbandonando le torme de' sedotti a morir per causa perduta, e Messina e i Messinesi esposti a soldatesche rabbie, e a patire estremi danni dai vincitori e da' vinti. Viltà e mala coscienza suscitarono paure premature in quei burbanzosi, e lor fean parere tutto perduto, quando la prolungata resistenza mostrava ancora incerta la sorte. Non facean guerra, e compilavano inaccettabili proposte, non facevan pace e fuggivan dalla guerra; e senza pietà per la città cui erano stranieri, lascianvanla da lontano saccheggiare, parlando da vincitori. Mercanti di falsa libertà, voleano aspettare gli eventi, per raccogliere l'eredità dell'altrui sangue. Il Piraino nel suo rapporto a Palermo scrive: « non aver potuto approvare condizioni cui non era facilitato, e che poteano porre a rischio l'onore del paese, e la santa causa: aver fatto proseguire la disperata lotta, sicuro che se era mortifera per Messina, era onorevolissima per Sicilia. »

§. 12. Vittoria.

Seguitando la battaglia, forte contrasto seguiva al borgo S. Clemente, chè bisognò vincere e sforzare ogni casuccia; più forte a porta Zaera. Abbarrato affatto con enormi ingombri e sabbia e fossi lo stretto sentiero che di dietro l'ospizio Collerale vi menava, non si poteva altrimenti farsi alla città che per la grande via. Quivi avanti la porta era una barricata, con largo fosso prima, bastionata di zolle, arena, fascine, e pali confitti al suolo, con sullo spaldo quattro cannoni che spazzavan la strada; e le case da' lati pur fortificate e difese; mentre da destra i forti poco discosti del Noviziato fulminavano per fianco. Non si poteva sbarrar quel passo da fronte, per mancanza di grossi cannoni da contrabbattere gli avversi; il perchè a tenerli a bada, il duce fa continuare il fuoco de' fucilieri e di due obici, e manda a girar la posizione. Vanno dalla sinistra i cacciatori del 3.° di linea e un battaglione svizzero del 4.°: parte deve occupare l'ospizio Collereale, e parte lanciarsi nel torrente Zaera, per pigliar di sorpresa i difensori della batteria. Colti dalle artiglierie del Noviziato e dalle case dintorno pur con impeto si caccian davanti gli avversi, gl'inseguono, s'inerpicano pe' colli, e pugnano ad ogni greppo, qua e là, sparsi da per tutto. Dalla dritta soldati del 7.° di linea e pochi del 3.° svizzero pe' giardini assaltan le case alle spalle, piglianle, e dalle finestre traggono su' Siciliani. Il centro intanto per dar tempo a queste evoluzioni, intrattiene il nemico di fronte, soffrendone le scaglie.

Venticinque del 1.° cacciatori, due Svizzeri con un sergente Mast, e tre zappatori travarcano il torrente, salgono sull'opposto colle a investire il forte Gonzaga, spaventano con l'audacia il presidio, e 'l pigliano; nè paghi, lasciati i più a guardarlo, nove di essi col sergente scendono dietro la batteria Noviziato, montanvi per una sdruscita rampa di legno, e con le grida spaventano gli artiglieri, che credendoli un reggimento si fuggono. Dall'altra il capitano Graffenried con una compagnia del 4.° svizzero pur da' giardini entra di rovescio nell'ospizio Collereale, fa a pezzi gli oppositori, e dalle finestre percuote anch'esso i difensori della barricata a Zaera. Questi impertanto stretti da manca e da dritta, decimati, rimasti soli, veggono i vessilli regi sventolar sul Noviziato e su Gonzaga, eglino non bastare a' cannoni, nè avere scampo; eppure facean fuoco. Ma venti soldati, sboccano da un cancello, e ricevuto il colpo a scaglia, non dan tempo a ricaricare, si cacciano a furia, e dan con le nude daghe sugli artiglieri, sinchè arrivato il grosso delle truppe dalla strada conficcano la bandiera sul conquistato spaldo fra i viva al re. Tutta la divisione, compiuto quest'ultimo affronto, fu dal duce chiamata a raccolta e riordinata sulle alture di Porta imperiale, per aspettar l'arrivo della prima divisione, di cui il cannoneggiamento vicino nunziava la lotta.

Il Pronio era uscito per la postierla di Don Blasco, pria rasente la spiaggia, poi a dritta pe' giardino Moselle appressandosi alla Maddalena. Era d'avanguardia il brigadiere Zola con quasi quattro battaglioni, una compagnia zappatori, e quattro obici. Bisognò scacciar il nemico da ogni muro, aprirsi il passo con cannoni, picconi e daghe: eran chiusi gli edifizi adiacenti al monastero con triplici fortificazioni; a ciascuna cinta stavano difensori ascosi, che sforzato ripiegavan sull'altra. Superato il primo muro, gli assalitori son colti da finestre e tetti e campanili; non retrocedono, fan breccia nel secondo, slarganla con baionette, ed entrati voltano a sinistra, perchè più coperti, perchè di là s'appressano alla seconda divisione combattente. Il 3.° e 4.° di linea con altri Svizzeri dopo lungo contrasto pigliano i mortai colà piantati contro la cittadella, e invece pongonvi quattro obici a contrarrispondere all'altre combattenti batterie avverse. Seguirono quattro reiterati assalimenti a edifizii chiusi e gremiti di difensori. Aperta la breccia al terzo recinto, gli zappatori lavoraronvi a farla praticabile sotto gl'incessanti colpi; quindi il battaglione del 13.° di linea e i due svizzeri, si lanciaron dentro, e presero d'ogni intorno i giardini. Restava la

Maddalena, isolata, ultimo ostacolo avanti alle porte della città; certa, imminente era la vittoria, ma grave per danni; morivano il capitano Demetrio Andruzzi d'artiglieria, l'altro Marmel del 4.° svizzero, e 'l tenente Rossi aiutante di campo del Zola. Stretti in quell'ultimo baluardo i più pertinaci pugnavano da disperati; i soldati del genio benchè colpiti, sfondano ratti con asce e picche le porte del convento, svelgono cancelli e imposte, invadonlo a mo' di torrente, e per corridori e stanze combattono corpo a corpo; i difensori vanno a pezzi. Gli echi di quelle solinghe sale usi a cantici sacri, suonano urla feroci, gemiti e bestemmie; chi avean volte in castelli pugnaci quelle mura di penitenza, ora bruttatili col sangue, terribilmente puniti. Pochi fuggono per Portauova; l'ultimo avanzo con sei cannoni tentano ancora rifar testa; ma investiti a corsa dileguansi. Le due divisioni si congiungono sulla strada fra le due porte; e lor davanti aperta sta Messina.

§. 13. Messina è presa, e riordinata.

I Siciliani abbandonarono le navi armate, le batterie del Faro, e quelle donde il giorno prima avean saettata la cittadella. Da ogni banda vedesi numerosi gruppi di fuggenti per la città, pel mare, pe' campi, pe' monti. Così cadeva dopo trent'ora di pugna, per isforzo di poche migliaia d'uomini quella città, dove per otto mesi la rivoluzione avea cumulate sue posse, e dove sei secoli avanti Carlo d'Angiò contro altra rivoluzione spuntò la sua spada. S'eran lanciati da due bande diciottomila colpi di bombarde; de' ribelli combatteron dodicimila, de' Borboniani 333 uffiziali e 8818 soldati; questi col danno di otto uffiziali morti e 38 feriti, e di 181 soldati morti e 871 feriti, in tutti 1098 rimasti fuor di combattimento, cioè quasi l'ottava parte; perdita da paragonarsi alle maggiori delle mortifere battaglie di questo secolo. Presero 64 cannoni, 12 mortai, 21 bandiere, tutti i fortini, e prigionieri e munizioni senza numero. Degli avversarii ch'avean pugnato da' ripari, sembra da atti uffiziali che assai meno perissero. I feriti regi fur condotti a Reggio, e là curati con carità da quei cittadini.

Il Filangieri dopo il mezzodì segnalava per telegrafo a Napoli: *Messina è conquistata.* Essa inoltre fu quasi tutta preservata dal saccheggio e dall'incendio; chè il duce, considerando l'ebbrezza della vittoria, il furore pei superati rischi e patiti danni acciecare il soldato, a tener quel primo empito, mise guardie alle porte, rannodò fuor delle mura le due divisioni, e le fece riposare; poi nel pomeriggio ordinatamente entrò per porta imperiale. Quivi nuove fatiche alle stanche milizie: spegnere il foco appreso in molte case, pel feroce e vano duello fra le batterie e la cittadella; e pericoli nuovi, chè le preparate mine, e i gran cumuli di polvere ad ogni passo tra quelli incendii potevano scoppiare. Ne' dì 9 e 10 si scopersero dieci mine e lavorandosi a smorzar il foco nel convento de' Domenicani fatto arsenale, vi scoppiò la riserva delle bombe, con all'aria una parte dell'edifizio. Deserta era la città, qua e là fumante, case murate, strade asserragliate, ingombri, insidie, mine per ogni canto. Con trombe fatte venire dalla cittadella e dalla flotta, si die' nelle fiamme; si lavorò a puntellar case, sgombrar vie, rifar selciati, ricolmar fossi e mine, rifabbricar muraglie crollate e crollanti. Presto gli spauriti cittadini ritornarono, fur rifatte la potestà ecclesiastica e civile, la municipalità, le poste, le amministrazioni diverse, le contribuzioni daziarie, il servizio sanitario e le dogane. Allora andò lodato assai l'atto del Filangieri che non solo gl'impiegati antichi richiamò a posto, ma tennevi altresì molti di quelli messi dalla rivoluzione; ciò parse prova di forza e di sicurezza; e fu ingiustizia che agguagliava nel dritto e nelle rimunerazioni i fedeli e i ribelli. Non dovrebbe dar mai, per fine politico, lo spettacolo del premiare la colpa. E che politica! fidarsi al nemico? parve magnanimo allora, partorì amari frutti dappoi.

Magnanimo fu il perdonare; ne uscì la proclamazione a' 10 settembre pel sindaco marchese Cassibile; si bandì: assoluti i passati traviamenti, sospeso il dazio al macino. Messina co' suoi trentasei casali aver porto franco in avvenire. Pur prorogate di due mesi le scadenze de' debiti commerciali, aperti i banchi, l'uffizio d'ipoteche, i tribunali, il commercio. A richiesta de' comuni vicini andàr soldati sicurando le campagne infestate di fuggiaschi. Esenzione d'imposte agli edifizii danneggiati, tenuti validi i pagamenti di contribuzioni fatti a' ribelli. Il re a' 16 del mese conferiva al Filangieri la Gran Croce di S. Ferdinando; e di quella stessa in diamanti usata da lui gli facea presente.

§. 14. I capi settarii.

Ma gli stranieri ch'aveano spinto Sicilia a ribellare, e v'aveano lasciato andare la spedizione regia, pensandosi che sarebbe respinta, vistala vincitrice, ripresero l'arme vecchie della calunnia. Dissero i Napolitani Unni e Vandali, rovesciatori della *poetica Sicilia*; Messina saccheggiata, arsa, bombardata per altre otto ore dopo presa; non denunziato armestizio, non intima di resa, i soldati rubare, uccidere, stuprare. Eppure l'armestizio era già due mesi rotto da' ribelli, la città avea patito per cagion delle batteria costruite da essi nelle vie, s'era impedito il sacco, i soldati tenuti fuori, poi entrati in ordine, il foco spento, dopo la pugna nessun colpo; e molti giorni prima da Reggio s'era a' consoli esteri lo assalimento nunziato. Quelle accuse a disegno sin nelle camere inglesi il Palmerston facea ripetere, non provate mai, anzi provate contradditorie e mendaci.

Mentre s'inventavan colpe borboniane; e con ipocrisia ripetevansi a nome dell'umanità, si ponea velo alle vere infami orgie de' faziosi. Costoro per ferina rabbia aveano il 3, come ho detto, mangiato umana carne da cannibali, vendutala a pezzi in piazza; nè mancarono strazii ne' dì seguenti: quando potean cogliere qualche ferito soldato, strascinavanlo semivivo, facevanlo a brani, e delle membra mercato e pasto. Usavano il nome napolitano come suprema ingiuria; anche fuggiti su' legni esteri, tacciavan vili i Napolitani, che a petto scoperto li avean vinti ne' loro ridotti. Messina per essi guasta, patì saccheggio per mani loro. La banda del La Masa di ottocento, corsa da Palermo in soccorso, fuggendo al notte dopo il 6 avea manomessi magazzini e case nel lato settentrionale della città; poi sui monti al vedere l'altra schiera palermitana a spogliare i fuggenti cittadini per invidia di rapina fecero altrettanto; e indi a poco incontrato chi recava trentamila ducati da Palermo glieli tolsero, e se li spartirono al villaggio Divieto. Congiunte le due masnade, rifuggirono a Melazzo, ov'era un campo e castello munito di cannoni grossi, e diciottomila ducati. Vi stettero la notte; il domani non vi si credendo sicuri, si presero quest'altro denaro, e abbandonarono il luogo. Il La Masa scrisse per telegrafo a Palermo ragunerebbe sue genti a Noara, poi scrisse farlo a Montalbano, e da ultimo a Randazzo, sempre allontanandosi, inseguito non da truppe ma da paura. Rifugiò in Palermo, e favellando in parlamento disse con prosopopea: « La nostra caduta non fu disfatta, fu vittoria ammirevole, e unica forse nella storia delle battaglie. » crederei piuttosto cotal fatto unico nella storia delle sanguinose buffonerie. Prima di esso il ministero nunziando al mattino dell'8 la perdita di Messina avea sclamato: « Se innanzi il trattare coi Borboni saria stato fallo ed onta, ora dopo il sagrifizio di tanta città sarebbe tradimento e infamia.» Poi il ministro d'istruzione pubblica disse a quella camera: « Messina non fu abbandonata, ma ridotta in cenere; i nostri non sono stati vinti, ma si son ritirati. » Lo stesso giorno della disfatta quei deputati votarono un tempio a Nostra Donna della Vittoria. Contradizioni impudenti.

Per l'opposto i capi facienti il governo provvisorio a Messina, quando nella notte del 6 si sentirono i Borboniani alle porte, e pensavano a scampare, si tolsero diecimila ducati del banco de' privati. Nè quelli erano i primi; fattasene verifica, si trovò mancanza illegale di ducati 108,857, laonde a ravviare quello spogliato banco bisognò che a 28 settembre v'andassero da Napoli novantatremila ducati. Quei liberatori giunti a Palermo dettero un solennissimo spettacolo di discordia; l'un l'altro a bisticciarsi e accusarsi in pieno parlamento; il dì 13 si spiattellarono improperii incredibili e recriminazioni; tassavansi di tradimenti, calunnie, ruberie; ciascuno a scagionar sè e a rovesciar sugli altri la impunita colpa de' danni enormi fatti patire a Messina.

§. 15. Conseguenze della vittoria.

Sull'alba dell'8 le fregate Ercole, Ruggiero, Sannita e Archimede, postesi avanti al porto per vietar l'uscita a' legni siculi ricovrati sotto le bandiere de' vascelli Anglo-Francesi, significavano a' capitani di questi li facessero scostare avendoli a combattere; seppero esser vuoti, e preserli, ch'eran sedici barche cannoniere e una scorridoia, tutte nuove, con gran munizioni da guerra. Il Roberto fregata comandata dal Marselli ch'era la sera innanzi ita alla cerca del Vesuvio, nave a vapore nostra predata da' Siciliani, le sorprese che carco d'armati s'ingegnava a uscir da Melazzo; i quali subito scesero a terra sotto la protezione del castello, che trasse tre colpi al Roberto; con tre bombe gli rispose. Stette pertanto tutta notte a guardia che non isfuggisse; al mattino intimò la resa; e tosto, sendo i faziosi, abbandonato il forte, fuggiti pe' monti, i Melazzesi con bandiere regie e gridando Viva Ferdinando, mandarono una barca co' primarii cittadini, attestanti devozione al trono, e chiedenti soldati a difesa. Il Vesuvio, ov'era rimasta la ciurma, esso stesso si presentò. E un tenente Armenio sbarcato con pochi uomini, fu preso sulle braccia della popolazione, condotto quasi in trionfo al municipio. Dappoi vennervi quattro compagine di fanti. Il Ruggiero col capitano Lettieri andò a Lipari, e, anche invitato, prese l'isola, plaudente il popolo; cui fur date patenti per libera navigazione Molti paeselli mandaron deputati, e tutte le coste sino all'acque di Siracusa avean bandiere bianche. A Barcellona si recò da Melazzo l'Armenio con quaranta soldatelli, ed ebbevi festa. S'occupò inoltre Scaletta, S. Lucia, S. Piero di Monforte, Gesso, Spadafora, Larderia e Galati, con ottima accoglienza; e una colonna mobile andò attorno sicurando cotesti paesi obbedienti. Anche Catania inviò cittadini a sottomettersi, ma gli ammiragli Francese e Inglese, nell'atto che imponean come ora dirò sosta all'arme napolitane, sfacciati condussero a Catania con l'Ellesponto i ribelli ricovrati su' loro legni; ciò contro ogni dritto internazionale, rattenendo una parte, afforzando l'altra. Quelli presero le porte, sventarono la sottomissione, e dannarono fatalmente la città a non lontane percosse.

I regi guardavan la linea da Milazzo a Messina, e di qua a Scaletta. I Siculi ordinaron tosto sei campi d'osservazione, a Taormina, Catania, Siracusa, Girgenti, Trapani e Palermo; così guardati i limiti della provincia messinese, tenevan Patti, Castroreale e il capo Alì, e messa a difesa la linea da questo capo per S. Alessio, Taormina, Acireale e Catania. Intanto il Filangieri, sollecito di procedere innanzi, lavorò in pochi dì a rifar l'artiglieria; chè de' dieci pezzi da montagna ch'avea, n'erano nove guasti; fe' curare i feriti, riordinare i battaglioni, e lasciata guarnigione a Messina, spartì il resto di sue genti. Munita Melazzo di presidio e viveri, la fe' piazza di deposito di tutte munizioni; restaurò i forti Gonzaga e Castelluccio sui colli messinesi, e l'altro S. Salvatore, rimasti malconci. Dopo cinque dì era già pronto a riconquistare l'isola; che assalita allora avria risparmiato gran sangue.

§. 16. L'armestizio imposto.

Quantunque il parlamento di Palermo decretasse il tempio alla madonna della vittoria, invero quel cader Messina fuor d'ogni loro pensiero, fu fulmine improvviso: vedevan sè e il paese precipitato in tanta ruina; spaventavansi de' Regi, più anche de' galeotti e masnadieri loro difenditori. Trista condizione avea Palermo con tali ospiti padroni, tristissima le provinicie taglieggiate. In ogni parte potestà dispotiche, indipendenti. Costretti a correr sempre avanti nella rivoluzione senza fermata, facevano i baldanzosi per necessità. Per lo sbandamento tra Messina e Melazzo, avean perduti cencinquanta cannoni, seimila fucili, quattromila quintali di polvere, proiettili senza fine, tutto il naviglio, e più che tutto riputazione. Nunziante con tanta iattanza al mondo la guerra del popolo, la setta era rimasta sola; la guardia nazionale non combattente, le città darsi spontanee, le popolazioni gridar Re, impetrar soldati a difesa. Se i Borboniani fosser venuti avanti, la guerra era finita.

Impertanto corsero a' protettori per patrocinio. Gli ammiragli Boudin e Parker si volsero a' rappresentanti de' loro governi; e costoro, Rayneval e Napier, a 10 settembre lanciaron note al nostro ministro Cariati. Diceva il Napier: « Le milizie condursi con rigore eccessivo; la incontrata resistenza provar che il resto della guerra apporterebbe gran sangue e nessuna condizione di pace duratura. Tale trista alternativa tra sforzi soldateschi per soggiogare un popolo infelice a un governo contro cui a ogni occasione si rivolterebbe, aver fatto doloroso senso ad esso e al Parker; perlocchè volgevasi *con fermezza* al re, chiedendo ordinasse la sospensione d'arme, e formasse armestizio da durare sino alle decisioni de' governi inglese e francese. » Il Parker soggiungeva: sperare il re nol riducesse a *domandare armestizio a forza*. Nè meno alto il Rayneval: dichiarava *do l'ordine al comandante la flotta d'ottenere dal governo napolitano, e d'imporre la sospensione dell'ostilità*. Rispondevamo: « Tutte guerre far sangue, non vere le atrocità, essersi con colpi risposto a colpi; i popolo voler pace, sottomettersi spontanei, contrasto aver fatto i faziosi, ora disfatti; la sospensione dar loro tempo da ripigliar lena, la protezione straniera ringagliardirli, sospingerli a rinnovar la lotta e le morti degli uomini. Assurdo desiderare il bene dell'umanità, e far ammiserire le popolazione da settarii sitibondi di potere e roba; paradosso voler pace, e far preparare arme e guerra. Gli stati neutri violare i diritti d'indipendenza d'altro stato, e i riguardi debiti a governo amico, usando forza per costringerlo a decisioni di stranieri; le corone secondarie vedrebbero con sorpresa e dolore, in questo sforzare il regno delle Sicilie, il danno minacciante tutti, in tempi proclamatori di rispetto a libertà e indipendenze di nazioni. » Ragioni vere, perciò vane. Il Parker ordinò in iscritto a' suoi capitani usassero forza contro i Regi ove assalissero Siciliani; nè fu possibili ottenerne la rivoca, nè valsero proteste e rimostranze. E perchè sappiano i posteri quanto abbietta politica s'usi a' tempi nostri, noto che a Parigi si dichiarava: *Francia voler restar fuori quistione;* e il Palmerston a Londra assicurava non opporsi a niente; in Parlamento negò esservi ordini d'opposizione alla guerra sicula, e aggiunse non aver il Parker fatto dimostrazioni contrarie. Questi piccoli grandi uomini avean bisogno di mentire.

Adunque gli ammiragli *operando di loro testa* significarono al Filangieri aver ordine d'impegnarlo a non mover passo avanti, sinchè loro governi riuscissero a pacificare le parti. Rispose rapporterebbe al sovrano. A' 13 settembre un legno brittanno nunziò a Palermo l'Inghilterra offerir mediazione; e subito quel parlamento l'accettò; anzi mandò il Peloro, vaporetto a Messina, proponendo patti; cui il generale disse voler sommissione non patti. Invero s'avria potuto continuar la guerra dentro terra, fuor dalle molestie de' vascelli stranieri; ma Ferdinando saldo sulla quistione del dritto, volle mostrarsi cedevole su' modi; però non accettò formalmente la mediazione, per non sopportar quasi dritto l'intervento estero nel reame indipendente; ma a schivar controversie non mandò ordine di ripigliar l'arme. Così benché a parole si fingesse non ubbidire, pur di fatto s'ubbidiva alle illegali intimazioni de' due ammiragli, e si venne a contrattare una specie d'armestizio. Il capitano Roob del Gladiatore per parte del Parker, e 'l contrammiraglio Trehouart pel Baudin, determinarono una zona di terra neutrale, tra regi e ribelli. Si disse linea napolitana la congiunzione delle strade di Barcellona e Patti, compreso S. Antonio e 'l telegrafo, Barcellona, Contineo, Pozzodigotto, e per le vette de' monti di Rosimanno ad Artalia e a Scaletta sino a mare. La linea siciliana fu dal capo Tindaro a Taormina, con dentro Casalnuovo, Tripi, Noara, Graniti e Molo. Neutrale dichiararono la contrade in mezzo, dove nessun armato entrasse, o che l'armestizio s'intendesse rotto; ministrarvisi giustizia a nome di Sicilia; la guardia nazionale guardarvi l'ordine, non mostrarsi bandiera sicula in qua da quindici miglia dalla linea napolitana. Firmarono il Filangieri, e il Torrearsa. Ma costui stampando quell'atto a Palermo misevi con mala fede due patti: non riprendersi le ostilità se non dieci giorni dopo fattane denunzia a Palermo pel mezzo de' comandanti Anglo-francesi; e lo armestizio esser garentito da Francia e Inghilterra. Contro ciò protestò il Filangieri, perche ledeva la dignità reale lo intervento estero in fatti interni. Infine dopo un po' di polemica, gli ammiragli dichiararono avere bensì Palermo proposto quei due articoli, ma eglino non averli presentati al duce napolitano, perchè dal re non accettata la mediazione.

§. 17. Mala fede de' prottetori.

Dopo questo, non si può seguir senza noia lunga il laberinto delle pratiche corse tra Palermo, Napoli, Parigi e Londra. Queste due accordate a favorir la rivoltura, non concordavan sul fine. Londra non volea repubblica, Parigi vi s'acconciava. Il ministro Bastide dava speranze a' legati siculi Amari e Friddani; il Cavaignac, alla soldatesca li mandava via. I legati proposero la repubblica al Bastide; questi rispose: *Fate presto che v'aiuterò:* proporla al Cavaignac, questi disse; *Aggiustatevi col Re*. Un momento sullo scorcio di settembre parvero Francia e Inghilterra convenire nella costituzione del 1812, con viceré mandato dal re, e amministrazione, parlamento ed esercito separato: ma come Francia allora stava su' trampoli, e Londra agognava ad avere un regno siciliano col suo protettorato, nulla si fece. Ferdinando sollecitava indarno che non s'impacciassero dei fatti suoi; e passò l'inverno.

Per mostrar co' fatti i Siciliani non esser rivoluzionarii fur messi su battaglioni di volontarii; e il capitano Armenio e 'l tenente Cosenza in pochi dì ne feron cinque, un colle stanze a Scaletta, gli altri a Buso, circa mille. Armati e vestiti vennero poi il 21 gennaio seguente a Messina per la benedizione delle bandiere, fatta con pompa, presente la guarnigione, e gli ammiragli Parker e Nonay. Oltre a questa gran prova, la mala fede de' protettori risfavillò pel buon governo de' vincitori. Messina presto rividesi in calma e in maggiore prosperità. Si creò una commessione severa investigatrice e restitutrice degli obbietti derubati in quei subugli; si rianimò il traffico interno, nè solo con la contrada neutrale, altresì con tutta l'isola, per non impacciare l'industria, e mostrar moderazione. Libertà ampia di commercio, abolizione dell'imposta addizionale per la rettifica del catasto, ridotta a metà anche la tassa fondiaria risultante dal nuovo censimento. Vietate le vendette reazionarie, sicurati tutti; lo stato d'assedio, rimasto per ispauracchio a faziosi, non turbò l'esecuzione delle leggi; rinacquero l'ordine, la fidanza e la giustizia.

§. 18. Effetti dell'armestizio.

Il parlamento sicuro di non essere assalito decretava a libito: a' 18 settembre dichiarava nemico della patria chi accettasse uffizio dal governo leggittimo in Messina; ma pochi ebbero paura della vendetta impossibile. Fu visto il vincitor usare indulgenza somma, e i perditori trascendere sino minacce di morte. Dalla legittima potestà si lasciava d'ogni corrispondenza, per tradurre i colpevoli a consigli di guerra. Quella col benefizio dell'ordine intendeva dissuggellar gli occhi agl'ingannati, questa tirannissima voleva imporre quella libertà a forza. E mentre tanto rigore contro la reazione, rilassamento pieno a prò de' nemici della società. Mancando nell'isola ogni sicurezza, questa confidavano a ministro speciale; e non meno di sette ministri alla fila vi sedettero ne' sedici mesi della rivoluzione, tutti soccombenti sotto l'impossibilità dell'uffizio in quell'anarchia. Non cosa nè persona sicura; nè in campagne nè in città; più popolo, e più misfatti; società segrete di malfattori s'organarono, per furti, uccisioni e catture. Acchiappavano personaggi danarosi, e a prezzi alti liberavanli. E più tali delitti spasseggiavano ov'era più forza pubblica; chè questi stessi armati a difesa machinavano a offesa della società. La camera de' pari ne' 8, 9 e 10 ottobre volle ridurre a sole seicento le squadriglie palermitane; e per obbligare all'esecuzione, decretò che l'erario non ne pagasse di più. Allora diventarono grassatori scoperti. Però la statistica penale ne' sedici mesi die' ottomila cinquecento delitti, de' soli denunziati a' tribunali, che per la generale paura erano i meno. A Palermo si proibì con editto lo uscire dalla città; e in tanta libertà non s'era libero a uscir dalle mure.

La protezione straniera lor valse per armarsi a oltranza, comprando tutte maniere d'arme in Francia e Inghilterra col permesso uffiziale di quei governi. Il Cavaignac fe' più, che ordinò lor s'aprisse un *piccolo credito per arme e munizioni*, e 'l suo ministro Bastide disse a' legati: « Non possiamo darvi uffiziali attivi, ma non impediremo a' dimissionarii o ritirati d'andare in Sicilia; arme e munizioni ve ne daremo. » Il Palmerston a 16 settembre die' facoltà in iscritto di darsi ventiquattro cannoni di ferro dell'artiglierie reali. Tai fatti patenti, e altri molti che taccio, mostrano qual sorta di filantropia movesse quei due umanitarii governi a dar ferri per la guerra civile, quando imponeano l'armestizio a forza. Ben è vero che il Palmerston a' 20 gennaio 1849 scrisse al Temple ministro in Napoli, ch'ove il re si lamentasse, *rispondesse essersi dato il permesso de' cannoni per inavvertenza*, nè, interpellato in parlamento, seppe trovare scusa migliore. Avea già detto in settembre a' legati siciliani: « La mediazione nostra è un favore alla Sicilia, per sottrarla al pericolo. » E il Bastide in novembre; « Noi continuando la mediazione, sapremo avviluppare il re di Napoli d'ostacoli tali che non si concluderà niente, che gli sarà impossibile d'accettare, che si manterrà l'armestizio, e così si continuerà sino a primavera.» Ciò han palesato gli stessi legati ne' loro dispacci.

Intanto gl'isolani rifacevano l'esercito, ponevanvi uffiziali francesi, inglesi e d'altre nazioni, reclutavano militi in Francia, Svizzera, Alemagna e altre parti; cavavan arme da' porti di Francia e Belgio, fortificavano loro posizioni, e si preparavano a nuova lotta. Ogni dì esercizii e riviste. Strappavan cancelli, candelabri e spranghe di ferro da' pubblici edifizii per farne ventimila picche pel volgo; chiamavano i preti e i monaci a unirsi in ischiere per difendere le città, quando uscissero i nazionali a combattere; ordinavano a' predicatori di correr l'isola, per muovere co' sensi religiosi gli spiriti a guerra. Il parlamento decretava un progetto di prestito nazionale; ma non riuscendo farlo all'estero, bisognò smungere il paese il più possibile, sospendere i pagamenti de' banchi, crear carta moneta subito per diecimil'onze; e poi sino a tre milioni e seicentomila ducati; imporre a' denarosi un prestito forzoso in ventiquattr'ore, cui appellaron *volontario*; vendere a precipizio beni nazionali e chiesastici, impadronirsi delle argenterie e gemme di monasteri e chiese; e su questi conquistati pegni cavar danari a forza da' mercatanti. Dappoi concludevano col banchiere Blanqui di Parigi un debito di quattro milioni e mezzo.

Il parlamento, messo a' 13 settembre in vendita i beni nazionali, avea dato, in aspettazione del prezzo, facoltà alle finanze d'emettere trecentomila biglietti, ciascuno di quattr'onze, portanti interessi del 4 per cento, comandando che pubbliche casse e privati fossero obbligati a pigliarli come moneta. Più tardi a 20 dicembre prescrisse un mutuo nazionale di cinquecentomil'onze fra quindici giorni, da pagarsi da' comuni; e altro decreto del 17 crebbelo a un milione, da ripartirsi fra' personaggi opulenti. Fu calcolato ne riscuotessero 890 migliaia.

Davan gli argenti de' monasteri in pegno anche all'estero. Con essi ebbero munizioni da guerra caricate a Livorno dal Peloro; altre da Marsiglia con l'Amari dal Bosforo nave francese; e l'altro pur francese battello l'Ellesponto portava a 14 settembre quattordicimila fucili a Palermo, sotto gli occhi della crociera napolitana. Simiglianti cose accadevano ogni dì. Intanto le faccende colavan nelle mani dei più concitatori. Lo Spedalotto ministro di guerra fu quasi per essere ucciso; rinunziava la sedia, pugliavasi il congedo da colonnello, e si fuggiva in Toscana. Surrogavalo il La Farina buono a tutto, già ministro d'istruzione pubblica, uomo non militare; l'Amari afferrava l'Interno. Appresso il parlamento a' 14 novembre decretò che seguirebbe sue sessioni sino alla venuta del re nuovo, e sin dopo ch'avesse giurato lo statuto. A' 18 dicembre proclamava l'adesione alla costituente italiana, della quale parlerò or ora; e il domani riconfermava con decreto quello del 13 aprile sul decadimento de' Borboni. Così rispondeva alla conciliazione proposta da' pacificatori Anglo-Francesi.

La rivoluzione mondiale che degl'indigeni sospettava, vollevi anche i suoi generali a comandare. Andò pel mondo il Modenese Mazziniano Fabrizi, e prima volsesi al Garibaldi, poi all'Antonini; questi venne con un Mieroslawski polacco, ambo creati marescialli. Rafforzarono Taormina, trincieraron Catania, v'accrebbero la guarnigione, vi ripigliarono i lavori ne' tre forti Armisi, Palermo e S. Agata; compraron cavalli, muli, vesti, arnesi militari, e ingrossaron l'esercito con uomini di tutte lingue e nazioni, educati a ribellamenti, e a sperar ne' garbugli fortuna e quattrini. La rivoluzione in Sicilia e in Lombardia procedeva equabile. Percossa qua e là fa imporre armestizii, mediazioni e interventi stranieri, per aver tempo da riprepararsi e sul Ticino e sotto l'Etna a più feroci fatti. Una è, benchè sembri voler cose opposte: indipendenza in Sicilia, unità in Italia, far la monarchia a Palermo, scacciar la monarchia dal continente. Mai non cede; con doppie divise ha una idea motrice; stesse finzioni, diversi lamenti, uno l'odio implacabile al dritto, una l'ingordigia, e la baldanza della colpa.

§. 19. Congresso per confederazione italiana.

Nell'Alta Italia si procedeva così. Il Gioberti con programma del 7 settembre proclamava un comitato per la italica confederazione, e fra gli stati da confederare enunciava il regno di Napoli e il regno di Sicilia distinti; poi subito cominciate le sessioni pubbliche del comitato, a' 23 vi protestò alto contro la guerra siciliana. Uomini privati, senza veste ufficiale, trinciavano a modo loro l'Italia. Proseguì con lettere circolari a invitare i *sommi uomini* della penisola ad assemblarsi a Torino in congresso federativo. Il Manin l'avrebbe voluto a Venezia, ma seguì in Torino, più sicuro luogo, con intervento di trecento nel teatro nazionale, aperto il 10, chiuso il 30 ottobre. Sapemmo allora che l'Italia aveva trecento *uomini sommi*; che Sicilia poverella n'avea solo due, Perez e Ferrara; e Napoli appena sei, Pieragnolo Fiorentino, Giannandrea Romeo, Giuseppe Massari, Silvio Spaventa, Pietro Leopardi e Giuseppe Ricciardi; gente innanzi chi ignota, chi poco nota, de' quali nostri il Gioberti concionando disse: *nomi eroici e cari, da movere ammirazione e tenerezza.* Cotesti congregati dicentisi cima d'Italiani, invece scimmie di stranieri, copiata Francia, copiavano Inghilterra del 1638, perchè quest'ultima servilità non mancasse all'Italia.

Nella prima adunanza del 10, dopo il discorso inaugurale, sorgeva il palermitano Perez con una diceria; dicente Sicilia voler dar uomini e denari, appena il Borbone fosse cacciato dal mal occupato seggio, e tutti proruppero: Viva Sicilia! poi protestarono contro la guerra sicula, invocando principi e popoli a pro de' ribelli. In quell'orgia i sedicenti costituzionali di Napoli propugnavan Sicilia divisa, riluttante lo statuto, plaudivan tronfii a una designata decadenza di re patrio; a eletto re straniero servilmente sulla terra a lui soggetta facevano osanna; e sendo Napolitani beffavano i soldati napolitani, e spregiavanli, quasi lo spregio fosse vittoria. Cotali congressanti sceltisi da sè, senza mandato di persona, assembratisi illegalmente cicalarono molto, e qualcuno propose costituente alla maniera tedesca di Heidelberga. Contrassegnarono tre già belli e preparati progetti: uno di legge elettorale per convocare l'assemblea costituente degli stati italiani, per asserviseli tutti; uno schema d'atto federale compilato dal Mamiani presidente e relatore; e un indirizzo a' principi e a' parlamenti di Italia; dove della fallita guerra accusavano i governi, ma questi poter riparare il fallo col pronto aderire all'assemblea costituente. Nell'atto federale stabilivan fra le tante un potere legislativo indipendente e sovrano, e un potere centrale permanente, rappresentato da un presidente eletto dal corpo legislativo, e da un consiglio di ministri con esercito, armata, erario e rappresentanza all'estero; statuivan le facoltà del congresso, bandiera una, e massime une di dritto in tutti i territorii. Da ultimo dicevan costituente il congresso. Ciò era repubblica unitaria, con peggio dualità di governo, conflitto e guerra civile.

Tali atti con data del 30 ottobre, preparati molto prima, rappresentati come in commedia, eran firmati da tre presidenti, Terenzio Mamiani, Vincenzo Gioberti, Giannandrea Romeo, da' vicepresidenti Francesco Perez, Don Carlo Bonaparte e Pietro Leopardi, e da tre segretarii. Indi a poco questi stessi firmanti della confederazione si fecero campioni della costituente italiana promossa in Toscana, che accennava netto a unità. Il governo di Torino permetteva questo in casa sua, sperando cavarne frutto in casa d'altri. Poi quando quel Leopardi, che ministro di Napoli avea lavorato pel Piemonte, ebbe pel fatto appunto dell'illegale congresso la condanna d'esilio, meritò dalla corte savoiarda in guiderdone la croce de' SS. Maurizio e Lazzaro, designata da' cieli a diventar insegna di traditori. Sebbene quella congrega non partorisse effetto, pur le copie delle dicerie e de' progetti sparse a migliaia risoffiavan nelle passioni; ma nel regno nostro non facevan breccia.

§. 20. La costituente in Toscana.

Per la fievolezza del Gran Duca Tosco, la rivoluzione colà s'ingagliardiva. V'eran circoli politici, presidente il Guerrazzi, che governavano il governo. Già a' 30 luglio s'era gridato *Abbasso la dinastia*; nè la forza pubblica fe' cosa di momento; per aver tregua si concedette Guardia nazionale mobile. Mentre la guerra era perduta, si parlava sempre d'armarsi per iscacciare il Tedesco, veramente per iscacciare il sovrano. Se il Tedesco li avesse aiutati a ribellare si sarian congiunti ad esso, come poi si congiunsero al Francese. A' 18 agosto era surto il nuovo ministero Capponi, e fu più disordine. A Livorno giuntovi lo sfratato Gavazzi in settembre seguirono tumulti e scaramucce, armamento di canaglia, cacciamenti di soldati, e anarchia. Il Montanelli v'inaugurò governo democratico e *la costituente italiana*. Leopoldo calò a far ministri suoi i caporioni Guerrazzi e Montanelli; i quali a' 28 ottobre proclamarono la costituente; e a 7 novembre invitarono gli altri stati della penisola a rispondere a tre quesiti: se convenisse iniziar la costituente per provvedere alla guerra dell'indipendenza; se i deputati s'avessero a scegliere con suffragi universali; e se volessero aggiornare la quistione d'ordinamento sino alla cacciata dello straniero. Napoli e Roma non risposero; Torino rispose volervi battaglie non assemblee; e sul finir del mese propose lega. Inoltre quei toscani ministri permisero che il legato siciliano alzasse stemma in Firenze; perlocchè il nostro governo ruppe ogni relazione con quello stato.

§. 21. Fatti di Napoli.

Incontrario le cose di Napoli retrocedevano a ordine, non ostante gli sforzi della setta. Visto il popolo avverso, s'erano ingegnati a farsi un popolo. Col denaro, onnipossente in plebe, assoldarono come dissi i *camorristi* tornati da Tremiti non solo, ma anche facchini e vagabondi. Ne avean riempiute le tribune della camera; sciolta questa, restarono a spasso, e tennerli come scherani e bravacci a comprimere, a svoltare, a indirizzare il popolo, e più sovente a simularlo. Vi davan la mano alquanti uffiziali civili surti con la rivoluzione, tementi di cader con essa, interessati a tenerla viva per restare in piè con essa. Laonde sendo patente la voglianza popolare a gridar monarchia e re, si prepararono a contradirle; ne' popolani eran tradizioni e sentimenti, ne' contradicenti eran molti compri, e voglie di scellerati guadagni.

A 5 settembre uscivan dal rione S. Lucia gente inerme, marinai, artefici, donne e ragazzi, gridanti per Toledo viva il re; e mentre accorrevan pattuglie per rimandarli indietro, sopraggiungevano in frotta gli assoldati *camorristi* della piazza Barracche con pietre, stocchi, bastoni e coltelli, a scuoter quelli inermi. I soldati giunti in punto volean far giustizia, ma rattenuti dagli stessi uffiziali di polizia che li guidavano ebbero a star per poco frementi testimoni della sconcia zuffa; se non che arrivando da via S. Giacomo altra pattuglia, questa con pochi colpi all'aria fugò i ribaldi. Allora vennerro arrestati il San Donato e Filippo Cappelli. Dopo poco d'ora i popolani del Mercato e di Porto s'assembrarono in aiuto di quei di S. Lucia, ma furo da uffiziali regi acchetati. Impertanto, disarmato il quartiere Montecalvario, uscì ordinanza vietante qualsivoglia grido o tumulto in piazza, sotto qualsiasi bandiera, con severi ordini da non far rinnovar quei subbugli.

Non pertanto i congiuratori volendo a ogni modo soccorrere i Siciliani, in quel dì appunto che si combatteva a Messina, spinsero disperatamente loro seguaci a far capannelle qua e là la sera del 7, con l'egida della bandiera de' tre colori, al Largo delle Pigne, Toledo e Montecalvario. Qualcuno in veste di guardia nazionale trasse archibugiate da una finestra in via Fiorentini; ma al comparir di soldati svanì tutto. Tentaron di simiglianti disordini ne' paesi vicini, attorno Caserta e altrove, risolti in nulla. Quella stessa sera del 7 il telegrafo nunzia Messina presa.

Era tempo che il governo aveva a mostrar forza e alacrità: guerra in Sicilia, Ungheria ribelle, Savoia rifornendo arme nuove, il Mamiani tutto in Roma, il Montanelli in Firenze. Quel giorno il Bozzelli passò a ministro d'istruzione, lasciando l'Interno; dove andò il cavaliere Longobardi, stato Massone in gioventù, poi buon prefetto di polizia nel 1828, allora avvocato generale in Corte Suprema di giustizia. Fu scelto prefetto un altro massone, vecchio creato dal famoso Saliceti pel decennio, certo Gaetano Peccheneda; il quale la imparata dalla setta arte *poliziesca* usò contro la setta. Celebrandosi l'8 settembre la consueta festa di Piedigrotta, a impedir l'adunamento di moltitudine, quell'anno il re senza pompa andò per mare alla Madonna. Indi a pochi dì carcerati i *cammorristi*, fur rimandati a Tremiti, e con essi i più protervi de' compri plebei, chi in prigione, chi confinato; Napoli tornò quieto. Si sciolsero con decreti le guardie nazionali di Vallo, Pozzuolo, Greci, Orsara, e Levignano. Ultimamente un'ordinanza del 13 proibì bastoni con entro stocchi, e pistole e tutte arme ascose.

In quel dì 13 periva sull'ore undici matutine Isabella Borbone madre del re, nel palazzo di Portici, per lunga malattia umorale scesa alle viscere. Nata da Carlo V di Spagna, figlia, sorella, consorte, suocera, madre ed avola di re e regine, temprò spesso la maestà con la pietà. Presi i conforti della religione, benedetto la nuora, i figliuoli e i nipoti nell'ultima ora, finiva col coma vigile, nell'età d'anni cinquantanove. Mancavano per mal sottile Cesare Malpica poeta di bell'ingegno, ma di falsa scuola; e Giuseppina Guacci buona poetessa, nell'anno quarantesimo di vita; questa a 23 novembre, quello a 12 dicembre.

§. 22. Operosità del ministero.

Il ministero fu a quel tempo operosissimo e forte. A 21 settembre si sospese il dazio d'un ducato a cantaio su' grani esteri, perchè scarso era stato il ricolto. A' due del seguente mese creossi una rendita di ducati seicentomila, pari al capitale di dodici milioni, per colmare i fossi fatti dalla rivoluzione nel tesoro; e col decreto s'ordinò non si ponessero gravezze nuove per pagar l'interesse di tal debito nuovo, ma si supplisse dal milione e seicentomila che la Cassa d'Ammortizzazione pagava ogni anno in estinzione del debito pubblico; perchè il riprovato governo assoluto pensava a levare i debiti al popolo. Altresì in ottobre uscì altro ordinamento pe' giovani pensionati a studiar arti belle in Roma, cresciute le piazze, e la dote annuale da ducati 3781 a 4960. S'istituiva a' 2 altro uffizio di scrittore di lingue orientali, oltre i tre che v'erano, col carico di continuare le stampe e le illustrazioni de' codici del museo. E provvedendosi alle finanze, all'arti e alle lettere, pur si pensava a sicurar la cosa pubblica. Scioglievansi in quel mese certe guardie nazionali mal connesse a Spinazzola, Andria, Avella, Pietrafessa e altri paesetti; e si mandava in Calabria il generale Enrico Statella a tutelar le proprietà dalle aggressioni de' masnadieri, che dalle Sile sbucavano alle arsioni e a' ricatti.

§. 23. Turbolenze nelle provincie.

La setta in Napoli s'era ricostituita di nascoso col nome d'*Unitaria*, di che meglio narrerò appresso. Essa in tutte provincie mandava novelle false di trionfi imminenti, e si spingeva a fatti di sangue. Ne' boschi di Cosenza si rapinava, ricattava e stuprava; un Domenico Falco rumoreggiava in quel di Corigliano. Presso Spezzano in giorno di fiera un trozzo di tristi, traendo schioppettate, gridò repubblica; e 'l medesimo lo stesso dì presso Castrovillari; acchetati gli uni e gli altri da pochi soldati. In Oria nel Leccese fur canti repubblicani, senza più.

Mali maggiori negli Abbruzzi, soffiati dal Saliceti da Roma, e da' fuorusciti da Ascoli. I faziosi di Teramo al vedervi entrar soldati n'uscirono occulti, fecero numero a S. Angelo ov'era popolo per festa del santo, nè riusciti a muoverlo, tornaron sull'imbrunire in due bande per vie diverse nella città, dando grida sediziose. Una sparpagliarono i soldati, imprigionato il capo. I capi dell'altra, fra' quali uno reduce di Lombardia, furiosi corsero all'intendenza chiedendo la libertà di quello; e scontenti d'udir solo buone parole, ridiscesero in piazza, e sostennero il comandante dell'arme. Però le milizie temendo colpir lui, non fecero fuoco; e si scese alla doppocaggine di rilasciare il capo prigione. Ma il generale comandante gli Abruzzi accorse presto e severo: i congiurati volean far festa, poi vistisi soli, e anzi il popolo guardarli biechi, non aspettarono; e a Fano Adriano, indi nel Pontificio ripararono.

Grande ostacolo alla potestà era la forma costituzionale per porre la quiete; veder tessere le sedizioni, nè poterle impedire; veder i macchinatori tronfii, e non ghermirli prima dello scoppio, il governo in tale vicenda era costretto a star coll'arme al braccio per dopo punire; così obbligato a vincere sempre, o cadere.

§. 24. Altra proroga delle camere.

Appressandosi il 30 novembre fermato al ricominciamento delle sessioni legislative, e sendo la camera de' 164 deputati incompiuta, per pronunziate esclusioni, e morti e rinunzie e mancanze d'elezioni in più distretti, si decretò a' 14 ottobre che a' 13 novembre si convocassero i collegi elettorali da elegger trentasei deputati, cioè sei per Napoli e trenta per le Provincie. Subito gli usati brogli. La nazione stomacata, e per la sentita mala prova aborrente d'altra sperienza, si tenne da canto, e i collegi fur preda della fazione, vistasi però allora quanto piccola fosse. Ad Aversa sendovi 2822 elettori, v'intervennero 483. Nel distretto di Lagonegro di 3448 v'andarono 634. A Catanzaro di 5853 soli 140. A Nicastro di 3623 appena 425. A Lecce di 3568 soli 508. A Bari, di 9652, 2175. Ad Altamura di 2801, soli 478; e così di altri. E nel distretto di Napoli ov'erano 9384 elettori, votarono 1491, nè concordi. Pertanto da quell'urne uscirono i più famosissimi: il Pepe disertato a Venezia, eletto con appena 477; Aurelio Saliceti profugo, nè scritto nelle liste, n'ebbe 659, il farinaio Ignazio Turco 687. Soltanto Luigi Settembrini ne raggranellò 708, e fu il più alto. Ciò mostra quanta popolarità s'avessero cotali archimandriti della rivoluzione; chè non poteron trovare più di sette centinaia d'adepti e infatuati nel popolosissimo distretto di Napoli. Or questi pochi non paghi di turbar la pace di tuti, a compensar la pochezza con pompa d'offese al governo, mandarono a 14 ottobre una spada al Pepe. Gliela recò in Venezia un certo Montuoro schiamazzatore di strada, cui in premio fecero colà tenente delle milizie repubblicane.

Il Ministero da cotai lampi, vide che con le camere s'aprirebbe altra porta alle turbolenze allora con sangue attutite; considerò Sicilia da domare, masnadieri nelle Sile, Alemagna in foco, Francia scandalo di repubblica, Lombardia prossima a nuova guerra. Genova e Toscana apprestar costituenti, il romano rumoreggiar repubblica, e fra noi surti deputati i barricatori servi del Mazzini. Seguitava la nefanda uccisione del Rossi dentro Roma. Con decreto del 23 novembre si prorogò il parlamento pel 1.° febbraio.

§. 25. Morte di Pellegrino Rossi.

Pio IX avea sperato con le grazie vincere le fazione, e i faziosi sperarono ci fosse rivoluzionario come loro. Sue concessioni accolsero plaudendo; e come ei si fermò giuraron vendetta, e 'l gridarono traditore. Giunta a Roma a 31 luglio notizia della sconfitta a Custoza, deputati e plebe dimandarono minacciando arme, soldati, volontarii e denari per far guerra; e come il Papa rispondeva guerra difensiva sì, d'offesa no, gridarono avanti al Quirinale *Morte a' preti, viva il governo provvisorio*. Si depose il Ministero Mamiani, e ne sorse altro pur col Galletti. Ma il pontefice non potendo fidare in costui sempre perdonato e sempre fellone, fece nuovo ministero. Pellegrino Rossi Carrarese, nato a' 3 luglio 1787, pubblicista succeduto al Say nella cattedra d'economia al collegio di Francia, perchè amico del Guizot, era stato dal 1844 ministro di re Luigi Filippo alla S. Sede; caduto in febbraio quel re, ei cessato d'uffizio si vivea privato a Frascati. Volle Pio valersi di lui, e fecelo ministro di Finanze d'Interno e Polizia. Il Rossi provvide all'esercito, all'amministrazione civile, all'erario, e mosse pratiche per lega italiana difensiva, secondo il pensiero del papa; onde venne da Torino a Roma l'abate Rosmini. Ma ciò accennando ad ordine scontentava chi per via di disordine volea repubblica unitaria; nè un ministro costituzionale, non istrumento ma avversatore di setta, potea piacere a questa.

Era il nodo de' congiuratori nel circolo popolare, al palazzo Fiani, presidente lo Sterbini, assistente fra gli altri il Canino. Anche con lo Sterbini manovrava una commessione segreta; e certi dipendenti dal circolo stavano in altre conventicole, dov'eran Masanielli il Ciceruacchio, e altri tornati di Lombardia, più atti a garbugli che a schioppettate guerresche. Il già ministro Galletti avea favorite cotali adunanze, il Rossi si studiava a comprimerle. Impertanto fermato d'ucciderlo lui, si cominciò a infamarlo: straniero, retrogrado, traditore; e nell'orgoglio del premeditato colpo minacciavanlo, ne gittavan lampi ne' giornali, dove aperto gli profetavan morte. Lo Sterbini riedendo da Torino, passando per Firenze la sera del 5 novembre, presiedeva col Canino e 'l Garibaldi al circolo popolare di là e vi si decise a cassare dal ministero romano il Rossi. Tornò il 10, e nella sera del 13 die' al circolo di Roma contezza della sua missione; poi fu visto andare al Ciceruacchio in un fienile; dove si distribuirono mezzo scudo a testa e pistole agli astanti. La sera seguente nel teatro Capranica, presenti essi Sterbini e Ciceruacchio, s'estrasse a sorte lo assassino, anzi ne cavaron sei, de 'quali uno fu Luigi Brunetti di Ciceruacchio figlio.

Doveva il Rossi recarsi alla camera a' 15 a far un discorso di liberale e conservatrice politica; avvisato non andasse, sovrastargli gran rischio, tratto da suo misero fato, volle. Il parlamento era nel palazzo della Cancelleria, sul luogo ove già fu l'antico senato di Roma, là dove Cesare venne pugnalato; i congiurati vi presero la corte e le scale. Ei giunse sull'ore due pomeridiane, in carrozza, tra folta gente; scende in cupo silenzio, sale i primi scalini, certi uomini lo intorniano, e uno col coltello gli taglia la carotide a dritta. Cade, e senza dir verbo spira nelle stanze superiori. La camera, col presidente Sturbinetti, senza scomporsi seguitò sua tornata. Gli assassini non presi nè puniti, anzi da sè celebrandosi, andaron con le nude coltella per Roma, e sin sotto la casa dell'ucciso a insultar la famiglia. La setta celebrò siccome Bruto quel meritevolissimo di capestro. A sera con torce accese e bandiere i manigoldi andavan cantando: *Benedetta quella mano - Che il ministro massacrò!* E con questi versacci semi-francesi, gridavan viva Italia. Seppesi dal processo che se ne fè poi esservi stati de' primarii complici un Bomba Chietino, e un Vincenzo Carbonelli pugliese, fuggiti da Napoli dopo il 15 maggio. Il misero Rossi avutone sentore li avea scacciati da Roma la vigilia; ma eglino uditasi a Civitavecchia la uccisione, ottennero di tornare indietro. Credo per tal merito poi nel 1860 il Carbonelli fosse fatto generale dal Garibaldi rimuneratore di regicidi.

§. 26. Pio IX a Gaeta.

Il domani quanto v'era di lurido e infame, raccozzati dal Canino e dallo Sterbini, s'avviarono al Quirinale, con anche un cannone; asserragliaron le vie, gridaron repubblica, assediarono il papa, gli uccisero guardie e qualche prelato. Campò la vita, pria concedendo quanto vollero, e protestando; poi fuggendo con modeste vesti la notte del 24 alla volta del reame. Toccando il confine napolitano sull'ore sei del mattino, intuonò il *Te Deum*. Riposò a Mola alla locanda detta di Cicerone, ove trovò il cardinale Antonelli e l'Arnau segretario della legazione di Spagna; a sera, come già Costantino IV, riparava a Gaeta, in misero albergo. Mandò il conte Spaur ministro di Baviera con una lettera al re, chiedente ospitalità breve, per non porre a rischio la quiete del reame. Ferdinando ebbela a mezza notte; e allora allora, tolte biancherie, vettovaglie e altri arnesi, navigò con alquante compagnie granatieri della guardia, e col fratello conte di Trapani e lo Spaur e 'l nunzio apostolico a Gaeta; ove giunse a un'ora dopo il meriggio del 17. Non dirò quanta festevole gioia prendesse il sovrano e la popolazione a sentir libero e salvo in amiche e devote braccia il vicario di Cristo. Il re pregandolo il distolse dal recarsi, come voleva, all'isole Baleari; nè fu risparmiata magnificenza. L'esercito napolitano fe' battere un medaglione con l'effigie del pontefice e di Ferdinando, e questa scritta: PIO IX. P. O. M. FERDINANDO II, RE DEL REGNO DELLE DUE SICILIE. 1848. - e al rovescio il forte di Gaeta, e L'ARMATA NAPOLITANA A MEMORIA DELL'ESULE PIO IN GAETA SACRAVA AL SUO AMATO RE. 26 novembre. Ne furono battute due in oro, molto in argento; moltissime in rame dorato e bronzo.

§. 27. La costituente italiana in Roma.

Fuggito il papa, il Montanelli ministro in Toscana mandò il La Cecilia detto colonnello (forse promosso dopo le barricate di Napoli) a recare in Roma l'ordine dell'andare avanti, abolire la sovranità papale, proclamar la costituente e fare del pontificio e di Toscana uno stato. Al Bargagli ministro toscano in Roma scrisse « Bisogna che cotesta città diventi centro del movimento nazionale. La Cecilia dirà le nostre idee. Se Roma convocata la Costituente vota presidente Leopoldo, avremo ottenuto doppio effetto: primo la fusione di due stati d'Italia centrale; secondo un centro Italiale, cui Piemonte ed anche Napoli dovranno concorrere. Del Papa si dica bene; dire che ha fatto bene, ch'è il vero restauratore del popolo evangelico; dire che l'allontanarsi in tempo di ricomposizione politica fu gran prudenza, affinchè non si fosse visto il capo della chiesa a soffrir violenza; e dire non esser possibilie che un Pio non ricorra ad arme straniere. » Con simiglianti ipocrisie questi uomini che si davan arie d'ingegni volean fare grande l'Italia. Mamiani rimasto ministro del Papa, si sforzò con lettere a' legati esteri dimostrar suo ministero legale, la purezza de' divisamenti, e la giustizia della sollevazione: così pensandosi ritener le diplomatiche relazioni. Ma nessuno stato volle saperne, e men di tutti la Francia repubblicana, per non s'affratellare a repubblica assassina. Il Cavaignac, udita appena la sedizione del 16, mandò 3500 soldati a Civitavecchia con un De Crocelles legato per difendere il pontefice, liberarlo e pregarlo di riparare in Francia; ma sendo giunti a 4 dicembre, dopo partito il papa, retrocedettero. Il De Crocelles tirò a Gaeta, e v'arrivò lettera del Cavaignac; cui Pio rispose a' 10 ringraziando, ma non voler torsi da quell'asilo, dove senza suo proponimento la Provvidenza l'avea condotto.

Egli per non abbandonar la nave della stato, anche di fuori provvide. Avea pubblicato a 27 novembre un Motu-proprio dichiarante aver già protestato a Roma il 16, non esser libero nello esercizio della suprema potestà; riconoscere nell'ingratitudine de' suoi figli la mano del Signore che percuotendo lui vuol soddisfazione de' peccati di esso e del popolo; protestare anche allora d'aver patito violenza sacrilega; dichiarar nulli tutti gli atti seguiti; e nominava una commissione governativa per tutela de' sudditi e del trono. Intanto i ministri felloni volendo ipocritamente coprirsi del nome di Pio, niente sapendo di tal motuproprio, mandarongli un messaggio, dicendosi lasciati a custodir l'ordine, assicurandolo manterrebbero la quiete, pregandolo manifestasse sua volontà. In riposta ebbersi il motuproprio; onde rescrissero dimandar la dimissione; ma non ebber riscontro, per non dar loro appicco a dirsi costituiti con legalità. Allora si volsero a' deputati che dichiarassero il motuproprio non aver faccia d'autenticità, nè forma costituzionale, e sfrontati restarono in sedia; se non che giovando a far la rivoluzione il nome dei papa, molto si maneggiarono per indurlo a rivocare il motuproprio, e fidare in essi; ma il trovaron fermo.

Già era concorsa a Roma la schiera de' concitatori e ribellanti di tutto il mondo. Poco mancò la sera del 5 dicembre non v'uscisse proclamata la repubblica. Ma il giorno 8 un atto de' deputati nominò cinque per provvedere insieme col ministero al modo di vincere la difficoltà per l'assenza d'uno de' tre poteri; e tal commissione rapportò l'11, dicendo il motuproprio mancar di forme, i commessarii del Papa non esser iti al posto (e come andarvi dopo il Rossi?), lo Stato non poter stare senza governo; e propose tre deputati a esercitare la sovranità. Subito fatti, il Galletti, il conte Camerata, e il conte Corsini. Protestò Pio IX a' 17: « Ricordava suoi benefizii, lo sgozzato ministro, lo assalito Quirinale, l'aver dovuto fuggire per impotenza d'impedire tanti eccessi; la Provvidenza menatolo a Gaeta, ove pienamente libero aver rinnovate le proteste, provveduto al governo, protratte le sessioni parlamentari; eppure i congiuratori proseguendo in fellonia averlo impedito, e anzi creata una giunta di governo. Egli dover serbare intatti i diritti di S. Chiesa, e sì trasmetterli a' successori; protestare innanzi a Dio e all'universo contro il sacrilego attentato. Nulla esser la giunta, nulli gli atti, nulla l'autorità usurpata. »

Il Mamiani dimesso, eppur a forza ministro d'un sovrano che gli avea nominato il successore, salì in ringhiera a 1.° dicembre, e propose la Costituente italiana in Roma, per compilare il patto federale, che rispettando l'essere e la forma degli stati, valesse ad assicurare l'indipendenza. Ma i deputati mai non furono in numero. Allora la caduta del Cavaignac percussore della setta mondiale nelle vie di Parigi, e la salita di Luigi Napoleone, come dirò, giunse in punto a rinfrescar le speranze ne' settarii d'Italia; e vantandosi lui esser opera loro, e dover dare aiuto, con più boria procedettero. Concorsero uomini privati a Forlì, rappresentanti de' circoli di venti città papaline, i quali preseduti da Aurelio Saffi fecero un indrizzo a' deputati, incitandoli a creare il governo provvisorio, e proclamar la Costituente. Altro n'uscì a nome della Guardia Civica, il più di essa ignorandolo, e lo Sterbini da una loggia nunziò al popolo ed a' Civici *sarebbero sodisfatti loro voti*. Ma i deputati abborrenti dal trascendere a tanto, chiusero le sessioni; ed i tre, anzi i due Galletti e Camerata (sendosi dimesso il Corsini) proclamarono ai 29 l'assemblea costituente romana. Intanto anarchia, omicidii, demolizione di fortezze a Perugia, ruberie all'erario, debiti, carte monetate e miserie.

Contro essa costituente protestò forte il pontefice a 1.° gennaio con proclamazione a' sudditi suoi; e poi meglio a' 14 febbraio avanti a' cardinali e al corpo diplomatico.

§. 28. Fine del 1848.

Intanto seguendo in Napoli conferenze co' legati di Francia e Inghilterra per conciliar le cose di Sicilia, questa dominata da chi abboniva da qualunque pacificazione, pativa l'armistizio come prolungamento d'agonia. A 28 dicembre vi si dimetteva il ministero del 13 agosto, e il Settimo a stento riusciva ad avere altri ministri, che pure alla dimane si dimettevano; ond'ebbe necessità di pregare i precedenti a tornare in seggio. Restavan così Torrearsa, Ondes, Marano, Errante, Cordova, e la Farina; i quali a' 29 ringraziarono con proclamazione il popolo, la camera e il Settimo della fiducia messa in loro dal potere legislativo, *legittimo rappresentante della sovranità popolare*. E là dove unico sovrano era il popolo, andavan cercando un re pel mondo.

In Francia, promulgata a 4 novembre la costituzione repubblicana, si procedette il 10 dicembre alla elezione del Presidente, per suffragio universale. Uscì eletto Luigi Napoleone Bonaparte figlio di Ortenzia Beauharnais e di Luigi fratello del primo

Napoleone, con cinque milioni di suffragi tra sette di votanti. Esaltato lui, credette trionfare la rivoluzione già compressa dal Cavaignac; e pur credettero trionfare gli uomini tranquilli speranti riposo, e il clero. Il quale era stato di quell'esaltamento di lui sopragrandissima cagione; perchè, sospettoso della repubblica, e abborrente gli Orleanesi ch'avevano col Guizot protestante accolto il protestantesmo in Francia, lui favorì, sperandolo sorreggitore della Chiesa. Ma la maggioranza di tutti gli ordini andò a lui, credendo ei chetasse le convulsioni sociali. Congiuratore vent'anni, prigione due volte, profugo, stretto con tanti congiuratori, afferrava pur nella mani la terribile spada di Francia. Però con le costituenti in Italia, tra presentimenti varii di timori e speranze, e col ritorno de' Napoleoni sulla scena del mondo, si chiudeva il tempestoso anno 1848.

LIBRO DECIMO

SOMMARIO

§. 1. Riapertura delle Camere. — 2. Repubblica in Roma. — 3. E in Toscana. — 4. Guerra parlamentare in Napoli. — 5. Sciolta è la Camera. — 6. Ministri siciliani — 7. Note e conferenze diplomatiche. — 8. L'ultimatum regio. — 9. Diplomazia rivoluzionaria. — 10. Sicilia prepara guerra. — 11. Rigetta l'ultimatum. — 12. Guerra piemontese. — 13. Sconfitta di Novara. — 14. Genova bombardata. —15. Morte del Ramorino. — 16. La pace, e la morte di Carlo Alberto. — 17. Proclamazioni di guerra in Sicilia. — 18. Primo scontro ad Alì. — 19. Passo del capo S. Alessio. —20. Presa di Taormina. — 21. Si danno Giarre ed Acireale. — 22. Indirizzo dei Siciliani all'Europa. — 23. Giornata di Catania. — 24. Fatti orribili. — 25. Si sottomettono città e provincie. — 26 Palermo brava. — 27. Pratiche di sottomissione. — 28. Si sottomette. — 29. Tumulti.— 30. Fatti d'arme. — 31. Resa di Palermo. — 32. Considerazioni.

§. 1. Riapertura delle camere.

La sera del 1.° gennaio 1849 tentarono in Napoli un po' di rumore con grida sparute di Viva la Costituente, tosto ammortite. In contrario al Mercato dopo pochi dì furon Viva al Re. Gli uomini del dritto pigliavano spirito, e cominciavano a mostrarsi fitti e gagliardi; e come tornò l'andazzo degli ordini Mazziniani del non fumare nè prender tabacco (acciò fallisser le Finanze) vedesti invece schiere di cittadini per le vie a fumaranzi grosse pipe, e farne ostentazione e risa. I congiuratori nondimeno, ingannatori ed ingannati, mentre menzogne sparnazzavan per le provincie, menzogne n'avevano; si credevan fortissimi del voto di tutto il regno, mentre eran solo co' loro adepti. Forte sorvegliavali il ministro Longobardi, e ne carcerava i capi dirigenti la trama; ma ne salian nuovi, risorgenti come idre: arrestati l'un dopo l'altro l'Agresti, il Settembrini e 'l Pironti, i rimasti pur congiuravano, più per vendetta ciechi. Speravan nelle congiunture, ne' fuoruscisti Teramani gittatisi a servir la rivoluzione tiberina; volean mover Napoli per quantunque sforzo. A' 29 gennaio anniversario della costituzione, fecero andare loro seguaci e prezzolati da' bassi quartieri e disarmati (per tirare il governo a usar l'arme contro inermi) gridanti, e non più; ma questi al veder soldati deviavano, tornavano per altre parti, e rifuggivano; col buio finì quella noiosa commedia. Non però i liberaleschi erano sgomentati; che si speravan rivincita nelle camere prossime ad aprirsi. Impertanto la onesta gente stava trepida e sospettosa, per la mala sperienza due volte fatta: vedeva esse dover servire di scalino agli agitatori; le contemporanee esorbitanze delle Camere romane e toscane levate a Costituenti, con atti ribelli alle celebrate costituzioni; si parlava spiattellato di repubblica; tutte cose terribili a chi voleva pace. Anche i ministri dubitarono un poco, nondimeno decisero si aprissero. Al 1.° febbraio ministri e deputati insieme, dopo gli uffizii divini, entrarono nella sala delle sessioni fra moltissimi plaudimenti di spettatori, appositamente convenuti. Qualche voce dalla tribuna gridò: Coraggio! Subito fur presi i banchi di sinistra, di destra pochissimi; ma quel dì, mancando numero legale, non si fe' nulla. L'altra camera de' Pari fu pur quel mattino aperta senza rumore. La città non se ne curava; e le camere eran sì fuor di credito, che nè persone quiete, nè indifferenti avrebbero osato farvisi vedere; eran piene de' soli concitati e concitatori.

§. 2. Repubblica in Roma.

Le cose di Roma correvano a' fini de' settarii. Era presidente de 'ministri a Torino l'abate Gioberti, uomo sempre in teorie ed in opere vacillante, fuorchè nell'ambizione. Come aggiustava con la penna i contrarii, così volea disposar le politiche opposte, e tentava impossibili mischianze. Avea sul finir dell'anno rappresentato al Papa, ch'ove divisasse ripigliar con l'arme lo stato, meglio volgerebbesi a stati italiani che oltramontani; inoltre avea mandato a Roma e a Gaeta il conte Enrico Martini, per conciliare Pio IX co' padroni di Roma; e promuovere la italica confederazione; e mentre questi a Roma confabulava, esso Gioberti spinse a Roma e a Firenze su' primi di gennaio una proposta di costituente da convocarsi da' tre Stati, e compilare il patto federale. Il Martini giunse a Gaeta l'11 gennaio; l'Antonelli uditolo rispose: « non poter per allora il Santo Padre accoglierlo qual ministro, sendosi pretermessa l'usanza del chiedere l'aggradimento di nuovo ambasciatore. Il Piemonte tener rapporti ufficiosi co' ribelli, accogliere a Torino lo Spini e il Pinto legati di quelli; non potersi tollerare le pratiche piemontesi per la costituente. » Offesosi lo abate, scrisse al Martini ritirare l'offerta mediazione; insistesse a esser ricevuto ambasciatore uffiziale, o ritornasse indietro. I consigli di Francia indussero il Papa a udirlo benignamente a' 23 gennaio. Allora il Gioberti, mutato indirizzo, pensò ficcar truppe in Toscana, per guadagnarvi sèguito, e poi secondo l'opportunità volgersi o contro il Tedesco in caso di guerra, o nel Pontificio per riporvi Pio IX; e per l'obbietto inviò a Firenze e a Roma il Berghini per chieder l'entrata de' Sardi. Firenze acconsentì al passaggio, non a fermata; Roma prima ricusò d'accoglierli; ma a 18 febbraio conchiusero patti: che guereggiandosi il Tedesco, potesse il Re piemontese allocar truppe ne' paesi di frontiera dello stato romano, a spesa di Roma per guarentirla dallo straniero, e per muovere ad assalirlo. Roma s'obbligava a dar per la santa guerra 15 mila uomini a' generali Sardi; che non dovrebbero impicciarsi dello stato interno del paese. Così quegli che fea le viste di voler restaurare il Papa, contrattava co' suoi ribelli.

Intanto s'era fatta a 5 febbraio in Roma l'assemblea costituente; quasi tutta schiuma di birboni, tale che *La Pallade* giornale rivoluzionario stampò che parecchi di quei deputati fosser *meglio acconci al remo che alla tribuna*. V'era tra gli altri il poi famoso Felice Orsini; v'era il Garibaldi. E questi e il Canino volevano issofatto proclamare la repubblica; ma fu differita pochi dì. Cotesta gente decretò, nella notte tra l'8 e l'9, la decadenza del papato, e la repubblica; perchè, dissero, *riconosciuta la sovranità del popolo, quest'è la sola forma di governo conveniente*. Videsi aperto il perchè predicar tanto le Costituenti.

§. 3. Repubblica Toscana.

Contemporanee le stesse cose in Toscana. Aperta a 10 gennaio a Firenze l'assemblea legislativa, subito cominciarono i circoli la loro parte. Proclamarono dittatori d'Italia i Montanelli, Mazzini e Guerrazzi, con Ayala, Cattaneo e Saliceti ministri loro; e che si recassero a Roma per inaugurare l'unione degli stati Romano, Toscano e Veneto. I ministri del Gran Duca volean fargli firmare una proposta di legge per mandar trentasette deputati all'assemblea romana, cui sendo riprovata dal Papa, ei non poteva riconoscere. Lo stesso dì, che fu il 21, il circolo popolare tumultuando gridò necessario proclamar subito la costituente, cantò il *Te deum*, e fuggito l'arcivescovo Minucci, ne ruppe gli stemmi; poi la sera avanzò la petizione per la costituente come a Roma; perlocchè il Gran Duca spaurito firmò quel progetto di legge, che incontanente venne dal consiglio generale approvato. Ma non osando Leopoldo ratificarlo, si recò il 31 a Siena, dove la popolazione retrograda con bandiere bianche e rosse andò gridando: Viva il Gran Duca, abbasso la costituente! Di là a 7 febbraio, scrisse a' ministri (Guerrazzi e Montanelli) non poter convalidare la legge, per non toccar la scomunica; non tornare a Firenze, per non perdere la libertà del voto; andarsene anche da Siena, per non far sangue cittadino. Subito l'8 febbraio (lo stesso della proclamazione della repubblica a Roma) il circolo decretò; la fuga del Principe infrangere la costituzione; il popolo *solo sovrano di sè stesso* nominar governo provvisorio de' cittadini Gius. Montanelli, Dom. Guerrazzi, e Giuseppe Mazzini; questo aversi a unire a quel di Roma per fare stato *uno*. Mentre nell'assemblee si concionava per lo adottamento, seguì gran tumulto. Era un Giambattista Niccolini, romano, grande schiamazzatore, avventuriero di ribalderie, il quale per laido guiderdone di quaranta scudi avuti dal Guerrazzi, avea quel dì tumultuato con la canaglia per le strade; allora per mostrar di meglio meritarsi il soldo, entrò con sèguito lurido e bieco nella sala, e come spiritato grida non portar petizione ma *ordini* del popolo; di che anche si nauseò il Guerrazzi, il quale non avendo bisogno di tanto, volea far lo stesso con più blandi modi. Parte de' deputati andò via, l'altra in soli 55 approvarono tutto in un attimo; e anche il senato con codarda paura approvò. Quei buoni de' Toscani tollerarono, per non pigliar rischi e fastidii.

Il Guerrazzi, di ministro fatto triumviro, supponendo il Gran Duca a Portoferraio, mandò ordine il cacciassero *non meritando egli ospitalità;* poi saputolo a S. Stefano, spinsevi il bravone La Cecilia colonnello, con 650 uomini e due cannoni, forse per pigliarlo. Intanto Leopoldo dopo protestato a 12 febbraio ordinava al generale De Laugier di ristabilire il principato costituzionale; e questi scrisse una proclamazione, che giunta il 18 a Firenze die' preteso a gran rumore. Arringò il Mazzini giunto già da dieci giorni di Francia, arringò il commediante Gustavo Modena: a 19 febbraio proclamarono repubblica con luminarie, campane a stormo, rotture di stemmi ducali, e pali di libertà inalberati in piazza. Il De Laugier posero fuor della legge, e decretarono gradi superiori a' soldati traditori (fedeli alla patria). Costui adunque, uomo da Arcadia, con forze indisciplinate e discordi, niente fece, e si ritirò a Pietrasanta. Allora il Gran Duca, riprotestato il 20, si partì al 21 sur un legno inglese, e rifugiò a Gaeta. In quei tumulti arsero in piazza gli stemmi austriaci e napolitani. Ve' caso! il papa e il granduca, primi iniziatori di riforme, primi sono sforzati all'esilio, appena il Piemonte s'erge a campione d'Italia.

§. 4. Guerra parlamentare in Napoli.

In mentre trionfavan così nell'Italia centrale, quei giornali predicavano i destini pendere da' due parlamenti di Torino e di Napoli; che ove anche questi riuscissero a Costituenti, una saria stata la Costituente repubblicana dall'Alpe a Pachino. Ma la camera de' deputati napolitani surta con miserie di voti, irrisa dalla nazione, odiata dall'esercito, combattente con ministri del paese, non era in gambe da fare le prodezze romane e toscane; nè potè più che dare in grette manifestazioni d'ire impotenti.

Per tenere il campo cominciò con iscaramucce. Prima compilò un indirizzo al re, cui credea modello di moderazione, perchè coperto di frasi ossequiose, ma acerbe al ministero, cui imputava arbitrii *e funesta politica generale*. Certo era politica contraria a quella delle costituenti, propugnatrice d'autonomia, vincitrice di Messina, sicuratrice di quiete; e ciò era *colpa funesta*. Ministri non imitatori del Montanelli e del Mamiani, ministri che non si facevan pugnalare come il Rossi, che non capitanavano ribelli come il Guerrazzi, retrogradi da non dare pecunia a' faziosi, non progressisti da far debiti e carta moneta, e uccider prelati. Ma che importava a chi si dicea deputato del reame la prosperità e la quiete della patria napolitana? Si doveva far l'Italia del Mazzini.

Cominciaron con proposte di legge strane, sempre col fine d'ingiuriare e affievolire il governo. Volevano abolir le verghe a' soldati; sì mostrandosi più liberali degli antichi Romani, e de' nuovi Inglesi, ma per guastar gli ordini della milizia, e accusar di barbarie la potestà con quel zimbello d'umanità. Fischiarono il Bozzelli, che per ingraziarsi, ricordava il da lui patito per la libertà. Fischiarono il Ruggiero quando pronunziò parole graziose all'Italia; e quando egli presentò lo *stato discusso* dell'entrate e delle spese fu tempesta maggiore. Nol volevano approvare per torre i nervi a' governanti. Il deputato Scialoia a 14 febbraio concionò tacciando quello *stato* d'arbitrii e illegalità; onde la camera a' 17 votò contro il ministero. Poi al 10, per interpellanza del Baldacchini, dimandava al ministro di Finanze: perchè non essendo sorretto dalla camera seguitasse a stare in sedia? e quindi a proposta del Be Blasiis si dichiarava non sodisfatta della risposta del ministro.

Nella tornata del 14, discutendo la legge per le imposte, riteneva per sè il dritto di votare prima; e che i Pari non avessero facoltà d'estendere la quantità delle imposizioni da essa votate. A ciò s'opposero i Pari. Laonde i deputati proposero una conferenza di commissioni delle due camere, per la votazione delle leggi finanziarie. I pari acconsentirono, purchè non s'ammettesse menomamente la discutibilità delle facoltà cui i deputati s'attribuivano: potersi solo tentar conciliazione, non lesiva dei poteri concessi alla camera de' Pari con lo statuto. La conferenza seguìta provò viemmeglio il disaccordo delle due camere. Solo concordarono a votar le imposte, con patto che quella de' deputati desse con articolo addizionale facoltà al governo di provvedere a' tributi indiretti sino a 30 aprile.

Così odiando acremente il ministero, i deputati impazientissimi presero il partito di combatterlo di fronte, con altro indirizzo al re, concludente a richiesta che lo destituisse. Fu tra loro chi vedea quell'atto esser fuor dall'uso parlamentare, e stolto; quindi discussioni acerbe, ire magne, e male parole; più la tempesta, e più le tribune plaudivano. Alcuno mise il dilemma: o far quello o rifiutar le imposte. Nè paghi a gridar colà, s'univano in case private, e più iracondi. Credean coraggio e politica il tirare il governo a sciogliere le camere; incaponiti sì che si fecero arte il suicidio. A' 20 febbraio riconfermarono il voto di sfiducia; a' 28 compilarono il progetto d'indirizzo, che, sebbene poi moderato dalla commessione, accusava i ministri d'usurpata potestà legislativa, di non composta pace, di violato statuto, di vedovate famiglie, di barbare carcerazioni ed esilii; e conchiudeva che volgendosi al re davan solenne prova di temperanza civile. Quel dissennatissimo atto a 3 marzo era approvato. Ma il re nol volle ricevere. Così senza far leggi la camera legislativa perdeva tempo in irose strida, per rinfocar gli animi e le cose, in tempo quando la rivoltura ungarese e l'intervento Russo desolavano Germania; quando principi e Papa esulavano da' loro stati, fatti repubbliche in Italia; quando imminente era la guerra lombarda, e la pervicace Sicilia voleva con l'arme esser liberata. Per contrario la camera de' Pari dignitosa provvedeva; e un dì anzi con gagliardi sensi rimbeccò le accuse menzognere contro al nostro esercito per la vittoria di Messina, lanciate dal parlamento e dalla stampa inglese.

§. 5. Sciolta è la camera.

Il ministero a 12 marzo con lungo indirizzo al re enunciava lo impossibile accordo di esso con la pluralità de' deputati, però o quella camera o essi dover mancare. Non aver voluto il sovrano accedere al desio di ritirata del ministero, quando che gli stati vicini versavano in tristi vicende, e che mene sovversive pur nel regno si tentavano; dunque esser necessità disciogliere la camera avversa. E seguitavano: « La Maestà Vostra primo inaugurava l'era delle costituzioni in Italia; plaudivan le popolazioni; ma un pugno d'audaci, avidi del danno della patria, ne ha con immonde passioni avvelenata la gioia. Turbolenze e tumulti rovesciarono il primo ministero; e allora straripato il torrente rivoluzionario, profanati doveri, proclamati nuovissimi dritti, milizie cittadine istituite per l'ordine combattere pel disordine, ambizioni, brogli, avidità private fecero memorando il 15 maggio; quando una camera, eletta con regole sovversive, si fe' sovversiva anche prima d'esser costituita. Questo ministero surto in momenti supremi, quando saria stato viltà rifiutare, ha combattuto la rivoluzione Calabrese, e tenuto alta la bandiera liberale del dritto contro le arti liberalesche, che voglion la costituzione abbattere per progredire a rivolta. Però non per colpa del Ministero la Costituzione non ha dato i suoi frutti; esso l'ha sostenuta, è stato in mezzo fra la corona e i perigli che a lei attentavano, di tutti colpi ha patito bersaglio. Esso ha richiamato di fuori nel regno le soldatesche, perchè a gloriose pugne straniere si preferisse la gloria di pacificare lo interno. Esso ha sparso l'obblio sulle colpe, e ha plaudito al magnanimo cuore di V. M. ponendo in libertà rei presi con l'arme il 15 maggio, luridi, e fumanti di guerra civile; esso in ogni guisa è stato blando e temperante, per menare a concordia gli animi e i pensieri; esso, chetato il continente, s'è volto a domar l'anarchia sull'isola sorella, e con forti e buone milizie ha vinto a Messina; e postala in pace, ha lieto ceduto a due grandi nazioni che s'eran fatte in mezzo. Nulladimeno i faziosi non vogliono deporre l'ire e l'arti ree; e abusato della lealtà governativa che nessun argine mise alla libertà de' suffragi, brogliarono nell'urne elettorali, ne allontanarono gli elettori con menzogne e frodi, ed eglino stessi con pochissimi suffragi s'elessero deputati. N'è frutto questa camera; la quale, salvo pochi, sta per dimostrare al regno la impurità dell'origine sua. Dessa con la verifica dei poteri ha intruso uomini senza legali requisiti; nè avvertita dell'errore l'ha emendato; così un consesso eretto per far leggi, ha cominciato col conculcarle. S'è costituita in assemblea senza dare il giuramento; quasi nulla dovesse potere la virtù sul cuore de' rappresentanti la nazione laddove il re, la potestà governativa e lo esercito han la costituzione giurata. Ella nello indirizzo al trono ha manifestato lampi d'impazienza contro il ministero operatore di pace, percussore della sedizione, sostenitore dello statuto, e della indipendenza del regno avanti allo straniero. Ora trascende ad accuse maligne, esce dalle attribuzioni sue, violenta i poteri regi, spera collisioni in piazza, e minaccia vietare al governo le sorgenti del pubblico tesoro, se non è nelle sue voglie soddisfatta. Impertanto ove la M. V. fidi ne' suoi ministri, deve tosto sciogliere la camera; e chiamati ai veri principii le leggi elettorali, provocare altre elezioni. » Firmavanlo i ministri Cariati, Torella, Ischitella, Carrascosa, Gigli, Ruggiero, Bozzelli, e Longobardi.

Con decreto reale del 12 marzo la camera de' deputati era sciolta, riserbata la convocazione de' collegi elettorali. La pace pubblica non fu più turbata.

§. 6. Ministeri siciliani.

Ora in Sicilia. Le pratiche andavano in lungo a disegno, per dar tempo a' ribelli di prepararsi a guerra in favellando di pace. Però mentre Francia e Inghilterra facevan note da conciliare, i Siciliani davan solenni decreti da mostrare animi inconciliabili. A 2 gennaio quel governo stabiliva esser giorni di festa civile nazionale i 12 gennaio e 25 marzo di ogni anno, perchè restasse la rivoluzione gloriata nella posterità. I decreti del mese precedente pel mutuo forzoso del milione di onze, trovavano difficoltà nella esecuzione; la commessione de' ventiquattro deputati era divisa: volevano i più allargare il numero de' prestatori, i meno sostenevano aversi a fare l'opposto, per restringere a pochi i malcontenti. Però il Cordova ministro di finanze di dimise, perchè non avrebbe voluto quel mutuo: combattutolo in parlamento perche gravoso, ingiusto ed esiziale al credito nazionale. Dopo pochi dì tutto il ministero si rifaceva: Raeli a Finanze, De Marco a Interno, Calì a giustizia, Ugdulena all'istruzione, Pisani agli esteri, e l'Orsini alla guerra. Ma vi stettero pochissimo, chè a 14 febbraio sorgeva altra composizione: De Marco al culto, Cerda alle Finanze, Catalano a Interno, Turrisi a Istruzione: e due giorni appresso un maggiore Giuseppe Paulet, disertore napolitano, ministro di Guerra. Nè tampoco passarono il mese; a 14 marzo i ministri Cerda, Paulet, e Tuffiti dimettevansi; e con decreto di Ruggiero Settimo il De Marco dal Culto passava all'Istruzione, il Torrearsa saliva ministro di Finanze, un Pasquale Calvi pigliava il Culto e Mariano Stabile la guerra. Lo stesso dì il Torrearsa rinunziava, e surrogavalo il deputato Matteo Raeli, il quale ricusava anche. E il portafoglio delle finanze rigettato da ogni persona andava in provvisorio al De Marco. Cotesti ministri discordi in tutto, concordavano nel rifiutare ogni conciliazione, e nel preparare arme e guerra.

§. 7. Note e conferenze diplomatiche.

Francia e Inghilterra avean lavorato a pigliar tempo per la quistione siciliana; ultimamente di accordo i loro ministri in Napoli Rayneval e Temple, con note quasi consimili, a' 16 dicembre dichiararono al nostro ministro Cariati quei governi aver approvata la condotta degli amiragli Baudin e Parker, che nello interesse umanitario avevano imposto l'armestizio: desiderar la pace prestissimo, dando all'isola instituzioni, parlamento, amministrazione, ed anche flotta ed esercito di Siciliani separato; dimandare se su tai basi volesse il governo del re cominciar con esso loro le trattative. Adunque in dicembre si tornava alla stessa difficoltà dell'esercito separato ch'avea fatto abortire le pratiche in marzo. Il Cariati rispose: il re non poter accedere a una combinazione di cose che non farebbe nè sicura nè stabile la condizione di Sicilia; ciò solo con l'unità dell'esercito si otterrebbe; che chiarito tal punto principale, il re accetterebbe *i buoni uffici* (non la mediazione) delle due nazioni; ma dove elleno meglio ponderando sui modi da ristabilir veramente l'ordine, si persuadessero della necessità dell'esercito uno, e risolute l'altre quistioni accessorie, convenissero in un ultimatum, laddove questo da' ribelli si rifiutasse, che farebbero mai? Ricordando la forza minacciata dagli amiragli in settembre, dimandava se al cospetto de' rivoltosi fossero eglino disposti a risolver la questione con la forza?

Intanto Spagna dimandava intervenire alle conferenze, in nome dei dritti even-

Storia delle Due Sicilie 1847-1861

tuali della dinastia ibera al trono delle due Sicilie, perchè trattandosi di impedire o di provocare la divisione delle due parti del regno, non poteva rassegnarsi a restar di fuori a una quistione cardinale su' dritti suoi. Pertanto il Cariati con altra nota a 21 dicembre riconfermando le sue dichiarazioni precedenti, chiese fossero ammessi nelle sessioni lo ambasciatore spagnuolo richiedente, e quello di Russia, pe' legami e parentela con quel sovrano, e perchè segnataria la Russia del trattato del 1815. Inoltre avvisavali il re aver designato il Filangieri per discutere con esso loro le concessioni onde Sicilia tornerebbe al legittimo signore, siccome quegli che sciente delle cose dell'isola, renderebbe le negoziazioni più facili e brevi. A questo il Temple e il Rayneval controrisposero: « Deplorare il dissidio sul punto essenziale della divisione dell'esercito, e sperare persuadessesi il re. Soldati napolitani in Sicilia, se molti, sarebbero di tema agl'isolani per lo abbattimento di loro franchigie; se pochi, inutili al re; sempre sorgenti d'eccitamenti e gelosie. I soldati esasperati pei recenti fatti sarebbero padroni di vendicarsi sul paese inerme, necessità non mandarvene. Fatta la pace, chi estero oserebbe aggredire l'isola, guarentita dalle grandi nazioni? Bastare alla quiete interna la guardia civica, che già *dato avea prove di serbar l'ordine*. Quando a usar forza per obbligare i Siciliani a sottostare alle decisioni delle conferenze, sendo scopo di Francia e Inghilterra non versare il sangue ma impedirlo, elleno nulla farebbero sinchè durar l'armistizio. Già aver lasciato correre Napoli su Sicilia; ma le *barbarie de' Regi* a Messina averle dovuto cavar di neutralità. Ora ottenendo condizioni e guarentigie sufficienti a sicurar l'isola, oprerebbero non forza, ma ogni persuasione a farle accettare; non le ottenendo, Londra e Parigi risolverebbero il da fare.

Non potere accedere a discutere co' ministri di Spagna e Russia, perchè incerti i dritti spagnuoli per la legge salica, perche mancare eglino di facoltà per trattare col Russo. »

Ma il ministro plenipotenziario di Pietroburgo conte Chreptowitche, a 26 dicembre in nome del suo sovrano dichiarava al Cariati: « aver con sorpresa udito essersi proposto il suo intervento; egli non ammette in nessuna guisa le conseguenze della sua cooperazione, sendo noto ch'avrebbe seguito ben altra via che la intrapresa da' ministri di Francia e Inghilterra. Non mai nessuna forza nè ammiraglio Russo avrebbe osato arrestare i progressi dell'arme regie in Sicilia, nello esercizio de' dritti incontestabili della sovranità. Estraneo a tai fatti, voler perseverare nell'astegnenza d'una mediazione, che benchè officiosa, era infetta di vizio radicale e indelebile, cioè *d'obbligazioni non volontarie imposte dalla forza*; però l'Imperatore riprovando il principio dell'intervenire ne' fatti di stato indipendente, non approverebbe lo associarsi a pratiche di conciliazioni.» Da ultimo il pregava manifestasse tai cose a' legati di Francia e Inghilterra. E fu fatto.

Il napolitano governo proponendo Spagna e Russia aveva inteso a dare alle discussioni certa solennità di congresso di potentati; dove le intenzioni occulte non potessero manifestarsi. Non gli riuscì; ma ottenne per isbieco l'udir la Russia biasimar forte l'opera Anglo-Francese, piantar nella quistione il peso morale della giustizia, e condannare in principio le conferenze, effetto *d'obbligazioni imposte da forza straniera*.

Entrato dunque il Filangieri, cominciava a 23 gennaio 1849 con lo scrivere al Rayneval queste cose: « I dritti della corona vietano al re di porre in quistione la forma, la estensione e la politica interna del suo stato, senza chiamarvi le corti segnatarie del trattato del 1815, ch'ebbero appunto lo scopo di guarentir l'Europa dalle guerre civili e internazionali ch'avean desolata la terra. I fatti del 1848 han rinnovato già sanguinosi esempii; e già da per tutto la reazione verso l'ordine mostra il provvidenziale ritorno alla ragione ed alla luce, perlocchè è utilità di tutti il contribuire all'opera cristiana della pace. Spagna ha ragione d'intervenire nelle consulte per la sorte di Sicilia, per triplice dritto d'eredità, di vicinanza, e di segnataria del trattato di Vienna; Russia si niega, ma certissimo s'opporrebbe ad ogni accordo da guastar l'equilibrio d'Europa, stabilito nell'interesse de' suoi Stati. » Poscia recatosi a Napoli, dettava a 31 gennaio lettera al Rayneval ed a Temple, dove alle note da costoro mandate al Cariati rispondeva, con questo ragioni: «Il re concederà franchigie costituzionali, ma non mai potrebbe acconsentire ad esercito ed armata distinta di soli Siciliani in Sicilia. Temete che in presenza di soldati napolitani potesse Sicilia restare spoglia della costituzione; ma che forse l'esercito suo la converebbe? Questo esercito pieno di galeotti e di venturieri stranieri, tende al rovesciamento d'ogni ordine; dove per l'opposto, ove il re promessa costituzione riederebbe in Sicilia, sarebbe sì buono a mantenerla, per quanto Francia e Inghilterra dovrebbero essere incapaci di contrario sospetto. Sicilia dilaniata da' suoi difensori, con facinorosi e rapacissimi felloni armati e comandanti, ha sommo bisogno di truppe regie, sole capaci di schiacciar l'anarchia. Di cotal verità voi siete in debito d'aver certezza, e l'avrete sol che il vogliate. Se in buona fede volete proteggere quel popolo, v'è necessità discernere i voti, i bisogni e gl'interessi della sua maggioranza immensa, non quei di pochi faziosi, mercanti di ribellioni, avidi di potestà e di moneta, ch'han bisogno di torbidi e tempeste per farsi pro delle ruine altrui. Le regie schiere, dove pur sono tanti Siciliani, non sono a Sicilia minacciose, ma tutelatrici. Difatto quai danni in quattro mesi s'ebbero Melazzo, Biancavilla, Pozzodigrotto, S. Lucia, Spadafora, Scaletta e l'altre terre riconquistate? Non un insulto, non una percossa; e il soldato, alloggiato in case di privati, per mancanza di caserme, n'è diventato membro di famiglia piuttosto che ospite gravoso. Non paventa il re d'armare Siciliani, ma nega l'arme a chi lui combattendo vuol asservire il paese, con parole di libertà e fatti di tirannia. Messina vide grande esempio di contento il 21 di questo mese, quando cinque compagnie di 150 cittadini già armati di arme proprie vennervi a ricevere avanti l'altare le bandiere de' primi cinque battaglioni siciliani. Essi non eran soldati, ma cittadini, eppure gridavano unanimi: viva il re! *vogliamo il re nostro!* Ecco solenne mentita al declamato odio siciliano. Volontarii difensori della patria in nome del re, eppure abborrenti d'esser soldati, sono prova di spontaneo amore al sovrano e all'ordine legale, e di avversione al disordine ed alle idee sovversive d'audaci impostori, che vorrebbero tener servo di loro volontà esercito di galeotti.

Se gli ammiragli Baudin e Parker per umanità imposero a forza lo armestizio, fecero atto contro la intenzione loro; perchè sendo allora già disfatto l'esercito rivoluzionario, io sarei già in men d'un mese entrato a Palermo, senza colpo ferire. Invece lo intervento ostile di due forti nazioni ha risvegliato tai speranze e illusioni ed errori funesti, ch'ora sarà necessità nuovo sangue. Di questo sangue, della ruinata amministrazione, della disseccata prosperità siciliana eglino sono responsabili; dappoi che eglino con le loro forze, dirette proteggitrici della anarchia, impedirono al real vessillo di stendere la legittima potestà sui sudditi, la cui grande maggioranza vuol tutela e pace e riposo. Eglino imponendo armestizio per negoziar la pace, dovevano alle due parti, e non ad una sola, imporre come patto di tregua l'obbligo di sottostare alle decisioni de' negoziati. Ora dite non usereste forza per costringere i ribelli ad accettare la pace che proporreste; ma dunque quai sono i buoni uffizii che Francia e Inghilterra vogliono praticare? toglietevi la corteccia d'urbane parole, resta chiaro tutte le benignità a' ribelli, e fermo proposito di rattenere il sovrano dal fare il debito di re, ch'è il liberare i sudditi dal giogo de' tristi. Dite i due ammiragli aver operato per metter argine alla *barbarie* dei vincitori. Cotai rapporti di menzogne e calunnie, armi famose e vecchie della setta, non dovevano far presa in chi conobbe me vecchio uffiziale sin dal 1797, e credere me Duce, dopo mezzo secolo di esperienza militare, insciente o negligente de' principali doveri di chi comanda soldati nella civile Europa. Pertanto fo appello all'imparzialità degli animi vostri, perchè, prese buone informazioni, tocchiate la calunnia con le mani. Spero da ultimo vogliate presto dar fine alle negoziazioni; chè gravissimo pregiudizio è il tempo a' popoli oppressi ed a' dritti del re. Il quale dove avesse a ripigliar l'arme, vedrebbesi costretto a non poter più largire quella costituzione ch'ora offre di buon grado. E se persiste a non concedere separato esercito e flotta, è appunto perche convinto, e tutto con esso il regno, che ciò invece di terminar le discordie, farebbele eterne, e darebbe conseguenze fatali e sanguinosissime nello avvenire. »

Cotai lettere, che ho fuse in una, e chiamavano i diplomatici dal campo delle ipotesi a quello de' fatti. Certo era nota l'avversione sicula al militare servizio; la rivoluzione profondendo tesori non aveva armato che ribaldaglia; creare esercito buono in quelle, condizioni rivoltuose, e da quelli rei elementi non era da tentare; ed intanto il re avrebbe dovuto acconciarsi a lasciare la conquistata Messina e la ben difesa cittadella in man di quella gente, e restare impotente a vedere il nome regio coperchiare tutte nefandezze. In ciò non si poteva convenire; chè il cedere significava insieme col regno perdere il senno e la fama. Il Filangieri nelle conferenze meglio ribadì questo chiodo. Mostrò Napoli e Sicilia non sarebbero più uno stato, ma due, mal confederati, gelosi, opposti, guerreggianti l'un l'altro. Sicilia debole non poter bastare a respingere estera invasione; il re ligato dal patto non potervi mandar soldatesche dal continente; nè salverebbe l'isola, nè il continente sarebbe sicuro. Divider le forze era moltiplicar le gelosie. Due eserciti ambo fievoli, non valere a difendere nessuna parte di regno. Cotai verità non pativan danno da motti ipotetici d'idee astratte; però convinsero l'animo interno degli opponenti diplomatici; l'attitudine della Russia, le cose mondiali che volgevano a reazione, convalidavanle. Inoltre la caduta del Bastide dal ministero di Francia, e la salita del Drouin de L'Huys col Bonaparte, era anche colà un retrocedere della repubblica e delle idee. Se ne avvide il Palmerston; e uso sempre a precorrere innanzi alla pubblica opinione, comprimendo l'ira personale allora, fece con maraviglia di tutti ordinare all'ammiraglio Parker che in caso di collisione tra le milizie regie e siciliane, non istesse più agli ordini precedenti, cioè non impedisse le ostilità con la forza. Con ciò, parendo egli giusto, rovesciava l'odiosità dell'ingiustizia sopra Francia. Ma questa avvedutasene modificò la politica sua nelle trattative della conciliazione. Nulladimeno il Palmerston si rifece della condiscendenza vomitando dalla tribuna in parlamento improperii contro Napoli e i suoi soldati; favellò *d'una certa guarentia* data dall'Inghilterra alla costituzione sicula del 1812; e pur concluse sperare la mediazione assicurando la libertà costituzionale apportasse pace diffinitiva con l'unione delle due corone sul capo dell'istesso monarca. Eppure egli stesso in quell'anno medesimo con una lettera (poi in dicembre stampata) a lord Normanby, si sbugiardò ufficialmente, che non mai alla costituzione del 1812 fosse stata nessuna guarentigia inglese, *nè dimandata nè offerta*.

Anche nell'assemblea di Francia si dibattè la quistione sicula; e il Drouin de L'Huys diceva: La Francia prosegue l'opera sua nello scopo della *indipendenza* di Sicilia, e della pace. Non ostante tai parole di indipendenza, non si fe' più motto del patto impossibile dell'esercito distinto. Allora il Palmerston, rimasto solo, scrisse anche con bel garbo al Temple che non più insistesse sull'esercito uno, punto essenziale della controversia. Così cotesta lotta diplomatica fatta per crear difficoltà al governo napolitano, riuscì a sua vittoria; e le conferenze, sciolto quel nodo, finiron presto a concordare il resto.

§. 8. L'ultimatum regio.

Conseguentemente il Filangieri a 28 febbraio volse a' legati Anglo-Francesi in una nota con entro l'ultimatum del re concedente alla Sicilia: 1.° Istituzioni politiche e parlamento separato, e vicerè con attribuzioni e potestà da determinarsi dal monarca. 2.° separata amministrazione interna, nè più promiscuità d'impieghi co' Napolitani. 3.° separate Finanze; le spese comuni alle due Sicilie, fissate a tre milioni di ducati, a proporzione delle anime; quelle straordinarie fatte per l'ultima rivoluzione fissate a un milione e mezzo, e molto sotto al vero. Cotal somma aggiunta all'altre già debite all'erario napolitano farebbe debito da iscriversi sul Gran libro di Sicilia. 4.° Amnistia piena; salvo che pochi notati s'allontanerebbero alquanto, sino al repristinamento dell'ordine. 5.° I soldati regi terrebbero guarnigioni, oltre a' luoghi già occupati, a Siracusa, Trapani e Catania, con isperanza non nuovi torbidi gli sforzassero a squadronare altrove. Palermo per ora fidata alla Guardia Nazionale; la quale ove non mantenesse l'ordine anderebbe disciolta. Le cose dette ne' primi tre articoli eran fuse ampiamente nello statuto che il re con la stessa data del 28 febbraio da Gaeta prometteva ai Siciliani. Dichiarava voler dimenticare e tener come non avvenute le colpe politiche della ultima ribellione; ritornassero a coltivare loro campi, alle industrie, alle faccende della pace e della proprietà, ripigliassero il commercio e la navigazione, chiudessero gli orecchi a chi volea tenerli in sedizione, per far prò dell'anarchia. Ch'egli ponderati i bisogni loro e i voti da potersi con ragione utilmente sodisfare, ritenendo nulle di diritto e di fatto le seguite opere rivoluzionarie, concedeva all'isola uno statuto avente a base quello del 1812, salvo le modifiche chieste dalle mutate condizioni e dalle vigenti leggi. Questo ei si serbava dettare per la fine di giugno; ma ne indicava allora le basi nettamente in 56 articoli: religione romana, libertà individuale, fondiale e di stampa, potere esecutivo al re solo, legislativo al re e al parlamento, viceré, ministero siciliano responsabile, un ministro presso la persona del re, il re disporre delle forze di terra e di mare, magistrati inamovibili, due camere, Pari e Comuni, al re il *placet e il veto*, i pari creati dal re, i deputati da' ventiquattro distretti, dalle tre università di Palermo, Messina, e Catania, e da' comuni; elettore di distretto e d'ogni altra città chi avesse rendita di 18 once annue, elettori di Palermo chi n'avesse 50, nessun censo abbisognare a' professori delle tre università; eleggibili pe' distretti chi avesse rendita annuale di trecento once, di cinquecento per Palermo e di 150 per gli altri Comuni, nulla pe' professori d'università eletti a rappresentarle. Finiva dichiarando tai concessioni come non avvenute, dove l'isola non tornasse incontanente sotto il legittimo scettro, e s'avesse a ricorrere alle arme.

Il Temple e il Rayneval rispondevano a 4 marzo avrebbero inviato i due ammiragli a Palermo, a recare l'ultimatum, e a farvi ogni possibile a persuadere i Siciliani dell'utilità delle concessioni, e de' gravi mali che il rifiuto chiamerebbe su di loro. Aggiungevano il re stesso aver promesso che le liste di momentanea esclusione dall'amnistia non s'eseguirebbero con rigore. E fu buon concetto l'inviar latori di pacifici patti quelli ammiragli medesimi che per umanità avevano imposto l'armestizio. Giunsero a Palermo il 6 marzo, scortati da vascelli d'ambe le nazioni.

§. 9. Diplomazia rivoluzionaria.

Ma le proposte non potevano accontentare chi volea piuttosto veder ruinata la Sicilia che lasciare il potere di malmenarla. Lo stesso dì gli ammiragli inviando al governo siculo l'ultimatum, dicevano: aver le forze navali Franco-Inglesi, per mero sentimento di compassione cristiana, fatto cessare le ostilità a danno di Messina e della Sicilia, essersi dappoi le due nazioni, per benevolenza a questa, impegnate a ottenere una riconciliazione da assicurarle una libera costituzione, tant'anni desiderata; averla ottenuta, e con essa piena amnistia. Ora convinti ch'essa farebbe il bene del reame, mandavanla, speranzosi che tai concessioni onorevoli e ragionevoli, fossero accolte, senza far versare altro sangue. I ministri della rivoluzione cominciarono dimandando agli ammiragli se Francia o Inghilterra proponendo l'ultimatum di Gaeta intendessero di far soltanto da mediatori tra il re di Napoli e la Sicilia.

Risposero non trattarsi d'intervento, ma di composizione amichevole; non userebbero forza contro la Sicilia, ma ove non valendo loro travagli avessero rifiuto, egli non potevan più che notificare la cessazione dell'armerstizio. Seguirono lettere e controlettere e lunghe conferenze, gli ammiragli studiando dar pubblicità all'atto sovrano, e i ribelli ministri a negarlo; perocchè questi non solo il volevan tener celato al pubblico, ma neanche parteciparlo al parlamento. Inventarono molti e fecondi pretesti; specioso fu quello che il governo, messo per semplice esecuzione di leggi, farebbe atto di fellonia a presentare al corpo legislativo un decreto di potestà non riconosciuta, anzi già dal parlamento stesso condannata. Miserelli, temevano esser felloni! Gli ammiragli vistisi delusi di loro speranza, sforzatisi indarno a sciorre quei dubbii con le parole, ammendando le precedenti condiscendenze, minacciarono di mandare una nave a vapore per le coste a tutti i loro consolati, con ordine di spandervi l'atto del re; e veramente v'andò l'Ariel piroscafo francese. Allora i capi del potere usurpato, non più sperando di evitare la pubblicazione, lavorarono a distruggerne le conseguenze: a 16 marazo sparsero lettere circolari in ogni paese a' loro uffiziali, inculcando curar lo *spirito* pubblico, sì da far respingere *le sediziose e perfide concessioni del re di Napoli*. Eppure le popolazioni già malcontente, benchè imbavagliate da terribili arme, si agitavano; parecchi luoghi si rivoltavano; non bastando a Partanna gli accorsi battaglioni di linea, il commissario di Trapani cercava moneta per andarvi in forze maggiori; a Siracusa scopersero una cospirazione borbonica; si tentò di bruciare il telegrafo a capo Calavà. Pertanto da Palermo scrissero in fretta per telegrafo si creassero consigli di guerra subitanei, e s'eseguissero tosto le sentenze, anche di morte; e poco stante imponevano ai loro giudici facesser presto i processi a qualunque lavorasse a far gradire l'ultimatum di Gaeta. Tosto in Palermo da' loro scherani fecerlo lacerare e ardere in piazza; e i giornali stampavano: « aversi a ricusare, non solo perchè non poteva approvarsi *l'unica corona*, nè anche perchè conteneva franchigie minori di quelle che godevansi allora, ma soprattutto perchè bisognava con la guerra tener contrabbilanciate le forze del Borbone, e impedirgli che con sue baionette si lanci sullo stato romano a colpir la rivoluzione. » E veramente questo era il cenno della setta mondiale. S'aveva a insanguinare la Sicilia per far prò al Mazzini triumviro a Roma. Facean pertanto da' loro cagnotti discreditare le concessioni regie, e talvolta pur dagli agenti consolari brittanni; del che pompeggiavano poi ne' giornali. Così i capi di Girgenti avendo fatto stampare nel 24 con errore, che Francesi ed Inglesi fosser venuti con l'Ariel a recar colà l'ultimatum, subito il viceconsolo inglese, signor Oates smentivalo dicendo che nessuna persona con la divisa della regina d'Inghilterra si sarebbe prestata a propagare *condizioni sì disonorevoli, giustamente rigettate dal popolo siciliano*. Anche a Catania e nelle altre città marittime, gli agenti inglesi s'astennero dall'accoppiarsi a' Francesi nel divulgarle; e fu provato che l'uffiziale inglese imbarcato sull'Ariel non fu mai visto a dar pubblicità a quel documento; benchè mandato a posta dal suo ammiraglio. Doppiezza che afforzò la pervicacia settaria ad una guerra, dove ancora si credevan protetti.

§. 10. Sicilia prepara guerra.

Gli ammiragli avean come dissi presentato a 7 marzo l'ultimatum, e il governo ribelle senza punto rispondere facea scorrere con vani pretesti i giorni, a solo fine d'afforzarsi per la resistenza. Sebbene i loro giornali in febbraio avessero stampato essere in Sicilia diciannovemila soldati armati, pur non li credendo bastevoli, cominciarono il 9 marzo a render mobile un quarto della guardia nazionale durante la guerra; e lo stesso dì dettero decreto di coscrizione di sei su mille; la dimane proclamarono la leva in massa di tutti i Siciliani da' 18 a 30 anni, detter salvacondotti a' malfattori, e anzi piena amnistia con decreto del 13, purchè combattessero; fecero un appello a tutte le classi de' cittadini d'accorrere a S. Ciro, al Sagramento, a Mondello, e in tutti i dintorni di Palermo, per lavorare alle fortificazioni. Costruivano fossi, barricate, mine, parapetti e fascinate. Un fosso lungo quattro miglia dall'est al sud-ovest, largo e fondo dieci piedi, con controscarpe di cinque piedi cingeva la città. I forti erano in punto d'armatura; quello di Castellammare avea cento cannoni. A Palermo stabilirono fonderie di cannoni. A Catania, dove presentivano comincerebbero le pugne, mandaron arme assai, e letti e coltri ed arnesi militari. Dal rapporto di quel ministro di guerra dato ad 8 settembre, si sapeva che dopo la rotta di Messina restavano in Sicilia quasi quattromila uomini di linea, e mezza brigata d'artiglieria di campagna, senz'arme e senza danari; nei cinque mesi seguìti sino a 8 febbraio aveano uniti 14339 uomini, oltre altri cinquantamila di truppe semi regolari; avean tratti da Inghilterra 4891 fucili, da Francia 14567, e da ambe le parti molte migliaia di pistole, sciable e lance, venti cannoni, ottanta obici alla Paixant, tre mortai, 30 cannoni da 36, due batterie, una di campagna e altra da montagna, e munizioni infinite. Dopo l'8 febbraio n'ebbero assai più. Comprarono in Inghilterra tre fregate, delle quali due nomate Bombay e Vectis della forza di 450 cavalli ciascuna, con grossi cannoni obici, uffiziali e cannonieri inglesi, comandate da un commodoro e due luogotenenti; e con patto che a loro rischio fosser condotte a Palermo. Ma mentre predicavan pel mondo l'unanimità dell'odio siciliano a' Borboni, e decretavano leve in massa, la popolazione restava inerte aspettando la punizione; e le truppe stesse dimandavano il congedo, dicevano per tempo compiuto. Il comandante del campo ad Olivieri scriveva a Palermo: Minacciano disertare nel momento della pugna. Tai cose sapevano; però avean chiamato di fuori ogni sorta di stranieri a soldo; e accorrevano da tutte parti avventurieri. Anche raccozzarono un battaglione di 800 Francesi, di quei che avean guerreggiato in Africa; e a tutti avean messi comandanti esteri. A uno di nome Frobriand dettero il titolo magnifico di Maresciallo di Sicilia. Il Mieroslawski duce supremo, faceva ogni dì rassegne ed esercizii ed arringhe a Catania, e a Palermo nel *foro italico,* con sempre plaudimenti e banchetti. Messo fondo ai danari, ed esaurite le sorgenti del farne altro, il Parlamento in sulle strette a 21 marzo ordinò certo mutuo testatico di seicentomila onze, pagabili fra un anno. E per non penuriare d'apparenze buone, fecero comitati ecclesiastici, per la predicazione, pe' sagramenti, ospedali, limosine, e simiglianti.

§. 11. Rigetta l'ultimatum.

Sendo tai cose note a Napoli, perchè la molta parte borbonica dell'isola s'affrettava a mandarne avviso, il Filangeri a 18 marzo e nei dì seguenti scrisse più lettere a' ministri Temple e Rayneval; notificando come i ribelli senza rispondere alle inchieste degli ammiragli, sciorinavan decreti, chiamavan leve in massa, e preparavan tutte armigere cose, il che significare non sottomissione ma guerra. Enumerò l'arme e le fregate comprate all'estero, gli stranieri accorsi, l'esercito dopo Messina ridotto a quattro migliaia, ora salito a venti. Mostrò i sei mesi trascorsi in pratiche aver partorito pervicacia e resistenza; l'intervento Anglo-franco aver troppo danneggiato la parte regia, non prolungarsi senza grave danno, e senza quella effusione grandissima di sangue che s'era creduto con l'intervento evitare. Finisse l'armestizio; abbandonassero gli ammiragli e le squadre loro le coste siciliane; e lasciassero alle arme invocate da' ribelli la decisione più persuasiva e pronta d'una controversia d'impossibile conciliazione.

In quella il Baudin, stomacato del vedere i rivoluzionarii corbellarlo con difficoltà di vane forme per non rispondere alle interpellanze, lo stesso dì 18 scrisse al Butera ministro siculo ch'ei con dolore terrebbe l'armestizio come finito, e che ove fra dieci giorni i ministri mediatori non presentassero al re l'accettazione di sue concessioni, dovrebbe attendersi la ripresa delle ostilità. Parve i capi Siciliani non desiderassero meglio, per sospingere gli eventi, e troncare nel popolo ogni velleità di reazione; perocchè il dimane il Butera baldanzoso riscrisse: quel suo governo aver l'onore di partecipargli altamente di tener già lo armestizio come denunziato, e serbarsi il dritto però di ripigliar l'arme all'alba del 29 marzo. Dopo questa spampanata, si fecero laudare da' loro giornali; come essendo quel termine comune ad ambe le parti, non volevano Ferdinando fosse arbitro dell'accettarlo o del prolungarlo ancora; bene con magnanima baldanza e dignità di governo, avere statuito irrevocabilmente il giorno 29 per la ripresa della guerra. Pertanto il 20 il Butera presentò in parlamento le lettere corse fra esso e gli ammiragli, si vantò dell'aver discusso la forma senza entrare in materia; sapere tutta l'isola aver risposto con viva avversione alle concessioni propagatevi dagli ammiragli; e finì nunziando il rotto armestizio. Fragorosi plausi dagli stalli e dalle tribune il premiarono; la sera la città ebbe luminarie, e una moltitudine corse per le vie delira di gioia, ripetendo guerra! guerra! Ciò era preparalo per mostrare agli esteri l'avversione popolare alla pace.

Eppure i rappresentanti Anglo-Francesi, non volendo far cadere il frutto di loro fatiche e della fatta rivoluzione, tentarono ultimo sforzo. Fra gli altri pretesti i ministri di Sicilia avean rifiutato di presentare la parlamento l'atto reale sotto quella forma, perchè atto partente del re; e che lo avrebbero proposto dove venisse dalla Francia e dall'Inghilterra. Però i ministri Temple e Rayneval, fingendo trovar buono cotesto scrupolo, dettero altra forma all'ultimatum di Gaeta, accompagnandolo con un *memorandum* segnato da entrambi; dove pur dissero non aver mai re Ferdinando cessato d'essere agli occhi de' loro governi il re legittimo di Sicilia; vi ricapitolarono le cose già dette dal Filangeri, e finirono ch'ove il rigettassero, comincerebbero le ostilità. E per sovrabbondante compiacenza eglino stessi si scomodarono a recarlo a Palermo il 23 marzo. Come udirono il loro arrivo, i ministri siciliani fecero accorrere una turba alla marina, avanti a' vascelli de' mediatori; prorompente in invettive ed ingiurie, gridando guerra! guerra! ora, ora! e sino a mezza notte ripetevano guerra, briachi d'ardor bellicoso. Al mattino i giornalisti stamparono *quella grande e sublime manifestazione essere stata la prova di buon senso del popolo*. Il ministero presentò l'ultimatum la mattina del 24 alle due camere; le quali preparate e spaurite dalla *sublime* manifestazione della sera, non osarono neanche porre in discussione la regia offerta, ma ambe ad una voce quel dì stesso la rigettarono. I ministri Anglo-Francesi stettero ancor nella rada il 25 tutto il giorno a parlamentare co' ministri siculi, vanamente sperando vincerli con argomenti. Il domani lasciata qualche nave sulle coste per asilo a chi si fuggisse, eglino e le flotte abbandonarono la Sicilia.

§. 12. Guerra piemontese.

Cotanta boria non fu mai punita di maggiore inopportunità; perocchè in quei dì stessi travarcando la rivoluzione a un tempo ogni limite di moderazione e a Palermo e a Torino, quivi appunto era prestissimamente fiaccata. Succedeva a Vienna un nuovo ministero con lo Schwartzemberg; il quale il 17 gennaio scrisse alle corti di Russia e Prussia mostrando vana la proposta mediazione di Francia e Inghilterra, sendo opposti i fini dei combattenti: i Sardi volendo scacciare i Tedeschi d'Italia, questi volendovi ritenere i loro stati. La proposta già fatta a Londra dall'Hummelauer (cioè, come dissi, del cedere Lombardia) esser seguìta per proposta inglese, non però mai dalla corte imperiale approvata; volersi stare al dritto. Dall'altra il Piemonte, fatto armestizio a Milano per necessità, se n'era valuto per armarsi alla riscossa; e quando parvegli essere in pronto, cominciò a stuzzicar la guerra. Sul finir di gennaio sguainò una nota protestatrice all'Europa, dicendo violato l'armestizio pel trattenuto parco d'assedio a Peschiera, per le avanie tedesche, e le tasse in Modena, Parma, Piacenza e Lombardia. E il re aprendo il parlamento a 1.° febbraio favellò della Costituente, dell'esercito rifatto e in fiore; sperare nella mediazione Anglo-Francese, o in contrario ripiglierebbe l'arme con isperanza di vittoria. Poscia il Gioberti il 16 con lunga diceria in Parlamento disse la costituente da esso voluta esser diversa da quelle proclamate a Firenze ed a Roma; queste desiare l'unità repubblicana, egli volere confederazione di stati costituzionali e cacciata dello straniero; nondimeno perchè tutte cose opposte egli conciliava a parole, aggiunse: l'unione di Toscana e Roma giovare nella opinione, ed ei niente desiderare meglio che stenderle la mano. Indi a poco sendo stato il Gran Duca Toscano sbalzato di seggio, il Gioberti volea ricondurvelo con le armi; benchè il Duca stesso le rifiutasse; e come i suoi colleghi nol consentirono, si dimise. Surrogollo il Colli, e poco stante il Deferrari.

S'era raggranellato un esercito di centoventimila, con molti coscritti e congedati richiamati; e i generali, massime il Bava, memori della fresca sconfitta, non avrebbero voluto risicar le sorti, bensì postarsi a difesa. Ma il ministero democratico sospinto dalla setta mondiale volea correre avanti; e detto quello esser tempo d'assalire il Tedesco ch'avea la rivoluzione Ungara in casa, rimosse dal comando il Bava; e neppure credendo buono Carlo Alberto, sebbene questo re fosse di tutto il suo stato il più smanioso di guerra, andò cercando un capitano pel mondo. Prima volsesi al Bonaparte che mandasse il maresciallo Bugeaud o altro; ma quegli ch'avea sulle braccia l'eredità del Cavaignac, con l'opinione ne' principali di Francia contraria alla causa della rivoluzione, si diniegò. La setta cavò il capitano da' Polacchi, e chiamò a duce de' Sardi uno Chzarnowski. Dell'esercito si fecero sei divisioni, di cui la quinta era d'esuli Lombardi; e inoltre a rappresentarvi la rivoluzione mondiale, una legione Polacca e Ungherese.

Dappoi non badando a' consigli d'Inghilterra, che inculcavano si prolungasse l'armestizio; nè di Francia che netto dichiarò non soccorrerebbe, e lascerebbe il Piemonte cader per terra *cadavere abbandonato*, quei ministri e quella camera (cioè la setta) vollero a occhi chiusi sospingere il paese nel precipizio. A 12 marzo intimarono un atto al Radetzki, dicente: « Il Piemonte ha adempiuto all'armestizio, l'Austria non già, che ogni dì più ne viola i patti. Parlanti violazioni sono la negata restituzione del parco d'assedio di Peschiera, la occupazione dei Ducati, il blocco di Venezia, e le immanità tedesche a danno dei sudditi. Però il governo in nome del re denunzia cessato l'armestizio. » Due giorni dopo il Rattazzi ministro dell'Interno, nunziò al Parlamento esser giunto il giorno della riscossa, e meritò plausi infiniti. Seguì un manifesto alle nazioni civili, lunghissimo, per mostrar non valere i trattati: « valere i voti de' popoli, valere pel re Sardo il dovere di corrispondere a tai voti. L'Austria violatrice dell'armestizio, tiranna e despota di popoli innocenti, e liberi, doversi scacciare; non poter la mediazione di Francia e Inghilterra imporre al Piemonte il *sacrifizio del suo onore*; e riuscire inutile, dopo che Austria avea dichiarato non voler recedere da' trattati, nè perder territorii. Guerra, guerra, volersi fare; dover tutta Europa giudicare fra' due combattenti; e valutare la violenza, l'infrazione, l'insulto da una banda, e dall'altra il rispetto, la pazienza, la longanimità di chi scende a pugnare pe' dritti imprescrittibili de' popoli, e per la santa causa dell'umanità. » Subito Carlo Alberto, impazientissimo di battaglia, lasciato a Torino luogotenente Eugenio di Savoia Carignano, era già il 17 a Novara per ritentar la sorte. Adunque si vede la rivoluzione, mossa da un pensiero, bravare negli stessi giorni gli avversarii; e a Palermo e a Torino del pari dichiarar finiti gli armestizii.

L'Austria il domani, che fu il 18 marzo, promulgò suo manifesto. Accennato alle pratiche corse per la pace, seguitava: «Sebbene vincitori, non abbiamo chiesto altro compenso che ritenere il nostro; per contrario Sardegna perdente vuole lo altrui. La sua flotta, contro il patto dell'armestizio si trattiene nell'Adriatico e con tal violazione fa durar Venezia nella resistenza. Il governo subalpino le manda denari palesemente, si tiene a Torino, riconosciuta dalla Corte una consulta Lombarda, per alimento a discordia nelle città soggette all'Imperatore, e ritardarne la pacificazione;

accoglie mandatarii Polacchi ed Ungari per istringere fratellanze fra le rivoluzioni di quei paesi e la rivoluzione italiana. Quel re nel discorso della corona ha proclamato un regno dell'alta Italia, ora per conseguirlo si rilancia nella guerra; e l'Austria con tranquilla coscienza l'accetta. »

§. 13. Sconfitta a Novara.

Certi generali sardi divisavano postarsi ad Alessandria; altri vollero al Ticino, per opporsi al passo del nemico a Magenta, a Buffalora, o a Pavia. A 20 marzo posero le genti a Oleggio, al ponte sul Ticino, a Gagliate, a Verpolate, a Mortara, a Novara, a Castel S. Giovanni, e la sesta divisione a Spezia e Sarzana. Il Ramorino, già Mazziniano fuoruscito, ora comandante la quinta divisione Lombarda, aveva ordine che da Stradella sulla destra del Po, quell'istessa mattina del 20, passasse sulla sinistra a Cava. Lo Chzarnowski col re e 'l quartier generale a Trecate. Il Radetzki credendo ei volessero entrar nel Parmegiano e passare a Brescello, si fe' grosso a Pavia; e quivi sul mezzodì del 20, nel punto in che finiva l'armestizio, prese a travarcare il Ticino. Allora il Ramorino che doveva occupar Cava; supponendo i Tedeschi passassero a Spessa per dar sopra Alessandria, deviò dall'ordine avuto, disse per contribuire alla difesa di luogo più importante; però mise poca gente a Cava, che di leggieri andò sbaragliata; onde egli ruppe il ponte, e restò con la sua divisione Lombarda disgiunto dal resto dell'esercito. Questo udita la passata a Pavia, si concentra fra Vigevano e Mortara; prima combatte con dubbia sorte a S. Siro e Sforzesca, poi il 27 a Mortara, dove settemila Tedeschi entrano, e ventimila Sardi co' generali Durando, La Marmora e il duca di Savoia, percossi escono con perdita di 1700 prigionieri e cinque cannoni. Si ritraggono a Novara. Quivi al mattino del 25 fu giornata campale tra cinquantamila Sardi e credo altrettanti Tedeschi; quelli dopo debole zuffa fuggono nella città. Avvenne che i soldati stanchi e affamati si lanciarono per le case, e fecero nefandi atti di saccheggio ed arsioni nella loro stessa terra, nè già nell'ebbrezza della vittoria, ma nella rabbia della sconfitta; e si vide l'infelice Novara patire non dal nemico rattenuto, ma dal nazionale vinto e intristito. In questa breve campagna di tre giorni l'esercito sardo di centoventimila svanì.

Carlo Alberto, rotto, e con l'esercito indisciplinatissimo, tentò salvarsi chiedendo tregua, e mandò il generale Cossato. Il Tedesco rispose non potersi fidare nella parola di quel re, consegnasse Alessandria, desse ostaggio il principe ereditario. Carlo unì i generali a consiglio, disse non accettabili quelle condizioni, dimandò se si potesse resistere. Risposero no. Allora dichiarò abdicare a pro del figlio, perchè il nemico fosse più generoso al nuovo re. Tolse un passaporto come conte di Barges colonnello dimissionario, e con solo un compagno e lo staffiere partì dopo mezza notte. Soffermato da' Tedeschi, e costretto a scender da cocchio, ebbe un colloquio col general Thurn a chiarire l'obbietto del suo viaggiare; non conosciuto, potè proseguire per Vercelli a Nizza; donde per Francia, Spagna e Portogallo giunse poi ad Oporto a 23 aprile. A Tolosa di Spagna confermò l'abdicazione per man di notaio.

La notte stessa della battaglia i Sardi lasciarono Novara; v'entrarono al mattino i Tedeschi, e il Radetzki potea l'altro dì pigliar Torino; ma richiesto di tregua dal nuovo re, gli concesse abboccamento il 24: stabilironvi i patti d'altro armestizio, sottoscrittolo il 26, con poco gravose condizioni. Il ministero autore dell'infelice guerra cadde; risorte il Gioberti, con collegio che s'andaron pure ogni dì rimutando sino al finir dell'anno. Fu osservato che quando i Tedeschi eran per entrare in Torino, i deputati al parlamento fuggivano a spavento per la porta opposta; poi udita la convenzione, rientraron pettoruti per la porta stessa, a insultar nella camera il moderato vincitore; e a porre ostacolo al governo, cui avean ridotto al mal passo, e al nuovo ministero che a quella trista eredità in momenti di tanto pericolo s'era sottoposto. Quando a' 27 il ministro Pinelli nunziò in parlamento il convegno concluso ebbe fischi; molti deputati ne proposero la riprovazione; un Mellana proruppe che non potendo la camera sagrificare l'onore della nazione, invitava il governo a radunare tutte forze avanti Alessandria, e dichiarata la patria in pericolo, tutt'uomo atto all'arme convenisse a Genova. Plauditissima e adottata tal proposta, presentaronla al re; ma come più di tai tantaferate eran terribili le vicine arme vincitrici, in risposta andò la camera sciolta.

§. 14. Genova bombardata.

Il proporre Genova non era a caso. I repubblicani che già l'anno prima avevano sfuriato dopo l'armestizio di Milano, ora dopo Novara rifacevan lo stesso. Sembra anzi certo avessero da primo preparata la ribellione, e sperassero spalla dal confratello Ramorino, comandante la divisione de' volontarii Lombardi. Il danno e lo scorno della patria, e la stessa gravezza della sventura, facendo lor credere fiaccato affatto il governo, spingerli a far presto. Ragunati a Genova i più arrabbiati, gridarono obbrobrioso e infame l'armestizio, tradita la patria; sonaron campane a stormo, raccozzaron popolaccio, e occuparono i forti Sperone e Begutto. Le poche soldatesche s'accentrarono nell'arsenale allo Spirito Santo. Poi sparsa la notizia della proposta del Mellana adottata dalla camera, a' 29 sforzarono il municipio a dar arme alla plebe, poi volsero un indirizzo a' deputati, chiamandoli a Genova in sostegno della causa del paese e della libertà. Come Firenze e Roma crearono il triumvirato, col deputato Rota, l'avvocato Morchio, e primo un ex notaio Giuseppe Avezzana da Chieri, già nel 1821 condannato nel capo e graziato, ora soldato della setta, tornato dal Messico, intitolantesi generale. Questo capitano con quell'orde assalì a 1.° aprile lo Spirito Santo; la notte si fe' capitolazione, per la quale il generale Azarta al mattino sloggiò co' suoi. Il domani la canaglia afferrò il conte Ceppi maggiore di Carabinieri, mentre da paesano fidato alla capitolazione si partiva, e lo trucidò. I Triumviri alzato governo provvisorio, proclamarono nullo l'armestizio, e invitarono tutti i Lombardi esuli in Piemonte ad accorrere a Genova, per difenderla dal Tedesco e da' traditori della patria. L'Avezzana preparando alla patria ferro e fuoco, giunse anche a metter su una commessione *per gl'incedii* (interpretata nel fattone processo *per incendiare*); e dappoi la potestà trovò suoi brevetti al presidente di essa, dati a 8 aprile, cioè nel momento che si fuggiva.

Il generale Alfonso La Marmora che riedeva con la divisione da Parma, ebbe ordine d'accorrere a Genova: s'avanzò il 4, occupò i forti Belvedere, Crocetta e Tanaglia, bombardò la città, e il domani l'assaltò con quattro colonne. Si pugnò in più luoghi, massime al palazzo Doria, a sera l'ebbe tutta. I soldati e anche certi ufficiali saccheggiarono; e, dopo presa la città, seguitò più ore il bombardamento, disse il duce, per ispaventare. « Con noi siete prodi? - stamparono i Genovesi - Fuggite da' Tedeschi e date addosso a' fratelli? ci avete venduti allo straniero, e ora volete legarne le braccia? Se volete combattere, combattiamo; ma congiunti voltiamo il viso al Radetzki. » Il La Marmora gittava bombe. Però intramessisi gl'inglesi ancorati nel porto, seguì armestizio, acciò una deputazione andasse per grazia al re. In tal guisa Vittorio Emmanuele col bombardare la seconda città del suo regno inaugurava il regnar suo; e il Piemonte collegato alla rivoluzione fu nel tempo della sventura dalla rivoluzione percosso; e due vergogne opposte in quindici giorni sopportò: la sconfitta dallo straniero, e la vittoria co' sudditi. Felice esso e Italia se dalla doppia lezione avesse tratto emenda.

A otto aprile fu concessa amnistia, salvo che a dodici, fra' quali i triumviri. L'Avvezzana fido al suo re Mazzini, andò a servirlo in Roma; s'imbarcò su una nave americana con 450 seguaci; e da triumviro genovese si contentò di fare il ministro di guerra in repubblica romana. I dodici esclusi ebbero in contumacia condanna di morte, meno due a lavori forzati a vita.

§. 15. Morte di Ramorino.

Un decreto del 3 aprile ordinò una commessione d'inchiesta pe' fatti dell'ultima guerra. Lo Chzarnowski si difese dicendo la guerra essersi deliberata da' ministri contro il suo parere; denunziate le ostilità senza sua saputa; i ministri dimissionarii negaronlo e dimostrarono l'opposto; onde ne durò polemica tutto l'anno; da ultimo senza apporglisi colpa vergognosa, si difinì aver egli mal provveduto stabilendo il campo a Novara anzi che ad Alessandria. Il Ramorino reo di trasgressione d'ordine, chiamato a Novara, ne fuggì in posta, subito dopo la battaglia, ad Arona, per iscampare in Isvizzera; ma dalle Guardie nazionali agguantato fu messo nella cittadella di Torino. Costui nato a Genova, stato caporione in molti moti di rivoluzioni, avea pur con lo Chzarnowski pugnato in Polonia; però si disse egli in vendetta di vecchie gelosie, e pel rovello di veder lui non egli duce supremo, gli disubbidisse; altri ha scritto aver egli, settario vecchio, macchinata la sconfitta del re, per menar poi i suoi volontarii a Genova a proclamare la preparata repubblica, come già s'era fatto a Roma e a Firenze. Subì consiglio di guerra; e come gran liberale non gli mancarono aiuti, né a difesa del Broffiero; ma provata la trasgressione all'ordine, e però facilitato il passo di Pavia al nemico, fu sentenziato a 3 maggio. Ricorse per cassazione; e questa corte a' 21 del mese, considerato non soggette a cassazioni le sentenze militari in tempo di guerra, rigettò l'istanza. Egli invocò la misericordia del re, nè ebbe risposta: sua madre, vecchia d'ottantaquattr'anni si gittò a piè della regina; ma fu moschettato il 23. Mentre Ferdinando despota faceva grazie, Vittorio liberale cominciava suo regno fucilando.

§. 16. La pace e la morte di Carlo Alberto.

Pe' patti dell'armestizio ventimila Austriaci tennero il paese tra 'l Ticino, la Sesia e il Po; tremila a 24 aprile entrarono in Alessandria; si sciolsero i corpi franchi Lombardi, Ungari e Polacchi. Di questi corpi molti commessarii sparirono con le casse, restati i militi morti di fame. Poi, mediatori gli Anglo-Francesi, seguì trattato di pace a 6 agosto. Il Piemonte restò qual'era uscito dal trattato di Vienna, rinunziò a qualsifosse titolo su' paesi oltre i confini suoi, e pagò settantacinque milioni di franchi per spese di guerra. Al trattato accedette il Duca di Modena il 12, e quel di Parma il 15. E il ministro Azeglio con lettera del 21 rendeva grazie al governo di Francia, che pe' suoi buoni uffizii avea fatto ottenere *patti cui l'onore permetteva di sottoscrivere*. Rinunzia ed onore cui re Vittorio rinunziò, quando dopo dieci anni si sentì per l'arme francesi gagliardo.

Carlo Alberto fievole, malaticcio da anni, gravato dal precipitoso viaggio e da' patemi, intristì, e mancò poi per colpi apopletici a 15 luglio; chè inesorabile carnefice è l'ambizione delusa. Il cadavere condotto in patria riposò a Superga, nella tomba degli avi. Era nato a 2 ottobre 1798.

§. 17. Proclamazione di guerra in Sicilia.

Sul continente napolitano tutto senza sangue volgeva a quiete, e il governo provedeva all'amministrazione e alla sicurezza. Un decreto del 27 marzo instituiva a Bari una camera consultiva di commercio. A '29 per frenar la stampa che lavorava a calunniare ogni cosa, usciva decreto prescrivente norme a' giornali, responsabilità a' gerenti, agli autori ai venditori, con pene e ammende. Altro decreto del 27 faceva i consigli di guerra e non più le commissioni militari competenti a giudicare i borghesi che con doni, minacce o promesse tentassero corrompere i soldati, per farli disertare o sollevare.

Ma il governo, sicurato il continente, teneva gli occhi a Roma che minacciava fuoco, e stendeva il braccio in Sicilia. Italia ed Europa in marzo erano in questo stato: repubblica insanguinata in Roma, repubblica posticcia in Toscana, ambe proclamanti costituenti per progredire a unità; Carlo Alberto a dar l'ultima battaglia; fuggiti i duchi da Parma e da Modena; Venezia combattente per democrazia; Ungheria alle mani con Austria; questa in risico di guerra con la Prussia cui poteva adescare l'offerta della Dieta di Francfort; Prussia e Danimarca nemiche per L'Holstein; Francia non repubblica, non impero, titubante tra 'l passato e 1'avvenire, vicina a cadere nell'aquila Bonapartina; Inghilterra all'erta per trar partito da

Storia delle Due Sicilie 1847-1861

qualunque partito, e attizzarli tutti. E sopra ogni lite la causa religiosa, non solo italica od europea, ma quistione vitale del cattolico mondo. La diplomazia che già ipocrita, fingendo risparmiare il sangue, avea suscitati tanti guai per creare la rivoluzione, ora impotente a protrarle il latte, era costretta ad aspettare tacente la sentenza della forza contro i sofismi usurpatori. In questi bilici d'eventi re Ferdinando compieva la riconquista di Sicilia.

Il duce Filangieri, certo che l'andata de' ministri Temple e Rayneval a Palermo riuscisse vana, s'imbarcò lo stesso dì sullo Stromboli, e andò a Gaeta a prendere commiato dal re. S'ebbe esso e parte della sua gente la benedizione di Pio IX. A 26 marzo era a Messina, dichiarava finir l'armestizio la notte del 29 al 30, guarniva Melazzo, Messina e i forti Gonzaga e Castelluccio, poneva queste due città in istato d'assedio, e il 27 rassegnava i soldati. Eran quattro reggimenti di linea 3.° 4.° 6.° e 7.° il 3.° e il 4.° svizzeri, cinque battaglioni cacciatori, 1.° 3.° 4.° 5.° e 6.° sette compagnie pionieri, due pontonieri, tre batterie da montagna, una da campo, e una d'obici da montagna; in tutto quaranta cannoni, 437 uffiziali 12104 soldati, e 653 cavalli 635 tra Carabinieri e Lancieri. Li ordinò in due divisioni a' marescialli Pronio e Nunziante, in cinque brigate a' brigadieri Busacca, Rossaroll, Zola, e a' colonnelli De Muralt e Caracciolo. La truppa schierata sulla via della marina dava in Viva al re; rispondeva da mare la ciurma della flotta, ch'avea tre fregate a vela, sei fregate, due corvette e sette battelli a vapore, con diciassette piccoli navigli. A' 28 die' due proclamazioni: una a' Siciliani nunciava le concessioni regie, e 'l rifiuto di quei che aveano usurpata la potestà, assicurava pace a' cittadini onesti; sue genti andrebbero contro i promotori della guerra civile e devastatori della patria; i soldati sarebbero protettori a' buoni, punitori a' tristi. L'altra a' soldati di terra e di mare ricorda a' Siciliani esser fratelli, doversi non punirli, ma liberarli dal giogo settario che quindici mesi sbrana la patria; smentissero le calunnie, dessero all'Europa altre prove di valore e disciplina, e moderazione dopo la vittoria.

Ruggiero Settimo altresì avea dato a 24 marzo una infuocata proclamazione, compiacentesi delle preparate difese e delle vicine offese: « Il despota che ci combatte è ben infelice. Gli gravano sul capo le maledizioni di due milioni d'uomini, e gl'imbratta la faccia il sangue di migliaia di martiri. » E il giorno dopo esso e i suoi ministri con altra scritta nunziante la guerra pel 30, diceva: « L'ultimatum regio significa la distruzione della rivoluzione, un sostituire a sette secoli di libere istituzioni la volontà assoluta e mendace del tiranno. Evidente è la nostra vittoria, ma sempre fia meglio seppellirsi sotto le rovine ardenti della patria, che mostrarsi codardi avanti all'Europa che ci ha ammirati. Ancora si vede il fumo di Messina; per noi la guerra è simbolo di vendetta, è modo di liberazione d'una citta siciliana gemente sotto le orde del comune nemico. All'arme, vincere o morire. » Ma nessuno di questi proclamanti nè pugnò, nè si seppellì; spingevano i gonzi a guerra, essi non temevano di chiarirsi codardi, fuggendo nel momento del periglio a rifugio su' preparati legni inglesi.

§. 18. Primo scontro ad Alì.

Ove, presa appena Messina, si fosse incontanente proceduto avanti, qualunque disegno di guerra era buono, perchè rotte colà tutte le genti ribelli, non potevano altrove far testa; ma dopo sei mesi di preparazioni, e accrescimenti d'arme e d'armati era da ponderar bene dove e come assaltare. Il duce regio tentennò tra due disegni: correre sopra Palermo, vincer là nel suo centro la rivoluzione, e aver poi senza guerra tutta l'isola; ovvero pigliar prima le terre sulla costa orientale, e di là gittarsi in dentro, sino all'ultima tana de' sommovitori. Pel primo occorreva aver Termini e farne base di operazioni, andarvi per mare in quella stagione burrascosa, condurvi la gente in più volte, sbarcarle al cospetto del nemico, e poter esser vinto alla spicciolata, e anche mancar di munizioni e vettovaglie. Il perchè, ponderato pure aver poche forze, s'attenne al secondo; cioè tener Messina a base, e farsi avanti protetto dall'armata da mare.

S'erano gli avversarii agglomerati nella contrada neutrale della spiaggia di Cefalù, quasi minaccianti Messina; però il Filangieri a tenerli in sospensione e sperperarli, moveva il 29 per brigate a scaloni sulla via consolare marittima, sola adatta all'artiglierie, e rafforzava gli avamposti a Scaletta. Dall'altra il 30 imbarcava su quattro fregate a vapore la brigata Busacca di oltre a tremil'uomini, a simulare lo sbarco avanti Cefalù, o in altra parte della spiaggia settentrionale, costeggiando Patti, S. Stefano, Cefalù, sin presso Palermo, per mover sospetti in quelle parti. Inoltre spingeva dalla cittadella certe truppe in colonne mobili con dugento volontarii siciliani e 'l Tenentecolonnello Salzano su' paesi occupati, cioè Milazzo, Barcellona e Centineo, per mascherar le mosse dell'esercito, e vietare al nemico un colpo di mano alle spalle.

La via da Scaletta a Giardini ha da manca il mare, da destra monti frastagliati di valloni e torrenti; laonde l'esercito doveva avanzarsi con ale stese sulle alture per evitar l'offese dalla dritta. Giunta adunque a Scaletta la brigata Zola d'avanguardia di 3400, fu scompartita in due; una seguitò la strada, e due battaglioni, 1.° e 3.° cacciatori, col Tenentecolonnello Pianelli volsersi al villaggio Scaletta superiore e alle creste sovrastanti. Presero la via di Carada, Monticello e Pietralunga, sino ad Itala. Il Zola trovò ad Alì molta massa di nemici e due battaglioni di linea uno di Siciliani, altro di Francesi, parati a contrastare il passo ma investiti con impeto, come quei si vider combattuti sin dentro le case ove s'erano afforzati, fuggirom pe' monti. Ciò mostrò gli avversi non aver smesso il vezzo del combatter coperti e schifar la campagna rasa, benchè condotti da duci esteri pratichi di guerra. Perdevan morti, feriti, prigionieri e qualche carro; e si gittarono nelle montagne, credendosi voltar l'offese dall'alto, su' fianchi de' regii ma trovarono il Pianelli che di vetta in vetta li scacciò, sicchè rotti ripararono a Fiumediniso. Su quella spiaggia si raccozzavano alla dimane le due colonne, e altresì v'arrivava la brigata Rossaroll, resto della divisione Pronio. Sull'alba di questo stesso dì 1.° aprile moveva da Messina il Nunziante con la sua divisione; e lasciato a Scaletta due squadroni Carabinieri, anche sulla costa di Fiumediniso con l'altra s'accampò.

§. 19. Passo del capo S. Alessio.

Il Filangieri imbarcato a 30 marzo sullo Stromboli, fe' un'aggirata per le coste sino al capo Schisò di là da Taormina; e navigando era colto dalle batterie della riva cui rispondeva. Il mattino del 2 mossesi la prima divisione, e trovò i Siculi postati da' monti al mare sullo sbocco della valle avanti Fiumediniso, con in mezzo il battaglione francese. Incontanente gl'investì; ma eglino colpiti anche dallo Stromboli, presto, con seco strascinatisi i Francesi, rifugiaron ne' monti. Restò aperto il passo a capo S. Alessio, luogo forte naturalmente, dove era da temere battaglia; perchè la via nel macigno aperta con arditezza romana, infossata, tortuosa, co' canti tagliati a picco, e dominata da irte alture, è di facilissima difesa a chi contrasta, che percuote senza poter esser nè colpito nè raggiunto. Il Pronio avea spinti sulla dritta cacciatori verso Forza d'Agiò villaggio quasi inaccessibile, chiave di quel passo; intanto procedeva sospettoso e riguardato, mentre lo Stromboli da mare spazzava dalle torri e dalle batterie i postati difensori. Vide sorpreso i cacciatori ascendere su' più alti greppi senza colpo. Eppure i tagli fatti alla via ne' più brutti punti significavano i Siciliani esservisi preparati a contrasto, e il subito abbandono provenir da mutati ordini di guerra.

Il capitano polacco avea disegnato assalire i Borboniani a Messina, e già sino a Barcellona avea spinto una colonna; ma lo stratagemma della brigata Busacca, accennante sbarcare a Cefalù alle spalle di lui, miselo in pensiero, che non restasse, andando sopra Messina, tagliato fuori. Da prima volse un nerbo di battaglioni a Taormina, per occupare i sentieri trasversali, e lanciarsi al bisogno su' due lati dell'appennino; poi ingannato dell'udir l'altra colonna del Salzano cavalcare sulla costa Tirrena, tenne per fermo i regi procedere da due parti per la spiaggia Tirrena e per la Jonia; però anch'egli mandò due colonne in quei due versi, e tenne gente anche sulla costa neutrale, il che troppo gli divise le forze. Appresso si avvisava pigliar parte offensiva sugli avamposti a Scaletta; ma prevenuto dal proceder ratto del Zola, e poi rotti anche gli aiuti mandati da Alì come ho detto, e sloggiato, pe' colpi dello Stromboli dal passo S. Alessio, si trovò sgominato, con lo esercito a pezzi qua e là, non in istato di tener nulla.

§. 20. Presa Taormina.

Restava aperta Taormina, ultimo baluardo della rivoluzione in provincia di Messina. I Borboniani fecero alto sul lido di Letoianni; spiaggia ampia, seguìta da due catene di monti, una alberata, nuda l'altra. Si sale prima a S. Andrea irta sul mare, poi a Guardiola altissima, dove avevan piantata una batteria; quindi il monte da oriente è quasi inaccessibile, con su gli avanzi dell'antico teatro; s'abbassa un pò da occidente sino a Taormina, che pur domina altri monti. S'era afforzato il paese con batterie: quella della Guardiola tirava al mare, altra da canto spazzava la strada, che rotta con solchi profondi s'era fatta impossibile a' cavalli e a' cannoni; e vi s'aveva a salire co' fanti percossi a scaglia. Inoltre i difensori avean facili ritratte verso Mola e Monte Venerella.

Il Filangieri disegnò assalire quell'aspro luogo con tutte forze da più bande; cioè con l'esercito da Letoianni pel settentrione e occidente, e stendersi dietro Mola per vietar la ritratta al nemico: ed egli sboccando di là dal capo, sulla spiaggia di Giardini con la brigata Busacca, s'avanzerebbe per l'erta strada che da quel villaggio va a Taormina da mezzogiorno. Così volta dar nel cuore, e far vane le preparate difese. Ma come la brigata avea simulato lo sbarco a Cefalù, nè potea tornar prima di sera, risolveva assalire alla dimane. Intanto a numerar le batterie di costa prese a cannoneggiarle con le fregate Roberto, Carlo 3.° e Archimede sino all'ore vespertine, quando il Busacca entrato nell'acque tra Taormina e Schisò, aspettava il comando di sbarcare.

Accadde che mentre l'esercito posava a Letoianni, s'eran fatti stendere gli avamposti di cacciatori sulle propinque vette, o sin sul monte Lapi, la più alta incontro Taormina. Il nemico prese a scendere il monte come per assalire; però indignati i regi battaglioni 1.° e 5.° s'arrampicano pe' greppi, si precipitano per burroni, afferrati le creste in viso a' Siculi; e gli uni e gli altri con lontane moschettate e male parole si salutano. Gl'isolani incalzati, sentono le cannonate della flotta sulle batterie del capo, temono d'esser circuiti, e tentennano. In quella venticinque soldati di più corpi coll'alfiere Michele Bellucci, tratti da impeto più che da consiglio travarcano il monte Minutelli, superano l'altro Porretta, si cacciano in Taormina alle spalle de' difensori, e dan fiato a una tromba. I ribelli a udirsela sì vicina e a' dorsi, veggendo i due battaglioni avventarsi e 'l resto dell'esercito giù, supposero una grossa colonna venir loro a tergo; e presi da panico terrore fuggirono essi e i comandanti Gentile e Benoit su Mola e Venerella, e con seco la popolazione atterrita. Eppure eran soli venticinque! Per la tromba squillante corre in un lampo la voce di vittoria: Taormina è presa! gridasi da ogni parte. Prima il 5.° battaglione più da presso, poi l'altro occupano la terra, e dan dietro sulla via di Catania a' fuggiaschi. Questi piglian lena a Graniti, indi a Linguagrossa, e si riducono a Piedimoente, retroguardia del Mieroslawski.

Facevasi allora consiglio d'uffiziali sulla flotta pel modo da sbarcar la brigata, quando la squilla della tromba nunziante il pericolo de'pochi occupatori, deciso il duce ad assicurare la presa; e issofatto sbarcò sulla spiaggia Letoianni, tutto l'esercito gridante *Viva il re!* Fur trovati per quei luoghi ogni maniera d'arme e munizioni, che sur un trabaccolo a Napoli s'inviarono.

§. 21. Si danno Giarre ed Aci-reale.

Colmati da' pionieri i fossi alle strade, il domani tutto l'esercito passava il capo S. Andrea, e scendeva nel bel paese di là. A Giardini, primo villaggio, si fe' quartier generale. La strada vi si scosta dal mare per entro fertili giardini; al ponte Calatabiano si sparte; un ramo va dritto a Catania, per Giarre, Aci-reale, S.

Giovanni la Punta e Battiati; l'altro pe' monti di costa all'Etna passa Piedimonte, Linguagrossa, Randazzo, Bronte e Adernò, dove una via traversa mena a Catania per Biancavilla, Licodia e Paternò. Così tai due strade serran l'Etna co' tanti suoi villaggi. Il duce polacco avendo la retroguardia a Piedimonte, disegnava raccozzarvi sue sparte genti, e porsi tra gli assalitori e Catania; ma fu prevenuto dal Filangieri che sbarcò al mattino del 3 la brigata Busacca ad Acquicelle, un po' su da Giardini, e spinsela a Piedimonte. I Siculi sorpresi pria d'aver gli aiuti, come videro i regi, sbiettarono; e questi v'entran senza colpo, padroni nella via di Linguagrossa e Randazzo, a sicurezza del fianco dritto dell'esercito. Di questo la sera del 2 s'era mosso il prevosto capitano Maniscalco, con carabinieri e due compagnie del 4.° di linea a Giarre, ricevuto in festa dai popolani, e forniti di viveri alla larga. Vennevi il 4 il Filangieri con tutta la sua gente, plauditissimo; fu un trionfo da Giarre ad Aci-reale, paese di ventiquattromil'anime, giuntovi al meriggio del 5. A torme i contadini accorrevano; i cittadini mandarono avanti il municipio col clero e i principali possidenti, a protestar realismo, e contro la rivoluzione ira; ma entrando i Borboniani, tutto il popolo addoppiato da quei de' villaggi, d'ogni sesso ed età, da logge e finestre, da vie e da usci, gridanti viva il re, sventolanti bandiere e fazzoletti bianchi, fra lo stormir delle campane e fuochi di gioia, lanciavan fiori e benedizioni a' soldati. Soldati e popolani s'abbracciavano. La setta che strombazzava Sicilia alzarsi *com'un sol uomo* contro i Borboni, rimaneva sola. E Aci-reale non paga di tanta festa mandava al re la bandiera rivoluzionaria ricamata d'oro, e la spada con l'elsa d'oro, doni di Catania. A sera luminarie infinite.

Il Palmerston, presa Messina, avea scritto a Lord Napier a 11 settembre 48: « Quest'ultimi fatti han creato fra il re e il popolo siciliano sì larga breccia, che questo avrà gran repugnanza a ritornargli suddito. » E il Napier avea scritto a lui a 2 agosto: « Contro Sicilia unita gli sforzi del governo napolitano saranno inani; le informazioni che ho da più parti provano esservi poche eccezioni al sentimento generale. » E simiglianti e maggiori pappolate sciorinavano i consoli inglesi. Il Goodwin scriveva a 9 agosto: « Quindicimil'uomini possono impadronirsi di Catania o di Siracusa, e tenervisi un poco; ma proseguir poi a Palermo saria pericolosa impresa. V'han paesi dove un pugno di bravi potrebbe arrestarli, v'han due o tre contrade, dove l'aria è sì micidiale, che solo a passarvi l'esercito s'infetterebbe di mortali malattie. » Invece si videro le popolazioni intiere repristinare spontanee i gigli, anche prima di cader Catania, dopo seguirono restaurazioni a furia, e Palermo stessa capitolò. Delle profezie inglesi nessuna s'avverò. Il Mieroslawski nelle sue memorie stampò: « Alla prima apparizione della squadra napoletana avanti Riporto, tutta la popolazione delle coste si ritrasse a' monti, o tradì la causa rivoluzionaria affratellando col nemico. Così questo istruito de' nostri crudeli imbarazzi, s'affrettò a sbarcare il mattino del 3 aprile, e occupar la doppia via che mena a Catania tra l'Etna ed il mare. »

§. 22. Indirizzo de' Siciliani all'Europa.

Ma la rivoluzione boccheggiante, benchè vedesse mancargli il popolo, e i gigli avanzarsi trionfati, pure come poco prima il Piemonte e poco dopo Roma, sbardellava iattanze, atteggiata da vincitrice. Il ministero di Palermo a 4 aprile, sendosi già versato il primo sangue ad Alì, spargeva un indirizzo *alle nazioni civili*. Numerava le aspirazioni siciliane e di quella rivoltura, la decadenza de' Borboni dichiarata, l'elezione del duca di Genova, il riconoscimento di tai fatti dalle flotte francesi e brittanne, la costoro cooperazione ad essi, la ripigliata guerra, le fiamme di Messina, l'armestizio offerto per umanità dagli ammiragli, durato sei mesi, le facilitazioni del governo francese per comprar l'arme, le simpatie brittanne, e poi l'*ultimatum*. E seguitava : « Questo ultimatum non può accogliere Sicilia, già indipendente, abborrente i Borboni; nè può essere accettevole, perchè larva di costituzione, perchè compilato *dal solo re nella pienezza de' suoi poteri,* perchè la camera saria consiglio provinciale, illusorio il potere esecutivo, apparente il legislativo, esercito nemico in casa, debito di milioni, niuna guarentigia tutelata. E ciò con una dinastia decaduta. L'ultimatum, sarcasmo crudele, rifiutammo. La Sicilia ha moderazione politica, e n'ha dato prove; e se ripiglia l'arme contro il tiranno, è perchè ei non vuol lasciare il vecchio mal vezzo di darle martoro. Sua è la vittoria. Le nazioni apprezzeranno le ragioni della guerra, l'Italia ne valuterà la importanza, e quanto essa valga a fiaccare il nemico comune. Già ricominciata è a 31 marzo, giorno memorabile, anniversario del vespero del 1282, ora col cannone della spiaggia d'Alì fatto più solenne. » Firmaronlo Ruggiero Settimo *preside del regno,* poi Scordia, Stabile, Di Marco, Calvi, Catalano ed Errante, ministri.

§. 23. Giornata di Catania.

Il duce napolitano pria di muoversi mandò a Catania intimando si sottomettesse come Aci-reale; ma la forza de' ribelli violentando il sentimento interno, fe' rispondere con disdegno; perlocchè perduta la speranza di risparmiare quella bella città, egli ordinò il mattino del 5 che le sei fregate a vapore con lo Stromboli comandate dal general Lettieri navigassero sulla costa a smascherar co' loro fuochi le batterie erettevi dal nemico. Infatti fu tirato sulla flotta da quattro fortini detti S. Agata, Colonnetta, Palermo e Messina; i cui fuochi s'incrociavano sulla bocca del porto catanese. Dopo ciò quella tornò ad Aci-reale; e ne ripartì al mattino seguente, al muoversi dell'esercito.

Dì là a Catania son due vie: la nuova sulla marina, la vecchia per Aci-catena, Aci S. Antonio, Belvedere, S. Gregorio, S. Giovanni La punta, e Battiati. Sulla prima si eran fatti fossi a S. Giovanni *Li Cuti* da impedire i cavalli, con anche una barricata; quella del monte avea pur qua e là muraglie acconce a difesa, ma meno ostacoli; anzi il nemico abbandonatala, s'era messo più avanti; dove il Polacco sperava far giornata, e in caso di sbaraglio difendersi a possa entro Catania, già con lungo studio parata a resistenza. Qui credea vincer certo, siccome luogo acconcio al vezzo dei suoi di combattere coperti. Inoltre v'aven costruito fuori porta Ferdinando alla parte opposta dalla città un campo trincierato, dove in estremo divisava correre a rifugio. Impertanto il Filangieri fatto esplorare la seconda strada, saputala libera sino a S. Antonio, vi spinse il Nunziante con la seconda divisione; e ordinò al Pronio ch'andasse per l'altra della marina, senza appiccar pugna decisiva con la batteria avversa, ma correre sino a una certa via traversa, dove voltando a dritta di ricongiungerebbe col Nunziante ad Aci-catena. Ciò subito eseguito, bastò a imbrogliare il nemico sulla via che prenderebbe; poi tutto l'esercito difilato corse su Catania.

Passava tra plaudimenti delle popolazioni per Aci S. Antonio, Aci Catena, Belvedere e S. Gregorio; ma uscito da questo villaggio a sei miglia da Catania, si videro i primi combattenti. Il Mieroslawski postandosi di fronte avea lanciata una grossa colonna per Belpasso, Camporotondo e Gravina, da sbucar da S. Giovanni la Punta nella dritta de' regi; ma l'impeto di questi rese ciò vano. Era d'avanguardia il tenentecolonnello Pasquale Marra con cinque battaglioni 1°, 3°, 4°, 5° e 6° cacciatori, con in testa un carro tutto ulivi, per mostrar pace a' sommettentisi; anche ulivi avevano a' *caschi* i primi soldati. Scorto il nemico a S. Giovanni la Punta, l'investono, ch'eran l'ore dieci matutine, lo scacciano e l'inseguono. Più in là il Mieroslawski deciso a dar battaglia in quei luoghi a suo modo, piantate artiglierie sulla strada, molte a manca il 7.° leggiero, e 'l corpo detto de' congedati, e a dritta il 1.° reggimento cacciatori, con cavalleria a retroguardia, appunto al congiungimento delle due vie di Punta e Gravina, ma scacciatone retrocede inseguìto. I Napolitani entrano in Battiati deserto; dentro son colpiti, ferito in viso il Marra; la superano, ardono la chiesetta donde si sonava a stormo, e vanno oltre, lasciando una brigata a oppugnar quella nemica vegnente da Gravina. Innanzi crescono i modi di resistenza; chè dietro gli argini gli avversarii coi buoni fucili inglesi son bravi a colpire e passar da riparo a riparo. Il nemico scacciato da tutte parti ripiega lento; e tenta un colpo di fianco afforzato dalla colonna ch'aspettava da Gravina. Qui al luogo detto *Barriera* era una barricata con fosso, e una mina, ma vuota, perchè rubata dagli stessi artefici la polvere. Battonla i cannoni regi, i cacciatori su tavole passano il fosso, primo il Tenentecolonnello Francois, e sin nelle file nemiche strappan le bandiere. Si pugna corpo a corpo, ma entrando tre reggimenti di linea e un battaglione pionieri, i Siculi sopraffatti son cacciati a furia, snidati da ogni muro. L'avanguardia arriva all'altura sul largo Gioeni, che apre a tramontana la strada Etnea; donde poi dritto per rapida china vassi al largo Etneo o Borgo, luogo sbarrato da ostacoli maggiori.

Catania, l'antica *Catana*, in ampia pianura a piè dell'Etna, col mar Jonio a levante, distrutta tre volte dal vulcano, e tre rifabbricata, è bellissima città di novantamila abitanti. Larga oltre un miglio, e quasi due lunga, ha tre grandi strade da oriente a occidente, e l'Etnea, lunga, da settentrione a mezzodì, che traversa quattro piazze, Borgo, Stesicore, Studii e Duomo; da quest'ultima sale a dritta per la via Ferdinanda sino a porta Ferdinanda. Altro cinquanta viuzze segan quelle in più versi; tutte abbarrate.

Ciò visto dall'altura di Gioeni il capitano regio ordina al 4.° di linea d'occupare i molini sulla sua dritta dove parea volgersi il nemico. Poi saputo che la popolazione s'era rifugiata ne' giardini detti di Daniele e Salvatore e nelle selve de' padri Carmelitani, a lasciar illese tai contrade a occidente della città, fa investir dal Pronio la prima barricata sulla Etna; e intanto la divisione di lui combattente all'ala dritta cambiar la fronte in obbliquo a sinistra, tenendo come perno la batteria vinta; che di fatto assalita di fronte e di fianco, abbandonata da' difensori, è presa. Infrattanto la flotta cannoneggiava le batterie di costa, sì da non esser colta, ma da tenervi in moto gli artiglieri, che non accorressero in città. A questa i Napolitani s'accostavano percuotendo alle reni i battaglioni avversi con la scaglia e le baionette: vincitori e vinti v'entrarono mescolati. Gli uffiziali non potendo tenere i soldati, i primi corpi, fanti e cavalli, dan dentro ciechi; e fu per riuscir funesto, sendo tutta la via da un cannone nemico d'infilata seminata di morti. Cominciò il maggior contrasto della vittoria: ogni casa è fortezza, ogni via vomita palle; si spara da finestre, da letti e da sotterranei; ed è necessità con l'arme e anche col foco conquistare palagi e barricate. Superatane una, sforzansi per una viella a fare sboccare un obice dalla parte opposta, e i pionieri sotto ferale grandine lavorano a sbarrare il passo a' cannoni, e a' cavalli; apertolo, le compagnie scelte del 35.° e 4.° di linea comandate dal capitano Martino, e due cannoni seguiti da cento Lancieri vi si lanciano, e scorrono sin quasi a Stesicore nel centro della città, staccati dal resto della colonna procedente sulla Etnea. I Lancieri non potendo per seminati triboli procedere co' cavalli, s'ammassarono in un vicolo; ma percossi da una casa, feritone il Capitano Arnone e molti soldati e animali, i cacciatori del 3.° di linea atrocemente si vendicarono; arsero la casa, e i difensori indarno con orribili grida chiedendo mercè fecero morire. Nondimeno in lotta disuguale, scoperti contro coperti, pochi contro molti, non cedono ma cadono uffiziali e soldati, e già dopo sei ore di pugna mancano di munizioni. Ferito a morte il capitano Ceci, chiede aiuti per tre uffiziali alla fila, il Bellucci, l'Echanitz e 'l Torrenteros. Caduto intanto l'aiutante maggiore Ritucci, i Siculi tiranlo con uncini in un vicolo, e vivo vivo sotto gli occhi de' soldati il mutilano infamemente a membro a membro; il che sì questi inferocì che quel giorno mai non si saziarono di rappresaglie. A rafforzarli, la prima compagnia granatieri del 3.° di linea entra baldanzosa, col capitano Bosco, ma perduto in un botto ventisette uomini dà indietro. Sopraggiungeva il 6.° cacciatori con in testa il comandante Grossi; questi prima cadeva piagato mortalmente, poi ferito il bravo aiutante maggiore Raffaele Maddalena. E in quella, colpite, scoppiano due casse di munizioni, e ammazzano chi dattorno: la vampa, il fragore, le morti danno a' fantasiosi soldati sospetto di mine, odono d'altre preparate a inghiottirli, e succede quella trepidazione fatalissima nel momento decisivo. Cominciano a rincolare; e il nemico se ne vale.

Poco prima il Mieroslawski, vista la rotta, era corso al campo trincerato, ordinando a' fuggenti di seguirvelo per riordinarli; ma trovatolo affatto deserto, era tornato indietro a togliere il 5.° battaglione dalla barricata a *Li Cuti,* rimasto inutile per la diversa strada fatta da' regi. Erano accoltellanti, appellati da' Siciliani *Spadaiuoli* e dalla rivoluzione *Squadra de' Corsi*. Li mena per la via Sciare, e sboccato al Renazzo, li lancia co' coltelli alle mani incontro a' regi, appunto in quello sgominamento per lo scoppio. Gli balena in mente un raggio di speranza, e si fa assalitore con seconda battaglia. Il Filangieri a decider la cosa mandava battaglioni l'un dietro l'altro a ripigliare il terreno perduto; e sì combattendo già si travagliavan da nove ore, co' corpi stanchissimi e trafelati. Era tempo d'usar lo riserve. Fu ordinato al general Nunziante mandasse un reggimento della sua divisione ch'era intatta. Venne il 4.° svizzero col colonnello Muralt, e una batteria d'obici da montagna; il quale sceso a passo di carica dall'altura Gioeni, appiccò la zuffa in piazza di Borgo. Andarono in testa due obici col capitano Polizzi, e un pezzo da sei col tenente Bondonno che forte pugnava dal mattino, a percuotere il nemico in fronte, mentre gli Svizzeri in due file sotto le mura delle case percussavano i balconi delle case opposte. Gli ultimi raggi del sole scoloravano alle vampe dell'arme. I Siciliani all'urto di gente fresca balenarono; e mentre il duce Polacco andavali raggranellando cadde ferito alle spalle; menaronlo a' Benedettini, indi ad Adernò. I suoi uffiziali tentarono altre resistenze, ma snidati da tutte bande, da ultimo con la fuga finiron la giornata. Li andò perseguitando sulla via Ferdinanda il Tenentecolonnello Costanzo, ch'eran l'ore nove di sera; ma il cannone ancora tutta notte tuonò: chè la retroguardia avversa valendosi dei cannoni di porta Ferdinanda, accennava al mattino ricominciare. Nè mancarono assassinii; chè gli *Spadaiuoli* vinti, gittate le vesti militari, seminudi con brocche d'acqua entrarono come a dissetare i fidati giacenti stanchissimi e sitibondi in piazza Duomo; e mentre quelli bevevano lor davan co' coltelli. Fu zuffa iniqua al buio, e più trista per sospetti e colpi, sinchè con molte morti d'ambo le parti, e fuga di quei manigoldi finì.

Si dormì sulle vie tra la distruzione e la morte: gemiti di moribondi, cadaveri stesi in feroci atteggiamenti, mozze o arse membra in ogni parte, cannoni arrovesciati, cavalli giacenti, armi rotte e peste, case fumicanti, e vampe qua e là sollevarsi in vortici spirali. La vittoria fu bruttata da un po' di saccheggio, con vergogna di qualche uffiziale, massime alla cassa della ricevitoria generale. N'era regio ricevitore Benedetto Paternò-Castello, marchese di S. Giuliano, stato ribelle e recidivo; il quale s'era fuggito in campagna, e fu voce ne portasse via l'argento, lasciatovi rame. Eppur costui perdonato e serbato nel lucroso uffizio, ebbe anche bonificati quarantaduemila onze dal real governo, per quella rame saccheggiata.

All'alba pochi colpi d'obici sloggian da porta Ferdinanda gli ultimi più pervicaci nemici; gli Svizzeri piglian le quattro batterie di costa con poche schioppettate a solo quella S. Agata; donde i difensori rifugiarono alla nave inglese Bull'-dog, che li menò a Palermo. L'esercito rivoluzionario dissolto si ridusse e Castrogiovanni inseguìto, perduti mille uomini, e molto più prigionieri. I regi presero cinquanta cannoni, dodici bandiere, fra cui quelle di Siracusa e Caltagirona, e prodigioso numero d'arme; ebbero morti il tenentecolonnello Grossi, e i quattro capitani, Ritucci, Ceci, Salvatori, e Bloest; feriti quaranta uffiziali, e morti e feriti molte centinaia di soldati. Quel dì 7 aprile celebrarono la Pasqua nella città conquistata.

§. 24. Fatti orribili.

Tredici ore di pugna, le patite offese, le morti e i disagi avean sì invaso di furore i soldati, che non valean capitani a rattenerli. Alle case onde partian colpi sfondavan le porte, ragunavanvi paglia e panche e altri arnesi, e vi davan fuoco, senza pietà, con fumo e vampe i percuotitori abbruciando. Talvolta non perdonavano a sesso e ad età; libidine di sangue e vendetta acciecavanli; non ammettevan prigioni; e dove ufficiali a salvarli serravanli in camere e cantine con guardie, queste stesse poco stante se ne spacciavano. Ire grandi contro i Siciliani stessi, e usate a percuotere nella battaglia, cadevano infrante e stracciate e rapite con rea vicenda da' vicitori e da' vinti. Il cavalier Tedeschi Francica, cattedratico e fedelissimo al re, avea in casa una figlia diciottenne bellissima, e un parente Giorgio Amato Barcellona, stato sottintendente. Entrati Svizzeri, dando a tutti alla cieca, Giorgio uccidono, la figliuola lasciano boccheggiante. Accorre un uffiziale Nicoletti, scaccia i soldati, salva gli altri, e quanti si potessero soccorsi volge alla fanciulla; indarno! ella morente, grata al bell'atto di lui, gli porse a ricordo il suo anello. Fatto miserevole e tristo, servito a lunghe recriminazioni. Certo l'ubbriachezza del sangue, il furore del dare e ricever morte fa ciechi di ferina rabbia gli uomini combattenti; ma non è forse infamia barbarissima questo moderno vezzo rivoluzionario del far di pacifiche città campi da battaglie, e provocare assassinii d'innocenti?

Dall'altra i vinti, accozzatura d'ogni nazione e mestiere, eran grassatori, galeotti, mediconzoli, curiali, giornalisti, Polacchi, Ungari, Inglesi, Francesi, Greci e anche Mori, avventurieri senza patria, sterminatori delle altrui. La bella Catania tutta lezzo e sangue vedea fatti atrocissimi. Talora i ribelli infierivan tra sè stessi. Nel caldo della zuffa, sendo respinti, e sparpagliandosi, un loro colonnello poco discosto dalla barricata, appellandol traditore, freddaron sul colpo. Era Francesco Lucchese Palli, già maggiore nell'esercito reale, che sendo figlio del principe di Campofranco ministro del re, avea lasciato il vecchio padre, per servire (come credeva) la sua patria; così con cruda morte rimeritato. Ma come tutti narrare i casi d'incredibile ferinità? Pochi dì prima era venuto a Catania con milizie un capitano nazionale, uomo titolato, e v'avea pur menato la ancor vezzosa consorte, e tre vaghe figliuolette, l'ultima non passava gli anni dodici, l'altre più grandicelle; una era fidanzata sposa al tenente della compagnia. Avvicinandosi i regi, e sospettandosi reazioni a Castrogiovanni, quel capitano vi fu mandato co' suoi, però anche con lo sposo tenente. Restava la famigliuola; una sera visitavanle altri uffiziali compagni del consorte e genitore, i quali alle graziose accoglienze imbestialendo, le ghermirono, le derubarono d'ogni arnese; e poi che furon nude, sospinti da iniquissima lascivia ne fecero aspro governo; nè della madre sola e delle zitelle, ma pur della fanciulletta. Cotal patria ricompensa s'avea quel capitano che fuor di sua casa credea per la patria spender la roba e la vita. Il Filangieri udito il caso, fe' dar vesti e denari, e scorta per ridurle al natio tetto.

§. 25. Si sottomettono città e provincie.

Catania caduta fu morte alla rivoluzione; i popoli incuorati, le guardie nazionali stesse levata la voce, rialzavano i gigli da per tutto. Nè il Filangieri lasciò passare quel vento; tenne consiglio, e al mattino del 9 le stabilite cose fea seguire. A perseguitare il nemico, a confortar le popolazioni, a pigliare i forti d'Augusta e Siracusa, mandò il Lettieri con la flotta a queste due città, e il Nunziante con tre battaglioni, i carabinieri a cavallo ed otto obici sopra Adernò. Quegli ad Augusta trova la bandiera bianca; i cittadini non più intimiditi, disprezzavano gli ordini bellicosi venuti da Palermo, e viste navi e soldati pronti a difenderli da' rivoluzionarii, mandano deputati a bordo. Sbarca il capitano Armenio con due sole compagnie del 5.° di linea; e con gran festa vi riman di guarnigione. A Siracusa s'eran ridotte il più dell'arme e munizioni, come in luogo di sicurezza, per paura delle minaccianti reazioni; v'eran settantadue cannoni sul porto, e tutto era parato a difesa. Il Mieroslawski da Misterbianco, ove l'avean portato, vi mandava gli avanzi del 7.° e 8.° leggieri già fuggiti a Lentini; sicchè con questi e co' cannoni del porto si pensava menarla in lungo. Ma i Siracusani ne sbuffarono, e al grido della rotta Catanese reagirono e alzarono bandiera regia a 9 aprile. Pertanto la fregata Guiscardo entra franca in porto, vede accorrere cittadini con olivi, sbarca quattro compagnie del reggimento marina; e mescolati borghesi e soldati fra' viva al re, entrano in citta. Il polacco Wuerenski che vi comandava capitolò, e con altri de' suoi riparò a Malta. Il Nunziante arriva il 10 ad Adernò, stende un po' di soldatesca fra Castrogiovanni e Nicosia, a impedir la ricongiunzione de' corpi avversi là ritratti; egli traversa Bronte, Maletto, Randazzo e Piedimonte attorno l'Etna, guarda la via consolare, e spia i passi del nemico. Altri soldati da Messina van sopra Patti costa costa, con due fregate; occupano S. Stefano, Cefalù e Termini capodistretto; altre fregate navigano a Terranova, Licata e altri luoghi marittimi, che s'arrendono. In breve è sottomessa tutta la provincia catanese. Quella di Noto alzava i gigli la sera del 9. Da tutte contrade accorrevano deputazioni a Catania, sollecite d'inchinarsi al generale; cui mancava il tempo d'ascoltarle, e anco gente da guardare i paesi.

Le popolazioni la notte stessa del sabato santo davano addosso a' fuggiaschi di Catania. Stampato ha il Mieroslawski la numerazione de' tradimenti delle città sicule e ne fa sapere ch'egli ferito e i suoi, benchè scortati dalle truppe di S. Rosalia, risicarono più volte d'esser da' contadini trucidati o consegnati a' Regi perseguenti. Infatti Sicilia tutta tartassata e premuta sedici mesi, sollevavasi a vendetta contro gli autori o strumenti di tanti mali. I vinti disciolti a drappelli, perseguitati perseguitavano, briganteggiando, rubando, uccidendo, e fuggendo. Conseguenza questa dell'infrangimento de' nodi sociali, e dello sprezzato principio d'autorità, unica salute dell'umana famiglia.

Adunque primo pensiero del duce vincitore fu il pronto ordinamento del governo. Anche ad 8 aprile die' un'ordinanza minacciante sentenza sommaria e militare a qualunque saccheggiasse le case degli assenti. Il patrizio di Catania, e i sindaci dell'altre città con editti sicuratori invitavano tutte persone a ritornare a' tetti loro. Il 9 s'ordinò il disarmamento nelle tre sottomesse provincie. L'11 un'ordinanza richiamò i sindaci e i capi urbani antichi, ripristinò le guardie urbane con persone oneste, armate con l'arme tolte. Nuovi intendenti e sottintendenti. Non mancò la soave parola del perdono; una proclamazione del 22 invitava a rientrar nelle case qualunque avesse servito la rivoluzione: « Grande esser la sovrana clemenza, necessità l'avere dovuto usar la forza a strugger l'anarchia; ma il re non voler vendetta de' sedotti e de' spauriti da' feroci tiranni della patria. Solo i capi congiuratori andar dal perdono esclusi e i dilapidatori delle casse pubbliche e de' beni privati, sendone la punizione reclamata dagli stessi oppressi e derubati cittadini. L'arme regie non esser venute a terrore, ma a difesa de' buoni, a tutela delle leggi troppo vilipese e calpestate. »

Nondimeno, quantunque fiaccato il nerbo della ribellione, pur l'avanzo delle forze rivoluzionarie s'andava raggranellando a Castrogiovanni, soccorsi ogni dì a Palermo, atteggiati a durar nella guerra; perlocchè il capitano regio avendo le genti sparse per guarnigioni a Taormina, Siracusa, Catania ed Augusta, ebbe a chiederne altre da Napoli, che non prima del 20 gli arrivarono. Furon tre reggimenti 1.° 8.° e 9.° di linea, partiti da Gaeta, il più recluti, nuove al fuoco; però misele in quelle piazze, e trassene soldati agguerriti, co' quali a' 21 si spinse avanti.

§. 26. Palermo brava.

Intanto s'eran mutate le cose di Palermo. La perdita di Catania, che supponevano invincibile, costernò i faziosi agglomerati in quella città capitale; e 'l ministero tolse a intrattenerli di bugiarde speranze. A 10 aprile misero a' cantoni cotesti *bullettini uffiziali*: « Gloria a Dio! Sta mane è giunto un corriere, e ne fa sapere che dodicimila angeli Palermitani han ripreso Catania dalle mani infami de' vili satelliti del tiranno, che vi han trovato la tomba. Rallegratevi, rallegratevi! » Altra scritta diceva: « Questa gloriosa nostra vittoria riempie ogni cuor siciliano di ardor marziale, ricordandosi che un popolo compatto non può esser vinto da vilissimi manigoldi del terribile tiranno. Dio protegge la nostra causa santa. » Altra carta nunziava certo *bullettino* di Leonforte dell'8 aprile, dicente ottomila Siculi aver battuto i regi. Ma il parlamento sciente del vero, non fiatava, nè pur ne volgeva una minima interpellanza a' ministri. Quando non fu poi possibile il silenzio, prima il Settimo, poi suoi ministri sparsero editti confortatori; il ministro de' culti chiamò i preti a unirsi in compagnie civiche suppletorie; e ultimamente un decreto del parlamento concesse salvacondotti a' delinquenti che si recassero al campo di Castrogiovanni, dove pur due deputati si recarono. Tosto ripigliavan le bravate: i giornali nunziavano starsi a quel campo ottomila uomini pronti all'offese, e che non s'imporrebbero

Storia delle Due Sicilie 1847-1861 357

nuovi armestizii da assicurare al nemico larghe basi d'operazioni. Con tai sciocchezze fingevano stato lor dannoso quell'armestizio che li avea fatti debaccare altri sei mesi. E aggiungevano: «Che fa ai regi il tener qualche piede quadrato di terreno che lor nega l'acqua ed il foco? tenganlo pure, vivi o morti co' loro cadaveri; ma non mai domineranno Sicilia, perchè non pure una voce risponde agli appelli sediziosi d'una vecchia e svergognata tirannia.» Simiglianti fole stamparono in tutti i paesi ch'ancora tenevano; e le popolazioni aspettavano la comparsa d'un soldatello reale per dare addosso a quei cicalatori.

§. 27. Pratiche per sottomissione.

L'edifizio di menzogne cadde a' 16 aprile, quando i ministri ebbero a nunziare alle camere che il comandante della fregata Vauban e il consolo francese, per mandato dell'ammiraglio Baudin, offrivano buoni uffici per pacificare le cose siciliane. Dissero aspettare le decisioni delle camere, ma come essi eran surti per far guerra, così scenderebbero ove s'accogliesse l'offerta francese. Autori dello spavaldo manifesto del 4 aprile, dopo già provate le prime rotte, eran responsabili del tanto sangue versato; ed ora si credevano giustificare col dimettersi, ovvero minacciare le camere per indurle a guerra, e spietati lanciar Palermo nelle calamità di Messina e Catania. Riuscì vano l'artifizio. Nella camera de' Pari, l'abate Vagliasindi rispose: «Alla camera non importa che duri il ministero.» E la mediazione fu accolta a unanimità. Accolsela quella de' comuni a maggioranza di 55 contro 31. Era passato il tempo delle illusioni e delle paure ch'avean gittato in demagoghi gl'interessi vitali del paese. Alla dimane nuovi ministri nunziarono al Baudin l'accolta mediazione, e le camere sentendo non aver più da far nulla, a' 17 unanimi prorogarono le sessioni. Il Baudin e il Rayneval ministro a Napoli navigarono a Gaeta. Il re disse non volersi ligare, aver già con indulgenza accolte tutte le terre sottomesse, similmente accoglierebbe Palermo. Desiderare che il municipio a esempio di quel di Firenze (avvenuto appunto di quei dì) pigliata la potestà nelle mani, mandasse deputati al duce Filangieri. In effetto il governo palermitano calò nel municipio; e questo mandò sul battello il *Palermo* una deputazione a Catania con bandiera bianca, giunta il 24, due giorni dopo che il duce n'era partito per ricominciare la guerra.

§. 28. Si sottomette.

Questi disegnava avanzassi per doppia linea, che partenti da Catania e Augusta e Siracusa quasi parallele, assalissero poi da fronte e da tergo Castrogiovanni luogo alto e aspro, e centro dell'isola. Il perchè spinse il Nunziante con la seconda divisione un po' ingrossata su Leonforte, a guardar la via attorno l'Etna, per Bronte e Randazzo, e poi sulla strada che mena a Palermo per Regalbuto, Argirò e Nissoria; egli con la prima divisione corse a Piazza, indi a Caltanissetta, donde poi su per la traversa di Villarosa uscir alle spalle di Castrogiovanni, rimanente così in mezzo fra le due divisioni. Inoltre mandò mezza flotta a bloccar Palermo, e l'altra mezza a pigliar Licata, paese marittimo il più vicino a Caltanissetta, onde averne viveri e munizioni in caso di lotta lunga.

A Castrogiovanni s'eran ridotte l'ultime forze ribelli: l'artiglierie da montagna, la legione straniera, gli avanzi de' corpi di linea scampati dalla rotta, e quelli stati di guarnigione in Siracusa ed Augusta. Da Palermo v'era corsa la legione universitaria con ordine d'ingrossar via via con quanti incontrasse uomini armati, o che trovasse in drappelli per quei monti. Che che ne strombazzasse il suo comandante, e che tutta Sicilia accorresse, certo essa non che crescere mancò, sì che potè esser passata a rassegna in una chiesa a Vallelunga. Oltracciò stavano a Palermo quattro battaglioni fanti, uno di guardia, una brigata d'artiglieria, altro Battaglione era a Trapani, e si trovavano ben fortificate Trapani, Termini e Palermo. Le popolazioni non secondanti ma tenute a segno dal terrore. Ma il dimesso ministero e la proroga spontanea delle camere erano stati come l'abdicazione della rivoluzione; di sorte che i ministri nuovi, sentendosi non essere *i figli primogeniti della rivoluzione*, come quei primi si vantavano, ordinarono alla legione universitaria retrocedesse, ciascuno si restituisse al focolare; anche chiamarono a Palermo le truppe di linea postate a Castrogiovanni; e ciò fu segnale di pieno smembramento.

Impertanto il Nunziante avanzandosi da Leonforte occupò a 25 aprile senza colpo Castrogiovanni e Caltanissetta; e qui alla dimane arrivata la prima divisione, tutto l'esercito si trovò congiunto colà e a S. Caterina. La popolazione die' in una gioia sopragrandissima, e forte chiedeva arme per combattere ribelli; ma non occorrevano lotte fratricide. I deputati palermitani erano monsignor Ciluffo arcivescovo d'Adana, Giuseppe Napolitani, il principe Palagonia, il Marchese Rudinì e 'l conte Lucchesi Palli; accompagnavali un uffiziale francese, sendosi l'Inglese negato. Incontrata nell'acqua di Patti l'armata, dissero al Lettieri l'obbietto del viaggio; e volean persuaderlo a non portar le navi a Palermo, per non commuovervi gli animi; persuaserlo (orante il tenentecolonnello Alessandro Nunziante) a starvi almeno alla larga senza ostilità. Lo stesso Nunziante accompagnò i deputati a Caltanissetta, e presentolli il 27 aprile al duce Napolitano. Avean per via molti segni d'affetto avuto dalle popolazioni, e d'incitamento a presto finirla. Presentarono un atto così: « Palermo ha conceduto a noi l'alto onore d'umiliare a Vostra Eccellenza la sua piena sottomissione al re nostro augusto padrone, cui Dio voglia proteggere in eterno. Quest'atto è inspirato dal dovere, perchè la fa tornar nell'ubbidienza del principe dato dalla provvidenza, del quale la religione e la clemenza sono le principali virtù, ma essa v'aggiunge l'attestato del suo dolore pe' traviamenti ch'han conturbato l'animo di Sua Maestà, e fatta deplorevole la condizione delle genti da bene. E invero gli atti reiterati della clemenza sovrana mostravano la prodigalità delle sue grazie; ma la sventura di questo paese, acciecando gli spiriti di quei ch'avevano usurpata la potestà, tolse ai buoni il benefizio delle affettuose cure del loro re, e costrinseli a crudeli e lunghi sagrifizi. Ora se resta una speranza alla città infelice, ell'è nei sensi magnanimi del cuor paterno del re, nel ricordo ch'ei v'ebbe la culla, nella sua religione, e nella sua inesauribile clemenza.» Il Filangieri lo stesso dì con editto all'esercito enumerava le fatiche, i disagi, i pericoli sfidati, la vittoria catanese che avea fiaccata la ribellione, Palermo sottomessa, e Trapani e tutta Sicilia; e l'invitava a continuare nella fratellevole concordia con le popolazioni innocenti.

§. 29. Tumulti.

A 29 aprile l'esercito si rispinse avanti per S. Caterina e Vallelunga, sempre per via festeggiato, sicché a' generali mancava tempo da accogliere lo deputazioni da ogni villa accorrenti. Termini mandò a chiedere soldati per prevenire certe bande scorrazzanti ch'accennavano a occupare la città; corsevi da Vallelunga per Montemaggiore la brigata Zola, e v'entrò l'avanguardia col Pianelli a 1 maggio; sì salvandola dalla ruina cui i ribelli l'avrebbero esposta. Il Del Re con le navi veleggiando da Licata a Girgenti accogliea gl'indirizzi delle popolazioni marittime. A 3 maggio il Filangieri, procedente per colonna, entrava in Villafrate, e il Nunziante in Mezzoiuso ed Oliastro; il Pronio si stendeva a Misilmeli. Parati a battaglia s'avanzavano; perchè Palermo, malgrado la sottomissione, sendo tutta in arme e in mano di facinorosi, questi non si potevano acconciare a quiete. Inoltre v'entravano tutto dì i fuggenti dalle provincie capi ribelli, tementi le vendette popolari, i rubatori delle casse pubbliche, i galeotti evasi, gli stranieri, e ogni sorta micidiali e grassatori, come in estrema tana fortificata, da tentarvi l'ultima disperazione. La cittadinanza voleva a ogni costo stornar la lotta, dove, o vincendo o perdendo, sarian caduti preda o de' soldati furibondi, o de' difensori terribilissimi; ma questi non aventi case nè robe volean subugli e peripezie. Come comparve la flotta in rada, costoro presero a strillare: i napolitani non tener patti, avanzarsi ostili senza rispondere alla mandata deputazione. Laonde il municipio a calmarli stampò una lettera del consolo francese, assicurante i soldati verrebbero pacifici, voler il re tenessero i Palermitani a fratelli. Ecco gridan tal lettera offender l'onor nazionale, e fu uno sforzo della Guardia nazionale quella sera del 20 aprile a non farli sbizzarrire; ma sbuffavano, e sì al mattino strepitarono che fecero mutare il municipio. Il consiglio comunale accolta la rinunzia del pretore marchese Spaccaforno e dei sette senatori, fe' pretore il barone Riso, e altri senatori. La notte entrando in porto il battello recante il tenentecolonnello Nunziante con l'atto d'amnistia, ebbe cannonate dalla batteria Mondello. Al mattino, 1.° aprile, il pretore pubblicò ch'ei si recava sul battello a parlamentare, e stessero cheti. Di fatto chiese l'amnistia per tutti, anche pe' rei di colpe comuni; perchè sendo questi appunto i più, non lascerian l'arme per tornare in carcere. Ma mentre il Nunziante andava a provocare anche questa grazia, il fermento ribolliva in piazza; e fu mestieri il consolo francese assicurasse non si vedrebbe soldato se non terminate le conferenze.

Il Filangieri mancando di facoltà per perdonare i delitti comuni, mandò esso Nunziante al re; e sendo il re allora in campagna romana trascorsero giorni. Intanto gli schiamazzatori palermitani non posavano; dicevano illusorie le promesse, impostura l'amnistia, il fermarsi de' regi esser paura, tradimento il posar l'arme, tutto inganno: volean far sangue e succo a ogni modo. Indarno il municipio, indarno i Nazionali mettean buone parole, già uscivano a insulti contro i maggiori cittadini. S'aspettava con ansia il giorno 6, che doveva venir l'amnistia piena; trascorso quel giorno, eccoti i turbolenti rumoreggiare parole di tradimento e impostura, atti biechi, luccicar d'arme, minacce e braverie: tanto che in quello spavento, anche la Guardia nazionale si lasciò sforzare al grido di guerra. Questo motto terribile echeggia per la città tutta; e tutti armati si lanciano a migliaia per le porte a combattere i Borboniani sulla via da Misilimeli a Belmonte.

§. 30. Fatti d'arme.

Palermo era stata forte munita; ma non sendosi preveduto i Regi s'avventurassero a traversar per terra tutta l'isola irta d'armati con naturali e artificiali difese, s'erano ingegnati a contrastar gli sbarchi da mare; e molto aveano afforzate le coste. Avean posti grossi cannoni sull'acque dei Corsari, a S. Erasmo, al Foro Borbonico, alla Garìta, a Castellamare, al molo, al castelluccio del molo, all'Acqua santa, a Mondello e a Sferracavallo. Presso Solanto alzarono forti isolati, avanti la pianura detta delle Ciaculle, e dietro altra linea di fortificazioni con fossi larghi e fondi, poggiati a dritta su' monti S. Ciro, e a manca sulla spiaggia, sino alla ben munita batteria del Sacramento. I bastioni poi della città rafforzati, spezialmente quei d'oriente, e due barricate con fossi chiudean le porte; il tutto a prolungar la difesa dal mare sin sotto le mura di Palermo.

Ma tai provvedimenti riuscivano quasi vani, pel disegno seguito dal duce napolitano. Giunto per terra a Misilmeli per Belmonte, sforzando il passo di queste alture, s'arrivava al luogo detto *Scala del Mezzagno,* tra i monti Chiarandò e S. Ciro, donde scendendo a' piani di S. Maria del Gesù e di Guadagna pigliava di rovescio le fortificazioni. Come udì il tumulto scoppiato il 6 nella città e che non era da sperar d'averla senza sangue, mandò il mattino del 7 la divisione Pronio da Misilmeli a Bemonte, a incontrar le masnade avverse. L'avanguardia, cioè un battaglione del 13.° uno del 7.° di linea, travarcate le prime creste, sfila sull'altipiano appellato Stoppa, e scorto il nemico sulle vette, l'investe; il Pronto l'afforza con quattro obici, il resto del 13.° e un squadrone di carabinieri a cavallo; e in tre colonne le spinge al monte Gibilrosso, chiave di quel passo. Quelli respinti a poco a poco perdono lue vette S. Caterina e Montagnola, e lascian libera la via di Belmonte. Mentre i soldati girano attorno a questo villaggio s'alza sulla chiesa bandiera bianca; accostatisi, vengon da case e tetti colpiti da invisibili moschetti. S'appicca altra lotta; a sera il 13.° è padrone di Belmonte, son guadagnate le alture circostanti, e già s'è fatta mezza la via che mena al Mezzagno. L'altra divisione aveva occupato Marineo, così assicurando il dorso alla prima combattente.

Coll'alba si ricominciò. Avventandosi i Siculi rabbiosi da tutte bande, i regi

Storia delle Due Sicilie 1847-1861 361

respintili, trascorsero al villaggio Mezzagno, che assai ne patì. Restava Gibilrosso con solo una compagnia del 3.° di linea e pochi del 4.° entro il convento già diserto, e colmo di morti e feriti del giorno innanzi; però i nemici, speranti pigliare quel luogo, per tagliar a mezzo le forze regie, guidati dagli esteri pratichi di guerra, giran pel monte, prendono il picco alto di S. Ciro, e col battaglione francese in testa percussan fieramente quei pochi. Arrivan in quella stretta due battaglioni, il 3.° e il 4.° cacciatori, comandati da Gaetano Afan de Rivera tenentecolonnello, e bravamente dalla dritta a scacciano i Francesi; ma questi a risuscitar la fortuna più volte tirandosi appresso i più feroci, riassaltavano quella posizione, dove molto si combattè. Laonde il Filangieri a finirla trae soldatesche da Misilmeli, cui surroga con altre da Ogliastro. Fra esse un battaglione del 3.° svizzero arrivò a Gibilrosso e forte vi si tenne. Due cannoncini menati dall'alfiere Nagle fecero gran male al nemico; sicchè venne fatto scacciarlo da tutte le alture al piano delle Ciaculle; quivi pure i regi lo assalgono, respingono cariche di cavalli, lottano corpo a corpo fanti contro cavalli, ed entrano combattendo nel villaggio Abate; il quale e l'altro Ficarazzi e altre casine patirono guasti ed arsioni. Una compagnia del 4.° di linea con alquanti del 4.° comandata dal capitano Auriemma, perduti per ferite i tre uffiziali, spintasi oltre nello ardor della pugna, nè udendo la chiamata, restò a sera staccata dall'esercito, ferma sul guadagnato campo.

Il terzo dì, 9 maggio, i faziosi soccorsi da Palermo ritentano gli ultimi sforzi, assalendo i regi verso l'ore otto del mattino su tutta la linea da Gibilrosso per Belmonte alle alture sovrastanti la città. Il più fecelo la legione straniera, benchè stanchissima e morta di fame, ed ebbe danni di morti e feriti. I Borboniani vincitori potean la sera entrare in Palermo; ed anzi alquante compagnie giunte a vista delle porte furono da ordini severissimi rattenute.

§. 31. Resa di Palermo.

Mentre si combattea, Palermo fra terribili rischi fluttuava. Da tutta l'isola vi rifuggivano montanari e grassatori, col pretesto del difenderla. Grida eterne, bestemmie, minacce, tamburi, male parole, bandiere rosse parean cose da sacco e fuoco. Il municipio con questi batticuori fe' ogni possibile. Già i curati con editto a' *fedeli cittadini* avean predicato religione e quiete; i consoli delle arti con altra scritta avean raccomandato al popolo non istessero a sentire eccitatori; e 'l mattino del 7 il pretore a nome de' senatori minacciò gastighi severi a chi volesse *pescare nel torbido*, raccomandava a' buoni e a' Nazionali l'ordine materiale, e comandava niuno uscisse in istrada armato; ma la città tutta era arme. L'8 giunse Alessandro Nunziante latore dell'amnistia; la quale era un atto dato il 7 dal Filangieri da Misilmeli, in nome del re, dichiarante perdonar tutte colpe, e politiche e comuni, salvo per pochi capi congiuratori, (solo 43) la cui presenza era incompatibile colla pubblica quiete; e che s'intendesse nulla per qualunque non posasse l'arme, o perpetrasse altri delitti. Il Pellisier consolo francese la trasmise, e fu pubblicata, insieme a un manifesto del

Nunziante che assicurava inoltre i Borboniani non entrerebbero in città; ma di accordo col pretore occuperebbero i forti e i quartieri di fuori. Ciò non ispense il fuoco: chi sperava avanzar fortuna con le peripezie, soffiava; e la Guardia nazionale spiritò appunto in quel gran rischio, e si serrò in casa. Quella schiuma di ribaldi gridavanla traditrice, nimica del popolo, e minacciavano i nobili e il municipio. N'eran capi i due banditi Miceli e Scordato, cui per minor male i signori con gran promesse guadagnarono; ed eglino con vanterie e arti galeotte, or facendo i bravazzi ora i prudenti, li andavan trattenendo. Nè mancarono cittadini, fatti per ispavento baldanzosi, ch'osarono mostrare il muso. Dure parti per le vie, chi per la guerra chi per la pace, minacce scambievoli, fracasso d'arme e voci: si gridava tradimento, bugiarda l'amnistia; i più trassero con impeto diecimila fucili dall'armeria del castello, e strombazzavano difenderebbero a morte la città.

Dall'altra i buoni correvano al Filangieri. Il municipio al vedere i feriti e i fuggenti dalla pugna, tremebondo che le soldatesche inviperate entrassero combattendo, mandava ordini sopra ordini a' capi de' corpi cessassero dalla guerra; non ubbiditi, perchè la lotta cessò colla disfatta e a sera; e fu mera pietà del duce vincitore il rattenere i suoi, il che veramente salvò Palermo dall'ultimo sterminio. Il municipio e i curati al mattino del 10 mandarono a Misilmeli una deputazione, e furono: il curato Faija, il cappellano Giovanni de Francisci, il cav. Giuseppe Atanasio, Raffaele Tardi, Michele Artale, Salvatore Piazza, Giovanni Corrao, Vincenzo Grifone e Giuseppe Auriemma. Costoro bene accolti, seppero ottenere una lista dei nomi delle persone eccettuate dall'amnistia piena, stretta a soli quarantatre, cioè: Ruggiero Settimo, Serradifalco, Spedalotto, Scordia, Verdura. Giovanni e Andrea Ondes, Giuseppe La Masa, Pasquale Calvi, marchese Milo, conte Aceto, abate Vito Ragona, Giuseppe La Farina, Mariano Stabile, Vito Beltrani, Torrearsa, Pasquale Miloro, Giovanni S. Onofrio, Andrea Mangerua, Luigi Gallo, cavaliere Alliata (quello ito in Piemonte) Gabriele Carnazza, principe di S. Giuseppe, Antonino Miloro, Antonino Sgobel, Stefano Seidita, Emmanuele Sessa, Filippo Cordova, Giovanni Interdonato, Piraino di Melazzo, Arancio di Pachino, Salvatore Chindemi di Catania, barone Pancali di Siracusa, Giuseppe Navarra di Terranova, Francesco e Carmelo Cammerata pur ambi di Terranova, Gaetano Bianchi, Mariano e Francesco Gioeni, Giovanni Gramitto, Francesco de Luca, tutti e cinque di Girgenti e Raffaele Lanza di Siracusa.

Tornati pubblicarono la lista, lasciaron campo a' quarantatrè di svignarsele per torre ogni pretesto agli armati masnadieri, fu dato a chi il volle un salvacondotto per ritrarsi sicuri a casa loro. Molti vi si adoprarono gli stessi capi banditi Miceli e Scordalo; e sì riusciti ad assottigliare a poco a poco quei tristi ospiti, si potè chetamente al mattino del 14 nunziare che la dimane i regi entrerebbero. Il pretore finiva dicendo: « I soldati del re non verranno da conquistatori o nemici; ma da fratelli, e tali gli accoglieremo. » Di fatto il domani, 15 maggio, entrarono in ordine e in pace; occuparono Castellammare, l'altre posizioni fortificate e i quartieri; il resto si sparse a Monreale, Roccadifalco, S. Margherita, Sferracavallo, Baida ed Olivuzza.

Degli stessi quarantatre sbanditi, lo Sgobel ebbe grazia di restare, agli altri di mano in mano fu riaperta la patria. Ritornava dopo sedici mesi nuova pace. L'abbattimento della rivoluzione cominciato a 15 maggio da Napoli, compievasi a 15 maggio dell'anno dopo a Palermo; principio nell'una e fine nell'altra città del doppio regno; quasi la provvidenza, coincidendo fatali giornate, mostrasse agli umani la forza del suo dito possente.

§. 32. Considerazioni.

I soldati medesimi fatti uscire dal traditore De Sauget da Palermo inerme, ora con capitani fedeli avean conquistata tutta l'isola attelata a guerra: nè pigliavano vendetta de' patiti scorni; perdonavano i furti, gli stupri, le infamazioni, il sangue, il disonore, e abbracciavano i Siciliani. Anche la legione straniera, corsa a combattere in terra altrui contro il dritto, provò magnanimo il vincitore, potè andar libera, tenute l'arme sino al dì della partenza; perlocchè il suo comandante maggiore Jerk-Manour e diciassette uffiziali *i soli che non avean nella sventura abbandonato la legione*, resero larghe grazie nell'indirizzo che fecero al Filangeri, promettendo *divulgare cotanto nobile atto di lui nel popolo francese, giusto apprezzatore di cose grandi e generose*. Dodici anni dopo lo straniero Cialdini a Isernia bestialmente appellava assassini i generali regi non traditori, e fucilava i cittadini che con l'arme difendevano la patria. Così l'onore e la magnanimità, cose ignote a' settarii, van sempre con la causa onorata e giusta.

Adunque Sicilia sola in Italia era pacificata con forze indigene, allora quando interventi stranieri riponevano l'ordine nel resto d'Italia e in Germania. Prima ad alzare i tre colori, prima fu a vederli abbattuti; e l'avria visti anche prima cadere, se alla lotta interna non fossesi aggiunta la diplomatica, che quella ingagliardì e prolungò. La mano inglese evocò la rivoluzione, Francia la nudrì; ambe le furon larghe d'arme, simpatie, danari, consigli, uomini e protezione. Ferdinando trionfò delle due lotte: sui campi con pochi soldati, nel diplomatico agone con la proclamazione alta del dritto. Signore di piccolo stato, uno spicchio d'Italia, solo in Europa non fu soccorso da nessuno, solo domò con poco la setta mondiale. Rattenuto da ingiusto intervento di forti stati stranieri, seppe invocare il principio vero del *non intervento* per riguadagnare la pace. Tanto potè, perchè avea con seco il suo popolo. La rivoluzione importata da fuori, famelica e tiranna, abborrita da' regnicoli, fu abbattuta dalla nazione; chè nazionale era l'esercito pugnace (meno ottomila Svizzeri) coscritto in tutte classi sociali, nazionali i municipii reazionarii, nazionali i marinari e gli ufficiali civili e militari che trionfarono; da' quali la rivoluzione siccome cosa straniera fu calpestata. Napolitani erano i duci regi che vinsero; i duci rivoluzionarii eran Polacchi, Francesi, Nizzardi, o settarii ch'han la patria per caso. Questo vero tremendo a' reggitori di Londra e a' loro protetti congiuratori, fu con grande astuzia dissimulato dagli scrittorelli d'oltremonti e d'oltremare; appellarono nazione i pochi ribelli snidanti stranieri d'ogni nazione, e dissero mercenarii i soldati regnicoli, e gli stessi napolitani e siciliani loro duci ch'avean debellata la rivoluzione. Ben però sapevano che i nomi da lor mutati non mutavano il fatto; laonde lavorarono altri dieci anni con seduzioni, corruzioni o sin col veleno a dislegar l'esercito, e a suscitar ire e brogli nel paese. La storia disvelerà loro nefandi sforzi impotenti: sì, impotenti, perchè allo scoppio del 1860 non poterono trionfare la rivoluzione che con forza di arme straniere. Trionfo vacillante sorretto a mala pena da centomila baionette nemiche.

LIBRO UNDECIMO

SOMMARIO

§ 1. Pio IX chiede aiuto a quattro nazioni. — 2. Controrivoluzione toscana, e interventi tedeschi. — 3. Francesi contro Roma. — 4. Questa prepara difese. — 5. Fatto del 30 aprile. — 6. Entrata de' Napolitani. — 7. Scaramuccia a Palestrina. — 8. Tregua parziale de' Francesi. — 9. Ritirata de' Napolitani. — 10. Fatto d'arme di Velletri. — 11. Giudizi sulla ritratta. — 12. Il Garibaldi ad Arce. — 13. Spagnuoli e Napolitani in campagna di Roma. — 14. Presa di Roma. — 15. Fuga dei Garibaldesi. — 16. Fine della rivoluzione. — 17. Vantamenti. — 18. Mali prodotti alla Sicilia. — 19. Onori al Filangieri. — 20. Suo grave fatto. —21. Reintegrazioni. — 22. Riordinamento dell'isola. — 23. Il nuovo ministero. — 24. Decreti per Napoli. — 25. La rosa d'oro. — 26. Pio IX a Portici. — 27. La setta degli Unitarii. — 28. Attentato del 16 settembre 1849. — 29. Cerimonie sacre, e meteora. — 30. Incendio. — 31. Ritorno del Papa a Roma. — 32. Ritorno alla pace.

§. 1. Pio IX chiede aiuto a quattro nazioni.

La società volea riposo ma durava ancora Ungheria ribelle, ancora Italia nel Veneto, in Toscana e a Roma travagliava, e Leopoldo e Pio IX ospiti a Gaeta aspettavano il finir della tempesta. Sin dal 4 dicembre Pio aveva invocato il soccorso de' sovrani cattolici; e Carlo Alberto, per intraversare, gli avea, sospinto dal Gioberti, scritto il 24, mandatogli anche legati, pregandolo venisse a Nizza, non chiedesse braccio d'oltramontani. Ebbe risposto già ita la richiesta del soccorso, il Papa a Gaeta star meglio a' suoi sudditi vicino. Eran seguìte molte conferenze diplomatiche per la restaurazione del trono pontificio. La repubblica francese, tenendo esosa quell'orgia romanesca insanguinata, dissi aver mandato soldati per debito d'onore, per non parer solidale con assassini; però succeduto al repubblicano Cavaignac il Bonaparte imperialista non potè schivare l'eredità della cominciata impresa voluta da Francia, siccome da tutta Europa. Spagna propose un congresso di corti cattoliche; Russia, benchè scismatica, offerse l'arme sue a pro della potestà temporale e spirituale del pontefice; lo stesso Palmerston nimicissimo, non osando nulla contro l'opinione generale, con volpino piglio volse a' 5 gennajo a Parigi un dispaccio, allarmante che il Papa *per la sua grande e vasta influenza* nella maggior parte d'Europa, dovea restar sovrano di territorio indipendente, perchè non fosse adoperato da nessuno stato a danno d'un altro. Il ministro Schwartlzemberg tedesco a 17 gennajo scrisse al suo legato a Parigi sulla necessità « di por termine all'esilio del Papa, e sul dovere il mondo cattolico restituire la libertà al capo visibile della Chiesa. Austria e Francia cattoliche dover levar prima la voce, e 'l re delle Sicilie aver doppio dritto d'entrar terzo nella lega, e perchè cattolico, e perchè vicino allo stato papale, e perchè solo prence italiano vittorioso della rivoluzione. Lo stesso Santo Padre, scelto asilo presso di lui, aver mostro confidenza nella fede e nello forze di esso; rifiutarne l'intervento saria offendere Pio IX. Proporre s'intimasse al governo rivoluzionario di cessare; negandosi, Napoli e Austria volerebbero sopra Roma; una flotta francese comparisse a Civitavecchia.» Luigi Napoleone si trovava aver egli stesso combattuto nel 1831 contro la potestà papale, e più d'avere stampato a 2 dicembre 48 nel *Constituitionnel* che *non approvava la spedizione* del Cavaignac contro Roma; ora poi estolto in seggio dalla rivoluzione, non potendo darle aperto in fronte, usò artifizii a ritardare l'impresa; e per non parer di pigliarla esso, cercò di farla pigliare al Piemonte rivoluzionario. La Francia concedeva ad altri l'onore di restaurare il Papa, ma egli non entrava in impegni: se le cose della setta andassero a male, l'amico Piemonte se ne facea merito con la cristianità, laddove se andassero bene esso si trovava col piede in Roma. Il Gioberti corse a Parigi per guadagnar quell'assemblea; e fu allora che il Falloux rappresentante gli disse che a voler celare la Francia dietro Sardegna era come nascondere un gigante dietro un filo d'erba.

Il pontefice a 14 febbraio con nota solenne a tutti gli stati d'Europa chiese aperto il concorso morale della cristianità, e lo intervento armato di Austria, Francia, Spagna e Napoli, siccome nazioni che per positura di territorii potean presto operare. Non s'oppose Inghilterra, anzi a 9 marzo con dispaccio confermò ch'avendo essa molti milioni di sudditi cattolici, volea il Papa esercitasse la sua sovranità con indipendenza. Russia e Prussia aderirono, e confortarono. Allora, volente Iddio che nazioni eterodosse, scismatiche e cattoliche s'accordassero tutte a restaurare il Papa, il Piemonte s'ingegnò d'ottenere almeno di concorrere con gli altri; e Napoleone propose i Francesi sbarcassero a Spezia, e uniti a' Sardi entrassero per Toscana nelle legazioni; ma Pio IX temente i disegni de' Sardi agguantatori, non volle. Altri propose i Francesi sbarcassero a Gaeta, e co' Napolitani assalissero Roma, ma nol volle Napoleone, che pe' suoi fini non si volea stringere a' Borboni. Da ultimo fu risoluto che le quattro richieste nazioni, i quali rappresentanti dell'Europa cristiana, concorressero insieme a riporre in seggio il vicario di Cristo. Subito Francesi e Spagnuoli da occidente, Napolitani da mezzodì, e Tedeschi da settentrione si mossero.

Avvenne in queste consulte che sendo a Napoli il senatore Plezza come ministro di Sardegna, il nostro governo tenevalo a bada, senza riconoscerne la qualità, mentre si recava a Parigi il nostro ministro Cariati. Di questo il Gioberti sospettò andasse a dimostrare voler i Piemontesi lanciarsi in mezzo per aggraffarsi le Romagne, di che forte indignato gridandola *indegna calunnia*, richiamò il Plezza, interrompendo le relazioni col reame. Oh che calunnia!

§. 2. Controrivoluzione toscana, e intervento di Tedeschi

La lega contro Roma mise il senno in capo a' Toscani. Gli uomini del dritto ne presero ardimento, e lor si unirono quei più astuti liberali che viste le cose in naufragio s'afferravano alla tavola del fingersi Leopoldini per trovarsi in seggio a tempi migliori. Erano state a 11 aprile certe zuffe in Firenze per indisciplinatezza di quelle milizie, e la gente non ne potendo più avea gridato il Gran Duca. Alla dimane il municipio e altri cittadini a capo di gran popolo gridante Viva Radetzki, morte a' liberali, invasero Palazzo Vecchio, a scacciarne il Guerrazzi dittatore. Questi chiamato a morte la scampò con la mano de' restauranti liberali, che gli dettero pur mille lire per farlo andare; ma crescendogli il pericolo nel viaggio, fu fatto ascendere sul forte belvedere, dove poco stante ebberlo a tenere, per non farlo accorrere a Livorno ribellata. I Fiorentini sonando le campane atterrarono gli alberi della libertà, e dettero il governo al municipio con cinque cittadini, fra' quali il liberale, allora retrogrado, poi famosissimo traditore baron Bettino Ricasoli, uomo ch'ha più facce che camice. Costoro abolirono la costituente, sciolsero la guardia di sicurezza, proibirono i circoli, fecero in ministero, e chiamarono in città le guardie nazionali del contado. L'altre città di Toscana aderirono alla controrivoluzione, salvo qualche protesta a Pisa e Pistoia. Livorno protestò il 18, e s'armò, e ricettò i ribelli fuggenti da tutto il ducato.

I cinque della potestà volendo serbare il lievito per l'avvenire, si maneggiarono prima per un intervento di Piemontesi, poi di Sardi e Napolitani misti, e sin di Francia e Inghilterra ch'occupassero Livorno. Ma Torino dopo Novara avea pattuito col Tedesco di non mescolarsi in Toscana; Napoli aveva Sicilia sulle braccia; e gli Anglo-Francesi per gelosia l'un dell'altro preferirono la neutralità; sicchè l'unico possibile intervento era l'Austriaco, il solo che facesse paura a quei pseudo-legittimisti; perlocchè costoro, che senza scrupolo avean chiesto l'intervento inglese, mandarono a Gaeta il Cempini presidente del Senato con altri sei a pregar Leopoldo tornasse a Firenze, *risparmiasse l'intervento straniero*. Recò questi un indirizzo di quei reggitori nel quale insidiosamente dicevano al principe *aver promesso a' popoli ch'ei tornerebbe costituzionale*. Il Gran Duca vide la trappola; sapeva la precarietà di quella transazione in quel paese, dove la stessa setta faceva e rifaceva a tempo mutazioni pro e contra; rispose conciso: avrebbe preso da sè le redini del governo.

Intanto l'Austriaco general d'Aspre entrava per Pietrasanta, con quattordicimil'uomini; occupava Lucca e Pisa a 8 maggio; e il 10 volse a Livorno. Con esso era l'arciduca Carlo, e 'l Duca di Modena ch'avea strenuamente combattuto a Novara. L'Aspre da Eboli die' una proclamazione, e disse l'Imperatore intervenire cedendo al desiderio del gran Duca; ma a me par certo questi nol chiedesse, benchè non disdicesse quell'editto, e non s'opponesse: e come il poteva? Il domani aperte due brecce nelle mura di Livorno, die' l'assalto; i difensori gente ragunaticcia, resistettero un po' dalle case, poi fuggirono alle navi; ma sessanta presi andaron moschettati. A' 25 i Tedeschi entrarono in Firenze. Subito contro il Guerrazzi sursero cause e querele pubbliche e private; onde il magistrato n'aveva ordinato detenzione; però dal forte Belvedere fu stretto in quel di Volterra.

Altri Tedeschi, varcato il Po, facevano a 6 maggio da Castelfranco una proclamazione agli abitanti degli stati papalì, dichiarante ricondurre il governo legittimo, ed entrarono in Ferrara. A Bologna andò il general Wimpffen: la fazione vi si difese. Accorrevan da Imola quattromila volontarii con un Pianciani, e un battaglione Zambeccari da Ancona; saputolo i Bolognesi, fanno una sortita per porre il nemico in mezzo, ma a' primi colpi fuggono; quei del Pianciani si sbandano. I Tedeschi han Bologna per accordo il 10; investono Ancona, stipulando patti col municipio a' 19 giugno, e v'entrarono a' 21, terzo anniversario della coronazione di Pio IX. Lo stesso dì gliene mandan le chiavi pel tenentecolonnello Korber.

§. 3. Francesi contro Roma.

I governanti di Roma a stornar l'uragano s'erano aiutati co' loro adepti in tutta Europa. Inviarono a Londra un Macarty, Inglese, all'amico Palmerston per protezione. Costui oltre i segreti legami e le simpatie pel Mazzini, non vedea volentieri correr Francesi nel cuor d'Italia, de' quali non si potea dire quando ne partissero; ma vi s'ebbe ad acconciare, perchè nol poteva impedire in niuna guisa, e perchè, come scrisse, se non eran Francesi a restaurare il papa, sariano stati Tedeschi.

Spendevano un tesoro a sostenere il loro partito nell'assemblea Parigina. Quivi a' 16 aprile furono rumori molti, chi pel Mazzini, chi pel pontefice; e parecchi repubblicani di là eran retrogradi per quà. Chi paventava per la religione, chi temea non iscendessero Tedeschi ad abbattere tutte franchigie; e il generale Lamoricière sostenne che la Francia andasse a Roma, *se non per salvarvi la repubblica, almeno a salvarvi la libertà*. L'assemblea a' 17 assentiva alla spedizione; e incontanente il generale Oudinot veniva con quattordicimil'uomini, cioè sei reggimenti di fanti, un battaglione cacciatori, tre d'artiglieria, due compagnie del genio e cinquanta cavalli. Avea seco un segretario di Legazione, Signor Latour d'Auvergne. Cotesto generale stato allora comandante l'esercito dell'Alpi, e speranza della rivoluzione che scendesse in Italia, ora invece la Provvidenza faceval venire a fiaccarla. A lui il ministro Drouyn do Lhuys dava scritta la proclamazione da promulgare e istruzioni dicenti: *La Francia venire a combattere il governo che grava sugli stati della Chiesa*. Giunse a' 24 aprile a Civitavecchia, e mandò il Tenente colonnello Leblanc con la proclamazione a Roma, per invitarla a posar l'arme: ma v'aggiunse altri uffiziali per iscrutar gli animi de' Romani: seppe la città starne in balia di stranieri, i cittadini volere il papa.

§. 4. Roma prepara difese.

Intanto v'era entrato il fuggito da Genova Avezzana, il Mazzini, e migliaia di fuorusciti di tutta Italia; i quali respinti dalle patrie terre, correvan là a tentarvi l'ultime prove. Il Garibaldi che n'aveva a Rieti una legione di 1500 con 90 cavalli, accorse, ed entrò in Roma sul tramonto del 27 aprile. Questi avea trista fama; e la gazzetta uffiziale di Torino a' 17 agosto 48 raccontò di lui che avea rubati ad Arona settemila franchi, e fatto fucilare tre ostaggi con violazione di patti e offese alla disciplina e all'umanità. Venne anche un Luciano Manara Milanese con una legione Lombarda a Civitavecchia, cui l'Oudinot interdisse di sbarcare; sbarcò a Porto d'Anzio a' 27 aprile; e di là in Roma ai 29. L'Oudinot sequestrò anche diecimila fucili, e tenne prigioni da 300 Bersaglieri romani col loro duce Pietro Melara che trovò a Civitavecchia; ma si fe' persuadere da' regoli di Roma, e per isperanze d'evitar guerra li lasciò passare. Cosiffatti ospiti senz'arte, fuorchè quella del servire a prezzo, alzarono gli spiriti de' rivoltosi, e gl'incaponirono a resistenza. Il Garibaldi in tunica rossa facea passeggiate teatrali, il Saliceti napolitano energumeno presiedeva l'assemblea; eran triumviri il Mazzini Genovese, il Saffi Forlivese e l'Armellini romano, beneficatissimo da' papi. L'Avezzana notaio genovese ministro di guerra, eruttò ordini del giorno ridicolosi per gonfia orientalità; e subito creò generali il Garibaldi, il Rosselli, e il Marocchetti, uomini stranieri. I tre facevan decretoni, con formula, *In nome di Dio e del Popolo*. Si dibattè se accogliersi o no i Francesi; il solo Armellini, volea pace, i colleghi vollero guerra, dissero, *per salvar l'onore*; egli per la pace perorò, ed ebbe fischi nell'assemblea; la quale decretò: *I triumviri salvassero la repubblica, respingessero la forza con la forza*. Quindi proclamazioni di fuoco: appelli a Nazionali, chiamate all'arme le popolazioni del contado, una legione Polacca, commessioni di barricate, asserragliamenti di strade, abbattimenti di case, creati capipopoli e capimasse, soprassoldi di campagna a' soldati, comitati d'ospedali; pertanto nuovi debiti per sei milioni di scudi, carta moneta quanta se ne volle, moneta falsa, denari tolti a chiese e monasteri. Inoltre toglievan bardamenti e cavalli a forza da tutti, e davan ricevute; fean requisizioni di quant'arme fossero in città, e davano buoni, cavavan contanti da privati, e davano quietanze, pigliavan con decreto tutti gli argenti lavorati de' cittadini, e davano pagherò. Per far questo spaurimenti, minacce, busse; la gente era presa e carcerata, investite le case, frugate, spogliate; a' retrogradi vituperii, ferite, motti di fucilazione, per cavarne danari e roba.

Ciò non serviva tutto alla guerra materiale; molto restò nelle tasche liberalesche; molta moneta navigò in Francia a confortare la *montagna* nell'assemblea, e a pagare il partito socialista, che scoppiò poi nella sedizione del 13 giugno a Parigi. Dall'altra il triumvirato a pasteggiar la plebe stampava decreti. Tolse i dritti pe' gradi accademici, abolì le tasse sulle patenti e mestieri, e rifece le leggi de' Gracchi per ispartimenti di beni nazionali. Zeloso di religione, mise predicatori al popolo; e die' celebrità al barnabita Ugo Bassi Bolognese, ch'avea poco innanzi inneggiato a Pio IX. Confiscò i beni ecclesiastici e de' luoghi pii, abolì i voti religiosi, invitò religiose a pigliar donne, e volle che in caso di periglio le campane sonassero a stormo. Tra l'altre decretò magnificamente il Po esser fiume nazionale; e mostrò animo umano proibendo la caccia delle quaglie.

§. 5. Fatti del 30 aprile.

L'Oudinot duce di repubblicani, credendo i repubblicani l'accogliessero a braccia aperte, s'avanzò con fidanza sopra Roma: a' 28 aprile fu a Palo, ai 29 occupò Castel di Guido, e poi Ostia e Fiumicino, per vietare il transito delle munizioni e tener aperti i passi da comunicare co' Napolitani vegnenti da Terracina. Tentò il mattino del 30 entrare nella città; vi si spinse poco ordinato, e vi trovò preparata battaglia. Il Garibaldi co' fuorusciti d'Italia messo in agguato fuor delle mura a S. Antonio, lo salutò con moschettate e scaglie; però la furia francese, combattendo con isvantaggio più ore, non fe' frutto; e respinta fuor d'ogni aspettazione, lasciò dugento morti, e 250 prigionieri con un maggiore Picard. L'Oudinot allora cominciò l'investimento regolare, e si mise sulla dritta del Tevere, da porta Portese alla strada di Civitavecchia.

Quell'avvisaglia i triumviri nunziaronla all'asiatica come gran vittoria *che consolidava la fondazione della repubblica, e toglieva alla Francia ogni influenza politica su di loro, e avea fatto tardare ogni dritto alle loro simpatie*. Gran danno!

§. 6. Entrata de' Napolitani

Re Ferdinando non potea menar grosso contingente, chè allora ancora si combatteva in Sicilia, e dovea guardarsi il continente, donde la setta potea dargli nelle spalle; ma alla pochezza delle forze, aggiunse la regia presenza. Fu questo più atto magnanimo che prudente, avventurarsi di re Borbone con poca gente, per cooperar con l'arme d'una repubblica francese e d'un Napoleone presidente. Quello non era esercito bastevole, nè composto con giuste proporzioni: pochi i fanti, molti i cannoni e i cavalli, ingombro non difesa in terreni inadatti; recavali per fornirli a' Francesi che n'avean difetto; si credeva stare in leale accordo con essi, nè aver solo senza quelli occasione di battaglia.

Sullo scorcio d'aprile rassegnò sue genti sulla frontiera: eran due brigate, una di fanti 6738 col brigadiere Lanza, l'altra di 1777 cavalli col brigadiere Carrabba; poi sei batterie di 52 cannoni, cioè una da dodici, due da sei, uno d'obici da dodici, e due di montagna da quattro. A tutti comandava il general Casella, vero duce il re. Accompagnavanlo i conti d'Aquila e di Trapani suoi fratelli, il cognato D. Sebastiano infante di Spagna, e tre aiutanti generali: il Saluzzo, il conte Luigi Gaetani e 'l principe d'Ischitella, ministro di guerra. Il 28 da Fondi mandava all'Oudinot un dispaccio per un uffiziale della legazione francese, notificante la sua entrata in campo; la dimane travarcava a Portella il confine, e per Terracina e Velletri giungeva a' 5 maggio ad Albano, e occupava Castelgandolfo e Marino. Lo stesso dì vi arrivava il brigadiere Winspeare ch'era entrato il 30 da Ceprano e Frosinone con altra mano di truppe. Fu posto il campo sì da non poter essere sorpresi, nè costretti a combattere con isvantaggio; posero indietro ad Ariccia trentamila razioni, artiglierie e carriaggi, e a Porto d'Anzo la somma delle munizioni da bocca e da guerra. Il seguente dì, 6 maggio, andava a Palo il colonnello d'Agostino, per concertare il da fare col duce francese; fu stabilito l'occorrente; anzi l'Oudinot con foglio del 7 confermavalo ai re, lodando l'armonia che nello interesse religioso degli stati cattolici era fra le differenti soldatesche.

Il monitore romano così a 5 maggio avea nunziata la venuta de' Napolitani: « Il re bombardatore mena suoi carnefici. Questi han distrutta Messina, devastata Catania, scannati fanciulli, violate donne, saccheggiate chiese; e se tanto danno fecero alla loro patria, che non fariano a paese altrui? Sanno che in Roma son ricchezze; guai se li fate entrare. Romani! bisogna pagare a questi cannibali i passati misfatti, il conto è pieno, si deve saldare; all'arme! Ciascuno brandisca un ferro e ferisca, ciascuno ne uccida uno. Ogni casa sia baluardo, ogni finestra feritoia, ogni siepe agguato, ogni arnese un'arma. Non li contate, ne conterete i cadaveri. Beato chi uccide il suo! La patria di Bruto non accoglie Borboni ladroni altro che spenti. Coraggio: il campidoglio aspetta glorie nuove; il nome romano si fe' grande a' 30 aprile, domani diverrà *gigante*! Colpire! ferire! uccidere!..... » Scimierie di borie pagane. Ma gli antichi con modesti detti operavano grandi fatti; eglino con tai spampanate coprivano le rapinazioni; e mentre allora avean rapito a' cittadini cavalli armi ardenti ori, tassavano ladrone re Ferdinando. L'odio di costoro non avea limite. In questo medesimo tempo il Pepe, avendo a lasciar Venezia aspirava a portar l'arme straniere contro la patria, chiese al Saliceti presidente l'assemblea romana diecimil'uomini per assaltare il regno: questi rispose averne appena da difendersi in Roma.

§. 7. Scaramuccia a Palestrina.

Avean fatto sospensione d'arme co' Francesi; però prima che il re giungesse ad Albano, il Garibaldi la notte del 4, uscito da Porta del popolo con tremil'uomini, arrivò al mattino a Tivoli; il 6 occupò Palestrina, e trovatosi incontro all'ala dritta napolitana, vi fe' opere da difesa. Il re a' 9 die' avviso di questo all'Oudinot. Rispose da Castel di Guido, ch'avendo avuti rinforzi da Francia poteva passar sulla sinistra del Tevere; nol faceva sendovi noi, ma porrebbe un ponte a S. Paolo per dominare le due sponde e comunicar co' regi; questi serrassero la via da manca, ei da destra chiuderebbe quella di Toscana. Del Garibaldi nessun motto. Ma già il re a snidar costui aveva ordinato al Winspeare che da Frascati gli desse dietro, e inoltre dalla sua dritta spiccò il Lanza con tremil'uomini e quattro cannoni da montagna, sì da porlo in mezzo. Questi, udito per via il Garibaldi esser ito a Valmontone, minacciandovi il sacco in pena delle rialzate arme papali, vi si volse l'8 maggio, e con poco sforzo occupò il paese, dove trovò 82 fucili; la notte fu molestato da' scorrazzatori, al mattino investì Palestrina. V'eran tre vie, ed ei v'andò per due. Die' al colonnello Novi, uomo inetto, un battaglione e pochi cavalli per la via Rossa, più breve; egli col resto andò per la consolare che vien da Roma sulla destra del nemico, sin quasi sotto le mura della città, la cui porta era barricata e difesa. Essa è cinta di mura, sopra un colle sovrastato da irto monte, con su un monastero; dal quale il Garibaldi scoprendo il paese vide il doppio assalto; perocchè si postò con a manca i Lombardi comandati dal Manara, e a destra la legione italiana e due compagnie di esuli; imboscò a un miglio avanti la città alquante centinaia. Prima il Novi perseguitando i ritraentisi da Valmontone cadde nell'imboscata, e si trovò bersaglio di gente ascosa nelle fratte; nondimeno i soldati baldi più ore risposero co' moschetti. Poscia il Lanza sull'imbrunire arrivò; e senza badare, respinti gli avamposti, dette dentro in luoghi murati, dove nè poteva spiegare sue forze nè spingere i cavalli; ond'ebbe a chiamarli indietro per istendere i fanti dai lati. Combattevano case e muricce; co' cannoni percuotevano la barricata; e sì scoperti contro ascosi egli e il Novi sprecarono all'aria munizioni assai, senza disegno, senza pro, senza neanche pensare a congiungersi, sinchè il buio fitto fe' sostare. Si posarono poco discosto a Colonna per ricominciar col giorno. Perdemmo sei uomini, e feriti ventisei con tre uffiziali; il nemico disse aver perduto dodici morti e quaranta feriti. Eppur di questa scaramuccia il Garibaldi, ch'era retroceduto da Valmontone, e non s'era spostato dalla difesa, scrisse come di gran vittoria a' Triumviri; e i loro giornali la strombazzarono alta.

Nulladimeno udendo venir il Winspeare da Frascati a vietargli la ritratta, finse ordinar lavori da difesa, pose fuochi assai, e la notte, dicendo esser chiamato a Roma, se la svignò cheto; corse difilato ventotto miglia, ed entrò in Roma, deludendo quei suoi repubblicani che fuori porta S. Giovanni aspettavano, per vedere *i prigionieri e i cannoni conquistati*.

Ma promulgò un ordine del giorno dicente: *Questa ritirata è una seconda vittoria*.

Sendosi con la partita di lui raggiunto il fine, fu ordinato al Lanza di riedere al campo. Il Winspeare mosso da Frascati aveva avuto per via pochi colpi a Montecomprato con quelli accovacciati nelle boscaglie, al 15 entrò in Palestrina; trovò da' Garibaldesi fatti vilissimi usi di certe chiese, mutilate le sante immagini, profanati arredi e vasi sacri, perpetrati furti e rapine. Il Novi per ordine occupò Velletri; e vi preparò le stanze al colonnello Cotrofiano, che veniva il 17 da Terracina, con altri 1400 soldati.

§. 8. Tregua parziale co' Francesi.

Il fatto del 30 aprile, dove i Francesi erano stati con perdita respinti, volò a Parigi sull'ali della setta, esagerato, magnificato, prima che l'Oudinot ne rapportasse la giustezza del vero. Il Mazzini presene opportunità per far da' suoi amici schiamazzare nell'assemblea così: « Menzogna che i Romani voglion il Papa; ecco il fatto mostra che da gagliardi difendono loro libertà. Francia sta lì a sostenere l'Austria e assolutismo, non libertà popolare, come s'addice a repubblica; ma essa deve recare in Italia libertà non tirannia, e Roma non assalire si deve ma *pacificare*.» In contrario altri molti li rintuzzavano: « Mazzini, Garibaldi, triumviri, presidenti, generali, uffiziali e soldati non son Romani; non è romano il battaglione lombardo, non l'Avezzana co' Genovesi; tutta è gente fuoruscita d'altre patrie. Favellate di libertà, ma non dite gli spogli violenti a quei cittadini; non dite ch'assaliamo Roma per darle pace vera e torle l'anarchia. Non è pacificare permettere a un paese la padronanza di stranieri, che manomettono proprietà e religione, che bruciano confessionali, e spretano preti.» Seguirono su questi tenori sì opposte dicerie, che l'assemblea com'onda fluttuosa, travolta da garose passioni, infine a maggioranza votò sibillino: «La spedizione d'Italia non più si svii dal suo scopo.»

I ministri stimarono eseguire tal volo mandando un deputato della sinistra, un Lesseps, (stato consolo a Barcellona) qual uomo diplomatico di costa all'Oudinot, per trattare con le popolazioni romane; nè gli dettero mandato chiaro sullo scopo della missione; ond'egli lo interpretò di sua testa, secondo sua passione. Ma chiara fu la ingiunta lettera del presidente Bonaparte: *evitare a ogni costo l'azione comune co' Tedeschi e Napolitani;* e anche chiaro gli favellò il ministro degli esteri: *dicesse a' Romani non voler i Francesi stare uniti a' Napolitani contro di loro.* Il Lesseps s'accompagnava con un Accursi, già reo di maestà, perdonato da Pio IX; con esso la notte del 14 maggio giungeva al campo francese presso Roma, e subito iniziò pratiche segrete e palesi co' triumviri. A' 17 concluse a voce una tregua. Pur d'accordo in questo di far danno a re Ferdinando: i Francesi per restar soli all'impresa, i tre per voltar tutte forze sovr'esso, e debellarlo fuor del regno; il che se fosse venuto fatto, avria allora anticipato il 1860. Per essi quella tregua parziale, da combattere loro nemici a uno a uno, fu buona astuzia; pel Lesseps fu alta perfidia; chè abbandonava solo un corpo d'esercito venuto compagno, a portar aiuto di cannoni e cavalli. Quella tregua, fatta verbale, a posta per dissimularla, fece arrossire gli uomini onorati di Francia.

§. 9. Ritirata de' Napolitani.

Il re, cavato di Palestrina il Garibaldi, era sicuro da' fianchi; ma questi usciva a foraggiare spesso per le vie di Tivoli e Frascati, taglieggiando i paeselli; però a infrenarlo corse una regia brigata per Colonna, Zagarolo e Palestrina. Intanto, scorrendo i giorni, nè vedendosi frutto dell'accordo con l'Oudinot, v'andò un'altra volta l'Agostino a' 15 maggio; e seppene voler Francia operar sola, il Lesseps intendersela co' ribelli, e gavazzare dentro Roma a scorno di quel duce. S'aggiunse che agli avamposti regi fu intercettato un foglio, dove scriveano da Roma che i repubblicani sicuri dell'inazione de' Francesi, uscirebbero con tutte forze, e con una parte assalirebbero i regi ad Albano; con l'altra girando da Velletri lor chiuderebbero la ritirata. Ferdinando benchè inscio della tregua, considerò frustrato lo scopo del suo venire, pel rotto accordo co' Francesi; aver poche truppe, inadatte a campeggiar sole, la maestà regia non dover restare a discrezione d'un deputato di sinistra dell'assemblea parigina; quel subdulo operare poter accennar a peggio; egli doversi ritrarre, e guardarsi la frontiera del regno. Prima di muovere il campo emanò il 17 una protesta. Diceva: esser «venuto meno tra le sue schiere e le francesi l'accordo ch'è di necessità in guerra. Francia voler restar sola, anzi il suo legato ospiziar ne' ribelli, e lasciar tutto il pondo della rivoluzione gravar sul piccolo esercito napolitano, venuto per concorrere con altri all'impresa, non per pugnar solo. Esser mancate Austria e Spagna presso Roma, com'era convenuto, però egli tornar nel reame a guardar gli eventi. » Lo stesso dì si mosse lentissimamente, stette la notte ad Ariccia, la sera seguente a Velletri, così in due dì facendo dodici piccole miglia. Colà posò a modo di guerra, accampando i cavalli, i cannoni e le salmerie fuori porta di Napoli, per ripigliar la via alla dimane 19 maggio.

§. 10. Fatto d'arme a Velletri.

Il Roselli capitano di tutte l'arme repubblicane, da più dì trattando la tregua mulinava su' modi da cogliere il re. Univa in segreto quanto più potea gente, e studiava la posizione del campo regio ad Albano, cui confessa nelle sue memorie esser piantato con senno, sì da far buona difesa dovunque assalito; però divisava circuirlo da' fianchi e da tergo da Valmontone e da Velletri. Adunò, dic'egli, 10874 combattenti e dodici cannoni; ne fe' cinque brigate di fanti e una di cavalli: e uscì per porta Lateranense la sera del 17, il giorno appunto della tregua conclusa. Al mattino sostò a Zagarolo per trovar da mangiare, la sera accampò a Montefortino e Valmontone. Quivi il Garibaldi comandante del centro venne primo a sapere i regi ritrarsi, e già a Velletri; e con subito consiglio senza saputa del duce, forse per vantarsi d'aver fugato il re, corse all'avanguardia, ne tolse il comando, ch'era del Marochetti, e ratto sull'alba del 19 volò a Velletri. Forte se n'adontò il Roselli, cui parve averne guasto il disegno, e gli mandò dietro ordini di fermarsi a quattro miglia dalla città; ma ei non ubbidì. Poco stante il Roselli, udendo appiccata la zuffa, e correrne la peggio a' suoi, benchè ne montasse in ira, pure accorse in aita con tutto il campo. Stava Ferdinando sul palagio del legato, quando sull'ore otto del mattino, mentre dava gli ordini di riporsi in via, udì e scorse l'appressarsi del nemico; ingiunse al Casella di difendere la sua posizione, senza interrompere la ritirata.

Velletri è a noi famosa per la vittoria di Carlo III contro i Tedeschi nel 1744. Sta sopra un colle, ha vecchie mura; il terreno scende intorno a pendici ondeggianti tra vigne e uliveti, niente atto a' cavalli: ma è dominata da colli più alti, specialmente dal piano de' cappuccini fuori porta di Roma. Il Casella mandò a riconoscere il nemico uno squadrone di dragoni, il 2.° battaglione cacciatore, e un drappello di cacciatori a cavallo, sulla via di Valmontone. I Garibaldesi si postaron su' vigneti, i cacciatori li assalirono; ma sopraggiunto il maggiore Filippo Colonna col retto del suo squadrone di cacciatori a cavallo, scorti i cavalli avversi sulla strada, li investì a furia, e li ruppe e perseguitò. Nella fuga cadde per terra il Garibaldi stesso, e stette a un pelo a non esser morto, chè non conosciuto il salvò un suo servo moro che riposelo in sella. Il Colonna l'avria pur raggiunto, se un colpo da' vigneti non gli avesse spento sotto il cavallo. Spazzata la via lo squadrone tornò a' suoi, ma con danno, percosso da invisibili moschetti dalle circostanti siepi.

Storia delle Due Sicilie 1847-1861

Il re dal palazzo del legato vide il nemico stendersi verso Cisterna come a vietargli la ritratta; però spinse su quella via la inutile artiglieria grossa, i bagagli, la cavalleria e il battaglione svizzero, comandando si fermassero a tre miglia fuori. Ei scese a porta romana, dove si combatteva; mise sulla destra due obici da montagna e tre cannoni da sei, un obice avanti la porta, due mandò sulla via di Valmontone, due su quella di Genzano, due sulla rampa e due sulla spianata de' cappuccini. Così parato, chiamò il 2.° cacciatori ch'avea solo trattenuto il nemico grosso del doppio; poi allocò nel cortile del palazzo Lancellotti (già stanza di Carlo III) due altri obici a guardar la sottoposta vallea, e rispondere a' cannoni e moschetti avversi sparsi per le vigne di rincontro. Tai posizioni sostenute da' fanti eran buone a difesa, niente a offesa; perchè ei non credè opportuno far giornata, non gli parendo aver più interesse alla guerra; nondimeno era disposto ch'ove i repubblicani tentassero assalto, o si gittassero sopra Cisterna, s'investissero prima ch'avesser tempo d'ordinarsi. Ma non fecero nè l'una nè l'altra cosa. Il re si condusse ad attelar le milizie sulla via di Cisterna, ove sospettava di battaglia.

Il Roselli con tutto l'esercito arrivava sull'ora seconda pomeridiana; e visti i Napolitani ben preparati, non pensò neanche si potessero assalire; sicchè passarono molte ore discorrendola con colpi da lontano, senza più. Corsero di male parole tra esso e il Garibaldi, il quale anzichè confessare l'inubbidienza e 'l fallo d'esser ito con truppe non sue a guastare con inutile zuffa il disegno del duce, queste anzi di tardanza accusava, e quasi di tradimento; e fra quella gente liberalesca e indisciplinata il Roselli ebbe a cagliare. Poscia ruminando sul da fare stette irresoluto; ei scrive essergli balenata in mente una speranza di guadagnarsi i Napolitani, gridando *Italia e Indipendenza*; ma si tenne, e buon per lui. Colai paroloni co' nostri non valevano.

I repubblicani tentarono assalire la posizione de' Cappuccini, e un po' vi s'accostarono; ma percossi di là e da porta di Roma s'ebbero la peggio; però dopo otto ore di vano vagolar per quei colli, a sera si ritrassero scorati verso Mezzaselva, Lugnano e Valmontone; nè pensavano rifarsi al mattino. Il Roselli a difesa dice i suoi mancar d'ordine, disciplina e arte, e che combattere colà era restar vinti. Dice aver perduti 25 morti e 84 feriti, oltre il Garibaldi ammaccato per la caduta, e ottanta disertati a Roma nell'atto della zuffa., Gli scrittori nostri dicono perdesse cinquecento persone. De' regi perirono due uffiziali, Mazzitelli e Gorgone, e circa 40 soldati tra morti e feriti o prigionieri, cui il Roselli confessa essere stati dopo presi scannati.

Ferdinando parendogli coll'aver respinto il nemico aver fatto suo debito, non volle soffermarsi oltre senza scopo; levò il campo, e in ordine voltò pel regno. Non ebbe nè un solo disertore. Al mattino i liberali vedendo Velletri vuota v'entrarono, ma non credendo alla piena ritirata de' regi, tementi della loro sinistra, mandaron Carabinieri a occupar Giuliano, e altri Montefortino per tener aperti la via di Anagni. Ma il re passati i suoi a rassegna il 21 in Terracina, nell'ore pomeridiane ritravarcava la frontiera.

§. 11. Giudizii sulla ritratta.

Variamente di tal ritratta si giudicò. Altri biasimò il re d'aver lasciato cadere l'opportunità di bella vittoria; e fra' nemici il Roselli scrisse *ch'ove egli avesse ingrossato il fronte, certamente saria rimasto vincitore.* Altri disse aver guardato più l'utile che il decoro, invilita la maestà regia innanzi a venturieri, il ritrarsi esser mancanza d'animo, sfiduciare il soldato, confessarsi perditore. Altri che negli eserciti sia male la presenza del re, niun generale colà avrebbe indietreggiato, dove ciascuno, vedendo nella persona sovrana la somma delle cose, consigliava non risicare. La rivoluzione n'ebbe il destro di ricantare le vecchie nenie a' soldati napolitani, stizzata d'averli sperimentati valorosi, e cagione di ruine all'Italia mazziniana. Fe' strimpellare il re fugato, rotto, inseguìto, disperso l'esercito, e fe' così il suo debito per punzecchiar la gente con tai baie. Il nostro disertore Carlo Pesacane, allora capo dello stato maggiore del Roselli, non è molto sperticato ne' suoi rapporti uffiziali, e fa tralucere la battitura de' repubblicani; e lo stesso Roselli che avea lasciato stampare gonfi dispacci, dappoi nelle sue memorie stampò: «Quel fatto d'arme non suscitò ne' Napolitani il minimo disordine; non fuggirono, ma intatti, con ordine si ritrassero in pianura; nè avrei potuto eseguire l'inseguimento, senza pormi in trista condizione, e in grandi pericoli nel momento dello scontro.»

Dirò il parer mio. Capitano e re, mi sarei lanciato a punire quella masnada d'aver osato guardare in viso la bandiera di Carlo III; e forse là si sarebbero spente molte vite che dappoi si son venute a pascere nel venduto regno. Ma è da andar col pensiero a quel tempo procelloso in Italia e in Germania, dove un minimo fallo potea subissare il reame. Ferdinando considerò il nemico aver tutti fanti acconci il terreno, e solo quattrocento cavalli: egli pochi fanti; e doverli tenere a guardare i cinquantadue cannoni e i duemila cavalli ch'erano là non difesa, ma impaccio; sospettando de' Francesi, pensò essere inutile il vincere, il perdere ruinar tutto; suo debito il guardare non a onore apparente, ma al vero bene de' sudditi; e fors'anco uomo pio, stimò colpa il versar sague senza ragione. Egli volea ritrarsi, e 'l fece intatto; i Romani volean vietarglielo, e nol poterono; egli raggiunse il suo scopo, quelli il fallarono; per lui il combattere fu necessità, per quelli fu vanità dannosa; perocchè senza tanto viaggio e tanto ferite avrian potuto di dentro Roma udire la ritirata de' Napolitani. Fu allora che l'Avezzana uscì con altra proclamazione all'orientale: «Cittadini! O che vegliate sull'alto delle torri a difendere la città, o che andiate su' campi di battaglia, voi siete invincibili. È con voi Dio e il vostro dritto! La repubblica romana ben presto sarà italiana: qui versano il loro sangue uomini venuti da tutte parti d'Italia; la religione dell'unità italiana, della repubblica italiana riceve qui il battesimo di sangue su' piani testimoni delle vostre vittorie...» La repubblica, per rifarsi, come disse, de' danni dell'invasione, decretò a 25 maggio che tutti i beni del re si sequestrassero e vendessero. E subito bandirono venale il palazzo Farnese. Ma già prima l'avean preso e invaso, e voltato a uso pubblico: in quelle stanze avean messo l'officina della carta moneta, cui stampavano a canne.

Storia delle Due Sicilie 1847-1861

§. 12. Il Garibaldi nel regno.

Il Garibaldi per quella ritratta, potendosi dar aria di vincitore, a dimostrarlo meglio si struggea del fare una scorsa nel regno per dire d'aver perseguitato il re sin nel suo stato, e perchè anche confidava nelle popolazioni ch'al vederlo si sollevassero a dargli fiori e benedizioni. I fuorusciti gli promettean mirabilia; quei che stavano a Rieti e ad Ascoli s'aspettavano cose grandi. Pertanto richiedea tutto l'esercito repubblicano, e facoltà di fare. Ma il Roselli men visionario, volea tenersi grosso a Roma per difesa della repubblica minacciata, o almeno entrar nell'Umbrie a osteggiare gli entrati Tedeschi. Questa disparità di consigli de' due generali, fu diffinita con un peggior consiglio de' non militari triumviri, ch'a contentarli tutti e due decisero: il Garibaldi con seimila tentasse la sorte, il Roselli col resto rientrasse in Roma.

Di ciò o che il re avesse sentore, o sospettasse, subito pensò a guardarsi le frontiere; e sendo giunta opportuna la nuova di Palermo sottomessa, potè trarne un po' di soldatesche; laonde per telegrafo chiamò il Nunziante con cinquemil'uomini. Fecersi due divisioni di truppe a guardar Terra di Lavoro; il Nunziante a S. Germano con 8341 fanti, 837 cavalli e 14 cannoni; e il Casella a Fondi con 6232 fanti, 720 cavalli e 14 cannoni. Altri in Abruzzo. Così era guardata la linea dalla foce del Tronto a Portella, ch'è lunga 180 miglia. Il Garibaldi fatta una scorrazzata nella papalina provincia di Frosinone, bene abbottinato travarcò la frontiera nostra a 26 maggio ad Arce; dove mancando soldati, le Guardie nazionali del luogo, men che cinquanta, saliti sull'alto delle colline gli trassero schioppettate, per mostrargli il piacere d'averlo a liberatore. Incontanente il Nunziante al sentirlo gli corse da S. Germano addosso; ma ei non lo aspettò, e ripassò frettoloso il confine; stato poche ore sul suolo napolitano ch'a quel tempo gli scottava. Con seimila non fe' miracoli, i miracoli co' mille s'avevano a maturare con altri undici anni. Per Valmontone già il 29 era dentro Roma.

§. 13. Spagnuoli e Napolitani in campagna di Roma.

A' 27 e ne' dì seguenti sbarcava a Gaeta il contingente spagnuolo di novemila fanti, quattrocento cavalli, e otto cannoni col general Cordova. Il re gli diè muli per l'artiglierie, aggiunsevi i due bei squadroni di cacciatori a cavallo comandati da Filippo Colonna, e ordinò ch'una nostra brigata a Fondi ubbidisse al generale spagnuolo, cui mise altresì appresso il Tenentecolonnello Alessandro Nunziante dello stato maggiore. Per non mancare all'accordo, fur mandati al campo dell'Oudinot il detto Nunziante e l'Agostino col Buenaga colonnello spagnuolo. Il duce francese, uditili a 7 giugno rispose netto: Egli essere stato respinto il 30 aprile d'avanti Roma; ora avere il debito d'entrarvi senza aiuto d'alcuno; e dove altro esercito apparisse, nemico od amico, egli il combatterebbe per non farlo accostare. Quasi similmente scrisse al generale Tedesco. Però gli alleati si tennero a operare in altre parti dello stato papalino. Il general Nunziante entrò a 7 giugno nella provincia di Frosinone, a fiaccarvi le bande repubblicane; comandavale un Masi, e v'era Pietro Sterbini, intitolato preside, il quale fatti tronfii editti, e decreti *in nome di Dio e del popolo*, avea vuotate le casse comunali, e presi argenti lavorati; ma egli e il Masi fuggirono a furia entro Roma. Il duce nostro occupate Veroli, Anagni e Ferentino, senza sforzo rialzò l'arme papali; poi il 17 si recò solo a Piperno; ov'era giunto il Cordova, a fargli cortesia; e con esso stabilì il da fare per pacificare quelle contrade. Presa poi Roma, come ora dirò, e dissolti i Garibaldi, i Napolitani rientrarono nel regno; ma prima il Nunziante scrisse lettera d'addio al Cordova; il quale risposegli serberebbe sempre il ricordo di questo tempo, in che l'arme delle due corone rinnovati i legami d'amistà e dell'origine comune, avean preso insieme una causa santa; e gli lodava i cacciatori del Colonna. Anch' egli coi suoi, chetate le cose, ripartiva per Spagna in novembre e dicembre, e gli ultimi ne' primi del 1850.

§. 14. Presa di Roma.

I fatti di Roma seguirono così. Mentre il Lesseps trattava co' triumviri, questi pensandosi aver Francia in pugno debaccavano. Il Mazzini, gittata la maschera, furiava schizzando odii, vendette e sangue. Ai 23 maggio stampò nel suo giornale *L'Italia del Popolo*: « Questi primi movimenti di popolo, queste prime battaglie nella città, capitale d'Europa sono al principio non al fine; non sono mutamenti, ma preliminari di mutamenti. Oggi la vera rivoluzione repubblicana getta i primi lampi; e quanto i popoli vedono ed intendono è l'ombra appena de' torbidi avvenire. Le società, nelle quali regna l'ingiustizia, denno esser rovesciate a fondo; e le nazioni fatte serve di caste privilegiate già sono condotte avanti allo *istinto* che la civiltà imprime alla vera sociale fraternità. Esse asservate posarono molti secoli in grembo a' monarchi, e si formarono e nudrirono di quel sangue materno; ma oggi sono creature fatte, che sorgono al lume della libertà, e cui un ferro plebeo deve svellere da' monarchici nodi. » Questi concetti segreti della setta ei sguainava al sole, tenendosi vincitore: essi fan traluccre quello che deve avvenire ne' dì del suo finale trionfo.

Non so poi bene perchè il Lesseps la rompesse co' triumviri, o che il fingesse; certo che a' 24 maggio si partì da Roma dicentesi minacciato di pugnale. L'Oudinot per cagion di esso costretto a inazione, quando per lo smacco patito a' 30 aprile bolliva per la riscossa, mal lo sopportava. Ma egli ben presto ristrette le pratiche, giunse anche a' 29 a sottoscrivere co' repubblicani un accordo, affatto diverso dal precedente *ultimatum* verbale: neppur faceva menzione del Papa; stipulava che i Francesi s'alloggiassero fuor dalle mura, e che la repubblica francese guarentisse da qualunque invasione straniera il territorio occupato dalle sue truppe.

Così il Lesseps quei Francesi venuti a riporre il papa, confederava con la rivoluzione. L'Oudinot fremente, uditone il rapporto, quasi lo scacciò con mali modi, ricusò netto di riconoscere quell'atto vergognoso, e il domani lo dichiarò a' triumviri. A 1.° giugno giunse di Francia al campo ordine che tolse ogni potestà al

Lesseps; il quale si partì quel dì stesso, sperando far ratificare a Parigi il fatto accordo dal consiglio di stato e dall'assemblea. Quel niego fu un fulmine a' triumrviri. Per guadagnar tempo, e in aspettazione de' brogli del Lesseps; il Roselli dimandò con pietose istanze un armestizio al duce francese; il quale per la stessa ragione il ricusò reciso, e quanto seppe meglio, presto presto strinse la città. A 3 giugno seguì a villa Pamphili una avvisaglia; dove il Garibaldi perdè molti suoi uffiziali, e anche il Moro che più volte gli avea salvato vita; eppure alla dimane i triumviri proclamarono a' Romani: « *Noi vi benediamo!* » Ma presentendo non poterla durare, razzolavan ori e argenti con requisizioni atroci; e con decreto del 6 dettero a una commessione potestà piena da punire *immediatamente e militarmente* chiunque osasse sottrarre la minima parte de' valori requisiti.

In quello stante, seguìte in Francia nuove elezioni per le camere legislative, il partito cattolico n'era rimasto ingagliardito, riusciti vani gli sforzi del Ledru-Rollin e degli altri *socialisti* consoci del Mazzini. Il Ledru a 11 giugno presentò all'assemblea un atto d'accusa contro Napoleone presidente e i suoi ministri, per la guerra contro Roma; la dimane fu rigettato a maggioranza di 377 voti contro 8. La parte sinistra, detta la *Montagna*, diè a' 13 una proclamazione incitante i Francesi a ribellare; ma corso il generale Changarnier disperse i faziosi, pose Parigi in assedio, abolì i circoli, e tornò la quiete. Altri moti anche furono depressi a Lione e in altre città. Intanto l'assemblea a' 12 avea dato facoltà al governo di por fine al dramma romano; il consiglio di stato chiese ragione al Lesseps del suo operato, e fattogli un mezzo processo il chiarì versipelle, e lo adombrò con sospetti d'incapacità e disonestà. Invece di esso venne legato il De Crocelle, che significò a' Romani, la Francia voler la libertà del papa, e de' suoi stati. Il Mazzini rispose con sofismi e invettive. Subito l'Oudinot già padrone di Pontemolle e Montemario, e delle ville Pamphili, Corsini e Valentini, v'avea piantati cannoni, donde a' 19 cominciò il fuoco, e pel 21 aperse tre brecce. Corsevi all'assalto; e superato il recinto Aureliano, vi pose altre batterie. I triumviri vi rimediarono con una curiosa proclamazione: « Il nemico entra proditoriamente; copriamo la breccia co' suoi cadaveri; chi da nemico tocca la terra nera di Roma è maledetto. » Postisi invece del papa, benedicevano e maledicevano.

Allora Mister Feeborn console inglese, ragunati i consoli esteri fe' una protesta, esagerando i danni delle bombe, reclamante la cessazione del fuoco. Lord Palmerston a' Veneziani protestanti contro le bombe tedesche rispose: Venezia esser di Vienna pe' trattati del 1815; ora faceva protestare contro Francia che riponeva il papa in virtù degli stessi trattati. Logiche due di quel Lord liberale, che a un tempo difende il Tedesco e perseguita il papa. L'Oudinot riprese il cannoneggiamento il 28, il 30 diè l'assalto alla nuova breccia, e prese a forza il bastione S. Pancrazio.

L'assemblea costituente romana dichiarò allora *cessare dalla difesa impossibile*. Si dimisero i triumviri, e ne sorsero altri tre, cioè il nostro Aurelio Saliceti con un Mariani e un Calandrelli, che mandarono il Canino Bonaparte ambasciatore in Francia, in Inghilterra e in America, quando cioè quella loro repubblica era spenta. Inoltre il Saliceti aveva compilato la costituzione della repubblica romana in sessantanove articoli; e l'assemblea quel dì stesso, 1.° Luglio, con iattanza incredibile la votò a unanimità; poi la promulgava dal Campidoglio il 3, mentre il vincitore entrava nella città. La costituzione fatta per regolare la vita dello stato, si dava fuori nel dì medesimo che lo stato periva. La rivoluzione spirata dichiarava con nuovissima menzogna, aver allora dato a' Romani *quel che lor mancava: la forza e la legge!* Ciò mentre la forza straniera ripristinava la legge del papa. Davano in tai paradossi ridicoli, perchè sapevano d'esser lasciati dire. Infatti il Mazzini e gli altri caporioni, passeggiato per Roma altri sette o otto giorni, con passaporti inglesi stampati a posta, se n'andarono senza fretta.

§. 15. Fuga de' Garibaldesi.

Per contrario il Garibaldi, sperando in nuove imprese , persuase a seguitarlo quattro o cinque migliaia di tutte nazioni, e col favore del buio la sera del 2 uscì come Catilina, guidato dal Ciceruacchio.

Giunse sull'alba a Tivoli; disegnava andare a Spoleto, e ricominciarvi la guerra col resto delle truppe romane, ma queste dettero l'ubbidienza al papa; ond'egli deluso, anche sentendosi perseguitato dal general Morris, partì la notte, e per Monticelli e Monterotondo giunse a Terni il 9. Gli si aggiunse un inglese Forbes, ladrissimo, con novecent'uomini vegnenti da Ancona. Là fece di sue genti tre legioni; una al Forbes, altra al Sacchi, la terza a un Bueno Americano. La sera dell'11 lasciò Terni, fu a Todi il 13, ov'ebbe lettere the il chiamavano a rialzare la rivoluzione in Toscana; perciò voltatovisi fu il 16 ad Orvieto; e sentendosi i Francesi alle reni, ratto passò la frontiera ed occupò Cetona. Ma era assottigliato; i più lasciatolo per saccheggiare. Passando tra mezzo a' Tedeschi, svolazzò pur quei paesi; dove anzi che partegiani trovò nemici. Arezzo gli chiuse le porte; la città, si serravano, le campagne imprecavanlo; egli dove poteva requisiva a forza vettovaglie e danari, poneva taglie, pigliava ostaggi, nè rilasciavali senza pria la moneta. A Franeto prese cinquanta scudi, altrettanti a Ranco; Montepulciano ne pagò mille, oltre le forniture; Asinalunga centoventuno. Quivi l'arciprete Mucciarelli, preso, cavò cento scudi. A Foiano impose contribuzioni di 2200 scudi, ne strappò cinquanta a una fattoria d'Acquaviva; a Monterchi ebbe da mangiare ed obbietti preziosi. Non son da noverare gli spogli perpetrati dai suoi, massime dall'inglese Forbes, per quelle misere ville. Ma i Tedeschi tutti quei ladroni andavano agguantando. Egli per inusitate o scoscese vie si rificcò nello stato papale, e riparò a' 31 luglio a S. Marino; dove sendo circondato da' Tedeschi finse voler capitolare; ma la notte con intorno a dugent'uomini corse a Cesenatico, vi prese tredici barche da pesca, e salpò per Venezia a 3 agosto. In mare ebbe la caccia dall'Oreste nave tedesca, e perdè molte barche; ei campò con cinque, e giunse a toccar terra al mattino del 3 sulla spiaggia di Mesola presso Volano. Eran seco un'americana Anita sua donna, il Ciceruacchio con due figliuoli, il barnabita Ugo Bassi, e pochi altri; gittaron l'arme, si divisero, e ciascuno nel bosco vicino prese via. Ei con la donna e un altro viaggiò due giorni; al terzo gli morì per istento l'Anita in ignota capanna; poscia per Ravenna, varcando travestito le montagne toscane, trovò di là una barca che il menò a Spezia il 5 settembre, indi a Chiavari; dove il governo sardo tennelo con riguardo sino a' 16, quando se ne andò. A Tunisi i Barbareschi nol vollero; tornò in America, e visse fabbricando candele. Poi in California, alla China, al Perù. Da ultimo in patria guidando una nave comprava e vendeva letame. Del Ciceruacchio non s'ebbe novella, per fermo ucciso; il Bassi fu giustiziato a Bologna.

Il Mazzini andò prima in Isvizzera; cacciatone, ricorse nel sicuro nido inglese; e là col Kossut e 'l Ledru-Rollin ripresero le fila della setta mondiale per la riscossa novella. Del governo fatto della misera Roma non è mio debito narrare; eppure trovò elogio in bocca del Palmerston; che con eneo viso il lodò a 6 maggio 1856, sino a dire essere riuscito migliore di quel del papa.

§. 16. Fine della rivoluzione.

L'Oudinot lo stesso dì ch'entrò in Roma, a 3 luglio, mandò il colonnello Nyel a recarne a Pio IX le chiavi. Re Ferdinando die' il cordone di S. Gennaro ad esso Oudinot e allo spagnuolo Cordova. Quel concorso di nazioni cattoliche alla restaurazione nel pontefice fu ossequio al principio che la indipendenza sovrana del Papa-Re è indipendenza religiosa di tutta la cristianità. Per questo l'Odilon-Barrot a 20 ottobre di quell'anno 49, riassumendo, nell'assemblea francese, quel concetto delle unite potestà temporale e spirituale, il ribadì con questa formula: « Debbono le due potestà restar confuse nello stato romano, perchè restin separate in ogni altra parte di mondo. »

Anche le cose venete volgevano a fine. Il Manin stretto e senza speranza d'aiuto chiese la mediazione Anglo-francese dicendo: « Quella di Venezia non esser rivoluzione, ma anzi ripresa d'antichi dritti legittimi, conculcati nel 97 a Campoformio. Venezia libera non darebbe ombra, Venezia tedesca saria sempre un'onta e un imbarazzo. » Diceva giusto; ma perchè avea fatto la città nido de' demagoghi di tutta Italia? perchè s'era mescolato col Pepe e co' Mazziniani? anzi perchè avea sempre tutta la vita coi Mazziniani congiurato, e congiunto il dritto di Venezia co' rovesciatori di tutti i dritti? Lord Palmerston gli rispose a 22 aprile Venezia pel trattato di Vienna esser d'Austria, ubbidissero presto. Egli motore di tanto foco ora inculcava solo a' Veneziani ubbidienza a quel trattato ch'andava egli stesso lacerando a faccia a faccia per Toscana, Napoli e Roma. Adunque Venezia serrata da terra e da mare, cominciò dal 4 maggio a esser fieramente percossa; e perduti i forti Malghera e S. Giuliano, rifinita di vettovaglie, infetta dal colèra, e sbigottita pe' suoi stessi difensori, capitolò a 22 agosto.

Eran colà circa mille napolitani, tra volontarii e disertori, cui il Tedesco, sdegnando tener prigioni, mandò via. I caporioni si sparpagliarono pel mondo; il resto imbarcati in trabaccoli tentarono scendere a Patrasso, a Corfù e altrove: ma respinti ebber costretti da necessità ad accostarsi a Brindisi. Era gente rotta ad ogni misfatto, imbarbarita dalla licenza, carica di preda rubacchiata in quella povera Venezia. Il capitano D'Ambrosio mandato a posta schierò soldatesche sul lido, e a poco per volta il fe' entrare in castello, dove si dettero al gioco e a tutte sregolatezze, giocando a zecchini d'oro, e mostrando gioie e diamanti. Il perchè un mattino visitati tutti per sorpresa, si trovarono obbietti preziosi con stemmi di case veneziane, cui tosto si mandarono a restituire a' padroni. Di essi poi in vario tempo altri usciron liberi, i pessimi vennero spartiti per l'isole; dove andò poi nel 1857 a cercarli il Pesacane, per rifarli soldati della libertà, come sarà narrato. Altresì il duca di Toscana era tornato alla sede. Lasciava Castellamare a' 21 luglio su legno nostrano; il domani scendeva qualche istante a Gaeta a ricevere la benedizione del S. Padre; sbarcava il 24 a Viareggio, e al 28 fe' l'entrata in Firenze, con gran festa popolare. Dava l'amnistia a' 21 novembre, piena, fuorchè pe' triumviri, o altri 39. Sendo stato nello esilio chiesta per donna la sua figliuola Isabella da Francesco Paolo conte di Trapani fratello di re Ferdinando, si fecero poi le nozze a 10 aprile 1850 in Firenze.

In Francia schiacciato il socialismo dalla stessa repubblica, in Germania doma Ungheria ribelle, nella macinata Italia messo un po' di riposo, tornava quieta l'Europa; ma della rivoluzione del 1848 restavano i debiti, il lutto, l'ire di parte, e i Napoleoni.

§. 17. Vantamenti.

La rivoluzione anche schiacciata cantava sue glorie. Messina, Catania, Novara, Genova, Roma, tutte città percosse, diventarono temi di gloriamenti. Soprattutto di Roma dicevano caduta degna del suo nome, non aver patteggiato, aver combattuto contro Europa intera sino all'estremo, aver mantenuto parola, e simiglianti gonfiezze. Niente era il sangue sparso per niente, le case, le chiese, i monumenti guasti, i perpetrati assassinii, l'insozzata Italia, il costume rotto, i campi devastati, ori e argenti tolti al pubblico e a privati, milioni di debiti, contanti estorti a forza, monete false lanciate in commercio, carta moneta, erarii vuotati, o tutte idee sconvolte. Niente l'aver lanciato la patria in anarchia, patito interventi di quattro eserciti stranieri, massime di Francesi che par non voglian finire, niente gli attentati alle vite, alla possidenza, al dritto e alla religione. Ma i rivoluzionarii che nulla avean del loro sguazzavano con lo altrui; morivano i fanticelli, ma fuggivano abbottinati i duci; ruinavano i monumenti, ma eglino s'avean tolto da farsi un tetto; s'era abbiettata la potestà, ma eglino s'erano inebbriati di dittature e presidenze; era imperversata su' sedotti la soldatesca rabbia, ma eglino sicuri in terra inglese battezzavan trionfi quelle ruine, e ricominciavano l'insidie con l'oro degli stolti. Scrivevano: *La storia giudicherà la repubblica romana,* e già tenean preparati scribacchini a impiastrarla. Ma avrebbero dovuto risuscitare il Rossi.

§. 18. Mali prodotti alla Sicilia.

I Siciliani avean visto divorare immense ricchezze in febbraio e marzo 48 eran iti ducati 873,437 del banco, denari di privati; e ducati 304, 200 di depositi giudiziarii. Pel decreto del 19 maggio sulle vendite o affrancazioni di rendite dello stato furon presi ducati 1.109,960. Per l'altro del 3 agosto, per la spoliazione degli ori e argenti delle chiese ducati 254, 208. Con la carta moneta ducati tre milioni e seicentomila. Pel mutuo forzoso due milioni e 672,100. Per non pagati soldi nè interessi a' creditori dello stato durante la rivoluzione 1.125,889. Sicchè per queste sole cose notate i ribelli presero nove milioni e 938,814 ducati. Non dico i tributi riscossi per antiche e nuove imposte, non le contribuzioni inflitte ad Aci-reale, non quelle estorte dal primo comitato, nè quelle in soccorso di Messina, nè per gli esuli Messinesi, nè quelle per far cannoni, nè i cavalli e muli requisiti, nè le cose preziose tolte alla Madonna de' Travicelli, nè gli scrocchi, le taglie, i sequestri delle persone, i furti, le rapine; nè le ritenute a soldi degli impiegati. Tutto andò sprecato, molto per la guerra, il più nelle tasche di quei pochi che poscia pel mondo s'atteggiarono a martiri di tirannia.

Oltre la moneta la roba: città fatte campi di battaglia, sperpero, saccheggi, incendii, fuse campane e statue, mutilati o atterrati monumenti, campagne abbandonate o peste, industria e commercio cessato, contrabbandi, generi coloniali entrati in grande da bastare anni assai, famiglie rovinate, estinte, casse pubbliche vuotate, e da tutte parti malanni e miserie.

E oltre la roba la morale: il sangue sparso, le vendette ricambiate, gli odii di parte, le combriccole, la guerra alle leggi, le impunità, le false riconciliazioni, le rotte amicizie, le diffidenze, lo svelto freno a tutte passioni, tradimenti, trame, calunnie, costumi depravati, oscenità, stupri, e soprattutto lo spregiato culto divino eran mali peggiori della miseria. I Siciliani ch'avean prima plaudito alle sirene rivoluzionarie che cantavan paradisi, saggiarono quelli inferni; tennero la riconquista per liberazione, e dopo tanta tempesta guatarono affannosi l'onde perigliose ond'erano usciti sì mal conci.

L'amnistia conceduta a tutte colpe, data per salvar Palermo dall'esterminio, protrasse alquanto i mali dell'isola. Ma quelli usciti di galera, più che novemila, quelli tolti alla fatica, pasciuti per sedici mesi co' denari altrui nell'anarchia, s'avean creati bisogni novelli; però il ritorno all'ordine non potea lor dare una impossibile bontà. Rimasti impuniti, avean necessità di seguitar ne' delitti, si gettarono nelle campagne, e infestarono ville e borghi. Uscì prima a 16 giugno ordinanza minacciante morte a qualunque portasse arme. Sette ministri rivoluzionarii l'un l'altro s'erano scavalcati per incapacità di sicurare l'ordine materiale; ora il governo legale, posto velo alle colpe passate, severo alle nuove, in tre mesi conseguiva la quiete; chè perseguitato in ogni dove quei malfattori stati difensori della libertà, chi perì con l'arme in mano, chi col supplizio, chi ebbe galera e confinazioni. Tutta Sicilia aiutò le milizie in quest'opera riparatrice.

A Catania riposta per necessità la tassa sul macino, parecchi popolani, instigati, sospettarono i possidenti voler con quello rifarsi degl'imprestiti fatti alla rivoluzione, e volevan ribellare; ma repressi venner puniti. Il re confermò l'amnistia conceduta a Palermo con altra magnanimità, rimandando liberi a casa i catturati cinquecento Siciliani iti col Ribotti in Calabria.

§. 19. Onori al Filangieri.

Carlo Filangieri, principe di Satriano, pe' fatti guerreschi, pe' diplomatici e civili meritò giusta lode. Nicolò di Russia a 20 aprile con lettera di sua mano lodollo d'aver servito la patria, l'Italia, l'ordine sociale e tutti i troni; onde gl'inviava, perchè il tenesse a memoria di lui, il cordone di S. Andrea, onore il più alto di quell'impero. L'Austriaco gli mandò quello insignissimo di Maria Teresa. E Ferdinando a' 19 luglio gli conferì titolo di duca di Taormina, con maggiorato di dodicimila ducati all'anno, sino a quarta generazione. Oh felice lui e 'l suo casato, se in quella meritata gloria avesse egli chiusi gli occhi! ma l'invida morte lasciandogli lunghi giorni, gli lasciò tempo da insozzarsi di taccia nefanda. Premiato lui, nulla si die' ai suoi compagni d'arme. Dopo più d'un anno fu battuta una medaglia da premiare in quattro distinte classi il valore di ciascun milite in quella campagna; egli duce sì con tentò di farsela dare di quarta classe, così ostentando umiltà; dopo avuto i più insigni ordini d'Europa, il ricco maggiorato, e l'altissimo uffizio di luogotenente del re in Sicilia.

§. 20. Grave fallo.

Sotto specie di moderare la reazione, il Filangieri gittossi in una via di mezzo, che se talora par sapiente e opportuna, sempre lascia crescere il lievito di nuovissimi mali. Ei si mise scudo alle colpe e a' colpevoli, contro l'ire degli offesi; nè gli bastò, che quelli estolti dalla rivoluzione serbò in gran parte in uffizio, anzi die' uffizio ad altri stati grandi felloni. Fu lodato di magnanimità, ma preparò losco avvenire. Chiuso l'adito a private recriminazione, troncò i nervi al dritto de' buoni, lasciò a' malvagi il frutto della malvagità, lasciò nelle menti popolari una persuasione fatale dell'utilità della colpa. I percossi e derubati restarono con perdita; i percussori e derubatori si goderono il tolto, insultando alle vittime, avendo anzi premio, seguitando anzi a governare le cose, siccome uffiziali del legittimo re, e preparando ribellione più fiera. La setta fiaccata in fronte, n'ebbe aiuto di fianco, e colle ipocrisie lavorò alla riscossa. Questi errori, ch'altri credè astuzia del Filangieri, per restar padrone degli eventi futuri, furono sue colpe a quel tempo in che rese grandi servigi all'isola, riordinando le amministrazioni sconvolte.

§. 21. Reintegrazioni.

I liberali che de' serbati impieghi lodavanlo a cielo, ebbero per contrario a ingozzare altre opere indispensabili di giustizia. A 10 giugno s'ordinò la restituzione de' beni de' Gesuiti. A 1.° settembre si dichiararono nulle le vendite, affrancazioni, concessioni e translazioni fatte dalla rivoluzione sopra beni ecclesiastici; e fu prescritto si restituissero subito a' religiosi tutti i beni mobili ed immobili confiscati, sequestrati o derubati. La Guardia nazionale di Palermo venne sciolta a' 19 dicembre. A queste cose zittirono; ma ricominciarono le lamentazioni per questo che dirò. Eran da vedere i conti amministrativi dal 12 gennaio 1848 al 14 maggio 1849, per sapersi la sorte di tanto pubblico denaro; e se fosse venuta a deciderne, come volea la legge la Gran Corte de' Conti, certo sarian seguite condanne grandi; perchè avendo essa a dannare ogni spesa fatta senza forma legale, mancavano documenti dimostrativi in quel tempo d'anarchia, dove il più s'era furato e rubacchiato. Impertanto fu benignamente messa una commessione eccezionale da giudicar piuttosto il conto morale che materiale, senza guardare a mancanza di forme; ma come i giudicabili non si presentarono ai giudici, questi ebbero a sequestrare loro beni. Tra l'altre fu trovato che quei ministri rivoluzionarii di Finanze s'avean presi ducati 862 mila e 79, 47 per valute di lettere cambiali, avute il più da ammiragli inglesi, e inviate a Londra, per compra d'arme e navi da guerra; però la commessione veggendo non giustificare da' mandatarii lo adempimento del mandato lor conferito, condannavali solidalmente co' mandatarii a riporre nelle casse siciliane quel pubblico danaro malversato. Udisti strepiti infiniti: tiranno il governo, impossibile il pagare, spogliatrice la commessione. Eppur questa, appena reclamarono, procedè sì leggiera che approvò quei conti: moderazione senza esempio. Tra l'altre furon trecentomila ducati *spesi per mantenere le simpatie all'estero:* il più intascati dallo Stabile, che poi fe' il Banchiere. L'arte liberalesca, è arte ricca!

Quanto alle navi furono la fregata *Villis* cui presa da' Regi ebbe nome *Veloce*, e l'altra *Bombay,* che sendo ancora a Londra, bisognò un giudizio colà per averla; vintolo, si mandò un brigantino a pigliarla in giugno 50; e le si mutò nome in *Fulminante*. S'ebbero altresì parecchi utensili militari.

§. 22. Riordinamento dell'isola.

L'ultimatum di Gaeta avea dichiarato non valere le concessioni promesse, laddove Sicilia si assoggettasse in pace; però dopo tanta guerra, restava libero il re, da stringere suoi benefizii a ciò che poteva essere verace bene delle popolazioni. Col parere del Filangieri, venuto a posta a Napoli, ed entrato ne' consigli di stato, fur le cose ricostituite così: prima un decreto a 26 luglio ordinò risiedesse in Napoli un ministro di stato per gli affari siciliani presso il monarca, e nominava il consultore Giovanni Cassisi. Poscia gli atti sovrani del 27 settembre assicurarono la divisione amministrativa dell'isola dal continente, pel civile, giudiziario, finanze e culto; con questo ch'avrebbe contribuito per ragion di popolazione nel quarto de' pesi comuni del regno, cioè per casa reale, affari esteri e guerra e marina. L'amministrazione, assente il re, fidata a un luogotenente, con consiglio composto d'un ministro di stato e tre direttori o più, per Giustizia, Culto, Interno, Polizia e Finanze. Luogotenente un principe reale, e altro insigne personaggio. Gli affari decidersi dal re a proposta del luogotenente, con lo avviso di quel consiglio, e pel mezzo del ministro risiedente in Napoli. Da ultimo si stabilì una consulta con sette consultori, il presidente e sei relatori, con facoltà larghe d'avvisare su' progetti di legislazione, e d'amministrazione, su dubbii legislativi, su conflitti d'attribuzioni tra 'l contenzioso, il giudiziario, e delle curie ecclesiastiche e de' tribunali laicali, e sulle approvazioni degli avvisi della Gran Corte de' Conti, e altre molte facoltà. Essa si costituì solennemente a 28 febbraio 1850. A' 20 maggio 1851 s'uniron poi i consigli di provincie e distretti; così dato pieno sviluppamento all'amministrazione. La quale già per lettera circolare del Filangieri del 13 giugno 1849, s'era chiamata a' principii di legge, abolito l'accentramento soverchio (che fu invece lungo malore sul continente) sì da dare agli uffiziali quella parte di responsabilità legale e morale, che li sforza a bene operare.

Nè di minore utilità fu l'altro decreto del 18 dicembre 1849 da Caserta, ch'enunciati i vuoti seguiti nell'erario siculo per la rivoltura, montanti a quasi venti milioni di ducati, consolidavanli a pro de' creditori in un Gran libro siciliano, con rendita del cinque per cento alla pari, da riscuotersi ogni sei mesi, e da potersi negoziare. Assegnava il contributo fondiario per sicurezza. Fu poi a 17 maggio seguente aperta la borsa; il che appagò il desio di quel popolo, che ponea così a frutto in casa i suoi capitali, senza risicarli nelle perturbazioni aliene; e bentosto per la sicurezza quella ragione salì sopra la pari.

Queste cose nondimeno non accontentavano quell'aspirazione siciliana a indipendenza, quasi generale, parlante anche in molti fedeli al trono. Volevasi piena separazione dal Napolitano, e governo tutto d'indigeni; ma il re in quelle congiunture, dopo tanta ribellione, non potea concedere più, senza toccar l'unità della monarchia. Solo mancò del recarsi esso in Sicilia; chè forse l'entusiasmo per la real persona in quelli animi sensitivi e immaginosi avria sopiti i rancori, con l'appagamento della vanità nazionale. Ei non vide mai più quella sua terra natale; e lo allontanamento suo parve politica di risentimento, che senza offender persona speciale pungea tutti. La setta a questa puntura gittava fuoco, e vi riappiccò sue trame.

La condizione d'Europa, l'essere il reame, il più grosso d'Italia, la necessità del tenersi forte a contrabbattere le insidie straniere, costringevano il governo a star sulla sua, armato e preparato; ciò gl'imponeva un carico ch'aveva in parte a gravar sulla Sicilia. Per ravvivare lo scusso erario s'ebbero a metter tasse, non però gravi, sulla carta bollata, non pria nell'isola vista, sulle finestre, e di grana venti a quintale sullo zolfo per l'estero, che pesava solo su' compratori stranieri. Subito chi era stato cagione di quel danno, nè pel perdono emendato, susurrava quei balzelli esser insopportabili, e forieri di più gravi.

Con tutto questo la Sicilia uscita allora dall'abisso, sorda agli agitatori, aperto rinnegava la rivoluzione. Tutti i municipii indirizzavano al sovrano ringraziamenti per averli liberati dal giogo de' faziosi di Palermo, e dalle loro cupidigie ed enormezze.

Storia delle Due Sicilie 1847-1861

Coloro stessi che stati Pari i e deputati avean partecipato all'atto del 3 aprile 48 dichiarativo della decadenza dei Borboni, ora a voce e in iscritto ritrattavansi. Ottantuno Pari e centotrè deputati con suppliche al re dicevano: « paventare il severo giudice della storia, l'esecrazione della posterità; sentire il bisogno di svelare aver dovuto sottoscrivere l'illegale atto per violenza. » E ciascun v'apponea qualche postilla di suo pugno, tutti solleciti a mostrar la malizia de' pochi, il terrore, la sopresa, l'impossibilità del negarsi. Tai suppliche furono della maggioranza, non della totalità, prova di spontaneità; chi non fece tal ritrattazione, seguitò in pace a casa sua. Dappoi anche il decurionato Palermitano con solenne deputazione a' 19 dicembre 1849 umiliava al sovrano sensi di riconoscenza della città e dell'isola intiera per la parificazione, e per le grazie del Gran Libro, della consulta, e della separata amministrazione.

La setta per non lasciar senza potestà tai ritrattazioni, spinse iniquamente certi suoi prezzolati a turbar la pace col sangue altrui. La sera del 27 gennaio 1850, poche levaron grida sediziose in Palermo, e con la bandiera de' tre colori assalirono il posto di guardia alla Fieravechia: ma tosto domi e presi, sei giudicati da' consigli militari passarono per le arme; un de' quali era de' catturati di Calabria e di fresco graziato, tornato al delinquere. Poi i tribunali sentenziarono altri due, cui il re graziò. E i municipii quasi tutti con nuovi indirizzi manifestarono indignazione per quest'altro attentato.

Il Filangeri a 7 marzo creò commessioni per le prigioni da provvedere alla nettezza, al vitto, a' farmaci, e al culto. Perchè a' poveri, cresciuti molto per quei malanni, non mancasse pane, provvide in ogni contrada; solo a Palermo i Monasteri ogni dì ne alimentavan di zuppa mille e dugento. Risorgeva a nuova vita l'ospizio de' trovatelli in Catania. E per dar lavoro agli artegiani, mise mano a rifar le guaste strade, e a farne di nuove; malgrado l'erario magrissimo. A Palermo cominciò la nuova via fuori porta Maqueda detta *La Favorita*. Die' nuova spinta alla prosperità, sicurando cose e persone, ordinando amministrazioni, promovendo industrie e comerci.

§. 23. Il nuovo ministero.

Le cose di terraferma si raffermavano. Le guardie nazionali, dov'eran più impure andavano or rifatte ora sciolte; l'arme si stringevano in mano degli uomini d'ordine; o i tribunali procedevano investigando i rei sommovitori. Tai giudizii voluti dal voto generale, ebbero il vizio d'andar troppo lenti rimestando in quelle lorde acque, quando già i caporioni erano in salvo, o quando s'era data l'amnistia nella molto più colpevole Sicilia. Vedevi sul continente carcerati ignobili e bassi bricconi, e bazzicar poi tronfii per le stanze regie certi grossii bacalari, proclamatori della decadenza de' reali; così due misure, due procedimenti facean diversità di governo in *uno* regno. Fu il primo de' non pochi errori conseguitati: chè prolungò senza utilità il ricordo delle sedizioni; e mise in vista uomini abbietti, la cui reità coperta dalle sventure destava compatimento e commiserazione. Almeno avesser fatto giustizia pronta; ma più anni si vagolò tra forme giudiziarie, poi riuscite a niente.

Intanto la gente guardava bieca i tre colori, finale ricordo di malanni; e perchè i più a svillaneggiarli, e i pochi a tenerli come paladii, ne seguivan risse frequenti. In Napoli più volte furon subugli per imbrattarli di loto, e massime a' 12 aprile e a 19 maggio ebbe a intervenire la potestà militare: finì tutto in giugno, con l'ordine dello smettersi i colori e alzar la bandiera bianca co' gigli. L'arcivescovo a 2 agosto pregò il re di ripristinare i Gesuiti: rientrarono nelle loro case, accolti da uffiziali civili e militari, con a capo il maresciallo duca di Sangro, che lor volse grazioso discorso. Ebbero poi in novembre il real collegio d'Arpino. Quello di Teramo fu dato a' Barnabiti a 6 aprile dell'anno dopo.

Volgendo indietro gli animi e le cose, ciascuno si disamorava della forma parlamentare riuscita così sanguinosa, e la parola costituzione diventò una paura. Non si potendo allora attuare in Sicilia, non si poteva in Napoli, dove falliti tre sperimenti, rievocarla saria stato scempiezza governativa. Importante il ministero che pure avea ben consolidato l'ordine, sentendosi nato costituzionale, vide non poter durare senza mancare al programma: primo il Cariati chiese ritirarsi, poi i suoi colleghi; e il re a 7 agosto esonerava esso Cariati e gli altri Torella, Bozzelli, Ruggiero e Gigli, non però senza rimunerazioni d'altri onorati uffizii. Al principe di Torella toccò il gran cordone di S. Gennaro. Solo il Ruggiero imputato pe' fatti del 15 maggio, precedenti al suo ministero, ebbe ad esulare. La giustizia gli scoccava il mandato d'arresto; ma come avea quella colpa lavata con posteriori servigi allo stato, gli fu dato opportunità di scampare, e forse qualche altra cosa: altra prova dell'inopportunità di quei giudizii gravanti su' soli meschini.

Sorgeva presidente di ministri Giustino Fortunato, co' ministri di Finanze e affari esteri: il cavaliere Raffaele Longobardi avea la Giustizia, il cavalier Pietro d'Urso l'Interno, e 'l cavalier Ferdinando Troya (fratello di quel famoso del 5 aprile) ebbe il culto; restorono il Carrascosa e l'Ischitella a' Lavori pubblici e a Guerra e marina. Poco stante, a 17 novembre il re da Caserta modificò cotal ministero. Agricoltura e commercio s'univa all'Interno, l'Istruzione pubblica al Culto; qui restava il Troya, l'Urso pigliava le Finanze; il Longobardi ritenea Grazie e Giustizia; ed eran fatti direttori di ministeri, Gaetano Peccheneda per la Polizia, e Salvatore Murena per l'Interno e 'l commercio. Restava presidente e agli affari esteri il Fortunato, giacobino vecchio del 1799, stato nel decennio acre percussore di Borboniani. Uomo volente potestà ad ogni costo, si vestì ministro di Borboni; riuscito assolutissimo, tenne sotto la mano quel ministero, stati tutti, eccetto il Troya e il Murena, uomini liberali. Si scelse il Murena, perchè parente, e il Peccheneda perchè gran massone, suo creato antico. Costui nel decennio già chierico, lasciato l'altare, sendo uffiziale di polizia s'era messo, insieme a un notaio Conza, a falsar lettere della regina Carolina, colle quali faceva carcerare e scapezzare borboniani; e fu voce costante che per tai lettere fosse impiccato il marchese Palmieri. Anche quel notaio Conza, servendo poi i Borboni, morì presidente di tribunale. Questo ministero, salvo qualche modificazione posteriore, anche quando n'uscì il Fortunato, fu l'autore di quanto s'operò di bene e di male ne' dieci anni che precedettero l'ultima rivoluzione.

§. 24. Decreti per Napoli.

Seguian buoni regolamenti. Un decreto del 21 ottobre provvedeva ai maestri di qualunque arte o scienza, da approvarsi previo esame; a 6 novembre uscì il regolamento per la disciplina degli studenti, per le parti di studio e di religione; e 'l dì stesso fur vietate le stampe, le immagini e i libri osceni o irreligiosi. Venne poi a 13 agosto 1850 la legge sulla stampa con censura preventiva. Si migliorò con decreto del 6 marzo 1850 il regolamento organico della università degli studii; l'insegnamento diviso in sei facoltà: la teologia con sei cattedre, le matematiche con sette, altrettante per la fisica, nove per la giurisprudenza, dieci per lettere e filosofia, e tredici per le scienze mediche. A' 10 maggio dell'anno stesso si riformò l'ordine cavalleresco di S. Giorgio, già instituito a 1 gennaio 1819; ora se ne fecero otto classi, secondo quest'età intenta a minutaglie. In novembre 1850 fu eretto a Gaeta un collegio pe' figli di truppa, che poscia a 18 settembre 59 andò trasferito a Maddaloni.

§. 25. La rosa d'oro.

Pio IX a Gaeta die' solennemente alla regina la rosa d'oro, cerimonia sacra antica da oltre il mille. Già s'usava a tempo di Leone IX; si fa la quarta domenica di quaresima: il papa in rosee vesti, per simbolo di riposo lieto nell'asprezza quaresimale, benedice un ramo con rosa d'oro, l'unge di balsamo e muschio, benedice il popolo, e riponla sull'altare; poi la messa e 'l servigio divino. In antico se ne faceva presente al prefetto di Roma, purchè non vi fosse stata incoronazione d'imperatore; dappoi si suolea mandare a qualche principe benemerito; e sappiamo che nel 1095 Urbano II la porse con sue mani a Fulcone d'Angiò. Nel secolo decimoquarto fu data alla prima Giovanna regina di Napoli in S. Giovanni Laterano. Ora a 2 settembre 49 Pio davala a quest'altra nostra reina Maria Teresa, per ricordo d'aver egli tenuto al fonte battesimale colà la neonata principessa Maria Pia, così dal suo nome appellata.

§. 26. Pio IX a Portici.

Il mattino del 4 il Santo Padre, udita la messa nella cattedrale, lasciò Gaeta suo primo rifugio, co' cardinali, e insieme alla real famiglia s'imbarcò su fregata regia, seguìto da altri nostri navigli, e francesi e spagnuoli. Passando ebbe salve da tutti i forti e vascelli di Napoli. Prese stanza a Portici. Il 6 visitò il duomo napolitano. Seguiva la festa di Piedigrotta, dove gli antichi re suolevano recarsi con pompa a visitare la vergine del Parto, ma aggiuntovisi da Carlo III il corteo militare, ell'è considerata come borbonica festa; e fu sempre la più gaia e splendida della città, per concorso immenso di popolo e borghesi e contadini venuti di lontano. Quell'anno

1849 vi fecero parata venticinquemil'uomini. Sperò la setta suscitarvi di leggieri subbugli fra tanta gente; però fe' manifesti minacciosi, segreti incitamenti, chiamate d'adepti dalle provincie, e sinanche una medaglia die' ai suoi, perchè nel trafferuglio si riconoscessero; ma o mancasse lor l'animo o complici, o per la potestà vegliante, non fiatarono, e la giornata seguì festosissima. La dimane il Papa dalla loggia del palazzo reale di Napoli benedisse le milizie; e a' 15 anch'esso andò a visitar la madonna. Ma il 16 riuscì splendidissima l'altra benedizione che dalla stessa loggia die' al fitto popolo nella piazza. Preceduto dalla croce e da' cardinali, con sacre vesti, quando benedisse con le parole di rito nel nome del Padre, del Figliuolo e dello Spirito Santo, tutta la cristianità, e l'oriente e l'occidente, fu universe commozione. Più che centomila voci gridarono viva il Papa, viva il Re! tra il tuonar de' cannoni: e 'l levarsi d'innumerevoli braccia, e lo sventolare di pannilini infiniti. Ora debbo dire lo attentato che a disturbare la festa avean preparato i congiuratori.

§. 27. La setta degli unitarii.

Poco innanzi la Giovine Italia avea mutato nome in *Unità Italiana*, con più svelamento de' suoi fini, e con modifiche di forme. Avendo a smettere il suo nome discreditato dopo il 1848, altro ne prese vergine, più aperto e dichiarativo. Visto frutto dall'aver a prezzo tirati popolani e distrattili dalle fatiche; avutone le prove a' 5 settembre di quell'anno, quando lazzari delle barracche erano scesi ad arruffarsi co 'retrogradi di S. Lucia e del mercato, risurse il pensiero carbonaresco di farsi per quella via seguenza nella plebe. Dettarono le leggi della società, informate del principio d'ubbidienza cieca; non amicizie, non parentele, non patto, non fede tenere contro l'ordine de' superiori; premio o pena secondo i meriti; allo spergiuro certa morte; s'accrescevan con lusinghe, si nascondevan con sospetto; i renitenti schernivano, calunniavano, perseguitavano in tutte guise, e lor rendevano dannoso il vivere secondo la legge. Molti intimiditi acchiappavano, anche vecchi e nobili; poi lavoravano a corrompere soldati, a divulgare falsi trionfi, novelle di pronte mutazioni, e sì ingannare e domar tutti.

Adunque col nome nuovo, e col più largo programma, sciolte le camere s'era costituita con un comitato segreto centrale in Napoli, intitolalo *Alto consiglio;* il presiedeva un Filippo Agresti, che corrispondeva co' circoli dell'alta Italia; Carlo Poerio stringea le file con le Calabrie, un Giordano con Terra di Lavoro e Avellino, altri con altre provincie. N'era segretario Luigi Settembrini anima del tutto. Cassiere ne fu prima Nicola Nisco; carcerato a 13 novembre, surrogollo Michele Persico. Sovente parlamentavano in casa Agresti, sovente per vie solinghe, anche in botteghe da caffè. Eran pure circoli minori presieduti da ciascun membro del gran circolo. Di questo andò stampata una proclamazione, che tra l'altre prorompea: « Non avete il pugnale? una sola punta darebbe libertà all'Italia, e farebbe mutar faccia all'Europa: uccidete la borbonica tigre! » Sostenuto l'Agresti a 16 marzo 49 sorse presidente il segretario Settembrini; messo dentro anche lui a 23 giugno, gli succe-

Storia delle Due Sicilie 1847-1861

dette Michele Pironti, e carcerato altresì questo a 3 agosto, i congiuratori si cacciavan sin nelle prigioni a consultare quei regoli loro. Avean cercato di far pugnalare come il Rossi quattro ministri regi, e ne vennero a posta da Basilicata i sicarii, fra' quali un Luigi Vardarelli; poi non seppero venire al fatto. Altra fiata tentarono assassinare il Longobardi, e trovarono l'uomo; ma uno de' loro li tradì, e ne seguì lo arresto. Anche sul finir d'agosto s'era preparata da un Torassa una bottiglia da scoppiare, sì da uccidere una persona; e l'avean data al sicario da lanciarla al Peccheneda in carrozza. Quegli ebbe anche danaro e uno stile da difendersi nella fuga, ma uon osò darvi esecuzione. Si struggevano di uccidere il re; e non trovaron come. Intanto gittavan reti su marmaglia e soldatacci, e seminavan odii, sospetti e paure fra la gente.

Riuscirono nelle provincie a spingere pochi stolti. Qualche capitano nazionale in Basilicata e in qualche contrada di Calabria gridò repubblica in piazza popolosa. Canti e grida repubblicane s'udirono in Altomonte e in S. Lorenzo del Vallo. Nel Leccese s'ostentava allegrezza faziosa, e furon balli carnevaleschi con maschere a tre colori e saluti alla repubblica. Inni repubblicani a S. Elia e a Castropignano nel Sannio; e per simili canti a Campobasso si venne alle mani tra nazionali e gendarmi. Quasi lo stesso ad Avellino: quelli si postavano armati dalle finestre, questi uscivan dai quartieri pronti a finirla; e fu uno stento della potestà civile a calmar la cosa. Cotai moti qua e là sconnessi, non seguitati, detestati dalle popolazione, mostravano la vana operosità, la impotente rabbia de' capi della setta.

§. 28. Attentato del 16 settembre 1849.

Riuscita quieta Piedigrotta, volean turbare almeno la benedizione popolare del 16 settembre; oltre di che sospettavano (e s'era buccinato) il popolo volesse gridar l'abolimento dello statuto; però a frastornarlo, e a farsene anzi opportunità di rumore, statuirono fare scoppiare una bomba nel più folto della calca genuflessa nella real piazza, e gittarvi vipere vive, e sì con urli e urti e fughe tumultuare. Avrebbero prodotto ferite e morti in donne e vecchi e bambini, persone innocenti e divote. Un Lorenzo Vellucci ito chiedendo vipere per le farmacie, non ne ebbe, insospettendo quel cercarne vive e molte; poi sull'alba fu egli trovato sull'atto che incollava ai cantoni cartelli incitatori di rivoltura, dov'erano queste parole: «La tirannide vacilla: cadrà, ma nel sangue. Pio IX è strumento nelle mani del Borbone. Pio IX è prigioniero. Non accorrete alla benedizione, perché essa è ipocrita, è volta a far plaudire il Borbone infame e spergiuro. Viva Dio! viva Italia! morte alla Polizia!»

Venuta l'ora, mentre l'immenso popolo aspettava il Pontefice alla loggia, un Salvatore Faucitano s'era messo con la bomba nel più fitto; ma o sbagliasse il tempo, o che s'accendesse, come poi disse, col foco del sigaro, essa scoppiò pria del momento designato, sull'ore dieci e mezzo del mattino. Fu un po' di fuggire, ma i rincuoramenti degli uomini da bene fermarono tutti. Nondimeno un sergente scorse il Faucitano annerito dal fumo mezzo abbrucciato le vesti, a fuggire senza cappello; l'agguantò, e lui indarno gridante innocenza, e indarno coadiuvato da' suoi, dette nelle mani della giustizia. Trovarongli addosso la pezzuola arsa, ov'era stata la bomba; avea l'indice della manca scottato, rossa la mammella sinistra, e lui tutto putente di nitro e zolfo. Negò prima, confessò poi la colpa, la cospirazione, la setta e i complici. A casa sua e in quella del Vellucci trovaronsi segni settarii, polvere, arme, e proclamazioni scritte dal Settembrini; dove in una era stampato cosi: « Non pietà, non misericordia, ma uccidete, ferite, bruciate. Morte al tiranno, alla polizia, agli amici del tiranno! » In altre case di complici si trovarono arme, polvere, molti libri tristi, e proclamazioni virulenti a' popoli, a' soldati, quelle del Ribotti e de' Siciliani a' Calabresi, e lo stesso catechismo della setta stampato, e le notizie de' segni e delle parole di riconoscenza e di soccorso. Dirò poi del giudizio che ne seguì.

§. 29. Cerimonie sacre e meteora.

Il papa a 20 settembre vide nel duomo il miracolo di S. Gennaro; lasciò Portici a 30 ottobre per visitare la sua Benevento, e ne tornò il due novembre. A 29 di tal mese cominciarono nel palazzo arcivescovile di Napoli le conferenze episcopali per cose di chiesa, ma a lungo di esse dovrò parlare appresso. Il giorno dopo il pontefice a dimanda del re concesse con decreto che il giorno della presentazione al tempio della Vergine fosse festa comandata. A 8 dicembre disse messa solenne a S. Francesco di Paola per le milizie regie, che secondo il consueto avrebbero dovuto udirla al campo di Marte in onore dell'Immacolata; invece s'adunarono nella piazza della reggia, sendo presente alla messa anche il generale francese Barraguay comandante in Roma, venuto a ossequiare il papa. Questi a' 25 accoglieva i legati del clero romano, che supplicavanlo a tornare nel suo stato. Seguiva ne' primi di febbraio 1850 la cerimonia della coronazione alla Madonna de' sette dolori. Era un'antica statua, stata d'un contadino, adorata per miracoli sin dal 1411; tale che la popolazione con sublime semplicità l'appellava S. Maria Ogni bene. La città l'avea proclamata protettrice nel 1703, e vi mise annua processione. La solennità della coronazione cominciò con un triduo, e al terzo dì 3 febbraio il Santo Padre, presente la real famiglia nel duomo, mise sul capo del simulacro una ricchissima corona, frutto di regie e private offerte; poi *Te Deum* e benedizione papale. Il domani la coronata statua fu ricondotta in processione alla sua parrocchia. Luigi Arnaud napolitano scolpì una grande medaglia commemorativa, con la madonna fra due angioletti, e a rovescio le arme del pontefice e del re.

Va notato che la sera del 17 novembre 1849, poco innanzi a un'ora di notte, apparve in aria a settentrione di Napoli una meteora, a forma di gran trave ardente, che trascorse ver l'occidente, e s'ascose al guardo dietro S. Elmo. Ebbe varia luce, prima paonazza e violacea, quasi elettricità di cento stabili lampi, poi più rossa e rancia, e sì viva da parer l'alba venuta da occidente. Durò cinque minuti secondi, e sparve in tenebre fitte. Dicono tai meteore venire da corpuscoli o asteroidi mobili nello spazio, che attratti dal nostro globo, cadono nell'atmosfera, dove s'incendiano, o disperdono, o precipitano giù in forma d'aereoliti. Videsi anche in Toscana, a Malta, a Tripoli, e altrove.

§. 30. Incendio.

Era stato comprato prima della rivoluzione molto carbon fossile per le navi a vapore; arrivatone dugentomila cantaia, in sul cadere del 48, il fornitore si protestava pei danni del ritardo dello scarico, perlocchè il governo nol volendo spartire come per lo innanzi ne' magazzini in città, trovate vecchie grotte, sotto le rampe del Gigante, a stesa di braccio dal porto militare, colà tutto lo allocò. Quelle grotte restate ascose più secoli, eran fonde quasi dugento palmi e larghe e alte, cavate forse dall'architetto Fontana, per la fabbrica della reggia. Stettevi il carbone tredici mesi, ma sul finir di gennaio 1850 cominciarono di sotterra a trapelar fumee fetide; e qualche sciocco muratore s'avvisò murare gli spiracoli; onde n'uscì uno scoppio che spezzò i vetri del palazzo del principe di Salerno, con altri danni. S'accorse, sfondaronsi muraglie in vie traverse per giungere presto al luogo della combustione; trassesi in fretta il carbone freddo, e s'arrivò allo acceso, ch'era dal bassissimo fondo sino a tre palmi, e più dove toccava le pareti, e più negli angoli reconditi e bassi. Molto maggiore si trovò nel fitto della gran massa. Lavorarono a rovesciare il freddo sull'infuocato, oppressero le vampe con arena, a cacciavan poi fuori ogni cosa con pale e cofani di ferro, per lunghe catene di soldati, per luoghi bui, e orrendi per fumo, calore e gas micidiale. Lavorando notte e giorno, non si potè cavar più che duemila cantaia ogni dì, e ne occorsero anzi ventisette per trarre quarantamila cantaia di carbone acceso da quei disagevoli antri. Fu ventura che niuno pericolò. La gente si sbottoneggiava sul ministro di guerra, ch'avea voluto ficcar colà tanto combustibile sotto quasi la reggia. Quel mese parve il tempo del fuoco: simultanea si vedeva una grande eruzione del Vesuvio.

§. 31. Ritorno del Papa a Roma.

Pio IX avea ritardato il ritorno in Roma, perchè Napoleone tentò d'imporgli un programma con riforme governative: amnistia, codice Napoleone, e governo secolare; ciò significava ribellarsi nella fatal via sdruscevole della rivoluzione, e a diventar mero vescovo. Protestò voler perdonare sì, ma governar da sè, o meglio durerebbe nell'esilio. Di quel programma pel quale si menò gran rumore, non si parlò più, ma restò lievito di futuri guai. Sicurato alquanto, il Pontefice fe' a' 20 marzo nunziare a' ministri esteri il suo vicino ritorno a Roma, e quelli vel precedettero. Fece a Portici la lavanda il giovedì santo, e pranzò a Pasqua col re. Prima di partire largì croci cavalleresche a' nostri uffiziali, e fe' coniare una medaglia da fregiare quanti combatterono per la Santa Sede, Napolitani, Austriaci, Spagnuoli e Francesi. Da una faccia era l'arme sua; dall'altra: PIUS IX PONT. MAX. ROMAE RESTITUTUS CATHOLICIS ARMIS COLLATIS. AN. MDCCCXLIX.

Lasciò Portici a 4 aprile co' cardinali Antonelli e Dupont (questi a posta venuto di Francia). Alla stazione della strada ferrata di Caserta trovò il re co' reali principi; sul vestibolo del palazzo la regina e la sua corte, indi alla cappella. Stelle co' reali a mensa, passeggiò nel bosco, a S. Leucio orò nella parrocchia della Madonna delle Grazie. Al mattino dopo la messa, benedì dalla gran loggia del palagio la folta popolazione accorsa da' dintorni. Partì con corteo di sette cocchi; tenne nel suo il re col principe ereditario, e in mezzo a doppia fila di soldatesche passò a Capua. Quivi alla cattedrale ebbe la benedizione; e dal palazzo arcivescovile impartilla al popolo; visitò il monastero delle Salesiane, e ripartì per Sessa, dove all'episcopio passò la notte. Il 6 per mattino rimessosi in via, volle passare a piedi il ponte di ferro al Garigliano, in mezzo a gran popolo accorso. A Mola parata a festa, riposò un poco, e tirò a Gaeta su nuova strada improvvisata a posta per lui sul lido del mare. Aveva il dì innanzi mandato in dono alla cattedrale un ostensorio gemmato tutt'oro con raggiera perle e diamanti, valente assai più il lavoro; aveva quella chiesa elevata a basilica, la sede ad arcivescovile, e conferito a' canonici la cappa magna in coro, e l'abito prelatizio nella diocesi. Trovò il sobborgo tutto a festa, a festa l'istmo di Montesecco, gremito di barche e vascelli il mare: drappi, archi, iscrizioni, viva, fiori, popolo, bandiere, soldatesche, dolci lagrime e saluti. Pregò nel duomo; all'episcopio accolse al bacio del piede clero, militi e borghesi. Era il quarto pontefice che perseguitato avea riparato a Gaeta. Dopo il meriggio ripartì per Itri e Fondi, dopo die' la benedizione agli occorrenti popoli. Fu a Portella sulle quattro vespertine, indi all'epitaffio, ov'è la colonna limite degli stati postavi a tempo di Filippo II. Il re e il giovanetto prence scesi di carrozza volean baciare il piede al Pontefice, che nol permise; anzi discese anch'egli e abbracciò il re. Chiesto della benedizione, gli disse: « Il cielo pel mio labbro vi benedica. Non ho parole da esprimere tutta la gratitudine della cristianità per l'asilo splendido che deste in tempo di pericolo al Vicario di Cristo; abbiatevi i ringraziamenti miei e di tutti i fedeli, per l'atto generoso e pio, che farà la pagina più bella della storia. Ve ne rimuneri il Signore, e ricolmi Voi e la vostra famiglia e 'l vostro regno d'ogni bene e felicità. » Disse il re: « Padre Santo, io feci quanto era debito di cattolico; e ringrazio Dio, che mi die' opportunità d'adempiere a tal dovere » Pio lo riabbracciò; poi preso nelle mani in capo del giovine Francesco, lo baciò, e implorò su quella testa che dovea cingere corona la benedizione celeste. Da ultimo il re, il principe, e l'altro D. Sebastiano di Spagna, porstrati gli baciarono il piede.

Ferdinando aveva invero realmente accolto per sedici mesi il pontefice e la sua corte; ma anche larghi segreti soccorsi di moneta, che a moltissime migliaia sommarono, largì ad uffiziali e prelati papalini esulati e in bisogno; nè di tanto che fu onore alto al reame, volle d'un obolo a questo gravare; tutto esso spesò, mentre i settari gridavanlo tigre, ipocrita e infame. Or chi ha anima napolitana sprezzi i calunniatori. Il pontefice fu anche di là dal confine sino a Genzano accompagnato da ussari della guardia reale. Non narro la festa grandissima nella città sua, nè la verace gioia de' Romani, tutto dì ogni anno all'anniversario rinnovata. Egli nel concistoro del 20 maggio con allocuzione encomiava e ringraziava la pietà di Ferdinando, lodava Francia, Austria e Spagna, e volgeva un paterno rimprovero al Piemonte. Questo e la setta fremettero; e cominciarono loro assalti pria nascosi, poi palesi al Papa-re, intenti a mostrare ingiusto lo intervento cristiano a pro di lui, dove non s'era fatto mai a pro d'altri sovrani, che pure eran negli stati loro capi delle religioni. Ma il Papa capo della Chiesa cattolica, solo perchè eletto papa diventa principe; invece altri principi si fan capi delle loro Chiese; cioè nel Papa il principato è effetto, in quelli il principato è causa; onde conseguita che tutta Cristianità in tante nazioni sparsa ha interesse a mantenere nel suo pontefice il dritto principesco.

§. 32. Ritorno alla pace.

Col finire del 49 il reame avea ripigliata la primiera pace. Era ita a 27 settembre a Venezia la fregata Ruggiero; e ne riportò la batteria là trafugata dal Pepe, cui graziosamente l'Imperatore restituiva. In Napoli a lavar l'onta fatta all'arse arme austriache, queste a 18 dicembre si rialzarono sul palazzo d'Austria con solenne pompa militare. A 6 gennaio seguente nello Spirito Santo si celebrarono funerali a' morti ne' conflitti per la causa dell'ordine; fece l'elogio il padre Grossi gesuita; die' la musica il cavalier De Liguoro. Anche la real casa fu allietata di nozze, celebrate a 10 luglio, fra la principessa Carolina sorella del re col conte di Montemolino D. Carlo Maria Borbone, che per legge salica saria stato re di Spagna.

Il censo della città, di Napoli a tutto dicembre die' 416, 475 abitanti, dei quali 203, 485 maschi e 212, 992 femine, con diminuzione di ventiquattro persone dall'anno precedente.

Tornarono le cose e gli animi alla vita civile, alle industrie, al commercio, alla religione, alle scienze e alle arti. Ne' due anni trascorsi una febbre politica avea preso tutti: non teatri, non accademie, non opificii, non lettere, non più socievoli brigate, tutto era stato schiamazzio in istrada. Tante ordinanze, tant'arme, ed esercizii militari, o risquilli e tamburi, tante grida e dimenari e vanti non avevan saputo sicurare le strade, le case e i dritti legali: ora i ladri s'assottigliavano, o si davano a un mestiere onesto; tornava la legge. I tribunali ridettavano sentenze, il foro ripigliava sua maestà. La stampa libera non avea dato un bricciolo di sapienza, nè un diletto pudico, nè un pensiero di domestica letizia; ora i torchi ritornavano a opere d'intelletto, i teatri a scuole di costume; rifacevansi le cerimonie religiose, i sagramenti, le prediche, le pompe della Chiesa; lo scultore ripigliava lo scalpello, il pittore la tavolozza, l'artigiano la pialla. Riaperti i licei, gli studenti lasciata la piazza tornavano alle cattedre; rivedevi oneste ricreazioni, cene, passeggi, corse in villa e a' santuarii, musiche, poesie, e quelle pie feste popolari, antiche tradizioni, avanzi di greco costume. Raffermati in sedia i magistrati, la cosa pubblica progrediva sulla via della civiltà.

LIBRO DECIMOSECONDO

SOMMARIO

§. 1. La setta rifugia in Piemonte. — 2. Il Piemonte fa guerra al clero. — 3. Esilia arcivescovi. — 4. Gerarchia ecclesiastica in Inghilterra. — 5. Amore inglese per l'Italia. — 6. Il perchè. — 7. E l'amore per le Sicilie. — 8. Due Francie. — 9. Il non intervento. — 10. Trame settarie in Londra. — 11. Opere settarie in Italia. — 12. E nel regno. — 13 Opere pubbliche e navigli. — 14. Disastri naturali. — 15. Giustizia e grazie. — 16. Carceri. — 17. Trame di fuori. — 18. Indirizzi contro la costituzione. — 19. La costituzione è abbandonata. — 20. Ferdinando era spergiuro? — 21. Il congresso della pace. — 22. Conferenze ecclesiastiche. — 23. S'indirizzano al papa e al re. — 24. La *Civiltà cattolica*. — 25. Tattica de' rivoluzionari vinti. — 26. Che fanno i re? — 27. Che si fece nel regno?

§. 1. La setta rifugia in Piemonte.

L'Italia poteva godersi la pace e rimarginare sue ferite: ma la setta con la febbrile ingordigia di tanti cuori pervertiti, stizzata dalla privazione dell'assoggettata potestà, non poteva nè posare, nè lasciar posare. Migliaia di stranieri stati a soldo, ribelli scacciati da' paesi loro, anelanti l'ora di ripigliare il baccano, pasciuti di promesse, e perchè inetti a ogni arte buona, necessitati a durare nell'arte del cospirare, rifugiarono in Piemonte; cioè in terra costituzionale acconcia alle congiure. Piemonte, quando Italia tutta smetteva le mal provate costituzioni, ebbe uomini dicentisi *moderati*; i quali si vantarono di sapersi tenere in mezzo *a' due estremi*: la costituzione esser libertà, non doversi smettere per tema di tristi, eglino serberebbero *la libertà con l'ordine*. E restarono costituzionali. La storia fa vedere dove n'andasse quel superbo vanto; e come i tristi su quel campo d'impunità, sapessero farsi avanti a pigliar le prime sedie, e proseguire nello scopo della setta.
La lotta, il dissi, ricominciò dopo Novara, e fu necessità bombardar Genova; poi i Mazziniani perditori con l'arme, si fecero costituzionali per sospingere legalmente il paese a ruina. La nuova camera de' deputati, quasi la stessa gente che prima, non volle approvare il trattato di pace fatto coi Tedeschi, benchè questi fosser lì come sulle porte; o pretese che prima con legge fosse provveduto alla pasciona de' fuorusciti italiani colà confluiti. Posto così patti al governo regio per dargli impacci, rifiatarono la pace fatta, stata tavola nel naufragio; e rifiutaronla dopo che già se n'eran pagate le spese. Perlocchè il ministero dovette a 20 novembre sciogliere quell'altra camera. Allora uscì il famoso proclama detto di Moncalieri, dove il ministro moderato D'Azeglio, che tendeva allo stesso ma con più logico modo, disse spiattellato

agli elettori questo dilemma: *O scegliete uomini che approvin la pace, o aboliremo lo statuto.* A tanta minaccia surse una camera che non tentò l'impossibile niego; ma cominciò *moderatamente* il nuovo lavorio per arrivare al 1859.

§. 2. Il Piemonte fa guerra al clero.

Ferdinando e Pio IX aveano schiacciato il 1848; però s'avevano ambi ad abbattere, ma con modi diversi. Vittorio Emmanuele in mano a settarii, infatuato dell'avere a vendicare il padre, e della mazziniana offa della corona d'Italia, stese la mano alla setta mondiale, sperando valersene per salire, e spegnerla poi; questa proponendosi col braccio di lui la repubblica sociale. La guerra più facile contro il debole papa cominciò. L'Inghilterra protestante vi gittò molto volentieri il pondo dell'oro e de' maneggi suoi; e a turbar la cattolica fede in Italia spinse mandatarii, e libercoli, e false bibbie, e figure oscene e ridicolose. In Piemonte ogni casa, ogni castello ha un ospite anglicano, e all'ombra di finta libertà si lavora a corrompere l'italiano popolo con idee scettiche e straniere.

Il Piemonte avea intrigato per riporre il papa in seggio; ora che v'è riposto, piglia l'attitudine avversatrice e ostile. Il Siccardi ministro di giustizia a 25 febbraio 1850 propose una legge pel Foro ecclesiastico, l'immunità locale, l'osservanza delle feste, e altre cose contrarie al concordato con la Santa Sede nel 1841, e mandò un marchese Spinola a parteciparla al pontefice, ch'era a Portici, dichiarando boriosamente aver il governo sardo su di essa fatto *decisione immutabile.* Seguiva così Sardegna il vezzo di disfar da sè sola i patti convenuti con altri. Sua Santità fe' rispondere il 9, citando i concordati de' due Benedetti, XIII e XIV, e quello ultimo di Gregorio XVI; protestò contro quell'atto lesivo al clero, per antichi dritti goduti tant'anni in pace, fondati su canoniche sanzioni, e su trattati guarentiti dalla stessa costituzione sarda; nè potere una camera legislativa farsi arbitra di diritti altrui, senza riguardo al supremo gerarca della Chiesa. Ei forse sarebbesi calato a nuovo concordato; ma il ministero *moderato* sardo volle far solo, per mostrar d'aver coraggio con un vecchio pontefice profugo ed inerme. Ricusò ogni trattativa; la camera approvò la legge a 9 aprile, e il nunzio apostolico lasciò Torino. Questa legge Siccardi fu il primo passo in avanti della rivoluzione, dopo la sforzata sosta di Novara, e fu attentato alla costituzione. Sin'allora avean detto *la costituzione è la libertà;* allora dissero *la costituzione è principio di libertà.* E qual ne sarà il fine?

Sanzionata da Vittorio la legge, monsignor Franzoni arcivescovo di Torino dava a' 18 di quel mese una enciclica: inculcava al suo clero di stare a' canoni e a' concordati; non essere obbligato all'osservanza della illegale legge, e dava norme del come contenersi; cioè: 1.° chiedere alla curia arcivescovile il permesso di far da testimone avanti a giudice laico; 2.° che citati a tribunale laico per cause civili, che per concordato s'aspettavano alla curia, si volgessero al vescovo por averne direzione; 3.° che procedendosi contro di essi in via penale da magistrato laico, protestassero, e andassero al vescovo; 4.° simile protesta dei parrochi e rettori di chiese, per qualsisia atto contrario all'immunità locale; 5.° che in caso di liti fra privati e luoghi chiesastici anche si volgessero a' vescovi; e 6.° che tali disposizioni s'intendessero provvisorie sino alla decisione papale. Altri vescovi fecero lo stesso; tutto l'episcopato piemontese protestò; l'arcivescovo e i vescovi di Savoia a 8 maggio dichiararono adottare l'enciclica del Franzoni.

Subito sequestrata l'enciclica, fatte perquisizioni domiciliari al prelato, citavanlo a 29 aprile avanti a giudice istruttore; e negandosi egli, appoggiato al concordato e al concilio Tridentino, arrestavanlo in casa co' Carabinieri a 4 maggio, e chiudevanlo in cittadella. Allora ebbe indirizzi stampati da tutti i vescovi del regno, e pubbliche preghiere a Dio per lui. I ministri tementi le popolazioni Savoiarde, lasciarono tranquillo l'arcivescovo di Savoia reo di colpa simile; finsero ignorare gli indirizzi degli altri pastori; e tutta l'ira contro il Franzoni concentrarono. Fu giudicato da un giurì dove intervennero un oste, un sartore, e un falegname; i quali condannarono il primo prelato del regno a un mese di carcere e a cinquecento lire; e gli fecero subire la pena, sendo uscito di prigione a 2 giugno, dopo trenta giorni di carcere. Egli guadagnò fama grande, ed ebbe doni da tutta Italia e da Francia. I Napolitani fecergli un anello, recatogli poi in novembre 1851; e fu uno smeraldo fra grossi diamanti, con da' lati in diamantini la mitra, il pastorale, la stola e un libro; e sullo smalto bianco del cerchio era scritto in oro EUSEBIO REDIVIVO.

Mentre sartori e osti condannavano a carcere qual malfattore un insigne arcivescovo, la camera assolveva due deputati duellanti, dicendo aversi per questi a sospendere la legge, perchè *i lumi di essi eran utili alla camera.*

§. 3. Esilia arcivescovi.

Moriva a Torino la sera del 5 agosto di quell'anno stesso 1850, il ministro Santarosa, senza sagramenti, perchè avea ritardata la ritrattazione della sua complicità alla legge Siccardi; e quando sul finire dichiarò volerla fare, gli mancò il tempo del Viatico. Al mattino la gazzetta del Popolo stampò contro il parroco poche righe, accusandolo di non aver ministrato il sagramento, e fatto morire come un cane il cristiano ministro. Più tardi il governo temente si negasse sepoltura nel sagrato, ne cercò l'ordine all'arcivescovo; rispose farebbe il parroco suo dovere. Questi annuì alla sepoltura, perchè sapeva il pentimento del defunto. Ma nel mortorio vedesti baccanali; e il misero parroco, sebbene in vesti sacerdotali, ebbe insulti, contumelie e busse; campò la vita a stento; e il domani unitisi piazzeggianti e scheranaglia assalirono il convento dei Padri serviti (dei quali il parroco era frate), e tutti scacciaronli dal luogo o dalla città, percossi e presi a sassate anche in mezzo alle guardie. Così onorarono la memoria del Santarosa.

Quel ministero *moderato* ch'avea fatto professione d'ostare alla rivoluzione, si fece così violentare! anzi si mise sotto i piè ogni apparenza di legalità, lanciando ordine d'arresto a monsignor Franzoni reo di niente. In mezzo a otto carabinieri il mandarono a Fenestrella; nè per via fecero dimenticare i fischi e le imprecazioni, consueto concerto de' commedianti di libertà. Questo fatto portò l'esaltazione di Camillo Benso conte di Cavour, scrittore del *Risorgimento,* dove approvò le *misure extra legali* operate contro l'arcivescovo: il *ministero aver egreggiamente operato, e dover fare così, sinchè vi sarà una religione nello stato;* e conchiuse: Ciò varrà a porre in chiaro i miei sentimenti. Dopo cotale dichiarazione di fede contro la religione *sinchè vi fosse*, ci fu chiamato ministro in luogo del defunto; quasi manifestazione di guerra al culto di Dio, quasi guanto di sfida quasi programma dell'avvenire.

L'arcivescovo fu serrato in una camera, senza libri, senza il conforto d'una voce umana; tosto sequestrati i beni della mensa, poco stante a 25 settembre, per sentenza di magistrato ebbe confisca e bandimento. Richiesto dove volesse andare, rispose: «Ho dritto di stare nella mia diocesi; ubbidisco alla forza; andrò dove mi menerete.» Offertegli quattromila lire, le ricusò. Uscì il 28 dal carcere; e senza saperlo arrivò a Brienson di Francia, ov'ebbe orrevolissima accoglienza; chè mentre in Italia, si vedevan quelle vergogne, Francia s'abbelliva dell'opposto, con tali ricevimenti, e con incrementi d'ospizii e d'ordini religiosi. Stettero altresì prigioni altri molti vescovi per le proteste. Monsignor Marongiù-Nurra arcivescovo di Cagliari anch'esso aveva in giugno patito un mese di carcere; poi per essersi opposto alle ricerche governative su' beni ecclesiastici, fu la sera del 23 settembre, fra le ventiquattr'ore dopo l'accusa, menato a Civitavecchia. E la nave veniva a prenderlo a Cagliari prima del decreto d'esilio, presagendo la sentenza. Ciò era giustizia in paese *modello di libertà!* Il governo allora non si diceva rivoluzionario, ma creava la rivoluzione in piazza, si accozzava un popolaccio a suo modo, e si faceva sforzare. Circolo vizioso che ponea ridicolo velo di popolarità a tirannide ferina.

Pio IX nel concistoro del 1.° novembre, lamentando quei fatti citava il concordato del 27 marzo 1841, dove già s'erano scemate le immunità della Chiesa, durate tanti secoli in quel regno; ricordava la legge Siccardi contro esso concordato, le pene date agli arcivescovi di Torino e di Cagliari; e come i civili tribunali avean giudicato della ministrazione de' sagramenti. Notava l'altra legge del 4 ottobre 1848 ch'avea sottratta alla potestà vescovile la pubblica istruzione; e aver egli respinte le dimande sarde per approvazione a quelle lesioni al concordato. Lamentava il danno morale e materiale di quelle novazioni al clero, al popolo, alle coscienze; e finiva protestando contro quanto colà s'era fatto a danno della Chiesa.

E ve' contraddizione! mentre il Piemonte guerreggiava Santa Chiesa e pur gl'insidiava i suoi dominii, più si stringeva in amistà con Napoleone che teneva soldati a difendere il Papa a Roma. Più gridava Italia, e si distaccava dagli altri prenci italiani, e più si appoggiava a Francia. Vecchia italica colpa del volere asservare la patria con arme straniere.

§. 4. Gerarchia ecclesiastica in Inghilterra.

La Chiesa travagliata a pie' dell'alpi, stendea le braccia in altre regioni. Lo scisma d'Errico VIII, coronato dalla rivoluzione del 1688, avea messo i cattolici inglesi fuori legge; costrettili con fiera persecuzione a nascondere i loro atti religiosi. Ma l'opera de' missionarii cattolici die' larga messe, e sì crebbero i cattolici che potettero con legge ottenere la libertà del culto. Sursero molte chiese e tanti fedeli che il pontefice stimò conveniente riporre in Inghilterra la gerarchia episcopale. Con lettera apostolica del 24 settembre 1830 ristabilì i vescovi co' nomi delle sedi: due nel distretto di Londra, una in quella del nord, una a Jork, due nel Lancastrese, due nel Gallese, una nelle contee meridionali, due nel distretto occidentale, una nell'orientale; stabilita così una provincia ecclesiastica in quel regno, con dodici vescovi e un arcivescovo. Quest'atto, benchè riguardasse tutte cose spirituali, e sol desse nomi di vescovi a cittadini che prima eran vicarii apostolici, pure spiacque forte agli Anglicani. Usi da secoli a imperar soli, s'eran visti assottigliar le file dall'operoso clero perseguitato; e che farebbero ora questi all'aperto? Non per religione, ma per tema di calare in minoranza nel maneggio governativo, alto si risentirono. Sfringuellarono coi giornali, sino a dir l'atto papale esser crociata contro l'imperio brittanno. Radunarono orde di certa gente ch'a Londra non ha quasi coscienza di Dio, e a 5 novembre menarono in turpe processione i ritratti del papa e de' vescovi, e fra gl'insulti e le imprecazioni gli arsero in piazza. Ventisei vescovi anglicani si volsero alla regina perchè s'opponesse alla papistica invasione; eppure i loro vescovi di Saint-David e d'Exter non vollero firmare l'indirizzo; anzi l'Exter contro esso protestò. Anche deputazioni del municipio di Londra e delle università d'Oxford e Cambridge con grande apparato andarono alla regina; la quale rispose riciso voler mantenere la libertà religiosa voluta dal popolo inglese.

Alla opposizione mancò anche l'ausilio degli uomini illustri della nazione. Ben lord Russell capitanava l'odio per Roma; però gl'Irlandesi abbruciarono i ritratti di lui a furor di popolo. A Londra soffiavan nel fuoco i fuoruscititi italiani; il Gavazzi, il Mazzini, l'Achilli, il De Sanctis; e nelle conventicole bestemmiavano rabbiosamente, dicendo il bene della patria star nello abbattimento della sua religione. Si strepitò tanto che fu proposto nella camera de' comuni un *Bill*, cioè una *presa in considerazione* di legge contro i cattolici; puniva con multa di 100 lire sterline ogni assunzione di titolo della gerarchia romana; dichiarava nullo ogni atto di giurisdizione sottoscritto con quei titoli; e confiscava lasciti e donazioni fatte a pro di chi quelli assumesse. Ottennero maggioranza di 395 voti su 458 votanti. Ma nella discussione fur poi cassi tre articoli del *Bill*, solo restato il quarto riguardante la multa; il che fu uno smacco a' ministri. Inoltre contro esso *Bill* si presentarono 217 petizioni, con 356,095 firme; e conseguitò che neppur lo articolo approvato ebbe esecuzione, non si osando affrontare la opinione che ne scorgeva la ingiustizia.

L'arcivescovo cardinale Wiseman ascese la prima volta sul trono pontificale nella cattedrale di S. George il 6 dicembre 1850, e la pompa riuscì quieta; anzi a' 21 di quel mese molte centinaia di Lordi e gentiluomini cattolici volsero indirizzo ad esso Cardinale, ringraziandolo della ristabilita gerarchia. Tre anni dopo, nel concistoro del 7 marzo 1853, il papa nunziava anche la gerarchia ecclesiastica instaurata nel regno d'Olanda e Braganza, in cinque diocesi, con l'Utrech metropolitana.

Là pure i protestanti strepitarono, e accusarono il ministero, che ne cadde, ma dopo molte paure e soprusi, la cosa s'acchetò; e quel re riconobbe le autorità cattoliche costituite.

§. 5. Amore inglese per l'Italia.

Lord Russell, rimasto di sotto, n'ebbe rinfocolate l'ire contro il papato e l'ordine di cose stabilito in Italia. Cominciò allora la serie continua di moltiformi strali contro il papa e i prenci italiani. Volle contrapporre alla propaganda cattolica in Inghilterra, la propaganda anglicana protestante e rivoluzionaria in Italia; ma come quella ch'è il vero procede con persuasioni e virtù mansuete, così questa ch'è il falso non può usar altro che corruzione e forza. Era lega naturale tra protestantesimo e setta; la medesimezza degl'interessi e dello scopo strinse però insieme i due grandi nemici d'Italia, dico Inghilterra scismatica e Piemonte ateo ch'agognava asservare gl'italiani; perlocchè ambi appuntarono l'arme contro i troni e la religione, per far ribellare le popolazioni contro i principi nel temporale, e contro il papa nello spirituale.

Torino dopo la legge Siccardi non si fermò: nel 52 propose legge sul matrimonio civile, approvata da' deputati, respinta da' senatori; e un'altra più draconiana sul far secolare il clero regolare, benchè forte modificata dal senato, pur pubblicata a' 29 maggio 1855, soppresse oltre a trecento conventi, venduti o sequestrati i beni. Inoltre fabbricarono templi protestanti, ignoti già all'Italia, sede della fede; misero scuole pubbliche di protestantesimo a giovanetti; profondevano bibbie anglicane, opuscoli eretici e tutte cose immorali per corrompere il costume; e mentre con mille arti sorreggevano quella turpe propaganda, tutte astuzie usavano a sfiaccare la difesa della religione. Da Torino poi partivano i dardi avvelenati in tutta la penisola. Lo Stato Sardo così strumento d'Albione, n'ebbe altresì il ministro, quel Camillo Cavour venduto allo interesse inglese. Costui nato a 1.° agosto 1810, tenuto a battesimo da Camillo Borghese cognato di Napoleone, era d'una famiglia di Chieri; l'avolo aveva avuto il marchesato di Cavour in provincia di Pinerolo. Sendo secondogenito, fe' prima il militare; poi visto misero quel mestiere, n'uscì per farsi ricco; e infatti datosi alle risaie e alla mercatura, era già uomo da quattro milioni, fatti con quella stessa morale con cui fece poi l'Italia. Entrato nel 49 in parlamento, e poi nel ministero, i milioni gli piovvero in lasca più alla grossa. Esaltato dall'Inghilterra, si disobbligò col fare approvare il libero cambio, e n'ebbe in contracambio aiuto a poter fare d'Italia un gran Piemonte protestante.

Altra cagione d'ira brittanna fu la reclamata indipendenza de' principi italiani dalla sua interessata protezione, cui sdegnavano per decoro, e ripulsavano per tutelare la prosperità de' soggetti. All'Inglese giova un Piemonte malversatore, non un'Italia oculata ed economa. L'Inglese vuol comandare qui, come già fece in Portogallo, Spagna e Grecia; però fomenta scismi e ribellioni, pasce i fuorusciti, paga giornalisti per infamare con calunnie i resistenti, e sostenere il dissolvitore

Piemonte a tentare l'impossibile unità, ch'è certissima ruina. L'Inglese ama Italia come il libertino le donne, per prostituirla.

Lanciato il primo fuoco dal Mintho, come si chetarono le cose, la Gran Brettagna pretese da Toscana e da Napoli ristoro di danni patiti da mercatanti britanni; sicchè i paesi sofferitori di quella guerra misleale, dopo tante percosse, dovean por giunta pagare gli operatori de' loro malanni. Re Ferdinando forte stette al suo diritto, e dimostrò come la denunzia delle ostilità in Sicilia toglieva ogni pretesto a' mercanti d'esser risarciti di danni per robe pericolate, cui non avean curato di mettere al sicuro. Toscana più fievole fece arbitro il Russo; ma il costui ministro Nesselrode, mandò a 3 maggio 50 una nota a Londra, dimostrante la pretensione tendere a dare a' sudditi inglesi una condizione eccezionale superiore a quella de' paesani, da non potersi tollerare da nessun governo indipendente; però la disapprovava, e dichiarava non accettare l'arbitrato, per non darle implicita sanzione. Cotesta sentenza del Cosacco sulla uguaglianza de' dritti, spiacque alla liberale Inghilterra, che fa professione d'uguaglianza a suo modo.

§. 6. Il perchè.

Colà sono due partiti: Wig progressista e Tory conservatore. Questo fece la guerra al primo Napoleone, quello aiutò il terzo Napoleone a salire sul trono di Francia; però seguono politiche opposte, con tal contradizione da maravigliare il mondo. Ma tutti e due si contrastano il governo con la maggioranza in parlamento; laonde vedi or l'uno or l'altro piegare, dissimulare, concedere e travestire loro sentimenti con atti opposti, a seconda del vento di piazza. E qui debbo addentrarmi un po'. Molti dicono la potenza d'Albione venire dalla riforma religiosa, quasi non fossero al mondo paesi cattolici e prosperosi. Certo quella potenza posa sull'industria e 'l comercio; questi da una banda danno incrementi subiti e grossi, dall'altra sono precarii e incerti, chè vengono da cause esterne, e dalle condizioni dell'altre genti. Stando il bene inglese tutto sulle manifatture e 'l loro spaccio, conseguita che il suo massimo male è la concorrenza delle manifatture altrui ne' mercati. E in ciò ha svantaggio cardinale; chè sendo là caro il vitto più che altrove, l'opera costa più; onde dovrebbe vendere più caro che altri, che sarebbe sua rovina. Rimediò con leggi su' cereali per far sopportevole il prezzo delle vettovaglie agli artegiani; ma così attento alla proprietà, scemò d'un quinto il valore de' terreni, scontentò gli agricoltori, e fe' il primo passo nella via del socialismo, che le intorbiderà l'avvenire. Impertanto rosa nell'ossa dal reo principio utilitario, non blandita da soavità di religione, retta co' trampoli da un caos di leggi d'opportunità, sta come in miracoloso equilibrio sull'abisso, con sempre in prospettiva la fallenza; la quale sarebbe certa, se i popoli del mondo potessero voltar le braccia al lavoro. La temenza maggiore vienle da Spagna, Italia, Grecia e la Francia, dove feraci terre, uomini ingegnosi, e spiagge mediterranee e portuose le son terribili rivali, che se stessero in pace, basterebbono a manifatture non solo per sè, ma anche a mandarne fuori per poco prezzo, a rapir gli antichi scali ad Albione, e anche a mandargliene in casa.

Cotal fallo è l' ultima cagione dei garbugli di tutti i ministeri inglesi, Wigs o Tory che si siano. La ricchezza loro sta nella miseria altrui; onde suscitano guerre e fellonie da per tutto. La pace sul continente è fuoco per l'isola britanna; però deve trafficare di rivolture, come di cotone e piatti. Per questo un ministero Tory guerreggiò Napoleone imbrigliatore dell'idra rivoluzionaria, autore del blocco continentale; per questo un ministero Wig abbattè pria Carlo X, poi Luigi Filippo, prospettori della pacificata Francia; e dà sgambetti al suo stesso protetto Napoleone III se vuol fare il savio; per questo ricetta imbroglioni d' ogni paese, li protegge, li pasce, gl'imbecca, e li scatena a tempo qua e là sul continente altrui. Quel paese è in sì trista condizione che non può riposare, se non sulle sventure dell'umanità.

§. 7. E l'amore per le Sicilie.

Le Sicilie erano un antico emporio d'Inghilterra, che ne traeva fiumi d'oro, massime quando la nostra condizione viceregnale ne fea bisognosi di tutti, e obbligati a metter da fuori ogni agio di vita. I Borboni fecero mutar faccia al reame; l'ultimo Ferdinando ne portò a quasi non aver mestieri dell'estero, salvo che per inezie di lusso. Razze di cavalli, migliorati armenti, buona agricoltura, opificii d'ogni cosa, panni, tele, cuoi, carte, sete, feltri, guanti, ferri, arme, dolciumi, paste, unguenti, mobili ed ogni arnese costruivansi in casa; macchine d'ogni sorta, vascelli, bacini, cantieri, porti, commercio ampio, capitali molti, indipendenza politica vera, crescente popolo, forza materiale e morale; tutte eran cose ostiche alle borie e alle borse inglesi. Bisognava arrovesciar tanto edifizio di pace, e restituirne al misero stato viceregnale. Comprarono traditori della patria, calunniarono re e magistrati, il bene dissero male, promisero beni falsi, scatenarono il Mazzini e Vittorio Emmanuele, collegarono la repubblica con la monarchia, inventarono la parola unità, e subissarono ogni cosa.

I fatti che succederonsi, e che narrerò, dichiarano senza rettorica questo gran vero. E quando poi s'è visto Piemonte distruggere alla vandala istituti d'arti e scienze, opificii e cantieri, far chiese protestanti, sfratar monaci, scacciar suo re, e strugger via via ogni cosa napolitana, si vide se Piemonte potea volere la ruina d'un paese che credea fatto suo, ovvero anzi ubbidire a comandi anglicani, per far bisognosa ed eretica l'Italia. Così, o Italiani che v'appellate liberali, plaudiste al cadere de' principi vostri, ch'alzarono la patria al più allo grado di prosperità che s'avesse dopo i tempi di Roma; e fate dallo straniero devastare questa terra arricchita dal sudore de' vostri padri. Pagate l'ingordigie d'angli mercanti con lagrime di più generazioni di fratelli.

§. 8. Due Francie.

Per la ragione stessa Inghilterra stende sue branche in Francia; ma perchè questa è grossa, ell'usa più arti. Francia è da considerare nazione doppia, con due popoli l'un contro l'altro da ottant'anni combattenti. Uno è quello di Carlo magno e S. Luigi che campò l'Europa da' Saracini, e francò Gerusalemme e imbrigliò i barbareschi; popolo di grandi imprese, della fede e del dritto, e che può perder tutto fuorché l'onore; l'altro è quello degli enciclopedisti, che si vanta di dare la civiltà al mondo, adora la Dea *ragione,* ch'è la nuda prostituta sull'altare, alza patiboli con Marat, sguaina pugnali con Robespierre, proclama col galeotto Babeuf l'abolizione della famiglia e della possidenza, e arriva nell'orgia trionfatrice a gridar Viva l'inferno! Abbasso Dio! Fra tai due popoli cozzanti non può esser pace; e la sua lotta si stende al mondo, vi fa proseliti, e vi suscita la guerra universale, per risollevare la umanità a Cristo, o abbrutirla nell'ateismo. Non parlo di quei che son di mezzo, pronti a ubbidire. Quindi nelle industrie, nella letteratura, nel governo, nella religione, nelle guerre e nelle paci, la Francia opera secondo la parte vittoriosa onde è benedetta o maledetta, amata o temuta, odiata o invocata, se l'una o l'altra impera. Ebbe un gran popolo, ora ha un popolo numeroso.

Posta nel mezzo del mondo moderno, cavalcante due mari, con gente armigera e spiritosa, dominata men da ragione che da impeto, con molte fonti di ricchezze e facilità di commercio e linguaggio, ell'è di necessità benefattrice o percuotitrice del mondo; però sempre guardata con isperanza o sospetto, giusta la vicenda di quella sua interna lotta, che dividela nelle strade, negli uffizii e sin nella famiglia. Una barricata, una elezione, un banchetto, un libro, un vento, un motto ridicolo le scambiano la sorgente del comando; e quell'arme stesse che in tempo di repubblica ripongono il papa in Vaticano, quelle in tempo imperiale tel vanno in Vaticano a carcerare. Adunque quel paese saltella sopra mobili basi, fra due parti opposte; freme o sorride, edifica o distrugge, crede o discrede, percuote o sorregge; perchè qualsisia il governo deve sempre blandir tutti e rispettare in uffizio i suoi nemici stessi; gli uffiziali mutan con facilità il giuramento, ubbidiscono alla potestà dominante, combattono e muoiono per principii contrarii, aiutano chi abborrono, percuotono chi amano, solo concordi nel dir Francia! Per questo oggi i suoi governatori tremando fan tremare, studiano l'opinione, parlan sibillino, brogliano in istrada; ingannati ingannano, sospinti sospingono, e son varii, e doppii, facitori e infrangitori di trattati e alleanze come il torrente gitta; di nulla più solleciti che del restare in bilico sul vertiginoso seggio. Per queste condizioni è arena d'ambiziosi, dove Inghilterra trova di leggieri a mestare, e a strascinarsela appresso, non ostante gli indipendentissimi spiriti nazionali; perciò Inghilterra stanza della rivoluzione mondiale, quando vuol questa sbrigliare le fa dar l'arme dalla Francia, con le quali poi subissa l'orbe e la Francia stessa. A tutto è pretesto la *libertà*. Han fatto sinonimo di libertà la democrazia, la quale fa impossibile il vivere liberale, e tende alla tirannia infinita del numero. Oh Francia! nazione di crociati, difenditrice degli oppressi perchè dimentichi la tua storia? perchè sconosci la gran parte a te dal Signore largita fra' popoli moderni? perchè non torni ara stabile di vera grandezza, scudo della fede, spada del dritto?

§. 9. Il non intervento.

Narrai come inventato sin dal 1830 il *non intervento,* cui parecchi lodano quasi ritrovamento di nuovo mondo. Vestonlo d'apparente giustizia, dicendo ciascun popolo debba vedersi le cose sue, senza ch'altri se ne impacci. Ciò è assurdo, chè suppone falsità naturale e storica, che cioè gl'interessi umani sieno slegati, e i popoli disgiunti da muraglie, e stranii l'uno all'altro; ma in natura e in società gli uomini han legami di passioni, interessi e diritti, nella famiglia, nello stato, e fra gli stati. Certo ciascuno dee badare a sè, ma se il fuoco del vicino viene a bruciarmi ho dritto d'accorrere a spegnerlo. Quel motto è impossibile, perchè a far rispettare cotesta sentenza del *non intervenire* si deve intervenire armata mano. È antisociale, perchè tende a far perire la società assalita, da tutti i tristi del mondo, e perire uno stato dopo l'altro, senza aita. È iniquissimo, perchè lascia alla sola rivoluzione il diritto e 'l campo d'intervenire che si nega agli stati costituiti. Ed è grido di selvaggi perchè lacera tutti i trattati, e fa vani i patti fra le nazioni.

Il non intervento mena a sciogliere la società, ed abolire la possidenza e la famiglia. Se non si può intervenire nello altrui stato, non lo si potrà nelle case altrui; entrandovi masnadieri, s'impedirà l'entrarvi a' gendarmi, e sì tutte case saran saccheggiate impunemente. La setta s'è costituita con una forza sotterranea in tutto il mondo, ch'è minima in ciascuno stato, ma unita è più forte di ciascuno; però quando aduna tutte sue forze, interviene da tutte parti contro un sol paese, e grida *non intervento*; cioè intervento di masnadieri e non di gendarmi, cioè impedimento agli assaliti d'aiutarsi a vicenda. Ed essa neppur nasconde la universalità sua, che anzi ne pompeggia, e dove arriva mostra battaglioni d'Ungari, e Polacchi e Inghilesi, e capitani e soldati d'ogni lingua e nazione.

In questo secolo, quando telegrafia e vapore, tolto di mezzo i mari i fiumi e i monti fra' popoli, fanno dell'umanità una famiglia, s'avrebbe anzi a creare un tribunale sopra le nazioni, e una forza federale della civiltà per eseguire le sentenze fra le liti de' popoli, siccome il magistrato sentenzia de' privati; e così vietar per sempre le guerre e le ambizioni. Il *non intervento* fa l'opposto; arrovescia indietro il progresso sociale a disertar le genti, a disgiungerlo e a farle solinghe e selvagge, siccome si figurano le prime famiglie ne' primi secoli dell'età. Il *non intervento* che vorria isolare i popoli fa il contrario del cristianesimo che li stringe in un amplesso. La setta con quel grido vuole al cristianesimo sostituire sè.

Ma l'Inghilterra se ne serve per minare le prosperità del continente: proclama quel motto, e sa obbligare Francia cattolica a far eseguire cotal precetto rovesciatore della cattolicità. Intanto essa interviene senza bandiera, sguinzagliando la setta, e aiutandola con milordi mandatarii, note minacciose, libelli famosi, vascelli costeggianti, danari e giornali, da trionfar le rivolture, che minano l'un paese dopo l'altro.

§. 10. Trame settarie in Londra.

A Londra avea seggio un comitato centrale democratico europeo, dichiarantesi rappresentante di dugento milioni d'uomini; diviso in sezioni di corrispondenze, informazioni, soccorsi, giornalismo, società segrete, erario e percezioni. S'avean partiti gli stati: chi dirigea Francia, chi Germania, chi Svizzera, chi Italia. Tutti i faziosi o gonzi del mondo eran loro tributarii, e sudditi ed esecutori. Il Mazzini rappresentava Italia, il Ledru-Rollin Francia, il Ruge Germania, il Durosz Polonia, il Kossut Ungheria, tenevan le file d'un governo mondiale ascoso; mandavan lettere circolari a' comitati paesani, e spedivano legati e spioni nelle città e nelle corti. Non credo mai se ne vedesse altra simile d'una cospirazione universale costituita contro la costituita umana società. Londra sciente ospitatrice era antro inviolabile di quei fabbri di ruine. Nel 1819 un Carlo Heingen tedesco fuoruscito vi stampò in un suo giornale un opuscolo, intitolato *Ammaestramento della rivoluzione,* ove diceva: « Questa costerà all'Europa due milioni di teste, ma esse sono olocausto lieve pel bene di dugento milioni. Essa con ispada sterminatrice deve guizzare in ogni canto della terra, e far sue vendette su monti di cadaveri; in ogni paese avrà un dittatore, il cui principale uffizio sarà l'esterminio de' retrogradi, il legarsi con tutti i governi rivoluzionarii, e pattuire la consegna de' reazionarii fuggitivi, *pe' quali non debbe esservi asilo.* A questi nulla deve restare in terra fuorché la tomba. » Favella poi del rapire i beni, perseguitar principi, e altre cosiffatte, ch'abbiam poi visto con gli occhi nostri perpetrare da' dittatori Garibaldi, Farini e loro seguaci.

Il Ledru-Rollin teneva cattedra, e a gente scelta dava lezioni *di colpi di mano rivoluzionarii.* Scrisse nel 1830 una pubblica lettera al redattore del *Corriere Batavo,* plaudendo agli sforzi di lui per propagare sensi repubblicani in Olanda; affermò egli far lo stesso in tutta Europa, e si plaudiva della unione di tutti i ribelli: « I re s'uniscono: e i popoli per liberarsi denno unirsi; i re han la lista civile, e la democrazia deve avere la lista civile. » Il Mazzini in quel tempo stesso stampava uno scritto, invitante i liberali d'ogni terra a formare uno stato solo, per sollevarsi in un sol dì in tutto il mondo. Propone sopire ogni disparità d'opinione, per discuterla dopo la vittoria; intanto stringersi su queste basi: *distruzione d'ogni autorità, progresso continuo guidato dal popolo.* E in novembre di quell'anno fece un progetto d'imprestito per la rivoluzione; ed egli con altri cinque dette una proclamazione minacciante la guerra; e disse all'Europa: *Noi agiremo da noi medesimi.* E i sovrani dorminavano, e credevan trionfare vietando ne' loro stati ogni notizia palese di tante minaccie, celandole anche a' pubblici uffiziali; sicchè sendo serpentina l'offesa, e nulla la difesa, lavorarono col loro imbelle e stolto silenzio al trionfo del comune nemico. Soprattutto nello due Sicilie la pace profonda e l'ignoranza di tali insidie generò una sicurezza balorda e fatale; di maniera che la rivoluzione piombò come fulmine senza lampo in cielo sereno, ch'ogni persona abbarbagliò e prostese.

Londra stessa tenentesi quel fuoco ne fu scottata un poco. A' 18 maggio 49 un James Hamilton, operaio, tentò con la pistola assassinare la regina nell'Hyde-Park.

A 30 giugno 54 la regina fu percossa di bastone da un Roberto Pate, luogotenente del 16.° ussari in ritiro. Disserli pazzi, ma innanzi non s'eran visti tai pazzi. Dappoi seguirono interpellanze in parlamento contro i fuoruscini, che si valevano dello asilo per turbare la società; e Lord Gray ministro dell'Interno rispose protestando contro il costoro abuso, e promise far cose grandi per rimedio, ma non si vide nulla d'efficace. Crebbero anzi i fuoruscini, e le accoglienze, e i festeggiamenti. Se n'eran fatte d'eccelse all'Ungaro Kossuth, che da Turchia a 23 ottobre 1851 sbarcava a Southampton, e qualche giorno dopo a Winchester: bandiere, processioni, grida di Viva e Morte, saluti, concioni, indirizzi, banchetti, brindisi, tutto istigante il ministero. Così costui tenuto stretto in Turchia, e rifiutato da Francia, ora sublimato in quel paese, dove poco avanti avean fischiato il tedesco generale Haynau difensore del dritto. Poi nei 1853 il Russell si vantò in parlamento essere stato il suo amico Palmerston ch'avea fatto venire il Kossuth, e indotto Turchia a lasciarlo andare, con promessa di soccorso, dove ne venisse da altri redarguita o assalita.

§. 11. Opere settarie in Italia.

Come Londra ora fucina della congiura mondiale, Torino l'era della italiana. I banditi di tutta la penisola cospiravanvi aperto contro i governi delle patrie, e collegati col protestantesimo e l'eterodossia, diffondevano il tossico per tutta Italia. Davan libri stampati bene a poco prezzo, da invogliar leggitori e compratori; il mistero, il pericolo aggrandivali; figure oscene, diatribe anticristiane, accuse e calunnie contro il papa e i sovrani, satire, canzonacce, vituperii, erano arti da far cadere da' cuori il rispetto a Roma e al dritto. Il costituzionale Piemonte, *Stato modello*, faceva fare, instigava, ordinava, pagava. In ottobre 1830 videsi una società d'operai, detta *La vera compagnia di Gesù*; perchè, dicevano, Gesù stato artigiano falegname a Nazareth avervi *consacrato la santità del lavoro*. Affettavano lavoro, mentre volean rivolture appunto per campare senza lavorare. E quando nella monarchica Torino s'erigevano tai combriccole, quelle erette in Parigi repubblicana si scioglievano, anche prima del 2 dicembre.

A Genova, sentina di democrazia, nel 1851 fur tumulti e grida d'abbasso al re. Vi s'ersero associazioni operaie di mutuo soccorso, e il tiro nazionale della carabina, por formare *Carabinieri italiani*. Che facesselo il governo fu provato dal veder fatto *Consolo de' carabinieri* quel senatore Plezza mandato dal Gioberti legato a Napoli, e non ricevuto a corte, stampò questi una lettera circolare dicente: *la carabina costituisce il popolo civile, lo esercito permanente esser cosa da barbari*. A Genova il Mazzini pubblicava il suo giornale *Italia e Popolo*; i confratelli gli facevano coro, aveva retroguardia e rinforzo a Capolago, con la tipografia Elvetica, venduta alla setta, per istamparvi ogni malvagità. Decretato un tempio protestante sin dal dicembre 1850, se ne poneva la prima pietra a 29 ottobre seguente, con gran pompa, e presenza de' ministri Inglese, Prussiano e Americano.

In Toscana stanziavano Tedeschi, onde si poteva far meno: nondimeno v'agitavano il protestantesimo sì che seguirono arresti e condanne. Tentarono celebrar funerali in S. Croce di Firenze pe' morti di Curtatone; il negò il governo sciente volersi non pregare pe' defunti ma pompeggiar vanti di rivoltuosi. Eglino presero il destro in quel dì dell'ascensione, 20 maggio 1852; mentre la chiesa affollata era parata a festa, i congiurati tolsero a staccare i drappi che coprivano le iscrizioni co' nomi de' morti in quella zuffa, ciò col proposito di porvi i fiori. Accorsero gendarmi, seguirono busse, colpi di fuoco, contusioni, ferite, e spavento di popolo. Fu necessità farne il processo, quindi lamentanze per tirannia. Il Guerrazzi arrestato sin dal 12 aprile 1849 ebbe lungo giudizio; la sentenza n'uscì a 1° luglio 1853, mitissima pel reato, dannatolo a quindici anni d'ergastolo, e a cinque dopo di vigilanza. Ricorse per cassazione; ma tosto cercò grazia a quel buon Gran Duca, che gliela fe' subito, mutata la pena in esiglio. Anche a Roma su' primi di maggio 51 fur lievi tumulti, e una rissa tra Papalini e Francesi, tosto sedata.

§. 12. E nel regno.

Nel regno, con le popolazioni reazionarie, la setta non osava niente; non potendo meglio, gittò fra' suoi adepti il ridicolo ordine del non fumare, per impoverire l'erario; di che tutti beffandosi, vedevi gentiluomini e popolani vagolare contro l'usanza per Toledo con lunghe pipe. Meglio potevano in Sicilia. Già in marzo 50 s'era preso un Maltese latore d'opuscoli e bandi mazziniani; e a' lagni del governo nostro il governatore di quell'isola die' ordine a quei negozianti di pensare al negozio non a congiure italiane. A 6 luglio a Palermo s'ammutinarono i fornai. Questi a tempo della rivoluzione avean troppo alzato il prezzo della mercede, il che gravava sulla popolazione, laonde il municipio rifatti i saggi lo moderò al giusto; allora i panettieri che volean quella usata cuccagna, anche di segreto instigati, il mattino del 6 non lavorarono, pensandosi pigliar la città per fame. Ma il governo che l'avea preinteso fe' fare il pane da' frati e monache e artigiani delle ville: poi ghermì 74 de' più sediziosi, e tenneli alla Favignana qualche poco, sinchè lor passò il grillo delle cose passate.

Nelle Calabrie dove son boschi e monti solinghi, s'eran rifugiati chi non voleano tornare a vita civile; e da masnadieri n'uscivano alle rapine e ai ricatti. Il maresciallo Nunziante ito colà, comandante territoriale cominciò con editto del 14 gennaio 1850 a porre in istato d'assedio il distretto di Cotrone, e altri due circondarii. A' 24 die' altro editto da Cosenza, e altro da Corigliano a' 24 febbraio, invitando i delinquenti a presentarsi; e prometteva perdono, minacciava pene, e ponea taglie. Se ne presentarono molti, molti furon presi, pochi caddero uccisi; sommarono a 107 in febbraio, altri 47 dopo, in aprile se ne presentarono 131, n'erano aggraffati 49, ne perivan 13 nelle zuffe. Le guardie urbane in breve quasi nettarono quei luoghi. A 27 settembre si fecero quattro squadriglie per assicurare i banditi alla giustizia, ciascuna di trenta armigeri ed un capo; le quali resero di buoni servigi. Si promossero l'opere pubbliche, si cominciava la nuova strada da Cosenza a' casali S. Mango.

§. 13. Opere pubbliche e navigli.

Il governo a quel tempo spregiando le premeditate calunnie intendeva da per tutto alla sicurezza e all'opere pubbliche. A' 15 ottobre 50 s'inaugurava nel Teramano un ponte a battelli sul fiume Pescara; un altro se n'era fatto a Triflisco sul Volturno. Da Potenza a Tricarico si lavorava a un tratto della strada Lucana. A Maddaloni in Campania si costruiva un gran quartiere di fanti, e un edifizio pel collegio militare del regno. A' 22 gennaio 51 si poneva la prima pietra d'un opificio reale per arme bianche. Saria lungo enumerare gli edifizii nuovi, le strade, i ponti, i fari, le arginazioni che da per tutto si promovevano.

Un decreto del 3 agosto 1850 instituì un consiglio d'ammiragliato per la flotta, con presidente (infausta scelta) il conte d'Aquila Luigi fratello del re. Molto si spese per recare all'armata le novelle invenzioni su' navigli. A 5 maggio s'era varata a Castellammare di Stabia il Monarca, vascello da ottantaquattro cannoni; e subito a 15 novembre si varò l'Ettore Fieramosca fregata piroscafa della forza di 300 cavalli, di cui anche la macchina era costrutta nel nostro opificio di Pietrarsa.

§. 14. Disastri naturali.

In Napoli a' 16 giugno crollarono di botto certe ampie volte nel quartiere de' Granili; e benchè subito si volasse al soccorso, pur vi perirono 43 soldati, 13 galeotti, un garzone ostiero, una donna e una fanciulla. È da accusare d'ignavia chi doveva approvare i lavori a quell'edifizio, già reclamati dagli uffiziali dell'arte. Ma enorme sciagura sorvenne a Palermo ne' dì 12 e 13 marzo 1851. Orribili uragani infierirono: stripan fiumi, franan monti, crollan ponti, si rompono le strade, e tutto s'allaga, campagna e città. La piena cavalcando le strade palermitane, empie le stanze terragne sino a sei palmi. Sebbene all'improvviso, la potestà fe' suo debito. Si fecero arginazioni, si deviarono l'acque, si strapparono dalle case le famiglie pericolanti, si porsero vettovaglie a quelle circoscritte nell'acque, nè mancarono limosine grandi. Tosto si raccolsero quindicimila ducati per gl'infelici restati senza lavoro o dispogliati della roba; il re fe' darne dodicimila dalla Tesoreria reale, ne mandò altrettanti di sua borsa, e altri seimila in altre parti dell'isola guaste dallo stesso flagello. Prelati e gentiluomini andarono distribuendo i soccorsi; solerti l'arcivescovo, il luogotenente, e tutti uffiziali militari e civili; egregiamente i soldati Pionieri con fatica e pericolo operarono.

Tai mali cui l'umanità è soggetta, o ch'abbia monarchie o repubbliche, servirono pur di leva a' settarii; e dov'era da lodar la sollecitudine governala, si biasimava; la stampa si faceva arma d'ogni evento; perchè nessun governo può esser buono se non è approvato dalla setta, cioè che per esser buono non dov'essere governo.

§. 15. Giustizia, e grazie.

Umanitarii quando congiurano, sanguinari dopo vinto, congiurando maledicono la pena di morte e quella a' ferri, arraffato il potere, colmati le galere e fan di fucilati rossa la terra. A quel tempo infamavano il reame ed il re: re bomba, magistrati carnefici, soldati sgherri, spie i buoni cittadini, imbarbarito il paese, spogliato, tartassato. S'altri dicesse il vero, eccolo schifoso reazionario! Errore fu del governo, e 'l notai, l'aver dilungato i giudizii di maestà; ma invero allungavali la nostra procedura legale, lenta e circospetta. Ancora duravano quelli del 15 maggio e per la setta unitaria, de' quali parlerò appresso. In marzo 49, scoperti alcuni di Gragnano in cospirazione, il fisco chiese per quattro la morte, e per undici il terzo grado de' ferri; la Gran Corte in febbraio 50, dopo la pubblica discussione, condannò i quattro a 24 anni di ferri, uno a 22, due a 20, e mandò liberi il resto. In aprile dell'anno stesso la corte giudicando d'altri tredici imputati, disse per nove non costare, a quattro die' pene correzionali. In Catanzaro anche per maestà uno ebbe sentenza del capo, due a cinque anni di prigionia: il re graziò quello della vita, a questi condonò la pena. Due soldati a Trapani assolveva. A sei pur il Catanzaro con decreto del 25 maggio moderò le pene, la maggiore a cinque anni di prigione, la minore a un anno. E a' 30 maggio suo onomastico fu' grazia a 1273 carcerati, piena per molti. Dell'altre grazie speciali saria dir lungo.

§. 16. Carceri.

Stampavano vituperii delle carceri: sozzure, sevizie, busse e tormenti. Sendo luoghi di penitenza, certo non erano gradevoli, e abitate da trista gente non potean durar nette a molto. In Napoli eran le carceri vigilate di continuo da uffiziali, religiosi, e pur dame. La congregazione degl'Incurabili spesso scorrevale per dare a' bisognosi. In febbraio 1850 le dame napolitane dettero un pranzo alle detenute di S. Maria Agnone; in aprile il cardinale arcivescovo visitava le prigioni di S. Francesco e Castelcapuano, vi spargea danari e panni, vi facea gli esercizii spirituali. In novembre dava pranzo a 159 detenuti poveri a S. Maria apparente. A 22 febbraio 51 vestiva 66 giovanetti chiusi in S. Agnello, vi celebrava messa, e assisteva alla mensa lor preparata da' Gesuiti. Nelle provincie non mancava vigilanza d'alte persone e d'appositi uffiziali. Le prigioni provinciali erano ampie, ben ordinate e nette, io scrittore le visitai talora; men buone le circondariali, siccome carceri il più di passaggio: a tutte vigilavano per legge probi cittadini, sovraintendenti alla nettezza, al vitto, al costume, alla disciplina e al culto. In tutte era il padre spirituale, l'oratorio, una corte da passeggiare, e stanze separate per donne, giovanetti, preti, e debitori. V'eran di prigioni, come quella muliebre di S. Francesco di Paola, d'Aversa, rette da monache, sì ben ordinate che pareano claustri ed opificii, non luoghi di pena; onde si vide chi dopo averla scontata piangea per rimanervi. Ma i giornali settari stampavano da Londra e da Torino *le infamie e le torture delle carceri di re*

Storia delle Due Sicilie 1847-1861

Bomba ! Dappoi la gente onesta ha provato il lezzo e lo vergogne delle carceri del Garibaldi e del re Galantuomo.

§. 17. Trame di fuori.

Oltre Londra e Torino, altro nodo di congiuratori macchinava sotto lo stendardo elvetico, protetti dal partito radicale, che avea là ghermita la potestà. Eran riusciti nel 1849 a far decretare dal consiglio federale la rescissione delle capitolazioni militari fatte in Europa, per torre a' governi quei bravi soldati svizzeri, ma più per torli a Napoli. Rescindevano di loro autorità i contratti bilaterali. Ma i reggimenti svizzeri di Napoli si vollero restare; nè per allora fu altro.

Quello stare in mezzo all'alpi i caporioni della gran setta die' sospetto a vicini e lontani. Anche Napoleone se ne lamentò con la repubblica, ma ebbe sol finte e transitorie riparazioni. Costoro prezzolando scrittori, da quel centro spiccavano la propaganda rivoluzionaria ed eterodossa. Libri, foglietti e opuscoli davano quasi per niente; dove in poche pagine erani nugoli di sentenze ed erudizioni storte, citazioni false, argomentazioni speciose, le più tratte da testi o scontorti, o spiegati a rovescio; onde scorrevan con un dettato alla leggiera, con la presunzione dell'ignoranza, con l'audacia dell'errore. Questo scrivere moltiplice, saltellante e sputacchiante abbindolava le menti giovanili, e rendeva malagevole la confutazione, cui si volea tempo, pazienza, e volumi. Entravano tai scritti in Napoli di soppiatto, e pel sentenziare tenuti da' furbi e dagl'incauti per quintessenza di sapienza. Il governo, contento al proibirli a parole, nel resto si turava gli occhi.

Pertanto segno a tutti strali, s'avea passivo una guerra di diffamazione non più vista. I congiurati sempre all'erta, usavano quest'arti: discreditare, voltare a male tutto, diffamare uffiziali, o corromperli, o sforzarli, o spaurirli; se manca una derrata, dire mandatasi fuori, essersene fatto monopolio da' potenti della corte; se abbonda, dire che il commercio boccheggia; se si fa una strada, gridare volersi abbatter case per farle mancare a' poveri; se non si fa, maledire all'indolenza, all'*oscurantismo*; se si fanno limosine, il governo paga sue spie, se non si fanno, esso si mangia tutto; se punisce i rei è tiranno, se grazia è temente, se parla è imprudente, se tace sente il torto; se fa feste, gitta polvere agli occhi, insulta al pubblico dolore; se non ne fa, è presso a cadere, teme la moltitudine. Che che avvenisse si percuoteva, mentendo, calunniando, inventando guai, destando nel popolo ubbie e paure. Ogni minimo fatto storcevano: in dicembre 50, otto banditi presso Corleone in Sicilia fur cresciuti a ottocento rivoltosi, e vincitori. Presi, passò quella, e n'inventarono altre.

§. 18. Indirizzi contro la costituzione.

Tai mene poco attecchivano nel paese, dove i fatti parlavano agli occhi; all'estero si credeva a quelle cantafere. Sogliono gli uomini giudicare delle cose altrui con idee proprie. Gl'Inglesi tengono per vangelo che niuno possa aver libertà senza parlamenti costituzionali; e il lavorio fitto di cento anni ha divulgato tal credenza in Europa; e benchè se ne sien fatti più mali sperimenti, pur non è ancora caduta tal fantasia dell'età, che pretende dare una forma di governo per tipo a tutti i popoli. Posto adunque che solo le costituzioni dien liberta, restava di conseguenza chiarito tiranno il governo delle Sicilie, che non richiamava i parlamenti. Oggi abbiamo cento esempi di tirannidi costituzionali, riuscite oligarchie pugnaci e rapaci. I Napolitani, popolo pratico, visti i guai del 20 e del 48, e i debiti fatti, voleano piuttosto restar ricchi con re assoluto, che impoveriti co' deputati; ma la volontà popolare strombazzata *sovrana* quando spingesi a rivoltura, perde ogni simpatia de' liberali quando chiede ordine e quiete.

Richiamare i parlamenti nel reame a quel tempo era abdicare; il popolo il vedeva, nè volea sentirne. Il ministero retto dal Fortunato ben sel sapeva; ma non so bene chi consigliante, provocò o sopportò un fatto che fu grave errore. Un Doria di Cervinara (stato carbonaro nel 1820) e forse qualche altro si vide misteriosamente per le provincie a susurrare sull'opportunità di chiedersi l'abolizione dello statuto. Questa scintilla bastò. La gente stracca di politica volea riposare; nauseata de' frutti costituzionali correva volonterosissima. Dall'Agosto 49 al marzo 50 fu sul continente uno scrivere indirizzi al re di quasi tutti i municipii, e collegi giuridici ed amministrativi. Sommarono a 2283 di cui molti dettati avanti notari, con dichiarazioni d'esser voti volontarii *universali*; solo municipii furono 1599. Primo fu Abruzzo ultra in agosto, seguitò Capitanata in settembre, Terra di lavoro e Basilicata in ottobre, o così l'altre. Pompose deputazioni presentavanli al sovrano. I firmanti furono centinaia di migliaia, sariano stati milioni se avessero fatto entrare i contadini. Era un abborrimento de' tre colori, uno stomacar di brogli elettorali, un deridere le spavalderie de' Nazionali. Massime ne' paeselli quei dimenari, quei strascici di sciabole, quei spallini d'oro di capitani postìcci, quel cicaleggio e rumore inconsueto, quello star sempre sull'arme, 'l doversi guardare il suo da' tanti scarcerati ladri, erano incentivi all'antico. Pure è vero che molti s'astennero, e anche alquanti de' sottoscrittori facesserlo per paura o interesse. Chi mal s'era portato credea con quella firma cancellare il passato, e anzi sollecitava altri; perchè la malizia umana si fa arma del bene e del male. Fur di questi parecchi liberalissimi del 1860. Pur si vide qualche uffiziale pubblico, qualche gentiluomo di camera del re, pur di qualche municipio a ricusarsi; il che mostra non pativan forza.

Fe' rumore il fatto dell'arcivescovo di Napoli cardinal Sisto Riario Sforza. Richiesto da parrochi se avessero a firmare quelle petizioni, rispose no, dovere i sacerdoti stare intenti a' sacri uffizii. E quando un uffiziale di ministero gliene tenne discorso, gli replicò: « Quando il sovrano die' lo statuto ebbe in consiglio militari, magistrati e amministratori, non ecclesiastici; questi ubbidirono alla nuova legge, e ubbidiranno all'abolizione; chè per essi è buono ogni governo cristiano che dia modo alla Chiesa di operare il bene; ma non denno mescolarsi in cose estranee al loro santo ministero. » E al mattino ito a Caserta, le stesse cose ridisse al re, il quale benignamente le approvò. Subito su tal fatto se ne strombazzarono di grandi, e tra l'altre che il cardinale ordinasse con lettera pastorale a' preti la ricusa. In quanto agl'indirizzi fu un coro di tutti i giornali liberaleschi gridanti allo scandalo, al sopruso. Poche centinaia ragunaticce a 27 gennaio 48 avean chiesto lo statuto a Toledo, ed erano in dritto; ora quasi tutti i Municipii del regno ne chiedevano la rivoca, e non n'avean dritto. Le Provincie avean subita una rivoluzione voluta da un cantuccio di via d'una città, e ora non potean levare la loro voce contro quella tirannia liberalesca che distruggea la loro prosperità. Fu stampato i voti strapparsi con baionette, e guai a chi ricusasse; e anche oggi qualcuno ha detto quella richiesta essere stata una maniera *d'imposto plebiscito*.

Parmi i ministri non avrian dovuto riconoscere ne' municipii e ne' privati, e meno negl'impiegati, cosiffatto diritto di petizione. Lo statuto dato spontaneamente dal re, senza richiesta di costoro, ben poteva ritrarsi senza loro istanza. Scopo speciale è la prosperità umana, le costituzioni sono forme variabili e sperimenti; e chi può mutarle una volta, può anche rimutarle, massime quando ne va di mezzo la pace e il sangue dei soggetti. Quando una fazione tendente a scardinare la potestà, si valea delle franchigie per farsene leva, era carità, era dovere lo abbolirle. Le costituzioni del 48 caddero tutte per questo; nè solo in Napoli, ma in Francia, a Vienna, in Toscana e a Roma, perchè impossibili con la pace, supremo bene. E come negarlo se Torino solo che la serbò divampò tosto in tanto incendio a danno di se e degli altri?

§. 19. La costituzione è abbandonata.

Ferdinando non poteva tener lo statuto senza frangere la integrità della monarchia. Riconquistata Sicilia, non era possibile riconvocarvi i parlamenti e non fiaccare lo scettro; e riconvocarli in Napoli soltanto era aver due regni, non quell'uno garentito da tutta Europa; era cacciarsi fuor del suo dritto, quasi re nuovo, costretto forse a pitoccare riconoscimenti da quelli appunto che il regno gl'insidiavano. Adunque l'esempio altrui, sicurezza di regno, ragion di stato, e desio di popolo, faceangli suprema necessità di tornare all'antico.

Ma il ministero, o forse il re, non volle farne una legge. Corsero pratiche diplomatiche all'estero che restaron segrete. Si susurrò che Nicolò di Russia interpellato rispondesse disapprovare la costituzione data, ma non consigliare a ritorla; che Austria suggerisse piuttosto abbandonarla che rivocarla. Ma Austria stessa sul principio del 32, e anche Toscana l'abolirono con legge. Credo Ferdinando non pel consiglio, ma forse per l'opposto, cioè di far l'inverso degli altri, com'era sua natura, e mostrare di essere indipendente da ogni estera pressione, non abolì ma lasciò abbandonato lo statuto. E fu grave fallo, chè tenne deste le speranze settarie, die' presa alle calunnie, mise faccia d'illegalità al governo, e tenne il regno in un provvisorio lungo, che mise capo al 1860. Ne seguì governare incerto, trepidazioni negli uffiziali, un non far davvero, un aspettar gli eventi. Ma già quelli uomini, quelle cose, quei tempi erano mezzani; fiacche l'opere e le volontà, fortissimo solo Ferdinando, non bastante a tutto. I congiuratori si credettero temuti, e delle trepidanze governative fecero pro, per meglio di nascoso costituirsi. La nazione credè passato l'uragano, e s'adagiò sulle rose; facea canzoni pel re, sbeffeggiava i liberali, e poi non ci pensò più.

Le imposte si pagavano senza sforzo, le reclute con Viva al re correvano a militare; una quiete, una sicurezza piena promoveva un prosperoso incesso d'industria: aboliti i tre colori, tacenti le camere, anche il giornale uffiziale cessò d'appellarsi costituzionale a 3 giugno 1850. V'ha tuttodì chi dice per questo esser caduta la monarchia nel 1860; con la costituzione saria caduta prima, o che i Borboni avrian dovuto fare come il Savoiardo; diventar settarii e minare il regno e l'Italia con la fatua idea dell'unità. Ferdinando rattenne dieci anni l'Italia dal cadere in questo abisso.

§. 20. Ferdinando era spergiuro?

La setta gridò lui spergiuro; ma voglionsi poche nozioni di morale a giudicarne. Un giuramento va mantenuto sinchè si possa senza culpa: se la cosa promessa, benchè prima buona, diventa mala, o impedisce maggior bene, o genera maggior male; se manca il fine della promessa, se per lo eseguimento sopravvenga pericolo altrui di morte, infamia o ruina, in tai casi è dovere non mantenere il giuro. Fu empio Iefte se eseguì la promessa d'uccidere la figlia; empio Erode che pel giuro die' la testa del Battista alla ballerina; nè fu spergiuro Coriolano che non arse la sua patria Roma; nè si oserà dire che bene operassero i giuranti pugnalatori del famoso Veglio della montagna. E Ferdinando dovea por la costituzione mettere il reame in fuoco, farvi templi protestanti, aprire scuole di lascivie, corrompere il popolo, assalire il Santo Padre, e diventar Vittorio Emmanuele?

S'era giurato supponendo il popolo volesse lo statuto nuovo, visto il vero popolo reagire, il volerlo a forza e a dispetto della nazione era un controsenso. Si supponeva portasse felicità, ma recò lotte, sangue, e debiti; si supponea chiesto a fin di bene, e si provò chiesto per far repubblica sociale; si supponeva afforzasse lo stato e il trono, e si scoperse divisore di animi, rovesciatore di trono; si sperava desse pace, e die' barricate, proditorii e guerra civile. Qual popolo il chiese? dato, qual bene s'ebbe? vi fu più requie co' parlamenti? Hanno oppure no i popoli dritto a star quieti, e alla guarentigia delle persone, delle robe, della morale, e della religione? Il giuramento invoca la presenza della divinità, e col nome di Dio è implicito il bene. Non si può giurare il male. Ridevolissima è quell'accusa di spergiurazione in bocca a' settarii, infrangitori d'ogni santo giuro, disciogliteri de' voti religiosi, felloni di mestiere, i quali han poi sfacciatamente plaudito alla infrazione de' giurati patti di Zurigo dal loro *re Galantuomo*. Per essi va mantenuto il giuro del pigliare, non quello del tutelar lo altrui.

§. 21. Il congresso della pace.

Eglino s'acconciano la morale col mutar nomi alle cose. Dissero guerra la pace, e la pace guerra. Mentre il mondo era allietato, disserto in tempeste con gran sicumera affettarono di lavorare a *pacificarlo*, cioè a rilanciarlo nel sangue. Inventarono quest'altra: stabilirono annuale congresso intilolato *Della Pace,* intervenendovi a parlamentare su' modi da tener pacifico il mondo personaggi noti astiosi e accattabrighe, già in opere e in iscritture chiaritisi incapaci di moderare sè stessi: il Cobden, il Cormenin, il Girardin, e fra tanti quel battagliero Palmerston gran Massone che va soffiando fuoco in ogni cantuccio della terra. Cotal congresso ebbe sede in quella Londra, dove protetto asilo hansi tutti gli agitatori dell'orbe. Costoro cicalando di pace accagionano santa Chiesa e i re legittimi de' mali guerreschi che questi non fanno; fomentano l'eterodossia, sublimano la sovranità della marmaglia, e per aver quiete suscitano dritti falsi, pensieri nuovi, stuzzicano passioni garose, gelosie, ingordigie; ond'è poi necessità guardarsi, e star sempre con l'arme in mano. Dicono a' re: disarmate; ma susurrano guarentigie a' popoli; e cosi quelli s'hanno ad armar più, e a star sospettosi. Sclamano pace, pace! ma per disarmar gli altri ed armar sè, per infiacchire il diritto, e ingagliardire lo storto, per rovesciare la potestà dell'alto, e sublimare la supremazia del basso. In tal guisa sono pacieri.

Nel 1849 ritornando da Versailles cotesti paciferi fecero visita a S. Cloud a Luigi Napoleone. Nel febbraio 53 il congresso s'adunò in Manchester; intervenuti più che mille, con letture di bei discorsi. Frattanto tra quelle promesse d'oro Lord Palmerston armava alacremente; e avea già in terra e in mare 400 mila uomini armati; cioè 170 mila soldati, ottantamila militi, e 140 mila marinai su 458 vascelli. Preparava la guerra in Crimea.

§. 22. *Conferenze ecclesiastiche.*

La Chiesa cattolica, ammortito il fuoco rivoluzionario ed eterodosso, scrutatene le cagioni, non mancò al debito suo per ispegnerlo affatto. Certa che l'irrequietezza del secolo non venisse già, come accusavanla, dalle dottrine religiose, state sempre educatrici de' popoli, ma anzi dall'essersi negato ad esse protezione ed ubbidienza, tentò ancora di slargarsi le braccia da quei nodi che le famose leggi Giuseppine, Leopoldine e Tanuccine le aveano tessuti: onde la morale e la fede s'eran ite col secolo scorretto pervertendo. Seguirono sinodi e conferenze di vescovi in Germania, Francia e Italia, e n'uscirono ammaestramenti al clero e a' fedeli, e indirizzi a' sovrani per l'abolizioni di certe leggi, che fatta soggetta la Chiesa, l'avean tenuta bassa e fiacca avanti al borioso avanzamento dell'empietà.

In Napoli cominciarono sotto gli occhi del pontefice a 29 novembre 1849 le conferenze episcopali nel palazzo arcivescovile. Da molto non se ne vedea: gli ultimi sinodi furono nel 1699 e 1726: quello provinciale col cardinale Giacomo Cantelmo, questo diocesano tenuto nella Pentecoste dal cardinal Francesco Pigliatelli. Però su queste conferenze insolite s'almanaccarono mille fole; e i giornali settarii d'Europa, com'era lor mestiere, vi sparseo su l'astio e il ridicolo. Intervennero oltre l'arcivescovo cardinal Riario, il nunzio apostolico arcivescovo di

Mira, gli arcivescovi di Salerno, Sorrento, Manfredonia, Gaeta, Otranto, Cosenza, Rossano, Amalfi, Chieti, S. Severina, e Trani, e i vescovi di Sessa, Andria, Aversa, Tricarico, Molfetta, Lucera, Alife, Trivento, Acerra, Pozzuoli, Nusco, e Melfi, co' segretarii canonico Balzano e padre Spaccapietra della Missione. Il cardinale celebrò la messa nella cappella del palazzo; poi tutti, uscito il Nunzio, recitate le litanie, pronunziarono le professioni di fede, e dettero sull'evangelio il giuramento; quindi nelle stanze arcivescovili cominciarono le sessioni, compiute con religiosa pompa a 27 dicembre. Discussero triplice studio: perfezionamento morale e scientifico del clero; miglioramento del popolo; e trovar modo da far più largo e spedito l'esercizio della libertà della Chiesa.

Indirizzarono a 7 dicembre due lunghe e dotte lettere a' fedeli e al clero delle loro diocesi. In quella, citati i grandi mali del secolo, e l'acerbissima congiura contro la fede e la morale, inculcavano si stessero avvisati, riformassero i costumi, osservassero la legge di Dio, adempissero a tutti i doveri, massime a' religiosi. L'altra lettera al clero snudava gli errori de' preti, ben più profondamente e aperto ch'io nol feci nel terzo libro di queste storie: «Delle sedizioni popolari nel mondo non fu ultima cagione la vita scorretta de' sacerdoti. Siate uomini di Dio, pronti al bene, solleciti della riputazione, degna della vocazione divina. Si sia oculati sulla iniziazione degli ordini sacri (e qui ne davano le norme). La Chiesa ha bisogno non di molti ma di buoni sacerdoti: si riformino i seminarii, già scaduti dalle regole inculcate dal tridentino concilio, viziati nell'ordine e nelle maniere, incapaci d'inspirare le ecclesiastiche virtù. I preti han necessità d'esser dotti, per esser maestri al secolo, valenti a scoprire e a combattere l'errore e l'ignoranza. La Chiesa già lunga età tenne lo scettro del sapere, oggi è menomata, e develo ripigliare con i studii armonici fra lo spirito e il cuore. Siate insieme uomini di Dio e di lettere e scienze, e fate tutto per Dio. Studiate scienze, storia, filosofia, eloquenza e diritto canonico e civile. Tutte le massime rivoluzionarie vengono dalla dimenticanza del principio d'autorità. Migliorate gli studi, miglioreranno i costumi e i sacerdoti domineranno non gli uomini ma i vizii.» Proponevano un seminario modello in Napoli; nelle Provincie congregazioni di spirito per ecclesiastici come le quattro già in fiore in Napoli; ed esercizii spirituali annuali in case religiose. Stabilirsi conferenze a quando a quando in città grosse da trattare scienze sacre; metter biblioteche sacre nelle parrocchie. Dettavan norme per predicatori, confessori, parrochi per l'istruzione dei fanciulli, pel viatico, pe' matrimoni, per l'amministrazione de' beni patrimoniali e su' doveri de' canonici. Da ultimo inculcavano a' sacerdoti a coadiuvare l'opere pie, per infermi, ospizii, e trovatelli; visitassero le prigioni e gli ospedali a recarvi i conforti della religione e i soccorsi della pietà.

Il più di tai cose eran da antico in atto a Napoli; sendovi il clero in gran parte operoso, dotto e morigerato. Ma nelle Provincie il male era troppo vecchio perchè a sradicarlo bastasse quella pia lettera. Tutti l'ebbero, pochi la lessero, sol qualcuno qua o là n'appofittò; e i preti provinciali in buona parte non fattisi bianchi nè rossi, durarono nell'ozio, o negl'interessi mondani e ne' vizi; anzi inacerbiti contro i vescovi che li chiamavano a dovere, si contaminarono di sette; e li vedemmo col Garibaldi spretarsi nel 1860, e mescolar crocifissi e pugnali.

§. 23. S'indirizzano al papa e la re.

Oltracciò le conferenze volsero loro voci al pontefice e al sovrano. Sollecitarono il Santo Padre a pronunziare la dogmatica definizione dell'immacolato concepimento di Maria Vergine, sendo questa credenza antichissima della Chiesa napolitana. E supplicarono di largire a re Ferdinando sì pio verso la santa Chiesa il titolo di *Piissimo*.

Al sovrano volsero dimande con riservatezza. Dimostrato non potersi avere buoni sudditi se non si faccian buoni cattolici, chiedevano: 1.° Che alle ordinanze e rescritti esistenti contro certe colpe, succedesse legge o decreto con sanzione penale contro l'inosservanza delle feste, concubinati, fughe da casa paterna, e meretricii; maggiori facoltà a' parrochi da unire sposi, anche senza precedere il contratto civile; e però abolirsi la pena ch'è nelle leggi contro i parrochi benedicenti nozze senza quel contratto. 2.° Darsi all'autorità ecclesiastica la revisione della stampa, e de' libri vegnenti dall'estero. 3.° La correzione de' sacerdoti sia del vescovo; le chiese sieno asilo contro l'arresto per causa civile, al paro delle case private; si concedesse qualche privilegio alla Chiesa, e che le chiese e i luoghi pii nella partizione delle imposte non fossero più che altri aggravati. 4.° Abolirsi l'obbligo del sovrano beneplacito agli acquisti della chiesa e a' legati e donazioni. 5.° Libertà a' vescovi di unire o dividere parrocchie e benefizii, a' sensi del concordato, senza venia sovrana. I comuni compiessero le congrue alle parrocchie povere; s'abolisse l'ordine ministeriale ch'obbligava il parroco a mantenere la chiesa. 6.° Lasciarsi piena al vescovo l'amministrazione diocesana. 7.° Liberi i luoghi pii e le chiese per alienazioni e altri contratti secondo le ecclesiastiche particolari prescrizioni. 8.° I tribunali più prestamente e con minori spese dessero i documenti della pertinenza e libertà de' fondi di patrimonii sacri per titolo d'ordinazione. 9.° Che sempre s'invochi l'autorità apostolica, non il magistrato laico, per la soppressione delle decime sacramentali, nell'interesse dello parrocchie, e chiese collegiate e ricettizie. 10.° Che reintegrandosi beni di chiesa usurpati, si concedano a istanza de' vescovi le franchigie delle tasse fiscali. 11.° Libertà ai vescovi per adunare i sinodi e pubblicarne gli atti e i decreti, senza il consenso del consiglio di stato. 12.° Darsi alla commessione esecutiva del concordato, non a lettere ministeriali o ad altri, lo interpetrare e modificare il concordato. 13.° Il ministero non s'impacciasse di religione, in quanto a comandar preci e digiuni e predicazioni, quasi a ledere il dritto de' pastori. 14.° Enumerati gli abusi de' consigli degli ospizii, ritornassero sotto la dipendenza episcopale i conservatorii, ritiri, cappelle e monti di pietà e del sacramento. Restituirsi al potere ecclesiastico il giudicare della separazione corporale degli sposi. Non più il Consiglio o la consulta di stato, ma la Chiesa decida il cambiamento delle ultime volontà de' testatori spezialmente intorno a pii obbietti. Non più la consulta giudichi della natura di qualche fondazione, se ecclesiastica o laicale. Che sia il vescovo coadiuvato nella esecuzione dalle cause ecclesiastiche. Non più la Consulta decida di cause ove vuolsi sentenza del romano pontefice. Finalmente vietar gli abusi nei campisanti; l'autorità ecclesiastica vi vegli, e vigili alle scritte su' monumenti.

Il re con lieto viso accolse a Caserta questo indirizzo, portogli da' cardinali di Napoli e di Capua e da' vescovi d'Aversa e d'Acerra. Tante domande aveano fondamento nel dritto canonico; alcune meritavano pronto eseguimento legale; e certo nel pensiero de' prelati eran tutte intente a slacciare la Chiesa da' ceppi, e renderla più capace d'indirizzare il clero e le popolazioni al cattolico incivilimento. Inoltre posavano su consuetudini vetuste del reame, abolite con le leggi del Tanucci. Nondimeno a me sembra che dopo ottant'anni non era lieve nè molto opportuno il tornare in un botto all'antico dimenticato; volevasi modo e garbo a slargare il concordato concluso con Santa Chiesa, in tempo che altri, massime il Piemonte, tendeva ogni concordato a conculcare. Oltre a questo scudo il clero già in parte guasto, parmi saria stato consiglio accordare insieme il miglioramento dei preti con la libertà ecclesiastica, in guisa da render quelli e questa acconci al fine. Il ministro Troya e 'l direttore Murena, studiato l'affare con tre de' vescovi, restrinsero le dimande e le proposero in consiglio di Stato; ma quei ministri quasi tutti ex liberali non potean sorridere alla libertà della Chiesa. Il presidente Giustino Fortunato gran Massone, ex repubblicano, ora assolutissimo, l'udì con ira. Con sovrane risoluzioni del 18 luglio fu negato tutto, salvo quel poco intorno a esecuzione di leggi esistenti. Il Fortunato non pago a questo, fe' stendere le domande in succinto a suo modo, e misevi a riscontro i rescritti risolutivi, con acre stizza dettati, quasi tutti ricisi così: *Sì stia alla legge! Ostat il concordato!* quando appunto si dimandava modificare la legge e il concordato. E a crescere la durezza del rifiuto, se ne fe' pompa in apposito libretto stampato. Sconcia ira, irriverente il modo, inopportuna tanta pubblicità; perchè l'indirizzo porto con riservatezza, ben si poteva almanco coprire di silenzio. Quello strombazzato rifiuto a cardinali e arcivescovi fu dardo al sacerdozio, colpo di frusta massonica all'altare e al trono, sorriso alla rivoluzione. Infatti i filosofanti il portavano in cielo.

Quando poi cadde il Fortunato, il ministero fu più cedevole; e Ferdinando stesso nel 1857, ritornando sulla cosa, parecchie larghezze decretò, di cui dirò a suo luogo.

Quasi consimili risoluzioni s'ebbero le Conferenze di Sicilia, aperte a 2 giugno 1850, nel Duomo di Palermo, per provvedere al riordinamento del turbato ordine ecclesiastico nell'isola. Colà sendo il vizio radicale nel tribunale della monarchia, tenuto come gran progredimento civile, v'avria voluto animo di gran lunga maggiore a uscire da quei ceppi secolari; su di che surte fra quei vescovi difficoltà e difformità di sentenze, non si potè altro che dimandar s'eseguisse la moderatrice bolla *Fideli* di Benedetto XIII. Ebbero risposto: la bolla essersi sempre eseguita; e del resto niente di meglio.

§. 24. La civiltà cattolica.

Un'altra frustata massonica toccò a' padri della *Civiltà cattolica*. Tornando il gesuita Carlo Curci da Parigi a Roma a mezzo novembre 49, avea proposto un disegno di giornata cattolico, non accolto, ond'ei disselo al cardinale Antonelli a Portici; e il santo Padre a 9 gennaio 50 quasi ne ordinò l'esecuzione al padre generale de' Gesuiti. Sendo Roma non tranquilla ancora, si cominciò in Napoli. Idearono un giornale a fascicoli ogni quindici dì: così gli articoli eran pensati, e le notizie vagliate; opera partecipante del libro e del giornale; con la pronta diffusione di questo, e la gravità di quello, destinata a restaurare le idee sul dritto sociale, sulla scienza cattolica, sull'educazione giovanile, sulla civiltà cristiana. Allocata una tipografia in fretta nel cortile di S. Sebastiano, n'uscì il primo quaderno a 6 aprile 1850. Ebbe titolo *La Civiltà Cattolica*.

Sin da principio mostrò quanta valesse: ebbe in tutta Europa sino a quattordicimila associati, cosa non più vista di libri d'Ilalia; e si poteva a buon dritto dirla opera napolitana, perchè ideata dal napolitano Curci, elaborata da esso e da' pur Napolitani padri Piccirilli, Liberatore, Berardinelli, ed altri; e perchè in Napoli nata.

Sendo scritta per tutta Italia, dov' erano sette stati di varii pensieri e forme, s'era nel programma accortamente dichiarato non parteggerebbe per forma speciale di governo, ne riverirebbe tutti i legittimi, solo prenderebbe a rialzare il principio d'autorità col pensiero cattolico, già molto scaduto dalle menti per idee sovversive e antisociali. Questa generalità di concetto non andò a sangue a chi avria voluto del giornale servirsi a strumento di governo. Si cominciò a instillar sospetti in testa al re; ma i padri parlarongli, e 'l persuasero, e n'ebbero anche franchigie postali e altri favori. Uscito in luglio il decreto della censura preventiva alla stampa, cominciò nuova insidia. Era prescritto i libri s'approvassero dalla pubblica istruzione, i giornali dalla Polizia; la *Civiltà* era insieme giornale e libro, perchè anche numerato sino a pagine 720. I padri chiesero sottostare alla pubblica istruzione, siccome a censori più istruiti; e il presidente di quella monsignor D'Apuzzo così avvisava; ma la Polizia tenne duro, e volle censurar essa. Immagina un Peccheneda vecchio massone, ex leguleio, ex chierico, ex Murattino, censurare in nome di re Borbone gli scritti de' Gesuiti! Esso stesso vi squadronava sopra; quindi ritardi, stenti, intoppi. Ricorsero al Fortunato; e questi più volteriano del suo creato, dichiarò secco e con modo plebeo la polizia esser la sola censura per la *civiltà cattolica*. S'accorsero i compilatori l'aria di Napoli non far per loro; e a mezzo settembre, mandati a Roma torchi, macchine e carta, si recarono al re in Gaeta per congedo; il quale benigno li accolse, li confortò a continuare l'opera e lor concesse, le stesse franchigie postali, e più quelle di dogana.

La polizia se la legò al dito, e dirò appresso che facesse. Tal fiuto mostra come s'iniziasse da Massoni camuffati da Borboniani lo scalzamento della monarchia in nome del re, ch'avria dovuto tenere a utilità la libera parola nel reame di quelli ingegni sostenitori di morale e di dritto. I Massoni son dannosi dovunque han governo, perchè vogliono arbitrio e ateismo sostituire alla legge e alla Fede; ma son più dannosi assai a' governi legittimi, cui prima infamano e poi danno il crollo.

§. 25. Tattica de' rivoluzionarii vinti.

Pareva la rivoluzione vinta e schiacciata nel reame; la sicurezza piena face tener per passato ogni pericolo, chi stava alla potestà o sul continente e sull'isola, sendo i più uomini mascherati di realismo, e ingordissimi d'autorità, paghi de' grossi soldi, e del loro presente buon prò, non avean l'occhio all'avvenire, o ve l'avevano per lavorare a trovarvisi bene. La setta si rannicchiò, si fe' piccina, e ripigliò sua tattica vecchia. A dichiarar questa non si può errare; che fu sempre una, dopo il 99, dopo il 20, e dopo il 48. Comincia col lamentare gli eccessi della rivoluzione caduta, poi si van distinguendo i *princìpii buoni e veri* dalla esecuzione mala ed esagerata; che questa non può negli animi intelligenti danneggiar quelli; che la verità sempre è buona, e solo si deve mondare dagli eccessi. Questi sono colpa de' vincitori, che li avean preparati prima col malgoverno, poi con insidie e danari, e con la negazione di fare il giusto. I liberali non sono rei di nulla, sono illibati, i più chiari cittadini per morale e ingegno; malvagi sono gli accusatori, nemici personali i testimoni, ladri e dal re compri e corrotti i giudici; sono assassinii le condanne, sevizie, torture le carceri, tarda giustizia le grazie, anzi insulti dopo il martirio. I vincitori realisti sono più eccessivi de' rivoluzionarii; ambi sono sette, nemici della patria, soli patrioti sono i moderati, quelli cioè de' *sani principii* che stanno in mezzo a' due scogli del dispotismo e dell'anarchia. Giurano inoltre che la rivoluzione è morta e seppellita; non più da temere, pentiti i cospiratori; e di fatto li vedi ingobbiti e genuflessi, e mangiar particole avanti gli altari. Che buona gente! che modesta! che talentosi! Subito chi fu liberalissimo tel vedi santo, ubbidiente, leccatore, serviziario, sinchè arriva a pigliarsi una sedia. Allora se uno di cotesti pentiti fa un ette, ne senti meraviglie, miracoli d'ingegno e d'onestà; per contrario se altri fa qualche bell'opera, si finge ignorarlo, s'attenua, si storce, e se cade in fallo *crucifigatur*. Con arte pongonsi a parallelo dotti liberali con ignoranti conservatori; e si conchiude questi tutti scemi, quelli tutti ingegni. Dategli croci cavalleresche, titoli, cattedre, magistrature, ministeri, che se lo meritano; questi stupidi lasciateli stare, un tozzo di basso impiego, che ubbidiscano e tacciano. E se un valoroso non è liberale ci non ha scampo, resta indietro, depresso, non promosso, calunniato, e peggio.

Se il sovrano riluta tel piglian pel suo verso. S'è uomo sospettoso gli dicon male di quello che vogliono innalzare, e lodangli chi voglion basso; e così a rovescio tel fanno servire a' loro intenti; se vede chiaro, van susurrando egli non essere all'altezza de' tempi, circondarsi di sciocchi, non sapere scogliere; e in un modo o in un altro sel mettono in pugno. Tutti i monarchi in tal guisa diventarono strumenti della ruina loro. Intanto si stampano storie dove i fatti s'aggiustano alle idee; pinti eroi i ribelli, tristi i fedeli, scambiate all'incontrario le idee semplici di vizio e di virtù. E si sono così impiastrate le storie antiche e le moderne; e se ne stesero di posticce per tutte le contrade d'Italia, i cui autori dalla trionfata rivoluzione furono poi alzali a semidei. La falsa storia inoltre si scrive con poco; a trovare e a dire la verità ci vuol mente, fatica e coraggio. Quelle false storie si fan poi rumoreggiare fra mille echi all'orecchie de' governanti e de' governati; e te le intronano sì che niuno sa od osa levar voce e braccia a difesa del vero, per non restarne infamato.

Quando la macchina è compiuta, vedi sorgere *magnanimi ardimenti*. Si cominciano a gittar lo maschere, a inventar motti che sembran dir molto e non dicon nulla, a ricantare la vecchia canzone di progresso, opinione universale, bisogni sociali, secolo, guarentigie, e riscosse onde rivedi baldi rivoltuosi quei convertiti mangiatori di particole. I cortigiani diventano Bruti e Catoni. E quei *moderati* dicono aver sopportato troppo, più moderazione saria tradire la patria, prudenza a far rivolta, non potersi sconoscere i *santi principii dell'89*. Quelli che han fruito della potestà e l'han fatta odiare co' loro soprusi, si dicono martiri di dispotismo, martiri d'aver dovuto mandare un pane odiato, martiri d'aver patito a fare i grandi attorno a un trono dispotico. Ecco gridano Italia una; e in nome della libertà ripongono più grave il piede su chi già in nome del principe tennero bassi e prostrati. Eglino tirannissimi, mutata veste, accusano puntelli a tirannia chi mai non mutò, e fu sempre sofferitore. Ecco li destituiscono, carcerano, esiliano, uccidono; chè la setta trionfatrice vince in ferocia cento Neroni.

La rivoluzione ha tutte forme: ora a nome del sacerdozio, ora de' principi, ora del popolo; è municipale, autonoma, nazionale, repubblicana, regia, imperiale, e sociale. Ora vuole separazione, ora federazione, ora unità: ipocrisia e violenza, adulazione o calunnia, servitù o tradimento, sempre procede a pigliare la potestà, per arricchire e comandare. Combatte Cesare e Cristo, perchè vuol esser principe e Dio.

Questa commedia lurida l'abbiam riveduta rifatta quattro o cinque fiate in mezzo secolo, e sempre la stessa. E non è vergogna pe' sovrani a farsene canzonare ogni volta?

§. 26. Che fanno i re?

E che fecero i re per tutelare la società? Han più volte vinto, perchè son sorretti dall'interesse sociale, e perchè la Provvidenza non ha permesso ancora il finimondo. La maggioranza della nazione dedita a sue faccende lascia fare, ma quando si sente scottare, s'alza a sorreggere la percossa macchina legale, e finisce col vincere. Passato il trionfo, si riaddormenta. I governanti dopo un po' di stentata giustizia, s'abbandonano alle vertigini del potere, ritornano a' capricci, al beneficare i peggiori, e lasciando a questi il carico della cosa pubblica, s'adagiano nel dolce comandare a bacchio, nella facile virtù del non fare, e nel blandire i nemici e dimenticare gli amici. Intanto la setta solleva il capo, prepara nuove congiure, e ripercossa risorge sempre, ch'ogni sua caduta lascia più seme nell'avvenire. Le idee liberalesche che attuate si dimostrano tiranne, in promesse suonano generose, e pigliano le fantasie di chi non le vide la pratica; i giovani ne restan abbarbagliati, dan dentro, nè n'escono più. Così gran parte di popolo con esca di falso bene si gitta nel male, e di generazione in generazione l'errore s'allarga sulla terra. E che debbono fare i prenci a difesa dei soggetti lor fidati da Dio?

Che debbono fare? Dare a' popoli in fatto quello che i faziosi promettono a parole; perdonare a' rei qualche volta, ma non alzarli a potestà; trovare il merito vero, non onorare gli abbietti, promuovere gl'ingegni, e chiamarli a fare, non temerli e sforzarli a nimistà; gli uffiziali, i cortegiani scrutarli nella loro vita passata, nella famiglia, e tener per tristo strumento chi fu tristo in casa sua e immorale. A' sudditi appagare i voti legittimi, dar lor pace e prosperità con poco, mantenerli tutti uguali avanti alla legge, e sopratutto giustizia a chi tocca. L'umanità è di giustizia sitibonda.

Oggi s'agita nell'orbe una lotta suprema tra la società e i suoi percussori. Questi con mendacio alzan la bandiera della libertà, e costringono i buoni a parer di pugnare per la tirannia; ma la pugna è pel possesso. Diroccare l'antico per farne conquista, calpestare il dritto per porvi la forza, cancellare l'idee di Dio, per deificare l'ingordigia, per questo si combatte. Non mai in nessun tempo i monarchi ebbero più pericolosa agone e più pugnace; ed eglino cullati da' loro nemici, van con errori cumulando le sterminatrici arme nelle mani de' loro stessi avversarii. Credono rimediare, concedendo mutazioni di forme governative; ma quelli piglian le forme per abbrancarsi il governo.

La libertà ch'è presto alle sette è bisogno essenziale al vivere civile; e i veri re denno tutelarla con forte scettro e magnanimo cuore contro quelli appunto che invocandola tendono a schiacciarla. La libertà non sta ne' nomi, sta nell'ordine legale; lo scettro è un bastone: percuotete chi si dice cristiano ed è ateo, chi s'appella fabbricatore e distrugge, chi promette ricchezze e s'avventa all'altrui, chi conciona di virtù e va depravando costumi e cuori. Fate voi e davvero quello che i congiuratori dicono e non fanno; operate sì che niun onesto n'abbia danno, che niun perverso ne guadagni, che nissun settario n'abbia fortezza, e sì che l'umanità restaurata nelle idee del vero trionfi senza lotta.

§. 27. Che si fece nel regno?

Nel regno molto si fece per restaurare le cose, poco per le idee. Caduta materialmente la rivoluzione, non si pensò gran fatto a conquiderla nelle menti. Ferdinando primo operatore della reazione mondiale, però odiatissimo e segno a tutti strali della setta, credè bastargli il fatto; poco lavorò alla vittoria della reazione morale, quella che non con arme di ferro, ma con la face della verità si consegue. Non molto curò a sorreggere l'opinione, e a guidarla, e a tener vivo negli onesti, che molti ve n'era, il sentimento del dritto, e l'amor della patria. V'era il giornale *il Tempo* propugnatore del trono, e 'l tolse, parendogli miglior consiglio dissimulare le offese che combatterle. Quel ch'avvenne alla *Civiltà Cattolica*, ho detto, e dirò. Sdegnò di far difesa contro la guerra continua, implacabile, malvagia che da' giornali Sardi, Elvetici,

Francesi e Inglesi gli veniva; oppose il silenzio, nè gran fatto permise si rispondesse. Pago d'aver vinto, godente incontrastata potestà, plaudito da' sudditi, suppose quello stato non poter mancare, non pensò all'avvenire; non ricordò che gli uomini composti d'anima e di corpo, vogliono pascolo di verità come di cibo; non considerò che più la nazione è prospera e più sente sua dignità, più n'è colma la borsa, e più ha spiriti e desiderii, e che oltre i ponti, le strade, gli opificii e i banchi , per sentirsi felice, vuol sentire d'essere all'altezza del secolo e della civiltà, e sentirselo dire. Parve consiglio tenere il regno chiuso dal Tronto e dal Liri, con cancelli puerili; consiglio tacersi i fatti contemporanei, e dormire su' fiori. Mentre i parti del napolitano ingegno non andavan fuori, ed eravamo tenuti uomini da nulla, entravano clandestini ogni sorta mali scritti, che come vietati frutti agognati, guastavano senza rimedio le passioni e le fantasie.

Nè meglio si provvide all'interno. Temuti gli uomini di testa, s'andò cercando la mediocrità, perchè più mogia; non si volle o non si seppe cercare i migliori e porli ai primi seggi. E come tutto si tirava alla potestà, i ministri volean parer di fare essi tutto, e però anche del bene che tacevano non trovavan merito. Fur messi a una spanna amici e nemici, dotti e ignoranti, operosi e infingardi; e per non fidarsi in nessuno, e non aver bisogno d'intelletti, fu ridotta a macchina l'amministrazione e il governo. Si credeva così non s'avesse mestieri di pensare; e una certa forma d'architettura moveva il tutto. Ma gli uffiziali stessi, usati a mo' di strumenti, se ne ridevano, o sbottoneggiavano, e profetavano l'impossibilità della durata. La nave dello stato non provveduta di piloti andò in tempo di calma più anni barcollando; poi al primo buffo, non trovandosi mano esperta al timone, senza guida affondò.

LIBRO DECIMOTERZO

SOMMARIO

§. 1. Processi, condanne, e grazie. — 2. Lettere di Lord Gladstone. — 3. Assalimenti, e confutazione. — 4. Ricchezza e bontà inglese.— 5. Echi in Francia e Piemonte. — 6. Disdette del Gladstone e dell'Aberdeen. — 7. La dignità dell'uomo in Inghilterra. — 8. Tremuoto di Melfi. — 9. Il re v'accorre —10. Malattia delle uve. — 11. Opere pubbliche. — 12. Trattati, decreti, e grazie. —13. Nuovi pianeti. — 14. Morti. — 15. Il 2. dicembre in Francia. —16. Il secondo 2 dicembre. — 17. Si mutano ministri inglesi. — 18. Si mutano in Napoli. — 19. Attentato alla regina di Spagna. — 20. Attentato in Toscana.—21. Attentato in Milano.— 22. Attentati a' sovrani d'Austria e Prussia. — 23. Assassinio del duca di Parma, e altre sedizioni. — 24. Scaramucce inglesi alla Toscana. — 25. Le tavole parlanti, e la cometa. — 26. Opere nel regno. 27. Scarsezza di ricolti. — 28. Tremuoti a Cosenza. — 29. Il colera.— 30. E in Sicilia. — 31. Modifiche nel ministero. — 32. *La Civiltà Cattolica* proibita. - 33. Richiamamento del Filangieri. — 34. Il dogma della Concezione. — 35. Grazie regie.

§. 1. Processi, condanne, e grazie.

La magistratura del regno, fatta a poco per volta, composta d'uomini di varii pensieri, guardanti all'avvenire, non ben fidanti nel presente, procedeva con grande circospezione contro i colpevoli di maestà; e sotto spezie di scrupolosa legalità protrasse tanto quei giudizii, che ne seguì poi molto rumore e poco frutto. Meglio saria stato non farli più; ma il Fortunato che farli voleva e dell'indugio vedeva la sconvenienza, sollecitava i procuratori generali, in iscritto ed a voce; e un dì a un d'essi, lamentandosi de' giudici, gridò: « E che! neppure il boia hanno imparato a fare! » Cotesto ex liberale, che a disegno sceglieva uffiziali inscienti, volea sapessero solo impiccare. Due ampii processi compilavansi in Napoli, uno per l'attentato del Faucitano del 16 settembre 49 e la scoperta che ne seguì degli *Unitarii*, l'altro pe' fatti del 13 maggio. Quello si compì prima, e furonvi confessioni de' rei, testimonianze di subornazioni di soldati, e 'l rinvenuto stampato catechismo della setta. Il procuratore generale con atto del 15 dicembre 49 accusò quarantadue persone, delle quali due mancarono per infermità prima del giudizio, ritardato con rescritto per malattia d'altri imputati, per la molta instruzione giuridica, e per molteplicità di prove e gravami. Cominciò a 1° giugno 50 la discussione pubblica, chiusa a 31 gennaio dell'anno dopo: ebbe 74 giornate d'udienza, furonvi 226 testimoni; il procuratore generale in tre giornate die' sue conclusioni; e gli accusati e gli avvocati n'ebbero 25 per dichiarare le difese, e arringare. La Gran Corte speciale durò tutto il dì 31 e la seguente notte per ventidue ore continue in deliberazione; sicchè al mattino del 1° febbraio emanò la decisione: a morte il Faucitano, l'Agresti e il Settembrini; a ergastoli il Balilla e il Mazza, a trent'anni di ferri il Nisco e il Margherita (benchè questi accusasse i compagni), a 23 i tre Catalano, Vellucci e Braico, a 24 i tre Poerio, Pironti e Romeo; un altro a vent'anni, nove a 19, due a sei anni di relegazione, cinque a un anno di prigionia, uno a quindici giorni di detenzione, e uno a multa di 30 ducati. Per otto non costò la colpa, e uscirono liberi. Graduazioni di pene che mostrano scrupolosità di giudici e di leggi. Il re sin dal 30 novembre 50 aveva ordinato ch'ove più rei fossero dannati nel capo, la Corte designasse uno o due soli più meritevoli di patibolo: essa designò il solo Faucitano; però con decreto del 3 febbraio da Caserta si commutò a' tre la morte in ergastolo; ma il Faucitano patì la cappella, e udì la grazia nella notte precedente al supplizio. Il Poerio con gli altri di nascita civile fur condotti a Nisita, poi a S. Stefano, Ischia, e Ventotene, da ultimo a Montefosco, dentro terra. Poco dopo a 30 aprile dell'anno stesso molti di essi ebbero grazia.

Intanto si preparava l'altro giudizio, ben più grave, su' fatti del 15 maggio, dove si compilarono 230 volumi scritti. Difficile giudizio, perchè sendo in quel dì funesto i soli rei padroni delle strade, anche i testimoni eran forse correi, e rispondevano a ingarbugliare la verità; gl'innocenti non volevano impicci, eran fuggiti i caporioni, e il tempo avea fatto succedere all'ira la pietà. Gl'imputati si scusavano l'un l'altro, davan testimoni a discarico, premeditatamente contraddittorii; e i testimoni per paura o corruzione si ritrattavano. Nondimeno di 526 imputati solo 46 ebbero l'accusa. Cominciò la discussione a 9 dicembre 51, e finì a 8 ottobre seguente. La Gran Corte speciale ritenne in agosto l'accusa per soli 57, cinque messi fuori causa, e tre mandò a Corte d'altre provincie, perchè là d'altri misfatti inquisiti. Gl'imputati ricorsero per incompetenza alla suprema Corte; poi si sospese per malattia del presidente Navarro; quindi lentezze che prolungando il ricordo de' passati malanni, davano al governo aria di crudele, mentre era legale e circospettissimo. La Gran Corte stettevi ottantotto tornate; cioè 71 per interrogatorii, tre per la requisitoria del Procurator generale, 14 per arringhe d'avvocati, e 19 ore in deliberazioue. Ne uscirono condannati ventisette, cioè: sette a morte, Giuseppe Dardano, Saverio Barbarisi, Silvio Spaventa, Luigi ed Emmanuele Laonza, e Girolamo Palumbo; venti a pene minori. Il re da Tiriolo il 14 fece a' sette grazia di vita, ad altri scemò la pena de' ferri, commutò allo Scialoia la reclusione in esiglio. Gli alti de' due giudizii fur messi a stampa.

La grandezza del misfatto, la moderazione del numero de' condannati, e le grazie, certo eran prove di mite governo; ma fu a chi aveva interesse d'infatuarlo argomento da gridar tirannia. I ministri esteri presenti alle udienze, eran serviti a spaurire i giudici, a inanimare i colpevoli. I graziati pregarono la regia clemenza, con più fere congiurazioni; le pene durarono poco, e tutta quella mostra risolta in rumore, servì a ponte di rivoluzione. I condannati atteggiati a martiri, furono poscia nel susseguito trionfo implacabili flagelli alla misera patria.

§. 2. Lettere del Lord Gladstone.

Da tai giudizii s'ebbe opportunità da trarre a re Ferdinando uno strale, nuovissimo nella storia internazionale. Lord Palmerston alle ragioni settarie, all'interesse contro la prosperità del reame, all'odio personale, aggiungeva la stizza per la sua rivoluzione del 1848 abbattuta dal re, e per l'aiuto al Santo Padre; e ne pensò una non più intesa. Come nel 47 avea mandato il Mintho a rivoltare l'Italia, nel 50 mandò in Napoli un altro messere col segreto onorevole uffizio di spiare e calunniare, e divulgar poi per Europa Ferdinando boia de' sudditi. Il baronetto W. E. Gladstone venne in dicembre; non vide il re, non i ministri, non un uffiziale, ma sempre insiem con settarii, vide o finse veder tutto male. Vero è altresì che il Fortunato nol curando punto, neppur tentò d'abbonirlo, e 'l fe' fare. Egli tornato a Londra parlò al Castelcicala nostro ministro colà, svelandogli avere scritto sulle cose del regno, ma nol pubblicherebbe dove il re iniziasse riforme; quegli scrissene al Fortunato; il quale nè rispose, nè al sovrano ne fe' motto. Bentosto il Gladstone adirato scocca due lettere famose al conte Aberdeen a 11 e 14 luglio 51, su' processi di stato del Napolitano; orazioni patetiche, lodate a cielo dalla demagogia, e veramente di tai lodi degno. Tra l'altre così si scagliava: « non descrivo severità accidentali, ma la violazione incessante, sistematica, premeditata delle leggi umane e divine; la persecuzione della virtù, quand'è congiunta a intelligenza, la profanazione della religione, la violazione d'ogni morale, sospinte da paure e vendette, la prostituzione della magistratura per condannare uomini *i più virtuosi ed elevati e intelligenti e distinti e culti*; un vile selvaggio sistema di *torture* fisiche e morali. Effetto di tutto questo è il rovesciamento d'ogni idea sociale, è la *negazione di Dio* eretta a sistema di governo. » Menzogne e ingiurie premeditate. La punizione de' rei è dritto insito alla sovranità: punire i ribelli è debito di chi sta per tutelare le leggi contro uomini ch'attentavano (come pur troppo s'è visto) alla vita, alla libertà, e all'indipendenza di milioni di cittadini.

Inoltre il Gladstone ne affastellò da romanziero: disse farsi processo per la costituzione, mentre se ne facevan due, per gli Unitarii, e pel 15 maggio; e quando i deputati costituzionali spasseggiavano sicuri per via Toledo, disse non sapere quanti stessero carcerati per maestà, credersi dissero 45, 20, o trentamila! e potea leggere il documento uffiziale, attestante i detenuti in tutto il regno esser 2024, numero non grande dopo tanta ribellione. Disse gli accusati pel 15 maggio esser quattro o cinque migliaia; e l'atto d'accusa pubblico ne dava 37. Favellò di confische, e v'erano stati cinque sequestri di rendite a fuorusciti, tolti subito por ordino regio. Tacciò di schiavi i magistrati perchè amovibili e pagati poco; eppure fur anzi troppo rarissime le destituzioni d'uffiziali, ed eran poi pagati in proporzione del prezzo delle vettovaglie più che in Francia. L'essere stati sì pochi condannati fra tanti poi vantati rei dimostra che i giudici avean paura più della setta che del re. Malignò le condanne, malignò le grazie reali, scontorse, falsò le leggi. Disse l'usanza d'incatenare a due i condannati a' ferri essersi inventata pel Poerio, e sta ne' codici. Lamentò che la polizia nelle visite leggesse lettere private, ma come giudicare gl'inquisiti senza saperne i fatti? e non posson quelle lettere provare l'innocenza? Pingeva orribili le prigioni, dicendo averne viste le migliori, e citava la Vicaria, peggiore, perchè per ladri e assassini giudicabili. Le carceri napolitane quell'anno stesso 50 erano state visitate da M. Baillie Cochrane, non trovate triste. E il Gladstone ch'avea sotto gli occhi le luride case degli artegiani di Liverpool o Birmingham, e le cave di Manchester osava parlar del lezzo della Vicaria? nè gli dava al naso quel maggior lezzo degli artegiani inglesi? Asserì il Settembrini straziato atrocemente; e il Settembrini stesso nella sua difesa, stampata di nascoso, dichiarò esser stato ben trattato. Parlò di non so qual catechismo usato nelle scuole napolitane, dove è notorio insegnarsi quello del Rosini. Spesso accusava il governo con le parole degli avvocati de' rei, ispesso con quelle stesse de' rei, massime del Poerio, del quale egli e la setta vollero fare un tipo di *martire*. Ma quel lord non era poi sicuro di quanto asseriva; usava frasi incerte: *Odo dire.* — *Si dice.* — *Come m'han detto.* — *So da fonte rispettabile, ma non sicura.* — *Io dubito.* — *Ne son convinto, secondo mi fu detto.* In tal guisa infamava un re e un regno, scrivendo bugie con arte da non poter esser detto bugiardo.

§. 3. Assalimenti e confutazioni.

Il Palmerston per dare a quel libello aria d'uffiziale, uscì affatto dalle usanze diplomatiche, e ne mandò esemplari a tutti gli stati d'Europa, col che mostrò esser cosa sua. Nessuno gli rispose, fuorchè il Tedesco, dicendogli esser dritto sovrano il tutelare l'ordine, e niuno aver facoltà di sindacarne il modo: meno poterlo Inghilterra, severa punitrice de' suoi ribelli sudditi d'altro emisfero. Di fatto l'Inglese, tiranno in Irlanda, oppressore nella Jonia, autore di roghi in India, operatore in tutte terre d'arsioni, fucilazioni e torture vere, accusava Napoli di torture supposte. Non però il Palmerston, membro del congresso della pace, si stette. A 9 agosto 51 volse una nota al nostro Castelcicala, dove accennò a metter fuoco a tutta Europa e proclamare aperta sollevazione. E fattasi fare interpellanza in parlamento dal suo amico Sir Lacy Evans, rispondeva lamentando le condizioni tiranne del Napolitano; e citate le lettere da esso fatte scrivere al Gladstone, dichiarava il nostro governo *oltraggioso alla religione, all'umanità, alla civiltà e alla decenza.*

Il dì stesso di questa commedia nella camera inglese usciva un manifesto mazziniano all'Italia, un manifesto Franco - Ispano - Italiano del Lamennais, e un'altra famosa lettera del demagogo Scoelcher. Cotali furono le foglie d'alloro di quel ministro.

Di quelle lettere uscirono centinaia d'edizioni, con commenti e cantafere, e lamentazioni e invettive. La setta ne tolse l'assunto. Ma non mancarono confutazioni in Italia e fuori. Nel regno il Mandarini mostrando i fatti e i numeri, mise a nudo *le fallacie e gli errori* del Lord. Ne scrisse il francese Giulio Gondon, e anche il visconte Lemercier deputato al parlamento di Francia, che venne a posta a veder nel regno le prigioni di stato; e scrissene forte il pubblicista inglese Macfarlane con sue lettere allo stesso Aberdeen. Il nostro governo mandò allora parecchi esemplari di questa al Palmerston, perche gli distribuisse alle stesse corti cui avea prima mandato le lettere accusatrici; ma egli non peritò dallo snudarsi parziale, restituendole indietro, e anzi riconfermando le offese, appellando il governo napolitano *selvaggio, brutale, fedifrago, e irreligioso*. Ministro straniero s'intrametteva a sentenziare d'amministrazione interna d'altro stato indipendente; ministro di stato amico parteggiava co' ribelli dello stato amico, e afforzava le accuse d'un uomo privato contro un re ed un regno. Ciò perchè Napoli era piccolo: l'audacia del codardo.

§. 4. Ricchezza e bontà inglese.

L'inghilterra piagnucolante noi, qual mai s'aveva condizioni? Regno di diciassette milioni avea più che un milione e mezzo di mendicanti, scritti ne' ruoli dello stato, cui lo stato facea limosina perchè non morissero: ciò significa i poveri starvi in proporzione d'uno a undici. E fra questi undici certo v'era di pur bisognosi per vergogna non iscritti. In Londra vedi sovente morti per le vie di mera fame. E che d'Irlanda? Dagli alti uffiziali sappiamo che nel 1842 vi morirono di fame 187 persone, 315 nel 43, 2041 nei 46, 6038 nel 47, e 9395 negli anni 48 e 49: nel decennio dal 41 al 51 i morti per fame sommarono a 21770. Però la gente è costretta a sloggiare a schiere per America. Lo statistico Robinson novera tre milioni d'Irlandesi usciti d'Irlanda per questo, dal finir del 46 al marzo 51. Se dessi credere al Beaumont l'Irlanda in vent'anni dal 41 al 62 ha perduto cinque milioni di figli; cioè un milione morti per fame, e quattro fuggiti alla cerca di pane in altre parti di mondo. Questa è la ricchezza inglese.

Inghilterra piagnucolava pe' processi di Napoli, dove neppur uno lasciò il capo; ed essa in Cefalonia, isoletta *protetta* da lei, per le sommosse del 48, figlie di quelle suscitate da lei in Italia, puniva di morte 25 persone, a 19 commutava la pena, e a 180 dava le battiture su cavalletti in piazza. E noi chiamava selvaggi! Nelle isole Ionie e in Ceylan, costa da rapporti uffiziali che faceva da' preti suoi cagnotti scomunicare i rivoltosi e chi lor dava asilo; metteva taglie di mille scudi sopra ogni capo di ribelli; frustava la gente, e poi l'esiliava, frustava i parrochi in faccia a' filiani. E noi diceva irreligiosi! Ardeva le case per *temperamento di polizia*, fucilava, e anche dopo le sentenze assolutorie cacciava in esilio la gente, e senza giudizio relegava i giornalisti. E questo Palmerston, che tai cose faceva fare ne' paesi soggetti a Inghilterra, provocava i libelli del Gladstone accusatori di tirannia a re Ferdinando! Il parlamento inglese nel 1851 sanciva la pena della flagellazione a' malfattori minorenni; e s'eseguiva la prima volta a 27 febbraio 52 su tre giovanetti a carni nude. E noi chiamava brutali! Giuste trovavano tai punizioni a' sudditi loro, giusto l'ateismo, gl'incendii, e le fucilazioni, strombazzando noi irreligiosi e selvaggi; perchè Inghilterra ha simpatia con le rivoluzioni non in casa sua ma nelle altrui.

§. 5. Echi in Francia e in Piemonte.

Altresì a Parigi furono voci nell'assemblea; a 7 agosto 51 i rappresentanti Arago e Favre, con in mano le lettere del Gladstone si scagliarono contro Napoli. Rispose il ministro Baroche esser quelle scritture in più parti esagerate. I giornali Sardi n'andavano in gloria. Il *risorgimento* giornale del Farini, mediconzolo romagnolo, stampava interminabili filippiche contro il re nostro; così preparandosi a usurpare il seggio; come dopo dieci anni il Signore permise che la nobile Napoli n'avesse l'onta a sopportare. Egli anzi traducea in quel suo foglio le fumose lettere. Ed è da notare che il Gladstone avea già tradotto in inglese la storia d'esso Farini sullo stato romano. S'erano accordati nel fine del dettato, e nelle traduzioni, e nelle loidi scambievoli. I confratelli facevano il coro, rumoreggiante sulle carceri napolitane; perchè volevano non ve ne fossero.

Ma quali erano le carceri Piemontesi? Quel ministro Rastogi a 8 giugno 54 in Parlamento si fe' sfuggir da' denti: «Le nostre carceri son troppo anguste; quelle di Torino son capaci di cinquecento detenuti, e ne n'han più di novecento! Il deputato Salmour lamentava la grande mortalità nelle prigioni d'Alessandria; e notando 104 carcerati mortivi nel 1853, a ragione del 15 per cento, ne accagionava *l'angustia del casamento pel numero de' reclusi*. Costoro mal condizionati in casa loro volean riformare la casa altrui.

§. 6. Disdette del Gladstone e dell'Aberdeen.

Ma troppo divampando il vero, i calunniatori per salvare almeno una parte delle calunnie, s'andarono qua e la ritrattando. Il *Times* giornale che seconda l'opinione di Londra, e ch'avea già accusato re Ferdinando d'aver inventate le colpe a' rei dichiarò *non potersi negare le colpe; alterate_esser l'accuse del Gladstone, doversene sospendere il giudizio*. Lo Aberdeen ch'aveva accettata la dedica delle lettere, quell'anno stesso ne rigettò la solidità, e si confessò ingannato. E più tardi in aprile 52 il Gladstone medesimo si disdisse di molte cose, e confessò *onestamente* essere stato *in parte* abbindolato. Favole le torture e i ferri al Settembrini, favola i diciassette ammalati uccisi a Procida, favole confessioni svelale da' preti, e altre cosifatte fandonie. Per contrario aggiungeva accuse nuove. E convenendo aver errato prima, meritava fede in quest'altre?

§. 7. La dignità dell'uomo in Inghilterra.

L'offese anglicane eran simultanee contro Ferdinando e il papa. Facevano feste a Bristol, e con programmi stampati dichiaravano aversi a *portar in giro i ritratti del Papa, del cardinal Wiseman e della Vergine Maria, a maniera grottesca*, e durante la processione *doversi frustare questi tre infami*. Niuno maravigli di tai saturnali in paese cristiano che noi tassava irreligiosi e barbari, perchè ciò sta bene a gente che non ha costume pubblico, là dove la donna, questa tenera metà dell'uomo, non ha culto di cortesie. Nel 53 a Nottingam uno di nome Hart mise la moglie a incanto per uno scellino. Il 5 dicembre 49 a Lancastre un marito espose venale la donna sua per tre *pences*, cioè trenta centesimi, e la die' al maggiore offerente per cinque scellini e nove *pences*, che son sette franchi e 25 centesimi. In agosto 57 Tommaso Middleton vendeva a Filippo Rostini la moglie Mary a Worchester per uno scellino e una misura di birra, per man di notaro. Già narrano i loro giornali, e ve n'ha di consimili moltissimi. E il filosofante Gioberti stampò gravemente: L'Inghilterra essere il paese del mondo dov'è più in pregio la dignità dell'uomo!

Questo paese che vende le mogli con le funi al collo, e frusta la SS. Vergine per le strade, e tien la donna in tale schiavitù, soffia foco in America per l'affrancamento degli schiavi Negri, o gridò la croce per piccoli processi Napoli. Voleva in America l'esterminio, e in Italia la guerra civile, perchè là e qua la prosperità ne fosse distrutta. Oggi è amico del Piemonte fucilatore senza processi, e distruttore di arti. Il Piemontese gli faceva la scimmia; e in marzo 52 vedeva in tempo carnevalesco a Ceva portar processione l'immagine della Madonna, e insozzarla di lordure. Fattosene processo per querela, i profanatori n'uscirono impuniti: ciò quando carceravano i vescovi. Il Gioberti non vide cotali effetti della dignità dell'uomo, perchè già era morto in ottobre 1851.

§. 8. Tremuoto di Melfi.

Sono memorabili i tremuoti calabresi; nè n'eran mancati regnando Ferdinando. Senza notare i minori, ne fu uno a 12 ottobre 35 nel Cosentino, che malmenò Castiglione, e Rovito, mortivi cinquanta persone, oltre i feriti. L'anno dopo nel distretto di Rossano a 24 agosto quasi ruinò Paduli, Scala, Cropalati, e gravi danni fe' a Rossano. Crosia fu abbattuta; morirono 263, mal conci 182. Negli anni seguenti il reame or qua or là sentiva commovimenti di terra. Questo suolo non riposava.

Nel 1851 s'avvertirono più frequenti trabalzi. Da parecchi mesi n'avevamo in Abruzzo, Basilicata. Calabria, a Sora, a Messina e a Catania, con poco danno, ma frequenti. Il 14 agosto s'ebbe a Napoli una scossa ondulatoria da sud-est a nord-ovest, durata dieci minuti secondi, replicata più fiacca dopo un'ora e un terzo. Presto sapemmo i mali gravissimi patiti da tutto il regno, e più in Basilicata, dove infuriò, sendone centro il Vulture, cratere di spento antico vulcano. Melfi già sede di Normanni, famosa per concilii, e per le costituzioni di Federigo Svevo per man di Piero delle Vigne, che fu il primo codice europeo, Melfi ebbe le ruine maggiori. Sull'ore due e mezzo pomeridiane, sendo grave l'aere e infiammato per lunga siccità, s'udirono due rombi, come si squarciasse il cielo, e subito la scossa. Prima da su in giù, poscia ondulante, durò dieci minuti secondi. Crollano le volte delle case, il campanile si rovescia sulla cattedrale, e la schiaccia; e mentre chi sentesi illeso sbalza dal letto, succede la seconda terribile, durata quasi un minuto, che rende la città pari a mucchio di rovine. Più fiate nel dì stesso replicò, e ne' due seguenti, e sino alla fin del mese, e poi anche in ottobre, novembre e dicembre si fe' sentire. Vi perirono intorno a cinquemila persone in quel distretto; Melfi, non più Melfi, pianse da settecento morti, e dugento di mal conci; Barile fatta macerie ebbe cento morti e trecento feriti, Rionero poco meno, Venosa distrutta mezzo; Rapolla, Ripacandida, Atella, Lavello, Acerenza ancora patirono assai. L'ora canicolare fe' della gente agiata, che riposava in casa, sprovveduto scempio, ma salvò il più della popolazione agrigola uscita a' campi. Nè pur sempre giovava l'aperto, chè talora il suolo s'apriva e inghiottiva. Famiglie a migliaia vedevi fuggire da' tetti cadenti, e cercar piazze e campagne, senza vesti, senza arnesi, strascinando malati, vecchi, fanciulli feriti, alla cerca di ricovero sotto qualche alberello, anzi sotto la volta delle stalle. Felice chi ha una tenda o una coperta! Chi il fratello, chi il padre, chi il marito o i figliuoli rimpiange, rimasti indietro sotto l'arrovesciate case, forse non spenti, forse smembrati, e pria che morti sepolti. Piangasi il sangue o la roba, l'amico o l'amata; chi accorre, chi fugge il periglio; altri muore per salvare altri; chi si lamenta, chi lavora a disterrare, chi chiede aiuto, chi cerca pane, tavole e vesti, e invoca Dio, la madonna e i santi: miserando spettacolo.

Accorse la carità de' privati, e del governo. Il re sul primo botto die' quattromila ducati, mille la regina, cinquantamila per ordine regio dettero le Finanze, altrettanti i fondi provinciali, e mille il fondo dell'opere pubbliche, ottocento il Consiglio degli ospizii, mille il vescovo. Si dissotterrarono i pericolati, s'inumavano i morti, si stremavano i morenti, si restituivano alla luce; i vivi sepolti, i feriti in improvvisati ospedali s'allocavano. Lavorò ogni persona, uomini e donne, religiosi e militari, ogni età, ogni grado; e anche i carcerati, messi in libertà per non farli restar sotto le sconnesse muraglie, invece di cercar la fuga si dettero a soccorrere. Seguirono collette in tutto il regno; s'ebbero e non poche offerte volontarie; si prese dalle casse comunali e da beneficenze locali; in Napoli, ne' teatri, nelle accademie, ne' circoli si fecero musiche e rappresentanze a pro dei danneggiati. Il governo nulla lasciò indietro; mandò vesti, camice, coperte, letti e lenzuola; mandò da ogni banda medici, chirurgi, salassatori, fabbri e ingegneri: accorsero da Napoli i padri ospitalieri di S. Giovanni di Dio, padri Geusiti, e *suore* della Carità. Gli ospedali napolitani inviarono tele, farmaci, mignatte, filacciche, fasce, strumenti di chirurgia; carra di pane e farina venian da paesi men discosti. Tavole si cercavan da per tetto, comprate, requisite, segate ne' boschi propinqui, fatte venire di lontano, sicchè in breve sursero migliaia di baracche in campagna, a ricovero di tanto popolo rimasto senza tetto.

§. 9. Il re v'accorre.

Ferdinando, benché avesse un figliuolo malato (e gli morì) volle col principe ereditario e col conte di Trapani recarsi sulla diserta contrada. L'ultimo tratto del viaggio fece a cavallo e con dirotta pioggia; bagnato giunse il giorno 18 settembre a Melfi, circondato dalla popolazione grata e plaudente; e sebbene di sera, volle con le fiaccole senza pigliar pria ristoro accorrere sulle rovine a vedere i provvedimenti usati dalla potestà civile. Dormì in baracca. La mattina die' udienza, visitò gli ospedali e ogni tugurio ove fossero feriti e malati, racconsolando con limosine e buone parole i sofferenti. Poi visitando gli altri paesi, passò una notte a Rionero, e condonò tutta la pena a quei carcerati che liberi appena s'eran dati nelle macerie a salvare il prossimo. A quei di Melfi che si ripresentarono condonò due anni. Tolse il sottintendente, uomo dappoco, e vi chiamò altro di più levatura. Dalla provincia tolse, degradandoli, il Colombo *funzionario* intendente, e il Longo segretario generale. Dovunque passava grazie e largizioni. Mandò gli orfanelli all'Albergo de' poveri di Napoli, all'ospizio di S. Ferdinando in Palermo, e in altri luoghi di carità. Fe' crescere le baracche, le coperte e le vesti a' poverelli, e instituì una commessione di soccorso col vescovo presidente. Oltre le limosine lasciate di sua mano negli abituri, die' altri cinquemila ducati di sua borsa; e ordinò strade con danari del Tesoro, per dare lavoro a' bisognosi artegiani.

Subito si riedificarono le chiese e le case principali; al resto provvide il tempo. S'elevò di pianta in Avigliano apposito ospizio col titolo Madonna della Pace, per gli orfani di Basilicata, il quale già con decreto del 51 agosto s'era instituito. A tutto gennaio 1852 i soccorsi della pubblica pietà, raccolti sommarono a ottantottomila ducati. In quest'altro anno il re fe' nuovo viaggio in Basilicata e Calabria, accolto con festa in ogni luogo.

§. 10. Malattie delle uve.

Questi anni seguiti alla rivoluzione furono fecondi di flagelli: tremuoti, uragani, allagamenti, e quasi fosse poco, venne nel 1851 la malattia delle uve, gia l'anno innanzi apparsa in Francia, della quale non era negli uomini altra memoria. Una muffa lanuginosa a natura di fungo pigliava le foglie E i grappoli, e questi faceva o cadere arsi in fiore, o immaturi crepolati, o disseccati e anneriti. Gli anni seguenti infierì peggio. L'industria provò molti rimedii, sinchè lo zolfo gittato in polvere su' grappoli fu efficace; ma si deve dar più volte nell'anno stesso; e oggi ancora la malattia, sebben combattuta, dura. Fece al regno incalcolabili danni, sendo i vini l'entrate nostre principali; restò d'un terzo scemata la ricchezza privata. Si vendeva a un grano la caraffa, ed era agli artegiani gaudio e alimento; mancato, s'ebbe a supplire con altre civaie, però s'alzarono queste di prezzo, con noia universale. Sul vino suoleva gravare il dazio comunale; che non sentito dava pingue prodotto, sì da sorreggere i pesi municipali; bisognò surrogarlo con altre tasse minute e molte, che costringevano il contadino a pagare sopra quasi ogni capo minuto di vettovaglie; e oltremisura lo scontentavano. Peggio quando i dazii non si trovavano a fittare; che s'aveva a faro un *ruolo di transazione* ordinato si dalla legge, ma che riusciva a testatico; dove sovente l'arbitrio e 'l capriccio gravava con varia misura ogni classe di persone. Ciò era grand'arma a' settari per mettere in odio governo e governanti; e giunsero a spargere pel volgo la malattia esser comparsa per la maledizione del venuto papa. Delle tasse vessatorie, della gravezza testatica, e sin delle scemate opere pubbliche accagionavano la mala amministrazione o le ruberie: cose credute sempre da chi deve pagare.

§. 11. Opere pubbliche.

Non però l'opere pubbliche mancavano, benché necessità le scemasse. In Napoli quell'anno ricominciavano le strade Mergellina e Toledo, quella de' Fossi tra Porta Capuana e Foria, e seguitato il bel pubblico cimitero con opere di mano e di arte dell'Angelini e del Calì. Al 1.° settembre fu messa in azione la prima linea telegrafica elettrica tra Capua e Caserta. Il resto sino a Gaeta fu inaugurata a 31 luglio dell'anno seguente 1852. Sospesa per la rivoluzione era l'opera del porto a Catania, nè v'eran denari; e intanto il mare procelloso, dalle coste di Siria battendo, era per abbattere i lavori interrotti; però furono dal Tesoro dati ottantamila ducati per compiere l'opera presto. Fu elevata inoltre quella chiesa a Metropolitana. E una deputazione della città si recava a Caserta a 7 febbraio 51 per renderne grazie al monarca. Non parlo dell'opere minori in tutte provincia.

Molto si lavorava al bacino da raddobbo, che mancava a Napoli. Il principe d'Ischitella ministro di marina facevalo presso la Darsena, incontro la reggia, ma in principio andò male, perchè il mare gravando sul portone della enorme cassa di legno, entrò nel vuoto; e tutta l'opera costata tante migliaia in un attimo ingoiò. Forse colpò lo stesso ministro ch'aveva il ticchio di far l'ingegnere; ma non è da dire quanto il lacerassero, e come ne pigliasse opportunità a vituperare il governo. Il lavoro si ricominciò in maggio 50, e fu compiuto in luglio dell'anno appresso. È una gran vasca ellittica fabbricata in mare, con porta a battello chiusa, e macchina idraulica per estrarre l'acqua; è lunga 312 palmi, larga 84, fonda 30; le pareti son grosse 34 palmi sopra, più in basso, con iscalini sino al fondo; la macchina da estrarre l'acqua fatta a Pietrarsa ha la forza di dodici cavalli. L'opera costò 300,627 ducati, meno che in altri paesi; ma non si può dire che riuscisse molto buona. Fu benedetta a 15 agosto: il re, la sua famiglia i ministri esteri, e molte migliaia di gentiluomini udirono sul vascello Vesuvio la messa detta dal Cappellano maggiore; migliaia di spettatori, musica apposita del Mercadante, e vascelli francesi allietarono la folla. Ferdinando la compiè graziando di sei anni i mille e cento condannati che v'avean lavorato; onde sul momento n'uscirono liberi 539, tra plausi e benedizioni infinite. E pur questa grazia fu malignata: dissero scatenarsi i ladri sul paese.

§. 12. Trattati, decreti, e grazie

Si pubblicava un trattato di commercio del 5 marzo 51 con la Porta Ottomana, di venti articoli così rinnovellato, a seconda del cresciuto commercio, l'antico del 1710. A 1.° settembre si stipulavano due articoli addizionali al trattato di commercio e navigazione del 3 ottobre 46 con l'Austria. A 14 maggio il real collegio di

Chieti s'elevava a liceo pe' tre Abruzzi, il che dava a' genitori opportunità d'educare i figliuoli avanti agli occhi loro; ma ne lamentò la setta che volea studenti in Napoli, per ammaestrarli a congiurare. Con decreto del 4 ottobre s'instituiva a Marcianise un asilo di mendicità; con altro del 21 agosto da Gaeta s'era ordinata una Commessione di statistica generale del regno. Sin dal l816 il museo Borbonico s'era dichiarato essere del re, indipendentemente da' beni della corona; ora con decreto del 17 gennaio 52 s'ordinò che il palazzo degli studii, e tutte le collezioni e monumenti, e gli scavi d'Ercolano e Pompei, cessando di far parte del ministero d'istruzione pubblica, andassero alla dipendenza di Casa reale.

Innumerevoli grazie facevansi a condannati: nessuno ebbe morte. In novembre del 51 otto nelle provincie fur salvi dal capestro, e ben quaranta ebbero diminuzione agli anni di ferri. Il reame tendeva a rimarginare le ferite rivoluzionarie; e i giornali esteri sbizzarrivano sullo cose nostre: dicevano tutti malcontenti, generali morti di veleno, reggimenti di Guardie reali scostati da Caserta perchè liberali, destituzioni d'uffiziali e magistrati, e altre simili. In verità tutto componendosi allora a quiete, l'esercito si diminuiva di ventimila; si rifaceva la gendarmeria abolita nel 48, nella quale ripullulò la mala semenza, stata tarlo del reame.

§. 13. Nuovi pianeti.

Il nostro Annibale de Gasparis negl'anni 5l e 52 scopriva cinque nuovi pianetii. Nomò i primi quattro: Igea Borbonica, Partenope, Egeria Ferdinandea, ed Irene. Laonde meritò dalla società astronomica di Londra la medaglia d'oro, con l'effigie del Newton, e 'l rovescio col nome d'esso scopritore e 'l millesimo 1851. Poi scoperto a 29 luglio l'altro astro, l'appellò Eunomia, cioè la dea figliuola dell'Equità e sorella della Pace, col simbolo d'un cuore sormontato da una stella: simboli e modi indicanti l'equa tranquillità del paese.

§. 14. Morti.

A 4 febbraio 51 s'ammalava Leopoldo zio del re, principe di Salerno, per morbo a' bronchi e al polmone, poi col tumore al femore sinistro e risipola. Mancò sull'ore sette pomeridiane del 10, compianto da quanti eran buoni, stato uomo amorevole e generosissimo. Ebbe esequie il 14, e sepolcro a S. Chiara. Anche il re perdeva a Portici, in settembre di quell'anno un figlioletto, di nome Giuseppe Maria conte di Lucera, d'anni tre e mezzo. L'ex re de' francesi Luigi Filippo d'Orleans, marito della zia del re nostro, era morto in esilio il 26 agosto 50 a Richemond, nato a PArigi il 6 ottobre 1772.

A 8 gennaio 50 era trapassato in Napoli il cavaliere Avellino, insigne archeologo. A 25 febbraio del 51 mancava il barone Cosenza, scrittore di innumerevoli drammi, uomo di molto ingegno e poco studio. Su' principii di luglio finiva Francesco Ruffa di Tropea, colà in patria, recatovisi sperando ricuperare la salute, uomo di buoni studi, e nella lirica poeta felice. Trapassò nella notte del 28 al 29 novembre il già ministro Nicola Suntangelo, consigliere di stato, che fu mente gagliarda. Sullo scorcio del 51 spirava Eugenio Stokalper, svizzero vallese, maresciallo di Campo, ispettore de' corpi svizzeri: ed ebbe funerali solenni a 6 febbraio 52.

I giornali esteri accenanti a Generali morti di veleno ne sapeano forse più di noi. Sul finir di novembre s'imbandì un bancehtto militare nella casa municipale a Montoliveto, provveduto dal Donzelli sorbettaio, uomo liberalesco, per cura d'una commessione d'uffiziali, presieduta dal maggiore Pianelli, che allora faceva l'assolutista, per coprire il fatto a Cosenza nel 48; e rimutarsi meglio in traditore nel 1860. Certo dopo il convito ammalarono parecchi Generali; ma il maresciallo marchese Ferdinando Nunziante per subita colica e altri fieri sintomi, dopo pochi dì a 4 dicembre finì, non avendo più che cinquant'anni. Di veleno si sussurrò. È da notare ch'ei sendo comandante territoriale nelle Calabrie, v'avea preso febbri terzane, e n'era guarito; ma era amareggiato da dissensioni con quelli intendenti e co' ministri, sul modo da governare quei popoli. Cito un fatto. A Reggio, giudicandosi di certi notorii rei di maestà, due de' giudici dettero forte sospetto di corruzione, colpa cui s'aveva a provvedere con prudenza in appresso; ma Amilcare Corrado colà *funzionante intendente*, tutto del Fortunato, ne provocò le traslocazioni, contro il sentimento del Nunziante, cui forte ne spiacque, chè pareva il governo voler coartare il criterio de' magistrati. Infatti ciò, che parmi unico caso, andò dal Gladstone esagerato e disteso a tutto il regno, e servì a un suo squarcio patetico. Intanto il Corrado stato liberato nel 48, ora si facea merito di reazionario; e 'l Nunziante che con l'arme avea doma la rivoluzione appunto in quei luoghi, venia come fautore di liberali aspreggiato dall'ex giacobino Fortunato. Ma era fatale lo astiare chi avea valore e fedeltà. Pareva incomoda a' governanti in tempo tranquillo la forte volontà degli uomini di cuore; e alzavano animi servi o melensi, riusciti buoni a nulla quando poi fu bisogno di valorosi.

§. 15. Il primo 2 dicembre in Francia.

Il reame nostro tassato servo era quieto; in Francia liberale scorrea sangue per crearsi un imperatore. Luigi Napoleone presidente vi fece a 2 dicembre 1851 il *colpo di stato*, col quale sè liberamente impose a quel libero paese. Ardito e forte atto, eseguito con ardimento e forza. Parigi messo in assedio, soldatesche in tutte piazze e nell'assemblea; questa disciolta, nuovi ministri in sedia, nuovi prefetti o sottoprefetti inviati di corsa alle provincie, vietate ai pubblico le strade ferrate, vietati i telegrafi, violati i giornali, occupate le tipografie, arrestati in un botto i principali da temere. Tutto di segreto, da lunga mano meditato, in un'ora si compì. Al mattino si videro barricate e sollevati, ma senza capi non fecero lunga difesa; il dì seguente altri conflitti. Il general Magnan die' lor tempo ed agio da raccozzarsi nel quartiere S. Martin; e quando ve li vide tutti, gl'investì da ogni parte a un tratto, superò quasi cento barricate. Luigi a cavallo ebbe plausi da' soldati e dalla turba, sempre a' vincitori plaudente. Il 6 nunziò sua vittoria a Parigi, e soggiunse: votassero allora i popoli con libertà, egli si dimetterebbe se gli votassero contro, V'eran seicentomila baionette sanguinose.

Scoppiati tumulti nelle provincie, stati d'assedii, carcerazioni e fucilazioni assestarono ogni cosa. Un decreto dell'8 condannò alle colonie penitenziarie di Caienna e Algeria e a' lavori forzati gli ascritti nelle società segrete. Subito fatto, vennero eziandio banditi da Parigi i vigilati di polizia. Allora s'interrogò il suffragio universale, messo a' voti se Francia volesse Napoleone presidente dieci anni; e 'l comizio seguì il 20. Molto si temea del socialismo, che s'era gonfiato speranzoso di trionfo: però chi più il temea si dette a Napoleone. S'unirono a dargli i voti leggittimisti, Orleanisti, repubblicani, moderati, e cattolici; e n'ebbe sette milioni e 439,216, fin 8,116,773 votanti.

Quel gran *colpo di stato* non ebbe da' giornali detti *moderati* il nome di fedifrago; largivanlo a re Ferdinando pel 15 maggio. Napoleone prevenne la rivoluzione per alzar se, Ferdinanda dalla rivoluzione assalito, si difese; eppure questi è fedifrago, quegli no!

§. 16. Il secondo 2 dicembre.

Tutto l'anno seguente si lavorò a ricostruire l'impero. Nelle rassegne i soldati davano in *Viva l'Imperatore!* s'invitano allo stesso le Guardie nazionali; se ne fean reiterate dimande al senato; a quel senato eletto dal futuro imperatore. Questi a 10 maggio muta l'insegne all'esercito, dispensa sul campo di sua mano l'aquile a' reggimenti, ripone al codice il nome di Napoleone; tutto napoleonico diventa. Egli intanto sembra rattenere il desio universale: con editto protesta che il grido soldatesco non affretterà d'un'ora l'impero; questo potrà aver sanzione popolare: cioè l'impero si farà, ma con tali modi. Quindi fa a' senatori dotazioni ricchissime, sino i trentamila franchi annui per ciascuno, e ve n'erano ottantasette; però grati al benefattore, volenti durasse eterno. In ultimo viaggiò per Francia pomposamente, tutto preparato a festose accoglienze.

Il Senato a 7 novembre, a proposta del suo presidente Girolamo Bonaparte, con senatoconsulto d'87 votanti concordi approva il decreto di restaurazione dell'Impero in Luigi Bonaparte cui titolo di Napoleone III, e discendenza ereditaria secondo la salica legge. Il dì stesso un decreto ferma i comizii del popolo pe' 21 e 22 del mese. Luigi ebbe sette milioni e 824,189, voti, fra 8,150,660 votanti; e si proclamò imperatore in quel fausto 2 dicembre 1852, dopo l'anno del primo felice *colpo di Stato*. All'Europa guardante quel guarbuglio disse quel motto famoso *L'Impero è la pace*! Allora fe' atti benefici; perdonò a quasi settecento esiliati e detenuti per politica; e perchè di costituzioni sapeva abbastanza, abolì la cattedra di dritto costituzionale eretta già da Pellegrino Rossi. Fu gran saviezza, e parve ingratitudine; perchè appunto la costituzione aveva partorito la repubblica, e poi lo impero.

Re Ferdinando fu il primo tra' sovrani a riconoscerlo imperatore; anzi riconobbelo prima del fatto; chè sendosi preveduto prossimo il colpo di stato, e la sua riuscita certa, fur dati ordini preventivi al nostro ministro di Francia; se non che non sapendosi qual titolo il nuovo imperatore prenderebbe, se 2° o 3°, s'ingiunse riconoscerlo come *imperatore de' Francesi*. E certi nostri cortegiani adulavano Ferdinando, dicendo *Che politica fina*!

Il conte di Chambordi erede della casa di Francia avea protestato prima, a 25 ottobre. Protestarono i repubblicani esulati a Londra. Egli ebbe lista civile per venticinque milioni di franchi all'anno. A 2 gennaio 1853 prese per donna Eugenia Montijo duchessa di Teba, dama spaguola. L'Europa ripigliava l'era interrotta nel 1814.

§. 17. Si mutano ministri Inglesi.

A 23 dicembre 51 lord Palmerston avea ceduto il seggio ministeriale inglese a lord Granville, e qualche mese dopo n'uscì anche il Russel, suo amico. Tutto il mondo era di lui scontento: Grecia pel blocco, e per la nota sulla pirateria, Napoli per le calunniose lettere, Austria pel plaudito Kossuth e 'l fischiato Haynau, Toscana per le bombe a Livorno, Persia per l'intervento di legato brittanno alla nomina del vicerè d'Herat, America per un colpo tirato da un legno inglese a un altro americano, Francia pei fuorusciti protetti.

Fu capo del nuovo ministero lord Derby, del partito Tory conservatore; ma non durò un anno; surta in dicembre 52 la gran questione sulle tasse alle vettovaglie, il Derby sconfitto nelle camere cedè i seggi al ministero Palmerston-Russell-Aberdeen-Gladstone. E questo pure in dicembre 53 fu modificato, ritiratosi il Palmerston, rimasto all'Aberdeen la somma delle cose.

§. 18. Se ne mutano a Napoli.

Altrisì nel regno fur mutazioni di ministri. Il principe ereditario a 16 gennaio 1852 compieva i sedici anni ed entrava in consiglio di stato, perchè cominciasse a vedere le pubbliche faccende. E subito a' 19 si dava il ritiro al primo ministro Giustino Fortunato, stato potentissimo e superbissimo. Della sua caduta piaciuta molto a ogni partito, molto si parlò, poco se ne seppe la cagione. Ei disvelava le cose di stato a' ministri di Francia e Inghilterra; il re n'era stufo; ma l'ultimo crollo gliel dettero le lettere del Gladstone, e perchè non avea curato di ammorbidire costui quando fu in Napoli, e perchè incolpato il Castelcicala del non aver saputo a Londra stornare il temporale, questi venne a' giustificarsi col re, svelando averne scritto al Fortunato. Il re non sapendola masticare che un suo ministro in cosa tanto importante non gli avesse fatto motto, si risolse di subitamente deporlo. E benchè l'avesse invitato a una caccia pel domani, la sera gli mandò il decreto. Anche si tolse da vicino il barone Corsi suo segretario particolare, uomo bonario; ma il fe' consultore di stato. Il Fortunato stato uffiziale di tutti governi, repubblicano, napoleonico, murattino, borbonico, ora prono ora ritto, ora pieghevole ora borioso, fatto ministro fu aspro e plebeo, ed ebbe l'arbitrio per legge; chè ogni liberale giunto in potestà è tiranno. Ebbe ingegno, non tanto da farsi amare, non tanto da star sotto la mano di Ferdinando.

Gli succedè alla presidenza il cavalier Troya, lasciato il portafogli d'Istruzione e Culto alla direzione del cavaliere Scorza, ch'era già direttore a Grazie e Giustizia, dove restò ministro il Longobardi. Agli esteri fu messo il commendatore Luigi Carafa di Traetto, non ministro nè direttore, ma incaricato del portafogli. Ferdinando volle così un ministero più d'esecuzione che di consigli, i cui membri, salvo pochi, neppure avean grado di ministri.

Poco stante morivasi il Peccheneda; presso a finire inculcandogli il padre spirituale di sposare una sua donna, si confessò suddiacono. I sovrani nello alzare uomini a potestà dovriano indagare la loro vita passata. Fu chiamato per telegrafo Orazio Mazza, allora intendente a Cosenza, che a 4 novembre 1852 andò direttore di polizia; uomo istruito, e fido al trono, ma d'animo un po' colleroso. In sul principio fe' grave errore. S'era detto di tutti i ministri di polizia ch'approfittassero della moneta assegnata a spese segrete; e ultimamente s'era detto del Peccheneda; egli a sfuggire la stessa taccia, lasciò andare alle Finanze l'amministrazione di quel denaro; sicchè occorrendone s'aveva a scrivere al Tesoro, e indicar l'obbietto e le persone; così niuna cosa restando segreta. Il ministro di Finanze credè trionfare per aver raccolto quest'altro rivoletto: ma la Polizia, che col segreto lavora, ne restò informata. Il Mazza nondimeno tennela con gagliardia, e meritò l'odio della setta; la quale sebben sotto di lui non avesse occasione d'essere forte percossa, pure per non potere sbizzarrire in tumulti, mai non cessò di calunniarlo e sfatarlo in tutti i giornali e libelli suoi.

§. 19. Attentato alla regina di Spagna.

Essa vinta in Francia, Germania e Italia, sfiaccata per la discesa del Palmerston e del Russell, mise mano al pugnale, in pochi anni s'udirono parecchi attentati a personaggi grandi; nè cessarono se non quando Napoleone si calò alle italiche guerre. Il giorno della candelora, 2 febbraio 1852, Isabella di Spagna uscita di parto videa presentarsi al tempio di Atocha in rendimento di grazie; udita messa nel suo oratorio attraversava a un'ora dopo mezzodì le regie sale, fra numerosa adunanza, per andare al tempio. Appressandosele un prete in supplice atto, ella stese la mano per prender la carta, ma vide balenare uno stile, che ratto sotto l'ultima costola del fianco dritto la colpì. Dette uno strido, e, figlia mia! sclamò alla bambina; e cadde. Grave, non mortale la piaga, presto guarì; e al 18 del mese stesso ne potè rendere grazie pubbliche al Signore.

L'assassino, ghermito sull'uno, ora un Martino Merino y Gomez, nato in Armedo nel 1789, stato monaco, poi soldato, poi convertito, poi di nuovo apostato, poi riconvertito nel 1814. Ma ascritto allo società segreta era fuggito in Francia nel 1810, e tornato nel 21 con la rivoluzione in patria; dove subì poi processo e condanna, e godè l'amnistia nel 21. In Francia per ipocrisie s'avea buscata pieve di Scidenthal presso Bordeaux, ma fattosi scorgere quello ch'era, la perdè. Tornato a Madrid nel 1841 menò vita nomade e misteriosa; fe' anche l'usuraio e lo scroccone. Del tentato regicidio fu universale grido d'orrore, che non aveva esempio in Ispagna, popolo sempre devotissimo a' suoi re. Condannato benchè la reina pregasse per esso, pria fu dissagrato, poi strozzato sulle forche. Il popolo ne volle arso il cadavere e gli arnesi, spezzato e fuso il pugnale, disfatta la casa ove abitò, perchè nulla del misfatto restasse. Dicono odiare i re assoluti; ma Isabella era costituzionale e giovanetta, appunto di quei sovrani del cuor loro, *che regnano e non governano.*

§. 20. Attentato in Toscana.

A Firenze il ministro Baldasseroni a' 21 ottobre di quell'anno ferito da incognita mano, fu salvo per bottone del vestito. Ciò forse per dispetto d'esseri colà risposta con la legge la pena di morte; e perchè si rifacevano i Gendarmi, con l'opera d'un nostro capitano La Rocca, e altri uffiziali napolitani.

§. 21. Attentato a Milano.

Ricominciano i conati rivoltuosi in Italia. Si preparavano da molto arme e munizioni a Lugano e in altre parti di Svizzera. Il Mazzini e 'l Kossuth dettarono proclamazioni agl'Italiani. Il primo profetava altre venti rivoluzioni imminenti, dichiarava aver seguaci negli eserciti regi, e gridava: *sia guerra a coltello!* L'altro parlò di legami stretti fra Italia e Ungheria e promise *ripartire i beni della nazione* fra' guerrieri della rivoluzione, e le famiglie degli spenti. Intanto i fuorusciti accorrevano da tutte parti su' confini lombardi, massime dalla ospitaliera Torino; e dissesi lo stesso Mazzini starsi aspettando in Piemonte.

A 6 febbraio 53 nell'ore pomeridiane entravano in Milano da tre porte, la Tosa, la Romana, e la Ticinese, uomini armati; e gridando morte agli Austriaci, dettero sulle guardie, e uccisero a pugnalate qualunque avesse divisa militare, e qualunque anche cittadino si mostrasse avverso. Anche in Duomo uccisero un soldato. Tosto fecero barricate, e assalirono la Gran Guardia; ma respinti, e restata cheta la popolazione, tutto a sera finì. Mancarono di soldati settanta tra morti e feriti: degli assalitori alquanti più; dei quali pochissimi si trovaron Milanesi, ma Svizzeri, Pavesi, Comaschi e Sardi, gente tolta a prezzo, armata di stilletti o grimaldelli per l'assassinio e 'l sacco. Il Radetzki subito fe' giustizia, fucilando certi de' presi con l'arme in mano. La città con indirizzi si purgò della taccia di cooperazione. Ma i congiuratori ch'avean ne' giornali profetato i fatti pria che avvenissero, fallito il colpo, ricantarono le consuete nenie sulle rabbie tedesche; gridavano innocenti, animi nobili e disinteressati i pugnalatori aggressori, tiranni, ciechi, schiavi i giudici, turpe oppressione la vigilanza croata, martiri i morti, il sangue sparso seme d'eroi.

Il governo sardo s'aonestò fingendo rigori contro i rifugiati sul suo suolo. Alcuni ne scacciò, altri confinò a Vercelli o a Casale, fe' bandi severi per censimento de' fuorusciti; ma niente di fatto operò; poco stante scemata la paura di tedesca vendetta, tornò a quel di prima. Anzi Torino prestò 400 mila lire a' Lombardi colpiti da sequestri di rendite in Lombardia; come nel 48 n'avea prestati 600 mila a Venezia assediata.

Tai fatti milanesi aveano diramazioni nel regno, soprattutto in Sicilia; dove la trama scoperta a tempo, il processo mostrò le file venir dal Mazzini. Del pari se ne sventò altra in Prussia. E in Inghilterra si trovarono casse d'arme del Kossuth; l'uffiziale attestò aver trovato 70 casse di razzi carichi, 3626 canne di ferro, 2489 fondi di razzi, e 1955 canne vuote. Se ne cominciò il processo, cui quel governo mandò in fumo.

§. 22. Attentati a' sovrani d'Austria e Prussia.

Pochi giorni dopo i casi di Milano, a 18 febbraio, il giovine imperatore d'Austria fu per lasciarne la vita. Passeggiando per Vienna col suo aiutante di campo O' Donnel, s'appoggiava a un parapetto, quando dalle spalle scesegli un colpo sulla nuca; che il ferì, ma non l'uccise, salvo dalla fibietta del collarino. Subito cavò la spada, ma l'O' Donnel atterrò il sicario. Era un Libènyi di Csakvar d'Alba-reale d'Ungheria, d'anni ventuno, sartore dimorante a Vienna. Dopo sei dì sentenziato andò alla forca. Non mancarono giornali appellantelo *eroe*; la *Maga* foglio genovese, non sapendo gloriarlo meglio, dichiarò ch'avria voluto stamparne il nome in oro, ma si moderava a metterlo in maiuscole. E il ministro tedesco a Torino, non potè ottenere la punizione di quel codardo lodatore d'assassini.

In quei dì stessi fu sostenuto nelle camere del re di Prussia uno con pistola in tasca, insistente per aver udienza; e il re lo perdonò. A 3 marzo s'esegui in Mantova la sentenza sur un complice del Libènyi convinto d'attentare alla vita dell'arciduca Alberto fratello dell'imperatore, per ordine delle società segrete. In Ungheria fu provato a prender Buda, e sollevare il popolo. Tanti contemporanei attentati concetti a un modo eran frutto di congiuratori mondiali ospiziati in Londra. Colà il Mazzini, quasi fosse capo d'uno stato, osò dichiarare al mondo aprire un imprestito per la rivoluzione; e 'l fece da quel suo nido, estraendo da tutte parti di mondo i denari da stipendiare i sicarii de' re e de' ministri. Adunque in brevi anni furono macchine infernali preparate contro il re di Portogallo, e 'l presidente di Francia, bastonate alla inglese regina Vittoria, minaccia di pistola al re Prusso, pugnalata alla regina spagnuola, e stilettata all'imperatore tedesco; oltre quelle date o minacciate a ministri; ma ne seguirono altre.

§. 23. Assassinio del Duca di Parma, e altre sedizioni.

Ferdinando Carlo III, duca di Parma, a 26 marzo 54, alle ore cinque e tre quarti pomeridiane, cadeva pugnalato in una via della sua città; e dopo ventiquattr'ore perdonando da cristiano all'uccisore finiva la vita. Il reo trovò in bel punto una folla, ove potè restare sconosciuto; ma il morente principe dichiarò esser viso straniero, e avérselo visto attorno sovente in quei giorni. Subito i giornali della setta stamparono il caso non aver colore politico, esser faccenda donnesca, così d'avvantaggio infamando la vittima. Eppure alquanti di prima s'eran visti cartelli per le muraglie dicenti MORTE AL DUCA. E fur trovati rotti i telegrafi verso Piacenza. Ciò, e 'l mistero che coperse il reo, e la facilita dello scampo, significavano il colpo venir di là donde in tutto reggie volavano sicarii. Il defunto ebbe sepoltura in modesta chiesetta, secondo suo desiderio, a Viareggio dov'era nato. Ne restò vedova Maria Luisa Teresa di Borbone, figlia di quel duca di Berry che nel 1820 a Parigi pur da rea mano periva percosso; infelice, cui la sorte volle nefandamente uccisi padre e marito.

Dopo quattro mesi videsi a Parma una insegna repubblicana con tentativo di sollevazione. Il governo vigilante da prima assalì i faziosi che s'assembravano ne' caffè Borsellini e Ravazzoni, e li sperperò. I cittadini non fiatarono; e messo l'assedio, tutto a mezzodì tornò quieto. Fucilati due soldati felloni, carcerati ottantaquattro ribellanti sul fatto, a 5 agosto s'eseguì su quattro condannati la giustizia. Seppesi dal processo che s'eran mossi per promessa d'aito di seimila uomini col Garibaldi, e migliaia d'Ungari disertori. E mentre la sedizione era vinta, la *Maga* stampava i Parmensi vincitori accorrere a sollevar Genova; e novellava sopra altri ribellamenti in Lombardia, e sopra Roma voltatasi contro i Francesi decimati dal colèra. Per contrario i giornali *moderati* tacciavano inopportuni quei mali, e anzi mossi da scherani austriaci. Sempre fecero così, e faranno; chè trionfatori vantan sè, perdenti accusan altri.

Seguitava in agosto una rivoluzione a Madrid, per la quale Cristina regina madre esulava in Portogallo. Poi in maggio 55 la Isabella regnante, traversando in carrozza la via dell'arsenale, fu minacciata con pistola da in giovine Raimondo Fuentès, preso prima che scoccasse il colpo.

Ho notato tai misfatti estranei al regno, perchè si veggano le reti della setta in tutta Europa insidiare tutti sovrani e tutti governi insieme quai si fossero; onde il leggitore sappia i preconcetti disegni ed opere de' preparatori del 1859. Noi allora per la tutela della potestà eravamo tranquilli e prosperosi, benchè non mancasse chi cospirasse il meglio o l'ignoto; allora Napoli lieto si pingea tiranneggiato; oggi il ricordo de' suoi beni perduti risorge amaro con la sventura.

§. 24. Scaramucce inglesi alla Toscana.

La forte Albione intanto punzecchiava i deboli prenci italiani. Dissi dei compensi pretesi da' mercatanti stranieri in Sicilia pe' danni della guerra; non valse dimostrare che denunziato l'armestizio, e inculcato agli esteri di porre in salvo loro robe, non l'avendo fatto, tal colpa loro non dovesse pesare su' sudditi innocenti; bisognò cagliare. Pretendevano quasi un milione; ma dopo due sessioni co' consoli delle nazioni interessate e co' ministri di Francia, Inghilterra, Austria e Prussia, ebbe la Sicilia a pagare dugentosessantamila ducati.

Toscana altresì pe' danni in Livorno, non ostante il Russo ricusasse l'arbitrato, avea dovuto pagare. Inoltre a Firenze nel 52 un Mather, Inglese, non si volendo scostare al passaggio d'una pattuglia tedesca, ebbe uno schiaffo: ricorse alle camere brittanne; e dettosi quel privato insulto esser onta all'onore d'Inghilterra, si pretese risarcimento di danni: e la Toscana, estranea alla faccenda, dovè pagare seimila franchi al Mather. Così quei d'Inghilterra mettono in bilancia l'onore con l'oro: schiaffo da una parte e seimila franchi dall'altra pareggiavano.

Poco dopo seguì giudizio e condanna certi Madiai, coniugi inglesi, che avevano aperto scuola di protestantesimo: ecco tutti giornali protestanti a strepitare contro la *ingiusta e retrograda* sentenza; i ministri e le camere brittanne fanno eco, e piovono dispacci per la liberazione de' rei, insistenti altresì i legati Angli, Franchi e Prussi; il Gran Duca deve cedere, e i coniugi la notte del 15 al 16 marzo cavati d'ergastolo son tratti a Livorno e imbarcati. Non bastò che l'anno medesimo una Miss Cunningham prese a spargere bibbie ne' dintorni di Lucca, e a far proseliti fra quei buoni contadini; il perchè, sendo da legge vietato ogni culto non cattolico, la potestà ebbe a provvedere, e chiuse la signorina nel penitenziario delle dame. Bentosto ricominciò la storia di prima; onde il Gran Duca a finirla scacciò la Miss dallo stato. A quei dì corse pel mondo un aneddoto; che passando Leopolpo a piè per una via di Lucca fosse a caso da un po' d'acqua da una finestra bagnato; e che al colpevole chiedente scusa dicesse: « Non è nulla; anzi buon per me non abbiate bagnato un Inglese, chè chi sa quanto brighe n'avrei con quel ministro! »

§. 25. Le tavole parlanti, e la cometa.

Nel 1833 cominciarono a parlare le tavole, i cappelli, e altri arnesi materiali. Dopo i nunziati miracoli del magnetismo, cavarono quest'altra delle rotazioni e battute di tavole e buffettini, danti segni da spiegare l'ignoto, il lontano, e l'avvenire. Facevano attorno all'arnese un cerchio di persone, tenentesi pe' diti mignoli; poi interrogavano il mobile, e questo rispondeva movendosi in giro, e dando colpi significativi pel numero e pel modo. Cotale incredibile baiata, cui dissero venuta d'America, tenne occupati ogni maniera di gonzi e d'astuti. Tutti a fare sperimenti, a credere, a ripetere d'aver visto e sentito; e gente che mai non credette al vangelo credè a tavolini e capitelli profetanti. I giornali a rapportar fatti *indubitabili*, i fisici a spiegarne il fenomeno, i metafisici a ragionare sugli spiriti, scrittori a stamparne libelli magistrali. Sparsa la cola, era naturale a farne sperienza; però circoli e radunanze, e questo era l'importante. In Napoli dove i melensi son meno, per quanto altri si sforzasse a propagare l'invenzione, essa fe' meno fortuna che altrove; anzi mentre i saputi v'inarcavan su le ciglia, il volgo ne rideva.

Vedemmo cosa più sensibile a 10 giugno di quell'anno 53: una cometa ebbe per tre mesi lo sguardo umano. La coda sempre opposta al sole, larga quanto un quarto di grado, variò di lunghezza; prima piccola, crebbe dappoi, e la sera del 27 agosto giunse a otto gradi, che sono undici milioni e mezzo di miglia. Fu celerissima: dal mezzodì del 23 agosto alle ore sette antimeridiane del 2 settembre corse dodici milioni di leghe, con celerità crescente; di sorte che dal 1 al 2 settembre fe' dodici leghe e mezzo ogni minuto secondo. Il nucleo fu al perigeo a 5 settembre, quando ebbe il massimo avvicinamento alla terra; eppur ne distava sessantotto milioni di miglia.

§. 26. Opere nel regno.

Seguìta a 1.° maggio 51 la esposizione industriale del mondo a Londra in palazzo di cristallo, il governo napolitano non vi mandò i prodotti regnicoli; di che si tolse pretesto a vituperarlo; ma fu per iscansar cagioni di contatto co' reggitori di quell'isola, nimicissimi. Invece nel 1855 avemmo la nostra consueta esposizione triennale in Napoli.

Seguivano molte buone istituzioni ed opere pubbliche nel regno, benchè il male delle uve, che più sempre infestava le campagne, scemasse di molto gli erarii comunali. Dirò prima di Sicilia. Si ordinarono agli scultori Calì, Angelini e Persico i colossi marmorei di re Ferdinando, da sostituire quelli infranti da' rivoltosi a Palermo e Messina. Nel 33 s'era ordinata la rettifica del catasto, seguita sino al 47 su 174 comuni, non bene; incendiati i libri nel 48, furon meglio rifatti, e nel 53 attuati in tutta l'isola; l'imposta non passò il 13 e mezzo per cento, e scemò anzi col subito crescere del valore de' fondi. Quelle ricchissime solfatare che soglion dare quasi due milioni di cantaia di zolfo all'anno, pagavano per tassa fondiaria quarantamila ducati, nè più. A 5 marzo 51 fu approvato un regolamento per la combustione del minerale, ch'ovviava a' danni della mal'aria, e facilitava il processo, con minore spesa. Gli ex baroni vantavan dritto su' fiumi, per le dichiarazioni incluse nelle antiche investiture de' feudi; e venuta la nuova legge nel 1819 dichiarante demaniali i fiumi navigabili, dicevano illesi i loro dritti, sendo non navigabili i fiumi siciliani; però sursero liti grandi co' possidenti de' terreni sulle ripe, e col demanio. Il re a 17 giugno 50 dichiarò la demanialità di tutti i fiumi dell'isola; finirono i litigi; e innumerevoli macchine idrauliche da tutte parti accrebbero la ricchezza del paese.

Eran lungo le spiagge poche lanterne all'ingresso de' porti, ond'era nelle notti difficile il navigare. Si comprarono a Parigi fari a fuochi fissi e ad ecclissi; e studiati i luoghi si posero sulle coste così che mai non lasciasser la vista de' naviganti. Rifatte le vecchie torri, pur molte, se ne costruirono nuove; ed è ancora in costruzione quella altissima nel mare di Siracusa. Tali opere scemarono i prezzi de' noli e de' premii di assicurazioni; e promossero il piccolo cabotaggio interno.

A evitare l'affluenza degli studenti in Palermo, si divise l'isola in tre territorii universitarii, con decreto del 16 ottobre 49; e s'obbligarono i giovani a studiare nella propria università: così quelle di Messina e Catania si videro ripopolate, e i genitori s'avean da presso i figliuoli. Nel 51 e nel 53 s'aggiunsero tre nuove cattedre all'università di Catania, e nel 50 51 altre tre a quella di Palermo, e nel 55 quella di paleografia: meglio colà si riordinarono il collegio nautico e quelli Ferdinando e Calesanzio, e altresì quello Carolino di Messina a il Cutelliano di Catania. In luglio 50 s'instituì a Palermo una Commessione generale d'Agricoltura e pastorizia; la quale pubblicò un giornale d'istruzione a' villici, per nuovi strumenti, nuovi prodotti, e più acconcia cultura.

Sin dal 54 s'eran fondati tre ospizii per orfanelli e poverelli a Palermo, Messina e Catania; nel 55 a far ch'ogni provincia avesse il suo, se ne ordinarono altri quattro a Trapani, Noto, Caltanisetta e Girgenti, sostenuti da' comuni di tutta l'isola. A Catania oltre il porto nuovo s'instituì una camera consultiva di commercio a 26 ottobre 52, come quelle di Palermo e Messina. Presso Termini si costruì un bel ponte sul Torto. A Palermo in tre anni s'eran fatti l'ospedale militare di Santa Cita, il palazzo de' ministri, e 'l quartiere S. Giacomo, disfatti dalla rivoluzione. Bell'opera fu altresì la strada Favorita col giardino inglese, nella parte più ridente della propinqua campagna. A 6 aprile 55 si mise la prima pietra d'un edifizio pe' trovatelli. A Messina si stese il porto franco a tutta la città. Ciò fu favore all'isola intera, cui aperse largo mercato a tutti suoi prodotti. Quando il re andò a Messina a' 25 ottobre 52, fuvvi oltre misura festeggiato; a stento s'impedì che il popolo ne traesse la carrozza sulle braccia. Il francese Odilon-Barrot ch'era presente, sclamò: *Bello spettacolo! Un re riconciliato col suo popolo!*

Sicilia in antico divisa in tre Valli, era nel 1812 partita in ventitré distretti, i quali poi formarono sette Provincie, suddivise in centocinquanta circondarii; non però bene, per linee più ideali che naturali. Un decreto de' 12 febbraio 55 ordinò commessioni per designare esatte circoscrizioni, che non giunsero a compiere il lavoro. Intanto s'eseguirono in alquanti circondari parziali rettifiche. Sursero del pari nuovi municipii su spiagge state deserte. Nel 52 si creò l'amministrazione della statistica, attuata poi al modo usato nel Belgio. Lo stato di popolazione nel 55 contò in tutta l'isola due milioni e 223,365 anime.

Sul continente nel 53 si prolungava la linea del telegrafo elettrico da Napoli a Terracina; poi se ne fe' il trattato col governo pontificio a 27 giugno dell'anno dopo. Pur si stese la linea telegrafica da Salerno ad Avellino. La strada di ferro si prolungò da Nola a Sarno, a spese dell'erario. In tutto il reame opere pubbliche provinciali e comunali progredivano. In quell'anno 55 molte opere nuove si videro cominciate o fatte in Napoli. La chiesa di S. Domenico, gotica del XIII secolo, del Masaccio, si restaurava per l'architetto Travaglio, e pe' pittori de Vivo e de Napoli. Si restaurò l'antica chiesa a S. Giovanni a Carbonara; s'aperse una nuova strada alla Pietatella, che congiunse le strade S. Giovanni Carbonara e Foria. A 10 aprile s'inaugurò una nuova casa di ricovero per le pentite a' Cristallini. Oltre queste ed altre, se ne cominciarono tre di gran mole: il tagliamento de' giardini, e 'l diroccamento d'edifizii per prolungar Toledo agli studii; la nuova bellissima strada Maria Teresa sulle alture della città, e 'l traforo sotto Pizzofalcone da Palazzo a Chiaia. Ciò nondimeno, perchè mancavan danari, e non si potevan subito pagare gli spropriati possidenti, produsse malcontento contro il direttore dell'interno che forte le sollecitava; quella agli studii spiacque alle monache che vi perdettero i giardini, e non potè esser compiuta; e il traforo di Pizzofalcone disserlo inutile e costoso; ed era esoso perchè parve si facesse a utilità di Alessandro Nunziante, allora sommessissimo cortegiano, che n'aveva gratis le pietre per la fabbrica del suo palazzo alla nuova strada della Pace. Certo quel traforo danneggiò le case superiori, onde rimase interrotto. L'opificio di Pietrarsa a tre miglia da Napoli, fondato nel 1842, s'aggrandiva. Dava macchine d'ogni maniera in ferro e bronzo, da fregate, da vie di ferro, da molini e da torchi. Unico in Italia, gareggiava con quei di Francia e Inghilterra, bastava a' nostri bisogni, e ne affrancava da' tributi che pria per tai macchine pagavamo all'estero. L'11 gennaio 53 vi si inaugurò la statua colossale del re, fusa in ferro là dentro. Queste cose faceva il governo detto *negazione di Dio*. Venuto il Piemonte nel 1860, distrusse pel primo quell'opificio, perchè Italia tornasse a comprar macchine in Inghilterra. Ferdinando s'era di fatto reso indipendente; Vittorio gridando indipendenza è schiavo de' suoi protettori, che il proteggono appunto perchè annienti l'italiana prosperità. Oh Italiani! scorbacchiate cotesti liberaloni; ravvisateli al loro muso di scimmie, al loro ubbidire a stranieri, al pigliarsene la religione, anzi l'irreligione e la scostumatezza, al copiarne le costituzioni, le leggi, e sin la favella e i costumi. La prima indipendenza d'un popolo sta nel pensare; ripigliamo costumi patrii, studiamo tradizioni nostre, pensiamo, scriviamo, governiamo all'italiana, e saremo indipendenti senza bisogni di protettori. Ma si grida Italia, e si parla francese, si vuol libertà, e s'ha l'animo schiavo, si canta progresso, e s'abbatte quanto era prosperità natia. Ma questo nol fanno Italiani già, ma settarii che s'ammantellano di patria per mangiarsi l'altrui.

Il fallo vero di noi Napolitani fu sempre lo sconoscere le virtù de' Napolitani. Il maresciallo Pronio, il difensore della cittadella di Messina, chiedeva permesso di due mesi per curare sua salute in Napoli; e 'l ministro gliel concedeva a stento, ma *senza soldo*. Questa non più usata durezza rimertava la fede e il valore; sicchè egli che povero era non potè senza soldo lasciare l'isola; e mal curato morivasi a' Quattroventi il 3 febbraio 55. Fu Abruzzese, modesto, amantissimo del soldato e della disciplina, amatore della patria e del re. Se fosse vissuto, non saria stato poi mestieri de' Lanza e de' Clary, e non si sarebbe perduta la Sicilia ed il regno. Il Filangieri luogotenente ne accompagnò il feretro al luogo del sepolcro.

§. 27. Scarsezza di ricolti.

Quell'anno ebbe scarsezza di ricolti, inconsueta nell'ubertoso reame. Poco grano, pochi legumi, il vino mancato affatto, sol s'ebbe alquanto compenso nel grano d'India e nell'olio. Il governo provvide in vario modo. In Sicilia, dove fu penuria maggiore, si provocarono sottoscrizioni di possidenti per soccorsi di frumento a' poveri, proibito il mandar cereali fuori, favorita l'introduzione; si comprarono grani all'estero e si venderono dal governo con perdita ne' mercati dell'isola, sicchè la copia abbassando i prezzi, provvide al bisogno di tutti, senza ledere i diritti di ciascuno. La spesa fu pagata dal tesoro dello stato. Molti moderni economisti ciò scherniscono, perchè quella loro troppa libertà di commercio spingeli anche a far liberamente morire di fame la povera gente. Sul continente s'usò altro modo: si credè non mancasse il grano, ma se ne facesse monopolio; vedesti nelle provincie pratiche inopportune, soprattutto per far uscir basse le fedi mercuriali ne' mercati: ciò era apparenza, in sostanza il grano si vendeva tanto più caro; però avendosi a porre i prezzi al pane sulle fedi, i fornai per non fallire chiudevano bottega, i magistrati a sforzarli, il popolo a gridar pane, e necessaria conseguenza il pigliarsi da' possidenti i grani a forza. Cotesto errore governativo riusciva ad alzare più i prezzi; chè il sospetto, il dispetto e l'ingodigia accrescevano la carestia. In Napoli, forse perchè v'era il re, si provvide meglio. Si fornì di grani esteri la città; e il municipio aprì magazzini in ogni quartiere, ove si vendean farine con perdita a' poveri, e davansi a ducati tre e grana 10 per tomolo di quaranta rotoli. Anche pani davansi a buon mercato, e sino a trentaseimila per giorno. A ogni modo questa crisi frumentaria nel regno passò senza gravi rumori.

 Diversamente in Piemonte, dove non si lamentò già lo errore ma la reità d'un ministro. La notte del 18 ottobre il popolo s'affollò alla casa del Cavour, e fra mille vituperi gli spezzò i vetri alle finestre, sicchè accorsa soldatesca tirando colpi nel più folto, molti uccise, molti carcerò. Accusavano quell'onest'uomo d'aver fatto monopolio di frumento per arricchire; e il giornale l'*Indipendente* l'ammonì aprisse suoi granai, sfamasse i poveri col grano comprato immoralmente; onde, ne venne incriminato. L'avvocato Brofferio dalla bigoncia dimostrò il Cavour negoziar di grani, e averne assai ammassati in violazione della legge; spiattellò anzi un atto di notaio, attestante quegli entrare per novanta azioni nella società de' molini di Collegno, e che era stato capo di quella società nel tempo stesso che ministro del regno. Il giurì assolvette il giornale. Intanto i morti restarono morti: e il liberalissimo Broffierio osservò perorando che nè a Parigi, nè a Vienna, nè a Milano, nè a Napoli, i soldati avean mai fatto fuoco sul popolo. Solo là dove il popolo è sovrano ha il privilegio d'essere ucciso anche inerme.

 Ma i liberalastri han per essi anche il privilegio esclusivo del suffragio. In aprile 54 sequestrarono a Torino il giornale *La Campana;* perchè avea lodato il secondo collegio elettorale d'Alghero, per aver eletto a deputato il signor Piedemonti viceconsole d'Austria e Napoli; e qualche giornale propose si mandasse in pena a quelli elettori lo stato d'assedio. Ma non vi fu bisogno; chè la camera stessa annullò quella elezione. Così intendono la libertà, cioè il monopolio de' liberali.

§. 28. Tremuoti a Cosenza.

Di continuo il regno era scosso da tremuoti, or qua or là; dirò de' più gravi. À 9 aprile 55 nella parte meridionale del continente una scossa durò quasi quaranta minuti secondi; i cui maggiori danni s'ebbero nel distretto di Campagna. A 12 febbraio del seguente anno a un'ora di notte un breve tremuoto di quattro minuti secondi danneggiò forte Cosenza e suoi casali; vi morirono dugento persone, e altrettante ebbero ferite. Il re mandò subito tremila ducati, mille la regina; cinquemila dettero i fondi provinciali, e gli avanzi di cassa la beneficenza. Da Napoli andarono trecento paglioni, trecento mutande, ottocento camice, dugento canne di tela, e molte coperte di lana, da largire a' poveri senza tetto. Seguirono collette nel reame, e nel militare e nel civile, e nelle corporazioni laicali e religiose. In breve si provvide a disotterrar morti e feriti, a puntellar case, a far baracche, a sicurar l'annona e le strade. Poi il re mandò altri quattromila ducati per le chiese pericolate.

§. 29. Il colèra.

Più generale seguì il flagello del colèra, non più dal 1837 ricordato tra noi. Rumoreggiando per l'Europa, s'erano per difendercene ordinate quarantene e provvediemnti molti, ma esso traforò ogni cancello. In maggio 54 s'udirono malattie repentine con diarrea, vomiti, crampi, algidezze e morti; eppure in Napoli non s'aveva a dire che fosse colèra, sinchè a mezzo luglio non si potè celarlo più; a' 21 n'uscirono anche i bullettini della commessione sanitaria. Crebbe a dismisura, e rapido; erano stati tre morti a 21 luglio, furono 381 a 4 agosto; poi declinò sino a 4 settembre che n'ebbe 23. In Roma scoppiò a' 22 luglio, e lo stesso dì a Genova, dove i morti un dì giunsero a 564, e i casi a 4386, benchè i cittadini a migliaia uscissero alla campagna. A Livorno andò sul finir di quel mese.

In Napoli al primo nunziarlo fu un terrore: accorrevano alle chiese a pregare, a confessarsi, a far voti e cresime e comunioni. L'arcivescovo col clero secolare e regolare andò in processione a S. Maria Costantinopoli. Nè restò al pregare: distribuì al clero spartito per parrocchie la cura dello assistere gl'infermi; ed egli stesso dì e notte, dovunque invitasserlo, per cresime e altri sagramenti si recava. Aggiravasi a piedi per vicoli bui ed angusti della città vecchia; entrava in tugurii luridi, e sino in caverne squallide, ove la misera gente per mancanza del ben della vita vi pericolasse. Confortava con la parola di Dio, con medele, panni, limosine e benedizioni. Dette quanto potè, risicò cento volte il dì la sua salute, diè prova d'animo apostolico, e il Signore lo risparmiò. Il re con affettuosa onorificenza mandogli il cordone di S. Gennaro. E il clero sull'esempio di lui fu impavido e indefeso: i parrochi raccoglievano collette di soccorsi, dividevanli a' bisognosi, ordinavano servigi di farmacie, di medici e d'alimenti. Molti ecclesiastici finirono vittime di loro carità; periva il preposto provinciale con quattro dei suoi padri crociferi, cinque minori osservanti di S. Maria la nuova, e clerici e religiosi parecchi.

Anche il municipio fe' suo dovere. Improvvisò quattro ospedali oltre i consueti, condusse ottanta medici per curare la gente nelle loro case, diè senza prezzo a qualunque ne chiedesse medele, bagni e pannilini. La Beneficenza ministrava brodi e paste a' poverelli. Il Monte della Misericordia, la cui antichissima istituzione era d'accorrere a pro de' nobili bisognosi, poi estesa a tutte opere di carità, anch'esso col municipio gareggiando, mandò in ogni quartiere deputati a largire danari e biancherie. Il re fu largo di molte migliaia del suo; crebbe i soldi a' medici e farmacisti degli ospedali militari, e ordinò che la vedova di qualunque ne morisse godesse doppia la pensione di legge. Dall'altra si provvide a trar presto di casa i morti, e seppellirli lontano, in fossi fondi con calce. Spazzar le strade, vigilare l'annona, e la buona qualità de'viveri, massime frutta e carne, impedire la voracità de' venditori, intimidire i rigattieri, che s'ascondevan cedri ed aranci per venderli di nascoso al doppio; ciò furono provvedimenti utili contro la pestilenza, riuscita breve, ma crudelissima.

Si notarono varie cagioni di danno. Calore sciroccale durato sino alle prime acque d'agosto, intemperanze di vita, la gola, le passioni eran mortifere; dopo i giorni di festa crescevano i colerosi. Errore il trascurare le diarree che solevano precedere il morbo; curate finivano, lasciate uccidevano. Così a 11 agosto mancò Macedonio Melloni, dottor fisico ed astronomo. Anche uscirono empirici che per danari davano boccette e specifici, per infallibili rimedii, spesso riusciti a morte. Poi le dubbiezze della cura, l'arte non ben ferma nè sicura di sè; il veder farmaci ora giovare, ora nuocere, poi la troppa neve ingoiata da' malati sitibondi, e più che altro il terror del male il male generava. Più presto pericolavano i malati cronici; tutti i mali colavano in colèra. Non si vedeva aria guasta; talora si voleva il caldo, talora il freddo; non valeva età, non sesso, non gagliardia; nè agiatezza, nè pulidezza eran salvaguardia sicura; ogni gente, principi, cavalieri, popolani, artigiani, pativano in proporzione quasi uguale mortalità. Maiali e cadaveri in tutte case, in palagi e tugurii, per via esequie e casse da morti, il cimitero aperto notte e giorno, continuo lavorio di becchini. Solo parve giovasse il viver sobrio in tutte cose, lo sfuggire perturbazioni d'animo e di corpo, non mutar aria, nè vita nè costume, lo star sereno e tranquillo.

Morì il Longobardi ministro di giustizia, nato nel 1784 a Castellammare; morirono un generale di brigata, due marescialli, due o tre principi, tre o quattro duchi e marchesi, e cavalieri e dame assai, molti più della mediana classe, moltissimi del volgo. In Napoli furono tredici o quattordicimila colerosi, morti 7016. La prima volta nel 36 eran stati 5174, e in quella più fiera dell'anno dopo 11828. Nelle provincie fur minori danni in proporzione, a seconda quasi del contagio; e perchè meno gente in più ampi luoghi, più salutifere le campagne, più naturale e frugale la vita. Passata la morìa, il municipio napolitano recò in ringraziamento una lampada d'argento, costala 720 ducati, a S. M. Costantinopoli, con gran pompa.

§. 30. Ed in Sicilia.

Anche a Palermo riusciva vano ogni provvedimento a impedire l'entrata al morbo. Non però mancarono aiuti; cinque medici fur messi in ciascuna delle sei sezioni della città, due farmacie, due religiosi per far limosine, e dar sagramenti. Poi s'accrebbero, e i padri addetti provvidero a ben cinquemila famiglie panni, pane e medele. Ma chi d'ogni pubblica sventura si fa arma non mancò al tristo uffizio di tentar subugli. Uscirono voci paurose: tutte provvidenze governative essere a male, veleni le gratuite medele, avvelenatori i medici condottati, gli ospedali precursori di cimitero, volersi decimare le popolazioni; così appellando a vecchi rancori, risuscitando sospetti, abbindolando idioti, sforzavansi a irritare gli animi; ma non fecero nulla, che i reggitori con mano forte l'ordine e la cosa pubblica tutelarono.

Gravi danni il morbo fe' a Messina, stata già esente nel 37. I cittadini fidavan ne' venti dello stretto che spazzassero l'aria; però al primo scocco del male, spaventatissimi, due terzi di popolo fuggì in campagna, o su legni presi a nolo, da star sull'alto mare: eppur su' pochi rimasti fu una strage. Il 31 agosto ne vide morire 572! Da Palermo andarono becchini, farmaci, medici e religiosi, soprattutto cappuccini; i quali con pietà e annegazione ministrando medicine spirituali e materiali, lenirono il male. Anche da Napoli corse una nave con medici, arnesi e medele. Le stesse cose per Catania. La moria mancò in autunno, finì in inverno; ma forse ne restò il mal seme, ripullulato nel reame l'anno appresso.

§. 31. Modifiche nel ministero.

Per cagion del colèra il commendatore Murena lasciò la direzione del ministero dell'Interno. Fama avea d'ottimo magistrato, nell'amministrazione fallò talvolta, siccome in uffizio non suo: massime quell'aver troppo accentrate le facende fe' scontentezze. Ora egli, entrato il colèra, chiese due mesi di permesso, e l'ebbe; prese la firma il consultore Ludovico Bianchini; il quale anzi tosto vi restò direttore. Pertanto il Murena tornato di campagna seppe riguadagnare l'animo del re; e come il brigadiere Carrascosa ministro de' lavori pubblici chiedeva riposo, e ottenne di restar ministro senza portafogli, la sua sedia fu concessa a quello, col grado suo di direttore: ciò a 25 novembre. Al morto Longobardi fu surrogato direttore di grazia e giustizia il consigliere Pionati. Per non tornar su questo, noto che dopo un anno marcava a' vivi Pietro d'Urso ministro di finanze, stato uomo integro, del quale molti dicevan male, perchè, stretto di mano, era grande argine allo spendere; malato, avea chiesto pigliasse la firma il Murena suo amico. Morto lui, seguitando il Murena a dirigere le finanze, vi restò; e anzi con decreto del 4 febbraio 56 fu fatto ministro segretario di stato delle Finanze, ritenendo altresì i lavori pubblici.

§. 32. La Civiltà cattolica proibita.

In ottobre 34, un altro fatto spiacevole avvenne. Dissi come cominciato in Napoli sin dal 1850 il giornale la *Civiltà Cattolica* de' Gesuiti, e il perchè si trapiantasse in Roma. Già nel reame s'accresceva lo errore governativo del tenere il paese al buio di quanto fuori avvenisse di male, e del pinger tutto roseo e avventuroso, quando mugolavano lontano le tempeste. Cominciarono a susurrare attorno al re quel giornale dir troppe cose, esser largo a tutte forme di governo, non giovare a trono assoluto, meglio non s'avesse. Esso avea nel reame più migliaia d'associati, e all'entrata de' fogli oltre la censura, non mancavangli altre minute molestie. Cominciato marzo 53, corse lettera a' padri compilatori in Roma, dicente la polizia esser per eseguire visita domiciliare nell'uffizio del giornale, e forse per sospetto politico arrestare il gerente. Venne il padre Curci; e tosto un segreto agente di polizia gli si fe' *da amico* a confermargli la cosa, e gli si offerse, promettendo chetarla, e più ottenere che tutti i 2700 comuni del regno fossero obbligati ad associarsi al giornale; ma posevi condizione che il lucroso posto di gerente si concedesse a persona da indicare; cui seppesi poi fosse un parente del commessario Morbilli. Il Curci avvedutosi dello intrigo, la dimane spiattellò la cosa al direttore di polizia, e fu da questo assicurato nulla esservi di contrario. Intanto il Curci si ricordò che pel terzo sabato del mese era già stampato nel giornale un articolo, dove tolta occasione del tentato assassinio dell'imperatore d'Austria, s'inculcava la necessità di mezzi migliori delle polizie moderne per isventare le cospirazioni; articolo ora scientifico, che confrontato il Santo uffizio alle polizie, mostrava queste più di quelle noiose, e meno efficaci. Parvegli non conveniente toccar questo tasto allora; e scrisse ben due lettere a' collaboratori in Roma mutassero quell'articolo con altro; ma ambo le lettere furono fermate alla posta; l'articolo venne, e il giornale ebbe sequestro in dogana. Con grande scalpore recarono il fascicolo al monarca, quasi scritto a dispetto contro la polizia napolitana. Ma il re disse al Curci aver letto l'articolo, e trovatolo giusto; solo dubitare dell'opportunità; e fu contento si mutasse; anzi permise che il giornale sottostasse per censura alla pubblica istruzione. Il Morbilli fu ammonito, 1'altro segreto agente fu scacciato da Napoli, e il giornale ne crebbe d'associati.

Ben presto nuove molestie. In ottobre dispiacque un articolo intitolato: *o Dio re con la libertà; o l'uomo re con la forza;* massime dove era detto che: « avendo spesso la civile autorità invasi i diritti della Chiesa, non era da maravigliare che per le stesse dottrine che careggia venisse spogliata di ciò che giustamente le compete. » A crescere lo sdegno uscì in luce un libretto del padre gesuita Camillo Tarquini sopra il *regio placet,* letto all'accademia cattolica in Roma; ove si diceva del nostro reame; « Il rigettare ogni forma di governo diversa dalla monarchia assoluta, e 'l propugnare la libertà della Chiesa, da alcuni uomini potenti di quello Stato è tenuto per segno di liberalismo. Fra' nemici del principato non crediamo ve ne sia più perniciosi di questi; che mentre ne scalzano i fondamenti, spesso ne godono la fiducia, e fruiscono il favore. » A questo parvero tornati i tempi Tanuccini; tutti i Gesuiti caddero in sospetto, qualcuno ne fu messo sotto sorveglianza, e si tolsero al giornale le franchigie di posta e dogana. Ciò, e 'l timor del peggio, indusse il padre Generale a mandare nel regno i padri Ferrari e Liberatore, per provvedere e rispondere alle accuse. S'avvidero la procella venire da persone potenti e nemiche della Chiesa; e corsero a Gaeta. Il re si persuase della ragione, strinse i reclami all'inopportunità di certi articoli; però mise a revisore del giornale il Rocco, mite magistrato. I compilatori a torre ogni idea di solidarietà tra essi e i Gesuiti di Napoli, tolsero a questi ogni cura d'ammiuistrazione della Civiltà Cattolica; la quale per le mancate franchigie crebbe di prezzo; ma non scemò d'associati.

Stando re Ferdinando in cosiffatti sospetti, stampavasi a Roma a mezzo del 54 un libretto intitolalo *Memorie della Civiltà Cattolica*, specie di rendiconto delle cose del giornale al preposto Generale padre Beckx, dov'eran dette le cagioni del disturbo con Napoli: esso non era destinato a pubblicità, ma a uso delle case dell'ordine; nondimeno qualcuno seppe averne esemplare, e mandollo al re; che n'andò in ira, e fu nel primo empito per iscacciare la compagnia dal reame. Il cardinale di Napoli e il vescovo d'Apuzzo, presidente d'istruzione pubblica, trasserlo a consiglio più mite; e anche il giovane principe ereditario spinto in consiglio di stato a dare suo voto si astenne. A quel tempo i vescovi dell'orbe recavansi a Roma per la definizione del dogma della Concezione; però si die' all'Apuzzo il carico di chiedere una soddisfazione al pontefice. Fu tolto il revisore; e 'l padre Curci autore del libretto, chiese e ottenne di recarsi a Bologna, perchè soddisfatto il re, la cosa finisce.

Ma chi ne' Gesuiti avversava l'elemento cattolico e 'l dritto, e parecchi ve n'era attorno al re (massime il generale d'Agostino, allora prepotente, poi nel 60 chiarito rivoluzionario) spinserlo a mandare a chiedere a' padri del Gesù una protesta scritta, dicente eglino avere in pregio la sola monarchia assoluta. Il direttore di polizia attenuò la durezza della proposta, col mandarvi il segretario generale Silvestri, uomo benevolo a quei padri; però questi, tenuti breve consiglio, firmarono la presentata protesta, che venne tosto messa a stampa. Cotal fatto poco mancò non facesse discacciare i Gesuiti dal Belgio e dall'America, accagionandoli d'essere avversi a costituzioni e repubbliche. Eglino invero non avversano a nessuna forma di governo, fuorchè l'illegittimo. Però i deputati conservatori alla camera Belga, per aiutarli, fecero stampare esser quella protesta una menzogna della polizia napolitana. Ciò spiacque a Ferdinando. Aggiungi che il loro generale, dovendo smentire quella dichiarazione de' padri di Napoli, inviò al re un prelato a persuaderglierne la necessità; e mandò la bozza della smentita ad altri padri di Francia, per averne consiglio; ma avvenne che la polizia francese aperta la lettera, parendole un bel caso, fe' quella dichiarazione stampare ne' giornali di Francia. Ferdinando si tenne burlato: tolse l'Apuzzo dalla pubblica istruzione, mentre era ancora a Roma; discaricò i padri dalla sorveglianza delle prigioni e da altri uffizii, e lor vietò anche il seminario per l'istruzione de' preti. Altresì ebbero sorveglianza alle loro scuole, revisori a' loro scritti, e proibita la Civiltà cattolica. Abolito tal giornale, che ne faceva sapere le cose del mondo, la gente correva a' giornali rivoluzionarii, che serpeggiavano di nascoso; e l'errore guadagnò campo nelle menti, senza poter essere smentito dalla vera notizia del bene.

§. 32. Richiamamento del Filangieri.

In più grave fatto aiutò le morali condizioni di Sicilia. L'atto sovrano del 27 settembre 49 avea costituita la Sicilia, con piena separazione amministrativa, e indipendenza dal ministero di Napoli, salvo quanto dimandava l'integrità del regno. Però il luogotenente era da più che i suoi predecessori, quasi vicerè con consiglio di stato e consulta in Palermo, la quale anche aveva più attribuzioni di quella di Napoli. Solo per Sicilia in Napoli stava un ministro siciliano, senza facoltà politiche, da rapportare al sovrano le proposte del luogotenente, per amministrazione, per grazie e per impieghi; sicchè è certo che dal 49 al 60 Sicilia ebbe (sol mancandole il re presente) un governo suo che non mai più. Il ministro presso il re era anche stato dal 21 al 24, e dal 33 al 37, tutte e due volte abolito; perchè cotesti ministri invece d'essere anelli tra l'isola e il principe facevano a lor modo, e producevano dualità governativa. E la terza volta rifatto fu lo stesso. Il Filangieri, rimastovi luogotenente, tutte cose ne' principii v'avea fatte, e bene e male, a suo senno. Tenne forte la potestà, pacificò l'isola, regolò bene le finanze e l'amministrazione, l'opere pubbliche curò. Riordinò le Guardie Urbane e le compagnie d'armi. Queste ordinate nel 1810 in numero di ventitrè, giusta i distretti, eran responsabili de' furti nelle strade; però non si curavano dell'abigeato (furto d'animali), e anzi vi lasciavan liberi i ladri; il che danneggiando forte l'agricoltura, fece abolire le compagnie a 14 ottobre 37. Ora dopo il 48 si restituirono più grosse e numerose, ma con la responsabilità estesa all'abigeato. E andò bene: il Maniscalco direttore di Polizia, purgò in breve le città e le campagne. Il Filangieri la censura de' libri fe' mite, e più larga che aNapoli; usò quasi sempre concorsi agli impieghi, tenne a regola il premiare il merito, distese ampiamente le perdonanze, e l'obblio del passato.

Ma qui appunto die' in vizio contrario: tenne come dissi in uffizio i già traditori uffiziali regi, mise in uffizio parecchi uffiziali della rivoluzione, e a molti stati promotori e braccio della rivoluzione die' cariche lucrose e onorate. Ciò esaltavano come gran senno politico; ma il premiare la colpa, che dicevano prova di forza, era mera parzialità; chè la mano governatrice a simiglianza della divina può sì perdonare, ma non deve porre i rei sopra gl'innocenti, e a quelli dare le onoranze che speltterebbero a' cittadini migliori. Quella generosità vantata era ingiustizia; e le ingiustizie non raffermano ma scrollano i troni. Infatti quei nemici accarezzati e sublimati apponeano le blandizie a temenza; e più s'infellonivano in segreto, e guadagnavano opinioni e seguaci; chè grand'esca alla colpa è il veder premiata la colpa da chi punirla dovrebbe.

Della rivoluzione pareano spenti i principii, ma restavano gli uomini stessi, mutata la nappa rivoluzionaria in regia, e restavano al governo. Citerò solo lo Scordato e il Miceli galeotti, capi di masse, e tanto infesti alle regie milizie, fatti capitani d'arme. Se non che il primo tornato a' misfatti andò sur un'isola confinato. Certo i più facevano i ripentiti per risalire in potestà; ma lavoravano in segreto all'avvenire; mentre guadagnavano avanzamenti, percuotevano la popolazione buona; e per mettere in odio il sovrano, facevan soprusi e oppressioni: essi perpetravano il male, e ne fean gravar l'accusa sul governo; essi guidavano il governo, e seminavano per abbatterlo. Tutta questa macchina eretta e mossa dal Filangieri, ubbidiva alla sua mano, e fatta così che senza di lui dovea crollare. Uomo reso così necessario, e fatale nel bene e nel male. Sin da' principii die' una promessa a' Siciliani, che solleticando una loro aspirazione, nè potendo esser mantenuta, rendea sè simpatico, e astioso il sovrano; promise che il principe ereditario con due ministri sederebbe a Palermo. Ei non avea facoltà per tal promessa. Giovanissimo il principe, non era da avventurarlo a tanto incarico, a diventare strumento in mano altrui, fra gente capace di turbargli la mente e il cuore, lungi dall'occhio paterno, tra seduttrici e cortigianesche passioni. Lo esempio non lontano del conte di Siracusa, corrotto appunto in quella sedia, avvertiva Ferdinando a non cadere in peggior fallo. Presto la ineseguita promessa fu inizio a lamentanze.

Dall'altra la vita precedente del Filangieri, e quel suo operar d'allora risuscitavano sospetti. Mutato bandiera più volte, fatto due volte il mercante e due fallito, e dopo il fallimento risalito a ricchezza. Anche faceva il luogotenente a maniera di mercante; correan voci di peculato, ed ei vi mise il suggello con una certa convenzione co' benedettini di Catania, sopra antichissima lite di casa sua. Alcuni stessi de' monaci soppressero le carte favorevoli al monastero, ed ei potè conseguir 54 mila once d'arretrati: ciò fe' dire ei si servisse della potestà al suo bene privato. D'altronde era ministro siciliano presso il re in Napoli il Cassisi, sul quale altresì correa mala fama, uomo intento ad arricchire, nè buono in casa sua; chè sopportava il figlio gittato nella setta, fattolo far giudice con soldo; e senza ufficio tenenteselo vicino. Stato egli magistrato a Palermo, nè ben amato, odiava quella città, cui aggiunse l'odio al Filangieri; avversavalo forte, e fea tesoro delle male voci per aggravare i sospetti, e mover Ferdinando. Dividevali gelosia di potere; e l'avversione loro danneggiava la cosa pubblica, e spartiva anche degl'isolani gli animi e le speranze. Ne surse una dualità di governo; che rese vano il bene della istituzione, e illusoria la indipendenza amministrativa. Spesso le proposte del luogotenente giuste o ingiuste pativan ritardo e opposizione, talora obliate, talora negate, o sottoposte a revisioni, oltraggio maggiore. Il Filangieri irato più volte chiese la dimessione, più volte venne a Ischia per ottenerla, e pur sempre con buone parole dal re, che là si trovava a' bagni, dissuaso e rimandato.

S'è detto sovente Sicilia mancar di strade, per questo esser barbara: tacesi ch'avesse tre università, sei biblioteche pubbliche, e ventiquattro istituti, fra collegi, licei ed accademie. Strade carreggiabili v'erano per mille e cento miglia, congiungenti i capiluoghi delle provincie e il più dei distretti: due grandi ve n'era daPalermo a Messina, una pe' monti lunga 228 miglia, altra per la costa tirrena di 172. A compiere tutta la rete di strade provinciali e comunali fu con rescritto del 15 aprile 52 dato facoltà al luogotenente di trattare con una compagnia anonima o di Siciliani, per costruire 625 miglia di strade ed otto ponti sospesi a catene; e vi si addissero trecentomila ducati l'anno, tolti dal tre per cento perciò aggiunto alla tassa fondiaria. Il Filangieri prese, non so perchè, a favorire certi Francesi che proponevano compiere l'opera in cinque anni. Buona la proposta, non buona nel modo, perchè recava lucro immenso a una società di stranieri, il Cassisi forte l'avversò; il re fra' due, memore del fatto degli zolfi, renitente d'impacciarsi con Francesi, approvò sì la cosa, non le persone. Però dopo qualche mese il luogotenente, corrivo a spuntarla, raccomandò altra consimile offerta d'uno di Girgenti, coperchiello di quella stessa francese società. Si rispose non convenire dare a un solo tanta mole di lavori; gli si concedessero le strade di quella sua provincia, si trovassero altri offerenti per l'altre. In frattanto il re ordinò si facessero ogni anno settanta miglia, con denaro dell'erario.

Ciò era troppo lento per suffragare a' voti ardenti di tutta Sicilia; sparsero il progetto essersi rifiutato non perchè gravoso, ma perchè si volea tener selvaggia l'isola. Quindi odio e ira contro il re e il Cassisi, simpatie grandi al Filangieri. Questi oltremisura adirato, si condusse a Napoli sullo scorcio del 54, e forte insistè per lasciare il governo; e benchè il re più volte il negasse, pure sì fattamente s'ostinò e sì sconvenevolmente, che per non iscapitare la regia maestà, Ferdinando dovè accedere. Tolto lui di Sicilia, tutta concia a suo modo, era difficilissimo trovare un uomo insigne da pigliarne le redini infide; invece n'uscì il più gran fallo che mai si potesse; surrogare a quella forte volontà del Filangieri un uomo fievole, buono a ubbidire. Fu chiamato da Londra ov'era ambasciatore il principe di Castelcicala, povero di mente e di consiglio. I Siciliani tennerlo ad insulto; l'isola diventata schiava, dover essere retta dalla punta della penna del lontano odiatissimo Cassisi. Infatti Sicilia diventò come una nave con trista ciurma, vagolante in mar profondo, col pilota stante in luogo terraneo e lontano.

Quanto alle strade noto che dal 50 al 59, non ostante l'inopia degli imprenditori, e molti errori ne' modi d'appalto e di pagamento, pur se ne compirono intorno a 480 miglia.

§. 34. Il dogma della Concezione.

Pio IX con enciclica del 2 febbraio 49 da Gaeta avea inculcato a' vescovi del mondo impetrassero con preghiere lume per la definizione del mistero dell'Immacolata Concezione; e che avvisassero sulla convenienza e opportunità di tanta dichiarazione, cioè la Vergine Maria concepita senza macchia di colpa originale, in virtù de' meriti di Gesù Cristo, esser dottrina svelata, e obbligare tutti i fedeli a credenza. Quasi cinquecento risposte tennero negli anni 49, 50, e 51, sì da formare quasi un concilio separato: tutte, quanto al dogma, affermative, poche sulla opportunità dissentirono; osservando mala la condizione dei tempi, travagliati da eterodossia; e però poterne la Chiesa andar assalita da calunnie, quasi nuovi dogmi fabbricasse. Non pertanto furono invitati a Roma pel novembre 51 parecchi vescovi dell'orbe; non tutti, per non disertare le diocesi, ma due o tre designati di ciascuna nazione: nè si vietò ch'altri spontanei intervenissero. Del nostro regno andarono questi: il cardinal Cosenza arcivescovo di Capua, il cardinal Riario arcivescovo di

Napoli, e i vescovi Manzo di Chieti, Tagliatatela di Manfredonia, Apuzzo d'Anastasiopoli, *In patribus*, Anastasio di Lipari, Acciardi d'Anglona e Tursi, Caputo di Oppido, Filippi di Aquila, Laudisio di Policastro, Giraldi di Sessa, Agostini di Nocera, e Adinolti di Nusco.

La dogmatica definizione era dichiarata solennemente nella basilica vaticana L'8 dicembre 1854. Quest'atto ebbe il ghigno de' filosofanti. Ma il pontefice proclamando quel dogma combattè due errori, di sostanza e di forma: affermando il peccato originale, colpì chi tende a far dell'uomo un Dio, confermò la verità della sua caduta, e la necessità della redenzione e della grazia: compiendo poi sì grande atto egli solo, senza concilio, in presenza della Chiesa riverente, raffermò la piena sua potestà e infallibilità.

§. 35. Grazie regie.

A 13 novembre di quell'anno D. Vincenzo Maria, conte di Melazzo, figliuoletto del re, d'anni tre e mezzo, moriva per apoplessia a Caserta. Ferdinando terse sue lagrime sollevando la miseria altrui. Tornavano parecchi per grazia dall'esiglio, fra essi il duca di Cirella; e ciò mentre una grande guerra insanguinando il settentrione d'Europa, era tristo preludio delle italiane sventure.

LIBRO DECIMOQUARTO

SOMMARIO

§ 1. La guerra d'Oriente. — 2. Trattati e leghe. — 3. Nuovi attentati. — 4. Muore Nicolò, e cade Sebastopoli. — 5. Il colèra del 55. — 6. Allagamento di Messina. — 7. Prime brighe con Francia e Inghilterra.— 8. I proci di Napoli. — 9. L'Austria impone la pace al Russo. — 10. Il congresso di Parigi. — 11. Giudizii su di esso.— 12. Proteste. — 13. Giudizii sulla pace. — 14. Menzogne parlamentari a Londra. — 13. Venerazione di Napoleone al Santo Padre. — 16. Inani sforzi a rivolture. — 17. Sollevazione a Madrid. — 18. Francia e Inghilterra consigliano Napoli. — 19. Il re non accede. — 20. Anche Austria consiglia. — 21. Il papa non cade nel laccio. — 22. Richiamo degli ambasciatori. — 23. Il M*oniteur* del 20 ottobre. — 24. Accuse a Ferdinando. — 25. Sciocca proposta del Cavour. — 26. Moto del Bentivegna in Sicilia. — 27. Torture. —28. Agesilao Milano. — 29. Profezie e apologie. — 30. Scoppii.

§. 1. La guerra d'Oriente.

Era imminente nel 1855 una guerra fra il Turco e il Russo, vecchi rivali per territorio e religione; perchè gran parte de' Cristiani soggetti all'Ottomano sendo dello scisma greco, l'Autòcrate ha sovr'essi un protettorato naturale. Fiacco il Turco a tanto avversario, come esso già quattro secoli prima, appunto nel 1455, avea proditoriamente cacciato di Costantinopoli il greco impero, così a sua volta era per essarne dal Russo discacciato. Ma l'Inghilterra temente si menomasse il suo scettro de' mari, gelosa della forte armata Russa padrona del Baltico mare, vogliosa di distruggerla, vivea raccapricciata che il colosso moscovita potesse con tanta conquista grandissimo diventare. Naturale trovargli nemici per terra, dov'ell'era al cozzo impotente. Prima lavorò a discreditarlo, a proclamarlo ambiziosissimo, turbatore della pace del mondo; poi andò cercando alleati. Volse da ogni banda promesse, incentivi e minacce. Gran peso era la spada di Francia; nè Napoleone avea mestieri di sprone per bramar vendetta delle navi Scizie e delle viste a Parigi aquile moscovite nel 1814; ma proclamato di fresco quel suo motto *l'Impero è la pace,* parea brutto risolverlo sì presto a guerra.

La setta mondiale tutta s'agitò, chè presentiva e sapeva cotanta guerra darebbe nuovo indirizzo al mondo. Stampavano quella esser guerra di civiltà cristiana, benchè accennasse a salvar l'Islamismo. Molti *Meetings* in Londra, mossi o favoriti da ministri, incitavano a battaglia; encomii al Turco, maledizioni al Russo, cicalio di giornali, un soffiare al fuoco in modo vario da tutte parti a un tempo. Il Mazzini navigava in Italia, e vestito da uffiziale inglese s'aggirava per le città impunemente; il Garibaldi accorrea d'America, tornavano quanti erano stati ribelli, Itali, Ungari, Polonesi, Schiavoni e Prussi; faziosi di ogni contrada correvano al campo d'Omer Pascià; dal Tirolo scendevano in Italia libelli incendiarii; ed anche opuscoli, sequestrati ad Amburgo, tendevano a mover la Prussia. In quel subbollimento chi con ispade chi con penne e lingue, tutti si facevan paladini per la Mezzaluna. I liberaleschi pigliano la libertà anche dal Turco.

Cotesta levata rivoluzionaria avria dovuto aprir gli occhi a' sovrani e ai popoli devoti al dritto; ma lo spauracchio della futura grandezza Russa sbalordì le menti; e sì mosse passioni anti-moscovite, che fu una voce a concorrere con arme e scritti a quella causa stessa sì fieramente da' settarii caldeggiata. Tutti volean dare addosso al Russo; già il vedevano di Costantinopoli e del Bosforo padrone; le barbarie turche su' Cristiani non vedevano, nè S. Sofia moschea, nè tanti milioni di Cristiani schiavi in patria: il Russo s'aveva ad abbattere. Nè in quella ressa cieca, furo immuni di passione e principi e prelati ed ordini insigni sociali e religiosi.

Solo fra tante vertigini re Ferdinando ispirandosi in politica pia non fu preso all'amo; sollecitato a far quello che poi fece il Piemonte, ricusò; dichiarò neutralità; e per l'effetto si dibattè in Consiglio se proibirsi a' guerreggianti il comprare in Sicilia lo zolfo, considerato contrabbando di guerra.. Tal proibizione era danno grave a' possidenti delle miniere, e all'erario, e lasciava senza lavoro migliaia di braccia. Fu risoluto vendersene a qualunque venisse a comprarlo ne' nostri porti, si vietasse a legni napolitani il portarlo fuor del regno; così salvando il dritto di tutti e la neutralità. Il divieto si tolse a' 7 maggio 56, fatta la pace. Di questo molti lo accusano, e gridaronlo gran fallo; ma il fallo non suo fu, bensì di chi nol seppe imitare, che porse le braccia alla setta, nemica comune. Taccianlo d'imprevidente; ma fu pietoso, chè non deve il sovrano giocare il sangue de' sudditi per piati altrui, e dichiarar guerra a chi non l'offese. Dicono per quel fallo caduta sua dinastia; poteva pur cadere e più presto pel fallo contrario. Errore più grande era il dar l'arme a quella setta ch'andava allora appunto suscitando moti in Italia per isbalzar lui dal trono; orrore mandar suoi soldati fra mezzo a rivoluzionarii per farli corrompere, errore combattere quello Stato che fu propugnatore del dritto, per restar poi a discrezione degli avversi, senza amici. Questi amici non han poi giovato, non han risposto alla lealtà di Ferdinando, han visto rovesciare la sua casa senza sorregerla; ma non potranno aonestare lo ingrato abbandono con colpe di lui. La sua casa è caduta, ma innocente; e poteva con istolta lega alle sette cader rea. Caduta onoratamente, le avanza un trono imperituro nelle anime belle, e la speranza: accedendo a guerra ingiusta, perdeva prima l'estimazione de' buoni, poscia il trono anche, e per sempre, e giustamente.

§. 2. Trattati e leghe.

Che buona fosse la politica di Ferdinando, vedesi dalla opposta seguìta dall'Austria, che la condusse presto alla ruinosa guerra Lombarda: laddove imitando Ferdinando avrebbe a sè e alla misera Italia di gran sangue e peripezie risparmialo. Napoleone a 40 aprile 54 si federò con Inghilterra; statuirono andare in Crimea. Allora tra Inghilterra, Francia, Turchia e Russia, l'Austria si trovava come arbitra della guerra: occupò i principati Danubiani, onde n'uscirono i Russi. Il Bonaparte per trarla dalla sua, promettevale soccorso contro la rivoluzione in Italia; dall'altra la setta la minacciava se ricusasse. Tentennò molto; poi spaurita dal fantasma rivoluzionario, credendo liberarsene, non fe' nè pace nè guerra, che fu il peggio. Mentre la Prussia, invitata dagli Anglo-Francesi, rifiutava, ella a 2 dicembre contrattò lega offensiva e difensiva con essi, per imporre allo Czar i patti di pace, e accostò sulla linea dei confini russi le sue arme, cui la fama levò a trecentomila fanti e cinquantamila cavalli. Dimenticò allora il fresco aiuto moscovita ch'aveale schiacciato quella rivoluzione ch'ora credeva assonnare minacciando appunto il Moscovita, ma che invece andava a trionfarla con Francia e Inghilterra. Scordò il benefizio, minacciò l'amico, beneficò la setta nimicissima, fiaccò il sorreggitore del dritto, esaltò i negatori di dritti, combattè la sua forza, i suoi naturali avversarii rafforzò. Con quell'atto fu rotta la lega settentrionale ch'avea tenuto quarant'anni l'Europa in pace; Austria entrò nella lega rivoluzionaria fatta contro lei stessa.

Infatti subito dopo vi comparve il Piemonte, col trattato del 26 gennaio 1855, pel quale promise mandare quindicimil'uomini in Crimea. Il ministro degli affari esteri Dabormida ricusò di firmarlo, e si dimise; firmollo il successore Cavour. Europa maravigliata vedea la piccola Sardegna in lega di grandi; stata sempre clièntula del Russo, entrar debole, senza cagione e senza pretesto a farle guerra. Il più anche de' liberali disapprovaronlo; dicevano ciò essere un unirsi indiretto coll'Austria. Ma il Cavour iniziato a più alti misteri, sapeva il fatto suo: con Francia e Inghilterra era unione naturale d'aspirazioni stesse: Austria eterogenea, dislogata, non facea più paura; anzi collegato a lei, Austria, con austriache spade superava. Misela in dura alternativa: o star con la lega, e far torti i futuri turbatori de' suoi stati; o voltarsi a Russia, ed evocar guerra europea, anzi sociale, agognata dalla rivoluzione per ardere il mondo; e questo egli voleva. La camera Sarda a 10 febbraio, a maggioranza di 101 contro 60, approvò; e poi il Senato.

Capirono i veggenti che i forti accogliendo tra loro il misero Piemonte non volevano già aiuto in esso, ma un complice da metter su per arcani disegni qua dall'alpe. Esso arso di danari, stipulò con Inghilterra che questa prenderebbe un milione di lire sterline in prestito al tre per cento, oltre l'un per cento por *fondo d'ammortizzazione,* e gliel ripresterebbe: circolo significante esso discreditato pigliar danari coll'intermezzo inglese, e con l'ipoteca del sangue di quindicimil'uomini, mandati in capo al mondo.

Frattanto in Crimea, infierendo il famoso assedio di Sebastopoli, s'era sperimentata non buona la condizione dell'esercito inglese; onde seguite aspre interpellanze in parlamento, il Russell si dimetteva a 50 gennaio 55; e nella votazione caddene tutto il ministero Aberdeen. Risalse altro ministero pur Wig col Palmerston, gran della guerra promotore e di rivoluzioni. Costui combattendo il Russo con arme altrui, isolata l'Austria, sospettando le mene napoleoniche sopra Napoli, a stornarle, fe' fondamento sulle ambizioni Sabaude, e mise l'ingegno a sforzar Napoleone stesso a rinfocolar tal rivoluzione in Italia da rendere impossibile il Murat, e lui medesimo cacciare in rete d'inestricabili spini.

§. 3. Nuovi attentati.

Ricominciavano l'opere di pistole e pugnali. Un Giovanni Pianori, calzolaio Faentino, d'anni ventotto, stato Garibaldino a Roma e protestante a Londra, passò a Parigi con passaporto sardo, e 'l falso nome di Liverani. Questi a 29 aprile 55, passeggiando Luigi Napoleone a cavallo pe' Campi Elisi, sull'ore cinque vespertine, gli tirò due pistolate alla fila, nè il colpì. Preso sul fatto, benchè s'avesse addosso doppia veste per travestirsi fuggendo, tosto fu giustiziato. Il giornale *Siècle* e consorti imputarono l'assassinio a' Gesuiti, quasi questi potessero su Garibaldesi e protestanti. Per l'opposto i fuorusciti a Londra tennero solenne adunanza, dove coronarono il busto del Pianori.

A 8 settembre dell'anno stesso ritentarono il colpo: un Camillo Bellamare di Rouen, d'anni ventidue, sull'ore nove della sera sparò con la pistola due palle nella carrozza ov'ei credette stesse l'Imperatore, ed eran dame di corte, che pur restarono illese.

Anche a Roma quell'anno a 12 giugno scendendo il Cardinale Antonelli segretario di Stato le sale del palazzo apostolico, nelle ore 6 1/2 pomeridiane, venne con arme biforcuta investito sul ballatoio da un Antonio Defelice, cappellaio; ma fallì il colpo. All'assassino fecero a 11 luglio la giustizia; che finì piangendo e imprecando le sette.

La sera del 27 gennaio 56 il teologo Giacomo Margotti redattore dell'*Armonia*, giornale cattolico, fu a Torino con grosso randello da mano ignota ferito al capo, e lasciato per morto, ma guarì. Uccidendo i dissenzienti, i proclamatori di libertà voglion fare monopolio di tutte libertà a beneficio d'una fazione rea, e vincer la ragione col coltello.

§. 4. Muore Nicolò, cade Sebastopoli.

Mentre per ambizione di pochi lo assedio di Sebastopoli mieteva migliaia d'uomini, la sorte pendeva dubbia: da una parte le forze d'occidente e della rivoluzione mondiale, milioni d'oro, migliaia di vascelli, strida infinite di giornalame; dall'altra la tenacità moscovita, e l'animo di Nicolò. Francia e Inghilterra in quel duro assedio d'una sola città, ito in lungo, scapitavano di fama e più di danari, de' quali più che de' morti uomini si curavano; questi strappabili per nulla dal seno delle misere madri, quelli con tasse odiose e debiti s'avevano a procacciare. Il tempo era lor manifesta ruina, la setta impallidiva a quel balenare della sorte, e al vedere l'arme oscillare nelle mani de' due gagliardi atleti onde aspettava il trionfo; già tanto battagliare andava troppo in lungo, quando improvvisamente finiva a 2 marzo 55 l'imperatore Nicolò Paolowitch, figlio di Paolo 1.° nato a 6 luglio 1796, e che sin dal 1.° dicembre 1823 regnava, dopo la morte violenta del suo predecessore Alessandro. L'età non alta, la gagliardia del corpo, il mancare sì a proposito, die' sospetto al mondo, ma chi 'l sa? Sospettarli, non è calunniare chi tante lanciava braccia a percuoter monarchi, ministri e scrittori: si diceva stala apoplessia.

Saliva il figliuolo Alessandro II, nato a 29 aprile 1818. Tutti subito a lodarlo pacifico, mite, pieghevole, non corrivo all'ire. Veramente con esso l'impero entrò in via diversa. Sebastopoli durata undici mesi, mietuti i battaglioni Francesi, caduta la torre Malakoff suo gran baluardo, non cedè già, ma lanciata in aria parte settentrionale, nella meridionale si strinse, ov'era da prevedere altro durissimo ossidione. Videsi quella guerra il cozzo di sterminate forze; più possa di braccia che di mente. Per niente rifulse un uomo solo, il Tottleben, che fortificò la investita piazza sugli occhi degli assalitori con modi nuovi, e bastioni improvvisi. Per valore rifulsero i Francesi, per valore e costanza i Russi; gl'Inglesi mancarono alla prisca fama. Non potrà poi la imparziale posterità stimar gloria quel dubbio vincere di molti combattenti uno, nella più lontana parte dell'impero. Va notato che il primo a piantar la bandiera francese sopra Malakoff fu un Bianchi, volontario, nato nella nostra Campania, nell'Aversano; il quale, colto in quell'atto da tredici colpi, sopravvisse, e potè poi curarsi le ferite in napolitano ospedale.

§. 5. Il colèra del 55.

Ferdinando per aver tenuto fede all'amica Russia, e serbato neutralità, era più odiato da' belligeranti. I giornali loro minacciavan cupo, si cercavan pretesti per venire alle brutte, ne potean mancare. Trovarono il primo nel colèra. Questo paruto spento sul finir del 51, avea forse latente il mal seme, nondimeno si riposero le quarantene e l'altre leggi sanitarie, dure al commercio, necessarie a vietar l'entrata da fuori al morbo. Il Bianchini succeduto al Murena direttore dell'Interno, era uomo mediocre, ma vanitoso assai; voltatosi al dolce far niente, si bevea lodazioni infinite, si pigliava croci e nastri dallo straniero, e lasciando fare si gloriava. Come in agosto 55 s'udì un morto di colèra in una viella dietro il teatro del Fondo, ci volle che il De Monaco, eletto del quartiere, nol rapportasse, per non ispaurire la città; permisegli il seppellisse in luogo appartato, con calce in cassa di piombo; e comandò segnasselo nel ruolo de' morti per malattia *nevrosi;* promettendo in caso d'accusa che il guarentirebbe. L'eletto cedè renitente e ne parlò al principe d'Ottaiano, allora supremo magistrato di salute; e fu provveduto con le consuete precauzioni su' cadaveri, che pur troppo di colèra s'avanzavano ogni dì. Cresciuto il morbo, il Brenier ministro di Francia si recò al re a Portici, lamentandosi del governo, che mentendo sulla natura del male, mantenesse le quarantene, dannose al commercio, senza pro, poi che il male era in casa. Il re sicurato da' rapporti del Bianchini lui chiamò: ei negò che fosse colèra; ma redarguito dall'Ottaiano, rovesciò la colpa sull'eletto. Ferdinando dettò egli stesso un rescritto dichiarativo del colèra, e ordinante ospedali e quanto era opportuno. E il Bianchini per provar d'aver ragione traslocò lo eletto ad altro quartiere, dicendogli si contentasse restar vittima della diplomatica controversia. Così chetati i ministri stranieri, si passò a curare il morbo, che riuscì più mite dell'anno precedente, anche in Sicilia. Ma lo si tacque pur nel giornale del regno: incredibile vanità!

§. 6. Allagamento in Messina.

Le nostre leggi silvane, troppo severe, non avevano esecuzione; e i possidenti impunemente sboscavano i monti; però frequentissimi lo straripar delle acque e i franamenti. Messina a piè di lunghe colline era condannata a subirne danni continui. La notte dopo l'11 novembre 55 i torrenti per dirotte piogge entrarono in città, e gran parte n'allagarono e interrarono, con danno di case, masserizie, uomini ed animali: atterrati i molini, rotti gli acquedotti, la popolazione mancò pur di farine. In fretta ne vennero da Palermo, e anche denari da soccorrere. S'ordinò esenzione di tassa fondiaria pe' fondi invasi dall'acque. Il re uditi rapporti d'appositi uffiziali delegati, ordinò a 31 maggio 56 si rinselvassero le terre disboscate, si deviassero i torrenti, una commessone speciale sopraintendesse all'esecuzione, e magistrato eccezionale giudicasse le controversie forestali. Inoltre le consulte di Napoli e Sicilia compilarono poi un nuovo progetto di legge silvana, ch'era pronto nel 1859.

§. 7. Prime brighe con Francia e Inghilterra.

Non mancan ragioni a chi vuol briga: Francia e Inghilterra ne trovarono due in uno stesso mese. A' 14 agosto entrava nel porto di Messina una fregata francese senza salutare il porto, perciò non risalutata: la dimane celebrò la festa dell' imperatore con colpi di cannone; e la cittadella non vi rispose, non essendone usanza. Se ne fè gran rumore; Parigi chiese soddisfazione; e i giornali inglesi gridavano *La Francia deve vendicare lo insulto*. Rispondemmo che anche il dì onomastico della regina una fregata francese appunto a Messina non avea risposto a' fuochi di gioia.

Peggio con l'Inghilterra. Da più anni stava ministro a Napoli il Temple, fratello di Palmerston, uomo più bevitore che politico; ma teneva a fianchi quale uffiziale addetto alla legazione quel Fagan, Siciliano, figlio di Siciliana, che già nel 48 col Minto avea, come narrai, preparato tranelli al nostro governo in quell'isola. Questi appunto tenuto in Napoli per ordirvi reti, s'era stretto a' malcontenti e a molti altresì personaggi di corte, o per guadagnarli, o per ispiare e stravolgere ogni minimo fatto del re. Dall'altra era ministro francese il Brenier, stato nel 18 consolo a Livorno, e in lega co' primarii archimandriti della setta; tenuto poi ministro a Torino; donde imbeccato dal Cavour era stato a Napoli, a seminare in questa terra, feconda sì di passioni, ma sterile di rivolture. Già più case di grandi eran centri di riunioni; dove chi per malizia, chi per goffaggine dicean male del paese e de' governanti, e compilavan quelle tantaferate che uscivan poi su' giornali faziosi a strombazzar calunnie e accuse. La principale era la casa del conte di Siracusa fratello de re, cui pel nome Borbone non si ammoniva; v'eran quelle di quei due ministri, cui s'aveva a portar rispetti ed altre ancora da tenersi in riguardo. In una di queste, perchè il padrone era parente dell'imperatrice de' Francesi, recavasi altresì spesso il conte d'Aquila altro fratello del re, ammiraglio di marina; il quale a guadagnarsi le galliche simpatie faceva colà il liberale; ma temente di Ferdinando, gli disvelava parte di quanto si tramava massime degl'impiastrati articoli di giornali.

Il re che già troppo sopportava quegli stecchi negli occhi, volendo almanco tener basso il fuoco, ordinò si ponesse una guardia di polizia presso a quella casa, come tacito ammonimento; quindi stizza ne' visitanti. Subito il Fagan gridò essersi messo, pur la guardia alla casa Policastro, ove abitava il Temple, e mosse costui a chiederne soddisfazione; ma provato incontanente non esser vero, la masticò male. Intanto Fagan lavorava ne' nostri reggimenti svizzeri traendo con danari i soldati a disertare; e ne comprò alquanti, cui dava l'uscita a Malta con barca e bandiera inglese. Ma valendosi egli d'un basso impiegato de' reali teatri, gli uffiziali svizzeri che questo andavan codiando fecerlo pigliare e trovargli addosso le prove del maneggio. Pertanto il Fagan smaccato così turpemente, odiava il Mazza direttore di polizia, cui teneva scopritore di sue cabale.

Il sopraintendente de' reali Teatri aveva in essi il palchetto; che sendo sul proscenio era agognato da chi volesse meglio goder lo spettacolo; l'ordinanza prescriveva non v'entrassero estranei, ma dimenticata, vi bazzicavan di molti a conversare. Il Fagan amico d'esso sopraintendente (e anche di qualche suo subordinato, come s'era visto nel fatto degli Svizzeri) v'andava anch'esso. Una sera sul cader di luglio di quell'anno 55, standosi nel teatro del Fondo, e in quel palchetto, visto arrivare il Mazza nella loggia di rincontro gli mise l'occhialino addosso, e con atti e dimenari mostrava di spregiarlo; perlocchè accortosene il Mazza, parendogli strano, pria riguardollo col suo occhialetto; nè il conoscendo di persona, dimandò chi si fosse a un del teatro; e saputolo, osservò: *Non saper bene che mai il sopraintendente avesse a fare con lui.*

Certo non era sopportevole che un uffiziale d'estera legazione mostrasse in pubblico d'insultare un direttore di ministero; al re ne spiacque e ordinò allo Scorza direttore d'istruzione pubblica, cui sottostavano i teatri, richiamasse in vigore l'ordinanza che volea quei palchetto pel solo soprintendente. Itone l'ordine, dove non fu motto del Fagan, questi ne fe' caso di guerra, e scrisse a Londra essere stato scacciato di teatro. Ecco il Palmerston minacciare, suoi giornali trascendere a gridare si bombardasse Napoli, e anco si nominavano vascelli naviganti a queste piaggie. Ferdinando avvisato, concentrò soldatesche in città, e quell'anno alla festa di Piedigrotta intervennero trentamil'uomini. Ma come ostare a Francia e Inghilterra? bisognò dare soddisfazioni, e fare una nota di scusa a Parigi pel non reso saluto alla fregata a Messina. Per Londra avvenne questo: Il conte d'Aquila, tolto il carico di proporre al fratello la cacciata del Mazza, non osò farlo solo, e trasse seco il ministro di guerra Ischitella. Ferdinando di costui, già beneficato molto, e fatto poco avanti, a 14 agosto, principe di Migliano e marchese di S. Agata e Trevico (titoli tornati alla corte per estinzione della linea Caracciolo, ultima investita) si spiacque, quasi cooperasse a usargli violenza. Impertanto a 14 settembre chiamò il Mazza ad altre commessioni, die' la firma dei ministero a Bianchini, ch'era anche all'Interno, ed esonerò l'Ischitella, pur lasciandogli il soldo di ducati seimila. Fe' direttore di guerra il colonnello Picenna, direttore di marina il brigadiere Antonio Bracco; die' grado e soldo di ministro al brigadiere Francesco Antonio Winspeare, da intervenire in consiglio di Stato. E sospettando del duca di S. Cesareo, cavallerizzo maggiore, amico del Temple, tolselo dal grado; e misevi il marchese Michele Imperiale.

Credo tai soddisfazioni non ben contentassero Francia e Inghilterra; ma come a quel tempo avean bisogno dell'Austria per isforzare il Russo, a non darle sospetto di guerra in Italia, ne lasciarono stare. A 50 ottobre, il *Moniteur* nunziava esser finita la quistione.

§. 8. I proci di Napoli.

In quei garosi raggiri gl'innamorati del nostro bel paese vieppiù s'ammartellavano di gelosia. Piemonte congiurava, le sette aspettavano i vascelli inglesi, Parigi preparava i consigli, Londra sogghignava bieco, e fra tanti favellatori di sovranità popolare Luciano Murat chiedeva il trono per dinastico dritto. Attorno a questo pretendente s'era messo, chi il crederia? quell'Aurelio Saliceti, fatto giudice da' Borboni, stato traduttore del Giobbe, creato del Delcarretto, poi costituzionale scacciatore di Gesuiti, poi anarchico barricatore, poi repubblicano col Mazzini e triumviro in Roma, riuscito monarchico murattino. Con questo segretario il Murat stampò una lettera al giornale il *Times,* dicente aspirare al trono napolitano, senza nuocere all'unità Italiana, e volersi anche collegare con Savoia. Ma il *Moniteur* dichiarò l'Imperatore Napoleone disapprovare quella lettera. Altresì il Manin stato in Venezia contraditore del Piemonte, ora a Parigi mutava sentenze; e come si dilettava a scrivere tratto tratto lettere politiche, a maniera accademica per via di sentenze quasi a regolare le sorti future, una ne scrisse a pro del Piemonte; cioè doversi Italia valere di quel braccio, salvo a far repubblica dopo. Molti adunque erano gl'innamorati di Napoli bella, tutti pretentendo farla felice a colpi di cannone: sua salvezza precaria era il discordare de' Proci; nuova Penelope, ma condannata a prostituzione.

A stringer lo accordo, Vittorio Emmanuele a 20 novembre di quell'anno, non ostante uscisse di grave malattia, viaggiò a Parigi e a Londra, accompagnato dal Cavour e dall'Azeglio. Stato otto dì in Francia, partì da Calais il 29 per Inghilterra; dove i giornali alzandolo alle stelle, dissero tra l'altre che *sulla fronte gli splendeva l'aureola della scomunica.* Così i Protestanti profetavano le glorie future d'un cattolico re. Per contrario tornato a Torino l'11 dicembre, ebbe dalla popolazione accoglienza glaciale, quasi a condanna. Quel viaggio fu mina all'Italia.

§. 9. L'Austria impone la pace al Russo.

La caduta di mezza Sebastopoli non avria piegato il Russo a pace, allora appunto ch'era anzi da risollevare l'onore della sua bandiera. Francia sel sapeva, e vedeva nella troppo durevole guerra il suo male; però parendole col preso Malakoff ottenuto l'onore dell'arme, sentiva di pronta pace il bisogno; ma inabile a imporla, si volse all'Austria, già stretta con gli assalitori, e la sollecitò a uscire dalla neutralità. Questa pel viaggio di re Vittorio odorata qual rete le si tessesse, invece di star sulla sua, spaurita di guerra in Italia, si calò ad ubbidire; e l'atte pratiche per la cessazione delle ostiliià fra' combattenti, mandò ultimamente a Pietroburgo il conte Esterhazy con *ultimatum* imponente le condizioni della pace. Niente era allora più profittevole all'Austria della continuazione della guerra, che sprecava le forze de' suoi rivali; aspettare armata e neutrale, unita alla neutrale Prussia, ciò saria stato sua salute; e ov'anco le avrian mosso rivoluzione e guerra in Lombardia, bastava a vincerla, sendo intiera e intatta con amici alle spalle, contro nemici spossati e divisi in doppia guerra; dove poi dovè isolata e sprezzata combattere nemici congiunti e agguerriti. La Russia avea nobili tradizioni: Alessandro I a Napoleone chiedente pace dentro Mosca, ripetè: *Non farò pace sinchè un soldato straniero sarà sul territorio dell'impero*. E volle anzi ardere quell'antica sua città capitale che accedere. Ora il secondo Alessandro, perduto un mezzo Sebastopoli, con maraviglia dell'orbe si piegò. Spinselo il sentirsi solo contro tutti, e forse il dispetto del veder venire l'offesa di là donde aita aspettava. A 1.° febbraio 56 fu sottoscritto a Vienna un protocollo, preliminare di pace, con queste basi: « Abolizione del protettorato Russo nei principati Danubiani; libertà del Danubio e delle sue foci; neutrale il mar nero, chiuso a tutte navi da guerra; confermate le immunità dei Cristiani sudditi al Turco. » E si stabilì un congresso a Parigi.

§. 10. Il congresso di Parigi.

Se maravigliando s'era vista Sardegna nella guerra, più s'incarcàr le ciglia a sentirla entrare nelle deliberazioni de' grandi Stati. Napoleone e il Palmerston ve la vollero pe' loro fini. V'andò il Cavour con l'amico Villamarina allora ministro a Parigi. Intervennero per Francia il conte Walewski e 'l barone Bourqueney; per Austria il conte Buol e 'l barone Hubner; per Inghilterra il conte Clarendon, e Riccardo Cowley; per Russia il conte Orloff e 'l barone Brunow; e per Turchia il Gran visir Aalì Pachà e Diemil Bey. Invitata Prussia, mandava il barone Manteuffel, ministro d'affari esteri, e 'l conte Hatzfeld.

Il Cavour prima di muoversi avea a 28 dicembre 55 volto una nota a' rappresentanti di Francia e Inghilterra a Torino, chiedente che nel congresso si guardasse l'Italia, per modificarvi l'ordine di cose *repugnanti alla giustizia e all'equità, e spegnervi i germi di torbidi futuri*, per assicurare la pace all'Europa. Austria aver guadagnato in settentrione *influenza* sopra il Russo, diverrebbe strapotente; però s'avrebbe ad affievolire in Italia, per l'equilibrio europeo. Poi giunto a' 21 gennaio a Parigi die' all'imperatore un memoriale sulle condizioni italiane, a suo modo; e pregavalo: « obbligasse l'Austria a far giustizia al Piemonte, e sollevare le condizioni de' Veneti e Lombardi; sforzasse il re di Napoli a non più *scandalizzare l'Europa*; facesse sgombrare i Tedeschi di Romagna; questa si desse a un principe secolare, o almeno avesse amministrazione laica e indipendente. »

S'aperse il congresso a 25 febbraio 56; fecero presidente il Walewski; convennero in trentaquattro articoli; e nella diciottesima sessione, a 30 marzo, sottoscrissero il trattato, *per assicurare la pace, l'indipendenza, e l'integrità dell'impero Ottomano*. Quel giorno era anniversario della presa di Parigi nel 1814; così il napoleonico pensiero umiliava la Russia in quella stessa città, e nel dì stesso del trionfo di lei sul primo Napoleone.

Ma durante il congresso il Cavour si stringeva in continue segrete conferenze con l'imperatore, col principe Napoleone, col re Girolamo, co' ministri francesi e inglesi, ed eziandio co' fuorusciti italiani, massime il Manin e lo Sterbini. Concertarono una già prima ideale commedia, nuovissima nella storia de' congressi; cioè l'intramettere in quell'atto solenne di pace, l'inizio della rivoluzione e della guerra italiana; cioè un intervento diplomatico in fatti e cose estranee alla guerra di Crimea, scopo dell'adunanza, per preparare prima l'intervento rivoluzionario, e poi lo armato straniero nella tranquilla patria nostra; cioè col pretesto della pace, e del *non intervento*, incarnare la guerra e *l'intervento*. Lavorò anche a guadagnarsi il Russo, col dargli spalla nella lite danubiana; nè gli fu difficile, pel fresco odio di quello per l'Austria. Osò proporre d'allargare il Piemonte con Parma e Modena, e mandarne i duchi a regnare sul Danubiano; ma la stessa Inghilterra nol secondò, e tutti unanimi il respinsero. Quanto all'Italia, s'accordarono di segreto con esso il Walewski e 'l Clarendon, consenziente Napoleone, che ne' protocolli ne fosse menzione. Impertanto concluso e sottoscritto il trattato, quando non era da far altro, e i legati aspettando le ratifiche de' sovrani s'adunavano per discutere su' blocchi ed armestizi e altri modi d'esecuzione de' patti, videsi in sul finire, improvvisamente, il Walewski a 8 aprile levarsi a chiedere che il congresso oltre la quistione d'Oriente, trattasse d'assicurare all'avvenire il riposo del mondo, *dissipando le nubi che pareano spuntare su politico orizzonte*. Parlò di Grecia, Belgio, e Stato pontificio. Disse di questo: « esser concorsi ad assicurarlo Francia ed Austria; ma non potersi sconoscere l'anormalità d'uno stato che per essere ha bisogno d'estero aiuto; desiderare si consolidasse, perchè ne sgombrino Francesi e Tedeschi. » In tal guisa parendo volersene andar d'Italia, il Francese lavorava a restarvi solo padrone. Seguitò : « augurarsi che certi governi italiani con atti di clemenza bene intesi, chiamando a sè *gli spiriti traviati*, pongan fine a un sistema che va diretto contro lo scopo, e che invece d'estinguere i nemici dell'ordine, li accresce. Sarebbe rendere gran servizio al regno delle Due Sicilie, non che alla causa dell'ordine in Italia, lo illuminare tal governo sulla sua falsa via; e bramare se ne faccia dal congresso apposito avvertimento. » Subito l'inglese Clarendon recitò la sua parte: « Il governo papale aver contraria l'opinione pubblica, doversi *pel suo bene secolarizzare,* e porsi in armonia con le tendenze del secolo. » Peggio su Napoli: « Aversi a *respingere* la rivoluzione; però doversi alzar la voce contro un sistema che tiene ne' popoli accesa l'effervescenza, invece di spegnerla. Non volersi turbare la pace; ma non è pace senza giustizia; doversi a quel re far giungere il voto del congresso, perchè migliori il suo governo, faccia amnistie, ed apra le carceri.» Costoro volevano la giustizia inglese in Italia; spegnervi il fuoco ponendovi legna; dicevano Napoli e Roma cause di rivoluzioni, mentre in casa loro n'avevano il focolare e gli attizzatori, o volean mandarli appunto ad ardere la casa nostra.

Il Russo pago del vedere impacciato il Tedesco, abbandonò Ferdinando, nè pur d'una parola il rimertò; e i suoi legati tacquero, dicendo tai quistioni estranee al loro mandato. Favellò il tedesco Buol severo, mostrando non potersi discutere fatti interni di Stati non rappresentati nel congresso, riunito per la pace, non per sindacare l'opere altrui. Meglio il Prussiano aggiunse: « quelle fatte domande non promuoverebbero pace, ma subugli e rivoluzioni. » Il Cavour, com'era concertato, prese la parola dichiarando d'alta importanza lo inserire nel protocollo le dimande: «Le Romagne aver da sette anni Tedeschi, nè migliorate, Parma aver Tedeschi, e sì distruggere l'equilibrio italiano. Intorno a Napoli sentirla come Francia e Inghilterra; doverlesi suggerire temperamenti da calmare le passioni, *sì da rendere men difficile il procedere regolare delle cose in Italia.* » Gli rispose il barone Hubner: « Parlate di Tedeschi in Romagna e non di Francesi a Roma, mentre le due bandiere v'entrarono al tempo stesso. Non solo gli stati del Papa hanno soldati stranieri; anche il principato di Monaco ha truppe Sarde; e fra le due occupazioni e questa differenza, che quella nel Romano fu invocata dal sovrano; e voi, Sardi, contro la volontà del principe di Monaco, e malgrado le sue rimostranze, state a Mentone e Roccabruna. » Il Walewski troncò dicendo: non essere stato privo d'utilità lo scambio delle idee su quei fatti. Ruminava l'avvenire. Alla dimane fu, molto modificato, disteso il protocollo di quella tornata tempestosa; e celate al mondo le invettive e male parole inverecónde corse tra quei stipulatori di pace; dove il Clarendon s'era lasciato dire: *il governo del papa esser onta all'Europa!*

Ne' dì successivi, seguitati altri conciliaboli, l'imperatore stesso a intimidire l'Austria mostrò al Buol egli propendere pel Piemonte; e l'Austria sentendosi isolata senza alleati aveva a cagliare. Conseguentemente nella tornata del 14 aprile ecce di nuovo Italia in mezzo. L'Inglese propose che ad evitar guerre in avvenire, dovessero gli stati italiani ricorrere a nazioni amiche per aggiustar loro litigi, come già all'articolo 7.° di quel trattato s'era pattuito per la Porta. Ed ecco il Cavour pigliarne opportunità e chiedere se il voto del Congresso avesse a stendersi anche agl'interventi militari contro i governi di fatto; e citò ad esempio quello austriaco in Napoli nel 1821. Allora il Buol gli ricordò che quello fu effetto di risoluzioni prese da cinque grandi Stati nel congresso di Laybach, « maravigliarsi che uno Stato secondario si richiami contro lo accordo stabilito da grandi monarchi; non dovere il congresso sui finire parlamentare di quistioni irritanti, da turbar l'armonia delle parti intervenute.» E il Cavour non avendo ragioni da contrapporre, dichiarò *esser soddisfatto* delle spiegazioni provocate. Così si chiuse quella commedia, iniziatrice di tragiche nefande catastrofi.

§. 11. Giudizii su di esso.

Ma il Cavour e 'l Villamarina fecero anche più. A 27 marzo avean presentato a' legati di Francia e Inghilterra una nota verbale, dove calunniato il governo papalino, proponevano *separare amministrativamente* le Romagne da Roma, restandone solo l'alto dominio al Papa. Poi sul partirsi, presentarono a 16 aprile una solenne protesta accusatrice d'Austria e dei principi italiani, dove ebbero faccia di dire: « La Sardegna è il solo Stato italiano ch'abbia potuto elevare una barriera insormontabile allo spirito rivoluzionario! » E ciò dicevano, facendo vero appello alle rivolture.

Adunque il mondo vide una gran guerra fatta a difesa del Turco, chiudersi con solenne atto minacciante il papa. Re Ferdinando col glaciale silenzio del legato Russo fu pagato del non aver voluto combattere la Russia. L'Italia presentì ch'aveva ad essere travagliata col consiglio, con l'oro, e col consenso Anglo-Francese; l'Austria udì brontolare i tuoni di Solferino; l'Europa capì quella pace esser dichiarazione di guerra, quei principii nuovi dischiudere il caos, quei protocolli seppellire il pubblico dritto.

Rappresentanti stranieri senza mandato *ad hoc,* cioè uomini privati, infligger note di biasimo a un sovrano e al Papa de' Cristiani, assenti, non rappresentati, non intesi; e scriverle a più d'un trattato di pace per l'Ottomano; attentare all'indipendenza di Stati amici, imbaldanzirne i nemici, far parlare un uomo in nome d'Italia insciente, e da sè crearsi giudici, sendo incompetenti, partigiani e stranieri; accusare altri col fine di spogliarli; ammonire monarchi, come s'ammoniscono giornalisti, e calunniarli e infamarli senza prove, al cospetto dell'orbe; queste eran cose non più viste. Le camere inglesi scandalizzate udirono di gravi sentenze; e lo stesso a noi nimicissimo Gladstone sclamò quella essere innovazione nella storia de' congressi di pacificazione, l'occuparsi di tali argomenti in conferenze ufficiali, e farlo pubblico per le stampe.

Infatti i giornali francesi divulgarono ogni cosa; nè quel governo li ammonì. I fuorusciti corsero a Torino a ringraziarne il Cavour, che rispose: Ferdinando per fermo farebbeli contenti con amnistia. Ciò significava sapere che vi sarebbe sforzato. Egli speranzato dal Clarendon che presto si porrebbe mano a ferri, e, come si vantò, consigliato da Napoleone, corse a Londra a sollecitare i fatti; ma trovò quel paese ingrugnato; laonde statovi pochi dì indarno, se ne tornò sbeffato a' 25 aprile. Poi nel parlamento si fe' vanto d'avere indotto il Walewski a mover quel dado. Era stato una specie di programma del da farsi; ed egli anche in parlamento promise che spingerebbe l'opera a ogni patto.

§.12. Proteste.

I governi italiani protestarono, sè ricordando indipendenti; non avere il Piemonte protettorato in Italia, il Cavour senza mandato non poter elevare la voce della rivoluzione a voce di popolo contro i legittimi governi. Un dispaccio del conte Buol riconfermò pel Lombardo Veneto consimili proteste. Il papa a rispondere co' fatti a quelli ufficiosi difensori di popoli quieti, viaggiò per le provincie di cui s'era lamentata la mala condizione; e fu accolto da plaudimenti universali. Chiamò a se chi già era noto per idee nuove, e lor domandò che si bramassero: protestarono fedeltà, e plaudirono con gli altri.

Il nostro re fece *verbalmente* dall'Antonini suo ministro a Parigi, mostrar risentimento della cosa. « Aver egli la coscienza di governare i popoli secondo giustizia, nè l'altrui licenza poterlo sospingere a mutare la sua via. La stampa libertina, benchè sotto la censura del governo imperiale, le parole del Walewski in congresso, e le straniere mene produrre esaltazioni ne' rivoluzionarii; però se finora la regia clemenza s'era in tante perdonanze esercitata, ora il perdonare parria debolezza, e turberebbe la quiete del paese; pertanto non poter egli prestar la mano a preparare commozioni ne' proprii Stati. Egli non transigerebbe mai sul dritto di sua indipendenza, pronto a soffrir quantunque abuso di forza, e alla forza opporre la ragione. »

Il Walewski non sapendo che contrapporre al vero, rispose anche a parole, cinicamente: « Se gli Stati più forti debbono conoscere il loro lato debole e avere una politica, tanto più gli Stati secondarii. Il regno delle Sicilie deve sapere che soffrirà sempre una pressione Francese o Inglese; e deve *manovrare in guisa da girare le difficoltà che non può risolvere;* e impedire che le due pressioni non si congiungano. » Adunque sfuggitogli questo da' denti, non era il mal governo, non la civiltà, non *la negazione di Dio* che suscitavano le brittanne e fracesche lamentazioni; netta, vera cagione era la gelosia dei due forti, la voglia che il regno servisse all'uno o all'altro, e la stizza del vederlo non servire a nessuno. L'italianissimo Piemonte servo di tutti e due, meritava simpatie ed aiuti, perchè tutta s'asservasse l'Italia.

A quei dì, fra quelle strette, Ferdinando non tralasciava modo di prosperare il paese. Seguivano in quell'anno 56 trattati di commercio con molte nazioni: a 9 febbraio patti aggiunti a quello del 46 con Austria; a 15 maggio un trattato con le città Austriache di Brema. Lubecca, e Amburgo; a' 27 giugno con Sardegna, a' 28 giugno con Isvezia, a 4 luglio con Spagna, a 7 luglio con Prussia, a 3 ottobre con Danimarca, Russia, e Paesi bassi, a 7 novembre con gli Stati Uniti. Col Belgio a 6 gennaio 38.

§. 13. Giudizii sulla pace.

Un secondo trattato del 15 aprile tra Austria, Francia e Inghilterra, riconfermando la pattuita integrità dell'impero ottomano, dichiarò caso di guerra ogni infrazione a quello del 30 marzo. Impertanto fu vista mezza cristianità, per gelosia l'un dell'altro, alzarsi a difesa di quella scolorata mezza luna, che già fu a un pelo per ischiacciare la croce, e che quattro secoli innanzi avea proditoriamente usurpato nelle più belle contrade d'Europa il primo e il più antico Stato cristiano del mondo. Questa guerra fu il primo frutto del ristabilito impero in Francia, costata trecentomila vite umane, spente in terra e in mare, per ferro, scaglie, mine, tempeste, malattie e disagi. Nulladimeno la pace spiacque all'Inghilterra, ch'avria voluto contemplare qualche altro anno l'affralimento di Russia e Francia. Agli uomini dell'ordine spiacque non la pace ma il mezzo, principio di nimicizia fra due Corti conservatrici del settentrione, pocanzi strette a sostegno del dritto. Napoleone uscì da risicosi passi: fiaccata Russia, isolata Austria, scemata la fama d'Inghilterra, restò arbitro d'Europa. Per questo scontentissimi i rivoluzionarii, maledicevano unanimi quella pace; e i loro giornali dimostrando la nessuna utilità tratta dal congresso, facevano appello a sollevazioni. Più schiamazzavano quei del Piemonte, che si vedean fuggita l'occasione di pescar nel torbido, e far rivolture; però velenosamente inveivano contro Napoleone, sino a minacciargli morte. La gazzetta delle Alpi (num. 47) giunse a dir di lui: Se il Pianori fallì il colpo, un altro braccio lo può assicurare.

§. 14. Menzogne parlamentari a Londra.

Ma il Cavour, iniziato nelle preparate cabale, fe' tralucere a' suoi più stretti la certezza di prossimi eventi rivoluzionarii. Nelle sue lettere segrete al ministro Rattazzi (poi stampate) svelò molto; tra l'altre stigavalo a far di nascoso un imprestito di trenta milioni; che presto si farebbe all'Austria un *ultimatum,* che non potendo essa accettare, susciterebbe la guerra. Or non avendo l'indebitato Piemonte dove trovar moneta, volsesi a cercarla alla correa Inghilterra; se non che gli uomini onesti di quel paese, renitenti, per tema servisse a rivoltare l'Italia, vollero sapere a che quel denaro. Il Palmerston sul finir di giugno vi rimediò nunziando in parlamento aver dichiarato a' ministri del Papa e del re di Napoli, che il progetto di legge sull'imprestito Sardo non era per dare a questo Stato il modo da suscitare la rivoluzione italiana; e soggiunse: « Il governo inglese è bramoso di sostenere il Piemonte nel procedimento illuminato e liberale tenuto sinora in onorevole maniera; ma se accadesse (che per ora non è) che ruminasse disegni aggressivi, l'Inghilterra farebbe ogni sforzo per distoglierlo. » Mentiva per addormentare chi si voleva aggredire. Oggi certi grandi tengono la menzogna per cosa politica e ingegnosa.

§. 15. Venerazione di Napoleone al Santo Padre.

Sendo a Napoleone nato un figlio, pregò Pio IX il tenesse a battesimo. Vi fu legato il cardinale Patrizi; al quale l'imperatore disse poi a 15 giugno, in pubblica udienza: « Sono riconoscentissimo a Sua Santità, che si compiacque esser padrino al figliuolo ch'ebbi dalla Provvidenza. Chiedendogli questa grazia, ho voluto chiamare in modo speciale su mio figlio e sulla Francia la protezione del cielo. E so che fra' più sicuri modi da meritarla è lo attestare la mia venerazione al Santo Padre, rappresentante di Gesù Cristo in terra. »

§. 16. Inani sforzi e rivolture.

Il Cavour avendo in congresso vaticinato rivoluzioni, e che gli Italiani, eccetto i Piemontesi, erano in istato d'irritazione e fermento, avea di necessità a far presto in qualche guisa avverare il prognostico. In parlamento a 6 e 7 maggio rimbombarono caldissimi discorsi, intenti a scaldare le passioni italiche, e a persuadere Francia e Inghilterra, che venissero a scacciare l'Austria e gli altri principi, e far l'Italia piemontese, o s'incendierebbe l'Europa. Il deputato Valerio disse senza velo: « Le nostre parole, quelle più importanti del presidente de' ministri, non resteranno chiuse in questo recinto, nè di qua dal Ticino; le frontiere, l'arme, i birri che ricingono l'altre provincie da noi divise, non potranno tenerne lontano il suono; chè queste parole varranno a risollevare gli spiriti abbattuti de' nostri fratelli d'Italia, e presto li faranno operare. »

Infatti seguitava il lavorio per sollevare la penisola, nè si restava da pur disonestissimi mezzi. Si mandavano a migliaia esemplari de' discorsi incitatori de' deputati subalpini, giornali esteri ed indigeni, cartelli, proclamazioni, manifesti rivoluzionarii, mandatarii con finti nomi; poi oro, corruzioni d'uffiziali militari e civili; poi i legati sardi dovunque stessero, calpestando il dritto delle genti schiudevano le loro inviolabili case a comitali di malcontenti, sollevavano le speranze, stuzzicavano gl'inerti, movevano le classi operaie, calunniavano e accusavano i governi; e in tutte guise seminavano discordie nella quieta Italia, per dir poi d'averla a pacificare con le annessioni.

Tra l'altre il medico Luigi Carlo Farini, il Mamiani e due altri offersero in nome de' Romani al Cavour una medaglia coniata a Firenze *Per la difesa de' popoli oppressi, assunta nel consiglio di Parigi,* con un certo indirizzo de' Romani, datato 13 giugno; ma altri giornali liberali smascheravanlo, giurando lo indirizzo essersi fabbricato a Torino. Inoltre uscì stampato altro contro-indirizzo de' Romani, protestativo, perchè il Cavour non s'impacciasse di Roma, che non sospirava le imposte e l'altre piemontesi delizie. Anche di Toscana arrivata a Torino un busto marmoreo di lui, ma si sparse com'ei l'avesse pagato di moneta sua. A Torino si raccoglievan danari con sottoscrizioni; una dicevasi per comprare diecimila fucili da offrirsi alla prima città che si ribellasse; altra per cento cannoni, cui con la Gazzetta piemontese aderì lo stesso governo, e vi concorsero principali sottoscrittori gli uffiziali. Strimpellarono poi in tutti i suoni contro il papa, pel seguente fatto: Un fanciullo di casato Mortara, nato giudeo, sendo in pericolo di morte battezzato, come sanò fu condotto a Roma, giusta la legge dello Stato della Chiesa, per essere istruito nel catechismo cristiano, a spese del S. Padre. Ciò si gridò atto crudele, offesa al secolo contro natura, barbarie governativa. Ecco scismatici e protestanti, Russia,

Inghilterra, e Stati-uniti mandar noie al papa, per insegnargli l'umanità. E in Francia cattolica, dove era censura letteraria, un Moquard, segretario intimo dell'imperatore, compose apposito melodramma per lamentare il caso. Coteste ridicole lamentazioni durarono sino alla guerra del 59, che fu guerra al papato.

Intanto come le prognosticate rivolture non iscoppiavano, se ne procurò una in luogo facile. Ben governato e con senno era il ducato di Modena; ma Carrara limitrofa allo Stato sardo, e pel commercio de' marmi più facile a turbare, un dì in luglio vide poche dozzine di faziosi far tumulto; che presto non seguitati da' paesani, venner presi o fugati. I più si rifugiarono di là, dal confine sardo, dond'eran venuti. I giornali Cavourrini ne incolparono i Mazziniani, e questi l'Austria; se il moto riusciva, se ne sariano ambo vantati. Fu curioso che il Piemonte offerse aita al Duca; il quale la rifiutò, perchè non n'ave mestieri, perchè lo vedea dar asilo a' felloni, perchè sapeva che voleva pigliarsi il suo ducato.

Le trame Sabaude se svanivanoe lassù vicino; men potevano nel reame nostro; dove le popolazioni date a' campi o all'industrie, poco sapevano di quei brogli, e niente ne volevan sapere. In Palermo si falsificavano le monete, il che dava frequenti briglie alla polizia; la quale scoperse i segreti colpevoli il 21 gennaio 56 in via Maqueda. Ma un bel dì i minuti venditori di Palermo ricusarono le monete vecchie, perchè parte tosate, e parte rose dal tempo: ciò interruppe i traffichi interni, con grave perturbazione della città. A provvedervi si tolsero dal corso le monete tosate, e s'ordinò l'esecuzione della legge contro chi ricusasse ricever l'altre. Finalmente a 29 novembre di quell'anno 56 si trassero alla zecca le monete rose o consunte, per riconiarle a spese degli erarii di Napoli e Sicilia. Passata questa il dottrinario Manin onorò pur noi di una lettera a 20 giugno, stampata a Parigi; mandandone il consiglio di non pagare le imposte; cosi cadrebbe il governo e la dinastia; *e si potrebbe disporre del territorio, secondo l'aspirazione della nazionalità italiana.* Non servendo punto questa gran lettera, presero i giornalisti inglesi a insultare i principi, e più Ferdinando, cui minacciarono intervento di forze britanne a pre della rivoluzione; gittavan tai palloni in aria, chè sapevano il concerto.

§. 17. Sollevazione a Madrid.

Appunto a quel tempo, dal 14 al 16 luglio scoppiò cruda sollevazione nella costituzionale Madrid, tempestata tre dì, con vittoria de' regi, e con morte d'un Pucheta combattitore di tori, capo de' faziosi. Questo bene hanno i paesi ammodernati di statuti, che veggono quasi ogni dieci anni battaglie in città, per averne smunte le borse e arricchiti pochi broglioni.

§. 18. Francia e Inghilterra consigliano Napoli.

Questo bene Francia e Inghilterra pietose di noi ne vollero largire a qualunque costo. Sebbene le parole del Cavour nel congresso avessero da qualcuno contraddizioni e da nessuno aperta e piena approvazione, pure servirono di pretesto a venirci a molestare. Sembra il Cavour punzecchiasse Napoleone con promesse di rivoltar Napoli per Murat. Già parecchi nostri fuorusciti, stati repubblicani, e riusciti poi Unitarii, s'erano costituiti in comitato Murattino a Torino; e il Cavour pagò le spese d'un viaggio a Ginevra a Giannandrea Romeo, Francesco Stocco e Tito Saliceti, per confabulare col pretendente Luciano Murat; dove fermarono che Napoleone spingesse Inghilterra a mandar vascelli insieme a vascelli francesi minaccianti nel golfo di Napoli; e dar al regno opportunità di ribellare. Fu preparato anche il ministero, e lo statuto alla francese; e che vicerè in Sicilia andasse il Popoli, cugino del Murat.

Napoleone e il Palmerston da principio ben d'accordo, cominciarono a volgersi al re, a modo di consiglio. Il primo con nota del 21 maggio diceva: « Il congresso aver voluto la indipendenza di tutti gli Stati, e niuno volersi ingerire nello altrui; nondimeno le *grandi potenze* star preoccupate da certe situazioni che potrebbero nello avvenire turbar l'opera della pace. Essenziale condizione a mantenerla essere la sicurezza dell'ordine in Italia; perlocchè lo interesse e il dovere sforzavanle a prevenire il ritorno di qualunque agitazione in tal paese. La compressione menar rigori, cui è inopportuno usare, se non per grandi necessità; altrimenti anzi che recar pace e confidenza, provoca pericoli, e porge alle rivoluzioni altri elementi di rinascita. Ingannarsi il governo di Napoli ne' modi che adopra a mantenere la tranquillità; sembrar urgente l'arrestarsi nella perniciosa via presa; troverebbe nell'amnistia e nelle riforme amministrative e giudiziarie le disposizioni opportune. La posizione di Napoli e Sicilia essere un pericolo grave al riposo d'Italia ed alla pace d'Europa; Francia averlo nel congresso indicato all'attenzione delle *potenze*; ora farne appello allo spirito conservativo dello stesso napolitano governo. I motivi di tai dimande, di cui Napoli dovrà sdebitarsi di concerto col ministro inglese, essere pienamente legittimi; perchè attinti allo interesse di tutti gli stati d'Europa; e darsi a credere Napoli risolverebbesi a torti in seria considerazione. Ove si negasse, esporrebbesi a nuocere a' sensi, di cui l'imperatore non cessò di mostrarsi preso verso la Corte Siciliana; e provocherebbe conseguenze di deplorevole freddezza. »

Questa nota era sottoscritta dal conte Walewski allora ministro dell'impero francese, figlio adulterino del primo Napoleone; uomo che già nel 1832 in Toscana era stato patrono de' rivoltuosi, che sin d'allora volean fare un'Italia una, con esso a capo. Ora dopo ventiquattr'anni iniziava il ricorso dell'idea antica, patrocinando altri rivoltosi, sotto forma di consiglio; consiglio non chiesto d'un imperatore padrone di seicentomila baionette. Nondimeno perchè Napoleone veniva a consigliare quel che non faceva nella sua Francia, dovette essere alquanto rattenuta ma tanto ne fu più gagliarda la nota inglese. Riconosceva questa il principio del non doversi uno stato ingerire in cose interne d'altro stato indipendente; non pertanto ricordava: « La Sicilia esser mal compressa, volere sfogo il sentimento nazionale, non bastare il rigore. Raccomandare *per mera amicizia* pigliar nuovo sentiero di politica, dando generale amnistia, e *unendo attorno ai trono* quanti n'erano stati allontanati per diffidenza, e non meritate persecuzioni. L'Europa per cagion di Napoli star perplessa, e minacciata di guerra; il napolitano governare esser d'ostacolo alle amichevoli relazioni con la Gran Brettagna; ed ove il re accedesse, pigliando una politica concorde allo spirito del secolo, porrebbe su ferme basi il suo trono. » Il Francese parlava solo d'amnistia e giustizia, ma voleva il governo regio si ponesse d'accordo col ministro inglese, che chiedea politica nuova, spirito del secolo, ribelli attorno al trono, per farlo sicuro e basato; cose tutte stranamente elastiche, che seguìte anche in parte portavano certissima ruina. Cosiffatti consigli ch'eran fiere minacce posero in gravi condizioni re Ferdinando: a seguirli, fabbricava con le sue mani la rivoluzione; a rigettarli provocava l'ira de' potenti. E la setta a fargli più difficoltosa la risoluzione in quel duro bivio, come seppe andate le note, e i discorsi seguitine ne' parlamenti Angli e francesi, taceva spargere per Napoli proclamazioni rivoluzionarie, stampate a Torino.

§. 19. Il re non accede.

Ferdinando aveva il regno quieto, e dovea turbarlo egli stesso, era re indipendente, e doveva infirmarne il diritto, ubbidendo a volontà straniere; via di mezzo non v'era; ubbidire anche in minima parte facevalo impotente ad oppugnare la protervia settaria, sorretta da sì forti protettori.Il perchè consigliato da regale dignità, e dalla suprema legge del bene de' sudditi, fe' rispondere a 30 maggio: « Se il congresso stabilì nessuno Stato aver dritto d'ingerirsi nello Stato atrui, i proposti consigli son derogazioni a tal principio. È inganno a voler mantenere la pace in Italia, usando quei modi stessi che producono le rivoluzioni. Perdonare, richiamare esuli non pentiti, porre attorno al trono uomini condannati per misfatti di maestà, significa trionfare la rivoluzione già vinta. Napoli e Sicilia stan chete; si turberebbero seguendo gli stranieri consigli, s'insedierebbe la fellonia protetta. Il re sempre ha dato prove di magnanimità, perdonando; e ben si rammarica a vedere cotesti perdonati, sempre incorregibili e tornanti alle offese; però e pel pubblico bene e per la pace d'Italia, non può usare altre clemenze, soprattutto in tal momento, che pe' suggerimenti di tanti protettori le menti si rinfellonivano e ripreparavano a nuovi colpi. Da ultimo egli mai non essendo entrato nelle cose altrui, credesi del pari essere egli solo giudice de' bisogni del suo regno, per sicurare una pace che o non sarà turbata, o sarà tosto tutelata e riposta dalle leggi e dalla potestà. Nulladimeno, così fugando ogni pencolo all'Italia, il benefico cuore del monarca troverà opportunità e convenienza da esercitare la consueta sua clemenza. »

E per mostrar di graziare spontaneo, fece molte grazie ne' consigli di stato del 28 e 30 luglio, dopo informazioni prese sulla condotta d'alquanti esuli e condannati; però ridonò la patria a parecchi, fra' quali noto il medico Lenza, proclamatore della decadenza della monarchia, il poi famosissimo traditore Liborio Romano, e Francesco Pesacane disertore, ch'avea combattuto a Velletri contro l'arme patrie. Altre grazie largiva a 3 ottobre, fra cui quelle dell'ex deputato Amodio che l'avea chiesta, ed altre appresso. Rientrarono adunque tanti felloni il più per ricongiurare, come si vide. Solo il Pesacane non se ne valse, e si restò fuori: e 'l perchè presto sfolgorò.

§. 20. Anche Austria consiglia.

Perdonando così a poco a poco, il re provvedeva insieme al sollievo dei rei; e alla pace del paese; ma questo appunto facea stizza a Londra e a Parigi, volenti pace rivoluzionaria; cioè guerra al dritto costituito. Si mostrarono offese del rifiuto, e si voltarono all'Austria che facesse capire al re *aver egli troppo contato sulla sua debolezza*, e dessegli avvisi salutari. Vienna si vide in acuti spini; chè nè quei consigli poteva approvare, nè avria voluto impacci per cagione di Napoli; nondimeno ne scrisse a 27 luglio: « irritate essere quelle due Corti; comprendere la ragione del re a non soffrire pressioni straniere; ma presentendo le ire de' due forti, richiamavalo a tornar sulla quistione, per veder se fosse maniera a non turbare la pace vera d'Italia, che da quelli potrebbe esser commossa, e a risparmiare al regno penose difficoltà e perigli. »

Ferdinando faceva rispondere a 24 agosto: « Esser dolente che Francia e Inghilterra tanto mostrassero irritazione pel necessario suo niego a consigli minacciosi dati senza dritto; egli non poter riconoscere nessuna dipendenza del reame dallo straniero; ma anche in merito aver ragione. Già per quella protezione si vedea risollevare l'idra rivoluzionaria; già spandevansi proclamazioni; già si minacciava la pace d'Italia. Peggio se egli avesse piegato; chè avria perduto dignità e subìti gli orrori della rivoltura. Non aver fatto aministia piena, ma averla data a molti, e seguiterebbe a perdonare chi pentito grazia chiedesse. Concederla a chi pertinace non la chiede nè la vuole, ma la fa imporre da possenti stranieri, significa abdicare. Il meglio per la pace d'Italia è lasciarla riposare, non farla mestare da incorreggibili faziosi. »

Cotai ragioni eran ben dall'Austria salutate; ma temendo che i dui alleati col pretesto del niego si mescolassero nelle cose d'Italia, avrebbe voluto, a toglierne ogni cagione, il re li contentasse; e tentò farlo persuadere dal papa. Inghilterra aveva altresì fatto istanze alla corte Toscana, siccome quella che per parentela potesse valere su Ferdinando: ciò non per brama di riuscire, ma per mostrare d'aver pria del ferro usato ogni via di persuasione. Anche s'erano volti alla Russia; ma questa disapprovò netto a 2 settembre siffatta strana ingerenza nelle cose altrui. Disse in breve: « Volete perseguitare un re che non vi noia, e salvare un popolo ch'è contento? Avete guerreggiato per l'indipendenza del Sultano, e andate a sforzare al voler vostro il re di Napoli? Proclamatori di civiltà, inaugurate il dritto del più torte? ».

§. 21. Il papa non cade nel laccio.

Austria e Toscana, visto Ferdinando fermo, a stornar la bufera, fean ressa al papa perchè si ponesse in mezzo: e Napoleone con forti istanze al Nunzio pontificio, sospingeva il pontefice, a persuadere il re nostro. Pio IX presentiva che dopo il consiglio a Napoli seguirebbe il consiglio a Roma; già n'udiva molti vaghi in bocca al francese legato Rayneval; vedeva in quei dì appunto gran confabular del ministro sardo co' faziosi romani; ed era poi chiaro volersi incarnare le proposte del Cavour al congresso, dove s'era più che su Napoli, su Roma fatto rumore. Se Pio adunque avesse messo la mano a promuovere novazioni nel regno, con questo condannato avria se stesso. Manifestamente i consigliatori dell'amnistia, volevano evocare un altro 48, pur con l'amnistia suscitato. Importante il pontefice non volle neanche aver l'apparenza di sopportare la pressione straniera al re di Napoli, col tentar di persuaderlo; invece, rigettate le preghiere austriache, toscane e francesi, egli stesso favellò anzi al Rayneval; e fe' dal suo nunzio a Parigi pregar Napoleone a desistere da quelle pretensioni.

Era allora tra Napoleone e Pio molta strettezza, chè di fresco aveva questi tenuto a battesimo lo erede di lui; fresche eran le parole di venerazione da esso volle al cardinal Patrizi il 13 giugno di quell'anno; e non parea possibile ci pensasse in ringraziamento a spingere il venerato santo veglio nella via della ruina. Die' buone parole, mostrò tutto volersi da Inglnlterra; ma intanto comparirono vascelli francesi con truppe a Civitavecchia, cui si dicevan volte a Napoli, per ispaventare il papa e il re insieme.

§. 22. Richiamo degli ambasciatori.

Ferdinando stretto da tutte parti die' solenne prova di forza d'animo. A 26 e 28 agosto fe' rispondere a Londra e a Parigi: « Dolersi della mala riuscita del suo niego non aver pensato d'offendere le due corone; creder bene i consigli venire da brama di mantenere la pace in Europa; ma egli esser certo che la pace si terrebbe piuttosto seguendo il suo che lo altrui parere. Per fermo il giudizio suo in quella controversia esser più sicuro, come di sovrano che stando sul luogo può meglio i bisogni e gli interessi del suo popolo valutare. Napoli stato primo a frenare la rivoluzione, primo a riporre la pace, non doverla turbare con fatti inopportuni. Il re troverebbe tempo e modo da largir grazie; e sperare non vedere interrotta l'amistà cordiale tra il suo e quei reami, per inesecuzione d'amichevoli consigli. »

Andando queste note, il nunzio pontificio proponeva a Napoleone, il re promettesse far grazia a qualunque de' rei la domandasse. L'imperatore mostrandosene pago, rispose: « Ciò sarebbe molto, ma è da sentire l'Inghilterra. » Laonde fu un momento che parve finisse a bene. Ma eran lustre; a 19 ottobre le due Corti ne risposero: « Aver proposto riforme pel nostro interesse e pel bene del nostro popolo; le nazioni europee pensarla pur così (e chi mai?). Non poter serbare relazioni con un governo respingente ogni amichevole avviso; richiamerebbero gli ambasciatori da Napoli; ma terrebbero flotte a Tolone e a Malta, e navi sulle nostre coste, per accorrere a' cenni de' consoli risiedenti nel regno. »

Ferdinando sebben disturbato, pur non fu molto scontento del veder partire da' suoi Stati quei due ministri, ch'a quell'ora vi tenean sotto la mano protetto il nodo de' congiuratori. Eglino speravano al loro partire la città si commovesse, chè i faziosi avean loro promesso far grida magne. Questi avean macchinate due cose: una dimostrazione di simpatia in via Toledo a' ministri, e altra contraria fuor della città; onde avean messo certi loro prezzolati presso Secondigliano, per lanciar pietre agli ambasciatori, sì da darne colpa a' reazionari, e appicco a reclamazioni e riparazioni, da impacciare la corte. Il Governa, prefetto di polizia, n'ebbe contezza; stette sulla sua per impedire l'una e l'altra. Adunque i ministri Brenier e Temple, abbassate le arme, lasciarono i consoli a posto; e benchè avessero potuto presto imbarcarsi a Napoli, per far la mostra e vedere il bello, si partirono il mattino del 21 ottobre di quell'anno 56, per terra, verso Roma, a imbarcarsi a Civitavecchia, come poi fecero la sera stessa, appena giunti. Passarono gravemente per mezzo la via Toledo, foltissimo di gente, in carrozze aperte, in ora opportuna gittando gli occhi attorno aspettando i plausi promessi; ma i Napolitani non si scomodarono neppure a levarsi il cappello. Quei postati a Secondigliano visti bazzicar gendarmi a ghermirli, non osarono farsi scorgere; e i due diplomatici scomodatisi a spaccar per terra mezzo regno, traversarono pieni di noia e inosservati.

Il re sperando di non romperla affatto, fe' pratiche perchè i suoi ministri da Parigi e da Londra non venissero rimandati; e Napoleone pareva contenersene; ma tosto da ambe le città furono licenziati. Allora volle far vedere aver egli resistito per sostenere la indipendenza del paese, non per timore d'alquanti fuorusciti, e fece grazie a quanti le chiesero. Infatti costoro rientrati senza protezione non eran pericolosi, chè di per sè non valevan niente.

§. 23. Il Moniteur del 20 ottobre.

Il governo francese con un articolo nel Monitore del 20 ottobre cercò giustificare l'opera de' forti. Diceva: *per mantenere la pace doversi distruggere gli elementi di disordine:* e li cercava in Napoli quieta, non in Piemonte agitatore, non in Inghilterra protettrice de' Mazzini, Kossuth, e Ledru-Rollin? temeva il disordine futuro nella lontana Napoli, e nol temeva presente nella vicina Madrid? *Gli altri Stati d'Italia, e anche il papa ammettono la opportunità di clemenza e riforme:* e dove mai, se il papa aveva anzi tentato persuadere Napoleone del contrario? *Solo Napoli rigetta con alterigia i consigli:* alterigia il dire dignitoso la ragione? Se il re avesse consigliato Parigi a cambiar politica interna, lo avriano udito? o che forse la ragion del richiedere si misura con la potenza? o che il solo forte abbia dritto privativo di consigliare? Consigliavano la ruina della monarchia, e appellavano *alterigia* il ricusare di ruinarsi. *Il rigore nel napolitano agita l'Italia, e compromette l'Europa:* qual rigore? da molti anni non si scapezzava un uomo; e Francia e Brittannia ne impiccavano in tutti loro dominii. Francia relegava senza giudizio i cittadini alla Caienna; Londra fucilava nelle Indie e nell'isole Jonie. Quale Italia era agitata, fuorché Piemonte libertino? invece voleano agitare la Italia pacifica, co' protocolli di Parigi, co' giornali torinesi, co' vascelli costeggianti, con protezioni a ribelli, e sin con quello stesso articolo del Monitore. *Non fu dato ascolto a saggi consigli:* dunque i forti hanno anche il monopolio della saggezza? e perchè ne fean prova sol con Napoli fievole, non col Tedesco signore di Venezia, non col Russo padrone di Polonia? *La soppressione delle relazioni con Napoli non è un intervenire:* ma era il dispetto che Napoli non aveva sofferto lo intervento. Finiva: « Se il governo napolitano, tornando a sano giudizio, comprenderà il suo vero interesse, le due Corti rannoderanno con premura le prische relazioni, e saran liete di darne pegno di riposo all'Europa. » Ahimè! il riposo d'Europa pericolò poi, appunto in quell'anno quando si rannodarono le relazioni, e il reame fu costretto a fare non il suo ma lo altrui interesse.

Ma perchè quella dicharazione del giornale? Il Walewski l'avea detto al nostro ministro Antonini: *Napoli deve sottostare o a Francia o ad Inghilterra; e deve impedire non si congiungessero a suo danno.* Ferdinando nol poteva impedire che diventando servo ed ingrato; nol volle, ed esse s'eran congiunte. Nulladimeno si disgiunsero a tempo; chè il Palmerston odorando le trame Murattine, si trasse indietro, nè volle unire la sua alla flotta francese già dimorante ad Aiaccio; onde per allora non fu proceduto ad altra ostilità contro di noi. Parigi, Londra, Torino e Mazzini, a quel tempo ombrosi l'un dell'altro, si minavano e contramminavano.

§. 24. Accuse a Ferdinando.

Tal contegno del re fu vero trionfo del dritto su la prepotenza. La setta ch'avrebbelo detronizzato s'egli avesse piegato, il tassò di tiranno. Chi gridan sempre indipendenza, maledicono a un re ch'avea voluto essere indipendente. Il Cavour proclamatore di *non intervenni,* sindacante i Tedeschi in Romagna, plaudiva a interventi anglo-francesi in Napoli a dispetto del popolo e del re. Gli stranieri lamentanti Italia serva, ora fremevano a sentirne una parte non voler essere serva. Ferdinando accusato d'ubbidire ad Austria, provò non ubbidire nè ad Austria, nè ad altri, ma al suo dovere, alla vera utilità della patria sua. Grazie faceva, ma non comandate; per sollevare i rei, non per suscitar guai agli innocenti; per aprire il manto al perdono, non l'uscio alla rivoluzione distruggitrice. Però la rivoluzione indigena mai non s'ebbe; e bisognò poi la portassero a forza quelli stessi stranieri consigliatori di pace.

Eppur s'accusa tal re di gran fallo, quasi allora ci nimicasse quei forti; ma che forse erano amici? Egli mostrò aver animo più grande del suo Stato. Pur ne guadagnò tre anni, e morì sul trono; dove il figliuolo Francesco, quando fu costretto a seguitare *i saggi consigli,* e diè l'amnistia e la costituzione, cadde subito; e con esso la monarchia e la nazione napolitana, in mezzo a fiumi di sangue.

§. 25. Sciocca proposta del Cavour.

Come il Cavour vide Ferdinando uscire più splendido dal foco che gli avea lanciato, tentò ipocritamente una sciocca furberia. A mezzo novembre propose al Canofari nostro ministro a Torino: « Il vostro re ha fatto un'assai brillante figura, sciogliendo a suo pro un nodo molto intrigato. Ora dovrebbe vendicarsi, e delle Corti che l'hanno noiato, e di quelle che l'hanno mal sostenuto, col ravvicinarsi al Piemonte. Napoli e Torino uniti darebbero leggi all'Italia. » Rispose il Canofari: « Il re non è disgiunto dal Piemonte, ma questo dal re. Napoli non ricetta nemici di Torino, non ha officine occulte e riconosciute di calunnie e macchinazioni sistematiche per rivoltare Sardegna. » Dopo pochi dì il generale La Marmora ebbe viso di replicare anch'esso la stessa proposta. Costoro credeano condurre Ferdinando a concedere al belante Piemontino ciò ch'avea negato alle ruggenti Francia e Inghilterra. Egli non so se ridente o fremente di quella balorda pensata, fe' a 9 dicembre rispondere dal Canofari: «Il suo governo non domandar di avvicinarsi a nessuno; volere star bene con tutti; a condizione che niuno s'impacci de' suoi fatti interni.»

§. 26. Moto del Bentivegna in Sicilia.

Incominciano le insidie in lunga serie. Quei due Stati potentissimi potevano con un *fiat* rovesciare il trono sebezio; ma perchè gelosi, nè convenuti alla partizione, solo concordi a vendetta, dettero mano a ingannevoli artifizii per mostrar loro previdenze avverate. Con la forza sarebbe caduto un re; con le insidie si precipitò la nazione; si punì l'inubbidienza dignitosa d'un monarca, col sangue e con la roba di nove milioni d'uomini innocenti. E pretesto a sì disumana opera fu l'amore dell'umanità.

Prognosticate le rivoluzioni, detto a' regnicoli in cento tuoni: ribellatevi, sta per voi il Piemonte e la civiltà, stanno i vascelli di due grandi Stati, scacciate il re bomba: nessuno si moveva. Fu necessità mandarli a muovere da fuori. Era sì lontana dalle menti nostre la rivoluzione che udivamo con maraviglia talora certe affisse proclamazioni stampate a Torino, e facevam le crasse risa di cotali sforzi inani d'un partito impotente. Le cose d'Italia parevano accennare a quiete; il papa si faceva l'esercito, aveva ottenuto i Tedeschi lasciassero le città romagnuole, e solo guardassero Ancona e Bologna; il che avveniva sul finir d'ottobre. Eppure si mulinavano colpi mortali ed iniqui in Sicilia e in terraferma.

A 20 novembre appariva sullo coste sicule la Wanderer, goletta inglese venuta da Malta; ed andava spargendo starsi soldati britanni a Malta pronti ad accorrere in aita de' ribellanti; lo stesso slanciavano certi giornali esteri, aggiungendo i Francesi invaderebbero Napoli; ed ecco s'alza un vessillo a tre colori, di tal maniera: Era un barone Francesco Bentivenga di Corleone, giovine dissennato, senza istruzione, mazziniano, stato deputato nel 48, che nel 49 presa Palermo avea protetto i banditi in campagna. Questi in febbraio 53 unita gente in casa, imprese con la coincidenza de' tumulti di Milano a sollevarsi, e tentare un colpo di mano sul presidio di Palermo; ma scoperto e sostenuto a' 25 di quel mese, fu con altri sottoposto a giudizio lungo, dov'ei protestava innocenza. Trovò anzi protettori; e 'l Cassisi stesso, per discreditare il Filangieri, potendo su' giudici di Trapani, riuscì a farlo assolvere; onde ebbe co' complici libertà. La polizia per sicurezza il mandò a confine; ma v'era si mal sorvegliato ch'ei potea starsene spesso in Palermo a rannodarvi la congiura, e anche più volte navigare a Torino, senza essere scorto. E si declamava contro la durezza de' Tribunali; e le sevizie della Polizia! Questo innocente, corsi appena quattro mesi ch'era fuor di carcere, giunta la nave inglese, dopo due dì, a 22 novembre 56, levò con gli antichi complici a rumore le terre di Mezzoiuso, Villafrate, Ciminna e Ventimiglia nel Terminese; tolse il denaro dalle casse pubbliche, scarcerò i detenuti, fugò il giudice e i sindaci, arse l'archivio circondariale; e a sommuover la gente gridacchiava già gl'Inglesi stare a Palermo, e in altre città dell'isola. Raggiunselo un La Porta, pur con esso giudicato innocente pel fatto del 53. Dall'altra un Francesco Guarnieri pur di quel processo, investìa la sera del 26 le prigioni di Cefalù, e traevane un Spinuzza, anche complice del 53, ricarcerato per nuove imputazioni. Costoro saccheggiarono certe case d'impiegati, disarmarono la Guardia Urbana, presero arme di privati a forza, e con sediziose grida cercavano popolo. Questo in nessuna parte li seguì, benchè vedesse qua e là costeggiar navi francesi o britanne; per contrario i villani prese rusticane armi, come arrivò da Palermo una regia fregata con soldati corsero alla spiaggia, gridando Viva il re! illuminarono Cefalù, e cantarono il Te Deum nella cattedrale. Soldati e Guardie Urbane dettero addosso a' rivoltosi, e li dispersero. Anche urbani per la via di Lercarà col sottintendente Parise assalirono il Bentivegna. Il quale vinto da tutte parti, disciolta la banda, fu da' soldati trovato in una fratta di fichi d'india, e menato a Palermo. Colà giudicato da un consiglio di guerra, ritornò a Mezzoiusi, ove avea alzata la bandiera; e il mattino del 23 dicembre, fatto testamento, passò per le armi. Andando al supplizio disse più volte: «Se il re sapesse questo, mi farebbe grazia!» Tanto a' rei stessi era notissima la regia clemenza; e certo il re seppelo dopo. I suoi complici ebbero pene minori.

Per questa giustizia, eseguita invero con inopportuna fretta da' comandanti in Sicilia, il re si rincappellò odio novello de' suoi nemici. Mentre i Siciliani stessi fiaccavano la ribellione, il Piemonte piagnucolava la loro servitù. Il Brofferio in quel parlamento a15 gennaio 57 incolpava il Cavour di non aver mandato una nave a *confortare nelle battaglie quel popolo abbandonato alla mannaia del Borbone*. il Cavour rispondeva onestamente: « Io non voglio appoggiare in Italia vani tentativi rivoluzionarii; chè in altra guisa intendo la rigenerazione italiana. Seguii sempre una politica *franca, leale, senza linguaggio doppio*, e sinchè dura pace con gli altri principi, non userò mezzi rivoluzionarii. Non mandai navi, perchè prima avrei rotto la guerra, e dichiarate mie intenzioni. » E tai vanti di lealtà, dopo aver data l'imbeccata al Bentivegna, e quando si preparava a mandare il Pesacane! La inflessibile storia mostra ch'ei non dichiarava guerra, perchè fidava più nelle traditrici insidie de' codardi.

§. 27. Le torture.

Era un sistema di diffamazione. Avea cominciato il Gladstone, gittato il motto di torture fisiche e morali nel regno; s'aveva a farlo trovar veritiero. Punito il Bentivegna, a colpire il Maniscalco direttore di polizia in Sicilia, se ne contavano in tutte lingue, menzogne sperticate, calunnie fantasiose, come novelle arabe, intorno alla siciliana polizia. Da Francia, Inghilterra e Italia piovevano giornali e opuscoli da inondare l'Europa sugli orrori di re bomba. Anche il drammaturgo Wictor-Ugo scagliò di Francia la sua pietra. Era uragano quotidiano di mostruose invenzioni: parlavano di supplizii occulti, di sevizie, d'atrocissimi strumenti di tortura, la *cuffia, del silenzio, la sedia angelica, il trapano ardente,* e simiglianti; cose neppure inventate bene, questi sendo strumenti di barbarie d'altra età, esposti nel museo della torre di Londra; come di fatto fu constatato dal signor Moreau Christophe, direttore generale delle prigioni di Francia; valevole testimonianza d'un uffiziale di Napoleone, e data in quell'anno 56, quando eran rotte le relazioni tra Francia e il regno. Oltre a questa fur citate altre due testimonianze, cioè d'un gentiluomo polacco e d'un colonnello prussiano, ch'avean potuto a Palermo vedere e interrogare i carcerati complici del Bentivegna, e visitare tutte le prigioni della città. In quanto a sevizie v'era qualche modo aspro de' Compagni d'arme su' ladri, perchè avendo essi a pagare le cose rubate, infuriavano per trovarle: ciò credo impossibile a evitare in Sicilia, dove sono ferocissimi i tristi; ad ogni modo quelle asprezze pungeano i malvagi. Ma le calunnie di sevizie e torture erano inventate a posta a infamare Ferdinando, e menomare l'empietà delle scelleratezze meditate dal Piemonte. Di fatto gli autori di tai calunnie, poi che furon vincitori, se ne son vantati impudentemente dalla tribuna di Torino, e anco in istampa. L'ostetrico Giovanni Raffaeli, mazziniano di Sicilia, arrestato nel 61, perchè repubblicano, da' Piemontesi, stampò la sua difesa nel *Corriere mercantile* di Genova, tassando ingrato il Piemonte, e svelando essere stato esso che inventò la calunnia della *cuffia del silenzio, che tanto nocque a' Borboni.* La setta ricorse a novelli mendacii; divulgò essersi trovati in Castellammare gli strumenti di tortura. Forse i regi ve li avean lasciati a posta? E un certo dottor Nani per far danari ne construì, e miseli ostensibili a Londra per prezzo. La calunnia era stracca; pacato di spregio, disperato s'arse le cervella nel 65.

§. 28. Agesilao Milano.

Gl'instigatori del Bentivegna avean designato sorreggere la rivoluzione di lui col regicidio. Ei s'era sollevato a' 22 novembre; e mentre i giornali sardi strombettavanlo *vittorioso,* e procedere *dignitosamente, civilmente, non ispargendo sangue,* Napoli vedeva a 8 dicembre un infame attentato. Solevano quel dì le soldatesche ogni anno udir la messa al Campo di Marte, in onore dell'Immacolata; e poi sfilare avanti al re, che a cavallo ne osservava l'arredo e l'istruzione. Quell'anno 1855 un soldato del 3° battaglione cacciatori, marciando uscì di fila, e ratto il moschetto con la daga in punta spinse alla vita del re. Questi col braccio parando affievolì il colpo, sì che ne restò poco ferito; e mentre colui replicava, sopraggiunse il conte Francesco Latour tenentecolonnello d'Ussari, che tornando dal recare altrove un comando regio, visto l'infame atto, spronò il cavallo rattissimo sull'assassino, e l'atterrò. Ferdinando con breve accento vietò l'uccidessero; fu preso e tratto altrove in un attimo, sì che quasi niuno s'accorse del caso. I soldati attenti al dover loro seguirono la marcia; la popolazione niente sospettò; e il re, sebben piagato, non lasciò il luogo. Compiuta la rassegna, montò in carrozza, e a mezza via manifestò alla regina esser ferito. Immagina lo spavento di questa signora, presso a partorire; e l'ansie della famiglia, temente d'arme avvelenata, sino alla reggia; dove la ferita, ch'era in una costola a manca, osservata da chirurgi, fu dichiarata innocua e poco profonda.

La coraggiosa, prudenza del re fu provvidenziale; ch'ove i soldati s'accorgessero dell'attentato, o la popolazione anche per paura si fosse commossa, le sospettose fantasie avrianli spinti a vendetta: molte milizie, folla di gente calcata, luogo sinistro, opportunità di mal fare, sospetto di premeditazione, tutto poteva esser cagione d'eccidio. Ma i reduci dalla parata udirono in città il fatto. Fu universale dolore; a quell'ora stessa, ogni classe di cittadini accorse alla reggia aperta; il re di sala in sala accoglieva tutte persone; nell'ore vespertine in carrozza si mostrò al popolo per le strade; a sera illuminazione spontanea su ogni muro e sino a' tugurii; i poveri chiedevan l'elemosina per comprar l'olio; e più anche nelle sere consecutive. Tridui in ogni chiesa del regno. Incontanente i ministri e consoli esteri; e ne' di seguenti fu continuo trarre al palazzo, recarvi indrizzi, e congratulazioni di ciascun municipio e collegio e università, e corporazione del reame; tutte classi sociali, ogni arte, uffiziali e privati mostrarono il raccapriccio del misfatto. L'indirizzo de' mercatanti inglesi dichiarò *eglino aver sempre trovato nel re protezione.*

L'assassino fu un Agesilao Milano di S. Benedetto Ullano nel Cosentino, d'anni ventisei, di condizione alquanto civile. Di statura giusta, piuttosto magro, bruno, capelli neri, occhi cisposi, bieco sguardo, non rideva mai, persona disaggredevole, non punto simigliante a' ritratti che poi n'inventarono. Espulso per mala condotta dal collegio Italo-Greco, nel 48 avea combattuto contro i Regi. Non ebbe punizione, per l'amnistia dell'8 febbraio 52; ma fu sì grato da vantarsi che ucciderebbe il re; pel qual detto sottoposto a giudizio, tornò libero per sentenza di *serbarsi gli atti in archivio*, formula legale significante aspettarsi altri indizii di reità. Ora costui gravato di tanto sospetto, dovea per legge esser vigilato, e nondimeno potè trovare da andar soldato per un suo fratello, e ruminarvi alla sicura il regicidio, e tentarlo in mezzo al campo. Vedi tribunali detti iniqui dal Gladstone, mandar franco un minacciatore alla vita del re! vedi polizia, cui quel lord accusava di rapire i dritti civili a migliaia di pacifiche persone, com'era oculata! un sorvegliato riesce a farsi soldato, e ad aver nelle mani l'arme a difesa di quel sovrano, cui aperto avea promesso dar morto. Dappoi non si vide altra punizione che un consigliere tenuto quattro mesi a Napoli con soldo, e l'intendente messo al ritiro, perchè sendogli denunziato il premeditato delitto, non avea provveduto.

Il Milano serviva da sei mesi, mostratosi religioso, attento al dovere, rispettoso e tranquillo; nel battaglione non aveva amici; nell'ora dell'uscita era il primo. L'ultimo alla tornata; dimandato del perchè, diceva visitar suoi compatrioti per aver nuove del paese. Sin allora avea ricevuto l'istruzione da recluta, e quel giorno 8 usciva la prima volta col battaglione; al mattino non mangiò la zuppa; e interrogato confessò aver temuto i vapori del cibo il distogliessero dal proponimento. Il primo interrogatorio scrisselo di sua mano. Menato al quartiere del battaglione a Ferrantina, per sottostare a consiglio di guerra, v'accorse il brigadiere Alessandro Nunziante, comandante de' cacciatori; il quale col tenente Carlo Bertini che vi facea da commessario del re, volle senz'altro testimone favellargli. Si susurrò basso che il reo al Nunziante chiedentegli il perchè del misfatto, rispondesse ghignando: *Tu meglio dei saperlo; chè potea sul tuo braccio cadere la sorte.* Nol credo vero; nè pure allora vi si credeva, sendo egli tenuto pel più fedele, com'era il più beneficato de' sudditi: che che dicessero restò segreto; nè si permise a nessun'altro accostarsi al colpevole, guardato da due sentinelle e da un uffiziale di guardia. Il Nunziante stette quasi sempre nel quartiere; e qualunque dei soldati s'attentò volerne sapere qualcosa, incontanente fu mandato in prigione lontana. Il giudizio seguì in vasta sala di quel quartiere, colma di gente accorsa; nessuno volea patrocinare il reo; bisognò che il re facesselo imporre a un avvocato; e quando questi il volea scusare come folle, *No*, rispose, *folle sei tu, io determinatamente operai.* Condannato si confessò, mostrò contrizione, ma non del misfatto; più volte replicò il ripeterebbe. Fu giustiziato il 13 del mese, sull'ore dieci e mezzo antimeridiane, in piazza Cavalcatoio, fuori porta Capuana, menatovi dal suo battaglione stesso. Chinando il capo nel laccio, disse: viva Italia e la libertà! ma non una voce nel popolo immenso gli rispose.

Il Nunziante si vantò d'aver dissuaso il re dal fargli grazia; e laudò molto quel Bertini commessario, e l'aiutante maggiore Enrico Pianelli, stato presidente del consiglio di guerra; personaggi che disertarono avanti Gaeta nel 60; quando già esso Nunziante poco innanzi avea pur tradita la causa del re e della patria. Questi allora punitori del regicida, si videro poi carezzati da quella setta che il regicida santificò e premiò. Oh anime liberali del secolo nostro!

§. 29. Profezie e apologie.

La storia deve notare la coincidenza contemporanea di questo attentato e quel del Bentivegna, con le precedute profezie di bocche settarie. L'inglese giornale il *Globe* (vedi il *Dèbats*, 13 dicembre 56) assicurò che prima del fatto correvano in Londra voci di regicidio. In Piemonte s'andava zufolando vagamente che riuscisse o no la sollevazione siciliana, le cose del regno eran per mutare. *La Vespa,* giornale genovese, pubblicava il 9, scritto l'8, quando appunto seguiva il caso, un articolo intitolato *Povero Bomba!* E cominciava « Se vorreste, lettori, pregare al vostro nemico un malanno, ma di quei buoni, augurategli la posizione privata e pubblica del povero Bomba; e v'assicuro non vorrei essere io la regina di Napoli. Figuratevi coni' ei viva tranquillo nella sua reggia.....» Appresso: « Di dietro poi e tutto intorno il fermento, le imprecazioni, i lamenti, e 'l pericolo imminente d'una BOTTA SUL CRANIO. » Finiva con feroce ironia « In che brutto impiccio è il Bomba! e come uomo alla vigilia della mala paga. Veh umana fortuna! un re sì devoto, sì santo, che si confessa ogni dì, con tanti milioni di benedizioni addosso, doverla finire sì male vorrei dirgli all'orecchio: Maestà, siete in grazia di Dio, date una volta bando alle cure del mondo, lasciatevi mettere nel calendario de' santi! » Ma invece d'un altro santo ebbero un altro martire del loro coltello. Dunque la Vespa avea profetato lo stesso dì del colpo, come in Roma il D. Pirlone e il Contemporaneo avean profetata la uccisione di Pellegrino Rossi. Inoltre fu pur dappoi provato gli adepti starsi all'orla in Calabria, aspettando la nuova del re ucciso, per ricominciare la rivoluzione a un tratto; e in Napoli un processo assicurò alla giustizia dieci complici del Milano; ma il re non volle rumori di nuovi giudizii.

E quantunque il regno, e tutte nazioni esecrassero l'attentato, non mancarono apologisti. La gazzetta del Popolo a 11 dicembre dichiarò dritto il regicidio. Il Globe nel su citato articolo, per attenuarne la malvagità, appellava a tempi classici, *quando era eroismo colpire chi teneva la potestà* nelle mani. L'Italia e popolo a 19 gennaio 57 stampò il Milano essere *il miglior figlio d'Italia*. Se ne scrissero biografie encomiastiche, girate alla libera in Piemonte, ove pure era un re. Coniarongli una medaglia; e il Dritto a 29 marzo ne scrisse: che *fu fatta con nobil pensiero, per raccomandare quel valoroso alla memoria de' posteri*. La Gazzetta del Popolo a 30 marzo disse: l'artefice ha lavorato col cuore, e il Milano ha ricevuta la palma del martirio. Nella camera torinese corse una nota di sottoscrizioni per elevare all'assassino un monumento, e alquanti vi si segnarono. Giuseppe Del Re fuoruscito napolitano impiastrava un carme a lode del martire; e i tribunali di Torino dichiararono siffatto poeta innocente. In più tempestoso tempo vedemmo quel ridicolo Mariano d'Ayala stamparne in Napoli l'elogio, e portar fiori sur una supposta sua tomba. Ed ogni anima onesta mirò esterrefatta il *redentore* Garibaldi decretar nefande pensioni alla madre e alle sorelle del regicida, pagate da re Vittorio.

La real famiglia di Napoli fe' dal metallo della carabina e daga percuotitrice fondere una statuetta dell'Immacolata, col disegno di D. Sebastiano, infante di Spagna, cognato del re. L'esercito e l'armata votarono un tempio all'Immacolata là sul Campo, con offerte volontarie; e se ne mise in gran pompa a 3 agosto 57 la prima pietra, con su sei righe d'iscrizioni, e monete. Gli uffiziali dell'esercito dettero una spada d'onore al Latour. Del pari i negozianti di Napoli offersero parecchie migliaia di ducati, per fondare un'opera di beneficenza da largire soccorsi ogni 8 dicembre in quella nuova chiesa a' poveri. E di fatto si fondò con decreto del 29 aprile 57.

§. 30. Scoppii.

Napoli non calmata ancora, ebbe presto nuovi spaventi. Sul mezzodì del 17 dicembre scoppiava la polveriera sul molo militare avanti la reggia, gittato all'aria gran parte dell'edificio a gran distanza; sicchè un macigno di molte cantaia sfondò la casa del caffè Pappagalli presso il Mandracchio. Spezzaronsi i vetri non della reggia sola, ma di gran parte della città molto addentro. Perironvi diciassette persone.

Più spaventoso scoppio seguiva a 4 gennaio 57 sulla bocca dello stesso porto militare. Il Carlo III, fregata a vapore con sei grossi cannoni, costruita a Castellammare, doveva alla dimane recare arredi soldateschi a Palermo. Avea la dotazione di ventisette cantaia di polvere. Tutto in pronto, già v'eran saliti alquanti passeggieri; mancavano gli uffiziali e 'l comandante Faowls. V'arrivava il Masseo, capitano in secondo, a cinque minuti prima dell'ore undici della sera, e ito dalla lancia sulla nave, questa poco stante per istantaneo colpo andò in pezzi, legno, ferro, uomini e cannoni, in un turbine orrendo di fuoco. Mezza nave, sparve, l'altra con la prua si chinò nell'onda, e affondò. Morirono trentotto persone, col Masseo stesso; e i loro corpi mozzi e nudati dalle vampe e dall'acque, uscir poi a galla, spettacolo miserando. La città stupefatta, ignara, vide spegnersi a un botto i fanali delle strade propinque, frangersi ogni vetro, e piover pezzi di legno e arnesi a distanza, che se ne trovarono in S. Marcellino. Dappoi lavorato più mesi, si trasse dal fondo del mare ogni cosa, fuorchè le argenterie e i denari, che mai non si poterono trovare.

A spiegare il caso fu supposto non forse il contestabile tentando rubar la polvere, a udir la sentinella nunziare il capitano, sbalordito lasciasse la candela nella Santa Barbara. Ma il sospetto di mena settaria serpeggiava: il rafforzavano gli argenti e i denari spariti, lo scoppiar pria ch'arrivassero gli uffiziali, l'essere il secondo scoppio di polvere avanti la reggia, avvenuto in pochi dì, che non avviene in cent'anni, e l'esser seguiti al Bentivegna e al Milano, e tra quei marini che poi tradirono si turpemente. Le indagini niente spiegarono; il capitano Faowls n'uscì con lieve punizione, ed ebbe campo da rendere altri mali servigi a suo tempo; tanto eran molli gli ordini di quel nostro governo dipinto tirannissimo. Per non tacere nulla, noto che s'eran fatti costruire a Palermo, ordinati dal Conte d'Aquila, certi fuochi artifiziali, per segnali di legni a mare; e dissesi esserne posti, per dolo o sciocchezza, e nella polveriera e nel Carlo III. Dopo il fatto, misero il resto de' fuochi in una riservetta al Granatello, che dopo alquanti dì arsero da sè.

LIBRO DECIMOQUINTO

SOMMARIO

§. 1. Assassinio dell'arcivescovo di Parigi. — 2. Altro attentato a Napoleone. — 3. Carlo Pesacane. — 4. Impresa di Ponza. — 5. Fatti di Sapri, Padula e Sanza. — 6. Cattura del Cagliari. — 7. Fatti di Livorno, e di Genova. — 8. Strade ferrate.— 9. Opere pubbliche in Sicilia. — 10. Porti del regno. — 11. Bonificazioni. — 12. Il Fucino. — 13. Concessioni ecclesiastiche. — 14. Visitatori regi nelle Provincie. — 15. Tremuoto di Potenza. — 16. Programma della rivoluzione.— 17. Vendette Napoleoniche. — 18. Quistione di Neuchatel. — 19. Le bombe dell'Orsini. — 20. Cade il ministero inglese. — 21. Giustizia inglese. — 22. Quistione pel Cagliari. — 23. E Con l'Inghilterra. — 24. Il re cede alla volontà inglese. — 25. Stutgarda.—26. Plombières. — 27. La cometa Donati. — 28. Preliminari di guerra. — 29. Le grida di dolore. — 30. Nozze tra un Napoleonida e una Savoiarda. — 31. Savoia fa debiti. — 32. Nozze del Duca di Calabria, e malattia di re Ferdinando.

§. 1. Assassinio dell'arcivescovo di Parigi.

L'umanità die' sempre il miserevole spettacolo di tristi che per falsa rinomanza si pongono in male imprese. L'assassinio politico gridato eroismo die' suoi frutti. Un Vergès parigino, prete della diocesi di Maux, predicato in pulpito contro l'Immacolata concezione, per questa e altre colpe era stato cinque volte interdetto: giurò a 31 gennaio 56 uccidere l'arcivescovo, ma non prima del 20 dicembre partì per Parigi. L'arcivescovo Augusto Sibour a 3 gennaio seguente presiedeva in S. Stefano del Monte, al principio della novena ch'ogni anno si celebra per S. Genoveffa protettrice della città; quando sull'ore quattro, avanzandosi la processione nella navata della chiesa, quel Vergès vestito da paesano s'avventò al prelato, e gridando *Non voglio Dee!* gli die' con un pugnale nel cuore. L'infelice spirò incontanente nella sagrestia. Egli preso e giudicato die' in atti virulentissimi contro la religione e i giudici; eppure condannato osò chiedere grazia. Aveva trentun anni.

§. 2. Altro attentato contro Napoleone.

Seguono quattro attentati contemporanei, mossi da un concetto, per iniziare la nuova rivoluzione europea; i quali son prova della pervicacia settaria, e della sua impotenza nelle popolazioni, quando stretta a sue forze non ha seco il braccio regio. Nel mese di giugno 57 furono da Londra scoccati sul continente quattro colpi insieme: attentato a Napoleone, sbarco armato nel napolitano, e aggressioni a Genova e a Livorno, tutti mancati. Tre italiani, Tibaldi, Bertolotti e Grilli, mentre a Parigi studiavansi assassinare l'imperatore, fur presi; il Monitore assicurò esser mazziniani partiti d'Inghilterra, e i giornali inglesi confirmavanlo; però Napoleone reclamò giustizia alla Gran Brettagna, ma non ne cavò nulla. I tre rei ebbero condanna di prigionia; e il Mazzini e 'l Ledru-Rollin fur dannati in contumacia alla relegazione e alle spese.

§. 3. Carlo Pesacane.

In Genova sotto l'egida costituzionale si preparavano l'arme antisociali; e il ministero Sardo, pensandosi tutta la tempesta si scaricasse in terra altrui, vi dava il braccio, affinchè il mondo vedesse avverate le profezie fatte dal Cavour nel congresso. Navigava da Londra a Genova, a' 15 maggio, una donnetta d'anni venticinque, roba del Mazzini, dicentesi letterata, cercante notizie per la storia d'Italia; il cui nome era Miss Jessie Meriton White, nata a Forton nell'Hampshire. Nunziata e preconizzata da' giornali mazziniani, come già il Minto, costei subito fu segno d'ovazioni al teatro, al passeggio e in casa, dov'ebbe indrizzi e deputazioni, il più d'operai; ma insieme con lei anco era giunto, e travestito s'appiattava in Genova, il Mazzini stesso, che moveva il tutto.

Stava colà Carlo Pesacane, fuoruscito napolitano, già educato nel collegio militare a spese del re. Uscito uffiziale al Genio, fuggissi nel 46 con Errichetta di Lorenzo, donna di un suo zio, matta d'amore, che lasciò marito e figli per correr con esso il mondo. Vissero un pò co' diamanti trafugati al consorte, poi si gittarono a servire la setta; ei combattè a Milano, a Brescia e a Roma, nel 49 fu capo dallo stato maggiore Garibaldese a Velletri, e puntò il cannone contro i suoi compagni d'arme e connazionali. Sopra costui che nel 57 avea trentaquattr'anni, il Mazzini fece fondamento per conquistare il regno di Napoli, mentre già suoi adepti regnicoli, come sogliono i faziosi, gli promettevano levate di popolo in massa *contro il tiranno*. Sue tresche avea più strettamente in Ponza, isola sede di galeotti, e sulle spiagge del Salernitano. Il Calvosa sottintendente di Sala, scopertone il tranello, già da due mesi n'avea rapportato ai ministero di Polizia; ma quel glorioso del Bianchini non se ne curò, nè provvide, nè concesse s'armassero meglio le Guardie urbane.

La White recò lettere d'una sua amica alla Errichetta, onde entrò tosto in istretto col Pesacane; che ottenuto quanto gli occorreva, si lanciò nel farnetico di cacciarsi con la rivoluzione nel reame. Ubbidiva al Mazzini comandatore. Cotesti schiavi con l'animo e 'l braccio venduti, vansi vantando di liberar popoli e redimere nazioni. Egli a mostrar coscienza di libertà, pria d'imbarcarsi scrisse una certa diceria che intitolò *Testamento politico*. Vi si confessa *socialista*, ma non alla francese, bensì *d'un sistema inevitabile e prossimo all'Italia, e fors'anco a tutta Europa;* avversa le costituzioni, e dicesi persuaso che il costituzionale regime piemontese nuoca più all' Italia che Ferdinando tiranno. Proponevasi una rivoluzione *da cangiare d'un tratto tutti gli ordinamenti sociali*, convinto esser già fatta nel regno la rivoluzione morale: « Se giungo al luogo dello sbarco, che sarà Sapri, avrò ottenuto un grande successo. » Là il suo fato l'aspettava.

§. 4. Impresa di Ponza.

Il Cagliari, piroscafo ad elica della compagnia Rubattini di Genova, da qualche mese avea recato arme e munizioni sulle coste; ciò col denaro raccolto dalle sottoscrizioni pe' cento cannoni e pe' diecimila fucili, fatte sciente il governo Sardo. La White a persuadere i macchinisti inglesi del battello, scrisse loro un viglietto: « Nostro scopo è liberare i nostri fratelli dalle prigioni di re bomba; però aiutandoci farete una buona azione, approvata dall'Italia e dall'Inghilterra. » I fratelli della Miss erano i galeotti di Ponza. A' 25 giugno quel legno uscì di Genova sull'imbrunire, fingendo missione per Tunisi. N'era capitano un Antonio Sitzia, con trentadue uomini di ciurma, senza regola di legge; di cui nove, i principali, cioè il pilota, il nostromo, i due macchinisti, il cuoco, e certi camerieri, non avean passaporti, nè libretti di regola. Recava molte casse di munizioni, e fucili e pugnali e boccacci, senza carte di bordo. E vi feano vista di passaggieri trentatré persone; de' quali otto sole l'eran davvero; dieci mentivan nome, altri mentivano condizione, e ventidue senza passaporti.

Ponza, isola a trentacinque miglia da Gaeta, teneva tre ordini di delinquenti: condannati per colpe comuni, relegati per sicurezza, e soldati di mala condotta, compienti là il tempo del servigio. V'era pur di disertori, stati a Venezia nel 49, schiuma di sette. Fra cotesta buona gente da molto correano pratiche di congiure. Giunse il Cagliari avanti l'isola all'ore cinque del 27; entrava difilato in porto, contro le leggi sanitarie e internazionali; poi fingendo chiedere soccorso per la caldaia guasta, come vi salirono il capitano del porto e il pilota, fur sostenuti e serrati in sentina. Intanto i congiurati dell'isola accorsi alla spiaggia gridavano repubblica, libertà e Italia; e gli assalitori scesi nelle lance pigliavano terra in numero di cinquantatre; cioè la ciurma e ventitré passaggieri, capo il Pesacane, ben armati, e con altri dugento fucili, che dispensarono a' galeotti.

Insieme assaltarono il paese, la Gran Guardia, e gli altri posti militari; disarmarono soldati spicciolati, sequestrarono uffiziali, e anche il comandante, maggiore Astorino, e sua moglie e nipote. Non ostante la sorpresa, pochi soldati raggranellati cominciarono una zuffa, vi morì il tenente Cesare Balsamo ed altri, ferito fu con molti l'aiutante Ranza; il resto, sopraffatto dal numero, cedè. I contrarii ebbero tre feriti e tre morti, che poi gittarono a mare. Tolte l'arme e le munizioni dalla scorridoia del porto, inchiodatole il cannone, l'affondarono; inchiodarono i cannoni sulle barbe delle batterie; ruppero i gigli, arsero le caserme di Gendarmi e Polizia, gli archivii del comune, del Giudicato, della Capitania del porto, dell'uffizio di relegazione, e tutte le memorie dello stato civile, sfondarono il carcere a francar due ladri: rubarono arme e obbietti preziosi di contestazione giudiziaria; e con furti, rapine e lascivie molte case di cittadini manomisero.

Frattanto il capitano Sitzia, rimasto sul Cagliari coi due macchinisti inglesi, e libero di sè (che poi faceva l'innocente) era uscito dal porto; e bene avria potuto correre a Gaeta, lontana quattr'ore di via, ad avvisare il governo regio; invece aspettò al largo, e rientrò poi spontaneo a' ribelli. Prese questi per quanti ne capiva il legno, che dell'isola furono 391, promise a' rimasti di tornare a pigliarli, e si partì sull'ore undici di quel mattino. Per mare come scorgeva qualche bastimento nostrano, facea chinar la gente pancia a terra, perchè non si vedesse; ed egli aiutava a far le cartucce, divideva l'arme, e incuorava e felicitava i ribelli. Giunse ad ore 23 del 28 alla marinella d'Oliveto in tenimento di Vibonati, a un miglio da Sapri; e vi sbarcò la masnada, 450 persone.

§. 5. Fatti di Sapri, Padula e Sanza.

Pochi urbani del luogo, all'insolita vista del piroscafo in quelle acque , accorsero, e agli sbarcati chiesero: Chi vive? udendo rispondere Italia e repubblica, spararono i fucili, e indietreggiarono a Sapri, a portar la nuova. La notte v'entrarono gl'invasori, chiamando il popolo a libertà, con bandiere di tre colori e voci entusiastiche e feroci; perlocchè quei del municipio e il più della popolazione ripararono a' monti. Eglino da padroni disarmarono il posto doganale, ne presero il denaro della cassa, arsero gli stemmi regi, sforzarono molte case private col pretesto d'arme, e vi rubarono quanto veniva a mano. Poco mancò non ardessero la casa del già morto Peluso, in vendetta del Carducci. Agguantarono tre realisti per fucilarli, ma nella confusione potettero fuggire da quelle mani.

Al mattino del 29 salirono a Torraca, ove era la festa di S. Pietro, protettore del paese, sperandosi nella moltitudine far seguaci, ma schifati da tutti, si gittarono a far quello che a Sapri; poi il 30 volsero sulla strada delle Calabrie, ruppero il filo elettrico al Fortino, e fur raggiunti dal baroncino Gallotti di Sapri, condannato e graziato del 48, solo che s'accostasse a loro.

Il Pesacane divise la masnada in tre compagnie, suddivise in isquadre; egli s'appellò generale, Giovanni Nicotera colonnello, un Giambattista Falcone maggiore, tutti con camice rosse, e berretti rossi. Volti a Sala, riposavano a Casalnuovo, ripetendo arsioni di gigli e rapine di vettovaglie, arme e danari. Su quella strada uno de' relegati di Ponza, stato soldato, tra le tante grida d'Italia innestò, credo per usanza antica, un viva il re! ecco, gridato traditore, gli fanno certo consiglio di guerra, presidente il Falcone; e mentre il condannato disperatamente si fugge, tel finiscono a schioppettate. Speravano trovare simpatia a Sala capodistretto; ma dalla torre della casa baronale di Casalnuovo, veggono col canocchiale qualche apparato di forze in quella città distante dodici miglia, e s'incoraggiano a prossima pugna. Se non che poco stante lasciano la via consolare, e si menano a diritta, verso i monti. Transitando presso Montesano, videro in un podere certi mietitori di grano, che spauriti si gittarono a terra; li credettero spie, e trassero moschettate; sì che uccisero una infelice donna, Rosa Ferretti. Stanchissimi a sera giunsero alla certosa di S. Lorenzo, vicino Padula; e riposaronvi, mentre i capi tenean consiglio in casa un Federigo Romano, congiurato da lunga pezza, che li avea chiamati.

In quella il sottintendente Calvosa, che già da due mesi aveva rapportato del disegno d'invasione senza averne provvedimento, ora dall'intendente Aiossa udiva per telegrafo da Salerno la nuova dello sbarco. Adunò tosto a Sala da trenta gendarmi, e molti urbani armati alla meglio; ma come per fama si dicea gli sbarcati fossero migliaia, invitò il collega di Lagonegro, barone Arnone, ad accozzare le genti di quel distretto, e correre al luogo Fortino, distante da esso sei miglia, per mettere in mezzo i nemici; quegli invece lasciò Lagonegro, e si fuggì a Maratea. L'intendente fe' il debito suo; con carri e carrozze lanciò il più presto che seppe il 7.° battaglione cacciatori col tenentecolonnello Ghio, e una mano di gendarmi col maggiore Girolamo de Liguoro. Questi giunto un po' prima a Sala, tentennò; diceva gli avversi essere assai e armigeri, duce il Garibaldi, con cannoni e granate. Impertanto le guardie urbane, intorno a cinquecento con trenta gendarmi a piede, corsero il mattino del 1.° luglio ad affrontare i rossi postisi sopra Padula, ad un colle detto *Coste*; eglino presero le *Serre*, colle opposto e superiore. Il Pesacane s'avria voluto gittare in Basilicata vicina, ov'era già un segreto comitato unitario, con a capo un regio ingegnere di Ponti e Strade, a scorno di quella polizia che volea tener gli occhi chiusi. Cominciarono colpi alla lontana tra gli Urbani e gli stranieri; e questi avean già avuto il portabandiera ferito, e andavan rinculando, quando s'accorsero dei soldati sopraggiungenti. Infatti il Ghio spartì il suo battaglione a' passi, e spinse una compagnia sulle alture per astringerli alle spalle; il perchè retrocessero subito entro Padula, per afforzarsi di case e barricate; ma incalzati da presso, lor ne mancò il tempo. Seguitò per le strade e pe' giardini piuttosto macello che pugna. Cinquantasei uccisi, trenta feriti, dugentotrè presi, i capi co' più pronti se la svignarono mentre più ferveva il fuoco; nè uno ne saria scampato, se il maggiore de Liguoro co' gendarmi a cavallo avesse vietato i passi, come gli Urbani supplicavanlo a mani giunte; ma ci stette a guardare. A sera i vincitori tornarono co' prigionieri a Sala.

Il sottintendente, ruminando sulla volta presa dagli scampati, rimandò incontanente a' loro paesi gli Urbani de' comuni a occidente del Vallo di Diana, per tener vigilato il territorio, massime quel di Sanza, prossimo al torbido Cilento, ov'era un folto bosco. Di fatto il Pesacane co' suoi laceri avanzi avea ripassata la via consolare, e pe' monti s'appressava a Sanza il mattino del 2, per guadagnare il bosco, e poi le vette cilentane. Il Capo Urbano Sabino Laveglia era con piccolo drappello uscito dal paese; presso al convento de' Minori Osservanti fu avvertito da un fanciullo dello appressarsi d'armati; si spinse avanti, e protetto da un canto del giardino murato, fu sorpreso non colpito da una scarica di fucilate. Retrocessero, e carponi per un canale presero altra girata; donde come ebbero a tiro il Pesacane in capo alla masnada, uccisero lui e altri sul botto, e traforarono la mano al Nicotera, che l'aveva alzata ad avvertire il condottiero. Già il rumor de' colpi avea commosso il paese;

stormeggiavano le campane, accorrevano gli Urbani; e tutta la popolazione, uomini e donne, carpate arme rurali, falci, tridenti, scuri e pietre, gridavano ammazza, ammazza. E quei liberatori di popolo cacciati dal popolo come belve per le campagne, morto anche il Falcone, cadevano qua e là, da trenta uccisi, il resto prigionieri. Sopraggiunte due fregate regie, mosse, come ora dirò, da Gaeta, sbarcavano sulla spiaggia di Sapri l'11.° battaglione cacciatori, col maggiore Marulli; che per errore volse a Buonabitacolo, donde accorse a Sanza, dopo il fatto. Raccolse gli ottanta prigioni, e li portò a Salerno.

Il conte Groppello ministro sardo a Napoli, rapportava il 4 luglio al Cavour: « La banda dovunque passò, era combattuta dalle Guardie Urbane, e trovava avversione grandissima nella popolazione, che ne uccideva gli sbandati. » Adunque confessava che i Borboni sì tiranni gridati fuori, eran nel regno amati, e difesi dai tiranneggiati. Il re concesse onorificenze e pensioni all'Aiossa, al Calvosa, al Ghio, e a moltissimi Uffiziali ed Urbani, e anche a privati.

§. 6. Cattura del Cagliari.

Il Cagliari sbarcati i repubblicani era stato sull'ancore avanti Sapri, sino all'ore undici della sera del 28, quando prese il largo. Il capitano Sitzia temendo di cattura s'avea fatto fare una dichiarazione da' capi della banda egli essere stato astretto da forza. Ma sendo allora libero, e potendo recarsi al vicino Salerno a far sua dichiarazione, tirò dritto a Ponza, per imbarcare come avea promesso il resto de' galeotti. Intanto giunte a Gaeta le nuove di quell'isola, ne partiano in fretta le due fregate a vapore, il Tancredi e l'Ettore Fieramosca con soldati; ed esse correndo il mare scopersero il Cagliari a dodici miglia a occidente di Capri, proprio a mezza via a linea retta tra Sapri e Ponza. Alzò bandiera sarda, ma vista una palla di cannone, si presentò al Tancredi, ch'eran l'ore nove e mezzo del 29 giugno. Vi si trovarono tre feriti, cioè due de' sedicenti passaggieri e uno de' serventi, alquante arme tolte a' soldati di Ponza, la spada che fu dell'ucciso tenente Balsamo, e molte casse di munizioni e arme tutte cariche, per armare il resto dei relegati ribelli. E veramente questi aspettavanlo; chè scorto un po' di fumo sul mare, accorsero festanti alla spiaggia; ma invece arrivava la regia fregata Ruggiero a riporvi la sovranità.

Il Sitzia, preso, disse una storiella così; che partito da Genova per Tunisi, venticinque de' passaggieri l'aveano deposto dal comando, e fatta prigione la ciurma, cioè che i 25 vinsero i 32; che dopo il fatto ei si recava a Napoli per rapportarlo al governo. Ma perchè la prigioniera ciurma scese assalitrice a Ponza? perchè egli libero non corse a Gaeta, e aspettò a rimbarcare i vittoriosi? perchè stettesi tutta notte a Sapri, nè corse a Salerno ad avvertire la potestà? perchè, se andava a Napoli, avea travarcate le bocche di Capri, e navigava in alto, dritto a Ponza? Questi fatti, e l'arme cariche a bordo sbugiardavano; poi ne' costituti i prigioni stessi gli sostennero in viso egli aver distribuite l'arme agl'invasori, fatte le cartucce, e augurato fortuna buona. Inoltre i due macchinisti inglesi Carlo Park ed Enrico Watt avean camice rosse, e addosso a questo secondo si trovò il viglietto della Miss White, che li mostrò scienti della cospirazione.

Il governo dopo brevi dì liberò i pochi passeggieri innocenti. Più tardi a 22 agosto, la casa di Lorenzo napolitana, in qualità di procuratrice della Compagnia Rubattini di Genova, fe' atto protestativo per la restituzione del Cagliari, ed è da notare questi Di Lorenzo essere stretti parenti della Errichetta Di Lorenzo, amica e zia del Pesacane. Per contrario la intendenza della real Marina, con istanza del 20, chiese al magistrato competente dichiarasse buona preda il legno, per aver commesso atti di pirateria e di guerra civile e mista. In tal guisa cominciò un giudizio, cui presto venne a intramettersi l'Inghilterra, patrona del Piemonte, come narrerò.

§. 7. Fatti di Livorno e Genova.

I Mazziniani avuta la felice nuova dell'isola di Ponza, certi d'impigliato foco nel mezzodì, corsero a suscitarlo nel mezzo e nel settentrione d'Italia. Il 29 giugno turbarono Livorno con armati di fuori; ch'entrarono, come già a Milano nel 55, assalendo coi pugnali i soldati per le vie, ma vinti in breve ora, i presi furon moschettati. Lo stesso dì a Genova, quell'arme preparate dal governo colle sottoscrizioni ad assalire i vicini, servirono a ferir esso. Era disegno pigliar lo arsenale di terra, il palazzo Tursi, ove stavano l'arme de' Nazionali, e i forti Sperone e Diamante. Però preparate quattro conventicole di faziosi, con a ciascuna una di tai missioni, corsero un po' le vie coi pugnali nudi, e rotto il filo telegrafico al villaggio Ronco, occuparono senza lotta e senza sangue quei luoghi; solo al Diamante si trovò un bonaccio sergente Pastrone, che opponentesi fu ucciso. Si dovea procedere a saccheggi ed arsioni, e fur trovate su' rei carte con designazioni di case da manomettere; ma sul tardi giunse il contrordine de' capi, e tutto tornò quieto.

Questa tragicommedia a danno della cosa pubblica giocolata fra il Mazzini e il Cavour, ebbe più comico sèguito in un semi-serio giudicamento! Su' principii di luglio, come s'udì lo scacco del Pesacane, il governo Sardo fe' il rigoroso: a' 3 arrestò Miss White, e un mezzo centinaio di malandrini; lasciato fuggire il Mazzini, fece perquisizioni e sequestri d'arme, e strepitò molto a parole. La White nello interrogatorio rispose: il Mazzini essere il *Cristo del Secolo;* e spiegò: « Non già lo credo Dio, perchè neppur Cristo credo Dio; ma egli al par di Cristo ha dato la parola a questo secolo, ch'è Dio e Popolo. » E siffatta bestemmiatrice della religione dello Stato, e rea primaria in quel giudizio, fu messa in libertà con ordinanza del 15 novembre. Mandata via lei, a 4 febbraio 58 s'aperse il dibattimento pubblico, paruto non corte di giustizia, ma sala di costituente italiana; perciocchè gli avvocati, spaziandosi in concetti rivoluzionarii, difendevano i rei, accusando il governo di connivenza; e dimostrarono quelle arme e quegli attentati essersi permessi per appoggiare la rivoltura nel Napolitano, e fare l'Italia. In tutto Piemonte, e negli stessi parlamenti s'alzarono alte accuse di complicità al Cavour e al Rattazzi, colleghi nel ministero; sicchè quest'ultimo si dimise a 14 febbraio. Fu curioso che non si inquisì di sorta contro i militari fattisi da un po' di marmaglia sorprendere ne' forti. Finalmente dopo ventidue tornate di concioni, la Eccellentissima Corte d'appello sguainò la sentenza; la quale molti mise in libertà, pochi in galera, e sei gravemente condannò a morte; cioè il Mazzini e altri cinque, tutti contumaci, che se la ridevano a Londra.

Questi inani conati contemporanei a Parigi, nel Napolitano, a Livorno e a Genova, mossi da una mente, scopersero la setta aver più audacia che forza e simpatie. Nel reame non eran valute l'abbassate arme d'Inghilterra e Francia, non le ingiurie del Congresso, non le profezie Cavourrine, non le insidie, nè gli assalimenti de' galeotti: qui i popoli volean pace vera, e fiaccavano con rusticane arme chi col pretesto di pace portava rivolture e guerra civile; qui la rivoluzione avea primo nemico il popolo. Perciò tutti sforzi volsero a conquidere il re, perchè il solo re col suo braccio poteva fare la rivoluzione.

§. 8. Strade ferrate.

Certi economisti moderni volgono a fine rivoluzionario la scienza, anzi hanno inventata una scienza a posta; onde sciorinano gran paradossi, cui strombettando a coro dan per trovati sublimi. Sputan sentenze così: Le nazioni tanto più son ricche quanti più debiti hanno. — Son più ricche quanto più pagan tasse. — L'economia dello Stato è altra che della famiglia. — La religione protestante è fonte di ricchezza. — Per questi e altrettali teoremi, il regno cattolico delle Sicilie, che non facea debiti, nè ponea balzelli nuovi, e anzi scemava i vecchi; era *negazione di Dio*. I settarii che quasi tutti non possedean nulla, inventarono tali teorie, perchè debiti e gravezze non pagavan essi; paganli chi ha roba; ed essi persuadendo gli spogliati che più pagando più son felici, si pigliano l'altrui.

Sfatavano il regno, che mancasse d'opere pubbliche; ma non già mancavano, è che si facevano a denari contanti, a buon prezzo, senza debiti; il che dicevano mancanza di progresso. Il governo stampò lavori statistici, dimostranti che solo in terraferma, per strade, campisanti, chiese, collegi, università, teatri, piazze, castelli, ponti, bacini, telegrafi, arginazioni e bonificazioni di paludi, s'erano spesi nel 52 ducati 3,351,565, nel 55 duc. 3,734,764, nel 54 duc. 3,556,662, e nel 55 duc. 4,045,894; cioè in quattr'anni quattordici milioni e 688,888 ducati. Si cominciava allora l'opera del bagno di Procida, a spese dell'erario. Ferdinando non volea troppo compagnie straniere, che per ogni piato schiamazzavano con vascelli; però intento a dar guadagno a' nazionali, e a tutelare gl'interessi del suo popolo, lo si gridava da fuori tiranno.

Strepitavano per le strade di ferro, ma non mancavan pel governo. Con denari dello Stato procedeva quella da Capua al confine romano, che si saria compiuta nel 61, senza la rivoluzione. A 16 aprile 55 s'era conceduta al barone De Riseis quella degli Abruzzi, assicurandogli il quattro per cento sul capitale da spendere; ma ei non trovò socii. Quella delle Puglie s'era data al Melisurgo, uno de' liberali; il quale ragunati alquanti capitali, li mandò a male. A 8 marzo 56 si concesse al

Bayart la strada ferrata da Nocera a Salerno. A 7 novembre 57 si die' a Tommaso d'Agiout facoltà di costruire la ferrovia da Salerno per Eboli a Taranto, con ingiunte condizioni. In Sicilia eran più difficili, chè pria s'avevano a vedere quelle del continente alla punta di Calabria; perciocché senza questo scalo i prodotti dell'isola non aveano passata; e le imprese con poco transito di merci e viaggiatori sarian fallite, non bastando il movimento isolato di soli due milioni d'abitanti. Le associazioni private chiedevano soccorsi del Tesoro; e questo non voleva imporre altri balzelli al paese.

§. 9. Opere pubbliche in Sicilia.

Senza ciò, in Sicilia, malgrado la malattia dell'uve che l'ammiseriva, si procedeva a molte opere alacremente. Nel 36 si restaurò la cattedrale di Cefalù, già per voto ai Ruggiero edificata. Il tempio di Monreale, famosissimo monumento di Guglielmo il Buono, arso a 11 novembre 1811, s'era preso a restaurare nel 16, si compì nel 59; spesivi 431,915 ducati, e grana 57. A 20 novembre 56 s'eresse una giunta per la telegrafia nell'isola. In quell'anno e nel seguente sursero settecento miglia di fili elettrici per le coste e per l'interno, col capo a Messina, dove due corde sottomarine a 7 giugno 57 rannodaronli al continente. Si sentiva il bisogno di altri con Malta, ma temendosi la nimicizia de' reggitori inglesi, si convenne a 3 maggio 59 con la compagnia telegrafica del mediterraneo autorizzata da Londra; la quale s'obbligò a un filo sottomarino nel canale di Malta, congiunto alla Sicilia presso Scicli, il che aprì tutto il levante. Inoltre fermammo con la Porta ottomana un trattato obbligandoci a un filo nell'Adriatico, tra Otranto e Vallona; e 'l facemmo. Il Turco ne mise due; da Vallona a Costantinopoli, e sino al confine Russo, e da Vallona alla frontiera d'Austria, per rannodarlo al filo del Cattaro.

A Palermo s'era messa a gas l'illuminazione estiva nella strada marina; volendosi stenderla a tutta la città, n'ebbe lo appalto un Francese a 8 giugno 57; versò la cauzione, ma pria di metter mano alzò pretensioni, cui il municipio non poteva accedere; però solendo allora ogni briga con istranieri finire in diplomazia, s'adì il magistrato, e fu sciolto il contratto; il che impedì l'opera. A 31 luglio 58 s'inaugurò a Catania l'orto botanico per quella università e per l'insegnamento delle facoltà mediche, d'agricoltura e pastorizia. Per costruire la stufa di ferro all'orto di Palermo si mandò nel 57 a Parigi. Messina fe' quattro statue colossali, una del re in bronzo del Tenerani, l'altre in marmo di Carlo III, Ferdinando I, e Francesco I.

L'acque dell'Anapo, alla cui foce vegeta spontaneo il papiro, si pretendevano da un ex barone, che ne vietava l'uso ad altri, e restava ineseguito un giudicato che lui condannava. Vi si pose rimedio a 26 giugno 53; e poi a' 27 giugno 57 s'approvò un regolamento che mise l'acque a benefizio delle terre circostanti, però diventate fertili giardini. Il Simeto dopo lungo corso traversa la pianura Catanese: soleva allagarla in inverno, e basso in estate non bastare a irrigarla. Secolare il desiderio d'arginarlo, il re a 29 novembre 58 e 25 aprile 59 concesse a una società di Catanesi l'uso di quell'acque per 89 anni, con obbligo d'eseguire l'impresa; e incontanente ne cominciavano i saggi.

§. 10. Porti del regno.

La Sicilia ha i più grandi porti del mediterraneo, massime quei d'Augusta, Siracusa, Messina e Trapani, ma non bastevoli al bisogno, per la loro positura; chè nella costa meridionale v'ha solo quel di Girgenti, non più da grosse navi. Si designò costruirne due grandi a Milazzo e a Licata: il primo per larghe sovvenzioni regie fu quasi compiuto, riuscito buono, riparato da tutti venti; l'altro ordinato a 22 settembre 58 già n'era pronto il progetto. Da ultimo il rescritto dell'11 maggio 59 ordinò un bacino da raddobbo per navi mercantili a Palermo, con denaro dell'erario pubblico; e già ingegneri visitavano quei di Malta e Tolone per istudiarvi.

In Ischia si rifece l'antico porto dal 53 al 56, con ducati 114,729; e là dove non bene entravan barche si videro fregate. Poi si disegnò rifare l'antico porto Giulio a Pozzuolo, già opera d'Agrippa, celebrato da Orazio, Cassio e Virgilio. Scelto il progetto del Lettieri, si cominciarono nel 56 i lavori, da unire i laghi Averno e Lucrino al mare, con canali navigabili, e con la bonificazione de campi Flegrei; poi l'impresa diessi a cottimo a un intraprensore per ducati 533 mila, con obbligo di farla dal 59 al 61. Del pari i piloni del molo Puteolano tornarono utili dopo tanti secoli, spesi ducati 55 mila nel 55. Col rifare il bel porto antico di Nisila, si volle anche costruire un lazzaretto nuovo per Napoli, tra Nisila e Posilipo; ve n'era uno piccolo fatto nel 1626 dal viceré Toledo; nel 1855 Ferdinando ordinò ampliarsi quello e il porto; e vi andarono ducati 308,013 sino al 47, quando per la rivoluzione si sospese; e le tempeste fer peggio. Si ripigliò nel 55; si benedisse quasi compiuto a 29 settembre 57. Bell'opera importata altri ducati 333,670, sino al 59. Nel 57 s'ordinarono costruzioni d'altri porti a Salerno e a Tropea; e già nel 51 s'erano spesi cinquantamila ducati per quello di Cotrone.

Il rinomato porto Adriano a Brindisi dicesi distrutto per gelosia de' Veneziani nel medio evo: il re vi facea lavorare dal 1834 e sino al 48 v'erano iti 415,056 ducati, nè s'era fallo il terzo; nel 56 vi si addissero altri 207 mila ducati, e 81 mila annuali dall'anno 57 in poi: cosi fu quasi compiuto. La scala franca vi s'era decretata dal 47. Il porto di Taranto fu restaurato dal 53 in qua; lo stesso a Gallipoli, con soccorsi del Tesoro. E si costruiva dal 65 un porto nuovo a occidente di Bari, approvato per 480 mila ducati. Altro se ne faceva a Molfetta; si lavorava a quei di Barletta, Monopoli, Bisceglie e Trani, e si preparava il progetto da sterrare quello di Manfredonia. In Abruzzo lavoravano al porto d'Ortona, e studiavano un lazzaretto a Giulianova. Da ultimo un decreto dei 18 febbraio 58 ordinò si cavassero con unica maniera tutti i porti del reame, con apposito direttore, e se ne costruissero le macchine e gli ordigni. A' fari e fanali sulle coste, con luci d'avvertimento a quattordici miglia geografiche, provvedevasi dal 42, e se n'era messo il primo a Nisita; ma il decreto del 24 marzo 59 sanzionò un disegno d'illuminazione generale delle spiagge, con altri 42 fari sul continente. In Sicilia s'eran fatti.

Storia delle Due Sicilie 1847-1861

§. 11. Bonificazioni

Nel regno sono molte terre paludose: maremme a Fondi, al Garigliano, al Volturno, sul Jonio, sull'Adriatico; gore a Sarno, Pesto, Policastro, S. Eufemia, Rossano, Gioia, Bivona e altrove; misurate, si trovarono dodici milioni di moggia. Restituirle all'uomo era opera più gloriosa del conquistare l'altrui. Ferdinando sin dal 31 aboliva le riserve per le regie cacce, appunto per bonificarne le paludi; e in molte parti si lavorò, dove bene, dove male, dove si rubò molto, dove poco: perlocchè nel 55 a 11 maggio una legge creò la Commessione speciale pel bonificamento, con Giacomo Savarese direttore. In effetto si videro bell'opere in quelle maremme a manca e a dritta del Volturno, ch'aveano 240 miglia quadrate, già impraticabili e mortifere: restituite a coltura terre feracissime e immense, nella più ubertosa parte d'Italia, in Campania, con istrade bellissime in più versi. La fama ne passò fuori; e il governo francese mandò uffiziali a studiare quei nostri bonificamenti.

§. 12. Il Fucino.

Il lago Fucino sta su un alto piano in Abruzzo citeriore, a 680 metri sul mare. Fanlo l'acque piovute sui monti circostanti, che vi restan per mancanza di sbocco; onde cresce o manca, secondo più o meno piove, o che più o minor caldo le svapori; e or lascia or inonda le rive, con danno della coltura o della salute umana. Non è profondo, nè s'alza nelle piene a più di 86 palmi, e sconcie talora a 39. Pertanto fu antichissima brama d'abolire quello stagno sì mortifero che ingoia tante terre. I Romani con gli schiavi, che non costavan nulla, fecero grandi opere per divergere l'acque; Claudio con un emissario volle gettarle nel Liri; ma nello stesso dì dell'apertura la furia dell'acque rovesciò l'onore in gran parte. Nè riuscirono meglio Traiano e Adriano, nè Federigo Svevo, nè Alfonso magnanimo, nè altri re. Ora con modi nuovi di scienza, studiate le condizioni del lago e dell'emissario Claudio, Ferdinando fe' purgare lo speco dell'antico canale, e tutti i cunicoli romani, e fu provato che l'impresa si potrebbe eseguire. A 21 luglio 53 concesse i lavori di prosciugamento a una compagnia rappresentata dal D'Agiout (che li cedè poi al principe Torlonia romano) dandogli la proprietà de' terreni emergenti dai fondo. E tosto con grande spesa e alacrità, si mise mano.

§. 13. Concessioni ecclesiastiche.

Ferdinando ritornando sulle dimande dell'episcopato, quasi tutte pel Fortunato co' rescritti del 15 luglio 50 rigettate, fe' per contrario di molte concessioni. A 15 marzo 56 ordinò che ogni Beneficenza desse a' vescovi tanto di rendita di fondi urbani e rurali, ovvero i fondi stessi lasciati dai testatori, da bastare alle spese del culto; e seguite dubbiezze nella esecuzione, le chiarì a 3 maggio, 30 agosto e 15 novembre. Il decreto del 5 gennaio 57 concesse il seppellimento in chiese e cappelle gentilizie ad ecclesiastici ed a' patroni; ciò era universale desiderio. Già nei 34 s'era convenuto con la Santa Sede per certi riguardi da usarsi a ecclesiastici carcerati o condannati, convenzione pubblicata a 30 settembre 39; ora a 6 maggio 57 un rescritto aggiunse le cause d'ecclesiastici farsi a porte chiuse, e i vescovi poter chiedere s'espiassero le pene correzionali in conventi. Quattro decreti del 18 maggio 57 concedettero: 1.° larghezze nuove per vendite, affitti e reimpieghi di beni e capitali di mense vescovili, badie e benefizii. 2.° ammissione di prove equipollenti per dimostrare la qualità ecclesiastica, e i padronati di chiese e beneficii. 3.° facoltà agli arcivescovi di terraferma a convocare sinodi provinciali, avvisandone il governo, e poterne stampare gli atti. 4.° poter le chiese, corporazioni e beneficii accettare donazioni e testamenti, senza venia sovrana. Quattro decreti del 27 maggio ordinarono: 1.° la revisione alla stampa de' libri, data al consiglio d'istruzione pubblica con legge del 13 agosto 50, si fidasse altresì a' vescovi. 2.° abolita la pena comminata dall'articolo 245 delle leggi penali contro i parrochi che unissero sposi, senza la preventiva promessa avanti all'uffiziale civile. 3.° dichiarate le procedure d'esecuzione per le sentenze delle Curie in cause chiesastiche. E 4.° i procedimenti per legati pii di messe, ed altro. Quattro rescritti del 3 giugno prescrissero che le Consulte, pria di giudicare affari di Chiesa, interpellassero i vescovi; che l'arcivescovo di Napoli potesse tenere un seminario, ove i vescovi del regno mandassero loro chierici a studiare; che sendo i vescovi ispettori nati delle scuole, possano e debbano visitarle, sien pubbliche o private; e che tre revisori sieno ecclesiastici tra' revisori di libri esteri in dogana. Il ministro a 3 giugno ordinò non soggette al regio *exequatur* le dispense per età in matrimoni, cariche ecclesiastiche, e permessi di libri vietati. E il rescritto del 3 giugno abolì *l'exequatur* per le cause d'appello a Roma, scioglimenti di matrimoni, e sentenze d'appelli per provviste di canonicati e benefici in capitoli, collegiate e chiese di libera collazione, e per benefizii ecclesiastici fra ecclesiastici.

Questo derogare a' rescritti del 50, e accedere in buona parte alle dimande delle conferenze episcopali, meritò che i vescovi ne volgessero al sovrano indirizzi di ringraziamento. Ma come cose nuove, le lingue sfringuellavano, la setta soffiava, e i mali preti de' paesi, irosi pel maggior potere de' loro superiori, essi pure malignavano le concessioni. Si mormorava il re retrogrado, bigotto, aver messo il *santo uffizio*.

§. 14. Visitatori regi nelle provincie.

Dirò meglio nel seguente volume quale fosse la condizione amministrativa del reame, e i suoi beni e mali mescolati. Ferdinando non avea mestieri di straordinarii modi per saperne lo stato; eppure, forse per dare nell'occhio all'estero, si calò a nuovo espediente. Solevano i re spagnuoli mandar talvolta personaggi in questi regni, con titoli di Visitatori, e potestà indipendente da' vicerè. Ferdinando l'imitò in parte due volte: nel 36, e ora nel 57, delegò per le provincie magistrati visitatori con sola facoltà di vedere e riferire al re lo andamento della cosa pubblica, i portamenti degli impiegati, e i bisogni de' popoli. Cotesta mezza spagnolata era vana con provincie vicine, dove non si movea dito senza saputa del governo; più vano mandarvi uomini usi a' tribunali, quasi niente intendenti di cose amministrative; vanissimo a quel tempo che gli errori più da Napoli che non nelle provincie s'ingeneravano, ed anzi che errori, si credevano sapienza. I visitatori sapevanlo, e intenti ad andare a verso (qualcuno poi ne fu con la rivoluzione) non toccavano questo tasto, dove appunto era da scrutare la cagione delle cagioni. Però salvo che buoni alloggi, non trovaron altro. Di quelle visitazioni si vide poco, si seppe nulla, si dissero fatte. I visitatori della Sicilia s'accordarono a rapportare contro il modo di percezione del dazio sul macino; perciò il re che per reiterati avvisi della Consulta l'avea riposto, a lei stessa commisse elaborasse più semplice disegnò di percezione, da gravar meno la bassa gente. Ed era fatto al sopraggiungere della rivoluzione.

§. 15. Tremuoto di Potenza.

Il suolo del regno avea spessi commovimenti. A 5 luglio 57 dopo l'imbrunire s'era sentito lieve tremuoto a Potenza; altro a 10 settembre a tre ore di notte, pur leggiero. La sera del 16 dicembre, verso l'ore dieci, il vedemmo in Napoli, e dopo tre minuti replicò forte; la gente fuggì di casa e ingombrò le vie; ma fuor che paura e qualche fenditura d'edifizo, non fu altro. Terribile invece riuscì nelle Provincie in larga cerchia, tra l'Adriatico e 'l Tirreno, tra Puglia, Calabria, Basilicata e Salerno. Era sereno il cielo, tranquillo l'aere, s'udì gran rombo, e tosto lo scuotimento ondulante e sossopra; peggio dopo i tre minuti, a vortice e a sbalzo; le masserizie più pesanti uscirono di posto, le mura gittate fuori, le case percuotevansi a vicenda crollando; l'ora notturna, il sonno massime negli affaticati contadini, fer vittime assai; la gente svestita, dormente, schiacciata o sepolta sotto travi e ruine, in un attimo perì. Tremenda notte! A Potenza nessun edifizio salvo; chi potè fuggire dalle macerie, accecato dalla polvere, nudo, alitante, sanguinoso, coi capelli irti, a cielo scoperto su ghiacciati campi, vedea la patria e i suoi cari in improvvisa tomba inghiottiti. Quasi distrutti Tito, Marsicuonuovo, Laurenzana, Montomurro, Moliterno, Saponara, e Brienza; danni gravissimi a Vignola, Calvello, Anzi ed Abriola. In Viggiano alle ruine s'aggiunse l'incendio. Nè men gravi nel Salernitano. In Polla perirono quasi settecento, mezzo abbattuto esso e Pertosa, Atena ed Auletta. Molto in Puglia Canosa e Taranto patirono. Da' rapporti uffiziali sino al 13 gennaio 58 veggo verificati 1213 morti e 347 feriti nel Salernitano; e 9237 morti e 1329 feriti in Basilicata. Le scosse pur seguitarono frequenti ma lievi sin'oltre il giugno.

Per lenire tanti mali accorse il governo, e l'umana carità. Ordini veementi da Napoli pigliarsi legname da per tutto, da boschi e da magazzini; si mandarono ingegneri, artefici, pionieri, e altri soldati a lavorare: poi vesti, camice, letti, farmaci, religiosi, filacciche, e tutte le tende militari, più che duemila e seicento. Il re largì tosto ottomila ducati, duemila la regina; si fecero collette in ogni dove, concorsevi tutta

Europa: il papa, Toscana, Modena, Francia, Genova, Spagna, Olanda, e sin Tripoli ed Algieri; giunsero a dugentomila ducati.

Il governo a nulla mancò; ma tanti soccorsi e danari passarono per brutte mani. Era là dal 22 dicembre 56 ito in missione d'intendente Achille Rosica, vicepresidente della Gran corte civile di Napoli, buon magistrato, secondo il verso di quel tempo del mandar magistrati a governo; più errore mandarlo in Basilicata, ove già sedeva un comitato unitario a Potenza. Nè s'ignorava, dappoichè in novembre 56 il sottintendente di Sala aveva agguantato un mandatario, certo Niccola Taiani, con fogli rivoltuosi e una tipografia portatile, che si recava nel Potentino in servigio della setta. Il Rosica non era atto a tener gli occhi nella polizia, cosa nuova a magistrato civile, e lasciava fare, sì che tenevanlo a fautore. Il tremuoto fu opportunità ad allargamento di file; col pretesto di vedere i luoghi del flagello di Dio, s'assembravano gli adepti, e concertavano corrispondenze vocali ed epistolari. L'intendente lasciò il maneggio a un Raffaele Cassitto, impiegato d'intendenza, fatto consigliere, tutto della setta; il quale alla fellonia aggiunse furti e concussioni: danari, arnesi, vesti, tende, legnami, frumenti, tutte cose dalla carità del Governo e de' cristiani largite, non tutte andavano bene; e si sopportava qualche straniero qua e là, vanitoso dispensatore di zuppe a' poveri, insultare in ricchissimo regno alla previdenza ed operosità del regio governare. Sotto quelle trabacche si congiurava, si sfatava il re, si calunniava, si mentiva; solo mancava il vessillo de' tre colori. Cotali cose non si videro in quel di Sala, dove il sottintendente Calvosa fe' il debito suo. Il re a 15 marzo 58 die' dal tesoro ventiquattromila ducati, per rifare le chiese crollate in Basilicata, e diecimila per quelle del Salernitano. Dappoi fu ordinato che del denaro sopravveniente dalle collette trentadue mila ducati si distribuissero a' poveri, diciottomila s'addicessero a monti di pegni, e altrettanti a monti frumentarii.

Mentre gli uomini malvagi, chi mancando al dovere, chi tradendo, chi congiurando, e chi diffamando la propria patria, s'affaticavano a darla a' stranieri tiranni, cotanti tremuoti sì spessi e ruinosi parevano voci di Dio, che con isconvolgimento della terra nelle sue viscere profonde, profetassero le peripizie che indi a poco ne avean la superficie a bruttare di tanto fiume d'umano sangue.

Moriva a Pozzuolo per bronchite cronica, a 6 novembre 57, Maria Amalia sorella del re, moglie di D. Sebastiano, infante di Spagna.

§. 16. Programma della rivoluzione.

La rivoluzione una è, o che vesta assise regie, o s'incappelli il berretto repubblicano; però nessun prodigio fece il Cavour co' suoi lavorii a stringere insieme tutti i partiti rivoluzionarii. Gli fu maggior fatica (se il mentire è fatica a' tristi) quel continuo mutare travestimenti, e altro dire e altro fare, e 'l fingere di percuotere il fellone e 'l sorreggerlo, e 'l sorridere all'avversario per ferirlo da tergo, e l'altre tante vigliacche malvagità, per le quali i settatori vanto celebrando *Genio* ed eroe. Opera d'ingegno non credo, bensì impudentissima, lo usare ad arte di Stato quel volgar mestiere de' nostri *camorristi*, noto a ogni minimo ragazzo che anteponga la roba altrui all'onore. Che se a questi si dà la galera in pena, e a quello i trionfanti massoni elevano monumenti, non però la storia, dispensiera di giusta mercede, sconvolgerà le idee innate del giusto eterno, per celebrare un fievole ingegno che stimò farsi glorioso col mentire, ingannare e tradire. Quando tornerà in pregio la virtù ed il vero, cotesti torbidi talenti saran giudicati miseri e mentecatti.

Benchè fallate le imprese di Sapri e Livorno, i rivoluzionarii, assicurati dal Cavour, aveano fede indubitata in imminente riscossa. Il Mazzini avea dettato un catechismo militare a regola de' sollevantisi in campagna; il La Masa siciliano stampò a posta a Torino un libro sulla *Guerra insurrezionale* da farsi; il tiro dello carabina si studiava aperto e permesso in Piemonte; si mandavano a milioni per le città, i ritratti di re Vittorio e del marinaro Garibaldi; e si facean manifesti e proclamazioni formicolare per ogni contrada. Uno sparso nel 57 fu programma del da fare. Diceva: « Italiani! Quale sarà la condotta nostra, quali i nostri atti, quando i popoli s'agiteranno e dimanderanno una Italia, perchè non resti come nel 48 una sublime aspirazione, ma divenga essere pieno di vita? Al primo grido, al primo ribellare, i popoli si levino per domandare *il regno d'Italia con la dinastia di Savoia, e lo statuto sardo*; e 'l parlamento e l'esercito Piemontese avranno una voce per acclamare Italia. Come sorgerà allora una potestà che non sia nè Piemontese, ne Lombarda, nè Veneziana, nè Toscana, nè Siciliana? Con la trasformazione del parlamento Sardo in italiano. Che farà il parlamento italiano? investirà il re di dittatura durante la guerra d'indipendenza. Che farà il dittatore? ne unificherà dicendo: unitevi attorno a me; ubbidite a' Commessarii che mando per armarvi; accorrano vostre legioni da ogni paese a ingrossare i nostri soldati; io son con voi; oggi l'opinione in Europa n'è favorevole, è il momento opportuno, profittiamone. Non c'impacciamo troppo della diplomazia; questa ne calpesterà senza misericordia, se non vinciamo, come fece nel 49; ma che il re di Sardegna si faccia vedere con cinquecentomila combattenti, e la diplomazia, malgrado sue repugnanze, s'affretterà a riconoscere *il fatto compiuto*. Non ci facciamo illusioni: la quistione italiana *non è quistione di giustizia al tribunale di Dio ma di forza, unicamente di forza al tribunale degli uomini.* »

Tutto in questo cinico programma profetava quel che avvenne: la dinastia Savoiarda, il regno d'Italia, il parlamento sardo mutato in italiano, la dittatura, i commessarii per annettere ed armare, la diplomazia da banda, il fatto compiuto, la forza unica ragione, i repugnanti riconoscimenti: tutto a un puntino. Solo il re dittatore non si vide, perchè surti più dittatori di fatto, con apparenti costituzioni, credettero non proclamarlo, per non urtar più assai nell'opinione europea. Ma tal programma tutto eseguito per parte della setta, mancò affatto per parte de' popoli: non vennero i cinquecentomila combattenti, non si videro ribellioni spontanee, nè i paesi sollevarsi. I settarii dicentisi popolo, sapendo di non poter contare sul popolo, videro necessità di chiamare lo straniero in Italia a far l'Italia della setta; e guardavano speranzosi Napoleone, padrone di seicentomila baionette.

§. 17. Vendette Napoleoniche.

Questi benchè surto di rivoluzione, e forte per essa, aveva altresì voluto appoggiarsi al dritto dinastico; e s'era intitolato terzo, quasi succedesse a un secondo imperatore, quando il figliuolo del Primo s'era morto senza avere impero; ma tenendosi imperatore di dritto, ei mostrò stare al dritto di discendenza, spregiatore de' trattati del 1815, ch'avevano inibito il regnare a' Bonaparti. L'Europa sopportò; e anzi quando ei proclamò *l'Impero è la pace,* gli credette; chè nell'uomo fermante la rivoluzione francese travide lo strumento di ordine, la vittoria del principio d'autorità, la diga al torrente socialista; però sacrificò la più antica casa d'Europa alla pace del mondo.

Egli ebbe tempo da rifare l'impero, d'afforzarsi con battaglioni e ingegni, e con le alleanze di quei Stati stessi ch'avean contro la sua casa stipulati i patti viennesi. Ma lavorava a vendicare lo zio, a rifarne la tela interrotta, a cancellare dalle menti Waterloo. Seppe in quei già percuotitori dello zio mettere lo scompiglio: prima unisce Europa contro il Russo, e l'umilia; poi smacca Inghilterra alleata, sforzandola ad amara pace in Crimea; poi la gagliarda Prussia costringe a vergognoso danno.

§. 18. Quistione di Neuchatel.

La casa di Prussia ereditò da' Longueville, famiglia francese, nel 1708 lo stato di Neuchatel in Isvizzera, ch'ha 73 mila anime; e 'l trattato d'Utrecht nel 1713 le ne sanzionò il possesso. Napoleone conquistatolo nel 1806 diello al Maresciallo Berthier. Dappoi tornò a Prussia per l'articolo 23 de' patti di Vienna nel 14 se non che col seguente trattato del 19 maggio 15, quel paese dichiarato cantone svizzero, fe' parte di questa confederazione, con alquanta restrizione de' dritti regi. Conseguentemente l'idea repubblicana v'invase a poco a poco, ammortendovi la potestà sovrana di Prussia; e v'era rimasta fievolissima quando nel 33 la Dieta Elvetica occupò con soldati la regione, spregiando le prussiane proteste. L'anno appresso il cantone proclamò indipendenza piena, e Prussia riprotestò.

Ma pur nella repubblicana Svizzera eran realisti che volevano l'antico. La notte del 2 a 3 settembre 56 il conte Pourtalis in nome del re s'impadronì del castello; poi venute truppe federali, fu vinto e preso. Prussia sempre protestando chiese la libertà de'prigionieri; e rafforzavano le dimande della Dieta di Francfort. Negarono gli Svizzeri; indi minacce e armamenti. Nel congresso parigino il legato prussiano, udendo mentovare quistioni italiane e greche, estranee alla guerra d'Oriente, tentò far discorso anche del Neuchatel, ma non gli dettero retta; perchè s'ausiliavano le rivolture, non le restaurazioni. Poscia intramessasi la diplomazia, fur rilasciati i prigionieri nel 57, con riserva del definirsi il dominio del paese in una conferenza a Londra. Non però posarono i repubblicani, e scacciarono d'uffizio trentasei persone realiste. Invece la conferenza seguì a Parigi; e la Prussia dovè aderire a un trattato del 27 maggio di quell'anno, rinunziando a tutti i dritti sovrani, solo serbando

Storia delle Due Sicilie 1847-1861 501

al re i titoli di principe di Neuchatel e conte di Valengin. Perdè il dritto certo di dominio, senza compensamento. A quest'onta condussela l'essere stata neutrale nella guerra contro l'antico suo alleato. Indi a poco dovea venire la volta dell'Austria.

§. 19. Le bombe dell'Orsini.

Napoleone abbassando gli antichi avversarii de' Bonaparti infievoliva altresì gli stati conservatori, ma ciò era poco per la setta. Napoleone avea lacerato la pagina del trattato del 15 percuotente i Napoleoni, la setta volea lacerare l'altre state cancella alla rivoluzione. Egli si trovava bene a fermarsi, questa gli diceva cammina; e in sette anni gliel disse ben otto fiate con otto attentati alla vita. Le macchine infernali di Marsiglia, quelle di Lilla, della Marianna, del Tipaldi, del Grilli ed altre non erano riuscite; le pistole del Pianori e del Bellamare aveano fallato; rugumarono più gagliardi colpi. Il comitato di Londra, dicentesi per l'indipendenza delle nazioni, il Mazzini, il Ledru-Rollin, un Bernard ed un Pyat, dettero il carico d'ucciderlo a più adepti, e fornirono arme e danari. Tra questi fur primi un Pieri, un Rodio, un Gomez, e un Felice Orsini. Costui nato in Meldola avea cospirato con Nicola Fabrizi e 'l Ribotti, quindi esulò; quindi tornato per l'amnistia di Pio IX, in ringraziamento fe' il deputato alla costituente romana, in febbraio 49, che proclamò la repubblica: uomo del Mazzini, un po' letterato, un po'soldato, tutto assassino.

La sera del 14 gennaio 58 sull'ore 8 1/2 giungendo l'imperatore in carrozza al teatro dell'opera a Parigi, scoppiarono tre bombe lanciate dalle finestre e dalla via, che ferirono o uccisero 156 persone con l'Orsini operatore. Solo l'imperatore rimase illeso con la consorte, benchè morisse un cavallo e s'infrangesse la carrozza dove stava. Restarono non iscoppiate altre bombe per terra, e molte arme gittate da' moltissimi congiurati. Se ne arrestarono trenta quasi sull'atto, e poi sino a trecento per tutta Franca; perocchè dal seguito giudizio si vide già essere in pronto una grande sommossa nell'impero, compiuto il misfatto. Si scopersero carte di corrispondenza, arme e munizione; nè a Chalons si poterono vietare tumulti; e anche a Parigi poi la notte del 4 a 5 marzo tentarono far folla, tosto fugati.

Del processo uscì a 26 febbraio la sentenza: l'Orsini, il Pieri, e 'l Rudio a morte, il Gomez alla galera; rigettato il ricorso per cassazione l'11 marzo, la giustizia si fe' il 15 su' due primi, commutata al terzo la pena in galera a vita. L'Orsini dalla prigione avea scritta una lettera a Napoleone cui lo avvocato con furba imprudenza lesse in udienza, che forte minacciando *raccomandavagli l'Italia*. L'Italia settaria avea necessità d'esser patrocinata da un assassino a pie' della forca.

Mentre l'onesta gente fremea per le morti e ferite di tanti innocenti, i giornali rivoluzionarii ne davano colpa a esso Napoleone. In Torino dicevano: egli pagare il prezzo della depressa libertà. « Chi mai il pregò di far guerra alla repubblica romana? s'è mescolato in faccende italiane, è giusto che gl'Italiani scaccino lui, e gli menino bombe in carrozza. Lui di casa italiana, dessi da Italiani giudicare e punire. » E promossero collette per un presente al Favre, avvocato degli assassini. Il giornale *La ragione* evocando la memorie d'Amodio e Aristogitone, fe' il panegirico dell'assassinio. Denunziato a' tribunali, i giurati con iscandalo l'assolsero. Lo stesso Cavour stampò nel giornale uffiziale la lettera del condannato Orsini; con una sua postilla, lodollo d'aver nella lettera *segnato alla gioventù italiana la via per riporre la patria al posto dovutole fra le nazioni.*

Napoleone volle soddisfazione, e forte minacciò darebbe sua lezione al Piemonte, ond'ebbero ad ubbidire; e il parlamento votò la legge De Foresta, che definiva il crimine dell'apologia del regicidio, e meglio puniva le cospirazioni.

§. 20. Cade il ministero inglese.

Anche in Inghilterra celebravano l'Orsini e la dottrina del regicidio; a lui brindisi, elogi e discorsi in un Meeting solenne plauditissimi. Il reo Pyat stampò un librettaccio encomiastico del tirannicidio. La setta da ogni parte stringeva i panni addosso a Napoleone. Questi da prima con nota del 20 gennaio dichiarò *rispettare la libertà inglese, usante dritto d'asilo contro stranieri vittime di politiche lotte;* poscia dimandò giustizia per gl'impunitarii insidiatori di sovrani; e per mostrar che Francia se ne commoverebbe, fe' stampare nel Monitore gl'indirizzi de' colonnelli francesi, con minacce d'invadere Inghilterra, per ispegnervi il focolare de' regicidi. Ciò fu vampa a quei sospettosissimi isolani; però quando il Palmerston si calò a proporre alla camera un *Bill* contro i fuoriusciti sul suolo brittanno, ben per pudore fu accolto, ma trovarono altro preteso per volare contro i ministri; onde lasciarono le sedie, e surse il ministero Derby, certo con rammarico di Napoleone, e contro l'aspettazione di tutti. Fu grave a considerare come liberalissimi ministri fossero costretti a ritrarsi la prima volta che proposero legge di *conservazione;* e come per l'opposto ministri conservatori salissero appunto per non dar corso a quella accolta legge conservatrice. Il Palmerston con maggioranza nella camera cedeva al Derby che v'avea minoranza; perchè l'Inglese geloso, sospettò quel Bill dettato dal Francese; aderì, ma ne punì l'autore. E il Derby, se volle un po' restare in seggio, ebbe più dell'antecessore a secondare gli spiriti progressivi della camera.

§. 21. Giustizia inglese.

L'altro complice dell'Orsini, un Bernard ch'avea costruite le bombe in Inghilterra, fu colà sottoposto a giudizio *pro crimine.* Se il Giurì lo dichiarava colpevole, n'avria egli perduto il capo; ma parendo pena troppo severa, i giurati se la cavarono dichiarandolo innocente. Dopo dovea subire altro giudizio per cospirazione; ma come tale reità nel codice brittanno ha lieve pena d'ammenda, il fisco per isfuggire al ridicolo del condannare a poche lire il complice assassino d'un imperatore francese, abbandonò l'accusa. Adunque il Bernard non ebbe condanna, non *pro crimine* per la troppa pena, non per delitto per troppa lievezza di pena. Ve' le strombazzate e *sempre eseguite* leggi inglesi! Appresso andarono assolti anche i librai stampatori del libello a pro del tirannicidio, e di quello del Pyat contro Napoleone.

Per cosiffatta giustizia i giornali di Francia alzarono la voce; ma l'imperatore, benchè si rodesse, e vedesse caduto l'amico Palmerston, e l'andazzo della camere e degli spiriti inglesi contro di sè, pur finse acchetarsi, e anzi chiese scuse per gl'indrizzi stampati nel Monitore. Invece uscì a Parigi certo opuscolo d'un La Guerronière, cui dissesi imbeccato da esso imperatore. Enunciava i segni di stima e affetto dati da Napoleone all'Inghilterra, e la guerra russa fatta per l'interesse di lei; poi noverava i nove attentati alla vita di lui, tutti preparati a Londra da fuorusciti protetti. Aver l'opinione pubblica chiesto la cacciata di quei tristi, nè ottenutolo, aver anzi Napoleone fatto scuse pe' sensi irosi degl'indirizzi militari. Che poteva più Francia per non turbare l'amistà fra' due Stati? Dover ora Inghilterra provvedere alla giustizia e alla sicurezza di vicini sì amici e leali; e conchiudeva fidare nella lealtà di quella nobile nazione. Ma gl'Inglesi non si calarono d'un punto. Napoleone ch'avea rotto le relazioni con Napoli, perché questo non avea ceduto a' suoi consigli, ora da Londra pitoccava giustizia, e inesaudito cagliava. Avea temuto il lontano e cheto Napoli partorisse guerra europea, e sopportava i regicidi a fargli le fiche a un dito di mare da Francia! I forti misurano l'onore e il dritto con la lunghezza della spada.

§. 22. Quistione pel Cagliari.

Noi Napolitani facemmo esperimento delle velleità progressive del conservatore ministero brittanno. Narrai del catturato Cagliari. La compagnia Rubattini facendo istanza alla commessione delle prede per riaverlo, avea riconosciuto la legalità del foro napolitano a giudicarvi. Però seguivano due giudizii, uno civile, per la dichiarazione di buona preda a pro de' catturanti, l'altro penale dalla Gran Corte criminale di Salerno, contro la ciurma e gli assalitori di Sapri. Prima con decisione del 18 agosto furono messi in libertà sette de' passeggieri per innocenza; poi a 18 ottobre undici della ciurma; il resto co' macchinisti inglesi furo in dicembre sottoposti ad accusa; ma la procedura con ponderata legalità seguiva lenta, che riguardava 286 imputati, per rei là in due provincie, preparate fuor del regno, dove occorreva udire testimoni a carico e discarico, de' quali molti doveano venire da Genova. A 2 ottobre si rilasciarono al consolo Sardo 79 casse di sigari imbarcati sul legno, che fu provato appartenere a quel governo; e per sentenza preparatoria di quella commessione delle prede del 25 agosto restituironsi a' padroni anche l'altre mercanzie. Dappoi in prima istanza a 28 novembre quella Commessione decise il Cagliari esser buona preda, e condannò i Rubattini e Stizia alle spese del giudizio; i quali ricorsero per appello. Il dibattimento pubblico pel criminale cominciò in gennaio 58, seguitò quasi ogni dì, e fu interrotto per malattie de' due Inglesi, de' quali uno, il Watt, si finse matto; onde mandato agli ospedali di Napoli, la Gran Corte decise si proseguisse il giudizio per gli altri.

Il Cavour quando aveva udito la fine dei Pesacane, s'era affrettato a 9 luglio a far dal conte Groppello ministro in Napoli dichiarare che il *deplorando e criminoso fatto avea destato indignazione, sentita da ogni sensata ed onesta persona*. Dopo questa ipocrisia, cominciò a reclamare or questo or quello pe' prigionieri, poi i sigari, poi le mercanzie; e mostrava sperare che provata l'innocenza si restituisse il legno; ma come la reità usciva manifesta, cercò tirarsi l'Inghilterra. In effetto l'Hudson ministro inglese a Torino scrive a 5 gennaio al Cavour: Londra esser disposta a far richiami contro il procedere napolitano pel catturato Cagliari; e 'l Cavour risponde *essere riconoscentissimo* che ciò facciasi da una nazione competente in cosa di dritto marittimo. E subito a' 16 ne sfodera una nota, dicente: il Cagliari la notte del 25 giugno aver patito aggressione da' passeggieri, e deposto il capitano; governantelo i ribelli, esser ito a Ponza e a Sapri; il capitano appena rimasto libero recavasi a Napoli quando fu catturato, però innocente; il legno essersi preso in alto mare, dove non era giurisdizione napolitana, e con la bandiera sarda non potersi dire pirata. Laonde impugnava la legittimità de' giudizii nel regno; non potersi punire la ciurma, doversi restituire il bastimento; egli aver obbligo e dritto di domandarlo. Il commendatore Carafa risposegli a' 30: « Non potersi un fatto contenzioso chiarire per via diplomatica; nè il governo entrerebbe nello esame debito a' tribunali. Il giudizio essersi incoato a istanza del Rubattini reclamante, giudizio civile e di natura privata. Non contrastare al dritto di preda la bandiera sarda, sendo regola di dritto internazionale che la ostilità dà dritto a cattura. Fu sì predato in alto mare, ma a vista delle nostre coste, *in flagranti*, dopo reati di sangue fatti sul paese: anche in più alto mare poteva a dritto essere predato, chè il mare a tutte nazioni è comune. Il Cagliari con ciurma numerosa dicesi sforzato da' passeggieri; eppur questi e quella sbarcano insieme a Ponza; il capitano poteva col battello andar via, ma aspetta i faziosi; lo stesso a Sapri: quando li vede entrati in città, ripiglia la via di Ponza, non quella più facile del continente napolitano per raccontare l'avvenimento. Catturato, trovasi con arme cariche numerose, e feriti della ciurma stessa. »

Il Piemontese tracotato e superbo per la spalla dello straniero, ne mandò a 18 marzo un'altra lunga filatessa almanaccando sulla illegalità della cattura, e minacciò *avviserebbe a quei provvedimenti che gli offesi dritti dello Stato avrebbero richiesto e consigliato*. E si consigliò a sollecitare Londra di compiere le promesse fatte dall'Hudson a 5 gennaio. Così chi facea professione di cacciar d'Italia ogni mano straniera, chiamava or Francesi ora Inglesi negli italici piati.

Nondimeno allora Londra gli rispose: il dispaccio del 5 gennaio essersi carpito all'Hudson dal suo segretario; e 'l provò dimettendo costui dall'uffizio. Seguitando tra noi e Torino il noioso carteggio, rispondemmo in dritto a 15 aprile, citando quanti furono scrittori di dritto in ogni tempo; e a conferma fu ricordato il caso del sardo battello il *Carlo Alberto* che nel 32 portò assalitori in Francia, preso in alto mare; e poi la gente benchè non avesse come quella del Cagliari compiuto l'attentato, fu punita da tribunali francesi, giudice il famoso Dupin. E pur notammo il fatto recente del nostro *Stromboli*, che nel 49 catturò il Ribotti nell'acque di Corfù, dove Inghilterra interessata a sostenere il suo dominio in quel mare, trovò la cattura *conforme al dritto*, sebbene tra' prigionieri stesse un suo suddito maltese. Secondo il dritto del Cavour, un bastimento all'ombra di bandiera amica, ponendosi fuori tiro di cannone dalle coste, farebbe guerra senza temer cattura; così il mare saria de' pirati, non più libero delle nazioni, le quali non avrianvi dritto di repellere la forza con la forza. Ampiamente tai cose e meglio si ragionarono in *memorandum* inviati da noi a tutte le nostre legazioni all'estero. E tal contesa sur un punto importantissimo di dritto internazionale fe' rumore in Europa.

§. 23. E con Inghilterra.

Pel pretesto de' due macchinisti inglesi si quistionava anche con Inghilterra. In principio il consolo si lamentò del non poterli vedere; si rispose nostre leggi vietare gl'imputati parlassero con altri prima dell'interrogatorio. Poi si volevano liberati pria del giudizio, e volean provarlo con lettere de' direttori della compagnia Rubattini; poi chiesero si sottomettessero a giudizio pubblico e legale, quasi nel regno si facesser giudizii segreti; appresso sbombardarono un indirizzo degli operai di Newcastle-upon-Tyne, chiedente novelle di quei due. Quindi uscito in dicembre l'atto di accusa accennante alla reità, i rei cominciarono ad ammalarsi; il Watt faceva il pazzo; e fu dato al consolo per curarlo in Napoli, e altresì poscia il Park. In questo frattempo eran stati ben trattati di vitto e stanza. A 3 marzo il ministero inglese die' al signor M. Lyons, segretario d'ambasciata a Firenze, il carico di recarsi a Napoli per osservare com'eran tenuti i prigionieri; ed il re ad istanza di costui, udendo la corte aver dichiarato seguisse il giudizio per gli altri imputati, esclusi i due *malati* inglesi, concesse andassero a guarire in Inghilterra; di che il consolo e il Lyons fecero ringraziamenti grandi.

Ciò quando ancora il Palmerston stava al ministero, ed egli avea dato il carico a giureconsulti consiglieri della corona di studiare la quistione del Cagliari, costante di tre parti: legalità della cattura, e quindi le conseguenze della legalità di giudizio nel penale e nel civile; legalità nella sottoposizione ad accusa de' due macchinisti; e se poteva negarsi al consolo il vederli prima dell'accusa. Sulle due ultime sentenziarono che non parendo loro probabile la reità de' macchinisti, non si poteva dir legale la procedura del governo napoletano. Eppure questa quistione era dipendente dalla prima, se cioè fosse legale la cattura del legno; e su questo risposero affermativamente a 21 dicembre 57 e a 5 febbraio 58: « legittima la cattura, legittimi i giudizii penale e civile, non potersi intanto agitar querele diplomatiche; l'innocenza e la reità della ciurma non poter muovere controversie internazionali; non potere Inghilterra opporsi al dritto di Napoli, se pure inglese fosse il battello; Sardegna non potersi lamentare, avendo riconosciuto implicitamente il dritto di cattura con quello di visita. » Per tai ragioni il Palmerston s'era stato cheto. Ma surto il ministero Derby, seguitarono forti interpellanze in quel parlamento; per lo che il conte Malmesbury ebbe a commettere novello esame ad altri giureconsulti; e avvenne che la maggioranza di due avvisò per la legalità della cattura, solo il Kelly dissenziente stette per la illegalità. Sembrava adunque il riesame ribadisse il primo. Allora il Cavour scrisse a Londra un dispaccio vergognoso: « Sperare Inghilterra non abbandoni Sardegna, sua fida alleata, alle sole sue forze; se non crede aiutarla, almeno non trarrà la spada per aiutar il re di Napoli » Già quel ministero conservatore che per restare in sedia avea mestieri di mostrarsi più battagliero del predecessore, non si rattenendo all'avviso favorevole, prima ancora che il Kelly desse il suo, che fu a 17 aprile, il 15 lanciava a Napoli un lungo dispaccio; dove invece del ringraziarne della grazia largita a' macchinisti, si sforzò dimostrarne l'innocenza, l'ingiustizia della prigionia, le malattie patite; e chiese all'usanza inglese un *generoso indennizzamento* in moneta. Rispondemmo a 6 maggio citando leggi, dimostrando dritti, raddrizzando la verità de' fatti, e conchiudendo; non potere il governo offerire indennità a rei graziati, senza offendere il regio decoro.

Intanto il Martini ministro tedesco entra il 14 maggio a consigliare a nome d'Austria sottoporre la lite alla mediazione d'altro Stato, e propone Olanda. Gli si risponde alla dimane: non mediazione, anzi arbitrato tramarsi d'una Corte primaria, perchè il fatto senza parzialità secondo il dritto si giudicasse. Ma correndo tali proposte ecco arrivano a 7 giugno due intimazioni del Malmesbury, scritte a 25 maggio. Una insistendo sulla innocenza de' macchinisti, chiede tremila lire sterline d'indennità, e minacciando rappresaglie impone che il corriere aspetterebbe dieci giorni per l'adesiva risposta. L'altra dice che a provare moderazione, pria d'usare la forza, propone la mediazione d'uno Stiato amico, e indica la Svezia; inoltre dichiara violenza la cattura del Cagliari, dover la Gran Brettagna stabilire su basi non dubbio le leggi pubbliche su' mari; però *far sua* la causa di Sardegna, e chiede che lo stesso mediatore; decida altresì del Cagliari, della ciurma, e della restituzione di esso. Finiva minacciando.

§. 24. Il re cede alla volontà inglese.

Ferdinando sentendo il suo dritto conculcato da potentissimo Stato, più all'onore che all'interesse intento, troncò la lite a maniera inaspettata. Subito a 8 giugno fe' rispondere laconico; « non aver mai pensato d'aver forze da opporre ad Inghilterra; poichè questa *faceva sua* la causa del Cagliari non restargli argomenti; aver depositate tremila lire sterline nel banco Pook, e messo a disposizione del Lyons il Cagliari e la ciurma; non occorrere mediazione, restato il tutto *alla volontà assoluta* della Gran Brettagna.»

Dunque avemmo a restituire la nave che avea portato guerra ne' paesi nostri, uccisi soldati, scatenati galeotti, e avventatili contro sudditi innocenti; pagammo tremila lire sterline, cioè quasi diciassettemila ducati a due macchinisti, stati alquanti mesi prigioni, che accettando la grazia s'erano dichiarati rei; e la compagnia Rubattini sì vantata innocente allora, potè preparare nuovo proditorio, e due altri legni, per menare il Garibaldi a Marsala due anni dopo. Al Watt co' danari passò la pazzia.

Ciò mostrò al mondo Ferdinando vittima magnanima di prepotenza. Gli stessi avversarii viste sorpassate le speranze, restarono ingrugnati della mala figura fatta in Europa. Ben potevano rimediare, dichiarando starsi al dritto e alla sentenza d'un terzo; ma l'ingordigia non ha occhi: si presero la moneta, e il bastimento. I giornali sardi tra le trionfali grida fecero trapelare l'ira dello smacco; e quando a' 22 giugno entrava in Genova il contrastato legno con bandiera brittanna, non osarono far festa, tutti sentendo in cuore la poca splendidezza di siffatta vittoria d'un Piemonte italianissimo opprimente italiani con forza Inglese. Europa seppe il Piemonte potere insidiare i vicini, e averne premio; vide Inghilterra gridante *non intervento* intervenire a sforzar Napoli; e ammirò il liberale Cavour *del non suo ferro cinto* braveggiare *per far servir sempre* la spasimata Italia. Per contrario lodò Ferdinando di dignitosa prudenza; che guardò a tutelare la roba e il sangue de' soggetti, non contrastando al prepotente; che solo poteva salvare il decoro e lo salvò.

Dappoi la Commessione delle prede sentenziò il Cagliari buona preda, e ne condannò i proprietari alle spese. La tarda sentenza dopo la restituzione validò il dritto, e nudò più la ingiustizia del fatto. Nondimeno i Napolitani lamentarono le protratte lentezze di quel giudizio, che in vero andava dato più presto.

§. 25. Stutgarda.

Questi soprusi eran principii alla ruina d'Italia. La setta in cinque anni avea tentati molti colpi: a 6 febbraio 53 sommossa in Milano, a 26 marzo 54 ucciso il Duca di Parma, a 13 maggio dell'anno stesso una spedizione dell'Orsini alle bocche della Magra, a 22 luglio tumulti a Parma, a 24 agosto 56 spedizione a Livorno, a 22 novembre sollevazione sicula del Bentivegna, a 8 dicembre Agesilao Milano tentare il regicidio, a 28 giugno 57 il Pesacane a Ponza e a Sapri, e contemporanee aggressioni a Livorno ed a Genova. Colpi del Mazzini erano, i più dal Cavour sorretti di nascoso. Ma fallite tutte imprese, sentirono Italia riluttare, volersi esteri a sforzarla a ribellare; e aveano gli occhi a quella Francia fabbricatrice di libertà, che non capace di tenerla, smania per darla agli altri. Sogguardavano Napoleone seduto in trono a fare il sordo; e sospiravano quei fiorenti battaglioni francesi allora inoperosi, quando i loro padri mezzo secolo prima eran sì ben riusciti a far rosse l'acque del Po e dell'altre italiche terre. Altri che Napoleone niuno poteva aiutarli. Importante ciascuno de' due prese a guadagnarlo a suo modo: il Mazzini con bombe Orsinesche, il Cavour con nozze principesche; mezzi diversi, cui il mondo credè riusciti al fine, perchè infatti dopo nove attentati si videro fermare le offese, e Napoleone piegare.

La Russia per vendicarsi d'Austria, sin dal tempo del congresso s'era accostata a Francia e Piemonte. Indizii di reti apparivano: in maggio 57 il principe Napoleone viaggiò a Berlino, e in quei dì il Gran Duca Costantino di Russia veniva a Parigi; in giugno la vedova Czarina, reduce da Roma, visitava Torino. Compiendosi settembre, Luigi Napoleone e Alessandro ebbero un convegno a Stutgarda, nella corte dei re di Wurtemberga, dove il Francese recò con seco Luciano Murat. I colloquii restarono segreti; ma quei lincei sguardi cortigianeschi intravidero la folgore scoppierebbe in Italia; nè a stornarla valse l'altro convegno seguito a Weimar a 1° ottobre tra gl'imperatori di Russia e d'Austria.

Era ito in quelle parti il nostro real principe Conte di Trapani. Alessandro videlo a Dresda in solenne adunanza di principi; e chiamatolo in segreto, l'avvisò di guerra in Italia; ma ch'egli memore dell'antica amistà soccorrerebbe i Borboni con atti diplomatici, moneta e soldati; ciò uffizialmente rapportasse al fratello re Ferdinando. E fuori in pubblico gli replicò *scrivesse uffizialmente*. Uscendo il Trapani con questa sicurezza, un principe alemanno gli disse all'orecchio: « Credo lo Czar prometta soccorrervi in caso di guerra; non lo sperate; già a Stutgarda egli ha dato Italia in balìa di Napoleone. » Ciò l'evento avverò; ma forse Alessandro sapendo del programma del *liberare il paese dall'Alpi all'Adriatico*, non pensava scendesse a Napoli. Nondimeno egli avrà sempre una grande ingiustizia da riparare. Si videro generali russi viaggiare per Italia, investigando le forze armigere di ciascuno Stato, quasi sommandole per vedere se bastassero a contrabbattere il Tedesco; e vennero anche in Napoli, bene accolti; e menati cortesemente per quartieri e castelli. Ultimamente anche il Gran Duca Costantino ne visitò.

§. 26. Plombières.

Parea dimenticato il protocollo di Parigi, non avvertita la visita al Russo, attutita la febbrile iattanza Sarda, quando il Bonaparte fe' tralucere i primi lampi dell'uragano. In luglio 58 decretò ministro d'Algeria il principe Napoleone suo cugino, tenuto liberalissimo; di che fu gran festa ne' faziosi di ogni terra. E nel mese stesso andò a' bagni di Plombières. Il Cavour sparge viaggiare in Isvizzera, piglia un passaporto di finto nome, con un aggirata v'accorre, sta con esso lui trentasei ore, dal 20 al 21 luglio, e il 31 è già in Torino. Di quel convegno si fe' gran parlare: il modo, il segreto, il luogo, il tempo, tutto fu indizio di patti seguìti. Che s'era convenuto? che si preparava all'Italia? I liberali ne pompeggiavano come di vittoria, per qualche indiscreto motto n'uscì da quelle volpi; succeduti fatti meglio favellarono. Tra Luigi e 'l Cavour dissesi concluso mutarsi le frontiere di Francia e di Piemonte, mezzo la guerra e la rivoluzione insieme, caparra le nozze, legarsi Napoleonidi e Savoiardi; Francia aver Nizza e Savoia, e forse altro, Piemonte aver Lombardia e Venezia; l'Etruria ingrandita con le Romagne farsi regno allo sposo principe Napoleone; il resto agli eventi. Tai patti che tra' contraenti dividevano lo altrui, non avendo a comparire mai alla luce del giorno, non credo si scrivessero; più de' patti erano le ingordigie. Francia metteva il sangue francese, Piemonte metteva il sangue italiano, ma alleandosi alla rivoluzione; questa prometteva tutto, per aver modo di ribellare, ribellata pensava pigliar tutto.

Napoleone tornò a Parigi a preparare arme, il Cavour a Torino a preparare insidie. Questi in segreto per ogni dove nunziò guerra imminente; così promoveva stizza provocatrice negli avversarii, speranza e baldanza ne' faziosi, e suscitava la discordia inevitabile. Tosto radunò nella sua campagna di Leri i capi della setta, ed espose concetti, modi, ed opere da usare. Uno della brigata un po' schifiltoso obbiettò sulla morale; ei lo interruppe: *Lasciamo la morale*. E questo fu il suo programma. Corse allora per tutto il mondo il motto del levare alle stelle il gran senno del Cavour, quasi creatore dell'Italia; i savii intravedevano Italia rapita e venduta.

Subito altri lampi: in settembre Sardegna concesse gratuitamente alla Russia il porto e l'edifizio del bagno di Villafranca, per tenervi combustibili e vettovaglie; nel mese stesso il Principe Napoleone, futuro sposo della figlia di re Vittorio, visitava, a Varsavia, lo Czar Alessandro: ciò svelava tacita colleganza tra Russia, Francia e Piemonte.

S'inaugurava a Cherburgo un nuovo porto francese, dove con grande apparato militare fu invitata spettatrice la regina d'Inghilterra, quasi chiamata a vedere da quai forze potesse esser combattuta. Poscia veniva Lord Clarendon a Parigi per colloqui con l'imperatore; e ne' primi di settembre anche il Palmerston caduto ministro: si disse concertato il modo da farlo risalire in seggio, e di grandi cose.

§. 27. La cometa Donati.

Il volgo tenne sempre le comete per nunziatrici di morti a' grandi e peripezie. E appunto in quell'ansia d'imminenti mutazioni, comparve una gran cometa in cielo, con coda lunghissima. Primo a nunziarla fu il Donati, giovane astronomo di Firenze, onde le die' suo nome. Parea più piccola del sole, ma appressandosele crebbe volume, e mutò forma: vicino al perièlio, verso il mezzodì del 20 settembre, avea mille leghe di diametro al nucleo, tredicimila per tutta la testa, e tredici milioni di lunghezza per la coda, con volume più del sole mille volte. A 11 ottobre fu il più vicino alla terra, e pur ne distava poco più dei cinque decimi della distanza dalla terra al sole; e fu quasi a un nono di tal distanza da Venere, quando a 17 ottobre le passò accanto. Sparve in novembre. Fu delle più splendide a memoria nostra; e chi la mirava da Maddaloni chinare la luminosissima coda sulla reggia di Caserta, non potea non sentirne un sussulto d'affetti; però quel ricordo e la susseguita immatura morte di Ferdinando, e gli inenarrabili guai ch'allagarono questo bel paese del sangue de' suoi figli, validarono nelle menti la brutta fama delle comete.

§. 28. Preliminari di guerra.

Si disse che il re Vittorio, passando sue milizie a rassegna a Torino, accennasse con parole a guerra; i giornali ne fecero gran che, chi affermò, chi negò. Più negaronlo i giornali ufficiosi di Francia. Quand' ecco al capo dell'anno 59, Napoleone accogliendo a corte i ministri esteri, volgesi al tedesco Hubner: « Mi spiace non sien buone come prima le nostre relazioni col vostro governo. » E perchè questo exabrùpto sonò come tuono in Europa, subito il Monitore del 7 gennaio l'attenuò, dichiarando non esser tali le controversie da menare a guerra. E lo stesso dì 7 l'imperatore disse al corpo legislativo: *La pace, spero, non sarà turbata.* E del papa disse: « I fatti parlano: da undici anni sostengo a Roma il potere del Santo Padre; e il passato dev'esser guarentigia dell'avvenire. » Impertanto, sapendosi Austria conservatrice, si capì il Bonaparte cercar pretesti. Dopo Russia, Inghilterra e Prussia, era venuta la volta dell'Austria.

Il Piemonte fallito, messo nella via rivoluzionaria, non avente speranza di salute che nella discordia, e nell'altrui ruina, andò dritto, e die' il motto alla setta. Ecco corre per le sotterranee vie il grido di novella riscossa: la scolaresca del Lombardo-Veneto tumultua; a Padova rumoreggiano attorno a' mortorii del commediante Augusto Bon e del professore Zambra di Treviso; a Milano pe' funerali d'un Dandolo già combattente a Roma nel 48, vollero impedire i veglioni del carnevale a' teatri, ma il popolo si volle spassare. Allora si strinsero a dimostrazioni negative, non andare a passeggio, vestir nero, non tabacco nè sigari, tutto a scontentezza. Vienna in gennaio mandò trentamil'uomini in quattro dì col principe Edmondo Schwartzemberg; Torino attelò sue soldatesche alla frontiera.

§. 29. Le grida di dolore.

Re Vittorio aprendo il parlamento a' 10 di quell'anno 59, disse imbeccato dal Cavour queste parole: « Non è sereno l'orizzonte del nuovo anno: il Piemonte piccolo per territorio, grande per l'idea che rappresenta, non manca di pericoli; ma io rispettando i trattati non sono insensibile *al grido di dolore* che da tanta parte d'Italia si leva verso di me. » E quella camera gli rispose : « ch'egli compassionando con magnanima pietà *i dolori d'Italia,* ridestava il ricordo di promesse solenni rimaste inadempiute. » Non si comprendeva quai pericoli corresse chi rispettava i trattati, ben si comprese quai si fossero i gridi dolorosi sentiti da casa Savoia, sempre intenta a ingrandirsi su' vicini. Chiaro era l'accordo con Francia, appunto per frangere i trattati, e saziare ambizioni col sangue de' popoli. Udiva dolori promossi da esso stesso in paesi altrui prosperosi e quieti; non udiva le spontanee lamentazioni del suo popolo macinato da debiti e tasse enormi, guasto da tutti misfatti impuniti, contristato da' pianti dei suoi prelati e religiosi dispogliati e raminghi per la terra. Sentiva i dolori de' sitibondi dello altrui; volea la gloria di spandere le subalpine miserie sopra Italia ricca; volea con battaglie e guerre civili pacificare Italia tranquilla; non gli bastando ch'uno straniero ne tenesse un lembo, chiamava nuovo straniero ad asservarla tutta. Così tre secoli e mezzo avanti fece Ludovico il Moro.

Tal linguaggio della corona sarda fu disapprovato dal primo ministro d'Inghilterra. Con dispaccio del 15 gennaio l'accusò di terribile colpa: « non assalita da nessuno, provocava guerre europee, indirizzandosi a sudditi altrui; ciò Inghilterra dichiarare all'Europa; Sardegna restar de' suoi atti responsabile a' suoi alleati, e più anche a Dio. » E a 5 febbraio il Derby, ridettolo in parlamento, finiva sperando il Piemonte meglio consigliato si rattenesse.

Storia delle Due Sicilie 1847-1861

§. 30. Nozze tra un Napoleonida e una Savoiarda.

Il disegno della riscossa sfavillò con le nozze, fermate a Piombières, apparenti allora concluse, tra il principe Napoleone e la Clotilde figlia di re Vittorio. A' 19 gennaio si fe' il trattato segreto offensivo e difensivo tra Francia e Piemonte, firmato per questo dal Cavour, per quella dal Niel; ma il Moniteur a' 24 lo smentì, dicendo *essere ingiuriosa a' due sovrani l'idea d'un matrimonio fatto a condizione d'un trattato offensivo e difensivo*. Dunque era ingiuriosa l'idea? e non fu poi più ingiurioso il fatto? Il nodo seguì a 30 gennaio. Le camere sarde votarono cinquecentomila lire di dote. Il re in Genova disse al municipio: « La politica è nuvolosa; son certo che ne' casi gravi Genova con generosi sforzi concorra al trionfo della causa. » Gl'Italiani esuli a Parigi mandarono agli sposi una deputazione ov'erano lo Sterbini, il Campello, il Galletti e 'l napolitano Ulloa: uomini, salvo l'ultimo, ch'avean detronizzato il papa, e visto assassinare il Rossi. I quali presentarono un mazzo di fiori, disposti co' tre colori mazziniani, dicendo: « andare persuasi che l'unione di Savoia e Bonaparte sia simbolo delle simpatie dell'Imperatore per l'Italia. » Il principe rispose: « gradire l'offerta; quai si fossero gli avvenimenti, facessero fondamento sull'imperatore; chè i Bonaparte trovato già in Italia asilo, avean predilezione per questa generosa nazione. » Tacque lo asilo averlo dato il papa; ed or contro il papa la predilezione si risolveva. Quelle nozze ebbero pronuba la discordia, talamo i campi di battaglia, ed ecatombe di cinquantamila Francesi, trentamila Tedeschi, e dugentomila Italiani.

§. 31. Savoia fa debiti.

Il ministero torinese presentò una legge per cinquanta milioni di prestito, necessarii disse agli armamenti, per difendersi dalla *politica invasione dell'Austria*. Molti deputati e senatori opposero: « Austria stare a difesa non a offesa, provocarla il Piemonte; ruinosa la politica ministeriale; cinquanta milioni in pace non servire, in guerra esser pochi. Far guerra soli è pericolo, più pericolo è farla accompagnati; saria dare Italia a devastare a stranieri, e farla serva, o vincitrice o vinta. » I deputati Savoiardi ricusarono di votare, perchè, dicevano; non dover Savoia pagare per una guerra, il cui primo frutto saria il dividersi dal Piemonte. Quelli, i più interessati nel baratto, avevano odorato i patti di Plombières. I ministri non fiatarono, nè della pattuita vendita di Savoia li smentirono; invece fecero da' loro giornali calunniare quei deputati, per farli esosi a' conterranei. Gli Svizzeri insospettiti strepitarono, e quasi furono per occupare le provincie del Faucigny e dello Sciablese, giusta il patto di Vienna. Ma la maggioranza nella camera torinese approvò il debito; perchè il denaro non serviva alla guerra, cui non potea bastare, ma a comprare i demagoghi degli altri stati italiani.

§. 32. Nozze del Duca di Calabria, e malattia di re Ferdinando.

Anche nel regno furono nozze reali, ma con mesti auspici. Francesco Duca di Calabria, nato a 16 gennaio 1836 dalla prima sposa di Ferdinando, Cristina di Savoia, fu promesso a Maria Sofìa Amalia, sorella della imperatrice d'Austria, figlia di Massimiliano cugino del re di Baviera, Le nozze s'annunziarono a 4 gennaio, si celebrarono l'8 del 59 a Monaco; e Luitpoldo germano di quel re tenne la parola dello sposo assente. La principessa dovea per Vienna recarsi con l'imperatrice a Trieste, ov'era aspettata da due nostre fregate, con baroni del regno, per condurla a Manfredonia; ma sospesero il viaggio le novelle della malattia di re Ferdinando.

Questi lo stesso dì 8 gennaio, dopo il meriggio, partìa da Caserta con la reale famiglia, per Puglia, a ritrovare la sposa: accompagnavanlo tra gli altri il Murena ministro di Finanze, e 'l Bianchini direttore d'Interno e Polizia. La stagione più del consueto era fredda; fu una tempesta delle più rare tra noi; nodi di venti non più visti travolsero piante e seminali; il turbine svelse quercie secolari, un pino immenso s'arrovesciò sulla via ferrata presso Caserta, e 'l real bosco ebbe tai colpi che il legname caduto si vendè seimila ducati. Maddaloni, Caserta, S. Maria, percosse più che altre videro i tetti squarciati e lanciati all'aria; non un albero serbò foglia, nè solo fragili agrumi, ma lauri, ulivi, cipressi restar nudi e brutti. Se tanto in Terra di Lavoro, peggio ne' Principati. Il re dormì il 9 ad Avellino, ed era lietissimo; rimesso in via, scivolando i cavalli sul ghiaccio, fermò sotto Ariano, dubbioso se proseguire; ma invitato dal vescovo salì al vescovado. Vescovo era monsignor Caputo, già per male opere preso a sassate nella diocesi d'Oppido, traslocato là per regio favore, che fu poi reissimo apostata e ribelle. Questi allora tutto cortegiano tenne a mensa la real famiglia; e fu chi gli scorse in viso (e 'l ricordò poi) un ghigno amaro. Non soleva Ferdinando desinare mai in casa altrui, soprattutto allora che per minacce settarie stava sull'avviso; ma là, in casa un vescovo beneficato, stanchezza e opportunità indussero a mangiarvi. Giunto l'11 a Foggia, si sentì male; ebbe brividi, dolori nell'ossa, insonnie e sconci sogni; ma designando fare un'aggirata per le Puglie, si spinse avanti, sempre peggiorando. Fu il 12 ad Andria, il 13 a Taranto di tristo umore, nè toccò cibo della ricchissima mensa dell'arcivescovo; tirò la sera ad Acquaviva, e il 14 sull'alba a Lecce. Qui più non si tenendo in piè, si mise a letto il 16 gennaio, natalizio dello sposo figliuolo. Dissero avesse febbre con psoitide reumatica a destra. Ebbe la visita degli arciduchi Guglielmo e Ranieri, e dell'arciduchessa Maria, giunti a Brindisi il 24; i quali ossequiatolo ripartirono per Palermo e Napoli, e quindi a Bari, per ricevere la Duchessa di Calabria.

Ella accompagnata dall'imperatrice a Trieste fu consegnata all'alto commissario del re duca di Serracapriola, al duca di Laurenzana cavallerizzo, e alle dame, duchessa di S. Cesareo e principessa di Partanna. Partì a 1° febbraio sulla nostra fregata Fulminante, giunse il 3 a Bari, scese a terra sul mezzodì con regale pompa, e dopo tre ore l'arcivescovo Barese ribenedisse il matrimonio. Ma Ferdinando che a stento s'era condotto colà, n'ebbe la febbre e il femore aggravati, e bisognò si fermasse. Tal malattia di lui non più sentito ammalato, fe' maraviglia; chi la negava, chi l'attenuava, i settarii davanlo per morto. Intanto si perdevano le pompe preparate su tutte strade e città: archi, iscrizioni, dipinti cadevano a brani; fiori e mirti tessuti in ghirlande s'appassivano, e penzoloni, scolorati e gialli, davano sinistri presagi.

LIBRO DECIMOSESTO

SOMMARIO

§. 1. Largizioni regie. — 2. Il Tavoliere e le Sile. — 3. Grazie. — 4. L'opuscolo *Napoleone e l'Italia*. — 5. Menzogne uffiziali oltramontane. — 6. Sardegna lavora a farsi assalire. — 7. Proposte di congresso. — 8. Denunzie di guerra. — 9. Lega tra Francia, Piemonte e setta. — 10. Manifesti Garibaldeschi. — 11. Rivoluzione in Toscana. — 12. E a Parma e a Modena. — 13. Proclamazioni de' belligeranti.— 14. Interventi in Toscana. —15. Guerra e pace. — 16. Il perchè della pace. — 17. Scontentezze per la pace. — 18. La buona fede. — 19. Muore re Ferdinando. — 20. Suo testamento. — 21. La proclamazione del nuovo re. — 22. Il nuovo ministero, e il primo tumulto. — 23. Moti antiereditarii. — 24. I graziati, e le liste degli *attendibili*. — 25. Ordinamenti interni. — 26. Ritornano gli ambasciatori Francesi ed Inglesi. — 27. Maria Cristina Venerabile. — 28. Sommossa de' soldati svizzeri. — 29. Sono mandati via. — 30. Accuse al Filangieri. — 31. Mancata dimostrazione del 15 agosto. — 32. Soldatesche alle frontiere.

§. 1. Largizioni regie.

L'umana famiglia, benchè di sventura in sventura viaggi sulla terra, quasi mai non ne prevede; e sovente là dove beni sperava trova inaspettati e terribili mali. Il reame non era mai stato in tanta quiete quanto alla vigilia de' suoi più fieri travagli; e anzi le nozze del giovine principe ereditario eran letizia al popolo; sì parevan pegno di sicurezza e prosperità duratura, Ferdinando fe' di molte promozioni a corte, e grazie a condannati, e largizioni a quelle città di Puglia.

L'invenzione de' banchi è italiana: Venezia n'ebbe il primo nel 1170; Genova nel 1407 fondò quel suo famoso di S. Giorgio; Napoli dal 1575 ai 1640 ne fe' otto; Francia, Olanda e Inghilterra imitaronli dappoi. Prima furono depositi di danari, poi di *circolazione*, di *sconto*, e di *pegnorazione*. I nostri banchi, depredati in tempi di rivolture, eran di molto scaduti nel decennio francese. Ferdinando I li riordinò a' 12 dicembre 1816; e miglioraron poi sempre. Ferdinando II a' 7 aprile 1843 instituì due casse dipendenti dalle antiche, a Palermo e a Messina; a' 18 maggio 57 ne mise altra a Bari, utilissima al traffico pugliese; ora per lietezza delle nozze aggiunse a' 21 dicembre 58 la Cassa di commercio, con appositi regolamenti. A Taranto volle l'orfanotrofio pe' trovatelli de' due sessi, la scuola agraria, la migliorazione del porto mercantile, la edificazione di un nuovo borgo, e ripristinò la salina di S. Giorgio. A Lecce un altro borgo fuori le porte; e lo stesso dì degli sponsali vi s'inaugurarono le strade co' nomi degli sposi. Anche a Gallipoli approvò altro borgo nomato S. Sofia. A Brindisi rafforzò l'opere incominciate del porto e de' fari, e die' un direttore speciale a quel porto franco. A Bari inoltre quattro chiese e molte cose ordinò, il ponte sull'Ofanto, e altre assai in ogni comune. Pria di lasciare la città graziò quei carcerati.

§. 2. Il Tavoliere, e le Sile.

È in Puglia e un po' in Basilicata un'ampia seguenza di contrade demaniali dello Stato, detta *Tavoliere di Puglia*, lunga dal Fortore ad Andria settanta miglia, ampia quasi trenta da Rignano a Troja; che fan carra 12,918 e 15 *versure*, cioè moggia legali 4,559,363,05. Credonlo stato basso fondo di mare, alzato co' secoli per terra di torrenti; ma da' tempi antichissimi vengonvi in inverno bestiami d'Abruzzo, dando sempre, come ricorda Varrone, grassi tributi. Nel medio evo qua e là usurpato o dato a potenti, Ladislao v'impose invece della fida un dazio agli animali; Alfonso il richiamò al fisco, ripose la fida con leggi speciali, e ne die' a un Montuluber il reggimento. Poscia fu diviso in quarantatre stazioni; vi si fecero vie dette *tratturi*, la dogana per riscuoterne i proventi, e un tribunale per giudicarvi. Così durò non bene più secoli; sinchè i Francesi, con legge del 21 maggio 1806, credettero far meglio censendone le terre; ma fecero meglio a sè, cresciutone il reddito che si pigliavano. Il Tavoliere peggiorò, e per più cagioni la coltura e la pastorizia s'invilirono. Ferdinando II fe' studiare i modi del prosperarlo, verificare e reintegrare le terre, verificare e ripristinare i *tratturi*; onde seguirono parecchie reintegre e misurazioni di terre da pascolo; e de' *tratturi* si fecero le piante, compiute nel 1858. Però a' 14 dicembre s'approvò a tutela di essi un regolamento, e una cassa di prestanza a pro' de' censuarii, con ducati centomila di capitale per allora.

Le Sile in Calabria sono altri vastissimi demanii dello Stato; grandi monti co' versanti nel Cosentino e 'l Catanzarese, ricchi di pascoli estivi e invernali prosperità della regione; che andando ne' privati, cadrebbe la pastorizia. Colà da gran tempo s'usurpa. Non bastarono le ordinanze rigorose de' re Aragonesi; valsero meglio a danneggiarli i neghittosi governi viceregnali, e le Borboniane blandizie; sicchè nel 1791 fu verificato ridotto a moggia 35 mila, e nel 1858 videsi lo Stato averne cinquemila appena, il resto usurpato. Ferdinando II a conciliare gl'interessi dell'erario con quei de' possidenti, stabilì a' 3 ottobre 38 e 31 marzo 43 un Commissario civile, da deciderne le controversie, rispettare le colonie, imporre canoni, e compensare gli usi civici delle popolazioni. Così la Sila nel 1857 rendeva all'erario sessantamila ducati all'anno; laonde a' 13 aprile dell'anno seguente altro decreto creò una *Direzione della Sila*, amministrativa di quel demanio.

§. 3. Grazie.

I liberali gridano sempre amnistia, perchè non avendola possan lamentarsi per fare odiare i re, e avendola han modo di tornare a fellonie; sicchè quando la macchina non è pronta, vorrian piuttosto no che avere il tanto chiesto perdono. Re Ferdinando sel sapeva, e voleva levarsi da quell'impaccio; però sentendosi libero dall'essere sollecitazioni, stimò quello il tempo di far grazia a' condannati per maestà, ma con qualche modo da evitare se ne turbasse la pace del regno. Stretto aveva a' 13 gennaio 57 una convenzione colla repubblica Argentina, per fondar colà una colonia di Napolitani esiliati in commutazione di pena; ma quella non ratificò il contratto; nè tampoco riusciron meglio le pratiche con altri Stati d'America; chè sebbene repubblicani, tutti ricusarono pigliarsi quel fuoco in casa. Ora egli risoluto di graziarli con la congiuntura delle nozze, pensò avviarli agli Stati-Uniti; ben prevedendo tornerebbero in Europa a ricongiurare, ma che almeno il viaggio li ritardasse alquanto. In prima a tutelare la tranquillità del paese, insidiata dai Sardi con la mano francese ed inglese, diede a' 27 dicembre 58 un decreto, ordinante che le *flagranti* ribellioni si punissero da consigli di guerra subitanei, pur con danni ed interessi a carico de' rei. Di poi al 10 gennajo 59, diminuì di più anni le pene a' condannati; e il giorno dopo uscì pubblicata l'amnistia per ottantanove di quelli, tra' quali il Poerio, il Settembrini, lo Spaventa e il Faucitano; ma da andare in America. Nondimeno esaudì le suppliche di alcuni, siccome il Nisco, cui concesse ritrarsi a casa la moglie in Baviera. Fu pattuito con un legno inglese per 8500 dollari il viaggio a Nuova-Jork; e s'ingiunse a quel nostro consolo desse colà a' graziati e danari per farveli stabilire e soccorsi e ajuti in tutte cose. Pertanto vestiti tutti a nuovo, e forniti di moneta e d'ogni arnese, fur menati a Pozzuolo dal tenente colonnello di gendarmi Francesco Dupuy, dal commessario Salvati, e da un De Lauzeries uffiziale al ministero. Quando il Salvati lor nunziò la grazia e il viaggio, il Poerio per tutti rispose ringraziando il sovrano; gli altri atteggiati a commozione dettero in viva al re. Fu commedia; e vedemmo poi quei Dupuy, Lauzieres e Salvati giurar de' primi al Garibaldi. Imbarcati, li scortò un legno regio comandato dal Brocchetti (poscia pur de' felloni) che a Cadice li lasciò. Usciti dal Mediterraneo, dichiararono al capitano inglese non volere andare in America, che se li sbarcasse colà accuserebbero di violenza; sì il persuasero di leggieri a posarli in Irlanda, ch'egli già pagato, risparmiava il viaggio. Discesero infatti a Cork ne' principii di marzo; poi navigarono a Bristol; quindi per la via ferrata giunsero il 21 a Londra, ricevuti festosamente alla stazione dal ministro Sardo. Ecco i Palmerston, i Russell, i Gladstone a gloriarli e soccorrerli, e loro giornali a strombazzarli eminenti, e a vituperare Ferdinando. Questi adunque dalle sue grazie guadagnava insulti.

§. 4. L'opuscolo Napoleone e l'Italia.

Le sventure d'Italia questa volta cominciarono con gli opuscoli. Uscì dalla tipografia imperiale di Parigi un libretto, con in fronte il nome d'un La Guerronière, nunziato con grandi parole dal *Moniteur*, e da' giornali ufficiosi laudatissimo prima e dopo. Intitolato *Napoleone e L'Italia*, era un lampo di Plombières, programma del da fare, *ultimatum* bonapartesco al Papa e all'Austria. Con torto artifizio stuzzicava le voglie d'ogni partito; era l'inizio di quella serie di conciliazioni impossibili di contrarii, e quelle dorate parole e ferrei fatti, onde Napoleone III prese a far sua volontà fingendo contentar tutti. Dico fingendo, chè nè egli a sè crede, nè altri a lui; e va così superfluamente scherzando, perchè ha seicentomila baionette in Europa divisa.

L'opuscolo sponeva lo stato d'Italia a suo modo; e diceva del ricostituirla, scacciando Ausitria e *secolarizzando* lo stato del Papa; questo lasciando per benedire in Vaticano, e far la parte di spodestato presidente d'italica confederazione. Per ottenerlo tentenna tra la guerra e la persuasione, ma appella all'opinione. Rifiuta la rivoluzione, ma dichiara doversi appagare il voto nazionale d'unità e indipendenza; rispetta il Papa, ma a patto non governi; necessaria la pace, ma bisognar la guerra per pacificare Italia; stare ai trattati, ma volersi disfare per evitar turbolenze; votrebbe Francia ed Austria amiche per premer su Roma; e così, solo così, Austria non avrebbe guerra nè rivoluzione. Siffatte contradizioni laudavanle i diarii faziosi come cime di senno; e con sonore trombe sforzavano la fama.

Gli assennati dimandavano: Che vuole questo libello? pacificare Italia? e che è in guerra? è stata tant'anni in pace; e vi durerà se non portan guerra dall'alpe. Vuole stare all'opinione? e se la fabbrica con frastuono di giornali, e lampi di ferro? Vuole costituire una nazionalità, e tende a schiacciare le nazionalità vive? dice ingiusto il dominio Tedesco, e nol die' Francia, anzi il primo Napoleone? E Francia non tiene Corsica, e non vuol Nizza? E perchè non torna Algieri al Musulmano? Vuolsi liberare Italia da' suoi prenci italiani, e perchè non liberare Polonia e India e Affrica, soggette a stranieri? Vuolsi in Italia la libertà, e perchè non istabilirla in Francia? Era chiaro volersi evocare nel bel paese un nuovo più spaventoso 48: quello era salito da basso, il 59 e il 60 dovean piombar dall'alto; quello era stato opera di mestatori, questi dovean esser frutti di diplomatici, con sofismi sostenuti da arme ordinate e uffiziali.

§. 5. Menzogne uffiziali oltramontane.

Napoleone a' 27 febbraio dava alla camera di Parigi un discorso tutto pace: e il presidente Morny spiegavalo, dicendolo conferma del motto *L'impero è la pace.* I dispacci a Londra assicuravano, *ch'ove il Piemonte aggredisse non avrebbe aiuto di Francia.* Era certo che si farebbe aggredire. I giornali ufficiosi gridavano guerra; smentivali il *Moniteur,* e sino al 5 marzo assicurava la pace, negando l'armamento. Quella tattica del mentire dicendo e disdicendo, siccome nuova, confondeva le menti; ora è vecchia e smaccata, e pur dura. Ma fra tante moine pacificanti, si provvedeva a battaglia: soldati assai, navi assaissime, letti, panni, farmaci, arnesi bellici, seicento cannoni tratti dagli arsenali, chiamata di legioni agguerrite d'Algeria. Un giornale francese, a veder l'impero assoluto iniziare la libertà in Italia, osservò la libertà essere in Francia merce d'esportazione, buona per altri, mala per sè.

§. 6. Sardegna lavora a farsi assalire.

Il Piemonte col Cavour doveva volere la guerra. Voleva slargare la frontiera, eseguiva i patti di Plombières; nè poteva tener più le ingordigie settarie, tant'anni da esso pasciuto con pochi danari e motte promesse. Era in tal condizione politica e finanziera, che quieto non poteva stare; perchè in pace pativa guerra roditrice interna; dove nella guerra, scatenando sopra altri le sue nudrite serpi, respirava un po' di pace. Era presso a fallire; il ministro presentando lo stato presuntivo del 1860, mostrò mancar 25 milioni 313,669 lire, senza le spese d'armamento d'avvantaggio. Avea dunque a gittarsi a occhi chiusi nel baratro guerresco, per coprire il fallimento col rumore delle battaglie, e far pagare i guai suoi ad altri.

La guerra col soccorso di Francia e della rivoluzione parea vittoria certa: però ad evocarla usò ogni mezzo; fuoco sopra fuoco, minacciare, ingiuriare, stuzzicare la dignità tedesca, fingersi vittima, offendere e lamentarsi, ferire e gridare aiuto, parole dure, insidie scoperte, braverie sbardellate; e sì con insulti punger l'Austria, che le ponesse a disonore il sopportare, e inducessela a uscire in campo; affinchè Napoleone intervenendo paresse aiutare il debole assalito, contro il forte aggressore.

Concertate col Bonaparte queste mene, armava con ostentazione, stampava libelli offensivi e giornali spavaldi, e n'inondava il mondo; spacciava s'avesse ad *annettere* Lombardia, aiuterebberlo Francia e Russia; neutrali Inghilterra e Alemagna. Così moveva le fantasie, reclutava studenti, sfaccendati, incitava a diserzione i soldati altrui, lasciava proibir sigari e cappelli cilindri, moveva subugli dove si potesse, onde altri per necessario infrenamento guadagnasse odio dentro e fuori: ciò in Italia produceva ansie, e timori di guai imminenti.

Sin dal 1853 i fuorusciti avean fondato a Torino una società rivoluzionaria sorretta da quel governo; ora il siciliano La Farina, moventelo il Mazzini, rifondava la *Società nazionale italiana*, col motto *Indipendenza, Unificazione e Casa Savoia*, presidente il Garibaldi, consenziente il Cavour. Questi chiamatosi il La Farina, gli disse: «Ella non è ministro, faccia libero; ma badi, se sarò interpellato nella Camera, la rinnegherò come Pietro!» E quegli: «Mi scacci via, mi processi pure, ma mi lasci fare.» Confabulavan segreto ogni dì; e con tai contratti, poi da essi stessi strombazzati, cominciò la propaganda palese e la reclutazione rivoluzionaria. Si chiamarono da Londra i fuggiti del 48. Intanto si cumulavano arme e munizioni. Un colonnello Cavalli comprava cinquantamila carabine a Parigi, e salnitro a Londra. Si reclutavano giovani per tutta Italia; piantavan le bandiere di reclutazione sin su' confini lombardi, modenesi e toscani; e sì tra disertori, studenti e disperati raccozzarono alquante migliaia, cui dissero Volontarii del Garibaldi. Il La Farina, intermedio tra costui e il Cavour, quello in marzo mandò chiamando da Caprera; che vennevi colla figlia Teresita e 'l fidanzato Canzio albergato in casa esso La Farina; il quale lo presentò la notte del 15 al Cavour. Gli svelarono gli accordi di Plombières, sembra col permesso di Napoleone; e l'esortarono a far causa comune con Vittorio promessogli grado di generale e quattromila volontarii. Ei da prima ricusava, dicendo sua fede repubblicana non permettergli accedere a un programma diverso del suo; piacergli i mezzi, respingere il fine; ma il La Farina in lunga discettazione, mostragli l'utilità, del patto, e 'l non doversi allora guardare nè a monarchia nè a repubblica, ma fare a ogni modo la rivoluzione, il persuase. Al mattino più fiero diverbio seguì tra il Cavour e il La Marmora, che a nessun patto voleva firmare il brevetto di generale a un *Filibustiero* (così lo appellava), eppure vi si acconciò. Cotai brogli di Cavour stesso dappoi rinfacciò al La Farina, quando tutti e due si eran rotti col filibustiere fatto redentore; tanto che il secondo per isvergognarlo fe' ciò stampare nel *Cittadino* di Palermo in novembre 1860. Adunque uscì un decreto del 17 marzo, che fe' aperto un corpo d'esercito di volontarii, con duce esso Garibaldi, già spada del Mazzini in Roma, ora surto generale regio, a mostra solenne di colleganza tra il re e 'l Mazzini. Questi in men d'un anno videsi condannato a morte da re Vittorio, e alleato alla pari con esso.

Il Cavour cominciò una guerra diplomatica di menzogne e ipocrisie: scrisse a' quattro febbraio alle Corti europee, ricordando: « le grida di dolore, il congresso parigino, l'Italia speranzosa, l'*influenza* preponderante dell'Austria, il mal governo degli altri italiani prenci, le popolari scontentezze, e la moderazione, la riserva, la calma, la pazienza del Piemonte. Nondimeno Austria armare, mandar truppe; i suoi uffiziali parlar alto: ciò minacciare il Piemonte. Perciò questo aver fatto l'imprestito di cinquanta milioni, perciò sperare nell'arme sue e degli alleati suoi, per combattere il disordine, o che venga dall'Austria o dalla rivoluzione. »

E a 1.° marzo mandò altra nota a Londra, accusante « l'Austria di mal governo, pedantismo *burocratico*, polizia vessatoria, tasse schiaccianti, leve militari durissime (e chi non ride?) e più che altro il nuovo concordato col papa, accrescente i privilegi del clero; per questo essere l'odiatissimo dei governi, per questo la potenza tedesca minacciare il Piemonte, per questo venirne la rivoluzione e la guerra. Essa potersi evitare a condizione: che il Lombardo-Veneto abbia governo nazionale e separato; che si tolgan le truppe austriache dall'Italia centrale e dalle Romagne; che Modena e Parma dieno costituzioni simili alla subalpina, Toscana ripigli quella del 48, e il papa dia separata amministrazione alle provincie oltre l'appennino. » Dettava leggi da vincitore, sicuro che sarieno respinte.

L'esercito Sardo stava tutto sulla frontiera tra Alessandria e 'l Ticino; gli avamposti austriaci guardavano la linea lombarda. Undici Tedeschi la notte del 19 al 20 marzo passarono per isbaglio il confine al luogo detto *Limido*, su quel di Carbonara, e tosto pel ponte di Gravellona si ritrassero. Subito il Cavour lo stesso dì lanciò un dispaccio bellicoso, notando « gli effetti disastrosi che tal fatto degli Austriaci avria provocato, senza la moderazione del re Sardo! »

§. 7. Proposte di congresso.

La Russia uscì a proporre che un Congresso de' cinque primarii Stati d'Europa assettasse le cose italiane. Ciò facea vane le insidie piemontesi: come n'arrivò la nuova, i ministri tennero consiglio; e temendo perdere il frutto di tante macchinazioni, stettero per rompere le dimore e passare il Ticino. Ben lo minacciarono, i giornali sbizzarrivano, parea lo scoppio imminente. Il Cavour a 1.° marzo, quel dì stesso ch'aveva sguainate le accuse all'Austria, e dettate le su citate condizioni, scrisse a Londra, chiedente s'ammettesse il Piemonte nel congresso; poscia chiamato a Parigi, v'andò il 24, tornò al 1.° aprile. Francia, Inghilterra e Prussia accolsero la proposta russa sotto condizioni; l'accolse Austria a' 23, dichiarando si rispettassero i trattati e i diritti. Londra propose quattro condizioni: modo da pacificare Austria e Sardegna; ritratta de' Tedeschi dagli Stati papali, e riforme da farvi; modifiche alle convenzioni speciali tra Austria e gli altri Stati italiani; non toccarsi i territorii nè i patti del 1815. Russia le approvò a' 25, Austria al 31 v'aderiva, spiegando: il congresso dovere spingere Sardegna a compiere le sue obbligazioni internazionali; non discutersi la validità de' trattati, ma se altre corti europee sottoponessero al congresso i trattati loro con le corti italiane, anche Austria il farebbe; in fine dover tutti potentati simultaneamente disarmare.

Tai basi al congresso, capaci di seppellire le rivoluzioni, potevan gradire alla gente onesta, non agli ambiziosi. Sursero quistioni secondarie: se disarmarsi prima o dopo del congresso, se da' soli Tedeschi e Sardi o da tutta Europa, se intervenirvi i piccoli Stati, se con voto consultivo o deliberativo. Parevano le difficoltà risolte, pronto il congresso, assicuravalo il *Moniteur*; e appunto quel giorno nelle Camere inglesi si parlava di pratiche abortite. Il Cavour, parlamentato con Napoleone, sicuro d'aver Francia seco, volendo a ogni conto guerra, vincolò il consenso del Piemonte a non accettabili condizioni. Il ministero Derby fe' ogni sforzo a impedire la lotta, e propose la mediazione inglese; ma il Bonaparte stretto al Palmerston, che lavorava a risalire in seggio, la rifiutò. Deciso a battaglia, la mediazione temeva, il congresso scherniva.

§. 8. Denunzia di guerra.

Vienna tenendosi derisa, vistasi strascinata a guerra, volle affrontarla. A' 19 aprile spinse a Torino il barone Kellersperg e 'l cavaliere Ceschi, con lettere suggellate da aprirsi colà: giunsero a vespro del 23, e presentarono al Cavour un *ultimatum*. Ricordava: « Austria aver acceduto a un congresso de' cinque Potentati per definire le quistioni italiane; ma non potendosi trattar pace con istrepiti d'arme a' confini, aver chiesto il licenziamento de' corpi franchi, e 'l ritorno dell'esercito Sardo all'antico. Inghilterra approvatolo, aver anche offerto guarantia collettiva per sicurezza del Piemonte; questo sembrar rispondendo rifiutando, il che obbligar Austria a non movere le sue genti dalla frontiera lombarda, come bramava. Deluse le speranze, fare un supremo sforzo per indurre il governo Sardo a risoluzioni più miti: il messo tratterrebbesi tre dì; dove non venisse risposta da sicurare la pace, sarebbe necessità levar l'arme per averla. »

Emmanuele a' 22 aprile, prima che l'*ultimatum* gli arrivasse, divideva l'esercito in cinque divisioni per la guerra, oltre il corpo garibaldese. Poi rispondeva al 26: « La proposta del disarmamento aver prodotto lunghe discussioni tra' grandi Stati; questi aver offerte condizioni, aderitovi Sardegna; nulla potere aggiungere sulle difficoltà del congresso. La condotta del Piemonte essersi approvata dall'Europa; ora le conseguenze della minacciosa intimazione dover ricadere su chi armava il primo e respingeva le istanze d'una grande nazione. » Ma già quel dì stesso 23, prima che avesse l'*ultimatum*, avea chiesto e ottenuto dalle Camere la facoltà *dei pieni poteri*.

Napoleone a' 20 aprile, facea dire dal *Moniteur esser vicino l'accordo, nulla s'opporrebbe al congresso*: e il giorno dopo, cioè due dì prima ch'arrivasse a Torino la nota tedesca, diè l'ordine alle truppe di partire per Tolone a Grenoble, e per vie ferrate accostarsi alle alpi. Il 22 divisele in quattro corpi d'esercito: serbò a sè il comando, i generali lo stesso giorno spinse in Italia. A' 26 sbarcavano a Genova i Francesi; inondavano il Novarese e il Vercellese, mentre altri scendevano pel Moncenisio. Cotesto arrivo rapidissimo di centinaia di migliaia di combattenti mostrò studiata e premeditata da lunga mano quella guerra, cui fingeva volere impedire. Arrivava a Vienna il 20 una nota di lui, dichiarante ch'ove il Tedesco varcasse il Ticino, ciò sarebbe dichiarazione di guerra alla Francia. Pio IX al 27 dava un'enciclica per la pace.

L'Austriaco a tal minaccia, veggendo già le bandiere francesi in Italia considerata la rapidità della venuta, la preconcetta offesa, gl'insulti sardi, le insidie, le finzioni, i tranelli sì a lungo usati, pensò non potersi trarre indietro senza scapito d'onore; e a' 29 aprile, quando già i francesi s'avanzavano sopra Alessandria, passò il Ticino; dando un lungo manifesto alle Nazioni. Noverò le perfidie piemontesi, l'ambizione sabauda, la voglia di pigliarsi Italia, l'essersi alleata alla rivoluzione, l'aver sollevati, dilaniati, pasciuti i settarii, e 'l promuovere in casa altrui le ribellioni, per lamentarne ipocritamente i mali e crearsi liberatore. E finiva: « Abborre l'Austria, perchè tutelatrice de' diritti e de' trattati. Austria nel 1815 ebbe Venezia in cambio del Belgio; e il Piemonte con lo stesso trattato ebbe Genova in cambio di nulla. Austria non vuole altro; il Piemonte vuol tutto; Austria governa con giustizia, nè avrebbe felloni, se il Piemonte non li suscitasse. La pretesa delle nazionalità è sovversiva della pace mondiale, ignota alla storia, contraria all'ordine sociale, minaccia di caos. Francia sorregge Sardegna, e la fa forte a lacerare i trattati e a sfidare l'Europa, perchè quel regnatore di Francia vuol ripigliare le napoleoniche tradizioni. Vegga Europa oggi trattarsi come or fa mezzo secolo della indipendenza e della vita degli Stati contro l'ambizione e le rapine. L'imperatore Giuseppe è costretto a cavare la spada per difendere la dignità e l'onore della sua corona, e combattere col sentimento del dritto, e con la fiducia nella Provvidenza. »

Alcuno tacciò il tedesco d'imprudenza pel passato Ticino, quasi sfidasse Francia e aggredisse il Sabaudo; altri dissero arrogante pel chiesto scioglimento de' volontarii, come volesse comandare in casa altrui. Ma Francia era stata prima a venire in Italia, avea preparata, creata la guerra; rattenersi era mostrar paura. I volontarii, disertori d'ogni Stato, erano insidia e sfida; gl'insulti Garibaldesi e Cavourrini, la rivoluzione sonante intorno, le minacce eran truppe; il sopportarle sconveniva a un grande impero propugnatore del dritto. Piuttosto fu fallo di strategia lo entrar nel paese avverso contro forze doppie; ma se nell'imperatore alemanno fu errore, fu errore d'anima brava.

§. 9. Lega tra Francia, Piemonte e Setta.

Eccoci a un'altra discesa di Francesi in Italia. Scesevi Carlo VIII nel 1494; e benchè gl'italiani lo combattessero, pur ne seguirono guai infiniti, e fruttò a noi Napolitani due secoli e un terzo di servitù. Vennervi i rivoluzionarii dell'89, e tutta insanguinatala, a noi partorirono il nefando anno 99. Napoleone I gridante libertà e indipendenza si prese Italia, e se la smozzicò a suo grado: Piemonte al cognato Borghese, Toscana alla sorella Elisa, Roma al figlio neonato, Napoli al fratello Giuseppe o al cognato Marat, Genova repubblica spense, Venezia repubblica vendè. Caduto esso l'Italia tornò alla prisca quiete lunghi anni. Ritornati i Bonaparti, ecco ne ritorna la guerra, e ne lascia le ignobili catene d'una setta sterminatrice e spogliatrice.

Non fu già guerra di nazione a nazione, ma rivoluzionaria, divampante foco civile. Non so se Napoleone avesse mestieri del braccio settario per aver vittoria; certo ne volle l'ausilio, e videsi la bandiera francese, unita alla garibaldese, combattere accanto a quelli avventurieri ch'avea scacciati di Roma, con quel duce stesso nel quale la rivoluzione s'incarna. A un re e a un imperatore, fu messo compagno il marinaio Garibaldi, fatto a posta generale regio, per suscitar fazioni e guerre civili tra gl'Italiani. Inoltre Napoleone pose a capo del 5.° corpo d'esercito suo cugino, il genero di Vittorio, quello ch'avea testè accolto il mazzo di fiori dello Sterbini, già demagogo a Roma, acciò s'ingegnasse di rivoltare Toscana e Romagna, e farne forse un regno.

La rivoluzione, benchè impotente da sola, avesse necessità del braccio francese, pure diceva avversare la straniera dominazione; onde bisognò dissimulare i patti di Plombières. Essa dunque aperto lavorava a pigliarsi tutta Italia; ma i rivoluzionarii eran divisi, chi volea l'Italia del Piemonte, e chi volea l'aria repubblicana ed una; nondimeno a ribellare repubblicani e regi andavan congiunti, come masnadieri senza fede, solo concordi a pigliar l'altrui. I regi con Cavour si valeano de' repubblicani, per ispingerli avanti, e non mantenere le promesse al Bonaparte; e i repubblicani annuirono a servir Vittorio, perchè stimavano opportuno d'arrivare alla repubblica una, passando per la monarchia una. La setta fu d'ausilio grande agli alleati; perchè colle sue branche in tutta Italia e in Germania, operò da cemento a stringere i faziosi in uno scopo, e da dissolvente a slegare le forze tedesche, a sgominare loro schiere, a spargere spaventi, a ribellar loro le terre alle spalle, o a rattenerli con dubitazioni e sospetti.

§. 10. Manifesti garibaldeschi.

Per fondere in una volontà le due aspirazioni rivoluzionarie e porle in mano al Ministero sardo, s'era istituita a Torino l'*Assemblea nazionale italiana* con 94 persone, senza mandato di popoli, adunata apertamente a strada Arcivescovato n.° 13; il cui scopo era movere con ogni mezzo le ribellioni in tutte le contrade d'Italia. Ne discussero il programma i più saputi cospiratori, dimoranti in Italia e fuori, tra' quali oltre il Cavour si citavano i noti Pallavicino, Parini, La Farina, Foresti, Garibaldi, Ulloa e Manin. Costui, a conciliare i pensieri d'unità con quei di federazione, inventò la parola *Unificazione*, significante l'una o l'altra cosa, o tutte e due occorrendo. Il programma volea ch'ogni città avesse un comitato, e così si fece quasi in ogni banda. Organo della società fu un foglio detto *Il Piccolo Corriere Italiano*, mandato in carta velina *gratis* per la posta, incitante a rivolture e sbandamenti di truppe. Presidente segreto il Cavour, eralo di forma il grosso marinaio Garibaldi, segretario il La Farina siciliano. Questi già scrittore di romanzi, poi d'una rivoluzionaria storia sicula del 48, avea nel 47 scritto nell'*Alba*, giornale toscano; e nel 48 era stato a Roma col Ventura, il Pisani e l'Amari, come rappresentanti di Sicilia indipendente. Dappoi fattosi unitario, in un conciliabolo a Parigi disse: « Certo la Sicilia deve far parte d'Italia, ma prima si deve vendicare dei Napolitani. » Uniti dunque il Garibaldi, il Cavour e costui, stamparono un manifesto firmato *Garibaldi presidente, La Farina segretario*, col motto *Indipendenza, Unione*. Ordinavano che « cominciate le ostilità tra Austria e Sardegna, ciascuna città ribellasse gridando Italia e Vittorio Emmanuele, se non si riesce a sollevarsi, i giovani escano armati e corrano alla più vicina città, e in preferenza alle più propinque al Piemonte. S'usino tutti modi da tagliare le comunicazioni a' Tedeschi: romper ponti, guastar vie, ardere vettovaglie, sperder vesti, arnesi e foraggi, prendere in ostaggio famiglie a esso devote. Le soldatesche si ribellino ai loro sovrani, e presto vadano in Piemonte. Dove la sollevazione riesce, pigli il governo il più liberale, col titolo di Commessario di re Vittorio, abolisca le imposte sul pane e sul grano, faccia leve di giovani il dieci sul mille, recluti volontarii, e tutti in Piemonte. Subito si depongano magistrati e impiegati non ribelli, e consigli di guerra subitanei giudichino e puniscano in 24 ore ogni attentato contro la rivoluzione. Siasi inesorabile contro i disertori della causa nazionale. Si mandin note a Torino dell'arme e munizioni e denari presi ne' luoghi sollevati. Requisizioni di cavalli, carri, moneta, navigli, secondo il bisogno. In tutte guise dimostrare l'avversione d'Italia al Tedesco e l'amore a Savoia. » Siffatte e altre minori prescrizioni si davano col nome del Garibaldi generale regio e del La Farina ascoso segretario del regio ministro Cavour; impudente nequizia di quel governo che si diceva assalito. Poco dopo il Garibaldi si dimise da quella presidenza, e creò un'altra società detta *La nazione armata*, con segretario il milanese medico Agostino Bertani. Il Cavour lasciò fare, perchè qualunque si fosse agitazione riusciva allora a' suoi fini.

Quel manifesto nel nostro regno, dove forte era il governo e fievole la setta, andò piuttosto deriso che letto; e si vide che dopo tante prediche ed esortazioni per aver volontarii, allo stamparsene le liste, non si trovò notato neppure un Napolitano; e solo due Siciliani per la guerra dell'indipendenza. Poco fece il manifesto nel patrimonio della Chiesa, anche perchè s'era con serpentino consiglio serbato ad altro tempo lo spogliare il pontefice; ma fe' frutto in altri Stati.

§. 11. Rivoluzione in Toscana.

Dal dicembre 1858 era venuto a Firenze ministro sardo l'avvocato Boncompagni, già presidente della Camera a Torino. Questi prese a crearvi la rivoluzione, con insidie, danari e promesse. Conculcando il dritto delle genti, ospitava in sua casa i felloni del Gran Duca, li consigliava, li copriva con la bandiera di Stato amico, si faceva venir arme in casa da Torino. Udito l'*ultimatum* austriaco, però dichiarata la guerra in Italia, ebbe il motto che quello il tempo. I ministri granducali eran da più tempo discordi: taluno carezzava i liberali per farsene spalla. Si permetteva la stampa d'una *Biblioteca civile dell'Italiano,* foglio del comitato della *Società nazionale,* dipendente da Torino, foglio oltraggioso al governo, avviamento a ribellione, scritto da' congiurati Peruzzi, Ridolfi, Ricasoli, Bianchi e altrettali; e surto un giornale cattolico *Il Giglio* a confutarlo, fu soppresso. Di rivoluzionarii eran due fazioni, aristocratica e democratica; quella volente rivoluzionario il Granduca, questa infatuata di Piemontismo; ambiziose tutte e due, ambe adunatisi in segreto, spartite e insieme, ambe serve del Boncompagni. Aderivanvi alquanti duci militari, per ambizione o fame, e parecchi soldati corrotti in taverne e bagordi per beveraggio; del resto quasi nessun prete, pochi dei ricchi, pochissimi dei patrizi; gl'impiegati ducali buoni o mali, il più correnti al soldo. Corruppero i due maggiori Danzini e Cappellini lor pagando i debiti, intorno a ottantamila lire. Il governo udiva e vedeva; ma evirato, fiacco, non osava; e l'incertezza sfiduciava gli uffiziali, annullava lo scettro. Austria presentendo l'uragano offerse truppe in aprile; il Granduca ricusò, dicendo fidar nel popolo suo e nella neutralità, e questa notificò a Francia: la quale rispose ambiguo, perchè aspettava la rivoluzione, per invadere Toscana e dare in fianco a' Tedeschi.

Il Boncompagni ricordando che il popolo fedele al sovrano aveal nel 1849 con ispontanea contro-rivoluzione riproclamato, si fece un contropopolo a' suoi comandi con adepti di setta, frammischiandoli con ottanta carabinieri sardi fatti entrar travestiti, da stargli di costa e far gridio in piazza. Comandavali il famoso Filippo Curletti, ascoso capo di ladri, segreto mandatario del Cavour, riuscito buono operatore di tutte coteste rivoluzioni nell'Italia centrale. Così scalzato il trono, il giorno di Pasqua lancia una nota al governo, dove magnificata la guerra nazionale, l'ardor de' Toscani a farla, e 'l desio moderato del Piemonte alieno da smodate ambizioni, dice dar prova schietta d'amicizia, richiedendo al Granduca alleanza offensiva e difensiva. Ora questi acconsentendo sariasi contro i trattati volto nei momento del pericolo avverso al secolare amico, e sarebbe rimasto inerme nelle branche del fedifrago nemico; ovvero ricusando, dava a questo il pretesto di pigliargli lo Stato. Nel tristo bivio il Granduca rispose volere neutralità. Perlocchè il Boncompagni, gittata la maschera, die' foco alla mina.

Il 26 aprile, quando sapea spirato il termine dell'*ultimatum* austriaco sfrena la rivoluzione: nel pomeriggio alquanti malandrini e soldati fuori porta S. Gallo fan numero co' curiosi, ed entrano schiamazzando in città; gli uffiziali militari mettono i tre colori alle bandiere, adunano i battaglioni in piazza; i due castelli alzano la stessa bandiera. Alla dimane il ministro sardo assembra in casa i cospiratori primarii, il Ridolfi, il Salvagnoli, il Bianchi e il Ricasoli, e li caccia in pubblico a imporre al sovrano la guerra. Accozzano gente in piazza Barbano, avanti al forte S. Giovanni, con un manifesto (scritto dal Bianchi in casa il fornaio Dolfi) chiedente fratellanza di popoli e soldati, guerra all'Austria, capitanato di re Vittorio. Il Ricasoli manda a occupare i ministeri, le poste e il palazzo ducale; mentre i carabinieri sardi con altri stranieri e la marmaglia da' quartieri bassi dan grida sediziose, e s'accostano alla casa del Boncompagni; che fa una diceria dal balcone, e ringrazia delle patriote grida. Il tradito sovrano, spogliato di forze e in mano a' felloni, chiama Neri Corsini marchese di Laiatico a comporre un nuovo ministero: ma quegli consigliatosi col Boncompagni torna a Leopoldo, dicendo abdicasse a pro del figlio. Non volle egli perchè lasciando il figlio in braccio a' congiurati, sovrano di nome per coprire i rei fatti della setta, pria bruttato avrebbe il nome di Lorena, poi con meritata vergogna sarebbe stato scacciato. Rispose non potersi abbassare al disonore, partirebbe; e adunati i ministri esteri, protestò. Sull'imbrunire lasciò la città attonita e silente per terrore. I soldati ducali si coprirono di vergogna. Egli da Ferrara al 1.° maggio protestò in iscritto contro la violenza, patita per non aver voluto dichiarare guerra ingiusta, nè abdicare.

Partito lui, votate le casse pubbliche, dilapidato l'erario, in un botto lo spaurito municipio, mezzo sì, mezzo no, senza gonfaloniere, s'unisce; e dettante il Boncompagni, gridante giù la bruzzaglia con gli stili nudi, esce bell'e fatto, stampato, affisso, l'editto e il governo provvisorio; e sono il Peruzzi, il Malenghini e 'l Danzini: un patrizio, un curiale e un soldato traditore. Hanno il carico di tenere la potestà sinchè Vittorio provvedesse; e il domani, fedeli al programma mazziniano, offrono la dittatura a questo re; ma esso fedele al fresco proclama garibaldesco, con lettera del 30, delega sfrontatamente suo Commissario *per la guerra* lo stesso Boncompagni. Il quale interpretò *durante la guerra;* e da ambasciatore al Granduca, cacciatolo di seggio, n'usurpa il potere. Veramente non la carica, ma il titolo e il modo mutò: che sempre era stato ascoso commissario sardo a capo de' faziosi. Questo strazio di morale dicevanlo civiltà piena di tempi maturi.

Mentre interpretandosi il *per la guerra* il Boncompagni quistionava co' tre creati da esso, costoro trinciavan la Toscana. Mandarono commessarii nelle provincie *per illuminare* e provvedere, cassavano e creavano impiegati, spedivano persone a *corroborare* il governo, promovevano militari a josa, ponevano gonfalonieri nuovi, proclamavano uguaglianza di culti, ordinavano a' preti mettessero nella messa la colletta *pro tempore belli,* e abolivano la pena di morte. Il Granduca non l'aveva eseguita mai; e quel Perruzzi che or l'aboliva, surto poi ministro la volle serbata. In dieci giorni sciorinarono da dugento decreti, oltre note, circolari, dispacci e lettere segrete, cose tutte impastate da prima. Mandarono attorno chiedendo offerte per la guerra dodici femmine, diventate famose, cui quei cervelli fiorentini aggiustarono i nomi de' segni del zodiaco. Il Boncompagni fecesi il ministero; quindi nuovi decreti a bizeffe, tutte cariche a' settarii, tutti insulti al tradito sovrano, tutta Toscana una ladronaia. Delegato *per la guerra,* fece solo quella dei tradimenti.

Tosto esso e 'l Ricasoli lavorarono a un'assemblea; ma per escludere dal votare i villani, tutti granduchisti, decretarono niuno fosse elettore che non sapesse scrivere. Così ridotto il numero, convocarono comizii, dove neanche venne la metà degli elettori iscritti; a' venuti corruzioni e intimidazioni; sì rumoreggianti l'arme, fecero loro adepti deputati. Quanto all'esercito, il Cavour avea dal 28 aprile mandato il napolitano Girolamo Ulloa, fatto a posta maggior generale sardo, però creato general di Toscana il dì stesso che arrivò; il quale data breve proclamazione a' soldati, la dimane li menò alla frontiera delle Filigare; sia per levarli di Firenze dove si temeva che pentiti reagissero, sia perchè molto indisciplinati, e sia acciò là presso Bologna restassero minacciate le frontiere papali, e si potessero creare i corpi franchi, con felloni romagnoli, ch'avean poi da invadere quelle province. Appresso il sardo Boncompagni indirizzò al sardo Cavour una dichiarazione, come Toscana s'associasse al Piemonte contro Austria.

§. 12. E a Modena, e a Parma.

A Massa e Carrara e a Modena, sendovi fedeli le truppe estensi, le cose da prima andarono diversamente. Il Piemonte tendendo la mano a' faziosi tentava tutti modi di movere le popolazioni limitrofe ad esso: fomentare la sedizione tra' soldati, accarezzare gli esuli, nutricarli e tenerli sul confine. Rumoreggiando le voci di guerra, il Duca aspettandosi l'invasione concentrò sue genti a Fivizzano il 29 aprile; ma uscite queste appena di Carrara, ecco un Giusti e un Massa curiali, e un Brizzolari si dichiarano commessarii piemontesi; e tosto avuti carabinieri sardi, pigliano per Vittorio il governo. Ciò mentre stava ancora a Torino il legato Estense! Il Duca protestò. Lo stesso dì 29 entran dal Piemonte un centinaio d'uomini collettizzii, e cantano il *Te Deum* a Fosdinovo; accorsi i Duchisti a guastar la festa, se ne fuggono. La notte ne scendono altri dugento, si acquattan ne' monti, ma assalitivi da' cacciatori modenesi, morti alquanti, altri feriti, il più sperperati ripassano il confine. Il Duca pertanto sì minacciato, con lo Stato circuito dalla rivoluzione, chiede ed ha in soccorso un po' di Tedeschi. Allora il Piemonte ch'aveal o assalito in pace, dichiara a 8 maggio, che egli ligato all'Austria era nemico; e gli denunzia la guerra.

Più diversamente a Parma. La vedova Duchessa, udendo la guerra a' confini, e in piazza trescare i Mazziniani con a capo un Armelonghi avvocato, proclamò al 1.° maggio ch'avendo a tutelare i figli suoi se n'andava, lasciando a' ministri il governo in nome di Roberto I. A mezzodì del 2 si partì; e quel dì stesso quell'Armelonghi, con altri tre in comitato, proclamò Vittorio, dicendo pigliar la potestà sino alla venuta del commessario regio; perlocchè i ministri ducati protestando lasciarono i seggi. A sera un comitato si costituì, e cominciò dando impieghi e facendo la Guardia Nazionale. La città ne restò costernata; e la magistratura negò di giudicare in nome di re Vittorio; il tesoriere non die' danari; e da ultimo la soldatesca, che avvinazzata da' congiuranti avea secondato, digerito il vino, mandò agl'intrusi intimando sgombrassero, o farebbesi fuoco. Allora quelli ammainate le vele fuggirono il mattino del 3 maggio; e pregato dal municipio risalì il ministero. Intanto la Duchessa, trattenutasi a Mantova, rifiutò l'aiuto tedesco, dicendo essere neutrale; e udita la controrivoluzione, tornò a Parma la sera del 4, in vero trionfo. Doppia rivoluzione seguita in 36 ore, senza sangue.

Vinto sì impensatamente da una donna, il Cavour fremente mette mano a' ferri. A' 27 maggio entra senza dichiarazione di guerra per Pontremoli il Ribotti, (quello preso in Calabria il 48, e graziato) con cannoni e soldati sardi e toscani. Alle rimostranze della Duchessa a Torino si dan risposte vuote. Indarno protestano Spagna e Inghilterra. Ella fa condurre in Svizzera i figli, di che il popolo e i soldati s'addolorano; s'affaccia, ed è plaudita da tutti. Poi cominciata la guerra in Italia, e sendo il Ribotti alle porte, seguì nuovo consiglio, come appresso dirò.

§. 13. Proclamazioni de' belligeranti.

Denunziato l'*ultimatum* austriaco, il ministero torinese chiuse l'Università e le Camere, e mandò per tutte vie soldati a' confini; dichiarò la potestà, tutta nel re, imbrigliò la stampa, fe' commessioni straordinarie nelle Provincie, chiamò marinai, e ordinò i banchi dessero non denari ma carte. Il Tedesco passato il Ticino a' 29 aprile, fu la dimane a Mortara e a Novara, occupò Vercelli il 2 maggio, e minacciava Torino, mentre con altri battaglioni varcato un ramo del Po, si stendeva a Tortona. I Francesi a grandi migliaia scendevan per le Alpi e per mare a Genova, aspettando l'Imperatore.

Vittorio a' 27 aprile proclamò all'esercito: pigliar le arme per difendere lo Stato presso ad essere invaso dall'Austria, invida della libertà regnante in Piemonte, e del vedervi ascoltate *le grida di dolore* d'Italia oppressa. Altra proclamazione lo stesso dì nunziava al popolo il torto dell'Austria, il soccorso del generoso alleato, e ch'ei risguainando la spada, lasciava il cugino Eugenio di Carignano al governo. Volsesi altresì a' popoli d'Italia, dicentesi dall'Austria assalito, per aver perorata la causa della patria; Austria violare i non mai rispettati trattati; egli sciogliere il voto fatto sulla patria tomba; egli per tutta la nazione combattere, nè altra ambizione avere ch'essere primo soldato d'Italia indipendente.

Francesco Giuseppe anch'esso da Vienna ai 28 aprile, volgevasi a' popoli suoi. Noverava gli usati sforzi per tener in pace un nemico più volte vinto, e generosamente risparmiato, e sempre tornante a capitanare la rivoluzione, e ad invadere il territorio d'Austria. Oggi di nuovo essersi alla vigilia d'un'epoca quando le sovversive dottrine non solo dalle sette ma dall'alto stesso de' troni si predicano. Francia con futili pretesti intervenire a mescolarsi negl'italici piati. Egli aver la corona senza macchia ereditata; ora chiamarlo a difenderla la storia gloriosa della patria, il dritto dell'Austria, quello di tutte le nazioni, anzi i più sacri beni dell'umanità. Volger la voce al popolo suo invitandolo a secondarlo; mandare il saluto guerriero a' suoi figli nell'esercito militanti, mentre nelle mani loro l'aquila austriaca apre i vanni a voli sublimi. Da ultimo qual principe alemanno parla alla germanica confederazione, ricordando i passati trionfi: e l'invita a non lasciarlo solo nella gran lotta contro gli astuti redivivi nemici dei Germani. Finisce: *Con Dio per la patria.*

Francia intanto protestava che la guerra non toccherebbe il Santo Padre. Primo a' 30 aprile, il Barrot presidente del Consiglio di Stato, interpellato dal Lemercier, dichiarò *impossibile qualunque dubbio sulla quiete del papa; Francia, userebbe ogni mezzo per tutelarne la sicurezza e la indipendenza.* Ultimamente Napoleone die', a 5 maggio, la proclamazione sua, rinomata per larghe promesse, eccitatrici allora, interrotte poscia, e madre di lunghi guai al bel paese. Disse che l'Austria assalendo l'alleato di Francia, a questa dichiarava guerra e minacciava la frontiera francese; egli voler liberare Italia, dall'Alpi all'Adriatico; voler rispettare i territorii ed i dritti de' sovrani neutrali. La Francia dice all'Europa *non voler conquiste,* solo mostrar simpatia per un popolo gemente sotto l'oppressione straniera. Voler rendere Italia a sè stessa, non farla mutar padrone, non ascendervi a fomentare il disordine, *nè a scrollare il potere* del Santo Padre. Nè tampoco pago a tai promesse, temente lo agitarsi de' cattolici nell'impero suo, fe' la dimane scrivere dal ministro del culto a tutti i vescovi e arcivescovi di Francia: « La guerra essersi voluta dall'Austria, la lotta stata inevitabile. L'imperatore sostegno dell'unità cattolica volere che il capo supremo della Chiesa sia rispettato in tutti i dritti suoi di sovrano temporale; le sue idee cristiane tendere a fondare sopra solide basi rispetto a' sovrani italiani. » Europa vide presto il rovescio di queste promesse.

§. 14. Interventi in Toscana.

Bentosto, non so se forse a far da sentinella al pontefice, sbarcò a' 20 maggio un esercito francese a Livorno, col liberalissimo principe Napoleone, intervenendo contro il dritto delle genti in Toscana; ove già a sostenervi la rivoluzione eran venuti il 10 i Sardi. Ei con tal diversione inaspettata minacciava di fianco quattromila Tedeschi, che pe' trattati sedevano a Bologna; lavorava a far accozzare i corpi franchi sul confine tra Bologna e Perugia, quasi tutti facinorosi o galeotti che, fuggendo dallo stato della Chiesa, erano vestiti e armati, ed ei li andò anche a vedere alle Filigare. L'*Impetuoso*, fregata francese, accostatasi ad Ancona, sparse discorsi maligni; poscia a Rimini mise gente a terra, che in pranzi e caffè affratellata a' faziosi ne alzò le creste. I Francesi presentatisi altresì sul confine di Modena il 30, vi disarmarono la guardia di Finanza. Di questa ed altre infrazioni di dritti mostrava spiacersi Napoleone.

Con ciò la Toscana s'era tolta al suo principe e conquistata sotto forma di libertà. Il Boncompagni ministro sardo, congiuratore, scacciatore dei Granduca, e Commessario governante per Vittorio, salì fra' settarii in fama d'ingegno, e della patria benemerito. La gente onesta tennelo per traditore abbiettissimo. Poco dopo, a' 7 giugno, il Radcliff, stato ministro inglese a Costantinopoli, però competente a decidere cose di dritto internazionale, ricordando nel parlamento britanno quel brutto gioco, disse: « Il Granduca se avvisato a tempo avesse impiccato il legato piemontese Boncompagni, avrebbe usato suo dritto. » Costui cui era piaciuto il malfare, ma doleva sentirsene a dir male, la masticò due mesi, poi osò rispondere con lettore stampata, dove non negava già il fatto, ma l'affermava con parole liberalesche, quasi quistione di rettorica non di storia quella fosse. Quella pena turchesca nunziata dal già nunzio in Turchia, non fe' gran colpo nel Villamarina, altro ministro sardo a Napoli; onde il vedremo operare tale che il Boncompagni; perchè la impunità dava a questa gente gran coraggio di perfidie.

§. 15. Guerra e pace.

Non è mio assunto narrare il cozzo di quei grossi eserciti. Sendo morto a' 5 gennaio 58 il Radetzki, comandava i Tedeschi il Giulay; il quale varcato il Ticino il 29 aprile, stette inoperoso a Vercelli, quasi aspettasse i Francesi s'ingrossassero; dopo di che dette addietro il 6 e 7 maggio, e passò e ripassò il Po in più punti, con marce e contromarce; sinchè a' 19, lasciò Vercelli e rinculò a Mortara. A' 21, dopo un fatto d'arme a Montebello, marcò il Po. I Francesi entravano allora in Toscana; i sovrani di Modena e Parma uscivan da' loro Stati; pigliavanli i Franco-Sardi. I settarii forti per tant'arme straniere, si smascheravano, s'ascondevano i buoni, parecchi giovani o ambiziosi voltavansi alle novità; sicchè provocavasi la rivoluzione attorno a' Tedeschi. Questi dopo la sanguinosa giornata di Magenta del 6 giugno, più s'arretravano, e la ribellata Milano accoglieva gli alleati. Quivi Napoleone sdimenticando la sua proclamazione di pochi dì avanti, altra ne die' a 8 giugno, non a' Lombardi e Veneti, ma a tutti gl'Italiani. Disse: « Valetevi della buona ventura, unitevi tutti all'affrancamento del vostro paese, fatevi soldati, volate a re Vittorio. » Allora il principe Napoleone da Toscana co' suoi Francesi e i rivoltosi, accennò a correre sopra Bologna. Pria andaron lettere private, che si fean leggere, designanti anche il dì dell'entrata in città. Però i Tedeschi temendo restar tagliati, ne scrissero a Verona; donde, sebben l'imperatore avesse promesso al papa che in nessun caso lascerebbe Bologna, pur venne l'ordine di ritratta, che fecerla l'11 a sera, restato il delegato cardinal Milesi con sol cento gendarmi papalini e dodici dragoni. Colà era capo congiuratore il Pepoli figlio d'una figlia di Gioachino Murat, sì buona persona ch'era stato dalla madre diseredato. Questi accozzò in casa i faziosi, distribuì le parti, e a mezzanotte scesi in piazza uniti a pompieri gridan Vittorio, assassinano un gendarme, spezzano l'arme papali, ed entrati sin nella stanza del Cardinale, un conte Angelo Tattini cognato del Pepoli gl'impone di sloggiare. Egli nega e protesta. Poco stante il Tattini torna con ischerani; insulta uffiziali di servizio, impone la partenza, offerendo la scorta di dragoni traditori. Il cardinale la ricusò, ma l'ebbe a forza, e dovè andarsene al mattino del 15. Della rivoluzione insediata prese il governo un Corso intimo di Napoleone III, statogli sempre vicino a Parigi. Così fu sicurato il Papa.

Da ultimo videsi a' 24 giugno la battaglia immensa di Solferino, ove per 16 ore quattrocentomil'uomini, seicento cannoni, tre sovrani e anche il cielo con fieri uragani combatterono. Perderonvi diecimila soldati i Tedeschi, quasi il doppio gli alleati, ma restarono padroni del campo; senza però perseguitare il nemico ritrattosi ordinato. La tardezza alemanna e 'l serpeggiar della setta, anche in quelle schiere, tratternelle dal valersi di certe vicende prosperose della giornata; mentre a' Francesi valse assai aver cannoni rigati di portata doppia de' consueti, usati in quella guerra da essi soli la prima volta. Altri segreti scoprirà il tempo. Sappiamo che il barone Eynatten, generale tedesco, svelava a' nemici i disegni di guerra, i luoghi e il numero delle vettovaglie e delle milizie. Scoperto, indi a poco s'uccise di sua mano.

Allora sotto Mantova, Peschiera, Legnano e Verona, eran per seguitare più terribili fatti. Dovevano i Francesi stringere tai fortezze e superare gli avversi; dovevano gli Austriaci ricuperare la vittoria strappata lor di mano, e ricalcare le vie di Milano; l'Europa trepida aspettava la reiterabile lotta; quando Napoleone chiese armestizio, e a 8 luglio fu fermato sino al 15 agosto. Se non che un subitaneo convegno tra' due imperatori a Villafranca l'11 luglio, statuì in poco d'ora le basi della pace. « Italia sarebbe confederata, presidente il papa; cedersi Lombardia senza le fortezze sino al Mincio alla Francia; questa cedrebbela al Piemonte. Venezia al Tedesco, e far parte della Confederazione; i principi di Toscana e Modena tornare a' loro Stati: ambo gl'imperatori dimandar riforme al Papa, e amnistia piena. Stipularsi a Zurigo la pace, per legati francesi, tedeschi e sardi in congresso. »

§. 16. Il perchè della pace.

I tre sovrani con discorsi e proclamazioni dissero certe ragioni della pace. Molto v'almanaccò il mondo; ma le ragioni eran pur molte. Forse il campo insanguinato, con membra mozze e cadaveri a migliaia terribilmente favellarono agl'imperatori, con immagini ferali di spietate distruzioni; ma pur altri politici pensieri prevalevano. Il Francese vedeva Inghilterra neutrale e armata raccorre volontarii, ordinar l'esercito, allestir vascelli, e rafforzare Gibilterra e le colonie. Vedea Germania ingelosita, non credere alle proteste e radunar contingenti federali. Vedea Prussia postata sul Reno guardare i combattenti a fiaccarsi, per dettar poi condizioni dure ad ambi: non volea egli rischiarsi in guerra alemanna, forse europea. Temea Russia, Prussia e Inghilterra congiungersi a una mediazione armata. Considerava la vittoria stata stentatamente dubbia, quelle irte fortezze, quel nemico non vinto e fremente, i suoi insanguinati molto; vedea territorii neutrali vietargli i passi, o sforzandoli stuzzicare nemici nuovi; vedea la rivoluzione alzarsi troppo, non stare a' patti, il Cavour pigliarsi Toscana, dimenticato Plombières, sparito il vagheggiato regno d'Italia centrale; e si tenne burlato esso e 'l cugino. Oltracciò dubbie le sorti avvenire, necessarie vittorie nuove; il vincere aggiunger poco, il perdere esser ruina. Avea di Francia rapporti foschi, i suoi nemici oregliare, agitarvi il paese, aspettare il momento; sapeva Francia non ubbidirebbe a lui vinto; disfatto, perderebbe l'imperio preso con tante arti; meglio fermarsi potendo, e la dubbiosa vittoria suggellare con utile pace. Però retrocedendo dai primi disegni, stipulò la confedarazione; idea Giobertina, già tentata e abortita dieci anni prima pel diniego di Savoia.

L'imperatore Giuseppe indietreggiato su' campi, perciò dovea tener l'animo turbato. Avea combattuto solo contro Francia, Piemonte e setta collegati. Il nemico avea migliori armi e cannoni rigati, egli no. S'era visto non soccorso da Germania, apponevalo a Prussia, e n'era indignato. Udiva i Klapka e Kossut col denaro francese movergli Ungheria; sentiva alle spalle Venezia brontolare; mancava di moneta, nerbo di guerra. Da Russia inimicata non sperava aiuto; di Prussia la neutralità era più acerba dell'ostilità, miravala grossa sull'arme, pronta a dettar leggi di pace, più onerose al vicino emulo che al lontano alleato. Dall'arti rivoluzionarie pungea il sentirsi infamato e punzecchiato, co' corpi franchi, con giornali e menzogne. Richiesto di pace, si consigliò, forse fu da non fidi consigliato, e cedè la Lombardia.

Il Piemonte che per la setta e per sè guadagnava con la guerra, udendo pace allibì. Il Cavour al primo motto dell'armestizio corse al campo, si sforzò a turbar l'accordo; e vistolo concluso, e sì scrollati i suoi castelli, e reagir gli spiriti e sè impotente, si dimise co' colleghi; onde risurse a' 20 luglio il ministero del Rattazzi (braccio segreto dello stesso Cavour) uomo che per aver podestà sfiderebbe la berlina.

Gl'imperatori s'affrettarono, perchè già l'arme prussiane ed inglesi si facevano avanti a imporre la pace con ignoti propositi; onde vollero presto con libere condizioni pattuire. Queste se per perduto territorio onerose all'Austria, gli furono onore pel confermato principio del dritto, pel quale avea sguainata la spada, dico la restaurazione de' troni usurpati. Per contrario il Francese avea dovuto retrocedere dalle promesse proclamate, e dalle segrete convenzioni con l'alleato. Chi di loro stipulasse in buona fede fu manifesto, quando dopo gl'imperatorii amplessi, e i solenni patti, Italia perde due province, e fu data inerme e indifesa alla setta. Austria vinse moralmente nelle menti oneste; perocchè Napoleone fatta la guerra per *un'idea*, si prese due province; Giuseppe perdè una provincia sua, e trionfò per l'idea sostenuta delle restaurazioni.

§. 17. Scontentezze per la pace.

La pace nessuno contentò. Prussia si lamentò con la Francia d'aver rifiutato il suo concorso, dopo ch'ella durante la guerra avea rattenute l'ire alemanne. Albione che volea pescare in quel torbido, componendo a suo modo le cose, restò fuori quistione, dolente. Alemagna rimase umiliata. Russia avria voluto veder peggio. E altresì i popoli furono scontenti. Gli uomini del dritto videro menomata Austria sostenitrice di dritto, ingrossato il Piemonte pesar sull'Italia; la setta dato un gran passo. Sopportata con dolore in Torino, ora stendersi fuori. Ciascuno si guardava attorno smarrito; brontolava l'uragano, scrosciavano le saette rivoluzionarie; mancato allora, come dirò, Ferdinando di Napoli, chi salvare Italia dall'abisso? I principi spodestati tornare? e con quali arme? e il papa e Napoli saran sicuri?

Per l'opposto quei che si dicevano soli rappresentanti d'Italia, per mangiarsela, si rammaricavano di Villafranca. Già la rivoluzione ama la guerra, non la pace; poi l'idea confederativa abbandonata e vecchia come tornare in campo? confederarsi co' Tedeschi? Pattuitosi a Plombières di cacciarli, resterebbero dopo tanto sangue sparso, incolumi a Venezia, e con le quattro fortezze? Volevano Italia tutta, e ora restituirla a' Duchi? tanti vanti, tante brighe e spese, per un po' di Lombardia aperta e indifesa! Per sì poco Napoleone ha gittato i milioni e perduti cinquantamila Francesi? Vogliolosi d'indragarsi anche a Venezia, a Roma e a Napoli, quella pace l'impediva: appellarono un tradimento, un Campoformio!

Rintronarono di grida i loro giornali; uscirono in cerchi di lutto. Milano ricusò le luminarie al re; a Firenze arsero i fogli nunziatori della convenzione; a Torino bruttarono di loto i ritratti del Bonaparte, e posero in mostra quelli dell'Orsini suo assassino.

§. 18. La buona fede.

Vane paure; chè scenica fu la pompa di quella napoleonica pace, sospensione della catastrofe prestabilita. Andò da Bologna a Torino spinto da' faziosi romagnoli al Bonaparte il Pepoli cugino; il quale come membro della imperiale famiglia, aspettandosi la sua parte nella nuova rimescolanza degli Stati, era amareggiato dalla pattuita confederazione. Ebbe udienza, rimasta nel mistero, ma uscì dalle stanze pettoruto; e se ne videro i frutti nelle Romagne. S'è poi stampato ei confidasse a qualcuno questo dialogo: « Cugino, e il vostro proclama dall'Alpi all'Adriatico?» e Luigi rispondesse « state allegro, che l'Italia la faremo in due atti.» Se ciò non fu vero, vero e presto seguitò il secondo ed anche il terzo atto. Che che Napoleone dicesse di nascoso, certo mostrava aperto volere stare a' patti; anzi a' 7 settembre fe' dichiarare dal *Moniteur:* « esser inutile resistere alla restaurazione de' principi, o che l'Austria rimarrebbe libera dagli obblighi contratti a Villafranca.»

Nulladimeno uscì il motto del *non isconfidare*. Presero a discifrare le parole *del magnanimo alleato*, a confrontare l'une all'altre, a stiracchiarle, a concluderne egli voler sempre assicurare la volontà popolare; la pace essersi fatta per confermare la impresa della guerra, *la nazionalità italiana*; dunque impossibili i Duchi e Granduchi, impossibili i Borboni a Napoli: guerra o pace esser lo stesso; Napoleone *aver mutato metodo non fine*. E Napoleone lasciava dire, e fare. Mentre la setta tai cose spargeva, nè ben fidava in lui, nè tampoco volea stare a' parteggiamenti convenuti a Plombières; però aperse gli orecchi all'Inghilterra, dove s'era mutato il ministero. Il Derby che a' 23 aprile, avea sciolta la camera, cadde dalla nuova camera sconfitto a' 7 giugno, con lieve minoranza di tredici voti. Risalivano i Palmerston e Russell, quelli che in nome dell'umanità promovevano rivoluzioni in casa altrui, quando ne' dominii inglesi le domavano con le forche. In Piemonte il ministero Rattazzi, benchè ne' giornali fingesse battagliare col Cavour, gli era ligio. Questi avea voluto restar libero da impegni ministeriali, per meglio proseguire i disegni, render vana la pace, e suscitare gli elementi rivolutosi nella penisola sparsi. Ligato al Mazzini e al Garibaldi, chiuse la bocca al Bonaparte con un'offa agognata; si pose sotto il manto inglese per ruinare il papa e Napoli; e così da due parti forte, lanciossi impavido nell'arringo del ridersi d'ogni dritto. Prese sotto mano le redini della setta, e die' la spinta.

In prima diffidente de' suoi stessi alleati, volle meglio assicurarsi l'usurpato. Comandava in Toscana il napolitano Girolamo Ulloa, stato sin allora celebrato, e per la diserzione dalla bandiera borbonica mostro a modello. In questa guerra fattosi vedere stretto al principe Napoleone, entrò in gelosia dei Piemontesi; e il ministero che sapeva il principe aspirare alla Toscana, tenne per fermo l'Ulloa voltato a lui. Però finita la guerra, tornando egli sotto la dipendenza di Torino l'astiavano; ma ei capito il latino si dimise. Subito ebbe lo scambio; venne a' 14 agosto a Firenze il Garibaldi, a capitanare le forze dell'Italia centrale. Poco stante tutti i paesi tolti proclamarono lo statuto sardo.

§. 19. Muore re Ferdinando.

Nella vigilia de' supremi travagli d'Italia, re Ferdinando che per nome e senno poteva far argine alla piena, sentiva aggravarsi il morbo in Bari, lontano dalla reggia, anche mancando de' piu eletti consigli dell'arte salutare. Fu da principio stimato avesse sciatica reumatica, prodotta da' freddi del viaggio; ma presto andò a miosite, che trovato guasto il sangue suppurò, e si stese all'anguinaia e alla coscia, con tumore e febbri intermittenti, onde gli dettero chinino. Ciò gl'irritò l'asse cerebro spinale; e parve apoplessia e delirio, sicchè accorsero con bagni e mignatte. Come si potè, menaronlo il 9 marzo, navigando cinquant'ore, alla Favorita; indi per la via ferrata a Caserta, ch'era il primo di quaresima, a ore tre e mezzo vespertine. Andò dalla stazione della strada alla reggia sur una barella, tra la mestissima real famiglia, vestita a nero per altro suo lutto; pareva un mortorio, piangeva la popolazione benchè discosta, i soldati non potean rattenere i singhiozzi; ed ei con la voce e con la mano li confortava e salutava. Intristì; nè valse che punto alla coscia scaricasse copia di pus; ch'anzi v'uscirono più seni fistolosi cui seguitò febre etica, emottisi e tabe. Durò malato quattro mesi e otto giorni, con dolori asprissimi; sopportò amarezze di medele e punte di ferri con pazienza; ebbe il viatico a' 12 aprile, l'estrema unzione a' 20 maggio. Piangendo i circostanti ed anche i soldati che tenevano i cerei, disse: « Perchè piangete? io non vi dimenticherò. » E alla regina: « Pregherò per te, pe' figli, pel paese, pel papa, pe' sudditi amici e nemici, e pe' peccatori. » Sentendosi più male, disse: « Non credevo la morte fosse sì dolce; muoio con piacere e senza rimorso.» Poi ripigliandosi aggiunse: «Non bramo già la morte come fine di sofferenze, ma per unirmi al Signore.» La notte precedente al 22, dicendo morirebbe quel dì, ordinò egli stesso la messa e i più minuti particolari del servizio sacro. Ebbe la benedizione apostolica con plenarie indulgenze, delegate per telegrafo dal pontefice al confessore monsignor Gallo arcivescovo di Patrasso. Al sentirsi mancare notò che gli scuravano gli occhi e gli tintinnavano gli orecchi; poco stante stese la mano alla croce dell'arcivescovo, l'altra porse alla regina in segno d'addio; poi chinò il capo sulla mammella destra e finì. Era la domenica 22 maggio, dopo il meriggio un'ora e dieci minuti.

Nato a' 12 gennaio 1810, in Palermo, in esilio, mancava quasi in sul cominciare di altro più duro esilio a' Borboni; nato e spento in tempi di Napoleoni. Mancava nello stesso dì 22 maggio, dopo quarantaquattro anni che l'avolo Ferdinando entrato era in Napoli, tornando dal decennale esilio; seguendo così nella sua casa una fatale coincidenza di prospero ed infausto giorno; e nel reame principio e fine di tempi tranquilli. Dopo le mortuarie, il cadavere la sera del 1.° giugno riposò co' suoi padri in S. Chiara. Fu della persona altissimo, d'atletiche membra, bello in giovinezza; poi bianco il volto, bigio i capelli, fioca voce, pinguedine addicente alla statura. Visse men di cinquant'anni, quasi ventinove ne regnò; rapito nel buono dell'età, quando men lo si aspettava. Uomo pio, re forte e clemente, consorte e padre affettuoso, nella religione, nel maneggio dello Stato, nelle blandizie su' traviati, nelle estere relazioni, nelle dolcezze di famiglia, ebbe fama di buono, e la meritò.

Vissuto in età d'inique sette, spregiò loro calunnie; forte resse dentro il reame, più forte fuori; e piccolo sovrano, alzando sua ragione, tenne indipendente dagli stranieri lo scettro. Mai non piegò dalla dignità regia, e dal dritto della monarchia e del popolo suo; vinse la rivoluzione messa da fuori, durò con l'Europa in pace. Non intervenne in piati altrui, salvo che nel romano, chiamato dal pontefice re; non sofferse che altri, nè pur Francia e Inghilterra potentissime, entrassero in casa sua. I suoi ventinov'anni di regno segnan l'èra prosperosa della patria. Lasciò successore Francesco primogenito, nato da Cristina di Savoia; lasciò di Teresa d'Austria altri nove figliuoli; Luigi, Alfonso, Gaetano, Pasquale, Gennaro, Maria Annunziata, Maria Immacolata, Maria delle Grazie Pia, e Maria Immacolata Luigia, tutti educati piuttosto nella parsimonia della famiglia che nel fasto della reggia.

Non però sfuggì egli all'imperfezione dell'umana natura. Bene conobbe gli uomini e le cose; ma queste curò molto, quelli poco; condusse a bella altezza la prosperità pubblica, ma degl'intelletti diffidò. Qui dov'è comune l'ingegno e frequente la sapienza, ei pochi uomini insigni volle trovare; sovente mise su la mediocrità. Ciò riuscì danno al trono, perciocchè i sapienti lasciati indietro avversavanlo; nè capaci a difesa buona erano i dappochi insediati. Era in Ferdinando solo tutta la gagliardia del governo; mancato lui, mancò la mente; e mancò appunto in quei momenti supremi che la Provvidenza manda alle nazioni per correggerle con la sventura. Sono glorie di lui le buone leggi, il rifatto esercito, la cresciuta flotta, i pingui erarii, gli edifizii sacri, le pubbliche opere, la tutelata pace, i buoni costumi, la religione, la morale; suo fallo l'aver voluto essere il migliore tra quelli che pose alla potestà.

Nulladimeno i Napolitani lui ricorderan sempre con vanto. Sua lode fu l'amore de' buoni in vita, e dopo morte il pianto verace sulla tomba. Lodanlo le sette stesse imprecandolo, e co' bugiardi nomi di fedigrafo e bombardatore; lodanlo con l'odio effettato che più ch'a ogni altro monarca della terra gli avean giurato; lodanlo i sopravvenuti malanni, le nefande vendette rivoluzionarie, le calunnie stesse che furon costretti a inventare per aver da infamarlo. Ed è sua lode l'aver cresciuto a sensi di cavalieri i figliuoli; che giovanetti e nuovi, circuiti da inetti o traditori, ingannati e venduti, pur sentendosi prole di cento re, sguainavano la spada a onor del nome napolitano; e in un secolo che vanta il vincere con vergogna, prescelsero il vanto di perdere con onore.

§. 20. Suo testamento.

Presso a morire dettò il testamento, cui volle scritto di mano di Francesco, presente la reina, i due più grandicelli figliuoli Luigi ed Alfonso, e monsignor Gallo, in questi sensi: «Raccomando a Dio l'anima mia, e chiedo perdono a' miei sudditi per qualunque mia mancanza verso di loro, e come sovrano e come uomo. Voglio che eccetto le *spettanze* matrimoniali alla regina, e gli oggetti preziosi con diamanti al mio primogenito, si facciano della mia eredità dodici uguali porzioni: vadano una alla regina, e dieci a' miei dieci cari figli. La dodicesima a disposizione del primogenito, stabilisca messe per l'anima mia, suffragi a' poveri, e restauri e costruzioni di chiese ne' paesetti che ne mancassero sul continente e in Sicilia. I secondogeniti entreranno in possesso, compiuti gli anni trentuno; sino al qual tempo, ancorchè fossero coniugati, staranno a spese della real casa. Ciascuna quota di secondogenito sarà a vincolo di maggiorato; e ove s'estingua, torni a casa reale. Delle quattro porzioni delle femmine voglio da ciascuna si tolga il terzo, il resto sia loro proprietà extradotale, con vincolo d'inalienabilità; e se maritate finissero senza figli, ritornino a casa reale. Da tai prelevati quattro terzi, dono ducati ventimila a ciascuno de' miei quattro fratelli, Carlo, Leopoldo, Luigi e Francesco; ducati quindicimila al principe di Bisignano, e ducati cinquemila alla gente del mio servizio. Del rimanente si cresca la porzione de' maschi secondogeniti, ma disugualmente, distribuiti in ragion diretta degli anni d'età di ciascuno; affinchè i minori d'età abbiano col moltiplicamento di più anni raggiunta la porzione pari a quella de' maggiori fratelli. La villa Capossele a Mola come bene libero lascio al mio primogenito, *al mio caro Lasa* (così per vezzo l'appellava). E voglio questa mia disposizione abbia forza di legge di famiglia, non soggetta a giudizio di magistrato; ma giudice unico e arbitro ne sia il mio successore o chi lo seguirà.»

Quest'eredità privata era diversa da' beni di casa reale; componevasi di rendite napolitane, siciliane ed estere, obbietti preziosi valutati 60,787 ducati, 41,577 ducati trovati in oro, e altre parecchie carte di crediti su casse di difficili esazioni. Tutta l'eredità disponibile fu stimata 6,795,080 ducati; però ne spettarono a Francesco 566,256 e 69, e altrettanti alla vedova regina; 756,521:92 al conte di Trani; e agli altri minori fratelli poco meno in proporzione dell'età. Le principesse ebbero per ciascuna duc. 377,504:46 inalienabili, fuorchè la rendita da porsi a frutto. Francesco volle entrassero nella sua porzione i valori di difficile esazione; ma la regina vedova gareggiando di sensi generosi nol sofferse, e ne tolse metà nella sua parte.

Vegga dunque il lettore quanti fossero i milioni lasciati dall'economo Ferdinando in ventinov'anni di ricco regnare, risparmiati dalla sua lista civile e da' frutti delle doti di due mogli, moltiplicati in tant'anni. E la setta predicavali innumerevoli e rubati alla nazione! Inoltre avea spesi due milioni per riedificare l'arsa reggia di Napoli, e altri per quelle di Caserta e Capodimonte. Co' beni di Casa reale avea maritate le sue quattro sorelle, provveduto di maggioraschi i fratelli, ciascuno di ducati sessantamila. Sempre ospitale a imperatori, a re e a papi, avea con giusto fasto sostenuto il decoro della sua casa e del reame. Dappoi quando la calunniatrice setta entrò in trionfo nella misera Napoli, confiscò ogni cosa alla casa Borbone: i risparmi degli orfani, l'economie annose, le doti delle regine e delle principesse, e tutto, quasi fosse roba del regno rapito.

§. 21. La proclamazione del nuovo re.

Spirato Ferdinando, temendosi mene antiereditarie, come dirò, si dispose lo stesso dì il giuramento delle milizie a Francesco II. Questi immerso nel suo dolore, in mezzo a' fratelli e alla vedova, era risoluto di non uscire dalla reggia prima del cadavere; ma due de' suoi zii, Leopoldo conte di Siracusa e Luigi conte d'Aquila, vennerlo a richiamare, per torlo a' consigli e agli affetti de' suoi cari, sperando dominarlo e sospingerlo sulla via delle concessioni. Il giovinetto che, vivo il padre, mai non ebbe volontà, pur molto contrastò; nondimeno sorpreso venne quasi con violenza da esso loro condotto quel dì stesso a Capodimonte. Lieve fatto fu, ma di gravi conseguenze principio; prima condiscendenza di questo sovrano, che per bontà fidò poi negli altri più che in sè. Ma a Capodimonte poco ei prestò orecchio a quei zii; onde eglino dopo otto dì si scostavano disgustati; e 'l buon Francesco anzi che lasciarli andare prese a rabbonirli.

Salendo al trono avria voluto fare una proclamazione da dare nelle fantasie, senza calarsi a mutar modo di governo, e già era scritta; ma in consiglio di Stato si considerò che in quei momenti d'infervorate passioni, per la guerra in Italia, era porsi in isdrucciolevole pendio; perlocchè andò invece una proclamazione laconica e grave. Nunziava a' popoli il suo esaltamento, lodava il genitore, invocava dal sommo Iddio assistenza, e prometteva giustizia e osservanza di leggi. Io credo il più de' soggetti desiderasse giustizia legale, e uomini migliori e più capaci, senza più. Ma quel primo atto del nuovo re fu segno di censure interminabili: chi cerca il bene nelle forme, non leggendovi promesse di rappresentanze, fu scontento; chi fellone era stato compresso da Ferdinando, al sentirlo lodato, presentiva compressioni seguenti; e la setta che di ogni cosa si fa arma, subito andò per Napoli e Sicilia strombazzando quella proclamazione essere insulto e sfida; ma se fosse stata larga di promesse, avriano strepitato più, per certezza d'impunità, per attaccar presto presto a quel nodo la contemporanea riscossa in tutta Italia. Di già pel guerreggiar sul Mincio i faziosi ilari e boriosi levavano il capo. Dicevano il giovinetto non veder oltre i pensieri e l'opre del padre, preparar ferri e funi, malaticcio di corpo, fiacco di mente, fidar ne' favoriti, spigolistro e da convento, incapace di sedere sul maggior trono d'Italia in tempo della sua redenzione. E mancavan contumelie a chi a ogni conto volea rivoltare?

Peggio sfringuellarono quando dopo pochi dì riconfermò la neutralità dichiarata dal re defunto in quella guerra e raffermò le preesistenti prescrizioni per l'osservanza stretta de' divieti alla navigazione. Questo provvedere alla sicurezza de' sudditi era peccato mortale per chi voleva subugli.

§. 22. Il nuovo ministero, e il primo tumulto.

Prima d'ordinare il nuovo ministero, Francesco con decreti del 2 giugno, da Capodimonte, esonerò il cavaliere Murena dal ministero de' Lavori pubblici, il cavaliere Scorza da quello di Grazia e Giustizia, e 'l Bianchini dalla polizia; misevi i cavalieri Mandarini, Galletti e Casella. Fe' consiglieri di Stato, Carlo Filangieri duca di Taormina, il principe di Cassero e 'l duca di Serracapriola, uomini in fama. Il Filangieri che volea star solo rifiutò; poi per ripetute istanze del monarca acconsentì; ma per prendersene gli onori e operare a rovescio.

In quella s'udì la prima sparata rivoluzionaria. Già re Vittorio, morto Ferdinando, avea mandato sul finir di maggio a Napoli il conte di Salmour, con missione di chiedere alleanza tra' due Regni, sì da esser ambo arbitri della penisola. Or senza indicare quanta fosse lealtà nell'offerta, certo allearsi al Piemonte rivoluzionario significava riconoscere gli spogli perpetrati; era abdicare, che Francesco doveva o cadere issofatto, o farsi rivoluzionario e scomunicato come Vittorio, servire con esso alla setta ed esser fabro della ruina della patria. Avea il regno indipendente, e dovea farlo dipendente del Bonaparte, per durare quanto esso e forse meno. La proposta non era da accogliere, eccetto se il Piemonte restituisse il mal tolto. Ma i mandatarii sardi, cui l'alleanza era pretesto per soffiar rivolture nel nostro quieto paese, non istettero con le mani a cintola. Un lampo se ne vide la sera del 7 giugno, giorno dell'entrata degli alleati in Milano, dopo la battaglia di Magenta. I congiuratori con le lustre di mostrarne gioia tentarono novità. Non poterono raccogliere che un centinaio di giovani attorno la casa del conte di Siracusa in sull'ore due notte; i quali là dove non temevano compressioni cominciarono un basso vociferare; sì procedettero su al Chiatamone, ov'era il consolo sardo, e dettero voci di Viva Francia, Viva Italia! Scontrato un uffiziale senza divisa, sforzaronlo a cavarsi il cappello; e dopo quest'unica bravata mossero innanzi. Ma bentosto alle Crocelle, là dove il giardino fa gomito, una pattuglia di polizia con l'ispettore Sborbone loro intimò si disciogliessero; e come non ubbidirono, lo Sborbone die' col bastone nel folto, e fugirono tutti. S'arrestò allora qualcuno, altri dopo. Così un ispettore con dieci uomini sedò la *dimostrazione* per la Francia. La dimane il Siracusa osò fare istanze per la liberazione di qualche arrestato, ch'era dei suoi famigliari.

Questa inezia fu madre di gravi conseguenze. Perciocchè quei due zii del re, chiamati da esso a consiglio, mostrarongli gravissimo il caso, e che dovendo egli afferrar forte le redini dello Stato, gli fosse mestieri d'un uomo insigne in quel tristo tempo; e sì di leggieri il persuasero a gittarsi tutto nelle mani del Filangieri. Impertanto questi a' 9 giugno compieva il ministero così: Il Troya già presidente andava a consigliere di Stato; presidente e ministro di guerra esso Filangieri; e direttori il De Liguoro alle Finanze, il Rosica all'interno, e l'Aiossa a' Lavori pubblici, invece del Mandarini, punito per aver molti anni prima risposto alle famose lettere del Gladstone. Pose ministro di Sicilia invece del Cassisi il Cumbo magistrato, già da esso tenuto direttore di Finanze in Sicilia, che non ben piacque e cadde con esso; ora ministro dispiacque assai. Adunque co' decreti de' 2 e 9 giugno salirono direttori di ministeri quasi tutti uomini del Filangieri; il quale fu ogni cosa. Corse questo motto: « Sinora avemmo il re ministro, ora abbiamo il ministro re. » In lui era gran nome e grande aspettazione; ei con poco sforzo potea salvare la monarchia; e cominciò parendo volesse fare. Suo programma fu l'obblio del passato; perdono a' ravveduti, perfezionamento delle nostre buone istituzioni, impedire disordini ed abusi: cose buone se fatte.

§. 23. Moti antiereditarii.

Va notato per debito di storia un fievole fatto, del quale non si seppe bene il principio, e che sèguito non ebbe. Furon melensi disegni per mettere in trono invece di Francesco, il conte di Trani Luigi primonato della vedova regina, nè solo questa insciente, ma anche il giovanetto prence. I fratelli congiunti più che di sangue d'amore, ne furono indignati; e insieme li vedemmo al fuoco delle artiglierie avanti Capua ed a Gaeta. Ma in quei principii alcuno forse che temea perdere il seggio tenuto negli ultimi anni, vagheggiò quel sovvertimento del dritto ereditario. La setta vi soffiò, per dividere il paese e la famiglia reale. Susurravano mogio, malato, inetto il primogenito, incapace a tener lo scettro fra' marosi della rivoluzione minacciante, e per contrario mettevano innanzi Luigi. Ne fu lieve agitazione a Foggia, ove si sospettò di quel Guerra intendente; qualch'altra minima a Bari e a Reggio, e latente anche in Sicilia qualche partigiano. Non ne seguì nulla; sendo forte nelle popolazioni la legge del dritto. Fu mandato il procurator generale Echanitz per le provincie continentali, a scrutar le cagioni di quel moto; ma su' suoi rapporti si pose cenere, perchè al debole conato di pochi bassi uffiziali, non desse altezza la severità delle punizioni. I Siciliani manifestarono loro voti con deputazioni di città a festeggiare il nuovo re; ma questi per non aggravar di spese i comuni, permise venissero i soli legati di città capi di provincie e distretti. Francesco chiamò a sè il Maniscalco direttore della polizia insulare; e n'udi colà inclinarsi a pensieri nuovi, chi per riforme, chi per odio alla dinastia. Pertanto divisava mandarvi a reggerla un principe reale. De' fratelli tutti giovanetti e senza moglie non fe' scelta, perchè là volevasi personaggio fatto, e che ricco di famiglia mantenesse lustro di corte; nè potea poi fidare nei due zii conti di Siracusa e di Aquila; de' quali eran sospetti i disegni e nota la leggerezza de' costumi; laonde si volse a Francesco conte di Trapani, uomo all'alto ufficio accomodato; ma per quanto il pregasse non volle accettare; sicchè restò luogotenente il Castelcicala, niente opportuno alla fortuna de' tempi.

§. 24. I graziati, e le liste degli *attendibili*.

A '16 giugno fur molti decreti di beneficenze e grazie; si concedea perdono a moltissimi rei di Stato, e lo si prometteva a chi il domandasse, e dichiarasse vivere secondo la legge. Rimpatriarono 137 fuorusciti, e poco stante altri 53, schiuma di congiuratori e lance del Cavour e del Mazzini; i quali per gratitudine si sparsero tosto nelle Provincie a prepararvi la rivoluzione: il Mazziotti a Salerno, il Ricciardi ad Avellino, il Petruccelli in Basilicata, il Romeo e il Musolino in Calabria, e altri nelle Puglie, in Terra di Lavoro e in Abruzzo. Niente ne' popoli potevano, molto ne' pochi adepti della setta, che però in ogni loco levarono il capo.

A ciò s'aggiunse l'ordine per l'annullamento delle liste de' sospetti, detti *attendibili*. Queste liste erano notamenti di quelli che per mostrata avversione al governo avean da esser sorvegliati; la qual natural cosa era stata motivo di molti piagnistei; ma invero quei sospettati non pativano danno. Per ignavia o reità, de' magistrati eran poco tenuti d'occhio; e, massime negli ultimi anni, sotto la polizia del Bianchini, s'erano a salvamano stretti nelle file cospiratrici; e in prova Agesilao Milano di sorvegliato potè andar soldato. Ma stava ne' fini loro il piagnucolare, e i giornali esteri andavan commiserando *centomila sudditi privati de' diritti civili!* Di fatto godean dritti meglio che altri; e di nascosto aiutati da' confratelli, e anche da ufficiali regi, avean riguardi e facilitazioni, e anche permessi di caccia e di armi. Alcuni di questi, siccome il poi famoso Vacca, avean mensuali pensioni dal governo; e spesso facevan la spia. Solo pativano talora qualche po' di ritardo ne' passaporti, ed eccezioni per uffizii municipali, che sendo onerosi nè scevri di noie e pericoli, riuscivano piuttosto a privilegio che a danno. Ma eglino protestando innocenza, con melate parole s'atteggiarono a vittime, e sapean qua e là farsi strada a favori e ricchezze. Inoltre quelle liste, fatte in fretta nel 1849, avean pochi nomi di rei e molti d'inetti; i più pericolosi stavan di fuori e anche insigniti d'uffizii. Quelle liste più ridicole che minacciose saria stato bene arderle molti anni innanzi.

E chi il crederebbe? il direttore di polizia Francesco Casella, giovane e d'ingegno, non so perchè per abolirle ne scrivesse un decreto; con grosso errore, chè strombazzandole n'aggravava la calunnia che fossero vessatorie: un ministro l'avea fatte, un altro ministro dovea disfarle, senza mescolarvi il re. Ma il Casella, cui piaceva il vezzo di liberale, ma se ne volea lavar le mani, fe' peggio; chè mentre usciva stampato il decreto; ei con segreta lettera ministeriale inculcava agli uffiziali di polizia di consultar quelle liste all'occorrenze, col che invece d'annientarle le rinvigorì. Subito la setta divulgò la cosa; e l'Europa con iscandalo leggeva insieme il decreto e la lettera, prova di malafede e doppiezza nel governo. I fuorusciti nelle loro corrispondenze appellavan lui *traditore;* seppelo il governo e insospettì. Però il Casella, uso a far l'altalena in politica, sentendosi scollar sotto quella sedia poliziesca, fu tolto da quell'uffizio. Gli succede Luigi Aiossa.

§. 25. Ordinamenti interni.

Francesco cominciando suo regno in tanto pericolo, senza esperienza, ma con buona volontà si die' tutto alle cure dello Stato. Alquanti uffiziali mise a ritiro, altri promosse, di nuovi creò; ma come qualcun de' direttori volea fare il liberale, si cadde nell'opposto. Fu tempo di trapassamento tra l'antico e la rivoluzione, e come ponte Filangieri in mezzo.

Questi allora per rispondere all'aspettazione fe' un rovescio di decreti, il più buoni. Era antico desiderio la riforma de' giudici regi. Fra noi stavan divisi i magistrati civili e criminali, acciò meglio ciascuno intendesse al suo ramo; i soli regi giudici di circondarii giudicavano nell'uno e nell'altro; e d'avvantaggio aveano la polizia e un po' d'amministrazione. E dove occorrevano uomini gravi, il più eran giovanetti boriosi, o vecchi senza speranza di promozione, perchè all'alte magistrature s'andava assai sovente dagli alunni di giurisprudenza. Quelli adunque miseri di scienza e di mercede, se buoni eran prodigio. Si pensò rimediare crescendo loro i soldi, dal 1.° gennaio in su, affinchè più non lottassero tra il bisogno e il dovere. Meglio sarebbesi fatto a sgravarli della polizia e dell'amministrazione.

Con buon provvedimento si mandarono magistrati in giro a verificare lo stato personale e giudiziario de' giudicati regi, per provvedere ad abolirvi inveterati abusi. E anche migliore fu l'altro che inviò segretarii generali o consiglieri a visitare i comuni, e verificarne l'amministrazione, cioè casse, conti, annona, opere pubbliche, salute, istruzione, demanii, stato civile, crediti e debiti, e la personalità de' municipii. Io scrittore n'ebbi il carico per Terra di Lavoro. Come poi si vide, alcuni di questi visitatori erano adepti di sette. Anche minorò il troppo accentramento amministrativo in Napoli, stato lungo errore. Ma fra tanti gravi decreti il Filangieri ficcò un ordinanza per le orine che si vedean la sera avanti il teatro S. Carlo, cui appellò *inondazioni scoline*; cosa che di burlesco coperse tutte le decretazioni buone, e lui già insigne capitano fe' ridicoloso in vecchia età.

Il re si dette a riformare l'esercito, menomato negli ultimi anni; ritirò vecchi, promosse giovani, ordinò nuove leve e nuove arme.

§. 26. Ritornano gli ambasciatori inglese e francese.

Intento alle cose interne, non tralasciò d'afforzarle di fuori; rannodò le interrotte relazioni con Francia e Inghilterra, e ne tornarono ministri il Brenier e l'Elliot. Il Palmerston sospettando di Napoleone che parea spartirsi l'Italia col Piemonte, accennata a stringersi a Napoli; ma invece d'appoggiarsi agli elementi conservatori di questo regno, si brogliava a Londra coi fuorusciti Poerio, Settembrini e Spaventa, uomini che qui non avevano altra seguenza che quella magra della setta, ed ei tentava farli ministri costituzionali di Francesco, per tener servo esso e il regno. Di fatto fe' costoro navigare a Torino, dove con sorpresa degli altri esuli si spacciarono Borboniani; onde nacque tra loro una scissura. Fecero a' 4 giugno 59, due manifesti diversi; uno firmato da otto dichiarava appoggiare il governo di Napoli, dove cooperasse alla guerra contro il Tedesco; l'altro dettato in casa il Mancini protestava esecrare la neutralità proclamata da Francesco e riconoscere Vittorio re. Taluno firmò l'uno e l'altro. Per terzo il Manin da Parigi soffiava pel Murat. Sicchè poche dozzine di felloni graziati, e pur discordi, imbeccati chi da Londra, chi da Torino, chi da Parigi, si spacciavano rappresentanti di nove milioni, senza mandato; tendenti ad asservare la patria, col pretesto del liberarla. Intanto il Palmerston, che sospettava del Murat, mandò ne' principii di giugno un'armata nel porto napolitano; la quale die' il saluto alla nostra bandiera, e anzi fuor dell'usanza salutò co' colpi della nave capitana e di tutti i vascelli. Avrebbe dovuto allora il Filangieri valersi di quel vento per istringere forti nodi d'interessi, se non d'amicizia, con quello Stato marittimo, corrivo all'utilità, ch'è pure alleato naturale delle due Sicilie; persuaderlo dell'inconvenienza del regime costituzionale ch'avria precipitato il reame nelle branche della fazione piemontese; e indurlo a fidare nel nuovo re, e nelle guarentigie di commerciali vantaggi. Ma o non sapesse o non volesse, lasciò cadere l'opportunità di salvare il regno. L'Inghilterra vistasi delusa, per andare innanzi al Francese, si gittò a sospingere la rivoluzione unitaria. Pertanto le riprese relazioni diplomatiche con Francia e Inghilterra, paruti segni di pace, diventarono inizio di cospirazioni a preparare la iniqua guerra rivoluzionaria, dove quei due potenti rivali s'oppugnavano l'un l'altro, a chi più facesse per subissare la nostra nazione.

§. 27. *Maria Cristina venerabile.*

Il Santo Padre per allietar l'animo del giovine sovrano, affrettò un atto solenne, cui già s'era dato principio. Nel 53, riconoscendosi il corpo di Maria Cristina di Savoia, prima consorte di Ferdinando II, s'era trovato mirabilmente intatto; ciò nel popolo, che ne venerava la memoria, avea destato emozione e reverenza. La cassa funerea fu con solennità riposta nella cappella di S. Tommaso, in modesto tumulo marmoreo vuoto, stantevi per rimpetto a un altro; v'aggiunsero corona e scettro in metallo aurato, e parole ricordanti il nome e il dì che il corpo fu là deposto. Seguitarono su quella tomba voti e preghiere di devoti, e guarigioni di malattie, e presto il popolar grido di santa. Si fecero processi con testimonianze d'oneste e pie persone; e s'inviarono a Roma per la beatificazione; cui chiesero più sovrani, il collegio de' Cardinali, l'episcopato italiano, molti generali d'ordini religiosi, e i municipii di Napoli e d'altre città. Pio IX a' 9 luglio 59, con rituali solennità dichiarò *Venerabile* la serva di Dio; e stabilì la introduzione della causa per la santificazione.

§. 28. Sommossa de' soldati svizzeri.

Seguì un colpo inaspettato. Gran nerbo del reame era l'esercito; però quelli de' duci e uffiziali ch'eran settarii o compri, manifestarono a' congiurati non poter eglino tentar di guastare i fedeli soldati, se non si togliesse quel nucleo di reggimenti svizzeri, pronti a ubbidire al dovere. Servivano questi per convenzioni seguite con la Svizzera negli anni 1827 e 1829 da durare trent'anni; ed erano stati modelli di fede e valore. A' primi quattro reggimenti s'era per decreto del 20 marzo 50, aggiunto un battaglione detto 13.° cacciatori, col maggiore Won de Mechel. Pertanto da più anni si lavorava a corromperli; e ho notato come nel 55 si trovassero le prove de' maneggi.

L'Elvezia caduta nel partito radicale, mossa da' rivoluzionarii del mondo, avea decretato in giugno 49, la rescissione delle capitolazioni militari con gli Stati d'Europa; e poscia violando il contratto bilaterale non die' reclute nuove, e anzi richiese il ritorno de' reggimenti. Ma questi, paghi della nuova patria, s'accontentarono di restare come gradisse al re, il quale sebben potesse far migliori patti, stette agli stipulati; poscia compiuti i trent'anni, i reggimenti si riconfermarono per altri trenta, sol moderati certi articoli sulle pensioni di ritiro ed altro. Seguivano in Svizzera le reclutazioni a maniera privata, senza il braccio de' Cantoni, che tenevano per isciolto il patto; e i giovani venivano volentieri, facendo l'utilità privata tacere il liberalesco divieto. Nondimeno talun de' reclutatori si fe' subornare, e mandò gente trista a metter la zizzania. Nel 1859, quel governo spinto dalla setta chiese si togliesscro dalle bandiere de' reggimenti l'arme cantonali, che v'erano congiunte all'arme regia; il che più mesi non si eseguì. Se ne reiterò l'inchiesta al nuovo re, e venne anche a posta di Svizzera un maggiore Latour commessario per l'adempimento. Questo era preparato pretesto a movere subugli. I colonnelli e gli uffiziali lo tennero ascoso; ma il Latour pel mezzo de' congiurati il fe' trapelare ne' quartieri; vociando aversi a mutar bandiera, lasciar l'elvetica, prendere la napolitana, i soldati restar esteri alla patria, nè averne dritto a protezione.

Era ancora segretario dell'ambasciata sarda il conte di Groppello; il quale insiem col sardo console, sul lievito della bandiera lavorò una pasta gonfiosa, per agitare quella gente; e fattosi autore e motore della congiura, con oro trovò mezzani. Le bandiere per vetustà serbavano appena qualche brandello delle consunte insegne; eppure gli avanzi ne fur tolti apertamente da' sartori de' reggimenti; nè segui parola allora. Gli uffiziali scorgean da qualche tempo monete d'oro in mano a sottouffiziali e soldati, e spendersi in vino e bagordi a danno della disciplina; poi notorono in parecchi una certa calma cogitabonda ad un tratto, e non consuete mancanze agli appelli serali. Ecco la sera del 7 luglio, sull'imbrunire arriva al Carmine, quartiere dei 2.° reggimento, un soldato del 3.°, con lettera che dà a un camerata giù alla porta. A un fischio succede un gridio su nelle compagnie scelte; si armano, incitano i compagni, traggon colpi da fuoco all'aria, scendono in centosessanta, sforzano il passo, e a suon di tamburo corrono ai Ss. Apostoli, ov'eran le compagnie fucilieri. Ne scaccian le guardie, piglian le bandiere, e raggranellati altri sessanta, voltano a S. Giovanni a Carbonara, stanza del 3.° reggimento. Quivi anche arroversciano le cancella, feriscono gravemente il maggior Wolf che si oppone, piglian le bandiere, chiamano i complici; e con altri centoventi, tutti insieme frettolosi, pur sempre col tamburo, e sparando schioppettate, accorrono a S. Polito quartiere dei 4.°. Benchè la porta sia valentemente difesa dal picchetto di guardia, irrompono, uccidono tre soldati e il tenente Roverea, e feriscono il maggiore Morel, e i tenenti Haller e Stettler. Quindi aggavignate pur quelle bandiere, e usciti altri pochi complici di là, in numero di quattrocento in tutto, piglian la via di Capodimonte, ov'era allora il re e la real famiglia. Ma quel 4.° reggimento fremente per l'aggressione e il sangue versato, e più per le rapite bandiere, piglia l'arme e dà appresso a' ribelli.

Queste cose che spaventarono la città eran durate intorno a tre ore, e nessuno pensò darne avviso al re; che fu molto sorpreso a udir su per la strada di Capodimonte tamburi e soldatesche; suppose subbugli in città e milizie accorrenti a tutelare la reggia, mandò lo Schumaker tenente-colonnello a veder che si fosse. Questi sendo svizzero, subito al linguaggio dei tumultuanti conobbeli felloni; e retrocesse a tempo a serrar le cancella della real villa. In quella discesi i generali Sangro, Del Re e Ferrari, e con essi lo Schumaker, dimandar che si volessero; e rispondendo quelli in frotta, tra le parole di bandiere e diritti, non mancò qualche viva Vittorio; sicchè i paesani del luogo s'andavan dimandando al mattino che si fosse cotesta vittoria. Fu un tristo momento; là stavan di guardia ventiquattr'uomini appena, che quantunque pigliassero l'arme sarian morti alla prima irruzione, e sulle regie stanze eran famigliari, e donne e bambini spaventatissimi. La giovinetta regina stette virilmente al balcone. I generali tentavano di calmare i tumultuanti con buone parole, e indurli a tornare a quartieri; ma la salute fu il rumore d'altri tamburi che s'udivan salire; perciocchè i faziosi presentendo fosse il 4.° svizzero accorrente a vendicare lo insulto, non l'aspettarono; e lesti tiraron dritto avanti, verso il Campo. Quivi rotti ad ogni violenza e al bevere, presto ubbriachi, per non pagare uccisero un tavernaio.

È da notare che il Filangieri, per una delle sue consuete velleità avea chiesto un'altra volta la dimissione a 5 luglio, cioè due giorni prima, e s'era ritratto a Sorrento; eppure quella sera, strana coincidenza! s'era senza ragione tornato. Al rumore, egli co' generali Lanza, Garofalo e Nunziante, postarono soldatesche in guisa da vietare il ritorno a' ribelli. Poi i reggimenti svizzeri e il 13.° battaglione cacciatori, rimasti fidi co' loro colonnelli e generali, trassero la dimane al Campo, e tentarono chiamare i ribelli all'ubbidienza, ma indarno. Allora facendosi a circondarli, quelli per aprirsi il passo furono i primi a trarre co' moschetti su' loro connazionali; e uccisero un uffiziale e parecchi sottouffiziali del 4.° e del 13.° Incontanente pochi colpi di cannone a scaglia ne rovesciarono ai suolo morti venti e feriti settantacinque; altri 262 vennero disarmati; il resto cacciati per le campagne, caddero dappoi nelle mani delle guardie urbane.

§. 29. Sono mandati via.

Questo primo frutto delle corruzioni sarde sarebbe stato niente, se il Filangieri e 'l Nunziante non avessero studiato a far licenziare quei reggimenti, che allora appunto, cannoneggiati i rei compagni, avean di loro fedeltà dato prova solenne. S'eran trovati napoleoni d'oro addosso ai morti e a' prigionieri; e invece di farne processi per iscoprire la fonte del male, dissero ampia e universale in tutti gli Svizzeri la corruzione. Al re dicevano esser ire grandi in essi pe' compagni spenti, volersi l'un l'altro affrontare nelle vie di Napoli; questa ne andrebbe insanguinata (e 'l sospetto d'insanguinar Napoli fu eterno spauracchio allora e poi), non potersi tener la quiete se non licenziando quei pericolosi stranieri. Il re a redarguirli propose che il Filangieri, il Lanza ed egli stesso, presone ciascuno un reggimento, conducesserli chi a Caserta, chi a Nocera e chi a Nola, sinchè posassero l'ire. Nè solo di tal facile rimedio il dissuasero, ma il Filangieri volea non lasciasse Capodimonte, nè tornasse alla reggia in città; e suo figlio Gaetano corse al conte d'Aquila, perchè rattenesse il sovrano dall'esporsi a' rischi; di che questi rise e fe' l'opposto, assicurando il nipote, Napoli tranquilla e sicurissima stanza.

Allora n'inventarono una che la die' vinta. Finsero opportuno s'interrogassero i soldati stessi, se volessero restare o tornare in patria; nel qual caso avrebbero ciascuno sessanta ducati; e i colonnelli, uomini allora di soverchio bonarii, si lasciarono indurre a far siffatta proposta a' soldati; cioè scegliere tra la durezza militare, e la libertà co' denari. Eppure pochi da prima dissero sì; poi il veder luccicar le monete a' partenti; e il replicarsi quasi ogni dì l'offerta, e 'l risurto pensiero de' focolari e de' natii monti, a poco a poco presero gli animi. Il commessario di guerra Pianelli, padre del famoso generale, era il pagatore postovi dal Filangieri; e facea sonar l'argento e pagava alacremente, quasi a ognun che pagava trionfasse d'un nemico. Così con ispreco di molta moneta perdemmo quei buoni soldati, de' quali parecchi si partian piangendo, e parecchi minacciando di tornare a vendetta ben presto. Chi prese servizio col Garibaldi, chi in Roma, in Piemonte, in Algieri o altrove; prova che non s'eran mossi per amor delle bandiere o della patria lontana.

§. 30. Accuse al Filangieri.

Perfidamente si prese a plaudire il Filangieri e 'l Nunziante, autori di quest'opera insigne; dicevano eglino aver inteso serbare il pane a' Nazionali, mandato via quell'onta alla fedeltà de' Napolitani; ma il tempo scopritore del vero chiarì gran traditore quel Nunziante, e sul Filangieri gravi sospetti cumulò. Ambi perspicacissimi non potean cadere nel grosso fallo dello scacciare pagando provati soldati, in quei perigli del regno, quando pagando avrebbero dovuto addoppiarli. Subito gli uffiziali nostri tinti di setta alzarono il capo, susurrando propositi nuovi, gli stolti ripetevanli; e sì nell'esercito nazionale s'instillavano pensieri insidiosi, a preparare la ruina della patria.

De' pochi Svizzeri restati volonterosi il re volle far tre battaglioni esteri, ingrossandoli con reclute boeme e tedesche; ma la mescolanza delle nazioni e de' linguaggi mal li unirono a disciplina. Invece ne venne nuovo e peggior male; chè tosto un comitato rivoluzionario in Boemia lavorò a farne avere gente trista e rotta a' vizii, per guastare i nostri; di che poi gli autori stessi vantaronsi, e vennero qui a pigliarsene il premio dal Garibaldi.[1] E pur troppo ne vedemmo i frutti a Palermo, a Maddaloni ed a Mola. Intanto per colmar nell'esercito il vuoto degli Svizzeri, oltre una leva di diciottomila, uscì ai 30 agosto il decreto per reclutar volontari nel regno.

A quel tempo il Filangieri nè più onori, nè più potenza poteva avere: egli i ministri, egli l'esercito, egli l'amministrazione faceva; tutti dal suo senno aspettavano maraviglie. Ei rispose con quel primo incredibile fatto dello spogliarsi di forza, appunto quando gli altri Stati italiani andavan mietuti da forze indigene e straniere. Ma pel fatto suo fu avvedutissimo. Oltre i benefizii che narrerò poi, pretese questo: avea pe' servizii resi nel 49 titolo di duca di Taormina, con dodicimila ducati l'anno, ipotecati su' demanii di Sicilia; ora dimanda farne la riscossione su' fondi napolitani; dettoglisi ostare la istituzione del maggiorato, solo potersi con giro di tesorerie, se 'l volesse, pagarsi in Napoli, egli che ad altro intendeva ritira la dimanda. E perchè questo? si mormorò: Teme egli dello avvenire di Sicilia, che vuol porre in salvo il suo? Tai dubitazioni e sospetti s'avvaloravano dal suo reiterar dimande di dimissioni, che ben sei o sette fra agosto e settembre ne porse; sicchè Francesco si calò a dargli due mesi di congedo. Perchè ritrarsi dagli affari in tant'uopo, e lasciare il re tra tanti uomini nuovi da esso postigli su? Sapeva egli l'avvenire, e sperava, scacciati gli Svizzeri, fuggire la responsabilità degli eventi?

§. 31. Mancata dimostrazione del 15 agosto.

Poco innanzi avea egli fatto creare maggior generale di tutto l'esercito regio il suo amico principe d'Ischitella, stato ministro di guerra. Inoltre dopo la battaglia di Magenta, pensando far complimentare Napoleone e Vittorio, a questo spinse il principe di Ottaiano, a quello l'Ischitella; cosa non so quanto politica e giusta, dopo la dichiarata neutralità. Partirono la sera appunto che fu la sedizione degli Svizzeri. L'Ischitella ossequiò l'imperatore a Milano, che tornava da Villafranca; e disse, quegli raccomandassegli di indurre il re a *contenere il paese, ad adottare un governamento come quel di Francia; così sarebbe più forte.*

Cotesto inchinarsi a' combattenti alleati era ispirazione di felloni, che rendean così isolata la monarchia napolitana; ma era pur poco a chi volea proceder oltre rapi-

---

[1] Vedi Rustow, Erinnerungen aus dem italienischen feldzuge von 1860, 2 vol., pag. 28, Lipsia, 1861.

damente; onde se ne pensò un'altra che mancò. Appressandosi il 15 agosto, festa onomastica de' Napoleoni, i Francesi facean cantar messe solenni a S. Giuseppe a Chiaia; e la fazione, che volea dar segni di vita, assicurò il ministro Brenier che tutto il popolo griderebbe Viva Francia. La polizia avvisata fe' entrar di nascoso dugento guardie urbane da' villaggi con soli bastoni, e sparseli in istrada e nella villa reale, con ordine impedissero le grida. Cominciata la messa, i faziosi ch'eran poche dozzine e codardi, vista quella gente nuova, non fiatarono; ma in chiesa fecero porgere certi polizzini piccolini dicenti: Napoli inneggiare a Francia. Frattanto la potestà militare, benchè non occorresse, mandò nella villa un drappello di ventiquattro Ussari; i quali stesi dall'un capo all'altro, e serrate le cancella di dietro, procedendo a passo, spazzarono di gente il luogo. Così la designata *dimostrazione* popolare non partorì altro che la impedita passeggiata alla gente pacifica. Il Brenier dopo la sacra funzione s'intrattenne alquanto con altri sugli scalini del tempio, voltando gli occhi da ogni banda; ma aspettato indarno un ette dei tanti promessi viva, nè scorgendo persona dei promettitori, s'ebbe a ritrarre a casa digiuno di plaudimenti.

§. 32. Soldatesche alla frontiera.

Mentre i casi di Toscana e Romagna, come narrerò, rumoreggiavano, e il Garibaldi scorrazzando per quei paesi accennava all'Umbria e al regno, fu stimato provvedere mandandosi a' 14 settembre ai nostri confini d'Abruzzo un nerbo di soldatesche. Colà stanzionavano tre battaglioni cacciatori il 3.°, il 4.° e il 10.°; ve n'andarono altri cinque, cioè due da Napoli, due da' Principati, e uno da Puglia, rimasta sguernita affatto; e vi s'aggiunsero buone artiglierie e alquanti squadroni di cavalli. Poco stante perchè la frontiera è lunga, e senza strade parallele che n'agevolino la difesa, si mandavano altri quattro battaglioni del 1.°, 3.°, 5.° e 7.° di linea, tolti alle guarnigioni di Capua e Gaeta. Comandavanli i generali Fonzeca, De Benedictis, Viglia e Colonna; generalissimo quel Pianelli del 1848, creatura del Filangieri, che sendo degli ultimi brigadieri fu da esso preposto a quel carico da tenente-generale; dove bene avrebbe potuto, sorgendone l'opportunità, cominciare la danza ch'egli e il Fonzeca e il De Benedictis compierono l'anno dopo, codardi traditori.

Il Piemonte che stava facendo le annessioni dell'Italia centrale, nè voleva essere scomodato chiese al nostro governo il perchè di quelle truppe al confine. Si rispose starsi sul proprio suolo non confinante col Piemonte, poterne il papa non esso dimandar ragione. Esso allora appellava intervento un nostro possibile aiuto al S. Padre; non fu poi intervento quando con oro e arme entrò in casa nostra a sorreggere la mandata da lui rivoluzione mondiale. A quel tempo si temea la congiunzione delle forze napolitane con le papaline; il che sarebbe stato consiglio buono, e unica tavola di salute; ma i nostri reggitori e i liberaleschi concordi sclamavano neutralità, e vantavano prudenza quello imprudentissimo aspettare d'essere vinti alla spicciolata. Napoleone con consigli violò che Pio IX ne domandasse soccorso; e per addormentarne fece dal Piemonte richiamare il Garibaldi da' confini romagnoli.

A quella guisa assicurati noi, il nostro esercito d'Abruzzo faceva marce e contromarce e parate, per dar nel genio del burbanzoso duce. Egli con sèguito quasi regio, la moglie appresso in carrozza tra squadre di cavalli, andava per quei paesi insultando la privata parsimonia. Lei appellavano *la regina degli Abruzzi*; in ogni villaggio le facevano luminarie; e quel surto dal fango s'inebbriava di fumo. Non però provvide, qual'era debito di generale, all'occorrente a un esercito: non servizio ospitaliero, non provvigioni di vettovaglie e di guerra; tutto a stento, sì da bastare appena al necessario. Sorgendo caso di battaglia, mancava tutto, come mancò poi in Sicilia e in Calabria; mancanze a disegno per dissolvere il volonteroso e fido esercito nazionale. Intanto liberamente correan pe' reggimenti le scritture de' fuorusciti incitanti a diserzione; e furono uffiziali che mandarono le adesioni al comitato di Firenze. Altri offersero di chiedere le dimissioni; ma ebbero ingiunto restassero per far proseliti e disertare a buon tempo. Il Pianelli lasciava fare; confabulava talvolta con incogniti viaggiatori, e di nascoso; talvolta egli stesso facea di misteriosi viaggetti fuor della frontiera, massime a Rieti, albergato in casa i più caldi unitarii; e per contrario, chiamato poi dal Lamoricière generale del Papa a segreto convegno, rifiutò.

In quella compiuti i sei mesi di lutto pel trapasso di Ferdinando, re Francesco che s'era stato a Portici, facea con la real famiglia in Napoli ritorno. A' 27 novembre percorreva la città, plaudito dalla buona popolazione; e la sera si recava al teatro S. Carlo.

LIBRO DECIMOSETTIMO

SOMMARIO

§. 1. Annessione della Toscana al Piemonte. — 2. Del Modenese. — 3. Del Parmense. — 4. Delle Romagne. — 5. Comprate a contanti. — 6. Proposta di Congresso, e oracolo napoleonico. — 7. Trattato di Zurigo. — 8. Esecuzione. — 9. L'opuscolo *Il Papa e il Congresso*. — 10. Consigli di re Vittorio. — 11. Consigli di Napoleone. — 12. Lamentanze de' buoni Italiani. — 13. Svanisce il Congresso. — 14. S'affrettano i fatti compiuti. — 15. Plebisciti. — 16. Scomunica e protesta. — 17. Il Lamoricière. — 18. Minacce diplomatiche al regno. — 19. Governare incerto. — 20. L'amicizia del Piemonte. — 21. Proposte d'intervento napolitano nel pontificio. — 22. Insidiose. — 23. Nizza e Savoia. — 24. Vendita di popoli. — 25. A Francia le chiavi d'Italia.— 20. Le Camere approvano. — 21. L'Europa freme e tace.

§. 1. Annessione della Toscana al Piemonte.

Ora è da narrare come si fecero lo annessioni dell'Italia di mezzo; perchè si vegga l'unico modo usato dalla rivoluzione in tutte parti, per trionfare con premeditate nefandezze in ogni paese italiano. Anche l'idea e la parola *annessione* il Cavour copiò dallo straniero. L'Inghilterra di questo secolo lavorò sempre ad annettersi un po' dell'altrui. Prima tolse Malta a Napoli, poi l'isole Jonie a' Turchi, poi il Capo di Buona Speranza, poi quattro dozzine di regni e principati in India; sol nel regno d'Onde trucidò centomila uomini. Ora si fa una seconda Gibilterra presso l'istmo di Suez, sull'isola di Perim tolta al Turco suo alleato; e favorisce fra noi le annessioni a Sardegna: ma chi sa l'avvenire?

Stabilito col patto di Villafracca la restaurazione de' duchi di Toscana e di Modena, il primo per torre ostacoli alla conciliazione, abdicò a' 21 luglio; e il figliuolo Ferdinando fu da quasi tutta Europa riconosciuto granduca. Intanto cinquantamila Francesi restavano in Lombardia, presenti all'amico e al nemico; e i legati dei tre belligeranti s'accozzavano l'8 agosto a Zurigo, città scelta per onorare la elvetica neutralità. Mentre discutevansi i modi della pace, se n'eseguivano i patti a rovescio.

Il parlamento sardo avea dato i *pieni poteri* al ministero durante la guerra; finita, e surto il ministero Rattazzi, questo seguitò a tenerli, per far senza impacci il da fare. Per ordine di Parigi, ebbe a trarre da' paesi fatti ribellare i governanti commessarii regii; ma seguitò a governarli coi ribelli; i quali posti in seggio in nome di Vittorio, ne avean gli ordini segreti. Così richiamato con lettera del 28 giugno il già suo ministro, poi commessario Boncompagni, costui ben acconce le cose, invece di rassegnare la potestà al popolo, o almeno al municipio, lasciolla al ministero creato da esso. Partì a' 5 agosto con gran preparata pompa, seguita melensa, salvo grida di paltonieri, che per dugento lire pagate in Borgo S. Lorenzo, correvano urlando da una cantonata all'altra. Il traditore Bettino Ricasoli restò con doppia facoltà di ministro e capo di governo, ambe emananti da Torino. Egli e 'l Boncompagni fatta già la lor guardia nazionale con capi i più arrabbiati, aveano anco firmato i decreti per le elezioni, e sin quello de' collegi elettorali pel 7 agosto, per l'assemblea nazionale di rappresentanti a Firenze, da decidere *con voti legittimi* la sorte de' Toscani. Era a Firenze un Giuseppe Dolfi, fornaio, gran corruttore di popolani, pagatore di Giannizzeri, che datosi da fare alla cacciata del Duca, allora ricettava il Mazzini in casa; egli fu la man dritta del Ricasoli per la rivoluzione, e per l'annessione. Come in tre dì nascessero i rappresentanti, là dove la setta avea tutto in pronto, s'intende. Prima fecero deliberare i comuni, ove avean ficcati uomini loro, per l'unione al Piemonte: quello di Reggello non volle; fu dichiarato *indegno di sedere nel convito della nazione,* e ne cassarono il pretore. Usarono la legge elettorale del 48, slargata e stiracchiata più o meno, secondo i luoghi, e liste d'eleggibili con Giudei e sin falsarii e ladri. Però non comparendo il più degli elettori; e molto lavorandovi i Giudei con denari e brogli, ne uscirono gli eletti, settarissimi, già postisi in alto nello Stato e nella guardia nazionale; mediocri di sapere, vuotissimi di virtù. L'11 l'assemblea era eletta e insediata in parlamento, dove niuno senza biglietto entrava. Il primo dì, presenti soli i ministri di Francia, Inghilterra e Sardegna, si lesse il *messaggio* del Ricasoli; nel secondo si validarono l'elezioni, tutte le 170, senza un biasimo solo; e avanzò tempo da eleggere gli uffizii e i presidenti; nel terzo, ai 16 agosto, decretano unanimi la decadenza de' Lorenesi, sollecitandola il marchese Ridolfi, percettore del principe ereditario! Tutti i sovrani odierni s'han messo i serpenti in casa. Nell'altra sessione stata a' 20 agosto, proclamarono anche a unanimità piena l'annessione al Piemonte. Bella e facile cosa! Si provvedeva così al ritorno del principe, presenti i ministri dell'usurpatore e di Napoleone, che ne stavano a Zurigo contrattando la restaurazione! Da ultimo approvarono la legittimazione e la continuazione del mandato a quei reggitori, la proroga dell'assemblea, e una deputazione a Torino. Vittorio a' 3 settembre l'accolse e festeggiò. Il Bonaparte avea dato il permesso di riceverla, bensì con riserva, per non contradire con le parole al patto di Villafranca. Del grande atto eternò la memoria un'enea medaglia. E Vittorio fe' cavaliero il fornaio Dolfi.

Questa rivoluzione appellarono *aurea,* veramente comprata con oro. Ma nacque bel caso. Napoleone per parer consono a Villafranca, mandò legato un conte Reiset, quasi ad ammonire i Toscani si ripigliassero il Duca; e il conte che sul serio volea far l'uffizio, beffato da' rivoluzionarii se ne tornò. Napoleone v'inviò il conte Poniatowski; il quale scrissegli i Toscani non essere la rivoluzione; perlocchè i governanti presero a malmenarlo coi giornali e atti uffiziali. Per contrario la popolazione tennelo in pregio; in un dì gli portarono molte migliaia di viglietti di visita; di che i governanti infuriati il minacciarono, sì ch'ebbe a fuggirsi di notte. Partito, il calunniano, l'insultano e il canzonano; poi carcerano e mettono sotto processo chi gli avea portati i viglietti. Napoleone di quei due suoi legati messi in burla non si dolse.

§. 2. Del Modenese.

Il Duca Francesco IV di Modena, mugghiando intorno la rivoluzione, e vedendo i Sardi dalla frontiera toscana violargli il territorio, lasciò la sua sedia, dove non potea più stare indipendente; e con le sue milizie si trasse al campo tedesco, e protestò. Incontanente i congiuratori Zini e Carbonieri fanno il governo provvisorio; e bentosto arriva commessario sardo il medico Farini, cui la setta cognominava l'*eccelso,* che a' 13 giugno entra nel castello d'Este. Ei si fe' venire da Parma, ov'er'ito a far da capo segreto di polizia un Filippo Curletti, famoso reo di ratti e assassinii, surto capo nella polizia di Torino, che fu sozzo strumento di queste annessioni. Il Farini avea già stampato che desiderava morir povero; ed ora non so come piglia le argenterie, gli obbietti preziosi, e anche i vestiti del duca e della duchessa, e se ne veste esso, la moglie, la figlia e il genero, come già fecero Masaniello e la moglie; e fa divulgare quell'avaro del duca aver portato tutto con seco. Tosto abbozza un governo nuovo, paga con uffizii i suoi debiti; e anche l'oste, che avea lui e la schiera de' suoi cagnotti pasciuto, fa colonnello. Carcera alla grossa; ed esso e il genero, nomato Riccardi, pigliali denari per iscarcerare, e tal'altra per carcerare a vendetta. I banchieri Guastalla e Sanguinetti son costretti a dare quattromila franchi per uno, gli altri in proporzione. Venuto, com'ho detto, per l'ordine di Francia il dispaccio da Torino a' 28 giugno, che i commessarii sardi s'avessero a ritrarre prima delle votazioni d'annessioni, fu un imbroglio; perchè in Modena sendo stato il duca uomo *non liberale,* non s'era fatto abbindolare da' liberali; e i duchisti v'eran molti e potenti, e non si poteva fare il miracolo di Toscana. Andarsene il Farini, significava tornar il duca sulle braccia della popolazione; però fu inventata una scena comica quel dì stesso 28. Il Curletti co' suoi carabinieri travestiti e la spuma de' ladruncoli e sediziosi de 'dintorni, si posta fuori porta Parmense; e come *l'eccelso* fa mostra d'andarsene in carrozza, gli dan co' plausi addosso, gli staccano i cavalli, il conducono a palazzo in trionfo, il gridan dittatore, e dichiaranlo cittadino modenese. Por colmo d'impudenza ne fanno processo verbale e firmanlo il più uomini stranii al ducato, fra' quali i famosi Borromeo, Carbonieri, Zini, Mayr, e Riccardi genero di esso *eccelso*; tutti suoi ministri e segretarii.

Con decreto del 5 agosto convocava pel 14 collegi elettorali, l'assemblea pel 16, e trovò modo da escludere dalla ballotazione i campagnuoli. Pochissimi per quel terrore s'accostarono alle urne; eppure fur piene di voti, talvolta più degli elettori. E per più sicurezza, prima di proclamare i nomi de' deputati, facevan firmare a' candidati i decreti della decadenza del duca e dell'esaltamento del dittatore. In sì turpe guisa cotai vantatori di rappresentanze popolari falsano sin l'apparenza di questa inetta libertà. A cosiffata assemblea l'*eccelso* conciona. Accusa il duca; « intollerante, spregiatore d'ingegni e rapace, amatore d'ignoranza e salvatichezza, mitria d'ipocrisia, despota cupido, servo di Vienna, regnatore con verghe austriache, nemico di civiltà, vile mancator di parola, ladro di ori e argenti, gemme, medaglie, codici e manoscritti. » Nè il demonio gliene seppe imbeccar altre. Poi lodò il popolo (per coronar la vittima) d'ammirevole compostezza, gagliardia d'animo, severità di contegno, concorde disciplina, virtù di perdono, e amor di libertà e indipendenza. Dimenticava che sì maraviglioso bonissimo popolo era stato educato da quel ladro di duca! A' 20 agosto (giorno e ora stessa che in Toscana) il voto unanime di settantadue deputati proclama decaduta la casa Estense (la più antica casa italiana regnante) e la continuazione della dittatura Farinesca, con anco facoltà di far debiti, per cinque milioni; ed ei ne fe' di dieci. Nè mancò la medaglia commemorativa, nè le deputazioni a Torino e a Parigi.

Allora quel mediconzolo, che sin nelle carte uffiziali si qualificava d'*eccelso*, dettesi a farla da imperatore: feste, banchetti, fasti incredibili nel palazzo ducale, codazzo di assise, staffieri calzati di seta, guardie, cavalli, carrozze. Non viaggiava nella via ferrata, per mancanza di vagoni splendidi da par suo. Italia pagava. Subito prese a vessar la Chiesa; e alle rimostranze de' vescovi rispondeva impudente, mentendo e calunniando, e vantandosi da re *di saper far uso del dritto di grazia*.

§. 3. Del Parmense.

A Parma Maria Luisa Borbone vedova duchessa avea sostegno dalle sue truppe; le quali, benchè lontani i Tedeschi, e il Ribotti alle porte, chiedevano di combattere; ma ella non volle sangue, sciolse i soldati dal giuramento, e si partì il 9 luglio, lasciando la potestà al cavalier Draghi. Allora gli agenti sardi lavorarono: un nuovo municipio improvvisato proclama Vittorio; il general Trotti serra in cittadella i soldati; la notte del 10 li mena alle frontiere verso Brescello, e li discioglie. Ei s'era unito al conte Cantelli, rivoluzionario vecchio, dannato a morte, dalla duchessa non solo graziato della vita, ma eziandio d'ottantamila franchi che avea frodati: ambi de' ricevuti benefizii si sdebitavano col tradire. I liberali rimasti padroni proclamarono la dittatura, primo frutto di libertà. Vennevi commessario regio, col solito corredo del Curletti co' birri, il conte Pallieri; usarono lusinghe, proclamazioni, e ogni incitamento a mettere in arme i Parmegiani; non ebbero un volontario; però sperimentato il paese inerte e anzi avverso, bisognarono minacce e soldati sardi. Ultimamente accorre da Modena dittatore il Farini vi si fa vedere; e la dimane vi lascia delegato il curiale Giuseppe Manfredi. Tutto il resto secondo il programma: ai 19 agosto i comizii, a' 7 settembre l'assemblea, all'11 la decadenza de' Borboni; a' 12 l'annessione.

Susseguì un orribile assassinio. Il colonnello conte Luigi Anviti avea comandata la ducale brigata di fanti, e perchè onorato e stimato, odiato e temuto dagli usurpatori. Egli il 5 ottobre viaggiava da Bologna a Piacenza; trovato guasto per improvvisa piena il ponte sull'Enza (confine tra Parma e Modena) sostando il convoglio, ebbe a pausare a piedi il torrente; quivi conosciuto da certi scherani è preso e sforzato a scendere a Parma, ov'è chiuso nella caserma de' gendarmi. Ne va a Modena per telegrafo la nuova; e 'l Farini sbalordito ordina al Curletti (siccome questi ha poi svelato) lo sbarazzasse di quell'uomo pericoloso. Vola a Parma un'orda di ribaldi, sfonda schiamazzando le porte della caserma, e ghermisce l'infelice. Dangli in prima diciassette pugnalate, poi con funi a' piedi vivo vivo lo strascinano per le strade; in piazza tirangli una pistolettata allo stomaco: boccheggiante tel cacciano in un caffè, e gli pongono a scherno bibite alla bocca; sinchè stanchi dell'orgia oscena, gittato il palpitante e informe corpo sur una colonna, un Davidi con la daga gli sega il capo. Allora i cannibali dividonsi in due; chi strascina il capo, chi il corpo per opposte vie ben quattro ore; finchè lassi e al buio della notte, stando la città per costernazione silente e deserta, mettono al lume d'una torcia il corpo sulla monumentale colonna della piazza; la monca testa non resse, e lenta lenta scivolò giù pel marmo sul suolo. Ultimamente visti quattro ciechi co' violini, li fan sonare l'inno italico, degna melodia di quella scena infernale. Compiuto il dramma, si presentarono a porre ordine i soldati.

Ciò fatto, per dar aria di vendetta popolare all'assassinio, il Farini da Modena ringraziò per telegrafo la guardia nazionale del suo amor di patria (forse per aver lasciato fare). Francia ordinò al suo consolo colà di partire, se non seguisse giustizia: allora rapportarono il fatto a rovescio; fecero processo non a' manigoldi ma alla vittima; dissero l'ucciso un tristo, l'offeso il popolo, scusarsi il delitto *per la febbre della vendetta*. L'Azeglio liberalissimo stampò una lettera sette giorni dopo, accusando del misfatto quel novissimo governo, che avanti al corpo di guardia nazionale lasciò per quattr'ore seguitar quella tregenda. Che valse? gli assassini ebbero croci di SS. Maurizio e Lazzaro, e lucrosi uffici; e i giornali dicevano gli uccisori essere Austriaci. Nondimeno il liberalesco municipio die' soddisfazione a Francia, con un grande esempio di giustizia: a' 16 del mese ordinò s'atterrasse la colonna ov'avean posato il morto; così persuase il mondo che la colpevole era la colonna.

§. 4. Delle Romagne.

Anche in giugno avean fatto ribellar le Romagne al papa. I comitati eretti in Bologna, Forlì, Faenza e altre città, in mille guise incitavano i cittadini a ribellare e i soldati a tradire. Il Boncompagni da Firenze mandava moneta, armi ed uomini; e riuscì l'11 di quel mese a crear governi provvisorii a Fano, Sinigaglia, Faenza, Ferrara, e altrove; il 12 ribellò Bologna come ho detto, e Ravenna; Imola il giorno dopo e Perugia. Accorse quivi il colonnello Schmit, con soldati papalini; e combattendo barricate e case v'entrò il 20. I felloni fuggiti in Toscana intronarono i cicli di lamenti: menzogne, calunnie, esagerazioni, novelle di saccheggi, barbarie di soldati, volaron per telegrafi e giornali. Eglino provocatori della guerra civile accusavano chi aveva il debito di domarla. Il La Marmora stato bombardatore di Genova, e autore di vere stragi in quella sua terra, ora era ministro di quel governo che lamentava le stragi della non bombardata Perugia. Genova era stata ribelle contrastando al suo re Vittorio, e Perugia era *eroica* ribellando al papa! Per darla più a bevere fan collette per le famiglie *dei massacrati* (parola franzese); e donne italianissime vestite a bruno andavan limosinando di casa in casa. Perugia mandò al S. Padre legati a dichiarare sua innocenza e fedeltà: Fano e Sinigaglia, fuggiti per paura gli esteri e i ribelli, rialzarono le chiavi; Ancona represse un lieve conato il 17; e Monsignor Bellà in Pesaro con pochi militi tenne la quiete.

Allora il Piemonte gitta la maschera, e manda soldati a Bologna il 19; e a' 28 il principe Eugenio di Savoia decreta andasse Massimo d'Azeglio commissario regio nelle Romagne, col pretesto d'impedirvi disordini. Questo che fa la parte d'onestuomo, e che nel 49 avea scritto a pro del dominio del papa, ora dimenticanteselo, va con volontarii e due reggimenti di bersaglieri, per usurpare il paese al papa. Entra in Bologna da trionfatore; e proclama che *Dio fece l'uomo libero delle proprie opinioni politiche e religiose*. Portò seco l'indispensabile Filippo Curletti con la sua sbirraglia. Subito si pose il codice Napoleone, e un debito di più milioni.

I Sardi occuparono Forte Urbano e Castelfranco, con lo scopo d'unirsi ai rivoltosi; e spinsero uffiziali a Ferrara per minarvi il forte. Pio IX a' 28 luglio protestava all'Europa, e faceva una allocuzione nel concistoro de' 20 giugno. Ma che proteste e allocuzioni? Il Piemonte spogliatore mandava legati a Roma a protestare innocenza e divozione, mentre avvicendava in Romagna oro, stampe, broglioni, e tutti incitamenti a irreligione, a disonestà e a fellonie. Il papa non potendo combattere le forze straniere congiunte a quell'arti nefande, si strinse a guardar quel poco che poteva; e perdè le quattro legazioni di Bologna, Ravenna, Forlì e Ferrara.

L'Azeglio a giustificar lo spoglio stampò un discorso contro *l'ingiustizie papaline*: l'amico del Ciceruacchio si smascherava un'altra volta. Ma giunto l'ordine francese dell'aversi a ritrarre, vennevi governatore un Lionetto Cipriani, che alzò il Curletti a ispettor generale di polizia. Quel Cipriani era figlio d'uno che avea fatto bancarotta in Corsica, era fratello d'altro che l'avea fatto a Livorno, ed egli stesso era fallito in America; ora messo nelle Romagne fe' sparire trentamila franchi in pochi dì; però gli dettero in fretta lo scambio con l'onesto Farini; il quale unì sotto il suo scettro Parma, Modena, e Bologna cui tutto appellò *governo dell'Emilia*. Incontanente si mutarono uffiziali, e si carcerarono preti e vescovi; poscia a Bologna il 6 settembre un'assemblea fatta alla maniera usata, dichiarò unanime la decadenza de' papi, e l'annessione a Torino, considerando che *il tristo governo papale avea pervertito il senso morale del popolo*. Adunque scegliendo di darsi al Piemonte questo popolo era pervertito ancora, o s'era fatto morale in un dì per miracolo?

Coteste assemblee posticce della mediana Italia, mandarono tutte a Vittorio gli atti delle deliberazioni loro. Toscana accolta come ho detto a' 3 settembre, Modena e Parma a' 15, Romagna il 25 a Monza ove ci stava in visita. Rispose *accolgo i vostri voti*; e intanto contrattava il contrario a Zurigo. I suoi ministri dissero all'Europa che *accogliere i voti* non significava *accettare*; e a' rivoluzionarii spiegarono che accogliere ed accettare erano sinonimi. In questo mentre fecero a Firenze un decreto a' 19 settembre intorno a una stabilita lega tra Toscana, Modena, Parma e Romagne; e l'esercito federale di quasi ventimil'uomini ponevasi sotto Manfredo Fanti. Costui poco innanzi avea rinunziato al grado di generale sardo, ed era ito a fare il ministro di guerra a Modena sotto il Farini. Finita la commedia, tornò generale sardo.

Il papa riprotestò il 26 in concistoro; e a 1.° ottobre licenziò il conte della Minerva ministro piemontese. Chiese questi un po' di dilazione, per concertare un tumulto di Romani; ma gliel guastò il generale francese Goyon. Per istarsi, dimandò al Bargaglia ministro toscano il palazzo di Firenze, e n'ebbe rifiuto giusto: ebbe a partire.

§. 5. Comprate a contanti.

Tai prodezze rivoluzionarie fur comprate a contanti. E perchè la posterità non dubitasse di credere alla storia, gli stessi operatori, ciechi pel trionfo, si vantarono di tante vergogne in luoghi e modi solenni. Il Pepoli surto ministro a Torino, dichiarò a' 24 novembre 62 a quel parlamento: « aver il ministro Oytana anticipati quattro milioni all'Emilia, oltre il prestito di cui si fe' mallevadore; senza di che saria stato impossibile proseguire gli armamenti. Quanto alle Romagne egli stesso aver ricevuto dal ministro sardo di Finanze, e recato a Bologna dugentomila franchi; e che trovandosi difficoltà al prestito, egli averne pregato Vittorio, che *generosamente* lo garentì per cinquecentomila franchi. » Spudorati vanti d'aver subornati popoli a proclamare dritti sovrani per venderli. Il Brofferio stampò provando che solo a Bologna andarono da Torino diciottomila fucili, e tre milioni in moneta. Quei denari facevan dare il *grido di dolore* per invocar protezione a Vittorio *generoso* pagatore. Ma mentre facevan dare il grido doloroso alle Romagne, l'altre provincie ancora soggette al papa stavan chete, perchè non v'andavan danari; eppure il mal governo de' preti doveva esser lo stesso qua e là; ma volevan fare un poco alla volta.

Si compievano tai spogli, nel tempo stesso che a Zurigo si trattava di far cessare gli spogli precedenti; però il Piemonte andava là diplomaticamente tergiversando, per aver tempo da presentare le annessioni come fatti compiuti; onde vedevi in tanta furia elezioni, assemblee, decadenze e annessioni finali. L'Inghilterra per vincer la preponderanza francese propugnava l'unità, precipizio per tutti. Sir James Hudson suo legato a Torino vi dava la spinta.

§. 6. Proposte di congresso e oracolo Napoleonico.

In quel mescolamento di cose fu messo in mezzo un motto di congresso europeo. Domandaronlo Russia e Prussia; Austria e Sardegna nol volevano per opposte ragioni; Inghilterra mostrava acconsentire, Francia parea tentennare, la rivoluzione se ne valse per addormentare Roma e Napoli e più presto assassinarli. Napoleone sperava il congresso lacerasse i trattati del 15, condannatori della rivoluzione dell'89; voleva i sovrani uniti condannassero sè stessi, e dessero faccia di dritto alla rivoluzione. Ciò avrebbe schiuso il caos; quistioni polacche, prussiane, svizzere, belghe, iberiche, turche, irlandesi, greche, italiane e indiane; e per contentare i rivoluzionarii in ogni dove, tutto il mondo sconvolto.

Pio IX speranzato di poter chiedere soccorso a un vicino sovrano cattolico, cioè al re delle Sicilie, scandagliò l'animo di Napoleone se il permettesse. Era intervento d'Italiani in Italia, nè c'era da opporre; ma ci rispose *consigliarlo a nol fare*, non complicasse le difficoltà assalendo le Romagne, quando stava il congresso per aggiustar tutto. A quel tempo la deputazione modenese si recava a S. Sauveur, ov'ei stava a' bagni, a nunziargli l'annessione; ed ei benigno accoltala l'assicurava di protezione. Negli stessi dì per contrario si recava pur colà il Metternich ambasciatore tedesco; ed ecco a' 9 settembre esce nel *Moniteur* un articolo ufflziale assai luogo, che parea spiegare le cose d'Italia, ma vi ponea più nebbia: ciascun partito vi dovea trovar roba di suo gusto. Diceva i principi spodestati non sarebbero ricondotti con la forza, così contentava la rivoluzione; poi affermava i principi dover tornare, e contentava i legittimisti; giù parlava del congresso, e dava un'offa al settentrione. Solo il periodo finale, scritto forse per contentare il Metternich, die' un batticuore a' rivoluzionarii: « Un congresso non chiederà che il giusto, e non saria giusto chieder concessioni a un gran potentato, senza ricambiarlo di equo compenso. Vi sarebbe la guerra. Ma l'Italia non s'illuda; non v'ha in Europa che una sola nazione che faccia la guerra per un'idea, cioè la Francia, ma la Francia il suo staglio ha compiuto. »

In questo adunque l'oracolo Napoleonico parea lucido, che avvisasse la rivoluzione a non contar sull'aiuto francese; ma essa non se ne spaventò, che avea buono in mano; anzi i suoi giornali dissero aperto quell'articolo essere una burla all'Austria, perchè assicurava l'Italia di *non interventi*, e bisognar valersene, *andare avanti*. Anche parea lucidissimo che guerreggiando Francia *per un'idea* non volesse nulla di materiale; ma non se ne consolò il ministero sardo che sapeva la sorte di Nizza. Se ne consolò Inghilterra, e restò delusa.

Non so se allora Vittorio tentennasse a trarre il dado; certo il Mazzini a sospingerlo scrissegli da Firenze a' 20 settembre una lettera, cui i giornali stampandola appellavano *avvicinatrice*: pregavalo volesse *l'unità e Roma metropoli, osasse avrebbe la corona d'Italia; pigliasse la dittatura, sprezzasse la diplomazia, dimenticasse per poco il re, per essere il primo cittadino; vincesse, poi fra 'l plauso d'Europa, compiuta un'opera degna di Dio, scegliesse pure d'esser preside o re*.

Seguì un lavoro per congiungere tutte le fazioni liberalesche, e molto mestandovi il Cavour, il Farini, il Ricasoli e il Brofferio, si fusero Piemontisti e Mazziniani, a condizione s'assalisse il papa. Il Mazzini mandò per Brofferio un'altra lettera a Vittorio, ove gli disse: *Aiutato da' Francesi, ne siete divenuto vassallo; rompete l'odioso patto*. Ma il re che pel vassallaggio avea modo da pigliar l'altrui, non sentì questo, bensì l'altro consiglio di spogliare il papa; e ruppe quei patti che poteva. Re stese la mano al maestro de' regicidi, all'uomo condannato a morte da' suoi tribunali; però disse al Brofferio: *purchè il procurator generale nol sappia!* E si fe' mazziniano.

Frattanto seguivano pratiche pel congresso, da intervenirvi oltre i cinque grandi Stati, anche Spagna, Svezia, Roma, Napoli e Sardegna; e pareva i legati s'adunerebbero a' 5 gennaio 60. Il Piemonte che temeva e sperava, fu il primo a nominare i suoi legati, cioè il Desambrois e 'l Cavour; e il nome di costui significava che Villafranca s'avesse a cassare.

§. 7. Trattato di Zurigo.

Dal 9 agosto si parlamentava a Zurigo, sendo tra tante ansie e cupidigie comune la sfiducia. Correvan pratiche segrete tra Sardegna e Francia, per pattuire un premio a questa, laddove non s'eseguisse nè il pattuito a Villafranca, nè quello da pattuire a Zurigo. Supposto che i principi non tornassero a' seggi, e ne restasse padrone il Piemonte, convennero Francia avesse Nizza e Savoia. Ciò allora restò nelle tenebre visibili della napoleonica diplomazia. Concluso questo segreto patto che s'aveva da seguire, si concluse anche a Zurigo il famoso trattato che in gran parte non s'aveva da eseguire. Tre stipulazioni furori sottoscritte a' 10 ottobre, pattuito *pace ed amicizia a perpetuità*. Con una, Austria serbava le quattro fortezze e 'l territorio a manca del Mincio, e cedeva alla Francia il resto della Lombardia, con apposite condizioni. Altra tra Francia e Piemonte, dava a questo la ceduta Lombardia, con le condizioni stesse. L'ultima fermava con atto comune alle tre parti le cessioni territoriali, e ristabiliva la pace con clausole simili ai preliminari di Villafranca. Francia ed Austria promettevansi solennemente favorire con ogni sforzo una confederazione di Stati italiani, preseduta dal Papa, per mantenere l'*indipendenza* e l'*inviolabilità de' confederati*. Venezia della confederazione farebbe parte. Consacravano il principio che l'essere di questi Stati indipendenti non potrebbe mutarsi, senza il concorso degli Stati che ne riconobbero la vita; però restavano *espressamente riservati* i dritti del Granduca di Toscana, e de' duchi di Modena e Parma. *Per assicurare il potere del Santo Padre* e la pace de' suoi dominii, convenivano d'unire i loro sforzi, per ottenere riforme amministrative conformi alle generose intenzioni di Sua Santità. Inoltre fur dati all'Austria cento milioni di franchi; così pagando le spese a chi dicevan vinto. Vittorio firmò il trattato a' 17 del mese.

Zurigo adunque confermando Villafranca diversificava in questo, che prima s'era pattuito il ritorno de' principi di Modena e Toscana; e ora se ne *riserbavano espressamente i dritti*; con aggiunta dell'altro di Parma. Tai patti solenni vedemmo di re e imperatori farsi mentre appunto si spogliavano quelli de' quali confermavansi i dritti; patti giurati in nome di Dio, e violati prima d'esser sottoscritti e giurati; pattuita l'esaltazione del papa mentre si spodestava, promessa a ludibrio una confederazione di Stati cui si stavano distruggendo. E chi non raccapriccia a tai doppiezze di cotesta gente seduta su' troni?

§. 8. Esecuzione.

Il Tedesco eseguì il trattato, e anche rimandò a casa i soldati lombardi; che tornaron vestiti meglio di quei del Piemonte. Questo eseguì il trattato per la parte sola del pigliarsi la Lombardia; ma i *riservati* dritti altrui conculcò. I rivoluzionarii a leggere i patti avevano allibito; ma saputo il gergo, si consolarono con la prescienza del non farne nulla. La gente civile mai non ne vide una simile. Zurigo sarà alla nobile nazione francese macchia indelebile, che annullata la religione del contratto internazionale ponla tra la gente fuori legge, cui solo obbliga la spada.

I ministri sardi, temendo de' repubblicani, valendosi de' pieni poteri avuti per la guerra, fecero una specie di colpo di stato, e promulgarono con la sola firma del re, senza il parlamento, quarantasette leggi. I liberali tengono i parlamenti per baloccare i gonzi. Il principe Eugenio di Carignano fratello di Vittorio, a Firenze diffondeva la corruzione; nè sdegnò tenere a mensa fuorusciti romani, capi d'un comitato di rivolture. A lui su' principii di novembre l'assemblee dell'Italia centrale offersero la reggenza in nome del re eletto; ma gagliardi *consigli* venuti da Parigi nol fecero accettare; invece esso principe a' 14 del mese designò lo sperimentato Boncompagni *ad assumere il mandato ad esso commesso*, inculcandogli di dare a quelle provincie *unità politica e militare*. Sì fu fatto un regente di regente. E come occorreva spendere, uscì un decreto del 20 per quaranta milioni di debiti, mandati da Torino a disposizione de' Boncompagni, Farini e altrettali: il debito primo frutto di libertà.

Altri consigli di Parigi obbligarono come narrai a richiamare anche il Garibaldi, che rumoreggiava su' confini delle terre papaline, il quale prima a' 18 novembre stampò una proclamazione, dimettentesi da generale dell'esercito d'Italia centrale, perchè *la miserabile volpina politica di Torino gli vietava la libertà d'azione*. Poi disse Zurigo essere una tregua per ripigliar l'arme in inverno. Inoltre diè a' 4 gennaio 60 una lettera famosa, dicente Italia abbisognare d'*un milione di fucili*; e per comprarli promoveva collette, cui il governo afforzò; e vollersi anche i preti vi concorressero; onde cominciò la persecuzione contro di essi. Il Mazzini mandò dugento franchi con una lettera che invitava i suoi adepti a pagare, per far l'Italia dal Tirolo a Sicilia.

La storia narra quanto si facesse contro il trattato di Zurigo; eppure quando ogni pagina se n'era co' fatti lacerata, fu esso presentato a' 21 maggio 60 alla Camera; la quale dopo molta discussione l'approvò a maggioranza. A proposito del primo patto che stabiliva pace perpetua tra Sardegna ed Austria, il deputato Techio dimandò che significasse; il Cavour rispose gravemente: *Non dirò nulla su ciò, nè l'onorevole Tecchio desidera serie spiegazioni*; e la Camera rise. Ma fremeva l'umanità.

§. 9. L'opuscolo *Il Papa e il Congresso*.

Napoleone s'era valuto dell'ideato congresso perchè la speranza di vicina giustizia internazionale lasciasse compire i fatti; ora compiuti, schifava il congresso; e pensò a farlo abortire col discreditarne le intenzioni e la potenza. Già la discesa francese in Italia era stata preceduta dal libello *Napoleone e l'Italia*; ora dopo la pace, pria del mostrarne palese il conculcamento de' patti, usciva a Parigi il 22 dicembre 59 altro libello *Il Papa e il Congresso*. Nunziato, strombettato, sospirato come Messia, usciva nello stesso giorno tradotto in inglese, tedesco ed italiano, in tre giornali, a Londra, in Colonia e a Milano: era un manifesto del da fare, libretto da ballo distribuito avanti la rappresentazione, era un preparar la gente ad accogliere quanto la prepotenza aveva deciso; però grosso tessuto di sofismi, ipocrisie, contradizioni e paradossi. L'Autore, il La Guerronière, si dichiara cattolico, dimostra la necessità del potere temporale del papa; ma dice che meno ha dominio e più è potente. (Con un braccio si è più forti che con due). A che restituirgli le Romagne? meglio per lui lasciar anche le Marche e le Umbrie e il resto; potrebbe un congresso togliergli quelle noie, e farlo più gloriosamente regnare. Il papa è necessario segga in Vaticano; ma il mondo s'accorge appena ch'ei regna su molte province; importa ch'abbia Roma, il resto è indifferente. Poi, anche graziandolo di Roma, l'autore compiange questo popolo costretto a esser vittima del cattolicismo. Che sventura aver un papa per re! unico rimedio sollevare il pontefice dall'amministrare la città. Così costui fa salva la necessità del potere temporale.

Per dimostrare ta' paradossi non ha bisogno di logica: usa arti volgari, ripete fatti falsi; tiene ad assiomi le dottrine dell'89, appone dottrine storte a Roma, e ne cava pretesti per esautorare il pontefice. Bello poi come si fa certi scrupoli, cui risolve bizzarramente. Conclude il congresso dover proclamare la necessità del dominio papale, così contentarsi il papa; ma non lasciargli lo Stato, che sarebbegli impaccio; sedesse in Roma solo, stipendiato da' Cristiani, e guardato da soldati italiani. E in tal guisa Napoleone avrebbe vanto di *conciliare* il papa col popolo suo.

Inoltre come obbligare i romagnuoli ad ubbidienza? la forza è cosa indegna d'un pontefice, e avria sempre sudditi scontenti. Chi userebbe la forza? Francia ch'ha combattuto per liberare Italia, combatterebbe per ririporla al giogo? Francia che riposa sur un governo nato da sovranità popolare, fiaccherebbe in Italia la sovranità del popolo? Già la dominazione papalina in Romagna era dominazione tedesca; Francia non permetterebbe vi tornasse, per distruggere ciò che creò ieri, l'esclusione del Tedesco dal bel paese. Far intervenire Napoli? ciò chiamerebbe l'altro intervento del Piemonte; e sarebbe guerra civile! la guerra civile!

Non par vera tanta baldanza d'ipocrisia, tanto abbandono d'umana ragione, tanta inetta gloriazione di rapine. Scrivere di tai pappolate con gravità al cospetto del senno italiano, è vituperare l'ingegno francese, è opera d'uomo sfacciato. Plaudì la rivoluzione, Italia rise. Pio IX al capo d'anno disse all'ambasciatore francese: quel misero scritto esser *monumento insigne d'ipocrisia, tessuto ignobile di contradizioni*. E tal fu l'epitaffio di quel libercolo. Non pel suo valore, ma perchè fu voce non contradetta che fosse parto dell'aule imperiali, uscirono a confutarlo centinaia di scrittori d'ogni lingua; ma rimase come epitome di questa età scientificamente avida e sciocamente presuntuosa.

§. 10. Consigli di re Vittorio.

Pio IX che molto dal congresso avea da sperare, tentò amorevolmente trarre al buon sentiero re Vittorio; e scossegli di sua mano pregandolo si recasse al congresso qual difensore della Santa Sede; ma quegli anzi ne prese opportunità per richiederlo si facesse allegramente spogliare. Risposegli: Le Romagne trovarsi felicissime con lui, e diverrebbero per innanzi più cristiane, se non tornassero alla Chiesa. Sperare gli si dessero a qualunque titolo altresì le Marche e le Umbrie, per porle in uguale prosperità; e conchiudeva non aver intenzione con questo di menomare *i dritti e l'autorità di Santa Chiesa*. Pio gli rescrisse, il tenersi lo Stato papale non esser da savio, nè degno di re cattolico e di casa Savoia, affliggersi non per sè, ma per l'infelice stato dell'anima di lui illaqueata dalle censure; ed altre maggiori il colpirebbero, ove consumasse l'agognato sacrilego atto. Il re sardo tornò indi a poco all'assalto con altra lettera. Magnificando i torbidi delle province papaline (da esso suscitati), la pochezza delle forze pontificie, e l'impossibilità del ritenerle, sè offerse per Vicario Generale di lui; nè solo nelle Romagne, anche nelle Marche ed Umbrie. E Pio mansuetamente siffatto consiglio sopportò.

§. 11. Consigli di Napoleone.

Vittorio forte per Napoleone bravava. Questi sceso in Italia proclamando *non venirvi a fomentare il disordine, nè ad abbattere il potere del Papa*, lasciò rapirgli pria col disordine e poi co' soldati le Romagne. Come il pontefice reclama aiuto, risponde esser legato da *non intevento*; avvisato che interverrebbe Napoli con arme italiane, consiglia nol faccia, aspetti il congresso: poi a spaventarlo del congresso fa l'opuscolo. Ultimamente dà un altro passo; con lettera del 31 dicembre 59 il consiglia aperto di cedere il dominio. Enuncia suoi servigi alla Santa Sede, ma prevede non cessare l'agitazione italiana s'ei non rinunzia alle Romagne; queste esser già perdute; vi rinuncii, gli assicurerebbe il resto dello Stato. Consiglio pubblico di tanto forte dominatore, valeva minaccia. Pio ricusò; poi con enciclica a' Vescovi dichiarò *non poter cedere* ciò che suo non era; pria la vita sacrificherebbe che abbandonare la causa di Dio, della Chiesa e della giustizia. Cominciò allora in Francia l'agitazione religiosa, che non posa ancora. Vi fu soppresso il giornale l'*Univers* con decreto; corsero lettere del governo a' vescovi, e segrete ingiunzioni agli uffiziali civili, per contrabbattere la possa del clero.

La consigliata rinunzia al papa, non era già fine, ma cominciamento di lotta. La setta non accusa il papa d'aver molto o poco dominio, ma d'aver dominio; non vuol che possegga poco, ma che non possegga; però acconciarsi all'usurpazione sur un punto, è prepararsi a lasciar tutto; consacrare la rivoluzione per quattro province, e consacrarla anche per l'altre; perchè se v'è dritto a ribellar Ferrara, v'è anche per Roma. Era dunque puerile insidia il consigliare rinunzie parziali, quasi la rivoluzione che aspira a tutta la terra s'accontenti d'un brandello di Romagna. Napoleone che die' tanto sangue francese per sostenere l'integrità dell'impero turco, consigliar lo smembramento del regno papale. Avea fatto un Malakoff per lasciare il Musulmano intatto, e fe' un Solferino per lo spoglio del Papa!

Dello stesso parere fu il Cavour, quando per difendersi della pattuita cessione di Nizza, disse in parlamento: « Con la lettera del 21 dicembre Napoleone dichiara al Papa aver finito di regnare in Romagna; e con essa ci die' più di quanto ottenemmo a S. Martino; perchè la dominazione sacerdotale n'era più della tedesca dannosa. » Consigliava Pio IX di rinunziare alle Romagne, per aver egli Nizza e Savoia. È dopo Romagna il resto. Quando Pio gli si manifestò pronto a giuste riforme, purchè gli si garantissero gli Stati, il Walewski rispose non poter l'Imperatore guarantirli. Così si chiedevan riforme al pontefice, e quando ei le offriva si ricusavano. Nel congresso parigino del 56 l'aveano incolpato di non aver esercitato; poi quando ei sel fece, gli dier colpa d'averlo; e servì di pretesto a levargli le Marche.

§. 12. Lamentanze dei buoni Italiani.

Gl'Italiani, cioè la gran maggioranza de' buoni al brontolar di tanti tuoni, prevedevano imminenti ruine. Si pensava, si parlava, si stampava così: « Crede il Bonaparte con opuscoli, lettere e consigli salvar l'onor suo? Abbandona la rivoluzione a parole, e in fatti lasciala infrangere i trattati; vieta all'Austria di far giustizia, e vieta a' Cristiani d'accorrere a difesa del pontefice assassinato. Grida *non interventi*, ma dopo ch'egli è intervenuto, e ha conce le cose a suo modo. Ha posto nella lance della rivoluzione il peso di seicento mila spade. Non può Austria intervenire per l'esecuzione de' patti, e può Francia intervenire per sostenerne la lacerazione. Legate le braccia al dritto, sciolte alla rivoluzione, minacciati tutti, dobbiam l'un dopo l'altro soggiacere a' colpi di fedifraghi nemici; o che uniti sfidandoli avremmo un'altra calata di Francesi. N'è inibito aiutarci l'un l'altro, e dobbiamo aspettare che il nemico comune s'ingagliardisca delle nostre spoglie, e a grado suo ne assalga alla spicciolata e da tergo. Avremo sangue, arsioni, saccheggi, stupri e spogli, perchè Napoleone s'abbia Nizza e Savoia. E perchè non pigliarseli a Villafranca, e a Zurigo? Perchè far due patti opposti; uno di giustizia aperto, un altro di cupidigia segreto; là contrattare pel dritto; qua contrattare per sè un compenso pel calpestamento del dritto? perchè pattuire due cose opposte, dove in ambo mancava all'onore della parola, e si pigliava il prezzo delle parole violate?

« Quel po' di Nizza e Savoia dovremo pagarla noi Italiani sì cara, che saccheggiati, carcerati, ligati, esiliati, i sopravviventi andran ramingando pel mondo o sospirando la patria perduta! I tiranni aggiustano le parole alle loro passioni, e par loro d'aver provveduto, nè pensano che v'è Dio. L'onore non è parola, è sentimento sculto nella coscienza, e chi vuol nome onorato sacrifichi la passione al dovere. Onorato è non vestir l'ingordigia di linde parole, ma rattenere la rea passione. Francia si piglia il prezzo di farsi lacerare i trattati in viso, e proclama onore e virtù; ma la forza che potendo non vieta l'assassinio è virtù d'assassino.

Storia delle Due Sicilie 1847-1861

« Tolgansi le parole, guardiamo i fatti: Napoleone con lo scudo della Chiesa ha i suffragi all'imperio, l'afforza col concorso de' religiosi, per ingrandirlo scende in Italia, protestando *non venire ad abbattere il potere del papa*; vincitore, dà il papa inerme alla setta, il fa spogliare, e spogliato il consiglia a star contento. Similmente Giuliano apostata si fe' cristiano per avere il trono, e avutolo percuote il Cristianesimo. »

§. 13. Svanisce il congresso.

Del designato congresso tutti avean sospetti. Chi v'interverrebbe? i soli grandi Stati, o tutti i segnatarii de' trattati del 1815? o tutti gl'interessati? e i sovrani spodestati, o i governi rivoluzionarii, o gli uni e gli altri? E perchè non anche gli Stati vicini, come Svizzera? V'era o no un programma delle quistioni da trattare? e quale? il riconoscimento de' fatti compiuti, o il ritorno al dritto? Il più degli Stati non potevano riconoscere la rivoluzione; la Francia ch'aveva allora contrattato pel dritto, non poteva per verecondia propugnar quella, la propugnava di fallo; molto a parole propugnavala Inghilterra. Dopo un fallato congresso verrebbe guerra; e nessuno la volea fare, l'altre nazioni perchè rotte le alleanze e isolate, Napoleone perchè si trovava bene. Egli però usò arti; pria prorogò il congresso, poi sciorinò l'opuscolo, poi non ne parlò più. Il congresso fu sciolto pria che unito, come Zurigo s'era violato pria che scritto.

§. 14. S'affrettano i fatti compiuti.

Napoleone intanto pigliava tempo, perchè legatesi le mani a Zurigo, voleva levasserlo d'impaccio i fatti compiuti; onde evitava con cura ogni cagione di dissidio materiale, mentre gli animi e i fatti sospingeva. Così al capo dell'anno 1860 protestò *rispettare i dritti, e far rinascere la fiducia e la pace*; e invece ai 5 gennaio muta il ministro Walewski che rappresentava la politica di Villafranca e pone il Thouvenel simpatico alla rivoluzione. Subito costui a' 12 febbraio scriveva: *il papa confondere lo spirituale e il temporale*. E il Billault altro ministro proibiva il difendere il papato, *per non turbare le coscienze!* Il trattato concluso ai 23 gennaio con l'Inghilterra, pel libero cambio delle mercanzie, significò lo accordo pieno tra' due paesi. Quindi egli trattava chetamente d'aver Nizza e Savoia, concedendo al Piemonte il potersi pigliar lo altrui con sicurezza.

Questo dunque certo d'aver Francia e Inghilterra dalla sua cominciò la rapina a' 21 gennaio. Permettondolo i protettori, scese col ministero il Rattazzi, simulatore di Zurigo, e risalì il Cavour, iniziato a' misteri di Plombières: ciò significò Zurigo cassato; perchè cotesti nuovi potenti col *dritto nuovo* fingono credere i patti non legare le nazioni, ma i ministri; laonde il Cavour nascostosi quando s'avevano a stipulare, ricompariva quando s'avevano a conculcare. Ei si fe' un ministero mazziniano; salì tra plausi rivoluzionarii infiniti; sciolse la camera de' deputati, e convocò nuovi collegi elettorali, per farsela a suo modo. Ultimamente a' 27 del mese con lettera diplomatica dichiarò a modo di sfida all'Europa di ripigliare la via interrotta a Villafranca; caduta l'idea del congresso, impossibili le restaurazioni, dover fare l'Italia; accettare l'Italia centrale per non farla cader nell'anarchia. E sendosi già dato a questi paesi la costituzione e la legge elettorale sarda, scrisse al Ricasoli e al Farini facessero votare *il popolo*; e come già la votazione fosse fatta, preparava a Torino la sala del futuro parlamento.

§. 15. Plebisciti.

Quando già s'avean preso tutto, vollero, per una ridicola copiatura di Francia, la commedia delle votazioni universali, dette *plebisciti*, storpiando l'antico. Seguirono l'11 di marzo tutti a un modo. Prima uomini venuti da Piemonte travestiti, con danari ed arme; poi soldatesche alla svelata, minacce a' renitenti, cartelli d'annessione stampati a Torino affissi alle porte e alle mura, ordini di luminarie, o guai a' vetri delle finestre; bravacci con pugnali e daghe far ale alle urne, scrutinatori aggiustar con la penna i numeri, gridatori far baccano, bruzzaglia e baldoria in piazza. Il popolo si chiuse in casa; andarono all'urne i settarii, pochi illusi e ambiziosi, e stranieri; la sessantesima parte delle popolazioni. La rivoluzione appellò popolo l'uno che andò, non i 59 che tacquero; benvero moltiplicò l'uno a numero di maggioranza, e stampò cifre trionfali. Così credono aver preso dritto sugl'Italiani; ma il dritto de' popoli è imperituro, e l'onore italiano è vivo ancora.

Conseguentemente la domenica 18 marzo il medico Farini presentava a Torino, come scrisse un giornale, tre corone a Vittorio; e diceva: « Avendo V. M. sentito pietosamente il grido di dolore de' popoli dell'Emilia, ne accolga ora il pegno di gratitudine e di fede. » E il re lo stesso dì decretava: « Le provincie dell'Emilia faran parte integrante dello Stato. » Udita le grida dolorose, stendeva sugli addolorati le branche. A' 22 recavagli il Ricasoli l'altra corona; e il re decretava: « La Toscana fa parte integrante dello Stato. » E vi mandava luogotenente il Carignano. Anche dichiarò aver preso sì le Romagne, ma con ciò non intendeva mancare alla divozione debita al vicario di Cristo, anzi presterebbe sempre omaggio all'alta sua sovranità. Spogliava e derideva.

Al Farini, al Ricasoli, e alle annessioni non fecero buon viso i Torinesi; chè presentivano quei turpi acquisti non poter partorire beni; nè vollero illuminare le case, come era stato ingiunto. L'Europa fu indignata di tai cabale. Non Austria sola, ma tutti gli Stati alemanni, la stessa Prussia protestarono. Russia, ricusò di ricevere la nota uffiziale che nunciava le annessioni. Per contrario vennero accolte le proteste de' principi spodestati, ch'ebbero chiare e preziose risposte da tutta Europa, fuorché da Londra. Lo stesso ministro sardo in Baviera, il marchese Ceva, rinunziò all'uffizio, e mostrò pregiare più la virtù che il salario.

Vittorio imperturbato apriva a' 2 aprile nella preparata sala a Torino il nuovo parlamento, co' deputati rivoluzionarii delle Provincie annesse. Nè arrossiva trionfando sì iniquamente il Cavour, anzi seguitava sue reti nel Veneto; dove incitava uomini a esulare, posta su' confini una giunta per soccorrerli, e v'interveniva egli stesso. Nientedimeno in quello stesso mese di marzo osò lanciare una nota a Vienna; lamentandosi che le condizioni della Venezia fossero un pericolo al Piemonte, perchè di là veniva a turbarlo lo elemento rivoluzionario, per colpa dell'Austria. Con queste impudenze impunito, costui si credeva grande uomo.

§. 16. Scomunica e proteste.

Vittorio con incredibile sfrontatezza nunziò per lettera del 20 marzo l'annessione delle Romagne al pontefice; e a non mostrarne rimorso, disse con sarcasmo crudele: *sentire di non recare offesa a' principii di quella religione, cui si gloriava professare con filiale ed inalterabile ossequio.* Pio IX protestò a' 24 marzo; indi a' 26 aggiunse i fulmini del Vaticano; e senza designar persona, scomunicò tutti che in qualsivoglia guisa avessero cooperato alle annessioni delle legazioni. Protestarono inoltre il duca di Modena il 22, quel di Toscana il 24, la duchessa di Parma a' 28, e l'Austria il 25.

§. 17. Il Lamoricière.

Per guardarsi il resto, il pontefice curò l'ordinamento del suo esercito, e chiamò a capitanarlo il francese Lamoricière. Questi di casa legittimista, organatore del corpo de' Zuavi nella guerra d'Africa, avea preso l'emiro Abdel-Kader nel 1847. Seguita la rivoluzione parigina, servì la repubblica, e sostenne il Cavaignac in giugno 48. Arrestato pel colpo di stato del 2 dicembre, stette in Ham rinchiuso; poi uscì esule, poi tornò in Francia con l'amnistia del 1859. Accolse lieto l'invito del papa, e venne il 26 marzo a Roma. L'8 aprile die' un ordine del giorno; dove paragonava la rivoluzione all'Islamismo.

§. 18. Minacce diplomatiche al regno.

Quanto ho detto delle cose fuor del regno parrà poco a chi volesse quei fatti intendere a dovere; ed è molto anzi per me narratore delle cose del reame; ma sendo quelle cagioni e quei modi di rivolture e rapine gli stessi che vedemmo tra noi, il noverarli come ho fatto per sommi capi, sarà a utilità del racconto, e a schiarimento di tutto cotesto viluppo d'ipocrisie e sfrontatezze, che appellano rigenerazione italiana. Oltracciò il ricordarli fa prova lucidissima della cecità, o malizia de' nostri governanti, che avvisati da tanti contemporanei proditorii, lasciarono cadere il paese in grossieri e conosciuti tranelli. Questi fatti d'Italia condannanli in sempiterno.

Ora m'è necessita tornare un po' addietro, a raccontare l'estere mene per turbar le cose del tranquillo regno. I tornati ministri di Francia e Inghilterra, intenti a chi più corresse avanti all'altro, eran d'accordo ad appiccarne la rivoluzione. Il Brenier in settembre 59 scriveva al Grammont suo collega a Roma: « Francesco punto non voler sentire riforme; il governo napolitano poter mantenere l'ordine; il Filangieri infermo a Sorrento essere invisibile, a stento avergli parlato, e trovatolo a riforme allenissimo. Francia non poter altro che imporle a forza; ma doversi proceder cauti, perchè parergli *impossibile la rivoluzione e 'l suo trionfo*, e Londra esser pronta a valersi d'un fatto francese. » Il Grammont rispondeva: « La Francia ha con ogni sforzo consigliato riforme in Italia, ma deve anche badare al suo interesse. L'imperatore non vuole rivoluzioni, anzi le combatterà; ma se i governi sordi a' consigli suoi le provocheranno, si regolerà secondo le circostanze. Ora Francia non può far più che dare un congedo al suo ministro in Napoli, e lasciarvi un incaricato d'affari. » Di cotai due lettere concertate tra loro, il Grammont dava lettura al nostro ministro in Roma De Martino, forse per tentar le minacce. Ma il nostro Carafa scrivendone al re a' 23 settembre lo sconsigliava dalle concessioni perchè, diceva, Francia non richiamerà, il ministro, per non farvi restar l'Inglese solo; ove il facesse, avremmo un intrigante di meno. Adunque lo stesso legato francese confessava impossibile tra noi la rivoluzione; e doverlasi imporre a forza.

§. 19. Governare incerto.

Sul finir dell'anno il giovine re era assediato da richiedenti. Tumulti e usurpazioni in Italia, cupe minacce al regno. Svizzeri mancati, poca soldatesca indigena, nè tutta buona, Napoli spaurita da vociferazioni insidiose, e una setta latente attorno al trono susurrava: « Concedete, date. » Francia e Inghilterra combattenti co' consigli; il Filangieri in altalena, svogliato, proponente concessioni parche; e gli uomini suoi messi su, vi facevano il ritornello, o che vicini erano i guai. Francesco, benchè nuovo, diceva a taluno: « Se scendo a concedere, diventiamo tutti liberali, ed anche io; ma conceduto, conceduto, debbo fermarmi a un punto, e allora.... il finimondo. » Talvolta avvisandosi tornare all'antico con ministri forti, si facea questo dilemma: « O la setta è vinta, o vince: vinta, farò buona giustizia, premii e pene, buon governo, perspicace, operoso; se vince, piglierò coi soldati le fortezze e i monti, se l'Europa si riscuote trionfo, se dorme, muoio.... » Tratto or qua or là da tai due sentenze, pur talora sperando nell'espertissimo Filangieri, seguitò incerto con lui e co' suoi; i quali tiravano avanti barcollando, non provvedendo gagliardamente nè prò nè contro. Ne' principii del 60, per tentare una cosa di mezzo, fu proposto concedere facoltà maggiori a' consigli provinciali, e farli eligere per suffragi; il re stesso lavorò alla legge, e fu a un punto l'attuarsi; ma si rattennero, temendo la setta l'usasse a fellonia. Fu un momento che parve Inghilterra n'aprisse le braccia: s'accontentava della piena amnistia, del ritoccarsi le leggi doganali, si facessero ponti e ferrovie sino a Brindisi, e si moderasse la potestà di polizia. Perlocchè il re ne parlò in consiglio a' 3 febbraio, e fu proposto mutarsi il ministero di Sicilia, migliorarsi l'amministrazione, e che v'andrebbe il re per cinquanta giorni. Poi non se ne fe' nulla. Questo fu il massimo fatto del Filangieri, che sapendo e potendo tener forte la potestà, avria rese innocue quelle richieste concessioni, e voltele a ben del paese.

Era allora suo dovere affrontar l'uragano, e aggrapparsi in qualsivoglia modo all'Inghilterra; la quale paga di vantaggi commerciali per sè, avrebbe col regno napolitano osteggiato l'alleanza di Francia e Piemonte. Fallo supremo del restar, fra tanti ingordi, senza alleati, in balia del caso.

In Sicilia i faziosi avean più baldanza. Morto Ferdinando, Bonaparte in Italia, le proclamazioni a Milano, i Magenta, i Solferino, e l'oro e le tresche sarde e mazziniane, tenevan gli animi pronti a novità. Gli uffiziali regi stessi stati già rivoluzionarii rimutavan mantello, e tementi le vendette liberalesche, si lanciavano avanti, e favorivano a possa la ribellione. Il luogotenente Castelcicala a' 25 febbraio rapportò gravi le condizioni dell'isola, sospinta a fellonia dallo straniero; tennesi nella reggia consiglio a porte chiuse; si decise tener fermo, e governar bene. Buon consiglio, non eseguito in fatti; che fu il peggio, perchè la setta appunto del bene s'irritava. A' 29 del mese corse pel reame un'altra segreta proclamazione, dicente ai napolitani soldati: « Scuotetevi in nome di Dio; mostrate esser figli della madre comune. È egli possibile che qui regni ancora un Borbone, un figlio di Ferdinando, un tiranno! Se il paese si manifesta non vi opponete; secondatelo; la patria attende la vostra redenzione; a voi s'aspetta ritrarla dall'obbrobrio, onde il despota l'ha coperta. Uniamoci, gridiamo tutti popolo e soldati: Fuori i Borboni! viva Italia una! viva Vittorio Emmanuele! » Ma nè popoli nè soldati davan retta a tai baiate. Eran mene dei molti congiuratori di fuori, e de' pochi spregevoli di dentro.

§. 20. L'amicizia del Piemonte.

Il re non avea mancato di far rimostranze ai sovrani d'Europa, perchè ponessero argine all'avidità rivoluzionaria del Piemonte che dopo Zurigo s'era stesa alle Romagne, e lanciava il foco nelle Marche e nel regno. Ed ecco in gennaio 60 si ha sicura notizia che Napoleone per conciliar le cose, e aver Nizza e Savoia, propone dare al papa i nostri Abruzzi invece delle perdute Romagne; ma il papa rifiutò di rifarsi del patito spoglio con lo spoglio altrui. Allora i legati di Parigi e Torino, non potendo conciliare le cose loro col danno de' terzi, presero altra tattica d'insidie.

Sendo riuscito a niente il legato sardo Salmour, ne si mandò nuovo aspide il marchese Villamarina, strettissimo del Cavour, già suo collega al congresso di Parigi uomo con esso iniziato, e per consenso di Napoleone, a' misteri di Plombières. Questi venne in gennaio a Napoli, con iscemamento d'uffizio, a farvi quello che il Boncompagni a Firenze; e giustamente, perchè cominciata in quel congresso la congiura contro Napoli, venisse egli medesimo con veste d'amico a darvi esecuzione. Al suo comparire surse come un fremito elettrico fra' settarii; la cospirazione sollevò la visiera; la casa di lui servì da *club* inviolabile; e si lavorò a lanciar lo sgomento fra i popoli, l'esca alla stampa, e con oro e promesse il seme de' tradimenti nell'esercito.

Il Cavour con bel candore impegnò lo Stakelberg, ministro russo a Torino, a fare che il governo russo persuadesse Francesco ad allearsi col Piemonte. E il Gorciakoff primo ministro dello Czar intrattenne colà il cavaliere Regina nostro legato, dicendogli approvar egli l'alleanza, perchè il Piemonte ingrandito avrebbe interesse a farsi conservatore. E correndo tai pratiche il Cavour tutto mele ne fingeva amicizia. Con dispaccio del 13 marzo ringraziava il re per cinque sudditi sardi, graziati della galera pel fatto di Sapri; si diceva pago della nostra attitudine conservatrice; mostrava rammaricarsi ove in Napoli sorgessero cose da intorbidar più Italia ed Europa; eppur faceva intravedere che ritrarrebbe da Napoli il ministro, ove il re uscendo dalla neutralità intervenisse ne' piati romani. Con tai proteste d'amicizia ne addormentava, per compiere senza impacci i fatti suoi.

§. 21. Proposta d'intervento napolitano nel pontificio.

Intanto da Francia venivano proposte a rovescio. Napoleone fea le lustre di lasciar Roma, come vedesse il papa la vedesse male a restar senza di lui. Quando si stava in sul come eseguirlo, il Grammont ministro francese a Roma proponeva al nostro legato colà, ch'ove la bandiera francese lasciasse lo stato romano, surrogassela la napolitana, e che un nostro corpo d'esercito occupasse le Marche e Ancona, mentre i soldati papalini s'accentrerebbero a Roma e sue adiacenze. Aggiungeva che Francia n'avrebbe garantito da ogni assalimento di Sardegna. Dichiarata tal proposta al Santo Padre, rispose non volere col suo avviso dar peso alle determinazioni del re, ma non s'opporrebbe.

A noi era piacevole l'offerta: onorati a difendere Santa Chiesa, garantiti da Francia, uscivamo dall'isolamento della neutralità; sicurati erano il regno e il papa, e si poneva il morso alla rivoluzione col nome di quella Francia stessa che l'avea sbrigliata. Il De Martino nostro legato in Roma forte sollecitava l'adesione ai disegno. V'era per contrario da considerare voler la setta disfare tutta Italia col pretesto d'unirla, non ponderabili le perfidie sarde, esser poco le guarentigie napoleoniche dopo Zurigo. Se non valevano i patti stipulati e giurati, che le parole? Inoltre le nostre milizie andando nelle Marche s'accostavano alla rivoluzione, che già da lungi con oro e seduzioni lavorava a guadagnarle; aperto i mandatarii sardi tentavan la Sicilia; s'udiva già un sotterraneo rombo; si vedevan gli armamenti garibaldesi in Italia; stendendosi fuor del confine l'arme nostre, già non molte, più si sparpagliavano; da ultimo l'uscire dalla neutralità dava al nemico facoltà di smascherarsi, e sventolar alto la face rivoluzionaria. Il re a' 16 marzo rispose negativo.

§. 22. Insidiose.

Non però sconfidato il Grammont, ripetea la proposta; e 'l De Martino ne facea luccicare l'utilità, pregando se ne riesaminasse la convenienza. Napoleone stupito forse del non vederne correre alla splendida offerta, fe' altre istanze dirette; e 'l Brenier in Napoli aggiungeva: l'Imperatore esser d'accordo col Piemonte; questo aver annuito a non opporsi all'occupazione napolitana delle Marche, e a non fomentarvi le fazioni. In prova mostrava il dispaccio giuntogli il 23 marzo da

Torino, dove quel governo dichiarava acconsentire a tutto ciò. Francesco poco da tal consenso di fedifrago nemico persuaso, sol per non mostrar durezza di rifiuto, concedeva a' 27 udienza al Brenier, per aver l'offerta solenne d'una politica congiunta e unisona, da pacificare la combattuta Italia nostra. Appunto allora il Viilamarina corse a dichiarare al Carafa aver ordine da Torino di protestare e lasciar Napoli, appena la bandiera napolitana passasse la frontiera. Disse il Carafa: « Ma come? con qual dritto il Piemonte protesterebbe, se non toccheremmo il territorio suo? » Rispose: « Perchè potremmo essere assaliti nelle Legazioni da voi e dal papa.» Conseguentemente restammo neutrali. Cotali maneggi contraddittorii di Parigi e Torino, sì stretti alleati, mostran la buona fede di quei potentati ch'oggidì vantano *dritto nuovo*.

A giudicare ora, dopo perduta la monarchia, taluno potria inferirne che ove si fosse acceduto all'offerta francese, andavam salvi. Credo anzi più presto saremmo caduti. Entrati noi nelle Marche, il Piemonte avria fatto allora in aprile ciò che fe' in ottobre, e sarebbesi risparmiata l'onta d'assalire il papa senz'ombra di cagione. Le soldatesche nostre già infette, comandante dal compro Pianelli, avrian fatto mala prova: perdevamo un corpo d'esercito, e il nemico n'avria cavato pretesto a dichiararne quella guerra, ch'ebbe a farne poi senza dichiarazione traditorescamente; perdevamo con minor contrasto, e la perdita pareva naturale effetto di guerra, dove i tradimenti si coprivano con la viltà, a vergogna nostra. Invece s'è poi contrastato un anno, e i patiti soprusi e tradimenti han fatto lo spavento del mondo. Prudente fu il rifiuto. Forse la proposta era agguato: Napoleone lasciar quel bel nido di Roma! E Sardegna pria affermante, poi negante e minacciante, eran mene per aprirsi poi la via a infrangere il patto. Napoleone e Vittorio dopo Zurigo, non han più da contrattare tra le nazioni.

Eppure, chi il crederebbe? su' principii d'aprile Vittorio riparlò allo Stakelberg, di nuovo sollecitandolo a fargli stringere alleanza con Napoli; e 'l Gorciakoff ne favellava al Regina, approvandola. Dunque non volevan Francesco alleato pel dritto, ma per la rivoluzione.

§. 23. Nizza e Savoia.

Da che era posata la guerra del 59 correan lampi sulla cessione di Savoia e Nizza. I deputati savoini protestarono, e i loro giornali dichiaravano che togliere Savoia all'Italia era *sgangherarne* la porta. In contrario i Francesi dicevano Savoia per lingua, sangue e geografia esser francese. L'Elvezia pretendeva necessarii al suo assestamento il Faucigny, lo Sciablese e 'l Genovese. Discordi i Nizzardi, chi volea Francia, chi Piemonte, e chi volea Nizza indipendente e libera. Il francese ministro degli esteri in luglio 59 avea dichiarato affatto non voler la Savoia. L'Imperatore durante la guerra più volte manifestò giovargli più l'onore della lotta, che ingrandirsi per territorio. Interrogato da Londra se trattasse con Torino cessioni di Provincie, rispose *no* con giro di parole: *non trattarsi tra' due paesi; ma patti di famiglia tra le due dina-*

stie. Appresso, meglio interpellato, dichiarò: ch'ove avesse talora nutrito idee d'ingrandimento, allora n'avea deposto il pensiero. E nel *Moniteur* a' 9 settembre stampava aver fatto la guerra *per un'idea*.

Frattanto aggiustato il contratto, egli stesso al 1.° marzo 60 nel discorso alle Camera spiattellò reclamare la Savoia *in vista della trasformazione d'Italia in Stato possente*. Ma era tra patti prestabiliti all'aiuto per liberare Italia sino all'Adriatico; smozzata la promessa a Villafranca, permise baratto dell'annessioni toscane e romagnole; però reclamando il prezzo, tenea cinquantamil'uomini nella ceduta Lombardia, col maresciallo Vaillant. O Nizza e Savoia, o sto a Milano.

A posta a richiederle avea mandato il Benedetti a Torino. Duro bivo pel Cavour. Fabbricatore d'Italia, sbrandellarla più; non aver cacciato il Tedesco, e porvi anche il Gallo, e dargli le chiavi del bel paese; volere indipendenza, e mettersi un fortissimo sul collo; aspirare a libertà, e aspettarla dall'uomo del 2 dicembre; gridare unità e annessione, e tagliare e sconnettere; ciò era col fatto proprio seppellire l'unità, la libertà e l'indipendenza. Ma impossibile il negarsi al nuovo padrone; e, fattosi nimico a tutti, inimicarsi quel solo proteggitore. Piemonte restava isolato e perduto. Cedendo, assodava Francia a' suoi interessi, facevala complice della violazione de' trattati di Zurigo, lacerava il 1815, aveva carta bianca per il resto, e sconvolgere tutta Italia, e far suo nome sonar pel mondo. L'uomo cospiratore nell'intiera vita, volea il trionfo della cospirazione. La cessione sguinzagliava la setta, Italia scemava di due provincie, ma la rivoluzione gavazzava sull'altre sue terre, vinceva nell'orbe; ed egli, Cavour, trionferebbe sopra la rivoluzione e i trionfatori. La patria lanciavasi nel sangue, nel fuoco, nel rabbie civili, nel protestantismo e nelle scostumatezze; sprofondavasi ne' debiti, nelle tasse, nel socialismo, e nell'abbrutimento; ma egli raggiunto lo scopo di sua vita, milionario, famigerato, più che re, avrebbe tenuto lo scettro su' rovesciati troni, e sui popoli condannati a pagare la sua vittoria. Non sapeva che Dio gli contava i giorni e la boria del tristo trionfare.

§. 24. Vendita di popoli.

Sapendo che senza grandi malvagità non si compiono rivoluzioni, e che i popoli malvagi cadono schiacciati, volle essere un gran malvagio; però in lui coscienza, fede, religione, amistà, onestà e onore fur parole usate a inganno. Spillata attorno la voce della contraentesi cessione, scriveva dispacci a' prefetti ne' distretti, esser bugie e calunnie. Moventisi i Savoini, il governatore Orso Serra a Chambery mostrò lettere fresche di lui, dicenti il governo mai aver avuto pensiero di lasciar Savoia. Tosto sè stesso sbugiardò pubblicamente a 24 marzo di quell'anno 60 col solenne trattato di cessione. Al gran rumore che se ne fe' rispose imperterrito, storcendo con sofismi ogni ragione; e qualche italianissimo difeseselo dicendo: « Che forse i Nizzardi perdono diventando Francesi? io vorrei piuttosto esser francese che italiano. » Il dì stesso 24 le soldatesche napoleoniche cominciarono a uscir di Lombardia, verso Nizza, e per Susa a Chambery, dove presero le stanze. Quel 24 marzo con dura coincidenza era l'anniversario della battaglia di Novara: allora il Piemonte vinto, niente perdeva, per generosità del vincitore, ora vincitore perdea sette province per cupidigia del magnanimo alleato. Ma era stato baratto da mercanti. I liberali avean sempre strombazzato *i popoli non esser merce*; e quel medesimo Cavour a' 17 febbraio 59 in senato avea detto: esser grande progresso della civiltà moderna *il non riconoscere ne' principi il dritto d'alienare i popoli*; certo da molti secoli nessun principe italiano avea de' sudditi fatto mercato; ed ecco Vittorio liberalesco, firmanti il Cavour e il Farini liberaloni, fa pubblico contratto di popoli: Dio avea posto le Alpi a difesa pel bel paese, il Piemonte posele in Francia. Volean fare Italia una e forte, e sbrandellaronla, e aperserla allo straniero.

Il Garibaldi a' 12 apile rumoreggiò nella Camera. Disse: « Nizza essersi data al Duca di Savoia nel 1388, a patto di non poter esser data ad altri; ed ora vendersi a' Bonaparte; vergognoso vender popoli, incostituzionale il contratto prima dell'assenso delle Camere; cassarsi l'articolo 5.° dello Statuto. » A queste e a tutte l'altre ragioni il Cavour rispondeva: « Quella cessione non essere isolata, ma fatto della serie de' compiuti, e di quei *che rimangono a compiere*. » Oh logica! nel compiuto fatto si dà ragione del fatto. Oh guarentigie di statuti!

Adunque si confessava in parlamento Nizza darsi *per fatti da compiere*. Rapita Toscana e Romagna, restavan da spogliare il Papa e Napoli; adunque si confessava comprati noi; nè il Bonaparte, nè anche a parole il contradisse. Oh il nostro pacifico paese abbandonato alla rapacità d'iniqui! centinaia di migliaia d'uomini condannati a perire in ree guerre, per bombe, ferri, arsioni, fucilazioni e disagi; la nostra secolare prosperità, le ricchezze create in tant'anni felici, la fama de' nostri ingegni, l'indipendenza lasciatane da' padri, tutti nostri beni s'abbattevano! I Nizzardi venduti a Francia, i Napolitani a una setta! E tanto oltraggio appellarono redenzione, genio il Cavour, Vittorio *re galantuomo*.

Il Garibaldi e un altro deputato nizzardo rinunziarono al mandato; e ai 25 aprile protestarono « contro l'atto di frode e violenza consumato; e che aspetterebbero tempi e opportunità, per far valere con libertà reali i loro dritti, non certo menomati da un fatto illegale e fraudolento. » Dopo questa spampanata, volse furibondo verso Nizza, per prepararvi la resistenza popolare all'annessione; ma giunto a Genova fu placato, e si mise (come dirò) a servizio del ministero. Benchè diventato francese, operò all'ombra della da lui maledetta cessione, per cacciar di seggio un re italiano a nome d'Italia. Dove non è coscienza trovi sempre opposizioni di parole e fatti.

§. 25. A Francia le chiavi d'Italia.

Similmente Napoleone avea sempre detto l'Italia esser degl'Italiani; ora dice Nizza esser di Francia. Ricevendo a' 21 marzo i deputati Savoiardi, lor rispose la cessione esser *rettifica di frontiera, che sodisfa legittimi interessi; e non ferisce niun principio*. E i legittimi interessi de' prenci italiani non eran feriti? Il ministro suo Thouvenel a'

15 marzo con un lungo dispaccio a' potentati cumulò sofismi e ipocrisie a dozzine. Magnificava dritti, sconvolgendoli tutti; ostentava moderazione, sfrenando immoderate passioni in Italia; parlava di data indipendenza, imponendo cruento servaggio; e con gravità il disinteresse del suo imperatore esaltava, allora appunto ch'abbrancava sette province di quell'Italia, cui diceva redenta e padrona di sé.

Quel territorio aggiunto alla Francia non die' tanto ombra all'Europa quanto l'idea fecondatrice di nuove pretensioni; perchè le parole e i dispacci imperiali definivano quell'aggregazione *rivendicazione di frontiere naturali della Francia*. Sclamavano: non è più guerra d'idee, è guerra da rivendicare il territorio del precedente impero; se vuol frontiere antiche verso Italia, ne vorrà verso il Reno; ricominceranno le guerre d'ingrandimento?

Napoleone non stette al solo dritto del contratto; v'aggiunse la sua panacea del suffragio universale. Poste guarnigioni nelle nuove province, scioltesi da Vittorio dal vincolo di sudditanza, toltigli uffiziali sardi, itivi governatori provvisorii a posta, interrogò il popolo se volesse star con Francia SI o NO. Seguì l'adunanza a' 7 aprile; e quella gente stata italiana tanti secoli, in un giorno si fe' francese, con 131,744 voti; ma si presentò al mondo al cifra di 223 NO, Bravo !

Con tal baratto re Vittorio die' la sede della sua stirpe, e la contea di Nizza ove son le ossa de' suoi antenati, la culla e le tombe. Dichiarato la cessione *rettifica di frontiere* convenne Savoia esser Francia, stirpe francese la sua sin allora strombazzata per la sola stirpe sovrana italiana. E i gridanti italianità, scacciar volevano di seggio gli Estensi, Pio IX e Francesco II, per insediare quella casa, dichiarata da esso loro francese! Italia perdeva con Savoia solo sette province ne' due distretti di Chambery e d'Annecy: perdeva 258 miglia quadrate di territorio, e 707 mila anime. Nizza e le Alpi diventavano francesi, lago francese il mediterraneo; Torino città di confine; a Francia le chiavi d'Italia.

§. 26. Le Camere approvano.

Fu molto notata una curiosa contradizione fra' le parole pronunziate ai 12 aprile dal Cavour alla Camera di Torino, e dal Baroche al corpo legislativo di Parigi. Il primo disse: « La cessione è condizione essenziale del proseguimento di quella politica, che in sì poco tempo ne ha condotti a Milano, a Firenze e a Bologna. Respingendo il trattato, si sarebbero esposte a evidente pericolo le passate conquiste, e anche le stesse sorti della patria. » Sicchè dopo i celebrati plebisciti confessava le conquiste, permettente Francia. All'opposto il Baroche il medesimo dì diceva: « La Francia non entra per niente nella separazione delle Romagne; non colpa l'imperatore se il Papa non ha serbato la sua potestà su quelle contrade. Si può dire che Francia lasciasse sfuggire le legazioni alla Santa Sede? » Cotesti ministri dopo concertati i fatti loro, non si avean concertati i discorsi, e si contradicevan l'un l'altro; per isbadataggine, o a disegno?

Fatta ed eseguita la cessione, dato il paese e proclamato il plebiscito, fu quel bel negozio presentato a' 25 maggio alle Camere. Il Rorà relatore leggendo la preparata relazione, conchiuse doversi la cessione approvare, perchè *essa consacra il passato, rassicura il presente, e prepara l'avvenire.* L'avvenire era già cominciato, come dirò, a Palermo. I ministri dissero *necessità l'approvarla.* E la Camera ubbidì a maggioranza il 28; dato il voto fu prorogata, siccome impaccio al da fare. Similmente il senato ai 10 giugno non ostante l'opposizione di gravi senatori, approvò. Così i costituzionali usano le costituzioni.

Il Piemonte die' il proprio per l'altrui, il certo per l'incerto, l'antico pel nuovo, e che più monta si svestì dell'onestà per i panni da rapinatore. Italia restò col Tedesco da oriente e 'l Francese da occidente, tra' due padroni in mezzo. Ma i congiuratori spalancavano gli occhi e le mani, si lanciavan famelici su tanti grassi paesi. L'Europa videvi terribile verità: avea creduto a sollevamento di nazionalità, e mirò Giudei trafficanti.

§. 27. L'Europa freme, e tace.

Germania restava aperta a sud-ovest, esposta a invasioni francesi. Svizzera perduto il territorio neutrale, ferita nel cuore, presentiva l'invasione delle idee francesi, e diventar suddita di pensieri; ond'essa che pretendeva anzi parte di Savoja, protestò a' 19 marzo, chiedendo soccorso a' potentati segnatarii de' trattati del 15. Dimenticava averne essa stessa cassata poco innanzi la pagina di Neufchatel. A' 5 aprile dimandò un congresso, e niuno le die' udienza. Le Camere inglesi lamentaronsi di quest'altra infrazione a' patti del 15; nè ricordavano i loro ministri aver detto per le precedute annessioni, in dispacci uffiziali, doversi quei trattati riporre negli archivii. Lacerati a Firenze, varrebbero a Chambery? Commedie: Napoleone e Palmerston accordati, Russia e Austria nemiche, Prussia guardante incerta, il ministero Wigg in Inghilterra dominante, Europa stava in mano al Bonaparte. La rivoluzione mondiale con tanto scudo poteva in Italia tentare ogni cosa.

FINE DEL PRIMO VOLUME

INDICE DEL PRIMO VOLUME

5   Il Principe dei Reazionari – di Marcello Donativi

STORIA DELLE DUE SICILIE 1847-1861

13 Prefazione

19 LIBRO PRIMO
    1. Le Sicilie sempre co' Re. — 2. Amor del popolo al trono. — 3. Le sette. — 4. I Massoni. — 5. I filosofi, Voltaire. — 6. Federico II, Alembert e Diderot. — 7. L'enciclopedia. — 8. Montesquieu e Rosseau. — 9. Acciecamento de' Re. — 10. Acciecamento de' nobili e de' popoli. — 11. Cagione l'egoismo di ciascuno. — 12. Weishaupt. — 13. L'Illuminismo. — 14. Gradi dell'Illuminismo. — 15. I Giacobini. — 16. I Carbonari. — 17. La Giovine Italiaa. — 18. Gli Unitarii. — 19. Il pretesto dell'unità d'Italia. — 20. Sperano in Francia e Inghilterra. — 21. Usano la religione. — 22. La letteratura. — 23. La filosofia. — 24. Il progresso. — 25. Il lusso opprime la civiltà. — 26. Le sette sono i Barbari moderni.

49 LIBRO SECONDO
    1. Borboni e Bonaparti. — 2. Regno di Giuseppe. — 3. E di Gioacchino. — 4. Restaurazioni. — 5. Il quinquennio. — 6. Il 1820. — 7 Reazione. — 8. Regno di Francesco I. — 9. Rivoluzione di luglio in Francia. — 10. Politica di Ferdinando II. — 11. Rifà l'esercito. — 12. E l'armata. — 13. Buon governo. — 14. Primi conati di rivoltare. — 15. Il colèra del 1836 e 1837. — 16. Pretesto per ribellare. — 17. Altre congiure. — 18. La setta volgesi a Carlo Alberto. — 19. Si sforza a movere Italia e Francia. — 20. Traversie nella reggia di Napoli. — 21. Sponsali del principe Carlo. — 22. Briga con gl'Inglesi per gli zolfi.

81 LIBRO TERZO
    1. Incivilimento del reame. — 2. Il ministero discorde. — 3. Troppi nè

ottimi uffiziali. — 4. La polizia. — 5. La giustizia. — 6. Gli affari esteri. — 7. Le Finanze. — 8. Il clero. — 9. L'amministrazione civile. — 10. L'istruzione pubblica. — 11. De' nostri errori si valgono le sette. — 12. I parlamenti dell'antica monarchia. — 13. Il Gioberti. — 14. Il Niccolini. — 15. I fratelli Bandiera. — 16. Congressi di scienziati. — 17. Il caro del grano. — 18. Pio IX, e l'amnistia. — 19. Festeggiamenti. — 20. Sospetti de' principi italiani. — 21. Commemorazione del 10 dicembre 1746. — 22. Tumulti italiani. — 23. Prime brighe co' Tedeschi. — 24. Guardia civica e feste federali in Toscana. — 25. Lord Mintho. — 26. Il libello della protesta. — 27. Prime sollevazioni Calabresi e Messinesi. — 28. Presto domate e lamentate. — 29. Nuovo ministero, e primi plausi. — 30. Vane compressioni, e vane mitezze.

115   LIBRO QUARTO
1. La Sicilia e sua rivalità con Napoli. — 2. La costituzione del 1812. — 3. La Sicilia con nuove leggi. — 4. La nobiltà n'è dolente. — 5. Benefizii e promiscuità d'impieghi. — 6. Aspirazioni sicule. — 7. Il libro dell'Amari. — 8. Il Mayo e 'l Vial. — 9. Longo ed Orsini. — 10. Palermo. — 11. Sfida della rivoluzione. — 12. Non curanza. — 13. Numero e disposizione delle milizie. — 14. Il 12 gennaio. — 15. Primo comitato provvisorio. — 16. Altri assalimenti. — 17. Ruggiero settimo. — 18. Le bombe. — 19. Protesta de' consoli. — 20. Giunge con milizie il De Sauget. — 21. Sbarco a' Quattroventi. — 22. Fraudolenta inazione, e insidiosi rapporti. — 23. Concessioni rigettate. — 24. Diffalta del Longo e dell'Orsini. — 25. Il generale chiede soldati. — 26. Conflitti. — 27. Si perde il noviziato. — 28. Resistono le Finanze. — 29. Ritratta dal Palazzo. — 30. Resa delle Finanze. — 31. Ritratta da' Quattroventi. — 32. Fazioni a Villabate. — 33. Imbarco a Solanto. — 34. Anarchia — 35. Sicilia abbandonata.

143   LIBRO QUINTO
1. In Napoli chiedono costituzione. — 2. Moti atroci nel Cilento. — 3. Allontanamento del ministro di polizia. — 4. Dimostrazione del 29 gennaio. — 5. La costituzione. — 6. Feste. — 7. Note inglesi ed austriache. — 8. Rivoluzioni italiane. — 9. Nel Milanese e a Venezia. — 10. A Parma, a Piacenza e a Modena. — 11. Rivoluzioni in Francia.

— 12. Altre rivolture in Europa. —13. Programma del Mazzini. — 14. I circoli e la stampa. — 15. Uomini nuovi e peggiori. — 16. Ingordigia d'impieghi. — 17. Il carro del Mammone. —18. Disordini nelle Provincie. —10. Legge elettorale. — 20. Combattimenti in Sicilia. — 21. Disordini e fazioni. — 22. Mutamenti ministeriali. — 23. Larghe concessioni rigettate. — 24. La guardia nazionale. — 25. Sette nuove nelle Calabrie. — 26. Loro atti di ribellione. — 27. Il Saliceti contro i Gesuiti. — 28. Sono scacciati dal regno. — 29. La plebe del mercato. — 30. Anarchia e decreti. — 31. L'ultimatum di Palermo. — 32. Il pacificatore Mintho sventa la pacificazione. — 33. Il parlamento di Palermo.

180   LIBRO SESTO
1. Carlo Alberto esce in campo.— 2. La Belgioioso in Napoli. — 3. Partenza di volontarii per Lombardia. — 4. Dimissione del ministero, e tumulti. — 5. Il ministero Troya. — 6. Partenza del 10° di Linea e altri volontarii. — 7. In Sicilia dichiarano decaduti i Borboni. — 8. Ministri napolitani e siculi al congresso per la lega. — 9. Il papa disdice la guerra. — 10. Cade il disegno della lega. — 11. Armestizio a Messina. — 12. Gli organizzatori de' municipii. — 13. Elezioni di deputati. — 14. Semi del 15 maggio. — 15. Abbandono di arti. — 16. Strettezze, debiti, prestiti sforzati. — 17. Il Pepe mena soldati fuor del regno. — 18. Ministri di piazza. — 19. Comunismo e socialismo. — 20. Reazioni. — 21. Colpano i Gesuiti e l'Austria. — 22. Proclamazioni turchesche. — 23. Il popolo non si move. — 24. Illegali conventicole di deputati. — 25. Le barricate. — 26. Inutili concessioni regie. — 27. Fremito de' soldati. — 28. Battaglia. — 29. I deputati delirano. — 30. I ministri esteri.— 31. I fuggiti liberali. — 32. Che fu il 15 maggio.

227   LIBRO SETTIMO
1. Il 15 maggio di Parigi. — 2. Subita congrega per nuovi ribellamenti. — 3. Effetti in Terra di lavoro. — 4. Nell'Avellinese e nel Sannio. — 5. Nel Salernitano. — 6. In Basilicata e Puglia. — 7. Negli Abruzzi. — 8. Nelle Calabrie. — 9. La Costituzione rimasta. — 10. Napolitani alla guerra Lombarda. — 11. Luoghi della guerra. — 12. Prime fazioni. — 13. Scaramucce co' Napolitani. — 14. Fatti d'arme del 29 maggio a Curtatone e Montanara. — 15. Il 10° di linea a Goito. — 16. Fatti nel

Veneto. — 17. Il Pepe co' Napolitani. — 18. Napoli richiama le truppe dalla guerra. —19. Il Pepe contrasta. — 20. L'esercito torna. — 21. Anche la flotta. — 22. La rivoluzione si lamenta. — 23. Milizie che passano il Po. — 24. Arti per ritenerle. — 25. Ritorno del 10° di linea. — 20. Fusioni al Piemonte. — 27. Il papa che prega, regna e non governa. — 28. I Tedeschi a Ferrara. — 29. Disfatta de' socialisti a Parigi. — 30. Disfatte di Carlo Alberto. — 31. Napolitani a Venezia. — 32. Come ne tornano.

262   LIBRO OTTAVO
1. Premessa dell'autore. — 2. Sicilia fa danari. — 3. Si vota lo statuto. — 4. Si elegge il Duca di Genova. — 5. Corona offerta. — 6. Ordinamenti in Napoli. — 7. È messa la rivoluzione in Calabria. — 8. Il comitato di Cosenza. — 9. Sue geste. — 10. Il comitato di Catanzaro. — 11. Anche meno nel Reggiano. — 12. Provvedimenti regii. —13. Provvedimenti de' ribelli. — 14. Siciliani col Ribotti. — 15. Scaramucce. — 16. Fatto d'arme a Campolongo. — 17. Danni a Filadelfia e Pizzo. — 18. Ritorno a Monteleone. —19. Fuga de' comitati e de' Siciliani. — 20. Cattura e protesta. — 21. Reclamazione inglese. — 22. Condanne e grazie. — 23. Morte del Mileto, e del Carducci. — 24. Le Calabrie pacificate. — 25. Inani sforzi rivoluzionarii nelle provincie. — 26. Inetta congiura dell'Ayala. — 27. Nuove elezione. — 28. La camera de' deputati. — 29. La camera de' Pari. — 30. Veleno di stampe, e reazione. — 31. Le camere prorogate. — 32. Si decide la spedizione in Sicilia.

293   LIBRO NONO
1. Il governo siciliano. — 2. Si prepara alla lotta. — 3. Regie forze assalitrici. — 4. Messina. — 5. Abbattimento della batteria alle Moselle. — 6. Danni a Messina. — 7. Sbarco in Sicilia. — 8. Fatti della 2ª divisione. — 9. Fatti della 1ª divisione. — 10. Codardie e nefandezze. — 11. Proposte di capitolazione. — 12. Vittoria. — 13. Messina è presa, e riordinata. — 14. I capi settarii. — 15. Conseguenze della vittoria. — 16. L'armestizio imposto. — 17. Mala fede de' protettori. — 18. Effetti dell'armestizio. — 19. Congresso per confederazione italiana. — 20. La costituente in Toscana. — 21. Fatti di Napoli. — 22. Operosità del

ministero. — 23. Turbolenze nelle provincie. — 24. Altra proroga delle camere. — 25. Morte di Pellegrino Rossi. — 26. Pio IX a Gaeta. — 27. La costituente italiana in Roma. — 28. Fine del 1848.

324   LIBRO DECIMO
1. Riapertura delle Camere. — 2. Repubblica in Roma. — 3. E in Toscana. — 4. Guerra parlamentare in Napoli. — 5. Sciolta è la Camera. — 6. Ministri siciliani — 7. Note e conferenze diplomatiche. — 8. L'ultimatum regio. — 9. Diplomazia rivoluzionaria. — 10. Sicilia prepara guerra. — 11. Rigetta l'ultimatum. — 12. Guerra piemontese. — 13. Sconfitta di Novara. — 14. Genova bombardata. —15. Morte del Ramorino. — 16. La pace, e la morte di Carlo Alberto. — 17. Proclamazioni di guerra in Sicilia. — 18. Primo scontro ad Alì. — 19. Passo del capo S. Alessio. —20. Presa di Taormina. — 21. Si danno Giarre ed Acireale. — 22. Indirizzo dei Siciliani all'Europa. — 23. Giornata di Catania. — 24. Fatti orribili. — 25. Si sottomettono città e provincie. — 26 Palermo brava. — 27. Pratiche di sottomissione. — 28. Si sottomette. — 29. Tumulti.— 30. Fatti d'arme. — 31. Resa di Palermo. — 32. Considerazioni.

365   LIBRO UNDECIMO
1. Pio IX chiede aiuto a quattro nazioni. — 2. Controrivoluzione toscana, e interventi tedeschi. — 3. Francesi contro Roma. — 4. Questa prepara difese. — 5. Fatto del 30 aprile. — 6. Entrata de' Napolitani. — 7. Scaramuccia a Palestrina. — 8. Tregua parziale de' Francesi. — 9. Ritirata de' Napolitani. — 10. Fatto d'arme di Velletri. — 11. Giudizi sulla ritratta. — 12. Il Garibaldi ad Arce. — 13. Spagnuoli e Napolitani in campagna di Roma. — 14. Presa di Roma. — 15. Fuga dei Garibaldesi. — 16. Fine della rivoluzione. — 17. Vantamenti. — 18. Mali prodotti alla Sicilia. — 19. Onori al Filangieri. — 20. Suo grave fatto. —21. Reintegrazioni. — 22. Riordinamento dell'isola. — 23. Il nuovo ministero. — 24. Decreti per Napoli. — 25. La rosa d'oro. — 26. Pio IX a Portici. — 27. La setta degli Unitarii. — 28. Attentato del 16 settembre 1849. — 29. Cerimonie sacre, e meteora. — 30. Incendio. — 31. Ritorno del Papa a Roma. — 32. Ritorno alla pace.

396   LIBRO DECIMOSECONDO
1. La setta rifugia in Piemonte. — 2. Il Piemonte fa guerra al clero. — 3. Esilia arcivescovi. — 4. Gerarchia ecclesiastica in Inghilterra. — 5. Amore inglese per l'Italia. — 6. Il perchè. — 7. E l'amore per le Sicilie. — 8. Due Francie. — 9. Il non intervento. — 10. Trame settarie in Londra. — 11. Opere settarie in Italia. — 12. E nel regno. — 13 Opere pubbliche e navigli. — 14. Disastri naturali. — 15. Giustizia e grazie. — 16. Carceri. — 17. Trame di fuori. — 18. Indirizzi contro la costituzione. — 19. La costituzione è abbandonata. — 20. Ferdinando era spergiuro? — 21. Il congresso della pace. — 22. Conferenze ecclesiastiche. — 23. S'indirizzano al papa e al re. — 24. La Civiltà cattolica. — 25. Tattica de' rivoluzionari vinti. — 26. Che fanno i re? — 27. Che si fece nel regno?

424   LIBRO DECIMOTERZO
1. Processi, condanne, e grazie. — 2. Lettere di Lord Gladstone. — 3. Assalimenti, e confutazione. — 4. Ricchezza e bontà inglese.— 5. Echi in Francia e Piemonte. — 6. Disdette del Gladstone e dell'Aberdeen. — 7. La dignità dell'uomo in Inghilterra. — 8. Tremuoto di Melfi. — 9. Il re v'accorre —10. Malattia delle uve. — 11. Opere pubbliche. — 12. Trattati, decreti, e grazie. —13. Nuovi pianeti. — 14. Morti. — 15. Il 2. dicembre in Francia. —16. Il secondo 2 dicembre. — 17. Si mutano ministri inglesi. — 18. Si mutano in Napoli. — 19. Attentato alla regina di Spagna. — 20. Attentato in Toscana.—21. Attentato in Milano.— 22. Attentati a' sovrani d'Austria e Prussia. — 23. Assassinio del duca di Parma, e altre sedizioni. — 24. Scaramucce inglesi alla Toscana. — 25. Le tavole parlanti, e la cometa. — 26. Opere nel regno. 27. Scarsezza di ricolti. — 28. Tremuoti a Cosenza. — 29. Il colera.— 30. E in Sicilia. — 31. Modifiche nel ministero. — 32. La Civiltà Cattolica proibita. - 33. Richiamamento del Filangieri. — 34. Il dogma della Concezione. — 35. Grazie regie.

456   LIBRO DECIMOQUARTO
1. La guerra d'Oriente. — 2. Trattati e leghe. — 3. Nuovi attentati. — 4. Muore Nicolò, e cade Sebastopoli. — 5. Il colèra del 55. — 6. Allagamento di Messina. — 7. Prime brighe con Francia e Inghilterra.— 8. I proci di Napoli. — 9. L'Austria impone la pace al Russo. — 10. Il congresso di Parigi. — 11. Giudizii su di esso.— 12.

Proteste. — 13. Giudizii sulla pace. — 14. Menzogne parlamentari a Londra. — 13. Venerazione di Napoleone al Santo Padre. — 16. Inani sforzi a rivolture. — 17. Sollevazione a Madrid. — 18. Francia e Inghilterra consigliano Napoli. — 19. Il re non accede. — 20. Anche Austria consiglia. — 21. Il papa non cade nel laccio. — 22. Richiamo degli ambasciatori. — 23. Il Moniteur del 20 ottobre. — 24. Accuse a Ferdinando. — 25. Sciocca proposta del Cavour. — 26. Moto del Bentivegna in Sicilia. — 27. Torture. —28. Agesilao Milano. — 29. Profezie e apologie. — 30. Scoppii.

485 LIBRO DECIMOQUINTO
1. Assassinio dell'arcivescovo di Parigi. — 2. Altro attentato a Napoleone. — 3. Carlo Pesacane. — 4. Impresa di Ponza. — 5. Fatti di Sapri, Padula e Sanza. — 6. Cattura del Cagliari. — 7. Fatti di Livorno, e di Genova. — 8. Strade ferrate.— 9. Opere pubbliche in Sicilia. — 10. Porti del regno. — 11. Bonificazioni. — 12. Il Fucino. — 13. Concessioni ecclesiastiche. — 14. Visitatori regi nelle Provincie. — 15. Tremuoto di Potenza. — 16. Programma della rivoluzione.— 17. Vendette Napoleoniche. — 18. Quistione di Neuchatel. — 19. Le bombe dell'Orsini. — 20. Cade il ministero inglese. — 21. Giustizia inglese. — 22. Quistione pel Cagliari. — 23. E Con l'Inghilterra. — 24. Il re cede alla volontà inglese. — 25. Stutgarda.—26. Plombières. — 27. La cometa Donati. — 28. Preliminari di guerra. — 29. Le grida di dolore. — 30. Nozze tra un Napoleonida e una Savoiarda. — 31. Savoia fa debiti. — 32. Nozze del Duca di Calabria, e malattia di re Ferdinando.

514 LIBRO DECIMOSESTO
1. Largizioni regie. — 2. Il Tavoliere e le Sile. — 3. Grazie. — 4. L'opuscolo Napoleone e l'Italia. — 5. Menzogne uffiziali oltramontane. — 6. Sardegna lavora a farsi assalire. — 7. Proposte di congresso. — 8. Denunzie di guerra. — 9. Lega tra Francia, Piemonte e setta. — 10. Manifesti Garibaldeschi. — 11. Rivoluzione in Toscana. — 12. E a Parma e a Modena. — 13. Proclamazioni de' belligeranti.— 14. Interventi in Toscana. —15. Guerra e pace. — 16. Il perchè della pace. — 17. Scontentezze per la pace. — 18. La buona fede. — 19. Muore re Ferdinando. — 20. Suo testamento. — 21. La proclamazione del

nuovo re. — 22. Il nuovo ministero, e il primo tumulto. — 23. Moti antiereditarii. — 24. I graziati, e le liste degli attendibili. — 25. Ordinamenti interni. — 26. Ritornano gli ambasciatori Francesi ed Inglesi. — 27. Maria Cristina Venerabile. — 28. Sommossa de' soldati svizzeri. — 29. Sono mandati via. — 30. Accuse al Filangieri. — 31. Mancata dimostrazione del 15 agosto. — 32. Soldatesche alle frontiere.

LIBRO DECIMOSETTIMO
1. Annessione della Toscana al Piemonte. — 2. Del Modenese. — 3. Del Parmense. — 4. Delle Romagne. — 5. Comprate a contanti. — 6. Proposta di Congresso, e oracolo napoleonico. — 7. Trattato di Zurigo. — 8. Esecuzione. — 9. L'opuscolo Il Papa e il Congresso. — 10. Consigli di re Vittorio. — 11. Consigli di Napoleone. — 12. Lamentanze de' buoni Italiani. — 13. Svanisce il Congresso. — 14. S'affrettano i fatti compiuti. — 15. Plebisciti. — 16. Scomunica e protesta. — 17. Il Lamoricière. — 18. Minacce diplomatiche al regno. — 19. Governare incerto. — 20. L'amicizia del Piemonte. — 21. Proposte d'intervento napolitano nel pontificio. — 22. Insidiose. — 23. Nizza e Savoia. — 24. Vendita di popoli. — 25. A Francia le chiavi d'Italia.— 20. Le Camere approvano. — 21. L'Europa freme e tace.

SCARICA GRATIS L'EBOOK
DI QUESTA OPERA
IN FORMATO EPUB

www.edizionitrabant.it/dest1
PASSWORD: **uar91pfq5**

www.ingramcontent.com/pod-product-compliance
Lightning Source LLC
Chambersburg PA
CBHW021953160426
43197CB00007B/118